Martin Lutterjohann, Klaudia und Eberhard Homann, Reto Kuster

Malaysia mit Singapur und Brunei

Zieh es nicht so in die Länge, das ist ärgerlich.
Du hast dich entschlossen zu reisen. So geh!

(aus: „Der kleine Prinz"
von *Antoine de Saint-Éxypéry*)

Impressum

Martin Lutterjohann, Klaudia und Eberhard Homann, Reto Kuster
Reise Know-How Malaysia mit Singapur und Brunei

erschienen im
Reise Know-How Verlag Peter Rump GmbH
Osnabrücker Str. 79, 33649 Bielefeld

© Reise Know-How Verlag Peter Rump GmbH
1989, 1990, 1992, 1993, 1995, 1998, 2000,
2002, 2004, 2006, 2009, 2011
13., neu bearbeitete und komplett aktualisierte Auflage 2014

Alle Rechte vorbehalten.

Gestaltung
Umschlag: G. Pawlak, P. Rump (Layout);
 Katja Schmelzer (Realisierung)
Inhalt: Günter Pawlak (Layout);
 Katja Schmelzer (Realisierung)
Fotonachweis: die Autoren (ml, eh, rk), Gunda Urban (gu),
 Johannes Sommerkamp (js), Fabian Räker (fr),
 www.fotolia.de (Autorennachweis jeweils am Bild)
Karten: der Verlag, C. Raisin
Titelfoto: Eberhard Homann
 (Motiv: Junger Orang-Utan in Sabah)

Lektorat (Aktualisierung): Katja Schmelzer

Druck und Bindung
 Media-Print, Paderborn

ISBN 978-3-8317-2307-2
Printed in Germany

Dieses Buch ist erhältlich in jeder Buchhandlung Deutschlands, der Schweiz, Österreichs, Belgiens und der Niederlande.
Bitte informieren Sie Ihren Buchhändler über folgende Bezugsadressen:
Deutschland
 Prolit GmbH, Postfach 9, D–35461 Fernwald (Annerod)
 sowie alle Barsortimente
Schweiz
 AVA Verlagsauslieferung AG,
 Postfach 27, CH–8910 Affoltern
Österreich
 Mohr Morawa Buchvertrieb GmbH
 Sulzengasse 2, A–1230 Wien
Niederlande, Belgien
 Willems Adventure, www.willemsadventure.nl

Wer im Buchhandel trotzdem kein Glück hat, bekommt unsere Bücher auch über unseren
Büchershop im Internet: www.reise-know-how.de

Wir freuen uns über Kritik, Kommentare und Verbesserungsvorschläge, gern auch per E-Mail an info@reise-know-how.de.

Alle Informationen in diesem Buch sind von den Autoren mit größter Sorgfalt gesammelt und vom Lektorat des Verlages gewissenhaft bearbeitet und überprüft worden.

Da inhaltliche und sachliche Fehler nicht ausgeschlossen werden können, erklärt der Verlag, dass alle Angaben im Sinne der Produkthaftung ohne Garantie erfolgen und dass Verlag und Autoren keinerlei Verantwortung und Haftung für inhaltliche und sachliche Fehler übernehmen.

Die Nennung von Firmen und ihren Produkten und ihre Reihenfolge sind als Beispiel ohne Wertung gegenüber anderen anzusehen. Qualitäts- und Quantitätsangaben sind rein subjektive Einschätzungen der Autoren und dienen keinesfalls der Bewerbung von Firmen oder Produkten.

Martin Lutterjohann
Klaudia und Eberhard Homann
Reto Kuster

MALAYSIA MIT SINGAPUR UND BRUNEI

Vorwort

Auf der Reise zu Hause
www.reise-know-how.de

- Ergänzungen nach Redaktionsschluss
- kostenlose Zusatzinformationen und Downloads
- das komplette Verlagsprogramm
- aktuelle Erscheinungstermine
- Newsletter abonnieren

Bequem einkaufen im Verlagsshop

Oder Freund auf Facebook werden

Malaysias Beliebtheit als Reiseland ist ungebrochen, denn die Reize dieses Landes liegen nach wie vor in der zum Teil noch **wenig berührten Natur:** Auf der Halbinsel sind es die alten Urwälder mit Bergen, die die Zweitausendmetergrenze überschreiten; die Sandstrände entlang der Ostküste und die Meeresparks der Korallenbänke nahe den vorgelagerten Inseln beider Küsten; in Ostmalaysia laden Fahrten auf den großen Urwaldströmen Sarawaks zu Abenteuern an den Grenzen der Zivilisation ein, in Sabah ist die Besteigung des über 4100 Meter hohen Kinabalu, des höchsten Berges zwischen Himalaya und Neu-Guinea, ein Erlebnis für sich; die Tauchgänge entlang des 600 Meter in die Tiefe ragenden Kalksteinpilzes der Insel Pulau Sipadan sind Weltspitze; Begegnungen mit den Orang Utans im Urwald bei Sepilok, die wieder an das Leben in der Wildnis gewöhnt werden, oder eine Fahrt auf dem Urwaldfluss Kinabatangan sind für andere der Höhepunkt ihrer Reise.

Wer aber weniger auf Abenteuer aus ist und sich mehr von einem geruhsamen Urlaub verspricht, findet immer mehr erstklassige Resortanlagen zur Auswahl an den **überreichlich vorhandenen Stränden** und in den Hügellandschaften der „Highlands". Die Namen der bekanntesten Ziele sind Penang, Langkawi, Pangkor entlang der Westküste; Ostküsteninseln wie Tioman, Rawa, Sibi, Tinggi, Tenggol, Kapas, Perhentian und Redang sind tropische Paradiese; die Resorts auf den Inseln und an den Stränden von Cherating, Teluk Chempedak, Tanjung Aru nahe Kota Kinabalu bieten alle Komfortkategorien.

Ein wesentlicher Reiz Malaysias war immer schon die **Vielfalt der Völker.** Aus religiösen und anderen Gründen haben sich die verschiedenen Rassen nur wenig miteinander vermischt und so kulturell ihre Eigenarten erhalten. Ausländische Besucher fühlen sich noch ehrlich als Gäste willkommen geheißen, müssen sich aber auch an die konservativen islamischen Vorstellungen anpassen.

Wie in vielen Teilen der Welt bleiben auch Malaysia und Singapur nicht von den kleinen und großen Katastrophen verschont: „El Niño" in den 1990er Jahren, die Terroranschläge von 2001, die zunächst die Reiselust allgemein dämpften, und dann noch die Anschläge auf Bali (2002/2005) und in Jakarta (2003). Die dann folgenden Jahre mit SARS und Vogelgrippe und der Tsunami Ende 2004 schädigten den Tourismus nachhaltig. 2009 kam dann die Schweinegrippe H1N1 auf, gefolgt von der weltweiten Finanzkrise, die sich im Jahre 2010 deutlich in gestiegenen Lebenshaltungskosten infolge der Wechselkursveränderungen zum Euro zeigte.

Das hört sich sehr negativ an, zeigt aber zugleich, dass trotz aller Hindernisse Malaysia nach wie vor ein **beliebtes Reiseziel** ist – und das mit vollem Recht.

Bisher war Malaysia überwiegend wegen seiner Strände und Nationalparks beliebt, jetzt nimmt der **Tauchtourismus** einen immer größeren Stellenwert ein, und neben den bekannten Spots Sipadan und Tioman werden viele attraktive Tauchreviere erschlossen.

Im ganzen Land wird stetig weiter am großen Geschäft „Tourismus" gearbeitet, wobei viele Bereiche auf der Halbinsel schon recht vollkommen sind, wenngleich hier mittlerweile viel Wert auf die Infrastruktur für einheimische Touristen gelegt wird. Doch ein großes Entwicklungspotenzial besteht auf Borneo und wird hier schwerpunktmäßig genutzt.

Anregungen, Malaysia mit Singapur und Brunei zu entdecken, bietet dieser Reiseführer mehr als genug. Es bleibt nun die Qual der Wahl. Wir hoffen, mit unseren Vorschlägen zu erlebnisreichen Reisen beizutragen.

Martin Lutterjohann,
Klaudia und *Eberhard Homann,*
Reto Kuster

Aktueller Sicherheitshinweis des Auswärtigen Amtes für Malaysia

In Folge des Eindringens von philippinischen Rebellen in die östlichen Bezirke des auf **Borneo** gelegenen Bundesstaats **Sabah** hat die malaysische Regierung in dem Gebiet eine Sicherheitszone („Eastern Sabah Safety Zone (ESSZONE)") eingerichtet. Diese umfasst die Ortschaften **Sandakan, Lahad Datu, Tawau, Kunak** und **Semporna** sowie die **vor der Küste gelegenen Inseln** einschließlich der **Insel Sipadan.** In der Sicherheitszone ist mit erhöhtem Aufkommen von Polizei und Militär zu rechnen. Anweisungen der Sicherheitskräfte sollte Folge geleistet werden.

Weitere Informationen erhalten Sie auf der ständig aktualisierten Website des AA, **www.auswaertigesamt.de.**

Quelle: Auswärtiges Amt, Stand Ende 2013

Inhalt

Vorwort	4
Exkursverzeichnis	8
Kartenverzeichnis	10
Die Regionen im Überblick	12
Aktivitäten im Überblick	14
Individuelle Reiserouten*	16
Vor der Reise*	17

(*M. Lutterjohann unter Mitarbeit von E.H.M. Gilissen)

1 West-Malaysia 26
(M. Lutterjohann)

Reisen in West-Malaysia 28
Sehenswertes in den Regionen	28
Vorschläge für Reiserouten	39

Die Westküste von Nord nach Süd 43
Kangar	43
Kuala Perlis	46
Insel Langkawi	47
Alor Setar	69
Insel Penang	75
Taiping	100
Kuala Kangsar	106
Gerik (Grik)	109
Ipoh	111
Lumut	127
Insel Pangkor	130
Cameron Highlands	136
Kuala Selangor	149
Kuala Lumpur	151
Seremban	189
Port Dickson (PD)	196
Melaka (Malakka)	197
Johor Bahru	213

Die Ostküste von Nord nach Süd 223
Kota Bharu	223
Inselgruppe Pulau Perhentian	234
Insel Redang	242
Kuala Terengganu	247
Marang	256
Rantau Abang	259
Die Küste zwischen Kuala, Dungun und Kemaman	263
Cherating	265
Kuantan	269
Pekan	275
Mersing	277
Insel Tioman	282

Im Inneren der Halbinsel 294
Fraser's Hill	295
Raub und Bentong	302
Kuala Lipis	302
Jerantut	308
Nationalpark Taman Negara	310
Temerloh	327

2 Singapur 330
(K. und E. Homann)

Chinatown	332
Hafen- und Regierungsviertel	338
Indisches Viertel	341
Islamisches Viertel	341
Weitere Sehenswürdigkeiten	343

Praktische Reisetipps A–Z 352
Adressen und Telefonnummern	352
Ankunft	353
Essen und Trinken	354
Medizinische Versorgung	360
Nachtleben	360
Notfall	361
Rund ums Geld	361

Shopping	362
Sicherheit	367
Stadtverkehr	367
Übernachten	370
Verhaltenstipps	374
Verkehrsverbindungen	374
Land und Leute	**376**
Geografie	378
Klima	379
Bevölkerung	380
Sprache	380
Geschichte	381
Der Staat	382
Wirtschaft	383
Medien	384
Religion	384
Feste und Feiertage	384

3 Ost-Malaysia 388
(K. und E. Homann)

Reisen in Ost-Malaysia	**390**
Anreise	390
Vorschläge für Reiserouten	391
Zollbestimmungen für Sarawak	394
Transport	395
Übernachten	397
Kosten	397
Sarawak	**398**
Überblick	398
Verwaltung	399
Geschichte	402
Wirtschaft	403
Religion	404
Bevölkerung	404
Nationalparks	412
Kuching	413

Hinweise zum Gebrauch dieses Buches

Preiskategorien der Unterkünfte

Für Preisniveaus der Unterkünfte wird folgende Einteilung verwendet (die Preise gelten pro Doppelzimmer):

Malaysia
① bis 50 RM
② bis 100 RM
③ bis 150 RM
④ bis 250 RM
⑤ bis 350 RM
⑥ über 350 RM

Singapur und Brunei
① bis 40 S$/BR$
② 40–90 S$/BR$
③ 90–150 S$/BR$
④ über 150 S$/BR$

Abkürzungen bei den beschriebenen Unterkünften

- G.H. — Guest House
- Dorm. — Dormitory (Schlafsaal)
- mf — mit Ventilator (fan)
- a/c — air condition
- mB/oB — mit/ohne Bad
- mFr — mit Frühstück
- 3T/2N — in Resorts angebotene 3-Tage/2-Nächte-Pauschalen

Nicht verpassen!

Diese Tipps und Highlights in den Ortskapiteln erkennt man an der **gelben Hinterlegung.**

Bako-Nationalpark	432
Bandar Sri Aman	435
Sarikei	437
Sibu	438
Mukah	441
Kapit	441
Belaga	444
Dschungeltouren	444
Bintulu	448
Batu Niah	449
Niah-Nationalpark	450
Miri	453
Gunung-Mulu-Nationalpark	458
Limbang	463
Lawas	464

Sabah	**466**
Geografie	467
Geschichte	468
Wirtschaft	469
Verwaltung	470
Bevölkerung	470
Sicherheit	470

Exkurse

West-Malaysia

Schwalben-Hotels	129
Blasrohre	141
Minangkabau in Negeri Sembilan	194
Gunung Ledang (Mount Ophir)	214
Lederschildkröten	260
Dschungelausrüstung	324

Singapur

Formel 1 – das neue Mega-Event	344
Strandurlaub und Großstadtflair	349

Ost-Malaysia

Zu Besuch in einem Langhaus	410
Der Bakun Damm	443
Der Aufstand des Häuptlings Mat Salleh	468
Die Völker Sabahs	471
Der Tamu	472
Flora und Fauna im Kinabalu-Nationalpark	498
Die Suppenschildkröten von Pulau Selingan	507
Sepilok Sanctuary	509

Brunei

Die fliegenden Ärzte von Brunei	538
Nasenaffen	542
Die Krokodilfänger von Seria	544
Der Sultan von Brunei: Geld, Gold und Macht	558
Alkoholverbot mit seltsamen Auswüchsen	562
Geburtstagsfeier der speziellen Art	564

Praktische Reisetipps A–Z

Tropische Früchte Malaysias	574

Land und Leute

Souvenirs und Artenschutz	626
König und Königin für einen Tag	640
Zu Gast bei einer chinesischen Feier	644
Die Pflichten eines Moslems	650
Bes Hyang Dney	656
Ang Pau	664

Religion	473
Sprache	473
Gesundheit	473
Kota Kinabalu	474
Ranau	487
Mount-Kinabalu-Nationalpark	488
Sandakan	499
Lahad Datu	510
Semporna	513
Tawau	514
Maliau Basin Conservation Area	516
Kota Belud	518
Kudat	519
Beaufort	521
Tenom	523
Insel Labuan	524
Sindumin und Merapok	525
Abenteuertipps	526

4 Brunei 528
(R. Kuster)

Bandar Seri Begawan	530
Belait Distrikt	543
Temburong Distrikt	545

Praktische Reisetipps A–Z 550
Ämter und Behörden	550
Anreise	550
Notfall	552
Öffentliche Verkehrmittel	553
Rund ums Geld	554
Sicherheit	554

Land und Leute 555
Geografie	555
Klima	555
Bevölkerung	556
Sprache	557
Geschichte	557
Der Staat	559
Wirtschaft	559
Medien	561
Religion	563
Feste und Feiertage	563

5 Praktische Reisetipps A–Z 566
(M. Lutterjohann unter Mitarbeit von E.H.M. Gilissen)

Allein reisende Frauen	568
Ausrüstung	568
Elektrizität	570
Essen und Trinken	570
Hin- und Rückflug	578
Kino	581
Kosten	581
Maße und Gewichte	582
Medizinische Versorgung	582
Nachtleben	583
Notfall	583
Öffentliche Verkehrsmittel	584
Post, Telefon, Internet	592
Reisen mit Kindern	594
Rund um's Geld	597
Sicherheit	598
Traditionelles Handwerk	599
Übernachten	600
Verhalten	603
Versicherung	605
Weiterreise per Flugzeug	607

6 Land und Leute 608
(M. Lutterjohann, *K. u. E. Homann)

Land und Natur West-Malaysia 610
Geografie	610
Klima	615
Pflanzen- und Tierwelt	618

Inhalt, Karten

Land und Natur Ost-Malaysia	**634**
Klima*	634
Pflanzen- und Tierwelt*	636

Die Menschen und ihre Kultur	**638**
Bevölkerung	638
Soziale Strukturen	641
Sprache	647
Religion	648
Bräuche, Tabus und Aberglaube	655

Feste und Feiertage	661
Kunst und Kultur	666

Staat und Gesellschaft	**670**
Geschichte	670
Der malaysische Staat	677
Wirtschaft	681
Tourismus	684
Medien	685
Das Schulsystem	686

Karten

Ost-Malaysia	**Umschlag hinten**
West-Malaysia	**Umschlag vorn**
Regionen im Überblick	12

Übersichts- und Detailkarten
West-Malaysia

Alor Setar, Umgebung	73
Cameron Highlands	137
Fraser's Hill	296
Gunung Ledang	214
Ipoh, Umgebung	123
Johor Bahru, Umgebung	219
Kuala Lumpur, Umgebung	184
Kuala Selangor	149
Kuala Terengganu, Umgebung	255
Langkawi	51
Melaka, Umgebung	211
Mersing, Umgebung	281
Nordostküste	**222**
Nordwestküste	**42**
Pangkor	132
Penang	76
Penang, Nationalpark	99
Pulau Perhentian	236
Pulau Redang	243
Seremban, Umgebung	193
Südostküste	**264**
Südwestküste	**150**
Taman Negara Nationalpark	311
Taman Negara, Kuala Tahan	319
Tioman	283
Zentral-West-Malaysia	**294**

Übersichts- und Detailkarten
Ost-Malaysia und Brunei

Bako-Nationalpark	433
Bandar Sri Aman, Umgebung	436
Brunei	**531**
Gunung-Mulu-Park	459
Kinabalu, Aufstieg	494
Kinabalu, Headquarters	492
Kinabalu, Wanderungen	489
Kuching, Umgebung	426
Labuan	524
Lahad Datu	510
Niah-Nationalpark	451
Ost-Malaysia	**392**
Sabah	**466**
Sandakan, Umgebung	505
Sarawak	**400**
West-Sabah	520

Inhalt

7 Anhang 688

Literaturtipps	690
Mini-Sprachführer Malaiisch	694
Reise-Gesundheits-Information Malaysia	700
Register	707
Die Autoren	720

Internetadressen in diesem Buch

Internetadressen, die über zwei Zeilen verlaufen, sind nur dort mit einem Trennstrich getrennt geschrieben, wo er zur Adresse gehört.

Stadtpläne

Alor Setar	71
Bandar Seri Begawan	534
Beaufort	522
Georgetown	80
Ipoh	112
Johor Bahru	216
Kangar	44
Kapit	442
Kota Belud	518
Kota Bharu	226
Kota Kinabalu	475
Kuah	61
Kuala Kangsar	107
Kuala Lumpur	154
Kuala Lumpur, Zentrum	158
Kuala Terengganu	249
Kuantan	270
Kuching	414
Lumut	127
Marang	257
Melaka (Malakka)	198
Miri	455
Pantai Cenang	64
Ranau	487
Sandakan	502
Seremban	190
Sibu	439
Taiping	101
Tawau	515
Tenorm	523

Karten Singapur

Singapur	**334**
Singapur, Indisches und islamisches Viertel	342
Singapur, Orchard Road	356
Singapur, Sentosa	351
Singapur, Zentrum	**336**

Thematische Karten und Grafiken

Aktivitäten im Überblick	14
Klang Valley Transit System	166
Klima, Ost-Malaysia	635
Klima, Singapur	379
Klima, West-Malaysia	616
Orang Asli	639
West-Malaysia, Regionen	29

1 West-Malaysia | S. 26

Die Trumpfkarte West-Malaysias ist zwar ebenso wie in Ost-Malaysia das Völkergemisch mit seinem Reichtum an unterschiedlichen Kulturen, Religionen und vor allem kulinarischen Genüssen in Verbindung mit vielfach noch kaum berührter Natur. Doch gibt es in diesem Teil des noch jungen, dynamischen Staates vielerorts bereits eine hoch entwickelte touristische Infrastruktur für fast jeden Geldbeutel. Ob Badeurlaub auf **Langkawi (S. 47)** oder **Penang (S. 75)** an der Westküste oder fast überall entlang des rund 500 km langen Ostküstenstrandes, ob Schnorcheln oder Tauchen an den vorgelagerten Inseln im Südchinesischen Meer, ob Dschungeltrecks im riesigen Nationalpark **Taman Negara (S. 310)** oder auf die Berge in den **Cameron Highlands (S. 136),** Reisende kommen hier überall auf ihre Kosten. Nicht zu vergessen sind die quirlige Metropole **Kuala Lumpur (S. 151)** und die historisch bedeutenden Städte **Melaka (S. 197)** an der Südwestküste und **Georgetown (S. 77)** auf der Insel Penang, beide seit 2008 mit dem Prädikat „UNESCO Weltkulturerbe" ausgezeichnet.

2 Singapur | S. 330

Singapur ist eine moderne Metropole, die sich stetig weiter verändert. Hier blüht und grünt es trotz der modernen Architektur allenthalben, hier stehen Sicherheit und Sauberkeit an erster Stelle, sodass sich der Stadtstaat als idealer Einstieg auch für Asienneulinge anbietet. Das Nachbarland Malaysia ist mit Bus, Taxi und Bahn leicht erreichbar, Fähren und andere Schiffe bieten regelmäßige Verbindungen nach Indonesien und der internationale Flughafen der Stadt gehört zu den größten und schönsten der Welt.

Die Regionen im Überblick

 Ost-Malaysia | S. 388

Sarawak (S. 398) steht für Natur und Kultur. Man braucht ein wenig Zeit, um den gesamten Staat mit seinen vielen Nationalparks zu erkunden und auch Abenteuerlust, wenngleich heute fast alle Regionen gut erschlossen sind. Am besten ist es flexibel zu sein, um auf niedrige Wasserstände in Flüssen oder auf andere Widrigkeiten reagieren zu können.

Nach **Sabah (S. 466)** reisen vor allem Bergsteiger und Naturenthusiasten, denn der höchste Berg Südostasiens, der **Mout Kinabalu (S. 488)**, lockt mit einem grandiosen Ausblick, und im Osten des Staates kann man Orang Utans, Nasenaffen und, mit etwas Glück, Elefanten beobachten. Aber auch Strandurlauber und Taucher kommen auf den Inseln vor der Küste voll auf ihre Kosten.

 Brunei | S. 528

Im kleinen, wenig bekannten Sultanat auf Borneo, ragt die goldene Kuppel des Sultanspalastes über den Mangrovenwald, in welchem sich seltene Nasenaffen tummeln. Beschaulich verläuft das Leben in einem der reichsten Staaten der Welt. Dank dem Erdölreichtum verfügt Brunei über intakte tropische Regenwälder gleich außerhalb der Hauptstadt – ein Highlight für Naturbegeisterte. In der Hauptstadt **Bandar Seri Begawan (S. 530)** mit ihren prunkvollen Moscheen lockt ein fernöstlicher Hauch von 1001 Nacht.

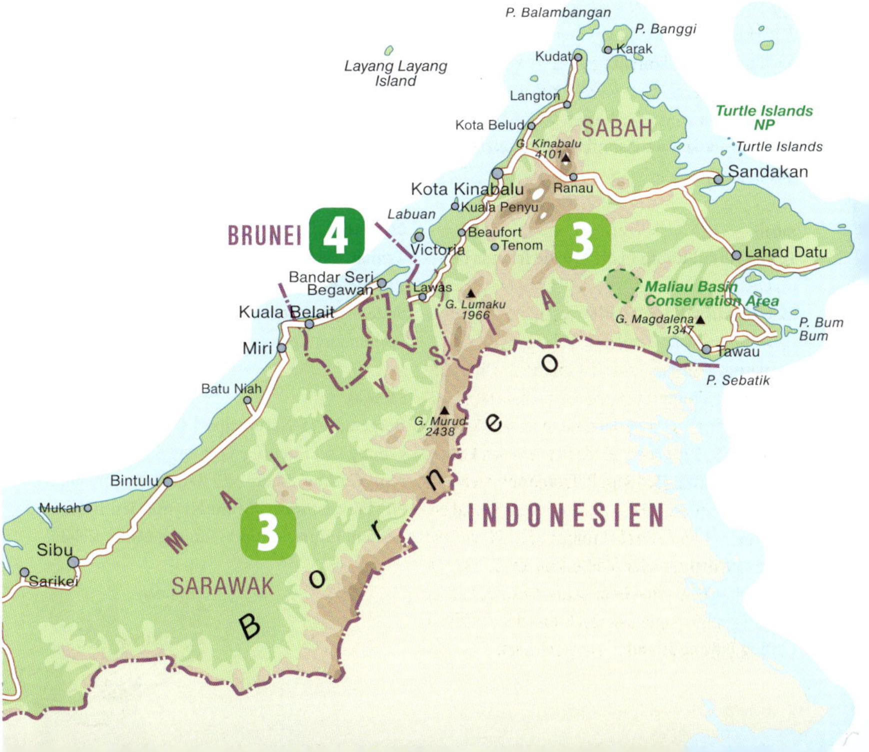

Strände, Inseln

Westküste

Langkawi (mit Payar zum Schnorcheln/Tauchen), Penang, Pangkor.

Ostküste

P. Perhentian, P. Redang, Cherating, Seribuat Archipel mit P. Tioman.

Sarawak

Sematan, Bako- und Similajau National Park (NP).

Sabah

Tunku Abdul Rahman NP, Turtle Islands NP.

Schnorcheln/Tauchen

Westküste

Paya auf P. Tioman.

Ostküste

P. Perhentian, P. Redang, P. Tioman.

Sarawak

Riffe vor Miri.

Sabah

Layang Layang Island.

Dschungeltreks/Berge

Westküste

Perlis State Park, Gunung Raya, Mat Cincang (Langkawi), Gunung Jerai (Kedah), Penang Hill (Penang), Bukit Larut (Taiping), Gunung Korbu (Ipoh), Cameron Highlands, Fraser's Hill, Gunung Ledang (Johor).

Ostküste

Taman Negara mit Gunung Tahan, Kenong-Rimba, Endau-Rompin NP, Gunung Stong State Park, Dschungeltrekks auf den Inseln Perhentian, Redang, Kapas, Tioman etc.

Sarawak

Berge und 15 Nationalparks, z.B. in der Umgebung von Kuching: Gunung Santubong, Serapi, Gading, Bako-NP, Batang Ai NP, Niah NP, Weltnaturerbe Mulu NP mit den Riesenhöhlen, Pinnacles und Gunung Mulu. Kelabit

Aktivitäten im Überblick

Highlands mit Gunung Murud, Mehrtagestreks z.B. nach Pa'tik oder Long Lellang.

Sabah
Kinabalu-Massiv, Sepilok, Danum Valley.

Brunei
Temburong; Singapur: Bukit Timah, MacRitchie Reservoir.

Klettern

Kaki Bukit, Bukit Keteri (Perlis), „Lost World of Tambun" (Themenpark nahe Ipoh, Perak); Bukit Takun, Batu Caves (KL, Selangor), Merapoh, Taman Etnobotani (Gua Musang, Pahang), Tioman (Kampung Nipah).

Sarawak
Batu Lawi, Bau.

Sabah
Kinabalu.

Hochseefischen

Westküste
Pulau Sembilan, Langkawi.

Geschichte, Kultur, Architektur

Bujang Valley (Gunung Jerai, Kedah), Penang, Taiping, Kuala Kangsar, Ipoh, KL, Melaka, Kota Bharu. Teile von Penang und Melaka sind seit 2008 UNESCO Weltkulturerbe.

Essen/Kulinarische Besonderheiten

Penang, Taiping, Ipoh, Cameron Highlands (indische Curries, Steamboat, Erdbeeren mit Sahne), KL, Melaka, Kota Bharu und Kuala Terennganu, Singapur.

Individuelle Reiserouten

Bei den Reisevorbereitungen stellt sich unweigerlich die Frage: **Welche Orte besuchen, welche auslassen?** Entscheidend ist, wieviel Zeit Sie zur Verfügung haben. Und wo liegen Ihre Interessen? Strände mehr zum Entspannen oder Inseln zum Schnorcheln oder Tauchen, oder solche mit ebenso gutem Potential zum Erholen? Lieben Sie Dschungelwanderungen und andere Naturabenteuer? Sind Sie Gourmet und interessieren sich insbesondere für die kulinarischen Feinheiten der drei beschriebenen Länder? Wollen Sie vor allem einkaufen und Städte erleben? Reisen Sie mit Kindern und wollen auf deren Bedürfnisse Rücksicht nehmen? Oder interessieren Sie sich für Kultur, Kunst, Architektur?

Viele Besucher Malaysias begnügen sich mit einem Aufenthalt auf der **Halbinsel**. Dabei hat Ost-Malaysia mit **Sabah** und **Sarawak** so viel zu bieten, dass die, die dort waren, oft bereut haben, zu wenig Zeit dafür eingeplant zu haben. Manche raten, gleich ganz auf West-Malaysia zu verzichten. Wer sich für Urwaldabenteuer und das Leben von Menschen fern urbaner Zentren interessiert, kann das auch auf der Halbinsel haben. Die meisten Reisenden bleiben nicht lange genug in Malaysia, um alles „Wichtige" gesehen zu haben; bei Singapur und Brunei ist das anders. Da reichen jeweils ein paar Tage. Hier einige Vorschläge:

Das Wichtigste in West-Malaysia (März–Oktober)

Ankunft KL – Flug nach Langkawi – Fähre nach Penang – Bus in die Cameron Highlands – Minibus nach Kuala Besut zur Fähre – Pulau Perhentian – Kota Bharu (hierher auch direkt über East-West-Highway von Penang möglich) – über Kuala Lipis (Bus oder Bahn) zum Taman Negara bzw. direkt per Minibus von Kuala Besut – Kuantan (eventuell vorher Abstecher zu Lake Chini und von Kuantan nach Cherating) – Mersing – Tioman oder andere Inseln des Seribuat-Archipel – Melaka – KL. **Zeitbedarf für diese Route etwa 3 Wochen.**

Singapur mit West-Malaysia

März–Oktober

Singapur – Johor Bahru – Mersing (Tioman oder andere Inseln des Seribuat-Archipel, bei genügend Zeit ggf. 2 Tage Endau-Rompin Nationalpark – ggf. Cherating – Kuala Terenganu – Pulau Redang oder Perhentian – Kota Bharu – Kuala Lipis – Taman Negara oder Kenong-Rimba-Park – KL – Cameron Highland – Penang (ggf. Langkawi, Flug zurück nach KL) – Melaka – Singapur. **Der Zeitbedarf für diese Route beträgt etwa 3 Wochen.**

Oktober–März

Während des **Nordost-Monsuns** (November bis Februar) sind viele Anlagen auf den Inseln entlang der Ostküste **geschlossen!** An Stränden des Festlands wie Cherating gibt es aber auch ganzjährig geöffnete Anlagen. Der Taman Negara war früher um diese Zeit geschlossen, mittlerweile ist auch er ganzjährig geöffnet. Langkawi, Penang, Pangkor an der Westküste haben während dieser Zeit ihre Hauptsaison.

Vor der Reise

Botschaften und Informationsstellen

Malaysia und **Singapur** unterhalten in verschiedenen mitteleuropäischen Ländern Botschaften und Fremdenverkehrsbüros (Tourism Malaysia). Sie senden auf Anfrage umfangreiches Prospektmaterial zu. **Brunei** betreibt keine Fremdenverkehrsbüros im Ausland. Informationen erhält man bei den Botschaften.

Botschaften und Konsulate

- **Internet:** www.kln.gov.my/web/guest/mission.
- **Deutschland:** Malaysische Botschaft, Klingelhöferstr. 6, 10785 Berlin, Tel. 030 8857 490, Fax 8857 4950.
- **Österreich:** Malaysische Botschaft, Floridsdorfer Hauptstr. 1–7, Florida Tower, 24. Stock, 1210 Wien, Tel. 01/505 10 42, Fax 505 79 42.
- **Schweiz:** Malaysische Botschaft, Jungfraustr. 1, 3005 Bern, Tel. 031/350 4700, Fax 350 4702.

Singapur
- **Internet:** www.mfa.gov.sg (unter „Missions").
- **Deutschland:** Botschaft von Singapur, Voßstr. 17, 10117 **Berlin,** Tel. 030 2263 430, Fax 030/2263 4375.
- **Österreich:** Honorargeneralkonsulat von Singapur, Am Stadtpark 9 *(Raiffeisen Zentralbank),* 1030 **Wien,** Tel. 01 7170 71250, Fax 7170 71656.
- **Schweiz:** Konsulat von Singapur, Avenue du Pailly 10, 1219 **Châtelaine,** Tel. 022 7950 101, Fax 7968 381.

Brunei
- **Deutschland** (auch zuständig für Österreich und die Schweiz): Botschaft von Brunei Darussalam, Kronenstr. 55–58, 10117 Berlin, Tel. 030 2060 760, Fax 2060 7666.

Weitere diplomatische Vertretungen und Reisehinweise zu den Transitländern neben Hinweisen zur **Sicherheitslage** erteilen:

- **Deutschland:** www.auswaertiges-amt.de (Reise und Sicherheit), Tel. 03018 17 2000, Fax 03018 17 51000.
- **Österreich:** www.bmeia.gv.at (Bürgerservice), Tel. 05 01150 4411, Fax 05 01159-0 (05 immer vorwählen).
- **Schweiz:** www.dfae.admin.ch/eda/de (Vertretungen), Tel. 031-3238484.

Diplomatische Vertretungen für Deutschland, Österreich und die Schweiz in Malaysia, Singapur oder Brunei finden Sie im Kapitel „Praktische Tipps" unter dem Stichwort „Notfall".

Fremdenverkehrsbüros

- **Malaysia Tourism Promotion Board,** Weissfrauenstr. 12–16, 60311 Frankfurt/M., Tel. 069 4609 23420, Fax 4609 23499, www.tourismmalaysia.de.
- **Singapore Tourism Board,** www.yoursingapore.com.
- **Brunei Tourism,** www.tourismbrunei.com.

Achtung

Da sich die Einreisebedingungen kurzfristig ändern können, raten wir sich kurz vor der Abreise beim **Auswärtigen Amt** (www.auswaertiges amt.de, bzw. bmaa.gv.at oder www.dfae.admin.ch) oder der jeweiligen Botschaft zu informieren

Informationen aus dem Internet

■ **Borneo Travel Network**
www.borneotravelnetwork.com/
Informationen für Ost-Malaysia. Angebote für Unternehmungen wie Trekking, Wandern und River-Rafting, Hotelinformationen und eine Suchmöglichkeit nach Aktivitäten bzw. Regionen. Die meisten Angebote können gleich online gebucht werden. www.sarawaktourism.com

■ **Malaysische Tourismusbehörde**
www.tourismmalaysia.de

■ **Malaysia Tipps**
www.journeymalaysia.com
Aktivitäten (auch online buchbar),
Transport (z.B. Busverbindungen), Hotels.
www.emmes.net
Schwerpunkt Langkawi (deutsch/englisch).

■ **Malaysia Search Engines**
www.philb.com/cse/malaysia.htm
Listet 31 malaysische Suchmaschinen.

■ **Fluglinien**
www.malaysiaairlines.com
www.berjaya-air.com
www.maswings.com.my
(Flüge innerhalb Sabah und Sarawak)

■ **Billigfluglinien**
www.airasia.com
Immer mehr Ziele ab/nach KL.
www.tigerairways.com
Flüge ab Singapur, Clark/Philippinen, Melbourne.
www.jetstarasia.com
Viele Ziele in Asien.

■ **Int. Flughafen KL (KLIA)**
www.kliaekspres.com
Flugplatzinfo.
www.klia.com.my
Zugverbindung KLIA.

■ **Eisenbahn**
www.ktmb.com.my

■ **Fotos**
www.photomalaysia.com/forums

■ **Events**
www.tourism.gov.my/
Offizielle Website des Malaysia Tourism Board.

www.emmes.net
Infos über Malaysia auf deutsch/englisch.
www.journeymalaysia.com
Unternehmungen in der Natur,
auch online Buchungen möglich.

■ **Natur**
www.naturemalaysia.com/index.htm
Natur, Hügel, Berge.

■ **MariMari**
www.marimari.com
Hotel-, Travel- und Tourservice; Infos zu Events, Shopping, Spezialitäten etc.

■ **Welcome To The Star Online Malaysia**
www.thestar.com.my/
Die englischsprachige Tageszeitung „Star".

■ **Rain or Shine Weather**
www.accuweather.com/
Der Wetterbericht für KL (und weltweit).

■ **Sarawak Tribune On Line**
www.jaring.my/tribune/
Sarawaks Tageszeitung.

■ **Malaysia National Parks**
www.geographia.com/malaysia/
Infos zu Malaysias Nationalparks.

■ **Kuala Lumpur Online**
www.kl-hotels.com/
Informationen zu Kuala Lumpur
mit Hotelverzeichnis und Shopping-Guide.

■ **Tauchen in Malaysia und auf Borneo**
www.schoener-tauchen.com/borneo.htm
www.kjc.gov.my/english/weather/forecast/ship.html (Seewetterbericht)

■ **Asia One News Stand**
www.asia1.com.sg/
Übersicht über Tageszeitungen, die online vertreten sind. Für Singapur, Malaysia, Brunei und andere asiatische Staaten.

■ **Deutsche Botschaft Singapur**
www.sing.diplo.de

■ **Singapore Tourism Board**
www.yoursingapore.com
Hotels, Shopping, Ausflüge, Sehenswürdigkeiten und Veranstaltungen im Stadtstaat.

Ein- und Ausreisebestimmungen

Malaysia

Visum
Für die Einreise ist ein **Reisepass** erforderlich. Er muss zum Zeitpunkt der Einreise noch sechs Monate gültig sein.

Kinder, die aus Deutschland ein- und ausreisen brauchen ein **eigenes Reisedokument,** ein Eintrag im Reisepass eines Erziehungsberechtigten reicht nicht mehr aus!

Kein Visum benötigen Staatsangehörige des Commonwealth, Irlands, Liechtensteins, der Niederlande, San Marinos und der Schweiz (falls keine Beschäftigung gesucht wird).

Bei einem **Aufenthalt bis zu drei Monaten** brauchen Angehörige folgender Staaten ebenfalls kein Visum: Deutschland, Österreich, Belgien, Luxemburg, Italien, sämtliche skandinavischen Staaten, Tschechien, Slowakei und Ungarn. Angehörige der ASEAN-Staaten und Frankreichs, Polens, Bosnien-Herzegowinas, Kroatiens, Sloweniens und Südafrikas können für einen Monat visumfrei einreisen. Nicht einreisen dürfen Bürger Israels und Rest-Jugoslawiens.

Das Äußere spielt bei der Gewährung des Zeitraums eine Rolle. Heruntergekommene Traveller sieht man in Asien wohl nirgends gern. Auch in Malaysia heißt man lieber ordentlich gekleidete Reisende willkommen. Sonst gibt es nur eine zweiwöchige Aufenthaltsgenehmigung in den Pass gestempelt, oder man wird erst gar nicht ins Land gelassen. Das dürfte jedoch selten vorkommen.

Wenn man den Aufenthalt **verlängern** möchte, muss man zum nächstgelegenen *Immigration Office* gehen (pro Staatshauptstadt eines).

Social oder Tourism: Wer aus einem der Länder ohne Visumzwang bis drei Monate stammt und seinen Aufenthalt verlängern will, dem wird in der Regel eine Verlängerung von drei Monaten bewilligt. Man kann keine Verlängerung von mehr als drei Monaten auf einmal beantragen. Wenn die Verlängerung nicht gewährt wird, muss man das Land verlassen und dann wieder einreisen. Mit diesem Visum ist es weder erlaubt zu arbeiten, noch Geschäfte zu tätigen oder Vorträge politischer Natur zu halten.

Business: Dieses Visum gilt einen Monat und wird kostenlos für Personen ausgestellt, die nur aus geschäftlichen Gründen ins Land kommen. Man kann es verlängern. Die ersten drei Monate sind kostenfrei, danach 5 RM pro genehmigtem Monat.

Professional: Dieses Visum muss rechtzeitig vor Einreise beantragt werden und ist reserviert für Experten, Künstler, Entertainer u.Ä., die vorübergehend in Malaysia berufstätig sein wollen. Die Gebühr beträgt 45 RM pro genehmigtem Zeitraum (meist zunächst sechs Monate, später ein Jahr).

Temporary Employment: Dieses Visum wird für einen Zeitraum bis zu drei Jahren ausgestellt und gestattet Berufstätigkeit als Techniker, Facharbeiter o.Ä. bei einer anerkannten Organisation (vorausgesetzt, diese hat die Fachkraft ins Land geholt). Die Gebühr beträgt 20 RM pro Zeitraum.

Es gibt noch weitere Visatypen, z.B. *Employment* und *Dependant Pass* (für Berufstätige und deren Angehörige); *Student Pass* (für Schüler und Studenten), *Landing Pass* (für Seeleute), *Entry Permit* (für solche, die Daueraufenthalt beantragen können).

Wer länger im Land herumreist und ein entsprechendes langfristiges Visum hat und dabei das Land ab und zu verlassen will oder muss, kann ein **Multiple Re-Entry Visum** beantragen: Damit erspart man sich einen Neuantrag. Dieses Visum wird für einen Zeitraum von bis zu sechs Monaten gewährt bzw. weniger, wenn das Haupt-Visum nicht so lange gültig ist.

Schon immer musste bei der Einreise die Frage beantwortet werden, ob man innerhalb der letzten sechs Tage in Afrika oder Südamerika gewesen ist. Bei einer positiven Antwort war der Nachweis über eine Impfung gegen Gelbfieber zu erbringen. Im Zeitalter der „neuen" Krankheiten, die zumindest durch die internationalen Medien über die Menschheit hereinbrechen, kann es durchaus vorkommen, dass die Einreise durch Formalitäten aufwendiger wird. In Malaysia musste man 2009 „nur" ein zusätzliches Formblatt ausfüllen, in dem neben den Passdaten auch das Beförderungsmittel abgefragt wurde. Zudem musste man angeben, wo man während des Aufenthaltes wohnen würde, welche Länder man in den letzten Tagen besucht habe und ob man spezifische Krankheitsanzeichen spüre. In Singapur musste ebenfalls ein solches Formular ausgefüllt werden, zusätzlich wurde aber auch die Körpertemperatur jedes Ankommenden mit Hilfe moderner Scanner überprüft.

Zollbestimmungen

In der Regel wird nicht kontrolliert. **Zollfrei** eingeführt werden dürfen:

- 200 Zigaretten, 50 Zigarren oder 225 g Tabak
- 1 Liter alkoholische Getränke
- Parfum zum Eigengebrauch
- bis zu 100 Streichhölzer (!)
- Geschenkartikel bis zum Wert von 200 RM
- das übliche Reisegepäck inkl. Kameras usw.
- Pro Person 1 Fahrzeug kann für einen Zeitraum von drei Monaten zollfrei eingeführt werden, vorausgesetzt, es ist offiziell zugelassen.

Theoretisch kann auf zollpflichtige Produkte wie Videokameras, Computer u.Ä. eine **Kaution** erhoben werden. Sollte man dieses Pech haben, achte man darauf, dass man eine offizielle Quittung erhält, sonst bekommt man bei der Ausreise das Geld nicht zurück.

Verboten sind Pornos, Stichwaffen und Drogen (die Todesstrafe kann bereits beim Besitz von geringen Mengen Heroin, Opium oder Cannabis ausgesprochen werden!).

Achtung! Vor allem am Grenzübergang zwischen Johor Baru/Malaysia und Singapur wird das Gepäck durchleuchtet, wenn man mit dem Bus einreist. Probleme kann es mit **Tauchermessern** geben. Die gelten nur dann als „Werkzeug" und sind legal einzuführen, wenn man den Bedarf nachweisen kann, z.B. mit seinem Tauchzertifikat.

Für mitgeführte **Tiere** wird eine Gesundheitsbescheinigung aus dem Ursprungsland verlangt. Der *Director General of Veterinary Services* kann bei der Einreise dann eine Importgenehmigung gewähren.

Devisen kann man in jeder Menge ein- und ausführen. Sie müssen seit Anfang 2010 jedoch deklariert werden, wenn sie einen Wert von umgerechnet 10.000 US$ übersteigen. Der Wert deklarierter Devisen darf bei der Ausreise nicht höher sein als bei der Einreise. Im Falle von Deklaration sollte man die Devisenerklärung im Reisepass bis zur Ausreise aufbewahren. Der Rücktausch von malaysischer Währung ist unproblematisch.

- **Adresse der Zollbehörde:**

Royal Malaysian Customs Headquarters, Ministry Of Finance Complex, No. 3 Persiaran Perdana, Precinct 2, 62596 Putrajaya Tel. 03 8882 2100/2300/2500 *Customs Call Center:* Tel. 037806 7200, www.customs.gov.my.

Öffnungszeiten: Mo–Fr 7.30–17.30 Uhr, Mittagspause 13–14, Fr 12.15–14.45 Uhr.

Bereits seit 1994 gibt es in Malaysia ein Gesetz, das **Rauchen** in öffentlichen Gebäuden verbietet, wozu: Theater, Krankenhäuser, Fahrstühle, Spielhallen, Taxis und klimatisierte Restaurants zählen. 50 RM stehen als Strafe bei Zuwiderhandlungen bzw. dem Verkauf von Zigaretten an Minderjährige.

Singapur

Visum

Bei der Einreise nach Singapur erhält man nach Vorlage eines gültigen Reisepasses eine **Aufenthaltserlaubnis** für 30 Tage bei Einreise mit dem Flugzeug und 14 Tage bei Einreise auf dem Land- oder Seeweg. Das Visum kann verweigert werden, wenn man kein Ausreiseticket bzw. nicht genügend finanzielle Mittel nachweisen kann. In der Regel wird das jedoch nicht kontrolliert.

Deutsche, Schweizer, Österreicher und Niederländer können das Visum beim *Immigration Department* auf drei Monate verlängern.

■ **Singapore Immigration and Checkpoint Authority,** ICA Building, Kallang Building 10, Tel. 6391 6100.

Visumverlängerungen bedeuten bürokratischen Aufwand. Diese Hürden kann man aber umgehen, indem man kurz nach Malaysia (Johor Bahru) ausreist und bei der erneuten Einreise wieder das 14-Tage-Visum erhält.

Wie bei allen Ländern Südostasiens gilt auch für die Einreise nach Singapur der Tipp, möglichst „ordentlich" und sauber gekleidet an der Grenze zu erscheinen. Viele unnötige Fragen (z.B. nach der Reisekasse) können dadurch vermieden werden. Die *Immigration-Card*, die vor der Einreise ausgefüllt werden muss, sollte leserlich sein.

Im Zeitalter globaler Krankheiten (z.B. SARS und AIDS) hat Singapur mit effizienten Maßnahmen reagiert. Jeder Reisende muss auf der *Immigration Card* angeben, ob eine ansteckende Erkrankung, Husten, Fieber o.Ä. akut vorliegt. Da nicht jeder wahrheitsgemäß antwortet, gibt es an den Einreisepunkten sogenannte **computergestützte Screenings**, die im Bedarfsfall jeden Reisenden bezüglich der Körpertemperatur und Entzündungsherden checken.

Tipp: Wer öfter nach Singapur einreisen will, kann sich gleich beim ersten Mal mehrere *Immigration Cards* besorgen; man vermeidet so beim nächsten Mal längere Wartezeiten an der Grenze. Dies gilt insbesondere für die Einreise von Johor Bahru mit dem Bus.

Zollbestimmungen

Jeder Reisende kann Waren in Mengen zum persönlichen Bedarf zollfrei einführen. Dazu gehören etwa Foto- oder Filmausrüstung, Radio, Laptop, Sportausrüstung und Schmuck. Zollfrei dürfen auch ein Liter Spirituosen, ein Liter Wein oder Bier eingeführt werden. Die Einfuhr von **Zigaretten,** anderen Tabakprodukten und größeren Mengen **Kaugummi** ist strengstens verboten.

Wer ein **Fahrzeug** mitnehmen will, muss ein *Carnet de passages* besitzen.

Spezielle **Genehmigungen** benötigt man für die Einfuhr von Waffen und waffenähnlichen Gegenständen, Tieren (lebend oder tot), Fleisch, Pflanzen, Giften und Impfstoffen.

Die Vorschrift bezüglich der **Waffen** wird besonders für Leute wichtig, die aus anderen Ländern Südostasiens einreisen und Souvenirs mitbringen. Man zählt in Singapur nämlich auch einen **Kris** und selbstverständlich ein **Blasrohr** zu Waffen. Um einer Strafe zu entgehen, sollte man derartige Dinge direkt bei der Einreise am Zoll deklarieren. Die Zöllner nehmen einem dann die „Waffen" ab, stellen eine Quittung aus und verwahren die Mitbringsel (auch monatelang) sicher bis zur Abreise. Bei der Ausreise kann man sie dann wieder abholen.

Wer auf das geliebte Stück aber auch in Singapur nicht verzichten kann oder auf einem anderen Weg ausreisen will, muss sich ein **Permit** für den Transport durch die Stadt zu besorgen. Man zeigt die Quittung vom Zoll bei der **Singapore Police Force** und beantragt das Permit. Gelegentlich hilft aber auch schon der Zoll.

■ **The Customs Duty Officer,** Duty Office Terminal 1, Singapore Changi Airport, Tel. 6542 7058 oder Terminal 2, Tel. 6543 0755.

Das Permit gilt nur 7 Tage. Wer länger in der Stadt bleiben möchte, sollte sich das Permit also erst zum Ende des Aufenthalts besorgen, um nicht mehrmals zu zahlen. Mit dem Permit erhält man dann beim Zoll seine „Waffen". Es ist unbedingt notwendig, das Permit aufzuheben, um es gegebenenfalls bei Polizeikontrollen vorzeigen zu können.

Devisen: Es bestehen keine Beschränkungen bezüglich der Ein- und Ausfuhr von Geld und Schecks.

Rauchverbot: Seit 2006 herrscht in Singapur ein striktes Rauchverbot, das nach jahrelangen Kampagnen eingeführt wurde. Die Zahl der Raucher ist in den letzten Jahren auf 14 % zurückgegangen, sicherlich auch wegen der hohen Kosten von mittlerweile 10 S$ pro Packung. Das Rauchverbot gilt an Bushaltestellen und in öffentlichen Bädern und Toiletten. Restaurant- und Barbetreiber mussten zusätzlich zu den Raucherzonen Ventilationssysteme einbauen, die Nichtraucher vor den Gefahren des Passivrauchens schützen sollten. Bei Nichteinhaltung dieser Auflagen wird ein generelles Rauchverbot ausgesprochen.

Mittlerweile hat sich das „rauchfreie" Singapur soweit durchgesetzt, dass man in verschiedenen Zonen auch wieder rauchen darf. Diese Zonen sind in offenen Restaurants plakatiert oder befinden sich vor Hotels und Malls auf Gehsteigen.

Drogen

Wie in Malaysia stehen auch in Singapur **harte Strafen** auf den Besitz von Drogen (auch Marihuana und Haschisch). Den Besitzer erwarten lange Gefängnisstrafen, auf den Handel mit Drogen, besonders mit Heroin, steht die **Todesstrafe**. Als „Händler" gilt, wer mehr als 15 g Drogen besitzt.

Brunei

Visum

Staatsangehörige von Deutschland und Österreich erhalten bei der Einreise eine Aufenthaltserlaubnis von maximal 30 Tagen. **Personen mit einem Pass der Schweiz oder Liechtensteins** dürfen maximal 14 Tage in Brunei bleiben. Pässe müssen bei der Einreise noch mindestens 6 Monate gültig sein.

Bei der Einreise werden offiziell ein Rückflugticket und genügend Geldmittel verlangt – kontrolliert wird dies nur bei Personen, die einen heruntergekommenen Eindruck machen.

Zollbestimmungen

Zollfrei eingeführt werden dürfen 200 Zigaretten oder 50 Zigarren oder 250 Gramm Tabak sowie (für Nichtmuslime) zwei Flaschen Wein und zwölf Büchsen Bier sowie eine angemessene Menge Parfum. Alkohol muss bei der Einreise auf einem Formular deklariert und darf nur zum Eigenverbrauch verwendet

▷ Eine der aktivsten Fluggesellschaften in ganz Asien – Air Asia

werden. Ansonsten drohen im strenggläubigen Brunei massive Strafen.

Bei der Ankunft im Flughafen von Brunei werden alle **Gepäckstücke** vom Zoll durchleuchtet. Die Kontrollen bei der Einreise per Boot oder auf dem Landweg sind weniger streng. Allerdings kann es Reisenden, die einen sehr ungepflegten Eindruck machen, durchaus passieren, dass ihnen die Einreise gänzlich verweigert wird.

Es gibt weder für den Brunei-Dollar noch für ausländische Währungen **Devisenbestimmungen;** die Ein- und Ausfuhr von Währung ist gestattet und nicht deklarationspflichtig.

Auf **Drogenschmuggel** steht in Brunei die **Todesstrafe.**

Rückreise nach Europa

Bei der Rückreise gibt es auch auf europäischer Seite **Freigrenzen, Verbote und Einschränkungen.** Folgende **Freimengen** darf man zollfrei einführen:

■ **Tabakwaren** (für Pers. ab 17 Jahren): 200 Zigaretten oder 100 Zigarillos oder 50 Zigarren oder 250 g Tabak oder eine anteilige Zusammenstellung dieser Waren.
■ **Alkohol** (für Pers. ab 17 Jahren) **in die EU:** 1 l Spirituosen (über 22 Vol.-%) oder 2 l Spirituosen (unter 22 Vol.-%) oder eine anteilige Zusammenstellung dieser Waren, und 4 l nicht-schäumende Weine, und 16 l Bier; **in die Schweiz:** 2 l bis 15 Vol.-% und 1 l über 15 Vol.-%.
■ **Andere Waren** (in die EU): für See- und Flugreisende bis zu einem Warenwert von insgesamt 430 €, alle Reisende unter 15 Jahren 175 € (bzw. 150 € in Österreich); (in die Schweiz): neu angeschaffte Waren für den Privatgebrauch

bis zu einem Gesamtwert von 300 SFr. Bei Nahrungsmitteln gibt es innerhalb dieser Wertfreigrenze auch Mengenbeschränkungen.

Wird die Wertfreigrenze überschritten, sind **Einfuhrabgaben** auf den Gesamtwert der Ware zu zahlen und nicht nur auf den die Freigrenze übersteigenden Anteil.

Einfuhrbeschränkungen bestehen u.a. für Tiere, Pflanzen, Arzneimittel, Betäubungsmittel, Feuerwerkskörper, Lebensmittel, Raubkopien, verfassungswidrige Schriften, Pornografie, Waffen und Munition; in Österreich auch für Rohgold und in der Schweiz auch für CB-Funkgeräte.

Nähere Informationen
- **Deutschland:** www.zoll.de oder Tel. 0351 44834510.
- **Österreich:** www.bmf.gv.at oder Tel. 01 51433564053.
- **Schweiz:** www.ezv.admin.ch oder Tel. 061 2871111.

Weiterreise von den Nachbarländern

Bei einer längeren Südostasienreise sollte die Routenplanung wohlüberlegt sein. Möglich wäre beispielsweise auch die Anreise von Europa zunächst nach Bangkok. Von dort aus kann man mit dem Bus oder – bequemer – mit dem Internationalen Express nach Malaysia fahren, das kostet z.B. in der 2. Klasse inkl. Liegeplatz nur rund 25 € bis Penang.

Wählt man **Bangkok** als ersten Zielort, kann man per Flug, Bus oder Bahn täglich nach West-Malaysia weiterreisen. Die Reiseroute hängt dann davon ab, was man in Thailand noch „mitnehmen" will.

Die **Zugverbindung von Bangkok nach Penang** mit dem International Express gilt trotz der Unruhen im Süden Thailands noch als sicher. Wer von Hat Yai mit dem Zug nach Sungai Golok fahren will, sollte unbedingt die **Sicherheitswarnungen** für den Zeitpunkt der Reise beachten, da der Zug einige der unruhigen moslemischen Provinzen durchquert.

Wer lieber fliegen will, kann z.B. mit der Billigflugline *Air Asia,* www.airasia.com (s.u.) von Bangkok direkt nach Penang oder Kuala Lumpur fliegen und sich sein Ticket am Computer reservieren und ausdrucken lassen.

Von **Singapur** aus nimmt man den Stadtbus 170 oder den Johore Singapur Express ab Queen Street und kommt damit nach Johor, von wo man per Bus oder Langstreckentaxi andere Ziele in West-Malaysia ansteuern kann. Ab „Golden Mile" Shopping Complex, wo man sich fast nach Thailand versetzt fühlt, gibt es viele Busse, die in Richtung Norden fahren, u.a. nach Kuala Lumpur, Ipoh, Penang, Haad Yai. Auch mit dem Zug kann man Singapur in Richtung Malaysia verlassen, allerdings nur noch ab MRT-Bahnhof Woodlands im Norden. Bitte beachten Sie, dass sowohl Bus- als auch Zugfahrkarten und Flugtickets nach Malaysia spürbar teurer sind, wenn sie in Singapur statt im benachbarten Johor Bahru gekauft werden.

Auch aus **Indonesien** kann man nach West-Malaysia und Singapur einreisen: entweder per Flugzeug von Bali bzw. Jakarta nach KL oder von Medan nach Penang. Außerdem gibt es die Verbindung von Pekanbaru auf Sumatra nach Melaka oder die Fähre von Belawan/Medan nach Penang. Von der Insel Batam und Bintan kommt man per Schiff nach Singapur.

Singapur ist der **zentrale Verkehrsknotenpunkt** Südostasiens. Es bestehen fast täglich Flugverbindungen zu allen wichtigen Städten der Region. Sowohl KL als auch Singapur sind natürlich an das weltweite Flugnetz angeschlossen, sodass man auch aus Fernost, z.B. Tokio, Hong Kong, Manila und anderswo anreisen kann.

Eine direkte Anreise nach Ost-Malaysia (Sarawak und Sabah) ist nur aus Ländern Südostasiens möglich. Praktisch bedeutet dies, dass Reisende aus Europa erst nach West-Malaysia, Singapur oder Indonesien fliegen und von dort den Weiterflug nach Sarawak oder Sabah antreten müssen.

Tipp: Seit einigen Jahren gibt es auch in Malaysia eine **Billigairline.** *Air Asia* fliegt ab Kuala Lumpur zu fast jedem Ort in Malaysia und nach Singapur und das zu einem Bruchteil des regulären Preises. Da die Tickets im Ausland fast ausschließlich über das Internet, in Malaysia aber auch über spezielle Reisbüros gebucht werden können, spielt der Zeitpunkt eine große Rolle: Wer sehr früh bucht, bekommt meist billigere Tickets, aber wenn kurz vor Abflug noch Plätze frei sind, werden sie wieder billiger. *Air Asia* fliegt in der Regel zu den weniger gefragten und preiswerteren Zeiten, früh morgens, abends usw. und kommt damit der staatlichen Fluglinie *MAS* entgegen.

Allerdings haben Flüge mit Air Asia auch ihre Tücken. Dies zeigt sich im Bereich **Pünktlichkeit** und **Schadensabwicklung.** Ist ein Gepäckstück beschädigt, beruft man sich auf den Status „Billiganbieter" und gewährt nur geringe Ausgleichszahlungen. Schlimmer kann aber der Faktor Pünktlichkeit werden. Bucht man sehr frühzeitig, spart man Geld (s.o.), dafür werden dann aber im Laufe der nächsten Wochen und/oder Monate gerne mal Abflugzeiten geändert. Dies führt dann aber eventuell zum Verpassen von Anschlussflügen. Selbst wenn diese mit Air Asia gebucht sind, spielt es keine Rolle.

Fazit: Man kann früh buchen, sollte dann aber keine engen Anschlüsse nehmen (also besser erst am Folgetag) und auch sonst an Flugtagen flexibel sein, dies gilt auch für alle weiteren Planungen am Zielort.

Gesundheitsvorsorge

Wichtige Informationen über Tropenkrankheiten und Impfungen finden sich **im Anhang** dieses Buches.

Impfungen bieten sicherlich einen gewissen Schutz, können aber kleinere oder größere Krankheiten auch nicht völlig verhindern. Das sicherste Mittel, um auf der Reise gesund zu bleiben, ist die gute Gesundheit schon vor der Reise. Dazu gehört auch die Zahngesundheit, denn es ist bestimmt kein Vergnügen, in irgendeinem Dorf in Asien plötzlich zum Zahnarzt zu müssen. Also rechtzeitig vor der Reise zum Zahnarzt gehen!

Siehe auch „Versicherungen" zum Thema Krankenversicherung.

Buchtipps

■ *Dr. Bruce M.-Dürrfeld/Prof. Dr. Eckard Rickels:* **Selbstdiagnose und Behandlung unterwegs,** Praxis-Reihe, REISE KNOW-HOW Verlag
■ *David Werner:* **Wo es keinen Arzt gibt,** REISE KNOW-HOW Verlag

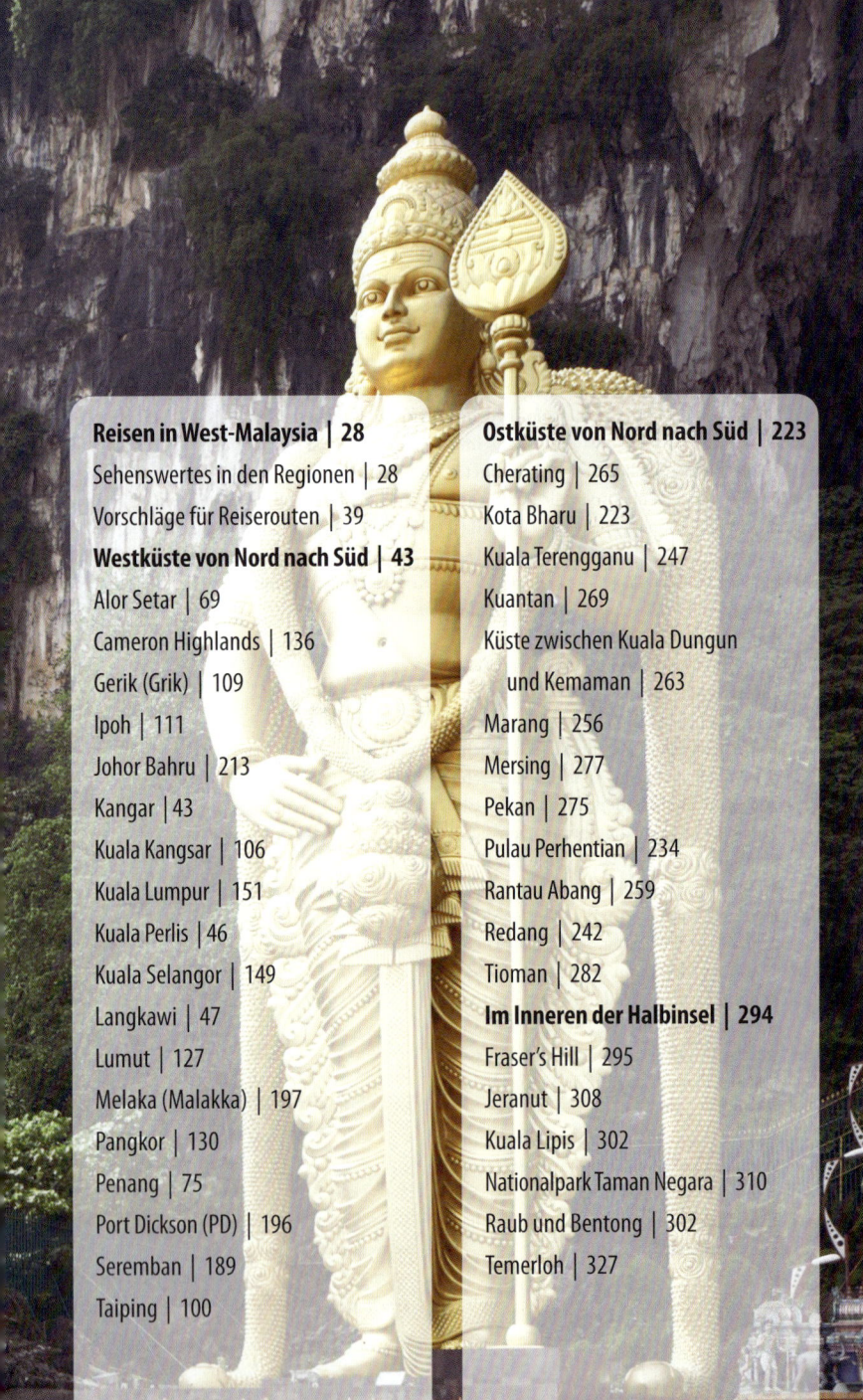

Reisen in West-Malaysia | 28
Sehenswertes in den Regionen | 28
Vorschläge für Reiserouten | 39

Westküste von Nord nach Süd | 43
Alor Setar | 69
Cameron Highlands | 136
Gerik (Grik) | 109
Ipoh | 111
Johor Bahru | 213
Kangar | 43
Kuala Kangsar | 106
Kuala Lumpur | 151
Kuala Perlis | 46
Kuala Selangor | 149
Langkawi | 47
Lumut | 127
Melaka (Malakka) | 197
Pangkor | 130
Penang | 75
Port Dickson (PD) | 196
Seremban | 189
Taiping | 100

Ostküste von Nord nach Süd | 223
Cherating | 265
Kota Bharu | 223
Kuala Terengganu | 247
Kuantan | 269
Küste zwischen Kuala Dungun und Kemaman | 263
Marang | 256
Mersing | 277
Pekan | 275
Pulau Perhentian | 234
Rantau Abang | 259
Redang | 242
Tioman | 282

Im Inneren der Halbinsel | 294
Fraser's Hill | 295
Jeranut | 308
Kuala Lipis | 302
Nationalpark Taman Negara | 310
Raub und Bentong | 302
Temerloh | 327

1 West-Malaysia

Multikulturelle Metropole Kuala Lumpur, UNESCO-Weltkulturerbe in Melaka und Penang, Inselparadiese Langkawi und Pangkor entlang

der Westküste, die Inseln Perhentian, Redang, Tioman sowie Hunderte Kilometer Sandstrand entlang der Ostküste, riesige Dschungelgebiete im Innern.

◁ Murugan-Statue bei den Batu-Höhlen in Kuala Lumpur

REISEN IN WEST-MALAYSIA

Ohne Zweifel kann West-Malaysia mit Indonesien und Thailand, was **Touristenattraktionen** betrifft, nicht mithalten. Das geben selbst die einheimischen Tourismus-Experten zu. Es fehlen alte Kulturdenkmäler von hohem Rang, es fehlen aber auch dramatische Landschaften, wie man sie etwa am Toba-See, der ja nicht weiter von KL entfernt ist als etwa Penang, vorfindet.

Die Reize des Landes liegen also in den **Begegnungen mit den Menschen** in den Städten und *Kampongs* (Dörfern) und in der Natur. Wir haben bewusst viele Anregungen zur **Erkundung der Natur** gegeben; der Kontakt zu den Menschen ergibt sich von selbst, wenn man offen dafür ist.

Wenn ein Land oder Ort nicht so sehr auf Touristen eingerichtet ist, hat das zweifellos seine Vorteile. Kinder betteln nicht um Geld, man ist näher am Alltagsleben der Menschen, kann das entgegengebrachte Lächeln als Zeichen der Gastfreundschaft annehmen.

Malaysia ist – anders als etwa Thailand – eine junge Nation, die zudem durch die Aufteilung in Rassen, in Bumiputra und Nicht-Bumiputra, einen schwierigeren Weg zum gemeinsamen Selbstverständnis zu gehen hat. Überall wird man gefragt: „Wie gefällt dir Malaysia?" oder präziser: „Was eigentlich gefällt dir an unserem Land?", „Wie steht's mit dem Essen?". Oft hat man auch den Eindruck, als bräuchten Malaysier noch Bestätigung zur Hebung ihres nationalen Selbstvertrauens, ganz im Gegenteil etwa zu Thailand, wo die Liebe zur Nation aus nahezu jedem Bürger des Landes spricht. Der anhaltende Wirtschaftsboom seit Beginn der 1990er Jahre hat das nationale Selbstbewusstsein jedoch deutlich gestärkt.

Sehenswertes in den Regionen

Da sich in Malaysia die einzelnen Bundesstaaten dank ihrer Sultane (mit Ausnahme Penangs, Melakas und des Bundesterritoriums, die keine haben) sehr viel Eigenständigkeit bewahrt haben und im Tourismus in der Regel auch getrennte Wege gehen, ist eine Übersicht nach Staaten sinnvoll. Reisende kommen in der Regel auf dem Luftweg in Kuala Lumpur an, nicht wenige aber aus Thailand (per Bus, Bahn, weniger mit dem Flugzeug), wobei sie häufig Penang oder Kota Bharu zur Visaerneuerung für Thailand ansteuern; andere kommen aus Singapur. Es folgt **ein Überblick über Attraktionen in den einzelnen Bundesstaaten.**

Perlis (Indera Kayangan)

Perlis ist mit 795 km² der kleinste Staat Malaysias, gehörte ursprünglich mit zu Kedah, das 1821 von Thailand erobert worden war. Als die Thai 1842 den Sultan von Kedah wieder auf den Thron zurückließen, trennten sie Perlis ab und etablierten das Ländchen als einen Vasallen-Staat. Die Thai überließen Perlis 1909 den Briten, im Zweiten Weltkrieg gaben die Japaner es an die Thai zurück, und mit Rückkehr der Briten wurde es Teil der Malaiischen Union und damit letztlich Malaysias.

Die Bevölkerung (250.000 Einwohner) ist überwiegend malaiisch (78 %), gefolgt von rund 17 % Chinesen; den Rest stellen Inder und eine Thai-Minderheit. Wirtschaftszweige sind Reisanbau, Kautschukplantagen, Fischfang; Obstprodukte sind u.a. Mango *(Harum manis)*; es gibt inzwischen eine Zucker- und eine Zementfabrik.

■ **Padang Besar:** Grenzübergang für Autos (Nebenstrecke) und Bahn; emsiger „kleiner" Grenzverkehr, günstige Geschäfte und Märkte beiderseits der Grenze, Duty-Free-Shop.

Sehenswertes in den Regionen

- **Kaki Bukit:** ehemalige Zinnmine, die man durch einen beleuchteten Plankenweg in der 370 m langen *Gua Kelam* („finstere Höhle") erreicht; es gibt Klettermöglichkeiten.
- **State Park Perlis:** Dschungel und Höhlen, auf der Straße dorthin spektakulärer Blick auf die Zwillingsgipfel **Bukit Chabang**, Wahrzeichen von Perlis.
- **Chuping:** ein spektakulär geformter Kalksteinfelsen, Bukut Chuping, mit prähistorischer Fundstelle, umgeben von Zuckerrohrfeldern.
- **Sungai Batu Pahat:** Golfplatz, Picknickanlage mit kleinem Vogelpark, Schlangenfarm.
- **Kangar:** Die Hauptstadt mit Staatsmoschee, Museum und Naturpark.
- **Arau:** Beschauliches Residenzstädtchen mit Palast und einer königlicher Moschee, Bahnstation.
- **Kuala Perlis:** Fischerei- und Fährhafen, Ausgangspunkt für Fähren nach Langkawi und Thailand (*Satun*).
- **Bukit Kubu:** Höhlenpark nahe Kuala Perlis mit Sultansgräbern und Mineralwasserquelle.

Kedah (Darul Aman)

Kedah, die „Reisschüssel" Malaysias, ist 9426 km² groß. Die malaiische Bevölkerung überwiegt (72 %), gefolgt von Chinesen (19 %) und Indern (8 %), insgesamt fast 2 Mio. Der Staat gilt als der älteste Malaysias. Die Sultansfamilie hat ihre Ursprünge in hinduistischen Zeiten. Kedah ist der einzige Staat, in dem es noch Ruinen aus jener Zeit gibt (Bujang Valley). Das Gebiet des Staates wurde früh besiedelt, da es an den alten Handelsrouten liegt. Dadurch lag es aber auch im Weg verschiedener Eroberer: *Sri Vijaya* aus Sumatra, später die Achinesen (Aceh), die sich das Pfeffermonopol sichern wollten, die Portugiesen, Thai, Briten, Japaner, wieder Thai und Briten. Schließlich trat Kedah ohne anfängliche Begeisterung dem malaiischen Staatenbund bei. Sultan *Abdul Halim* ist gegenwärtiger König Malaysias.

▷ Haus in Georgetown, Penang

- Von historischem Interesse ist das **Bujang Valley** an der Südseite des aus der Ebene aufragenden Massivs des Gunung Jerai/Kedah Peak (1330 m). An der Nordseite liegt der *Sungai Teroi Forest Park*.
- **Alor Setar** selbst bietet einige interessante Gebäude im Thai-malaiischen Mischstil.
- Reste von Festungsanlagen sind in **Kuala Kedah** (bekannt für gute Seafood-Lokale), Siputeh, Kota Sena, Kubang Pasu zu finden.
- Die landschaftliche Hauptattraktion Kedahs ist natürlich die **Insel Langkawi,** genau genommen eine Inselgruppe.
- Weitere landschaftliche Sehenswürdigkeiten: Bei **Puncak Janing**, 25 km nordöstlich, **Batu Hampar**, 32 km südlich Alor Setars und **Sik**, 72 km südöstlich von Alor Setar, gibt es schöne Wasserfälle (die Malaysier lieben ihre Wasserfälle!), in **Baling** einen großen Kalkfelsen über der Stadt.

Penang (Pulau Pinang)

Der Staat besteht aus der Insel selbst (285 km²) sowie einem Stück Festland. Die Gesamtfläche beträgt 1031 km². Die Chinesen haben in Penang mit 59 % die Oberhand, die Malaien hingegen machen ein Drittel der Bevölkerung aus, die Inder liegen mit 7 % wie üblich an dritter Stelle. Die Gesamtbevölkerung beträgt fast 2 Millionen. Die Insel ist zwischen 3 und 12 km vom Festland entfernt.

Früher gehörte sie zu Kedah, dessen Sultan sie 1786 an die *English East India Company* abtrat, weil er sich Hilfe im Kampf gegen die Thai versprach. Bekanntlich hielten sich die Engländer – wie üblich – nicht an das Versprechen. Der Sultan bekam die Insel nicht nur nicht mehr zurück, er musste sogar noch ein gutes Stück Land auf dem Festland hergeben, die frühere Provinz *Wellesley*. Penang war zuvor kaum besiedelt, unter den Briten wuchs seine Bedeutung rasch, und Georgetown wurde eine kosmopolitische Stadt. 1948 schloss sich Penang dem malaiischen Staatenbund an.

- **Penang** ist als Touristenziel seit langem etabliert. Das gut erhaltene Stadtbild von

Georgetown bietet den unproportional gigantischen *Komtar-Tower* (65 Stockwerke), von dem man aber zugegebenermaßen einen fantastischen Blick auf die Stadt hat, eine Reihe alter Bauwerke und das größte Ensemble von Gebäuden aus der Kolonialzeit in ganz Südostasien, wofür sie seit Juni 2008 die begehrte Auszeichnung des UNESCO-Weltkulturerbes besitzt.

■ Landschaftliche Attraktionen sind der **Penang Hill**, auf den eine Zahnradbahn und mittlerweile eine mit Jeep befahrbare Straße führen, der **Botanische Garten** mit Wasserfall und die **Strände**.

■ Auf dem Festland gibt es zahlreiche **Industriebetriebe** (Butterworth), aber keine touristisch relevanten Sehenswürdigkeiten. Allerdings gibt es für Naturfreunde den **Penang Bird Park** (*Taman Burung*) und am **Bukit Merterjam** einen Naturpark.

Perak (Darul Ridzuan)

Der zweitgrößte Staat (21.005 km²) in West-Malaysia war während des Zinn-Booms der reichste Staat im Bund. Das ist nicht mehr der Fall, seit der Weltmarkt für Zinn zusammengebrochen ist und die meisten Zinnminen ihre Förderung mangels Rentabilität einstellen mussten. Ipoh als Stadt der Millionäre zu betiteln, hat man sich hier längst abgewöhnt. Der Puls von Wirtschaft und Industrie schlägt in KL und den anderen Orten des Klang-Valley in Selangor.

In der Bevölkerung (ca. 2,5 Millionen) halten sich Malaien (45 %) und Chinesen (41 %) fast die Waage, der Anteil an Indern ist relativ hoch (14 %).

Im Norden werden Reis und Ananas angebaut, im Süden dominieren Kautschuk- und Palmölplantagen wie überall sonst in Malaysia. In Ober-Perak (Hulu-Perak) wird viel Holz geschlagen. Der Haupt-Marinestützpunkt Malaysias liegt in Lumut, wenige Kilometer vor der Insel Pangkor.

Der zweitgrößte Fluss Malaysias, der rund 400 km lange **Perak** (= Silber) River, durchfließt den gesamten Staat. An seinem Oberlauf, bei Lenggong, sind die bisher ältesten Spuren menschlicher Anwesenheit (etwa 10.000 Jahre alt) auf der Halbinsel gefunden worden.

Der älteste Sohn des letzten Sultans von Melaka gründete 1528 die Perak-Dynastie (der andere ließ sich bekanntlich in Johore nieder). Der Staat rettete seine Unabhängigkeit gegen ausländische Angriffe auf die reichen Zinnvorkommen bis 1874: Zuvor überlebte er Angriffe der aggressiven Achinesen, Holländer, Bugis und Thai. Der Krieg zwischen den rivalisierenden chinesischen Zinnbergarbeitergruppen in Larut (dem heutigen Taiping) schwächte den Staat erheblich, sodass schließlich die Briten erfolgreich eingreifen und die Oberhand mit dem Vertrag von Pangkor 1874 erringen konnten. Der erste Statthalter wurde zwar ermordet, aber dann geriet Perak fest unter britische Kontrolle bis zur Gründung des malaiischen Staatenbundes.

■ **Gerik (Grik):** Ausgangspunkt für East-West-Highway und den Temengor-Stausee, auf dem sich auf einer Insel das *Banding-Resort* und der sehenswerte und wildreiche Royal Belum State Park befindet.

■ **Taiping:** die erste Hauptstadt Peraks (bis 1933); neo-klassische Kolonialarchitektur, landschaftlich reizvoller Lake-Garden (umgebautes Minengelände), Zoo, Perak-Museum, Ausgangspunkt für Fahrten oder Wanderungen zum Maxwell Hill/Bukit Larut; einfache Unterkünfte, Dschungelwanderungen.

■ **Kuala Gula:** Vogelschutzgebiet in den Mangroven westlich Taipings.

■ **Kuala Kangsar:** schöne Ubudiah-Moschee, klassische *Istana Kenangan*, großer Sultanspalast, Malay-College (Elite-Schule), reizvolle Lage am Perak-Fluss.

■ **Sayong:** Dorf bei Kuala Kangsar, bekannt für schwarze Keramik.

■ **Ipoh:** die Hauptstadt mit kolonialer Architektur, chinesischen Geschäftshäusern, Höhlentempeln, prähistorischer Felsmalerei, gutem chinesischen Essen und zahlreichen Freizeitmöglichkeiten. Landschaftlich reizvoll ge-

□ Karte S. 29   **Sehenswertes in den Regionen**   33

legen im Kinta-Tal mit den höchsten Gipfeln der Zentralkette und vielen Kalksteinfelsen.

- **Batu Gajah:** neo-klassische Kolonialgebäude, Vergnügungspark, das „Geisterschloss" *Kellie's Castle*, schöner Hindu-Tempel.
- **Bruas:** das Zentrum eines alten malaiischen Königreiches mit Siedlungsresten.
- **Pangkor:** gute Strände, Schnorcheln teils möglich (Pangkor Laut, Emerald Bay, jedenfalls besser als Penang); holländische Festung.
- **Perak-Flusstal:** zwischen Parit und Kampong Gajah: Hier gibt es Sultansgräber, z.B. *Pasir Salak.*
- **Teluk Intan (Teluk Anson):** ein chinesischer schiefer Turm aus dem Jahre 1885.
- **Tapah:** Südlicher Ausgangspunkt für Fahrt in die Cameron Highlands von Westen her; unterwegs Dschungelpark von *Kuala Woh.*

Selangor (Darul Ehsan)

Selangor ist der Staat, der das Bundesterritorium mit *Kuala Lumpur* umgibt. Seine Fläche beträgt 7956 km², die Gesamtbevölkerung über 5 Millionen Menschen, davon 44 % Malaien, 37 % Chinesen und 18 % Inder. Das Klang Valley mit den Städten Petaling Jaya (sowohl Industrie- als auch Schlafstadt Kuala Lumpurs), Shah Alam (Hauptstadt), Klang, Port Klang (zweitgrößter Hafen Malaysias) erhält zunehmende Bedeutung als Standort von großen Industrieanlagen.

Der wichtigste Fluss Selangors war seit jeher der Klang und nicht der Selangor. Reiche Zinnvorkommen im Tal des Klang-Flusses lockten wie in Perak potentielle Eroberer an. Zu Zeiten der Melaka-Sultane regierte hier der *Bendahara Tun Perak*. Bugisherrscher (ursprünglich aus Celebes) beanspruchten in der Folgezeit an Stelle der malaiischen Herrscher den Thron. Ihre Residenz lag ursprünglich an der Mündung des Selangor in Kuala Selangor.

Zinn führte in der Mitte des 19. Jahrhunderts zu ausgedehnten Kämpfen zwischen Adelsfamilien der Bugis, Malaien und chinesischen „Zinnbaronen". Für die Engländer 1874 ein guter Vorwand zum Eingreifen. Unter denen florierte der Staat, der nach dem 2. Weltkrieg der Föderation Malaya beitrat. 1972 trat Selangor Kuala Lumpur ab, damit die Hauptstadt auf Bundesterritorium liegen konnte.

- **Kuala Selangor:** Naturpark mit reicher Vogelwelt und Silberlanguren; Leuchtturm auf dem Bukit Selangor mit prächtiger Aussicht; dazu Überreste von holländischen Festungen (Kota Malawati und Kota Tanjung Keramat).
- **Morib:** am Meer, soll entwickelt werden, aber das Meer eignet sich dort nicht zum Schwimmen; südöstlich entlang der Küste liegt das Fischerdorf Batu Laut, der *Ocean Park* und ein privater Strand von Tanjung Rhu.
- **Templer Park:** Erholungspark mit Primärdschungel. Ein Vogelpark soll noch hinzukommen; der Bukit Takun, der große Kalksteinfelsen, wird an den meisten Wochenenden zum Treffpunkt für Kletterer. Beliebter sind heute aber die von KL aus näher liegenden Felsen der Batu Caves.
- **Shah Alam:** hat mit der prächtigen Staatsmoschee ein beeindruckendes Wahrzeichen erhalten, das sicher die Attraktivität der künstlichen Hauptstadt erhöhen wird; großer Landwirtschaftspark.
- **Klang:** frühere Hauptstadt, Fort, Museum, ehem. Palast, Riesen-Kris, Fischerdorf Pulau Ketam, Mah-Meri-Schnitzereien auf Careysland, Palast und Moschee in Jugra/Bandar.
- **Außerhalb von KL:** Batu Caves, Zoo & Aquarium, Orang-Asli-Museum in Gombak, Mimaland, Forest Research Institute, Wasserpark Sunway Lagoon (werden im Kap. „Kuala Lumpur" beschrieben).

Kuala Lumpur (Federal Territory)

Kuala Lumpur wuchs aus kleinsten Anfängen als Zinnbergbausiedlung zur Hauptstadt des Staatenbundes. 1974 wurde das Bundesterritorium *(Federal Territory/Wilayah Persekutuan)* geschaffen, damit vergrößerte sich KL auf 244 km², Bevölkerung: ca. 1,8 Mio.

Sehenswertes in den Regionen

■ **Batu Caves:** Hindutempel in einer großen Höhle im letzten großen Kalksteinfelsen der Halbinsel. Alljährlich findet hier das Thaipusam-Fest statt (Menschenmassen!). Zahlreiche Sportkletterrouten.
■ **Zoo** und **Lake Garden.**
■ **Bauwerke** wie z.B. Bahnhof, Parlament, Selangor Club, Sultan-Ahmad-Building, Petronas Twin Towers (die höchsten Zwillingstürme der Welt), Fernsehturm, Museen.
■ **Primärdschungel** mitten in der Stadt, z.B. Bukit Nanas.
■ **Shopping Centres,** Chinatown, Nachtmarkt, Central Market, **Bangsar:** Ausgehen und Essen.

Negeri Sembilan (Darul Khusus)

Negri Sembilan ist mit seinen nur 48 km Küstenlinie beinahe ein Binnenstaat. Seine Fläche beträgt 6645 km², die Bevölkerung ca. 1 Mio. Menschen, davon 46 % Malaien, 36 % Chinesen und 17 % Inder.

Negri Sembilan setzt immer mehr auf Industrialisierung, die die Landwirtschaft als Wirtschaftsfaktor bereits überflügelt hat. In der Landwirtschaft werden außer Reis Kakao, Ölpalmen und Kautschuk angebaut, Vieh- und Fischzucht (auch Krabben) betrieben.

Die Geschichte dieses Staates unterscheidet sich von der der anderen: Der Name bedeutet „Neun Staaten", der Staat ist also in sich schon ein Staatenbund. Er wurde gegründet von Minangkabau-Siedlern, die im 15. Jahrhundert von Sumatra herüberkamen und sich im Hinterland von Melaka ansiedelten.

Wieder einmal war es Zinn, das bürgerkriegsähnliche Unruhen in einem der Teilstaaten, Sungai Ujong, verursachte, sodass schließlich die Briten im Jahre 1874 eingriffen, nicht ohne Gegenwehr. 1895 wurde Negri Sembilan dann neu organisiert, statt neun blieben sechs Staaten. Der Herrscher dieses Staatenbundes wurde zugleich der zweite malaysische König.

■ **Sri Menanti:** Residenz des Sultans; traditioneller Palast der früheren Herrscher, jetzt Museum, neuer Palast, Moschee.
■ **Minangkabau-Häuser:** überall im Staat.
■ **Seremban:** einige Kolonialbauten, Kulturkomplex und andere Gebäude im Minangkabau-Stil, Lake Gardens.
■ **Port Dickson:** beliebte Strände der Einheimischen südlich von Pangkor.
■ Megalithkulturzeugnisse in **Pengkalan Kempas** an der Straße Port Dickson – Melaka.
■ **Forstreservate:** Bergwanderungen, beispielsweis Gunung Angsi.

Melaka

Der Staat Melaka hat eine Fläche von 1650 km² und eine Bevölkerung von rund 800.000 Menschen, davon 54 % Malaien, 38 % Chinesen und 8 % Inder. Der Staat setzt stark auf Industrialisierung mit günstigen Startbedingungen für Investoren. Daneben soll auch die Landwirtschaft belebt werden.

■ Das Stadthuys, das Tor der alten Festung, die Ruine der St. Paulskirche, der Chen-Hoong-Teng-Tempel, die alte Moschee, nicht zu vergessen die Antiquitätenläden, dazu der Nachbau des alten Sultanspalastes (jetzt Museum), der früher an Stelle der Paulskirche stand; Light/Sound-Projekt am Paulshügel, seit 2008 UNESCO-Weltkulturerbe.
■ **Cape Rachado:** Melaka-Enklave in Negeri Sembilan, Rastplatz für Zugvögel, Blaue Lagune, Leuchtturm mit Blick auf Sumatra (bei guter Sicht).
■ **Ayer Kroh:** 11 km außerhalb Melakas entstand das Kulturdorf *Mini Malaysia*. Daneben gibt es einen Park mit Dschungelpfaden und weiteren Attraktionen, z.B. einem Zoo.
■ **Durian Tunggal Reservoir:** Zelten, Bootfahren, Angeln.
■ **Tanjung Bidara:** neu entwickelter Badeort.
■ **Pulau Besar** („große Insel"): ebenfalls neu entwickelter Badeort.
■ **Gadek, Bemban:** Thermalbäder.
■ **Merlimau:** traditionelle malaiische Häuser.

Johore/Johor (Darul Takzim)

Der südlichste Staat der Halbinsel hat eine Gesamtfläche von 18.986 km² mit einer Bevölkerung von fast 3,5 Mio., von denen 55 % Malaien, 38 % Chinesen und nur 6 % Inder sind. In der Landwirtschaft wird bevorzugt Kautschuk, Palmöl und Ananas angepflanzt. Hier führt Johor vor allen anderen Staaten. Relativ neue Landwirtschaftszweige sind Teeanbau (bei Kluang) und Aquakultur (Krabbenzucht). Insgesamt ist auch in dieser Region, wie in ganz Malaysia, eine Diversifizierung der Landwirtschaft geplant.

Die Industrialisierung schreitet ebenfalls rasch voran. Die Nähe Singapurs ist ein belebender Faktor. Der Hafen Pasir Gundang gegenüber Singapur ist ein moderner Container-Hafen, von dem aus der Hauptgüterverkehr mit Ost-Malaysia abgewickelt wird.

Johor entstand nach dem Sturz des Melaka-Sultanats. In gewisser Weise ist Johor Nachfolger des Sultanats und wurde von den Nachbarn auch in dieser Rolle bestätigt. Im 17. Jahrhundert übernahmen Bugis die Macht. 1819 machte sich *Stamford Raffles* die Rivalität zwischen Bugis und Malaien zunutze und erwarb die Insel Tumasek: das heutige Singapur. Das war das Ende des Johor-Riau-Reiches. Riau kam unter holländisches Protektorat und damit letztlich zu Indonesien, Johor unter britischen Einfluss und damit zum malaiischen Staatenbund.

● **Johor Bahru** (Neu-Johor): Abu-Bakar-Moschee, *Istana Besar* (großer Palast), Regierungsgebäude auf dem Bukit Timbalan. Spärliche Überreste der alten Hauptstadt finden sich in Alt-Johor *(Johor Lama);* beliebter Wasserfall bei Kota Tinggi.
● **Gunung Ledang** (Mount Ophir, 1400 m): beliebtester Gipfel in Johor, vor allem Wanderer aus Singapur steuern ihn an. Touristische Entwicklung des Gebietes ist geplant.
● **Endau:** der besterhaltene Primär-Tieflanddurwald auf der Halbinsel, wird hoffentlich durch Umwandlung des Gebietes in einen Nationalpark weitgehend erhalten bleiben.
● **Desaru:** künstlich entwickelter Badeort vor allem für Gäste aus Singapur, mit schönem Sandstrand und gutem Wellengang.
● **Mersing:** Ausgangspunkt für Fahrten nach **Tioman,** das zu Pahang gehört, und zu anderen Inseln.
● **Pulau Rawa:** private Insel mit recht teuren Unterkünften.
● **Weitere Inseln:** Pulau Besar, Sibu, Tengah, Tinggi, Pemanggil, Aur etc.

Kelantan (Darul Naim)

Kelantan, dessen Fläche 14.943 km² beträgt, hat unter den rund 1,7 Mio. Menschen den zweithöchsten Anteil an Malaien: 93 %, da bleiben nur 5 % Chinesen und nicht einmal 1 % Inder. Die Bevölkerung lebt großteils von Reis-, zunehmend auch von Tabakanbau. Andere Anbauprodukte sind wie üblich Kautschuk, Palmöl, Kokosnüsse und Obst. Fischfang ist ebenfalls ein wesentlicher Erwerbszweig. Bekannt ist Kelantan für das traditionelle malaiische Handwerk: Silberverarbeitung, Brokat, Batik usw.

Kelantan besteht als Staat seit 1000 Jahren, Menschen lebten jedoch mindestens seit der Steinzeit im Landesinnern. Wahrscheinlich war es ein Vasallenstaat Sri Vjayas. Der Islam kam während des Melaka-Sultanats nach Kelantan. Nach dem Fall Melakas blieb Kelantan längere Zeit unabhängig, geriet aber dann doch unter thailändische Oberherrschaft. 1909 übernahmen die Briten die Führung, im Zweiten Weltkrieg wieder die Thai, und 1948 wurde es Bestandteil des malaiischen Staatenbundes und dabei Hort des fundamentalistischen Islam in Malaysia.

● **Kota Bharu:** Gebäude wie Istana Jahar (Staatliches Museum), Istana Balai Besar, Staatsmoschee mit europäischen Stileinflüssen; Folklore-Shows, Kreiseldrehen *(Gasing),* Drachenfliegen *(Wau),* Trommeln *(Rebana),* Vogelsingwettbewerbe *(Merbok),* Schattenspiel *(Wayang kulit),* Drama (z.B. *Mak Yong),* Tänze, Musik; Kunsthandwerk; lebhafter Zentralmarkt, Nachtmarkt, Strände.

- **Nilam Puri:** Standort der alten Moschee von Kampong Laut, älteste Moschee Malaysias.
- **Tumpat/Pasir Mas:** Thai-Tempel.
- **Pulai Chondong:** hölzernes Minarett der Moschee.
- **Rantau Panjang/Sungai Golok:** lebhafter Grenzübergang (Shopping).
- **Gunung Reng:** spektakulärer Felsen von Batu Melintau (Steinzeitrelikte) am East-West-Highway, Steinzeithöhlen, Kletterfelsen.
- **Gua-Musang:** Steinzeit-Höhlen.
- **Taman Negara Nationalpark:** Zugang von Merapoh, südlich von Gua Musang, zum Gunung Tahan möglich.
- **Sandstrände:** Dafür ist die Ostküste berühmt. In Kelantan am schönsten zwischen Pengkalan Chapa und Kuala Besut; letzteres auch Ausgangspunkt für den Besuch der zu Terengganu gehörenden Perhentian-Inseln.

Terengganu (Darul Iman)

Gemeinsam mit Kelantan ist Terengganu der malaiischste Staat. Der Anteil der Malaien an der Bevölkerung von über 1 Mio. beträgt 94 %, der der Chinesen 5 %. Die Gesamtfläche umfasst 12.955 km². Terengganu ist der am we-

Sonnenschutz fürs Fischerboot in Terengganu

nigsten entwickelte Staat Malaysias mit durchschnittlichem Pro-Kopf-Jahreseinkommen von umgerechnet 760 €. Anfang des 20. Jahrhunderts gab es noch keine Straße durch den Staat. Die Bevölkerung lebt von Fischfang, Bootsbau (berühmt) sowie dem Anbau von Kokos und Kautschuk. Öl- und Erdgasfunde vor der Küste brachten dem Staat Aufschwung und Veränderung der Landschaft: moderne Gebäude im verschlafenen Kuala Terengganu, Raffinerien, Kraftwerke, Riesenstausee, Hafenanlagen.

Terengganu weist islamischen Einfluss schon vor dem Melaka-Sultanat nach (Stein

von Terengganu, Nationalmuseum KL). Der Staat war Vasall Melakas und danach Johors, wurde im 18. Jahrhundert relativ unabhängig, musste jedoch Tributzahlungen (*Bunga mas* = goldene Blumen) nach Bangkok schicken. 1909 musste man wie Kelantan die britische Oberherrschaft bis zur Gründung der malaiischen Union akzeptieren.

■ Hauptattraktion ist nach wie vor der noch kaum unterbrochene 240 km lange **Sandstrand**. Man mag die modernen Industrieanlagen als störend empfinden, aber sie besetzen nur relativ kleine Flecken entlang der Küste.

■ **Badeorte:** Besut, Marang, Merang, Rantau Abang (früher viele Meeresschildkröten).

■ **Inseln:** Kapas, Perhentian Inseln, Redang, Tenggol.

■ **Perhentian-Inseln:** mit Redang; die schönsten Schnorchel- und Tauchgründe entlang der Ostküste.

■ **Kuala Terengganu:** Mischung aus verschlafenem Provinzhauptstädtchen und modernen Gebäuden als Folge des Öl-Booms, spektakuläre Moscheen.

■ **Kuala Bai:** Seidenweberei.

■ **Pulau Duyong:** trad. Bootsbau.

■ **Kenyir-Staudamm:** großes überflutetes Waldgebiet, touristisch genutzt (Bootsfahrten etc.).

■ **Sekayu:** Wasserfall mit vielen Wandermöglichkeiten.

Pahang (Darul Makmur)

Größter Staat Halbinsel-Malaysias mit 35.965 km². Die Bevölkerung beträgt vergleichsweise geringe 1,5 Mio., von denen zwei Drittel Malaien, 26 % Chinesen und 7 % Inder sind.

Große Teile des Staates sind noch von Wald bedeckt, aber es wird fleißig abgeholzt (pro Jahr über 400.000 Kubikmeter), ansonsten werden in erster Linie Gummi- und Palmöl, in zweiter Linie Kokos, Kakao, Tee, Obst, Kaffee und Reis angebaut.

Wie Kelantan war Pahang Vasallenstaat erst Sri Vijayas, dann Melakas und in der Folgezeit Johor-Riaus mit kurzer Unabhängigkeit unter den Bendaharas bis 1888. Dann übernahmen die Briten die Oberherrschaft. Allerdings hatten sie zwischen 1891 und 1896 mit schweren Unruhen zu kämpfen. Später schloss Pahang sich dem malaiischen Staatenbund an.

■ **Pekan:** Residenz des Sultans, Museum, traditionelle malaiische Häuser.

■ **Kuala Lipis:** verschlafenes Provinznest mit neoklassischer Kolonialarchitektur; nahebei: *Kenong-Rimba*-Park.

■ **Cameron Highlands/Fraser's Hill/ Genting Highland:** mehr oder weniger entwickelte „Hill Stations": Cameron am vielfältigsten, Genting eher Freizeitzentrum für KL.

■ **Endau-Rompin Forest Reserve:** unberührter Tieflandurwald.

■ **Tasek Chini/Tasek Bera:** Seen im Innern (Orang Asli).

■ **Taman Negara:** *der* Nationalpark (sowohl Tiefland- als auch Bergurwald, 130 Millionen Jahre alt).

■ **Strände:** Cherating *(Traveller)*, Chendor im Norden, Beserah und Teluk Chempedak bei Kuantan, dem selbsternannten Tor zur Ostküste, Rompin im Süden.

■ **Insel Tioman:** wird als eine der 10 schönsten Inseln der Welt vermarktet.

■ **Sungai Lembing:** einzige unterirdische Zinnmine, mittlerweile stillgelegt; nahebei: Naturpark Gunung Tapis.

Vorschläge für Reiserouten

Ab Kuala Lumpur (KL)

Anders als früher kommen heute auch dank der Billigfluglinien vermutlich die meisten Reisenden anstatt im Norden von Thailand oder im Süden von Singapur gleich in Kuala Lumpur an. Die zentral gelegene Hauptstadt bietet sich gut als Ausgangspunkt an. Wer sich ein **Auto mietet**, hat absolute **Bewegungsfreiheit**. Mit Zug, Bus, notfalls per Taxi kommt man aber auch fast überall hin. Es kostet weniger, man muss nicht selbst fahren, benötigt jedoch mehr Zeit.

Moderne Rucksackreisende nutzen zunehmend die speziell für sie organisierten **Minibusse** zu den beliebtesten Zielen Richtung Nord- oder Südosten: **Taman Negara, Perhentian-Inseln,** evtl. noch oder gleich **Tioman,** oder sie fahren erst in die **Cameron Highlands** und danach erst Richtung Taman Negara, was ohnehin am besten per Minibus funktioniert, oder weiter über **Ipoh** zur Insel **Pangkor,** dann **Penang** und schließlich noch **Langkawi**. Das hängt auch von der Jahreszeit ab. Die Hauptachsen der Minibusse sind gegenwärtig KL – Taman Negara – Kuala Besut (Perhentian Inseln) bzw. Penang – Cameron Highlands – Taman Negara – Kuala Besut und umgekehrt. Man zahlt mehr als mit öffentlichen Verkehrsmitteln und ist nur unter sich, was nicht wenige aber gerade bevorzugen.

Alle wichtigen Städte sind für individuell mit **öffentlichen Verkehrsmitteln** Reisende ab KL insbesondere per Bus leicht, preiswert und praktisch jederzeit erreichbar. Das gilt auch für **Seremban** und **Melaka,** entweder als Abstecher von KL aus oder als Zwischenziele für die Weiterreise nach Singapur oder Richtung Osten nach **Mersing** (Tioman u.a. Inseln) und andere Ziele entlang der **Ostküste.** In die Cameron Highlands verkehren jedoch nicht so viele Busse. Schwieriger – oder besser teurer – wird es mit Zielen wie **Fraser's Hill, Tasek Bera** oder **Tasek Chini,** weil da jeweils das letzte Stück nicht ohne Taxi geht.

Wie wollen Sie sich entscheiden, wenn Sie ab KL eine **Rundreise** planen? Im Kapitel über **individuelle Reiserouten** im Einführungsteil finden Sie genügend Vorschläge in Stichpunkten. Im vorangegangenen Kapitel über **sehenswertes in den Regionen** stehen Details. Fahren Sie im Uhrzeigersinn los, sind die beliebtesten Ziele wie schon erwähnt Cameron Highlands, die kleine Insel Pangkor, Penang, von wo Sie an die Ostküste wechseln können, oder weiter nach Langkawi und **Thailand.** Andersherum lockt Melaka, dann Singapur oder die Ostküste, zunächst mit Tioman und/oder anderen Inseln des Archipels, dann Nebenziele wie Tasek Chini und **Cherating** und weiter nördlich die Inseln **Perhentian** oder **Redang** und **Kota Bharu,** bevor es weiter nach Thailand oder hinüber nach Penang geht oder ins Landesinnere z.B. in den Taman Negara und zurück nach KL.

Von Norden

Viele Rucksackreisende kommen immer noch von Thailand nach Malaysia. Da gibt es viele Möglichkeiten: mit Booten nach Langkawi, mit Minibussen aus beliebten Zielen im Süden Thailands nach Penang, mit Billigfliegern ebenfalls nach Penang oder KL, mit Bussen ab **Hat Yai** oder dem Zug *International Express* ab Bangkok. Wenn Sie Zeit und Lust haben, können Sie an der Grenze in **Padang Besar** gleich aussteigen und über **Kuala Perlis** nach Langkawi fahren und anschließend Nebenziele wie **Alor Star,** den **Kedah Peak** und das **Bujang Valley** besuchen, oder Sie beginnen erst in **Butterworth** bzw. Penang.

Die **Visumrenner** (diejenigen, die ihr Thailand-Visum erneuern wollen/müssen) verlieren in der Regel keine Zeit und wollen nur nach Penang an der West- bzw. Kota Bharu an der Ostküste und anschließend wieder zurück.

In Penang entscheiden Sie sich dann, ob Sie mit Traveller-Minibussen in die Cameron

Highlands und weiter in den Taman Negara fahren oder individuell mit öffentlichen Bussen ebenfalls gleich direkt dorthin oder erst einmal die Insel Pangkor besuchen und dann über Ipoh in die Cameron Highlands fahren. Sie verpassen dann allerdings lohnende, aber von den meisten Rucksackreisenden vernachlässigte Ziele wie das **Naturreservat Kuala Gula, Taiping** mit Maxwell Hill (**Bukit Larut**) und **Ipoh.** Von den Cameron Highlands bietet sich natürlich **Kuala Lumpur** als nächstes Ziel an. Die erwähnten Minibusse fahren als einzige jedoch weiter an die Ostküste nach Kuala Besut mit Endziel Perhentian-Inseln oder Richtung Taman Negara nach **Jerantut.** Öffentliche Busse verkehren auf diesen wenig befahrenen Strecken nicht. Bevor Sie ggf. nach KL kommen, können Sie in **Kuala Kubu Bharu** aussteigen und von dort per Taxi **Fraser's Hill** einen Besuch abstatten.

Von Penang können Sie aber auch über den **East-West Highway** gleich an die **Ostküste** fahren, kommen in Kota Bharu an und fahren dann Richtung Süden, etwa nach Kuala Besut und zu den Perhentian Inseln, von **Merang** zu den Inseln **Lang Tengah** oder **Redang**, was auch von **Kuala Terengganu** aus möglich ist, vielleicht von **Marang** zur Insel **Kapas** oder erst einmal zum **Kenyir-Stausee**, dann weiter nach **Cherating, Kuantan**, vielleicht mit Abstecher zum Tasek Chini, und weiter in nach **Mersing** zur Überfahrt nach Tioman oder andere Inseln des **Seribuat-Archipels.**

Von Süden

Falls Sie **von Singapur** nach Malaysia einreisen, werden Sie sich bereits vorher entschieden haben, ob Sie im Uhrzeigersinn gleich mit Melaka beginnen – Direktbusse bringen Sie dorthin – oder ob Sie erst zum **Gunung Ledang** wollen und erst dann nach Melaka. Andersherum kommen Sie über **Johor Baru** nach Mersing und die übrigen Ziele entlang der Ostküste.

Es gibt auch diverse **Querverbindungen**, etwa von Melaka nach Mersing über **Kluang.** Von dort könnten Sie in **Kahang** aussteigen und in einem geländegängigen Fahrzeug in den **Endau-Rompin Nationalpark** fahren oder doch wie die meisten direkt nach Mersing und zu den Inselfähren. Eine andere Querverbindung führt über Seremban südlich am Gebiet des Tasek Bera vorbei an die Ostküste südlich von Kuantan. Direktbusse ab Kl nach Mersing nehmen häufig diese Route. Man hätte es dann nicht weit zum Tasek Bera, aber wie kommt man von dort weiter? Lokale Busse verkehren sicher zur Kreuzung bei der neuen Stadt **Muadzan Shah** und weiter nach **Rompin** an der Hauptküstenstraße. Die wichtigste Querverbindung ist natürlich die Autobahn zwischen KL und Kuantan.

▷ Lin Sen Tong Tempel in Ipoh

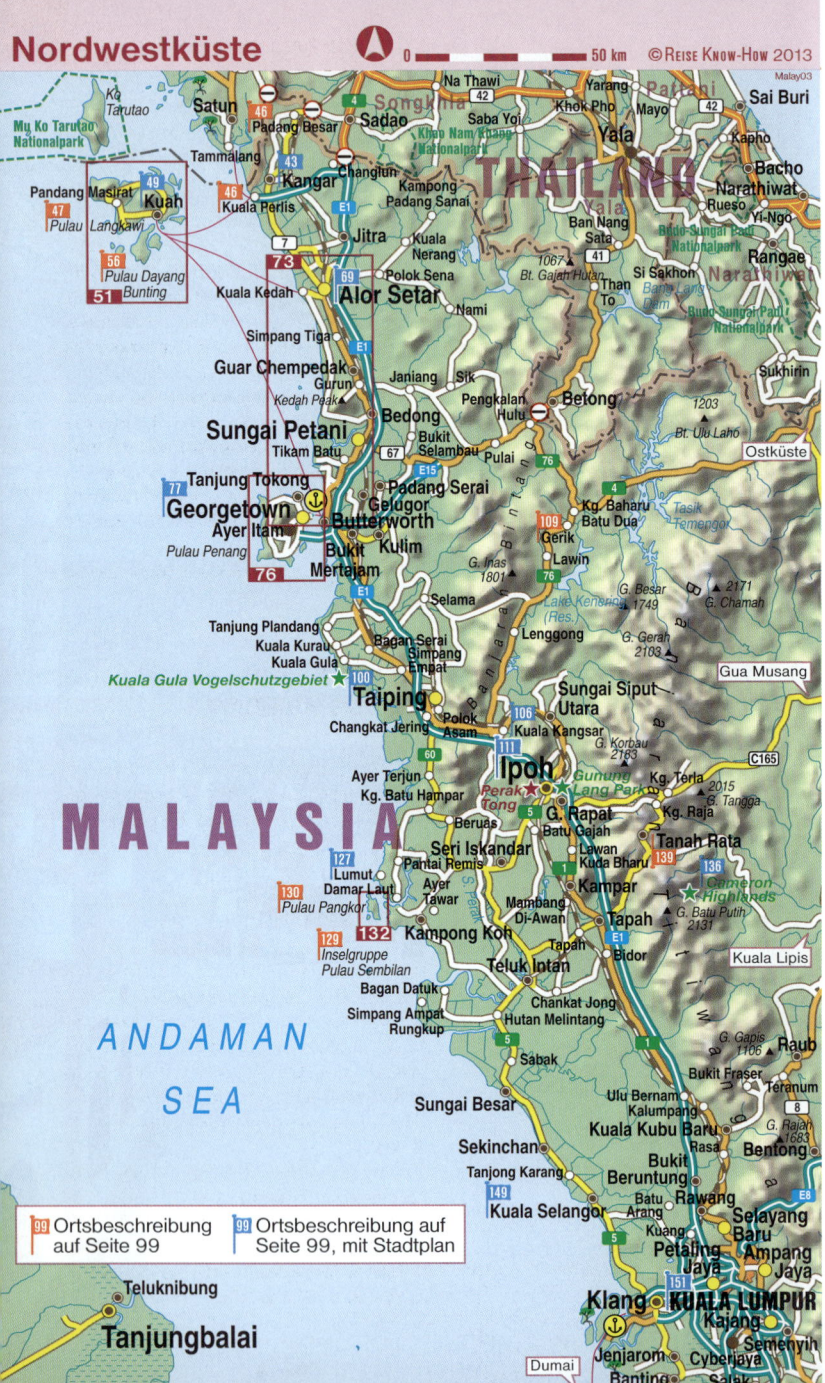

DIE WESTKÜSTE VON NORD NACH SÜD

Die Westküste ist touristisch am stärksten erschlossen. Hier liegen die großen Städte **Kuala Lumpur** mit dem Ballungszentrum des **Klang Valley,** gefolgt von **Johor Bahru** und **Ipoh**, hier liegen die Touristenziele **Langkawi, Penang, Pangkor, Cameron Highlands** und **Melaka,** hier ist das Zentrum der Wirtschaft, hier werden die Städte von den Chinesen, die Kampungs von den Malaien und die Plantagen von den Indern und zunehmend indonesischen Gastarbeitern beherrscht. Dieser Teil der Halbinsel ist für Reisende der wichtigste, weil vielfältigste, aber nicht unbedingt der schönste.

Kangar

In der Hauptstadt (64.000 Einwohner) des kleinsten Staates **Perlis** gibt es keine erwähnenswerten Sehenswürdigkeiten mit Ausnahme der 1910 fertiggestellten **Moschee Masjid Sayid Alwi.** Ein paar Kilometer südlich des Stadtzentrums gibt es auf dem **Cenderawasih-Hügel** einen Treppenweg mit schöner Aussicht (Taman Rekreasi Cenderawasih), unten einen beliebten Park mit Höhle. Der europäisch anmutende **Sultanspalast** und die moderne **Staatsmoschee** (1972) stehen einige Kilometer östlich im Residenzstädtchen Arau, wo der internationale Express-Zug Butterworth – Bangkok hält.

In Perlis gilt das **Islamische Wochenende** (Do/Fr).

Adressen und Telefonnummern

- **Tel.-Vorwahl Kangar: 04**
- **Touristeninformation:** State Economic Planning Unit, 3rd Floor, Dato' Mahmud Mat Building, 01000 Kangar, Tel. 976 1957, Fax 976 2951.

Übernachten

- **Putra Palace**④, 135 Persiaran, Jubli Emas, Tel. 976 7735, Fax 976 1049, 165 gut ausgestattete Zi., ab 150 RM.
- **Federal Hotel**②, 104 A & B Jalan Kangar, Kangar, Tel. 976 6224. 5-stöckiges Hotel in zentraler Lage, preiswerte saubere Zi. mB ab 60 RM, Restaurant *Kopitiam Soo Guan.*
- **Malaysia Hotel**①-②, 67, Jln. Jubli Perak, Tel. 976 1366, -1387, günstig gelegen, 25 einfache Zi., alle mB., ab 35 RM.

Resorthotels außerhalb der Stadt
- **Utara Semarak Resort**②, Batu Pahat, Tel. 977 2233, 14 Chalets, 50 RM.
- **Bukit Air Jungle Park Resort**②-④, Jln. Sungai Batu Pahat, Tel. 977 0710, ab 90 RM.

NICHT VERPASSEN!

- **Langkawi,** weite Strände, Dschungelberge, Reisfelder | 47
- **Georgetown, Penang,** UNESCO Weltkulturerbe, Essparadies, Dschungeltouren | 77
- **Pangkor,** kleine Insel zum Entspannen | 130
- **Cameron Highlands,** Tee-Plantagen, Bergdschungel | 136
- **Kuala Lumpur,** Multikulti-Metropole Malaysias | 151
- **Melaka,** UNESCO Weltkulturerbe | 197

Diese Tipps erkennt man an der gelben Hinterlegung.

Essen und Trinken

Eine Spezialität der Region ist *Laksa*, Essstände finden sich beim **EPF-Tower** und nördlich des Perlis-Flusses in der Altstadt. Mittwochs ist Nachtmarkt). **Gegenüber der Busstation** findet man z.B. *Poh Kee* und *Ah Beng Laksa*.

Sport

- **Tennis & Badminton:** Cultural Hall (Gelanggang Budaya), Jln. Hospital.

Verkehrsverbindungen

Zug

- **Butterworth – Bangkok:** Der *International Express* hält in **Arau**, und zwar um 17.23 Uhr. Gelegentlich fährt der Zug erst in **Padang Besar** ab, daher am besten vorher anrufen: 04-986 1225, arau@ktmb.com.my.

- **Hat Yai** (ab 18 RM) 2x tgl. vor 9 und 18 Uhr, **AS** (ab 10 RM) 1x tgl. ca. 19.30 Uhr, **BW** (ab 12 RM) 2x tgl. ca. 10.30 und 19.30 Uhr, **BM** (ab 12 RM) **Taiping** (ab 13 RM), **Ipoh** (ab 16 RM), **KL Sentral** (ab 23 RM) **Seremban** (ab 29 RM), **JB Sentral** (ab 33 RM) 1x tgl. ca. 19.30 Uhr (genaue Informationen: www.ktmb.com.my).

Bus

- **BW** (5.40–19.00 Uhr, 13x, 2.30 Std., 8 RM), **Ipoh** (9.00–20.00 Uhr, 6x, 8 Std., 20–26 RM), **KL** (9.00–22.00 Uhr, 14x, 8 Std., 33–35/43–47 RM), **Seremban/Melaka** (9.00, 21.00 Uhr, 7–8 Std., 37/42 RM bzw. 49/55 RM), **Arau/AS** 6.30–20.00 Uhr, 10x, 4 RM, **Kaki Bukit/Padang Besar** 8.45–17.45 Uhr, 4x, 4 RM, **Kuala Perlis**, 8.45–19.00 Uhr, 7x, 2 RM, **KB** (9.00, 21.00 Uhr, 8 Std., 29/39 RM).
- **Taxis** 100–200 % > Bus (bei 4 Personen).
- **Lokale Busse** (ab Bus Station nahe *Shopping Center „The Store"*) mit *Mara Liner:* **Arau** (1,80 RM), **Alor Star** 6.15–20 Uhr (13x), **Kaki Bukit, Padang Besar** 5.45–17.45 Uhr (alle 3 Std.), **Kuala Perlis** (2 RM) 8.45–18.30 Uhr (7x).

Umgebung von Kangar

Arau

Residenzstädtchen 10 km östlich, mit dem Palast des Raja von Perlis und der königlichen Staatsmoschee, die 7000 Personen fasst. Hier befindet sich der kleine **Bahnhof** mit Anbindung an den *International Express* nach Hat Yai und Bangkok. **Übernachtung** bei *Ummul*, 60 RM, ummul_travel@yahoo.com; **Essen** z.B. *Nasi Kandar* und Einkaufen im nahen Neubauviertel, Nachtmarkt ist freitags.

Tasik Melati

Kleiner Ausflugssee mit Inselchen und Rundweg, 8 km nördlich.

Sungai Batu Pahat

Beliebter Picknickplatz, 10 km nordwestlich, Schwimmen im aufgestauten Fluss möglich, kleiner Vogelpark, Schlangenfarm (*Taman Ular*, So–Mi 10–16 Uhr, Do 10–12 Uhr), Golfplatz, Resort.

Hutan Lipur Bukit Ayer

Mit **Dschungelpark, Kräutergarten,** liegt ca.15 km nordwestlich.

Kaki Bukit

Hier wurde die Hauptattraktion von Perlis entwickelt: die **Höhlen von Gua Kelam (1 & 2)**. Es handelt sich um ehemalige Zinnminen, bei denen Zinn innerhalb der Höhlen (natürliche, von Bächen durchzogene und künstlich in den Fels getriebene Gänge) abgebaut wurde. Bei **Gua Kelam 1** (Eintritt 1 RM) handelt es sich um eine knapp 400 m lange, bunt beleuchtete, auf einem oberhalb eines Baches angelegten hölzernen Weg begehbare (und mit Motorrädern befahrbare) Höhle, die in das Wang-Tangga-Tal mit einem netten Park (u.a. Picknickplatz, Badesee, Kletterrouten in den Felsen) mit möglichem Weiterweg ins Wang-Kelian-Tal (s.u.) führt. Auf dem Rückweg kann man über einen 70 m hohen Sattel nach Kaki Bukit zurück wandern. **Gua Kelam 2** wurde erst kürzlich zu einer mittels einer kleinen Monorailbahn (5 RM) befahrbaren über 3 km langen Schauhöhle, in der noch die Reste früherer Minentätigkeit zu sehen sind, für die Öffentlichkeit erschlossen. Darunter gibt es noch eine von einem Bach durchflossene Höhle, die man bei gutem Wetter (bei Regen Überflutungsgefahr) begehen kann.

Perlis State Park

Dieser 50 km² große, 30 km nördlich von Kangar gelegene **Naturpark** umfasst die **Nakawan-Bergkette (Banjaran Nakawan)**, das mit 38 km längste zusammenhängende Kalkmassiv Malaysias, sowie die **Waldschutzgebiete** von **Mata Air (Ayer)** und **Wang Mu.** Der Eingang des für Besucher offenen Teils befindet sich 1–2 km vor der thailändischen Grenze (hier sonntags auf beiden Seiten der Grenze frei begehbarer großer Straßenmarkt) an der Straße R15.

Im **Besucherzentrum** *(Perlis State Park Visitor Centre)* zahlt man Eintritt (2 RM, Kinder 1 RM/Tag, Kamera 5 RM, Videokamera 10 RM) und bucht ggf. Unterkunft (z.B. Campinggebühr 2 RM, Zelt 6 RM, Hostel 10 RM). Chalets, Hostel, Speisesaal und Zeltplatz befinden sich 1,2 km vom Parkeingang in schöner Lage mitten im Dschungel am Wang Burma genannten Platz mit Bach. Auf dem Weg dahin gibt es links und rechts zwei kurze **Rundwege** durch den Wald.

Aktivitäten: Besuch der beiden Höhlen **Wang Burma 1 & 2** (Lampe mitbringen) auf bezeichneten Wegen. Am Ende der Straße beginnt links der 3 km lange Weg auf den mit 733 m höchsten, aus Granit bestehenden Berg von Perlis, **Gunung Perlis,** nördlichster Punkt von Halbinsel-Malaysia und direkt an der

Grenze zu Thailand. Der Park setzt sich dort als Thale-Ban-Nationalpark fort. Der Weg ist gut erkennbar, aber oft steil (Seilhilfe an einigen Stellen), unterwegs eine Unterstandhütte (Achtung: vor der Hütte links halten, nicht den Wegspuren dahinter folgen). Offiziell sind für den Besuch der Wang-Burma-Höhlen und die Besteigung des Gunung Perlis und des Bukit Pelarit (500 m, bei Kaki Bukit) **Führer** vorgeschrieben: für die Höhlen bis zu 4 Std. Dauer 30 RM für Gruppen bis zu 10 Pers., für die beiden Berge 50 RM für Gruppen bis 5 Pers. und mehr als 4 Std. Dauer.

■ **Anfahrt:** mit Mietwagen bzw. Taxi (50 RM, bei 4 Personen 12,40 RM). Von Kangar führt die Straße am Timah-Tasoh-See vorbei in Richtung Kaki Bukit. An der Abzweigung dorthin Richtung Wang Kelian/Thailand auf der R 15 in Kehren über einen Berg (Achtung: auf jeden Fall vor dem Sattel auf der Hin- oder Rückfahrt links den Aussichtspunkt (Pavillion) mit tollem Blick auf fast ganz Perlis mit seinen Kalkfelsen und Reisfeldern aufsuchen) und nach dem Sattel hinunter ins Wang-Kelian-Tal mit der gleichnamigen Siedlung (1800 Einwohner) und zum Parkeingang bzw. zur Grenze.

Padang-Besar

Einkaufsparadies für Malaysier und Thai beiderseits der Grenze, 13 Kilometer von Kaki Bukit entfernt; auch ein Duty-Free-Shop ist vorhanden. Reisende des *International Express* erledigen auf dem Bahnhof die Grenzformalitäten (und stellen die Uhr um: Thailand eine Stunde zurück; der Zug hält hier 1 Std.). Zur Gepäckkontrolle wird der Zug verlassen, am Bahnsteig werden die Formalitäten erledigt.

Im Bahnhofsgebäude gibt es einen kleinen, eher teuren Duty-free-Laden (Erdgeschoss) sowie eine **Cafeteria** (1. Stock), außerdem kann hier Geld gewechselt werden.

Zigarrenfabrik

Bei Kangar gibt es eine Zigarrenfabrik, in der auch einheimische Tabake zu wohl schmeckenden Zigarren gerollt werden.

Kuala Perlis

Der Fischerei- und **Fährhafen** an der Mündung des Perlis-Flusses hat etwa 14.000 Einwohner und ist der zweitgrößte Ort in Perlis. Er ist teilweise auf Stelzen an das Flussufer gebaut und Ausgangspunkt für Fähren nach Satun (Thailand) und vor allem die zu Kedah gehörende Inselgruppe von Langkawi. An der Mündung des Flusses wurde rund um eine Moschee ein kleiner Park mit schönem Blick auf Langkawi angelegt.

Zur Kuala Perlis Promenade gehört auch der moderne **Fährterminal** für die Fähren nach Langkawi (die nach Satun verkehren vom Ort aus). Es gibt gegenüber dem Terminal einige **Lokale**, z.B. das malaiische von *Haji Ghani*, daneben mehrere Hotels (s.u.). Der **Taxistand** befindet sich vor dem *Hotel Seaview* (Taxi nach Kangar 16 RM, pro Person 4 RM), der kleine Busbahnhof dahinter (Busse nach Kangar 2 RM, mit Expressbus 5 RM).

Der ca. 2 km von Kuala Perlis entfernte **Bukit Kubu Recreational Forest** hat eine **Höhle** als Hauptattraktion; für deren Besichtigung braucht man jedoch die Genehmigung des *Forest Department*.

Übernachten

Tel.-Vorwahl Kuala Perlis: 04

■ **Sea View Hotel**②, Tel.985 2171. Gegenüber Fährterminal, 34 saubere Zi. mB, a/c, TV, Frühst., 90 RM.

Achtung: Wenn man auf dem Landweg nach Thailand einreist, erhält man nur ein 15 Tage gültiges Touristenvisum, bei der Einreise mit Flugzeug (mit Rückflugticket) sind es nach wie vor 30 Tage.

☐ Übersichtskarte S. 42, Inselkarte S. 51

- **T Hotel**③, Tel. 985 3888, info@thotel.com.my. Gegenüber Fährenterminal, neue Zi. mB, a/c, WiFi.
- **Putra Brasmana Hotel**③, Tel. 985 5900. Größtes Hotel im Ort mit gut ausgestatteten Zimmern.

Essen und Trinken

- Lokale wie das von **Haji Ghani** gegenüber Fährterminal. **Medan Selera** im Ort, z.B. *Gerai Mara* mit *Seafood*.
- **Nachtmarkt** (*Pasar Malam*): dienstags.

Verkehrsverbindungen

Bus

- Busse am besten ab Kangar, direkt: **KL** (10.15, 13.30, 20.30, 22.15 Uhr, 32/43 RM), **KB** (8.30, 20.30 Uhr, 29/39 RM); auch **AS, BW** und andere Ziele.

Bootsverbindung mit Thailand

Das *Immigration-Office* für Reisende, die per Langschwanzboot aus Satun (Thailand) kommen oder dorthin fahren, liegt auf dem Weg zum Fährterminal. Die Boote fahren ab dem Pier hinter dem Markt ca. 7x am Tag, (90 Min., ca. 15 RM/150 Baht); auch andere Ziele in Süd-Thailand werden angefahren. Das ist jedoch von Langkawi aus wesentlich besser organisiert (s.u.).

Fähren

- **Kuala Perlis – Langkawi:** 7.00–19.00 Uhr, 7x, 70 Min., 18 RM, Kinder 13 RM, www.langkawi-ferry.com.

Insel Langkawi

Langkawi, das ist die gleichnamige Insel und weitere 98 kleinere und größere Eilande. Diese über 100 km nördlich von Penang und knapp 30 km vom Festland (Kuala Perlis) entfernte Inselgruppe in der Andaman-See bietet die attraktivsten **Badeplätze** im Bereich der Westküste West-Malaysias. Sie bilden den südlichen Teil einer größeren Inselgruppe, deren nördlicher Teil den zu Thailand gehörenden **Terutao-Nationalpark** ausmacht und der wie Langkawi zunehmend touristisch entwickelt wird. Zum Schnorcheln und Tauchen eignet sich jedoch nur die eine Stunde südlich gelegene kleine Inselgruppe um **Pulau Payar** wirklich. Das liegt nicht so sehr an der Qualität der Korallen als an der schlechten Sicht unter Wasser rund um die Langkawi-Inseln – im Gegensatz zu den zu Thailand gehörenden Inseln im Norden.

Langkawi Permata Kedah, wie die Inselgruppe seit 2008 offiziell heißt, hat bereits seit 1987 **Duty-Free-Status**, vorausgesetzt, man bleibt mindestens 48 Std. Malaysier kommen in der Tat gern zum Einkaufen und müssen dann mit ihren erstandenen Waren durch den Zoll. Für uns Ausländer liegt der Hauptvorteil im erheblich preiswerteren Konsum alkoholischer Getränke und Einkauf von Tabakwaren vor Ort. Eine Dose Bier kostet in Malaysia sonst 8 RM, auf Langkawi knapp 2 RM! Nach dem Willen des langjährigen Premierministers *Dr. Mahatir,* der aus Kedah stammt und die Entwicklung Langkawis zur Chefsache gemacht hat, soll Langkawi vor allem ein Ziel für hochpreisigen **Tourismus** sein: Luxus-Resorts, Marinas, Golf- und Poloplätze, Wasserski, internationaler Flughafen, internationale Sportevents, Kongresse, alle zwei Jahre die internationale Meeres- und Luftfahrtschau LIMA. In der Tat kommen ausländische Touristen häufiger als anderswo in Malaysia mit Pauschalangeboten auf die Insel, westliche Touristen in erster Linie zum Baden und Entspannen, einheimische und andere asiatische Touristen gern zum Shopping, Golf spielen und Genießen des Luxus, den Langkawi satt bietet.

Langkawi ist **landschaftlich reizvoller** und vielfältiger als die großen Ferieninseln Phuket oder Koh Samui im Nachbarland Thailand. Es gibt jede Menge Möglichkeiten für Besichtigungen und Aktivitäten: breite Sandstrände, Mangroven gesäumte Flüsse, Kalkfelsen, Höhlen, darunter die 91 m hohe „Geisterhöhle" und einige direkt am Meer, einen fast 1000 m hohen Berg, auf den eine Straße und ein Treppenweg führt, eine luftige Seilbahnfahrt auf ein 700 m hohes uraltes Gebirgsmassiv, von dessen Gipfel sich eine fantastische Aussicht über Langkawi und die thailändischen Nachbarinseln bietet, Dschungel, Wasserfälle, Plantagen und immer wieder Reisfelder. In gewisser Weise ist Langkawi somit wie Penang ebenfalls ein Malaysia im Kleinformat. Seit 2007 hat die Inselgruppe den **UNESCO Global Geopark Status** wegen der vielfältigen geologischen Formationen (s. auch Kap. „Mat C(h)inc(h)ang"). **Drei Gebiete wurden ausgewählt:** Mat-Cincang Cambrian Geoforest

im Westen um das Mat-Cincang-Gebirgsmassiv herum, Kilim Karst Geoforest Park im Nordosten um die von Kalkfelsen und Mangroven gesäumten Flüsse und Küstenabschnitte herum, Pulau Dayang Bunting Geoforest Park, der große Teile der Inseln Dayang Bunting und Tuba umfasst.

Auf der Insel Langkawi

Die Inselgruppe hat über 60.000 Einwohner, von denen gut 10.000 im Hauptort Kuah im Südosten Langkawis leben. Die meisten westlichen Touristen fahren vom Fährterminal oder Flughafen direkt an die **beliebtesten Strände Pantai Cenang** und **Pantai Tengah**. Einheimische und asiatische Reisegruppen bleiben dagegen häufig in Kuah, das sich gut als Ausgangspunkt für Inseltouren eignet.

Da es (wohl dank der Taxi-Mafia) keine öffentlichen Busse auf Langkawi gibt, gibt es für Besucher nur zwei Möglichkeiten: man mietet ein Taxi (häufig Minibusse), was zu mehreren recht preiswert ist, oder ein Moped bzw. Auto. Die gibt es ab 20 RM! Eine Inselrundfahrt umfasst 80–100 km und kann locker in einem Tag durchgeführt werden. Die Taxis bieten Rundfahrten ab 3 Std. an. Mehr dazu im Abschnitt „Transport".

Hauptsaison ist Dezember bis Mitte April (während der Nordostmonsuns an der Ostküste bläst und es auf Langkawi weniger regnet).

Sehenswertes

Kuah

Wer mit der Fähre auf Langkawi eintrifft, betritt als erstes den geschäftigen Fährterminal mit Cafés, Lokalen und vor allem Geschäften. Denn dank des Duty-free-Status' der Insel kommen Einheimische vor allem zum **Einkaufen**, wie man an dem umfangreichen Gepäck der rückkehrenden Besucher leicht erkennen kann. Hier warten die Taxis für Fahrten an die Strände oder zu Inselrundfahrten. Neu angelegt wurde ein **Jachthafen**. Auffällig ist die unübersehbare Skulptur eines großen Adlers, des Namenspatrons der Insel (lang = Adler, kawi = weiß-braun). Er lädt ein zum Besuch des gleich nebenan auf aufgeschüttetem Land gelegenen Parks **Lagenda Langkawi Dalam Taman**, der zwischen 9 und 19 Uhr besucht werden kann. Er mag etwas kitschig wirken, aber bunt ist er auf jeden Fall und veranschaulicht die Legenden, die sich um Langkawi ranken. Jogger drehen hier ihre Runden.

Früher ging man von der Jetty die Straße am Strand entlang, an dem hölzerne Wracks neben der **Al-Hana Moschee** mit ihren goldenen Kuppeln lagen und dahinter der Ort mit seinen 2–3 einfachen Chinesenhotels begann. Heute erstreckt sich Kuah dank Landaufschüttungen von der Jetty rund 4 km um die Bucht, eine Ansammlung von Hotels, Einkaufszentren, Restaurants, Märkten, Banken, Krankenhaus, Verwaltungsgebäuden, Wohnsiedlungen und Sportanlagen.

Mahsuris Grab

Makam Mahsuri, 12 km westlich von Kuah: Eine malaiische Prinzessin wurde einst zu Unrecht des Ehebruchs bezichtigt. Vor ihrer Hinrichtung verfluchte sie die Insel für sieben Generationen, weißes Blut soll geflossen sein – Beweis ihrer Unschuld. Daher sind übrigens die Strände so weiß! Eintritt nicht lohnend. Der Blick von außen reicht. Zahlreiche Läden und Lokale locken Kundschaft an.

Gunung Raya

Der mit **883 Metern höchste Berg der Inselgruppe** war der Legende nach einst der Riese *Mat Raya*, der mit *Mat Cincang* wegen der Hochzeit seines Sohnes mit *Cincang's* Tochter in Streit geriet, dabei flogen Töpfe und anderes Geschirr. Der Name des Hauptortes Kuah (= Soße) zeugt davon.

Der Berg kann bequem auf einer 14 km langen Straße, die nördlich von Ulu Melaka von der Straße Kuah – Ulu Melaka – Padang Lalang abzweigt, mit Motorrad oder Auto (Maut 0,50 RM) befahren werden. Oben gibt es das **MEASAT Satellitenkontrollzentrum,** Regierungsgebäude, den D'Coconut Hill Resort mit Restaurants und Wellnessangeboten (Übernachtung ab 300 RM pro Zimmer, Reservierung über KL-Büro Tel. 03 4252 6686, sales @dcoconuthillresort.com) sowie einem Aussichtsturm. Die Aussicht von oben über die gesamte Inselgruppe ist bei guter Sicht fantastisch. Entlang der Straße kann man Vögel und Affen beobachten.

Man kann den Berg jedoch auch zu Fuß besteigen, und zwar vom südlich von Ulu Melaka gelegenen beliebten **Picknick- und Badeplatz Lubuk Semilang** aus. Ein **Treppenweg mit 4387 Stufen** (1–2 Std. Aufstieg) führt vom hinteren Ende des Parks durch den Urwald zur Straße in 750 m Höhe, von wo es links haltend nur noch wenige Minuten zum Gipfel sind. Die unteren 1000 und oberen 1500 Stufen werden von beidseitigen Geländern begleitet; gelegentlich gibt es bei umgestürzten Bäumen zwangsläufige Umgehungen im Wald. Es gibt in etwa parallel zum Treppenweg auch den alten Dschungelpfad, der bei manchen organisierten Dschungeltouren begangen wird. **Achtung:** Wer Treppenwege nicht gewohnt ist, findet diese weit anstrengender als natürliche Bergwege, schweißtreibend sind sie allemal, also genug Wasser mitnehmen!

Wer tiefere Einblicke in den Urwald bekommen möchte, kann sich an *Langkawi Canopy Adventures* wenden. *Ashraff Zimmerer,* Sohn des 2012 verstorbenen *Jürgen Zimmerer,* der das Unternehmen vor 10 Jahren gegründet hatte, bietet **Dschungeltrekking, Hochseilabenteuer in die Wipfelregion der Urwaldriesen, Abseilen, Tierbeobachtungen** u.s.w. an: Tel. 955 4744, mobil 012 466 8027, ashraff.zimmerer@yahoo.com.

Padang Matsirat/Beras Terbakar

("Verbrannter Reis"), 19 km nordwestlich von Kuah: Nach *Mahsuris* Tod erfolgte eine thailändische Invasion, während der die Bewohner der Insel ihren Reis lieber verbrannten, als den Eroberern zu überlassen. Davon sind noch Reste, vor allem nach starkem Regen oder bei Grabungen, zu sehen.

Pantai Tengah/Pantai Cenang

Hauptstrände Langkawis, 18–20 km von Kuah, im Südwesten der Insel; viele Bungalow-

Insel Langkawi

Langkawi

- Oriental Village, Geopark Museum
- Teluk Datai
- Pantai Pasir Teng Korak
- Tg. Rhu
- Pantai Rhu
- Gua Cerita
- Ewa Jetty
- Pasir Hitam
- Langgun
- Temurun-Wasserfall
- Muzium Ibrahim Hussein
- Padang Lalang
- Mat Cincang 709 m
- The Datai
- "Hole-in-the-Wall"-Fischfarm
- Gua Kelawar
- Sky Bridge
- Krokodilfarm
- Durian-Perangin-Wasserfall
- Kilim Jetty (Mangroventour)
- Telaga-Tujuh-Wasserfall
- Ewa
- Belanga Pechah
- Galeria Perdana
- Padang Masirat
- Ulu Melaka
- Lubok Semilang
- Wildlife Park
- Pantai Kok
- G. Raya 883 m
- Gunung Raya Golf Club
- Kisap
- Teluk Burau
- Telaga Harbour mit Jachthafen, Boot nach Koh Lipé, Leuchtturm
- Makam Mahsuri
- Kristall Marmor
- Golf
- Tg. Lembong Hafen
- Kuah
- Timun
- Rebak Besar
- Pantai Cenang
- Kedawang
- Underwater World
- Jachthafen
- Gua Langsir
- Porto Malai Jachthafen, Kreuzfahrtschiffe, Boot nach Koh Lipe
- Pantai Tengah
- Tuba
- Singa Besar
- Dayang Bunting

Straße von Melaka

Kuala Perlis, Kuala Kedah, Penang, Satun, Koh Lipe

Übernachtung
1. Oriental Village
2. Berjaya Langkawi Beach Resort
3. Resort Hotels Tanjung Sanctuary, Sheraton, Langkawi Lagoon,
5. Rebak Island Resort
7. The Western Langkawi Resort & Spa
8. Beringin Beach Resort
10. Four Seasons Resort
11. Tanjung Rhu Resort

Essen und Trinken
8. Fish Farm Restaurant

Einkaufen
4. Atma Alam Art Village
6. De 'Zon Shopping Centre
9. Kompleks Budaya Kraf

THAILAND — Kuala Perlis — Langkawi — KEDAH

und Resortanlagen, Lokale, geschützte Bucht, gut für Wasserski, Segeln, Sonnenbaden, Schwimmen, Wattwanderungen zur Insel Rebak (Nov.–Jan.). Das Wasser ist nicht sehr klar, wenig Schatten spendende Bäume (die Hütten liegen aber im Schatten der Kokospalmen direkt am Strand). Möglichkeit zu Bootsausflügen (Besichtigungen, Schnorcheln, Wandern, Fischen). Besonders reizvoll sind die Sonnenuntergänge.

Laman Padi

Reizvolles **Museum für Reisanbau** mitsamt Reisfeldern und Restaurant (japanisch-asiatisches *Laman Ria*); 10–18 Uhr, Eintritt frei; täglich von 7 bis 24 Uhr.

Underwater World

Die *Underwater World* im Süden von Pantai Cenang mit angeschlossenem Einkaufszentrum ist ein **Aquarium,** in dem man nach Aussagen des Prospektes mehr als **5000 Arten von Meerestieren** zu sehen bekommt. Aber selbst, wenn es nicht so viele sind, interessant ist ein Besuch allemal, wenn auch nicht gerade billig (10–18 Uhr, 38 RM, Kinder 28 RM).

Pantai Kok

Dieser einst unter Travellern beliebteste Strand an schöner Bucht hat heute weder Quartiere noch den einst geplanten Golfplatz. Das Gelände liegt immer noch brach. Einige hundert Meter weiter an einer Landspitze steht ein **Leuchtturm,** an dem abends Einheimische vor allem am Wochenende angeln und picknicken; nette Atmosphäre.

Landeinwärts erwartet den Besucher der **Telaga Harbour Park** mit Jachthafen, Einkaufsmöglichkeiten, Pubs und Unterkünften, darunter das recht neue Luxushotel **The Dana** mit schneeweißer Fassade.

Wasserfall Telaga Tujuh

„Sieben Brunnen", 30 km von Kuah, 8 km von Kuala Terjang (Flughafen): 90 Meter hohe Kaskade, darüber 7 Gumpen (Becken). Man kann von Gumpe zu Gumpe rutschen, Vorsicht beim obersten Teilstück.

Anfahrt: Die Straße von Pantai Kok Richtung Telaga Tujuh bis zu ihrem Ende (Parkplatz). Vom Parkplatz gelangt man nach links in wenigen Minuten zu einer kleinen Hängebrücke und zum Fußweg auf den **Berg Mat Cincang** (s.u.)

Mat-Cincang-Seilbahn – Langkawi Cable Car

Mat Cincang/Oriental Village

Knapp östlich des Wasserfalls findet sich die bedeutendste Attraktion Langkawis, die **Seilbahn** *(Langkawi Cable Car, kereta kabel)* auf den 709 m hohen Mat Cincang, ein 500 Mio. Jahre altes gezacktes Bergmassiv. Die Talstation der von Österreichern gebauten top-modernen Seilbahn liegt inmitten des attraktiven **Oriental Village** (Lokale, u.a. das *Chinese Opera Restaurant*, und Läden mit Angeboten aus den Ländern der Region).

Neue Attraktionen sind hinzugekommen: Eine **Animal Farm,** gleich rechts der Seilbahn-Talstation, mit freiem Eintritt lockt u.a. mit einigen Rehen, nur das Futter muss gekauft werden. Daneben gibt es die Möglichkeit zu einem kurzen Elefantenritt rund um ein Stück eingezäunter Natur für 150 RM/ 2 Personen, www.gajah.org *(Elephant Adventures),* für diejenigen, die noch nie auf einem Elefanten gesessen haben. Gegenüber kann man kostenlos einen Tiger in seinem kleinen Garten hinter einer Glaswand (Fotos nicht erlaubt) besichtigen. Es ist ein zahmes Tier, das dem Besitzer zu groß geworden ist. Mit *Segways* kann man eine 10-Minuten-Runde um das Oriental Village oder mit der geländegängigen Variante einen etwas längeren Ausflug in den nahen Dschungel unternehmen. Wer die von einem Elektromotor angetriebenen *Segways,* die nur mit Körperverlagerung be-

schleunigt oder gebremst werden, kennt, weiß, dass das Spaß macht (www.gogreenmalaysia.com). Sehenswert ist das einräumige **Geopark-Museum** (Eintritt frei) kurz hinter dem Eingang zum Oriental Village rechts vom kleinen See. Hier erhält man die ausgezeichnete Broschüre „*Geopark – more than just rocks*", denn Langkawi erhielt 2007 den *Global Geopark Status* und wird seither **Geopark Langkawi** genannt.

Die Fahrt zur Mittelstation (650 m) auf einem felsigen Vorgipfel und über ein Tal hinweg auf den Hauptgipfel ist ein Erlebnis für sich, die Gondeln bewegen sich absolut lautlos, man kann sogar die Geräusche des Dschungels tief unter den Gondeln hören. Steigt man an der Mittelstation aus, gelangt man von dort in 20–30 Min. zum **Hauptgipfel.** Anfangs geht es auf Plattenweg mit Treppenstufen bergab, dann wieder bergauf und nochmals bergab. An einer Weggabelung kann man geradeaus weiter zum Hauptgipfel gehen oder – lohnender – rechts ansteigen zur gewaltigen 125 m langen geschwungenen breiten **Hängebrücke** (**Skybridge,** Achtung: Anfang 2013 gesperrt, auch der Weg dorthin war gesperrt) die über ein tiefes Tal gespannt wurde. Der Blick von der Brücke ist wahrhaft beeindruckend. Hinter der Brücke ist man in wenigen Minuten auf dem Gipfel. Von der Gipfelstation ist der Zugang zur Brücke bei

▽ Die Skybridge

starkem Wind gesperrt. Oben gibt es zwei Aussichtsplattformen mit fantastischer Rundumsicht (bei entsprechend klarer Sicht). Hin- und Rückfahrt 30 RM, Kinder 20 RM, Mo–Do 10–18 Uhr, Mi 12–18 Uhr (letzte Bergfahrt, letzte Talfahrt 19 Uhr), Fr–So und an Feiertagen 9.30–19 Uhr (letzte Bergfahrt, letzte Talfahrt 19.45 Uhr), Tel. 959 4225 (bei unsicherem Wetter oder starkem Wind besser anfragen, ob die Seilbahn in Betrieb ist; das gilt besonders, wenn man zu Fuß aufsteigen, aber mit der Bahn hinunterfahren möchte). Jedes Jahr in der 2. Aprilhälfte ist die Bahn wegen Inspektion geschlossen, www.panoramalangkawi.com.

Fußweg auf den Gipfel des Mat Cincang

Man kann den Gipfel auf einem bequemen, wenn auch schweißtreibenden Treppenweg von der Talstation durch den Dschungel zur Mittelstation und – wie oben beschrieben – zum Hauptgipfel erreichen, reine Gehzeit 1½–2 Std. Wasserleitungen und einige Pumpstationen begleiten den Wanderer auf dem gesamten Weg zum Mittelgipfel. Der Weg ist durchweg sicher zu begehen, trotzdem sollte ein Mindestmaß an Kondition und gutes Schuhwerk Voraussetzung sein, an Mitnahme von Wasser denken! Man findet den Zugang von der Talstation aus, indem man rechts von *Elephant Adventures* durch den Campingplatz hindurchgeht. Am Ende wird auf den Weg zur Hängebrücke und nach Telaga Tujuh hingewiesen, nicht jedoch auf den Dschungelweg zum Gipfel. Man geht diesen Weg fast eben bis zur Hängebrücke. Gleich dahinter beginnt der Platten-/Treppenweg (s.o.), dem man einfach bis nach oben folgt. **Achtung:** Am Beginn des Weges steht unten und oben ein nichtamtliches Schild „No Entry", man kann es bislang ignorieren. Auch den Steg über den Bach nach rechts kurz hinter dem Schild ignorieren, geradeaus weitergehen, der Wasserleitung folgen! Vom Telaga-Tujuh-Parkplatz ist der Weg zur Hängebrücke kürzer, aber er ist ebenfalls nicht mehr ausgeschildert!

Der **Fahrpreis** von 30 RM gilt auch für einfache Fahrt, zumal der beschriebene Weg seit Jahren weder als Auf- noch als Abstieg ausgeschildert ist. Selbst der obere Weg zwischen Haupt- und Mittelgipfel soll künftig offenbar nur im gebuchten Paket „begehbar" sein.

Krokodilfarm

Nach dem Vorbild der berühmten Farm südöstlich von Bangkok gibt es auch in Langkawi eine Anlage mit mehr als 1000 Krokodilen und gewagten Vorführungen und Fütterungen (Tel. 959 2559, Fax 959 2529). Showtime ist täglich um 11.15 Uhr und nochmal um 14.45 Uhr. Leider werden auch Produkte aus Krokodil-Leder verkauft und die Tiere für manche Albernheiten benutzt. Anfahrt: Straße in Richtung Datai.

Teluk Datai

Exklusive, streng abgeschirmte Luxusanlage mit schönem Strand. Am Ende der Straße besteht ein öffentlicher Zugang zum Wasser, jedoch praktisch ohne Strand. Am Weg von der Krokodilfarm zum Teluk Datai liegt hinter der Biegung nach Westen das dem berühmten Künstler *Ibrahim Hussein* gewidmete **Museum,** ein Stück dahinter (nach großem Torbogen) der hohe **Temurum-Wasserfall.**

Pasir Hitam

„Schwarzer Strand", rund 20 km nördlich von Kuah – nichts Besonderes, außer dass hier der Sand schwarz ist. In der Nähe befinden sich landeinwärts die **Thermalquellen von Air Hangat** (s.u.).

Auf dem Weg von Kuah nach Pasir Hitam

An der Straße von Kuah zum Wasserfall Durian Perangin (s.u.) kommt man an einer neuen Attraktion vorbei: dem **Wildlife Park,** einer Art Zoo, der ganz auf einheimische Touristen ausgerichtet ist (Jln. Air Hangat, Kampung Belanga Pecah, www.wildlifepark.com.my). Kurz darauf kommt man an der Abzweigung zur Kilim Jetty (s. „Mangroventouren") zur **Galeria Perdana**, in der 7000 Gastgeschenke von Staatsbesuchen des langjährigen Premierministers und geistigen „Ziehvaters" der Entwicklung Langkawis, *Dr. Mahatir Mohammed*, ausgestellt sind. Teilweise handelt es sich um schöne Beispiele asiatischer Handwerkskunst (tgl. 8.30–17.30 Uhr, 10 RM, Kinder 4 RM, Kamera 2 RM, Video 5 RM, Tel. 959 1498), ca. 11 km von Kuah; 3 km hinter der Galerie geht es links (westlich) zum beliebten **Wasserfall Durian Perangin**, der Ende September/Anfang Oktober am meisten Wasser hat. Bald darauf kommt man zu den **heißen Quellen von Air Hangat**, die sich zu einer etwas künstlichen Touristenattraktion entwickelt haben: es gibt dort eine Art malaiisches Freilichtmuseum mit Musik, Läden und einem teuren Lokal. Baden kann man in den heißen Quellen nicht. Wenig später erreicht man den Strand von Pasir Hitam.

Fischfarm

Die Fischfarm **„Hole in the Wall"** mit Restaurant inmitten einer Karstlandschaft und Mangroven im Osten der Insel ist per Boot in 10 Min. von der Kilim River Jetty zu erreichen, Abholservice von der **Galeria Perdana**.

Pantai Rhu

Der Strand von Tanjung Rhu, 22 km nördlich von Kuah ist ein sehr breiter Sandstrand. Möglichkeit zu Bootsausflügen (Höhle, Mangroven, Adlerfüttern). Er liegt im Schatten von Kasuarina-Bäumen.

Um die Ecke des Kaps liegt die **Gua** (Höhle) **Cerita**, mit Boot erreichbar, nahebei werden die winzigen Fische *Ikan bilis* (in der malaiischen Küche zum Würzen verwendet oder als Snacks mit Erdnüssen) getrocknet.

Insel Dayang Bunting

Der Name der **zweitgrößten Insel des Archipels** („schwangere Jungfrau") beruht wie viele Ortsnamen Langkawis auf einer Legende: ein Engel verliebte sich in einen Jin, gebar im gleichnamigen See ein Kind, das nach 7 Tagen starb, als die Mutter herausfand, das der Jin ihre Liebe mit Zauberei erdrickst hatte. Bevor sie wieder in den Himmel zurückkehrte, segnete sie jedoch den See. Bislang unfruchtbare Frauen, die in seinem Wasser baden, haben der Legende nach eine erhöhte Chance fruchtbar zu werden. So gebar denn in der Tat eine Frau nach fast 20 Jahren Ehe ein Töchterchen, nachdem sie im See gebadet hatte.

Der **Süßwassersee Tasek Dayang Bunting** liegt im Südwesten der Insel. Einst war hier eine riesige Höhle, deren Dach einstürzte, Regenwasser füllte das Loch, der See entstand. Nur ein niedriger schmaler Sattel trennt den See vom Meer. Die Boote der täglichen *Island Hopping* Touren legen westlich des Sees bei einem Landesteg an. (**Achtung:** Die von den Besuchern angefütterte Affenbande greift jede Tasche, jeden Beutel auf der Suche nach Essbarem an!) Von dort geht es in wenigen Minuten durch den Dschungel über einen niedrigen Bergsattel hinunter zum See. Pontons bieten Gelegenheit zum Sitzen und Ablegen der Kleidung, das Wasser ist angenehm weich. Ein paar Läden gibt es auch noch, viele Besucher fahren mit Tret- oder per Sonnenstrom betriebenem Boot hinaus auf den See. Beim *Island Hopping* hat man knapp eine Stunde Aufenthalt am See.

Eine weitere Attraktion der Insel ist die 91 m hohe **„Vampirhöhle" Gua Langsir** im Nordwesten der Insel. Dorthin gelangt man per Boot von der Anlegestelle für die Island-Hopping-Boote in Porto Malai in 40 Minuten.

Andere Inseln

Pulau Singa Besar („großer Löwe")

Auf der Insel gab es jahrelang einen Naturpark mit Dschungelpfaden. Seit einigen Jahren darf die Insel **nicht mehr betreten werden.** Beim *Island Hopping* fahren die Boote nahe an die Ostküste zum beliebten, aber fragwürdigen Adlerfüttern heran. Die Bootsführer haben Futter dabei, das die Adler aus dem Wasser fischen.

Pulau Beras Basah („nasser Reis)
Die Island-Hopping-Boote legen an der Ostseite am Strand an. Die Besucher haben dann eine Stunde Zeit zum **Baden.** Vielmehr Möglichkeiten bietet die Insel nicht.

Tuba Island
Diese gegenüber dem Fährterminal Kuah gelegene 20 km² große Insel, die 4500 Einwohner hat, wurde bisher eher selten besucht. Nun gibt es auch Tagestouren und mehrstündige Touren auf der Insel. Übernachten kann man schon seit Jahren. Details s.u.

Handwerkszentren

■ **De'Zone,** Lot 5, Kuala Teriang, Jln. Pantai Kok, Tel. 955 6684, im Westen der Insel. Vor allem **Zinn-, Silber- und Batikprodukte.**
■ **Kompleks Budaya Kraf,** Teluk Yu, Mukim Bohor, Tel. 959 1900, im Norden der Insel; **Korb-, Keramik- und Holzwaren, Bekleidung, Zinnprodukte** und **Batik.**
■ **Atma Alam Art Village,** nahe *Mahsuri,* Padang Matsirat, www.atmaalam.com, Tel. 955 1227. Kunst und Kunsthandwerk.

Transport auf Langkawi

Wie eingangs erwähnt, könnte die Insel ein gut funktionierendes öffentliches Verkehrssystem gut gebrauchen; das aber hat wohl die **„Taxi-Mafia"** bisher erfolgreich verhindern können. Dabei sind die Taxipreise moderat, und wenn man zu mehreren fährt, sind sie sogar recht günstig. Dennoch ist es günstiger, sich ein Fahrzeug zu mieten, wenn man die Insel entdecken möchte.

Taxi

Die Preise sind festgelegt und an den Taxiständen am Fährterminal oder Flughafen veröffentlicht. Sie richten sich nach der Personenzahl. Hier sind nur die Preise für 1–4 Personen angegeben:

■ **Ab Fähre:** 1–4 Personen: Kuah 6 RM, Ortsende Kuah (z.B. Twin Peak) 8 RM, Hospital 10 RM, Makam Mahsuri, Kg.Tok Senik, Vogelpark, Kilim Mangroven Jetty, Galeri Perdana, Ulu Melaka, je 16 RM, Air Hangat, Pasir Hitam, Padang Matsirat je 18 RM, Durian Perangin 18 RM, Flughafen, Pantai Tengah, Centang, *Underwater World,* Budaya Kraf, *Sheraton Langkawi Resort* je 24 RM, Tanjung Sanctuary 22 RM, Awana Porto Malai 28 RM, Tanjung Rhu 25 RM, Mutiara Burau, Telaga Tujuh 28 RM, *Oriental Village, Cable Car* 40 RM, Krokodilfarm 30 RM, Gunung Raya 50 RM, The Datai, The Andaman 60 RM; 5–6 Personen ca. 50 % teurer.
■ **Ab Flughafen:** 1–4 Personen: Padang Matsirat 10 RM, Hospital 15 RM, *Langkawi Golf Club* 15 RM, Pantai Cenang/Tengah, *Sheraton Langkawi Resort* je 16 RM, Awana Porto Malai, Tanjung Sanctuary 18 RM, Mutiara Burau Bay, *Berjaya Beach Resort,* Telaga Tujuh, *Oriental Village, Cable Car,* Pantai Kok, Kuah, Fährterminal, Langkawi Krystal, Ayer Hangat, Pasir Hitam je 20 RM, Taman Delima, Kompleks Budaya Kraf, Teluk Ewa 24 RM, Tanjung Rhu 25 RM, *Gunung Raya Golf Club, Baan Thai Restaurant,* Vogelpark 28 RM, Kokodilfarm, Temurun Wasserfall 30 RM, Gunung Raya 48 RM, The Andaman, Datai 50 RM, 5–6 Personen: 50 % teurer.
■ **Inselrundfahrten:** 30 RM/Std.

Fahrzeugvermietung

Für 2 Personen sind **Motorräder** günstiger, aber auch riskanter als Mietwagen. Es passieren viele Unfälle durch Motorrad fahrende Touristen, u.a. weil viele von ihnen keinen Führerschein für Motorräder besitzen! Auch muss man bei regennassen Straßen besonders vorsichtig fahren. Die Guesthouses wissen, wo man was mieten kann, bzw. besorgen von sich aus, was gewünscht wird.

Vor dem Ausleihen des Fahrzeuges sollte der Zustand überprüft werden – angesichts der relativ niedrigen Mietkosten werden Motorräder kaum gewartet. Führerschein, am besten den internationalen, nicht vergessen!

Insel Langkawi

■ **Auto** 20–180 RM (meist 50 RM), **Motorrad** 16–35 RM (meist 25 RM), **Fahrrad** 10–16 RM (meist 15 RM), günstige Angebote bei *T Shoppe Vehicle Rental,* Tel. 955 555 1/2/3, Pantai Tengah.

Aktivitäten

■ **Windsurfen** ganzjährig gut beim *Sheraton Langkawi Resort;* am P. Tengah am besten im Nov./Dez.; für Anfänger gut: P. Cenang (im April häufig Feuerquallen) und Burau Bay.

■ **Tauchen:** am besten am Südwesteck (Coral Gardens) der Insel **Payar**, ca. 1 Std. per Boot von Kuala Kedah oder Langkawi. Große Vielfalt an Korallen, 45 Fischarten. Andere Inseln der Gruppe: Pulau Kacha, Lembu, Segantan. Die Hauptinsel Langkawi ist zum Tauchen und Schnorcheln nicht geeignet, am ehesten noch auf Pulau Intan Kecil & Besar und Beras Basah.

Touren nach Pulau Payar ab 240 RM. Selbst in Thailand werden Touren ab Langkawi angeboten, und zwar Koh Lipe für 650 RM (www.crystalyacht.com).

■ **Schnorcheln:** wegen des trüben Wassers rund um Langkawi gibt es organisierte Bootstouren zum 35 km südlich gelegenen Marinepark von Pulau Payar; dank Konkurrenz kosten sie in der Nebensaison ab 89 RM, dabei schnorchelt man vom einen Strand aus, nicht aber von den besten Schnorchelplätzen rund um die kleinen Inseln. Tagesfahrten zum Schnorcheln und Baden nach Koh Lipe in Thailand 7.30–18 Uhr, 378 RM, Kinder 358 RM.

■ **Segeln:** Anstatt dem üblichen Island Hopping – wie wär's mit einem ganztägigen Segeltörn? *Eco Adventure Day Cruise* 10–16 Uhr, inkl. freie Getränke, Gourmet BBQ mit Salat Büffet, ab 250 RM, *Crystal Yacht Holidays,* Awana Porto Malai, Tel./Fax 955 6544, mobil 012-408 7866, www.crystalyacht.com. Ein weiterer Anbieter ist *Tropical Charters* (mobil 012 588 3274).

■ **Bootcharter** für Boote ab 8 Personen, 4 Std., *Island Hopping* 350–550 RM, Fahrten zu bestimmten Inseln und Abholung 250 RM, Angeltouren bis 5 Personen 400 RM, Pulau Payar 4 Std. 1500 RM.

■ **Jet Ski:** 120 RM pro 30 Min., www.seemanwatersports.com bietet 3- und 4-stündige Touren mit Jet Ski für 500/800 RM an.

■ **Abseilen** im *Adventure Fun Park* mit *Ashraff Zimmerer,* mobil 012 466 8027, ashraff.zimmerer@yahoo.com, an den unteren Hängen des Gunung Raya, vor- oder nachmittags 2 Std. (180 RM) oder 3 Std. (220 RM) für Gruppen ab 2 Personen, auch für Anfänger; auch Dschungeltouren.

■ **Pulau Tuba Tagestouren** von 10 bis 16 Uhr , ab 2 Personen, 240 RM bietet *Tuba Travel & Tours,* daneben je 3–4stündige **Angeltrips** (80 RM), **Höhlen- und Dorftour** (50 RM), **Inselrundtour, Höhle und Dorf** 70 RM, **Bootcharter** 250 RM.

■ **Island Hopping:** wird meist für 25 RM angeboten und ist damit im Preis-Leistungsverhältnis die günstigste Aktivität, zumal die 2x täglich angebotenen Touren (9 bzw. 9.30 und 14 Uhr) fast 4 Stunden. dauern. Man wird von der Unterkunft abgeholt und dorthin zurückgebracht. Von der Jetty bei Porto Malai fahren die Boote hinüber zur Insel Dayang Bunting, zeigen die Bergkuppen, bei denen man sich eine liegende schwangere Frau vorstellen soll/kann, legen am Bootssteg für den See an, bleiben dort eine Stunde, dann geht es zur gegenüber liegenden Ostküste der Insel Singa Besar zum Adler füttern und weiter zum Strand der Insel Beras Basah, von dem die Boote nach einer Stunde zurückfahren.

■ **Mangroventouren:** auch diese meist 5-stündigen Touren werden regelmäßig angeboten und sind dank der Konkurrenz im Preis stark gesunken, sind aber wie Island Hopping fast schon eine Massenveranstaltung, was die Zahl der Boote betrifft. Die Boote befahren Mangroven gesäumte Flüsse und Küstenabschnitte, eine Fischfarm (u.a. mit Rochen) wird besucht, Adler werden gefüttert, Höhlen werden aufgesucht, wobei in der Krokodilhöhle längst keine Krokodile mehr leben, die findet man nur noch in der Krokodilfarm. Preis ab 59 RM!

■ **Dschungeltouren** sind mit Preisen um 120 RM vergleichsweise teuer. Sie finden meist in der Nähe der Datai-Bucht im Nordwesten oder Gunung Raya statt, dauern so um die 3 Std., auch bei diesen Touren wird man abgeholt und zurückgebracht.

▷ Segeln ist ein beliebter Wassersport auf Langkawi

Insel Langkawi

◻ **Bergbesteigungen** im Dschungel auf eigene Faust wie auf den Gunung Raya und Mat Cincang sind im Abschnitt „Sehenswertes" beschrieben.

◻ *Peter,* freundlicher Niederösterreicher, bietet 5-stündige Touren in kleinen Gruppen für 195 RM an: **Mangroven per Kajak, Dschungelwanderungen, Vögel beobachten, Fotografieren.** Selbstverständlich lehnt er das Füttern von Wildtieren ab. Mobil 012 4564750, pemaria@tm.net.my.

◻ *Dev's Adventure Tours* bietet ähnliche Touren wie *Peter,* jedoch auf Englisch: **Mangrove Geopark Trip per Kajak,** 5 Std., ab 2 Personen, 9.30 Uhr (Mo, Fr 10.30 Uhr), 220 RM; **Mangroven per Boot,** 4–5 Std., ab 2 Personen, 160 RM; **Jungle Trek/Evening Walk,** 3 Std., 9 und 17 Uhr, 120 RM; **Nature Cycling** ca. 25 km, 3–4 Std., 8.30 oder 15 Uhr, Erw. 120 RM; **Bird Watching,** 5 Std., 7.30 Uhr, 200 RM; **Untold Stories of Langkawi:** Legenden, Geschichte, Kultur, Architektur u.a., 5 Std., Mi/Sa 15.30 Uhr, ab 2 Pers., 190 RM inkl. Bananenblattcurry-Dinner, www.langkawi-nature.com.

◻ **Dr. Ghani's Herb Walk** im eigenen Kräutergarten (2 Std.) oder im Dschungel/in den Mangroven (4 Std.), mobil 012 452 3402.

◻ **Parasailing** am Pantai Cenang kostet 50 RM pro 3 km Runde. Veranstalter u.a.: *Your Travel Station,* www.langkawigps.com/page84.html.

◻ **Banana-Boat-Reiten** kostet 15 RM für eine Runde (Veranstalter siehe „Parasailing").

◻ **Flyfish Boat** kostet 80 RM pro 3 km Runde pro Person (Veranstalter siehe „Parasailing").

◻ **Golf:** Es gibt 3 reizvoll gelegene Golfplätze.

◻ **Go Cart:** *Morac International Go Cart,* südlich des Flughafens.

◻ **Reiten:** ggf. in Verbindung mit Essen in der Shrimpfarm, *Island Horses* unterwegs zu den Wasserfällen von Telaga Tujuh.

www.fotolia.de © Happy Alex

Informationen, Adressen und Telefonnummern

- **www.emmes.net** (nützliche Informationen rund um Langkawi);
- **www.langkawi-beaches.com** (Informationen über Strände und die Insel);
- **www.langkawi-gazette.com** (Informationen auf Englisch über Langkawi für Touristen, Expats);
- **Hauptreisezeit:** Oktober–April;
- **Poliklinik Kuah;** Tel. 966 3333;
- **Post,** hinter *LADA Komplex,* Sa–Do 8–17 Uhr, Tel. 966 7271;
- **Radio,** Langkawi FM 104.8;
- **Taxi Flughafen,** Tel. 955 1800;
- **Thai-Konsulat** (kein Visa Service) Kampung Tok Seni, Ulu Melaka, Tel. 955 7260;
- **Tourism Malaysia Büro** im Einkaufszentrum *Pekan Rabu,* 9–17 Uhr, Tel. 966 7789;
- **Verkehrspolizei,** Tel. 966 6222.

Übernachten/ Essen und Trinken

Tel.-Vorwahl Langkawi: 04

In der Nähe des Fährterminals

- **The Westin Langkawi Resort & Spa**⑥ (früher *Sheraton Perdana Resort*), Tel. 960 8888, www.starwoodhotels.com/westin/property/overview/index.html?propertyID=283, Jln. Pantai Dato Syed Omar, renovierte Luxusanlage mit eigenem Strand in schönem Park, mit großem Pool, Spa in balinesischem Stil, 202 Zimmer ab 457 RM. Dies war das erste Resort auf Langkawi.
- **Beringin Beach Resort**②, Tel. 966 6621. Preiswertes Resort 2 km östlich der Jetty in eigener Bucht, die allerdings weniger zum Baden geeignet ist. 40 Chalets ab 85 RM mFr.

Ganz in der Nähe befindet sich die aufs Wasser hinaus gebaute **Fish Farm & Restaurant,** wo man sich sein Seafood selbst angeln kann, Tel. 966 8888.

In Kuah

Der Hauptort Langkawis bietet ein großes Angebot an Hotelbetten, die überwiegend von einheimischen Shopping-Touristen und asiatischen Reisegruppen genutzt werden. Hier nur eine kleine Auswahl für diejenigen, die lieber in der Stadt als am Strand wohnen.

- **Eagle Bay Hotel**② (früher *Central Langkawi*), 33, Jln. Pesiaran Putera, Tel. 966 8585, www.hotelcentral.com.my/index.htm. Gegenüber Lagenda-Park, 132 renovierte Zimmer ab 95 RM mFr.
- **Putra Langkawi**①, Tel. 966 2145. Eines der alten Stadthotels an der Hauptstraße, Zi. mB, a/c, TV ab 40 RM.
- **Citin Hotel Langkawi**③, 3, Jln. Pekan Kuah, Tel. 966 9000, www.citinhotels.com/citin-langkawi.html. Neues Budgethotel in zentraler Lage, neben Plaza Langkawi Einkaufszentrum, saubere angenehme Zimmer ab 90 RM.
- **Motel Sri Manis**②, 13, Jln. Penarak, Tel. 04 966 6805. Rückversetzt in ruhiger Lage gelegen, 15 Zi. mB, a/c, TV ab 60 RM.
- **City Bayview Hotel**④, 1, Jln. Pandak Mayah, www.bayviewhotels.com/langkawi. 110 gut ausgestattete Zimmer in zentraler Lage ab 195 RM.

Essen & Trinken

Es gibt eine große Auswahl an Essständen und Lokalen in der Straße **Pesiaran Mutiara** ggb. dem *Bella Vista Resort.* Alle Einkaufszentren haben eine Auswahl an (Fastfood-)Lokalen.

Die **Nachtmärkte** *(pasar malam)* auf Langkawi finden täglich an einem anderen Ort statt, meist zwischen 19 Uhr und 23 Uhr:

Mo Ulu Melaka
Di Kedawang
Mi Kuah
Do Bohor Tempoyak (nahe Pantai Cenang)
Fr Air Hangat Roundabout
Sa Kuah (nahe *City Bayview Hotel*)
So Padang Matsirat

Pulau Tuba

- Wer bei freundlichen Fischerleuten ein paar Tage verbringen möchte, kann dies mit dem in ganz Malaysia verbreiteten **Homestay-Programm** der *Fisheries Development Authority of Malaysia* auch auf dieser Insel 5 km von Kuah tun. 30 Häuser nehmen hier an dem Programm teil,

☐ Übersichtskarte S. 42, Inselkarte S. 51, Stadtplan S. 64   **Insel Langkawi**

die Kosten p.P. betragen 60 RM für Zimmer mit Vollpension, etwas Englisch wird verstanden, Buchung: Tel. 966 6102, Orientierung über das Programm: www.langkawi-beaches.com/pulau-tuba.html.
■ **Tuba Travel & Tours Chalets,** a/c, TV, mFr, heiße Dusche, 120 RM.

Unterkünfte in Kampungs zwischen Kuah und den Stränden

■ **Kampung Tok Senik Resort**④, Lot 1577, Kawasan Mata Air, Mukim Ulu Melaka, Tel. 955 7288, Fax 955 7257, www.toksenikresort.com. Für diejenigen, die abseits der Strände etwas Besonderes suchen und nicht allzu sehr auf den Geldbeutel achten müssen, bietet sich die in erlesenem malaiischen Stil erbaute Anlage an. Gut ausgestattete rustikale Zimmer ab 180 RM.

Pantai Cenang

Der breite **Hauptstrand Langkawis** ist etwa 2 km lang, weist rund **30 Anlagen** von Backpacker Guesthouses bis Luxusresorts auf, mehr als **50 Lokale** und **ungezählte Läden**. Die Anlagen liegen teils am Strand, teils an der strandabgelegenen Seite der Jalan Pantai C(h)enang. Der Strand ist jedoch für alle frei zugänglich. Man sprach sogar 2012 davon, dass auf Anordnung der *Langkawi Development Authority LADA* einige Anlagen geschlossen werden müssen, um den Zugang zum Strand zu verbessern. Man ist gespannt, was wirklich passieren wird.

Strandseite (von Süden)
Die folgenden sieben Anlagen liegen **südlich der Klippen (Tanjung Mali) am Ende des Pantai Cenang** und damit eigentlich am Pantai Tengah, zählen sich jedoch noch zu ersterem, wohl, weil sie noch an der **Jalan Pantai Cenang** liegen.

■ **Kedawang Beach Inn**③, kleine Anlage, DZ mB, a/c, TV, Warmwasser ab 100 RM, Tel. 955 9335, mobil 012 533 9867.
■ **Monkey House**③, kleine Anlage, DZ ab 100 RM.
■ **Sugary Sands Motel**②, Tel. 955 3473, 26 einfache DZ, mB, a/c, TV 80–160 RM.
■ **Tanjung Malie**②, viele Gäste bemängeln die Sauberkeit, einfache Zimmer mB, a/c, 70–140 RM.

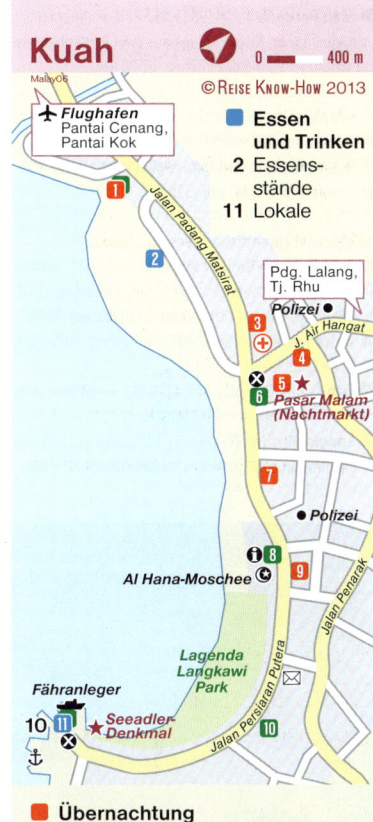

Kuah   0 — 400 m
© REISE KNOW-HOW 2013

✈ **Flughafen** Pantai Cenang, Pantai Kok

■ **Essen und Trinken**
2 Essensstände
11 Lokale

Pdg. Lalang, Tj. Rhu
Polizei
Pasar Malam (Nachtmarkt)
● Polizei
Al Hana-Moschee
Lagenda Langkawi Park
Fähranleger
Seeadler-Denkmal

■ **Übernachtung**
1 Hotel Grand Continental
3 Citin Hotel
4 Motel Sri Manis
5 City Bayview Hotel
7 Hotel Putra Langkawi
9 Eagle Bay Hotel

■ **Einkaufen**
1 Langkawi Parade Shopping Center
6 Langkawi Plaza Shopping Center
8 Shopping Center Pekan Rabu
10 Langkawi Fair Shopping Mall
11 Geschäfte

- **Mali Perdana**②, Tel. 9533 882 888, maliperdanaresort@gmail.com. Kleine Anlage aus zwei Reihenhäusern mit schattigem Gang dazwischen, DZ 80 RM.
- **Green Hill Resort**②, kleine Anlage ohne Strand, DZ 80 RM, 2 Nächte 150 RM.
- **Sunset Beach Resort**④, Jln. Teluk Baru, Tel. 955 6200, www.sungrouplangkawi.com. Gepflegte, attraktive Anlage, Zi. mFr, mB, a/c, TV, 220–320 RM.

Anlagen am eigentlichen Cenang-Strand

- **Joe Langkawi Budget Motel**①, mobil 011-1544 57 44, joelangkawibudgetmotel@gmail.com. Kleine Anlage, DZ, mf, oB 40 RM, 4-Bett-Zi. (Stockbetten) 50 RM, mB 70 RM.
- **Delta Motel**, Tel. 955 1307, sales@deltamotel.net, einfache Zi ab 30 RM.
- **The Cabin**③, mobil 012 4178499, www.thecabin.com.my, Wohncontainer für 150 RM.
- **Langkapuri Inn**③, Tel. 955 1202, 955 3453, www.langkapuri-inn.com, schlichte, saubere DZ 140/170 RM.
- **Langgura Baron**③, Tel. 955 8880, langgura_resort@yahoo.com, www.barongrouphotels.com, 41 gut ausgestattete Zimmer mB, a/c, Wasserkocher, TV, 120–150 RM.
- **Best Star Resor**t③, Tel. 955 1808, info@beststarresort.com, www.barongrouphotels.com. 58 DZ mFr, mB, a/c, Wasserkocher, Minibar, TV 116–260 RM, beliebt für Tagungsgruppen.
- **AB Motel**③, Tel. 955 1300, abmotel@hotmail.com, ältere Anlage, 50 schlichte DZ mB, a/c, Kühlschrank, TV, 120/3BZi 150 RM.
- **Langkawi Sandy Beach Resort**③-④, Tel. 955 1308, www.langkawisandybeachresort.com, beliebte große Anlage mit 180 Hotelzimmern, Chalets und Bungalows mB, a/c, TV, mFr 110/160/170 RM.

Typisches Beach Resort

■ **Malibest Resort**③, Tel. 955 8222, malibestlgk@yahoo.com.my, www.barongrouphotels.com, große, freundliche Anlage mit 92 Zimmern mB, a/c, Wasserkocher, TV für 130–170 RM, und 5 Treetop-Zimmern für 220/250 RM.
■ **Melati Tanjung**③, Tel. 955 1099. 13 einfache Chalets, 120/140 RM.
■ **Cenang Rest House**②, Tel. 955 3957, cenangresthouse.com, 35 einfache DZ, 50–100 RM.
■ **Grand Beach Motel**②-③, Tel. 955 1457, Fax 955 3846, einfache DZ mf 50 RM, a/c 80–180 RM.
■ **Beach Garden Resort**④, Tel. 955 1363, Fax 955 1221, www.beachgardenresort.com. Reizvolle Anlage für gehobenere Ansprüche, deutsche Leitung, gute Küche, 13 Chalets, ab 275 RM.
■ **Casa del Mar**⑥, Tel. 955 2388, Fax 955 2228, www.casadelmar-langkawi.com. Luxusanlage im spanischen Stil, Boutique Hotel, 28 Zimmer, ab 740 RM.
■ **Meritus Pelangi Beach Resort & Spa**⑥, Tel. 952 8888, www.meritushotels.com. Exklusive große Hotelanlage am nördlichen Ende des Pantai Cenang. Die 350 Zimmer befinden sich in Holzchalets, die im malaysischen Kampungstil gebaut sind, familienfreundlich, ab 400 RM.

Strandabgelegene Seite (von Süden)
■ **Mila Motel**②, mobil 012 584 3030, sechs etwas abseits gelegene DZ mB, a/c, 85 RM, 4BZi 105 RM.
■ **White Lodge**②, mobil 012 494 2072, ruhige Lage abseits der Hauptstraße, 12 saubere DZ 80 RM.
■ **Lagenda Permai Chalet**②, Tel. 955 2806, lagendapermai@hotmail.com, 23 saubere Zimmer mF, mB 70 RM, a/c, 100 RM.
■ **AB Motel**②, Tel. 955 2354, mobil 012 513 9208. Einfache Chalets, DZ mB, a/c, TV, Kühlschrank 60/80 RM, 3BZi 100 RM.
■ **Amzar Motel**①, (früher *Beachview Motel*), Tel. 955 1354. Einfache, preiswerte Chalets DZ mf mB, TV, 35 RM, a/c, 45/75 RM.
■ **Shirin Guest House**①, Tel. 955 5991, 8 Zimmer, mf oB ab 35/40 RM, a/c, oB 50 RM, Kabel-TV, großer Kühlschrank im überdachten Wohnbereich, angenehme Brise, Wäscheleinen, Garten, geführt vom persischen Ex-Oberst/Kampfflieger *Ibrahim* und seiner japanischen Frau *Hiroko*. Sie sorgen dafür, dass sich ihre Gäste wie zu Hause fühlen, organisieren alles und jedes, fahren Gäste hierhin und dorthin (preiswerter als Taxis), holen sie selbstverständlich vom Flughafen ab oder bringen sie hin, ästhetisch wohl nie vollkommen, aber ein Ort zum Wohlfühlen, wo man auch gern sein kaltes Bier (2 RM) trinkt. Das Restaurant wurde mangels geeignetem Koch aufgegeben.

Südlich von Laman Padi (Seitenstraße)
■ **Sweet Inn**①, Tel. 955 8864, www.sweetinns.net, einfache saubere DZ 80 RM, 3BZi 100 RM.
■ **Gecko Guesthouse**①, Tel. 428 3801, www.journeymalaysia.com/islandlangkawigecko.htm. Unter Backpackern seit langem beliebte Anlage, mFr., Dorm. 15 RM, DZ mf, oB 35 RM, DZ mf, mB 50 RM, a/c 60 RM. In mehreren Bungalows, mit Frühstück, Fahrzeugvermietung und was die Gäste sonst noch brauchen. Vorsicht mit Wertsachen!
■ **The Palms**②, 5226, Jalan Madrasah. Von einem englischen Paar geführte kompakte Anlage mit 12 Zimmern rund um einen mit Palmen bestandenen Innenhof, Küchenbenutzung, WiFi, angenehme Atmosphäre, DZ mf 65, a/c 85 RM.
■ **Rainbow Lodge**①, mobil 012 513 6103. Ein Stück hinter dem *Palms*, ebenfalls beliebt, mit Dorm-Betten für 35 RM, DZ mf in Reihenhäusern, Restaurant.

☐ Übersichtskarte S. 42, Inselkarte S. 51   **Insel Langkawi**   65

■ **Cenang Valley Inn**①, mobil 012-476 2558, cenang valleyinn@gmail.com.
■ **Economic Room**①, mobil 012-472 2358, Pool, Zi. a/c, 50 RM.
■ **Rasa Eksotika**②, 10 DZ mB, a/c, TV 89 RM, Kühlschrank, Wasserkocher 99 RM, 3BZi. 129/149 RM.

Restaurants, Bars, Cafés am Strand
Das Angebot hat sich in den letzten Jahren weiter erhöht. Wie es sich für einen Touristenstrand gehört, liegen die Preise hier etwas bis deutlich höher als sonstwo in Malaysia. Die Qualität ist dabei nicht besser als in Städten wie Penang oder KL. Aber das erwartet wohl auch niemand. Hier nur eine kleine Auswahl an Empfehlungen:

■ **The Cliff,** gutes Restaurant mit super Lage am Tanjung Mali, vor allen bei Sonnenuntergang, Gerichte 40–80 RM.
■ **Oasis on the Beach,** beliebte Strandbar und Lokal (indisch).
■ **Yellow Café,** beliebt, entspannt.
■ **Brasserie,** sehr gutes Restaurant.
■ **Bistro/Biergarten** *(Beach Garden Resort)*.
■ **La Sal** *(Casa del Mar Resort)*, ausgezeichnete Küche.

Lokale entlang der Hauptstraße (von Süden)
■ **Debbie's Place** bietet als einziger irischer Pub entsprechende Gerichte, z.B. *Irish Stew* für 20 RM, *Fish & Chips* für 22 RM und natürlich *Guinness*. Ehemann *Stephen* kochte einst auf Kreuzfahrtschiffen, das Lokal ist umgezogen, jetzt südl. von *Underwater World*.
■ **Red Tomato Garden Café** seit Jahren beliebt, vor allem zum Frühstück, aber auch abends, wenn die Gäste der quirligen *Tanja*, die aus Deutschland stammt, Pizza, Pasta, Steaks u.a. bestellen, WiFi vorhanden, umgezogen, jetzt gegenüber *Underwater World*.
■ **The English Tea Room & Coffee Bar,** sehr schön für den Nachmittagstee (Kännchen 8 RM) oder Kaffee (Kännchen 9 RM).
■ **TJ's Italian Restaurant,** beliebtes, wenn auch nicht preiswertes Pizza & Pasta-Restaurant.
■ **Bread Story,** taiwanesische Bäckerei mit Backwerk nach japanischem Vorbild, Achtung: ab 22 Uhr gibt es zwei Teile zum Preis von einem, ca. 2–3 RM pro Teil.
■ **Putomayo,** gute malaysische Küche.
■ **Breakfast Bar,** beliebte Frühstücksbar.
■ **Orkid Ria,** sehr gutes, wenn auch nicht preiswertes Thai-Seafood.

■ **Hajji Ramli,** preiswerte malaiische Küche.
■ **D'sini Nasi Kandar,** vergleichsweise preiswerte indisch-muslimische Gerichte.
■ **Nachtmarkt** mit leckeren Snacks jeden Do an der Mündung des Temoyong-Baches

Pantai Tengah

Südlich von Pantai Cenang beginnen nach der Straßenkreuzung einige hundert Meter südlich des Aquariums *Underwater World* die Resorts von Pantai Tengah:

Strandseite (von Norden)
■ **Charlie Motel & Restaurant**②-③, Tel. 955 1200, Fax 955 1316. Preiswerte Anlage, 26 Chalets, DZ 85/100, 3BZi 140 RM.
■ **Tropical Resort**②, Tel. 955 4075, www.tropicalresortlangkawi.com. Attraktive Anlage mit schönem Garten (Fußweg zum Strand durch den Busch), geführt von *Laila*, die mit einem Malaiien verheiratet ist und aus Deutschland stammt, die Zimmer kosten 100 RM.
■ **The Frangipani Langkawi Resort & Spa Langkawi**④ (früher: *Langkawi Village Beach Resort*), Tel. 952 0000, www.frangipanilangkawi.com. Großes Luxusresort mit Zimmern ab 430 RM, 2 Nächte-Pakete ab 633 RM.
■ **Holiday Villa Langkawi Beach Resort**④, Tel. 955 1701, Fax 955 1504, www.holidayvillahotellangkawi.com. Großzügige Anlage mit 258 geräumigen und luftigen Zimmern, viele Sportangebote, ab 450 RM.

Strandabgelegene Seite
■ **Green Village Langkawi**③, Tel. 955 3117, www.greenvillagelangkawi.com, geschmackvolle Anlage mit Pool und Restaurant, 33 gut ausgestattete DZ mB, a/c, Wasserkocher, DVD-Player 140–220 RM.
■ **Aseania Resort**④, Tel. 955 2020, Fax 955 2136, www.aseanialangkawi.com. Große, gut ausgestattete Anlage im Stil des alten Rom an der Straßenkreuzung (nicht am Strand), Riesenpool mit Wasserfall, auch für Besucher gegen Gebühr benutzbar, 220 luxuriöse Zimmer, ab 150 RM.

Restaurants, Bars, Cafés
■ **Lighthouse,** gutes Lokal unterm kleinen Leuchtturm am nördlichen Ende von Pantai Tengah direkt am Strand, geführt vom Deutschen *Johnny* und seinem malaiischen Partner *Shuk,* der auch Kochkurse in seinem traditionell

malaiischen Haus gibt, Tel. 955 2586, Fax -2633. Besser kann man kaum den Sonnenuntergang genießen, westlich-asiatische Gerichte zwischen 20 und 30 RM, dazu gibt es eine umfangreiche Weinkarte.

■ **Lokale an der Kreuzung,** preiswerte muslim-indisch, chinesische Gerichte.
■ **Mona,** libanesisch.
■ **Khatijah,** bei Einheimischen sehr beliebtes malaiisches Lokal.
■ **Fat Mum,** umgezogen vom alten Standort, aber wegen ihrer Beliebtheit einstweilen ab 18 Uhr am neuen Platz zwischen *Mangga* und *Chocoffee.*
■ **Boat Restaurant,** beliebtes chinesisches Lokal.
■ **T Café,** malaysisch, arabisch, westliche Küche.
■ **USSR,** russisches Lokal, Gerichte um die 20 RM.
■ **Unkaizan,** gutes, aber hochpreisiges japanisches Restaurant.

Porto Malai

Einige Resortanlagen plus Jachthafen und Pier für Kreuzfahrtschiffe schließen sich hinter einem Hügel südlich von Pantai Tengah an. Die Bucht heißt **Teluk Baru** (neue Bucht) und der auch für die vielen Island-Hopping-Boote (s. Aktivitäten) benutzte Hafen Porto Malai.

■ **Sari Village Holiday Homes**⑤, mobil 019 4498 984, www.sarivillagevillas.com, auf einem Hügel gelegene Anlage mit hölzernen Familienvillen mit je 3 DZ mB, nicht behindertengerecht, eine ist die **Villa de Porto**⑥, Teluk Baru, mobil 019-410 4584, www.villadeporto.com, 3 DZ mB, So–Do 600 RM, Fr–So 700 RM.
■ **Awana Porto Malai**④ *(Resorts World Langkawi),* Tel. 955 5111, Fax 955 5222, www.awanaportomalai.org. Noch recht neues Luxusresort mit Marina (ohne Strand), reizvolle Lage am Südende der Straße von Pantai Tengah, 228 Zimmer, ab 280 RM.

Pulau Rebak

Zwei Inseln gegenüber dem Nordende des Pantai Cenang.

■ **Rebak Island Resort**⑥, Tel. 966 5566, Fax 966 9973, rmresv.malaysia@tajhotels.com; Marina: rmmarina.malaysia@tajhotels.com, eigener Jachthafen, Teil der luxuriösen Taj-Gruppe, gut ausgestattete DZ ab 400 RM.

Nördlich von Pantai Cenang

Westlich des Flughafens liegt ein großer **Yachthafen** *(Rebak Marina).*

■ **Temple Tree**⑥, Tel. 955 1688, www.templetree.com.my. Neues Resort mit Häusern, die verschiedene historische Baustile Malaysias repräsentieren. Ab 600 RM.
■ **Bon Ton**④, Tel. 955 6787, Fax 955 4791, www.bontonresort.com.my. Resort mit Restaurant und Galerie, mitten im Reisfeld, 4 „Antique Villas", 330–530 RM.
■ **Helang Hotel**③, am Flughafen nahe *Mahsuri International Convention Center (MICE)* gelegenes Hotel, www.helanghotellangkawi.com, gut ausgestattete Zimmer ab 230 RM.
■ **Langkasuka Beach Resort,** derzeit wegen Renovierung geschlossen.
■ **Langkawi Lagoon**⑥, Luxus-Resort, www.langkawilagoonresort.com. 2 Nächte ab 370 RM.

Teluk Nibong

■ **Sheraton Langkawi Beach Resort**④, Teluk Nibong, Tel. 952 8000, www.starwoodhotels.com/sheraton/property/overview/index.html?propertyID=281. 330 Zimmer, ab 410 RM.
■ **Tanjung Sanctuary Langkawi**⑥, Jln. Pantai Kok, Tel. 955 2977, Fax 955 3978. Befindet sich hinter dem Vorsprung von Tg. Belikit, 32 Zimmer, sehr geschmackvolle Anlage, ab 523 RM.

Telaga Harbour

Künstlich angelegtes Viertel rund um einen Yacht- und Bootshafen (www.telagaharbour.com).

■ **The Dana**⑤, *Telaga Harbour Park,* Pantai Kok, Tel. 959 3288, Fax -3188, www.thedanna. Neueres Luxushotel Langkawis, ganz in Weiß.

Pantai Kok

Die jahrelang beliebten, preiswerten kleinen Anlagen mussten allesamt einem Golfplatz weichen; der Strand bleibt jedoch allgemein zugänglich. Hauptattraktion der

Bucht war der inzwischen verfallene und beseitigte Sommerpalast aus dem Film „Anna und der König".

Oriental Village

■ **Geopark Hotel**①-⑥ inmitten des *Oriental Village*, Tel. 959 2300, Fax -4200, www.geoparkhotel.com. Dorm-Betten zu 15 RM in der Nebensaison, 50 RM in der Hochsaison. Hotelzimmer kosten hier stolze 400 RM.

Telaga/Teluk Burau

■ **Berjaya Langkawi Beach Resort**⑥, Tel. 959 1888. 150 Zimmer, in den Dschungel hineingebaute Luxusanlage im rustikal-malaiischen Stil; besser zu Hause buchen. Ab 510 RM.

Teluk Datai

■ **The Datai Langkawi**⑥, an der Bucht Teluk Datai, Jln. Datai, Tel. 959 2500, Fax 959 2600, www.ghmhotels.com. 108 Zimmer; im Nordwesten der Insel gelegen, mehr als ein Dutzend Kilometer hinter der Krokodilfarm *Taman Buaya Langkawi* und dem im Ausbau befindlichen Strand Pasir Tengkorak. Das in den Dschungel hineingebaute, exklusivste Resort Langkawis mit eigener Bucht und eigenem Golfplatz, wurde in einer Mischung aus malaiischem und japanischem, Zen-beeinflussten Baustil voll unaufdringlicher Eleganz errichtet, zwei Swimming Pools vorhanden; ab 840 RM.

■ **The Andaman**⑥, Tel. 959 1088; www.theandaman.com. Kaum weniger luxuriöse, in den Dschungel hineingebaute Anlage, ab 628 RM.

Teluk Ewa

■ **Sri Bayu Inn**①, Km 22, Jln. Teluk Ewa, Teluk Yu, Tel. 959 1719. 8 preiswerte Zimmer, 30–50 RM.

☐ Tropischer Traumstrand auf Langkawi

Pasir Hitam

■ **Black Sand Beach Motel**①, Tel. 959 1015. 15 Zimmer, ab 35 RM.

Tanjung Rhu

■ **Four Seasons Resort Langkawi**⑥, Tel. 950 8888, Fax 950 8899, www.fourseasons.com/langkawi. Luxusresort nahe Tanjung Rhu, 111 Zimmer, ab 1850 RM.
■ **Tanjung Rhu Resort**⑥, Tel. 959 1033, www.tanjungrhu.com.my. Ab 1180 RM.

Verkehrsverbindungen
Fähren

Langkawi – Penang und Langkawi – Satun. Zeiten und Preise siehe auch www.langkawi-ferry.com:
■ **Kuala Perlis:** ab 8.30 bis 19 Uhr, 7-mal, 45–60 Min., etwa alle 90 Min., 18 RM, Kinder 13 RM.
Ticketschalter: Tel. 966 5889, 966 5131.
■ **Kuala Kedah:** ab 7.45 bis 10 Uhr, 7-mal, alle 90 Min., 23 RM, Kinder 17 RM.
Ticketschalter: Tel. 966 5889, 966 5131.
■ **Penang:** 14.30 Uhr und 17.15 Uhr, von Penang 8.15 Uhr (mit Stopp in Pulau Payar) und 8.30, 60 RM. Retour 115 RM, Kinder 50/85 RM). Auf der Fahrt von Langkawi nach Penang hält das Boot um 14.30 Uhr bzw. 8.15 Uhr ab Penang in Pulau Payar, um dort Tagesbesucher aufzunehmen, dennoch gilt für sie derselbe Preis.
Ticketschalter: Tel. 966 3779.
■ **Satun** (Thailand): 9.30, 13.30, 16 Uhr, 90 Min., 30 RM, Kinder 23 RM, manchmal Sonderangebote zu 20 RM.
Ticketschalter: Tel. 966 1125.
■ **Bootverleih:** *Mr. Dino, Transpoint Travel & Tour*, Tel. 012-460 5932, Fax 04 966 6935.

Flug

■ **Flüge mit** *MAS* gibt es täglich nach KL, Penang, JB und Singapur. *Air Asia:* KL; *Silk Air* ab Singapur (Tel. 03 292 3122).
■ **Flughafen Langkawi:** Tel. 04 955 1322.

Ausflüge nach Thailand

Von Langkawi aus gibt es inzwischen neben den Bootsverbindungen nach **Satun, Koh Lipe** (siehe Abschnitt „Aktivitäten") und weiter nach **Pakbara** auch regelmäßige Verbindungen **via Koh Lipe** nach **Laoliang, Lanta, Phi-Phi** nach **Phuket** bzw. **Krabi** (www.tigerlinetravel.com), 9 Uhr ab Kuah.

Pulau Payar und Nachbarinseln

Rund 40 km südlich von Langkawi gibt es einige als **Meeres-Schutzpark** ausgewiesene Inseln, die gute Schnorchel- bzw. Tauchmöglichkeiten bieten: P. Segantang, Payar, Lembu und Kaca; mit gemietetem Boot ab Kuah (3 Std.) oder Kuala Kedah (1 Std.) zu erreichen, mit Hochgeschwindigkeitskatamaran nur 45–50 Min. ab Kuah.

Trips ab Langkawi werden vielerorts angeboten, man muss mit 310 RM (Schnorcheln) bis 430 RM (Tauchen) rechnen. Billigangebote in der Nebensaison ab 250 bzw. 90 RM. Ab Kuala Kedah wird der Trip auch angeboten (150 RM), aber nicht so regelmäßig wie ab Langkawi, da die Nachfrage geringer ist. **Pulau Payar** hat heute rund 100.000 Besucher im Jahr, früher waren es nur wenige Tausend. Das hat den Korallen in Strandnähe natürlich sehr geschadet. *Langkawi Coral*, die die schwimmende Riffplattform (wenig Korallen, viele Fische) betreiben, bieten komplette Payar-Pakete an (Tel. 966 9140, Fax -9139, www.langkawicoral.com).

ища # Alor Setar

Die **Hauptstadt Kedahs** (ca. 220.000 Einwohner, gegründet 1735) liegt etwa 50 km von Bukit Kayu Hitam/Changlun, dem Grenzübergang nach Thailand, und 95 km von Butterworth entfernt. Eine Bahnverbindung besteht über Padang Besar (Grenzstation) und Hat Yai nach Bangkok bzw. über Butterworth nach KL und Singapur. Der *International Express* hält in Alor Setar.

Sehenswertes

Die Stadt besitzt in ihrem Zentrum einige sehenswerte Gebäude, die deutliche Thai-Einflüsse zeigen: die Audienzhalle **Balai Besar** von 1912/1913 und den Sitz des königlichen Orchesters **Balai Nobat,** beide mit thailändischen Stileinflüssen, Kedah gehörte lange zu Thailand. Gegenüber steht die 1912 erbaute **Zahir-Moschee,** eine der schönsten Moscheen Malaysias.

Hinter dem Balai Besar steht der **alte Sultanspalast,** in dem *Tunku Abdul Rahman,* der „Vater Malaysias" 1903 geboren wurde. Sein Vater, *Sultan Abdul Hamid Halim Shah* (1882–1943), war ein Freund der Engländer. Der **heutige Palast** liegt knapp 3 km nördlich des Stadtzentrums.

Weitere herausragende Gebäude sind der **Oberste Gerichtshof** im neoklassizistischen Stil, und **Wisma Negeri** (Haus des Staates) im modernen malaysisch-islamischen Stil.

Knapp 2 km nördlich des Stadtzentrums liegt das **Museum** (*Muzium Kedah,* Jln. Bakor Bata, Eintritt frei, Sa–Do 10–18 Uhr, Fr 10–12 und 15–18 Uhr) mit archäologischen Funden aus dem Bujang-Tal, chinesischer Keramik, einer Sultansbarke, sowie einem Exemplar der *Bunga Mas* aus Gold und Silber: So elegant wurden Tributzahlungen an Thailand getätigt.

Vor einigen Jahren wurde der *Menara Alor Setar* neu eröffnet. Der **Telekommunikationsturm** ist gleichzeitig auch Touristenattraktion: Mit einem Aufzug kann man bis zur Spitze hochfahren und seinen Blick über das flache Land schweifen lassen, sehr schön bei gutem Wetter (10 RM für Ausländer).

Täglich gibt es gegenüber den Regierungsgebäuden einen großen **Markt.**

Adressen und Telefonnummern

■ **Tel.-Vorwahl Alor Setar: 04**
■ **Touristeninformation:** *Culture Arts & Tourism Section,* Level 3, Block B, Wisma Darul Aman, Alor Setar 05503, Kedah, Tel. 04-730 1957, Fax 733 0908.

Übernachten

Wer spät in Alor Setar ankommt und möglicherweise auch schon wieder früh abreisen will, findet zahlreiche billige chinesische Hotels, die allerdings oft wirklich nicht zum längeren Verweilen einladen, gleich neben dem Markt Pasar Rabu im Stadtzentrum, daneben gibt es aber auch eine Reihe neurer, größerer und komfortablerer Hotels:

■ **Grand Jubli Hotel**①, 429, Jln. Kanchut, Tel. 733 0197. Preiswerte Alternative, günstig gelegen, große und saubere Zi., 48 RM, mit a/c 55 RM.
■ **Holiday Villa**④, Tel. 734 9999, www.holidayvillaalorstar.com. Direkt neben dem *City Plaza Shopping Center* gelegenes großes Viersterne-Hotel, ab 200 RM.
■ **Hotel Royale**②, 97, Jln. Putra, Tel. 733 0922, Fax 733 0922. Etwas „ab vom Schuss" gelegen, dafür angenehme Zimmer.
■ **Hotel Samila**②, 27, Jln. Kanchut, Tel. 731 8888, Fax 733 9934. Die Zimmer sind nicht schlecht, ab 85 RM, m.Fr. 95 RM.
■ **Hotel Regent**②-③, 1536, Jln. Sultan Badlishah, Tel. 731 1900, Fax 731 1291. Bessere Mittelklasse, ab 100 RM.
■ **Comfort Motel**①, 2c, Jln. Kg. Perak, Tel. 734 4866. Gegenüber der Moschee, gut geführtes, sauberes chinesisches Hotel in altem Holzhaus. DZ ab 35 RM, a/c, TV, oB.
■ **Flora Inn**①, im *Kompleks Medan Raja* am Sungei Kedah, Tel. 732 2375. Ab 19 RM, mFr., oB.

Verkehrsverbindungen

Bus und Taxi

■ **Lokale Busse** (z.B. zum Expressbus-Terminal, nach Kuala Kedah, Kangar) fahren an der Haltestelle gegenüber dem Markt Pekan Rabu im Zentrum vorbei.
■ Der **Expressbus-Terminal** Shahab Perdana liegt 4 km nordwestlich des Stadtzentrums; die Busse von Kuala Kedah und diverse Stadtbusse (z.B. *Cityliner*) fahren ihn an.
 BW (5.20–20.00 Uhr, häufig, 7/8 RM), **Ipoh** (8.00–23.00 Uhr, 4x, 22 RM), **KL** (8.30–24.00 Uhr, 16x, 39 RM), **JB** (18.00–22.00 Uhr, 79 RM), **Singapur** (Zeit wie JB, 36 S$).
■ **Taxis** 200–300 % > Bus (bei 4 Personen).

Zug

■ **Butterworth – Bangkok:** Der *International Express* hält in **Alor Star** um 16.41 Uhr. Gelegentlich fährt der Zug erst in Padang Besar ab, daher am besten vorher Zentrale anrufen: Tel. 04 986 1225 oder tktasetar@ktmb.com.my.

■ **Hat Yai** (ab 18 RM) 2x tgl. nach 8 und vor 17 Uhr, **BW** (ab 12 RM) 2x tgl. ca. 10.30 und nach 20 Uhr, **BM** (ab 10 RM), **Taiping** (ab 12 RM), **Ipoh** (ab 13 RM), **KL Sentral** (ab 20 RM) **Seremban** (ab 30 RM), **JB Sentral** (ab 33 RM) 1x tgl. nach 20 Uhr (genaue Informationen: www.ktmb.com.my).

Umgebung von Alor Setar

Kuala Kedah

Altes Städtchen an der Kedah-Flussmündung mit Festungsresten (18. Jh.) und guten Seafood-Lokalen. Tauchfahrten u.a. zur **Insel Payar** (1 Std.). Fährverbindung nach Langkawi. Anfahrt mit lokalem Bus *(City Liner)*.

Zahir-Moschee in Alor Setar

Alor Setar

Übernachtung
1 Hotel Royale
3 Comfort Motel
4 Grand Jubli Hotel
5 Samila Hotel
7 Regent Hotel
8 Holiday Villa
11 Flora Inn

Essen und Trinken
10 Essstände

Einkaufen
2 Kaufhaus Sentosa
6 Star Parade
9 City Plaza Shopping Center

Umgebung von Alor Setar

Gunung Kerian Recreational Park

12 km nördlich von Alor Setar gelegen, bietet Gelegenheit zu Picknick, Dschungelwanderungen und Klettern.

Attraktion: das dem Reisanbau gewidmete **Padi Muzium** (Eintritt: 3 RM, Kinder 1 RM), Hin- und Rückfahrt per Taxi (10 RM).

Pulau Payar (s. Langkawi)

Ausflüge zur Insel Payar können auch direkt von **Alor Setar** aus von einem kleinen Bootshafen am **Sungei Kedah** durchgeführt werden (120 RM).

Grenzübergang nach Thailand über die Nord-Süd-Autobahn

Die Busse, auch Minibusse, die aus Singapur, KL, Penang in Richtung Thailand (Hat Yai) fahren, unterbrechen ihre Fahrt um 3.30 Uhr in **Changloon/Changlun** (in den Busterminals oft als *C'loon* abgekürzt) und lassen die Fahrgäste in den Duty-free-Läden vor Ort einkaufen, essen und ihre Formulare für den Grenzübergang ausfüllen, da die Thai-Grenze erst um 6 Uhr öffnet. **Achtung:** Man erhält, wenn man auf dem Landweg nach Thailand einreist, nur ein **15 Tage gültiges Touristenvisum**, bei der Einreise mit Flugzeug (mit Rückflugticket) sind es 30 Tage.

Gungung Jerai (Kedah Peak)

Kedah ist in seinem westlichen Teil großteils bretteben: Reisfelder bis zum Horizont, dazwischen gelegentlich steile bewaldete Kalkfelsen. In Küstennähe, gut 30 km südlich der Hauptstadt Alor Setar und 25 km nördlich von Sungai Petani ragt jedoch ein Berg hoch über diese Ebene empor: der **1217 Meter** hohe Gungung Jerai bzw. Kedah Peak.

Bereits im Altertum diente der Berg, der einst eine Insel war, als Orientierungspunkt für Seefahrer. Kein Wunder, dass sich in einem seiner Seitentäler die **ältesten Ruinen Malaysias** befinden: die hinduistisch-buddhistischen **Tempelreste des Bujang Valley** (s.u.), wo sich einst die wichtige Siedlung Kalah/Kataha (daher der Name Kedah) befand. Bereits seit dem 4. vorchristlichen Jahrhundert soll es Seehandel zwischen Indien und Südostasien gegeben haben.

Der Gunung Jerai besteht aus **Sandstein** und in der Gipfelregion aus **Granit**. Er ist botanisch sehr interessant, da der Berg von anderen Gebirgen isoliert ist. Einige Pflanzen gibt es nur hier. Wenn man aus Meereshöhe bis auf über 1000 m herauf fährt oder geht, sieht man eindrucksvoll die Veränderung der Vegetation.

Der Berg lässt sich bequem über eine Straße bis zum Gipfel befahren. Oben befindet sich eine für die Öffentlichkeit gesperrte militärische Anlage, zu der auch die Reste eines hinduistischen Tempels gehören. Ein Stück unterhalb, in 1083 m Höhe, liegt *The Regency Jerai Resort*④ (50 Zimmer, Tel. 04 466 7777, DZ ab 138 RM, EZ 178 RM, Zelten 50 RM, www.theregencyhotel.com.my). Seit 1920 stand hier ein *Government Resthouse* im englischen Stil mit einigen Chalets. Diese wurden beseitigt und der *Resort* völlig neu erbaut und 2010 eingeweiht. Neben zahlreichen Wandermöglichkeiten, z.B. zum 30 Min. abwärts gelegenen **Alur-Naga-Wasserfall**, gibt es eine **Orchideenausstellung**, **Shiitake-Farm** und andere Sehenswürdigkeiten in der Nähe.

Die Aussicht vom *Resort* ist zwar nur nach Nordwesten bis Nordosten offen (Ausblicke in Richtung Penang hat man von der Straße weiter unten), aber bei einigermaßen klarer Sicht fantastisch: die Westküste bis hinauf nach Thailand, westlich davon Langkawi und andere Inseln, nach Osten zu bis Songkhla und das Südchinesische Meer. Unten liegt zu Füßen des Berges die „Reisschüssel" Malaysias.

■ **Anreise:** Wer ohne eigenes Fahrzeug zum *Resort* will, kann sich vom Fuß des Berges oder sogar von Alor Star mit der hoteleigenen Limousine abholen lassen. Preiswerter ist die Auffahrt im Sammeltaxi vom Fuß des Berges an der Bundesstraße 1 zwischen Gurun und Guar Chempedak. Hierher gelangt man per öffentlichem Bus alle 45 Min. von **Sungai Petani** im Süden oder **Alor Star** im Norden. Früher gab es einen regelmäßigen Service alle 45 Min. zum *Resort,* heute nur noch bei Bedarf, bei Gruppen von mehr als 5 Personen 10 RM p.P., über Nacht 12 p.P. (Pengangkutan Gunung Jerai, Abd. Wahab Aminurahman (Pak Long)), mobil 012-413 7341. Wer allein kommt, hat wohl am besten an Wochenenden und Feiertagen Chancen für preiswerte Auffahrt. Mit dem **Auto** verlässt man den North-South Expressway nahe Gurun bei Ausfahrt 173, dann auf K10 Richtung Gurun, an der Kreuzung mit Bundesstraße 1 Richtung Alor Star, nach etwa 2,5 km links zum Parkplatz am Beginn der Straße auf den Berg.

Zu Fuß kann man von **vier Ausgangspunkten** auf den Berg steigen:
1) man folgt der Straße, Ausgangspunkt: s. „Anreise";
2) man folgt dem im Abschnitt Bujang Valley (s.u.) erwähnten Weg vom **Archäologischen Museum;**
3) man folgt dem 4793 m langen Weg zum Gipfel, darunter ein Treppenweg mit 1334 Stufen (Tangga Kenari Seribu Tahun = 1000-Stufen-Treppe) ab **Titi-Hayun-Recreational Park**, in dem es auch Chalets zum Übernachten gibt, zum **Titi-Hayun-Wasserfall** (*District Office Yan,* Tel. 04-4655745, ww.correctplace.com/Sub/Sightseeing16.html. 26 Fotos in der Gallery erklären den Weg zum Park/Resort und die möglichen Aktivitäten. Im Park gibt es Bademöglichkeiten im Bach; es gibt auch einen 3 km langen Weg zum **Wasserfall Puteri Mandi;**
4) ab **Tupah Recreational Forest** mit gleichnamigem Wasserfall im Merbok-Distrikt in einem Seitental östlich des Tales von **c.** In 800m Höhe, ca. 2–3 km vor dem *Resort,* befindet sich der **Sungai Teroi Recreational Forest** neben der Straße zum Berg mit Spazierwegen, Picknickplatz, Bademöglichkeit u.a. Früher gab es mal ein Waldmuseum, das jedoch seit Jahren geschlossen ist. Mehr Informationen zum Berg und Links zu anderen Naturparks im Norden, teils mit Informationen, teils nur mit Angabe der Lage: http://northern.malaysianaturalheritage.com/?p=293.

Bujang Valley (Lembah Bujang)

Zwischen den Südhängen des **Gunung Jerai** und dem **Sungai Merbok** und **Sungai Muda** liegt über eine Fläche von fast 230 qkm verstreut das **größte und bedeutendste archäo-**

logische Gebiet Malaysias. Man hat hier rund 50 hinduistisch-buddhistische Reste von Grabtempeln, sogenannte **Candi,** ausgegraben, die bedeutendsten nahe dem Kampung Pengkalan Bujang. Die ältesten Tempelreste werden auf das 4. Jahrhundert datiert. Von touristischer Bedeutung ist jedoch nur das Gelände des gleichnamigen **Archäologischen Museums** (Muzium Arkeologi Lembah Bujang). Man erreicht es zu Fuß oder per Auto/Taxi ab dem Marktflecken **Merbok** auf einer 2 km langen, anfangs flachen, zuletzt zunehmend bergauf führenden Stichstraße, die beim Museum endet. Vorher zweigt eine Straße zum *Damai Park Resort*①-② (Dorm. 26 RM, Chalet ab 70 RM, Tel. 04 457 3350) rechts ab.

Neben zahlreichen, aus dem gesamten Gebiet gesammelten Fundstücken in Galerien und im Freien, die in Malaiisch und Englisch erläutert sind, wurden hier auch die Reste zahlreicher Candi aufgebaut. Am bedeutendsten sind die des **Candi Bukit Batu Pahat,** die noch am originalen Standort stehen. Außerhalb von Wochenenden und Feiertagen ist es in dem vom Dschungel des Gunung Jerai umgebenen Tempelpark mit seinen Grasflächen angenehm ruhig. Am Rande des Geländes fließt der Gebirgsbach **Sungai Merbok Kecil,** dessen Wasser besondere Qualität haben soll und nach Auffassung der Einheimischen heilig sei. Sie baden hier gern. Vermutlich war es früher bereits ein ritueller Waschplatz.

Ein 7,5 km langer **Fußweg** auf den Berg beginnt rechts unterhalb des Haupttempels hinter dem Durchlass durch den Zaun links haltend. Der Weg wird von Einheimischen häufig begangen. Wer einen Führer benötigt, erkundige sich bei den Museumsangestellten, die Kosten betragen um die 70 RM. Museum täglich von 8 bis 16.15 Uhr geöffnet, freitags Gebetspause zwischen 12.15 und 14.45 Uhr, Eintritt frei; diese Webseite zeigt Fotos u.a. aus dem Museum: www.photodharma.net/Malaysia/Bujang-Valley-Museum/Bujang-Valley-Museum.htm.

■ **Anreise:** von **Alor Star** mit dem *Mara-Liner-Bus,* der vom **Expressbus-Terminal Shahab Perdana** via **Yan** und **Merbok** ca. stündlich (außer mittags) nach **Sungai Petani** fährt, oder von **Butterworth** nach **Sg.Petani** (4 RM) und von dort ebenfalls mit *Mara Liner* nach **Shahab Perdana** via **Merbok** und **Yan,** ca. stündlich, z.B. 9.30 Uhr, außer mittags, 3,40 RM, in Pekan Merbok aussteigen.

Gepäckaufbewahrung gibt es im Busbahnhof von Sg. Petani für 1 RM/Stück, nicht jedoch in Merbok. **Essen und Trinken:** an der Bushaltestelle in Merbok (Richtung Yan) gibt es leckeren Zuckerrohrsaft *(air tebu)* und nachmittags ab ca. 15 Uhr gebratene Bananen *(pisang goreng).* Ein malaiisches Lokal sowie einen chinesischen *Coffee Shop* gibt es direkt an der Kreuzung der Straße zum Museum.

Tanjung Dawai

Lohnend ist ein Abstecher – am besten mit eigenem Fahrzeug – zum **Fischerdorf** an der Mündung des kurzen, aber dort breiten Sg. Merbok: Dort liegt am rechten Ufer (Straße ab Merbok) das Fischerdorf Tanjung Dawai. Man kann dort Krabben, gesalzenen Fisch oder die Krabbenpaste *Belacan* kaufen. Aus Terengganu eingeführt gibt es zur Vervollständigung des Angebots *Krupuk* (Krabbenbrot).

Pantai Merdeka

Der bei Einheimischen beliebte Strand Pantai Merdeka (Unabhängigkeitsstrand) liegt nahe Sg. Petani.

Öffentliche **Thermalquellen** *(Pusat Rekreasi Kolam Air Panas Ulu Legong)* finden sich im Baling-Distrikt (Tel. 04 473 2157).

▷ Strand auf der Insel Penang

Insel Penang

Pulau Penang ist eines der bekanntesten Touristenziele in Malaysia, das sich selbst vollmundig „Perle des Orients" nennt. Traveller suchen Penang häufig vor allem deshalb auf, weil sie sich dort das Visum für Thailand erneuern können oder über Sumatra erneut nach Indonesien einreisen wollen.

Das allein macht natürlich noch kein Touristenziel. Die über 1000 km² große und bis 830 m hohe Insel hat zweifellos einiges zu bieten, was einen Aufenthalt von ein paar Tagen allemal rechtfertigt. Wenn man sich mit der Fähre vom Festland her der Insel nähert, dominieren Hochhäuser die Skyline von Georgetown, dennoch ist die geschäftige, von Chinesen und der indischen Minderheit geprägte **Hauptstadt Georgetown** mit dem am besten erhaltenenen Häuserensemble aus der Kolonialzeit in Südostasien noch vergleichsweise wenig verbaut (dieses historische Ensemble erhielt deshalb 2008 gemeinsam mit Melaka den Status eines UNESCO Weltkulturerbes als herausragende Beispiele für multikulturelle Handelsstädte, in denen die unterschiedlichen historischen Phasen noch präsent sind und kulturelle und religiöse Vielfalt noch gelebt werden); dann ist da der touristisch voll erschlossene **Strand** von Batu Ferringhi (Wassersport), die reizvollen Strände bei Teluk Bahang und Muka Head, malaiische Fischerdörfer und Kampungs an der Westküste, Nelken-, Muskat- und andere Plantagen vor allem im Süden – kurz: **Malaysia im Kleinformat.**

www.fotolia.de © Andrea Seemann

Insel Penang

Insel Penang

Es gibt interessante Sehenswürdigkeiten, Wandermöglichkeiten und gutes Essen, dazu eine Riesenauswahl an billigen Unterkünften und luxuriösen Hotels. Die Hokkien-Chinesen *(Fukien)*, die vor allem in Penang leben, gelten als ausgesprochen freundlich. Zwei weitere Gruppen, die Penang mit geprägt haben, sind Einwanderer aus Sumatra und Indien. Der kosmopolitische Charakter der Stadt, der schon zu Beginn des 19. Jh. für Georgetown kennzeichnend war, hat sich erhalten.

Der internationale Flughafen wird aus mehreren Ländern Süd- und Südost-Asiens angeflogen. Durch die **Brücke** besteht direkter Straßenanschluss; Busse fahren teilweise direkt auf die Insel, teilweise nur bis Butterworth, von dort geht es dann mit der Fähre nach Penang.

Vor 200 Jahren gab es auf der Insel nur ein paar Fischerdörfer und Piratennester. Den Platz für die erste Festung, die *Francis Light*, Handelskapitän der *East India Company*, nach der Inbesitznahme der Insel im August 1786 errichten ließ, musste er noch aus dem Urwald heraushauen lassen. Er nannte die dem Sultan von Kedah abgeluchste Insel (gegen das nie eingehaltene Versprechen, ihn gegen Angriffe der Thai und Bugis zu schützen) „Prince of Wales Island".

In der Folgezeit ließen sich an dem attraktiven Ort Händler, Plantagenbesitzer, Zinnbarone und Vertreter von Schiffahrtsgesellschaften nieder und trugen so zum Stellenwert, den Penang unter den malaysischen Städten hatte, bei. In keiner anderen Stadt sieht man so viele noble Villen aus der Kolonialzeit.

Heute bemüht sich Penang erfolgreich um den Anschluss an moderne Industrie. Der **Hafen** ist immer noch wichtig, die Freihandelszone zieht vor allem die Elektronikindustrie an. So pulsiert das Leben in Penang weiter.

Georgetown hat über 232.000, mit Vororten mehr als 400.000 Einwohner; das gesamte Ballungsgebiet Penangs auf der Insel und dem Festland umfasst knapp 2 Mio. Menschen und liegt damit nach dem Klang Valley und Johor Baru an dritter Stelle. Dabei ist Penang nach Perlis der zweitkleinste Bundesstaat.

Sehenswertes in Georgetown

Am heutigen **Kedah Pier**, der Landspitze, ging *Sir Francis Light* am 11. August 1786 an Land und hisste erstmals die britische Fahne als Zeichen der Inbesitznahme.

Gleich nebenan stehen die wuchtigen Mauern des **Fort Cornwallis** (benannt nach dem damaligen Generalgouverneur von Indien), das von indischen Strafgefangenen zwischen 1804 und 1810 angelegt wurde. Zuvor stand dort lediglich eine Holzfestung (mit dichtem Urwald dahinter). Das ursprünglich der *East India Company* gehörende Fort ist praktisch noch komplett erhalten. Es kann besichtigt werden (3 RM, So geschl., Tel. 261 0262), da gibt es u.a. eine Galerie, Kapelle, Pulvermagazin, Leuchtturm. Der Weiterweg führt zu einem Ensemble prächtiger kolonialer Regierungsgebäude. Geht man vom Fort nördlich die Jln. Tun Syed Sheh Barakbah in westliche Richtung entlang, kommt man an der Ecke des **Padang Kota** zum **Cenotaph** (Denkmal für die Gefallenen des 1. Weltkrieges) und prächtigem weißem **Rathaus** (1902). Südlich schließt daran die **Stadthalle** (1880) mit Konzertsaal im 1. Stock an, und in der Lebuh Light um die Ecke in westlicher Richtung der **Oberste Gerichtshof** (1905).

Wer sich für die britische Kolonialgeschichte in der Region interessiert und gern Dinge aus vergangener Zeit betrachtet, sollte es nicht versäumen, das **Museum** in der Lebuh Farquhar, zwischen Love Lane und Pitt Street, aufzusuchen (9–17 Uhr, Fr wie üblich 12.15–14.45 Uhr geschlossen; Eintritt frei). Davor steht eine **Statue von Francis Light.** Das Museumsgebäude (eines der gelungensten Beispiele von Kolonialarchitektur in Penang) beherbergte vor seiner Fertigstellung von 1907 bis 1965 die Penang Free School, die erste Schule in Penang, an der auch malaiische Kinder unterrichtet werden konnten.

Den Spaziergang durch das **koloniale Georgetown** können Sie fortsetzen, indem Sie vom Museum zurück in die Lebuh Light und

☐ Übersichtskarte S. 42, Inselkarte S. 76, Stadtplan S. 80 **Insel Penang**

dort in östlicher Richtung am Fort entlang gehen. Rechter Hand steht das **State Assembly Building.**

In der näheren Umgebung, in den wuchtigen kolonialen Gebäuden sind eine Reihe von Behörden, Ämtern, Banken untergebracht, z.B. das **Immigration Building** gleich an der Ecke Lebuh Light und Lebuh Pantai. Zwei Häuserblocks weiter in der Lebuh Pantai steht das attraktiv renovierte frühere **Whiteaways Store,** ein ehemaliges Kaufhaus, das durch Geschäfte, Galerien und das umgezogene Büro der *Penang Tourist Association* wiederbelebt wurde. Hier gibt es Informationsmaterial zu Penang. Gegenüber steht das **India House** (1937). Sie brauchen dann nur um die Ecke in die Lebuh Gereja einzubiegen und kommen gleich rechter Hand bei Haus Nr. 26 zum unscheinbaren Sitz des *Penang Heritage Trust,* wo es weiteres Informationsmaterial, Bücher u.a. gibt. Hier beginnen 3-stündige geführte Spaziergänge. Gleich gegenüber steht das renovierte prachtvolle Haus eines reichen Baba, **Penang Peranakan Mansion.** Hier hatte auch einst der *Kapitan Cina* (Führer der Chinesen Penangs) gewohnt (tägl. 9.30–17 Uhr, 10 RM, Kinder 5 RM, www.pinangperanakanmansion.com.my). Gehen Sie zurück und weiter in Richtung Landspitze, kommen Sie zum **Pengkalan Weld** und sehen dort linker Hand das **Boustead Building** (Nr.1, u.a. British Council) und frühere deutsche Kaufmannshäuser in Nr. 2–5; das Haus Nr. 2 hatten übrigens 1911 *Hermann Hesse* und der Schweizer Maler *Hans Sturzenegger* besucht. Um die Ecke in der Lebuh Downing steht das **Hauptpostamt.** Rechter Hand am Pengkalan Weld steht das **Zollgebäude** mit seinem hohen **Uhrturm.** Kurz darauf gelangen Sie zum **Pengkalan Weld Bus Terminal** und den Zugang zur Fähre nach Butterworth. Dahinter folgen die über hundert Jahre alten **Pfahlbautensiedlungen** *(Clan Jetties)* mehrer Clans (s.u.).

Um die **Gat Lebuh Pasar,** die gegenüber dem Bus Terminal beginnt, leben viele der rund 80.000 Inder in Penang, deshalb heißt das Viertel zwischen **Lebuh Pantai** und **Jalan Masjid Kapitan Kling** (alter Name: **Pitt Street**) heute **Little India** mit renovierten bunt gestrichenen Häusern, indischen Sari-, Tempelzubehör-, Gewürz-, Musik- und anderen Läden und Lokalen.

In der **Pitt Street,** seit langem bekannt für die Geldwechsler an der Kreuzung mit der Lebuh Chulia, findet man **Gotteshäuser** aller vier Hauptreligionen in Malaysia: bei der Lebuh Bishop z.B. die anglikanische St. Georgskirche.

Dann erblickt man einen der wichtigsten **Tempel** Penangs, zugleich den ältesten chinesischen: den der Göttin der Barmherzigkeit *(Kuan Yin)* gewidmeten **Kuan-Yin-Tong** aus dem Jahre 1830. In den beiden großen Eisenöfen auf dem Tempelvorplatz werden falsches Papiergeld für die Ahnen und Wunschzettel verbrannt, im Innern Räucherstäbchen angezündet und Wahrsagestäbchen geschüttelt. Weitere verehrte Gottheiten im Tempel sind der lachende *Mile Fo* (*Maitreya* – der künftige Buddha), der wichtige Gott des Wohlstands *Tuah Peh Kong,* der Gott des Krieges *Kuan Ti,* der Retter der Unterwelt *Tsi Tsang Wang* und der Verteidiger des Buddhismus *We Tio.*

Der im südindischen Stil mit dem figurenreichen *Gopuram* (Symbol des Götterberges Meru) erbaute **Sri-Mariamman-Tempel** (Haupteingang in der Lebuh Queen) ist fast ebenso alt, er stammt aus dem Jahre 1833, wurde aber 1980 renoviert.

An der Kreuzung Chulia Street, wo die Gegend mit den Billig-Hotels beginnt, steht schließlich die noch ältere, bereits um 1800 erbaute **Kapitan-Kling-Moschee.** Sie wurde von dem islamisch-indischen Kaufmann *Cauder-Mohudeen* gestiftet und folglich im indisch-maurischen Stil errichtet.

In der Nachbarschaft dieser Straße mit dem Beinamen „Street of Harmony" befinden sich **weitere Tempel, Kirchen und Moscheen:** neben dem Penang Museum in der Lebuh Farquhar die **Church of Assumption** (1860, seit

◁ Das Rathaus von Georgetown

Georgetown

Übernachtung
1 Hotel Sheraton Penang
2 1926
4 Golden City Hotel
5 YMCA, Hotel Midtowne, Hotel Waterfall
7 YWCA
11 Trang City Lodge
12 Hotel Grand Continental
15 Traders Hotel
18 100 Cintra
22 Hutton Lodge
24 Regal Malaysia
27 Mingood
28 Banana New G.H. (Banana 2)
29 White House Hotel
30 Cititel
31 Towne House Hotel
32 Peking Hotel
34 E&O Hotel
35 City Bayview Hotel
36 Waldorf Hotel
37 Cathay
38 Ryokan
40 Malaysia, Continental Hotel
41 Federal Hotel
42 Red Inn Cabana
43 Merchant Hotel
44 Oriental, Modern Hotel
46 Banana Boutique Hotel (Banana 3)
48 75 Travellers Lodge, Star Lodge, Moon Tree 47 u.a. G.H.

- 49 Yeng Keng Heritage Boutique Hotel
- 50 Oasis Hotel
- 51 Banana GH
- 52 Sky Hotel
- 53 Civillian's Inn
- 54 Old Penang GH Red Inn
- 55 Reggae Penang
- 56 Hong Ping
- 58 Golden Plaza Hostel
- 60 Broadway Budget Hotel
- 66 Friendship Motel
- 69 Peranakan Mansion
- 72 Church Street Inn
- 75 India House

■ Essen und Trinken
- 3 Hot Wok & Lok Thy Kee
- 6 Essstände, Townview Seafood, Oriental Seafood
- 8 For You Yen
- 9 Eee Hoe Chai
- 16 Old China Café
- 17 Goh Huat seng, Essstände
- 19 Chowrastha Street Food Market
- 20 Hameediyah, Taj, Tho Yuen, Kee Hong
- 21 Eden
- 23 Goh Swee Kee
- 25 See Kong Hooi
- 26 The Ship
- 33 Bars & Pubs, Sup Hameed
- 39 Red Garden Food Centre
- 45 Coco Island Traveler's Corner
- 47 Foo Heong, Essstände, Green Planet, De Tai Tong Café, Ecco Café
- 57 Edelweiss
- 59 Kassim Mustafa, Kapitan, Kris Dinner's Corner
- 61 Coffee Lane
- 62 Dragon King
- 63 Greenhall Café
- 64 Essstände
- 67 Hock Siew Chai Vegetarian
- 68 Mr. Tomato
- 70 Indische Rerstaurants
- 71 Hui Sin Vegetarian
- 73 Hidden Kitchen

■ Einkaufen/Sonstiges
- 10 Yimes Square
- 13 Parkson Grand Shopping Center
- 14 Prangin Mall Shopping Center
- 65 Fähr-Tickets
- 74 Whiteaways Store
- 77 Tickets für Züge ab Butterworth

1955 Kathedrale); südlich in der Lebuh Chulia der **Nagore-Schrein** und der **Teocheow-Tempel**; Ecke Lebuh King und Lebuh Gereja mehrere **chinesische Tempel**.

Von der Fortsetzung der Pitt Street, der Lebuh Cannon, gelangt man an der Kreuzung mit der Lebuh Armenian (in der Teile des Films „Anna und der König" gefilmt wurden) zu zwei chinesischen Tempeln, **Yap Kongsi** (Clantempel) und **Hock-Teik-Chen-Sin-Tempel**. Gleich nebenan steht zurückversetzt das berühmteste und schönste Klan- bzw. Sippenhaus (chin.: *Kongsi*) Penangs, der **Khoo Kongsi**. Der Begründer eines Klans (dessen Name die zugehörigen Mitglieder als Familiennamen tragen – weshalb auch Frauen bei der Hochzeit ihren Nachnamen behalten) wird wie eine Gottheit verehrt. Die Kongsi sind somit zugleich Tempel und Familienheiligtum. Dieser ist der schönste Khoo-Tempel Malaysias mit einer Fülle von Figuren auf dem 25 Tonnen schweren Dach. Er wurde 1894 erstmals vollendet, aber durch Feuer in der Nacht nach der Einweihung zerstört, weil er angeblich dem Kaiserpalast in Peking zu ähnlich ist. So wurde 1902 eine „bescheidenere" Variante wieder eingeweiht und 1955 erneut renoviert. Geöffnet Mo–Fr 9–17 Uhr, Sa 9–13 Uhr, www.khookongsi.com.my.

Geht man die L. Armenian an der Kreuzung mit der L. Cannon rechts (W) weiter, kommt man zu **Dr. Sun Yat Sen's Wohnhaus** (Nr. 120), heute ein kleines Museum.

Am Ende der Lebuh Cannon, an der Lebuh Acheh, steht die **Malay Mosque,** auch **Acheen Mosque** genannt, weil sie vom ursprünglich aus dem arabischen Hadramaut stammenden Acheh-Prinzen *Tengku Syed Hussain* 1808 erbaut wurde.

Von der Lebuh Armenian gelangen Sie in Richtung Meer zu den seit über hundert Jahren bestehenden **Pfahlbausiedlungen** von einem halben Dutzend Clans (*Lim, Chew, Tan, Lee, Yeoh* u.a.). Hier lebten und leben Fischer. Am meisten auf Besucher eingerichtet ist die Chew Jetty, direkt gegenüber der Lebuh Armenian. Hier gibt es sogar ein. allerdings etwas teures. *Homestay*② (128 RM), Cafés, Tempel und einen Bootsverleih.

Bedingt durch die Aufwertung der **Altstadt** als Weltkulturerbe werden zunehmend chinesische *Shophouses,* von denen viele stuckverziert sind und viktorianische Elemente aufweisen, renoviert und nicht wenige in Gästehäuser und Boutiquehotels umgewandelt, vor allem in der Umgebung Love Lane und Lebuh

◁ Der prachtvolle Uhrenturm des Zollgebäudes

Muntri. Man sieht heute oft junge Chinesen, die wie wir staunend durch die Straßen und Gassen der China Town bummeln, weil sie solche Ensembles in ihrer Heimat China nicht mehr antreffen.

In der Leboh Leith (gegenüber dem *Waldorf*) stehen übrigens die ältesten chinesischen Häuser Penangs, die rund 200 Jahre alten, zu einem exquisiten Hotel umgebauten Gebäude des **Cheong Fatt Tze** (Führung Mo–Fr 11, 13.30, 15 Uhr, 12 RM).

Wenn man einen umfassenden Überblick über die Altstadt haben möchte, sollte man zum großen Zylinder des **Komtar** *(Kompleks Tuanku Abdul Rahman)* gehen und zur Aussichtsterrasse in den 58. Stock hochfahren (täglich 10–22 Uhr, 8 RM inkl. Gutschein für Souvenirshop). Bei guter Sicht sieht man das Festland mit Kedah Peak und erhält einen ausgezeichneten Überblick über die Struktur Georgetowns. Ansonsten ist der Komplex bei den Einheimischen wegen der **Kaufhäuser**, Geschäfte, Boutiquen und Lokale sehr beliebt, wobei das ursprüngliche *Shopping Centre* direkt im Komtar mit den Jahren allen Glanz verloren hat. Wichtig sind aber noch der Bus Terminal und die kleinen Reisebüros nebenan, in denen Fahrkarten für die Expressbusse gebucht und gekauft werden kann. Die Busse fahren dort auch ab.

Sehenswertes außerhalb von Georgetown

Es gibt einige sehenswerte Tempel und Parks außerhalb von Georgetown, die vielfach besucht werden. Da ist z.B. der **Thai-Tempel Wat Chaya Mangkalaram** mit den Tempelwächtern *(Yak)*, Naga-Schlangen und Vogelmädchen *(Kinnara)* und dem 35 m langen, liegenden Buddha im Innern der sonst recht schmucklosen Halle und der benachbarte **burmesische Tempel Dhammika Rama** mit dem Elefanten-Paar am Eingang und der charakteristischen Pagode. Die Tempel stehen in der Lorong Burmah.

Dieser Besuch lässt sich mit einem Ausflug nach **Batu Ferringhi** bzw. einer Inselrundfahrt verbinden.

Auch ein Bummel entlang des **Gurney Drive** *(Pesiaran Gurney)* am Wasser bietet sich an. Dort gibt es beliebte Essstände mit entsprechend vielen Ratten am Strand. Aber der Blick über die Bucht und den North Channel zum Festland hinüber lohnt auf jeden Fall. Morgens trifft man hier viele chinesische Frühsportler an, die mit großer Konzentration ihre Tai-Chi-Übungen ausführen.

Beliebt ist ein Besuch des **Botanischen Gartens**, der in einem Tal liegt (Rapid-Bus Nr. 102). Die vielen frei herumlaufenden Rhesusaffen können trotz der interessanten Vegetation, die auch Reste von Primärurwald enthält, lästig werden und sollten nicht gefüttert werden. Der Park eignet sich als Ausgangspunkt für einige längere Spaziergänge bzw. Wanderungen, z.B. zum Wasserfall und auf den Penang Hill.

Unterwegs zum Botanischen Garten sieht man 1 km davor in der Jln. Kebun Bunga bzw. Waterfall Road links den schön und hoch am Berghang gelegenen **indischen Tempel Nattukotai Chettiar**, zu dem die Thaipusam- und andere Bußgänge führen.

1998 wurde in derselben Straße der dem 500 Jahre alten Meenakshi Amman-Tempel in Madurai/Indien nachgebildete **Ayira Vaisyar Sri Meenakshi Sundraeswarar-Tempel** eingeweiht.

Die Fahrt auf den **Penang Hill** sollte man sich nicht entgehen lassen. Alle 30 Min. fährt die **Standseilbahn** täglich ab 6.30 Uhr hinauf. Werktags fährt die letzte Bahn um 22 Uhr hinunter, am Wochenende und Feiertagen um 23 Uhr, Hin- und Rückfahrt 30 RM, Kinder 15 RM, einfache Fahrt 17 RM. Mit *Rapid Bus 204* erreicht man die Talstation.

Am besten fährt man am Spätnachmittag auf den Hügel, falls nicht dicke Regenwolken auf baldige Schauer oder Gewitter hindeuten, wenn man noch volle Sicht hat, und bleibt während der Dämmerung oben, um **Penang bei Nacht** zu erleben – nicht so dramatisch wie der Blick von Hong Kongs Victoria Peak, aber dennoch sehr lohnend. Nicht zuletzt bringt die frischere Luft dort oben, wo es oft nur 18 °C warm ist, auch Erholung vom feuchtheißen Klima unten. Oben gibt es Lokale, Hotels, Polizei, Post, Wohnhäuser, eine Moschee und einen kleinen, aber lohnenden Vogelpark (s.a. Abschnitt: „Wanderungen auf die Penang-Hügel").

Ayer Itam („schwarzes Wasser") ist Ausgangspunkt für einen Besuch der spektakulären **Tempelanlage des Kek Lok Si**. Auf dem Weg dorthin kommt man in der aufsteigenden Gasse an vielen Souvenir-Geschäften vorbei. Die *Kuan Yin* geweihte Tempelanlage besteht aus mehreren Teilen: dem Schildkröten-Teich (Füttern gilt als verdienstvoll), der Halle der Bodhisattvas und der Halle der *Devas* (Gottheiten) mit dem künftigen Buddha *Maitreya* in der Mitte und *Wei To*, dem Verteidiger des Buddhismus, mit den vier Himmelskönigen. Die nächste Halle ist Buddha *Shakyamuni*, dem historischen Buddha, gewidmet. Er wird begleitet von seinen Schülern *Ananda* und *Kasyapa* sowie den 18 *Arhats* (Heiligen). Im Bibliotheksturm gibt es ein Dekret des Kaisers von China aus dem Jahre 1904, in dem der Tempel vollendet wurde.

Hauptstück ist die 1930 fertiggestellte 50 m hohe **Pagode** der zehntausend Buddhas (die nur auf Kacheln dargestellt sind). Seine Basis ist in chinesischem Stil, der Mittelteil in thailändischem und die Spitze in burmesischem Stil gehalten. Man kann die Pagode besteigen und die Aussicht genießen. Im nicht zugänglichen obersten „Stockwerk" des Heiligtums befindet sich eine wertvolle goldene Buddhastatue und eine Reliquie Buddhas. (Eintritt muss nicht zahlen, man sollte aber eine Spende von mindestens 2 RM geben.)

Neben der Pagode steht der **Schrein des Boddhisattva Tsi Tsang Wang** (einer der Erleuchteten, die auf den Einzug ins Nirwana vorerst verzichten, um den übrigen Seelen zur Erlösung zu verhelfen). Der Grundstein zum Bau der Pagode wurde 1915 vom thailändischen König Rama VI. *(Vajravudh)* gelegt. Oberhalb der Pagode steht eine fast 40 m hohe weiße Kuan-Yin-Statue, sie gilt als **größte Bronzestatue der Welt,** beschützt von einem 60 m (!) hohen Pavillon. Vom Tempelkomplex gelangt man nur mit einem Schrägaufzug zur Statue (2 RM), sonst muss man unterhalb der Pagode zur Straße und hinter den Tempeln hinauf zur Terrasse hinaufgehen. Dorthin fahren natürlich auch die Taxis von Ayer (H)Itam (http://temple.50webs.com). **Anfahrt:** Rapid Bus # 204, z.B. ab Jetty bzw. Komtar.

Es gibt noch weitere religiöse Sehenswürdigkeiten in der Stadt, etwa das **Shiva Heiligtum** in der Jln. Dato Kramat, den **Sikh-Tempel** in der Jln. Brickkiln und die **Penang Buddhist Association** in einem villenähnlichen Gebäude mit einer Statue von Buddha und seinen Jüngern, aus Marmor gehauen, und einer kleinen Pagode vor dem Gebäude. Diese Vereinigung bemüht sich um die Verbreitung der reinen buddhistischen Lehre. Das Haus kann in der Jln. Anson besichtigt werden. In der Love Lane steht nahe der Chulia Street ein **tibetischer Tempel,** eine Seltenheit in Malaysia.

Heritage-Trail

Für **Stadtrundgänge** gibt es zwei Faltblätter des *Penang Heritage Trust,* der in 26 Lebuh Gereja (Mo–Fr 9.30–12.30 und 14–16.30 Uhr, Tel. 264 2631, www.pht.org.my) seinen Sitz hat. Mit Hilfe des Heritage Trail 1 & 2 bekommt man einen gut erklärten Überblick über bedeutende und charakteristische Gebäude der Altstadt.

Zwei weitere Rundgänge können mit Hilfe von Faltblättern unternommen werden: „Traditional Trades" und „Food Trails of Penang", also Beispiele für traditionelles Handwerk und Snacks. Wer sich gern durch die Altstadt führen lassen will, kann sich an das *Tourist Guide Center,* Tel. 261 4461, wenden.

▷ Pagodenturm der Tempelanlage Kek Lok Si

Transport auf der Insel

Bus

2007 wurde das Bussystem mit der Einführung des Transitsystems „Rapid Penang" revolutioniert. Wie bisher starten die Busse meist am Weld Quay, kurz *Jetty* genannt, und kommen am Komtar vorbei (1,50–3 RM). Die blauen **Hin-** und die gelben **Yellow-**Busse verkehren immer noch. Online-Informationen: www.rapidpg.com.my.

Shuttle CAT

Der kostenlose Shuttle *CAT* ist ein Service der Stadtverwaltung von Penang und Rapid Penang Busgesellschaft täglich von 6 Uhr bis Mitternacht zwischen **Weld Quay** (Fähre nach Butterworth) und **Komtar** mit 19 für Besucher relevanten Haltestellen. Die bunten Busse sind besonders gekennzeichnet u.a. mit **Central Area Transit** und **City Hop On** an den Seiten sowie der Richtungsangabe **Hop On Free.**

■ **Route:** Weld Quay – Ferry Bus Terminal – Chulia Street Ghaut – China Street Ghaut – Beach Street – Light Street – Pitt Street – Penang Museum – Penang Road – Komtar – Ong Kongsi – Hutton Lane – Prangin Road – Ccarnarvon Street – Weld Quay.

Taxi

Die nachfolgenden Preise gelten als Richtwerte und sollten nicht deutlich überschritten werden: Fahrten innerhalb Georgetowns 8–10 RM, zum Flughafen 30 RM (aber Taxi-Coupons vom Flughafen kosten „nur" 28 RM), zum Sg. Nibong Express Bus Terminal 25 RM, nach Air Hitam oder zum Botanischen Garten 15 RM, Batu Ferringhi 30 RM, Inselrundfahrt 120 RM, nach Butterworth über die Penang-Brücke 60 RM (zusätzliche Informationen zu Taxis siehe „Verkehrsverbindungen").

Trishaws

Trishaws sind teuer, aber viele Touristen lassen sich doch gern mal ein Stück damit herumkutschieren, was aber eigentlich nur im Altstadtbereich lohnend ist.

Auch wenn man vorher handelt, zahlt man mehr als die Einheimischen, bei denen die Fahrradtransporter für kurze Einkaufstrips beliebt sind. Man lässt sich hier- und dorthin fahren, lässt die Trishaw warten und setzt nach dem Einkauf die Fahrt fort.

Die Preise sind inzwischen deutlich gestiegen, man muss mit mindestens 10 RM für kurze Strecken und 30 RM pro Std. rechnen. Es gibt auch **drei organisierte Rundfahrten:** „Beca Trails", die ebenfalls rund 30 RM pro Stunde kosten (Tel. 250 5502).

Motorrad-/Fahrradverleih

Zu finden in mehreren *Guest Houses* in Georgetown, in der Umgebung von Lebuh Chulia und außerdem am Strand von Batu Ferringhi (Preise siehe vor Ort).

Boot

Statt mit dem Bus kann man auch mit dem Boot umherfahren. Infos beim *Golden Sands Resort/Watersport Centre* (Tel. 881 1911). Ein Boot für max. 12 Personen zu mieten kostet mindestens 500 RM, eine Inselrundfahrt dauert ohne Stopps etwa 4 Stunden.

> **Achtung:** Oft genug hat man es gehört und gelesen – in Penang kommt man an illegale **Drogen** – und in den Knast. Schon bei geringen Mengen droht der Galgen, also Hände weg vom Dope!!!

Einkaufen

Penang war in der Vergangenheit zollfreies Gebiet wie heute Singapur. Man erwägt eine Wiedereinführung zur Ankurbelung des Tourismus und der Wirtschaft. Georgetown ist also vorerst kein Einkaufsparadies mehr, bietet aber in den zahlreichen Shopping Malls, in den traditionellen Geschäften der Altstadt und auf den beliebten Nachtmärkten *(pasar malam)* doch eine reiche Auswahl an Waren. Einen guten Überblick über die vielfachen Einkaufsmöglichkeiten der Stadt bietet das von www.tourismpenang.gov.my herausgegebene Faltblatt.

Souvenirs gibt es jede Menge in der Gasse zum Kek Lok Si, ebenfalls in der Jln. Penang (normale Waren im Penang Bazaar).

Im Chowrasta-Markt findet man **lokale Delikatessen.**

Chinesischer **Schmuck** wird meist in der Leboh Campbell angeboten, indischer in der Jalan Masjid Kapitan Kling.

Neben **Komtar** gibt es in der Prangin Mall eine moderne Shopping Mall im Stadtkern.

Es gibt aber nichts, was man unbedingt in Penang kaufen sollte, jedenfalls keine wirkliche Spezialität, wenn man einmal von den eingelegten Muskatfrüchten absieht.

Man kann sich **Kleidung** nach eigenem Design schneidern lassen (etwa in der Penang Road). Es gibt etwa 40 **Duty-Free-Shops** mit dem üblichen Angebot an Alkoholika, Zigaretten, Parfum, Elektrowaren. Man kann dort zollfrei einkaufen, vorausgesetzt, man verlässt das Land innerhalb von zwei Wochen und lässt die Waren bis dahin ungeöffnet.

Wer Interesse an Batik „made in Penang" hat, kann sich in Batu Ferringhi, Teluk Bahang oder Bayan Lepas umsehen.

In der „Ladies Street" im *New World Park* an der Jln. Burma gibt es einen beliebten **Boutique-Straßenmarkt** mit Verkaufsständen für Kunsthandwerk, Kleidung und Schmuck.

Eine gute **Bücherauswahl** gibt es im *M.P.H.-Bookshop* im *Island Plaza*, Jln. Tanjung Tokong, und im *Times Book Shop* im ersten Stock des *Penang Plaza*, Jln. Burma.

Am letzten Sonntag des Monats von 10 bis 18 Uhr gibt es den **Little Penang Streetmarket** in der Upper Penang Road (www.littlepenang.com.my).

Feste

■ **Thaipusam** ist inzwischen zur großen Touristenattraktion mit Tribünen geraten. Manche Büßer genießen bereits die Schau, sodass orthodoxe Hindus mittlerweile zum Einstellen dieser Art von Bußgängen aufrufen. Langer Weg vom Mariamman-Tempel in der Queen Street zum Tempel in der Waterfall Road (Jln. Kebun Bunga), vorbei an den Kolonialvillen (Anfang/Mitte Februar).
■ **Geburtstag des Jadekaisers Yu Huang** wird in den chinesischen Tempeln gefeiert (im Februar).
■ **Penang International Boat Festival,** Drachenbootrennen vom Gurney Drive aus, rund 50.000 Zuschauer. 27 Mann gehören zur Besatzung eines Bootes (im Sommer).
■ **St. Anna-Fest,** Messe und Kerzenprozession (24. Juli)
■ **Penang Grand Prix,** Motorradrennen.
■ **Festival of the Nine Emperor Gods,** Gebete, chinesische Oper, Prozessionen, über glühende Kohlen wandeln (meist im Oktober).
■ **Loy Kratong,** thailändisches Fest, bei dem Lotosblüten mit Kerzen aufs Wasser gesetzt werden zur Erinnerung an Buddhas Fußabdruck am Narmada-Fluss (meist im November).
■ **Penang Festival,** großes Kultur-, Sport- und sonstiges Programm, Höhepunkt der Touristensaison in Penang (meist im November).

Adressen, Telefonnummern und Öffnungszeiten

■ **Tel.-Vorwahl Penang: 04**
■ **Money Changers:** meist 8.30–18 Uhr, u.a. im Komtar, in der Jln. Masjid Kling, im Bankenviertel südl. Uhrturm/Fort Cornwallis; neben Cititel in der Jln. Penang, auch nachts geöffnet.
■ Öffnungszeiten der **Banken** sind wie überall im Land: Mo–Fr 10–15, Sa 9.30–11.30 Uhr.
■ **American Express Traveller Cheques** können bei *Mayflower Tours,* 274 Lebuh Victoria, Tel. 262 8198, eingelöst werden.

- **Thailändisches Generalkonsulat,** 1 Jln. Tunku Abdul Rahman, Tel. 226 8029. Mo–Fr 9–12 Uhr, mit Bus 102 bis Jln. Utama, fast alle Guesthouses rund um Lebuh Chulia bieten einen Thai-Visa Service für 20 RM an; für ein 2-Monatsvisum benötigt man 2 Passfotos, 120 RM und ein Rückflugticket. Wer auf dem Landweg nach Thailand einreist, erhält nur 15 Tage Aufenthaltserlaubnis!
- **Indonesisches Konsulat,** 467, Jln. Burmah, Tel. 282 4686, Mo–Fr 9–12 Uhr und 14–15 Uhr, Bus 101, bei Ankunft in Medan gibt es ein 30-Tage-Visum, bei längerem Aufenthalt muss Visum beantragt werden, 2 Passfotos, Rückflugticket, mindestens 200 US$ vorweisen.
- **Deutsches Honorarkonsulat,** Honorarkonsul *Dato Herbert Weiler*, c/o *OE Design*, Bayan Lepas Free Industrial Zone 3, Tel./Fax 641 5707.
- **Malaysian German Society,** 250 B, Jln. Air Hitam (hinter *Methodist Boy School*), Tel. 229 6853, werktags 14.30–19.30 Uhr, www.mgs-penang.com, Bus 102.
- **Motorradverleih,** entlang der Chulia Street, z.B. *Honda 100 cc* Automatik ab 30 RM.
- **Mountainbikes:** In Batu Ferringhi: *Penang Rent-A-Bike,* Tel. 016-485 6937.
- **Mietwagen:** Ankunfthalle Penang International Airport: u.a. *AVIS Rent-A-Car*, kostenlose Tel.-Nr. in Malaysia: 1-800-88 2054, von außerhalb Tel. +60-4-264 3963, www.avis.com.my; *Hertz*, kostenlose Tel.-Nr. in Malaysia: 1-800-88 3086, -38, Farquhar Street (nahe *E&O Hotel*), Tel. +60-4-263 8602/263-5914, Fax +60-4-263 1273, www.hertz.com, *Mayflower Car Rental*, am Flughafen, Tel. 641 1191, www.mayflowercarrental.com.my.
- **Immigration,** neues Büro auf dem Festland in *Seberang Jaya* an der N-S-Autobahn, Tel. 250 3419. Besser die Dienste von *Pat & Allen* im **Café Green House,** Lebuh Muntri/Lebuh Leith, nutzen, da sie zugleich die Beratungsstelle für „Malaysia My Second Home" betreuen.
- **General Hospital,** Western Road, Tel. 229 3333.
- **Gleneagles Medical Centre** (gegen Bezahlung), Pangkor Road, Tel. 227 6111.
- **Notruf** für Polizei, Feuerwehr und Ambulanz ist wie überall im Land: 999. Feuerwehr auch 994, Tourist Police Tel. 261 5522.
- **Tourism Malaysia,** Jln. Tun Syed Sheh Barakbah (ggb. *Fort Cornwallis*), Mo–Fr 8–17 Uhr, Sa 8–13 Uhr.
- **Penang Tourist Guides Association,** 7, Canon Street (nahe *Khoo Kongsi*), Tel. 261 4461.
- **Tourism Penang,** Komtar 56. Stock, Mo–Fr 8–16.30 Uhr, 2. und 4. Sa 8–13 Uhr, Pass mitbringen! Tel. 262 0202, www.tourismpenang.gov.my.
- **Internet:** Die besseren GHs verfügen alle über WiFi und Internetterminals für 2 RM/Std.
- **Hash House Harriers,** verschiedene Gruppen, www.penanghash.com.my (mit Links zu den anderen HHH-Gruppen in Penang).

Übernachten

In keiner Stadt gibt es so viele (chinesische) Billig-Hotels wie in **Georgetown**, es sind wohl mehrere Dutzend. Man hat schon genug Auswahl, wenn man im Bereich der Lebuh Chulia sucht. Dort trifft man auf altbewährte Hotels und beliebte Guesthouses wie das *Banana G.H.* (s.u.). In den Nebenstraßen, z.B. der Love Lane, sind nicht zuletzt durch den Ansporn des UNESCO-World-Heritage-Status', der 2008 für die Altstadt verliehen wurde, neue Boutique-G.H.s eröffnet worden, die Kunst und Stil in die bisher schmucklosen Guesthouses bringen, zu immer noch attraktiven Preisen.

Von der Anlegestelle der Fähre kommend kann man die folgenden Unterkünfte ansteuern. Für viele Straßen ist auch noch der alte englische Name gebräuchlich (Lebuh = Street). Fast alle preiswerten Hotels besitzen nur Gemeinschaftstoiletten.

Altstadt

- **Friendship Motel**①, 20, Penang Street, Tel. 261 8909, 262 8909; www.friendship-motel.com.my. Kleines Hotel mit unterschiedlich großen Zimmern, 38 RM, Internetbenutzung, günstig gelegen zu „Little India" und den Fähren nach Langkawi und Medan.
- **Church Street Inn**②, (früher *D'Budget Hostel*), Tel. 250 3009, sammhospitality.sb@gmail.com. Günstig und ruhig in der Nähe des Fähr- und Busterminals gelegen, sauber und sicher, gute Serviceleistungen, auf dem Dachgarten hat man einen guten Ausblick, Zimmer sind eher schlicht, DZ a/c, TV, mB 75 RM, mFr für 2 Pers. 85 RM.
- **Golden Plaza Hostel**①, Lebuh Ah Quee, Tel. 263 0560. Dorm. 8 RM, EZ 16 RM, DZ 25 RM, a/c 40 RM, beliebter Travellertreff, es geht oft zu wie in einem Taubenschlag, viele Serviceangebote, u.a. ein gutes, preiswertes Lokal.
- **Oasis Hotel**② (früher *Swiss Hotel*), 431 Lebuh Chulia, mobil 016 495 2345, www.travelpod.com/hotel/Oasis_

Hotel-Georgetown.html. Eines der ältesten Traveller-Quartiere, zurückversetzt und daher ruhig gelegenes Chinesenhotel, DZ mB, a/c bis 60 RM, oB, mf bis 30 RM, Minibusse nach Thailand.

■ **Broadway Budget Hotel**①, 35F, Jln. Masjid Kapitan Keling, Tel. 262 8550, www.broadwaybudgethotel.com. Am Rand von „Little India", in die Jahre gekommenes preiswertes Hotel, EZ mB, mf 35 RM, mit a/c und heißer Dusche 50 RM, DZ mB, mf 45 RM, mit a/c und heißer Dusche 60 RM.

■ **Banana Guesthouse 1**①-②, 355, 357 & 359, Chulia Street, Tel. 2626 171, http://bananapenang.com.Das wohl beliebteste Guesthouse mit viel Platz im Wohnzimmer. DZ mf oB 25 RM, a/c oB 40 RM, mf mB 50, a/c mB 70 RM; 3BZi mf oB 35 RM, 3erZi mf mB 60 RM, a/c mB 80 RM. Das angeschlossene Reisebüro nebenan bietet eine Fülle von Serviceleistungen: Visa nach Thailand und Indonesien, Minibusse nach Thailand, Cameron Highlands, Perhentian und Taman Negara (in der Saison), Expressbus-Tickets u.v.m. Inzwischen gibt es zwei weitere Ableger mit denselben Preisen:

Banana 2, 84 Penang Rd., Tel. 2621 171; **Banana 3**, 326 Chulia St. (renoviertes früheres *Blue Diamond*), Tel. 2612 171, gleiche Preise wie *Banana Guesthouse 1*.

■ **Old Penang Guesthouse**①-②, in 53, Love Lane, Tel. 263 8805, www.oldpenang.com. Boutique Dorm 20 RM, G.H. EZ oB, a/c 40 RM, DZ oB, a/c 55 RM.

■ **Red Inn Heritage Guesthouse**①-②, 55, Love Lane, Tel. 261 3931, www.redinnpenang.com. Ebenfalls attraktives Guesthouse, direkt neben dem *Old Penang G.H.*, bietet als eines der wenigen Guesthouses in Malaysia 2- und 4B-Dorm., a/c 30/34 RM, DZ a/c, mB 90 RM, m. Fenster 100 RM, alle Zi. mit Frühstück, WiFi, Kaffee/Tee, Astro-TV im Wohnbereich.

■ **Reggae Penang**①, 57, Love Lane, Tel. 262 6772, www.reggaehostelsmalaysia.com. Die erfolgreichen *Reggae G.H.* haben nun auch in Penang einen angemessenen Standort, gleich neben *Old Penang* und *Red Inn*, beliebt bei Gästen, die Party lieben, mit Bar & Restaurant, freies Internet, Wifi u.a., Gäste, die älter als 60 Jahre sind, sind nicht erwünscht! Dorm. a/c mFr 28 RM.

■ **Star Lodge**①-②, 39 Muntri St., Tel. 262 6378, www.starlodge.net , DZ mf mB 45 RM, a/c mB 55 RM.

■ **Moon Tree 47**②, Muntri St., Tel. 264 4021, Restaurant, Galerie & Homestay, EZ 60, DZ 80 RM.

■ **Ryokan**①-②,, 62 Muntri St., Tel. 250 0287, mobil 012 405 968, www.myryokan.com, ganz in Weiß), ruhig, allerdings außer dem Namen nichts Japanisches, Dorm. Betten mit Licht, Steckdose, Schließfächern, Wifi, a/c mFr im 6-B-Zi 33/35 RM, 4-B-Zi. 38/40 RM, DZ a/c mB 136 RM.

■ **Red Inn Cabana**①-②, (neben *Red Garden Food Centre*), etwas zurückversetzt gelegen, 4/6B Dorm a/c und Fenster 25 RM, DZ a/c oB 65 RM, mB 80–120 RM.

■ **75 Travellers Lodge**①, 75, Lebuh Muntri, Tel. 262 3378. Sauber und freundlich (mf, Waschbecken, 15 RM, a/c 35 RM) oder Dorm.-Betten (7 RM), nebenan das **Western Oriental Café** unter gleichem Management.

■ **Civillian's Inn**①, 52, Love Lane, Tel. 261 6399. Blitzsauber, Korbstühle überdacht vor dem Haus und im hellen „Wohnzimmer" tragen zum angenehmen Eindruck bei, überaus praktisch ist die Reihe von 6 Tischen mit Steckdosen darüber für die, die am Laptop oder sonstwie arbeiten wollen, natürlich WiFi, Dorm. Mit 20 Stockbetten 13 RM, winziges EZ oB mf 20 RM, DZ oB mf 35 RM, a/c 42 RM.

■ **100 Cintra**①, 38, Perak Road/100, Cintra Street, Tel. 264 3581. Ursprünglich geräumiges Wohnhaus, dann klimatisiertes Einkaufszentrum, dafür aber zu klein, trotz längerer Renovierung derzeit noch nicht wieder eröffnet.

■ **Trang City Lodge**①-②, 18–26 Jln.Trang, Tel. 226 0001, 229 9857, trangcl@po.jaring.my, preiswertes Quartier, Dorm. mf 17 RM, EZ mf, oB 28 RM, DZ a/c, oB 55 RM, mB 75 RM.

■ **Hutton Lodge**②, 17, Jln. Hutton, nahe Penang Road, Tel. 263 6003, www.huttonlodge.com. GH in ruhiger Lage, in restauriertem altem Wohnhaus, EZ 50 RM, DZ 70 RM.

■ **White House Hotel**①, 86, Jln. Penang, Tel. 263 2385. einfache Zimmer mD, freundlich; im hinteren Bereich ruhigere Zimmer, ab 23 RM.

In unmittelbarer Nähe befinden sich auch einige **Mittelklasse-Hotels** sowie Hotels gehobenen Standards. Für Lärmempfindliche empfehlen sich in der Jalan Penang nach hinten gelegene Zimmer, da die Straße nicht gerade leise ist:

■ **Towne House Hotel**②-③, 70, Jln. Penang, Tel. 2638-621, -923, Fax 262 3541; modern und sauber.

■ **Peking Hotel**②, 50-A, Jln. Penang, Tel. 263 6191. Große, gute und zumeist helle Zimmer ab 69 RM.

■ **Oriental Hotel**②-③, 105, Jln. Penang, Tel. 263 4211-7, Fax 263 5395. Komfortabel.

■ **Merchant Hotel**③-④, 55, Jln. Penang, Tel. 263 2828, Fax 262 5511. Saubere Zimmer ab 60 RM.

■ **Federal Hotel**②, 39, Jln. Penang, Tel. 263 4179, -70. Es nagt der Zahn der Zeit, aber noch o.k.

■ **Hotel Malaysia**③, 7, Penang Road, Tel.263 3311, www.hotelmalaysia.com.my. Zentral gelegen, Zi für RM 108 mFr, obere Stockwerke bieten super Aussicht.
■ **Hotel Mingood**②, Argyll Road, Tel. 229 9922, www.hotelmingood.com. 80 RM, inkl. Wi-Fi Hotspot, mit Dachterrasse.
■ **Regal Malaysia**②, 6, Transfer Road, Tel. 227 9584. Mittelklassehotel, Zi. ab 69 RM.
■ **Continental Hotel**③-④, 5, Penang Road; Tel. 263 6388, Fax 263 8718. Zimmer ab 80 RM.
■ **Waldorf Hotel**②, 13 Leith Street, Tel. 262 6140-3, Fax 263 7906, waldorf@pc.jaring.my. Vergleichsweise teuer, dafür direkt gegenüber *Cheong Fatt Tze-Haus* und mit schönem Café/Pub nebenan, ruhige Lage, EZ a/c mB 63 RM, DZ 69 RM, 2 Doppelbetten 81 RM.
■ **Golden City**①-②, 12, Lorong Kinta, Tel. 227 9910, Fax 229 8861. Zi. 70–130 RM.
■ **Hong Ping Hotel**②, 275-B Chulia Street, Tel. 262 5243, Fax -3270. Noch recht neues Hotel mit 58 recht nett renovierten Zimmern mB, a/c, TV, Telefon, Standard ab 60, Deluxe ab 80 RM.
■ **Yeng Keng Heritage Boutique Hotel**⑤, 362 Chulia Street, Tel. 262 2177, Fax -3177, www.yengkenghotel.com. Eine absolute Ausnahme in der von Guesthouses und preiswerten bis billigen Chinesenhotels dominierten Chulia Street: 20 elegant ausgestattete Zimmer mit Frühstück, kleinem Pool, Restaurant ab 350 RM (in der Nebensaison ab 270 RM), den *High Tea* nachmittags bis 18 Uhr mit Tee und Kuchen in der al fresco Bar kann sich fast jeder leisten.

Außerhalb der Altstadt
■ **YMCA**①-②, 211, Jln. Macalister, Tel. 228 8211, Fax 229 5869. Liegt außerhalb dieser Hotelgegend, aber nicht ungünstig (z.B. in der Nähe des Thai-Konsulats).
■ **YWCA**①-②, 8, Jln Mesjid Negeri, Tel. 828 1855. Nur für Frauen, liegt weit außerhalb des Zenrums in Richtung Air Itam, nahe der Staats-Moschee.
■ **Midtowne Hotel**②, 101, Jln. Macalister, Tel. 226 9999, Fax 229 5149. Zentral, sauber, ruhig, ab 80 RM.
■ **1926**②-③, 227 Jln. Burma/Ecke Jln. Imigresen. Etwas Besonderes, dabei das preiswerteste der 4 Heritage-Hotels in Penang. Zum Hotel umgebaute Beamtenwohnungen, freundlicher, bemühter Service, mit Frühstück ab 85 RM, Superior 150 RM.
■ **Waterfall Hotel**②-③, 60, Jln. Utama, Tel. 229 5588.
■ **Seri Malaysia**③, 1, Jln. Mayang Pasir, Bandar Bayan Baru, Tel. 6429-452, Fax -461. Zi. ab 100 RM.

Luxushotels
■ **Eastern & Oriental (E&O)**⑤, 10 Lebuh Farquhar, Tel. 222 2000, Fax 261 6333, www.eohotels.com, das 1884 von den armenischen Brüdern *Sarkies* eröffnete Hotel ist das älteste der drei Spitzenhotels aus der Kolonialzeit in Südost-Asien (neben *Raffles* in Singapur und *Strand* in Yangon), komplett renoviert, Suiten mFr ab 350 RM.
■ **Traders Hotel**③ (früher *Shangri-La Hotel*), Jln. Magazine, Tel. 262 2622, Fax 262 6526.
■ **Cititel**③, 66, Jln. Penang, Tel. 370 1188, Fax-2288, www.cititelhotel.com. Großes Businesshotel mit sehr gutem Standard, mFr., Pool, Restaurants.
■ **Sheraton Penang Hotel**④, 3, Jln. Larut, Tel. 227 888. Ab 199 RM.

Wer lieber am touristisch erschlossenen **Strand von Batu Ferringhi** („Portugiesischer Felsen") eine Unterkunft wählen will, wo vor allem Tour-Gruppen absteigen, findet kaum ein Quartier unter 60 RM. Die Bucht ist freilich kein Ort für Leute, die Ruhe und Einsamkeit suchen:

■ **Hydro Hotel Penang**③, Tel. 890 5999, Fax -5100, www.hydrohotelpenang.com, am Hang nahe „Miami Beach" gelegen, ab 130 RM.
■ **Merit Sri Sayang Apartments**④, 188, Jln. B.F., Tel. 881 1113, www.srisayangresort.com. Ab 150 RM.
■ **Shangri-La Rasa Sayang Resort & Spa**⑤, B.F., Tel. 881 1811, Fax 881 1984, www.shangrila.com.
■ **Shangri-La Golden Sands Resort**⑥, B.F., Tel. 881 1911, Fax 881 1880, www.shangrila.com.
■ **Lone Pine Hotel**⑥, Tel.881 1511, www.lonepinehotel.com. Ab 400 RM (Nebensaison), das älteste Hotel am Strand. Schöner schattiger Garten.
■ **Holiday Inn**⑤, B.F., Tel. 881 1601, Fax 881 1389, www.holidayinnpenang.com. DZ ab 230 RM.
■ **Grand Plaza Park Royal Hotel**⑤, B.F., Tel. 881 1133, Fax 881 2233, www.parkroyalhotels.com. Ab 300 RM.
■ **Hard Rock Hotel** (früher *Casuarina*)⑥, B.F., Tel. 881 1711, Fax 881 2155, ab 400 RM.
■ **Bayview Beach Resort**④, B.F., Tel. 881 2123, Fax 881 2140. Ab 200 RM.

Allerdings gibt es auch in Batu Ferringhi noch einige preiswertere, keineswegs aber billige Unterkünfte für Reisende mit kleinem Goldesel. Die **Guest Houses** liegen alle nah beieinander im Kampung (zwischen *Park Royal Hotel* und *Holiday Inn*), wo es u.a. auch Essstände und Lokale, Fahrrad- und Motorrad-Verleih gibt. Man muss also nicht unbedingt mit den teuren Restaurants der Hotels vorlieb nehmen:

⬤ **Ah Beng Keat G.H.**①-②, Tel. 881 1987. Hinter *Batik Fashion House*; gut, sauber und freundlich, 13 ruhige Zi., mf ab 25 RM, a/c ab 50 RM.

⬤ **Pak Ali's G.H.**②-③, Tel. 881 1316. Direkt am Strand; nett und sauber; 18 Zi. m.f. ab 60 RM, mB, a/c bis 100 RM.

⬤ **Shalini's G.H.**②-③, Tel. 881 1859. Genau daneben, angenehme Atmosphäre, 15 Zi. mf ab 30, a/c ab 45 RM.

⬤ **Baba G.H.**①-②, Tel. 881 1686. Einfach und freundlich, zu empfehlen, 19 von *Mr. Sim* geführte Zi. mf ab 30 RM, a/c ab 60 RM.

⬤ **Teratak Inn**②, Jln. Teluk Bahang, Tel. 885 1695. Recht preiswertes Hotel in Teluk Bahang, mf 45 RM, a/c ab 65 RM.

⬤ **Fisherman's Village Guest House**①, 60 Jln. Hassan Abbas, Kampung Nelayan, Tel. 885 2936. Entspannende Umgebung, Dorm 8 RM, Zi. mf oB 20 RM.

Im Süden der Insel

⬤ **Homestay** im ländlichen Süden: Tel. 250 5500, www.kopel.com.my, Preise per E-Mail erfragen.

Teluk Bahang

⬤ **Mutiara Beach Resort**④, 1, Jln. Teluk Bahang. Tel. 885 2828, Fax 885 2829.

⬤ **ET Budget G.H.**①-②, 15 saubere Zi. mf ab 25 RM, a/c ab 60 RM.

Pulau Jerejak

⬤ **Jerejak Rainforest Resort**②, DZ ab 120 RM, Tel. 658 7111, www.jerejakrainforestresort.com.

Wen es nicht an den Strand, sondern auf luftige Bergeshöhe zieht, ist im folgenden Hotel auf dem **Penang Hill,** nicht weit von der Bergstation der Zahnradbahn, gut aufgehoben:

⬤ **Bellevue Penang Hill**④, Tel. 829 9500, 12 Zimmer ab 150 RM.

Essen und Trinken

Penang hat den Ruf, eines der **Ess-Paradiese** Malaysias zu sein. Die Einheimischen sind jedenfalls davon überzeugt. Andererseits hatten die Essstände hin und wieder auch den Ruf, recht unhygienisch mit dem Abwasch umzugehen. Eine Reihe von Cholerafällen, die vor zwei Jahrzehnten auftraten, war sicher kein Zufall. Aber das waren zum Glück Ausnahmen, und die Stände der Verantwortlichen wurden geschlossen.

Mit Penang verbinden sich ein paar kulinarische **Spezialitäten: Laksa Assam** und **Lemak** (bzw. *Siam*) ist eine Suppe mit weißen Nudeln in einer aus zerkleinertem Fisch zubereiteten speziellen Soße, bestreut mit frischen Kräutern, wobei bei *Assam* (sauer) Tamarinde dominiert und bei *Siam/Lemak* Kokosmilch. Berühmt für dieses Gericht ist der Stand am Markt von Ayer Itam. Weitere Spezialitäten der Nyonya-Küche: *Jiu Hoo Char* (im Wok gegarter Tintenfisch, Pilze und weiße Rüben), *Assam Prawns* (in Tamarindensoße marinierte Krabben), *Gulai Ikan* (Curryfisch ohne Kokosmilch), *Nasi Ulam* Kräuterreis), *Kurabu Meehon* (scharf gewürzter Reisnudelsalat). Von den Indern stammt ein besonderes Curry-Huhn: **Kari Kapitan.** Beliebt ist auch **Nasi Kandar:** Reis mit Rindfleisch, Huhn, Fisch-Curry und Gemüse.

Unter den Chinesen haben die vielen in Penang ansässigen Hainanesen einen sehr guten Ruf als Köche, bekannte Gerichte sind *Dim Sum* und der *Black Chicken Rice.*

Indische Lokale

⬤ In der Jln. Campbell, parallel zur Chulia, sind zwei Lokale zu erwähnen: 164A, **Hameediyah** mit indisch-islamischer Küche und 166, **Taj.**

⬤ An der Ecke Chulia/Penang bietet sich das **Taj Mahal** an.

⬤ Weitere indische Lokale in der Chulia Street: **Kapitan** und **Kassim Mustafa**.

⬤ Gutes Essen gibt es auch am **Chowrasta Square** und in der **Penang Street,** u.a. leckeres Chendol.

■ Im **Veloo Villas** in „Little India" oder im **Greenhall Café & Pub** (Light Street) isst man südindisch mit den Händen (bzw. mit der rechten Hand!) vom Bananenblatt.

Malaiische und Nyonya Lokale

■ **The Hidden Kitchen,** preiswertes Lokal mit malaiischer *(Nyonya)* und Thai-Küche, Lebuh Pantai gegenüber der *OCBC Bank,* mobil 012 690525.
■ **Dragon King,** 99 Bishop Street/Ecke Leboh Pitt, Nyonya Küche.

Malaiische Lokale außerhalb von Georgetown finden sich typischerweise in der ländlichen Umgebung von Balik Pulau. Unterwegs nach Batu Ferringhi gibt es das **Tanjong Tokong Tulang Corner** *(Seafood)* und das **Tari Café** (477 Jln. Jalan Tanjung Tokong) sowie das Nyonya Lokal **Hot Wok** in 124 Jln.Burma; in Batu Ferringhi selbst befindet sich das **Kampong Restaurant** und das **Moonlight Café.**

Chinesische Lokale

Die Auswahl ist unerschöpflich. Man sollte auf eigene Entdeckungsreise gehen: dort, wo viele Einheimische sitzen, ist man richtig.

■ **See Kong Hooi,** Transfer Road, in einer Art *Coffee Shop,* mit guten *Chili Prawns.*
■ In derselben Straße Nr. 110 ebenfalls gut das **Goh Swee Kee.**
■ Das **Kee Hong** in der Jln. Campbell und Lokale wie **Hong Kong, Chup Seng, Sin Kuan Hiwa** und die Essstände in der Lebuh Cintra, alle mit Stammkundschaft.
■ **Goh Huat Seng Teochew Steamboat Restaurant,** beliebt, Leboh Kimberley.

Diese Gasse ist berühmt für chinesische Nachtischleckereien wie *Almond/Peanut Soup* (Mandel- bzw. Erdnusssuppe) oder *Glutinous Rice Porridge.*

■ Gute chinesische Küche findet man auch im **Prosperous** und **Dragon Inn** in 25C bzw. 27B, Jln. Gottlieb, oder im **Foo Heong** bzw. **Tai Tung** in der Lebuh Cintra.

- **East Xiamen Delicacies** in der Love Lane.
- Am Beginn der Jln. Burmah findet man das **Lok Thye Kee.**
- Wer sich an Dim Sum satt essen möchte, kann dies u.a. im **Haloman** in 43, Jln. Anson.
- **Chi Ki Nyonya,** in der Jln. Burma

Vegetarisch

- **For You Yen** oder **Eee Hoe Chai,** Jln. Dato Kramat Nr. 347 bzw. 450.
- **Hock Siew Chai,** 16 Lebuh Bishop.
- **Chan Yuen Vegetarian Center,** 273B Lebuh Chulia.
- **Hui Sin Vegetarian Restaurant** und **Treasure Garden,** Lebuh China, chinesisch vegetarisch.
- **Mr. Tomato,** 82 Lebuh Gereja, Tel. 262 8080.

Seafood

Das Angebot auf der Insel ist groß, eine Auswahl:

- **Oriental Café** in der Jln. Macalister.
- **Penang Seafood Restaurant** und darüber hinaus in Tanjung Bungah, im **Hollywood** oder **Sin Hai.**
- Als Spitzenlokal gilt das **Eden,** es ist aber teurer.

Food Centres

Genügend Auswahl an preiswerten Gerichten findet man in den *Food Centres*, etwa das **Red Garden Food Centre** in der Lebuh Light, am Gurney Drive oder in der Jln. Syed Sheh Barakbah, der früheren Esplanade am Fort, in Pulau Tikus im Bereich der Burmah Road.

Westliche Küche

- Die **Billig-Hotels in der Lebuh Chulia** bieten westliche Gerichte: Toasts, Omelettes, Porridge.
- Für Steaks bietet sich das **Eden** in Lorong Hutton an.
- **Tip Top,** 304 Jln. Burmah.
- Empfehlenswert ist ein **Set Lunch** (Mittagsmenü) im **The Ship,** 46 Jln. Sri Bahari. Es kostet rund 16 RM, dafür bekommt man beispielsweise Steak und *White Snapper* (Fisch) mit Salat und Pommes frites, Dessert-Buffet.
- Empfehlenswert ist auch **Green Planet,** Lebuh Cintra.

Überhaupt sollte man sich ein paar RM übriglassen für Mittags- oder Abendbuffets, die auch in teuren Hotels kaum mehr als 30 RM kosten, z.B. im:

- **Ecco Café,** Lebuh Chulia, frishces ollkornbrot, westl. Frühstück mit Früchten, Joghurt und Müsli. Leckere Pizzen.
- **Edelweiss Kafé,** 38, Armenian Street, Tel. 261 8935, nostalgisches Ambiente in einem renovierten Shophouse aus dem 19. Jahrhundert, geöffnet von 12–23 Uhr.
- **Ingolf's Kneipe,** Jln. Sungei Kelian, Tanjung Bungah, Tel. 899 5796, deutsche Küche.
- **Batu Ferringhi Beach** am Samstagabend: Jede Menge Grillgut, gute Rohkostsalate und üppige Desserttafel. Getränke sind teurer, vom eiskalten Wasser kann man sich jedoch, soviel man möchte, nachschenken lassen.

Cafés und Bars

- Ein beliebtes kleines, von Chinesen, die die Hotelfachschule in der Schweiz absolviert haben, geführtes Café ist **Beach Blanket Babylon** in 16, Bishop Street.
- **Coffee Lane,** Spitzenkaffee & Snacks, 10 B Lebuh Kinga.
- **Old China Café** (Tel. 261 6188), ABN-AMRO House, 9, Lebuh Pantai, 11–23 Uhr; das dritte der sogenannten tra-

In Georgetown's „Little India"

Insel Penang

ditionellen chinesischen Teehäuser (siehe auch KL und Melaka).
- Das **Rainforest** in der Chulia Street ist ein beliebter Traveller-Treff (nicht zu überhören).
- **Coco Island Traveler's Corner,** 273B Lebuh Chulia, 10–1 Uhr.
- **Kris Dinner's Corner,** 17–6 Uhr, indische, chinesische, westliche Snacks.
- **In Georgetown:** *Cocos* und *Slippery Señoritas* in der Upper Penang Road, *Soho Freehouse* in 50, Penang Road, beide mit Live-Band, das *Pub Church Street Café* in 12 Lebuh Gereja (Church Street).
- **Pulau Tikus,** genau genommen **Belissa Row** (nahe Jln. Burma/Cantonment), ist der Treffpunkt der Penanger Yuppies; besonders beliebt: die italienische Disco *Modesto, The Bed, Orange Café & Bar, Babylon Bistro, Chi Ki Nyonya Bistro, Safari, Wunderbar* (deutsch), *SOHO*; durstige Kehlen zieht es in die Gottlieb Rd. gegenüber der Penang *Chinese Girls' School*.
- Beliebt in **Batu Ferringhi** ist der *Reggae Pub, Roselle Country & Western Oldies Pub & Restaurant* und diverse *Hotel-Lounges* wie *Asmara & Pool Bar (Casuarina Beach Resort), The Deck Bar (Lone Pine Hotel), Kuda Laut & Sunset Lounge (Golden Sands Resort), Reef Lounge & Sunkissed Bar (Ferringhi Beach Hotel)*.

Verkehrsverbindungen

- **Fluginformationen** unter Tel. 643 0373
- **Flughafen Penang:** Tel. 04-643 0811. Der Flughafen liegt ca. 20 km südlich von Georgetown, zu erreichen z.B. mit Rapid Bus 401E, Taxi ca. 40 RM (ab Flughafen in die Stadt gibt es Coupon-Taxis).

Nationale Flüge

- Flüge können online oder in Reisebüros gebucht werden. Die Preise sind abhängig von Faktoren wie Sonderangeboten, Buchungszeitraum, Gepäck, Sitzplatzwunsch etc. Das gilt insbesondere für die Billigfluglinien, die bei Übergepäck gnadenlos kassieren und *(Air Asia)* spätestens 45 Min. vor Abflug die Schalter schließen.
- **MAS** (www.malaysianairlines.com) fliegt nach KL.

Internationale Flüge

Buchungen und Bedingungen s.o.
- **MAS** fliegt nach Medan und Singapur;
- **Air Asia** fliegt nach Bangkok (Thailand), Hong Kong (China), Jakarta, Medan, Surabaya (Indonesien) und Singapur.
- **Fireflyz** fliegt nach Banda Aceh, Medan (Indonesien), Phuket, Koh Samui (Thailand), Singapur;
- **Cathay Pacific** fliegt nach Hongkong;
- **Thai Airways** fliegt nach Bangkok;
- **Singapore Airlines** fliegt nach Singapur;
- **China Airlines** fliegt nach Taipei;
- **China Southern Airlines** fliegt nach Guangzhou & Xiamen.

Fluggesellschaften

- **MAS,** Tel. 1 300 88 3000
- **Garuda,** Tel. 646 5011
- **Air Mauritius,** Tel. 263 5880
- **Lion Airlines,** Tel. 262 5155
- **Adam Air,** Tel. 262 7540
- **Thai Airways International,** Tel. 226 6000
- **Xiamen Airlines,** Tel. 210 1665
- **Singapore Airlines,** Tel. 226 3201
- **China Airlines,** Tel. 228 9227
- **Korean Airlines,** Tel. 646 6149
- **Air Asia,** Tel. 644 8705
- **China Southern Airlines,** Tel. 227 8878
- **Cathay Pacific,** Tel. 226 0411
- **Emirates,** Tel. 263 1100

Zug

Ab **Butterworth Railway Station,** an der Fähranlegestelle. Tickets im **Railway Booking Office** (Tel. 261 0290) am Eingang der Fähranlegestelle in Penang (auch reservieren).

- **Taiping** (ab 3 RM), **Ipoh** (ab 6 RM), **KL Sentral** (ab 14 RM), **Gemas** (ab 25 RM), **JB Sentral** (ab 58 RM), **Woodlands** (Singapur, ab 60 RM) 2x tgl. 8 und ca. 22.30 Uhr, **AS** (ab 3 RM), **Arau** (ab 5 RM), **Hat Yai** (ab 11 RM) 2x tgl. 5.30 und 14.30 Uhr; **Bangkok** (ab 112 RM) 14.30 Uhr (genaue Informationen: www.ktmb.com.my).

☐ Übersichtskarte S. 42, Inselkarte S. 76, Stadtplan S. 80 **Insel Penang**

Bus

An der Butterworth-Fähranlegestelle befindet sich das **Butterworth Bus Terminal,** in Anlehnung an KL Sentral *Penang Sentral* genannt. Der **Expressbusbahnhof** für die Insel Penang befindet sich nun in *Sungei Nibong* (kurz hinter Auffahrt Penang Brücke, Richtung Flughafen, Busse z.B. U 303, 401, Minibus 25 ab Komtar). Man kann auch von einigen Reisebüros in Penang direkt vor der Tür in den Bus einsteigen. Wer sein Ticket bei einem „Schlepper" kauft, zahlt in den Busterminals u.U. 1 RM mehr, muss dafür aber nicht nach dem Schalter suchen.

Sg. Nibong Bus Terminal
- **Taiping** (11.00–21.30 Uhr, 5x, 1 Std., 11 RM),
- **Ipoh** (7.45–21.00 Uhr, 6x, 2.30 Std., 16 RM),
- **Cameron Highlands** (8.00–14.00 Uhr, 5x, 5 Std., 34 RM),
- **KL** (7.30–24.00 Uhr, 33x, 5.30 Std., 58 RM),
- **Seremban** (9.30–23.00 Uhr, 8x, 6.30 Std., 35 RM),
- **Melaka** (20.00–23.00 Uhr, 10x, 8 Std., 46 RM),
- **JB** (8.15–22.00 Uhr, 4x, 8.30 Std., 63 RM),
- **Singapur** (8.30–23.00 Uhr, 10x, 8.30–9 Std., 59/65 RM, 45 S$),
- **KB** (9.00/21.00 Uhr, 8.30 Std., 35 RM),
- **KT** (20.00 Uhr, 49 RM),
- **Kuantan** (20.00–22.00 Uhr, 4x, 8 Std., 49 RM).

Butterworth Bus/Ferry Terminal
- **Padang Besar** (14.00 Uhr, 21 RM),
- **Taiping** (9.30–21.30 Uhr, 8x, 1 Std., 7/8 RM)
- **Kangar/Kuala Perlis** (zw. 7.50 und 18.45 Uhr stdl., 8 RM),
- **Ipoh** (8.00–19.30 Uhr, 13x, 2–2.30 Std., 14 RM),
- **Lumut** (9.00–15.30 Uhr, 5x, 3 Std., 20 RM),
- **KL** (7.45–0.30 Uhr, 30x, 5 Std., 32 RM),
- **Seremban** (7.45–23.30 Uhr, 14x, 6–9.30 Std., 40 RM),
- **Melaka** (10.00–23.00 Uhr, 4x, 8 Std., 50 RM),
- **Temerloh** (22.30 Uhr, 48 RM),
- **JB** (7.45–22.00 Uhr, 11x, 9 Std., 65 RM),
- **Kuantan** (22.30 Uhr, 8 Std., 46 RM),
- **KB** (10.00, 22.00 Uhr, 26/34 RM),
- **Singapur** (9.30 Uhr, Super-VIP, 46 S$),
- **Taxis** 100–200 % > Bus (bei 4 Personen).

Minibusse nach Thailand
Minibusse **ab Komtar** (Tel. 262 9929) Abfahrt mit Ausnahme **Koh Lipe** (5.00 Uhr), **Koh Phi Phi** (5.00 Uhr) und **Phuket** (5.00, 8.30 Uhr) jeweils um 5.00, 8.30, 12.00 Uhr; in Klammern Fahrtdauer und Preis:
- **Hat Yai** (jeweils um 5.00, 8.30, 12.00 und 16.00 Uhr, 4 Std., 30 RM),
- **Bangkok** (18 Std., 125 RM),
- **Koh Lipe** (10 Std., 125 RM),
- **Koh Phi Phi** (11 Std. inkl. 2½ Std. Fähre, 110 RM),
- **Phuket** (über 12 Std., 76 RM),
- **Koh Tao** (17 Std. inkl. 2 Std. Fähre, 125 RM),
- **Koh Phangan** (5.00, 8.30, 12.00 Uhr, 99 RM),
- **Koh Samui** (12 Std. inkl. 2½ Std. Fähre (83 RM),
- **Trang** (6 Std., 60 RM),
- **Krabi** (8 Std., 59 RM),
- **Surathani** (9 Std., 60 RM).

Minibus-Service für Cameron Highlands & Perhentian
Kang Holiday (www.kangholiday.com), haben ihren Sitz in den Cameron Highlands und organisieren von Penang aus Minibusse um 7.30 und 11.30 Uhr in die Cameron Highlands für 38 RM bzw. um 7 Uhr nach Kuala Besut (Perhentian) für 140 RM inkl. Fähre hin & zurück. Buchung über die GHs und andere Traveller-Unterkünfte (an der Rezeption fragen).

Taxi

Obwohl die meisten Taxis heute Taxameter eingebaut haben, weigern sich viele Fahrer immer noch, diese auch zu benutzen; kein Wunder, denn die Preise sind mit Meter weit günstiger. Wenn Sie Zeit und Geduld haben, sollten Sie auf **Einschalten des Taxameters** bestehen oder das Auto wieder verlassen. Die folgenden Gesellschaften sind zuverlässig und zeigen es mit einem Sticker an der Tür:

- **Georgetown Taxi:** Tel. 229 9467,
- **BJ Radio Taxi:** Tel. 643 0161,
- **Taxi Drivers Association:** Tel. 262 5721,
- **Sunshine Radio Taxi:** Tel. 642 5961,
- **Jade Auto Company:** Tel. 226 3015,
- **Taxistand am Bayview Hotel:** *Super Radio Taxi Service Center:* Tel. 281 8766, 282 8753.

Schiff

Fähre Butterworth – Georgetown
5.30–1.00 Uhr, Fahrrad 1,40 RM, Motorrad 2 RM, PKW 7,70 RM.

Fähre Penang – Langkawi
■ **Ekspres Bahagia** (Langkawi, Tel. 04/263 1943)
■ **Langkawi Ferry Services** (Penang: Tel. 04/ 264 2088, Langkawi: Tel. 04/9669439), 8.15 Uhr (direkt), 8.30 Uhr (via Pulau Payar).

Langkawi – Penang
14.30 Uhr (via Pulau Payar)
17.15 Uhr (direkt)
  60 RM (Kinder 45 RM, unter 2 Jahren: 25 RM), retour 115/85/50 RM

Fähre Penang – Medan
Mo, Mi und Fr 8.30 Uhr, 110/60/40 RM, retour 180/100/50 RM.

■ **Ekspres Bahagia**
■ **Langkawi Ferry Express,** 8.30 Uhr

Medan – Penang
Di, Do u. Sa Check-in (Belawan): 10.00 Uhr Ortszeit (www.langkawi-ferry.com), 150 RM, retour 170 RM (2 Wochen gültig), 220 RM (3 Monate gültig).

■**Fast Ferry Ventures** (Tel. 04/262 0802)
Penang – Medan: 9.30 Uhr (nur Wochenende)
Medan – Penang: 12.30 Uhr (nur Wochenende)
  Die Fahrkarten können am Fährterminal oder online (www.langkawi-ferry.com) gekauft werden.

Inselrundfahrt

Die rund **75 km lange Rundfahrt** lässt sich nach wie vor mit öffentlichen Bussen bewerkstelligen, ab Busbahnhof Komtar in Georgetown z.B. nach **Balik Pulau** (U401), nach **Teluk Bahang** (T501), und zurück nach **Komtar** (U101).

Ein **Taxi** kostet zu viert rund 120 RM. **Mietwagen** kann man gegebenenfalls anderswo wieder abgeben.

Falls man im Uhrzeigersinn herumfährt, bietet sich als erste Unterbrechung ein Besuch der **Universiti Sains Malaysia** (USM), der Universität von Penang, an (U303). Links davon beginnt die **Penang Bridge,** mit Zufahrt 13,5 km lang, ein 850 Mio. RM teures Prestigeobjekt, aber immerhin eine der längsten Brücken der Welt, die längste Südostasiens. Hinter der Brücke links sieht man die vorgelagerte ehemalige Gefängnis-lnsel Jerejak, wo es bald auch touristisch zugehen wird.

Mit Bus U307 gelangt man zum 1850 erbauten **Schlangentempel.** Souvenirstände weisen den Weg hinauf zu dem *Choor Soo Kong* geweihten Tempel. Die Statue des Gottes brachte ein Mönch aus China mit; man glaubt, dass ihr heilende Kräfte innewohnen.

Als Diener des Gottes gelten die hochgiftigen, grüngelben **Schlangen,** die man nicht berühren darf: Träge liegen sie im Geäst auf dem Altar, auf Gefäßen und Balken. Die zu den Grubenottern *(Wagler's Pit Viper)* gehörenden Vipern sind tagsüber untätig, nachts essen sie ihr Leibgericht: von Gläubigen gespendete Hühnereier. Man kann sich nebenan mit solch einer Schlange um den Hals für wenig Geld fotografieren lassen (die Giftzähne wurden ihnen gezogen!). Die Schlangen werden neben dem Tempel gezüchtet. Die Fotos werden ggf. ins Hotel geliefert.

Eine Meile weiter kommt man am **Flughafen Bayan Lepas** vorbei, mit U401 auch direkt ab Fähranlegestelle zu erreichen (jedoch fährt der Bus den Penang International Airport nicht direkt an, man muss 300–400 m vom Flughafen entfernt bei einer Schule aussteigen).

Hinter dem Flughafen kann man mit U302 oder 307 nach **Batu Maung** im Südosten der Insel fahren; der Strand ist jedoch schmutzig. Interessant vielleicht der *Cheng Ho* geweihte Schrein mit einem angeblichen Fußabdruck.

Ein Stück weiter, in **Teluk Kumbar,** bietet sich ein weiterer Abstecher zum **Fischerdorf Gertak Sangol** (T308 ab Busterminal Sg. Nibong) an; dort liegen beliebte Strände. Sie sind an Wochenenden und Feiertagen entsprechend voll und nicht gerade sauber.

◁ Überfahrt nach Penang

Unterwegs nach **Balik Pulau** (U401, 402) im Innern der Insel kommt man an Gewürznelken- und Muskat-, später Kautschukplantagen vorbei. Die Umgebung von Balik Pulau entwickelt sich zu einem Ökotourismusziel, es gibt Möglichkeiten zu *Homestay* bei Malaysiern, man kann beim Anzapfen der Nipahpalmen zusehen, eine Ziegen- oder Straußenfarm besichtigen oder Batik kaufen.

Von Balik Pulau ist ein Abstecher mit Bus T404 nach Pantai Acheh möglich. Nördlich davon erstreckt sich ein 2000 ha großes Waldgebiet, **Penang National Park,** mit einigen markierten, großenteils jedoch unmarkierten Wanderwegen und sechs schönen Stränden zwischen Kg. Pantai Acheh und dem **Malabar-Fischerdorf** Teluk Bahang, das am besten und schnellsten direkt von Georgetown und Ferringhi Beach erreichbar ist. Bei Pantai Acheh gibt es **Mangrovenwald,** nördlich davon den Strand **Pantai Mas** („Goldstrand"). Ein sehr schöner Strand ist der nordöstlich gelegene **Pantai Kampi,** der aber nicht auf die Schnelle zu erreichen ist, da er sowohl von Tk. Bahang als auch von Pantai Acheh recht weit entfernt liegt.

Mit dem Bus T501, der leider nur stündlich verkehrt, geht es auf der Inselrundfahrt weiter von Balik Pulau nach Teluk Bahang über eine kurven- und waldreiche Strecke. Knapp 12 km nördlich von Balik Pulau befindet sich der beliebte **Titi-Krawang-Wasserfall.** Einige Kilometer weiter wartet die **Tropical Fruit Farm** mit rund 140 tropischen Obstarten auf den Besucher.

Ausflüge ab Teluk Bahang

2003 ist der lange Zeit als Pantai Acheh Forest Reserve bekannte Nordwestzipfel der Insel zum **Nationalpark Penang,** einem der weltweit kleinsten Nationalparks, erklärt worden (www.travel-penang-malaysia.com/penang-national-park-map.html). Von Teluk Bahang gibt es im Prinzip **zwei Wanderwege:** Der eine führt entlang der Buchten in leichtem Auf und Ab vorbei an Pasir Pandak (Fischfarm, Languren, Rote Riesenhörnchen), Teluk Tukun, USM (Forschungsstation der Universiti Sains Malaysia), Teluk Duyung (Privatbesitz, bekannt als Monkey Beach, alter chinesischer Friedhof) zum **Muka Head,** mit dem 1883 erbauten Leuchtturm, von dem aus sich ein schöner Rundblick bietet. Recht beliebt ist auch die 1-Std.-Wanderung zum Pantai Keracut, anfangs wie der Weg zum Muka Head, aber am Ende des ersten Strandes **Pasir Pandak** bei der ersten Hängebrücke nach links. Am Pantai Keracut gibt es einen großen See, ein sogenannter *meromiktischer See,* in dem sich Salz- und Süßwasser mischen; an den Strand kommen bisweilen Schildkröten zum Eierlegen (der Sand ist grobkörnig, was Schildkröten lieben). Vom Pantai Keracut kann man nördlich in 30 Min. zur Bucht **Teluk Ketapang,** südlich in knapp 1 Std. zur Bucht **Teluk Kampi** mit dem längsten Strand des Nationalparks und in 4 Std. zum **Pantai Mas** (s.o.) gelangen.

Südlich von Teluk Bahang gibt es eine **Batikfabrik** zu besichtigen, kurz danach noch ein Waldschutzgebiet, der **Teluk Bahang Forest Park,** 32 ha groß, mit Pools, Orchideenzucht, 4 markierten Wegen und einem Museum (*Muzium Perhutanan* = Waldmuseum, Mo–So 9–17 Uhr). Vom Park führt ein 6,6 km langer Pfad vorbei an der Weggabelung Station 10 (Abzweigung nach Batu Ferringhi), dem Aussichtspunkt Eagle Point (Blick auf Teluk Bahang und Batu Ferringhi) zur Station 1 (Abzweigung zum Western Hill, dem höchsten Punkt der Insel) und 4 km weiter auf alter asphaltierter Waldstraße zum Bukit Bendera mit Lokalen, Läden, *Hotel Bellevue* und Zugang zur Zahnradbahn (s.u.).

Erwähnenswert ist auch die nebenan gelegene **Butterfly Farm** (geöffnet Mo–Fr 9–17 Uhr, am Wochenende bis 18 Uhr), sehr lohnend! Zu sehen sind viele Schmetterlingsarten, auch Frösche, Skorpione und andere Insekten sowie Finken; am Wochenende ist der Andrang allerdings sehr groß.

Eine noch recht neue Attraktion für Naturliebhaber ist der **Tropical Spice Garden,** an der Straße nach Georgetown zwischen *Inter-*

zahlreiche Wanderwege auf verschiedene Gipfel (grobe Skizze als Orientierungsgrundlage, die Wege selbst sind teilweise markiert). Falls es vergriffen ist, geben folgende Webseiten Informationen über die Straßen www.penanghill.gov.my und Wanderwege http://www.pbase.com/boon3887/trekking_penang&gcm d= add _comment.

Auf den **Strawberry Hill** (Bukit Bendera, zweithöchster Punkt der Insel), den man mit der Zahnradbahn erreicht, führen verschiedene Wege, etwa vom Botanischen Garten ab „Moon Gate", ab Batu Ferringhi über den Bukit Laksamana (der längste und anstrengendste Weg) oder vom dortigen Reservoir bzw. ab Teluk Bahang Forest Park (s.o.) zum **Western Hill**, dem mit 833 m höchsten Punkt der Insel, und weiter auf der Straße zum Strawberry Hill.

Um den **Ayer-Itam-Stausee** herum und hinauf zum **Tiger Hill** und weiter zur Zahnradbahn kann man ebenso wandern wie in der Umgebung des Botanischen Gartens (Wasserfall, Bukit Cendana, Mount Olivia).

Auf dem Gipfel des **Strawberry/Penang Hill** gibt es bequeme Wege mit schöner Aussicht: Tunnel Road, Viaduct Road, Summit Road zum Western Hill. Teils führen die Wanderungen durch Dschungel, teils durch besiedeltes oder teils durch landwirtschaftlich genutztes Gebiet.

Ausflüge aufs Festland

Die Festlandseite des Staates Penang wartet seit einigen Jahren auch mit einigen Sehenswürdigkeiten, vor allem für Naturliebhaber, auf.

Der **Strand nördlich des Fährterminals** (Zugang über Jln. Pantai) bietet sich für Picknicks mit Blick auf die Insel Penang an.

Der **Penang Bird Park** (Taman Burung) im südlichen Stadtteil Seberang Jaya ist sehr sehenswert: über 200 Arten werden vorgestellt, es gibt eine große Abteilung von Nashornvögeln in einem begehbaren Käfig; tägl. 9–19 Uhr geöffnet; erreichbar per Taxi oder Bus Nr. 65 ab Fähre.

continental Beach Resort und Bayview Beach Resort, 3 km vor Batu Ferringhi gelegen (Gewürze, Kräuter, Blumen; täglich von 9–18 Uhr geöffnet, Rundgang Familien mit bis zu 3 Kindern 28 RM, Erw. 13 RM, Kinder 5 RM, geführter Rundgang Familien 45 RM, Erw. 20 RM, Kinder 5 RM; Visitor Centre 1 RM, www.tropicalspicegarden.com).

Mit dem Blue Bus Nr. 93 geht es von hier über Batu Ferringhi und Tanjung Bungah zurück nach **Georgetown.**

Wanderungen auf die Penang-Hügel

Beim Touristen-Informationsbüro kann man sich das von der Malayan Nature Society zusammengestellte Faltblatt „Trekking in Penang" besorgen. Es gibt Auskunft über die

In **Bukit Mertajam** gibt es am gleichnamigen Berg im **Taman Rekreasi Bukit Mertajam** Wanderwege. Man kann natürlich auch auf den Berg (457 m, Telecom-Station auf dem Gipfel) steigen, der bei den Einheimischen als **Bukit Ubat** (Medizinhügel) bekannt ist, wegen seiner angeblich medizinischen Eigenschaften, dabei hat man die Wahl zwischen Dschungelwegen und der Teerstraße. Von oben bietet sich ein prachtvoller Blick auf die Insel Penang, die Penangbrücke und das Umland. Mit Bus U701, 709 (alle 15 bzw. 30 Min.) ab Butterworth Fährterminal zur Busstation Bukit Mertajam, von dort 8 km per Taxi oder eigenem Fahrzeug zum Park.

Unterwegs zum Park kommt man an der 100 Jahre alten St.-Anne-Kirche vorbei, die beim jährlichen St.-Anne-Fest von Zehntausenden von Pilgern besucht wird. Von Bukit Mertajam aus kann man auch zum **Mengkuang-Damm** fahren, wo es ebenfalls Wanderwege, Joggingpfade und Wassersportmöglichkeiten gibt. Übernachten kann man im *Rumah Rehat* in der Jln. Kulim.

Wer von Penang mit eigenem Fahrzeug über den **East-West-Highway** fahren will, kann ab Bukit Mertajam die landschaftlich reizvollste Route über **Kulim** (drei Kilometer hinter der Stadt liegt ein schöner alter chinesischer Tempel), Baling, Sungai Selim (Treetop Canopy Walk), und Keroh nach Grik zum eigentlichen Beginn des Highway fahren.

Taiping

Taiping liegt etwa 90 Straßen-Kilometer südöstlich von Penang und 70 km nordwestlich von Ipoh in einem vom etwa 1500 m hohen **Gunung Hijau** (Grüner Berg) östlich begrenzten Tal am Sungei Larut in landschaftlich reizvoller Lage. In keiner Stadt Malaysias regnet es mehr als hier. Ein Nachmittag ist ohne Regenschauer nicht komplett.

Die Stadt liegt einige Kilometer östlich der Hauptstrecke KL – Penang, einige Kilometer nördlich des Autobahnteilstückes Ipoh – Cangkat – Jering. Der **Bahnhof** befindet sich ein Stück westlich des Zentrums.

Taiping hat heute über 220.000 Einwohner und ist eine der ältesten malaysischen Städte, zudem eine der wenigen mit einem chinesischen Namen: *Taiping* bedeutet „Ewiger Friede". Dieser Friede wurde 1874 auf Pangkor ausgehandelt. Es war der Beginn direkter britischer Herrschaft auf der Halbinsel außerhalb der Straits Settlements. Was wäre gewesen, wenn die chinesischen Minenarbeiter im Distrikt Larut, in der Umgebung Taipings, wo die ersten Zinn-Minen in Perak in Betrieb waren, sich mittels ihrer jeweiligen Geheimgesellschaften (Triaden, im 17. Jahrhundert im Shaolin-Kloster in Fujian als Kampforganisation gegen die Fremdherrschaft der Mandschu/Qing-Dynastie gegründet) nicht gegenseitig bekriegt hätten, wenn die Adelsfamilien in der Hoffnung auf Macht- und Wohlstanderweiterung nicht im Hintergrund mitgemischt und sich gegenseitig auszuspielen versucht hätten – hätten die Engländer dann einen anderen Grund zum Eingreifen gefunden? Wie dem auch sei, sie sahen angesichts der Unruhen in ganz Perak Gefahr für ihre Interessen, auch waren sie ja selbst am Zinnabbau beteiligt.

Sie griffen mit Unterstützung des Sultans ein, der ebenfalls seine Macht durch die sich ausweitenden Wirren bedroht sah. In Pangkor trafen sich die Vertreter aller beteiligten Gruppen und schlossen den Friedensvertrag unter Federführung von *Sir Andrew Clarke*. Der Einfluss des Sultanats wurde damit intern wieder gestärkt, allerdings hatte er nun einen britischen Berater zur Seite, der ihm in alle Belange (außer Religion und malaiischen Sitten) reinreden durfte.

Taiping wurde **Peraks erste Hauptstadt** und blieb dies bis 1935. Die alte Vormachtstellung als größtes Zinn-Abbauzentrum hatte Taiping längst an das Kinta-Tal mit Ipoh abgetreten. Stolz ist die Stadt aber auf die 31 Institutionen, die hier erstmalig in Malaysias Geschichte Erwähnung fanden, u.a. Zinnmine (1844), Hill Station, Pferderennbahn, Schwimmbad, Ge-

Taiping 101

- **Übernachtung**
  1 Meridien Hotel
  2 Legend Inn
  3 Peking Hotel
  5 Swiss Hotel
  6 Mikado u. Malaya Hotel
  7 Panorama Hotel
  8 Lagenda
  9 Fuliyean Hotel
  11 Furama Hotel
  12 Casuarina Inn
  13 Seri Malaysia

- **Essen und Trinken**
  4 Larut Matang Foodcourt
  10 Pusat Penjaja Foodcourt, Hawker (Essstände)

richtshof (1870), Postamt (1884), Gefängnis (1879), Feuerwehr (1881), Zoo (1901).

■ **Weitere Informationen** über Taiping erhält man unter: http://taipingtalk.com.
■ **Touristenbüro,** 355 Jln. Kota, Mo–Do 8.30–17.30 Uhr, Fr 8.30–13 Uhr. 14.30–17.30 Uhr, Sa 8.30–15 Uhr, Tel. 805 3245.

Sehenswertes

Es gibt aus der Hauptstadtzeit einige schöne Regierungsgebäude neo-klassischer Kolonialarchitektur (www.vintagemalaya.com/Taiping.html). Beim Tourist Office gibt es eine **Heritage-Trail-Broschüre.** Besonders ist das **Perak-Museum,** das älteste Malaysias, zu erwähnen (1886 erbaut). Es liegt gegenüber dem Gefängnis in der Jalan Muzium, etwas außerhalb des Zentrums im Nordosten. Es gibt dort Abteilungen für Naturgeschichte, Geschichte, Kultur, Schmuck und Waffen (gute Kris-Sammlung), Orang-Asli-Werkzeuge, Zeremonial-Requisiten, einen Sultansthron und alte Fotos. Wenige Erklärungen auf Englisch. (Mo–So 9.30–17 Uhr, Fr 9.30–12.15 und 14.45–17 Uhr; Eintritt frei.)

Sehenswert sind die verzierten **alten Ladenhäuser** in der Stadtmitte, der obligatorische **Uhrturm,** der chinesische **Seng-Tong-Tempel,** der indische **Sri-Nagamuthu-Mariamman-Tempel,** die beiden **Moscheen** Masjid India und Masjid Lama Bandar Taiping (1893), das neo-klassizistische District Office (1879) und die elegante **King Edward VII School.**

Attraktiv und beliebt ist der **Lake Garden,** ein gelungenes Beispiel für die Nutzung stillgelegter Zinnminen und der dabei entstandenen Teiche. Dieser Park wurde bereits 1890 angelegt. Darin gibt es den See mit Bootverleih, Golfplatz, Kriegerfriedhof der Alliierten und einen kleinen Zoo (9–18 Uhr geöffnet).

Dem Beispiel Singapur folgend hat auch der Zoo in Taiping eine allabendliche **Nachtsafari** eingeführt (20–23 Uhr, Sa bis 24 Uhr), 10 RM, Kinder 6 RM.

Abendstimmung im Taiping Lake Garden

www.fotolia.de © mohdnadlyaizat

Bukit Larut (Maxwell Hill)

Vom Ostrand des Lake Garden (Jln. Air Terjun) führt ein Sträßchen 12½ km hinauf zur ältesten Hill Station Malaysias: **Maxwell Hill** bzw. *Bukit Larut* (Höhe: ca. 1250 m). Die schmale Straße ist asphaltiert, dennoch dürfen Privatfahrzeuge nicht hinauffahren. Dies ist allein den offiziellen Landrovern vorbehalten. Auffahrt stündlich zwischen 8 und 17 Uhr, Abfahrt stündlich zwischen 9 und 17.30 Uhr, 6 RM, Kinder 3 RM. Natürlich kann man auch zu Fuß gehen. Ab 15 Uhr lohnt es sich nicht mehr, nur der Aussicht halber hinaufzufahren, denn der Himmel bezieht sich regelmäßig, und ab ca. 16 Uhr ist Regen garantiert.

Auf halbem Weg steht ein Tee-Haus. Dann folgen, der Reihe nach, ein **Zeltplatz,** das **Bukit Larut Resthouse**① (3 DZ, 60 RM), der **Bungalow Beringin**① (2 DZ, 150 RM); an der anschließenden Weggabelung geht es links zum **Bungalow Cendana**③ (3 DZ, 100 RM) und zum **Bungalow Tempinis**③ (4 DZ, 60 RM). Rechterhand gelangt man zum **Speedy Resthouse**① (4 DZ, 100 RM). Buchungen: *Superintendent of Bukit Larut,* Taiping, Tel. 05 827 243/ 827 241.

Von oben reicht am klaren Morgen der Blick über die Larut-Ebene hinweg auf die Küstenlinie von Pangkor bis Penang. Wer will, kann noch höher hinaus: zur **Telecom-Station.** Dort ist natürlich die Sicht noch umfassender. Ansonsten kann man auf Dschungelpfaden die Umgebung der Hill Station erkunden z.B. auf den höchsten Gipfel, Bukit Hijau (1448 m), steigen. Der Weg beginnt 500 m vor der Telekom-Station links. Blutegel sind praktisch garantiert, man schütze sich entsprechend.

Früher gab es in Maxwell-Hill (benannt nach *Sir William Maxwell,* einem stellvertretenden Residenten von Perak) Teeplantagen, die allerdings schon lange wieder vom Wald verschluckt wurden.

Bukit Larut wurde Jahrzehnte vor den anderen malaysischen Hill Stations bereits im Jahre 1884 als Maxwell Hill ausgebaut; nur die Bungalows auf dem Penang Hill stehen schon länger. Der ursprüngliche Fuß- und Reitweg wurde im 2. Weltkrieg von Kriegsgefangenen ausgebaut und 1948 für den zivilen Straßenverkehr freigegeben.

Übernachten

Tel.-Vorwahl Taiping: 05

Recht gediegen

● **Legend Inn**②-③, 2, Jln. Long Jaafar, Tel. 806 0000, Fax -6666, www.legendinn.com. Günstig gelegen gegenüber lokalem Busbahnhof. 88 Zi. ab 92 RM, gutes Preis-Leistungs-Verhältnis.

● **Panorama Hotel**③, 61–79, Jln. Kota, Tel. 808 4111, www.panoramahotel-taiping.com. 79 Zi. mB a/c, TV, ab 92 RM.

● **Seri Malaysia**③, Jln. Taming Sari (nahe Lake Garden, gegenüber Gefängnis). Tel. 806 9502, www.serimalaysia.com.my. Alle Zi. mB, a/c, TV, Tel., WiFi, ab 80 RM.

● **Furama**②-③ (das ehem. *Miramar*), 30, Jln. Peng Loong, Tel./Fax 807 1077, www.hotelfurama.com.my. Alle Zi. a/c, mB ab 80 RM; komplett renoviert, unweit des *Taiping Lake Garden*.

● **Meridien**②, 2, Simpang Road, Tel. 808 1133, 831 133, Fax 8075251. Zimmer alle mB, a/c, TV, ab 60 RM.

● **Fuliyean Hotel**② (früher *Oriental*), 14, Jln. Barrack, Tel. 806 8648, Fax 807 8648, www.hotelfurama.com.my. Alle Zi. mB, a/c, TV, Tel., WiFi; renoviert, unter derselben Leitung wie das Furama, ab 60 RM, günstig.

● **Lagenda Hotel**②-③ (das renovierte ehem. *Town Rest House*), 101, Jln. Stesyen, Tel. 805 3333, Fax 805-3355, ab 70 RM mFr.

Preiswertere Unterkünfte

● **Casuarina Inn**① (früher *Rest House*), Jln. Sultan Mansur, Tel. 804 1339. Direkt am Lake Garden *(Taman Tasik)* gelegen, schmucklos, aber bequem, z.T. mit schöner Aussicht; alle Zi. mB, a/c, TV; fern dem Stadtzentrum, ab 70 RM.

● **Mikado**①, 14, Lebuh Boo Bee, Tel. 807 1366, -1100, -1101. Zi. alle mB, a/c; zentral nahe Markt gelegen, gute Zi. für wenig Geld, zu empfehlen.

● **Malaya**①, 52, Market Square, Tel. 807 3733, -3755. Zi. alle mB, a/c; gegenüber *Mikado*, in punkto Preis/Leistung das Schnäppchen unter den preiswerteren Hotels.

● **Peking Hotel**①, 4, Jln. Idris, Tel. 822 975; attraktives, koloniales Gebäude, Zi. alle mB; die DZ sind besser.

● **Swiss Hotel**①, 37, Jln. Panggong Wayang, Tel. 807 4899, 806 1400. Zi. alle mB, z.T. a/c, ab 25 RM; direkt neben dem Nachtmarkt, einfach, aber in Ordnung.

▽ Typischer Saftstand

Essen und Trinken

In Taiping kann man gut und preiswert essen; in der Jln. Kota gibt es in den alten Teehäusern kantonesisches *Dim Sum*, malaiisches Essen im *Pusat Penjaja* und die berühmten gedämpften Frühlingsrollen *Popiah* mit *Rojak* (Salat) in der Jln. Panggung Wayang; in der Gegend befindet sich auch der nächtliche Pasar Malam. Wer gern indisch isst, sollte sich im Bereich Jln. Berek/Jln. Taming Sari, auf Höhe der St. George's School, umsehen.

Verkehrsverbindungen

Bus

Vom Express-Busbahnhof in Kemunting, der außerhalb von Taiping liegt, fahren mehrmals täglich Busse nach:

- **BW** 6.30–20.30 Uhr, 19x, 1 Std., 7–8 RM), **Penang** (wie BW, 19.30 Uhr direkt, 11 RM), **Ipoh** (6.30–18.30 Uhr, 14x, 1 Std., 8 RM), **KL** 6.30–22.30 Uhr, 16x, 17/23–25 RM), **Seremban/Melaka** (11.15, 23.00 Uhr, 40/45 RM) **JB** (9.30, 20.30, 21.00/21.30 Uhr, 55 RM), **Kuantan** (9.00 Uhr, 42 RM), **KB** (10.30 Uhr, 25 RM), **AS** (15.45 Uhr, 15 RM).
- Taxis 100–200 % > Bus (bei 4 Personen).

Zu erreichen ist der Busbahnhof entweder mit dem Taxi oder vom lokalen Busbahnhof mit dem Red Bus Nr. 8. Von hier aus gibt es auch Minibusse nach Kuala Kangsar, Ipoh und Lumut (6-mal täglich).

Zug

Taiping liegt an der Bahnlinie **Butterworth – KL**. Alle Züge halten hier.

- **Ipoh** (ab 3 RM), **KL Sentral** (ab 11 RM), **Seremban** (ab 14 RM), **Gemas** (ab 22 RM), **JB Sentral** (ab 43 RM), **Woodlands** (Singapur, ab 45 RM) 2x tgl. nach 1 und 9.30 Uhr, **BW** (ab 3 RM) 2x tgl. nach 3 und 20 Uhr, **AS** (ab 6 RM), **Arau** (ab 8 RM), **Hat Yai** (ab 19 RM) 1x tgl. nach 3 Uhr (genaue Informationen: www.ktmb.com.my).

Umgebung von Taiping

Kuala Sepetang, das frühere Port Weld, zu dem die erste malaiische Eisenbahnlinie führte, ist ein interessantes Fischerdorf, 11 km westlich von Taiping. Die ehemalige **Festung Kota Ngah Ibrahim** bei Matang war Schauplatz der Larut-Kriege.

Sehenswert ist die **Matang Mangrove Forest Reserve,** 8–19 Uhr, Tel. 858 1762, die sich außerhalb des Städtchens nach Norden erstreckt (Übernachten ist hier in einfachen Hütten und Zelten möglich) und im anschließenden Kerian-Distrikt in das **Kuala Gula Bird Sanctuary** übergeht (s.u.).

Kuala Gula Vogelschutzgebiet

Man fährt von Taiping 24 km in Richtung Penang nach Semanggol und biegt dort links ab in Richtung Kuala Kurau. Nach etwa 16 km zweigt links eine Straße ab, von dort sind es noch rund 4 km bis zum Fischerdorf Kuala Gula (schlechte Straße). Hier kann man für ein paar Stunden ein Boot mieten und ins **Vogelschutzgebiet** hineinfahren. Boote fahren auch ab Kuala Kurau.

Das Dorf besteht interessanterweise aus einem malaiischen Teil (dort gibt es das Büro des Rangers, den man mitnehmen und vorher verständigen sollte (Anmeldung möglich über *Kuala Gula Conservation Center* (Tel. 05 890 2207) oder PERHILITAN (Tel. 05 243 6645) und einem chinesischen. Wie üblich haben die Dorfhälften nur minimalen Kontakt.

In den **Mangroven-Wäldern** kann man seltene Reiher, Kraniche, Störche und Adler beobachten, im Wasser die Schlammspringer, die wie Motorboote über das Wasser flitzen. Man sollte bei Flut kommen, dann kann man mit dem Boot weit hineinfahren. Ein Besuch in einem Mangrovenwald ist sehr eindrucksvoll. Im Meer schwimmen Delfine. Die beste Reisezeit ist August bis Dezember. Übernachtungsmöglichkeit im **Calet Kuala Gula**② (Tel. 716 1963, Fax 716 2399). Östlich der Nord-Süd-Autobahn liegt unweit von Kuala Gula der beliebte Süßwassersee **Tasik Bukit Merah** mit Wasser-Themenpark; Übernachtungsmöglichkeit im *Bukit Merah Lake Town Resort* (Tel. 897 8888, Fax 897 8800), Jln. Bukit Merah, Semanggol.

Organisierte Tour buchbar über www.journeymalaysia.com. Zusätzliche Informationen über Blog „Kuala Gula Ecotourism" (http://kualagulaecotourism.blogspot.com.au/2012/05/kuala-gula-birds-paradise.html).

Kuala Kangsar

Das Städtchen mit 40.000 Einwohnern ist seit 1887 Sitz des Sultans von Perak, damit also „Royal Town". Es liegt am Perak-Fluss, auf halbem Wege zwischen Taiping und Ipoh.

Der damalige britische Resident, *Hugh Low,* ein bekannter Botaniker und offizieller Erstbesteiger des höchsten Kinabalu-Gipfels, der 30 Jahre auf Borneo verbrachte, hatte dort (im Rest-House) seinen Sitz. Er war es übrigens, der den für Malaysias Wirtschaft heute so wichtigen Kautschukbaum *(Hevea brasiliensis)* erstmals probeweise anpflanzte, und zwar im Garten seiner Residenz. Die ersten 12 Setzlinge hatte er 1879 aus London erhalten, dorthin waren sie drei Jahre zuvor von *Sir Henry Wickham* aus Brasilien geschmuggelt worden. Damals bekam jeder, der Kautschuk anbauen wollte, 40 ha Land zur Verfügung gestellt.

Auf dem Grundstück des Bezirksamtes *(District Office)* steht noch einer der drei ersten, 1877 in Malaysia gepflanzten Kautschukbäume, der zweite wächst am Rest-House.

Die Sehenswürdigkeiten gruppieren sich um die Residenz, etwas außerhalb des Ortes oberhalb des Perak-Flusses: der pompöse weiße **Palast Istana Iskandariah** mit seinen 6 Zwiebelkuppeln auf dem Dach, in dessen Bankettsaal 2000 Personen zum Lunch-Buffet bzw. 700 zum Dinner geladen werden können. Der Palast kann nicht besichtigt werden. Der gegenwärtige Sultan *Azlan Shah,* ein sehr beliebter und kluger Mann (der der Regierung *Mahatir* eher kritisch gegenüberstand), von 1989 bis 1994 König von Malaysia, liebt diesen in den 1930er Jahren entstandenen Palast nicht.

Frei zugänglich ist der hübsche alte Holzpalast Istana Kanangan, der jetzt das Königliche **Museum Perak** *(Muzium Diraja Perak)* beherbergt. (Sa–Mi 9.30–17 Uhr, Do 9.30–12.45 Uhr, Fr geschlossen). Dieser Palast ist einer der wenigen noch erhaltenen malaiischen Palastbauten (Holz hält in diesem Klima nicht allzu lange). Die Hauptsehenswürdigkeit ist jedoch die auf dem Chandan-Hügel gelegene **Ubudiah-Moschee,** eine der schönsten und auch die wohl **meistfotografierte Moschee Malaysias,** innen allerdings eher schlicht.

Interessanterweise wurde sie von Engländern mitentworfen und von dem indischen Moslem *Timor Tengah* gebaut, auf Wunsch des damaligen Sultans *Idris Shah* (zur Zeit des Ersten Weltkriegs). Nebenan liegen die Gräber der Sultansfamilie im Royal Mausoleum. Einen Besuch lohnt die **Galeri Sultan Azlan Shah** im Palast Istana Hulu. Hier werden Geschenke an den Sultan zu seinem 25-jährigen Thronjubiläum präsentiert.

Am Fluss liegt evtl. **das königliche Hausboot** *(Balai Gambang)* mit dem Namen *Cempaka Sari,* in dem der Sultan traditionsgemäß den Perak-Fluss bis zur Mündung hinabfährt und die Gräber seiner Vorfahren besucht. Am Ende der Reise, in Beting Bras Basah, ist der Ort, an dem 1528 das Sultanat Perak gegründet wurde und wo das Boot normalerweise liegt.

In der Stadt selbst lohnt der Blick zum **Malay College,** der prestigereichsten, früher nur für Mitglieder der königlichen Familien reservierten Schule des Landes. Aus Richtung Ipoh kommend beim Uhrturm rechts abbiegen, aus Richtung Palast gerade über die Kreuzung, die nächste Straße rechts, dann links (Jalan Tun Abdul Razak), rechter Hand wird das Hauptgebäude des Kollegs sichtbar.

Von Kuala Kangsar lohnt ein Ausflug zum nahen (ca. 15 km) **Töpferdorf Sayong,** wo eine spezielle schwarze Keramik, *Labu,* hergestellt wird. Dorthin kann man auch per Boot gelangen; an der Anlegestelle unten am Perak River nachfragen.

In **Enggor**, Richtung Ipoh, gibt es im *Perbadanan Kemajuan Kraftangan Malaysia* (Mo–Fr, 9–17 Uhr, Sa 9.30– 12.30 Uhr) Keramik *(Enggor labu)* und Brokat *(Tekatan)*; im **Kampung Padang Changkat** hinter dem Palast werden am Fluss *Kris* (malaiische Dolche) und *Parang* (Haumesser) geschmiedet.

Auf dem Perak-Fluss werden flussabwärts ab dem Intan Suraya Camp in Sauk 20 km lange **River Safaris** bzw. in Kuala Kangsar ab Sungai Perak Jetty nahe der Iskandarbrücke kurze, 40-minütige **River Cruises** angeboten.

Übernachten

Tel.-Vorwahl Kuala Kangsar: 05

■ **Resort Sungai Perak**②-③, Jln. Daeng Selili, Tel. 777 2020. 24 Zi., Dorm 8 Betten.
■ **Double Lion**①-②, 74, Jln. Kangsar, Tel. 776 1010. 16 Zimmer, alle mB; sehr nahe der Busstation, mit kleinem Restaurant und Bäckerei im Erdgeschoss; gut, ab 25 RM.
■ **Rumah Rehat Kuala Kangsar**②, Jln. Bukit Kerajaan, Tel. 776 3872, auf dem Bukit Chandan (früher: *Government Rest House*), 17 Zi. ab 70 RM.

Verkehrsverbindungen

Kuala Kangsar erreicht man per **Bahn** (der Bahnhof liegt außerhalb des Zentrums in der Jln. Sultan Idris am nordwestlichen Stadtrand) oder per **Bus** (der Busbahnhof liegt in der Jln. Bendahara, südöstlich des Uhrturms.

Der Ort lag früher an der Hauptstrecke Penang – KL. Seit der Fertigstellung des Autobahnteilstückes Ipoh – Changkat Jering ist die Stadt etwas ins Abseits gerückt.

Allerdings ist sie Ausgangspunkt für Fahrten über Gerik zum East-West-Highway nach Kota Bharu und zum Rest der Ostküste. Es fährt allerdings nur ein Bus täglich, jedoch bis zu 6 nach Gerik (s.u.).

Weitere **Bus- und Zugverbindungen**: regelmäßig nach **Ipoh** („Reliance"), sowie Verbindungen nach **KL**, **Taiping** und **Butterworth** bestehen ebenfalls:

■ **BW** (11.45/15.45 Uhr, 2 Std., 9–10 RM), **Ipoh** (7.00–17.30 Uhr, 9x, 3 Std., 16 RM), **Lumut** (11.00/16.00/19.30 Uhr, 3.30 Std, 8/10 RM), **KL** (9.00–21.00, 11x, 3.30 Std., 17/22 RM), **JB** (9.00, 20.30 Uhr, 54 RM), **KB** (10.30/ 22.30 Uhr, 6 Std., 22 RM), **Singapur** (21.30, 22.00 Uhr, 8–9 Std., 38–42 S$); Taxis 100–200 % > Bus (bei 4 Personen).

Zugverbindungen: Ipoh (ab 2 RM), **KL Sentral** ab 10 RM), **Seremban** (ab 13 RM), **Gemas** (ab 21 RM), **JB Sentral** (ab 41 RM), **Woodlands** (Singapur) 2x tgl. vor 2 und nach 10 Uhr, **Taiping** (ab 2 RM), **BW** (ab 4 RM) 2x tgl. 2.30 und vor 20 Uhr, **AS** (ab 7 RM), **Arau** (ab 9 RM), **Hat**

Gerik (Grik)

Der Ort liegt am Schnittpunkt des **East-West-Highway** nach Osten und der Straße über Keroh nach Thailand. Das ganze Gebiet von Hulu-Perak ist noch großteils von Dschungel bedeckt, allerdings wird fleißig abgeholzt. Zwei Perak-Stauseen prägen außerdem die Landschaft: der südliche, kleinere **Tasek Chenderoh** und der große **Tasek Temengor,** durch den der East-West-Highway führt.

Es leben relativ viele Orang Asli (teils Senoi, teils Negrito-Stämme) in dieser Gegend.

In Gerik gibt es einen Markt, Tankstellen und viele Geschäfte.

Übernachten

■ Rund zehn einfache Hotels stehen zur Auswahl, die meisten von ihnen in den Straßen **Tokong Datunk** und **Sultan Iskandar.**

■ Etwas teurer ist das Government Resthouse **Rumah Rehat Gerik**②, Tel. 05 791 1454, 791 2288, in der 682, Jln. Haji Meor Yahya.

Verkehrsverbindungen

■ Es besteht **Busverbindung** von/nach **Ipoh** über **Kuala Kangsar** sowie nach **KL** (9.00/16.00/22.00 Uhr, 4.30 Std., 23/31 RM), lokale Busse verkehren nach **Baling** (Richtung BW/Penang) 8 RM.

Betong/Thailand

Hat Yai als Einkaufs- und Vergnügungsort für Malaysier ist zweifellos unvermindert beliebt. Es gibt jedoch auch einen Ort, den man direkt von Perak aus erreicht: **Betong** im Süden der thailändischen Provinz *Yala,* die von den Terroranschlägen militanter muslimischer Minderheiten ebenfalls betroffen ist. Sehenswert ist der buddhistische Tempel mit seiner großen Pagode. Zu erreichen über Pengkalan Hu-

Yai (ab 21 RM) 1x tgl. ca. 2.30 Uhr (genaue Informationen: www.ktmb.com.my).

◻ Die malerische Ubudiah-Moschee

lu/Keroh (47 km von Gerik) mit Taxi (30 RM), Weiterfahrt zur Grenze (Taxi 10 RM) und von dort mit Tuk-Tuk (35 RM) nach Betong. Von dort gibt es Busverbindung nach Yala, Hat Yai und weiter.

Weiterreise an die Ostküste über den East-West-Highway

Die Fahrt über den Highway (Lebuhraya Timur-Barat) nach **Jeli** (121 km von Gerik) und **Kota Bharu** (230 km) lohnt landschaftlich sehr und bietet sich für eine Rundreise geradezu an. In den 1990er Jahren, nach Fertigstellung der Straße, durfte sie nur tagsüber befahren werden, da es im Dschungel des Grenzgebietes noch Reste kommunistischer Guerilla gab. Seit mehreren Jahren verkehren auch Nachtbusse, in denen man von der menschenarmen Landschaft freilich nichts sieht. Höhepunkte sind der große **Temenggor-Stausee**, der vom Perak-Fluss gespeist wird (45 km östlich von Gerik), der **Scheitelpunkt der Straße über die Titiwangsa-Bergkette** (77 km von Gerik, 1030 m hoch) mit nachfolgendem Rastplatz, der umfassende Sicht auf die Berge von Kelantan bietet und schließlich der spektakuläre Felsen **Gunung Reng** mit Höhlen oberhalb von Batu Melintang, dem ersten Ort nach 110 km.

Der Temenggor-Stausee liegt inmitten großer tierreicher Dschungelreservate wie dem **Royal Belum State Park** (http://royalbelum.my) und dem **Belum-Temenggor Forest Complex**. Dort leben Elefanten, Tiger, Tapire, selbst das seltene Sumatra-Nashorn ist hier zu finden. An den See kommen gern Sportfischer. Auf der Insel Bading (zwischen den beiden großen Brücken über den See) befindet sich das attraktive **Belum Rainforest Resort**⑤ mit Zimmern ab 350 RM, Tel. 791 6800, www.belumresort.com. Sie organisieren geführte Dschungeltouren, die aber für 2T/1N-Pakete mit 8000 RM p.P. vergleichsweise teuer sind.

Lenggong

Richtung Kuala Kangsar (108 km von Gerik) kommt man unterwegs, etwas nördlich des Tasek Chenderoh, an **Lenggong** vorbei, einem Städtchen mit 30.000 Einwohnern.

Früher lebte man hier vom Tabakanbau, als die Nachfrage nach *Cheroots* (wie in Burma) noch groß war (die Tabakblätter aus Lenggong eigneten sich nicht zur Zigarettenherstellung); jetzt wird dort der *Lenggong*-Tee angebaut: Besucher sind in der 450 m ü.d.M. gelegenen Plantage sehr willkommen.

Ansonsten kommen Leute angeblich extra aus KL oder Ipoh (Chinesen tun das in der Tat!), um in einem der 4 Lokale in der Hauptstraße so exquisite Speisen wie Fischklößchen oder Bauch vom zarten *Belida*-Fisch mit fermentierten roten Bohnen zu essen. Eine andere teure **Flussfisch-Spezialität** ist der *Jelawat*.

Das **Kota Tampan Archeological Museum** beherbergt Funde aus der näheren und weiteren Umgebung. Nahe Lenggong fand man 300.000 Jahre alte Artefakte und das 11.000 Jahre alte Skelett des *Perak Man*. Geöffnet tgl. 9–17 Uhr, Fr 9–12.15 und 14.45–17 Uhr, der Eintritt ist frei. Anfahrt: ca. 6 km von Lenggong, 100 km nördlich von Ipoh, *Transnasional Bus* Kuala Kangsar – Gerik, www.asiaexplorers.com/malaysia/lenggong_archaeological_museum.htm.

Sungai Siput

Dieser kleine Ort liegt an der Straße Ipoh – Kuala Kangsar, 30 km nördlich von Ipoh. Auffallend ist der von Felsen gekrönte **Löwenberg**. Es gibt eine **Höhle, Gua Kelawar,** die besucht werden kann.

☐ Übersichtskarte S. 42, Stadtplan S. 112 **Ipoh** 111

Ipoh

■ www.ipoh.com.my

Das **viertgrößte Ballungsgebiet** Malaysias (nach Klang Valley, JB, Penang) und drittgrößte Stadt, die mit Vororten über 750.000 Einwohner hat, liegt fast auf halbem Wege zwischen Penang (170 km) und KL (200 km) sowohl an der Eisenbahnlinie Bangkok – Singapur wie auch an der Nord-Süd-Autobahn.

Das die Stadt umgebende **Kinta-Tal**, das im Osten von der Großen Titiwangsa-Bergkette (bis über 2100 m) und im Westen von der kleinen Kledang-Kette, mit Bergen von bis zu 1000 Metern, begrenzt ist und Dutzende von bis zu 400 Mio. Jahre alten dschungelbewachsenen Kalkfelsen im Norden und Süden Ipohs aufweist, ist landschaftlich sehr reizvoll.

Das Klima ist vergleichsweise angenehm, weniger feucht als an den meisten anderen Orten; durch die Lage zwischen den Bergen ist es morgens oder nach Regenschauern angenehm frisch. Auffallend sind die zahlreichen gepflegten Grünanlagen, die von Wohlstand und guter Stadtplanung zeugen. Neben der Rolle **als Hauptstadt des Staates Perak** und des Regierungsbezirks Kinta ist Ipoh auch die wichtigste Industriestadt des Staates. Einige der hier erzeugten Produkte sind Zement, Textilien, Plastik- und Gummiprodukte, Zinnerzeugnisse *(Oriental Pewter),* Banknoten und Computer-Chips.

Ipoh verdankt seine Entstehung vor hundert Jahren dem Zinn-Boom: das Kinta-Tal gilt (noch) als die größte **Zinnlagerstätte** der Welt. Die Stadt wurde buchstäblich auf Zinn gebaut.

Der Name leitet sich vom *Ipoh-Baum* (auch *Upas,* lat.: *Antiaris toxicaria*) ab, aus dessen Saft die Orang Asli Gift für Blasrohrpfeile und Speere gewinnen. Einen solchen Baum sieht man mitten in Ipoh: eingezäunt auf dem Bahnhofsvorplatz als noch relativ junges Exemplar und im Seenivasagam-Park als gestandenen ausgewachsenen Baum.

Chinesische Einwanderer ließen sich seinerzeit in großer Zahl an dem neu entstandenen Ort nieder. Zu Beginn des 20. Jahrhunderts gab es 11.000 Einwohner, ein Dutzend Jahre später mehr als dreimal so viel. Die Stadt war wohlhabend, die Straßen waren anfangs teilweise mit Marmor (der in der Umgebung Ipohs heute noch abgebaut wird) gepflastert, was aufgegeben wurde, weil manche Bewohner selbst dort noch nach Zinn kratzten.

Es gab in der geometrisch angelegten Stadt (wie in KL) einen großen malaiischen *Padang* (Platz), um diesen herum Banken, Theater, ein Krankenhaus, Schulen, Kirchen, Tempel, Clubs und die Eisenbahnlinie KL – Penang. Ipoh wurde ein Ort, an dem man sein Geld gleich umsetzen konnte: Bars, Massage-Salons, Pferderennen, Polo, Großwildjagden, natürlich auch gutes Essen. Ipoh erhielt bald den Beinamen „Stadt der Millionäre". Heute nennt sie sich „Bougainvillea City".

Den Japanern verdankt Ipoh die Ernennung zur Verwaltungshauptstadt Peraks (zuvor Taiping). Gegen Ende der japanischen Besatzungszeit war das Papiergeld übrigens so wenig wert, dass es nach Gewicht ging – nicht nach der aufgedruckten Zahl.

Während der *Emergency,* also der Kommunisten-Hatz, stand Ipoh im Zentrum der Aktionen. Damals begannen die Curfew-Gebiete am östlichen Stadtrand, heute gehören sie der Vergangenheit an.

Der Verfall der Zinnpreise brachte die Arbeit in den Minen größtenteils zum Erliegen. Perak bemüht sich sehr um Diversifizierung seiner Industrie; aber in gewisser Weise ist der Zug abgefahren: Das Klang-Valley hat das Rennen gemacht. Der Standort Ipoh ist einfach nicht günstig genug. Der Hafen Lumut müsste ebenso ausgebaut werden wie der Flugplatz, der nur auf Sicht von den kleinen *Focker-Friendship* angeflogen werden konnte, nun auch mit einer *Boing 737*. Die Staatsregierung von Perak bemüht sich, wie die der anderen Bundesstaaten, nach Kräften, den Tourismus im eigenen Sultanat anzukurbeln.

West-Malaysia

1

Sehenswertes

Old und New Town sind kompakt: zu Fuß in 20–30 Min. zu durchschreiten. Besondere Sehenswürdigkeiten gibt es nicht; dennoch lohnend ist ein Rundgang durch die **Old Town** (westlich des Kinta-Flusses) mit ihren kolonialen Bauwerken: der **Bahnhof** mit dem *Station Hotel,* das **Gerichts-** und das **Stadtratsgebäude,** nebenan der hübsche **Uhrturm,** ohne den hier keine Stadt auszukommen scheint, die **Staatsmoschee,** etwas nördlich der **Padang** auf dem Hockey und Fußball gespielt wird, an seinem Nordrand die renommierte 100 Jahre alte **St. Michael-Institution** östlich nebenan die **Masjid India** (Indische Moschee), südwestlich der *Ipoh-Club,* in dem die Engländer früher unter sich blieben.

An seinem südlichen Rand steht das **Tourist Information Center** und befinden sich eine ganze Reihe von **Lokalen** (s. „Essen und Trinken"). In den letzten Jahren hat sich nach dem Muster von Penang ein „**Little India**" herausgeputzt mit Lokalen, Sari-Geschäften u.a., und zwar südlich der Jalan Sultan Iskandar Shah.

Nördlich entlang der Jln. Panglima Bukit Gantang in Richtung Penang stehen einige Banken und Gebäude der Staatsregierung sowie das **Perak Darul Ridzuan Museum,** das die Geschichte Ipohs präsentiert (geöffnet Sa–Mi von 9.30–17 Uhr, Do 9.30–12 Uhr, Freitag geschlossen).

Der Bahnhofsvorplatz in Ipoh

In der **New Town** mit dem einheitlichen, von chinesischen *Shop Houses* geprägten Straßenbild reiht sich Geschäft an Geschäft, dazu die Einkaufszentren *Yik Foong* und *Super Kinta* mit einem Markt, nebenan das Telecom-Gebäude, viele Lokale und Hotels.

Hübsch ist der Fußweg am Fluss entlang zum **Park Dr. Seenivasagam** mit einem großen alten Ipoh-Baum.

Südlich am Kinta-Fluss, in der Jln. Masjid steht eine leicht verwitterte Moschee, die **Masjid Panglima Kinta**, nahebei, in der Jln. Datuk, die traditionsreichste Moschee der Stadt, **Masjid Paloh**, aus dem Jahre 1912 mit einer reich verzierten Gebetskanzel.

Um den 27. Mai herum findet alljährlich das Stadtfest statt.

Sehenswertes außerhalb des Zentrums

Perak Tong

Die eigentlichen Sehenswürdigkeiten außerhalb des kolonialen Ensembles der Old Town liegen mehrere Kilometer vom Stadtzentrum entfernt, sind aber alle mit lokalen Bussen bzw. Taxi erreichbar. Es gibt in den zahlreichen **Höhlen** der Karstfelsen, die Ipoh im Norden und Osten einrahmen, ein Dutzend bekannter und unbekannter **Tempel**, die einen Besuch lohnen: der bekannteste ist der **Perak Tong** (*Tong* = Höhlentempel). Er liegt an der **Jln. Kuala Kangsar** (also der nach Norden führenden Straße nach Kuala Kangsar, auf der man früher u.a. nach Penang fuhr), unweit nördlich der Nord-Süd-Autobahn in den Felsen des **Gunung Tasek** gebaut, ca. 6 km vom Zentrum entfernt (schon 2 km vorher, also noch vor der Autobahn, steht an der Jln. Kuala Kangsar links der bekanntere der zwei Thai-Tempel Ipohs, **Wat Meh Prasit Sumaki**, mit bemalten Mönchsfiguren aus Zement, die zu einem großen liegenden Buddha beten. Wandgemälde veranschaulichen, wie in den meisten Thai-Tempeln, Buddhas Lebensweg).

Der 1926 angelegte Tempel enthält einen lachenden Buddha in der Eingangshalle, in der Haupthalle links eine 12 m hohe Buddhastatue, u.a. Altäre für *Kuan Yin,* Göttin der Barmherzigkeit und *Maitreya,* dem zukünftigen Buddha. Die Höhlenwände wurden von verschiedenen chinesischen Künstlern bemalt. Im Innern führt eine nicht enden wollende Treppe hinauf und hinaus ans Tageslicht zu einem Pavillon und einem weiteren Tempel. Die Aussicht ist schön, jedoch beeinträchtigt durch die östlich gelegenen Industrieanlagen (ab 16.30 Uhr ist die Treppe geschlossen, der Tempel ist von 8–17 Uhr geöffnet). Wie bei den bekannteren Höhlentempeln gibt es auch hier ein preiswertes vegetarisches chinesisches Restaurant, in dem man auch originelle Fleischimitationen bestellen kann: Ente, Huhn, Schweinefleisch, Fisch, alles aus Soja-, Taromasse u.a., oft täuschend echt nachgebildet. Anfahrt mit Kuala Kangsar Bus #141 von Reliance für 1,50 RM.

Gunung Lang Park

Bereits einen Kilometer vor dem Perak Tong befindet sich rechts stadtauswärts der beliebte Gunung Lang Park (**Taman Rekreasi Gunung Lang**). Er ist bequemer mit dem Auto, aber auch mit demselben Kuala-Kangsar-Bus (1,30/1,50 RM) wie der Höhlentempel zu erreichen: Achten Sie ca. 500 m nach dem Thai-Tempel Meh Prasit auf ein *McDonalds-Restaurant* in einem schwarzen Würfelbau links an einer großen Kreuzung. Von dort die Straße queren und ca. 1 km in das Seitental bis zum Eingang in den Park. Der Eintritt kostet 1,50 RM, dafür kann man mit einer Fähre auf die andere Seite eines Sees in den Park und zurück fahren. Es gibt Spazierwege, 2 Aussichtstürme, Spielplätze, eine Höhle u.a.

Sam Poh Tong

Der andere bedeutende Tempel liegt entgegengesetzt am südöstlichen Ortsausgang an

der alten Straße nach KL bzw. vor der neuen Straße in die Cameron Highlands links hinter den Pomelo Verkaufsständen, wo die berühmtesten und besten Pomelos Malaysias angeboten werden: der **Sam-Poh-Tong** mit schönem Vorgarten. Im Tempel kann man durch einen Höhlentunnel nach zwei Buddha-Altären rechts zu einem Teich mit Schildkröten (Symbol für Langlebigkeit), umgeben von Felswänden, gehen; dort kann man das evtl. erstandene Grünzeug an die unzähligen größeren und kleineren Schildkröten verfüttern, auch setzen Einheimische hier mitgebrachte Schildkröten aus, was als gute Tat gilt. Auch in diesem Tempel lockt wieder ein vegetarisches Restaurant. Nebenan gibt es weitere beliebte Höhlentempel: **Nam Tien Tong, Lin Sen Tong** und **Kek Lok Tong.**

Weitere Sehenswürdigkeiten

Das **Tai Pee Sim-Kloster,** in der Jln. Kampar (an der Straße vom Busterminal Medan Gopeng zur New Town bzw. zur Bus Station am Medan Kidd), ist ein großes, aber nur noch von einem alten Mönch bewohntes Kloster mit schönen Holzfiguren, in dem es jedoch anlässlich des 9-Götter-Festes im Herbst von chinesischen Gläubigen wimmelt. Freundliche Damen erläutern Besuchern gern Wissenswertes rund um das Kloster.

Die Jalan Sultan Azlan Shah (früher: *Tiger Lane*) im Südosten Ipohs hat einige Sehenswürdigkeiten zu bieten: Der **Istana Rizwin,** vom vorausgegangenen Sultan vor dem Tod seiner Frau entworfener kleiner Palast, ist ein schönes Beispiel für die Kombination malaiischen und westlichen Stils, hier wohnt der Sultan, wenn er in Ipoh weilt; einen kleinen Palast für den Thronfolger (*Raja Muda* bzw. *Dihilir*) gibt es ebenfalls an dieser mit großen Villen geschmückten Straße, an der rechter Hand auch der **Royal Perak Golf Course** liegt. Nahe dem nördlichen Ende liegt linker

◁ Eingang zum Kek Lok Tong Tempel

Hand das **Geologische Institut** mit dem kleinen **Geological Museum** (Eintritt frei).

Die Jalan Raja Dihilir (früher: *Jalan Tambun*), die von der Stadtmitte bei einem Kreisverkehr (links Einkaufszentrum *Ipoh Parade*) beginnt und in nordöstlicher Richtung nach Tambun und Tanjung Rambutan führt, ist vor allem bekannt für die **Pferderennbahn des Perak Turf Club** und den kleinen japanischen Garten nahe dem *Heritage Hotel*. Dahinter sieht man beiderseits der Straße einen großen chinesischen Friedhof, wiederum dahinter, gegenüber dem Hotel Tambun Inn, einen weiteren Thai-Tempel. Fährt man geradeaus weiter, kommt man hinter einem weiteren Kreisverkehr zu den Sehenswürdigkeiten rund um Tambun in der Umgebung von Ipoh (s. Kapitel „Umgebung von Ipoh"). Der Tanjung-Rambutan-Bus fährt diese Straße entlang.

Adressen und Telefonnummern

Einige Straßennamen in Ipoh änderten sich mehrfach, die Taxifahrer benutzen z.T. noch die uralten Namen.

■ **Tel.-Vorwahl Ipoh: 05**
■ **Bahnhof:** Tel. 254 0481
■ **Post:** *Pos Besar,* südlich am Bahnhofsplatz.
■ **Polizei:** mehrere Reviere, Zentrale zwischen Bahnhof und Busbahnhof.
■ **Touristen-Info:** Ein sehr modernes Tourist Information Center befindet sich in der Jln. Tun Sambanthan (Tel. 241 2957, 241 2958). Dort bekommt man Informationen in Wort und Bild per Knopfdruck. Aber auch die freundlichen und hilfsbereiten Mitarbeiter sind gut informiert.
■ **Informationen zu Ipoh:** http://ipoh talk.com
■ **Apotheken:** gibt es viele in Old u. New Town.
■ **Banken:** mehrere Filialen in der Old Town nahe Uhrturm, aber auch in der New Town.
■ **MAS:** Bgn. Sri Kinta, Tel. 251 4155, 253 8283.
■ **Immigration:** Im Bangunan Seri Kinta in der Jln. Sultan Idris Shah.
■ **Geldwechsel:** u.a. *Assar Trading,* 15, Jln. Lahat, Tel. 253 8389.

Stadtverkehr

■ **Zum Flugplatz** (Lapangan Terbang/Aerodrome), ca. 6 km.außerhalb Ipohs, fährt ein Bus mit der Richtungsangabe: Aerodrome via Housing Trust.

■ Wer im Stadtzentrum nicht laufen will, kann sich ein **Trishaw** mieten (Preis vorher aushandeln!). Ansonsten lassen sich in Ipoh meist Kinder und Frauen damit herumkutschieren.

■ **Taxis** benutzen keine Taxameter, sie kosten bis 10 RM in der Innenstadt, bis 15 RM in die Randbezirke. Sie haben alle ihre bestimmten Stände in der New Town.

■ **Busse** verkehren tagsüber in großer Zahl. Ihr Ausgangspunkt ist der **lokale Busbahnhof.**

Alle lokalen Busse fahren zum Busbahnhof. Die Schilder „Ipoh", „Stesen Bas" oder „Bus Station" bedeuten, dass der Bus stadteinwärts fährt. Allerdings werden die Schilder oft schon kurz vor der Endhaltestelle gewendet.

■ **Busgesellschaften:** *Reliance:* Kuala Kangsar, *Ipoh Bus:* verschiedene Richtungen in der Stadt, *General:* Batu Gajah, Tg. Rambutan, Sg. Durian, Bruas, *Kinta:* Gopeng, Kampar, *Century:* Tambun, Tanjung Rambutan (Taman Cempaka).

Einkaufen

Ipoh ist (noch) keine Touristenstadt. Also hat sich noch keine Industrie darauf eingestellt. *Oriental-Pewter* ist eine einheimische Fabrik zur Herstellung von **Zinn-Souvenirs,** aber in der Stadt sieht man eher *Selangor-* und *Tumasek-Pewter*. Auf die Herstellung von Souvenirs aus dem örtlichen Marmor ist hier noch niemand gekommen. Ansonsten gibt es das für Malaysia typische Warenangebot.

Neuere beliebte Einkaufszentren sind: *Ipoh Parade,* am Beginn der Jln. Raja Dihilir (ehem. *Tambun), Jusco* an der Jln. Tasek, Greentown Mall (beliebt bei Malaien) in der Jln. Hospital u.a. Neu hinzugekommen ist *Giant* in der *Sunway City* in Tambun.

Übernachten

■ Wer koloniale Atmosphäre vor gediegenem Komfort schätzt, wird sich im **Majestic Station Hotel Ipoh**③-④, www.majesticstationhotel.com/privacy.html, das im Obergeschoss des Bahnhofs untergebracht ist, mit Sicherheit wohl fühlen. DZ mB, a/c, m.Fr. ab 88 RM.

■ Das Spitzen-Hotel Ipohs ist das **Syuen**④, Jln. Sultan Abdul Jalil 88, Tel. 253 8889, Fax 253 3335. 290 Zi., gefolgt vom **Heritage Hotel**③-④, bei der Pferderennbahn an der Jln. Raja DiHilir (Jln. Tambun) und dem malaiisch geführten **Royal Casuarina**④, 18, Jln. Gopeng, Tel. 255 5555, etwas außerhalb des Stadtzentrums, unweit der Pferderennbahn, 200 Zimmer.

■ In der Rangfolge dahinter teilen sich das in der „New Town" gelegene **Excelsior**④, 43, Jln. Sultan Abdul Jalil, Tel. 253 6666, Fax 253 6912, 125 Zimmer ab 160 RM, und das ein paar Kilometer außerhalb des Stadtzentrums gelegene **Tambun Inn**②-③, 91, Jln. Raja DiHilir (Jln. Tambun), Tel. 547 7211, früher **King's Hotel**, die nächsten Plätze. Das *Excelsior* ist von guten chinesischen Lokalen wie *Overseas Restaurant* umgeben.

■ **Hillcity Hotel**③-④, 227, Jln. Gopeng, Tel. 313 5555, Fax 312 9355. Am südöstlichen Stadtrand gegenüber Sam-Poh-Tong-Tempel gelegenes gutes Hotel. Ab 150 RM.

Günstigere Hotels

■ **Fairmont Hotel**③, 10, Jln. Kampar, Tel. 255 9999, Fax 255 6352. Alle Zi. mB, a/c, TV, z.T. mit Kühlschrank.

■ **Hotel Eastern**②, 118, Jln. Sultan Idris Shah, Tel. 254 3936, Fax 250 1468. Alle Zi. mB, a/c, TV, Kühlschrank, empfehlenswert, ab 65 RM.

■ **Ritz Garden Hotel**③, 86 und 88 Jln.Yang Kalsom, gut ausgestattete Zimmer für preiswerte ab 100 RM mFr, Tel. 252 7777, Fax -5222, www.ritzgardenhotel.com.

■ **The Osborne Homestay & Apartments**②-③, 58 Jln. Dato Tahwil Azhar, 1–3 Zi Appartments ab 118 RM, Tel. 243 8333, Fax 242 8333, www. theosborne.com.my.

■ **Rega Lodge**③, Tel. 242 5555, Fax 241 1555, attraktives Hotel in günstiger Lage, ab 78 RM.

■ **Seri Malaysia**③, Jln. Sturrock, Jln. Tambun, Tel. 241 2936, Fax 241 2946, alle Zi. mB, a/c, TV, recht neu und gut.

■ **Ritz Kowloon Hotel**②-③, 92–96, Jln. Yang Kalsom, Tel. 254 7778, Fax 253 3800. Alle Zi. mB, a/c; gleiches Management wie *Ritz Garden,* etwas billiger und etwas besser.

■ **The French Hotel**②-③, 60–62, Jln. Dato Onn Jaafar, Tel. 253 3111, Fax 255 2975. Alle Zi. mB, a/c, TV, Kühlschrank, ebenfalls gute, gepflegte Zimmer.

■ **Hotel Lotte**②-③, Jln. Dato Onn Jaafar, Tel. 254 2215-17, Fax 255 1160. Alle Zi. mB, a/c, TV, 97; ein gutes Hotel der Mittelklasse. Ab 63 RM.
■ **Dragon & Phoenix Hotel**③, Jln. Toh Puan Chah, Tel. 253 4661, -7960, Fax 253 5096. Alle Zi. mB, a/c, TV; alles renoviert und sehr sauber, günstige Lage, ab 60 RM.
■ **Hotel Robin**③, Jln. Al-Bakri, Tel. 242-1888, Fax -5881, 100–110. Alle Zi. mB, a/c, TV, Kühlschrank, ruhig, geräumige Zimmer.
■ **Merloon Hotel**②, Jln. Al-Bakri, Tel. 254 1351,-52, Fax 253 6755, 92–98. Alle Zi. mB, a/c, TV, für das Gebotene ziemlich günstig.
■ **Grand View Hotel**②, Tel. 243 1488, Fax 243 1811. 60 Zi. mB, TV, a/c, EZ 72 RM, DZ 76 RM, nahebei gute Essstände, attraktive Zimmer, gutes Preis-Leistungsverhältnis.
■ **Ipoh City**②, Tel. 241 8282, Fax 241 1119, neben *Grand View*, ab 94 RM.
■ **Tune Hotel**②, 2, The Host, Jln. Veerasamy, Tel. 2415 915, www.tunehotels.com, Budget-Hotel der Air-Asia-Kette, 120 DZ, ab 95 RM.

Preiswerte Hotels in Newtown
■ **Park Hotel**①-②, 19, Jln. Bendahara, Tel. 241 1333. Die meisten Zi. mB, a/c, etwas zurückversetzt gelegenes, typisch chinesisches Hotel mit großen und sauberen Zi.
■ **Embassy Hotel & Restaurant**①-②, 33–37 Jln. C.M. Yusuf, Tel. 254 9496. In die Jahre gekommen, dafür sehr preiswert, sauber, große Zi. mB, mF (leiser Deckenventilator) oder a/c, die Zimmer zur Straße hin sind sehr laut, besonders die mF; DZ mB, mF 27,50 RM, DZ mB, mF 2 Doppelbetten 33 RM, DZ mB, a/c, TV 1 Doppelbett 41 RM, DZ mB, a/c, TV 2 Doppelbetten 46 RM.
■ **New Caspian Hotel**①-②, 20–26 Jln. Ali Pitchay, Tel. 255 1221, Fax -3221. Zi. mB, a/c, Standard (Doppelbett) 65 RM, Twin 70 RM, Superior 80 RM, Deluxe 90 RM, freundlich, gutes Preis-Leistungsverhältnis.
■ **Shanghai Hotel**①, 85, Jln. Al-Bakri, Tel. 241 2070. Zi. mit und ohne a/c/TV, gute Matratzen, günstig, mit *Coffee Shop*.
■ **West Pool Hotel**①, 74, Jln. Al-Bakri, Tel. 254 5042. Alle Zi. nur mit Fan, preiswerte, original chinesische Zimmer mit hölzernen Schwingtüren, unten Restaurant.
■ Den **YMCA**①-②, 211, Jalan Raja Muda Aziz, Tel. 254 0809, gibt es auch in Ipoh, schön am Seenivasagam-Park gelegen, in unmittelbarer Nähe zum Kinta-Fluss, Kalkfelsen mit kleineren Höhlentempeln und dem Subramanniam-Tempel, dem Zielort der Thaipusam-Büßer, gelegen. Falls man nicht zuviel Gepäck hat: Ein schöner Weg führt von der Altstadtseite am Kinta-Fluss entlang dorthin. Es gibt ein altes und ein neues Haus, letzteres ist etwas teurer und hat keinen Dorm.

Essen und Trinken

Hier gibt es vermutlich das beste chinesische Essen in Malaysia, natürlich wesentlich preiswerter als in der Hauptstadt.

www.j2kfm.com ist die private Webseite eines **Ipoh Food Blogger** mit Tipps zu kulinarischen Angeboten in Ipoh und anderen Orten (Perak, Penang, KL).

Old Town
■ **Old Town White Coffee, Happy Valley, Fat Kee, Ice Ice Baby, Flame** sind trotz etwas höherer Preise bei den Einheimischen sehr beliebt.
■ **F.M.S.,** Jln. Sult. Yusof, gegenüber *Padang*, ältestes Lokal Malaysias, indisch/vegetarisch. Bekannt für die Krebse, auch westliche Küche; sehenswert ist der Speisesaal im 1. Stock, den man durch eine Schwingtür betritt. Hier trafen sich einst die Zinnminen- und Plantagenbesitzer. Im Sommer 2013 war das unter Denkmalschutz stehende Lokal trotz frischen Anstriches der Fassade leider noch geschlossen.
■ **Ananda Bhavan,** in 7, Persiaran Bijih Timah, beliebtestes indisches Lokal in „Little India".
■ Indisch gut vegetarisch essen kann man in der 8, Jln. Lahat im Old Town im **Restoran Krishna Bhawan.**
■ **Thean Chun,** in 73, Jln.Pasar, mit alten großen Spiegeln dekoriertes *Coffee Shop (kopi tiam)* morgens bis nachmittags geöffnet, beliebt wegen *Ipoh Kuey Teow* (Nudeln und Karamellpudding).
■ **Kopitiam Kong Heng,** in 74, Jln. Bandar Timah, beliebt wegen der Satéspieße (Schweinefleisch) und *Laksa.*
■ **Sin Seng Fatt,** Jln.Pasar/Dewan, beliebt wegen der Currynudeln.
■ **Dato'Sagor Food Court** gegenüber Uhrturm.

New Town
Der täglich ab 19 Uhr geöffnete **Nachtmarkt** (Gerlang Malam) in der Jln. Dato Tahwil Azhar (Osborne Street) bietet im Zentrum mehrere beliebte chinesische Lokale, die jedes das beste *Tauge Ayam* (Hühnergericht) anzubieten behaupten. Mittags (11–15 Uhr) gibt es in Haus Nr. 2 im **Purple Cane Tea House** z.B. *Black/Green Tea Curry Chi-*

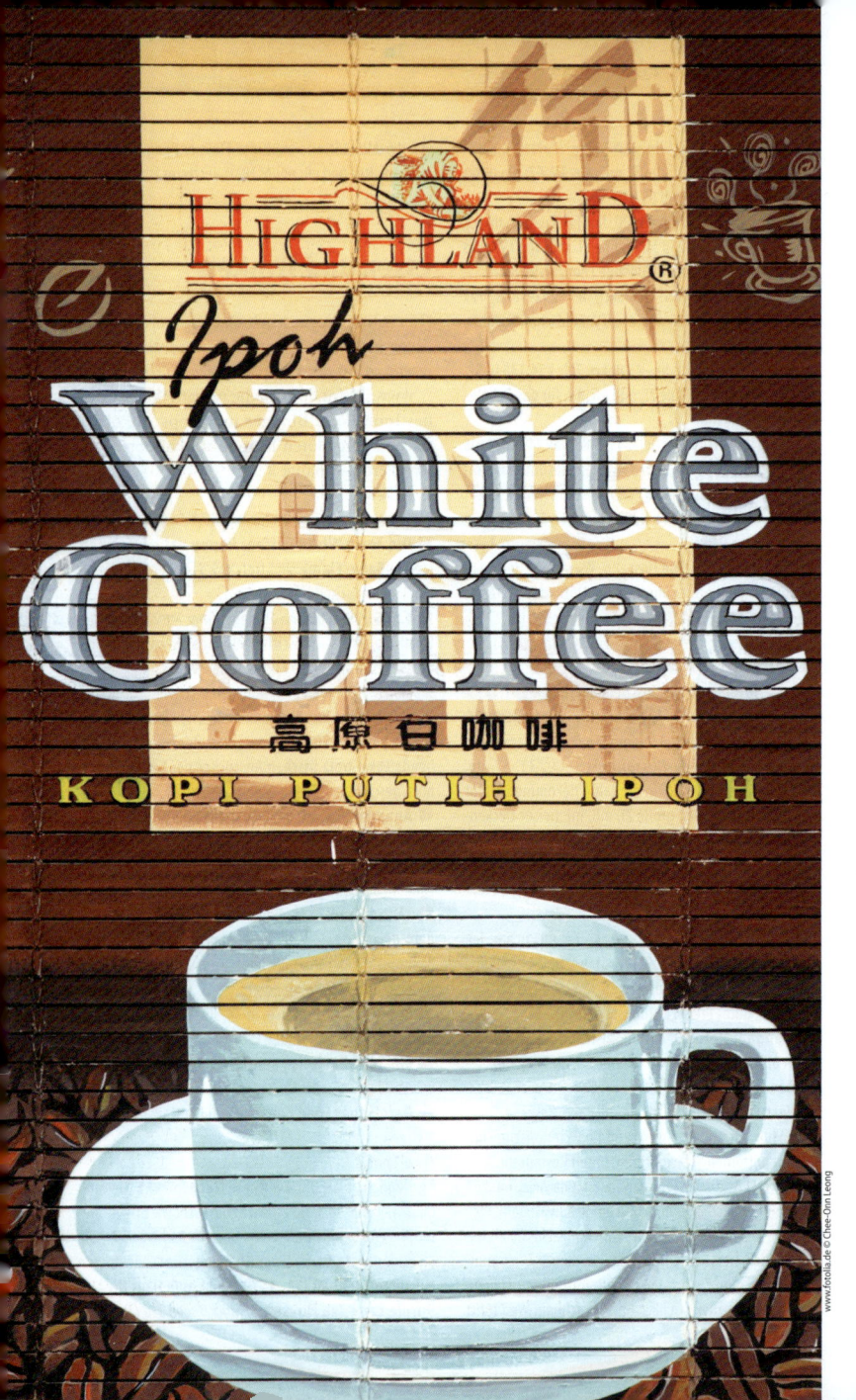

cken, zwei Nebengerichte und Teesuppe plus ein Glas Jasmin, grünen oder Pu'er Tee für 17 RM.

Empfehlenswert ist auch die Gegend um die **Jln. Kalsom/Ali Pitchay,** wo sich mehrere preiswerte Hotels (s.o.) befinden, für eine Reihe sehr beliebter Restaurants, wie z.B. *Nasi Ayam Kampung* (malaiische Hühnergerichte), *The Best* (chinesisch), *18ctea* (taiwanesisches Fastfood), *Selvan* (indisch), *Ayam Golek Manjoi* (malaiisch), *Up-up,* Yang Kalsom (gutes Fischkopf-Curry).

■ **Assam House,** 29 Persiaran Green Town, gute Nyonya Küche, Tel. 019 555 6333.
■ **Beacon Point,** beliebtes Café mit den wohl besten Kuchen Ipohs, mittags westl. und asiatische Gerichte, angeschlossene Kochschule; Chef *Philip* war während der Dreharbeiten zu „Anna and the King" *Jodie Fosters* Leibkoch; 41, Lintasan Perajurit 6, nahe *Jusco* im Taman Perak, Tel. 546 9916.
■ **Chennai Curry House** (Ipohs einziges indisches Lokal mit a/c), neben *D&P Hotel.*
■ **Curry Laksa,** Ecke Jln. Raja Ekram, gegenüber der Polizei im *Kedai Kopi Tiong Yong,* indisch/vegetarisch.
■ **Ipoh Jaya,** Green Lane, gute Hokkien Mie.
■ **Kao Lee Steamboat,** 48&50 Lengkok Canning, Ipoh Garden, Tel. 546 5384, beliebt, gutes Dim Sum & Steamboat.
■ **Majestic Hotel** im Bahnhofsgebäude. Western Dinner (18.30–22.30 Uhr).
■ **Public Seafood** (Kette guter chin. Seafood-Lokale, am besten die Hummerkrabbengerichte *(Prawn)*, Jln. Veerasamy hinter dem *Lido*-Kino.
■ **Kalai Curry House,** Jln. Sultan Yusof, gute preiswerte Bananenblatt-Curries für unter 10 RM, auch gute *Lassis.*
■ **Szechuan** in der Jln. Fair Park nahe Hockey- Stadion: gut die geräucherte Ente, Tofu, *Hot Sour Soup* etc, sehr preiswert.
■ **Yum Yum,** gutes und beliebtes Nyonya-Lokal, 5, Persiaran Greenhill, Tel. 253 7686; nebenan: **Ye Olde English Restaurant,** modern und sauber, westl. Küche.
■ Am Medan Gopeng gibt es einen **Bauernmarkt** mit guter malaiischer Küche vom Land.
■ **Vegetarisches** gibt's im *Sayur Sayuran* in 34, Jln. Ng Weng Hup, Taman Pertama.
■ Sehr gute **pakistanisch-nordindische Küche** *(Tandoori)* serviert *Ali* im *Pakeeza*. In derselben Straße (Jln. Dato Seri) gibt es auch ein gutes Thai-Restaurant.
■ **Hawker-Food:** Besonders großes Angebot am „Gourmet Square" im Zentrum von Ipoh Garden (*Wooley Food Centre:* der neue Stil der Esszentren). Bei *Thum* (Jln. Greenhill) gibt es gute Steaks. Zwischen Jln. Raja Musa Aziz und Jln. Dato Tahwil Azhar gibt es ein weiteres Food-Center.
■ Wie überall im Land nehmen auch in Ipoh die „**Mamak**"-**Lokale** zu: oft von indischen Muslim geführt und 24 Std. geöffnet.

Verkehrsverbindungen

■ Es gibt **Flugverbindungen** nach Singapur 4x/Woche, Tel. 03 7845 4543, www.fireflyz.com.my.
■ **Zugverbindungen:** Es gibt inzwischen auch schnelle Züge des **Electric Train Service** (ET) als Shuttle **nach KL Sentral,** die gemeinsam mit den langsameren Zügen 10x am Tag verkehren und lediglich 2 Std. Fahrtzeit benötigen (nur Premiumklasse).

Tapah (ab 3/13 RM), **KL Sentral** (ab 13/25 RM) ca. 12x tgl. vor 3 bis 21 Uhr, **Seremban** (ab 18 RM), **Gemas** (ab 19 RM), **JB Sentral** (ab 37 RM), **Woodlands** (Singapur) 2x tgl. vor 3 und ca. 11 Uhr; **Kuala Kangsar** (ab 2 RM), **Taiping** (ab 3 RM), **BW** (ab 6 RM) 2x tgl. nach 1 und ca. 19 Uhr, **AS** (ab 9 RM), **Arau** (ab 11 RM), **Hat Yai** (ab 24 RM) 1x tgl. nach 1 Uhr (genaue Informationen: www.ktmb.com.my).
■ **Expressbusse** verkehren ab dem **Medan Gopeng Busterminal** (*Terminal Bas Ekspres Medan Gopeng,* Tel. 313 6666, -9999), das sich ca. 5 km südöstlich des Stadtzentrums an der Straße nach Gopeng und KL befindet. Die meisten Expressbusse (*Transnasional, Plusliner* u.a.) starten von hier aus; einige fahren jedoch noch ab/bis zum alten Terminal am **Medan Kidd** gegenüber dem lokalen Busbahnhof, beispielsweise die Busse nach Taiping, Kuala Kangsar; die **Kinta**-Busse nach/von Cameron Highlands, halten aber auch am neuen Terminal.

Wenn man beispielsweise von Butterworth kommend in einem Bus nach KL sitzt und in Ipoh aussteigen will, kann man im Norden bei **Jusco** aussteigen oder Ipoh liegt an der Schnellstraße gegenüber dem Medan Gopeng Terminal (Vorsicht beim Überqueren der Straße, besser vorgehen zur Ampel!). Der **Gopeng-Bus #66** verkehrt von **Plattform 1** (neben **Taxistand**) häufig in die **New Town** und zum lokalen Busbahnhof in der **Old Town,** 1,50 RM. Taxis kosten 10 RM.

Busse nach KL und Butterworth/Penang bekommt man ohne Reservierung fast ohne Wartezeit.

Busverbindungen: Kangar 9.30/14.30/20.00 Uhr, 4.30 Std., 20 RM), **Alor Setar** (9.00–22.00 Uhr, 7x, 2.30–

4 Std., 17–23 RM), **Butterworth** (8.00–19.30 Uhr, 13x, 2–2.30 Std., 11–15 RM), **Penang** (8.00–19.30 Uhr, 17x, 2 Std., 16 RM), **Cameron Highlands** (11.45/13.15/ 17.15/18.45 Uhr, 2 Std., 11 RM), **Kuala Kangsar** (7.00–17.30 Uhr, 9x, 3 Std. 6 RM), **KL** (5.00–20.00 Uhr, alle 30 Min., mehr als 30x, 3 Std, 13/18 RM), **Seremban** (9.30/14.30 Uhr, 3.30 Std., 18/22 RM), **Melaka** (9.00/13.00/ 1.00 Uhr, 4.30 Std., 23/30 RM), **JB** (9.00–23.00 Uhr, 5x, 8 Std., 48 RM), **Singapur** (9.00/10.00/21.30/22.00/22.30 Uhr, 8.30 Std., 55/99 RM), **KB** (9.30, 21.30 Uhr, 7 Std., 24/35 RM), **Kuantan** (23.00 Uhr, 40 RM), **Hat Yai** (24.00, 0.45 Uhr, 45/65 RM), *KLIA/LCCT* (1.30, 3.00, 5.00, 8.00, 10.00, 14.30, 18.00, 21.30 Uhr, ca. 4 Std., 42 RM).

Singapur: Neben den Express-Bussen fährt die Busgesellschaft *Sri Maju* (www.srimaju.com) mit VIP-Bus ab Büro in der Jln. Bendahara in New Town) 9.00–23.15 Uhr, 6x tgl. 65 RM.

Taman Negara (Kuala Tahan) mit *Hasry Express* (Schalter 28), *Sutera Liner* (Schalter 38) 13.00 Uhr, 40 RM.

Lokale Busse u.a. nach Batu Gajah, Gopeng, Lumut, Kampar, Kuala Kangsar und Taiping.

Busse der **Perak Roadways** nach Lumut fahren schräg gegenüber dem Medan-Kidd-Terminal hinter dem Kreisverkehr ab bzw. nach Kota Bharu.

Ab dem lokalen Busbahnhof kann man nach Taiping, Kuala Kangsar, Kampar, Tapah und Teluk Intan fahren.

Taxis ebenfalls ab Medan Kidd: z.B. Butterworth 150 RM, Cameron Highland 100 RM, Kuala Kangsar 45 RM, KL 160 RM, Lumut 70 RM, Taping 70 RM, Tapah 60 RM, Flughafen 12 RM (Preise pro Fahrt, unabhängig von der Fahrgastanzahl).

Nationale Flüge

■ **Johor Bahru** (241 RM), **KL** (100 RM).
■ **Tel. Flughafen:** 241 4886.

Umgebung von Ipoh

Prähistorische Felszeichnungen oberhalb der Höhle Gua Tambun

Obwohl diese Felszeichnungen eine bedeutende Sehenswürdigkeit darstellen, sind sie nicht ganz einfach zu erreichen. Mit dem *Tanjung Rambutan Bus* (1,30 RM) z.B. ab Stadtzentrum die Jln. Raja Dihilir (früher: Jln. Tambun) 5 km Richtung Tambun bis in Höhe einer Caltex-Tankstelle hinter einer Kaserne (rechts stadtauswärts), direkt vor der Brücke der Nord-Süd-Autobahn. Neben der Tankstelle befindet sich der Eingang zu einer Koppel für Polo-Pferde. Auf dieser links entlang bis zu einem Weg am Fuß der Felsen. Dem Weg nach rechts über ein Gatter hinweg und weiter folgen bis zu einem Unterstand am Beginn der langen Treppe hinauf zu den Felszeichnungen. Von ihrem oberen Ende nach rechts zu einer weiteren kurzen Treppe. Dieser folgt man zu den ersten prähistorischen Felszeichnungen **Lukisan Pra Sejara Gua Tambun,** die auf der malaiischen Halbinsel entdeckt wurden, und zwar 1958 von einem englischen Soldaten, der kommunistische Guerillakämpfer verfolgte. Die mit **Eisenoxyd** angefertigten Malereien befinden sich in rund 10 m Höhe mitten in einer überhängenden Felswand. Früher wurden sie von Bäumen abgeschirmt, heute sind sie durch deren Fehlen schon etwas verblasst aber immer noch gut zu erkennen. Ihr Alter wird auf 5000 Jahre geschätzt, sie erinnern an die Malereien der australischen Ureinwohner und ähneln Felszeichnungen am Mekong in Laos. Die Zeichnungen haben unterschiedliche Stile, dargestellt wurden hauptsächlich Tiere: Fische, Wildschweine, Rinder, Hirsche, aber auch Menschen.

Direkt neben der langen Treppe unterhalb der Felswand öffnet sich **die kleine Höhle Gua Tambun.** Wer sie erkunden möchte, benötigt eine Taschenlampe. Für den Ausflug sollte man mindestens 45–60 Min. veranschlagen. Wer mit dem Bus weiter nach Tambun möchte, geht am besten unter der Autobahnbrücke hindurch bis hinter eine Kurve

oder zurück in Richtung Stadtzentrum, weil die Busse kurz vor und nach der Brücke nicht halten.

Lost World of Tambun/ Banjaran Hotsprings

Kurz hinter Tambun, rund 8 km nordöstlich des Stadtzentrums, auf dem Weg nach Tanjung Rambutan, ist um die seit Langem bekannten und genutzten Thermalquellen (**Tambun Hot Springs**) eine große **Resortstadt** der Sunway-Gruppe samt Giant-Großmarkt und **Themenpark Lost World of Tambun** in die Karstlandschaft am Rande des Dschungels hineingebaut worden, eine der wichtigsten Attraktionen in der Umgebung Ipohs. In dem Abenteuerpark gibt es den **Water Park** mit Rutschen, Flussfahrt auf überdimensionalen Reifenschläuchen (engl.: *Tube*) vorbei an künstlichen Ruinen, Wasserfall u.a.,

den **Amusement Park** mit Fahrgeschäften, Streichelzoo, Tigergehege, einem Sandstrand und natürlich den heißen Quellen, daneben etwa 50 Kletterrouten rund um die spektakuläre **Needle of Tambun**.

■ **Geöffnet:** Mo-Fr 11–18, Sa/So/F ab 10 Uhr, Di geschl. (außer in den Schulferien und an Feiertagen), 45 RM, Kinder ab 12 Jahre 35 RM, Tel. 542 8888, Fax 542 8899, www.sunway.com.my/lostworldoftambun; mit Bus erreichbar ab lokalem Busbahnhof in der Old Town (Tanjung Rambutan Bus).

Übernachten

■ **The Banjaran**⑤, Lage: kurz hinter *Sunway City* und *Lost World of Tambun* an der Straße nach Tanjung Rambutan, mit Bus erreichbar ab lokalem Busbahnhof in der Old Town (Tanjung Rambutan Bus), 1, Persiaran Lagun Sunway 3, Tel. 60 5 210 7777 Fax 60 5 210 7778, www.thebanjaran.com. Exklusives Wellness/Spa-Reservat mit 5-Sterne-Komfort in 25 Luxusvillen rund um die Thermalbecken, 3T/2N-Pakete für Paare (in den Flitterwochen) für stolze 4888 RM; vor allem japanische Touristen leisten sich gern solchen Luxus; allerdings können Tagesgäste in einem der Thermalbecken für vergleichsweise preiswerte 16 RM entspannen.

■ **The Sunway Lost World Hotel**③, direkt neben dem Themenpark gelegen, DZ ab 200 RM.

Oberes Kinta-Tal bei Tanjung Rambutan

Man fährt mit dem Century-Bus 181 bis Ulu Kinta (Kaserne), wandert die Straße knapp 3 km weiter (mit dem Auto kann man bis dorthin fahren) zur eingezäunten Wasseraufnahmestelle *(Intake)* und geht nach links hinunter zum Fluss bis zur Brücke. Ein neuerer, rot markierter Weg führt rechts zum zweithöchsten Berg der Malaiischen Halbinsel, **Gunung Korbu,** 2182 m (offiziell braucht man für diesen Weg eine Genehmigung vom *Forestry Department*).

Vorher sieht man in dem Unterstand (Markt) meist **Orang Asli** vom Stamm der Temiar herumsitzen. Jenseits des Flusses führt rechts ein Weg zu Picknickplätzen bei Stromschnellen, links erreicht man nach weniger als 1 km ein Orang Asli-Dorf, nach weiteren 3 km ein weiteres, ursprünglicheres, Sulol.

Wenn man von Tanjung Rambutan (dessen Psychiatrisches Krankenhaus bei den Einheimischen als T.R. bekannt ist) etwa 1 km weiterfährt, kommt man rechts zur **Nationalen Rennpferdzucht** *(National Stud Farm)*.

Kledang Hill (880 m)

Mit dem General-Bus nach Menglembu bzw. (besser) mit dem Bus nach Taman Kledang zum Ausgangspunkt für den bei den Einheimischen beliebten Berg, auf den ein asphaltiertes Sträßchen hinaufführt: Oben gibt es zwei Fernsehsender (*TV 3* und *RTM*), deren Gelände eingezäunt ist und nicht betreten werden kann, was die Aussicht nicht behindert.

In den höheren Lagen gibt es noch Reste von **Primärurwald,** unten neu angelegte Plantagen. Jeden Abend laufen Jogger und gehen Spaziergänger (meist Chinesen) wenigstens halb hinauf. Sonntags wandern morgens ganze Gruppen zum Picknick auf den Berg. Die Aussicht ist sehr lohnend: das Kinta-Tal mit Ipoh und den Spuren des Zinnabbaus (Ödflächen und „Miningpools"), Berge der westlichen Umgebung bei Parit, wo noch wilde Elefanten herumziehen, die Titiwangsa-Zentralkette im Osten.

■ Einen guten **Überblick über Malaysias Bergwelt** liefert die Website: www.angelfire.com/trek/mofam/Mountain%20Info/gunung_korbu.htm.

Hash House Harrier

Montags finden *Hash Runs/Walks,* wie sie überall in Malaysia sehr beliebt sind, nur für Männer, freitags für Frauen und Männer statt, jeweils ab 18 Uhr. Für Interessierte am **Dschungel-Jogging:** Tel. 012 520 3626, montags: *Lim Boon Lee* Tel. 012 520 3626, „*Prosperity*" *Wong* Tel. 012 518 9602, freitags: *Jenny Wu,* Mobil 019-547 5569, www.malaysiahash.org/malaysiahash/malaysiahash_regions/perak.html (für Detailinformationen die gewünschten Clubs anklicken). Für gewöhnlich trifft man sich an einer ausgemachten Stelle und wird dort eingesammelt. Beim Jogging muss man aber nicht schnell laufen, die Älteren gehen die meiste Zeit und nehmen ihre Taschenlampe mit, weil sie meist erst im Dunkeln zum Ausgangspunkt zurückkehren. Hinterher gibt's Bier oder Limo und eine vom „Hasen" gestiftete kleine Brotzeit.

Im *Coffee Shop Supreme* gegenüber dem *Fairpark Hotel* hängt eine weiße **Tafel mit Angaben zu den nächsten Läufen,** auch kommen Mitglieder zwischen 13 und 14.30 Uhr oft dorthin zum Lunch oder Tee. Wie erkennen? Manche tragen T-shirts der *Ipoh Hash House Harrier/Harriets.*

▷ Hash House Harrier

Gua Tempurung

Es gibt einige interessante teils naturbelassene, teils touristisch aufgemotzte **Höhlen:** z.B. Gua Tempurung (25 km südl. von Ipoh, 2 km südl. der Autobahn-Ausfahrt Gopeng, bis Kampung Gunung Merah, dann links abbiegen; 4 km bis zur Höhle) hinter Gopeng an der Straße nach KL. Sie ist inzwischen beleuchtet und bequem begehbar gemacht worden. Es gibt die sogenannte *Catwalk/Dry Tours* (*Golden Flowstone,* 40 Min., 6 RM, Kinder 2,80 RM; *Top of the World,* 1 Std. 45 Min., 9 RM, Kinder 4,50 RM) und die *Adventure/Wet Tour* (*Top of the World & River Adventure,* 2 Std. 30 Min., 11 RM, Kinder 6 RM; *Grand Tour,* 22 RM; Tel. *Mr. Danial* 017 590 1625, www.guatempurung.com). Eine naturbelassene Höhle gibt es bei Sungei Siput, ca. 30 km nördlich von Ipoh an der alten Straße nach Kuala Kangsar. Die Höhle ist über eine Plantage (Ladang Sungei Siput) zu erreichen.

Einzelheiten wissen Vertreter der *Malayan Nature Society,* die sonntags gelegentlich Ausflüge organisieren (Tel. 254 2744).

Rafflesia

Man kann Ausflüge unternehmen zu einigen Exemplaren der größten Blume der Welt, der **Rafflesia:** 12 km in ein Gebirgstal hinter Gopeng, dann bei einer Stromleitung, die die Straße quert, links einen Weg dem Bach entlang 30–45 Min., zum Schluss rechts haltend den Berghang hinauf zur Stelle, wo auf engem Raum zahlreiche Knospen zu sehen sind. Die Blüte, deren Knospe 9 Monate zum Reifen braucht, hält gerade 4 Tage. Am besten nimmt man einen einheimischen Führer. Die Bewoh-

ner des nahe gelegenen **Semai-Kampongs Ulu Geroh**, die am sogenannten **SEMAI-Projekt** (*Sahabat Ekopelancongan Memuliraan Alam Indah* = Freunde von Ökotourismus und Bewahrung der schönen Natur) teilnehmen, führen Tagesausflüge zu den Rafflesias und geschützten Raja-Brooke-Schmetterlingen durch, mobil 012 645 6254, 470 1251, www.mns.my (*ulu geroh* ins Suchfenster eingeben, es erscheint ein Artikel über fahrlässige Zerstörung eines Raja-Brooke-Habitats).

Organisierte Touren

Über die Web-Site www.journeymalaysia.com lassen sich interessante, jedoch recht teure **Naturtrips** für Gruppen ab 2–8 Personen buchen. Angeboten werden ebenfalls Touren zu den **Rafflesias** von Bukit Pinang, auf Dschungelpfaden auf den **Kledang Hill** (Hausberg von Ipoh), zu einem **Orang Asli Homestay** in Ulu Kinta, zum **Feuchtgebiet von Malim-Nawar** inkl. Kellie's Castle sowie zum **Kinta Vogelschutzgebiet** von Ipoh.

Perak Fluss-Safari

Mitte Juni werden in manchen Jahren von der Perak-Regierung **Kajak-Trips** den Perak hinunter organisiert, Tel. 253 1957, 255 6655.

Batu Gajah

Ein kleines Städtchen (ca. 47.000 Einw.), etwas über 20 km südlich von Ipoh. Zu Zeiten des frühen Zinnbooms im Kinta-Tal war der Ort bedeutender als Ipoh, und unter den Engländern sogar zeitweise Verwaltungshauptstadt Peraks. Ein paar imposante Kolonialgebäude zeugen noch davon, u.a. das *District Hospital* und das *Court House*. Heute ist Batu Gajah Verwaltungssitz des Distrikts *Kinta-West,* ein gemütlicher Ort, fast dörflich, mit vielen Schulen. Der Name *Batu* (= Stein) *Gajah* (= Elefant) leitet sich angeblich von einem in einem Fluss gefundenen Stein, der einem Elefanten ähnelt, ab. Batu Gajah ist Geburtsort des gegenwärtigen Sultans von Perak.

■ **Verkehrsverbindungen:** Die Shuttle-Expresszüge Ipoh – KL Sentral halten in Batu Gajah. Von Ipoh fahren mehrere Busse nach Batu Gajah: Ab lokalem Busbahnhof die „General"-Busse in Richtung Batu Gajah, Tg. Tualang, Sg. Durian und ab der New Town „Perak Roadways", außerdem ab Mitte der Sultan Iskandar Shah in der New Town Sammeltaxis.

Kellies's Castle

Die bekannteste Sehenswürdigkeit in der Umgebung von Batu Gajah ist Kellie's Castle, eine Art Geisterschloss. *William Kellie-Smith,* schottischer Plantagenbesitzer, hatte einen Traum, eine Vision: Er wollte sich ein Schloss bauen, das dem *State Secretariat* in KL in nichts nachstehen sollte. 1915 begann der Bau, der von indischen Arbeitern durchgeführt wurde. Das Vorhaben zog sich in die Länge. 1926 machte sich Kellie nach Großbritannien auf, um einen Lift für den Schlossturm zu kaufen. Er erreichte sein Ziel niemals, starb unterwegs in Lissabon an einer Lungenentzündung (er hatte dort wegen Landkäufen in Timor vorstellig werden wollen) und liegt auf dem Britischen Friedhof von Lissabon begraben. Das Schloss blieb so, wie er es zurückgelassen hat.

Manche glauben, dass es im Schloss spuke, vielleicht ist *Kellies* Geist selbst anwesend; angeblich haben japanische Besatzer die Kellerräume für Folterungen benutzt. Was immer wahr ist, *Kellie's Castle* ist legendenumwoben.

Zugang von der Straße Batu Gajah – Gopeng, 5 km hinter B.G. über eine Brücke. Zur Plantage kann man auch per Bus (Perak Roadways) gelangen, die fahren jedoch nicht häufig. Günstiger ist ein eigenes Auto (*Friends rent a car,* 120 Jln. Sultan Idris Shah, Ipoh, Tel. 255 2939, Eintritt 4 RM, Schulkinder 2 RM).

Von Gopeng kommend sieht man etwa einen Kilometer hinter dem Schloss einen **indischen Tempel**, dessen Bau von *Kellie* für die

Plantagenarbeiter in Auftrag gegeben wurde. Das besondere an dem Tempel ist, dass man das Gesicht von *Kellie* rechts draußen erkennen kann – als Dank an den Stifter.

Clearwater Sanctuary Golf Resort

Von Simpang Pulai kommend, liegt 4 km vor Batu Gajah rechts das *Clearwater Sanctuary Golf Resort* (Tel. 366 7433, www.cwsgolf.com.my); an seinem Rand stehen die langsam verfallenden Kulissen des Palastes für den Film „Anna and the King": am Eingang zum Club anmelden, zum Clubhaus vorfahren, dahinter rechts halten zum ehemaligen Filmgelände.

Ein weiteres lohnendes kleines Städtchen ist **Papan** (auf dem Weg von Batu Gajah nach Ipoh bzw. Lumut) mit sehenswertem Häuserensemble, besonders *Mandahing*, ein früheres Haus des Chieftains.

Lumut

Das Städtchen mit 40.000 Einwohnern am Dinding-Fluss verfügt über einen Fährhafen für die **Insel Pangkor** und ist darüber hinaus der größte Flottenstützpunkt Malaysias. Lumut liegt rund 90 km süd-westlich von lpoh, bzw. südlich von Taiping.

Der Ort selbst hält für Besucher keine nennenswerten Attraktionen bereit. Es gibt zwar einige **Strände** an der Dinding-Straße, die allerdings nicht sehr attraktiv sind. Man kann sie per Taxi (mind. 7 km von Lumut) erreichen: Teluk Muruh, Teluk Batik (Hauptstrand), Teluk Rabiah.

Wer Lust auf eine bei Einheimischen sehr beliebte kleine, allerdings recht steile Bergtour hat, sollte sich den **Bukit Engku Busu**, 331 m, nicht entgehen lassen: Zugang bis zur Abzweigung hinter Orient Star Resort, gegenüber Polizei, bei großem Hinweisschild; links Straße bis Parkplatz, bei Schild rechts in den Wald; Fixseile zur Sicherung sind vorhanden.

■ **Übernachtung**
1 Lumut Country Resort
2 Blue Bay Resort
3 Swiss Garden Golf Resort
4 DJ Palace Hotel
5 Era Backpackers Hotel
7 Galaxy Inn
8 Hotel Putra
9 Hotel Indah
10 Orient Star Resort

■ **Sonstiges**
6 Tickets

Höhepunkt des touristischen Jahres in Lumut ist die 3-tägige **Pesta Laut Lumut** im August, während der Bootsrennen und andere Sportveranstaltungen, sowie allerlei Volksbelustigungen angeboten werden. Lumut soll touristisch noch weiter ausgebaut werden.

Übernachten

Tel.-Vorwahl Lumut: 05

Normalerweise wird angesichts der attraktiveren Insel kaum jemand freiwillig in Lumut übernachten wollen; aber falls man die Fähre verpasst hat (nach 19 Uhr), gibt es ein paar Adressen:

Links der Busstation

■ **Orient Star Resort**⑤-⑥, 366, Jln. Iskandar Shah, Tel. 683 3800, Fax -8888, www.orientstar.com.my, große Anlage mit 150 komplett ausgestatteten DZ ab 198 RM (online), sonst 350 RM, High Tea 14.30–18.30 Uhr 18 RM, Steamboat 25 RM (mind. 2 Pers.) Konferenzräume, am Ortsausgang Richtung Marinebasis.
■ **Hotel Indah**②, 208, Jln. Iskandar Shah, Tel. 683 5064, -4220. Alle Zi. mB, a/c, z.T. mit TV, Kühlschrank und Balkon/Meerblick, angenehme Atmosphäre.
■ **Hotel Putra** (früher *Manjung Permai*)②-③, 211-213, Jln. Iskandar Shah, Tel. 683 4934-36, Fax 683 4937. Dem Indah in Ausstattung und Qualität sehr ähnlich, nur geringfügig teurer.
■ **Galaxy Inn**③, 4148/9, Jln. Sultan Idris Shah, Tel. 683 8731, Fax 682 8732. Alle mB, a/c, Appartments auch mit Küche, sehr sauber, vielleicht etwas zu teuer; nebenan wird noch ein **preiswerter Raum**① ohne a/c vermietet, 65–100 RM.

An der Straße entlang der Küste (Jln. Titi Panjang)

■ **DJ Palace** (früher *Harbour View Hotel*)③, Jln. Titi Panjang, Tel. 683 7888, Fax 683 7088. Saubere Zimmer ab 69 RM, 3 BZi 130 RM.
■ **Era Backpackers Hotel**①, 7–9, Jln. Raja Muda Musa, Tel. 683 8910. Sauber, freundlich, Dorm 15 RM, Zi. oB ab 25 RM.
■ **Blue Bay Resort**③, Jln. Titi Panjang, Tel. 683 6939, Fax 683 6239. 66 gut ausgestattete Zi. m. Wasserkocher, Pool, Blick über Hafen, ab 96 RM.

■ **Swiss Garden Golf Resort & Spa Damai Laut**④, Jln. Damai Laut, Tel. 683 5555, www.damailaut.com. Gegenüber Pangkor gelegenes Resort mit eigenem Golfplatz und Fährverbindung zur Insel, 300 luxuriös ausgestattete Zimmer, ab 180 RM.
■ **Lumut Country Resort**③-④, 331, Jln. Titi Panjang, Tel. 683 5109, Fax 683 5396. Ebenfalls schön und teuer.

Verkehrsverbindungen

■ **Busse** der *Perak Roadways* fahren regelmäßig zur vollen Stunde **von Ipoh** direkt **nach Lumut**. Der letzte Bus startet um 18 Uhr, Fahrzeit 90–110 Min. Der Expressbus braucht nur 1 Std., fährt aber nicht so häufig.

Weitere Verbindungen: Ipoh (9.20–19.15 Uhr, 11x, 1.30 Std., 6 RM), **BW** (8.30–16.30 Uhr, 7x, 3 Std., 20 RM), **Teluk Intan** (9.00–20.00, 6x, 1 Std., 6 RM), **Kuala Kangsar** (9.30/13.30 Uhr, 1½ Std., 8–10 RM), **KB** (9.30/13.30/21.45 Uhr, 7.30 Std., 30 RM), **KL** (8.30–24.00, 14x, 4 Std., 20 RM), **JB** (20.00, 8.30 Std., 57 RM), **Kuantan** (7.30, 17.45 Uhr, 37/46 RM), **Singapur** (9.00/19.30 Uhr, 12 Std., 46 RM); Taxis 100–200 % > Bus (bei 4 Personen).

Wenn man den Direktbus ab Ipoh verpasst haben sollte, kann man statt dessen einen normalen Bus nach **Sitiawan** (dort gibt es sogar einen kleinen Flugplatz, der von *Pelangi Air* mehrmals pro Woche ab KL, Singapur angeflogen wird) nehmen und von dort mit einem anderen Bus nach Lumut weiterfahren.

Umgebung von Lumut

In **Kota Kanan** am Perak-Fluss liegt eine Aufzuchtstation von Terrapin-Schildkröten. Nach Überqueren des Flusses links abbiegen, ca. 50 km westlich von Ipoh.

Weiter flussabwärts, auf halbem Wege nach Teluk Intan mit seinem schiefen Turm liegt **Kampong Gajah** bzw. **Pasir Salak:** Dort wurde der erste britische Statthalter in Perak, *James Birch*, ermordet. Es gibt in der Gegend auch 10 Königsgräber aus den frühen Jahren des Sultanats Perak. Kampong Gajah ist örtlich auch bekannt für Keramik und Stickereien. Der Ort (ab Ipoh per Bus ab lokalem Busbahnhof erreichbar) soll touristisch ausgebaut werden.

Die Straße von Kg. Gajah nach Lumut ist landschaftlich sehr reizvoll: idyllisches Landleben mit Holzhäusern, Durian- und anderen Obstbäumen, Reisfeldern und den häufig zu beobachtenden Eisvögeln (der Name *Kingfisher* passt hierzulande besser).

Nach der Abzweigung in Richtung *Kg. Gajah* führt eine Straße nach **Bruas,** wo es Siedlungs- und Festungsreste des alten malaiischen Königreichs *Gangga Negara* gibt. Ein Bus („*General*") fährt vom lokalen Busbahnhof in Ipoh nach Bruas.

Am Strand **Pantai Sungai Gelam** am Dinding, in der Nähe des Fischerdorfes Segari, jenseits des Dinding ein Stück nördlich von Lumut, gibt es eine Stelle, an der normalerweise zwischen März und Juli **Schildkröten** *(Greenback)* ihre Eier ablegen. Es ist eine kleinere Art, sie können (nur) 1 Meter groß und 140 kg schwer werden. Früher kamen in der Saison Hunderte von Schildkröten und legten ihre Eier, heute sind es nur noch ein paar Dutzend. Das unverschämte Benehmen der Touristen, die es mit den Tieren so schlimm treiben wie in Rantau Abang (Blitzlichter der Kameras, Reiten auf deren Rücken etc.) und Eierraub durch Fischer und Warane könnten die Gründe sein. Nun jammern die Fischer, dass diese einträgliche Touristenattraktion ggf. dahin ist.

Angeltrip nach Pulau Sembilan

Südlich von Pangkor liegt die kleine unbewohnte **Inselgruppe von Pulau Sembilan** (neun Inseln). Gruppen können ein Fischerboot inkl. Steuermann mieten.

Beliebt sind nächtliche Angeltrips im Meer. Man kann auch auf eine der Inseln zum Übernachten, Schnorcheln oder Vögelbeobachten fahren. In dem Fall sollte man Essen und Getränke mitbringen. Auf den beiden Hauptinseln gibt es fließendes Wasser; an Moskito-Coils oder -Netze denken.

Ein anderer Zugang zur Inselgruppe ist südlich von Lumut, von Bagan Datuk an der Mündung des Perak-Flusses aus, möglich.

Gute Tauchmöglichkeiten bei Pulau Rumbia und Pulau Lalang.

Fähren nach Pangkor

Die Fähranlegestelle nach Pangkor ist normalerweise das einzige, was Touristen an Lumut

Schwalbenhotels

Dem aufmerksamen Spaziergänger durch malaysische Städte werden sie aufgefallen sein: fensterlose alte Häuser mit einer Vielzahl Löcher, über denen nicht selten Schwalben kreisen. Es handelt sich um sogenannte Schwalbenhotels, englisch *bird hotels,* malaisch *rumah burung (layang-layang)*. Angesichts des unersättlichen Appetits der Chinesen, aber auch Koreaner, Japaner, Vietnamesen auf *Bird Nest Soup,* wird der Bedarf nicht mehr durch Plündern der Schwalbennester in Höhlen (z.B. *Niah Cave* in Sarawak) oder Klippen am Meer gedeckt, sondern durch gezielt eingerichtete Schwalbennestfarmen. Davon gibt es in Malaysia rund 50.000, eine bescheidene Zahl im Vergleich zu Indonesien, wo es zehnmal so viele gibt. Zentren in Malaysia sind Kota Bahru an der Ostküste und Sitiawan, in der Nähe von Lumut und der Insel Pangkor, mit zusammen 1500 Farmen. Endau und Kota Tinggi in Johor sowie Kuantan mit Kuala Rompin in Pahang bieten ebenfalls Potential. Unverarbeitet erzielen Vogelnester 4500 RM pro Kilo, verarbeitet 12.000 RM. Nur 40–50 % der Schwalbenhotels, die häufig als Einzelobjekte inmitten der Städte betrieben werden, sind bislang wirtschaftlich rentabel. Wer sich näher dafür interessiert, kann in Sitiawan den *Swiftlet Eco Park* besichtigen, wo eine ganze Siedlung zur Schwalbennestfarm umgebaut wurde.

interessiert. Sie ist von der Endstation des Busses aus in ein paar Minuten zu erreichen: Parallel zum Fluss in westlicher Richtung am Uhrturm rechts vorbei direkt zu einer der Fähren gehen, die bei Andrang alle 15 Min., sonst alle 30 Min., fahren (10 RM, 1 Woche gültiges Ticket).

Der Trip über die Dinding-Straße zur quer vor der Mündung des Dinding liegenden lnsel Pangkor dauert 35 Min. bis 1 Std., je nach Ziel). Fährplan: siehe Pangkor.

Insel Pangkor

Bekanntlich kann die im Norden an der **Andaman-See**, im Süden an der **Straße von Malacca** gelegene **Westküste** der malaiischen Halbinsel mit der **Ostküste** in punkto Baden, Windsurfen, Schnorcheln und Tauchen nicht mithalten. Eine rühmliche Ausnahme bildet die Inselgruppe von **Langkawi**, wo Schnorcheln und Tauchen jedoch nur auf der südlich gelegenen kleinen Inselgruppe von **Pulau Payar** lohnend sind. **Penang** bietet trotz hohen Bekanntheitsgrades keine herausragenden Strände. Da bleibt als einziger Lichtblick die kleine Insel **Pangkor** südlich von Penang: 12 km lang, 4 km breit. An Wochenenden und Feiertagen strömen die Einheimischen dorthin und steigen die Preise deutlich an. Deshalb empfiehlt sich ein Besuch unter der Woche oder ein längerer Aufenthalt. Während der Nordost-Monsun zwischen November und Februar an der Ostküste bläst, bleiben den Reisenden im Prinzip ohnehin nur die Ziele entlang der Westküste.

Der Name Pangkor steht für ein Stück **britischer Kolonialgeschichte** (von der kleinen holländischen Festung im Süden der Insel aus dem 17. Jh. abgesehen): Hier wurde 1874 ein Abkommen geschlossen, nach dem der Sultan von Perak einen britischen Statthalter erdulden musste, der in allem (außer Religion und malaiischen Sitten) das Sagen hatte. Damals wurden die Dindings, also das Gebiet Lumut-Pangkor, den Straits Settlements (Singapur, Melaka, Penang) zugeordnet und erst 1935 an Perak zurückgegeben.

Die bei Rucksackreisenden **beliebtesten Strände** liegen eindeutig in den Buchten von **Teluk Nipah** und **Coral Bay** an der Westseite. Die Einheimischen bevorzugen dagegen den langen Strand von **Pantai Pasir Bogak** in einer sanft geschwungen Bucht einige Kilometer südlich von Teluk Nipah. Pauschaltouristen steigen häufig im *Pangkor Island Beach Resort* im Norden der Westseite am Strand **Pantai Puteri Dewi** oder in der Bucht **Teluk Dalam** an der Ostseite ab. Exklusiv und teuer ist der Resort auf der kleinen vorgelagerten Insel Pulau Pangkor Laut, die nur noch den Gästen des Resorts offensteht.

Transport und Überblick

Die **Fähren von Lumu**t legen in der Regel zunächst im Kg. Sungei Pinang Kecil (dt.: Kleiner Betelpalmenfluss), danach im Hauptort Kg. Pangkor an. Am Vorplatz warten die **Minibus-Taxen**, das einzige Transportmittel auf der Insel. Wie auf Langkawi hat hier die Taxi-Mafia ebenfalls einen Linienbusverkehr verhindert. Zu mehreren sind die Preise niedrig, allein gerade noch akzeptabel, nach Nipah z.B. 15 RM. Die **Preise** zu allen Zielen stehen auf einer großen Tafel.

Die meisten fahren vom Fähranleger direkt zum Pantai Pasir Bogak bzw. über zwei Sättel und an den Buchten **Tortoise** und **Monkey Bay** vorbei nach **Teluk Nipah**. Nach Süden führt eine Stichstraße bis zur Bucht **Teluk Segadas**, vorbei am Kg.Teluk Kecil und Teluk Gedung. Etwa 2 km von Kg. Pangkor sieht man rechter Hand die Überreste der erwähnten holländischen Festung und kurz dahinter, linker Hand, einen Stein *(batu bersurat)* mit Inschrift aus der Zeit der Holländer samt Tiger. Der danach benannte *Tiger Rock Resort* (siehe unter „Übernachtungen") liegt in der Nähe. An der Bucht Teluk Segedas beginnt bzw. endet der Dschungelpfad nach/von Pasir Bogak.

Von Teluk Nipah mit den vorgelagerten Inselchen **Giam** (wird gern angepaddelt) und **Mentagor** gelangt man zunächst zum **Coral Beach** mit einem *Resort,* Läden und Strandcafés und danach zur **Coral Bay,** dann weiter an einem evtl. noch vorhandenen kleinen *Resort (Pangkor Rimba Kem)* mit Zeltplatz vorbei zur **Man Bay,** zum Inselflugplatz und zur schönen Bucht **Teluk Dalam** mit gleichnamigem großem *Resort* und dessen Fähranleger sowie die an der Nordwestseite gelegene Anlage des *Pangkor Island Beach Resort* am **Strand Pantai Puteri Dewi,** benannt nach einer Prinzessin aus Sumatra, die sich der Legende nach dort in Meer gestürzt haben soll, nachdem sie erfahren hatte, dass ihr Geliebter an diesem Strand begraben lag.

Von Teluk Dalam steigt die Straße 90 Höhenmeter steil durch Dschungel an und führt über einen Sattel hinunter in die Bucht **Teluk Chempedak** mit Möglichkeit zu einem Abstecher in den gleichnamigen Kampung (an ihrem südlichen Ende beginnt der Weg zum **höchsten Berg der Insel,** den 370 m hohen **Bukit Pangkor,** s.u. „Dschungelpfade"). Die Straße führt in leichtem auf und ab zu den überwiegend chinesischen Fischerdörfern Kg. **Sungei Pinang Kecil** und **Besar,** u.a. mit se-

Tropische Idylle auf der Insel Pangkor

Übernachtung
1. Pangkor Island Beach Resort
2. Teluk Dalam Resort
3. Pangkor Rimba Kem Resort
4. D'Senja
5. Horizon Inn,
   Lyana Village,
   Ombak Inn Chalet,
   Suria Beach Resort,
   Pangkor Bayview Beach Resort,
   Nipah Bay Villa,
   Pangkor Indah,
   Nazri Nipah Camp,
   Nipah Waterfront Beach Resort,
   Anjungan
6. Hornbill Resort,
   Palma Beach Resort,
   Flora Beach Resort, Budget,
   Purnama Beach Resort,
   Pangkor Indah Beach Resort,
   D'Lima Beach Resort,
   Sunset View Chalet,
   Seagull Beach Village Resort,
   Pan Vill Resort,
   Nipah G.H.,
   Minzam/Intan Beach Resort,
   Ala Chalet
7. Pangkor Village Beach Resort
8. Uptown Beach Resort,
   Vikri Beach Resort,
   Pasir Bogak Beach Resorts,
   Coral View Beach Resort
9. Standard Pangkor Camp,
   Resorts,
   Chalets & Beach Lokale
10. Golden Beach Resort
11. Coral Bay Resort
12. Putri Bayu Beach Resort
13. Seaview
14. P. Laut Resort
15. Tiger Rock Resort
16. Swiss Garden Golf Resort & Spa

henswertem chinesischem **Tempel Foo Lin Kong**, und schließlich zum **Kg. Pangkor** (bevor es hinunter in den Ort geht, steht links ein kleines Museum). Zusammen ist das etwa eine Strecke von 30 km, also auch per Fahrrad recht gut zu bewältigen.

Aktivitäten

Baden, Schwimmen, Kajak fahren (15 RM/Std.), etwas **Schnorcheln** (nicht ideal, da das Wasser eher trüb ist), **Boot fahren, Angeltrips** (meist nachts), **Rad- oder Moped fahren, Wandern** (s.u. „Dschungelpfade"), am Spätnachmittag gegen 18 Uhr in Teluk Nipah die zahlreichen **Nashornvögel** beobachten.

Dschungelpfade

Die Dschungelpfade auf Pangkor sind nicht so gut beschildert wie etwa in den Cameron oder Fraser's Highlands. Mangels Begehung wachsen manche Wege bald wieder zu. Blutegel *(leeches)* gibt es auch auf Pangkor.

■ **Wasserfall und Bukit Pangkor:** Von Teluk Nipah gibt es vom Ende der 1. Querstraße (von Süden gerechnet) einen bezeichneten Weg zu einem kleinen Wasserfall, den man nach ca. 15 Min. erreicht. Von dort steigt der Weg links aufwärts, folgt einem Kamm (Höhe ca. 200 m), führt von seinem Ende 70 m abwärts und schließlich 200 m ziemlich steil aufwärts zum Gipfel des Bukit Pangkor (371 m) mit trigonometrischem Punkt, aber ohne Aussicht. Auf der anderen Seite führt er in ca. 1,8 km zur Straße am südlichen Ende der Bucht Teluk Chempedak hinunter. **Zeitbedarf ca. 2 Std.** Dort können Sie sich abholen lassen oder gehen südlich weiter zu den Kampungs Sungei Pinang Kecil und Besar sowie schließlich zum Hauptort Pangkor.

Wer nur auf den **Bukit Pangkor** will, sucht sich den Beginn des Weges am südlichen Ende der Bucht Teluk Chempedak, dort wo die Straße zu den Kampungs wieder ansteigt. Das gelbe Schild „Ke Puncak Bukit Pangkor" steht hoffentlich noch.

■ **Für Gäste des Pan Pacific Hotel** gibt es einen regelmäßig begangenen Pfad im Norden der Insel.

Insel Pangkor

■ Am **Pasir Bogak** gibt es vom *Standard Pangkor Camp* einen bezeichneten Weg zu einer Hängebrücke *(jabatan gelung)*. Erkundigen Sie sich bitte vorher, ob der Weg weiter führt nach Kg. Sg. Pinang Besar, falls Sie dorthin wollen.

■ **Vom Südende des Strandes am Pasir Bogak** führt ein Weg an der Küste entlang zur Bucht Teluk Segedas. Wenn Sie diesen Weg gehen wollen, lassen Sie sich am besten dort abholen.

Information, Geld, Internet

■ www.pulau-pangkor.com
■ **Internetanschlüsse** gibt es in vielen Unterkünften, vor allem in Teluk Nipah, wo die Backpacker am liebsten absteigen.
■ **ATM:** u.a. *Maybank* im Hauptort, Geldwechseln besser in Penang/Ipoh/Lumut.

Übernachten

Tel.-Vorwahl Pangkor: 05

An der sanft geschwungenen Bucht **Pasir Bogak** stehen einige Unterkünfte unterschiedlichster Preisklassen, beliebt vor allem bei Malaysiern an Wochenenden und in den Ferien.

Pasir Bogak (von Süd nach Nord)

■ **Seaview**④, Tel. 685 1705, Fax -970, www.seaviewpangkor.com. Direkt am Strand. Das Lokal ist besonders bei Sonnenuntergang ein angenehmer Ort und bietet gutes Essen. Zahlreiche Sportangebote, ab 130 RM.
■ **Coral Bay Resort**④, Tel. 685 5111, Fax 6855 666, www.pangkorcoralbay.com.my. Komfortables Hotel an der Kreuzung am Beginn des Strandes, ab 130 RM (wochentags), ca. 200 m vom Strand, Swimming Pool.
■ **Golden Beach Resort**③, Tel. 685 5888, www.pangkor.net.my. Modernes Hotel der gleichnamigen Kette, gegenüber dem *Coral Bay Resort*, mit Meerblick und Balkon, nach hinten ruhiger; empfehlenswert, ab 120 RM.
■ **Putri Bayu Beach Resort**④ (früher *Sri Bayu*), Tel. 685 1929, Fax 685 1050, www.puteribayu.com. Chalets im Kampungstil, Restaurant, DZ ab 120 RM, Chalets ab 200 RM.

■ **Standard Pangkor Camp**①, Tel. 685 4020. Nicht direkt, aber nahe dem Strand; sehr einfach, aber für Sparwillige nicht schlecht.
■ **Vikri Beach Resort**③ (früher *Vikri Huts*), Tel. 685 4258. Schattig unter Bäumen gelegen, DZ a/c, mB, TV 120 RM, 3BZi 150 RM, 4BZi 180 RM, 6BZi 230 RM.
■ **Uptown Beach Resort**③, Tel. 685 4510, Fax -2832, www.uptownbeachresort.com, Chalets und DZ teils am Hang, ab 130 RM.
■ **Panggkor Village Beach Resort**①-③, Tel. 685 2227, Fax 685 3787, www.pangkorvillageresort.com. Schöne Anlage mit Zelten, Zelt 12 RM, Dorm. 18–22 RM, DZ ab 100 RM, deluxe ab 150 RM.

Pangkor Laut

■ In gehobener Preisklasse liegt das **Pangkor Laut Resort**④-⑥ auf der gleichnamigen Insel, Tel. 699 1100, www.pangkorlautresort.com. Die Anlage liegt reizvoll in der Bucht gegenüber Pasir Bogak. Das Hotel hat eine eigene Fährverbindung. Die beste Bucht, Emerald Bay, liegt wenige Minuten entfernt auf der anderen Inselseite. Hütten stehen am Coral Beach. Unter der Woche gibt es evtl. Discount. Das Resort bietet einen kleinen Swimmingpool, sechs Tennisplätze, zwei Restaurants, eine Disco und drei bis vier Privatstrände. Villa ab 920 RM.

Teluk Nipah (von Süd nach Nord)

Die Zahl der meist kleinen Anlagen wächst immer noch. Einige wenige befinden sich an der Hauptstraße entlang der Bucht, die meisten jedoch in zwei Seitenstraßen, keine liegt direkt am Strand, dort gibt es Lokale, Essstände, Läden, Verleih von Kajaks, Schnorchelausrüstung u.a.

Erste Seitenstraße

■ **Hornbill Resort**③, Tel. 685 2005, Fax 685 2006, www.pangkorhornbillresort.com. Sehr freundlich; mit Meerblick und Balkon, nach hinten ruhiger; DZ a/c, mB, TV, Telefon, Balkon 120–150 RM, Zi. nach hinten ruhiger, Nebensaison ab 80 RM.
■ **Palma Beach Resort**③, Tel. 685 3693, www.palmabeachresort.com.my. Saubere DZ in Villen a/c, mB ab 95 RM.
■ **Flora Beach Resort**②, Tel. 685 3878, mobil 019 567 4350, www.florabeachresort.com. DZ a/c, mB, TV ab 85 RM, Auto- und Mopedverleih.
■ **Budget**②, Tel. 685 3529, mobil 016 421 7752, www.budgetbeachresort.com, beliebte kleine Anlage, DZ a/c, mB, TV ab 75 RM, 3BZi 95 RM, 4BZi 120 RM, mit Auto-, Mopedverleih.

Insel Pangkor

⬜ Übersichtskarte S. 42, Inselkarte S. 132

● Gegenüber liegt der zunehmend beliebte **Purnama Beach Resort**②, Tel. 685 4585, -3530, www.purnama.com.my, DZ a/c, mB, TV ab 85 RM, 4 BZi ab 115 RM.
● **Pangkor Indah Beach Resort**②, Tel. 685 2107, Fax -1668, www.pangkorindah.com, einfache kleine Anlage Wifi, DZ a/c, mB, 60/80 RM.
● **D'Lima Beach Resort**①, Tel. 685 2494. Schön mit Bambus gestaltete Anlage, ab 30 RM.
● **Sunset View Chalet**②-③, Tel. 685 5448, Fax 685 5449, mobil 012 408 2297, http://sunsetviewchalet.com, DZ 50/80/150 RM, tgl. 18.30 Uhr Fütterung von Nashornvögeln *(great hornbill, oriental pied hornbill)*.
● **Seagull Beach Village Resort**①-②, Tel. 685 2878, Fax 685 2857, www.seagullbeachvillageresort.com. Saubere Zi. fast alle mit a/c; nicht schlecht; recht günstiger Internetzugang, DZ mf, mB 60 RM, a/c, mB 80 RM, Zimmer für bis zu 6 Personen.
● **Pan Vill Resort**②, Tel. 685 5112, www.pangkorpanvillresort.com, besonders geeignet für Gruppen; Chalets und Dorm. für bis zu 9 Pers. in Stockbetten a/c, mB, TV.
● **Nipah Guesthouse**①-③, mobil 017 506 9259, http://pangkorbeachchalet.com, neue kleine Anlage mit Restaurant, Dorm. 30/40 RM, Nur Dachhütten a/c, mB, TV, mFr ab 90 RM, 3 BZi deluxe ab 120 RM, Wifi, Tee/Kaffee.
● **Mizam Resort/Intan Beach Resort**②, Tel. 685 3823, Fax -2823, mobil 013 4543823. Ganz am Ende der Straße sehr ruhig gelegen, Wäscherservice gratis, Wifi, Tee/Kaffee, DZ mf, mB 50 RM, a/c 70 RM.
● **Ala Chalet**②, mobil 019 404 9450, 012-415 7868, alachalet@yahoo.com, kleine Anlage, Chalet a/c, mB, TV ab 40 RM.

Hauptstraße/zweite Seitenstraße

● **Horizon Inn**②, Tel./Fax 685 3399, www.pangkorisland.com.my. Mittelklasse-Hotel mit guten Zimmern, DZ a/c, mB, TV ab 80/90 RM.
● **Lyana Village**②, Tel. 685 3393, awien_az@yahoo.com. Relativ preiswerte, nette Anlage; alle Zi. mB, DZ a/c, mB 95 RM.
● **Ombak Inn Chalet**②, Tel. 685 5223, Razak_nas@yahoo.com. Einfache Doppelbungalows in einer Gartenanlage. Fahrrad- und Motorradverleih, Zi. 70/100 RM.
● **Suria Beach Resort**①-②, Tel. 685 3922, Fax 685 3921, suriaresort.tripod.com. Saubere, gute Zimmer, DZ mf, oB 30 RM, a/c, mB, TV 80 RM.
● **Pangkor Bayview Beach Resort**②-③, Tel. 683 540, www.pangkorbayview.com. Schönes Haus; DZ a/c, mB, TV ab 105 RM, 3T/2N, VP 190 RM.

● **Nipah Bay Villa**②, Tel. 685 2198, mobil 012 575 0121, 012-461 3402, http://pulaupangkornipahbayvilla.blogspot.com. Älteste Anlage in T. Nipah, schöner Garten, Motorradverleih, jetzt großes Restaurant, DZ a/c mB TV ab 80 RM.
● **Pangkor Indah**②, Tel. 685 2107, -1668. Sehr ähnlich, ebenfalls gut, DZ a/c, mB ab 70 RM.
● **Nazri Nipah Camp** (mit *World Buskers Club*)①, Tel. 685 2014, Fax 685 3730. Dorm. 15 RM, Zi oB 30 RM, Chalets mf, mB 45 RM, nette kleine und preiswerte Anlage für weniger Finanzkräftige; Angebote für Aktivitäten gibt es satt: Jungle Trekking, Angeln, Kayak, Wasser- und Jet Ski, Schnorcheln und Windsurfen sind im Angebot; gut.
● **Nipah Waterfront Beach Resort**③-④, mobil 012 517 3855, www.nipahwaterfront.com, neue große Anlage an der Hauptstraße am nördlichen Ende der Bucht, DZ/Chalet a/c, mb, TV 150 RM, 3 BZi 180 RM.
● **Anjungan**④, Tel. 685 1500, Fax -2500, mobil 012 524 1085, www.anjunganresortpangkor.com, attraktive neue Anlage am nördlichen Ende der Nipahbucht mit 50 gut ausgestatteten DZ ab 160 RM, schiffförmiger Pool, Restaurant/Café.

Resorts im Norden

● **D'Senja Beach Resort**④, Tel. 685 5523, Fax -2242, mobil 019 572 5523, http://rimbakemandsenja.blogspot.com, neuere Anlage am Strand, gleiche Besitzer wie *Rimba Kem*, DZ a/c, mB 120 RM, Meeresblick 150 RM.
● **Pangkor Island Beach Resort**④-⑥ (früher *Pan Pacific Resort*), Tel. 685 1091, 685 1399, www.pangkorislandbeach.com. In der Golden Sands Bucht; teure Adresse auf Pangkor mit großem Sportangebot zu Wasser und zu Land; hoteleigene Fährverbindung und Zubringer, ab 480 RM. Bei Online-Buchung erhält man wochentags Zi. schon ab 160 RM.
● **Teluk Dalam Resort**⑥, Tel. 685 5000, www.tdr.com.my. Luxuriöse, große Anlage an der gleichnamigen Bucht, ab 350 RM.
● **Pangkor Rimba Kem**②, Tel. 685 5523, portalpangkor.com/prk.htm. Hütten ab 80 RM, Zelt 10 RM, einzige Anlage am Coral Beach.

In **Kg. Pangkor,** wo die Fähren anlegen, gibt es ebenfalls Hotels.

Resort im Süden

● **Tiger Rock Resort**⑥, Tel. 685 4154, www.tigerrock.info. 3 geschmackvoll eingerichtete Häuser mit Dschungelumgebung nahe Kota Belanda, Vollpension ab 600 RM.

Fährverbindungen

- **Lumut – Pangkor:** ab 6.45 bis 20.0 Uhr, an Feiertagen bis 21 Uhr alle halbe Stunde.
- **Pangkor – Lumut:** ab 6.30 bis 20 (außerhalb der Hauptsaison ca. 19 Uhr) ebenfalls alle halbe Stunde (etwa 15 min. später ab **Sg. Pinang Kecil,** wo die Fähre einen Zwischenstopp einlegt).
- **Lumut – Pan Pacific:** 8.45, 10.15, 12.30, 14.30, 16.30, 18.30 Uhr, 6 RM.
- **Pan Pacific – Lumut:** 8, 9.30, 11, 13.30, 15.30, 17.30 Uhr.
- **Lumut – Pansea Pangkor Laut:** 8, 11, 14, 18.30 Uhr, 8 RM.
- **Pansea Pangkor Laut – Lumut:** 9, 12, 15, 17 Uhr (umsteigen in Pangkor).

Cameron Highlands

- www.cameronhighlands.com

Die größte der von den Engländern angelegten „Hill Stations", 1500–2000 Meter hoch gelegen, im Herzen der Titiwangsa-Kette. Wie die Engländer ab und zu in das rund 10 Grad kühlere Hochland entfliehen mussten, ergeht es vielen Malaysia-Touristen.

Die Mittelgebirgslandschaft wurde 1885 bei Vermessungsarbeiten von *William Cameron* entdeckt und ab 1931 erschlossen. Während der Hauptzeit kommunistischer Guerilla-Aktivitäten diente die Gegend den Aufständischen als Unterschlupf. Hier verschwand auch auf rätselhafte Weise der Seidenkönig *Jim Thompson*, der offiziell von einem Spaziergang von der „Moonlight Villa" nicht mehr zurückkehrte. Wochenlang hatte man im Dschungel nach ihm gesucht. Heute wird vermutet, dass er überfahren und aus Angst vor den Folgen heimlich verscharrt wurde.

Seit 1960 wurde das Gebiet touristisch erschlossen. Heute geht die Entwicklung fast schon zu weit. Immer neue Apartmentblocks werden an die unstabilen Berghänge gebaut; immer wieder gibt es Erdrutsche. Alle Täler sind neben den alten Teeplantagen mit Gewächshäusern für Blumen, Obst und Gemüse angefüllt. Wo soll all das benötigte Wasser herkommen!? Schon heute gibt es immer wieder Engpässe.

Zufahrt

Lange gab es nur einen Zugang, und zwar den von Tapah (60 km südlich von Ipoh, 140 nördlich von KL) aus. Wer von Süden kommt, wird auch weiterhin so in die Berge fahren. Seit mehreren Jahren ist jedoch ein direkter Zugang von **Ipoh** aus fertig, was die Anfahrt von Norden um ca. **60 km** verkürzt. Diese Route ist besonders interessant für Reisende aus Richtung **Penang** und **Ipoh.** Auf dieser Straße erreicht man die Highlands in Kampong Raja, im Blue Valley, von wo eine weitere Straße nach **Gua Musang** führt und damit eine direkte Verbindung in Richtung **Ostküste** ermöglicht. Ab **Kuala Lipis** gibt es nun eine weitere Verbindung in die Highlands. Sie trifft in Ringlet auf die alte Straße von Tapah. Beide Straßen nach/von Osten haben keinen öffentlichen Busverkehr, da die Gegend nur dünn besiedelt ist. Hier helfen nur die neuen Backpackerbusse, Taxis oder ein eigenes Fahrzeug (s. „Verkehrsverbindungen"). Für Reisende aus Richtung KL bleibt es beim alten Weg: Ab Tapah geht's nach Passieren der Plantagen und einiger Reisfelder ins Gebirge. Bei km 11 gibt es einen Abzweig zum **Hutan Rekreasi** bzw. **Lipur** (Erholungswald) **Kuala Woh** rund um den flachen Batang-Padang-Fluss, dessen Stromschnellen bei einheimischen Besuchern beliebt sind, um sich zu erfrischen. In einer Thermalquelle kann man sich entspannen. Eine Hängebrücke führt über den Fluss, an dem mehrere Orang-Asli-Dörfer stehen. Bei km 22 lockt der Wasserfall **Lata Iskandar** direkt an der Straße zu einem Stopp (das gilt natürlich nicht für den Bus). Zahlreiche Verkaufsstände, an denen auch Orang Asli Dschungelprodukte wie *Honig, wilden Ingwer, Dschungel-*

Cameron Highlands

Durian, Orchideen u.a. feilbieten, stehen bereit. Immer wieder sieht man Orang-Asli-Kampungs rechts an oder unterhalb der Straße. Die Regierung hat den Ureinwohnern in den letzten Jahren neue Häuser gebaut, sodass man den ursprünglichen Baustil meist nur in kleinen Hütten am Straßenrand erkennt. Immer wieder öffnet sich der Blick auf Berge und Täler der Umgebung. Der erste Ort, **Ringlet** (45 km ab Tapah), ist das Landwirtschaftszentrum der Highlands und liegt bereits in Pahang. Hier stößt die neue Straße von Kuala Lipis auf die alte Straße in die Highlands. Der Ort hat keinerlei touristische Bedeutung, bietet den Einheimischen jedoch gute Einkaufsmöglichkeiten und zahlreiche Esslokale.

Dann geht es weiter: hinter dem 2013 versandet vorgefundenen **Sultan-Abu-Bakar-Stausee** mit dem *Lakehouse Hotel* im englischen Landhausstil und der neuen großen Apartmentsiedlung **Habu Heights**, direkt am See, sieht man erste Verkaufsstände für Produkte der Highlands, während es rechts auf einem schmalen Sträßchen zur 8 km entfernten **Boh-Teeplantage** geht, die bereits 1929 angelegt wurde und heute 4000 ha umfasst. Inmitten der Teefelder befindet sich das Plantagendorf, in dem heute mehr Indonesier als Inder arbeiten.

Zurück an der Hauptstraße, die nun in Kurven kontinuierlich ansteigt, gelangt man bald zur Abzweigung in ein Seitental mit der 3 km entfernten **Gunung Emas (Goldberg-) Teeplantage,** die tgl. außer Fr bis 16 Uhr besichtigt werden kann. Einige Kilometer weiter zweigt erneut ein Sträßchen in ein Seitental ab. Dieses Mal führt der Weg zur **Bharat-Teeplantage,** die zwar nicht besichtigt werden kann, dafür aber einen Verkaufs- und Verkostungsladen mit schönem Blick auf die Plantage hat (www.bharattea.com.my). Es gibt in der Nähe noch einen weiteren Laden, der Came-

ron Valley-Tee verkauft. Schließlich sieht man rechts das **Heritage Hotel** und die ersten Häuser von **Tanah Rata,** das über 1400 m hoch liegt, und ist 13 km nach Ringlet am Ziel, im attraktivsten Ort der Cameron Highlands.

Tanah Rata

Dieser Ort hat sich – nicht zuletzt wegen der zahlreichen Apartmentblocks – in den letzten Jahren stark gemausert. Die Jln. Besar (Hauptstraße), die früher nur aus einer Zeile mit Ladenhäusern auf der linken Seite (von Ringlet kommend) und malaiischen Essständen auf der gegenüberliegenden Seite bestand, hat sich attraktiv entwickelt: Vor allem preiswerte indische Restaurants mit süd- und nordindischen Gerichten kämpfen um die Gunst der Kunden; aber es gibt auch mehrere chinesische Lokale, wie es sich für ein malaysisches Städtchen gehört. Hier bietet man als Spezialität vor allem Steamboat (ab 18 RM p.P.) an. Es gibt Cafés, Fußreflexzonen-Massage, Post, Bank, Allzweck- und Souvenirläden, Reiseveranstalter und mehrere Hotels. Selbst bei Regen kann man die überdachte Passage entlangschlendern. Da die Straße nach Norden zu leicht abfällt, gibt es zwischen den Ebenen Treppenstufen/Rampen.

Im oberen Ortsteil gegenüber hat sich auch der **Camellia-Block** weiter mit Leben gefüllt. Minishops, Internetcafés sowie weitere preiswerte Etagenhotels ergänzen das Angebot. Wenn man in anderen touristischen Zentren Malaysias war, ist man hier überrascht, dass die Preise nicht der attraktiven Höhenlage angepasst wurden. Für 10 RM bekommt man in mehreren der indischen Lokale ein Essen mit Getränk (z.B. Eiszitronentee). Die erwähnten malaiischen Essstände sind aber auch beliebt, vor allem bei Einheimischen.

Unten schließt ein Park den Ort quasi ab. Im rechten Teil dieses Parks befindet sich der **Agro Technology Park Mardi Cameron Highlands,** mit Einblick in Teeproduktion, Obst- und Gemüseanbau, Gärten, Spielplatz, und einem Aussichtspunkt (8–17 Uhr, Mo geschl., 3 RM). Rechts vor dem Park, an der Hauptstraße, befindet sich das Busterminal, von dem aus lokale Busse weiter hinein in die Highlands fahren (in der Regel stündlich ab 6.30 Uhr) bzw. in Richtung Norden nach Ipoh und Penang, Richtung Süden nach KL und Singapur. Tanah Rata ist der Ort, in dem es (noch) Guesthouses für Backpacker gibt, aber auch preiswerte Hotels. Es ist auch der Ausgangspunkt für Wanderungen zu Wasserfällen und auf die Berge der unmittelbaren Umgebung, allen voran der **Gunung Beremban,** 1841 m. Andere sind **Gunung Jasar,** 1670 m, und der niedrigere Nachbar **Gunung Perdah,** 1575 m oberhalb eines Orang-Asli-Dorfes.

Dschungelwanderungen ab Tanah Rata

Die Wege haben offiziell Nummern zugeteilt bekommen. **Gelbe Schilder mit schwarzer Schrift** stehen am Beginn der Wege, manchmal mit Entfernungsangabe, was bei Dschungel- und Gebirgswegen wenig aussagt, da man für 1–2 km schon 1 Std. benötigen kann. Die besten Wegeskizzen befinden sich im Guesthouse *Cameronian Holiday Inn (CHI).*

Bei vielbegangenen Wegen gibt es keine Orientierungsprobleme. Bei wenig begange-

◁ Orang-Asli-Dorf in den Cameron Highlands

nen Wegen kann das schon einmal vorkommen, zumal wenn Orang-Asli-Pfade den Hauptweg kreuzen. Man achte beim Betreten des Dschungels darauf, wie der Weg beschaffen ist; im selben Charakter muss er sich fortsetzen, d. h. ein breiter, gut ausgetretener Weg verändert sich nicht plötzlich zu einem schmalen, kaum ausgeprägten Pfad. Nur im offenen Gelände wachsen Wege leicht mit Farn oder Gras zu, da muss man auf den Untergrund achten, ob er gut ausgetreten ist. Im Cameron Highland sind die nummerierten Wege nicht durchweg gekennzeichnet. Bei längeren Touren sollte man im Guesthouse/Hotel Bescheid sagen, falls man ohne Guide gehen will, manche Wege werden nur selten begangen. Wenn etwas passiert, kann es lange dauern, bis dort jemand vorbeikommt.

Einige Beispiele

■ **Parit Wasserfall:** Der Wasserfall ist für sich kein lohnendes Ziel, aber der Weg (**#4**) dahin bietet einen hübschen kurzen Spaziergang. Unterwegs kommt man an der Moonlight Villa vorbei, in der *Jim Thompson* vor seinem Verschwinden gewohnt hat. Ab Park am unteren Ende von Tanah Rata, 20–30 Min.

■ **Gunung Jasar, 1635 m:** Verhältnismäßig kurze Tour mit schönem Blick vom Gipfel, 1–2 Std. Vom Ortseingang Richtung Ringlet, hinter *Oly Appartments* zu Tan's Camellia Garden, durch diesen hindurch und hinauf zu Weg #11 bzw. #10, erst den Hang querend, dann an einem Sattel mittelsteil hinauf, nach dem Wald Steig nach rechts aufwärts und bei Pylon rechts hinauf zum Gipfel. Entweder auf demselben Weg zurück oder weiter hinab zum Gunung Perdah und ggf. über die Orang-Asli-Siedlung Sungei Ruil zur Straße Tanah Rata – Brinchang.

■ **Gunung Bereman, 1841 m:** Auf den „Hausberg" von Tanah Rata führen mehrere relativ anstrengende Wege; vom Gipfel gibt es wegen der Bäume leider kaum Aussicht. Der Besuch des M.A.R.D.I.-Geländes kostet 3 RM Eintritt. Wer nur Weg #7 begehen will, geht vor dem M.A.R.D.I.-Eingang links vorbei zu den *Rose Garden Appartments* und von dort nach rechts zum bezeichneten Einstieg in den Weg. Häufiger begangen wird Weg #5 in Kombination mit dem oberen Teil von #3 zum Gipfel. Beide Gipfelanstiege dauern je 1–2 Std. Die längsten Wege auf den Berg sind Weg #9 Richtung **Robinson Wasserfall** (nicht mehr lohnend) gefolgt von #8 über einen Kamm auf den Gipfel (2 Std).

Von Tanah Rata nach Brinchang

Von Tanah Rata nach Brinchang sind es 5 km. Gleich am Beginn der Route steht das berühmte altenglische Landhaus-Hotel **Ye Olde Smokehouse** aus den 1930er Jahren, wo man in altmodisch bequemen Zimmern für recht viel Geld (ab 460 RM) übernachten oder nur zum High Tea mit *Scones* und Sahne (25 RM) einkehren kann, allerdings wird Wert auf korrekte Kleidung gelegt. Während der Kolonialzeit wurden chinesische Gäste abgewiesen, seit der Unabhängigkeit ist es in chinesischem Besitz (ein ähnliches Schwesterhotel mit demselben Namen steht in Fraser's Hill).

Auf der linken Seite steht oberhalb des Golfplatzes das renovierte **Cameron Highlands Hotel,** eines der ersten Hotels der Highlands. Hier steigen neben Einheimischen gern japanische Golfer ab. Hinter dem Golfplatz führt am großen indischen **Tempel Sri Thandayuthabani** ein Sträßchen zum knapp einen Kilometer entfernten **chinesischen buddhistischen Sam-Poh-Tempel** in schöner Lage. Der indische Tempel markiert auch heute den Eingang ins Städtchen Brinchang in 1580 m Höhe, das mit seinen zahlreichen Hotels und Apartmentblocks ganz auf einheimische Touristen ausgerichtet ist. Die Ortsmitte dominiert ein großer Platz mit Esslokalen, Restaurants, Hotels, Taxistand und dem Kunsthandwerksgeschäft Balai Kraftangan Brinchang in der Mitte, wo es u.a. auch Blasrohre (1 m Länge 25 RM, volle Länge und besser dekoriert ca. 100 RM) zu kaufen gibt, daneben eher unspektakuläres Kunsthandwerk, mehr für Souvenirzwecke. Am Ortsende beginnt links der Fußweg auf den Gunung Brinchang.

Blasrohre

In Malaysia gibt es noch heute einige Volksgruppen, die vorwiegend mit Blasrohren *(Sumpitan)* auf Jagd gehen. Auf der Halbinsel sind es vor allem die **Senoi**. Im Sarawak sind es die letzten Nomaden dieses Staates: die in ihrem Lebensraum von den Holzfällern bedrohten **Penan/Punan.** Während diese ihre Blasrohre aus Hartholz herstellen, benutzen die *Senoi* Bambusrohre von der Art „Buloh sewoor" als Material. Diese haben nämlich einen gut 2 m langen Abstand zwischen den Knoten und sind damit ideal für den Zweck geeignet. Diese Bambusart wächst jedoch nur in 1500–2000 m Höhe, weshalb es kein Zufall ist, dass die *Senoi*, die die höheren Lagen der Gebirge bevorzugen, diese Form der Jagd entwickelten, denn solch ein Blasrohr ist schnell hergestellt.

Die **Orang Asli** im Tiefland, etwa in Johor, mussten mangels geeigneten Bambus ihre Blasrohre aus Hartholz herstellen. Es gibt aber auch aus kürzeren, ineinandergeschobenen Rohren gefertigte Blasrohre oder solche, bei denen die Knoten durchstoßen werden. Das sind aber eher Notlösungen. Manche Blasrohre haben um das innere Rohr noch ein äußeres Schutzrohr; das Mundstück ist angesetzt.

Die Blasrohre der *Senoi* sind ebenso wie die Köcher mit geometrischen Mustern verziert. Die ca. 30 cm langen Pfeilspitzen werden ebenfalls aus Bambus geschnitzt, der Schaft wird aus dem weichen Holz der wilden Sagopalme *(nibong)* gefertigt. Die Spitze wird mit dem giftigen Saft des Ipoh (Upas-)Baumes *(Antiaris toxicaria)* bestrichen. Pfeile mit Bambusspitzen werden auf Vögel und kleine Affen abgeschossen.

Für größere Tiere, wie Wildschweine, benutzen beispielsweise die *Penan* Pfeile mit Metallspitzen. Manche der *Orang Asli* verwenden nur noch Metallpfeile.

Blasrohr-Sets gibt es günstig in den Cameron Highlands, sie sind aber schwer zu transportieren.

☑ Ein wichtiges Jagdinstrument

www.fotolia.de ©Jean François Levevre

Gunung Brinchang, 2031 m

Auf diesen von Telekom-Masten gekrönten Gipfel führt ein 6,5 km langes Sträßchen (gerechnet ab Abzweigung beim Butterfly Garden & Farm, bzw. 11 km ab Brinchang, 16 km ab Tanah Rata) durch eine schöne Landschaft mit Teeplantagen und Gemüsefeldern im unteren Teil, in die die Siedlungen der Arbeiter eingebettet sind, und Dschungel im oberen Teil. Die Steigungen sind teilweise sehr stark, das merkt man vor allem, wenn man mit dem Fahrrad unterwegs ist. Höher kann man nirgendwo in Malaysia mit dem Auto fahren. Oben belohnt ein **Aussichtsturm** mit hervorragender Rundumsicht in die Berge der Titiwangsa-Kette und die Berge und Täler der Highlands. Man sollte schon am frühen Vormittag dort sein, bevor Wolken aufziehen. Überall ragen Hotel- und Apartmentkomplexe aus dem Wald heraus, unübersehbar sind auch die von Plastikplanen überzogenen Gemüsefelder. In der Nähe zeigt der steil ins Tal abfallende **Gunung Irau,** 2110 m, wer der König der Berge der Cameron Highlands ist.

Dschungelweg auf den Berg

Man kann den Berg aber auch auf einem lohnenden und nicht einmal langen Weg von Brinchang aus zu Fuß besteigen und über diesen Weg auch zurückkehren, falls die Zeit knapp ist, obwohl sich der Weg die Straße hinauf/hinunter sehr lohnt (vom Gipfel zum *Boh Tea Shop* in der Plantage 7 km, von dort zur Hauptstraße 4 km).

Am Ortsende von Brinchang, wo die Hauptstraße in einer Rechtskurve bergauf führt,

Ye Old Smokehouse, Cameron Highlands

Dschungelpfad auf den Gunung Brinchang

zweigt links ein schmales, asphaltiertes Sträßchen ab. Ein gelbes Schild besagt: *Jungle Walk No. 1, 3,5 km, Gunung Brinchang*. Man folgt dem Sträßchen bis zu einer Gabelung, bei der man sich rechts hält, und steigt langsam auf unbefestigter Straße bergan bis zu einem Wasserwerk. Am Zaun führt der anfangs schmale Weg nach links. Am Zaun führt der anfangs schmale Weg nach links. **Achtung:** 2013 war hier eine große Baustelle, der Weg über den Bach zum eigentlichen Einstieg in den Dschungelweg war nicht mehr vorhanden. Man kam dennoch hinüber. Bis hierher sind es etwa 1,5 km, für die man ca. 15 Min. braucht. Man überquert ein Bächlein, und gleich dahinter beginnt beim Schild, das auf die verbleibenden 1,97 km hinweist, der anfangs steile Anstieg auf breitem, leicht erkennbarem Weg. Absperrbänder vor möglichen Irrwegen, die gelegentlich abzweigen, sollen erreichen, dass man sich nicht verläuft, wie vor Jahren einmal geschehen, als selbst die Suchmannschaft tagelang im Dschungel verschollen blieb. Außerdem ist der Weg rot markiert. Der Mittelteil ist weniger steil, teilweise sogar flach; die letzten 200 der 400 Höhenmeter geht es wieder steil bergan (zum Teil mit Seilhilfe); manchmal kann man an den freigespülten Wurzeln emporturnen.

70 Höhenmeter unter dem Gipfel gibt es links einen **Aussichtsbalkon** ins Tal (Vorsicht: der Hang bricht steil ab!). Man hört morgens Gibbons in der Ferne, ab und zu rütteln Affen in den Baumkronen, Hörnchen kreuzen den Weg. Schließlich erreicht man die Telekom-Station und geht links am Zaun entlang zu einem Pavillon und zur Straße. Der Aussichtsturm ist rechts oberhalb der Straße sichtbar. Reine Gehzeit ab Brinchang 1½–2 Std. Man braucht keine besondere Ausrüstung: Sandalen oder Joggingschuhe mit griffigen Sohlen reichen, Wasser, ggf. etwas zu essen. Sonnenschutz ist nur ratsam, wenn man die Straße entlang gehen will. Am besten startet man möglichst früh, wenn es noch kühl ist und die tagsüber aufziehenden Wolken noch nicht aufgezogen sind. Anfahrt ab Tanah Rata mit Bus (2 RM) oder zu mehreren mit Taxi.

Von Brinchang in Richtung Kea Farm, Butterfly Farm, Sungai Palas Boh Tea Estate, Tringkap, Kuala Terla, Kampung Raja, Blue Valley

Hinter Brinchang steigt die Straße 2 km an in Richtung **Kea Farm**. Nach ca. 1 km passiert man Läden, in denen Produkte der Highlands verkauft werden, wenig später schließt sich ein weiterer Ladenkomplex auf der rechten Seite an. Hier befindet sich das sehenswerte **Museum Time Tunnel,** das man sich nicht entgehen lassen sollte. Eintritt 5 RM, geöffnet von 9 bis 18 Uhr. Es ist aus der privaten Sammlung von *Mr. See* (einem Freund *Lee Kuan Yew's*, siehe „Singapur") entstanden. Alte Fotoreproduktionen werden Fotos aus der Gegenwart gegenübergestellt, Texte in Englisch geben interessante Erläuterungen. Die Ausstellung ermöglicht einen sehr aufschluss-

reichen Vergleich zwischen den Highlands der Gegenwart und der jüngeren Vergangenheit und veranschaulicht die Lebensweise der Menschen in diesem Zeitraum. Gezeigt werden u.a. eine Vielzahl an Alltagsgegenständen aus diesen Jahrzehnten, die der Betrachter ggf. aus seiner eigenen Vergangenheit kennt. Man sollte wenigstens eine Stunde Zeit mitbringen. Im Café kann man sich dann ausruhen bzw. stärken.

Die **Kea Farm** bietet einen weiteren großen Anlaufpunkt zum Einkaufen der Highlandsprodukte. Es schließen sich **Butterfly Garden** und **Farm** an, die man für 5 RM zwischen 8 und 19 Uhr besichtigen kann. In beiden können Schmetterlinge, Insekten, Schlangen und Frösche besichtigt werden.

Am Markt zweigt links die knapp 7 km lange Straße zum **Gunung Brinchang** (s.o.) ab. Hier geht es auch zur sehenswerten Plantage **Sungai Palas Boh Tea Estate**, 3,8 km nach der Abzweigung von der Hauptstraße, mit dem modernen **Boh Tea Centre,** Di–So 9.30–16.30 Uhr, Mo/F geschlossen. Tel. 05 496 1288, www.boh.com.my. Wenn man nicht mit einem eigenen Fahrzeug fährt, ist es weitaus bequemer, sich einer der organisierten Touren ab Tanah Rata (s.u.) zum Gunung Brinchang anzuschließen, bei denen die Plantage besichtigt wird.

Die Weiterfahrt über die hügelige Straße führt zu unspektakulären Siedlungen wie den chinesisch geprägten Tingkap, Kuala Terla, Kg. Raja, wo die Straßen nach Ipoh bzw. Gua Musang abzweigen. Wenn man nach Norden in Richtung Ipoh und Penang fährt, kommt man hier vorbei. Auch die Backpackerbusse an die Ostküste nehmen bis Kg. Raja diesen Weg. **Blue Valley** klingt zwar wildromatisch, ist jedoch in erster Linie Anbaugebiet für Blumen. Der Ort liegt 16 km hinter Kg. Raja.

◁ Wasserfall in den Cameron Highlands

Telefonnummern

- **Taxi:** 05 491 1234, **Bus:** 05 491 1485
- **Information:** 05 491 1266
- **Krankenhaus:** 05 491 1966
- **Polizei:** 05 491 1222
- **Orang-Asli-Department:**
Zweigstelle Cameron Highlands: 05 491 1433
- **Forestry Department:** 05 491 1384
- **MARDI:** 05 491 1255

Übernachten

Tanah Rata

Hier gibt es mehere Guesthouses, die auf Traveller ausgerichtet sind, daneben zahlreiche preiswerte, aber auch gute Mittelklassehotels. In den Highlands braucht man weder Ventilator noch Klimaanlage.

- **Father's Guest House**①, www.fathers.cameronhighlands.com , mobil 016 566 1111. Lange Zeit eine Institution unter den Gästehäusern von Tanah Rata, musste wegen eines Kirchenneubaus vom Hügel weichen. Nissenhütten stehen jetzt am Fuß des Hügels und das neue Guesthouse in 4, Jln. Mentigi befindet sich in einem großen Haus mit geräumigen Zimmern (mf, a/c), Dorm. mit 12 Betten (20 RM), WLAN.
- **Kang Travellers Lodge**①-②, (früher *Daniel's Lodge*), 9, Lorong Perdah, Tel. 491 5823, www.kangholiday.com. In einer Nebenstraße, in ruhiger Lage mit überdachter Terrasse und eigenen Tischen für WiFi-Benutzer. Kleine, aber saubere Zimmer, großer Dorm mit (12 RM) und ohne (10 RM) Schließfach. EZ oB 25 RM, mB 45 RM, DZ oB 50/80 RM (4 Betten). Dies ist immer noch eine empfehlenswerte Adresse für Backpacker.
- **Twin Pines Chalet**①-②, in der Jln. Mentigi, hinter dem Camellia-Block, Tel. 491 2169, www.twinpines.cameronhighlands.com. Minibus kommt ggf. zum Abholen am Busterminal, recht beliebt, z.T. sehr kleine Zi, oB EZ 15 RM, DZ 20/35 RM, mB 50/60 RM, Internet 3 RM/Std., Wifi 5 RM/24 Std.
- Dahinter steht **KRS Pines**②-③, Tel. 491 2777, www.twinpines.cameronhighlands.com. EZ mB 35–50 RM, DZ oB 30–50 RM, DZ mB 60–80 RM, 3B-Zi. mB 90–120 RM.
- **eight mentigi**①, 8, Jln. Mentigi, Tel. 491 5988, mobil 016 566 1988, www.eightmentigi.com, neues, beliebtes,

sauberes Guesthouse. Dorm. 15 RM, DZ mB 50–80 RM, 3-BZi 80–100 RM, Internet & Wifi kostenlos.

■ **Cameronian Holiday Inn**①-②, 16, Jln. Mentigi, Tel. 491 1327, www.thecameronianinn.com. Dorm. 10–20 RM, DZ oB 30–55 RM, mB 65–150 RM, gute Wegeskizzen. Früher lag das Guesthouse isoliert, jetzt wird es überragt von neuen Appartmentblocks.

■ **Bala's Holiday Chalets**①-②, Tel. 491 1660, Fax 491 4500, Lot 55, Tanah Ratah. Liegt etwa 12 Min. Fußweg hinter T.R. an der Straße nach Brinchang; nicht mehr auf Traveller ausgerichtet. meist mehr kleine Zimmer ab 88 RM, deluxe 120 RM, schöne Villa mit Kamin, gepflegter Garten, beliebt zum Nachmittags-Tee. Wer anruft, wird von der Busstation abgeholt. DZ ab 120 RM, Suite 220 RM. Hier befand sich früher eine im Jahre 1934 von einer gewissen „Miss Griff" aus Singapur gegründete Mädchenschule, die *Tanglin School,* aus der manche kriegsmüden Soldaten im 2. Weltkrieg Liebschaften rekrutierten. Das Ritual des *Nachmittagstees mit Scones* stammt noch aus jenen Zeiten.

■ **Planters Hotel**③ (früher *Roselane Hotel*), 44, Jln.Besar, Tel. 490 1001, Fax -1002, www.plantershotel.com.my, 39 gut ausgestattete DZ ab 120 RM.

■ **The Heritage Hotel**④, Jln.Gereja, Tel. 491 3888, www.heritage.com.my, große Hotelanlage hoch über dem Ortseingang, 238 voll ausgestattete Zimmer ab 180 RM.

■ **Kang Travellers Hotel**③ (früher *Orient Hotel*), oberhalb von *Kang Tours & Travel*, gleicher Besitzer wie *Kang Travellers Lodge* (s.o.), Zi. oB 40–80 RM, Zi. mB 50–100 RM, fast doppelt so teuer an Feiertagen.

■ **BB Inn**①, 79A, Persiaran Camellia 4, Tel. 491 4551, Fax 491 4552, journeymalaysia.com/highcameronbb.htm. DZ mB, TV, ab 25–45 RM.

■ **The Cool Point Hotel**②-④, Jln. Pesiaran Dayang Eendah, gleich hinter dem Busterminal am Hang, Tel. 491 4914, Fax -4070, www.journeymalaysia.com/highcameroncoolpoint.htm. Gutes Hotel, Zimmer mB, Wasserkocher, TV, Frühstück, Standard 98 RM, (Wochenende/Hochsaison 125/155 RM), 3B-Zi 130 (145/180) RM.

■ **Hillview Inn**②, Tel. 491 2915, Fax 491 5212, www.journeymalaysia.com/highcameronhillview.htm. Als Familienbetrieb geführtes sauberes Hotel, Zi. ab 55 RM.

■ **Jurina Hotel**②-③, Jln. Mentigi, zw. *Twin Pines* und *Cameronian Holiday Inn.* Tel. 491 55-22, Fax -11. Sauber, gute Zimmer; ab 75 RM.

■ **New Garden Inn**③, Jln. Masjid, Tel. 49151-70, Fax -69. Am Ortsende gelegen; schönes Ambiente, akzeptable Zimmer, mit eigenem Restaurant.

■ **Shahzan Inn**②, ehemaliges Wochenendhaus des Sultans von Pahang, abseits der Hauptstraße auf einem Hügel Richtung Tanah Rata Library, Lot 171, Tel. 05 491 4975. Verblichener Charme der 1970er, 6 Zi., ab 70 RM (wochentags), 100 RM (Wochenende).

Unterkünfte am Weg von Tanah Ratah nach Brinchang

■ **Cameron Highland Resort**④-⑤, Tanah Ratah, Buchung online oder im KL-Büro: 03 2783 1000, www.cameronhighlandsresort.com. Straße nach Brinchang, begann als eines der ersten Hotels des Highlands, inzwischen zu einem Luxus-Resort der *YTL*-Kette ausgebaut, sehr gut ausgestattete Zi. ab 250 RM, beliebt bei Golfern.

■ **The Smokehouse Hotel**⑥ *(Ye Old Smokehouse)*, Tel. 491 1215, Fax 491 1214, www.thesmokehouse.com.my/ch.htm. Kurz vor dem Golf Course; hier kann man, mit dem nötigen Kleingeld, noch in die Kolonialzeit eintauchen und mondäne englische Atmosphäre schnuppern; die Suiten erinnern an üppige Wohnzimmer, schlafen kann man in ein Himmelbett, ab 460 RM +10 % inkl. Frühstück und Zeitung. Der berühmte *Devonshire Tea* am Nachmittag kostet 18 RM (frisch gebackene *Scones,* Sahne, Boh-Tee aus Silberkanne).

■ **Rest House Sri Pahang**②, zwischen *Smokehouse* und *Merlin,* Tel. 491 4088. Erschwinglicher, aber nicht billig, ebenfalls den Golfplatz überblickend. Ab 68 RM.

■ **Resthouse Cameron Highlands**②, Jln. Tepi Sungai, Tel. 491 1254. 7 schöne, oft belegte Zimmer.

■ In der Nähe **Casa della Rosa**③-⑥, Tel. 491 1333, Fax 491 5500, www.hotelcasadelarosa.com.my. „Boutiquecum-Antique"-Hotel, 30 Zimmer, 192–1200 RM.

Zwischen Ringlet und Tanah Rata

■ **The Lakehouse**④, Tel. 495 6152, www.lakehouse-cameron.com. Very british. Nobelunterkunft.

Brinchang

Guest Houses oder Ähnliches gibt es nicht, nur Mittelklasse- und Luxus-Hotels, eins neben dem nächsten. Deshalb versprüht der Ort auch nicht gerade eine heimelige Atmosphäre. Die Liste ist auf die preiswerteren Hotels beschränkt. Wer viel Geld ausgeben will, wird kein Problem haben, das Entsprechende zu finden: z.B. *Parkland, Country Lodge.*

◻ Übersichtskarte S. 42, Karte S. 137   **Cameron Highlands**   147

■ **Brinchang Hotel**②-③, Tel. 491 1755, Fax 491 1246, Nr. 36. Gute, gepflegte Zimmer.
■ **Kowloon Hotel**②-④, Tel. 491 1366, Fax 491 1803, Nr. 34/35. Ebenfalls sauber und etwas teurer.
■ **Rosa Passadena**③-④, Tel. 491 2288, Fax 491 2688, ab 140 RM.
■ **Rainbow**③-④, Tel. 49146-28, Fax -68). Gutes Hotel am Hauptplatz direkt im Zentrum, DZ 180 RM, 3B-Zi. 250 RM, 4B-Zi. 280 RM.
■ **Hotel Green Garden**②, neben Rainbow, DZ ab 78 RM, mB, TV, heißer Dusche.
■ **Hill Garden Lodge**②-③, Tel. 491 2988, Fax 491 2226, Nr. 15/16. Gleiche Preisklasse, Zimmer hell und sehr sauber.
■ **Hotel Chua Gin**①, Tel. 491 1801, Nr. 11. Die preiswerte Alternative, Zi. mit und ohne Bad, ab 35 RM.
■ **Rafflesia Inn**①, Tel./Fax 491 2859, kurz vor *Chua Gin*. Dorms und große Zi. für je 4 Pers., Preise inkl. Frühstück und Getränke; es werden Touren organisiert.
■ **Pines & Roses**③, Tel. 491 2203, -05, schräg gegenüber dem teuren *Rosa Pasadena*④. Große, behagliche Zi. zu vertretbarem Preis.

Essen und Trinken

In den letzten Jahren hat sich das Angebot in Tanah Rata nochmals deutlich erhöht. Außerdem kann man sehr preiswert essen, weil die Gastronomie hauptsächlich auf einheimische Gäste, weniger auf Touristen ausgerichtet ist.

■ **Malaiische Essstände** befinden sich gegenüber der Geschäftszeile. Hier kann man noch preiswertere Nudel- und Reisgerichte essen, bei Zainab San morgens auch Roti Canai.
■ **Indische Lokale** gibt es mehrere entlang der Hauptstraße und im gegenüber liegenden Camellia-Block, dort z.B. die 24 Std. geöffneten *Bunga Suria* (nicht mehr so gut wie früher) oder das bei Einheimischen beliebte *Highlander* an der Rückseite. Beliebter sind heute die an der Hauptstraße seit langem miteinander konkurrierenden *Kumar* und *Sri Brinchang*. All diese Lokale bieten süd- und nordindische (Tandoori-)Gerichte um die 10 RM mit Tee, dazu Wifi.
■ **Chinesische Lokale** in der Geschäftszeile sind **Hong Kong,** wo man nicht unbedingt gegessen haben muss, und **Rosedale,** das neben chinesischen auch andere Küchen bietet. Ausländische Touristen sitzen in diesem teureren, aber attraktiven Restaurant bei Steamboat (18 RM p.P.) und erledigen ihre Mails, das wäre sonst nur in den Guesthouses und Hotels möglich.
■ Empfehlenswert für Kuchen und leichte Snacks ist **The Lord Café** (früher: *T-Café*) im 1. Stock am Ende der Geschäftszeile gegenüber dem Busbahnhof.
■ Unterwegs nach/von Brinchang bietet sich ein Abstecher in das Restaurant des **Smokehouse Hotel** (s. „Übernachten") an. In diesem Hotel im altenglischen Landhausstil aus den 1930er Jahren kann man für entsprechendes Geld westliche Gerichte bestellen; beliebt ist der Nachmittagstee à la Devonshire mit Tee aus dem Hochland und *Scones* mit Sahne, den man in bequemen Sesseln zu sich nimmt, 18 RM kostet das mittlerweile, aber es ist ein Zeitsprung zurück in die Kolonialzeit, nur sollte man entsprechend angezogen sein, also nicht im Dschungeltrekking-Outfit!
■ **In Brinchang** gibt es am und um den Hauptplatz jede Menge Lokale, die meist auf chinesische Einheimische ausgerichtet sind. Interessant für ausländische Touristen ist das Lokal **Cameron Organic Produce** in 10, Bandar Baru gegenüber dem Hotel Rasa Passadena. Hier kann man organisch erzeugte Gemüse aus den Highlands genießen, auch Organic Steamboat. Die Betreiber organisieren freitags und samstags Touren zu ihren Anbaufeldern. Angesichts des schlechten Rufes des Highlandgemüses wegen überreicher Verwendung von Pestiziden haben sich in den letzten Jahren vermehrt Bauern zu ökologisch korrektem Anbau entschlossen und leben gut damit, Tel. 491 5011. In der Nähe gibt es in 5, Bandar Baru ein weiteres Öko-Lokal: **HO Organic Farm** mit einem ähnlichem Angebot.

Verkehrsverbindungen

■ **Entfernungen:** Tanah Rata – Brinchang 5 km, Tanah Rata – Kg. Raja 18 km , Tanah Rata – Blue Valley 21 km.
■ **Taxi** von Tanah Rata nach Jerantut 280 RM.
■ **Direktbusse:** mehrere Unternehmen (u.a. *Kang Tours & Travel, Cameron Secrets Travel & Tours*) bieten Transfers nach/von Langkawi, Penang, KL, Taman Negara, Perhentian an, z.B. Pulau Perhentian ab 8 Uhr, 130 RM inkl. 2 Boottransfers/Taman Negara ab 8 Uhr, 75 RM; Penang 7 und 16 Uhr, 38 RM; Langkawi 7 Uhr, 85 RM, Pangkor 8 Uhr, 55 RM.

Tapah (8.00–17.30 Uhr, 8x, 6–7 RM), **Ipoh** (11.15–18.45 Uhr, 4x, 3½ Std., 11 RM), **Penang** (23 RM), **KL**

(8.30, 13.30 Uhr, 4½–5 Std., 35 RM (Sentral), 23/38 RM (Puduraya), **JB** (8.30 Uhr, 8½ Std., 86 RM), **Singapur** (9.00/10.00/22.00 Uhr, 9 Std., 52–64 RM), **Taman Negara** (10.00 Uhr (Minibus/Boot), 95 RM), **Kuala Besut** 10.00 Uhr (Minibus) 85 RM; Taxis 100–200 % > Bus (bei 4 Personen).

Ab Tapah: Lumut (11.00 Uhr, 2½ Std., 14.50 RM), **Melaka** (10.00 Uhr, 3½ Std., 29 RM), **Temerloh** (9.00/21.00 Uhr, 7 Std., 29 RM), **Kuantan** (9.00/21.00 Uhr, 9 Std., 30 RM), **KB** (17.30 Uhr, 11Std., 33 RM), **KT** (9.00 Uhr, 9 Std., 45 RM) **Singapur** (10.00/10.30/21.30 Uhr, 10 Std., 49 RM); Taxis 200–300 % > Bus (bei 4 Pers.).

Warnung: die Fahrer der Busse im Cameron Highland fahren nicht selten irrsinnig schnell; manchem Fahrgast wird dabei speiübel!

■ **Zug (Tapah Road): KL Sentral** ca. 12x tgl. zw. 0 und 21.30 Uhr, **Ipoh** ca. 12x tgl. zw. 0 und 23.00 Uhr, weiter Richtung Norden 2x tgl. nach 0 und 3.40 Uhr (genaue Informationen: www.ktmb.com.my).

Geführte Touren

Fast alle Guesthouses und Hotels bieten eine Vielzahl organisierter Touren an. Stellvertretend sei hier das Angebot von *Kang Tours & Travel* erwähnt, die ihr Büro in der Geschäftszeile in Tanah Rata haben. 38 Jln. Besar, Tel. 491 5828, Fax -5324 www.kangholiday.com.

Halbtagestouren (*Rainforest Adventure 1*) zum Gunung Brinchang und zur Palas Boh Tee Plantage mit kleinem Ausflug in den Nebelwald und Besuch der Butterfly Farm (s.o.), tgl. 8.45 und 13.45 Uhr, 4 Std., 60 RM p.P.

Rainforest Adventure 2 mit Besuch eines Orang-Asli-Dorfes, Baden in einem Wasserfall und Dschungelwanderung zu Rafflesias (da sie nur eine Woche in „Blüte" sind, ist das Glückssache, aber die Veranstalter haben die Information, wann es jeweils so weit ist).

Das gilt auch für die **Tagestour** im 4x4 (*Rainforest Adventure 2 & 4*, 8.45–18 Uhr für 98 RM).

Die **Countryside Tour** führt zu einer Plantage und einem Erdbeerfeld, außerdem wird eine Bienenfarm, die Butterfly Farm und ein Rosengarten besucht und kostet 25 RM p.P.

Teeplantagen in den Cameron Highlands

Sie findet tgl. um 8.45 und 13.45 Uhr statt. Eintrittsgelder sind im Preis nicht enthalten. Das Angebot wirkt insgesamt sehr touristisch. Weitere Angebote s. Webseite.

Mr. Yen führt **Dschungelwanderungen** ab *Cameronian Holiday Inn* tgl. (bei Bedarf) ab 9.55 Uhr für 25 RM.

Kuala Selangor

■ www.kualaselangor.info

Das Besondere an diesem Städtchen mit seinen 56.000 Einwohnern an der Mündung des Selangor-Flusses sind nicht vorrangig die spärlichen Überreste zweier holländischer Festungen aus dem 17. Jahrhundert am **Bukit Melawati**, besser bekannt als **Kuala Selangor Hill** (s.u.) sondern andere Attraktionen auf dem Hügel und zu seinen Füßen der **Kuala Selangor Nature Park** *(Taman Alam K.S.)*. Er wurde in Zusammenarbeit mit der sehr engagierten Sektion Selangor der *Malayan Nature Society (Zoology Dept. University Kebangssan Malaysia,* Bangi, Selangor, Tel. 03-7875 3330) errichtet.

130 Vogelarten wurden gezählt, darunter Zugvögel, die in großer Zahl in den Monaten Oktober bis November auf dem Weg nach Süden hier Station machen. Außerdem gibt es Reiher und Störche zu sehen.

Der Besuch ist eine Alternative für all diejenigen, die nicht nach Kuala Gula (zwischen Penang und Taiping) kommen. Bekannt ist der Park auch für seine **Langschwanz-Makaken** und die seltenen Silber-/Languren-Affen.

Der Park kann über die Treppe absteigend bzw. unten am Hügel vorbei gehend erreicht werden. Im Visitor Center (8–18 Uhr) kann man Ferngläser mieten; im Park kann man für 25 RM in einfachen Hütten oder komfortableren Chalets (45 RM) **übernachten,** Tel. 03-3289 2294, www.msn.org.my. Das Wegenetz ist erweitert worden, und jedes Jahr am 3. Wochenende im Oktober findet ein internationaler Wettbewerb im Vögelerkennen *(bird race)* statt. Eintritt 2 RM.

Anreise

Busse fahren häufig ab der Bus Station in **Klang** (5 RM, 1 Std.) nach Kuala Selangor. Klang ist von **KL** per Bus oder KTM Komuter erreichbar. Der Selangor-Bus hält nahe **Bukit Melawati** (Kuala Selangor Hill). Ein Taxi von KL kostet rund 100 RM. Von Lumut gibt es 4x täglich einen Bus über **Teluk Intan** (bekannt für seinen „Schiefen Turm", ein ehemaliger Wasserturm, der später als Uhrturm benutzt wurde sowie seine etwas marode Altstadt), und **Sabak Bernam** an der Grenze zwischen Perak und Selangor.

Südwestküste

Kuala Selangor Hill

Der Kuala Selangor Hill *(Bukit Selangor)* ist ein teilweise mit großen Regenwald- und Feigenbäumen bewachsener Granithügel mit einem schönen Resthouse und einem alten Leuchtturm auf dem Gipfel. Zu sehen gibt es außerdem ein königliches Mausoleum und die sogenannten Sieben Brunnen *(Telaga Tujoh)*. Für Naturfreunde gibt es noch etwas: rund 10 km nördlich von K. Selangor liegt am Selangor-Fluss **Kampong Kuantan,** das berühmt ist für seine Glühwürmchen.

Wer mit dem Boot hinausfahren will, kann sich im Laden an der T-Kreuzung im Ort an *Encik* (Herrn) *Jalaluddin* wenden: Er nimmt 4–5 Leute im Boot mit, und zwar üblicherweise zwischen 19 und 19.30 Uhr bis 22.30 Uhr. Man schütze sich gegen Insekten (langes Hemd und schlammfeste Schuhe).

Es gibt sogar ein Resort samt Glühwürmchen: *Firefly Park Resort* in Bukit Belimbing, Tel. 03-3260 1208, Fax -1234, mobil 019-513 4324, www.fireflypark.com). Das *Resort* hat 12 Chalets mit je 2 Räumen für 4 Personen ab 130 RM, dazu gibt es einen eigenen Bootservice.

Kuala Lumpur

Unverkennbar orientiert sich die 1,6 Mio. (Großraum über 6 Mio.) Einwohner zählende **Hauptstadt Malaysias,** „KL", wie die Stadt meist genannt wird (englisch ausgesprochen), an Singapur. Frappierend ist, wie stark sich die Skyline von Dekade zu Dekade verändert hat: Mitte der 1970er Jahre gab es noch kaum Hochhäuser; die, die Anfang der 1980er herausragten, sind längst ins zweite und dritte Glied gerückt.

Heute dominieren Megaprojekte wie die 452 m hohen **Petronas Twin Towers** (derzeit noch die höchsten Zwillingstürme), der **KL-Tower** auf dem Bukit Nanas (dritthöchster Fernsehturm der Welt). Dazu kommen die bisherigen Stars *Dayabumi* (Petronas), *Malaysian Banking Berhad, MAS* und die Prestigeobjekte anderer großer staatlicher, halbstaatlicher und privater Institutionen.

Die Einheimischen nennen sie ungerührt eine „große Herde weißer Elefanten": aus Großmannssucht entstanden, trotz des Booms eigentlich viel zu teuer für ein Land wie Malaysia und teilweise leerstehend. Tatsächlich ist der Wandel nur oberflächlich. KL ist immer noch keine internationale Metropole. Doch nach dem Willen des langjährigen Premierministers *Mahatir* und seiner Nachfolger soll es nicht dabei bleiben. So hatte sich 1998 die Stadt als Gastgeberin der Commonwealth Games entsprechend präsentiert.

Dass dies die **Hauptstadt Malaysias** ist, wird auf Schritt und Tritt deutlich: Davon zeugen die erwähnten überdimensionalen Bürohochhäuser, neu geschaffene Regierungskomplexe südöstlich von KL, das High-Tech-Regierungsviertel Putrajaya, eine Satellitenstadt für rund 50.000 Menschen –, immer neue Wohnanlagen, die z.T. unmittelbar an Primärurwald grenzen, sich in Plantagen hineinfressen oder auf toten Boden (nach Auswaschen des Zinns) hingestellt werden. Dem Verkehrschaos rückte man mit Stadtautobahnen zuleibe, sodass man sich als Fußgänger

Übernachten

Das *Resthouse* auf dem Hügel ist sicher der romantischste Platz. Es gibt weitere preiswertere Übernachtungsmöglichkeiten in der zu Füßen des Hügels gelegenen Stadt Kuala Selangor. z.B. **Sun Inn**②, 60 RM, 1–2 km vor K. Selangor, oder **de Palm Hotel**② in Kg. Kuantan (Glühwürmchen).

oft hilflos über und unter diesen fortbewegt. Überall entstehen neue Einkaufszentren.

Die Region **Klang Valley** (KL, Petaling Jaya, Subang Jaya, Shah Alam, Klang und Port Klang) soll inzwischen rund 6,5 Millionen Einwohner zählen!

Doch KL hat noch Eigenständiges. Die **alten Sehenswürdigkeiten** der Stadt, etwa das im maurisch-westlichen Mischstil gebaute Sultan-Abdul-Samad-Building, das frühere Staatssekretariat, stehen noch, wenn auch im Schatten der neuen Machtsymbole.

In den Straßen der **Altstadt** lebt immer noch das alte KL, das so kennzeichnend für alle malaysischen Städte ist: das geschäftige Treiben der Chinesen, Inder und Malaien in den mit kleinen Geschäften, Handwerksbetrieben und Lokalen vollgestopften Straßen. Doch auf diese Inseln in der Innenstadt wächst der Druck: Mancher stimmungsvolle Platz ist in den letzten Jahren verschwunden.

Wenn auch KL keine Sehenswürdigkeiten internationalen Standards aufweisen kann, gibt es doch manch Interessantes, das ein paar Tage Aufenthalt allemal rechtfertigt. Auch eignet sich die Stadt angesichts der zentralen Lage für Ausflüge in die Umgebung.

Ärgerlich ist die zu- anstatt abnehmende Tendenz, von Ausländern für den Eintritt deutlich mehr zu verlangen als von Einheimischen (versteckt hinter dem Begriff *mykad* = malaysischer Personalausweis), so bei der Skybridge, den Twin Towers, KL Tower (Fernsehturm), *Aquaria*, Vogelpark, Nationalmuseum. Erfreulicherweise sind andererseits viele Museen und Galerien kostenlos.

Geschichte

Der Name der Hauptstadt bedeutet „Trübe Flussmündung". An der Stelle, wo heute die malerische *Masjid Jamek* vor dem Hintergrund der modernen Hochhäuser steht, nämlich am Zusammenfluss von Klang und Gombak, entstand vor etwas über 130 Jahren eine Zinnarbeitersiedlung. **1857** zogen 87 Männer, angeheuert vom aus Sumatra stammenden *Raja Abdullah*, von der Gegend des heutigen Klang in mehreren Tagen flussaufwärts auf der Suche nach neuen Zinnvorkommen. An der Mündung wurde der Fluss zu seicht. Sie ließen die Boote zurück und gingen zu Fuß in nordöstlicher Richtung weiter. Im Gebiet des heutigen Ampang schlug die Wünschelrute des mitgekommenen *Pawang* (malaiische Magier, galten als Spezialisten für Zinn-Suche) aus: Ein ausgedehntes Zinnfeld war entdeckt. In Körben brachten die Chinesen (bis auf den Magier waren alle Chinesen) das Erz zu den Booten und weiter flussabwärts. An der trüben Flussmündung entstand sofort eine Siedlung, allerdings überlebten nur 18 der Pioniere den ersten Monat; die übrigen wurden von Malaria hinweggerafft. Daher gilt der Raja als Begründer von KL.

Zum unumschränkten Boss schwang sich gut zehn Jahre nach der Gründung *Yap Ah Loy* („Kapitan China") auf; er blieb dies bis zu seinem Tod **1885**. Ab **1880** hatte er jedoch einen britischen Residenten, *Frank Swettenham*, zur Seite. Der ungeheuer reiche *Yap* hatte in Zusammenarbeit mit dem Residenten und dem Sultan von Selangor Ruhe in die Siedlung gebracht; zuvor hatte es bürgerkriegsähnliche Auseinandersetzungen zwischen Malaien und Chinesen und untereinander um die Kontrolle des Zinn-Geschäfts gegeben. Dabei war die Siedlung völlig zerstört worden. Unter *Yap* nahm sie wieder Gestalt an; er sorgte auch dafür, dass es Bordelle, Opiumschuppen und ein Krankenhaus gab. Aber auch die neuen, immer noch aus Holz gebauten Häuser fielen Bränden zum Opfer. So begann man ab **1879** solide Häuser aus Ziegeln zu bauen (in der Jln. *Hang Lakui* stehen noch einige der ältesten erhaltenen Ladenhäuser).

Im Jahre 1807 wurde KL **Hauptstadt Selangors,** 1886 Hauptstadt der **Federated Malay States.** In den 80er Jahren des 19. Jahrhunderts hatte KL schon Stadtcharakter und eine Eisenbahnlinie (1886) zum Hafen Port Klang. Malaysias Unabhängigkeit wurde am **31. August 1957** hier im Medeka- (Unabhängigkeit) Stadion erklärt. **1984** überschritt die Stadt die Millionengrenze; seit 1974 ist sie nicht mehr ein Teil Selangors, sondern wurde Bundesterritorium und vergrößerte ihre Fläche von 93 auf 244 km^2.

▷ Der dritthöchste Fernsehturm der Welt: der KL Tower

■ Übernachtung

1. Titiwangsa City Hostel
2. Pan Pacific & Legend
4. Transit Villa Hotel
5. Rome Hotel
6. Cosmopolitan
7. Grand Centrepoint, Stanford, De First Inn
8. Ben Soo Homestay
9. Grand Continental Hotel
10. Tune Hotel
16. Sheraton Imperial Hotel
19. MiCasa
20. Hotel Nikko
21. Hotel Corus
23. Mandarin Oriental KL
24. The Ascott
29. Renaissance
30. Concorde Hotel
32. Shangri-La Hotel
34. Hilton Equatorial
35. Crowne Plaza
38. Istana Hotel
39. Rainforest B & B
40. Pondok Lodge
42. Alpha Genesis, Hotel Rae, YY38, Replica Inn, Hotel Radius International
43. Green Hut, Trekker Lodge
44. Tropical GH, Anjung GH, eight, 12inn
45. red palm GH
46. Corona Inn
47. Swiss Garden Hotel
48. Anggun Boutique Hotel
50. Hotel Royale Bintang & The Federal
51. Paradiso B & B
52. Imperial Hotel
56. Park Royal
58. Millenium Hotel
61. JW Marriott, Westin
62. Ritz Carlton
64. Melia Hotel
65. kleine Boutique Hotels, früher Stundenhotels
67. Classic Inn, Hotel Mercury, UFO Capsule Hotel, Orkid Inn
69. YMCA, Hotel Sentral, Lido, Mexico
70. Carcosa Seri Negara

■ Einkaufen

12. Pertama-Einkaufszentrum
13. Sogo-Einkaufszentrum
14. Campbell-Einkaufszentrum
22. Suria KLCC Shopping Center
33. The Weld (Einkaufszentrum)
54. Bukit Bintang Plaza, Sungai Wang (Einkaufszentren)
55. Lot 10 (Einkaufszentrum)
57. KL Plaza (Einkaufszentrum)
59. Einkaufssymbol für Starhill Gallery
60. Pavilion KL Shopping Center
63. Imbi Plaza
68. Shoppinig Centre China Park

Sehenswertes

An der trüben Flussmündung steht die besonders abends malerisch wirkende, von Kokospalmen umgebene **Masjid Jamek** (Freitagsmoschee), 1909 nach dem Vorbild der Moti Masjid (Perlenmoschee) im Delhi-Fort erbaut. Die aus rotem Backstein mit weißen Einfassungen errichtete Anlage, ihre Minarette, Arkaden und Kuppeln wirken lebendig und doch wie ein Ruhepunkt in der Umgebung der modernen Bürohochhäuser. Sa–Do 8.30–12.30 (Fr 8.30–11 Uhr) und 14.30–16 Uhr.

Ein ebenso interessanter Kontrast zwischen Alt und Neu wiederholt sich noch an wenigstens zwei weiteren Stellen: am Merdeka Square (wo sonntags immer noch Cricket gespielt wird) mit dem im Tudor-Landhausstil erbauten **Royal Selangor-Club** *("Spotted Dog")* aus dem Jahre 1890 bzw. 1910, zur Engländerzeit das gesellschaftliche Zentrum, heute logischerweise Treffpunkt der malaiischen Elite. Am Südende des Clubgebäudes befindet sich die **Hash Bar,** Treffpunkt der *Selangor Hash House Harriers.* Der 100 m hohe Fahnenmast galt zeitweise als der höchste der Welt. Gleich

nebenan befindet sich die **KL City Gallery** im historischen Gebäude der 1898 von *A.C. Norman* entworfenen Regierungsdruckerei. Eintritt frei, interessante Modelle der Stadt, Informationen zu KL. Nicht weit davon steht die **St.Mary-Kirche** aus dem Jahr 1894 mit schöner Orgel.

Auf der anderen Seite das frühere Staatssekretariat, heute **Bangunan Sultan Abdul Samad,** erbaut 1894–97 mit Arkaden, Kuppeln und dem 41 m hohen Uhrturm im westlich-islamischen Mischstil, der für die alten Prachtbauten KLs so charakteristisch ist. Im Gebäude ist das **Oberste Gericht** untergebracht.

Weitere Bauten an der Jln. Raja: **Alter Oberster Gerichtshof** *(Mahkamah Tinggi Lama)*, **City Hall** *(Dewan Bandaraya)*, das **Staatliche Informationsamt** *(Jabatan Penerangan)* nördlich und das **ehemalige Hauptpostamt** und die **Landwirtschaftsbank** südlich, alle von *A.C. Norman* entworfen.

Erwähnenswert ist noch die nördlich der City Hall, in der Jln. Masjid stehende recht üppige **Masjid India,** die Moschee der indischen Moslems. Zur Zeit des Freitagsgebets, wenn es in der Gegend von Männern wimmelt, haben auch die Bordelle in diesem traditionellen Rotlichtbezirk Hochbetrieb.

Südlich des Gebäudekomplexes steht eines der elegantesten modernen Gebäude, das Wahrzeichen des neuen KL, der seinerzeit rund 600 Mill. RM teure, im islamischen Stil erbaute **Komplex Dayabumi,** von einer UMNO-Tochter erbaut und dann an den staatlichen Ölkonzern *Petronas* verkauft.

Nebenan steht die **Pos Besar,** das Hauptpostamt, wohin man sich „*Poste restante*" Post schicken lassen kann. Von dort ist es dann nur noch ein kurzes Stück zum berühmten, moscheeartigen **ehemaligen Hauptbahnhof**, jetzt Station Kuala Lumpur, früher bis in die 1970er Jahre hinein das eigentliche Wahrzeichen von KL, 1900 von *A.B. Hubback* entworfen und 1911 fertig-gestellt. Zur Gesamtanlage gehört das gegenüber stehende Gebäude der Eisenbahnverwaltung.

Als seltsamer Kontrast befindet sich schräg gegenüber die eher futuristisch wirkende Nationalmoschee, **Masjid Negara,** aus dem Jahre 1956. Sie kann 20.000 Gläubige aufnehmen; das 18-fach gefaltete Dach steht für die 13 Staaten und 5 Pfeiler des Islam; das schlanke Minarett ist 75 m hoch; die 48 Kuppeln erinnern an die Moschee in Mekka. Für Nicht-

◁ Blick über die Metropole Kuala Lumpur

Moslems geöffnet: 10–12 und 14–16 Uhr, Sa, So und an Feiertagen: 10–12, 14–18.30 Uhr; separater Eingang für Männer und Frauen. Von der Moschee zu Fuß erreichbar ist das sehenswerte **Islamic Arts Museum Malaysia** mit Beispielen islamischer Kunst, Modellen berühmter Moscheen, Handschriften u.a.

Auf derselben Seite der Jln. Sultan Hishamuddin befindet sich das **KL Visitor's Centre**, Nr. 3 (Mo–Fr 9–17 Uhr, Sa 9–12.45 Uhr). Von dort ist es nicht weit, wenn auch zu Fuß nicht sehr angenehm, zum supermodernen **Hauptbahnhof KL Sentral**, der eher an einen Flughafenterminal erinnert; neben den Zügen von KTM und der Komuterlinie Rawang – Seremban halten hier auch 2 LRT-Linien. Die Monoraillinie nach Titiwangsa hat hier ihren Anfang. **Es besteht eine Direktverbindung vom Flughafen KLIA nach Sentral.**

Nordwestlich erstreckt sich die weitläufige hügelige Anlage der **Lake Gardens** *(Tasek Perdana)*, beliebt bei Spaziergängern und Joggern. Auf dem See kann man mit Booten herumrudern: in den Ferien von 10.30–11.30 und 14–17.30 Uhr, an Wochenenden und Feiertagen von 8–17.30 Uhr.

Weitere Attraktionen des Parks: KL Orchideen- und Hibiscusgarten (wochentags Eintritt frei), Vogelpark (s.u.), Rehpark; auf dem Hügel steht das exklusive Hotel *Carcosa Sri Negara*, die frühere Residenz des Gouverneurs, danach war es für mehrere Jahre Staatsgästehaus, nun eines der exklusivsten Hotels des Landes.

Nördlich auf einer Anhöhe steht das **Nationaldenkmal** *(Tugu Peringat Negara)*. Die sieben Figuren, entworfen von *Felix de Weldon* in Anlehnung an das Iwojima-Denkmal in Washington, symbolisieren u.a. Einheit, Führung, Stärke, Tapferkeit und Wachsamkeit. Das 1966 errichtete Denkmal markiert den Sieg über die kommunistische Guerilla *(Emergency)*, dient aber auch dem Gedenken an die Kriegs„helden" des Landes. Nahebei befindet sich der ASEAN-Skulpturenpark.

Das 1963 errichtete **Parlament** auf einer weiteren Anhöhe besteht im Wesentlichen aus dem 18-stöckigen Büroturm und dem 3-stöckigen Flachbau mit dem Repräsentantenhaus *(Dewan Rakyat)* und dem Senat *(Dewan Negara)*. Das Parlament kann während der Sitzungsperiode nach Anmeldung besichtigt werden (formelle Kleidung erforderlich).

Am Ostrand des Lake-Garden-Komplexes steht das **Memorial Tun Abdul Razak**, wo der 2. Premierminister Malaysias residierte; am Südrand das im Stil eines traditionellen malaiischen Palastes 1963 errichtete **Nationalmuseum** *(Muzium Negara)*. Die Mosaiken an der Außenwand sind im Stil moderner malaysischer Batikbilder gehalten und stellen wichtige geschichtliche Ereignisse dar. Der Besuch (täglich 9–18 Uhr geöffnet, Fr 12.15–14.45 Uhr geschl., Eintritt 5 RM, Kinder 2) lohnt, auch, wenn seit der Errichtung kaum etwas verändert wurde; häufig Sonderausstellungen. Unten: Schattenspielfiguren aus der Region, mit Puppen dargestellte Bräuche: Beschneidung, chinesische und indische Tänze, Thron eines Sultans, Baba-Haus aus Melaka, Orang Asli-Gegenstände oben: Tierwelt, Zinnförderung, Kautschukgewinnung, Forstwirtschaft; draußen: Haus aus Terengganu, Megalithe, Holzplastiken aus Sarawak, Zinnbagger, Proton Saga. Attraktionen wurden nebenan mit dem Orchideen- und vor allem dem nach Singapur größten **Vogelpark** *(Bird Park)* der Welt geschaffen (9–18 Uhr, Ausländer teure 48 RM, Kinder 38 RM, gesondertes Freifluggehege für die Nashornvögel *(Horn bill)*.

Chinatown

Östlich des Bahnhofs, in der immer mehr schrumpfenden **Chinatown** mit dem abendlichen **Nachtmarkt** *(Pasar Malam)* in der Jln. Petaling steht der 1873 erbaute **Sri Maha Mariamman-Tempel** in der Jln. Tun H.S. Lee mit dem großen fünfstöckigen Götterberg *(Gopuram)*, Ausgangspunkt für die langen Thaipusam-Prozessionen im Januar bzw. Februar zum *Murugam-Tempel* in den **Batu Caves**.

Südlich der Chinatown in der Jln. Belang gibt es das chinesische Ladenzentrum **China Park;** gemeinsam mit ihm, dem Central Mar-

Banguan Sultan Abdul Samad

ket und Chinatown hat man damit eine Art „chinesisches Kulturdreieck" schaffen wollen.

Nördlich der Chinatown steht versteckt nahe der Leboh Pudu der **Sze-Ya-Tempel,** der passenderweise der Gottheit der Pioniere, *Sen Sze Ya* (bzw. *Seng Mang Lee*) geweiht ist. Dessen Statue gelangte bereits sieben Jahre nach Gründung von KL an den Ort des Tempels, dessen Bau von *Kapitan China* (s. „Geschichte") weitgehend finanziert wurde (sein Bild ist auf einem der zurückliegenden Altäre zu sehen). Verehrt werden daneben weitere Gottheiten, u.a. die beliebte *Kuan Yin.*

Der Tempel steht nahe **Central Market,** der ein beliebter Treffpunkt ist: Boutiquen, Kunstgewerbe-Stände (teuer, aber gut zur Orientierung), Läden, Lokale, Essensstände reizen hier zum Schauen und Konsumieren; besonders reizvoll sind die handbemalten Seidentücher, und -hemden. Fast jeden Samstagabend (außer im Fastenmonat) gibt es Musik-, Tanzund andere Vorführungen.

■ **Information:** Tel. 03 2274 9966, der Programmprospekt liegt am Info-Stand zum Mitnehmen bereit. Die meisten Vorführungen beginnen um 19.45 Uhr, manche auch schon um 17 Uhr.

Tägliche kostenlose **Stadtführung** ab 10.30 Uhr, Treffpunkt Informationsschalter, mobil 017 989 1031, 012 208 4260.

Südöstlich von Chinatown liegt das **Merdeka-Stadium,** ein gewöhnliches, rund 50.000 Zuschauer fassendes Stadion. Das Besondere ist der geschichtliche Stellenwert: Hier erklärte am 31. August 1957 der erste Premierminister *Tunku Abdul Rahman* („*Bapa Malaysia*") die Unabhängigkeit *(Merdeka)* Malaysias. Nebenan steht die Mehrzweckhalle des **Stadium Negara** mit dem großen Flachkuppeldach und die **Victoria Institution**, eine der prestigereichen Schulen KLs.

Nahe dem Merdeka-Stadium steht der reich verzierte, 1906 errichtete **Kongsi Chan See Shu Yuen**, das Clan-Haus der Familien *Chan, Chin* und *Tan*.

Weiter südlich hat der Wahlkönig *(Yang Di Pertuan Agung)* seine Residenz, die **Istana Negara**. Man kann ihn am ersten Tag von Hari Raya Puasa besuchen.

Golden Triangle/ KLCC/Bukit Bintang

Nordöstlich des historischen Stadtkerns hat sich das **moderne KL** mit seinen Hochhäusern, Luxushotels, Prestigeobjekten wie KL Tower und Petronas Twin Towers, modernen Einkaufszentren, aber auch Mittelklassehotels und gehobenen Guesthouses sowie einer Unmenge von Restaurants und Lokalen von billig bis sehr teuer ausgebreitet und das alte KL nahezu vollständig verdrängt.

Bukit Nanas und KL Tower (Menara KL)

Wer mitten in der Stadt durch ein Stück Urwald gehen will, kann das nicht nur in den Lake Gardens, sondern auch z.B. am **Bukit Nanas** (Ananas-Hügel), mit gepflastertem Weg zwischen Jln. Raja Chulan (an der Einmündung der Jln. Bukit Nanas-Haupteingang mit Informationszentrum, 7–18 Uhr) und Jln. Ampang, mit zwei Dschungelpfaden, dem Rest eines Fitnessparcours, Vogelbeobachtungsständen, Picknickplatz, Verbindung zum Fernsehturm u.a. Am interessantesten ist wohl der Baumlehrpfad (das englische Faltblatt dazu gibt es im Infozentrum (Tel. 2070 6342). Zugang: Monorail Station Bukit Nanas.

Achtung: 2013 war der Park wegen Konstruktion einer Hängebrücke von der Seite der Monorail aus gesperrt, das Infozentrum an der Jln. Raja Chulan bleibt jedoch geöffnet.

Auf den Hügel führt auch eine Straße (Jln. Puncak, Minibus-Shuttle alle 10 Min.) auf das Gelände des **Menara Kuala Lumpur (KL Tower)** mit allerlei Attraktionen und Läden an der Basis, vor allem aber der Auffahrt auf die Beobachtungsplattform in 276 m Höhe zwischen 10 und 22 Uhr. (Eintritt: Ausländer teure 47 RM, Kinder 27 RM) mit fantastischer Rundumsicht. Höher oben gibt es noch ein Restaurant und eine noch teurere weitere Beobachtungsplattform.

KL City Center (KLCC)

Der Komplex des KL City Center (KLCC), das auf dem Gelände einer ehemaligen Pferderennbahn errichtet wurde, umfasst allen voran die 451 m hohen **Petronas Twin Towers**, das vom argentinischen Stararchitekten *Cesar Pelli* entworfene und 1998 eingeweihte Wahrzeichen nicht nur Kuala Lumpurs, sondern des modernen Malaysias überhaupt, daneben u.a. ein Einkaufszentrum, einen Konzertsaal sowie einen Park. Zufahrt mit LRT Linie Kelana Jaya Richtung Terminal Putra bis zur Station: KLCC. In den Zwillingstürmen residiert der Ölkonzern *Petronas*, der vorher im Dayabumi-Gebäude (nahe Central Market) ansässig war. Die **Verbindungsbrücke (Skybridge)** in 170 m Höhe ist offen für Besucher und neuerdings auch der 86. Stock: teure Eintrittskarten für 80 RM, Kinder 30 RM gibt es im *Concourse Level* ab 9 Uhr, Besuchszeiten Di–So 9–21 Uhr. Aber zum KLCC gehören auch das beliebte **Suria Einkaufszentrum** und der große **Park,** beide super geeignet zum Leute beobachten.

Aquaria, noch recht neues Großaquarium im *KLCC Convention Center,* 5 Minuten vom Suria Einkaufszentrum durch den Verbindungstunnel, täglich 10–22 Uhr, Ausländer 38 RM, Kinder 26 RM, Zugang: LRT Station KLCC, Tel. 2333 1888, www.klaquaria.com.

Etwas abseits vom Trubel von Bukit Bintang liegt das große **Kunsthandwerkzentrum (Komplek Kraf)** am Ende der Jalan Bukit Bintang bzw. Jalan Imbi jenseits der Jalan Raja

Chulan in der Jln. Conway, zu erreichen am *Prince* und *Royale Chulan Hotel* vorbei. Hier kann man in Ruhe den Handwerkern bei ihrer Arbeit zusehen. Unterwegs sieht man linkerhand das alte malaiische Haus **Rumah Penghulu Abu Seman,** das besichtigt werden kann.

City Walk

Seit Mitte 2012 gibt es einen bequemen erhöhten und **überdachten Verbindungsweg** vom *Pavilion Shopping Center* zum *KL Convention Center* und *Aquaria,* Park u.a.

Bukit Bintang

Dieses Viertel um die Jalan Sultan Ismail und Bukit Bintang ist das lebendigste Viertel der Stadt mit seinen Einkaufszentren, Hotels und Lokalen, die bis weit in die Nacht geöffnet sind. Das Viertel erwacht erst mit der Dämmerung richtig. Das gilt freilich nicht für die Einkaufszentren, die zwischen 10 und 22 geöffnet sind. Es gibt hier sogar einen Vergnügungspark im Innern eines Einkaufszentrums: den **Cosmo's World Theme Park,** *Berjaya Times Square,* Jalan Imbi, 10–22 Uhr, 35 RM, Kinder 20 RM, Monorail Station *Imbi.*

Stadtrundgänge

Malaysia Heritage Walk täglich ab Central Market Annexe, Lot 2.03, 1. Stock, beim *Tourist Information & Service Centre* um 10.30 Uhr. **Stadtrundgang durch „Little India" und Brickfields** ab YMCA jeden 1. Und 3. Samstag um 8 Uhr (www.travelfish.org/blogs/malaysia/gibt weitere Tipps für kostenlose Aktivitäten).

451 m hoch: die Petronas Twin Towers

Sehenswertes außerhalb des Stadtzentrums

Während in der Altstadt Chinesen und Inder dominieren, hat sich **Kampung Baru** den Charme eines malaiischen Dorfes inmitten der Metropole bewahrt. Religiöser Mittelpunkt ist die **Kampung Baru Moschee.** Samstagabends findet der lebhafte **Pasar Malam** nahe der LRT Station Kampung Baru statt, der bei Malaysiern so beliebte Nachtmarkt. Westlich des Kampung steht der größte **Sikh-Tempel** Südost-Asiens, spirituelle Heimat der 75.000 Sikhs in KL. Nebenan befindet sich der beliebte und zumeist voll gestopfte **Chow Kit Markt.**

Der künstlich angelegte **Titiwangsa Lake** ist beliebt bei Joggern, Liebespaaren, Kindern u.a. und bietet einen spektakulären Blick auf die KL Skyline, dominiert von den Twin Towers. Im Restaurant **Nelayan** gibt es tägl. außer Mo von 20.30–21 Uhr kurze kulturelle Vorführungen (25 RM inkl. malaiisches Abendessen). Mehrere nationale Kulturzentren (s.u.) befinden sich südlich des Parks (800 m von LRT- und Monorail Station Titiwangsa, auch mit den Bussen B101, 102, 103 zu erreichen).

Der taoistisch-buddhistische **Thean Hou Tempel,** der spektakulärste chinesische Tempel KLs am Rande von Brickfields (Viertel der Inder, Hauptbahnhof Sentral) auf einem Hügel gelegen, ist geschmückt mit unzähligen roten Lampions. Hauptgottheit ist die himmlische Mutter *Thean Hou,* daneben *Guanyin* (Göttin der Barmherzigkeit), der lachende dicke Buddha *Milefo,* u.a.; tägl. 9–18 Uhr, zu Fuß ab Monorailstation Tun Sambathan erreichbar.

Museen

Der Eintritt zu diesen Museen ist frei. Weitere Adressen finden sich in der kostenlosen Broschüre „Museums of Malaysia" des MTPB.

Kuala Lumpur

- **Kuala Lumpur Memorial Library,** Tel. 2692 4780/ 2693 2908, 92 Jln. Raja (Ecke Merdekaplatz), 10–17 Uhr, So und Feiertag geschlossen. Städtisches Museum für Geschichte und Entwicklung der Hauptstadt.
- **Asian Art Museum,** Tel. 7959 3805, auf dem Gelände der Uni Malaya. Sammlung malaiischer Artefakte, Mo–Fr 9–17, Sa 9–12.30 Uhr.
- **Royal Malaysian Police Museum,** Tel. 2698 0133, *Police Training Centre,* Jln. Semarak, Mo–Fr 8–16.15 Uhr, Sa 8–12.45 Uhr.
- **Islamic Exhibition Centre,** Tel. 2274 9333, Pusat Islam Malaysia, Jln. Perdana, 9–17 Uhr, Fr mittags und an beiden Hari Raya geschl., zu Fuß vom Merdekaplatz zu erreichen.
- **Tunku Abdul Rahmnan Putra Memorial:** Gedenkstätte für den vor einigen Jahren verstorbenen Vater Malaysias, in seiner früheren KL-Residenz (sein eigentliches Haus war in Penang), Jln. Dato Onn.
- **Planetarium** (nahe Nationalmoschee).

Kulturzentren

- **National Arts Academy,** Ausbildung in Kunst, Tanz, Drama, in der Jln. Tun Ismail, Tel. 2697 1777.
- **Chin Woo Association Stadion,** chinesisches Sport- und Kulturzentrum, Tai Chi, Kung Fu, Galerie, u.a., Jln. Wesley, nahe Jln. Hang Jebat, östlich Petaling Street.
- **Temple of Fine Arts,** Indisches Kulturzentrum in der Jln. Berhala in Brickfields (wo früher Ziegeleien waren).
- **Aman Club,** Zentrum und Lokal der **Sikh,** Jln. Damai 5/6, nordöstlich Kreuzung Tun Abdul Razak/Jln. Ampang.
- Im **Ampang Park,** Jln. Ampang, gibt es malaiische Tänze u.a. im **Yasmin-Restaurant.** Man erkundigt sich am besten im *Visitor's Centre,* ob und wann Besuche möglich sind.
- **Goethe Institut,** 1 Jln. Langgak Golf (nahe Jln. Tun Razak), Tel. 2142 2011, www.goethe.de/ins/my/kua/deindex.htm.
- **Alliance Francaise,** 15, Lorong Gurney, Tel. 2694 7880, www.alliancefrancaise.org.my.
- **British Council,** F1 West Block Wisma Selangor Dredging, 142c Jln. Ampang, Tel. 2723 7900, www.britishcouncil.org/malaysia.
- **Japan Foundation,** F30, Menara Citibank, 165 Jln. Ampang, www.jfkl.org.my.
- **National Art Gallery,** Jln. Temerloh (nahe Jln. Tun Razak/Mittlerer Ring), Tel. 4025 4990, www.artgallery.gov.my, 10–18 Uhr, jeden 1. Samstag im Monat gibt es den KL Art Market *(Laman Seni).*
- **National Library** (Perpustakaan Negara Malaysia), 232 Jln. Tun Razak/Mittlerer Ring, Tel. 2687 1700, Di–Sa 10–19 Uhr, So 10–18 Uhr, www.pnm.my/pnmx/public/index.php.
- **National Theatre** (Istana Budaya), Jln. Tun Razak/Mittlerer Ring, Kartenverkauf 9–18 Uhr, Tel. 4026 5555, www.istanabudaya.gov.my.

Alle drei nationalen Kulturzentren liegen nahe beieinander, ca. 20–25 Min. zu Fuß von der LRT- oder Monorail Station Titiwangsa südlich des Titiwangsa Lake Parks.

LRT-Zug

www.fotolia.de © metlion

- **Petronas Philharmonic Hall,** F1 Tower 2, Petronas Twin Towers, Tel. 2071 7007, www.malaysianphilharmonic.com, LRT Putra Line bis KLCC.
- **The Actors Studio @ Lot 10** mit Theater, Dachterrasse (Level 8A) Lot 10 Shopping Center, Bukit Bintang, 50 Jln. Ismail, Tel. 2144 2009 (allg. Auskunft und Tickets), www.theactorsstudio.com.my.
- **The Kuala Lumpur Performing Arts Centre** (klpac), Sentul Park, Jln. Strachan, Tel. 4047 9010 (allg. Auskunft), -9000 (Eintrittskarten), www.klpac.org, an der KTM Komuter Station Sentul.

Stadtverkehr

Den größten Teil der Sehenswürdigkeiten kann man an einem Tag zu Fuß aufsuchen, wenn auch die Modernisierung von KL wenig Rücksicht auf Fuß-gänger nimmt. **Trishaws** verkehren in KL nicht.

Die **Taxis** (rot/weiß) haben fast alle Taxameter und sind preiswert, allerdings ist es relativ weit verbreitet, Touristen und auch Einheimischen mehr Geld als üblich abzuknöpfen oder sie bei unliebsamer Route einfach nicht zu transportieren. Man sollte deshalb auf der Benutzung des Taxameters bestehen und sich die Taxinummer merken. So kann man im Falle eines Falles die Tourist Police (Tel. 2149 6590/93) bemühen. Allerdings ist längst nicht jeder Taxifahrer ein betrügerischer Zeitgenosse. Nach Mitternacht bis 6 Uhr kommt zum Taxameter-Tarif 50 % Aufschlag hinzu. Zuschläge können auch bei mehr als zwei Personen und Gepäck verlangt werden. Taxis sind in den Stoßzeiten 8–10 Uhr und 16–18 Uhr schwer zu bekommen.

Die leuchtend gelben Taxis sind teurer.

Das **Busnetz** ist trotz erheblicher Modernisierung noch unübersichtlich. *RapidKL* betreibt im Stadtzentrum die *City Shuttle Busse*. Eine Tageskarte kostet nur 2 RM. Eine angenehme Neuerung ist der **rapidpass** von *rapidKL* mit dem man Busse, LRT und Monorail benutzen kann. Man kauft sich die Karte z.B. für 1 Tag (12 RM für die Karte), 3 Tage (25 RM), 7 Tage (50 RM), und hält sie am Ein-/Ausgang jeweils an das gekennzeichnete Feld.

1

- **B101:** Titiwangsa nach KL Sentral via Jalan Tunku Abdul Rahman.
- **B102:** Titiwangsa nach Bukit Bintang via Kampung Baru.
- **B103:** Titiwangsa nach Bukit Bintang via KLCC.
- **B105:** KLCC nach MidValley Megamall via Stadtmitte.
- **B110:** MidValley Megamall nach Bukit Bintang via Stadtmitte.
- **B111:** Maluri nach Chow Kit.
- **B112:** Maluri nach KL Sentral via Jalan Loke Yew.
- **B113:** Maluri nach Pasar Seni.
- **B114:** Maluri nach Titiwangsa via KLCC.
- **B115:** Pasar Seni nach Jalan Duta Regierungsbehörden.

KL Hop-on Hop-off Coach Tours (Sightseeing-Bus, bei dem man jederzeit aus-, und in einen nachfolgenden Bus wieder zusteigen kann), Tageskarte 38 RM (im Bus erhältlich), täglich 8.30–20.30 Uhr, www.myhoponhopoff.com (u.a. Karte und Haltestellen). Seit 2012 gibt es den **goKL** Busservice, der für Touristen zwei kostenlose Rundkurse anbietet: lila & grün. **Die grüne Runde** verbindet KLCC (Suria KLCC, Petronas Twin Towers) mit Bukit Bintang (Pavilion/*Starhill Shopping Centre*), die **lila Runde** Bukit Bintang mit Chinatown (Central Market). Die Busse sollen außerhalb der *Rush Hour* alle 5–15 Min. kommen. Darüber hinaus kann man für manche Strecken den **KTM Komuter** zur Fortbewegung innerhalb KLs benutzen. Vom Hauptbahnhof aus kann, wer in die Jln. Raja Laut oder Jln. T.A.R. gelangen will, die Züge in Richtung Rawang oder Sentul nehmen (je alle 30 Min. von Gleis 3). Aussteigen an der Station Bank Negara oder an der Station Putra.

Neben dem KTM gibt es inzwischen das **Light Rail Transit System** (LRT), ebenfalls von Rapid KL (www.rapidkl.com.my) betrieben mit 3 Linien (Ampang, Sri Petaling, Kalana Jaya), 6.00–23.45 Uhr, 3–5 bzw. 5–8 Min.-Intervalle, über das zahlreiche Stadtteile und Vororte KLs schnell erreichbar sind. Diese Verkehrsmittel sind zwar teurer, dafür aber auch deutlich komfortabler als die Busse.

Überraschend schnell fertiggestellt wurde die für Reisende günstige **Monorail-Linie**

Klang Valley Transitsystem

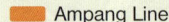

- Ampang Line
- Kelana Jaya Line
- KL Monorail
- KLIA Transit
- KLIA Ekpres
- KTM Komuter (Rawang-Seremban)
- KTM Komuter (Sentul-Port Klang)

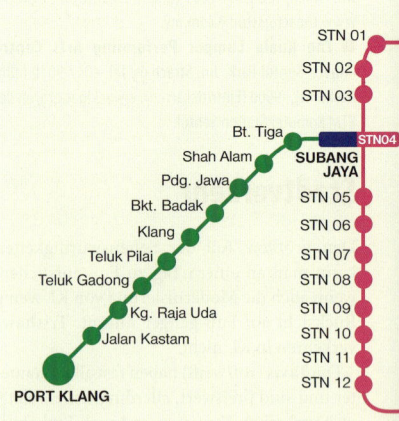

Kuala Lumpur

Übersichtskarte S. 150, Stadtpläne S. 154 und S. 158

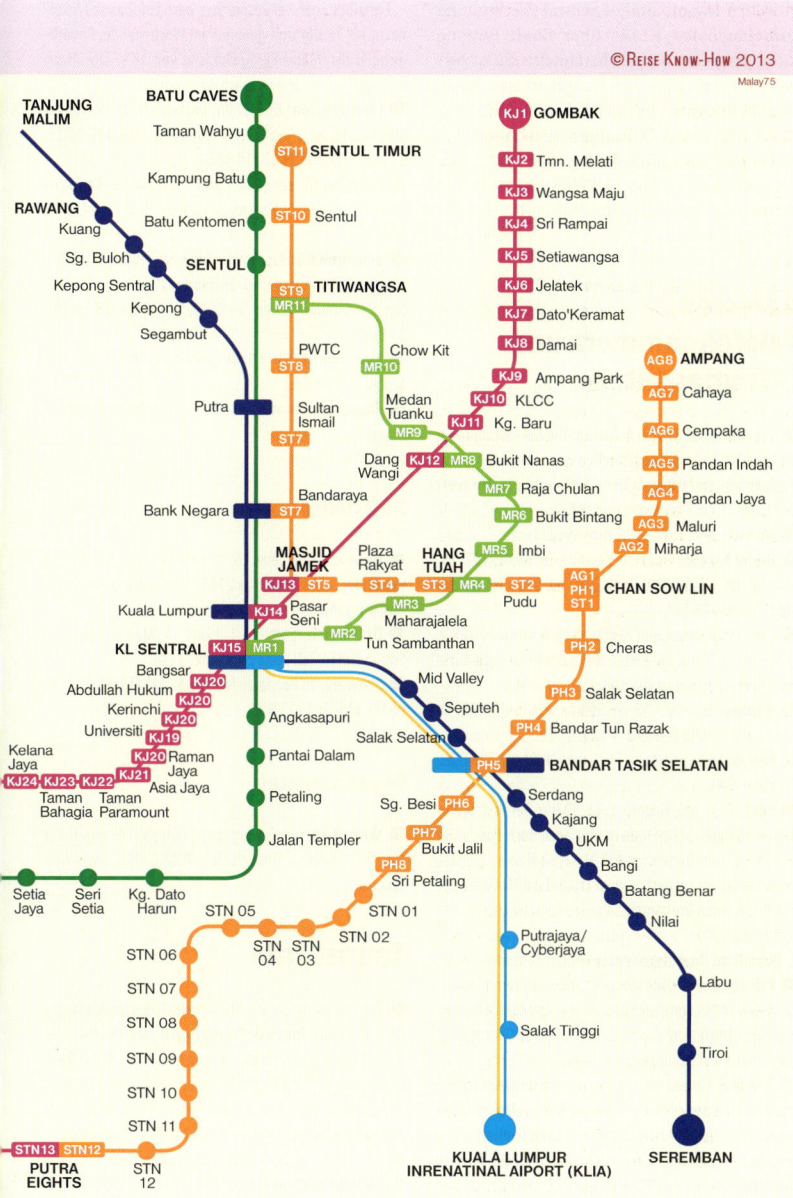

zwischen Hauptbahnhof Sentral (Verbindung zum Flughafen KLIA) über Bukit Bintang (Shopping Center, Lokale, Hotels), Bukit Nanas (Fernsehturm, Dschungel in der Stadt, Tourist Information), Chow Kit (Hotels in der Jln. T.A.R.) und Titiwangsa (Pekeliling Bus Station Richtung Taman Negara).

Das **aktuelle Schienverkehrsnetz** ist in den meisten Informationsbroschüren für Touristen abgedruckt.

Adressen, Telefonnummern und Öffnungszeiten

■ **Tel.-Vorwahl KL:** 03. **Achtung:** Die Telefonnummern im Bereich 03 wurden auf 8 Stellen erweitert, leider nicht nach einem einfachen System; Hilfe gibt die Auskunft 1050, online über www.tm.com.my.
■ **Notruf:** 994 Feuer, 999 Polizei/Ambulanz.
■ **Radio Taxi Service:** u.a. *Comfort,* Tel. 8024 2727, *Public Cab,* Tel. 6259 2020, *Radio Taxi,* Tel. 9221 7600, *Sunlight,* Tel. 90 575 757.
■ **Money Changer** gibt es überall im Zentrum, vor allen in Shopping Malls; sie bieten bei Bargeld bessere Kurse an. Am einfachsten ist das Abheben per ATM.
■ **Banken:** Mo–Do 9.15–16.30 Uhr, Fr 9.15– 16 Uhr, Sa 11–14 Uhr (große Filialen).
■ **American Express:** im *Bangunan Weld,* 8th Floor, Tel. 03 2161 3000.
■ **Post:** 8–17 Uhr, Hauptpost bis 19 Uhr. Bei postlagernden Sendungen sollte man immer auch nach Post unter dem Vornamen fragen, weil in Malaysia Namen vielfach nach Vornamen sortiert werden (zumal die Moslems alle nur ihren einen Vornamen haben, ergänzt durch „Sohn/ Tochter von …").

Details zu Postdiensten: www.pos.com.my.
■ **Private Kurierdienste:** *DHL,* www.dhl.com.my; *FedEx,* www.fedex.com/my; *UPS,* www.ups.com/asia/my/engindex.html; *TNT Express Worldwide,* www.tnt.com; *City-Link,* www.citylinkexpress.com.
■ **Telefon:** Einheit 10 Sen; internationale Gespräche in allen Filialen der *Telekom Malaysia,* preiswerter in Internetcafés *(Netphone)* oder von öffentlichen Telefonen mittels Prepaid-Karten (siehe auch im Kapitel „Post, Telefon, Internet").

Ermäßigungen bei Gesprächen nach Europa von Mitternacht bis 12 Uhr und generell am Wochenende. Ermäßigungen für Inland-Ferngespräche von 18–7 Uhr. Nach Singapur wie Inlandgespräch, Vorwahl 02-.
■ **Immigration:** Blok 1, Jln. Damansara, Pusat Bandar Damansara, Tel. 255 5077, Fax 256 2340. Mo–Fr 8–16.15, Sa bis 12.45 Uhr (Fr 12–14.30 Uhr geschlossen).
■ **Krankenhäuser:** einen guten Ruf hat das Krankenhaus der *University Malaya,* Jln. Universiti in PJ, Tel. 7846 4422.
■ **Schwimmbäder:** *Atlantis Swimming Pools,* 17-M, Jln. Mamanda 5, Ampang; *P.J. Swimming Pool,* Lot1, Jln. Sultan, P.J. Öffnungszeiten: 9–12.30, 14–16.30 und 19.30– 21 Uhr.
■ **Massage** durch blinde Masseure, *Blind Massage School* in Brickfield.
■ **Fluggesellschaften:** siehe auch unter „Verkehrsverbindungen".

Botschaften

■ **Deutschland,** Level 26, *Menara Tan&Tan,* 207 Jln. Tun Razak, Tel. 2142 9666, Fax 2141 3943, www.german-embassy.org.my.
■ **Österreich,** Suite 14.1, Level 14, Menara IMC, Jln. Sultan Ismail, Tel. 2032 2830, Fax -3130.
■ **Schweiz,** 16 Persīaran Madge, 55000 KL (Tel. 03 2148 0622), Mo–Fr 9–13 Uhr.

Organisationen

■ **Wild Asia,** Förderung nachhaltiger Lösungen für Mensch – Natur – Umwelt, Tel.17008 07008, www.wildasia.org.

Tourist-Info

■ Die staatliche Organisation heißt **Tourism Malaysia** oder **Malaysia Tourism Promotion Board (MTPB).** Das Hauptbüro in Malaysia befindet sich im *Putra World Trade Centre* (das der UMNO gehört), Menara (Turm) Dato' Onn, 17. und 25.–30. Stock. Jln. Tun Ismail, 50480 KL, Tel. 03/ 26935-188, Fax -884, Mo–Fr 8–16.15; Sa 8–12.45 Uhr.
■ Auf dem Level 2 im selben Zentrum befindet sich das **MTPB Information Centre** (Tel. 03 4041 1295).

☐ Übersichtskarte S. 150, Stadtpläne S. 154 und S. 158 **Kuala Lumpur** 169

■ **Im Hauptbahnhof** von KL gibt es ebenfalls ein Informationcentre und Prospektmaterial (Tel. 2274 6063).
■ **Ankunftshalle Flughafen** (KLIA).
■ **KL Visitors Centre,** 3 Jln. Sultan Hishamuddin, Tel. 2070 1369; Öffnungszeiten: Mo–Fr: 9–17, Sa: bis 12.45 Uhr.
■ Ein guter Ort, sich zu informieren, ist der **Malaysia Tourist Information Complex (MATIC),** Tel. 9235 4848, -4900, www.matic.gov.my, täglich 8–22 Uhr, Jln. Ampang, nördlich des *Bukit Nanas*. Das Gebäude selbst ist sehenswert, es gehörte einem der Zinn- und Plantagenbarone, beherbergte später das Hauptquartier der britischen und japanischen Armee. Täglich 15–15.45 Uhr sowie Di, Mi, Do und Sa von 20.30–21.15 Uhr gibt es im Auditorium kostenlose traditionelle Tanzvorführungen, daneben ein teures Lokal und Souvenirläden, eine Verkaufsausstellung mit zeitgenössischer Kunst, Reisebüros, darüber hinaus einen Schalter der **Tourist Police,** einen Schalter für Expressbus-Verbindungen und einen zur Reservierung und Bestätigung von Flügen. Man erreicht *MATIC* z.B. mit dem *goKL Citybus* oder *Monorail* bis Bukit Nanas und rechts Richtung KLCC in die Jln. Ampang.
■ Was Essen, Nachtleben, Einkaufen und Adressen aller Art angeht, lohnt sich auch immer ein Blick in die **Gelben Seiten,** die z.B. in fast allen Hotels und natürlich bei der Telekom einsehbar sind.
■ **Stadtpläne** zur Orientierung, **Hotelangebote** und nützliche **Informationen** über Kuala Lumpur erhält man unter www.kl-hotels.com.

Einkaufen

Die mehr als 30 neuen und älteren **Einkaufszentren** KLs stellen noch keine Konkurrenz für Singapur dar, bieten aber für malaysische Verhältnisse eine ganze Menge, teils preiswerter Waren. Derzeitiger Star ist die *Mid Valley Megamall* nahe Bangsar (z.B. 28 ab Central Market oder mit KTM Komuter Richtung Seremban ab KL oder Sentral bis Station Mid Valley), das größte Einkaufszentrum Malaysias. Eine Ballung von Zentren findet sich im Gebiet Jln. Bukit Bintang/Jln. Imbi. Dort gibt es auch eine der größten **Buchhandlungen** der Stadt, das *MPH Book Centre* im *Bukit Bintang Plaza* mit großem Angebot an Malaysia-Literatur. Empfehlenswert ist auch die Filiale des japanischen Buchriesen *Kinokuniya* im KLCC mit großem Angebot an englischsprachiger Literatur, auch zu Malaysia und Asien.

Computer und Zubehör gibt es im *Imbi Plaza* (Parterre/1. Stock) und im *Plaza Low Yat*. Wer Probleme mit seiner **Kamera** hat: Im dritten Stock des Kota Raya Complex in der Jln. Cheng Lok gibt es den *Jason Chew Camera Service*. In Malaysia sind Kameras z.T. billiger als in Singapur, zum Beispiel in *Duty Free Camera Shops*.

Billige **Textilien** kaufen Einheimische gern im *Globe Silk Store* und *Kamdar*-Filialen in der Jln. T.A.R. (Jin. Batu), einer Straße mit überdachten Fußwegen und Einkaufsarkaden, wo es auch andere günstige Geschäfte gibt.

Der westlich gelegene **Chow-Kit-Markt** ist vor allem ein Markt der Malaien. Ein Erlebnis für sich ist der besonders bei Chinesen beliebte **Pudu-Markt** (LRT Station *Pudu*); an robustes Schuhwerk denken!

Kunsthandwerk gibt es u.a. in der Jalan T.A.R. in der *Aked Ibu Kota* (Mo–Sa 9–18 Uhr), im *Central Market* sowie in der *Karyaneka Kraf Boutique,* KL Craft Complex, Jln. Conlay, Tel. 2154 2987.

Einen Überblick über Kunsthandwerk höherer Qualität bekommt man im *Infokraf* (geöffnet 10–18 Uhr nahe Merdeka Square).

Erwähnt werden sollte der **Nachtmarkt** *(Pasar Malam)* Jln. Petaling, wo es neben Obst, Blumen, Kräutern, chinesischem Krimskrams, Textilien, Schuhen, evtl. immer noch die offiziell verbotenen Imitate teurer Handtaschenmarken usw. gibt. Gleich um die Ecke befindet sich in der Jln. Balai Polis für Freunde chinesischer Teekultur der interessante Laden *Cha-No-Yu Tea Art* mit einer großen Auswahl an nützlichen Gegenständen zur Teezubereitung, Tel. 2026 7599, www.chanoyu.com.my/contact.htm.

Folgende **Flohmärkte** lohnen einen Besuch: *BB Park,* Jln. Bukit Bintang, So 10–16 Uhr.

Westliche Lebensmittel gibt es in Supermärkten, z.B. *The Mall, Fairtrade,* (Jln. Raja Chulan), *Jaya, Yow Chuan Plaza* (Ecke Jln. Tun Razak/Ampang), deutsche Wurst im Hotel *Shangri-La*.

Feste

- **Federal Territory Day** (1. Februar) mit Paraden, Kulturshows, Sportveranstaltungen.
- **Thaipusam** (Januar/Februar), Bußgänge mit Kavadhis ab Mariamman-Tempel in Chinatown zu den Batu Caves; über hunderttausend Zuschauer.
- **Selangor-Festival** (März–Juli).
- **Merdeka-Monat** (August) im Central Market, am 31. Merdeka-Nacht, wird jedes Jahr in einem anderen Bundesstaat zelebriert, Paraden am Nationalfeiertag.
- **Malaysia Fest,** (Ende September) zwei Wochen Kulturshows, Tänze, Ausstellungen.
- **Deepavali** (November) im Central Market.
- **Weihnachten:** ebenfalls im Central Market.
- **Regelmäßige Vorführungen** im Central Market und *Karyaneka Handicraft Centre.*

Übernachten

KL hat über 10.000 Hotelbetten; die Stadt ist stolz auf ihre **Luxushotels,** die hier oft erheblich preiswerter als in anderen Metropolen sind; außer zu besonderen Großveranstaltungen und in Ferienzeiten lohnt immer die Frage nach einem Discount! Die meisten dieser Hotels stehen im sogenannten **„Golden Triangle"** westlich *Bukit Bintang* entlang Jln. Sultan Ismail, um *KLCC* und beim Hauptbahn-

Kuala Lumpur 171

www.fotolia.de © TMAX

hof *KL Sentral,* wo es an der Westseite nur Luxushotels, an der Ostseite jedoch auch zahlreiche preiswerte Hotels gibt. Wer mit dem **Bus** im **Terminal Puduraya** eintrifft, hat gleich mehrere Billig-GHs und -Hotels vor der Nase bzw. kann in wenigen Minuten zu Fuß zur Chinatown gelangen. Vom **Flughafen KLIA/LCCT** fahren auch Busse anstatt nach KL Sentral nach Chinatown und Puduraya. Wer zu den besseren GHs der Stadt möchte, geht von Sentral einige hundert Meter in Richtung Norden (dabei muss die Baustelle für ein neues Shopping Center umrundet werden) zum Eingang zur *Monorail,* kauft ein Ticket nach **Imbi** (für die GHs in Tengkat Tong Shin) und geht von dort in 5 Min. durch ein Sträßchen hinter kleinen Boutique-Hotels zur Jln. Bukit Bintang, quert diese und geht durch die Jln. Tong Shin zur **Tengkat Tong Shin** bzw. eine Station weiter bis Bukit Bintang (für die GHs in Changkat Bukit Bintang/Jln. Nagasari und die Hotels um Bukit Bintang) und ist am Ziel.

Mittelklassehotels gibt es zur Genüge im Gebiet der Jln. Bukit Bintang. In den letzten Jahren ist die Zahl von ansprechenden **Guest Houses** (GH) in den Straßen westlich der Jln. Bukit Bintang deutlich gestiegen, angeführt von „*eight*" in der Jln. Tengkat Tong Shin. Von der ursprünglichen Beliebtheit dieses oft ausgebuchten „Boutique"-GH profitieren Neuankömmlinge in derselben Straße (s.u.).

Puduraya/Chinatown

Alle Unterkünfte in **Puduraya** haben stark darunter gelitten, dass der Bus-Terminal wegen Renovierung bis Frühjahr 2012 geschlossen war. Da die Umgebung nichts anderes zu bieten hat als eben diesen Terminal und einige Lokale, gibt es kaum einen Grund, dort abzusteigen. Zimmer, die zur kleinen Parallelstraße der verkehrsreichen Jln. Pudu, der Jln. Pudu Lama, liegen, sind ruhig. Und die Preise sind fast konkurrenzlos niedrig.

Anders **Chinatown,** dort gibt es das quirlige Leben jeder Chinatown plus den täglichen Night Market in der Petaling Street, den Zentralmarkt, einige Shopping Center und jede Menge chinesische Lokale, andererseits sind die GHs prinzipiell in den oberen Etagen von traditionellen Ladenhäusern untergebracht, und die Dorms und Zimmer wirken oft dun-

◁ Shopping Mall in KL während des Chinesischen Neujahrsfests

kel und muffig, die Zimmer zur Straße sind laut. Nur drei oder vier GHs machen einen freundlichen Eindruck; daneben gibt es zahlreiche mehr oder weniger preiswerte Hotels und einige Luxushotels. Die Preise liegen für GHs niedriger als in Bukit Bintang, weshalb die Mehrzahl der Traveller Chinatown die Treue halten.

Puduraya

■ **Anuja Backpackers Inn**①, 28, Jln. Pudu, Tel. 2026 6479. Freundlich, sauber, 1.–3. Stock, Dorm 12 RM, DZ oB mf 30 RM, a/c 42 RM. Im Gebäude nebenan gibt es ein *Nasi Kandar Lokal* und im 1. Stock das klimatisierte *Restoran Anuja* mit gutem Bananenblatt-Curry für unter 10 RM, Masala Tee *(Chai)* wird auch serviert (12–15 Uhr).

■ **Casavilla Travellers Lodge**①, 24, Jln. Pudu Lama, Tel. 2031 1971. In ruhiger Nebenstraße gelegen mit großer überdachter Terrasse, EZ mB, mf 40/45 RM, DZ mf, mB 45 RM, a/c, mB 60/80 RM.

■ Dieselben Besitzer betreiben auch das **Kameleoon Travellers Lodge**① (früher *Kawana Tourist Inn*) 60 & 68, Jln. Pudu, EZ mB, mf 45 RM, DZ mB, mf 45 RM, a/c 60/80 RM.

■ **Apple Inn**①, 88, Jln. Pudu, Tel. 2070 6266, www.appleinn.com.my. Saubere Zi., mB, heiße Dusche, a/c, ab 25 RM.

■ Der Besitzer des *Apple Inn* betreibt auch das **Bamboo Inn**①, 184, Jln. Pudu, (zwischen Jln. Bukit Bintang und Jln. Imbi, 1–2 Min. vor Monorail *Imbi*), Tel. 2141 2880.

■ **EV World**②, in 88 und 184, Jln. Pudu, Tel. 2070 6266 bzw. 2142 2880, www.evhotel.com.my, saubere kleine Hotels, DZ a/c, oB 65 RM, mB 80 RM.

■ **My Hotel**②, 120, Jln.Pudu, Tel. 2143 5000, www.myhotels.com.my, neues Hotel nahe Bukit Bintang, EZ a/c, mB 108, DZ 148 RM.

■ **Hibiscus City**②, 78&90, Jln. Pudu, Tel. 2070 0780, www.hotelhibiscuscity.com. Preiswerte, saubere EZ/DZ (Doppelbett) mB, a/c ,WiFi für 60 RM.

■ **Citin Hotel**③, 38, Jln. Pudu, Tel. 2031 7777, Fax 2031 7911, www.citinhotels.com. Neues Mittelklassehotel mit gut ausgestatteten Zi. für 125 RM mit Frühstück.

■ **AnCasa Express**③, Tel. 2072 2688, reservation@ancasanet.com, direkt im Puduraya Bus-Terminal, ordentliche DZ ab 100 RM.

Chinatown

■ **Red Dragon Hostel**①-②, 80, Jln. Sultan, Tel. 2078 9366. Großes GH, wenig freundlich, funktionell, aber stark frequentiert, Wäscherei im Haus, Dorm. oB, mf 18 RM, alle Zi. oB, EZ mf 35 RM, a/c 45 RM, DZ mf 45 RM, a/c 60 RM, 3B-Zi mf 60 RM, a/c 75 RM.

■ **Grocer's Inn**①-②, abseits 78, Jln. Sultan, Tel. 2078 7906, www.grocersinn.com.my. In einem attraktiven alten Haus, das einst die *Grocers Association* beherbergte, freundlich, saubere Zi. mf EZ 35 RM, a/c 45 RM, DZ mf 50 RM, a/c 55 RM, 3B-Zi. mf 65 RM, a/c 75 RM, teils mit Balkon, Dorm 12 RM.

■ **Eclipse GH**①, 55, Jln. Sultan, Tel. 2026 1841, eclipseguesthousekl@gmail.com, neues Guest House in Chinatown, Dorm. 25 RM, EZ 30 RM, DZ 40 RM.

■ **Backpacker's Travellers Inn**① (The Original), 60B, Jln. Sultan, Tel. 2078 2473, www.backpackerskl.com. Seit Jahren beliebt, freundlich. Dachterrasse mit Bar.

■ **Wheelers GH**①-②, 133, Jln. Tun H.S. Lee, Tel. 2070 1386, Fax -1376. Ab 1. Stock bis zur Dachterrasse, bunt, originell eingerichtet, freundlich, auf Sicherheit der Gäste bedacht, Dorm 13 RM (inkl. Schließfach, EZ/DZ oB, EZ 25–30/36 RM, a/c 28–40/45 RM, mb, mf 50 RM, a/c 60 RM.

■ **Reggae Mansion**①-③, 49–59, Jln.Tun H.S.Lee, Tel. 2072 6877, Fax -76, www.reggaehostelsmalaysia.com, sehr beliebtes Guest House in renoviertem Gebäude im Kolonialstil, Flaggschiff der Reggae GH-Kette, die sich vermutlich noch weiter ausbreitet, m. Bar/Restaurant, 16 Betten Frauen-Dorm., 2–24 Betten gemischtes Dorm. 40–45 RM, DZ/3BZi 110–150 RM, inkl. Fr., Wifi/Internet, Kino mit 40 Plätzen!

■ **The Explorers GH**①, 128 und 130 Jln.Tun H.S.Lee, Tel. 2078 6928, www.theexplorersguesthouse.com.

■ **Le Village GH**①, 99A, Jln. Tun H.S. Lee (neben *Bangkok Bank*) über Restoran Kamal, Tel. 2026 6737, mobil 013 355 0235. Codegesicherter Eingang, Haus unter Denkmalschutz aus dem Jahre 1912, immer noch sehr beliebt, Tee/Kaffee umsonst, gr. Wohnzimmer mit Astro-TV. Nicht allzu sauber. Dorm oB mf 12 RM, EZ oB mf 20 RM, DZ oB mf 25–35 RM.

■ **BackHome Kuala Lumpur**①, 30, Jln. Tun H.S. Lee, Tel. 2078 7188, www.backhome.com.my. Geräumig, attraktiv, sauber, große Schließfächer, Dorm ab 38 RM.

■ **Hotel Lok Ann**②, 113A, Jln.Petaling/Ecke Jln. Sultan, Tel. 2078 9544. Seit Jahren beliebtes Standardhotel mit geräumigen sauberen Zimmern m. Fenster (selten in den Billigquartieren) mB, TV, Telefon EZ 50 RM, DZ 60 RM.

■ **Winsin Hotel Chinatown**②, 1–3, Jln. Petaling, Tel. 2031 5011/2/3, www.winsinchinatownhotel.com.my, neues preiswertes Hotel im Herzen von Chinatown, gut ausgestattete DZ a/c, mB, TV, Telefon u.a. ab 88 RM.

□ Übersichtskarte S. 150, Stadtpläne S. 154 und S. 158   **Kuala Lumpur**   173

● **Hotel China Town Inn**③, 52–54, Jln. Petaling, Tel. 2070 4008, Fax 2078 4033, www.chinatowninn.com. Direkt am Nachtmarkt, dennoch ruhig, gut geführt, freundlich, preiswert, alle Zi. mB, a/c, TV, EZ/DZ (Doppelbett) ohne Fenster 80 RM, DZ (Doppelbett oder Twin) mit Fenster 100 RM, 3–4B-Zi. 130 RM.

● **Hotel Mandarin Pacific**③, 2–8, Jln. Sultan, Tel. 2070 3000, Fax -4363. Großes Hotel, alle Zi. mB, a/c, Telefon, Wasserkocher, Kühlschrank, TV, Frühstück, Coffee Shop, Reisebüro: Startpunkt für Minibusse zum Taman Negara, ab 123–210 RM, 2-Nächte-Pakete ab 210 RM.

● **Swiss Inn**④, 62, Jln. Sultan, Tel. 2072 3333, Fax 2031 6699, www.swissgarden.com. Renoviertes Hotel mit 151 Zi. mB, a/c, Astro-TV, Telefon, Haartrockner, Wasserkocher, WiFi/Internet u.a., DZ ohne Fenster 150 RM, mit Fenster 170 RM.

● **Swiss Garden Hotel**④, 117, Jln. Pudu, Tel. 2141 3333, Fax 2141 5555, www.swissgarden.com. Das Hotel liegt in der Nähe der Jln. Bukit Bintang und gehört zur selben Kette wie das *Swiss Inn*.

● **AnCasa Hotel & Spa**④, Jln. Tun Tan Check Lock, Tel. 2026 6060, www.ancasa-hotel.com. DZ mB, a/c, Astro-TV, Telefon, Wasserkocher, Kühlschrank, Safe, ab 360 RM, Sonderrabatt ab 188 RM, Schwesterhotel **AnCasa Resort & Spa in Port Dickson**④, www.ancasapd.com; bzw. **Jerejak Rainforest Resort**④, auf der ehem. Gefängnisinsel von Penang, www.jeresakresort.com.

● **5 Elements Hotel**④, 241, Jln. Sultan, Tel. 2031 6888, www.the5elementshotel.com.my. Sehr gutes Preis-/Leistungsverhältnis, gutes Innendesign, EZ ab 150 RM, DZ 184 RM, alle mit Frühstück.

Bukit Bintang

Nach dem Erfolg des „eight" als erstem „Boutique"-Guesthouse haben sich rund weitere 15 GHs der etwas gehobeneren Art in der Gegend um die Jln. Tong Shin angesiedelt; dabei sind die Zimmer (stets ohne Bad) häufig teurer als Hotels in der Bukit-Bintang-Gegend mit a/c und Bad inklusive, aber dort hat man dann eben keine Travelleratmosphäre in den Wohnzimmern. Da die Häuser ursprünglich Wohn- und keine Ladenhäuser waren, ist die Atmosphäre meist dementsprechend familiärer. Zimmer zur Straße sind laut, da Bukit Bintang von Nachtschwärmern lebt.

● **eight**③, 8–10, Tengkat Tong Shin, Tel. 2144 2050, Fax -4250, www.numbereight.com.my. Das erste der gehobeneren GHs mit großem Schließfach, dicken Matratzen u.a., WiFi/Internetzugang, Frühstück, aber keine Dorm mehr, DZ oB, a/c 85/95 RM, mb, a/c 115/135 RM.

● **red palm**②-③, 5, Tengkat Tong Shin, Tel. 2143 1279, www.redpalm-kl.com. Direkt gegenüber dem „eight" in derselben Straße, seit Jahren beliebt, sehr freundlich, Wi-Fi, Internet, TV in der Lounge, Frühstück, alle Zi. oB, a/c, Dorm 30 RM, EZ 55 RM, DZ 75 RM, Twin 75 RM.

● **Anjung GH**②, Jln. Tong Shin, Tel./Fax 2148 6812, www.anjungkl.com. Ebenfalls beliebt, sehr sauber und freundlich, WiFi, Internet, Dorm 30 RM, Zi. 60 RM.

● **Tropical GH**②, 2, Tengkat Tong Shin, Tel. 2141 1168, www.tropicalguesthousekl.com. Sehr geschmackvoll gestaltete Zimmer oB ab 60–80 RM, mB 120 RM.

● **I2inn**①-②, 12, Tengkat Tong Shin, Tel. 2148 2386, i2innguesthouse.co.cc. Alle Zi. mit a/c, oB, Dorm 28 RM, DZ mit Stockbett 55 RM, Queensize Bett mit Fenster 80 RM, in Vorbereitung: DZ mB 100–110 RM.

● **Green Hut**①, 48, Tengkat Tong Shin, Tel. 2142 3339, www.thegreenhut.com, ebenfalls beliebt, Frauen-, Männer-, gemischte Dorm. 25 RM, EZ oB 40 RM, DZ oB, mB.

● **Trekker Lodge**①, 1–1, Jln. Angsoka/Nagasari, Tel. 2142 4633, www.thetrekkerlodge.com, EZ 45 RM, DZ 50 RM. Unter gleichem Management wie *Green Hut*.

● **Paradiso Bead & Breakfast**②, 116 B, Jln. Bukit Bintang, Tel. 2144 0888. Gute Lage, sauber, geräumig, gutes Frühstück, Dorm 30 RM, Zi. ab 70 RM.

● **Rainforest Bed & Breakfast**②, 27, Jln. Mesui, Ecke Jln. Nagasari, Tel. 2145 1466. Sehr angenehme Atmosphäre, freundlich, Dorm 36 RM, DZ mB, a/c 80 RM.

● **Tiara GH**①, 23, Jln.Mesui/Nagasari, Tel. 2141 0023, www.tiaraguesthouse.com.my, Dorm. 30 RM.

● **Corona Inn**③, 22, Jln. Tong Shin, Tel. 2144 0715, www.coronainn.com.my. Bewährtes Mittelklassehotel, alle Zi. mB, a/c, Minibar, TV, WiFi, EZ 100 RM, DZ 120–155 RM, 3B-Zi. 190–210 RM.

● **Hotel Nova**④, 16–22, Jln. Alor, Tel. 2143 1818, Fax 2142 9985, www.novahtl.com. Seit Jahren beliebt, alle Zi. mB, a/c, Wasserkocher, teurere Zi. m. Kühlschrank und Frühstück, ab 175 RM.

● **Replica Inn**③, Changkat Bukit Bintang, Tel. 2142 1771, Fax 2143 3776, www.replicainn.com. Neueres, sauberes Hotel mit 60 Zi., a/c, mB, TV, ab 98 RM.

● **Hotel Imperial**③-④, 70–80, Cangkat Bukit Bintang, Tel. 2148 1422, Fax 2142 9048, www.hotelimperial.com.my. Alle Zi. mB, a/c, Telefon, TV, im Herzen von Bukit

Bintang, nach Renovierung teurer geworden, DZ 138/148 RM, 3B-Zi. 178/188 RM.

■ **YY38**③, Tengkat Tong Shin, Tel. 2148 8838. DZ mB, a/c, TV, Telefon ab 100 RM.

■ **Hotel Rae**④, 42–46, Tengkat Tong Shin, Tel. 2148 1770, Fax -1760, www.hotelrae.com. 48 in einer Art viktorianischen Stil ausgestattete Zi. mB, a/c, Kühlschrank, Astro-TV, Wasserkocher, Telefon, WiFi/Internet, ab 140 RM.

■ **Alpha Genesis**④, 45, Tengkat Tong Shin, Tel. 2141 2000, Fax -1000, www.alphagenesishotel.com. Großes Hotel, gut ausgestattete Zi. ab 170 RM, preiswertes Lunch Set Mo–Fr 8,80 RM.

■ **Radius International Hotel**④ (früher *Radius Inn*), 51A, Changkat Bukit Bintang, Tel. 2715 3888, Fax -1888, www.radius-international.com. 431 gut ausgestattete, attraktive Zi. ab 190 RM (o. Fenster), 210 (m. Fenster), preiswerter Coffee Shop *Kopitiam* mit Lunch-Menüs für 12 RM.

■ **Anggun Boutique Hotel**⑤, 7&9, Tengkat Tong Shin, Tel. 2145 8003, Fax 2141 2800, www.anggunkl.com. Elegantes Boutique Hotel mit gut ausgestatteten Zimmern mit klassischen chinesischem Touch, mit Frühstück (Restaurant auf der Dachterrasse) ab 279 RM.

■ Viele der heruntergekommenen *Rumah Tumpangan* (Billighotels) an der **Jalan Pudu** zwischen Jln. Bukit Bintang und Jalan Imbi haben sich von Absteigen bzw. Stundenhotels mit Damenangebot zu kleinen attraktiven Hotels gemausert und liegen zwischen 60 und 100 RM, a/c, mB, TV. Beispielsweise **Bamboo, Bintang City, Coconut, Daffodils Park.**

■ **Luxushotels** in der Gegend sind: **Meliá** (http://de.solmelia.com), **Park Royal** (www.parkroyalhotels.com), **Ritz Carlton** (www.ritzcarlton.com), **JW Marriott** (www.marriott.com), **Millenium Hotel** *(The Regent)* (www.regenthotels.com).

In der Jln. Sultan Ismail beginnt die „Golden Mile" mit einer Reihe von nicht mehr neuen Luxushotels: **Hilton Equatorial** (www.hilton.de), **Shangri-La** (www.shangrila.com), **Concorde** (http://kualalumpur.concordehotelsresorts.com), **Renaissance** (www.marriott.com).

■ **The Royale Bintang**⑤, 17–21, Jln. Bukit Bintang, Tel. 2143 9898, www.royale-bintang-hotel.com.my. Neues Luxushotel mit 418 gut ausgestatteten Zimmern um 300 RM, Pool & Spa.

■ **Hotel Istana**④, 73, Jalan Raja Chulan, Tel. 2141 9988, Fax 2144 0111, www.hotelistana.com.my. Inmitten der City ragt der gläserne Turm des Luxushotels in den Himmel. Hier wohnen gerne Staatsoberhäupter und Sultane in riesigen Suiten mit allem erdenklichen und auch unglaublichem Komfort. Wenn man im Rahmen eines Stopover-Programms hier absteigt, kann man für vergleichsweise wenig Geld das süße Leben mit klassisch malaiischem Service genießen (vgl. auch Kasten im Kapitel „Malaysia – Praktische Reisetipps").

■ **Classic Inn Budget Hotel**②, 52, Jln. 1/77A, Changkat Thambi Dollah, nahe Jalan Imbi, nahe Monorail und Berjaya Times Square, Tel. 2148 8648, www.classicinn.com.my. Freundlich, sauber, gutes Frühstück, WiFi, Dorm, a/c 33 RM, Zi. 90 RM.

■ **UFO Capsule Hotel**①, Wisma Kok Co, Jln. Changkat Thambi Dollah, Tel. 2148 0661, Fax -8661, www.ufocapsule.com. Kapselhotel nach japanischem Vorbild, 28 RM.

■ **Hotel Mercury**②-③, 60–68 Lorong I/77A off Jln. Changkal Thambi Dollah, Tel. 2144 2333, -3222. EZ a/c, mB ab 68 RM, DZ ab 88/108 RM.

■ **Orkid Inn Pudu & Time Square**②, 258, Jln.Pudu und 26, Jln.Kg.Dollah, Tel. 2141 9655 bzw. 2142 9655, www.orkidinn.com, saubere, gut ausgestattete preiswerte DZ a/c, mB, TV ab 78 bzw. 88 RM.

■ Viele 4–5-Sternehotels befinden sich in der Umgebung um die Twin Towers: z.B. **The Ascott** (www.the-ascott.com), **Mandarin Oriental KL** (www.mandarinoriental.com/kualalumpur), und dahinter in Richtung Ampang u.a. **Corus Hotel** (www.corushotelkl.com), **Nikko** (www.hotelnikko.com.my), **The Crown Placa** (www.crowneplaza.com/kualalumpur) sowie das **MiCasa** (www.micasahotel.com).

Jalan T.A.R./Raja Laut/Chow Kit

Diese Umgebung nördlich der trüben Flussmündung und der Masjid India war lange beliebt bei Travellern. Es gibt zwar immer noch viele preiswerte Hotels, aber weniger Backpacker. Die gesamte Umgebung macht einen geschäftigen Eindruck; viele Einkaufszentren sind auf preiswerte Textilien spezialisiert. Die hier lebenden Inder und Malaien sind weniger kaufkräftig als z.B. die Kunden der *Shopping Centre* von Bukit Bintang. Die Gassen der Lorong Haji Taib 1–4 sind zeitweilige Heimat zahlreicher Prostituierter. Das war schon immer der Charakter von Chow Kit.

■ **Hostel Cosmopolitan**①, im 4. Stock, 73&75, Jln. Haji Hussein, abseits Jln. Raja Muda Abdul Aziz, nahe Sta-

☐ Übersichtskarte S. 150, Stadtpläne S. 154 und S. 158   **Kuala Lumpur**   175

tion Chow Kit der Monorail, mobil 012 268 9305, www.hostelcosmopolitan.blogspot.com. WiFi, Frühstück, Schließfächer, alle Zi. oB, a/c, Dorm nur für Frauen 24 RM, gemischt 26 RM, EZ 50 RM, DZ 70 RM.

■ **Ben Soo Homestay**①, 61-B, Jln. Tiong Nam, Tel. 2691 8096, mobil 019 332 7013, www.bensoohostel.blogspot.com. Zi. mf 30–36 RM, a/c 38–44 RM.

■ **Transit Villa**①, 36–2, Jln. Chow Kit, Tel. 4041 0443. Freundliche Leute, mit Dachgarten, wo auch die eigene Wäsche gewaschen und aufgehängt werden kann; die Straße ist recht lebhaft.

■ **Tune Hotels.Com Downtown KL**①-②, 316, Jln. Tuanku Abdul Rahman, Tel. 2692 3300, 2694 3301, Fax 2691 3301, www.tunehotels.com. In Zusammenarbeit mit Air Asia entstandenes Hotel von *No frills Budget*. Sauber, chic, man zahlt für alle Extras. 173 Zi., EZ 48 RM, DZ 55 RM.

■ **Titiwangsa City Hostel**①, 57, Jln. Sentul Manis, nahe Jln. Tun Razak, nahe LRT/Monorail Titiwangsa, Tel. 4041 0453. Gutes Frühstück, Dorm 25 RM.

■ **Garden City**②, 214, Jln. Bunus/Jln. Masjid India, Tel. 2711 7777, Fax 2711 0717, www.garden-city-hotel.com. Preiswertes Hotel in „Little India", Wisma Peerbhai. Zi. mit a/c, mB, TV, 100 RM.

■ **Champagne**②, 14, Jln. Bunus, Tel. 2698 6333, günstig und beliebt, ab ca. 70 RM.

■ Empfehlenswert ist das allerdings auch teurere, von freundlichen Indern geführte **Kowloon**③-④, Nr. 142–146, Tel. 2693 4246, Fax 2692 6548, 78 Zimmer.

■ In der Jln. Raja Laut ein paar Schritte stadteinwärts von der Jln. Chow Kit liegt bei Nr. 380-A das **Rome Hotel** ①-②, Tel. 4041 4241/4042 0870, sauber.

■ **Stanford**③, 449, Jln. T.A.R., Tel. 2691 9833, www.stanfordhotel.net. Gutes Hotel, das in der oberen Mittelklasse angesiedelt ist. EZ 140 RM, DZ 150 RM.

■ In der Jln. Raja befindet sich das saubere und preiswerte **De First Inn**②, Tel. 4045 2323, Fax 4045 2939, www.defirstinn.com.my. Mit kleinem Spa. Ab 75 RM.

■ Es gibt in der Gegend noch manche weitere Hotels, preiswerte und luxuriöse: Hier nur eine kleine Auswahl: **Grand Continental**④, www.kl-hotels.com/hgckl/rates.htm, ab 154 RM; **Grand Centrepoint**③, www.kl-hotels.com/grandcentrepoint/index.html und das **Pan Pacific & Legend**④, www.panpacific.com.

Umgebung KL Sentral/Brickfields

Neben den Luxushotels an der Westseite gibt es im indisch geprägten Viertel von Brickfields, „Little India", noch eine Reihe preiswerter Hotels und Unterkünfte, praktisch für Reisende, die in der Nähe des Bahnhofs unterkommen möchten:

■ **Hotel Sentral**③, 30, Jln. Thambypillan, gegenüber Monorail, Tel. 2272 6000, Fax-6099, www.hotelsentral.com.my. 192 gut ausgestattete Zimmer mB, a/c, TV, Minibar u.a., bei online-Buchung ab 150 RM.

■ **Hotel Mexico**②, 1, Jln. Thambipillay, nahe YMCA, Tel. 2272 5633. EZ mB, a/c 70 RM, DZ mB, a/c 80 RM.

■ **Lido Hotel**②, 7A–9A, Jln.Thambipillay, Tel. 2274 1258. DZ mB, a/c 70 RM.

■ **Central Lodge**①, 27A, Jln. Tun Sambathan4, Tel. 2273 7758, www.centrallodge.net. Preiswerte Zi. ab 20 RM.

■ **MackTZ**②, direkt neben der Monorail Station Sentral, Tel. 2273 5555, Fax 2260 3030, EZ a/c, mB 80, DZ 85 RM.

■ **YMCA**②-③, 95, Jln. Padang Belia, Tel. 2274 1439, www.ymcakl.com. Alle Zi. mB, a/c, Telefon, TV, Frühstück, DZ 80 RM, 3B-Zi. 100 RM, häufig ausgebucht, beliebt.

Am Flughafen

■ **Tune Hotel KLIA-LCCT Airport**②, im LCCT-Terminal, www.tunehotels.com. 220 Zi., um 100 RM.

■ **Airside Transit Hotel**③, Gate C5, Satellite Bldg., Tel. 8787 4848, airsideHotel@malaysiaairports.com.my. 80 geschmackvoll eingerichtete DZ ab 120 RM/max.6 Std., weitere bis zu 3 Std. 20 RM/Std., nur Dusche 20 RM, Sauna/Dusche 30 RM, Fitness/Dusche 30 RM.

Essen und Trinken

Wie überall in Südostasien und ganz sicher in malaysischen Städten, gehören auch in KL Essen und Trinken zu den größten Vergnügen der Menschen. Beliebt sind auch in KL die **Food Center** im Freien wie in *Chinatown*, in und um den *Central Market*, in der Gegend von *Bukit Bintang, Jln. Munshi Abdullah*, Ecke *Dang Wangi*, um den *Chow-Kit-Markt*, am Sonntagsmarkt *(pasar Minggu)* in *Kampung Baru*, der eigentlich ein Samstagsmarkt ist, weil auch bei den Malaien der nächste Tag traditionell schon am Vorabend beginnt, in der *Jln. Brickfields* usw.

Mehr als genug Auswahl gibt es auch in den *Food Courts* und Lokalen der **Shopping Center,** z.B. *Mid Valley Megamall, Great Eastern Mall* in Ampang und natürlich in *Bukit Bintang*. Hier ist allen voran das Lokalzentrum im Untergeschoss (Level 2) des großen **Einkaufszentrums Pavilion** an der Nahtstelle Jln.Bukit Bintang/Raja Chulan (Monorail: Bukit Bintang) zu nennen; die Preise bewegen sich dabei auf angenehm moderatem Niveau, Hauptgerichte gibt es an den meisten Ständen für zwischen 10 und 20 RM, Asien ist vor allem vertreten, neben der einheimischen Küche locken Indien, Japan (gleich mehrfach), Korea, Taiwan, Vietnam, aber auch die westliche Küche ist vertreten mit Pizza, Pasta und Co., dazu Nachspeisen, Getränke, 10–22 Uhr.

Zu erwähnen sind hier zwei Dutzend Restaurants/Pubs/Vinotheken/Bars der gehobenen Art auf nicht einmal 200 m in der **Changkat Bukit Bintang** zwischen Jln. Nagasari und Lorong Ceylon. Wer hier isst und trinkt (Wein, Bier, Whiskey) sollte nicht zu sehr auf den Geldbeutel schauen müssen. Dieser Straßenabschnitt verdeutlicht die Lust der Einheimischen, erst einmal in die Gegend der Wahl zu fahren (s.u.) und sich dann vor Ort zu entscheiden, wo man essen und trinken will; alle Lokale haben eine Innen- und alfresco-Seite: **Werner's Pizza** (es gibt eine für 1000 RM!, aber meist um die 35 RM), **Carmen's Vinothek,** wo Käse und Wein regieren (es gibt zahlreiche Käsefondues – und das in Asien! - **Daikanyama** (japanisch), **Green Man, Healy Mac's** (irisch), **Yoko's** (japanisch), **Sutraa** (indisch, vergleichsweise preiswert), **Giovino** (italienisch), **The Magnificent** (Fish & Chips, aber von unterschiedlichen Fischsorten inkl. Barramundi), **Baan 26** (Thai Seafood), **Pampas** (natürlich argentinisch), **social, Ceylon/Shiori Bar, twenty-one, Finnegan's** (irisch), **Pincho's Tapas, Le Bouchon** mit der Bar **Liberté** (französisch), auf der gegenüberliegenden Seite **Frangipani, Reggae Bar, Gypsy Wine Bar, Spritz** (italienisch), **Flam's, el cerdo** und **cerdito,** beide gehören zu **Werner's.**

Überhaupt bietet dieses Viertel vermutlich am meisten Vielfalt auf kleinem Raum: **Bukit Bintang Walk** zwischen den Einkaufszentren *Lot 10* und *Star Hill Centre* mit sehr lebhafter Atmosphäre über Mitternacht hinaus, der Retrochic von **Changkat Bukit Bintang** und **Jln. Tingkat Tong Shin** mit mehreren Boutique GHs, Hotels mittleren bis gehobenen Standards und ihrem eklektischem Mix westlicher und asiatischer Genüsse, wie z.B. **Sao Nam** mit guter, wenn auch vergleichsweise teurer vietnamesischer Küche, **The Bali** mit westlich-asiatischer Küche und einem Touch Bali mit Gerichten um 30 RM, eine Erwähnung verdient auch **Muar** (#6G) mit guter Melaka-Küche, also auch Nyonya-Gerichten, dann gibt es 24 Std. geöffnete **Nasi Kandar Lokale,** in denen abends gern Sportsendungen verfolgt werden, nicht zu vergessen mehrere **arabische Lokale** mit Shawarma, Kebab und Wasserpfeifen, etwa im **Baghdad Night,** wo es u.a. irakischen Tee gibt, der an den türkischen erinnert, und in zahlreichen anderen arabischen Restaurants im Viertel, vor allem aber die stets vollen chinesischen Seafood-, Nudel-, Chicken-Wings- und andere Lokale und Esstände der **Jalan Alor** (Monorail Station *Bukit Bintang*). Gute Lokale, Pubs und Lounges findet man auch in der **Heritage Row** inkl. Mamak-Essstände und den Hotels entlang der **Jln. Sultan Ismail, Jln. P. Ramlee** (Monorail Station *Bukit Nanas*) und **Ampang,** wo viele Ausländer leben (s. „Nachtleben").

Expats, also hier lebende und arbeitende Ausländer, und einheimische Yuppies, die sich in den gehobenen Wohnvierteln am südlichen und westlichen Stadtrand angesiedelt haben, zieht es immer wieder in den kompakten Block von **Bangsar Baru** rund um die **Jln. Telawi 1–5** mit feiner und origineller internationaler Küche, Pubs und Clubs, nichts für Backpacker mit schmalem Geldbeutel! Dasselbe in etwas kleinerem Maßstab bietet **Desa Hartamas** und der nahe **Plaza Mount Kiara**. Falls spät nachts keine Taxis vor den Lokalen warten, muss man sie telefonisch herbeirufen.

Malaiisch

■ Neben den Essständen der Nachtmärkte **(pasar malam)** und Food Centre, den Lokalen in der **Jln. Masjid India** gibt es einige bekannte malaiische Restaurants, weil sie Dinner mit Kulturshows bieten, z.B. **Seri Melayu** (1 Jln. Conlay, Tel. 2145 1833), **Nelayan Seafood Restaurant** (Titiwangsa Lake Gardens, Jln. Temerloh, Tel. 4022 8400), **Saloma Theatre Restaurant** (MATIC, Jln. Ampang, Tel. 2161 0122), oder wegen der spektakulären Aussicht: **Seri Angkasa Revolving Restaurant** (Fernsehturm KL Tower, Tel. 2020 5055). **Chawan**, 69-G Jln.Telawi 3 in Bangsar, halb Café, halb malaiisches Restaurant.

Indisch/Pakistanisch

■ Indische und pakistanische Küche ist in KL gut vertreten, u.a. im **Bilal** und **Simla** in Nr. 33 bzw. 95 Jln Ampang, im Bangles (Nr. 270 Jln. Ampang, Tel. 4252 4100), im Gebiet der Jln. T.A.R. im **Ceylon** in der Jln. Melayu oder im **Shiraz**, im gleichnamigen Hotel am Medan T.A.R. bzw. gegenüber im **Akbar**, billiger im **Taj Mahal** in der Leboh Ampang und naturgemäß in der Jln. Brickfield angesichts der vielen dort lebenden Inder. Als das beste nordindische Restaurant gilt übrigens das **Bombay Palace** (Tel. 2145 4241) in 215 Jln. Tun Razak. In derselben Straße (Nr. 235) das **Passage Thru' India** (Tel. 2145 0366). Leicht zu finden sind **Hameed** und **Kampung Pandan** im Central Market. **Nirwana Banana Leaf**, 43, Jln. Telawi 3, **Madras New Woodlands**, Jln.Telawi 5, beide in Bangsar.

Chinesisch

■ Natürlich in Chinatown, z.B. im Restaurant **Lee Tong Kee**, Jln. Bandar (Jln. Tun HS Lee), ebenso im Gebiet um Jln. Bukit Bintang und überall sonst in der Stadt; interessant ist vielleicht das **Fook Woh Yuen** am Ende der Jln. Petaling, das jedoch um 21 Uhr schon schließt, oder das Nostalgie weckende **Old China Café** in der Jln. Balai Polis, mit alten chinesischen Schlagern der Vorkriegszeit und guter Nyonya-Küche, geöffnet von 11–23 Uhr. Gleich nebenan ist der für Teefreunde sicherlich sehr interessante Laden **Cha-No-Yu Tea Art**, in der man nach dem Essen einen Verdauungstee trinken kann. Gut essen kann man auch im **Pines**, 297, Jln. Brickfields nahe der Polizeistation. Sehr gute und dabei preiswerte chinesische vegetarische Kost gibt es im **O.U.G.**, 368, Jln. Raja Laut (direkt neben dem *City Hotel*).

■ Gut chinesisch isst man generell in den entsprechenden Restaurants der Luxushotels wie Grand Plaza Parkroyal **(Si Chuan Dou Hua)**, Mandarin Oriental **(Lai Po Hin)**, Nikko **(Toh Lee)**, Pan Pacific **(Hai Tien Lo)**, Shangri-La **(Shang Palace)**, Sheraton Imperial **(Celestial Court)**.

Nyonya

■ Neben dem o.g. *Old China Cafe* ist noch das **Ginger** im Central Market (M12, Tel. 2273 7371), das **Little Penang Café** in der Mid Valley Megamall (Tel. 2282 0215) und das **Top Hat** (7, Jln. Kia Peng, Tel. 2142 8611).

Vegetarisch

■ Generell bietet südindische Küche gute vegetarische Gerichte (Bananenblatt-Curries), chinesisch-buddhistische Küche, die man in Tempelrestaurants findet, ist ebenfalls vegetarisch. Hier eine kleine Auswahl: **Cameleon Vegetarian Restaurant** (1, Jln. Thamboonsamy/Jln. Putra, Tel. 4042 3526), **Mama Sayang Vegetarian Restaurant** (21, Jln. Desa/Jln. Klang Lama, Tel. 7984 6651), **Annalakshmi** (Mid Valley Megamall, Tel. 2284 3799, geführt von Freiwilligen des *Temple of Fine Arts* zur Unterstützung einer kostenlosen Klinik für Arme, Spendenbasis), **Karuna's** (indisch-chinesisch) im *Grand Paradise Hotel*, Jln. Tun Sambathan, **Govinda's**, Jln. Bunus Enam, Masjid India, von Hare-Krishna-Anhängern geführt, **Saravana Bhavan** (Bangsar, 22, Jln. Maarof, Tel. 2287 1228.

Internationale Küche

■ In einer Hauptstadt gibt es auch immer internationale Küche, z.B. *Thai* im **Sri Chiengmai** in der Jln. Perak oder im **Sri Pattaya** in 93, Jln. Maharajalela. Beliebt ist immer noch das **Cili Padi** in der Mall (gegenüber PWTC), gut auch das **Thai Restaurant im Sogo**, das **Bangkok Jam** im BB Park in Bkt. Bintang oder das **Amarin Heavenly Thai** in der Mid Valley Megamall. Die Firma *Sea Cuisine* betreibt gleich ein Dutzend Thai-Lokale, z.B. das **The Old Siam** in der 23, Tengkat Tong Shin. Beliebt ist das vietnamesische Lokal **Cochine Lounge & Restaurant** und das

Kristao (malaysisch-portugiesisch), beide in der Heritage Row (s.o.). In der Jln. Damai/Jln. Tun Razak gibt es u.a. das **Kafe Ceylon Hill** (Mix) und das **Rahsia** (indonesisch, Nyonya, europäisch). Die Jln. Nagasari wartet ebenfalls mit internationaler, z.T. auch sehr preiswerter einheimischer Küche auf, z.B. **Nagasari Curry House,** nebenan das chinesische **Master Chef Fast Food** sowie das **Doodee Lunch-Set** in der Jln. Mesui. Neu hinzu gekommen ist ein irakisches Restaurant, betrieben von und für Flüchtlinge, sehr gute Suppe und Tee inbegriffen.

Wer mitten in der Stadt wie in einem vornehmen Resort gute Thai- oder vietnamesische Küche stilvoll speisen will, kann dies im **Tamarind Hill** (Tel. 4256 9100), 1, Jln. Kerja Air Lama, in einem kolonialen Bungalow aus den 1920er Jahren inmitten tropischer Vegetation.

▽ Die asiatische Küche bietet köstliche Curry-Gerichte

Koreanisch

■ Koreanische Lokale gibt es in *„Korea Town"* in **Ampang Jaya,** auch im **Arirang** in 144, Jln. Bukit Bintang oder im **Koryo-Won** im Kompleks Antarabangsa, 37, Jln. Sultan Ismail.

Japanisch

■ In vielen Top-Hotels, z.B. im **Benkay** (Nikko), **Chikuyo-tei** (Istana), **Kampachi** (Equatorial), **Zipango** (Shangri-La) ist japanisches Essen sehr teuer, man kann aber fragen, ob es ein meistens preiswerteres Set-Lunch oder -Dinner *(Teishoku)* gibt. Zu den preiswerteren gehören Ketten-Lokale wie **Sushi King** und **Mr. Teppanyaki** oder das Lokal **Hoshigaoka** in der Mall.

Westliche Küche

■ Zu den besseren Restaurants mit westlicher Küche gehören **Le Coq d'Or** in einer Villa aus der Wende vom 19. zum 20. Jahrhundert in 121, Jln. Ampang, **The Ship** in 40, Jln. Sultan Ismail mit guten Steaks, **L'Espresso** im Wisma Stephens in der Jln. Raja Chulan und nahebei in der Cangkat Bukit Bintang das **Bullock Cart Restaurant**. Preiswerter ist das **Happy Corner**, Jln. Ampang, das aber schon früh schließt. Ein beliebter Laden ist das **English Hotbreads** in 60, Jln. Sultan mit Kuchen, Pizza usw., gegenüber das **Angel Cake House**. Exquisit Französisch isst man im **The Dining Room** im ehemaligen Staatsgästehaus *Carcosa Sri Negara*. Gute und beliebte italienische Lokale sind **Scalini's La Piccola Italia,** 19, Jln. Sultan Ismail, **Ciao,** 428, Jln. Tun Razak, und **Piccolo Mondo** (EG Wisma Peladang, Jln. Bkt. Bintang). Deutsche Küche bietet das **Deutsches Haus,** 46, Changkat Bukit Bintang, Tel. 03 2143 2268.

Sonstiges

■ In Bangsar u.a. **El Meson Español,** 61–63, Jln.Telawi 3, www.elmeson.com.my, spanisch, **F by Buffalo Kitchen,** 69–1 Jln. Telawi 3, mediterran mit Öko-Touch.
■ Einen guten **Überblick** über das aktuelle **Geschehen in der Gastronomie** gibt das an Kiosken und in Buchhandlungen zu kaufende monatliche *Magazin Vision*.

Nachtleben

KL hatte lange den Ruf einer eher biederen Hauptstadt, was Nachtleben betrifft. Im islamisch geprägten Malaysia ist das auch kein Wunder. Wachsender Wohlstand unter den *Yuppies* hat jedoch in den letzten Jahren eine Clubszene entstehen lassen, die es mit anderen Hauptstädten durchaus aufnehmen kann. *Expats*, die in Ampang leben und im **Golden Triangle** arbeiten, bleiben zum Feiern gleich da. Viele Clubs öffnen und schließen plötzlich wieder, sodass es vielleicht einfacher ist, in eines der angesagten Viertel und Straßen zu gehen/fahren und sich dann an Ort und Stelle zu entscheiden. Sperrstunde gegen 1 oder 2 Uhr.

Die meisten Clubs und Pubs befinden sich in der Gegend von **Bukit Bintang**, entlang und abseits der **Jln. Sultan Ismail**, darunter die **Heritage Row** in der kleinen **Jln. Doraisamy** zwischen *Sheraton Imperial Hotel* und Monorail Station Medan Tuanku, vor allem in der **Jln. P.Ramlee** südl. KLCC, parallel dazu in der **Jln. Ampang**, auch **Jln. Penang, Jln. Perak** und in den südlichen bzw. westlichen Vorstädten **Bangsar** und **Sri Hartamas/Mount Kiara, Petaling Jaya**. Überall dort kann man sehr gut essen. Hier nur eine kleine Auswahl:

Bukit Bintang

■ **Bintang Shack,** Jln. Bukit Bintang, Tel. 2142 4009; **Planet Hollywood,** live Rockbands, 179, Jln. Bukit Bintang, Tel. 2144 6602; **Frangipani Bar,** Changkat Bukit Bintang, Tel. 2144 3001; **Havana Club,** Changkat Bukit

Bintang, Tel. 2144 7170; **Hemingways,** Changkat Bukit Bintang, Tel. 2145 2268; **La Bodega KL,** Jln. Tingkat Tong Shin, Tel. 2142 6368; **Mouusandra** (KL Plaza, Tel. 2144 0775).

Jalan Sultan Ismail
(alle Luxushotels haben ihre Lounges und Discos):
■ **Hard Rock Cafe,** *Hotel Concorde,* Tel. 2715 5555; **12SI,** Tel. 2145 9198; **Espanda,** Tel. 2142 6666; **Brewball** (mehrere Filialen); **Jalan Doraisamy.**

Heritage Row
(Teure Clubs, Pubs, Restaurants in alten Shophouses):
■ **Bar Blonde,** Tel. 2691 1088; **Bar Savanh,** Tel. 2697 1180; **Mojo,** Tel. 2697 7999; **Ivy,** britischer Pub, Tel. 2693 2260; **Upstairs Club & Lounge,** *The Loft KL,* Tel. 2691 5668.

Jalan P. Ramlee
■ **Beach Club,** Tel. 2166 9919; **Budaba,** Tel. 2694 6868; **Nuovo & Sangria,** Tel. 2161 6666; **Poppy,** Tel. 2141 8888; **Saloma Bistro,** Tel. 2161 0122; **Zouk,** laute, lebhafte Disco, Musik aller Richtungen, 113, Jln. Ampang, Tel. 2171 0122.

Bangsar
Beliebte Cafés und Bars u.a. **Antipodean Café,** 20 Jln. Telawi 2, **The Social@Bangsar,** 57–59 Jln.Telawi3, besonders beliebt nach Feierabend und sonntagmorgens, **Plan B,** Bangsar Village 1 G5.

Sri Hartamas/Mount Kiara
■ **Basque Lane Mediterranean Restaurant & Bar** und **Deutsches Bierhaus** an der Plaza Mount Kiara; **Chinamax, Finnegan's Irish Pub, Home & Away** in Desa Hartamas.

Petaling Jaya
The Sanctuary, Lot 151, im Ersten Stock des Restaurants *The Curve,* angesagtes Restaurant mit Schmetterlingen, Al Fresco Terasse, Thai-/asiatische Küche, Malaysia's einziger Eisbar (-150° C), Tanz in der *Cocoon Bar.*

Malaysier lieben ihre 24-Std. geöffneten **Mamak-Restaurants/Essstände** (indisch-islamisches Essen), wo sie nach einer durchgefeierten Nacht eine Kleinigkeit essen oder einen *Teh Tarik* trinken können.

Verkehrsverbindungen

Flug

Alle internationalen und Inlandsflüge (Ausnahmen s.u. **Subang Airport**) starten und landen im **Kuala Lumpur International Airport** *(KLIA),* Tel. 03-8776 3555, der 50 km südwestlich von KL im Bezirk Sepang von Selangor liegt. Der für 2,5 Mrd. US$ errichtete Flughafen gilt als einer der besten der Welt.

Auf der anderen Seite des Hauptterminals gibt es den **Low Cost Carrier Terminal** *(LCCT),* der von verschiedenen Billigfluglinien benutzt wird und somit für Rucksackreisende von Bedeutung ist.

Zwischen beiden Terminals kann man mit dem Shuttle hin und her fahren (2,50 RM). Die Entfernung beträgt fast 20 km! Zugang am Hauptterminal beim **Car Park C,** am LCCT direkt vor dem kompakten Terminal.

Den **Kuala Lumpur International Airport** (KLIA) in Sepang kann man auf verschiedene Weise erreichen (umgekehrt gilt das für die Fahrt in die Stadt):

Zubringer KLIA-Stadtzentrum
■ **KLIA Ekspres** nach/von **KL Sentral,** 28 Min., alle 15/20 Min. von 5.00–24.00 Uhr; 35 RM; Gepäck kann ggf. schon in *KL Sentral* eingecheckt werden.
■ **KLIA Transit** nach/von **KL Sentral,** 36 Min., alle 30 Min. von 5.33–0.03 Uhr ab Sentral, 5.52–1.00 Uhr ab KLIA, hält an 3 Stationen (Salak Tinggi, Putra Jaya, Bandar Tasik Selatan), 35 RM.
■ **KTM Komuter,** ab KL Richtung *Seremban* bis Nilai (4,70 RM), *Airport Coach* oder *Sepang Omnibus* bis KLIA (2,50 RM), Fahrzeit ca. 2 Std., Gesamtpreis 7,20 RM!
■ **Airport Coach/Star Shuttle** von/nach **KL Sentral** von 5.00–22.30 Uhr ab **KL Sentral,** 6.30–0.30 Uhr ab KLIA, stündlich, 10 RM, Rückfahrkarte 18 RM.
■ **Taxi nach KL** 67,40 RM (vorher Coupon kaufen), Limousine 87,40 RM.
■ **Zubringer LCCT-Stadtzentrum** (entweder zum KLIA Terminal mit Shuttle und weiter wie oben oder mit **Sky-Bus/Aerobus,** von/nach **KL Sentral,** alle 30 Min., 9 RM.
■ **Star Shuttle** von/nach **Pekeleling Bus Terminal/ KTM Komuter Station,** Subang Jaya, 9 RM.

☐ Übersichtskarte S. 150, Stadtpläne S. 154 u. S. 158, Verkehrslinien S. 166 **Kuala Lumpur** 181

Subang Airport
(Sultan Abdul Aziz Shah Airport) wird nur für Turboprop-Flugzeuge benutzt:
- **Berjaya Air** (www.berjaya-air.com) nach/von Pangkor (5x/Woche), Tioman (tgl.), Redang, Ko Samui/Thailand;
- **Firefly** (MAS-Tochter) von/nach Penang (2x/Tag morgens/abends), Johor Bahru, Kota Bharu, Kota Terengganu, Langkawi, Koh Samui, Pekanbaru.
- **Zufahrt:** *RapidKL Bus* U81 ab LRT Station Pasar Seni (Central Market) Richtung Mah Sing/Pekan Subang, am Flughafen aussteigen.

Studententickets gibt es bei bei: *MSL Travel*, Jln. Putra (Tel. 4042 4722), *STA Travel*, 6th floor UBN Tower, 10 Jln. Ramlee, Tel. 2070 5720, Fax 2070 5718.

Inlandrouten mit MAS

- *MAS* fliegt in **West-Malaysia** von KL nach Alor Setar, JB, KB, KT, Kuantan, Langkawi, Penang.
- In **Ost-Malaysia** nach Kuching, Sibu, Bintulu, Miri, Limbang, Labuan, KK, Sandakan, Tawau.

Inlandrouten mit Air Asia

- Angeflogen werden **Alor Setar, Langkawi, Penang, JB, KB, KT,** in Sabah **KK, Labuan, Sandakan, Tawau,** in Sarawak **Kuching, Bintulu, Miri, Sibu.** International fliegt *Air Asia* 35 Ziele in 12 Ländern/Territorien an.
- **Buchung** von außerhalb Malaysias über Internet, in Malaysia auch in *Air Asia* Stadtbüros oder direkt am Flughafen, Preise je nach Buchungszeitraum und Sonderaktionen, www.airasia.com.my.

Internationale Fluggesellschaften (Auswahl)

- **Malaysia Airlines,** Bangunan MAS, Jln. Sultan Ismail, Tel. 7843 3000, Fax 7846 6024, www.malaysiaairlines.com;
- **Air France,** 31 Ckt. Bukit Bintang, Tel. 2142 7291, Fax -7325, www.airfrance.de;
- **Air New Zealand,** Suite 1303, Central Plaza, Jln. Sultan Ismail, Tel. 2142 1199, www.airnewzealand.com;
- **All Nippon Airways,** F11 Wisma Goldhill 67, Jln. Raja Chulan, Tel. 2032 1331, Fax -5363, www.anaskyweb.com;
- **Cathay Pacific Airways,** Suite 22.1, Level 22, Menara IMC, 8 Jln. Sultan Ismail, Tel. 2078 3377, Fax 2072 4769, www.cathaypacific.com;
- **China Airlines,** F1 Amoda Bldg., 22 Jln. Imbi, Tel. 2142 7344, Fax 2141 8208, www.china-airlines.com;
- **Emirates,** Lot 25, F1 UBN Tower, 10 Jln. P. Ramlee, Tel. 2058 5888, Fax -5999, www.emirates.com;
- **Garuda Indonesia,** Suite 19.03, Level 19, Menara Citibank, Jln. Ampang, Tel. 2162 2811, Fax -4360, www.garuda-indonesia.com;
- **Gulf Air,** Suite 1801, F18 Central Plaza, 34, Jln. Sultan Ismail, Tel. 2141 2676, Fax -0429, www.gulfair.com;
- **Japan Airlines,** Suite 20.3, Level 20. Menara Citibank, 165, Jln. Ampang, Tel. 2178 5931, Fax -5900, www.japanair.com;
- **Korean Airlines,** F1 MUI Plaza, 34 Jln. Sultan Ismail, Jln. P.Ramlee, Tel. 2144 0200, Fax 2141 3703, www.koreanair.com;
- **Lufthansa,** F18 Kenanga International, Jln. Sultan Ismail, Tel. 2052 3428, www.lufthansa-malaysia.com;
- **Philippine Airlines,** c/o *Pacific World Travel*, 2.5-2.6 Bangunan Angkasa Raya, Jln. Ampang, Tel. 2141 0767, www.philippineairlines.com;
- **Royal Brunei Airlines,** F2 UBN Tower, 10, Jln. P.Ramlee, Tel. 2070 7166, Fax -6899, www.bruneiair.com;
- **Scandinavian Airlines,** F1 Bangunan Angkasa Raya, 123 Jln. Ampang, Tel. 2141 6044, Fax 2142 6123, www.flysas.com;
- **Singapore Airlines,** *Wisma Singapore Airlines,* Jln. Dang Wangi, Tel. 2692 3122, Fax -4140, www.singaporeair.com;
- **Srilankan Airlines,** F3 MUI Plaza, Jln. P. Ramlee, Tel. 2072 3633, Fax 2078 8233, www.srilankan.aero;
- **Thai Airways,** F30 Wisma Goldhill, 67 Jln. Raja Chulan, Tel. 2034 6999, Fax -6802, www.thaiair.com.

Taxi

- **Premier** (4 RM + 0,20 RM für die ersten 2 km/2 Min., + 0,20 RM je 200 m/45 Sekunden, + 1 RM pro weiterem Passagier),
- **Standard** (2 RM + 0,10 RM für die ersten 2 km/2 Min., + 0,10 RM je 150 m/45 Sekunden, + 0,20 RM pro weiterem Passagier),

Kuala Lumpur

Zusatzkosten: pro Gepäck im Kofferraum 1 RM, Anfordern durch Telefon + 2/1 RM, nach Mitternacht 50 % Zuschlag, zum Flughafen KLIA/LCCT + 15 RM.

Coupon-Taxis sind Taxis ab Flughafen zum Festpreis (Coupon).

Bus

Früher konnte man vom **Puduraya-Busbahnhof** nach praktisch überall hin finden. Nach der Renovierung bedient *Pudu Sentral* (nahe Chinatown, Station Plaza Rakyat, LRT Ampang, Petaling Line) im Prinzip nur noch den **Norden.** Dazu zählen **Cameron Highlands, Ipoh, Lumut, Taiping, Butterworth/Penang, Alor Star, Hat Yai** und kleinere Ziele dazwischen, aber auch **Kuantan.**

■ **Busse nach Süden** fahren ab Bersepadu Selatan (Station Bandar Tasik Selatan, *LRT Seremban, Petraling Line*), also **Seremban (Port Dickson), Kluang, Melaka, Mersing, Johor Baru.** Möglicherweise bedient *Puduraya* heute aber auch wieder alle Hauptrichtungen.

■ **nach Nordosten und Osten** ab Terminal Putra (Station Putra: *Seremban* und *Klang Line* bzw. *PWTC: Ampang* und *Sri Petaling Line*) u.a. **Merapoh, Gua Musang, Kelantan, Terengganu,** Pekililing Bus Station (Station Titiwangsa: *Ampang* und *Sri Petaling Line, KL Monorail*). **Kuantan, Tasek Chini, Kuala Lipis, Jerantut, Temerloh.**

■ Die englischsprachige Webseite **www.journeymalaysia.com** bietet mit einem Klick auf Transport am rechten Rand, auf Coach und dann den gewünschten Zielort alle notwendigen Informationen: Abfahrt ab welchem Terminal, wann, wie teuer? Einige wenige Klicks liefern jedoch falsche Angaben. Für die wichtigsten Ziele kann man die Tickets auch gleich online buchen. Busse zu den wichtigsten Städten fahren so oft, dass man nicht vorher reservieren muss; anders ist das bei Nachtbussen und zu kleineren Städten.

Weitere Busverbindungen

■ **Klang Bus Terminal/Hab Bas Sultan Mohammed,** südlich von Chinatown, neben LRT Station Pasar Seni, Richtung Subang Airport, Petaling Jaya, Shah Alam, Klang.

■ **KL Railway Station** (ehem. Hbf.), *Plusliner VIP* Busse *(Nice, Platinun Service)* Richtung Hat Yai, Penang, Johor Bahru, Singapur starten von hier. Zugang: KTM Komuter Station Kuala Lumpur, *RapidKL Shuttle* B109, 115, 10 RM Coupon Taxi.

■ **KL Sentral** Busse zum/vom LCCT, Genting Highland, *RapidKL* Stadtbusse.

■ **Putra Bus Terminal/Hentian Putra** *(Hentian Bas Putra),* beim Putra World Trade Center *(PWTC)* Expressbusse an die Ostküste (aber nicht alle), nach Kuantan (tagsüber stdl., 13 RM), K. Terengganu (9.30 und 21.30 Uhr, 22 RM) und Kota Bharu (9, 21 und 22 Uhr, 22 RM). Zugang: LRT Stationen **PWTC** und **Putra.**

■ **Duta Bus Terminal/Hentian Duta,** Trans-nasional-Busse nach Norden, findet man auch in Puduraya.

■ **Pekililing Bus Station,** zwischen Jln. Ipoh und Jln. Pahang gelegen: nach Zielen in Pahang wie Genting Highland, Bentong, Raub, Temerloh (einige Male täglich, 6 RM) und Jerantut (7 RM). Zugang: **LRT**/Monorail Station **Titiwangsa,** RapidKL City Shuttle B101-104, 109.

Mietwagen

■ **Thrifty** (Tel. 2693 2388, 248 8877);
■ **Avis** (Tel. 2141 7144, 2142 3500);
■ **National** (Tel. 2148 0522);
■ **Hertz** (Tel. 2148 6433, 2142 3888);
■ **Budget** (Tel. 2142 5166, 2145 1460).

Zug

Die bequemen Nachtfahrten im Liegewagen sollte man frühzeitig buchen, was bis zu einem Monat vorher möglich ist. Sonst bekommt man nur mit Glück Liegeplätze. Auch Sitzplätze sind häufig Tage vorher ausgebucht. Daher rechtzeitig über www.ktmb. com.my buchen. Züge fahren ab/nach KL Sentral in Brickfields. Zufahrt per **Coupon Taxi, LRT, Monorail** oder **Bus.**

■ **Hat Yai** (ab 38 RM), **AS** (ab 17 RM) 1x tgl. 21.30 Uhr, **BW** (ab 14 RM) 2x tgl. kurz vor 16 Uhr und 21.30 Uhr, **Ipoh** (ab 13/25 RM), **Tapah Road** (ab 10/15 RM) ca. 12x zwischen 6 und 22 Uhr; **Seremban** (ab 6 RM), **Gemas** (ab 12 RM), **Kluang** (ab 19 RM), **JB Sentral** (ab 24 RM), **Woodlands** (Singapur, ab 26 RM) 1x tgl. 14 Uhr; **Jerantut** (ab 17 RM), **Kuala Lipis** (ab 20 RM), **Gua Musang** (ab 23 RM), **Wakaf Bharu** (ab 30 RM) 1x tgl. 20.30 Uhr (genaue Informationen: www.ktmb.com.my).

Schiff

KL liegt nicht am Meer, aber in **Port Klang** (40 km westl.) legen Fähren aus Sumatra an. Auch legen dort häufig Kreuzfahrtschiffe, auch malaysische, an.

Umgebung von Kuala Lumpur

Richtung Nordosten

Weltbekannt ist das Metall *Selangor Pewter,* das in Malaysia in der größten **Pewter-Fabrik** der Welt hergestellt wird. Diese Fabrik kann man besichtigen. Pewter ist die Legierung aus 97 % Feinzinn, 3 % Antimon und Kupfer. Es gibt einen Vorführraum (Mo–Sa: 8.30–16.45 Uhr, So und Feiertage: 9–16 Uhr). Dort wird auch die Herstellung von Batik sowie Gold- und Silberarbeiten demonstriert.

Die Fabrik liegt in 4, Jln. Usahawan 6, **Setapak Industrial Park,** im Ortssteil Setapak (Tel. 03/4022 1000).

Man kann die Besichtigung mit einem Besuch des **Nationalzoos** und des **Aquariums** verbinden. Zu erreichen mit dem Metrobus 16 ab Central Market oder LRT Kelana Jaya bis Wangsa Maju, dann mit dem Taxi. Öffnungszeiten: täglich 9–17 Uhr, Eintritt: 15 RM, Kinder 6 RM, Kamera 2 RM, Videokamera 15 RM. Im Zoo wird die Tierwelt Malaysias präsentiert, allerdings in wenig vorbildlicher Weise.

Bukit Tabur West – auf schmalem Grat zwischen Stadt und Urwald

Der schmale Quarzitgrat zum Gipfel des **Bukit Tabur** (ca. 400 m), der mit 14 km Länge als längster und ältester Quarzitgrat der Welt gilt, am nördlichen Stadtrand von KL, oberhalb des Klang-Staudammes bietet sich für eine Halbtagestour an. Nicht weit vom Zoo liegt am nördl. Stadtrand das Wohnviertel Taman Melawati (z.B. mit Bus U20/23 ab LRT/Monorail Station Chow Kitt bzw. mit der *Putra Line* bis Wangsa Maju und von dort mit Bus #304 bis zum Kreisverkehr Bulatan Bukit Mas. Von dort nördlich bergauf zur Straße Jln. Kolam Air, diese 10–15 Min. entlanggehen, bei Gabelung links halten (kurz vor Ende der Straße alte schmale Teerstraße nach links aufwärts zum Normalweg – ohne Kletterei – bzw. ggf. Abstieg) bis 20 m vor Ende bei einem Tor, dann links zu einem anfangs schwer erkennbaren Weg, knapp 100 Höhenmeter zum Grat, auf diesem z.T. in leichter Kletterei zu 5–6 kleinen Vorgipfeln. Für die Gratumgehungen achte man auf die Markierungen (meist rote Pfeile oder Plastikstreifen). Man hat einen schönen Ausblick auf Stausee und Dschungelberge bzw. die Internationale Islamische Universität zur Rechten und auf die ferne Skyline von KL zur Linken.

Abstieg: Entweder auf demselben Weg zurück oder vom Hauptgipfel in die Scharte zwischen diesem und dem nächsten Gipfel (nicht der Wegspur folgen!) nach links auf deutlichem Steig abwärts halten. An einer Weggabelung führt ein schmaler Weg nach unten an einer Hütte vorbei durch Kautschukplantage rechts zur Siedlung **Bukit Mas,** der andere nach links absteigend zur erwähnten alten Teerstraße und zur Zugangsstraße Jln. Kolam Air (Staudammstraße). Zeitbedarf 2–4 Std. Getränke mitnehmen! Es kann bei Sonnenschein sehr heiß werden. Früh am morgen kurz nach Sonnenaufgang wabern Nebel vom See über den Staudamm. Bukit Tabur East ist schwieriger und riskanter.

Umgebung von Kuala Lumpur

Richtung Norden

Die **Genting Highlands** sind ein Erholungs- und Vergnügungszentrum auf dem Gipfel des 1711 m hohen Ulu Kali mit großen Hotels (80–2000 RM), Dutzenden von Restaurants, Golfplatz, Sportmöglichkeiten Bootsteich, Spazierwegen, Vergnügungspark, Casino und chinesischem Höhlentempel auf 1460 m Höhe. Der Ort ist 55 km von KL entfernt. Am besten nimmt man einen Tagespass 58 RM (Bus Transfer z.B. ab/bis Pudu Sentral, KL Sentral, Gombak) für die landschaftlich reizvolle Seilbahnfahrt, diverse inbegriffene Attraktionen der Vergnügungsparks). Mit dem PKW kann man bis hinauf fahren. Busfahrt einfach 5 RM, Busfahrt mit Seilbahn 8,50 RM, Seilbahn einfach 5 RM.

Bukit Tinggi ist ein Resortkomplex mit Themenpark der Berjayagruppe (Tel. 09 288 8890, www.berjaya.com), 40 Autominuten nördlich von KL, Abzweig vom Karak Highway. Gags sind die Fachwerkhausgruppe von *Colmar Tropicale* oder das japanische Teehaus.

24 km nördlich der Batu Caves liegt das Gelände des **Orang Asli-Department** mit Verwaltung, Krankenhaus und dem kleinen **Muzium Orang Asli** (12. Meile Jln. Gombak), das Sa/So von 9–17 Uhr geöffnet ist: Kleidung, Waffen, Jagd-/Fischereigeräte, Häuser, Zeremonien, Skulpturen der *Jah Hut* und *Mah Meri*, die auch für ihre Masken bekannt sind (s. auch „Carey Island"). In einem kleinen Geschäft gibt es Produkte zu kaufen, die aber oft nicht viel mit Orang Asli zu tun haben, höchstens, dass sie von ihnen hergestellt wurden. Die Blasrohre gibt es in den Cameron Highlands viel billiger. Zu erreichen mit *LRT* bis Gombak, von dort weiter mit dem Taxi zum 4–5 km entfernten Museum (evtl. noch wegen Renovierung geschlossen!)

Batu Caves

Ein Muss für KL-Besucher sind die 13 km außerhalb gelegenen **Batu Caves** (seit Neuestem zu erreichen mit *KTM Komuter* Linie A nach Batu Caves, bzw. mit Bus U11 ab Central Market oder U1, U10 ab Titiwangsa). Die Hinduschreine, die seit 1892 in den bis 400 m langen und 120 m hohen Höhlen u.a. für *Shiva* und seinen Sohn, *Lord Subramaniam*, errichtet wurden, werden zum Thaipusam-Fest von über 100.000 Menschen aufgesucht, die gemeinsam mit den Büßern ab dem Fluss vor dem Felsen oder Mariamman-Tempel in Chinatown die 250 Stufen zum Heiligtum hinaufsteigen (besonders eindrucksvoll im Morgengrauen). Auch an den übrigen Tagen ist viel los; der Anblick der Höhlendome ist beeindruckend. Es gibt in dem Massiv auch naturbelassene Höhlen, die noch nicht ganz erforscht wurden. Der Felsen ist der letzte große Kalkfelsen auf dem asiatischen Festland. Eine gewisse Vorsicht ist bei den manchmal recht aggressiven Affen geboten, nicht füttern!

An den Kalkfelsen rund um die Batu Caves gibt es mittlerweile zahlreiche **Kletterrouten für Sportkletterer** am Felsen. Der italienische Kletterer *Peter Andrich* hat hier zahlreiche Routen eröffnet und Topos angefertigt; erhältlich bei *Summit Climbing Gym*, 4004 The Summit, USJ Subang, 400 Selangor, Malaysia (Tel. 8024 5152) oder im *Outdoor Centre Sdn Bhd*, 242 C, Jalan Ampang, 50450 Kuala Lumpur, Malaysia (Tel. 425 1548). Das *Summit Climbing Gym* bietet 120 Routen an 300 m² Wandfläche. Sportklettern kann man auch im *Camp5* im *One Utama Shopping Centre,* Tel. 7726 0410, 7710 8118, www.camp5.com, www.vertical-adventure.com, gibt Tipps, wo man in Malaysia klettern kann, bietet aber auch Schnupperklettern oder professionelle Seilpartner für erfahrene Kletterer, alternativ: www.madmonkeyz.my, die Kletterkurse für Kinder und ebenfalls geführtes Klettern an den Batu Caves anbieten.

Ein Besuch der Batu Caves lässt sich mit einem Ausflug zum **Templer-Park** verbinden, der nur 10 km von den Höhlentempeln und 22 km von KL entfernt an der Straße nach Rawang liegt (ab Batu Caves ist der Zugang etwas umständlich: erst zur Hauptstraße (Intrakota Bus 11D), dann mit dem Bus zum Park. Besser fährt man ab Puduraya mit 66/Tg. Malim, 72/Rawang). Dort gibt es Wasserfall, Badebach, Angelteiche, Dschungelpfade durch Primärurwald sowie Zeltmöglichkeiten.

Bukit Takun im Nordwesten

Beherrscht wird die Landschaft vom 350 m hohen **Kalkfelsen Bukit Takun,** der auch ohne Seil in leichter Kletterei bestiegen werden kann – das erste Trainingsgebiet der Kletterer aus KL (seit 1985), heute sind die Felsen um die Batu Caves (s.o.) beliebter. Zugang rechts am Golfplatz vorbei zur Straße, die links zum

Fuß der Felsen führt. Botaniker schätzen das Gebiet, weil es unter den 204 Pflanzenarten einige endemische gibt. Ab und zu sieht man Affen in den Felsen und Fliegende Hunde in den Bäumen.

Man kann auch von KL zum **Fraser's Hill** (*Bukit Fraser*) fahren, allerdings nicht als Tagestour, eine Übernachtung sollte man mindestens einplanen. Einzelheiten s. Kapitel „Im Inneren der Halbinsel".

Weitere Tipps für Ausflüge in die Natur

Jede Menge Tipps für **Ausflüge, kleinere und größere Naturabenteuer von KL aus** bietet www.nature-escapes-kuala-lumpur.com.

Zahlreiche Tipps für **Bergtouren, größtenteils ab KL** bietet www.naturemalaysia.com/index.htm. Wer lieber organisierte Gruppentouren unternimmt wie **Abseilen, Trekking, Tubing, Rafting, Kajakkurse, Sportklettern** kann diese über www.journeymalaysia.com finden und buchen.

Richtung Westen/Südwesten

Fährt man westlich aus KL heraus, kommt man vorbei an der über 250.000 Einwohner zählenden Schlaf- und Industriestadt von KL, **P.J. (Petaling Jaya)**, die jedoch schon lange eigenständig geworden ist und heute mit vielen Lokalen und Galerien aufwartet.

Schön ist die Anlage der **Universiti Malaya (UM)** mit lohnendem Botanischen Garten. Sehenswert ist auch der Thai-Tempel **Wat Chetawan** mit großem liegenden Buddha oder der hinduistische **Sivan Tempel** auf dem Bukit Gasing (der Hügel mit dem TV-Sender), wo es noch Dschungelreste und oben eine schöne Aussicht gibt.

Beim Verlassen des Bundesterritoriums sieht man den 6 Mio. RM teuren **Triumphbogen** *(Kota Darul Ehsan)* über der Autobahn, der vom *Sultan von Selangor* in Auftrag gegeben wurde.

24 km von KL entfernt liegt die wie PJ auf dem Reißbrett entstandene neue Hauptstadt von Selangor, **Shah Alam,** (KL wurde an den Bund abgetreten), die twas steril wirkt.

Neben dem Palast ragt vor allem die 1988 eingeweihte **Staatsmoschee von Selangor** heraus, *(Masjid Negeri Selangor Darul Ehsan* bzw. *Masjid Sultan Salaheddin Abdul Aziz Shah,* benannt nach dem gegenwärtigen Sultan, der den 160 Mio. RM teuren Bau in Auftrag gab), ein prachtvolles Denkmal moderner islamischer Baukunst, die traditionelle Stilelemente verarbeitet. Zweifellos ist sie heute *die* Moschee Malaysias. Leider kann der großartige Gebetsraum mit der Riesenkuppel (englische Konstruktion) und den Kristallleuchtern (aus Deutschland) von Nicht-Moslems nicht betreten werden.

Auf dem See, der zur Anlage gehört, kann man Boot fahren. Das Prestigeauto Malaysias, der *Proton Saga,* entsteht übrigens in Shah Alam. Lohnend ist auch der Besuch des Staatsmuseums und des Landwirtschaftsparks.

32 km von KL entfernt liegt **Klang** (über 200.000 Einwohner, Gesamtbevölkerung des 60 km² großen Stadtgebietes ca. 860.000, damit fünftgrößte Stadt Malaysias!), traditionelle Sultanstadt mit dem lokalen **Museum Gedung Raja Abdullah** (ältestes malaiisches Gebäude im Staat, geöffnet Sa–Do 10–18 Uhr), und dem **Sultansmausoleum.**

8 km weiter kommt man nach **Port Klang** *(Pelabuhan Kelang),* dem für die Industrie und Wirtschaft des Klang Valley wichtigen Tiefseehafen, früher *Port Swettenham.* Im Fischerhafen gibt es Lokale mit fangfrischem Fisch. Petaling Jaya, Shah Alam und Port Klang sind sehr gut mit dem KTM ab Bahnhof KL oder Sentral erreichbar.

Ein Abstecher zu **Carey-Island** lohnt, wenn man sich für die am Meer lebende Orang-Asli-Gruppe der *Mah Meri* interessiert, die bekannt sind für ihre Schnitzereien, die feiner sind als die der *Jah Hüt* (Spezialität: groteske Masken).

Es gibt eine noch recht neue Brücke über den flussartigen Meeresarm Sg. Langat, einige km südlich von Port Klang, wo sich auch ein Verkaufsstand für Masken findet. Von dort geht's etwa 13 km durch Ölpalmenplantagen zum Kampong *Sg. Bumbun.* Nach *Belon Kasim* fragen; die Leute freuen sich über Besuch, allzu viele kommen ja nicht dorthin (praktisch nur mit Wagen oder Taxi möglich).

Auf der Suche nach **Badestränden** ist man nun auch in Selangor fündig geworden; nahe Port Klang fand man feinen Sand, klares Was-

Batu Caves

ser und (noch) sauberen Strände auf **Pulau Babi** und am **Pantai Bagan Lalang** in Sepang.

Kuala Selangor (s. dort) eignet sich als Ausflugsziel von KL. Zu erreichen mit Selangor-Bus Nr. 141 ab Puduraya oder mit dem Taxi. Informationen zum Naturpark: *Malayan Nature Society*, Sektion Selangor, Tel. 03/7875 3330.

Tagesausflüge zu **Wildwasserfahrten** im Schlauchboot organisieren, nur als Package-Tour für mind. 4 Personen, *Mayflower* (Tel. 6252 1888) und *Peter Stuyvesant Travel* (Tel. 2163 5588/261 0333), das Ganze für happige 350 RM. *Wilderness Experience* (Tel. 03/7727 8221, 6 B, Jln. SS 21/39 Damansara Utama, P.J.), eine kleine Gruppe idealistischer und engagierter junger Leute, organisiert Touren in die Natur für Vogelfreunde, Botaniker, Bergsteiger u.a. für Gruppen bis zu 12 Personen; längere Touren u.a. nach Endau-Rompin; Kinabalu und Mt. Trusmadi in Sabah; Gunung Mulu & Bako National, Batu Lawi und Gunung Murud in Sarawak. (Weitere Adressen s. „Aktivitäten in der Natur" im Anhang.)

Organisierte **Mountainbike-Touren** können mit *Mountain Bike Hash*, Kuala Lumpur, www.klmbh.org, unternommen werden.

Das **Forest Research Institute Malaysia (FRIM)** unterhält einen interessanten, von 500 m hohen Bergen umgebenen, weiträumigen Park am Stadtrand bei Kepong (Selangor Bus 143 ab Kotaraya), der eine Reihe von Wald- und Obstlehrpfaden bietet, außerdem einen Canopy Walk; bei FRIM arbeiten einige deutsche Experten. Es gibt einen Verbindungsweg zum Templer-Park.

Sollte man mal auf dem Weg nach Seremban in **Kajang** Station machen, spare man sich den Appetit für die in ganz Malaysia berühmten *Sate* auf, z.B. im *Jasmin Satay*, wo es „*Satay Terkenal Sejak 1917*" gibt, was einfach „berühmt seit 1917" heißt.

Um KL herum gibt es eine Reihe von **Vergnügungsparks,** die zum Teil noch im Bau sind. Interessante Projekte, die teils aus dem Wettstreit zwischen Selangor und dem Bundesterritorium entstanden sind, auch im Streit um die Gunst der Einheimischen:

■ In Sungai Besi im Süden von KL wurde die ehemals größte Übertage-Zinnmine in den Themenpark **The Mines Wonderland** umgewandelt: zwei künstliche Seen mit Wassersportmöglichkeiten, ein „Schneehaus" (bei den Malayen natürlich sehr beliebt), Achterbahn, Minigolf, Lasershows u.v.m. Täglich von 17–22 Uhr geöffnet, Eintritt 32 RM, Kinder 21 RM. Zu erreichen über den KL-Seremban-Highway oder mit dem Zug (KTM) bis zur Station Serdang, die letzten Meter zu Fuß. Angeschlossen sind eine Hotelanlage und ein beliebtes Shoppingcentre.

■ Das zweite in die Tat umgesetzte Großprojekt ist der **Sunway Lagoon Adventure Park** südlich von Petaling Jaya, kurz vor Subang Jaya. Er besteht aus einer Wasserwelt mit u.a. Wellenbad, Wasserfällen, verschiedenen Wasserrutschen und Wassersportmöglichkeiten, sowie einem Wild West Fort mit vielen Karussels. Eintritt je nach Vorhaben ab 28 RM, komplett 40 RM, Kinder 27 RM. Anfahrt über den Federal Highway oder per Bus ab Klang Bus Station. Angeschlossen ist das Einkaufszentrum *Sunway Pyramid*.

■ **Extreme Park at Sunway** bietet Gelegenheit zum Skateboarding, Go Kart, Paintball, Angeln, Wakeboarding, Wasserski, Jet Ski, u.a., www.extremepark.com.my.

■ *Sunway Lagoon, Extreme Park, Shopping Centre Sunway Pyramid* sind zu erreichen mit **KTM Komuter** bis Subang Jaya, oder Putra LRT bis Kelana Jaya, von dort am bequemsten im **Taxi.**

Richtung Osten/Südosten

Bukit Putih/Bukit Apek, 370 m

Vor allem bei chinesischen Senioren tagein, tagaus beliebter Hügel mit zahlreichen Pfaden, erreichbar ab **Taman Cuepacs** in **Cheras** (mit Pkw oder *KTM Seremban* oder *LRT Sri Petaling Line* bis **Bandar Tasik Selatan,** dann Bus T 405 bis Endstation, dort nach Bukit Putih fragen). Der Nachbarberg Bukit Saga/Apek, 370 m, wird dagegen eher von **Taman Saga** in **Ampang** bestiegen.

Bukit Broga (Bukit Lalang), 400 m

Drei vom Urwald „befreite" und mit Lalang-Gras bedeckte Hügel bieten vor allem nach Sonnenaufgang wunderbare Aussicht auf Berge, Urwald, Palmölplantagen, Dörfer, Städte und sind deshalb bei Einheimischen besonders an Wochenenden und Feiertagen sehr beliebt, nur 40 Autominuten von KL entfernt, in 30–40 Min. zu besteigen. Wer will, kann noch einen Dschungelgipfel (**Gunung Tok Wan**, 675 m) dranhängen. Anfahrt: nach **Semenyih** und weiter bis hinter den University-of-Nottingham-Campus gegenüber einem Kaninchenpark bei einer Palmölplantage. Mit **öffentlichem Transport** nach Kajang (*KTM Seremban Line* 2,80 RM oder *rapidKL Bus*, 3 RM) von dort nach Semenyih (1 RM) bzw. mit Taxi (ca. 10 RM) zum Ausgangspunkt.

Gunung Nuang, 1493 m

Der **höchste Berg Selangors** wird am häufigsten von *(H)ulu Langat* aus bestiegen. Andere Routen führen von **Bukit Tinggi (Janda Baik)** und **Gombak (Kemensah)** auf den Gipfel. Sehr häufig begangen am Wochenende und Feiertagen, aber nur bei trockenem Wetter empfehlenswert, sonst droht eine Schlammschlacht, 4–5 Std. muss man für den Aufstieg rechnen. **Anfahrt** über den Cheras Highway Richtung Pangsun bis zu einem Parkplatz bei der Einfahrt zum Langat-Staudamm. An klaren Tagen sieht man vom Gipfel KL und Genting Highland. Am besten mit Pkw; mit öffentlichen Verkehrsmitteln erst nach Kajang (*KTM Seremban Line*), von dort mit Bus U 40 nach Hulu Langat, weiter mit Bus T 412 bis Pangsun. **Infos aus dem Internet:** www.mycorezone.com klicken auf Resources, dann Trail Maps, dann Gunung Nuang oder Bukit Apek für weitere Informationen.

Seremban

Die Stadt ist **Hauptstadt** des Staates **Negeri Sembilan** (Neun Länder), dessen sieben Verwaltungsbezirke nicht deckungsgleich mit den ursprünglichen neun Kleinstaaten sind. Diese schlossen sich gegen Ende des 19. Jahrhunderts zusammen und einigten sich auf Seremban als Hauptstadt, wo auch der für diesen Staat damals zuständige britische Resident ab 1895 seinen Sitz hatte. Bekanntlich entstand der Staat durch Besiedlung von Minangkabau aus Sumatra im 15. Jahrhundert. Daraus leitet sich auch heute noch seine kulturelle Identität ab, wie an zahlreichen öffentlichen Gebäuden zu sehen. Diese werden bevorzugt in einem an die traditionelle Kultur dieses islamischen, mutterrechtlichen Volksstammes angelehnten Stil errichtet.

Die Stadt (ca. 373.000 Einwohner) bietet keine besonderen Attraktionen, liegt jedoch landschaftlich recht reizvoll von Bergen umgeben. Sie liegt sowohl an der Bahnlinie KL – Singapur, an der KTM Komuter-Linie von Rawang über KL nach Seremban als auch an der Nord-Süd-Autobahn, 64 km südlich von KL, ist von dort aus also innerhalb einer knappen Stunde zu erreichen. Von Seremban aus bieten sich viele Ausflügen in die Umgebung an.

Sehenswertes

Die Hauptattraktion der Stadt ist der **Lake Garden** in der Stadtmitte, mit schwimmender Bühne und Landschaftsgarten. Am Rand steht die moderne Staatsmoschee *(Masjid Negeri),* die die neun ursprünglichen Länder repräsentiert. In der Nähe des Parks, nordwestlich der Lake Gardens, liegt auch das im Kolonialstil errichtete Gebäude des **State Secretariat** *(Dewan Udangan Negeri)* an der Ecke Jln. Dato Abdul Kadir/Dato Abdul Malek. Gegenüber steht der Palast des Sultans **Istana Hinggap.**

Etwas außerhalb der Stadtmitte, in Richtung Autobahn (nicht weit vom Bus-Bahnhof) liegt die Anlage des **Taman Seni Budaya,** ein Kunsthandwerkszentrum mit heimischen Erzeugnissen. Das Hauptgebäude ist das im Minangkabau-Stil erbaute **Terapak Perpatih,** in dem das **Muzium Negeri Sembilan** untergebracht ist. Eintritt ist frei, es gibt jedoch nicht viel zu sehen. Im Erdgeschoss befindet sich eine Briefmarkensammlung sowie alte Fotoreproduktionen aus den Jahren um die Unabhängigkeit – sie zeigen immerhin die gewaltigen Veränderungen, die das Land seither gemacht hat. Interessant sind die Ausführungen

zu den Megalithfunden in der Gegend zwischen Seremban und Melaka, auch gibt es Erläuterungen zu prähistorischen Fundstätten auf der Halbinsel mit einigen wenigen Exponaten. Die Texte sind generell zweisprachig, Malaiisch und Englisch. Im 1. Stock ist alles auf Malaiisch gehalten, es geht um die Entwicklung des Islam in Negeri Sembilan und die Minangkabau-Traditionen (s. Exkurs: „Minangkabau in Negeri Sembilan").

Draußen stehen zwei sehenswerte alte schwarze Häuser im hiesigen Minangkabau-Stil, der sich von dem in Sumatra unterscheidet. Sie stammen aus dem 19. Jahrhundert und wurden einst ohne Verwendung von Nägeln aus Holz gefertigt: die **Istana Ampang Tinggi,** die einem früheren Herrscher Negeri Sembilans gehörte und 1861 erbaut wurde. Ursprünglich stand das Haus im Distrikt Kuala Pilah. Schön sind die Schnitzereien. Die Istana – wie auch das Haus nebenan – darf nicht mit Schuhen betreten werden. Sie ist leer bis auf eine Sitzecke, wie sie für Heiratszeremonien verwendet wird. Im Nebenraum befindet sich lediglich ein Bett.

Das Haus nebenan, **Rumah Negeri Sembilan,** ist innen vollkommen leer. Vor beiden Häusern stehen malaiische Kanonen. Etwas abseits am Gartenrand liegen drei Boote unterschiedlicher Machart. Oberhalb des Museums steht das große Kulturzentrum **Seni Budaya,** in dem Veranstaltungen stattfinden.

■ **Muzium Negeri Sembilan,** Jln. Sungai Ujong, Öffnungszeiten: tgl. 10–18 Uhr, Fr 12–14.45 Uhr geschl., Cityliner Bus Ri. Tesco (Einkaufszentrum) bis Museum.

Übernachten

Tel.-Vorwahl Seremban: 06

■ **Royale Bintang**⑥ (früher *Royal Adelphi*), Jln. Dato A.S. Dawood (am Lake Garden), Tel. 766 6666, www.royalebintang-seremban.com. Luxushotel mit 345 gut ausgestatteten Zimmern, Sat-TV (Astro), Kühlschrank, Safe, mehreren Restaurants, Pool, ab 400 RM.

■ **Carlton Star**②, 47, Jln. Dato Sheikh Ahmad, Tel. 762 5336. 34 Zi., alle Räume mD und a/c, WiFi; günstige Lage nahe Bahnhof, Bus- und Taxistation, ab 75 RM.

■ **Seremban Inn**②, Ecke Jln. Tuanku Munawir/Dato Abdul Rahman, Tel. 761 7777, Fax 763 7777, Zi. mD, a/c und TV, modern und sauber, ab 80 RM.

■ **Angsana Inn**②, 114, Jln. Dato Bandar Tunggal, Tel. 767 8777, Fax 767 7778. Schwesterhotel vom *Seremban Inn*, ebenfalls im Stadtzentrum gelegen, DZ mB, a/c, TV ab 75 RM.

■ **Seri Malaysia**③, Jln. Sungai Ujong, Tel. 76441-81, Fax -79, ca. 1 km westlich des Busbahnhofs. 50 saubere Zimmer mD, a/c und TV, 120 RM.

■ Im Stadtzentrum gibt es zahlreiche chinesisch geführte **Billighotels**① um 30–40 RM.

Für Liebhaber der **Government-Resthouses**②-③, stehen fünf in verschiedenen Distrikten zur Auswahl. Hier eine Liste mit Angabe von Ausflügen, die sich von dort aus anbieten:

■ Kuala Pilah District: **Kuala Pilah,** Jln. Bukit (z.B. Besuch von Sri Menanti);
■ Jempol District: **Bahau,** Jln. Taman Tasik(z.B. Ausflug zum Tasek Bera);
■ Jelebu District: **Kuala Klawang,** Jln. Simpang Pertang (z.B. Besteigung des Gunung Telapak Buruh);
■ Tampin District: **Tampin**①, Jln. Seremban (z.B. Wald-Schutzgebiet Gunung Tampin);
■ Rembau-District: **Rembau**①, Jln. Kampong Mulia (z.B. Pedas Hotspring, Thermalbad).
■ **Reservierung** über die Distriktämter am Ort. Telefonnummern ggf. über *State Economic Development Corporation,* Jln. Yam Tuan, Seremban, Tel. 762 3251.
■ Wer Landleben kennenlernen will, kann in folgenden Kampungs in **Homestays** übernachten: Kg. Pelegong, Kg. Sungai Lonek, Kg. Serting, Kg. Sri Menanti (s.u.), Kg. Kuala Kelawang (zu buchen über *Negeri Sembilan Tourism Action Council,* Tel. 06 765 9870).

Essen und Trinken

Es gibt im 2. Stock des großen Shopping Centers **Seremban Parade** einen **Foodcourt** mit relativ preiswerten Gerichten (malaiisch, chinesisch, westlich), der aber insgesamt von der Bevölkerung noch nicht angenommen zu werden scheint, viele Plätze bleiben leer, weil die Qualität der Speisen nicht überzeugt.

Im Shopping Center **Parkson/Giant** neben der Bus Station Terminal 1 triff man das übliche Angebot an Fast-food-Lokalen an.

Abends von 18 bis 21 Uhr gibt es nahe dem Hotel Seremban Inn einen **Nachtmarkt** *(pasar malam),* mit Essständen, die preiswerter und beliebter sind. Wer malaiisch essen will, wird dort auf Minangkabau-Küche stoßen: scharf gewürzt, z.B. *Masak Lemak Cili Api* (Reis in Kokosnussmilch, „Feuer-Chili"), *Rendang Minang, Lemang* (Klebreis in Bambus).

Malaiische Küche

- **Fatimah,** Jln. Tuanku Munawir.
- **Restoran Sate R&K,** Taman AST, Jln. Sg. Ujong.
- **Haji Shariff Cendol,** 44, Jln. Yam Tuan, leckere Cendol Desserts.

Indisch

- **Samy,** 120, Jln. Yam Tuan, östl. Parallelstraße zur Hauptstraße.
- **Anura,** 97, Jln. Tuanku Antah (vom Bahnhof rechts).
- **Bilal** in der Jln. Dato' Bandar Tunggal, der Haupt-Einkaufsstraße Serembans.
- Restaurant **Sayur-sayuran** schräg gegenüber dem *Seremban Parade Shopping Centre* am Beginn der Jln. Dato Bandar Tunggal..

Chinesisch

- **Itik Wah Heng,** Restoran Haup Huat, Jln. Tuanku Munawir (nahe Markt), leckere Entengerichte ca. 4 RM.
- **Tow Kee Hakka Noodles,** Stand 810, Markt, Jalan Pasar.

Verkehrsverbindungen

Seremban hat wie Melaka nun auch eine neue Express Bus Station erhalten, genannt **Terminal 2**. Hier starten Langstreckenbusse und solche mit Zielen an der Ostküste. Dieser Terminal liegt westlich des Stadtzentrums hinter dem Hotel Sri Malaysia. Ab der alten Bus Station im Zentrum, jetzt **Terminal 1** genannt, fährt viele Bussen in die Umgebung, einschließlich KL und Melaka. Auch die Busse nach Norden gehen hier ab: Ipoh, Butterworth/Penang, selbst bis Hat Yai in Thailand.

Taxi

- Taxis 100–200 % > Bus (bei 4 Personen).

Bus

- **Port Dickson** (tagsüber alle 30 Min., 1 Std., 5 RM), **KL** (6.00–22.00 Uhr, alle 10 Min., 30 Min., 6 RM), **Alor Gajah** (6.30–19.30 Uhr, 18x, alle 30 Min. 5 RM), **Kuala Pilah** (8.30–20.30 Uhr, 7x, 1 Std., tagsüber alle 30 Min., 4 RM), **Melaka** (6.30–19.30 Uhr, 18x, 1.30 Std., 6/7 RM), **Gemas-Segamat** (8.45–18.30 Uhr, 4x, 2.30–3 Std., 7 RM), **JB** (8.30–21.30 Uhr, 20x, 4–5 Std., 20–28 RM), **Chini** (10.00/17.00 Uhr, 13 RM), **Kuantan** (10.30/21.30 Uhr, 6 Std., 17 RM), **KT** 10.30/21.30 Uhr, 8 Std., 35 RM). **Ipoh** (11.00, 11.30, 23.00, 23.30 Uhr, 23 RM), **Taiping** (11.00, 11.30, 23.00, 23.30 Uhr 40 RM), **BW** 11.00, 11.30, 23.00, 23.30 Uhr, 40 RM), **Penang** (11.00, 11.30, 23.00, 23.30 Uhr, 35/45–46 RM), **AS** 11.00, 11.30, 23.00, 23.30 Uhr, 34/45 RM), **Kangar** (11.00, 11.30, 23.00, 23.30 Uhr, 37/49 RM), **Kuala Perlis** (11.30, 23.30 Uhr, 44 RM), **KB** (8.30, 21.00 Uhr, 35/46 RM), **Tasek Chini** (17.00, 21.00 Uhr, 17 RM).

Zug

- **KL Sentral** (ab 6 RM), **Ipoh** (ab 18 RM), **Taiping** (ab 14 RM), **BW** (ab 17 RM), **AS** (ab 20 RM), **Arau** (ab 22 RM) 1x tgl. ca. 14.30 Uhr; Gemas (ab 8 RM), **Kluang** (ab 14 RM), **JB Sentral** (ab 19 RM), **Woodlands** (Singapur, ab 21 RM) 2x tgl. vor 10 und 24 Uhr; **Jerantut** (ab 10 RM), **Kuala Lipis** (ab 13 RM), **Gua Musang** (ab 15 RM), **Wakaf Bharu** (ab 23 RM) 1x tgl. kurz vor 22 Uhr (genaue Informationen: www.ktmb.com.my).

Umgebung von Seremban

Taman Rekreasi Ulu Bendol

Rund 16 km östlich von Seremban kommt man nach einem 350 m hohen Pass auf der stark befahrenen Straße Richtung Kuala Pilah und Ostküste (u.a. Mersing, Tioman) zum großen Park Taman Rekreasi Ulu Bendol/Bendul, 200 m ü.M. Aus dem Gebirge schlängelt sich hier ein breiter Bach herunter, der im unteren Teil mit Steindämmen hier und dort angestaut wurde und so zahlreiche Becken zum Entspannen im angenehm kühlen Was-

Umgebung von Seremban

ser bietet. So etwas lieben nicht nur die Einheimischen! Ganz unten wird ein Teil des Wassers in ein Becken geleitet, in dem man eher nicht schwimmen sollte. Es gibt ein Restaurant, Lokale, Läden, zahlreiche Chalets, es kann auch gezeltet werden. Weitere, eher auf Einheimische zugeschnittene Attraktionen (z.B. der Reptilienpark *Taman Ular*), Kinderspielplatz u.a. machen ihn zu einem viel besuchten Naherholungsgebiet. Cityliner oder andere Busse ab Seremban vom Bus Terminal 1 (Richtung Kuala Pilah) für 2/3 RM.

Wanderung auf den Dschungelberg Gunung Angsi

Auf diesen 825 m hohen Berg führt eine abwechslungsreiche Wanderung, die bei reiner Gehzeit 2½–3 Std. für den Aufstieg und ebenso lang für den Rückweg beansprucht. Der Weg ist klar erkennbar und recht breit. Außerdem markieren ihn rote/gelbe Pfeile und bisweilen Plastikbänder. Man kann ihn ohne Führer gehen. Trittfeste Sandalen oder Joggingschuhe reichen aus.

Minangkabau in Negeri Sembilan

Die Minangkabau sind ein matrilinear organisiertes Volk in Zentral-Sumatra, das bereits ab dem 12. Jahrhundert Kontakte zur malaiischen Halbinsel hatte. Ab dem 14. Jahrhundert ließen sich größere Gruppen im Hinterland vom Melaka nieder. Anders als die *Achinesen* aus Nord-Sumatra oder die *Bugis* aus Sulawesi waren die *Minangkabau* niemals auf Eroberungen aus, sondern wollten stets friedlich als Reisbauern leben; sie waren jedoch bereit, ihr Gebiet zu verteidigen. Zu diesem Zweck schlossen sich die auf der Halbinsel entstandenen kleinen Staatswesen zu einem größeren Staatenverbund (dem späteren *Negeri Sembilan*) zusammen und wählten einen Führer, den *Yang Di Pertuan Besar* („der zum Herrn gewählte Große").

Wie in Sumatra behielten die islamischen *Minangkabau* ihre besondere gesellschaftliche Organisationsform (das aus vorislamische Zeit stammende *Adat Perpateh*) bei, nach der die wichtigste Einheit der Geschlechtsstamm *Suku* (das sind alle Glieder einer mütterlichen Abstammungslinie) ist. Vererbt wird aller Besitz von der Mutter auf die Töchter, verbleibt jedoch als Familienbesitz, gilt nie als persönliches Eigentum. Auch der Name der Mutter wird auf die Kinder übertragen. Konsequenterweise zieht der Mann nach der Heirat ins Haus der Frau und gilt dort als Gast, da er ja zu seinem eigenen Familienverband gehört. Er ist dadurch sowohl seiner Mutter als auch der Ehefrau verpflichtet und muss für beide arbeiten.

Entscheidungen werden zunächst separat von den Frauen und den Männern diskutiert, anschließend gemeinsam gefällt. Oberhaupt eines Familienverbandes ist der ältere Bruder der Mutter *(„Mamak")*. Das System funktioniert sehr gut, auch heute noch sind die *Minangkabau* ein intaktes und dynamisches, wirtschaftlich erfolgreiches Volk.

Interessant ist die Art und Weise, wie sie einerseits gläubige Moslems sind, aber andererseits

ihre unislamische Gesellschaftsform konsequent beibehalten haben. Die damaligen islamischen Missionare waren toleranter als die heutigen *Dakhwah*, sie ließen ihnen ihre Ordnung – vielleicht hätten sie sonst diese Religion nicht angenommen. So sind z.B. die *Bataker*, die auf Sumatra nördlich der *Minangkabau* und südlich der streng islamischen *Achinesen* leben, heute zumeist Christen.

Wo Angehörige dieses Volkes lebten, konnte man früher an ihren Häusern sehen. Die gibt es in Malaysia auch außerhalb von Negeri Sembilan. In Ipoh und anderswo habe ich moderne, aber stillechte Minangkabau-Häuser gesehen. Typisch ist das Satteldach mit den hohen Giebelspitzen (die an Büffelhörner erinnern). Die Dächer können auch mehrere ineinander geschobene oder seitlich vorspringende Giebel aufweisen. Das hat eine klare Bedeutung: Jeder Giebel steht für eine im Haus lebende Einzelfamilie, d.h. für jede Tochter, die heiratete, wurde ein neuer Giebel angebaut. Minangkabau-Häuser stehen wie malaiische Häuser in der Regel auf Stelzen. Die Dachform erlaubt gute Durchlüftung bzw. schützt vor Auskühlung, was in Malaysia kein Problem ist, wohl aber im Heimat-Hochland um Bukittinggi.

Die an Büffelhörner erinnernde Dachform findet ihre Entsprechung im Kopfputz der Frauen.

Vielleicht stimmt also doch die Legende mit dem Büffelkalb, dessen Hörner angespitzt und mit Gift bestrichen wurden und das man vor einem Kampf mit einem javanischen Büffel (des *Majapahit*-Reiches) aushungern ließ, sodass es sich im Moment des Kampfes auf den Büffel stürzte, um an Milch zu gelangen, ihn dabei aber mit den Hörnern verletzte und vergiftete. Diese List verhalf den Minangkabau angeblich zum Sieg und zum Namen *(Minang* = Bezwinger; *Kabau* = Büffel)*. Irgendwo las ich, dass diese Legende zwar nett klinge, der Name sich jedoch anderweitig ableite.

◁ Klassisches Haus aus der Heimat der Minangkabau: Bukittinggi (Sumatra)

Der Weg hält sich im Sinne des Aufstieges immer direkt links des Baches bis zum großen Lagerplatz „Kem Tangga Batu", dahinter quert man den Bach (gute Badegumpen), der Weg führt zu einem zweiten Bach, den man ebenfalls quert. Bis hierher gut 1 Std. Gehzeit. Nun beginnt der eigentliche Aufstieg zum Gipfel, auf dem einst das Haus eines Engländers stand, bis es die Japaner im 2. Weltkrieg entdeckten und bombardierten.

In Richtung Norden/Nordosten gibt es weitere **Waldschutzgebiete** und **Naturparks,** die man am besten mit dem eigenem Auto oder einem Taxi erreicht: 16 km nördlich von Seremban und 5 km von Pantai in Richtung Lenggeng liegt die *Forest Reserve Lenggeng* mit Picknickplatz an einem Wildbach und Waldwegen; 22 km nördlich an der Straße nach Kuala Klawang zweigt rechts ein Sträßchen zu einer Telekom-Station ab. Dieser kann man bis zum Gipfel des **Gunung Telepak Buruk** (1195 m) folgen. Weitere Parks gibt es in **Jeram Toi** und **Jelebu.** Nördlich von Jelebu befindet sich der **Lata-Kijang-Wasserfall** am Fuß des höchsten Berges von Negeri Sembilan, dem 1462 m hohen **Gunung Antu Besar.** Der Wasserfall gilt als einer der höchsten in Malaysia, unterwegs kommt man an Orang-Asli-Kampungs vorbei (Übernachtung möglich im *Lata Kijang Adventure Camp,* mobil 012 359 7174).

Sri Menanti

In diesem 32 km östlich von Seremban gelegenen ruhigen Ort in einem reizvollen Tal befindet sich in der 1931 eingeweihten **Istana Besar** (großer Palast, mit blau glasierten Ziegeln) traditionell der Sitz des Herrschers von Negeri Sembilan, des **Yang-Di-Pertuan Besar** sowie die **Königliche Moschee.** Die Hauptsehenswürdigkeit ist jedoch der 1902 erbaute und bis 1931 bewohnte **Palast** mit seinen 99 Säulen, die 99 frühere Krieger symbolisieren. Die **Istana Lama** (alter Palast) ist ein Beispiel für die traditionelle *Minangkabau*-Palastarchitektur, wenn auch ohne die geschwungenen Dächer. Die Istana Lama beherbergt das **Königliche Museum** mit Empfangsräumen, Hochzeits- und Kinderzimmer, zeremoniellen Kostümen und Waffen. Eintritt frei, 9.30–18, Do bis 13 Uhr, Fr Gebetspause 12–14.50 Uhr. Anreise mit Bus ab Seremban, Terminal 1, Richtung Kuala Pilah, von der Abzweigung nach Sri Menanti mit Bus zum Palast.

Kuala Pilah

Dieses Städtchen liegt 37 km östlich von Seremban. Sehenswert sind ein indischer und chinesischer Tempel, in dem sich zeitweise *Sun Yat Sen,* Gründer der chinesischen Republik, aufhielt. Direkter Bus von Seremban, Terminal 1, nach Kuala Pilah.

Unterwegs von Kuala Pilah nach Bahau steht im **Kg. Bukit Kerdas** (2 km von Batu Kikir) das traditionelle Haus **Teratak Za'aba,** in dem der bekannte malaiische Schriftsteller und Denker *(Tan Sri) Zainal Abidin (Bin Ahmad)* gelebt hat.

Die Straße führt weiter durch eine ausgedehnte Palmölplantagenlandschaft in Richtung Ostküste. Mit eigenem Fahrzeug kann man so statt von Norden kommend von Süden zum Tasek Bera bzw. Tasek Chini bzw. weiter zur Ostküste (Kuantan, Pekan, Rompin, Endau, Mersing mit Tioman) weiterfahren.

Von Seremban in Richtung Melaka

Freunde heißer Quellen können z.B. mit *Southern Omnibus* ab Terminal 1 nach **Pedas** (wörtlich: „heiß") westlich der Straße nach Melaka fahren. Dort gibt es im **Wet World Pedas Hot Spring** mehrere Becken, einen Reflexologie-Pfad unter Wasser, Rutschen und andere Attraktionen *(Air Panas Pedas,* 71400 Rembau, Tel. 06 685 8027, 10 RM). 22 km hinter Seremban gibt es mehrere **Megalithe/Menhire.** Sie stehen in Gruppen von etwa 40 Steinen (bis über 3 m hoch; weitere Fundstellen befinden sich bei Alor Gajah, Tampin sowie 25 km südlich von Port Dickson (s. dort).

In **Rembau** steht das **Adat Museum,** das sich auf die Minagkabau-Kultur in Negeri Sembilan konzentriert und alte und neue Artefakte ausstellt. Auch wird das immer noch praktizierte „mutterrechtliche System" *(Adat Perpatih)* erläutert (siehe Exkurs: „Minangkabau in Negeri Sembilan").

Port Dickson (PD)

Port Dickson (ca. 90.000 Einwohner), 32 km südwestlich von Seremban, ist der Hauptbadeort von Negri Sembilan und zugleich wichtigster Strand im Umland von KL; entsprechend viele Hotels, Bungalows und Wassersportmöglichkeiten sind vorhanden. Südlich des ehemaligen Hafens befinden sich Strände von 18 km Länge, überall stehen Wochenendhäuser, Bungalows, Hotels und zunehmend Apartmentkomplexe im Schatten von Kasuarina- und Banyan-Bäumen.

Da das Wasser trübe ist, wie fast überall an der Westküste südlich von Langkawi, bieten die besseren Hotels Pools zum Schwimmen, man kann aber Windsurfen, Segeln, Wasserski fahren und dennoch schwimmen oder picknicken, wie die am Wochenende herbeiströmenden Einheimischen. Touristen können beim *Port Dickson Club* mitmachen.

Übernachten

Tel.-Vorwahl Port Dickson: 06

■ **Corus Paradise Resort**④, Jln. Pantai, Tel. 647 7600, Fax 647 7630, www.corusparadisepd.com. Erstklassiges Resorthotel. Ab 155 RM.
■ **Seri Malaysia**③, km 6, Jln. Pantai, Tel. 647 6070, www.serimalaysia.com.my. 100 Zimmer, ab 140 RM.
■ **Rotary Sunshine Camp**①, km 5, Jln. Pantai, Tel. 647 3798, Dorm 7 RM, Zi. oB 25 RM, preisgünstiges Camp.
■ **Myha International Youth Hostel**①, Bt 33/ 4, Jln. Pantai Teluk Kemang, Tel. 647 2188, Fax 627 4115. Für insgesamt 60 Pers., Dorm. und Zimmer (1–4 Pers.).

- **Selesa Beach Resort**⑤ (früher *Regency Hotel & Resort*), km 8.8, Jln. Pantai, Tel. 647 5232, 217 Zimmer, ab 280 RM.
- Bei km 12 und 13 gibt es besonders viele **billigere chinesische Hotels**①-②.
- **Palm Springs Resort City**④, km 22, Jalan Pantai, Tel. 06 661 9599, Fax 661 9651, www.palmspringsresortcity.com. Große Anlage mit eigener Marina.
- **Casa Rachado**③, km 16, Jln. Pantai, Tel. 662 5177. Am Eingang zur *Cape Rachado Forest Reserve* gelegener farbenfrohes, preiswertes Resort, Zi. ab 99 RM, Appartment-Suiten mit Meeresblick 180 RM, Zelten 30–40 RM.

Verkehrsverbindungen

Busse nach Seremban (7.00–17.00 Uhr, 4,50 RM), Pengkalan Kempas/Teluk Kenong (alle 1½ Std., 5.50 RM), nach Port Klang, nach KL stündlich, 6-mal täglich zwischen 8.30 und 18.30 Uhr nach Melaka mit *Barat Express*. 8-mal täglich mit *Bas Restu* nach Ipoh und Lumut.

Umgebung von Port Dickson

Bei klarem Wetter lohnt ein Ausflug hinauf zum **alten Leuchtturm** am Cape Rachado, im 16. Jahrhundert von Portugiesen erbaut; Aufstieg (180 Hö-henmenter) ab *Blue Lagoon Village*, 16 km von Port Dickson (Blue Lagoon, bester Ort zum Schwimmen, Schnorcheln und Tauchen entlang dieses Küstenstreifens). Das Kap ist ein Naturpark, in dem zahllose Zugvögel im September/Oktober und März/April Rast machen, was dann wiederum auch viele Raubvögel anlockt. Cape Rachado gehört übrigens zu Melaka. Theoretisch kann man das **40 km entfernte Sumatra**, genauer gesagt, die der Hauptinsel vorgelagerte Insel Pulau Rubat (Riau), sehen. Ob dies auch praktisch möglich ist, bestimmt das Wetter. Westlich vom Kap befindet sich bei Pasir Panjang (= Langer Sand) eine *Outward Bound School*.

Mit dem stündlichen Bus kann man 38 km nach Süden nach **Pengkalan Kempas** fahren und das **Grab von Sheikh Ahmad Majnun**, der 1467 im Kampf gegen *Sultan Mansur Shah* fiel, besuchen. Das besondere dort sind die **Megalithe**, von denen drei als einzige im Bereich Malaysia/Indonesien mit Reliefs verziert sind. An diesem Ort bitten Gläubige aller Rassen um gute Ernten. Die Steine werden auch **batu hidup** (*lebende Steine*) genannt, weil sie nach dem Glauben der Einheimischen wachsen und sich fortbewegen können.

Eine neue Attraktion ist die 3-stündige **Sungai Linggi River Safari** von der Jetty in Pengkalan Kempas (35 km von Port Dickson) den Linggi-Fluss hinab, in dem noch Krokodile schwimmen sollen und wo sich Zugvögel in den Mangroven aufhalten. Man besucht eine Fisch-und Muschelfarm, tgl. 16 Uhr. Daran schließt sich die 1½-stündige **Fireflies & Crocodiles Boat Tour** um 19 Uhr an. Veranstalter: *PD Travels & Tours*, Tel. 6471 96576, mobil 019 254 2265, www.kumpulanybh.com.

Weitere Attraktionen: Nördlich von PD befindet sich das **Lukut Museum** mit Relikten aus der Zeit des Zinnbooms und Artefakten des Wracks der „Nassau", einem holländischen Schlachtschiff aus dem frühen 17. Jh. Südöstlich liegt die **PD Ostrich Farm** mit Straußen, Truthähnen, Pferden u.a. sowie das Indianer-/Western Camp **Eagle Ranch Resort Sports Paradise** mit einer Reihe von Attraktionen.

Melaka (Malakka)

Die älteste Stadt Malaysias hat rund 181.000 Einwohner. Mit dem Namen verbindet sich einer der wichtigsten Abschnitte der Geschichte des Landes: der Aufstieg vom malaiischen Stadtstaat zur regionalen Macht, zugleich aber auch der Niedergang als Folge der Unterlegenheit gegenüber den europäischen Kolonialmächten. Seit die Portugiesen 1511 den Sultan von Melaka vertrieben haben, gibt es dort keinen mehr. Die Herrscherfamilie setzte sich ab nach Johor, Perak und an die Ostküste. Fast alle Sultanate in Malaysia leiten

© REISE KNOW-HOW 2013

■ Übernachtung
- 2 Melaka Renaissance
- 3 The Majestic Malacca
- 4 City Bayview Hotel
- 5 Hotel Orkid
- 6 Hotel Mimosa
- 7 Ringo's Foyer GH
- 10 Hotel Puri
- 11 The Baba House
- 13 Heeren Inn
- 17 Galileo G.H.
- 18 Cheng Hogh Hotel, Jalan Jalan GH, Da Som Inn
- 19 Roof Top G.H.
- 20 Sama-Sama & Voyage GH
- 22 Voyage Cottage Lodge
- 24 Heeren House
- 25 Aldy Hotel
- 27 Hash House Hotel, Pergola Hotel
- 32 Equatorial
- 33 Time Hotel
- 34 Shirah's GH, Hotel Johan
- 35 Travellers Lodge
- 36 The Trend Hotel
- 37 Samudra Inn
- 38 Jugendherberge
- 39 Fenix Inn
- 41 Emily Travellers Home
- 42 Kancil
- 45 Hotel Lisbon
- 46 Air Keroh D'Village Melaka
- 47 Air Keroh Country Resort

■ Essen und Trinken
- 8 Popiah Lwee & Vegan Salad & Herbs House
- 9 Nachtmarkt am Wochenende
- 12 Pak Putra Restaurant
- 14 Café 1511 & To Be Korean Café
- 15 Geographer Café & Nancy's Kitchen, Limau-Limau
- 18 Long Yong Mow Restaurant
- 23 Cheng Hoe Tea House, Hoe Kee Chicken Rice
- 24 Harpers Café
- 28 Amituofoh
- 30 Newton Food Court
- 40 Ole Sayang, Nyonya Makko, Bayonya
- 44 Medan Selera Newton

■ Einkaufen/Sonstiges
- 1 Plaza Hang Tuah
- 14 Antiquitätenläden, Malaqa House
- 21 Orangutan House
- 26 Souvenirmarkt
- 29 Fährtickets nach Sumatra in Plaza Mahkota 10
- 31 Mahkota Parade Shopping Center
- 43 Plaza Melaka Raya Shopping Center

- ☾ 16 Kampong-Kling-Moschee
- ▲ Tempel Sri Poyyatha V. Moorthi

sich von Melaka ab. Der kleine Staat wird von einem Gouverneur geführt (s. „Geschichte").

Von ihrer Vergangenheit zehrt die Stadt auch heute noch. Tourismus wird jetzt ganz groß geschrieben. Neben den bekannten Sehenswürdigkeiten werden neue geschaffen. Die Stadt hat aber in ihrem Zentrum den kleinstädtischen Charakter einer von chinesischen Händlern geprägten Stadt bewahrt, besonders um den Melaka-Fluss herum. Außerhalb dieses Kerns wurden etliche größere Hotels sowie immer mehr Apartmenthochhäuser und Shopping Malls hochgezogen und sogar ein komplett neuer Stadtteil um die Plaza Mahkota samt Insel (Pulau Melaka) mit Hotels, Lokalen, Einkaufszentren und Wohnungen errichtet. Das Viertel um den St. Paulshügel: Stadthuys, Jonker Street, Jln. Tukang Besi, der Malaka-Fluss mit Kampung Morten sind Kernstück des Gebiets, das 2008 von der UNESCO zum Weltkulturerbe ernannt wurde. Dieser begehrte Status hat den Touristenstrom noch zusätzlich angeheizt.

Die Stadt liegt 150 km südöstlich von KL und 250 km nordwestlich von Singapur an der nach der Stadt benannten „Straße von Malakka". Aus diesen beiden Städten kommen an den Wochenenden und Feiertagen viele Besucher, sodass die Hotels ihre Preise anziehen.

Anreise

Die Stadt ist von KL aus **per Bus** oder **Taxi,** von Singapur z.B. per Bus zu erreichen. Auch von den benachbarten Städten Port Dickson, Seremban und Muar besteht regelmäßiger Busverkehr. Direkter Anschluss an das Bahnnetz besteht nicht, allerdings kann man sowohl von KL als auch von Singapur aus den zwischen diesen beiden Städten verkehrenden **Expresszug** nehmen und in dem kleinen Städtchen Tampin aussteigen. Dort kann man vom Busbahnhof aus, der nur 10 Min. zu Fuß vom Bahnhof entfernt liegt, einen der mehrmals täglich nach Melaka fahrenden Busse nehmen; Fahrtdauer ca. eine Stunde. Von einem Taxi direkt ab Bahnhof ist abzuraten, besser eines ab Tampin (neben dem Busbahnhof) nehmen.

Sehenswertes

Das Zentrum der Sehenswürdigkeiten liegt um und auf dem **St. Pauls-Hügel**. Also beginnt man einen Rundgang am besten an der Brücke über den Melaka-Fluss.

Dort befindet sich auch das **Tourist Information Centre** (Tel. 281 4803), unweit davon die **Tourist Police,** (Tel. 285 4114). Das Personal der Touristeninformation ist zwar bemüht und freundlich, aber nicht sehr sachkundig.

Unweit des Häuschens sieht man schon von Weitem eine Attraktion Melakas: den 110 m hohen **Taming Sari Tower,** benannt und gestaltet nach dem legendären Kris des lokalen Helden *Hang Tuah* nahe der Dataran Pahlawan Megamall und dem Mahkota Parade Shopping Complex, (tgl. 10–23 Uhr, 20 RM, Kinder 10 RM, Tel. 288 1100). Alle paar Minuten schraubt sich die Aussichtskanzel in die Höhe und wieder hinunter. Bei guter Sicht (wenn sie nicht gerade durch Dunst von Waldbränden auf Sumatra getrübt wird), hat man einen umfassenden Blick auf Stadt und Meer. Allerdings ist der Blick vom St. Paulshügel (s.u.) auch nicht schlecht und kostet lediglich den Schweiß des kurzen Anstieges.

Einige hundert Meter flussabwärts von der Touristeninformation steht am Kai die Nachbildung des portugiesischen Segelschiffes *Flora del Mar,* in dem sich ein kleines, recht interessantes **Museum** befindet. Im Hafen sieht man noch manche Frachtensegler.

Am Platz gegenüber dem Touristenbüro steht unübersehbar das holländische **Stadthuys,** vermutlich 1650 fertiggestellt, einst Sitz der holländischen Gouverneure, heute hat sich dort das **Museum of History & Ethnography** einquartiert, mit Relikten aus portugiesischer und holländischer Zeit sowie traditionellen chinesischen und malaiischen Brautkleidern.

▷ Der Uhrturm der Christus-Kirche

Ein Zimmer hat noch die Originaldecke aus dem 17. Jh. (Öffnungszeiten: tgl. 9–18 Uhr, Freitags Mittagspause 12.15–14.45 Uhr, Eintritt 5 RM.)

Nebenan steht die ebenfalls holländische **Christus-Kirche** aus dem Jahre 1753. Der Deckenbalken wurde aus *einem* Baumstamm gehauen. Über dem Altar das „Abendmahl" auf glasierten Ziegeln, Messingbibel von 1773, z.T. armenische Grabsteine auf dem Boden.

Vor der Kirche stehen zwei Zeugnisse britischer Anwesenheit: der unvermeidliche **Uhrturm** (diesmal von Chinesen Ende des 19. Jh. gestiftet) und der **Viktoria-Brunnen.**

Neueren Datums ist die nahegelegene **Franz-Xaver-Kirche** in gotischem Stil, 1849 von einem französischen Pater erbaut und dem „Apostel des Ostens" geweiht.

Auf dem Paulshügel steht neben dem alten Leuchtturm die Ruine der von den Portugiesen 1521 erbauten **St. Pauls-Kirche** (ursprünglicher Name: *Duarte Coelho*). Die Holländer begruben dort ihre Adligen. Vorher schon (1553) lag hier zeitweise *Franz Xaver* begraben (dort, wo man heute ein leeres Grab sieht), bis seine Überreste nach Goa/Indien überführt wurden. Interessant sind auch die Inschriften auf den großen Grabsteinen.

Wenn man vom Hügel ostwärts absteigt, kommt man zum **Santiago-Tor,** dem Wahrzeichen der Stadt. Es ist der verbliebene Rest der Festung *A Famosa*. Erbaut wurde die Festung unter *d'Albuquerque* 1511, von den Holländern bei ihren Angriffen 1641 stark beschädigt, doch 1670 wieder instand gesetzt. Dank *Sir Stamford Raffles,* dem Gründer Singapurs, steht das Tor noch. Die Inschrift „VOC" und das Wappen stammen von den Holländern.

Gleich nebenan steht vor dem großen Padang ein Nachbau des **Sultans-Palastes,** ganz

www.fotolia.de © ivonne leuchs

aus Holz gebaut, wie es bei den Malaien üblich war (weshalb es auch keine alten Paläste gibt); Besichtigung 4 RM.

Im Innern das **Staatliche Kultur-Museum** *(Muzium Budaya):* nachgestellte Szene einer Audienz, Bilder vom Leben im Palast, Kleider, Waffen, Musikinstrumente, Hausmodelle.

Früher stand der Palast auf dem Hügel, wo jetzt der Gouverneur seinen Sitz hat. Hinter der Istana liegt ein kleiner **holländischer,** seit 1670 bestehender **Friedhof,** in dem sich mehr Gräber britischer Kolonialoffiziere befinden.

Vorn an der Jalan Kota steht das **Muzium Rakyat,** das der Wirtschaft und Gesellschaft Melakas gewidmet ist, mit dem oben untergebrachten Schönheits-Museum, in dem es um mehr oder weniger seltsame Schönheitspraktiken und -konzepte geht. Ebenfalls dort gelegen die **Memorial Hall,** früher *Melaka Club,* wo Malaysias Weg zur Unabhängigkeit dokumentiert wird (Dokumente, Verträge, Karten, Video etc.). Eintritt frei.

Davor steht eine Tribüne für die So, Mo, Do um 20.30 Uhr, Di, Mi, Fr, Sa um 21 Uhr stattfindende **Light & Sound Show.**

Wo früher der große Padang Pahlawan lag, auf dem man mit traditionellen Ochsenkarren eine Runde fahren konnte, hat sich heute der Shoppingkomplex **Dataran Pahlawan Megamall** breitgemacht. Nur noch ein Denkmal erinnert an die Ochsenkarrengespanne. Und nur noch wenige dieser Ochsenkarren gibt es überhaupt noch auf dem Land.

Die Straße nach Osten, Jln. Parameswara, führt rechts am Bukit St. John vorbei, oben die von den Holländern im 18. Jahrhundert errichtete **Festung** mit einer Kapelle zu Ehren Johannes des Täufers. Die Kanonen sind übrigens auf's Hinterland gerichtet, von wo aus Angriffe eher zu befürchten waren.

Ein Stück weiter zweigt rechts die Jalan d'Albuquerque ab: Zur **Portugiesensiedlung,** genauer gesagt zur eurasischen Gemeinschaft, die heute noch *Cristao,* einen portugiesischen Dialekt aus dem 16./17. Jh., spricht, auch wenn viele dort malaiisch aussehen (eine andere Mischgruppe sind die chinesisch-malaiischen *Straits Born*-Mischlinge, seit vielen Generationen als *Baba-Nyonya* ansässig im Gegensatz zu den erst im 19. oder im 20. Jahrhundert eingewanderten Chinesen).

Am Ende der Straße gibt es im *Portuguese Square/Medan Portugis* recht teure Lokale mit **portugiesischen Gerichten.** Die Lokale sind nur abends geöffnet, dazu gibt es auf einer Bühne portugiesische und andere Volkstänze zu sehen.

Ende Juni steigt das alljährliche **St. Petrus-Fest,** wobei farbenprächtig geschmückte Boote gesegnet werden, dazu gibt es *Food & Fun* und zahlreiche Kultur-Shows.

Chinatown jenseits des Flusses – die eigentliche Altstadt

Auf der anderen Seite des Melaka-Flusses gibt es (geradeaus) in der zur Fußgängerzone umgebauten Jonker Street **Antiquitätengeschäfte;** nicht billig, aber doch lohnend. Am Wochenende lockt abends ein Nachtmarkt *(pasar malam).* In der linken Parallelstraße Jln. Tan Cheng Lok steht das private **Baba Nyonya Heritage Museum** (dort und in der Nachbarschaft schöne Hausfassaden): Hier kann man sich über diese auch als *Peranakan* bekannte Bevölkerungsgruppe, die für ihr hervorragendes Essen (chin.-malaiische Mischform) berühmt ist, informieren. Eindrucksvoll sind die prächtigen Hochzeitsgewänder (10–12.30 und 14–16 Uhr).

Am Schnittpunkt von Hang Jebat und Tokong befindet sich das **Grab von Hang Kasturi,** einem Freund von *Hang Tuah* (dessen Geschichte alle Malaysier kennen: vier Freunde dienten *Sultan Shah,* nachdem sie seinem *Bendahara,* dem Premierminister, das Leben gerettet hatten. Wegen Verrats am Sultan tötete *Hang Tuah* eines Tages *Hang Jebat,* dessen Grab man nahebei (in der Jln. Kg. Kuli) findet.

Nebenan steht der älteste chinesische Tempel Malaysias, der aus dem Jahre 1646 stam-

◁ Uferpromenade in Melaka

mende **Cheng-Hoon-Teng-Tempel.** Der Hauptaltar ist der Göttin der Barmherzigkeit, der zur Linken der Göttin des Himmels – Schutzgöttin der Fischer und Seereisenden – geweiht. Prachtvolle Holzschnitzereien, draußen aus Glas- und Porzellanstücken geformte Figuren der Mythologie, im Hof die „drei Lehren": Buddhismus, Konfuzianismus und Taoismus. Das gesamte Material für den Bau wurde aus China herangeschafft.

In der Jln. Tukang Emas steht die alte **Kg. Kling-Moschee,** die wie die beiden anderen alten Moscheen in Melaka den Sumatra-Stil mit dreistöckigem Pyramidendach aufweisen (schöne Schnitzereien, 1748).

Neben der Kg. Kling-Moschee steht übrigens einer der ältesten indischen Tempel in Malaysia: der **Sri Poyyatha Vinayagar Moorthi Tempel** aus dem Ende des 18. Jahrhunderts (1781).

Einige hundert Meter weiter, in der Jln. Kg. Hulu, steht eine der ältesten Moscheen Malaysias (eine Konkurrentin gibt es in Kota Bharu) von 1728: **Kg.-Hulu-Moschee.** Abends ist die Altstadt attraktiv beleuchtet, allerdings wirkt sie dann wie ausgestorben. Nur an den Abenden des Nachtmarktes herrscht pralles Leben.

Etwas außerhalb der Altstadt in Richtung Westen, an der Jln. Tengkera, befindet sich die dritte im Bunde: die **Tanquerah-Moschee** mit dem Grab von *Sultan Hussain* von Johor, der Singapur an *Sir Stamford Raffles* verschenkt hatte.

Kampung Morten

Wenn man am neu gestalteten Spazierweg den Melaka-Fluss aufwärts geht, kommt man zum malaiisch geprägten Viertel des Kampung Morten mit seinen mehr als 100 niedlichen bunten **Holzhäusern** und als Höhepunkt die attraktive **Villa Sentosa,** die besichtigt werden kann. Hier lebt eine Großfamilie, die ihr Haus seit rund 20 Jahren Besuchern aus aller Welt geöffnet hat, tgl. 9–13, 14–17.30 Uhr, Fr ab 14.45 Uhr, kein Eintritt, aber Spende (um die 20 RM) erbeten.

Sehenswürdigkeiten auf und um den Bukit Cina (China-Hügel)

Heute ist der Hügel der größte Friedhof (43 ha, 12.000 Gräber, teils aus der Zeit der Ming-Dynastie) außerhalb Chinas. Im 15. Jahrhundert residierte dort die vom Kaiser von China als Freundschaftsbeweis an *Sultan Mansur Shah* 1459 mit 500 Hofdamen geschickte Prinzessin *Hang Li Poh.* Die Portugiesen errichteten

▷ Die illuminierte Kampung-Morten-Brücke

oben ein 1629 von den Acehnesen zerstörtes Franziskaner-Kloster. Nahe dem Eingang gibt es einige holländische Grabsteine. **Achtung:** Frauen sollten den menschenleeren Hügel nicht allein besuchen!

Am Fuß des Hügels, am Ende der Jln. Munshi Abdullah, steht **Hang Li Poh's** Brunnen (1409). Die dicken Mauern stammen von den Holländern; der Brunnen war seinerzeit eine der wichtigsten Wasserquellen für Melaka. Heute werfen Touristen Münzen hinein.

Eine sehenswerte Kirche ist die westlich in der Jln. Tun Sri Lanang stehende **St. Peters-Kirche,** 1710 in west-östlichem Mischstil erbaut: Im Innern eine Alabaster-Statue, die Jesus vor der Auferstehung zeigt.

Einkaufen

■ Kunsthandwerk ist im **Melaka Handicrafts Exhibition Centre** in der Jln. Laksamana, auf dem Padang Pahlawan und im Laden des Gefängnisses, Jln. Parameswara, erhältlich.

■ **Antiquitäten** und exotische chinesische Produkte gibt es vor allem in der Jln. Hang Jebat, früher als Jonker Street bekannt, oder auch in der Jln. Tukang Emas (z.B. auch winzige Schuhe, welche die Damen der Gesellschaft früher an ihren verkrüppelten und verbundenen Füßen trugen, weil damals winzige Füße in China als sexy und attraktiv galten.

■ **Dataran Pahlawan & Mahkota Parade,** zwei große *Shopping Centre* in unmittelbarer Nähe des St.Pauls-Hügels mit dem üblichen Mix aus Läden und Lokalen.

www.fotolia.de © David Gn

Chinatown

- **Malaqa House,** am südlichen Rand der Chinatown in 70 Jln. Tun Tan Cheng Hok, mit Antiquitäten und Nachfertigungen, interessant zum Umherstöbern, tgl. 10–18/19 Uhr, Tel. 281 4770.
- **Orangutan House,** 59 Lorong Hang Jebat/Ecke Jln. Tokong und an drei weiteren Stellen in der Chinatown, witzige und originelle T-Shirts von *Charles Cham*, tgl. Do–Di 10–18 Uhr.
- **Top Spinning Academy,** ein Ort für Fans malaysischer und anderer (Dreh-)Kreisel, die es ab 2 RM zu kaufen gibt, in 79 Jln. Tokong, tgl. 10–16 Uhr.
- **Wen Aik Schuhmacher,** 56 Jln. Tokong, der berühmte Laden mit den winzigen Schuhen, als es noch üblich war, dass feine Damen ihre Füße banden (ab 90 RM), dazu perlenbesetzte Nyonya-Schuhe ab 300 RM.

Adressen und Telefonnummern

- **Tel.-Vorwahl Melaka: 06**
- **Immigration,** Jln. Hang Tuah, Tel. 282 4958.
- **Internetcafés,** z.B. *CEM Multimedia*, 205, Jln. Melaka Raya 1.
- **Polizei-Zentrale,** Jln. Banda Kaba, Tel. 282 2222.
- **Melaka General Hospital,** Tel. 282 2344.
- **Hauptpost,** 430, Jln. Laksamana, gleich neben/hinter der Christ Church im Stadtkern, Tel. 284 8440, Poste Restante.
- **MAS-Verkaufsstelle** im City Bayview Hotel, Jln. Bendahara, Tel. 283 5722-4.
- **Air Asia-Verkaufsstelle** im Busbahnhof Melaka Sentral.
- **Taxi,** Tel. 281 6155 oder 283 3831.

Stadtrundfahrten

Die Trishaw-Fahrer verlangen für 30 Min. unverschämte 20 RM und für 1 Std. 40 RM – da geht man besser zu Fuß oder fährt Bus, z.B. #17. Andererseits sind die auf verrückte Art bunt geschmückten und häufig mit Musikbegleitung ausgestatteten Trishaws zu einer eigenen Touristenattraktion geworden. Häufig sieht man größere Gruppen z.B. aus Singapur auf Stadtrundfahrt. Die **Bootsfahrt** den Melaka-Fluss entlang kostet ab Jetty nördlich der Brücke nach Chinatown 10 RM und findet zwischen 9 und 21 Uhr statt.

Wer lieber mit dem **Fahrrad** die ländliche Umgebung erkunden will, kann dies mit **Eco Bike Tour** für allerdings stolze 100 RM (ab 2 Pers.) machen. Die Tour dauert 3 Std. und startet sowohl vormittags ab 8.30 Uhr als auch nachmittags ab 15 Uhr. Mobil 019 652 5029, www.melakaonbike.com.

Per **Boot** *(Sunset Cruise)* kann mit in einer einstündigen Tour vor der Stadt die Straße von Melaka erkunden. Veranstalter: *Seafarer Explorer*, Tel. 315 3396, www.boatexplorer.com.my.

Feste

Außer den im allgemeinen Teil erwähnten Festen gibt es noch einige Besonderheiten für Melaka:

- **Masimagam-Fest,** ähnlich Thaipusam, in Cheng, Ende Febr./Anf. März.
- **Palmsonntag** in der Peterskirche, große Kerzenprozession, Sonntag vor Ostern.
- **Mariaman-Fest** im Tempel *(Dato Cha Cha),* Anfang Mai.
- **Merbuk** Vogel-Singwettbewerb Mitte Juni.
- **Festa San Juang** St. Johannes der Täufer, Juni.
- **St. Anna-Fest** mit Prozession, Ende Juli.
- **Melaka,** Karneval im Juli/August.
- Im **Subramaniam Tempel von Gajah Beran** gehen Hindus über glühende Kohlen; Mitte August.
- **Gasing** (Kreisel-)**Wettbewerb,** Padang Pahlawan, Fest der malaiischen, chinesischen und indischen Kampfsportarten, **Drachenflug-Wettbewerb, Meeres-Karneval** am Klebang Besar Beach mit Bootsrennen, August.
- **Santa-Cruz-Fest** mit Lichterprozession, Mitte September.
- **Franz-Xaver-Fest,** Anfang Dezember.

Übernachten

Da Melaka auch auf der Besuchsliste vieler Traveller steht, ist das Angebot preiswerter Hotels groß. Die meisten Traveller bevorzugen es jedoch, in einem der vielen Guesthouses (alle *) abzusteigen, und dies nicht ohne Grund. Denn tatsächlich sind die Guesthouses in Melaka, was die Wohnlichkeit angeht, die schönsten in West-Malaysia (natürlich gibt es auch hier Unterschiede). Fast alle bieten eine Küche mit Kühlschrank zur Selbstversorgung, ein Wohnzimmer mit TV, Videos, Musik, Spiele und Lesestoff sowie verschiedene Serviceleistungen. Fast überall findet man außerdem freundliche Menschen, die kompetent über die Stadt informieren können.

Allerdings hat sich die Szene doch geändert, denn es kommen weit weniger Rucksackreisende nach Melaka als früher; und es gibt für etwas mehr Geld preiswertere, modernere Hotelzimmer in der Umgebung von Melaka Raya, dem einstigen Haupt-GH-Viertel, und manche bieten auch keine Dorm-Betten mehr an. Niemand kommt zum neuen Busterminal Melaka Sentral zum Abholen wie einst zum alten.

Umgebung von Melaka Raya

■ **Emily Travellers Home**①, mobil 012 301 8524, 71, Jln. Parameswara, kurz hinter dem Dataran Pahlawan Einkaufszentrum, in einem alten Haus voller Pflanzen. Originell gestaltete Zimmer und Gemeinschaftsräume, Dorm. (2 Betten) 18 RM, EZ 30 RM, DZ 35–50 RM mf, oB mit Frühstück.

■ **Kancil**①, 177, Jln. Parameswara, (*Town Bus* # 17, hinter dem historischen Zentrum kurz hinter einer Schule, Tel. 281 4044, www.kancilguesthouse.sg. Das einzige GH im eigenen Haus mit Garten, liebevoll dekoriert, manche Gäste bleiben Wochen oder gar Monate, *Dayd* führt es seit Jahren. Bei verschlossener Tür klingeln. EZ mf, oB 20 RM, DZ 40/50 RM, 3-Bett-Zi. 70 RM.

■ **Samudra Inn**①, 348B, Jln. Melaka Raya 3, Tel. 282 7441. Ruhig, angenehme Atosphäre, attraktiver Innenhof, (nicht zu verwechseln mit *Samudera Inn* in der Parallelstraße Jln. Melaka Raya 1), Dorm. 15 RM, DZ 35 RM.

■ **Shirah's GH**①, im 2. Stock eines Reihenhauses in Jln. Melaka Raya 1, Tel. 286 1041. Auffällig die bunten Wände, einige Zimmer mit Balkon, Dorm 15 RM, Zi. mf, oB 35 RM, a/c 50 RM.

■ **Traveller's Lodge**①, 214-B, Taman Melaka Raya 1, Tel. 226 5709. Im 1. Stock eines Reihenhauses, schönes Wohnzimmer, Zi. mf, oB 35 RM.

■ **Fenix Inn**②, 156, Jln. Merdeka, Taman Melaka Raya, Tel. 2815511, Fax 2842581, www.fenixinn.com. Neues Hotel mit geschmackvoll eingerichteten Zimmern, 52 DZ mit a/c, mB, TV (Astro), Wasserkocher, WiFi, 98 RM (wochentags), 128 RM (Wochenende, Feiertage).

■ **Hotel Johan**②-④, 210, Jln. Malaka Raya 1, Tel. 286 5703, -5711. Neues attraktives Hotel, zu dem auch die *Traveller's Lodge* gehört, DZ 68–138 RM, 3-Bett-Zi. 126–148 RM, 4-Bett- Zi. 142–165 RM.

■ **The Trend**②, Jln. Melaka Raya 1, Tel. 286 1199, Fax 281 4553, www.thetrendhotel.friendpages.com. Einfach eingerichtete, saubere Zimmer, TV (Astro), WiFi, EZ 59 RM, DZ 69 RM, (Wochenende 79 RM).

■ **Time Hotel**②, 467, Jln. Melaka Raya 12, Tel. 2921311, Fax -1312, www.timehotel-malacca.com. Einfach eingerichtete, saubere Zimmer mit a/c, mB, Wasserkocher, Kabel-TV, EZ ab 58 RM, Standard DZ ab 78/88 RM.

■ **Pergola Hotel**④, No.5, Kompleks Perniagaan Melaka Raya, Jalan Merdeka, Taman Melaka Raya, Tel. 283 2299, Fax 284 2299, www.pergolahotel.com.my. Hotel mit modernen, gut ausgestatteten Zimmern, a/c, mB, TV, Wasserkocher, Safe, DZ 148/168 RM, Wochenende/Feiertage ab 168/198 RM.

■ **Hash House Hotel Pub & Restaurant**③, G-20, Jln. PM7, Plaza Mahkota, Tel. 292 2299, Fax -2294, www.hashousehotel.com. Der Besitzer ist begeisterter *Hash House Harrier* (Lauftreff), modernes Hotel, a/c, mB, Standard ab 99 RM, Wochenende/Feiertag 109/119 RM, Deluxe 119/129/139 RM.

GH in Chinatown

■ **Roof Top GH**①, 39, Jln.Pantai, mobil 012 3277746, eines der besten und beliebtesten Guest Houses der Altstadt, gr. Wohnzimmer, gutes Frühstück, Dorm. 27 RM.

■ **Voyage GH**①, Jln. Tukang Besi, Tel. 281 5216. Großes Wohnzimmer, großer sauberer Dorm. 15 RM.

■ **Voyage Cottage Lodge**②, 72, Lorong Hang Jebat, Tel. 281 7823, voyagecottage@gmail.com DZ oB 58/68 RM, mB 78/88 RM.

- **Galileo GH**①, Jln.Hang Kasturi, mobil 016 684 6619, galileo@hotmail.my.
- **Cheng Ho GH**①, 14, Jln. Tukang Emas, Tel. 281 7261, www.chenghoguesthouse.hostel.com.
- **Da Som Inn**③, 28, Jln. Tukang Emas, Tel. 286 6577, Fax -6578, dasominn@hotmail.com, geschmackvoll eingerichtete DZ ab 108 RM, mit Batik- und Souvenirladen und koreanischem Restaurant.
- **Ringo's Foyer GH**①, 46-A, Jln. Portugis, Tel. 281 6393, www.ringosfoyer.com.my. Am westl. Rand von Chinatown, Dorm 14 RM, EZ oB, mf 25 RM, a/c 35 RM, DZ oB, mf 35 RM, a/c 45 RM, WiFi, Tee/Kaffee, Toilettenpapier(!), Fahrradverleih, Waschmaschine.
- **Hotel Puri**③, 118, Jln, Tun Tan Cheng Lock, Tel./Fax 282 5588, http://hotelpuri.com. Attraktives Hotel in der alten Chinatown, sehr schöner Innenhof mit Garten, gute Zimmer, gepflegtes Ambiente, ab 120 RM mFr.
- **Heeren Inn**③, 23, Jalan Tun Tan Cheng Lock, Tel. 288 3600. Freundliches Hotel in einem typisch chinesischen Haus, ab 100 RM.
- **The Baba House**③, 125–127, Jln. Tun Tan Cheng Lock, Tel. 281 121-6, Fax -7, www.melaka.net/babahouse. Klassisches Hotel der Straits-Chinesen, hübsche Eingangshalle, Zimmer z.T. ohne Fenster, ab 100 RM.
- **Heeren House**④, 1, Jalan Tun Tan Cheng Lock, Tel. 28142-41, Fax -39, www.melaka.net/heerenhouse. Attraktives, aber hochpreisliches Guesthouse, ab 149 RM, inkl. Frühstück; bessere Zimmer im 1. Stock.

Stadtmitte

- **Hotel Mimosa**③, 108, Jln.Bunga Raya, Tel. 282 1113, Fax 281 9122, www.mimosahotel.com. Komfortable Zi. ab 98 RM, TV, Wasserkocher, Kühlschrank.
- **Hotel Orkid**③, 138, Jln. Bendahara, Tel. 282 5555, Fax 282 7777, www.hotelorkidmelaka.com. Gute Zimmer, TV, Wasserkocher, Kühlschrank, Safe, 125 RM.
- **Hotel Equatorial**④, am Padang, nahe den historischen Bauwerken, Tel. 282 8333, Fax 282 9333, www.equatorial.com/mel/. Mit Discount ab 220 RM.
- **Renaissance Melaka**⑥, Jln. Bendahara, Tel. 284 8888, Fax 283 5351, www.marriott.de/hotels/travel/mkzrn-renaissance-melaka-hotel. Hotelhochhaus mit guten Ausblicken, angenehme Ausstattung, 295 Zi., ab 400 RM (nach *special promotional rate* fragen).
- **Majestic**⑤, 188, Jln. Bunga Raya, Tel. 289 8000, www.majesticmalacca.com. Elegantes Boutique Hotel hinter einer Fassade aus den 1920er Jahren, altmodisch-moderne Einrichtung.
- **Aldy Hotel – Stadthuys**③, 27, Jln. Kota, mitten im historischen Viertel zu Füßen des St.Paul-Hügel gelegenes Mittelklassehotel mit renovierten DZ mB, a/c, Sat-TV, ab 120 RM, 3-B-Zi. ab 220 RM, Tel. 283 3232, www.aldyhotel.com.my.

Medan Portugis

- **Hotel Lisbon**③, Jln. D'Albuquerque, direkt am Meer im portugiesischen Viertel, Zi. mB, a/c, Wasserkocher, Kühlschrank, Astro-TV, Heißwasser, wochentags 130/150 RM (sea view), sonst 160/180 RM.

Im Freizeit-Zentrum von Ayer Kroh (Air Keroh) nahe der Autobahn

- **Air Keroh Country Resort**④, Tel. 232 5211, www.akcr.com.my. 85 Motelzimmer und 15 Chalets, ab 155 RM
- **Air Keroh D'Village Melaka**③, Tel. 232 8000, Fax 232 7541, www.melaka.net/dvillage/index.htm. 171 Zimmer mFr ab 120 RM, zahlreiche Chalets.

Einige Beach Resorts westlich von Melaka

- **Shah's Beach Resort,** in km 9 Tanjung Kling, Tel. 315 3121, www.shahsresorts.com/melaka/default.htm. 50 attraktive Chalets am Meer, wenige Kilometer westlich von Melaka, mit Pool, Garten, Internet, ab 130 RM.
- **Straitsview Lodge & Sea Breeze Restaurant,** Pantai Kundur, Batu 9, Tanjung Kling. Gute Sicht auf die Straße von Malacca und guter Ausgangspunkt für Bootsfahrten, Sportangeln, Mountainbiketouren, schmackhafte westliche Gerichte, Tel. 06 351 4627.

Campingplätze

- Im **Ayer Kroh Recreational Forest,** 13 km vom Zentrum, Forestry Dept. Jasin.
- Am **Durian Tunggal Recreational Lake** (s. Kapitel „Umgebung von Melaka"), 16 km, Melaka Water Board.

Essen und Trinken

Chinatown

Aufgrund des UNESCO World Heritage Status' hat vor allem die Chinatown deutlich an Attraktivität gewonnen. Das gilt gerade auch für das kulinarische Angebot:

- Fr/Sa abends sollte man nicht den **Nachtmarkt in der Jonker Street** (Jln. Hang Jebat) versäumen; da gibt es auch zahlreiche Snacks und Leckereien im Angebot.
- **Popiah Lwee,** Jln. Kubu, bietet preiswerte *Hokkien Popiah* (große weiche Frühlingsrollen), malaiischen *Rojak*-Salat, *Nyonya-Laksa*, alles für 2–3 RM, 9–17 Uhr.
- **Vegan Salad & Herbs House,** 22, Jln. Kubu, um die Ecke des Guanyin-Tempels, mit makrobiotischer Küche, Fr–Mi 8.30–16 Uhr, Tel. 282 9466.
- **Pak Putra Restaurant,** 56, Jln.Kota Laksamana, sehr gute Tandoori-und pakistanische Gerichte, immer voll, 18–1 Uhr nachts.
- **Café 1511,** 52, Jln. Tun Tan Cheng Lock, preiswerte *Nyonya*-Gerichte ab 8 RM mit originaler *Peranakan*-Ausstattung, direkt neben dem Baba-Nyonya-Heritage Museum, Do–Di 10–18 Uhr, www.cafe1511.com.
- **To Be Korean Café,** 58, Jln. Tun Tan Cheng Lock, koreanische Küche an Tischen über einem Fischteich, Gerichte um 25 RM, tgl. 11–17.30 Uhr, Fr/Sa bis 22 Uhr.
- **Harper's Café,** 2 & 4, Jln. Hang Jebat, erfrischend, elegant, direkt über dem Melaka-Fluss, mit guten, wenn auch teuren malaiisch-westlichen Gerichten.
- **Hoe Kee Chicken Rice,** 4, Jln. Hang Jebat, bekannt für die hier erfundenen in Butter und Ingwer gebratenen Reisbällchen mit Huhn, die nach 30 Jahren immer noch gut und preiswert sind; tgl. 8.30–15 Uhr, letzter Mi im Monat geschl., Tel. 2833 4751.
- **Voyager Traveller's Lounge,** 40, Lorong Hang Jebat, die Bar zum gleichnamigen Guesthouse, Besitzer *Yaksa* ist eine Fundgrube an Ideen, was man in Melaka machen kann, gelegentlich Live Musik.
- **Geographer Café,** 83, Jln. Hang Lebat, angenehm entspannte Atmosphäre in dieser bis spät geöffneten Eckbar, preiswerte einheimische und westliche Gerichte.
- **Nancy's Kitchen,** 15, Jln. Hang Lekir, beliebtes, freundliches Nyonya-Lokal mit reichhaltiger Auswahl an preiswerten Gerichten, tgl. außer Di 11–17.30 Uhr.
- **Limau-Limau,** Ecke Jln. Hang Lekir/Hang Jebat, gute westlich-asiatische Küche.
- **Long Yong Mow,** Jln. Tokong, seit Langem beliebtes *Dim-Sum*-Lokal mit Blick auf die Kapitan-Kling-Moschee, zum Frühstück immer voll, bekannt für die *Pao* (eine Art gedämpfte, mit Schweinefleisch u.a. gefüllte Weizenmehlbrötchen) und andere *Dim-Sum*-Häppchen, ab 1 RM, tgl. außer Di 5 Uhr bis mittags, Tel. 282 1235.
- **Cheng Hoe Tea House,** Jln. Tokong, klassisch chinesisch eingerichtet, hier trinkt man Tee andächtig und mit Wertschätzung (ab 15 RM), tgl. 10–17 Uhr.

Taman Melaka Raya/Plaza Mahkota

- In diesem in den letzten Jahren sehr populär gewordenen Viertel befinden sich einige der besten Nyonya-Restaurants Melakas, die meisten in unmittelbarer Nachbarschaft voneinander. Aber daneben gibt es eine Vielfalt anderer Küchen, z.B. *Hawkerfood* im großen überdachten **Newton Food Court** westlich des Einkaufszentrums *Mahkota Parade* in der Jln. Merdeka, nicht zu verwechseln mit dem in Richtung Medan Portugis gelegenen **Medan Selera Newton** in der Jln.Parameswara. Die **Einkaufszentren** haben jeweils auch ihre Food Courts und die üblichen Vertreter der amerikanischen Fastfood-Ketten.
- **Ole Sayang,** 198, Jln. Taman Melaka Raya, sehr beliebtes und recht preiswertes Nyonya-Restaurant in passendem Dekor, tgl. außer Mi 10–22 Uhr, Tel. 283 1966.
- **Nyonya Makko,** 123, Jln. Taman Melaka Raya, ebenfalls beliebtes und ebenfalls recht preiswertes Peranakan-Restaurant, 11.30-15 Uhr und 18–21.30 Uhr.
- **Bayonya,** 164, Jln. Taman Melaka Raya, kleines, neues Lokal mit guten und preiswerten Peranakan-Gerichten, tgl. außer Di 10–22 Uhr, Tel. 292 2192.
- **Amituofoh,** Jln. PM 9, Plaza Mahkota, buddhistisch-vegetarisches Lokal zwischen Sri Costa und Hash Hotel im Stadtteil Mahkota. Hier bedienen sich die Gäste vom kleinen Büffet mit Reis und Wasser selbst; das Essen ist von Gläubigen gespendet und kostet nichts; eine Spendenbüchse steht jedoch bereit. Man darf kein Essen mitnehmen und spült das benutzte Geschirr selbst ab, Frühstück, Mittag, Abendessen, Tel. 292 6426.

Stadtzentrum um Jln. Bunga Raya und Jln. Bendahara

- **Bulldog,** 145, Jln. Bendahara (Parallelstraße der Bunga Raya, gleich nördlich des neuen großen *Hotel Renais-*

sance Melaka), gutes und durchaus preiswertes Nyonya Café und Restaurant.
- **Vazhai Elai,** 42, Jln. Munshi Abdullah, südindische Bananenblatt-Curries.
- **Siang Chiang,** Jln. Munshi Abdullah, gutes chinesisches Yong Taufu.
- **Selvan,** Jln. Laksamana zwischen Jln. Bendahara und Bunga Raya. Gute Bananenblatt-Curries, aber auch Tandoori-Gerichte, fr mittags vegetarische Spezialitäten.
- **Min Chon Hygienic Ice Café/Tai Chong Ice Café,** Jln. Bunga Raya, u.a. beliebte Eiskaffees *Pak Poh* (8 Schätze).
- **Mohd Ali,** Jln. Bunga Raya gegenüber Francis-Xavier-Kirche, preiswerte und gute malaiische Gerichte.
- **Baker's Oven,** Lot A&B Jln.Bunga Raya, gegenüber *Discovery Café,* sehr gute Bäckerei mit Café.

Medan Portugis

- Die **portugiesischen Seafood-Lokale** öffnen erst abends, nicht gerade preiswert sind die Gerichte wie *sambal crab, assam prawn* oder *devil curry*.

Verkehrsverbindungen

Bus

- Der Expressbus- und Lokalbus-Terminal **Melaka Sentral** liegt nördlich des Stadtzentrums in der Jln. Tun Razak/Jln. Bandaraya. Von dort gelangt man in die Stadt mit Bus 17 bzw. dem blauen *Hop on/Hop off-Bus,* der allerdings weniger häufig verkehrt.
- **Ipoh** (16.00 Uhr, 4.30 Std., 23/30 RM), **Seremban** (7.00–20.00 Uhr, 22x, 1½ Std., 6/7 RM), **KL** (5.30–20.00 Uhr, über 30x, 2 Std., 10/13 RM), **JB** (8.00–24.00 Uhr, 6x, 4 Std., 15/20 RM), **Singapur** (8.00–19.00 Uhr, 10x, 4½ Std., 18 RM), **Kuantan** (9.30–22.00 Uhr, 6x, 4 Std., 21/25/28 RM), **KT** (9.30/20.30/21.00/22.00 Uhr, 8 Std., 33/35/44 RM), **KB** (8.00 Uhr, 10 Std., 40/53 RM); Taxis 200–300 % > Bus (bei 4 Personen).

Fähren

- Nach Sumatra gibt es Fährverbindungen zu drei Zielen: **Dumai, Pekanbaru** und **Bengkalis** (früher: *Bengcoolen*) ab *Jeti Shahbandar* am Melaka-Fluss: Dumai und Pekanbaru mit *Tunas Rupat Follow Me Express* (Tickets in Jln. PM 10 Melaka Raya, Tel. 281 6766, 283 2506); daneben gibt es noch andere Betreiber (s.u.). Dumai und Pekanbaru bieten Visum bei Ankunft (25 US$).
- **Dumai,** tgl. um 9 u. 15 Uhr, einfach 110 RM, Rückfahrkarte 170 RM, Fahrzeit unter 2 Std.
- **Pekanbaru,** Di, Do, Sa um 9.30 Uhr, einfach 120 RM, Rückfahrkarte 210 RM, Fahrzeit 6½ Std. (zurück Mo, Mi, Fr); Mo, Mi, Fr um 9.00 Uhr (*NNH Ferry Services,* Tickets in G-15, Jln. PM 10, Tel. 288 1334) mit *Pelita Jaya.*
- **Bengkalis,** Di, Do, Sa um 11 Uhr mit Fähren der *Laksamana Group* (Tickets Jln. PM10, zurück Mo, Mi, Fr); dieser Ort bietet kein Visum bei Ankunft!

Flug

- Vom kleinen **Malacca** bzw. **Melaka International Airport** (früher: *Batu Berendam*) verkehren bisher nur Flüge der *Riau Airlines* 5x/Woche nach **Pekanbaru** um 10.05 Uhr, von dort um 7.30 Uhr; keine Flüge Mi und Fr (Tel. 317 4577, www.riau-airlines.com).

Zufahrt: alle *Batang*-Busse (gelb, beige, rot) sowie Bus #65 Richtung Taman Merdeka fahren am Flughafen vorbei und halten an der Hauptstraße 200 m vom Flughafengebäude.

Buchung online oder: **Atlas Travel,** 5. Jln. Hang Jebat, Tel. 282 0777 und andere Reisebüros.

Von Melaka nach Nordosten

Ayer Keroh, rund 10–15 km außerhalb der Stadt, direkt an der Autobahnauffahrt gelegen, hat sich zu einem beliebten Freizeitpark und Naherholungsgebiet für die Bewohner Melakas entwickelt. Viel Betrieb herrscht am Wochenende oder Feiertagen, unter der Woche ist es eher ruhig. Zufahrt mit Bus #19 ab Melaka Sentral vorbei an Verwaltungsgebäuden, Industrieanlagen und Golfplätzen.

Sehenswert ist der **Melaka Zoo,** in dem vor allem südostasiatische Tiere in eher natürlicher Umgebung untergebracht sind, die Gibbons z.B. in einer Gruppe von Urwaldbäumen, insgesamt um die 200 Arten, täglich 9–

18 Uhr, 7 RM/Kinder 4 RM; Fr und Sa bzw. vor Feiertagen als Nachtzoo auch 20–23 Uhr geöffnet (Shuttle Bus von der Stadt für 12 RM), RM 10/5, Tel. 232 4053, www.zoomelaka.gov.my. Der Zoo sucht übrigens auch freiwillige Helfer (s. Webseite). Der **Ayer Keroh Lake** nebenan bietet Möglichkeiten zum Bootfahren.

Gegenüber dem Zoo befindet sich die weniger sehenswerte **Krokodilfarm Taman Buaya,** an Wochenenden oder Feiertagen mit mehreren Show-Vorführungen, täglich 10–18 Uhr, 5 RM, Tel. 232 2349. Am nördlichen Ende von Ayer Keroh befindet sich nahe der Autobahn noch das **Butterfly & Reptile Sanctuary** in wenig gepflegter Anlage, mit Schlangen, einigen Krokodilen, vor allem Insekten, täglich 9–18 Uhr, 5/3 RM, Tel. 232 0033.

Hauptattraktion ist der **Themenpark Taman Mini-Malaysia/Mini-ASEAN,** in dem die 13 Staaten Malaysias mit je einem charakteristischen Haus repräsentiert sind. Innen werden mit Puppen traditionelle Szenen dargestellt: u.a. Hochzeit, Beschneidung, „Open House"-Empfang nach dem Ende des Ramadan, Zubereitung einer Mahlzeit). Nebenan wurden 12 Häuser aus den benachbarten ASEAN-Ländern aufgebaut. Es gibt kulturelle Vorführungen mit Tänzen um 11 und 15 Uhr, täglich 9–17 Uhr, 12 RM, Tel. 232 1331.

Zu Spaziergängen oder Radfahren lädt links der Straße der auf Einheimische eingerichtete Erholungswald **Hutan Rekreasi Ayer Keroh** ein. Es gibt Aussichtstürme, eine Hängebrücke, Jogging- und Fitnessparcours, Nachbauten von Orang-Asli-Häusern mit kleinem Museum, Campingplatz und Chalets. Bei dem Wald handelt es sich um Sekundärdschungel und Parkanlagen. Eintritt frei.

Ein größerer See zum Windsurfen, Angeln, Bootfahren ist der jenseits der Autobahn gelegene **Durian Tunggal Recreational Lake.** Auch hier kann man zelten.

Von hier sind es noch 4 km bis zum **Auyin Hill Resort** in Simpang Gading, einer Art chinesischem Disneyland, welches die klassische chinesische Welt darstellt; dabei ist alles so angeordnet, dass die kosmischen Kräfte, die *Feng Shui* (wörtlich: Wind Wasser), welche die menschlichen Geschicke bestimmen, Berücksichtigung finden, tgl. 8–20, 8 RM, Tel. 553 2864, Fax 553 2212 (vor evtl. Besuch besser nachfragen, ob noch geöffnet, da zuletzt in etwas vernachlässigtem Zustand!).

Von Melaka nach Nordwesten

Alor Gajah liegt 24 km nordwestlich von Melaka, erreichbar mit Bus #26. Im Zentrum des kleinen Städtchens befindet sich ein gepflegter Park, von bunt bemalten chinesischen Ladenhäusern gesäumt. Wenige Kilometer dahinter, in Richtung KL liegt der Ort **Gadek**, ebenfalls bekannt für heiße Quellen, die aber bisher nicht für Thermalbäder genutzt werden. Auch hier gibt es verstreut Megalithe, die jedoch etwas umständlich zu erreichen sind. Man frage Einheimische nach den *batu hidup* (lebende Steine). Von Alor Gajah aus kann man mit eigenem Fahrzeug oder Taxi auch das riesige **Resort A'Famosa** (www.afamosa.com) mit **Wasserpark Water World** (tgl. außer Di 11–19 Uhr, Sa/So bis 20 Uhr, 35/27 RM) und **Safaripark Animal World Safari** (tgl. 9–18 Uhr, 60/50 RM) erreichen.

Von Melaka nach Westen

Entlang der Küste gibt es mehrere Resorts, allerdings haben die Strände durch zunehmende Bebauung und industrielle Entwicklungen stark gelitten, und das Wasser der Straße von Melaka ist ohnehin trüb, dennoch gibt es einige gepflegte Resorts mit Pool (siehe „Übernachtungen") und Seafood-Lokale am Pantai Kundur. Erwähnenswert ist die Mitte des 19. Jh. im Sumatrastil erbaute **Tengkera-Moschee** am westlichen Stadtrand (s. „Chinatown").

Von Melaka nach Südosten

Die vielbefahrene Straße in Richtung Muar und Batu Pahat, vorbei an traditionellen Kampungs, gehört zu den reizvollsten West-Malaysias, vorausgesetzt man fährt nicht entlang der neuen Lebuh AMJ (19) sondern auf den alten küstennahen Straßen z.B. entlang M 5 bzw. 108. Dazu müsste man sich dann freilich etwas mehr Zeit nehmen. Beliebt sind zwei Anlegestellen, an denen gegrillter Fisch *(ikan bakar)* angeboten wird: **Pengkalan Pernu** im Kg. Umbai, 13 km von Melaka, und **Anjung Batu** im Kg. Serkam, 15 km von der Stadt. Hier legen die Boote nach **Pulau Besar** zwischen 8 und 18.30 Uhr 6x/Tag, etwa alle 2 Std. ab, 40 RM hin und zurück, Tel. 261 0492. Diese Insel bietet weiße Strände, Spazierwege durch den Dschungel, einen Golfplatz mit Resort, alte indische Gräber; aber ein großer neuer Öltank-Terminal hat den Charakter der Insel so stark verändert, dass sie ihr Potenzial als ausbaufähige Resortinsel verloren hat. Anfahrt zur Jetty mit dem Bus ab Melaka Sentral nach Merlimau; von der Abzweigung zur Jetty sind es 500 m zu Fuß. Unterwegs sieht man traditionelle Melaka-Holzhäuser mit ihren gekachelten Treppenaufgängen. Das berühmteste Exemplar steht 5 km hinter Merlimau, ein farbenprächtiges Haus aus dem 19. Jahrhundert, das besichtigt werden kann. Schließlich, 38 km von Melaka, kommt man zum Städtchen **Muar** *(Bandar Maharani)*, das bereits in Johor liegt. Sehenswert sind einige typische koloniale Gebäude wie das alte Zollhaus, Gerichtsgebäude und Schule sowie zwei Moscheen, *Masjid Jamek Sultan Ibrahim* und eine größere Kopie am **Sungai Muar,** auf dem man von der Jetty **Tanjung Emas** Bootsausflüge machen kann (Tel. 06 954 1515). Ansonsten ist Muar für gutes und preiswertes Essen bekannt und kann als Ausgangspunkt für Besteigungen des **Gunung Ledang** (siehe gleichnamigen Exkurs) dienen. Häufige Busverbindungen nach Melaka und Segamat.

Übernachten in Muar

- **Hotel Leewah**①, 44, Jln. Ali, Tel. 9521605. Sauberes, freundliches Chinesenhotel, EZ mB, mf 35 RM, a/c 45 RM.
- **Hotel Classic**②, 69, Jln. Ali, Tel. 953 3888. Gut ausgestattete Zi. mit Astro-TV, Wasserkocher u.a. ab 125 RM.

Gemas

Dieser winzige, touristisch unbedeutende Ort wird hier lediglich wegen seines **Bahnhofs** erwähnt, der die verkehrstechnisch wichtige Verbindung zwischen der **Eastern Line** mit der **North South Line** herstellt.

Zug
- **Kluang** (ab 7 RM), **JB Sentral** (ab 12 RM), **Woodlands** (Singapur, ab 14 RM) 5x tgl. ca. 1.20, vor 7, ca. 11.20, 17 und 18 Uhr; **Seremban** (ab 8 RM), **KL Sentral** (ab 12 RM), **Ipoh** (ab 19 RM), **Taiping** (ab 21 RM), **BW** (ab 25 RM), **AS** (ab 22 RM), **Arau** (ab 24 RM), **Hat Yai** (ab 58 RM) 1x tgl. ca. 13 Uhr; **Jerantut** (ab 6 RM), **Kuala Lipis** (ab 9 RM), **Gua Musang** (ab 12 RM), **Wakaf Bharu** (ab 19 RM) 2x tgl. 1 und vor 11 Uhr (genaue Informationen: www.ktmb.com.my).

Johor Bahru

Die Hauptstadt des südlichsten Staates auf der Halbinsel, Johor, hat mit Vororten bereits 1,6 Mio. Einwohner und bildet damit das drittgrößte Ballungszentrum des Landes.

Bahru bedeutet „neu" und *lama* „alt". Wo es ein neues Johor gibt, müsste also auch ein altes existieren. Tatsächlich kann man die Überreste der alten Haupt- und Residenzstadt Johor Lama am Johor-Fluss besichtigen. Heute dreht sich jedoch alles um das neue Johor, das wiederum großenteils von der Nähe zu Singapur lebt: Seit der Unabhängigkeit Singapurs hat sich JBs Bevölkerung etwa verdreifacht.

JB, das vor der Ernennung zur Hauptstadt Johors im Jahre 1866 *Ujung Tanah* (Landende) bzw. *Iskandar Petri* hieß, liegt an der Bahnstrecke Singapur – KL und am Beginn bzw. am Ende der Nord-Süd-Autobahn durch den Westteil der Halbinsel. Die Stadt ist – vor allem für Singaporeaner – Ausgangspunkt für Fahrten an die Ostküste: Desaru, Mersing (inkl. vorgelagerte Inseln). Sie kommen vor allem an Wochenenden und Feiertagen, in erster Linie zum Amüsieren, Einkaufen, Essen

Gunung Ledang

Mount Ophir (1276 m)

Dieser aus der Ebene hoch aufragende Berg ist der höchste in Johor und bei den Ausflüglern aus Singapur der beliebteste.

Der Berg ist der Sage nach Heimstatt einer schönen Prinzessin, der *Putri* (= Prinzessin) *Gunung Ledang,* die *Sultan Mansur Shah* von Melaka im 15. Jh. einst bezirzt haben soll.

Bestiegen hat den Berg 1854 wohl als erster Ausländer der berühmte britische Naturforscher *Wallace.* Zwei Routen führen zum Gipfel: die übliche von **Sagil** in Johor aus, das von **Segamat** (Nord-Süd-Highway und Bahnlinie) per Bus (Richtung: Muar, kurz vor Sagil beim Schild: **Hutan Lipur Gunung Ledang** aussteigen) oder von **Muar** (Bus 65, Richtung: Segamat, kurz hinter Sagil aussteigen) zu erreichen ist. Von **Melaka** den Bus nach Muar oder Tangkak nehmen und dort umsteigen, z.B. in Bus #65 ab Muar.

In 1,5 km durch Gummiplantage zum Parkeingang (50 m ü.d.M.) mit Lokalen und Geschäften (*Gunung Ledang Resort,* ab 50 RM, Tel. 06 977 2888, www.ledang.com). Der Eintritt beträgt 3 RM, Wegegebühr 5 RM, bei Benutzung von Camps Lagergebühr 10 RM, Ranger checken Gepäck und Verpflegung, bei Rückkehr erneuter Check, ob Abfall mitgeführt wird. Ein Pfand von 20 RM wird erhoben und nach Kontrolle zurückerstattet. Für die Gipfelbesteigung sind **Voranmeldung** und **Guide** vorgeschrieben (140 RM pro Tag und Gruppe): http://tamanhutanlagenda.blogspot.de, jnpc@johor.gov.my. Übernachtungen müssen ebenfalls gebucht werden. Wegen des starken Andrangs an Wochenenden und Feiertagen bieten Werktage bessere Chancen. Der klassische Anstieg ab *Gunung Ledang Resort* ist seit Jahren wegen Erosion gesperrt. Der alternative Pfad führt ab dem **Besucherzentrum Taman Hutan Lagenda** in 6 km zum Gipfel. Dieser stößt nach weniger steilem Anstieg in ca. 680 m Höhe auf den alten Weg. Es gibt mehrere Lagerplätze und Checkpoints. Im oberen, steileren Teil gibt es gesicherte Seilstu-

fen; die Leitern und Seilsicherungen sind solider als früher. Die Besteigung dauert ca. 4–6 Std., im Abstieg entsprechend weniger, insgesamt ca. 10 Std. Die *Guides* stehen offiziell ab 8 Uhr bereit. Der Ausgangspunkt für den neuen Weg ist über eine 2½ km lange Stichstraße 2 km östlich von Sagil zu erreichen.

Die andere Route beginnt in **Asahan** im Staat Melaka; über Jasin zu erreichen. Ausgangspunkt: Lembaga Penapsis Air, erstes Lager am Fluss (falls man abends ankommt: 1½ km entlang eines Entwässerungskanals im Tieflanddschungel). Unterwegs in 914 m Höhe gibt es an diesem Weg einen bequemen flachen Lagerplatz (Padang Batu), unterhalb und am Gipfel aber Felsen, die Trittsicherheit verlangen. Wer es bequemer (zu Fuß aber weiter) haben will, kann aus Richtung Tangkak, z.B. per Motorrad, dem Weg zur Telecom-Station folgen und die restlichen 10–15 Min. zu Fuß zum Gipfel zurücklegen (für Autos gesperrt).

(vor allem Seafood) und um den Kontrast zum „klinisch-reinen" Singapur zu erleben.

Mit der Republik Singapur ist die Stadt durch den **Causeway**-Damm verbunden, über den Fußgänger, Fahrzeuge und Züge strömen; das Wasser in den mächtigen Rohren fließt nur in eine Richtung: auf die Insel. Eine zweite Straßenverbindung wurde geschaffen zwischen Gelang Patah (Johore) und Tuas (Singapur).

Der ausgebaute *Senai Airport,* neuerer Name: *Sultan Ismail International Airport,* soll und kann auf bestimmten Strecken (z.B. nach Sabah/Sarawak) dem *Changi-Airport* in Singapur erfolgreich Konkurrenz machen.

Während Kautschuk- und Ölpalmen-Plantagen, Ananasfelder, vermehrt auch Pfeffer- und sogar Teeanbau charakteristisch für die Landwirtschaft in Johor sind, wird die Umgebung der Hauptstadt immer stärker durch Handel und Industrie bestimmt. Der Ausbau des verschlafenen Fischerdorfes Pasir Gudang seit 1972 zu einem modernen, 3000 ha großen Hafen mit zahlreichen Industrieanlagen und Freihandels-Status ist charakteristisch für Johors Entwicklung. Aber die Stadt will sich auch mit attraktiven und prestigeträchtigen Neuentwicklungen präsentieren wie die **Danga Bay,** wo es Hochhäuser mit Eigentumswohnungen, Einkaufszentren, Themenparks, Konferenzzentrum, Foodcourts, Restaurants, Marina u.a. gibt (www.dangabay.com).

Sehenswertes

Causeway

Der aus Granitbrocken aufgeschüttete Damm reicht bis in 23 Meter Tiefe, ist 1056 Meter lang, wurde Ende der 1970er Jahre von 8 auf 21 Meter verbreitert, ist aber immer noch zu schmal; Staus gibt's regelmäßig.

Royal Abu Bakar Museum (Muzium Diraja A.B.): Palast der Sultane seit 1866 (unter *Abu Bakar* erbaut) mit langer Hauptfront zur Straße von Johor. Der gegenwärtige Sultan lebt in einem modernen, 1938 erbauten Palast am Stadtrand (*Bukit Serene*, kann nicht besichtigt werden, nebenan der Naturpark **Taman Tasek** mit Übernachtungsmöglichkeiten); der alte Palast, der noch zu großen Empfängen, Krönungen usw. genutzt wird, enthält auch ein **Museum:** Schmuck, Waffen, Kleidung usw. aus dem Besitz der Herrscherfamilie (geöffnet tgl. außer Fr 10–17 Uhr). Schöne Parkanlage, beliebt bei Joggern und für Picknicks, mit japanischem Garten, Orchideen, Farngarten, wegen Renovierung 2013 geschlossen.

Masjid Sultan Abu Bakar

1900 fertiggestellte **Moschee** zu Ehren des „Vaters des modernen Johor", der 1892 selbst den Grundstein legte. Die mit europäischen Stilelementen versehene Moschee hat Platz für 2000 Gläubige. Sie gilt als eine der schönsten Moscheen Malaysias; die Gebetskanzel ist ein Meisterwerk traditioneller Holzschnitzkunst.

Essen und Trinken
2 Kam Long
3 Medan Selera
4 Ya Wang, Granee's Banana Leaf
5 Kerala
6 Essstände
17 Seafoodlokale

Übernachtung
1 Puteri Pan Pacific Hotel
7 Meldrum Hotel, Gateway Hotel, Compact Hotel J.B.
8 Causeway Inn
9 Wato Inn
10 Merlin Inn
11 Mutiara
12 The ZON Regency Hotel
13 Hotel Tropical Inn
14 Footloose Homestay
15 Hyatt Regency Hotel
16 Straits View Hotel

Royal Mausoleum

Nahe Jln. Petri/Jln. Mahmoodiah; hier liegen die **Grabmäler der königlichen Familie;** diese stehen nicht zur Besichtigung frei; draußen gibt es jedoch auch eine Reihe von Gräbern.

State Secretariat

Bangunan Sultan Ibrahim ist mit dem quadratischen Turm das **Wahrzeichen der Stadt.** Es steht auf dem Bukit Timbalan, wurde 1940 fertiggestellt und kann nicht besichtigt werden. In der Großen Halle befinden sich schöne Mosaiken. Besichtigung prinzipiell möglich, Erlaubnis am Eingang einholen.

Little India

Jeden Abend ab 18.30 Uhr gibt es im kleinen Viertel Little India einen **Nachtmarkt** *(pasar malam)*. Erwähnenswert sind auch die beiden indischen **Tempel** (Hindu und Sikh) in der Nähe.

JB Sentral

Überdimensionierter Bahnhof mit Gebäude für Zoll und Grenzabfertigung. Hier halten auch die Busse aus Singapur.

Einkaufen

■ **Einkaufszentren** im Zentrum sind: *Johor Bahru City Square, Plaza Kota Raya;* nördlich des Stadtzentrums: *Plaza Pelangi & Best World.* Östlich des Stadtzentrums ist am Ende der Jln. Sultan Ibrahim *The Zone* hinzugekommen, der größte Duty-free-Komplex Malaysias. Singapureaner kaufen in J.B. am liebsten Benzin und Lebensmittel.
■ **Malaiisches Kunsthandwerk** gibt es an der Ecke Jln. Ayer Molek/Jln. Khalid Abdullah und in den Kunsthandwerkszentren *MAWAR* und *JARO* (Kunsthandwerk von Behinderten), beide an der Jln. Kolam Ayer.

Übernachten

Johor Bahru wurde früher gerne als „Schlafstadt" für Singapur gewählt. Abgesehen von den „Guest House"-Apartments in der Inselrepublik, die ja für rund 15–25 RM zu haben sind, gibt es dort nur wenige billige Hotelzimmer. Insofern mag es sinnvoll sein, das etwas preiswertere JB zum Übernachten zu wählen. Der Bus hinüber ist günstig. Was bei einem Aufenthalt von mehreren Tagen auf den Wecker gehen kann, sind die Grenzabfertigungen bei der Ein- und Ausreise (ca. 1 Std.).

■ **Footloose Homestay**①, 4H, Jln. Ismail, Kg. Gertak Merah, Tel. 224 2881. Beliebtes GH in ruhiger Wohngegend, Dorm 15 RM.

Mittelklasse im Stadtzentrum
■ **Straits View Hotel**②, Tel. 224 1400, www.straitsviewhotel.com. Schöne Lage hoch über der Johor Straits, Zi. a/c, mB, mFr, TV, Kühlschrank, ab 90 RM.
■ **Causeway Inn**②, Jln. Meldrum, Tel. 224 8811. Saubere Zi. mB ab ca. 75 RM.
■ **Compact Hotel J.B.**②, 18, Jln. Wong Ah Fook, Tel. 221 3000. Schöner Blick, preiswerte, geräumige Zimmer, ab 88 RM.
■ **Tropical Inn**③, 15, Jln. Gereja, Tel. 224 7888, Fax 224 1544, www.tropicalinn-johorbahru.com. 160 Zi., 130 RM.
■ **Meldrum Hotel**②, 1, Jln. Siu Nam (Meldrum), Tel. 227 8988, -8990, www.meldrumhotel.com. Attraktives Hotel in zentraler Lage mit 107 preiswerten, gut ausgestatteten Zi. mB, a/c, TV, teils Wasserkocher u.a., EZ ab 68 RM, DZ ab 77 RM.
■ **Gateway Hotel**②, 61, Jln. Meldrum, Tel. 223 5029. Zentral gelegen, a/c-Zimmer mB, TV, 88 RM.
■ **Wato Inn**①, 15-R&T, Jln. Bukit Meldrum, Tel. 222 1088. 22 Zimmer, gepflegt, ab 47 RM.

Außerhalb des Stadtzentrums
■ **Tune Hotel Danga Bay**①, Jln. Skudai, Tel. 232 9010, preiswertes Hotel mit fast 200 DZ, dazu 12 4BZi., ab 48 RM, je nach Extras.
■ **Sri Malaysia**②, Lot PTB 17648, Jln. Langkasuka, Larkin, Tel. 221 1002, Fax 221 1004. 200 Zimmer ab 80 RM, nahe Larkin, Expressbus-Terminal.

Etwas teurer
■ **The ZON Regency**②, 88, Jln. Ibrahim Sultan, Stulang, www.zonhotel.com.my. 319 luxuriöse Zi. ab 88 RM.
■ **Mutiara**④ (früher *Holiday Inn Crowne Plaza*), Jln. Dato Suleiman, Tel. 330 0300, Fax 331 8884. 350 Zimmer.
■ **Merlin Inn**④, Jln. Bukit Meldrum, Tel. 2237 40010. 132 Zimmer.
■ **Puteri Pan Pacific**④, The Kotaraya Jln. Abdullah Ibrahim, Tel. 223 3333, Fax 223 6622, www.puteripacifichoteljohorbahru.com. 500 Zimmer, günstige Lage an Causeway und Einkaufskomplex.
■ **Hyatt Regency**⑥, Jln. Sungai Chat, Tel. 223 1234, Fax 223 2718, www.malaysia-hotels.net/hyattregencyjb/rooms.htm. Das beste Hotel. Direkt am Meer mit Blick auf Singapur. Schon die Architektur lohnt.

Johor Bahru

Essen und Trinken

Viele **Essstände** befinden sich abends in der Jln. Meldrum, sehr beliebt ist der Nachtmarkt (Pasar Malam) an der Jln. Wong Ah Fook. Johor ist bekannt für **Seafood**: Austern, Krabben, gebratener Tintenfisch, Chili- und gedünstete Krebse, *Laksa Johor*, *Lontong* (Reiswürfel in würziger Kokosmilch-Sauce).

- **Malaiisch:** *Medan Selera Food Court* im Tun Abdul Razak Complex.
- **Indisch:** *Medina,* 12, Jln. Meldrum; *Granee's Banana Leaf and Pub,* 27, Jln. Segget; *Kerala,* 33 Jln. Ibrahim.
- **Chinesisch:** *Kam Long,* Jln. Wong Ah Fook, nahe City Square, gutes Fish Head Curry, *Ya Wang,* Jln. Segget, berühmt für Ente (Riesenente hängt vor dem Laden).
- **Seafood:** *Jaws 5 Seafood Restaurant,* 1-D, Jln. Skudai; *Prawn House,* 22, Jln. Kancil, *Straits Garden;* 7 km westlich außerhalb der Stadt mit Blick über die Johor-Straße nach Singapur.

Verkehrsverbindungen

Flug

- **International: MAS** via KL; **AirAsia:** Jakarta, Surabaya, Macau, Bangkok
- **National: MAS:** Direktflüge nach KL und Kuching mit Anschlussverbindungen zu anderen Zielen in Malaysia und der Welt (www.malaysiaairlines.com); **Air Asia:** Verbindungen nach KL, Penang, Kuching, Sibu, Miri, Kota Kinabalu (www.airasia.com); **Firefly:** KL (Subang), www.fireflyz.com.my.
- **Senai International Airport,** 32 km nordwestl. des Stadtzentrums, Tel. 599 4500, www.senaiairport.com; Flüge zu malaysischen Zielen sind von hier deutlich preiswerter als von Singapur.

Taxi

100–200 % > Bus (bei 4 Personen).

Bus

Ab dem Larkin-Busbahnhof am nordwestlichen Stadtrand gibt es Verbindungen in alle Richtungen:

- **Melaka** (8.30/15.00/16.00 Uhr, 6x, 2 Std., 15 RM), **Seremban** (10.30–18.30 Uhr, 5x, 3.30 Std., 20–28 RM), **KL** (8.30–0.30 Uhr, über 30x, 6 Std., 28–32 RM), **Kuantan** (10.00–23.00 Uhr, 6x, 5 Std., 27/32 RM), **Ipoh** (9.30–22.30 Uhr, 6x, 8 Std., 35 RM), **Lumut** (20.30 Uhr, 8.30 Std., 57 RM), **Taiping** (10.30, 22.30 Uhr, 8 Std., 55 RM), **BW** (9.30–22.30 Uhr, 10x, 9 Std., 60 RM), **Penang** (9.30–21.30 Uhr, 4x, 9.30 Std., 63 RM), **AS** (9.00/21.30/22.00 Uhr, 9.30 Std., 70 RM), **Singapur** (6.00–0.30 Uhr, alle 15 Min., 1,20/2,40 RM), **Mersing** (8.30–24.00 Uhr ca. 11x, 8/11 RM), **KT** (9.00/10.00/21.00/22.00 Uhr, 34/45 RM), **KB** (9.00/20.30/21.00 Uhr, 48/64 RM).

Zug

- Züge fahren vom großen neuen **Terminal JB Sentral** nicht länger nach Singapur hinein sondern enden gleich hinter dem Causeway an der **Station Woodlands.**
- **Woodlands** (Singapur, ab 2 RM) 5x tgl. nach 6, 11.45, 16, 21, 23,20 Uhr; **Kluang** (ab 4 RM), **Gemas** (ab 12 RM), **Jerantut** (ab 14 RM), **Kuala Lipis** (ab 16 RM), **Gua Musang** (ab 24 RM), **Wakaf Bharu** (ab 26 RM) 5x tgl. ca. 6, 8.30, 14, 20, 23.30 Uhr; **Seremban** (ab 19 RM), **KL Sentral** (ab24 RM, ab dort s. KL Sentral; genaue Informationen: www.ktmb.com.my).

Mietwagen

- **Advantage Car Rentals:** www.advmsia.com.my, Tel. 03 2142 5855, Fax 03 2142 7855.
- **Calio Car Rentals & Limousine Service:** G4, Ground Floor, *Tropical Inn Hotel,* Johor Tower, Jalan Gereja, 80100 Johor Bahru, Tel. 07 223 3325, Fax 07 222 4744.
- **Hawk Rent A Car:** www.hawkrentacar.com.my, Tel. 03 2164 6455, Fax 03 2164 6466.
- **Hertz Malaysia:** www.hertz-malaysia.com, Tel. 1-800 88 3086 (kostenlos innerhalb Malaysias).

Umgebung von Johor Bahru

Zum **Seafood-Essen** fahren die Leute aus JB gern nach **Kukup**, 20 km südlich von Pontian Kecil (u.a. Ausgangspunkt für Besteigung des Gunung Pulai). Das Fischerdorf mit den auf Stelzen gebauten Häusern bietet gute Esslokale für alle Arten von Seafood. Busverbindung ab JB nach Pontian und weiter nach Kukup (südlichster Punkt des asiatischen Festlandes).

Ein weiteres Fischerdorf, das gerne zum Essen besucht wird, ist **Kong Kong** bei Masai, etwa 48 km östlich von JB (Busverbindung). Dieses am Johor-Fluss gelegene Dorf kann auch als Ausgangspunkt für Bootsfahrten nach Johor Lama dienen.

Nationalpark Tanjung Piai und **Pulau Kukup** sind zwei kleine neu geschaffene **Mangrovenreservate** mit Nationalparkstatus etwa 75 km westlich von JB im Pontian District, der gern wegen seiner zahlreichen Seafoodrestaurants besucht wird. **Tg. Piai** ist der südlichste Punkt des asiatischen Festlands und damit eine Touristenattraktion für sich. Ein Stück nordwestlich vor der Küste liegt die Insel **Kukup**. Das gleichnamige auf Stelzen gebaute Fischerdorf bietet eine Reihe beliebter Lokale (Krebse, Krabben, Fisch). Am besten per Bus ab JB nach Pontian und von dort mit Sammeltaxi zum **Kg. Belukang**, Ausgangspunkt für Tg. Piai (p.P. etwa 15 RM).

Erwähnenswert ist der auf halbem Weg zwischen Pontian und Kukup ca. 5km landweinwärts gelegene **Kampung Belokok** am Flüsschen **Sungai Peradin** inmitten von Mangroven. Hier gab es einmal eine deutsche Landwirtschaftskommune. Der Name **Kampung Jerman** und einige Gebäudereste errinnern noch daran. Nördlich der Abzweigung liegt der Strand **Rambah**, beliebt bei Wassersport-

Umgebung von Johor Bahru

lern und Vogelfreunden. Ein **Museum,** das den Bugis (einstige Seefahrer aus Sulawesi) gewidmet ist, befindet sich auch nahebei.

Etwa 30–40 km nordwestlich von JB auf halbem Weg zwischen der Stadt und Pontian liegt ein Dschungelreservat mit dem fast 700 m hohen **Gunung Pulai,** an Wochenenden und Feiertagen von Malaysiern und Singaporeanern gern besucht. Wasserfälle und eine Orchideenfarm gehören zu den Attraktionen. Im Ort **Nanas,** dem Zentrum des malaysischen Annanasanbaus befindet sich ein **Muzium Nenas** (Ananasmuseum).

Bei **Ayer Hitam** (= Schwarzes Wasser) an der Kreuzung der Nord-Süd-Straße mit der Straße Batu Pahat – Kluang (wo die Busse nach/von Singapur oft Rast machen), gibt es viele Verkaufsstände, u.a. auch für die Töpfe und Vasen der *Aw-Pottery,* die in einem 48 m langen Brennofen 2000 Stück brennen kann. Sie liegt einige km südöstlich von Ayer Hitam im Kg. Macam und ist zu besichtigen.

Stark gefördert wird in Johor der **Agrotourismus,** der vor allem für die Städter aus Singapur zunehmend attraktiver wird.

Kota Tinggi

Das bekannteste an diesem auf halber Strecke zwischen JB und Mersing gelegenen Städtchens ist die 15 km nordwestlich am Fuße des Gunung Panti gelegenen 34 m hohe **Kaskade des Air Terjun Lumbong** (Wasserfall) mit Badegumpen, Umkleidekabinen, Campingplatz, Resort *(Wet World Resort),* Mo–Sa 8–19 Uhr, So bis 24 Uhr, Eintritt 9 RM, Bus ab Kota Tinggi. Sehenswert ist das **Museum Kota Tinggi** mit Exponaten zur Geschichte des Sultanats ab 1511, Sa–Do 9–16 Uhr, Eintritt frei, Tel. 07 883 4943. Im Kg. Kelantan, 1,5 km südlich von Kota Tinggi, gibt es Sultansgräber.

Johor Lama

Der Ort ist ein verschlafenes Fischerdorf. Er war 40 Jahre Hauptstadt von Johor nach dem Fall von Melaka (1528–64 und 1570–87), bis die Portugiesen auch diese Festung nach dreijährigen Kämpfen einnahmen. Ein paar restaurierte Reste der Festung sind noch zu sehen. Am besten per Boot (ab Kota Tinggi den Johor-Fluss hinab) aber auch mit dem Auto zu erreichen.

Desaru

Künstlich geschaffener **Prestigebadeort** Johors, der vor allem auf wohlhabende Singaporeaner abzielt. Die 94 km lange Straße zwischen Kota Tinggi und Desaru führt durch endlose Palmöl-Plantagenlandschaft. Ursprünglich befand sich hier dichter Tieflanddschungel. Der Strand ist insgesamt 25 km lang, teilweise mit guten Wellen; Möglichkeiten zum Windsurfen, Segeln, Schnorcheln (etwas außerhalb), Kanufahren, Volleyball, Tennis, Reiten, Wandern in den Dschungelresten auf markierten Wegen, Radfahren (Räder können ausgeliehen werden), Golfspielen auf dem von Dschungel umgebenen Platz mit Ausblicken aufs Meer.

■ **Übernachten:** *Desaru Holiday Chalet* und *Desaru Golden Beach Hotel:* beide 20–40 US$, *Desaru Perdana Beach Resort, La Cemara Desaru Beach Resort, Sebana Cove Desaru, Pulai Desaru Beach Hotel:* alle 40–80 US$.

Wer es billiger mag, kann auf dem **Campingplatz,** teils mit Hütten, oder in der Schlafbaracke in 2-Bett-Zimmern übernachten.

■ **Essen** ist im Restaurant der *Holiday Chalets* zu haben, aber nicht billig. Am Wochenende bieten Hawker (Garküchen) ihr Essen an.

■ **Anreise/Fähre:** von Singapur ab Changi Ferry Terminal nach Tanjung Belungkor um 16.00/17.00/20.00 Uhr, zurück um 8.15/ 15.30/18.45 Uhr in 45 Min.;

Bus ab JB zwischen 10.30 und 20.00 Uhr 4x, 8 RM;
Taxi ab JB 120 RM, Mersing 100 RM.

▷ Geheimnisvoller tropischer Regenwald –
in Johor zunehmend durch Palmölplantagen ersetzt

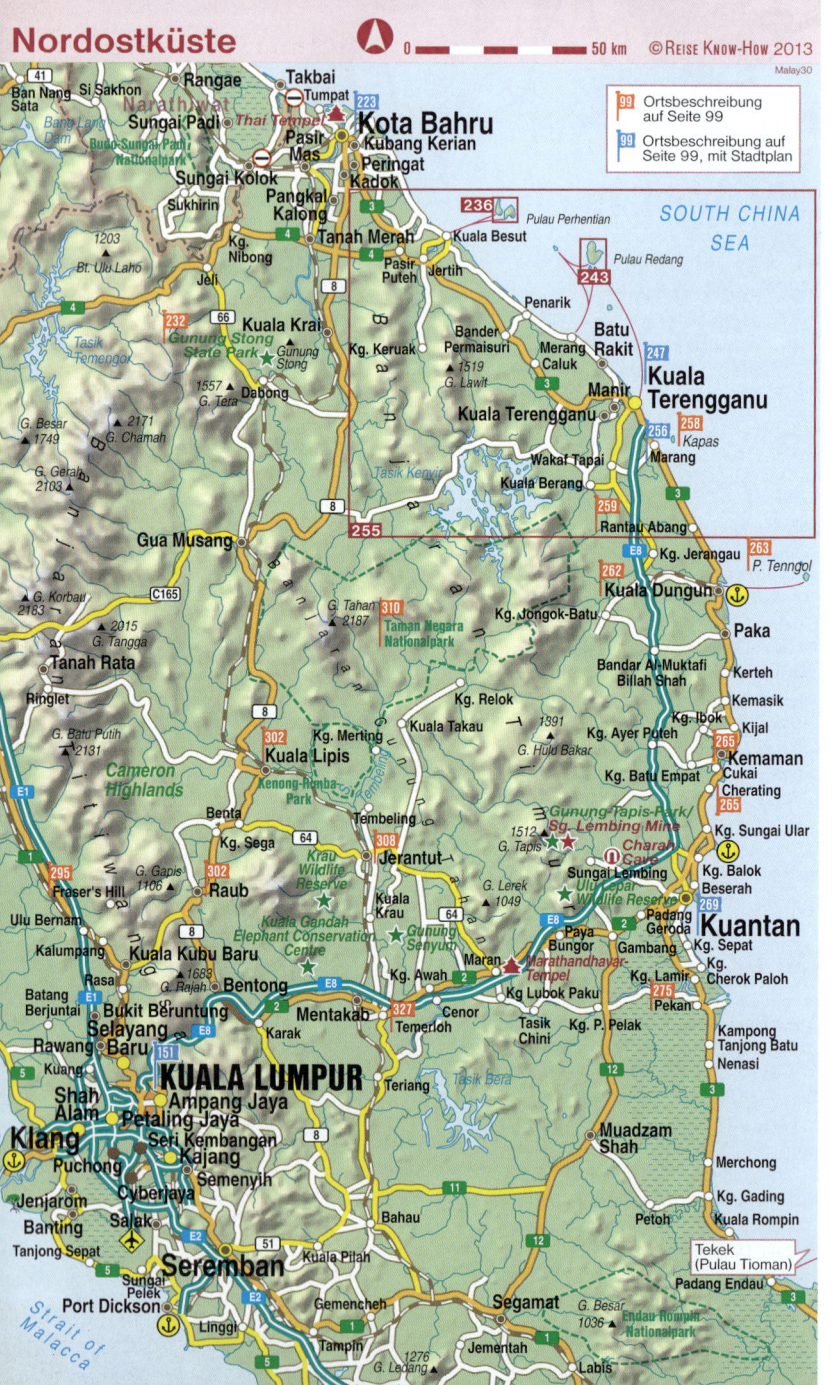

DIE OSTKÜSTE VON NORD NACH SÜD

Die Ostküste, das sind vor allem hunderte von Kilometern **Strand** mit malaiischen Fischerdörfern und Kampungs unter Kokospalmen. Es gibt nur wenige Großstädte entlang dieser Küste. Plantagenwirtschaft ist nicht sehr ausgeprägt. Die Malaien dominieren in der Bevölkerung mit nahezu 90 %. Das Leben ist geruhsamer als an der Westküste. Im Bereich der Ostküste gibt es **eine Reihe schöner Inseln** mit ausgezeichneten Schnorchel- und Tauchrevieren. Die Treffpunkte der Traveller sind die Inseln **Perhentian** und **Tioman** sowie auf dem Festland **Marang, Rantau Abang,** und **Cherating.** Die Touristensaison auf den Inseln beginnt wegen des Nordost-Monsuns im Allgemeinen im März und endet Mitte/Ende Oktober; auf dem Festland bleiben die Anlagen in der Regel geöffnet; Orte wie **Cherating** haben in dieser Zeit durchaus ihren Reiz, zumal es dann auch noch genug Platz gibt. **Surfer** haben das längst entdeckt.

Touristeninformationen

■ **Kelantan:** *Kelantan Tourist Information Centre*, Jalan Sultan Ibrahim, 15050 Kota Bharu, Tel. 09-748 5534 und 748 3543, Fax 09-748 6652, www.tic.kelantan.gov.my.
■ **Terengganu:** *Tourist Information Center* (TIC), neben der Hauptpost in Kuala Terengganu, Sa–Do 9–17 Uhr, Fr geschl., Tel. 622 1553, www.terengganutourism.com.
■ **Pahang:** *Tourist Office*, Jln. Mahkota (im Gebäude *Bangunan Mahkota Square*), Mo–Fr 8–17 Uhr, Tel. 517 7111, www.pahangtourism.com.my.
■ **Johor:** Tourismusorganisationen im *JOTIC*, 2, Jln. Ayer Molek, meist 8–17 Uhr. Tel. 223 4935 *(Johor Tourism Department).*

Kota Bharu

Die Stadt hat über 290.000 Einwohner und ist die **Hauptstadt von Kelantan.** Der Name bedeutet schlicht „Neustadt", aber sie ist mit über 200 Jahren für malaysische Verhältnisse so neu nicht. Früher lag sie wie alle malaiischen Hauptstädte an der Flussmündung. Durch die Versandung des Sg. Kelantan ist die Mündung aber 12 km weiter nach Norden gewandert. Als Hafenstadt spielt KB dadurch auch keine Rolle, da nur kleinere Schiffe die Stadt erreichen können.

Kelantan gilt als Zentrum malaiischer Kultur und Kota Bharu somit als deren Hauptort. Aber die Stadt selbst hat, mit Ausnahme des Ensembles um den Merdekaplatz, der zum Fluss hin erweitert wurde, wenig kulturelle Atmosphäre: Malaiisches Leben ist in erster Linie das Kampung-Leben.

Die Stadt wirkt sehr geschäftig und hat für Reisende an Attraktivität gewonnen, seit der East-West Highway von/nach Penang und die Straße über Gua Musang und Kuala Lipis von/nach KL fertiggestellt sind.

NICHT VERPASSEN!

➲ **Kota Bharu,**
Kulturhauptstadt der Malaien | 223
➲ **Redang, Perhentian Inseln,**
Inselparadiese für Taucher und zum Schnorcheln | 242
➲ **Kuala Terengganu,**
Hauptstadt mit kleinstädtischer malaiischer Atmospäre | 247
➲ **Tioman,**
eine der weltweit touristisch attraktivsten Inseln | 282

Diese Tipps erkennt man an der gelben Hinterlegung.

Der nahe **Grenzübergang** Rantau Panjang/ Sg. Golok, der von Malaysiern regelmäßig zum Einkaufen und Vergnügen (als Hat-Yai-Ersatz) benutzt wird, bietet auch für Touristen eine gute Möglichkeit zum Ein- oder Ausreisen von/nach **Thailand**.

Von Sg. Golok besteht eine Zugverbindung nach Hat Yai und Bangkok und schließlich beginnt südlich von KB der berühmte, Hunderte von Kilometern lange, Ostküstenstrand.

Sehenswertes

In der Stadtmitte rund um den **Merdekaplatz** stehen die wesentlichen Sehenswürdigkeiten von Kota Bharu. Am Platz selbst wird der malaiischen Krieger, die im Ersten Weltkrieg gefallen sind, gedacht. Hier wurde der Nationalist *Tok Jangut* von den Briten gehängt.

Etwas nördlich steht die 1926 fertiggestellte **Muhammadi-Moschee** mit ihren glänzenden Messingkuppeln, deren Bau zehn Jahre dauerte. Sehenswert sind die zahllosen malaiischen Männer, die in Sarong mit Baju Melayu oder mit Hemd und passender Hose freitags zum Mittagsgebet in die Moschee strömen und anschließend die Essenstände am Merdekaplatz aufsuchen. Selbst der Sultan lässt sich am Freitag mit Blaulicht zur Moschee fahren.

Östlich befindet sich der 1844 erbaute **Palast Istana Balai Besar,** dessen große Audienzhalle heute noch für wichtige Angelegenheiten genutzt wird und nicht mehr besichtigt werden kann. Vor der Istana kann man sich an Foodstalls mit *Sate*, Nudeln oder *Ayam percik* (gegrilltes Huhn mit lecker gewürzter Erdnusssoße) vollstopfen.

Aber zuvor sollte man vielleicht noch das **Royal Ceremonies Museum** in der kleineren, 1887 erbauten attraktiven **Istana Jahar** nebenan besichtigen (8.30–16.45 Uhr, Fr geschlossen, Eintritt 2 RM, Waffensammlung extra 1 RM) mit Exponaten zu Riten und Gebräuchen sowie Kunsthandwerk Kelantans.

Näher am Fluss, gleich südlich der Staatsmoschee, befindet sich das **Islam Museum,** das über die Rolle und Geschichte des Islam an der Ostküste informiert (2 RM, Fr geschl.) sowie das **World War II Museum** (2 RM, Fr geschl.), das sich mit der Rolle Japans und Thailands im Krieg befasst und natürlich mit dem britischen Widerstand und dem malaiischen Anteil daran.

Nördlich der Istana Balai Besar steht das attraktiv im malaiischen Stil aus Holz gebaute **Kunsthandwerkszentrum Kampung Kraftangan** mit einem kleinen Museum und zahlreichen Läden, in denen malaiisches Kunsthandwerk angeboten wird (tgl. außer Fr ab 9.30–16.45 Uhr).

Südöstlich der Istana steht der **Pasar Besar Siti Khadijah,** der früher die Fotografen wegen des milden, gelblichen Lichtes der Kuppel im Zentrum in Verzückung versetzte. Seit der Markt neues, helles Oberlicht erhielt, ist der Effekt zwar vorbei, aber man kann den Betelnuss kauenden Markfrauen von den Galerien, die das Zentrum umlaufen, beim Verkauf ihrer Produkte zusehen. Daran hat auch die Renovierung nichts geändert.

Geht man vom Merdekplatz etwas südwestlich zum Fluss, kommt man zur Fähre, die im flussabwärts entfernten Kampung Laut (s. „Umgebung von Kota Bharu") anlegt. Am Fluss kann man abends im Freien gut essen.

Einblicke in das Handwerk und die Kultur der Malaien gewinnt man im *Gelanggang Seni,* dem **Kelantan Cultural Centre** in der Jln. Mahmood. Dort finden von Februar bis Oktober montags, mittwochs und samstags (außer im Fastenmonat) von 15.30–17.30 Uhr Vorführungen im Drachenfliegen (*Wau*, nur Sa), Selbstverteidigung *(Silat),* Trommeln (*Rebana Ubi,* Sa, oder *Kertok,* Mi,) und Kreiseldrehen *(Gasing)* statt, Mittwoch und Samstag abends gibt es von 21–23.45 Uhr Tanz- *(Tarian Tradisi)* und Schattenspielvorführungen *(Wayang Kulit).* Manchmal wird das zweistündige traditionelle Tanzdrama *Mak Yong* aufgeführt. Die Abendprogramme variieren.

◁ Tempel in Kota Bharu

Auch finden jährlich mehrtägige Festivals für eine bestimmte traditionelle „Freizeitbetätigung" statt: Drachenfliegen, Trommel-, Kreiseldreh- und Vogelgesangswettbewerbe. Man erkundige sich im *Tourist Information Centre*.

Das früher in der Istana Jahar (s.o.) untergebrachte **Kelantan State Museum** *(Muzium Negeri Kelantan)* befindet sich nun in der Jln. Hospital neben dem Tourist Information Center am großen Kreisverkehr, mit archäologischen Funden, Trommeln, Gongs, Silberarbeiten, Drachen, Schattenspielfiguren, Musikinstrumenten, Möbel, u.a. Sa–Do 8.30–16.45 Uhr, Fr geschl., 2 RM, Tel. 748 2266.

Der älteste chinesische Tempel Kota Bharus, **Tin Him Kong,** über 200 Jahre alt, ist mit Bus Nr. 10 oder 28 zu erreichen (s.u.).

Traditionelles Handwerk

ln Kota Bharu gibt es nicht viel an Bauwerken zu besichtigen, dafür aber so manche **Werkstatt** für traditionelles malaiisches Handwerk, dessen Zentrum die Stadt ist. Im Kampung Kraftangan (s.o.) kann man sich informieren.

Hier einige Tipps, wo man bei der Fertigung von traditionellem Handwerk zusehen und natürlich die Produkte auch erwerben kann.

Silber: Es wird vor allem Filigranschmuck oder gehämmerte Gefäße und Teller hergestellt. Gut zu sehen im Kg. Sireh entlang der Jalan Sultanah Zainab und im Kg. Morak (9 km außerhalb KB), zu erreichen mit Bus 43 (bis Kg. Paloh, von dort ca. 15 Min. zu Fuß). In geringerem Umfang auch im Kg. Badang (im *Handicraft Centre*), 10 km von KB in Richtung Pantai Cahya Bulan.

Batik: Größere Hersteller findet man in Kubor Kuda in KB (westlich des Kulturzentrums), im Kg. Puteh (z.B. *Semasa Batik,* 1,5 km von KB), im Kg. Penambang (3,2 km von KB an der Straße zum Strand) und im Kg. Badang (s. „Silber"); Kleinanbieter und -hersteller finden sich entlang der Straße zum Strand.

Die Busse 10 und 28 fahren ab Central Market zum P.C.B., am besten, man sagt dem Busfahrer, wohin man konkret will.

Songket (Brokat): Ebenfalls im K.G. Penambang (s. Batik).

Bambusflechterei: Produkte sind z.B. im Pasar Besar, dem Markt, zu erstehen.

Drachen werden u.a. im Kg. Badang und Kg. Kijang *(Ismail b. Jusoh)* hergestellt. Kaufen kann man die (schweren) Kreisel *(Gasing)*.

Adressen und Telefonnummern

■ **Tel.-Vorwahl Kota Bharu: 09**
■ **Tourist Information Centre:** Tel. 748 5534, 748 3543, Fax 748 6652, Jln. Ibrahim, So–Mi 8–13, 14–16.45 Uhr, Do 8–13, 14–16.30 Uhr, Fr und Sa geschlossen.

Übernachten

In den 1990er Jahren gab es Dutzende von Guest Houses, die auf Individualreisende ausgerichtet waren und sich aufgrund der großen Konkurrenz mit ihren zahlreichen kostenlosen Zusatzangeboten beim ohnehin geringen Preis gegenseitig zu überbieten versuchten. Inzwischen gibt es noch rund ein Dutzend dieser Travellerquartiere. Einige der ersten Stunde haben überlebt wie das chinesisch geführte **Ideal Traveller House** (30 Jahre im Geschäft) und das malaiisch geführte **Zeck's Travellers Inn** (25 Jahre dabei), einige wenige sind neu hinzu gekommen, wie z.B. **Cerana.** Kota Bharu wird immer noch aufgesucht, um das Visum für Thailand zu erneuern, vor allem von Langzeittravellern, die z.B. auf *Koh Tao* leben. Natürlich ist die Stadt wegen der Grenznähe auch immer noch Anlaufpunkt für Touristen, die aus Thailand ein- bzw. dorthin ausreisen. Aber es sind weniger als früher. Die Preise der Guest Houses haben wie überall in der Welt auch in Kota Bharu angezogen, aber sie sind hier immer noch sehr moderat. Daneben gibt es Dutzende einfacher und gehobener Mittelklassehotels, die ein gutes Preis-/Leistungsverhältnis haben. Wer auf die spezifische Travelleratmosphäre auch mal verzichten kann, hat hier in zentraler Lage eine große Auswahl an Zimmern zwischen 50 und etwas über 100 RM.

Guest Houses

■ **KB Backpacker Lodge**①, unweit des lokalen Busbahnhofs im Stadtzentrum im 1. Stock einer Geschäftszeile gelegen. *Pawi* mobil 019 944 5222, www.kb-backpackers.com.my, betreibt dieses beliebte Quartier, Dorm mit a/c 10 RM, EZ oB, mf 25 RM, DZ oB, mf 28 RM, DZ mB, mf 60 RM, WiFi 5 RM, Internet 3 RM/Std., Fahrrad 10/15 RM pro Tag.

■ **Cerana Guest House**①, Tel. 747 0253, mobil 019 960 6734/956 7141, www.ceranaguesthouse.com. Durch seine orangefarbene Fassade sehr auffälliges Haus am Ende eines Ladenhäuserblocks, in einer Parallelstraße der Jalan Padang Garong einen Block rechts (östlich und nördlich) der Bus Station, um die Ecke vom *Suria Hotel.* Frühstück, Kaffe/Tee, Schließfächer, Handtücher, Internet, Gepäckaufbewahrung, Kühlschrankbenutzung kostenlos, dazu Wäscheservice, Fahrradverleih; Dorm 12 RM, DZ oB, mf 25 RM, Dreierzimmer oB, mf 35 RM, DZ oB, a/c 35 RM, DZ mB, a/c 40 RM.

Zwei Häuser links neben *Cerana Guest House* gibt es als **Ausweichquartier**:

■ **Ideal Travellers House**①, In einer Seitenstraße (Hinweisschild) der Jln. Pintu Pong (3954-F, Jln. Kebun Sultan), Tel. 744 2246. Direkt gegenüber dem massiven neuen *Crown Garden Hotel* bzw. hinter dem *Juita Premier Hotel* in einem Familienhaus mit kleinem Garten gelegenes Guest House, das zu den ältesten in Kota Bharu zählt und immer noch recht beliebt ist. Allerdings gibt es keine Dorm-Betten mehr nur DZ oB, mf zu 25 RM und DZ mB, mf zu 40 RM mit Balkon, Holzfußboden, Deckenventilator, großem, aber nicht so tollem Bad. Senior *Kang* übergibt die Leitung nach und nach an Sohn und Tochter, mit Frühstück, Bier ist erhältlich, Internet 3 RM/Std., WLAN 5 RM.

■ **Zeck's Travellers Inn**①, Tel. 743 1613, mobil 019 946 6655. Dank des charmanten und sehr freundlichen *Zeck* vielleicht derzeit das beliebteste Guest House in K.B. Geht man die Jln. Pintu Pong östlich bis zur Kreuzung, bzw. biegt von der Bus Station kommend von der Jln. Padang Garong links (nördlich) in die Jln. Kebun Sulten und biegt an der Kreuzung rechts ab, gelangt man in die Jln. Cemerlang. Nach einigen hundert Metern bei der 3. Seitenstraße links (nördlich, Hinweisschild) kommt man zum Anwesen, ebenfalls ein Familienhaus mit kleinem Garten. Dorm 10 RM oB, mf, EZ/DZ oB, mf 15–20 RM, DZ/3-B-Zi. mB, mf 25–35 RM, Familienzimmer mB, a/c 40–60 RM. Alle Zimmer mit Fenster, in den Bädern gibt es heiße Duschen; Internet, u.a. Bei Voranmeldung werden Gäste an der Bus Station abgeholt. Da *Zeck* aus Kuala Besut stammt, kann er Touren zu den Perhentian-Inseln arrangieren.

Hotels

■ **Hotel Anda**②, 2529A, Jln. Kebun Sultan, Tel. 747 7600. DZ mf 30 RM, alle Zi. mB, a/c, TV, Standard 50 RM, 3-B-Zi. 70 RM.

■ **Dani Hotel**②, 2529F, Jln. Kebun Sultan, Tel. 748 6790, Fax 746 178436. Zimmer mB, a/c, TV, DZ 45/50 RM, 3-B-Zi. 65 RM, Familienzimmer 75/85 RM, Suite 120 RM.

■ **Temenggong Hotel**②, Ecke Jln. Temenggong/Tok Hakim nahe (westlich) der Bus Station, Tel. 748 3844, 748 3481, Fax 744 1481. DZ Standard 75 RM, Deluxe 90 RM, Family Room 130 RM.

■ **Suria**②, Jln. Padang Garong (ggb. Bus Station), Tel. 743 2255, Fax 743 2555. Gehört zur gleichen Kette wie der *Perhentian Island Resort* und das Motel *Desa* in Kuala Terengganu. Gleiche Preise wie Temenggong.

■ **Sabrina Court**②-③, 171–181, Jln. Padang Gadong, Tel. 744 7944, DZ mB, a/c, TV, 69/89/99/ 129 RM.

■ **Azam Hotel**②, in der Jln. Padang Garong neben KB *Backpackers Lodge,* Tel. 747 8800, 747 0508, Fax 747 7780. Saubere Zimmer mB, a/c, TV, Semi Standard ohne Fenster Doppelbett 70 RM, Standard ohne Fenster Twin/Doppelbett 80 RM, Deluxe 90 RM, 3-B-Zi. 110 RM.

■ **MGU Firdauz Hotel**②-③, in der Jln. Pintu Pong ggb. *Mydin* Supermarkt, Tel. 743 8548, Fax 743 8587. Saubere, kleine Zimmer, DZ mB und a/c, Doppelbett 70 RM, Twin 80 RM, Superior, Doppelbett 105 RM u.a. bis 135 RM.

■ **Juita Premier**②-③, Jln. Pintu Pong, 744 6888, Fax 744 5777. 70 Zi. mB, a/c, TV, Telefon, Minibar, DZ mB, a/c 85–140 RM.

■ **Crown Garden Hotel**③, 302&303 Jalan Kebun Sultan, Tel. 743 2228, Fax 7432224, www.crowngardenhotel.com. 88 nett eingerichtete Zimmer, EZ 120 RM, DZ 135–240 RM, Suiten 285–515 RM.

■ **Flora Place**③, Ecke Jln. Kebun Sultan/Pintu Pong, Tel. 747 7888, Fax 747 2688, www.thefloraplace.com.

Neues Hotel der Gruppe, die auf *Perhentian Besar das Flora Bay Resort* betreibt. Alle Zimmer mB, a/c, Kühlschrank, Wasserkocher, WLAN, aber eher klein, EZ 100, DZ 140–160, 3-B-Zi. 168/198 RM.

■ **KB Mutiara Inn**②, Jln. Sri Cemerlang (nahe Zeck's), Tel. 747 9888, Fax 747 4004, www.kbmutiara.com. Zimmer mB (heiße Dusche), a/c, TV, Kühlschrank, EZ 45 RM, DZ 70/80 RM, 3-B-Zi. 90 RM, Suite 140 RM, Dorm. 10 RM.

■ **Hotel Indah**②. 236 A&B, Jln. Tengku Besar am Padang, Tel. 748 5081, Fax 748 2788. Zi. mB, a/c 50 RM.

■ **Ridel Hotel**③, Jln. Pasar Lama, Tel. 747 7000, Fax 743 1177, www.ridelhotel.com.my. Im großen neuen Block mit dem *Pelangi Shopping Complex* am Fluss neben dem Padang, DZ 100–160 RM.

■ **Royal Guest House**②-③, (früher *Safar Inn*), Jln. Hilir Kota, Tel. 743 0008, Fax 743 0088. Im Palast- und Museumsviertel gelegen, geschmackvolle, kleine Zimmer, EZ 89–110 RM (Neben-/Hochsaison), DZ 109–199 RM, Hochsaison 138–288 RM.

■ **Dynasty Inn**③, 2865 D&E, Jln. Sultanah Zainab, Tel. 747 3000, Fax 747 3111, www.dynastyinn-kotabharu.com. DZ zwischen 120 und 170 RM.

Die Spitzenhotels in K.B.

■ **Grand Riverview Hotel**④ (früher *Diamond Puteri*), Komplex Adorna, Jln. Kebun Sultan, Tel. 743 9988, Fax 747 0388, www.grh.com.my. 320 Zimmer. Zugang zu 18-Loch Golf Course, *Business Center* mit Internetzugang, *Computer Modem Points* in allen Zimmern u.v.m.

■ **Renaissance Hotel**⑤, Jln. Pasir Puteh, Tel. 746 2233, www.renaissancehotels.com. Großes Kettenhotel, gute Ausstattung, im *Seri Mutiara Einkaufszentrum* im Süden der Stadt, Zimmer ab 250 RM.

■ **New Pacific Hotel**④, 26, Jln. Pengkala Chepa, Tel. 735 1111, www.newpacifichotel.com.my. Großes, modernes Kettenhotel, Zimmer ab 190 RM.

Außerhalb von KB

■ **Pasir Belanda Resort**④, am Pangkalan-Chepa-Fluss, 6 km nordöstlich von K.B., Kampung Lipat Sanggul, Kampung Banggol, Tel. 747 7046, mobil 012 509 1743, www.kampungstay.com. Von einer holländischen Familie geführtes Resort in gehobener Preislage, 4 gut ausgestattete Einzel-, 2 Familienhäuser, 1 Doppelbungalow. Kanu- und Fahrradausflüge sind möglich. Nebenan gibt die Nachbarin Kochkurse.

Essen und Trinken

Durch den Neubau des wuchtigen Parkson Giant Einkaufszentrums wurde der beliebte **Nachtmarkt** *(Pasar Malam)* vier Häuserblocks nach Norden verlegt. Er hat nicht mehr die alte Attraktivität, das Angebot ist aber wie bisher. Der Nachtmarkt ist allerdings während des Abendgebetes von 19 bis 19.45 Uhr geschlossen. Entlang der Jln. Kebun Sultan gibt es nördlich der Kreuzung mit Jln. Pintu Pong zahlreiche Essstände, angeboten wird z.B.: *Nasi Dagang* (Klebreis mit Fisch- oder Huhn-Curry), *Nasi Kerabu* (blauer Reis-Salat mit Kräutern), *Ayam Percik* (gegrilltes Huhn); *Laksa* (Nudeln in würziger Suppe); *Shish Kebab*, eine Art Schaschlik; nicht zu vergessen die Kelantan-Kuchen, die im Kg. Laut am Fluss gefertigt werden (zwischen 8 und 9 Uhr morgens). Hier gibt es auch chinesische Gerichte, weil das Viertel die „Chinatown" von Kota Bharu ist.

Der Parkplatz nahe dem Zentralmarkt weist abends ebenfalls zahlreiche **beliebte Essstände** auf. Andere beliebte Essstände gibt es z.B. direkt am Fluss beim *Ridel Hotel*.

■ **Hayaki Café**, neben Mydin Supermarkt in der Jln. Pintu Pong. Preiswerte Hühnchengerichte um 5/6 RM.

■ **ML Hainam Chicken**, 3952-A, Jln. Padang Garong, preiswert und beliebt: Huhn mit Reis *(nasi ayam pangang)* ab 5 RM.

■ **Restoran Arafah Seafood Garden,** 256 Jalan Kebun Sultan Ecke Jln. Wakat Mek Zainab, malaiisch mit Thai-Einschlag.

■ **Restoran Cikgu**, Kampung Kraftangan, gegenüber Istana Baru, tagsüber bis 18 Uhr, Spezialität: frittierter bzw. sauer-scharfer Süßwasserfisch.

■ **Roses Cafe** *(New Pacific Hotel),* 26 Jalan Pengkalan Chepa Ecke Jln. Dusun Muda, tgl. Lunchbüffet 30 RM.

■ **Muhibah**, 157 Jln. Pintu Pong, beliebtes preiswertes vegetarisches Restaurant, gegenüber *KFC*, 30 Gerichte zur Auswahl, 3–5 RM.

■ **Meena Curry**, 3377 Jln. Gajah Mati, beliebtes, aber weniger preiswertes Bananenblatt-Curry-Lokal im Stadtzentrum.

■ **Kedai Kopi Din Tokyo**, 3945 Jalan Tok Hakim, downtown Kota Bharu, Kelantan; Tel. 012 959 0153. Guter

Zentralmarkt in Kota Bharu

altmodischer Coffeeshop mit u-förmiger Theke, genannt *kuda* (= Pferd) weil man die Sitzbänke wie ein Pferd besteigt, besonders beliebt zum Frühstück.

■ **Shan Sri Dewi,** Jln. Kebun Sultan, nahe Kreuzung mit Jln. Padang Garong nahe 7/11. Gute und preiswerte indische Gerichte, auch vom Bananenblatt, gutes *ayam kicap* um die 6 RM, auch *roti canai* im Angebot.

■ **Restoran Kampung Kulim,** am Bahnhof, leckere Hokkien-Thai-Gerichte, *siew gai* (gegrilltes Huhn), *dang hoon heh* (rotes Kokosmilch-Curry mit Krabben).

■ **Chiengmai Thai Food Restaurant,** 107 Kampung Kulim, Wakaf Bharu. Tel. 718 1546, 718 1546. 18 Uhr bis Mitternacht, Fr geschl., beliebtestes Thai-Restaurant in Kota Baru, Spezialität: *Volcano Chicken, jellyfish kerabu, kangkung rapuh,* Feuerameiseneier *(kerengga)* und Aal.

Verkehrsverbindungen

Flug

■ Der **Flughafen** liegt 9 km östlich des Stadtzentrums. Es gibt nur Flüge nach **KL,** und zwar von **MAS** (www.malaysiaairlines.com), **Air Asia** (www.airasia.com) und **Firefly** (www.fireflyz.com.my).

Bus

■ **KT** (6.00–17.30 Uhr, 10x, 3 Std., 11/15 RM), **Kerteh** (8.00–23.00 Uhr, 5x, 4 Std., 19 RM), **Dungun/Kuantan** (8.00–23.00 Uhr, 7x, 3.30/6.30 Std., 24/32 RM), **JB/Singapur** (8.30/20.00 Uhr, 12 Std., 60/79 RM), **Jitra** (9.00/21.00 Uhr, 7.15 Std., 30 RM), **Penang** (9.00/22.00 Uhr, 8.30 Std., 27 RM), **Kuala Kangsar** (9.00–21.30 Uhr, 6 Std., 22 RM, **Ipoh** (9.00/21.30 Uhr, 7 Std., 25/34 RM), **Lumut** (9.00/21.30 Uhr, 7.30 Std., 35 RM, **Temerloh** (9.00/21.30 Uhr, 8 Std., 35 RM), **KL** (9.00–21.30 Uhr, 10x, 8.30 Std., 31/41–43 RM), **Batu Pahat** (19.00 Uhr, 11 Std.), **Gua Musang/Merapoh** (8.30/9.00/21.00 Uhr 3 Std., 13 RM), **Melaka** (20.00 Uhr, 10 Std., 40–53 RM), **AS** (9.00/21.30 Uhr, 27/36 RM), **BW/Penang** (9.00/10.00/

21.30/22.00 Uhr, 26/34 RM), **Mersing** (8.30/20.00 Uhr, 37/49 RM).

■ **Bus-Bahnhöfe: Central Bus Station** (Jln. Padang Garong gegenüber Einkaufszentrum *Parkson Grand*) **für lokale Busse**, vor allem Cityliner; **Langstreckenbusse: Langgar Express Bus Station** (Jln. Sultan Yaha Petra) bzw. **Hamzah Bus Station** (Jln. Hamzah).

Taxis 100–200 % > Bus (bei 4 Personen).

Zug

Mit den Bussen 19 und 22 lässt sich die KB am nächsten liegende **Bahnstation in Wakaf Bharu** erreichen. Von dort gibt es verschiedene Züge:

■ **Gua Musang** (ab 7 RM) 5x tgl. ca. 4, 6, 15.40, 18, 20 Uhr), **Kuala Lipis** (ab 11 RM) 6x tgl. ca. 4, 6, 7.40, 15.40, 18, 20 Uhr, **Jerantut** (ab 13 RM)3x tgl. ca. 1,3,6 Uhr, **Gemas** (ab 19 RM) 3x tgl. ca. 6, 18, 20 Uhr, **Seremban** (ab 23 RM), **KL Sentral** (ab 30 RM) 1x tgl. ca. 18 Uhr, **JB Sentral** (ab 26 RM) 2x tgl. ca. 6, 20 Uhr, **Woodlands** (Singapur) ca. 6, 20 Uhr (genaue Informationen: www.ktmb.com.my).

Weiterreise nach Thailand

Bus 29 startet ab 6.45 Uhr von der Central Busstation (alle 30 Min., 4 RM) nach **Rantau Panjang** zur Grenze. Nach der Grenze 1 km zum Bahnhof von **Sungai Golok**. Es gibt Tuktuks u.a. für den Weg von der Grenze zum Bahnhof. Umgekehrt verhält es sich bei der Einreise aus Thailand. Achtung: Die malaysische Zeit ist eine Stunde voraus! Wer auf dem Landweg einreist, erhält ein 15-Tage-Visum, während bei Einreise mit Flugzeug und Rückflugticket 30 Tage gewährt werden.

Ein weiterer Grenzübergang, der von 6 bis 19 Uhr geöffnet ist, befindet sich in **Pengkalan Kubor** (Bus 27 oder 43). Von dort gelangt man mit der Fähre über den Sungai-Golok-Fluss zum thailändischen Grenzort **Tak Bai** und weiter nach **Narathiwat**. Im Sommer 2013 gab es keine nennenswerten Unruhen im Süden, sodass man ohne Probleme mit der Bahn nach Hat Yai und weiter nach Bangkok kam. Sicherheitshalber sollte man vorher in KB nachfragen.

■ **Züge ab Sungai Golok: Hat Yai** zwischen 6.30 und 14.55 Uhr 4 lokale Züge THB 42, Rapid um 11.30 Uhr THB 160, Express um 14.20 THB 232, **Surathani** 6.30/11.30/ 14.20 THB 210-280, **Bangkok** 11.30/14.20 Uhr ab THB 290 (3. Kl.), ab THB 630 (Liegewagen mf).

■ **Thai-Konsulat:** 4426, Jln. Pengkalan Chepa, Tel. 744 0867, wochentags 14–15.30 Uhr. Visumantrag: 3 Passfotos, 110 RM, 24 Std. Bearbeitungszeit.

Umgebung von Kota Bharu

Pantai Cahya Bulan (= Mondscheinstrand), der alte Name *Pantai Cinta Berahi*, „Strand der leidenschaftlichen Liebe", ist den Fundis zu unanständig, aber die beliebte Abkürzung P.C.B. bleibt) ist der Badeort von KB. Der Strand ist o.k., aber nichts Besonderes, allerdings wegen der Handwerksbetriebe am Wege doch lohnenswert. Mit Bus 10 zu erreichen (Übernachtungen s.o.).

Der älteste chinesische Tempel KBs, **Tin Him Kong,** 200 Jahre alt, ist mit Bus Nr. 10 oder 28 zu erreichen.

Strände

Pantai Dasar Sabak, 14 km von KB, Strand und Fischerdorf mit Bangau-Booten, die um ca. 16 Uhr zurückkommen. Da sich das Meer langsam das Land zurück erobert, wird das Dorf eventuell umgesiedelt. In dieser Gegend landeten 1941 die Japaner mit ihren Fahrrädern (Bus 8/9).

Typischer für Ostküstenstrände ist der **Pantai Irama Bachok** (= Strand der Melodie), beliebt zum Zelten und Picknicken, 25 km südlich von KB (Bus 39 oder 23 SKMK).

Einsamer ist der Strand bei **Kg. Melawi** (7 km südlich von Bachok) mit guter Brandung und Fischerdorf mit Kolek-Booten.

Pantai Bisikan Bayu (= Strand des flüsternden Windes), 50 km von KB in Dalam Ru, geeignet zum Schwimmen, Schnorcheln, Fischen; Bus 3 ab Busstation bis Pasir Puteh, von dort mit Bus 96 (nach Kuala Besut) bis Semerak, die letzten 15 Min. zu Fuß.

35 km nordwestlich von KB, 7 km von Tumpat liegt, nahe der Thai-Grenze, der Strand **Pantai Sri Tujuh** (= Strand der sieben Lagunen) mit der größten Lagune Malaysias (Bus 43 SKMK); hier werden auch noch nach traditioneller Art Boote gebaut. Pengkalan Kubur (Bus 27) am Ende der Straße ist ein Fischerdorf und Grenzort mit preiswertem Fährbetrieb nach Thailand.

Thai-Tempel bei Tumpat

Da die meisten der **Thai-Tempel** um Tumpat, vor allem der Wat Photivihan, eigentlich nur mit eigenem Fahrzeug oder als organisierte Tour (*Ideal Traveller House* und *Zeck* bietenbietet diese Tour für 60 RM p.P. ab 2 Personen an) besucht werden können, gibt es hier als Alternative eine preiswerte Tour, die leicht selbst zu organisieren ist:

Vom Ende des Merdeka Padang am Kelantan-Fluss gibt es eine alte Fähre zum 10 Min. flussabwärts gelegenen Kampung Laut, wo früher die älteste Moschee Malaysias stand (jetzt in Nilam Puri, Bus #5 Richtung Kuala Krai). Von dort nach links, dann rechts zur Hauptstraße (5 Min.) und bei der Tankstelle (gleich beim Bahnübergang), muss man auf den roten Cityliner Bus 43 warten. Vor und in **Kampung Dalam** (3 km vor Tumpat) gibt es rechter Hand zwei Tempel. Der größere von beiden ist der **Wat Maisuwankiri** mit großem Buddha und Gebetshalle in Form eines Bootes. Auffällig ist auch die prächtige große Versammlungshalle. Man kann aussteigen und auf den nächsten Bus warten (was allerdings bis zu 1 Std. dauern kann), um dann weiter bis Tumpat zu fahren. Dort, wo die Straße in den Ort rechts abbiegt, kann man aussteigen und den **Wat Pikulthong** mit seinem großen freistehenden Marmorbuddha besuchen. Nach der Besichtigung kann man erneut in den zurückkehrenden Bus einsteigen und entweder zurück nach Kota Bharu zur Bus Station fahren oder an der Tankstelle beim Bahnübergang nochmals aussteigen und wieder mit der Fähre zum Merdeka Padang zurückfahren. Die Fähren verkehren tagsüber etwa alle 45 Minuten.

Ausflug zum Gunung Stong und Gunung Stong State Park

Die Tour lohnt schon allein wegen der beeindruckenden Wasserfälle am 1422 m hohen **Gunung Stong**, die eine Fallhöhe von insgesamt 1000 m erreichen. Damit zählen sie zu den höchsten Wasserfällen Asiens. Am eindrucksvollsten stürzen die Wassermassen auf den unteren 300 Metern herab, wo die Kaskaden auf eine breite glattgeschliffene Granitwand prallen. Wer nur den Wasserfall und evtl. Baha's Camp (s.u.) besuchen will, wird ebenso belohnt, wie diejenigen, die eine komplette Dschungeltour mit Gipfelbesteigung bei geringem Zeitaufwand von einem Tag und einer Nacht unternehmen wollen.

2007 wurde dieses über 20.000 ha große Gebiet als **Gunung Stong State Park** (*Taman Negeri Gunung Stong*) von der Regierung Kelantans ausgerufen. An den unteren Hängen wurde mit Ausnahme der direkten Umgebung des Wasserfalls bis vor 20 Jahren noch Wald abgeholzt. Dann kam ein Mann, der sich *Baha* nannte (2002 gestorben), auf die Idee, am oberen Ende des Wasserfalls ein Dschungelcamp (460 m ü.d.M.) einzurichten und von dort aus Trekking und Bergbesteigungen anzubieten. Der Bau dauerte mehrere Jahre. Er hat ein Team von jungen Guides (*Baha Adventure Guides*) hinterlassen, die heute seine Aufgabe fortsetzen. **Baha's Camp** ist in 45–60 Min. vom Stong Resort am Fuß der Berge zu erreichen. Im Camp stehen einfache Hütten, man kann auch in Hängematten übernachten.

Vom Camp aus wird meist der Gunung Stong bestiegen, weil man am selben Tag zurück ins Camp oder ins Tal gelangen kann, ab Camp Aufstieg 3–4 Std., der Abstieg dauert ca. 2–3 Std. Der benachbarte **Gunung Ayam**

Umgebung von Kota Bharu

(1480 m) ist dagegen nur in einer 2-Tagestour zu bewältigen. Es gibt sogar eine Tour zu den „7 Summits", die 7 Tage dauert. Man darf nur mit Führer gehen, obwohl der Weg zum Gunung Stong deutlich ausgeprägt ist. Die Gebühr beträgt 110 RM für 1–12 Personen, ab 13 Personen ist ein zweiter Guide vorgeschrieben.

Der obere Teil ist ursprünglicher Primärurwald des Diptrerocarpaceen- und Eichen-Lorbeer-Waldtyps (s. Kapitel „Pflanzen- und Tierwelt im Überblick") . Im Parkzentrum leben Elefanten und auch einige Tiger; der malaiische Sonnenbär und eine Gibbonart können gelegentlich auch in der Nähe von Baha's Camp angetroffen werden. Auch Vogelliebhaber haben gute Chancen auf Sichtungen. Es gibt eine Reihe hyperendemischer Pflanzen, die also nur hier vorkommen, dazu gehört eine Bambus- sowie eine Palmenart. Verschiedene Ingwerarten mit ihren roten Blütenständen sieht man häufig am Weg.

■ **Anreise:** vom Bahnhof *Wakaf Bharu* (dorthin am besten mit dem Taxi, da die Stadtbusse 19 und 27 erst ab 6.45 Uhr abfahren und u.U. nicht rechtzeitig ankommen) mit dem Zug um 7.18 Uhr nach *Dabong* (dorthin besteht keine Busverbindung, und der Flussbootservice wurde eingestellt). Dort trifft man offiziell um 9.40 Uhr ein. Von hier fährt man mit dem Taxi (15 RM) über die neue Brücke über den Kelantanfluss 7 km zum *Stong Resort*. Am Eingang zahlt man als Ausländer 12 RM Eintritt für den Parkbesuch. Im Wärterhäuschen kann man sein Gepäck aufbewahren. Gegenüber gibt es Toilette und Dusche.

Zu Baha's Camp gibt es den direkten Weg durch das Resort über eine Hängebrücke nach rechts, weiter zum obersten Bungalow und zum eigentlichen Weg, der mit einer Steilstufe (Ketten zur Sicherung) beginnt, aber bald flacher wird , nämlich dort, wo man auf die ehemalige Holzfällerstraße, die aber nurmehr ein Fußweg ist, trifft. Bei einer Unterstandshütte kann man links zum Wasserfall hintersteigen bzw. kommt hier vom Wasserfall aufsteigend auf den Hauptweg.

Bei der zweiten Möglichkeit geht man bei der Brücke geradeaus weiter zum Weg mit Treppenstufen, der direkt zum Wasserfall führt. Von dort (bei der 2. Unterstandshütte) rechts den flachen Bach queren und über eine langgezogene, glattgewaschene Felszunge hinauf, bis man rechts am Wald entlang über Blöcke, einen Baumstamm u.a. den rechts steil ansteigenden Weg zum Hauptweg erreicht. Zum Camp sind es 45–60 Minuten Gehzeit.

Weg zum Gipfel: Dort, wo der Weg zu Baha's Camp an einem Sattel wieder hinunterführt, zweigt rechts ein kleinerer, von Farn fast überwachsener Weg ab. Im Prinzip braucht man nur diesem Weg zu folgen, der die ersten 300 Höhenmeter mäßig ansteigt (einmal wird ein Bach gequert). Dann bei 800 m. ü.M. wird der Weg fast eben. Man sieht einmal den **Gunung Kok,** einen untergeordneten Felsen, von dem kurz unter dem Gipfel bereits ein großer Wasserfall beginnt. Es gibt nur eine Weggabelung, an der der Weg zum Gunung Ayam rechts abzweigt. Nach gut einer Stunde kommt man zum **Bogo Rock Shelter,** einer Art Höhle aus zwei mächtigen Felsblöcken am Bach, wo sich leicht 15 Personen unterstellen könnten. Später kommt bei einem weiteren Block eine letzte Wasserstelle (links unterhalb des Weges) vor dem Gipfel, dann geht es mehrere hundert Höhenmeter steil bergauf, bis man zum Kamm kommt, diesem folgt man nach links in mäßiger Steigung in 15–20 Min. zum Gipfel, der aus einem großen Block besteht. Die Aussicht ist wegen der Vegetation allerdings begrenzt.

■ **Rückfahrt/Weiterreise:** Wer schnell ist und ein Taxi rechtzeitig bestellt bzw. vom Wärter am Eingang zum *Stong Resort* rufen lässt, kann den letzten Zug zurück nach Kota Bharu gegen 18.50 Uhr erreichen und ist um 22.31 Uhr wieder in Wakaf Bharu. Anderfalls gibt es anderntags den ersten Zug zurück gegen 7.30 Uhr oder etwa alle 1½ Std. weitere, die bis Wakaf Bharu etwa 2½ Std. brauchen. Nach Süden geht der erste Zug kurz vor 7, dann kurz nach 9 und kurz vor 11 Uhr, 2 Std. bis Gua Musang, 4 bis Kuala Lipis (genaue Informationen: www.ktmb.com.my). Mit eigenem Auto ist man flexibler und unabhängiger.

■ **Unterkunft:** *Stong Resort*, am Fuß des Berges 15 Min. unterhalb des Wasserfalls gelegen. Die 15 großen Bungalows bzw. Dorm-Räume werden hauptsächlich von einheimischen Schüler-, Studenten-Lehrergruppen genutzt, Dorm 20 RM, Bungalow 150 RM, Tel. 936 0027. Es gibt einen Minibus, dessen Fahrer unzuverlässig ist.

Baha's Camp, 8 einfache Hütten (10 RM) bzw. *Campingplatz* (3 RM), mobil 019 991 020. Das BAT-Team (s.o.) besteht aus jungen, sehr freundlichen Leuten, die Gäste auch an Tee und Essen kostenlos teilhaben lassen.

Dabong Resthouse, 4 Zi. mf 40 RM, 1 Zi. a/c 50 RM, Bungalow 70 RM, mobil 019 960 6789, *Mr. Abidin*.

Tourveranstalter (Organisierte Touren ab KB)

■ **Zeck's Travellers Lodge** organisiert Touren zum ohne eigenes Fahrzeug schwer zugänglichen Taman Negara bei Kuala Kroh für 420 RM für 3 Tage/2 Nächte an. **KB-Backpacker Lodge** (s. auch KB Backpackers GH, www.kb-backpackers.com.my) bietet eine Reihe von Touren an: **Wakaf Che Yeh Nachtmarkt:** 20 RM p.P. (ab 4 Pers.); **Fischer-Kampung:** 30 RM p.P. (ab 4 Pers.) am Strand von Sabak; **Cottage Tour** (Kunsthandwerkstour Batik, Silber, Brokat, Flugdrachen, Tempel, Strand): 70 RM p.P. (ab 2 Pers.), 50 RM (ab 4 Pers.); **Country Side Tour** (Kombination aus Kunsthandwerk, trad. Essensherstellung, Thai-Tempel): 80 RM p.P. (ab 2 Pers.), 60 RM (ab 4 Pers.); **Gunung Stong:** 2 Tage/1 Nacht ab 2 Personen für 350 RM ab Kota Bharu.

Inselgruppe Pulau Perhentian

Diese Inselgruppe ist in den letzten Jahren sehr beliebt geworden und längst kein Geheimtipp mehr. Es gibt deshalb zahlreiche billigere Quartiere, aber auch nicht wenige teure.

Die **Korallenriffe** eignen sich hervorragend zum Schnorcheln und Tauchen. Man kann es gar nicht oft genug betonen: Die Korallen werden vom Anfassen nicht schöner und vom Daraufstehen erst recht nicht! Wie Redang ist auch Perhentian **Meeres-Schutzgebiet.** Beim Schnorcheln sieht man neben Korallen und anderem Unterwasser-Leben auch Schildkröten oder kleine Haie. Es gibt eine große Zahl ausgezeichneter **Tauchplätze:** Pinnacle, Secret Reef, zwei Wracks, Terumbu Tiga u.a.

Die beiden Hauptinseln heißen *Pulau Kecil* (Klein-P.) und *Pulau Besar* (Groß-P.). Sie dienten Seefahrern und Fischern wegen des vorhandenen Quellwassers jahrhundertelang als Rastplatz *(Perhentian)*.

Generell lässt sich sagen, dass die kleinere P. Kecil eher die sparsamen Traveller anzieht, obwohl es dafür kaum noch einen Grund gibt, denn auch hier steigt fast überall stetig das Preisniveau, und vielerorts werden auch schon Unterkünfte mit eigenen Duschen und eigentlich überflüssigen Klimaanlagen gebaut (hier sind die Nächte längst nicht so heiß und feucht wie auf dem Festland, sogar ohne Fan kann man es bei guter Lüftung aushalten).

Dadurch wird sich in den nächsten Jahren wahrscheinlich auch die Klientel einiger Unterkünfte ändern. Davon abgesehen gibt es auch auf der von Travellern etwas stiefmütterlich behandelten größeren Insel preiswerte Unterkünfte. Oft ist besonders in der Vorsaison die größere Insel wie leergefegt, während die kleinere auch aufgrund von Beschreibungen zahlreicher Reiseführer als die vermeintlich ruhigere bis auf den letzten Schlafplatz ausgebucht ist. Fest steht allerdings, beide Inseln sind schön und einen Besuch wert.

Die Saison reicht von Anfang März bis Mitte/Ende Oktober. Von November bis Ende Februar bläst der **Nordostmonsun,** dann schließen fast alle Anlagen. Hauptsaison mit höheren Preisen ist Mai bis September, an Wochenenden und in den Ferien gelten ebenfalls höhere Preise.

Anreise zu den Inseln

Die beiden Inseln liegen gut 20 km von **Kuala Besut,** dem üblichen Ausgangspunkt, entfernt und sind in 30–45 Min. von der Jetty zu erreichen. Eine kleine Passage mit Büros und Geschäften links und vor allem rechts ist Anlaufstelle für Buchungen der Resorts, Kauf der Rückfahrkarte mit dem Zubringerboot und letzte Besorgungen vor der Überfahrt. **Achtung:** Weder in Kuala Besut noch auf den Inseln gibt es ATM-Automaten oder gar Banken. Man sollte sich also vorher spätestens in den letzten beiden Städtchen Pasir Putih (Kelantan) oder Jerteh (Terengganu) mit Bargeld eindecken. Aber dazu müsste man den Bus verlassen und auf den nächsten warten. Also besser vorher daran denken! Es sei denn, man bucht vorher Komplettpakete per Kreditkarte, z.B. bei *Ping Anchorage* in KT (s.u.). Die teureren Resorts sowie viele Tauchbasen akzeptieren gegen Aufschlag von meist 3 % ebenfalls Kreditkarten.

Wenn man nun per Bus etwa von KT oder KB in Kuala Besut eintrifft, wird man in der Regel gleich bei der Passage abgesetzt und nicht erst beim Busbahnhof, der sich ein Stück weiter nördlich im Ortszentrum befindet. Im Grunde ist es gleich, wo man die Tickets kauft. Man fährt dann eben mit diesem Unternehmen hin und zurück, muss vor der Rückfahrt im Resort oder Quartier nur vorher Bescheid sagen, wann und mit wem die Rückfahrt gewünscht wird. Die kleinen Schnellboote (Kapazität 10–14 Personen) fahren dann alle Buchten an, wo Passagiere aus- bzw. bei der Rückfahrt einsteigen wollen. In den Büros fragen die Angestellten vorher telefonisch an, was an gewünschten Anlagen verfügbar ist. Die meisten Büros haben zwar Fotos der Anlagen, es hilft jedoch, wenn man schon vorher weiß, wohin man möchte. In der Hochsaison ist die Auswahl begrenzter.

Die Boote fahren i.d.R. um 10/12/14 Uhr zu den Inseln und um 08/14/16 Uhr wieder zurück nach Kuala Besut. Die kleinen Boote sind überdacht, aber bei leichtem Seegang können Passagiere und Gepäck angesichts der ruppigen Fahrweise der Schnellboote u.U. etwas nass werden. Die Buchten und Strände mit Bootssteg oder Ponton können von diesen Booten direkt angefahren werden. Die Buchten ohne entsprechenden Anlegestellen bedürfen eines Taxiboots oder eines resorteigenen kleineren Bootes, das dann die ausgestiegenen Passagiere und ihr Gepäck an den Strand fahren. Dabei bekommt man meist nasse Füße. Wer vorher keine Unterkunft gebucht hat, muss dafür 1 bis 2 RM bezahlen.

Übernachten

Wer mit den Minibussen ab Cameron Highlands oder Taman Negara oder direkt von KL kommt, muss sich keine Gedanken um Übernachtungsmöglichkeiten **in Kuala Besut** machen, da der Transfer zu den Inseln kurz nach der Ankunft an der Jetty erfolgt.

■ **Samudera Hotel**②, Jln. Pantai, Tel. 697 9326. An der Bus Station, ordentliche Zi. mB ab 65 RM.
■ **Nan Hotel**②, Tel. 697 4892, Jln. Haji Mohammad. Hinter den Agenturen und Läden der Jetty in Seitenstraße, Zi mB mf/a/c.

Essen und Trinken

■ Natürlich kann man im Ort auch essen. Gleich gegenüber der Passage befindet sich das **April Café,** wo die nette Besitzerin *April* kleine asiatische Gerichte anbietet. Links von der Passage (in Richtung Jetty) findet man an der Ecke ein **malaiisches Lokal,** wo man sehr preiswert kleine Mahlzeiten wie Roti, Laksam oder andere Gerichte essen kann. Dort verkehren fast nur Einheimische.

Transport von/nach Kuala Besut

Angesichts der preiswerten **Flüge** von MAS und insbesondere *Air Asia,* ist eine **Anreise ab KL** in (Flugzeit 45 Min.) zu erwägen. Sowohl KT und KB haben eigene Flughäfen. Die teureren Resorts bieten Transfer vom Flughafen zur Jetty in Kuala Besut und Zubringerbootservice an.

Sowohl von KB wie von KT gibt es **Direktbusse,** von KB mit den *SKMK*-Bussen stündlich (6 RM), mit *SK Bumi* zwischen 7 und 17.30 Uhr 8x von KT. Wer das erste Boot um 10 Uhr erreichen möchte, sollte mit dem ersten Bus fahren; der nächste fährt um 8.30 Uhr in KT ab. In der Hochsaison sollte man möglichst früh eintreffen, um eine bessere Auswahl zu haben bzw. überhaupt einen Platz zu finden (s.o.). Der **letzte Bus nach KB** (6 RM)

Pulau Perhentian

Übernachtung
1. Petani Beach Chalets
2. Mira's
3. Butterfly Chalet
4. Senja Bay Resort
5. Maya Beach Resort
6. Teratak Amelia
7. Aur Bay Chalet
8. Sharila Island Resort
9. D'Lagoon
10. Moonlight
11. Bubu Long Beach Resort
12. Panorama
13. Matahari Chalet
14. Bintang View
15. Chempaka Chalet
16. Mohsin Chalet
17. Lemon Grass, D'Rock Garden Resort
18. Perhentian Island Resort
19. Coral View Island Resort
20. The Reef Chalets
21. Paradise Island Resort
22. Mama's Place
23. New Cocohut & Cozy Chalets
24. D'Ayumni House
25. Tuna Bay Resort
26. Abdul's Chalet
27. Flora Bay Resort 1
28. Fauna Beach Chalet
29. Flora Bay Resort 2

P. Perhentian Kecil

P. Perhentian

Teluk Kerma

Pavilion

Windkraft Solaranlage

Pasir Panjang

Long Beach

Coral Bay

Kg. Pasir Hantu

Pasir Petani

Teluk Pauh

Teluk Dalam (Flora Bay)

Teluk Kikir

Strand
Tauchen

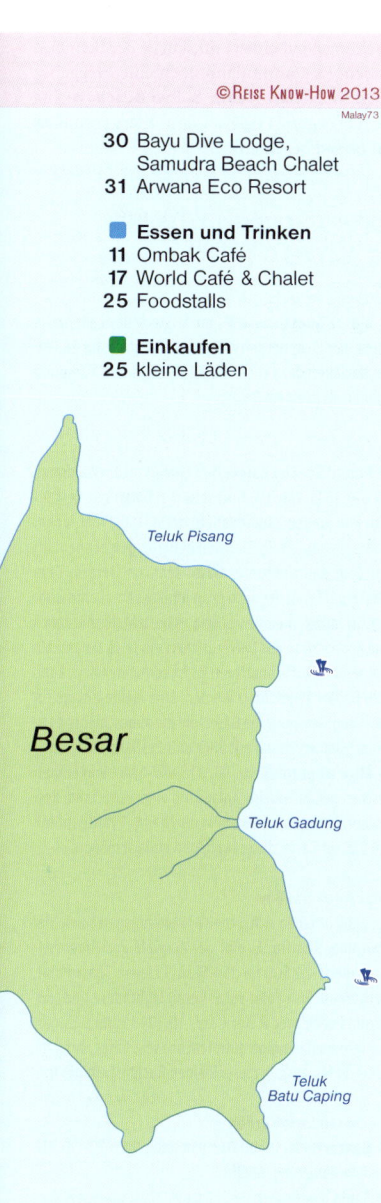

30 Bayu Dive Lodge, Samudra Beach Chalet
31 Arwana Eco Resort

■ **Essen und Trinken**
11 Ombak Café
17 World Café & Chalet
25 Foodstalls

■ **Einkaufen**
25 kleine Läden

fährt um 18 Uhr ab, vorher gibt es einen Traveler-Minibus für 20 RM, der die 16 Uhr Boote von den Inseln abwartet. Taxis nach Jerteh 50 RM, zum Flughafen 70 RM.

Inzwischen gibt es auch **Expressbusverbindungen** zwischen Kuala Besut und KL, Penang, Alor Star, Kuantan, Mersing, Johor Bahru und Singapur.

Spezielle **Travellerbusse** in die Cameron Highlands (95 RM) oder Jerantut (75 RM) bzw. Taman Negara (85 RM) können z.B. im Büro von *Watercolours* gegenüber der Bus Station in Kuala Besut (Tel. 697 4266) gebucht werden. Abfahrt täglich um 10 Uhr.

Pulau Kecil

Pulau Kecil zieht bisher vorwiegend jüngere Backpacker an, und dort sind es vor allem der **Pasir Panjang** (Long Beach) und zunehmend **Coral Bay** wegen der preiswerten kleinen Anlagen, die für Traveller mit kleinerem Budget und geringerem Anspruch an Komfort von Interesse sind. Dabei hat sich das Bild der Inseln in den letzten Jahren gewandelt. Auch am Long Beach und in der Coral Bay gibt es inzwischen höherpreisige Anlagen, an den anderen Stränden und Buchten der Insel sowieso, und auch auf Pulau Besar gibt es billigere Quartiere, obwohl dort bei 50/60 RM für Zimmer mit Fan die Untergrenze liegt. Der Vorteil der Perhentian-Inseln liegt im Vergleich zu den Nachbarinseln Lang Tengah und vor allem Redang darin, dass man **keine Komplettpakete** buchen muss und (ausreichende Auswahl vorausgesetzt) übernachten, essen, trinken, schnorcheln, tauchen gehen kann, wo man Lust hat. Was die Zahl der Anlagen und Resorts betrifft, ist die kleine Insel eigentlich die große, da sie flächendeckend insgesamt mehr Anlagen aufweist, während die große Insel nur an der Westseite sowie im Süden besiedelt ist und die Küsten und Strände nur zum Schnorcheln und Tauchen aufgesucht werden. Während es früher auf der kleinen Insel nur den Verbindungsweg (15 Min.) zwischen Long Beach an der Ost- und Coral

Bay an der Westseite gab, kann man heute auf neu geschaffenem Weg die Insel umrunden, und zwar z.B. vom Hauptort **Kampung Pasir Hantu** (Geisterstranddorf) im Uhrzeigersinn nach Süden, dann an der Westküste bis zur Coral Bay und hinüber zum Long Beach, von dem auch die ganz im Norden der Insel gelegene Anlage *D'Lagoon* in der Bucht **Teluk Kerma** zu Fuß erreichbar ist (genaue Beschreibung der Fußwege s. Kapitel „Fußwege auf der Insel"). Mit den **Wassertaxis** kann man die einzelnen Strände auf der Insel und zwischen den Inseln anfahren. Preise bewegen sich zwischen 5 und 20 RM.

Wasser kommt inzwischen vom Festland in einer Pipeline zu den Inseln, und die meisten Resorts sind daran angeschlossen. Beim **Strom** gibt es noch keine elegante und umweltfreundliche Lösung. Nördlich vom Long Beach auf P. Kecil sieht man zwar zwei Windgeneratoren, aber die waren erst einige Monate in Betrieb und stehen seither wieder still. So betreibt jede Anlage ihren eigenen Generator, meist ab Einbruch der Dunkelheit bis zum nächsten Vormittag. Bei der Auswahl der Chalets sollte man – wenn man die Wahl hat – darauf achten, nicht zu nah an den lärmenden Maschinen zu wohnen.

Fußwege auf der Insel

Inzwischen kann man die Südhälfte der Insel auf gepflasterten Wegen umrunden, wobei der Abschnitt zwischen dem Südende von Pasir Panjang (Long Beach) und dem Hauptort Kg. Pasir Hantu auf einem Trampelpfad entlang einer auf und ab führenden alten Forststraße in gut 45 Min. begangen werden kann. Von Pasir Panjang kann man auch nach Norden über den „Windmühlenhügel" in 45–60 Min. zur abgelegenen Bucht von **D'Lagoon** gehen oder umgekehrt, dabei folgt man zunächst der auffälligen breiten Schneise (sehr heiß!) hinter dem *Panorama-Resort* hinauf zum Gipfel mit Aussichtshütte und dann wieder hinab; man muss beim Abstieg vom Hügel nur die Abzweigung nach rechts in den Dschungel bei einer Linkskurve der Schneise finden. Es kommt dann noch eine Weggabelung: links zum **Adam & Eve Beach,** rechts nach D'Lagoon (Wegweiser in Klarsichthüllen am Boden beachten).

Übernachten/Essen & Trinken/ Touristische Angebote

Kampung Pasir Hantu

■ **Murai Guesthouse**②, im 1. Stock der Ladenzeile rechts (nördlich) der Jetty. Zimmer oB. mf/a/c für 80 RM. Für Notfälle oder Leute, die lieber in einem Kampung wohnen als in einem Resort.

Im Süden

■ **Petani Beach Chalets**②, 5 Chalets mf am Waldrand, Tel. 691 1643. (80 RM, Hochsaison 100 RM) mit Restaurant; von jungen Südafrikanern geführt, die hier leben, sodass sie ganzjährig Touristen beherbergen können. Ihnen liegt das Wohl ihrer Gäste sehr am Herzen. Dem Schutz und Erhalt des noch recht intakten Korallenriffs vor dem Strand widmen sie viel Zeit, es besteht diesbezüglich eine Kooperation mit *Universal Divers* in Teluk Dalam; ein eigenes Boot für Schnorcheltrips ist vorhanden bzw. kann nach Bedarf angefordert werden. Eine kleine Anlage für meist englischsprachige Gäste, die die abgeschiedene Lage am schönen Strand mit Blick aufs Festland schätzen.
■ **Mira's/Keranj**②-③, Tel. 016-647 6406. Von Einheimischen geführte kleine Anlage mit eigenem Strand, Restaurant, 9 Hütten mf (abends) oB 70 RM, 1 Hütte mf mB 120 RM, für Gäste, die es ruhig und einfach mögen.

Teluk Aur/Coral Bay

Diese Bucht teilen sich 5 meist ältere Anlagen sowie der Newcomer **Sharila**. Es gibt viel Auswahl an Schnorcheltrips (meist 4½ Std. für 35 RM zu 5 Zielen: Shark Point, Turtle Point, Fish Point vor P. Besar, Lighthouse und „Romantic Beach" vor P. Kecil, tgl. 10.30–15 Uhr). Es gibt mehrere unabhängige gute Tauchbasen, Cafés, Bars, Internet-Cafés, kurz: in dieser kleinen Bucht ist einiges los.

Von Süden nach Norden

■ **Butterfly**②, mobil 013 9563082, 9 Zi. 50–90 RM, keine Reservierung möglich.
■ **Senja Bay Resort**①-②, Tel. 691 1791, www.senjabay.com. 52 eng beieinander stehende Chalets am südlichen

Hang, kleinere *Beach Hut* mf 30 RM/Hochsaison 100 RM, *Beach View,* a/c 50/200 RM, *Hillside,* a/c 40/150 RM, mit Restaurant (in der Nebensaison geschlossen). Kreditkarten werden akzeptiert.

■ **Maya**②, mobil 019 970 4426. 12 nette Zimmer in Doppelbungalows und Reihenhäusern mB, mf, *Sea View* 80 RM, *Garden View* 60 RM, mit Restaurant.

■ **Amelia Café & Chalets**①-②, mobil 019 913 0742. 10 einfache Chalets hinter dem Lokal mf 40 RM/Hochsaison 60 RM, im Lokal gibt es regelmäßig Fisch BBQ, Salat, Reis/Kartoffeln, Obst für 18 RM.

■ **Aur Bay**①, mobil 013 995 0817. Kleine Anlage mit 15 Zi., mf, mB 50 RM, Internet.

Auf diese Anlage folgen mehrere kleine Shops. Dort beginnt der gepflasterte Weg zum **Long Beach,** zu Anfang eine Bar, *Gem's Internet Café* (3 RM für 20 Min.), Bier und *Ewan's Café* mit preiswerten kleinen Gerichten.

■ **Mama's Kitchen & Shop** bietet u.a. Pizza, 16–21 RM.

■ **Angel Divers,** mobil 010 576 5564.

■ **Steffen Sea Sport Diving School,** unabhängige Tauchbasis, malaysisch geführt, www.steffen-sea-sports.com, Tel. 016 331 0933.

■ **Quiver Dive Team,** mobil 012 213 8885, www.quiver-perhentian.com. Große Tauchbasis, Unterricht in großem Raum mit a/c und Video. Weitere Basis am Long Beach.

■ **Sharila Island Resort**④-⑤, Tel. 691 1500, Fax 691 1400, www.shari-la.com. Top-Anlage von Perhentian, Zimmer mit Telefon, Satelliten-TV, Minibar, heißem Wasser, Bad; 24 Std. Strom, Standard 180 RM, Deluxe (1 Doppel, ein Einzelbett) 240 RM, Suite (2 Doppelbetten) 320 RM, VIP *Sea View* (2 Doppelbetten) 500 RM, wollen ganzjährig geöffnet bleiben, 2 Restaurants, Tauchbasis.

Teluk Kerma

■ **D'Lagoon**①-②, mobil 012 985 0678, 017 985 7089. Die etwas ältere aber immer noch sehr angenehme Anlage mit eigener Bucht bietet 30 Zimmer mf für 30–150 RM, dazu 12 Dorm-Betten oB, mB für 15 RM, DZ oB 30 RM, mB 60 RM, Dreibettzimmer oB 45 RM, mB 75 RM, Familienhaus (2 Etagen) oB 80 RM, mB 100 RM, Restaurant, Tauchbasis der beliebten *Turtle Bay Divers.* Zwei Dschungelwege zu Stränden an der Westseite (Adam & Eve und Turtle Bay) in jeweils 10 Min., Fußweg zum Long Beach 45–60 Min., gute Schnorchelmöglichkeit in der Bucht vor dem Strand. Taxi-Bootservice.

Pasir Panjang (Long Beach)

Breiter schattenloser Strand, es gibt Sonnenschirme, aber die meisten Gäste lassen sich gern bräunen. Die Anlagen liegen im Schatten von Bäumen.

Von Norden nach Süden

■ **Moonlight Chalet**①-②, Tel. 691 1777. 20 Zimmer in Chalets, seit langem beliebte Anlage, 24 Std. Strom, Restaurant, Chalets mf oB 40 RM, mB 60 RM, a/c oB 50, mB 70 RM, mit heißem Wasser 90–120 RM, Tauchbasis: **Stingray Divers.**

■ **Bubu Long Beach**⑥, Tel. 691 1333, Fax 691 1234, www.buburesort.com.my. Teuerste Anlage am Long Beach, gut ausgestattete Zimmer ab 400 RM, Tauchbasis: **Quiver Diver.**

■ **Pit Stop Café,** in der Nebensaison geschlossen.

■ **Turtle Bay Divers,** mobil 019 333 6647, 331 9624, 2 weitere Basen auf P. Besar bei Mama's und bei D'Lagoon.

■ **Panorama Chalet**①-②, Tel. 961 1590, mobil 019 960 8630. Sehr beliebte Anlage, gute Atmosphäre, Abendessen inkl., 36 Zi. mf, oB 30 RM, mB 70 RM, a/c, mB 150 RM, family room 180 RM, eigene Tauchbasis.

■ **Matahari Chalet**①-②, Tel. 019 987 5002, seit langem beliebte Anlage, 30 Zi mf mB im Longhouse 45 RM, A-frame 50, Chalet 55 RM, Bungalow 60 RM, a/c 80 RM, Restaurant, Tauchbasis.

■ **Bintang View**①-②, mobil 013 997 1563, 019 935 3574. 16 Zimmer in Chalets oB am Hang gelegen hinter *Matahari* für 30/40 RM/ Hochsaison 60/70 RM, mit Restaurant.

■ **Am Strand** kleine Shops und 2 beliebte Lokale: **Daneila** und **Family Café.**

■ **Mohsin Chalet**②-③, Tel. 691 1363, Fax 691 1163. Zurückversetzte, gepflegte Anlage mit Chalets am Hang emporgestaffelt, EZ mB, mf 65 RM/Hochsaison 120 RM, 6 EZ mB, a/c 100/180 RM, DZ mB, mf 75/140 RM, Tauchbasis. Auch das **Restaurant Cayaku** befindet sich in halber Höhe.

■ **World Café & Chalet**⑥, 2 DZ, a/c, mB, mFr 450 RM, das Café ist angenehm luftig, Spezialität: *Sangria:* 14 RM.

■ **Chempaka Chalet**②, Tel. 946 6791, mobil 012 366 4227. 10 Zimmer im Longhouse und Bungalow mB, mf 40 RM/ Hochsaison 80 RM, 10 A-frame oB, mf 30/40 RM, Wäscheservice 8 RM/kg, Internet, Volleyballplatz am Strand.

■ **Lemongrass**①-②, 16 Chalets oB mf RM 30, Hochsaison 70 RM, am Hang gelegen.

■ **Rock Garden**①-②, einfach oB 40 RM, Standard mB, mf 60 RM, Sea View mB, mf 100 RM.

Von Pulau Kecil auf die große Insel zu kommen, ist kein Problem. Man kann sich (fast) jederzeit übersetzen lassen (ca. 10 RM).

Hinweis: Long Beach ist oft „Party Beach". Statt eines zurückversetzten Generators für alle hat außerdem jede Anlage ihren eigenen; ruhig ist es hier also nicht. In der Hauptsaison bis September sind oft selbst die einfachsten Hütten belegt; Coral Bay oder besser noch Perhentian Besar bieten dann oft genug Platz und ein besseres Preis-Leistungs-Verhältnis. Insbesondere an Long Beach & Coral Bay wird leider viel gestohlen, Wertsachen daher stets verschließen!

Pulau Besar

Die große Insel zieht bisher etwas ältere Reisende und Familien an. Die Erschließung begann mit der großen parkartigen Anlage des **Perhentian Island Resorts** im Norden der Westküste. Dieses Resort hat die **Bucht Teluk Pauh** ganz für sich, während sich an den Stränden weiter südlich mehrere Anlagen den jeweiligen Strand teilen, was kein Nachteil ist, da man, wie erwähnt, sich dann auch die Lokale, Tauchbasen u.a. aussuchen kann. Im Süden liegen an der schönen Bucht **Teluk Dalam** ein halbes Dutzend Anlagen. Dort geht es insgesamt ruhiger zu, und wegen des flachen Wasser eignet sich die Bucht vor allem für Familien mit kleineren Kindern. Man kann auch auf Dschungelpfaden den Südwesten der Insel umrunden, wobei der Weg zwischen Teluk Pauh und Teluk Dalam mit Planierraupen verbreitert und eingeebnet wurde, sodass er jetzt mit einem geländegängigen Fahrzeug befahren werden könnte, gäbe es nicht immer wieder mal umgestürzte Bäume quer über dem Weg. Hier ist der Charakter einer Dschungelwanderung zwar dahin, aber die anderen Teilstücke vermitteln noch einen Eindruck von Urwaldwanderungen und sind meist nur zwischen 10 und 20 Min. kurz (genauere Beschreibung s.u.).

Dschungel- und Strandwanderung

Alle bewohnten Strände im Südwesten und Süden der Insel sind durch kürzere und längere Dschungelpfade miteinander verbunden. Der **Weg nach Teluk Dalam** beginnt nahe dem langen hölzernen Steg und ist anfangs nicht leicht zu finden (auf Markierungen achten). Dieser Weg steigt über 60 m allmählich an und fällt zur Bucht steil ab. (Vorsicht bei Nässe, da die Flechten auf den Granitblöcken dann wie Schmierseife wirken!). Dieser Weg dauert etwa 15–20 Min. Von Teluk Dalam kann man hinter *Flora* oder *Arwana* den mit Planierraupe angelegten Weg zum *Perhentian Island Resort* gehen. Er hat dadurch den früheren Charakter eines Dschungelweges verloren, wächst aber langsam wieder zu.

Übernachten/Essen & Trinken/ Touristische Angebote

Die meisten Anlagen befinden sich, wie erwähnt, an der **Westküste** im südwestlichen Teil der Insel. Die Aufzählung beginnt von **Norden nach Süden,** in der **Bucht Teluk Dalam** im Süden von **West nach Ost.** Es gibt in fast jeder Anlage eine Tauchbasis, die aber nicht unbedingt zum Resort gehört. Die Fahrten zu den Tauchgängen und zum Schnorcheln werden von demselben Typ Boot durchgeführt wie die Zubringerfahrten von Kuala Besut. Fast alle Anlagen bieten Schnorchel und Masken, Kanuverleih, Taxibootservice und tägliche Schnorcheltrips zu den unbewohnten Stränden der Inseln an. Es werden auch **Tagesfahrten** zum Tauchen und Schnorcheln zu den südöstlich gelegenen Nachbarinseln **Lang Tengah** und **Redang** angeboten.

■ **Perhentian Island Resort**⑥, Tel. 697 7562, Fax 697 7199, www.perhentianislandresort.net. Eine der frühen regierungseigenen Prestigeanlagen, inzwischen privatisiert mit 106 Zimmern in 2 Kategorien für 380 RM bzw. 480 RM, wobei die besseren vorn am Strand liegen. Es gibt einen kleinen Pool und einen Tennisplatz. Das Restaurant ist vergleichsweise weniger attraktiv als die anderen an der Westküste und recht teuer. Das Resort nimmt die gesamte Bucht Teluk Pauh ein. Rechts und links der großen Jetty kann man gut schwimmen und nach Schildkröten (z.B. morgens oder am Spätnachmittag) Ausschau halten. Am linken Rand der Bucht kann man gut schnorcheln, auch wenn die Korallen unter der globalen Erwärmung und den üblichen Problemen von Korallen in der Nähe von Anlagen in den letzten Jahren sehr gelitten haben.

Über einen **betonierten Treppenpfad** erreicht man die links und rechts eines felsigen Vorsprunges erbaute und dadurch mit zwei Strandabschnitten gesegnete große Anlage des:

■ **Coral View Island Resort**③-④, Tel. 697 4943, 010 903 0943, Fax 010 903 0200, www.coralview.com.my. 96 Zimmer in Chalets unterschiedlicher Ausstattung und Lage, meist recht eng beieinander stehend. Standard mf 120 RM, a/c 170 RM, Deluxe am Hang (nahe Generator) und abseits des Strandes 210 RM, am Strand 230 RM. Das Restaurant ist gut besucht, kein Alkohol, die Preise sind vergleichsweise hoch. Es gibt einen Souvenir- und Miniladen für Getränke, Knabberzeug, Massage, Internet u.a., am Strand ist ein Beach Volleyballplatz, an dem abends gern gespielt wird. Bei Bedarf Transfer vom Flughafen KB für 60 RM nach Kuala Besut.

■ **The Reef Chalets**②-③, Tel. 697 7991. 12 recht attraktive, halbkreisförmig um einen Rasen angeordnete Chalets für 70 RM mf, 100/120 mit a/c, Familienchalet für 180 RM, in der Hochsaison 30 % Aufschlag. Es steht kein eigenes Restaurant zur Verfügung, aber es gibt vier in der Nähe.

■ **Paradise Restaurant,** einfach gestrickt, direkt am Strand, aber hier sind alkoholische Getränke erlaubt (Bierdose ab 8 RM, auch Härteres im Angebot).

■ **Paradise Island Resort**②-③, mit **Watercolors Restaurant** und **Tauchbasis.** 25 eher einfache Hütten für 80 RM mf und 130 RM mit a/c am Wald. Sehr beliebt ist das Watercolours-Restaurant (Tel. 691 1850, Büro Kuala Besut, www.watercoloursparadise.com.) nicht billig aber gut, z.B. fast täglich wechselndes Seafood BBQ Special für 25 RM, auch Pizza wird gebacken. Im Herbst 2010 wurde am Waldrand an einem zweiten Restaurant gebaut. Viele Gäste bringen ihr Netbook mit und surfen oder telefonieren vom Tisch aus dank WiFi. Für Gäste stehen zwei Internetterminals zur Verfügung. Die nebenan gelegene Watercolours-Tauchbasis, mobil 012 908 2852, 019 981 1852, www.watercolours.com.my, hat einen guten Ruf und beschäftigt ausländische Tauchlehrer.

■ **Mama's Place,** Tel. 019 985 3359, 984 0232, www.mamaschalet.com.my. 40 komfortable Chalets in drei Reihen angeordnet mit Sea- und Gardenview. Die 8 Hütten am Strand sind neu und mit Terrasse samt Tisch und Stuhl ausgestattet, Zimmer mit bequemem Bett und ebenfalls Tisch und Hocker und gekacheltem Bad bieten mit mf 60/80, a/c 150/180 RM ein attraktives Preis-Leistungsverhältnis. Es gibt Internet-, Telefon sowie Wäscheservice (10 RM/kg). Am südlichen Ende von *Mama's* ist eine Vertretung der *Turtle Bay Divers,* die auch am Long Beach eine Basis haben, sehr entspannt, freundlich und preiswert. Das lange hochgerühmte **Restaurant** ist immer noch o.k., aber *Mama* lässt inzwischen kochen. Sohn *Aziz* kann sogar etwas Deutsch.

■ Die **Cozy Chalets**③-④, sind zu 38 attraktiven Doppelchalets am Hang neu aufgebaut worden, am Strand stehen 38 **New Coocohut- Chalets,** 170–250 RM für Sea View und 130–200 RM für Garden View, alle a/c. Es gibt 2 Restaurants.

■ **Sehaila's Place**① (früher ABC), hinter *Sehaila's Convenience Shop* (größere Auswahl an Getränken u.a. als in den Resorts) bietet *Sehaila* noch ein halbes Dutzend sehr einfache Zimmer mit Moskitonetz und Bad für 50 RM.

■ **D'Ayumi House**②-③, Tel. 691 1680. Doppelchalets a/c mB 100–160 RM, dazu einige Zi mf mB 70 RM, Dorm. 35 RM, Wäscheservice.

■ **Tuna Bay Bay Resort**⑤-⑥, Tel. 697 7172, www.tunabay.com.my. 45 Chalets a/c, mB für 250–460 RM, Tauchbasis: **Universal Diver.** Dank Ponton können Zubringerboote direkt den Strand anfahren. Das Resort ist eines der wenigen, das in der Hochsaison nach Bedarf noch ein großes Boot zur Verfügung hat.

■ **Nia Café** bietet einfache und preiswerte Gerichte wie *Roti* oder *Murtabak* für 3–12 RM.

■ **Abdul's Chalets**②-③, bietet Chalets mf mB Garden View für 80 RM, a/c, mB für 150–240 RM. Das Restaurant bietet Speisen bis 30 RM.

■ Zwei unabhängige Tauchbasen **Universal Divers** und **Seahorse Divers** (www.seahorsedc.com) bedienen Interessierte an diesem Strandabschnitt.

Teluk Dalam

Diese schöne Bucht eignet sich wegen des weiten seichten Strandes für Familien mit kleineren Kindern. Schnorcheln kann man rechts beim Felsen. Bei Ebbe kommen die Korallen-

Insel Redang

● www.redangisland.com

Der Tourismus hat auf der Insel Redang später eingesetzt als auf den benachbarten Perhentian-Inseln, und er ist andere Wege gegangen, die die Insel für Traveller mit schmalem Geldbeutel fast unerschwinglich machen: praktisch alle Anlagen bieten **ausschließlich Pauschalangebote**, d.h. inkl. Hin- und Rückfahrt zum Strand ab/bis **Merang**, zwei Tage Vollpension, alkoholfreie Getränke (Säfte, Kaffee, Tee) und zweimal täglich Bootsfahrten zum Schnorcheln (angeboten als **3 days/2 nights**, genau genommen gar nicht so teuer). Die **Saison** dauert von März bis Mitte Oktober. Die meisten Anlagen schließen während des ab Ende Oktober einsetzenden Nordost-Monsuns, der bis Januar/Februar bläst. Die Unterwasserwelt um Redang ist größtenteils noch sehr gut erhalten (die Insel ist ebenfalls Meeresschutzgebiet); Tauchen und Schnorcheln lohnt sich. Der Archipel, zu dem neben Redang noch die meist unbewohnten Inseln Pinang, Ling, Ekor Tebu, Paku Besar, Paku Kecil, Kerengga Besar, Kerengga Kecil und Lima gehören, bietet mit die **besten Tauchgründe** West-Malaysias. Beim Schnorcheln sieht man Barrakudas, Rochen, Haie, gelegentlich Schildkröten, beim Tauchen Mantas, Merlins u.a. und mitunter auch den sanften, großen Walhai.

Die touristische Entwicklung konzentriert sich auf zwei Buchten: die Schönste der Insel, **Teluk Dalam**, im Norden, wo sich das luxuriöse **The Taaras Beach Resort** (früher *Berjaya Redang*) breit gemacht hat (feiner Sand und glasklares Wasser machen Schwimmen hier zum Genuss, an sonstigen Aktivitäten gibt es Segeln auf G-Cat, Windsurfen, Kajakfahren, Schnorcheln und Tauchen, Wandern, Tennis u.a.; allerdings kostet hier alles extra, bei einem Übernachtungspreis von 350 RM auch logisch); das Hauptzentrum befindet sich jedoch am ebenfalls sehr schönen Strand **Pasir Panjang** an der Ostseite, wo man am

---

reste in der Bucht ans Licht. Bei entsprechendem Wind werden auch schon mal Quallen in die Bucht getrieben. Da es weniger Bootsverkehr gibt, ist die Bucht weitaus ruhiger.

Übernachten

● **Flora Bay Resort③& Divers I & II**, Tel. 691 1666, Fax 691 1662, Büro KB: 747 7888, Fax 747 2688, www.florabayresort.com, www.floraybaydivers.com. Betreibt in zwei Strandabschnitten 80 Chalets in gepflegter Anlage mit Hütten mf für 60 RM am Hang und Chalets mit a/c (24 Std.) für 130–190 RM; mit Restaurant. Die Tauchbasis bietet als eine der wenigen Basen *Nitrox*-gefüllte Flaschen, die längere Tauchgänge ermöglichen.

● **Fauna Beach Chalet②-④& Fauna Reef Diver**, Tel. 019 978 2254 (Resort Manager *Mhd. Roslam*). Im Vergleich zu Flora einfacher und etwas preiswerter, liegt zwischen beiden Anlagen von Flora, Chalets mf 50 RM, Familienchalet 95 RM, Chalets mit mf mB 55/70/100 RM, a/c mB 145/175 RM.

● **Samudra Beach Chalets①-②**, Tel. 697 7608,17 einfache Hütten, darunter einige A-frame mf für 40 RM, Familienhütten mf für 50 RM, und Sea View 60 RM, dazu **Tauchbasis** (mit Nitrox), Tel. 691 1670, www.urbanislandivers.com.

● **Arwana Eco Resort⑤ & Beach Chalet**, Tel. 691 1888, 691 1887, Fax 691 1880, www.rwanaperhentian.com.my. 180 Zimmer a/c/TV mit attraktivem Pool im Park, Zimmer 140–280 RM (unterschiedliche Ausstattung und Ausblick), 1 Executive Suite für 580 RM; großes, recht teures Restaurant, Büffet-Frühstück (18 RM), Lunch und Abendessen (je 35 RM).

Tagesausflüge nach Pulau Lang Tengah & Redang

Eine günstige Gelegenheit, diese beiden Inseln kennen zu lernen und dort zu schnorcheln sind die von beiden Inseln Perhentians fast täglich angebotenen Ausflüge für 120 RM, Tauchausflüge kosten entsprechend mehr.

Insel Redang

Pulau Redang

Tauchen

- Seaturtle Research Project
- Pasir Bujang
- Teluk Dalam
- Kg. Ulu Redang
- Flugplatz
- Bkt. Mongkos 205 m
- Kampung Jetty
- Teluk Bakau
- P. Paku Besar
- Big Mount
- Pasir Panjang
- P. Paku Kecil
- P. Lima
- Southern Tip
- Teluk Bakau
- Mini Mount
- P. Kerengga Kechil
- Stingray Garden
- P. Kerengga Besar
- Merang, Kuala Terengganu
- Sandy Bottom
- P. Ekor Tebu
- P. Pinang
- P. Ling
- Pulau Perhentian
- Merang

Übernachtung
1. The Taaras Beach & Spa Resort
2. Redang Island Resort
3. Redang Holiday Beach Villa
4. Sari Pacifica Resort, Coral Redang Island Resort
5. Redang Pelangi Resort
6. Redang Bay Resort, Redang Lagoon Chalet
7. Redang Beach Resort
8. Laguna Redang Resort
9. Redang Reef
10. Laguna Redang Island Resort
11. Redang Bahtera
12. Redang Kalong Resort
13. Amannagapa Resort
14. Badang Mutiara Island Resort
15. Redang Camp Site

Wassersport
16. Marine Park Center

Insel Redang

besten schnorcheln kann und wo sich allein 8 Resorts befinden. An allen weiteren Stränden in Richtung Süden gibt es weitere Anlagen. Zu erwähnen ist vor allem die wuchtige Anlage des *Laguna Redang Resorts* in der Bucht Teluk Bakau Besar, dann folgen Teluk Bakau Kecil, Teluk Kalong Kecil, Teluk Kelong Kecil und Besar. Das Hauptquartier des **Marine Parks** hat sich die Redang vorgelagerte kleine Insel **Pinang** reserviert. Hier kann man direkt neben dem Steg schnorcheln, sogar ein recht großes Wrack liegt ganz in der Nähe. Zwischen Pinang und Pasir Panjang gibt es in jeder der 3–4 Buchten noch 1–2 Resorts. Diese werden in der Regel ab Merang bzw. Terengganu direkt angefahren. Man kann auch jedes abfahrende Boot benutzen und sich vor Ort entscheiden und einen passenden Preis aushandeln (ist keine Erfolgsgarantie, da viele Resorts in der Hauptsaison gut ausgelastet sind).

Anreise

■ Am besten und bequemsten direkt durch die Betreiber der Resorts, die ein **Reservierungsbüro** in Kuala Terengganu (KT) haben, ab dort mit öffentlichem Bus oder Sammeltaxi. Einige Resorts bieten eigenen Transfer an.

■ Aus Richtung Kota Bharu am einfachsten im **Direktbus** ab Kuala Besut (Ausgangspunkt für P. Perhentian); von der Straße Kota Bharu – KT ist Merang nicht günstig zu erreichen, es sei denn, man reist zu mehreren, dann an der Abzweigung nach Penarik/Merang (in Bandar Permaisuri) ein **Sammeltaxi** nehmen, auf den 12 km fährt nämlich sehr selten ein Bus. Ab KT im Bus nach Kuala Besut am Merang-Fluss aussteigen.

Es ist auch möglich, zu den am Flussufer des Merang-Flusses aneinander gereihten Anlegestellen zu gehen und nach einem **Fährbootplatz** zu fragen (ca. 50 RM pro Fahrt), das geht auch mit den Berjaya-Fähren, die in Merang um 10.30 Uhr und 15 Uhr abfahren, falls Platz vorhanden ist. In Redang legen sie am Hauptpier im Süden an, von dort zum Pasir Panjang mit Boottaxi für ca. 60 RM oder Bustransfer zum *The Taara Beach Resort* und von dort zu Fuß in 45 Min. durch den Dschungel!

Von der **Shahbandar Jetty** in Kuala Terengganu fahren die 120 Personen fassenden Boote von *Sejahtera Ferry Services* direkt zur Jetty von Pasir Panjang bzw. des Kampung Redang (vor dem *The Taara Beach Resort* gelegen) für 100 RM hin und zurück, meist 10.30 und 15 Uhr. Genaue Abfahrtzeiten sollte man bei der Buchung erfragen.

Übernachten

Alle Resorts können online über deren Webseite/E-Mail-Adresse bzw. über www.redangisland.com gebucht werden. Ggf. sind Letztere preiswerter als die Resorts.

Teluk Dalam

■ Das **The Taaras Beach Resort**③ (früher: *Berjaya Redang*), Tel. 630 8888, www.thetaaras.comp, liegt ca. 3 km von der Anlegestelle des Kampung Pulau Redang entfernt; der Transfer erfolgt im eigenen Fahrzeug des Resorts. Die große Anlage mit doppelstöckigen Chalets ist sehr geschmackvoll um die schönste Bucht der Insel angelegt. Wie das *Perhentian Island Resort* auf Perhentian Besar war sie die erste Anlage der Insel. Man kann in der Bucht gut schwimmen oder paddeln und bei den Korallen an der linken, westlichen, Seite schnorcheln. Der Preis hat sich nach Renovierung deutlich erhöht, 3T/2N ab 1078 RM. Wer nicht nur im teuren Restaurant des Resorts essen will, kann wie die Angestellten im einfachen Warung (Laden/Lokal) vor dem Eingang essen. Zum Dorf *Kampung Hulu Redang,* das einst wegen einer geplanten Marina von der Anlegestelle ins Innere der Insel verlegt worden war, ist es etwas über 1 km.

■ Ganz in der Nähe der Anlegestelle thront auf einem Hügel gegenüber der Bucht übrigens das **Redang Island Resort**⑤, Tel. 630 8787, 98 Zimmer, www.islandresort.com, 3T/2N ab 329 RM. Der über dem Wasser gebaute Kampung Pulau Redang, der Hauptort der Insel, ist verlassen und 1 km landeinwärts neu aufgebaut worden.

Dschungelweg zum Pasir Panjang

Vom Resort kann man in ca. 45 Min. zu Fuß durch den Dschungel zum Pasir Panjang an der Ostküste gehen (die Straße an der rechten Seite der Bucht entlang zu einem Strand, dann rechts den Weg entlang des Stromkabels gehen), www.berjayaresorts.com.

Pasir Panjang

Von Norden nach Süden
■ **Redang Holiday Beach Villa**②, Tel. 09 624 5500, Fax 624 5511, mobil 019 984 2220, www.redangholiday.com. Kleine, feine Anlage auf Felsen am Nordende; alle Zimmer mit a/c, mB, Kühlschrank, kostenlose Internet-Telefonie mit *Skype*, Angebot: 3T/2N 279 RM (Nebensaison).
■ **Sari Pacifica Resort**⑥, Tel. 603 8942 8882, Fax 603 8941 8887, reservations@saripacifica.com, neue große Luxusanlage mit 70 Villen, 3T/2N-Pakete ab 448 RM.
■ **Coral Redang Island Resort**⑥, Tel. 601 1972174, www.coralredang.com.my. Einer der teuersten Anlagen am Strand, 40 Chalets ab 235 RM, 3T/ 2N ab 525 RM.
■ **Redang Pelangi Resort**③ (Buchung in Kuala Trengganu: Tel. 09 623 5202, 019 983 4158, www.redangpelangi.com). Freundlich, ungezwungen, die älteste und preiswerteste Anlage der Insel; 3T/2N ab 299 RM.
■ **Redang Bay**② (Reservierung in Kuala Terengganu: 09 620 3200, Fax 624 2048, www.redangbay.com.my). Ebenfalls ordentliche Anlage, Schnorchelpaket: 3T/2N wochentags 278 RM (dorm), 428 RM (im DZ), Juni–Ende August 298 RM Dorm), 398 RM (im DZ), Mini-Market.
■ **Redang Lagoon Chalet**② (Reservierung in Paka: Tel. 09 827 2116, im Resort: 09 624 0197, www.redanglagoon.com). Geschmackvolle Anlage, rustikal; 3T/2N ab 260 RM, gute Tauchschule.
■ **Redang Beach Resort**② (Reservierung in KL: Tel. 03 203 1507-9, Fax -5, www.redang.com.my. In Kuala Terengganu: Tel. 09 623 8188, Fax 623 0225, www.redang.com.my). Geschmackvoll, rustikal, 3T/2N 350 RM.
■ **Ayu Mayang**④, Tel. 09 690 2888, Fax 699 1000, www.redangisland.com/redang_ayu_mayang.htm). Hier kann man auch tageweise buchen, Zimmer inkl. Frühstück 180 RM, DZ mit Meeresblick 220 RM, 3T/2N im DZ ab 299 RM.
■ **Redang Reef Resort**②, Reservierungsbüro Kuala Terengganu: Tel. 09 624 6395, www.redangreefresort.com.my. Am Südende, 3T/2N ab 289 RM.

Teluk Bakau Besar
■ **Laguna Redang Island Resort**④, Tel. 09 631 0888, www.lagunaredang.com.my. Größte Anlage am Strand, 212 Zimmer mit Balkon, Bad, TV, Kühlschrank etc. großer Swimmingpool, 2 Restaurants.

Teluk Bakau Kecil
■ **Redang Bahtera Resort**②, Tel. 09 630 1610, Fax -1611, www.redangislandresorts.com. Eher einfaches Resort, 3T/2N Schnorchelpaket ab 400 RM, Tauchpaket ab 500 RM.

Pasir Teluk Kalong Kecil
■ **Redang Kalong Resort**②, Tel. 09 622 1591, Fax 09 622 8186, www.redangkalong.com. Sympathische Anlage. Schnorcheln 2T/1N ab 250 RM, 3T/2N ab 380 RM. Tauchen 2T/1N ab 340 RM, 3T/2N ab 590 RM.
■ **Mozana Redang Resort**②, Tel. KT 09 630 1900/-1901, Fax 631 1901, vor Ort 09 630 2900. 2T/1N Schnorchelpakete 180 RM, 3T/2N 280 RM, 3T/2N Tauchpaket 550 RM.
■ **Wisana Redang**③, Tel. 624 6473, 010 9137427, www.wisanatravel.com. Ab 150 RM, 3T/2N 369 RM.

Teluk Kelong Besar
■ **Mutiara Redang**③, Tel. 09 653 1158, Fax 653 1239, sales@redangmutiara.com.my. Gut ausgestattete Chalets mB, a/c, eigene Bucht, 3T/2N ab 278 RM.

Dschungelpfade

a) Pasir Panjang – Teluk Dalam (1,8 km); hinter Coral View bei Wegweiser in den Wald und auf gut erkennbarem Weg zur andern Seite der Insel bei der Bucht Teluk Dalam.

b) Teluk Kelang Kecil – Gipfel Bukit Mongkos (200 m ü.M., Weglänge 900 m) Kreuzung (100 m nach Gipfel): nach links Richtung Kg. Redang (2,5 km), nach rechts Richtung Pasir Panjang (1 km); Beginn des gelb/rot markierten Pfades hinter Generator von Wisana bei Felsen. Umgekehrt lässt sich der Weg natürlich auch von Pasir Panjang nach Teluk Kalong Kecil gehen und von dort an den diversen Buchten zurück nach Pasir Panjang.

Achtung: die **Langschwanzmakaken** von Redang reagieren aggressiv auf Menschen. Man sollte den Blickkontakt mit ihnen meiden und einfach vorbeigehen; sehr wahrscheinlich bekommt man hier auch Kancil und Warane zu sehen.

Nachbarinseln von Redang

Pulau Lang Tengah

Kleine reizvolle Insel zwischen Redang und den Perhentians mit fünf Resortanlagen, die wie in Redang in erster Linie auf **Pauschalangebote** eingerichet sind, also typischerweise 3 Tage, 2 Nächte (3T/2N), inkl. Transfer ab/bis Merang, täglich 2 Bootsfahrten zum Schnorcheln, Mahlzeiten, Getränke. Übernachtung in Bungalows oder Zimmern. Alle Anlagen haben **Tauchschulen** und bieten **Dschungelwanderungen** an. Fahrten zum Tauchen und Schnorcheln dauern selten mehr als 15–20 Min. Alle Resorts liegen an der Südwestseite:

Übernachten und Aktivitäten
■ **Summer Bay Resort**⑥, Tel. 09 631 0832, Buchung online: www.summerbayresort.com.my. Entspannt, chinesisches Management und Essen, 3T/2N 498 RM, Zimmer a/c, mB, Vollpension, Saft, Kaffee, Tee frei. Ab Merang 10, 12.30 Uhr, zurück 9, 11 Uhr, Angeltrips 350 RM pro Boot/3 Std., Dschungelwanderungen auf die andere Seite der Insel, Tauchkurse.
■ **Sari Pacifica Resort**⑥, reservations@saripacifica.com, Tel. 669 0100/2, Fax 669 0103. Große Anlage in derselben Bucht, gehört zur malaysischen Sari-Pacifica-Gruppe (Resorts auf Langkawi, P. Besar und Sibu), 55 Chalets, Pool, TV Zimmer, 3T/2N ab 388 RM; Tauchschule); malaiisches Essen; ab Merang 10, 12 Uhr, zurück 8.30, 14 Uhr, Buchung auch über Ping Anchorage in KT.
■ **Lang Sari Resort**④, mobil 017 975 0668, Buchung: Tel. 09 623 5333, www.langisland.com.my. Preisweiteste Anlage, eigene Bucht, gute Schnorchelmöglichkeit, 56 Zi. 3T/2N „free&easy" 268 RM, Schnorchelpaket 490 RM.
■ **D'Coconut Lagoon**⑥, Tel. 03 4252 6686, Fax 03 4252 2689, www.dcoconutlagoon.com. Attraktivste Anlage, zwei eigene Buchten, Swimming Pool, 3T/2N ab 425 (wochentags, Nebensaison, Standard).

Pulau Bidong

Man kann von Merang aus inzwischen Tagesausflüge zur lange für Touristen gesperrten **Insel Bidong**, wo nach dem Ende des Vietnamkrieges zigtausende von vietnamesischen *Boat People* bis zum „Versand" in Drittländer interniert wurden. Die Einheimischen sind überzeugt, dass die Geister der vielen tausend auf der kleinen Insel gestorbenen Vietnamesen nachts ihr Unwesen treiben, deshalb gebe es bis heute keinen Resort.

■ *Ping Ancorage* n K.T. (s. dort) bietet tägliche **Ausflüge zu den Inseln Bidong und Yu** zum Schnorcheln oder Tauchen ab 150 RM (Schnorcheln inkl. Ausrüstung) bzw. 275 RM (+ 80 RM für Ausrüstung) für 3 Tauchgänge.

Penarik

Traditioneller malaiischer Kampung am Penarik-Fluss, berühmt für seine Glühwürmchen, die nur hier synchron blinken.

■ **Terapuri Heritage Village**⑥, Kg. Mangkuk, Penarik, Tel. 624 5020, Fax 622 8093, www.terapuri.com, eine feine Anlage aus 29 teils über hundert Jahre alten malaiischen Holzhäusern, die aus ganz Terengganu zusammengetragen und direkt am Meer wieder aufgebaut wurden. 400–1100 RM, Minimum 2 Nächte.

Merang

Dieser Kampung rund 40 km nördlich Kuala Terengganu (KT), lebte jahrelang vom **Bootsverkehr nach Redang** und **Lang Tengah.** Seit die Boote nun auch direkt von KT aus fahren, sparen sich viele Reisende die Anfahrt nach Merang. An der Mündung des Sungai Merang zeugt ein seit Jahren versandetes Hafenbecken samt Jetty von einstiger Fehlplanung, und die Boote legen ein Stück flussaufwärts ab: nach Redang um 9.30/11.00/13.00 Uhr, 80 RM, zurück um 8.00/10.30/14.00 Uhr. *Berjaya* fährt ganzjährig um 10.00 und 15.00 zur Kg. Redang Jetty. Zu den Inseln **Lang Tengah** und **Bidong** verkehren bei Bedarf **Charterboote** für bis zu 12 Personen für 700 RM. Entlang der Küste zwischen Merang und Batu Rakit liegen eine Reihe erstklassiger Resorts. Anreise: ab KT mit dem Bus nach Kuala Besut, ab KB (s. Anreise Pulau Redang).

Resorts an der Küste südlich von Merang

■ **Merang Inn Village Resort**②, Tel. 624 3435. Einfache Zimmer ab 40 RM. Südlich von Merang liegt in Richtung Kuala Terengganu eine Reihe von in Preis und Ausstattung recht unterschiedlichen Resorts:
■ **Kembara Resort**①, Tel. 653 1770, www.kembararesort.tripod.com. Zimmer ab 35 RM.
■ **The Aryani**④, Tel. 653 2111, www.thearyani.com. Exklusives Resort mit individuell angepasstem, sehr höflichem Service, distinguierter Atmosphäre; zielt ab auf Gäste, die das Wellness-Programm nutzen möchten. Ästhetisch bis in kleinste Details, die Dekoration ist auf feinstes malaiisches Kunsthandwerk ausgerichtet; Besitzer ist ein bekannter Architekt, Mitglied der Sultansfamilie von Terengganu; Zi. ab 370 RM.
■ **Gem Beach Resort**③, Tel. 669 5910, Fax 669 5920, http://gembeach.net. Saubere, angenehme Anlage nahe dem Fischerdorf Batu Rakit mit Zimmern ab 110 RM.
■ **Sutra Beach Resort**④, Tel. 669 6200, www.sutrabeachresort.com.my. Ein weiteres Resort am endlosen Strand, Kampung Rhu Tapai, Setiu, beliebt bei Familien und Gruppen (Telematch, Paintball). Zi. ab 200 RM.
■ **Best Western Suria Beach Resort**③, Tel. 653 1600, www.suriaresorts.com. Große attraktive Anlage rund um einen Pool mit gut ausgestatteten Zimmern mFr, auf einheimische Touristen ausgerichtet, wochentags ab 128 RM.
■ **Homestay Kampung Rhu 10**①, mobil 017 986 2118 *(Shuhadi)*, Tel./Fax 692 7921.

Kuala Terengganu

Die Stadt ist **Haupt- und Residenzstadt** des Sultanats Terengganu. Im Vergleich zu Kuantan und Kota Bharu wirkt sie aber kleinstädtischer, hat teilweise sogar dörflichen Charakter. Die über 303.000 Einwohner zählende Stadt hat unter allen Städten Malaysias den höchsten malaiischen Bevölkerungsanteil.

KT liegt knapp 170 km südlich von Kota Bharu und 209 km nördlich von Kuantan. Bis in die 1930er Jahre gab es im Staat keine Straße, dank des Ölbooms nun aber die angenehm zu fahrende Ostküstenstraße, die ab KT nach Norden landeinwärts verläuft, nach Süden bis Kuantan jedoch immer sehr nahe an der Küste vorbeiführt, mit reizvollen Ausblicken auf Meer, Kokospalmen und Kampungs in ihrem Schatten.

Aufgrund des **Ölbooms** sind zahlreiche Prestigeobjekte, repräsentative Gebäude und Luxushotels entstanden, auch gibt es einige Einkaufszentren, allen voran der auf Batik und Stoffe spezialisierte prächtige **Bazar Warisan** gegenüber dem großen Markt. Viel wurde und wird investiert in Parkanlagen. Eine entsteht gerade zwischen der schön restaurierten kleinen Chinatown und aufgeschüttetem Land am Terengganu-Fluss. Ein neuer Höhepunkt ist der 2008 eröffnete Park **Taman Tamadun Islam** (Park der islamischen Zivilisation) am Fluss, der 21 Modelle berühmter islamischer Bauwerke präsentiert, und als Prachtstück die **Masjid Krystal** (Kristallmoschee), deren Glaskuppel nachts in unterschiedlichen Farben beleuchtet ist und tagsüber im Sonnenlicht glänzt. Am besten sieht man sie von der Brücke über dem Fluss.

Pulau Duyung Besar

Manche Traveller bevorzugen aber etwas ganz anderes: Sie lassen sich von der Anlegestelle am Fluss, zwischen Central Market und Jln. Bandar gelegen, mit einer Fähre zur Insel

Duyung Besar auf der anderen Seite des Flusses übersetzen und gehen dort zu **Awi's Yellow House**①, das allerdings eher braun als gelb aussieht (Tel. 622 2080, rohanilonguet @hotmail.com 18–25 RM), 10 Zimmer, Kaffee und Tee sind gratis, um's Essen muss sich jeder selbst kümmern. Das Haus liegt stimmungsvoll am Fluss mitten in einem für seine **Bootsbauer** bekannten Kampung (in dem sogar schon ein paar Traveller das Handwerk gelernt haben). Leider sind von den ehemals zahlreichen Bootsbauern nur noch wenige geblieben, die Zeiten ändern sich. Noch zu Beginn des 20. Jahrhunderts war die kleine Insel beispielsweise ausschließlich von Adeligen bewohnt. Trotz allem bietet sich hier die seltene Gelegenheit, Einblick in das Alltagsleben eines Kampung zu nehmen.

Die Insel ist nur 1,7 km lang und 700 m breit: Nett ist ein Spaziergang um die Insel; Man kann Bootsfahrten flussaufwärts und zu den Inseln unternehmen. Selbst wenn man nicht dort übernachtet, einen Besuch ist die Insel allemal wert. Über die Sultan-Mahmud-Brücke ist die Insel per Auto und per Minibus ab der Busstation zu erreichen, die Fähren verkehren noch und bieten schönere Ausblicke.

Sehenswertes

Abgesehen von dem lohnenden kleinen Ausflug zur Insel hat die Stadt selbst natürlich auch ein paar Dinge, die es zu sehen lohnt: die zum Teil hundertjährigen **chinesischen Ladenhäuser** in der Jalan Bandar (einige wurden in den letzten Jahren renoviert, ebenso der kleine Tempel am einen Ende der Straße). Noch malerischer vom Wasser aus: Die Häuser stehen alle auf Stelzen. Besser als von hier aus lässt sich der Gegensatz zwischen Vergangenheit und Moderne kaum einfangen, denn hinter den alten Häusern ragen die Bürohochhäuser und Hotels in den Himmel.

Man kann mit einem Boot nach **Seberang Takir** auf die andere Seite der Flussmündung fahren, mit schönem Blick aufs Meer und die Stadt. Dort wird Trockenfisch hergestellt.

Geht man die Jln. Bandar weiter, kommt man zum lebhaften Markt, **Pasar Besar,** wo es auch lokales Kunsthandwerk zu kaufen gibt.

Noch ein Stück weiter kommt man zur **Istana Maziah** (1894), dem Empfängen dienenden Palast mit seinen europäischen, aber auch malaiischen Stilelementen. Wirkt sehr provinziell. Der alte Palast fiel 1882 mit 1500 anderen Häusern einem Großfeuer zum Opfer.

Der moderne Palast **Istana Badariah,** in dem der Sultan wohnt, liegt außerhalb des Stadtzentrums, links auf dem Weg nach Dungun, mit eigenem Golfplatz (fast alle Sultane frönen diesem Luxussport!).

Um die Ecke des alten Palastes, in der Jln. Masjid Abidin steht die große Landesmoschee **Masjid Abidin.**

Neben dem alten Palast bzw. dem Postamt liegt der **Bukit Puteri** (Prinzessinnen-Hügel), der über eine Treppe erklommen werden kann. Oben gibt es eine Festung (1830), Kanone, Glocke, Leuchtturm, einen Friedhof und eine schöne Aussicht über Stadt und Umland.

Weiter östlich liegt der **Kg. Dalam Kota** (Dorf in der Stadt), in dem man eine Reihe alter malaiischer Häuser sehen kann. Sie werden wohl auch nicht mehr lange stehen, denn die alten Holzhäuser behindern nach Meinung der Regierenden eine weitere Entwicklung. Sie haben zwar recht, andererseits ist es schade und für die Bewohner ein Problem.

Auf dem Bukit Kecil, von der Jalan Ayer Jerneh ausgehend (südlich des Stadtzentrums), stand früher das **Staatsmuseum** mit Relikten aus der Geschichte. u.a. gab es dort eines der Fahrräder zu sehen, mit denen die Japaner einst erfolgreich die Invasion der Halbinsel durchführten.

Heute liegt das Museum ein Stück hinter der Sultan-Mahmud-Brücke (ca. 5 km vom Zentrum) an der Jln. Losong Ferry. Es besteht aus einem Haupt-, einem Schifffahrts- und einem kleinen Fischerei-Museum sowie aus vier auf dem Gelände wieder aufgebauten traditionellen malaiischen Adelshäusern (davon eines ein Palast) und Gartenanlagen.

In den Hauptgebäuden gibt es verschiedene Schwerpunkte: Webarbeiten aus verschie-

Kuala Terengganu

M Staatsmuseum,
Sultan-Mahmud-
Brücke,
✈ Flughafen,
C Taman Tamadun Islam,
C Kristallmoschee
Kota Bharu

■ Übernachtung
1 Awi's Yellow House
4 Hotel Indah
5 Ping Anchorage
  Travellers Inn
7 YT Midtown Hotel,
  Alamanda
8 Sea View Hotel
14 Grand
  Continental Hotel
15 Hotel Seri Malaysia
16 Sri Hoover Hotel
19 Mutiara Hotel
22 Motel Desa
23 Ming Star
24 Primula Beach Resort
26 Batu Buruk
  Beach Resort

■ Essen und Trinken
2 Golden Dragon
  & andere chinesische
  Restaurants
5 Travellers Café
6 Mat Binjai
7 Nasi Minyak John
9 BB Coffee Shop
10 MD Curry House,
  BB Coffee Shop
11 Taman Shahbandar

C Zaharah Moschee,
C Masjid Tenko Tengah
  Marang "Floating Mosque",
★ Istana Badariah

12 Tanjung Esslokale
16 Good Luck Restaurant
17 Zie's Corner
18 Kari Arsha
20 Nasi Kerabu
21 Meka
25 Batu Buruk
  Food Centre
27 Pak Sue

■ Einkaufen
3 Bazar Warisan
13 Supermarkt

Kuala Terengganu

nen Ländern SO-Asiens, Kris, Kunsthandwerk, malaiisches Brauchtum, Gegenstände der Sultane, eine Abteilung zur Fauna des Staates in Dioramakästen; eine Abteilung widmet sich der **Ölförderung** mit dem Ölmulti *Petronas* im Mittelpunkt. Schaustück in der Eingangshalle ist der *Batu Bersurat,* auch bekannt als Terengganu-Stein, der in Kuala Berang gefunden wurde, das älteste Zeugnis des Islam in Malaysia aus dem Jahre 1326.

Wer hinten aus dem Park durch das offene Tor hindurchgeht, kann rechts über eine Holzbrücke in ca. 5 Min. zur **Pulau Sekita** gehen, einem Kampung mit Moschee, die man vom Eingang zum Museum sieht. Ein netter Spaziergang, wenn man etwas Zeit hat. Generell sollte man 2 Std. Zeit für den Museumsbesuch einplanen. Eintritt 15 RM.

■ **Kompleks Muzium Negeri Terengganu,** 9–17 Uhr, Fr geschl., Tel. 622 1444, Anfahrt mit Taxi 15 RM oder mit dem Stadtbus (*bas bandar,* sieht aus wie ein Häuschen) für 1 RM ab Taman Shahbandar neben der Jetty. Erster Bus 11 Uhr. Man kann dann den zweiten Bus gegen 14 Uhr nehmen und noch einen schnellen Blick auf den *Taman Tamadun Islam* und die Kristallmoschee werfen, da der Bus dort umkehrt, bevor er in die Stadt zurückfährt oder steigt dort aus und fährt mit dem letzten Bus gegen 17 Uhr zurück.

Weiter südlich auf dem **Bukit Besar** mit Telecom-Station hat man eine gute Aussicht – bis z.B. zur Insel Kapas und über den Terengganu-Fluss. Ein Sträßchen führt hinauf, zu Fuß ist es ab Stadtzentrum zu weit, es sei denn, man baut den Trip ins Jogging-Programm ein.

Die strahlend weiße **Masjid Tengku Tengah Zaharah** ist von Wasser umgeben und wird deshalb Schwimmende Moschee (Floating Mosque) genannt. Sie liegt an der Hauptstraße 4,5 km südlich KT, zu erreichen mit Bus 13.

Auch KT hat ein **Kulturzentrum** *(Gelanggang Seni/Pengkalan Budaya)*, am Pantai Batu Buruk; Vorführungen finden Fr und Sa 17–19 und 21–23 Uhr (von April bis Oktober) statt.

Anfang/Mitte August wird eine Woche lang ein **Strandfest** *(Pesta Pantai)* gefeiert.

Blick vom Puteri-Hügel

Traditionelles Handwerk

Batik, **Brokat** *(Songket)*, **Seide**, **Matten**, **Körbe**, **Kris**, **Messingwaren** und **Holzschnitzereien** bekommt man im *Pasar Besar* und – weniger lohnend und teurer – im *Handicraft Centre* in Chendering, ca. 6 km außerhalb von KT in Richtung Marang. Dort wird auch die Herstellung demonstriert. An gleicher Stelle kann man beim **Seidenweben** im *Suterasemai-Centre* zusehen und auch kaufen.

Etwa 5 km flussaufwärts kann man im *Kampung Pulau Rusa* ebenfalls beim Herstellen von **Songket** und **Batik** zusehen; kaufen kann man diese Dinge beispielsweise im Bgn. Mara, Jln. Masjid Abidin.

In der Jln. Sultan Ismail gibt es im Wisma Maju das *Desa Craft Centre*.

Keris gibt es z.B. bei *Abu Bakar,* 1406 L. Saga, Pasir Panjang.

In der Jln. Bandar 151 gibt es einen interessanten kleinen Laden, *Teratai,* mit zeitgenössischem Kunsthandwerk und schönen **Kunstdrucken** des örtlichen, überregional erfolgreichen Künstlers *Chang Fee Ming.*

Batikmalerei können Sie bei *Zakaria Ismail* erlernen, 56 D, Ladang Mengabang, K.T., mobil 017 9617198.

Adressen und Telefonnummern

■ **Tel.-Vorwahl Kuala Terengganu: 09**
■ **ATM:** Maestro-(EC-)Karten werden ggf. nicht angenommen!
■ **MTPB** *(Malaysian Tourism Promotion Board)*, East Coast Region Office, Tel. 622 1433, Fax 622 1791, -2243, Menara Yayasan Islam, Jln. Sultan Omar; Sa–Mi 8–16 Uhr, Do bis 12.45 geöffnet, Fr geschlossen. Hier kann man Infos über Terengganu bekommen, es gibt zudem Listen über sämtliche Übernachtungsmöglichkeiten, die regelmäßig aktualisiert werden.
■ **STIC** *(State Tourist Information Centre)*, Tel. 622 1553, Jln. Sultan Zainal Abidin, zwischen Hauptpost und Central Market gelegen; Öffnungszeiten wie MTPB.

Übernachten

■ Der beste Platz für Traveller dürfte das **Ping Anchorage Travellers Inn**①, 77A, Jln. Sultan Sulaiman sein. Winzige EZ für 25 RM, DZ 35 RM, WC und Dusche im Gang. Der Dachgarten ist jetzt das **Travellers Café** (das alte Lokal wurde aufgegeben). Wer vor 17 Uhr ankommt, kann sich bei Ping Anchorage (Tel. 626 2020, Fax 626 2022, www.pinganchorage.com.my) nebenan melden, ansonsten gehe man den Treppenaufgang hinauf. Falls die Tür verschlossen ist, links klingeln und hoffen, dass jemand kommt (gilt für die Nebensaison). Da es keine Dorm-Betten mehr gibt, sollte man sich überlegen, ob ein Hotel mehr bietet, außer dass man dann keine Traveler trifft.

Das *Ping Anchorage Travellers Inn* organisiert eine Vielzahl von Ausflügen und mehrtägigen Touren im gesamten Terengganu: zu allen Inseln, zum Kenyir-See, zum Sekayu-Wasserfall, außerdem Dschungelwanderungen, Fluss- und Land-Safaris, alles zwar nicht billig, aber viele davon nirgendwo sonst zu buchen.

■ **Hotel Indah**②, 71, Jln. Tok Lam, Tel. 623 3023, um die Ecke vom Ping Anchorage in der Jln. Tok Lam Richtung Busbahnhof. DZ ab 40 RM mB, a/c, TV, größere 60 RM, gute Matratzen, aber keine sonstigen Möbel.

■ **Sea View**②, 18-A, Jln. Masjid Abidin, Tel. 622 1911, Fax 622 3048. 23 Zimmer mB, a/c und TV, bietet einiges mehr an Komfort (z.B. WiFi), ab 85 RM.

■ **Alamanda**① (früher *Paradise Bed & Breakfast*), 28, Jln. Tok Lam, Tel. 622 8888. Um die Ecke vom *YT Midtown Hotel*, EZ/DZ 40 RM mB, a/c, Tisch, Stuhl, Schrank.

■ **Hotel YT Midtown**②, Jln. Tok Lam, Tel. 623 5288, Fax 623 4399. Zentral gelegen, bestes und preiswertestes Mittelklassehotel (EZ/DZ ab 90 RM mit Frühstück).

■ Schräg gegenüber, in der Jln. Hiliran, das **Seri Malaysia**③, Tel. 623 6454, Fax 623 8344; direkt am Fluss, 120 RM, 46 Zi., angenehm.

■ **Sri Hoover**②, 49, Jln. Sultan Ismail, Tel. 623 3833, Fax 622 5975, 71 Zi. a/c, mB, TV, Kühlschrank, Telefon, ab 65 RM.

■ **Ming Star Hotel**②, 217, Jln. Zainal Abidin, Tel. 622 8666. Nahe *Grand Continental*, neu, geschmackvoll eingerichtet, sehr attraktiver Eröffnungspreis, 108 RM inkl. Frühstück für 2 Personen.

■ Auf dem Hügel Bukit Pak Api steht ein luxuriöser Bau mit schönem Ausblick: **Motel Desa**③, Tel. 622 3488, -033, Fax 622 3863. 20 Zimmer.

■ Das Spitzenhotel, ein staatliches Prestigeobjekt, ist das am Batu-Buruk-Strand gelegene **Primula Beach Resort**⑤, Tel. 622 2100, 623 3722, Fax 623 3360; 249 Zi. ab 250 RM. Vielfältiges Angebot an Wassersport, Tennis, Squash etc. Im Schwimmbad gibt es getrennte Becken für Frauen und Männer.

■ In derselben Preiskategorie bewegen sich auch das Hotel der Kette **Grand Continental**⑤, www.malaysia hotels.net/hgcterengganu.

■ Auch am Strand: das attraktive **Batu Buruk Beach Resort**③, 906-A, Jln. Pantai Batu Buruk, Tel. 622 1410. 19 Zimmer, ab 110 RM, nahe den beliebten Essständen des *Batu Buruk Food Centre* und dem ausgezeichneten Seafood-Restaurant *Warung Pak Maidin*.

Essen und Trinken

Am Beginn der Jln. Sultan Ismail gibt es ein paar Supermärkte. Parallel zur Jalan Bandar und gegenüber dem Busbahnhof sind **Hawker-Centres.** Beliebt ist das *Taman-Selera Food Centre*, geöffnet von 19 Uhr bis Mitternacht, und das **Batu Buruk Food Centre** am Strand mit dem beliebten Seafood-Lokal *Warung Pak Maidin* (besonders lecker *Ikan Bakar*, in Bananenblatt mit würziger Sauce gegarter Fisch). Auch auf dem Central Market kann man natürlich gut und preiswert essen.

Terengganu ist **berühmt für** einige **lokale malaiische Gerichte,** z.B. *Nasi Dagang* (Händler-Reis): normaler und Klebreis mit Curries, z.B. Thunfisch-Gemüse-Curry; *Laksam:* gedämpfter Reis-/Weizenmehlteig in schmackhafter Soße aus püriertem Fisch und Kokosmilch; *Sata:* gegrillter, marinierter grätenloser Fisch in Bananenblatt; *Keropok:* graue Fischpaste gemischt mit Sago, weich heißt es *lekor*, knusprig hart *keping*, wird meist mit Chilidips als Snack gegessen.

▷ Palmenstrand in Terengganu

Kuala Terengganu

Malaiisch

- **Nasi Minyak John,** Jln.Petani, neben AEON Bldg.;
- **Meka,** Jln. Sultan Omar;
- **Pak Su,** Jln. Kamaruddin;
- **Mat Binjai,** reiche Auswahl an Kampung-Essen;
- **Nasi Kerabu,** Jln.Petani.

Chinesisch

- **Good Luck,** Jln. Kota Lama;
- **Madam Bee's,** Jln. Kampung Cina;
- **Cheng Cheng,** Jln. Kampung Cina;
- **Golden Dragon,** Jln. Kampung China/Bandar.

Indisch

- **MD Curry House,** südind. Bananenblatt Curries;
- **Kari Arsha,** Jln.Ayer Jernih, gute Curries.

Westlich (Fish & Chips, Steaks)

- **Zie's Corner,** neben Pier am Wasser;
- **YT Midtown Hotel,** preiswerte Gerichte, Jln. Tok Lam;
- **BB Coffee Shop,** 5 Jln. Kampung Dalam nahe Palast);
- **McDonald's** und **KFC** sind natürlich auch vertreten, gleich beim Busbahnhof.

Verkehrsverbindungen

Flug

Der **Sultan-Mahmud-Airport** liegt 18 km nördlich der Stadt. *MAS* (www.malaysiaairline.com) und *Air Asia* (www.airasia.com) bieten **Flüge nach KL,** deren Preis vom Buchungszeitpunkt abhängt; *Firefly* (www.fireflyz.com.my) fliegen nach **Singapur.**

- **MAS-Office,** Wisma Maju, 13, Jln. Sultan Omar (Tel. 09-622 2266 o. 622 1415). JB (226 RM), KL (158 RM).
- **Air Asia:** Kuala Lumpur.

www.fotolia.de ©Ahmad Faizal Yahya

Taxi

100–200% > Bus (bei 4 Personen). Zum Airport ca. 25 RM, nach Besut ca. 40 RM, nach Marang ca. 20 RM, nach Lake Kenyir 45–60 RM, nach Rantau Abang ca. 28 RM, Stadtrundfahrt ca. 15 RM pro Std.

Bus

Der **Busbahnhof im Stadtzentrum** bedient sowohl lokale als auch Expressbusse:

- **KB** 7.00–17.30 Uhr, 8x, 10.40 RM), **Kuala Besut** (7.00–17.30 Uhr, 8x, 19 RM), **BW/Penang** (21.00 Uhr, 35 RM), **Alor Setar/Kangar/Kuala Perlis** (9.00/21.00 Uhr, 42 RM), **Ipoh** (17.00/20.00/20.30/21.00 Uhr, 49 RM), **Dungun** (8.30–21.30 Uhr, 5x, 5 RM), **Kuantan** (9.30–22.00 Uhr, 15x, 4 Std., 14/17–19 RM), **Mersing** (22.00 Uhr, 7 Std., 26/34 RM), **JB** (9.30/21.00/22.00 Uhr, 9 Std., 39/44–45 RM), **Singapur** (9.00/20.30 Uhr, 11 Std., 45/60 RM), **KL** (9.00–22.30 Uhr, über 30x, 8½ Std., 36/40 RM), **Seremban** (9.00/10.00/ 21.00 Uhr, 10 Std., 30 RM, **Melaka** (9.30/ 23.00 Uhr, 8–10½ Std., 33/43–44 RM).

Lokale Busse vom Busbahnhof an der Jln. Masjid Abidin:
- **Merang** 5 RM;
- **Marang** 3 RM;
- **Rantau Abang** 5 RM;
- **Dungun** 8 RM.

Fähren nach Redang

- **Shahbandar – Jetty,** Tel./Fax 09 622 5233. **KT – Redang, Kg/Berjaya – Jetty** 10.30, 15.00 Uhr; **Kg/Berjaya – Jetty – KT** 7.00/13.00 Uhr; **KT – Pasir Panjang** 9.00/13.00 Uhr; **Pasir Panjang – KT** 11.00/15.00 Uhr.

Die einzelnen Resorts haben eigene Zeiten, die bei der jeweiligen Buchung bekanntgegeben werden.

Umgebung von Kuala Terengganu

Kenyir-Stausee

Ein Besuch des Sees (55 km von KT) mit zahlreichen Wasserfällen, über 300 Inseln und Höhlen ist ein lohnender Abstecher. Die touristische Nutzung des größten künstlich angelegten Sees in Südostasien läuft inzwischen auf vollen Touren: Es gibt zahlreiche Wassersportmöglichkeiten, und relativ oft finden dort Wettkampf-Veranstaltungen statt. Derzeit gibt es zwar kaum Trekkingpfade auf Berggipfel, lediglich einen Weg auf den 1376 m hohen Gunung Gagau, der im Nationalpark Taman Negara liegt und mehrere Tage beansprucht. Es bestehen jedoch Pläne, neue Trekkingpfade auf näher erreichbare Berggipfel anzulegen und weitere Höhlen zugänglich zu machen. Angeltrips auf dem See und zu Flüssen, die in den See münden, sind beliebt, zumal es hier über 300 Fischarten geben soll.

Auch für **Vogelfreunde** ist der See ein lohnendes Ziel. *Tourism Malaysia* hat ein eigenes Faltblatt „Birds of Lake Kenyir" herausgegeben. Der 155 m hohe Hauptdamm *(Empangan Sultan Mahmud)* am Terengganu-Fluss ist vom See nur per Boot erreichbar; auf der Straße kann man von Kuala Berang (s. „Anfahrt") mit eigenem Fahrzeug oder Taxi hin fahren.

Eine Straße, die Kuala Terengganu mit Gua Musang im Süden Kelantans verbindet, führt am Nordufer des Stausees entlang. Dort wurden in der Folge einige Resorts angelegt.

Der Ausgangspunkt ist immer **Pengkalan Gawi**, nur hierhin fahren Busse und Taxen. Der Rest der Strecke wird mit dem Boot zurückgelegt, wobei dieser Service im Preis der angebotenen Pauschalarrangements enthalten ist. In Pengkalan Gawi befindet sich ein **Tourist Information Centre** (Sungai Gawi Jetty, 8.30–17.30 Uhr, Tel. 626 7708, www.kenyirlake.com) und das **Department of Wildlife and National Parks Peninsular Malaysia,** wo Genehmigungen/Lizenzen vor Betreten des **Taman Negara** eingeholt und bezahlt werden

Umgebung von Kuala Terengganu

müssen: je 1 RM für Eintritt und Zelten, 5 RM fürs Fotografieren und 10 RM fürs Fischen.

Mit dem Boot gelangt man in 45 Min. von Pengkalan Gawi bzw. Jenagor zum **Parkeingang in Tanjung Mentong.** Für die Unterkunft stehen 5 Hütten (ca 50 RM) und 60 Betten im Hostel (10 RM). Typische Aktivitäten sind **Angeln** (Lizenz 10 RM) und **Höhlenerkundungen** (*Gua Bewah* und *Gua Taat* (wo jungsteinzeitliche Artefakte gefunden wurden). Beliebt ist die **Besteigung des Gunung Gagau,** 1376 m, von dessen Gipfel man auf drei Bundesstaaten blicken kann. Tel. 09 622 1460, www.wildlife.gov.my.

Anfahrt

Von **KT** mit dem Bus nach **Kuala Berang,** 55 km entfernt, (8 RM); von dort mit dem Taxi (30 RM). Von KL gibt es 2 Busse (9.00/21.00 Uhr, 40 RM) ab Terminal Putra nach **Pengkalan Gawi.** Von der Jetty kann man um 20 Uhr auch direkt nach Alor Setar (40 RM) und Kuala Perlis (45 RM, s. „Langkawi") fahren.

Organisierte Touren

Ping Anchorage (www.pinganchorage.com.my) bieten **Tagestouren** zum Sekayu-Wasserfall (s.u.) und Kenyir-Stausee ab KT für 99 RM an. Bootsrundfahrt auf dem See kostet 189 RM. *Houseboat Adventure* 3T/2N mit Trekking, Besuchen von Flüssen, Höhle, Wasserfall, Vollverpflegung für 379 RM.

Übernachten

Mehr als zehn eher teure Unterkünfte säumen inzwischen die Ufer des Sees und der zulaufenden Flüsse oder befinden sich auf kleinen Inseln im See. Die meisten sind in der gehobenen Preisklasse ab 90 RM angesiedelt, oft aber nur als 3T/2N-Komplettpaket zu buchen.

■ **Petang Island Resort**①-②. Tel. 622 1276. 19 Chalets, 2 Dorm. auf der gleichnamigen Insel.
■ **Musang Kenyir Resort**②, Tel. 623 1888. 22 Chalets 140 RM, 3T/2N 340 RM, am Tembat River.
■ Im Preisniveau schon etwas höher sind **Kenyir Sanctuary Resort**③, mobil 019-824 4360. 40 Chalets,

auf der Insel Poh, wo es allerdings auch einen **Campingplatz** gibt, und **Uncle John Floating Lodge**③, Tel. 626 5020, -2022. 12 Chalets, nahe Lasir Wasserfall, betrieben von *Ping Anchorage* in KT.

■ Luxuriöser, ausgefallener und daher noch teurer ist **Lake Kenyir Resort & Spa**④ (früher *Tasik Kenyir Golf Resort*), Tel. 666 8888, www.lakekenyir.com. 150 Chalets ab 288 RM, in Pengkalan Gawi am Ostufer des Sees.

Sekayu-Wasserfall

Von Kuala Berang aus, wo übrigens der **Terengganu-Stein** (das älteste Zeugnis des Islam in Malaysia von 1326 befindet sich im Original im Museum von Kuala Terengganu; am Fundort steht lediglich eine Kopie) gefunden wurde, gibt es eine Straße zu den 16 km entfernten, besonders an Wochenenden (Fr/Sa) und Feiertagen stark frequentierten Wasserfällen, an denen entlang man ein ganzes Stück im Wald emporsteigen kann. Die oberen Fälle sind attraktiver. Insgesamt gibt es ca. 8 km Dschungelwege im Park.

Übernachtungen sind in einfachen Chalets des *Sekayu Resthouse*① (Tel. 09 688 2510) möglich. Der erste Bus ab KT fährt um 9 Uhr, der letzte Bus zurück um 15 Uhr (4,50 RM). Alternativ ist der Besuch des Wasserfalls als organisierte Tagestour zusammen mit dem Kenyir-Stausee ab KT möglich, 99 RM, www.pinganchorage.com.my.

Mat Kilau Trail

Ping Anchorage in KT organisiert als einzige Agentur den legendären 5-tägigen **Trek vom Taman Negara bis Kampung Pasir** nahe Kuala Berang. Man fährt im Boot bis zum Beginn des Sungai Tembeling, dann geht es über die Berge zum Flusssystem, das in der South China Sea mündet. Der Trip kostet 1775 RM und wird ab 2 Personen durchgeführt.

Marang

Idyllisches ehemaliges Fischerdorf (22.000 Einwohner) an der Mündung des Sg. Marang, mit schwindender touristischer Bedeutung. Der Ort liegt nur 20 km südlich von Kuala Terengganu, rund 40 km nördlich von Rantau Abang bzw. 60 km nördlich von Dungun.

Anders als Cherating, vereinen sich hier Möglichkeiten zum Baden und Schnorcheln auf der korallenreichen **Insel Kapas** und zur Teilnahme am Leben in einem malaiischen Kampung auf angenehme Weise. Der Ort hat sich in letzten Jahren verändert. Eine große Moschee, ein neuer Markt, zahlreiche Häuser, einige Unterkünfte und ein Park am Marang-Fluss hinzugekommen. Wer in Marang absteigt, kann die Insel Kapas tagsüber besuchen (slow 30 RM/speed 40 RM (hin und zurück), siehe auch unter „Marang River Safari und andere Ausflüge").

Übernachten

Tel.-Vorwahl Marang: 09

Von der Brücke über den Marang River ausgehend gibt es **entlang der Küste** (nicht entlang der Hauptstraße) folgende Unterkünfte:

■ **Green Mango Inn**①, Tel. 618 2040. Ein sehr gemütliches Guest House im Kampung-Stil, genau gegenüber der Anlegestelle auf einem Hügel gelegen (eine Treppe führt hinauf). Mit Garten und Ausblick über die Bucht. Zuverlässig werden auch Bootsfahrten zur Insel Kapas sowie auf dem Fluss organisiert, bei entsprechender Nachfrage auch eine im Vergleich kostengünstige Tagestour zu verschiedenen Sehenswürdigkeiten (KT: Batikfabrik, Museum, Pulau Duyung, Kenyir-See, Sekayu-Wasserfall).

Unterkünfte vor der Sandbank, die mit Kokospalmen bewachsen und über zwei Holzbrücken erreichbar ist:

■ **Marang Waterfront Resort**③, Jln. Bukit Batu Merah, Tel. 618 3999, Fax -4999, mobil 019 960 6959, www.marangwaterfront.com, neue Anlage in günstiger Lage, DZ ab 120 RM.
■ **Kamal Guest House**①-②, Tel. 618 2181. Etwas in die Jahre gekommene, aber immer noch recht schöne Anlage mit einfachen Zimmern/Hütten und Restaurant, 50 RM mf mB, mit a/c 70/80, umfangreiches Tourenprogramm zu verschiedenen Inseln, River Safari.
■ **Seri Malaysia Hotel**②, Tel. 618 2889, www.serimalaysia.com.my. Zi. mB und a/c, inkl. Frühstück ab 80 RM; gutes Hotel der gleichnamigen Kette.
■ **Marang Guest House**①, Tel. 618 1976, www.maranguesthouse.com. Zi. mB 30 RM; schön auf dem Hügel gelegene Anlage mit einfachen Zimmern, entsprechende Aussicht vom dazugehörenden Restaurant, Fahrten zur Insel Kapas und auf dem Fluss gehören zum Angebot.

Marang River Safari und andere Ausflüge

Der gemütliche Halbtagesausflug bei www.pinganchorage.com.my (morgens ab 8.30 oder 9 Uhr, ab 65 RM p.P. (verschiedene Anbieter) führt den Marang-Fluss ab/bis Jetty auf und ab mit Spaziergängen zum malaiischen **Kampung Jenang**, in dem eine Zeitlang nach Gold gegraben wurde, und zu einer altertümlichen **Batikfabrik**. Heute kann man zusehen, wie abgerichtete Schweinsaffen Kokosnüsse pflücken oder wie Palmzucker gekocht wird. Unterwegs, vom Boot aus, hofft man, Krokodile zu sehen (die weiter flussaufwärts leben), sieht aber meist Warane, Fischotter und Vogelarten.

Tintenfische angeln von nachts 18 bis 5 Uhr morgens, tags von 8.30 bis 17 Uhr, 600 RM pro Boot, Minimum 8 Personen.

Tagesausflüge zur Insel Kapas: Boottransfer hin und zurück, 2 Std. schnorcheln, Lunch, 100 RM p.P.

Südlich des Flusses

Jenseits des Flusses (schöner Blick auf Fischerboote und die Mündung von der Brücke) er-

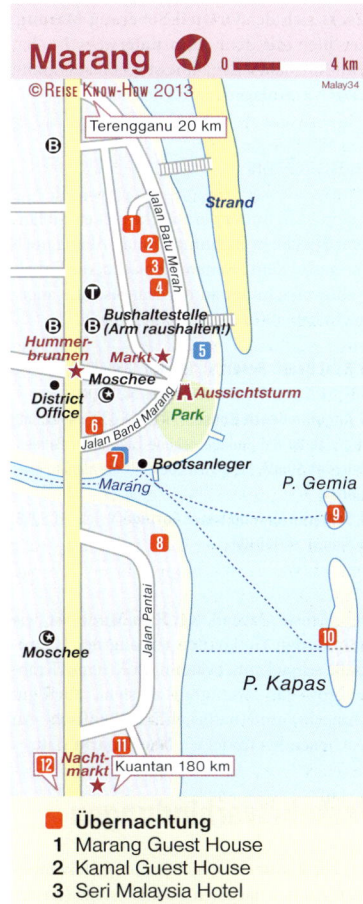

■ **Übernachtung**
1 Marang Guest House
2 Kamal Guest House
3 Seri Malaysia Hotel
4 Island View Resort
6 Green Mango Inn
7 Marang Waterfront Resort
8 Buai Resort
9 Gem Island Resort + Zimmer in Langhäusern
10 6 Resorts
11 Anguilia Beach House
12 Weitere Resorts

■ **Essen und Trinken**
5 Essstände
7 Essstände

streckt sich der **Ortsteil Seberang Marang.** Wer hier mit dem Auto unterwegs ist, hat beim Aufsuchen der zumeist schön am Strand gelegenen Anlagen klare Vorteile.

Übernachten

Knapp 2 km hinter der Brücke gibt es auf längerer Strecke in Richtung Rantau Abang noch eine ganze Reihe weiterer Anlagen, die fast alle Hinweisschilder an der Hauptstraße angebracht haben (in dieser Reihenfolge):

■ **Buai Beach Resort**④, Tel. 618 3888/3999, Fax 618 3388. 54 Zi., a/c, TV; Swimmingpool, ab 170 RM.
■ **Anguilia Beach House**①, Tel. 618 1322. 40 Zi. mB, mf/a/c ab 40 RM. Ruhige, schöne Lage unter Palmen, Chalets ab 50 RM. Sie bieten ebenfalls die *Marang River Safari* an.
■ **Semarak Marang Beach Cottage**③, Tel. 618 2288. 25 Zimmer, ab 140 RM.

Der nächste Ortsteil, **Kg. Rhu Muda,** ist, wie man an den Geschäften entlang der Hauptstraße sehen kann, bekannt für *Krupuk* (Krabbenbrot, das zwar grau aussieht, aber gut schmeckt) und natürlich Trockenfisch. An Wochenenden findet ein **Nachtmarkt** statt.

Verkehrsverbindungen

Das Fortkommen ist nicht sonderlich kompliziert: An der nächsten Bushaltestelle (an der Hauptstraße, neben dem Springbrunnen mit der großen Steinkrabbe) auf die Busse in eine der beiden Hauptrichtungen warten, Arm raushalten nicht vergessen. Bei längeren Strecken fährt man besser erst nach KT zurück.

■ **Taxi:** Kota Bharu (15 RM), Kuantan (20 RM), KT 35 RM (pro Taxi);
■ **Busse:** Kota Bharu (7–8 RM), Kuantan (20 RM), KL (35 RM), KT (3 RM), Rantau Abang (4 RM), Dungun (6 RM).

Insel Kapas

Ende 1988 gab es auf der Insel nicht ein einziges Gebäude, und die Korallen waren traumhaft! Wie überall in Malaysia, wo Resorts an die Strände gebaut wurden, haben die Korallen am stärksten unter der touristischen Entwicklung gelitten. Das gilt auch für die Anlagen am **Pasir Panjang,** dem Hauptstrand der Insel, der nur 6 km vom Festland entfernt liegt. Durch diese Nähe zum Festland wird die Insel von Tagesausflüglern, aber auch an Wochenenden und Feiertagen stark frequentiert. Die Überfahrt kostet hin und zurück 30 RM (Slowboat, je 30 Min.) bzw. 40 RM (Speedboat, je 15 Min.).

Übernachten

Von Süden nach Norden
■ **Kapas Turtle Valley Chalet Resort**④, mobil 013 354 3650, www.kapasturtlevalley.com. Schöne Chalets mf mB mFr 150 RM an einsamem Strand hinter dem Leuchtturmhügel, unter holländischer Leitung, mit Restaurant.
■ **Lighthouse**②, mobil 012 328 6825, www.journeymalaysia.com/islandkapaslight.htm. Entspannte Traveleranlage im Longhouse-Stil unterhalb des Leuchtturms, Dorm. 25 RM, Zi. mf mB 75 RM.
■ **Duta Puri Island Resort**②, Tel. 624 6090, www.dutaresorts.com. Freundliche Anlage mit 30 Chalets mf/a/c.
■ **Kapas Island Resort**④, Tel. 624 9492, 631 6468, www.kapasislandresort.com. 40 Chalets in etwas rückversetzter Anlage, Zi. mf mB mFr 130 RM, a/c ab 160 RM.
■ **Mak Cik Gemuk Beach Resort**①, Tel. 624 5120. Größere Anlage, Zi. ab 40 RM.
■ **Qimi Chalet**②, Tel. 019 951 8159. Nette kleine Anlage mit unterschiedlichen Chalets mf mB ab 80 RM, a/c Familienbungalow 300 RM, eigener Strand.

Insel Gemia

Auch zur kleinen benachbarten Insel Gemia ist ein Ausflug möglich.
Man kann dort Paddeln (außer bei Ebbe), Schnorcheln und Tauchen. Die Insel hieß frü-

her Pulau Rajah und gehört der Sultansfamilie. Am Strand werden gelegentlich Baby-Schildkröten im Dunkel des Abends ausgesetzt (aber von den Haien leider großenteils gleich wieder gefressen). Die Korallen rund um diese kleine Insel sind in etwas besserem Zustand.

Übernachten

■ **Gem Wellness Spa & Island Resort**③, Tel. 624 5110, Fax 624 5109, www.gem-travel.com.my. 52 Zimmer, a/c, Restaurant, ab 260 RM.
Abfahrt ab Marang: 9, 11, 13 und 15 Uhr; Rückfahrt von Gemia: 9.30, 11.30, 13.30, 15.30 Uhr.

Busse setzen Reisende in Rantau Abang selbst, aber auch an den entlang der Hautstraße gelegenen Unterkünften ab. Die Fahrt nach Kuala Terengganu kostet 5 RM, nach Kuala Dungun 2 RM.

Schildkröten-Beobachtung

Man sollte dazu beitragen, dass die Schildkröten **in Ruhe ihre Eier legen** und dann **ungestört ins Meer zurückkehren** können. Viele Einheimische wie auch manche Strandwärter haben eine sehr unsensible Einstellung gegenüber den Tieren. Inzwischen wurden am Strand Schutzgebiete geschaffen, die nicht betreten werden dürfen.

Rantau Abang

Obwohl der 20 km nördlich von Dungun und 60 km südlich von Kuala Terengganu gelegene Ort nur aus einem Kampung entlang der Straße besteht, ist er bei Ostküsten-Reisenden doch immer noch bekannt. Das liegt daran, dass früher an dem 19 km langen Küstenabschnitt mit Rantau Abang im Zentrum vor allem im Juni und im Juli, z.T. noch im August, Jahr für Jahr Tausende der riesigen **Leder-Schildkröten** den Strand zum Eierlegen aufsuchten.

Mittlerweile bestehen kaum noch Chancen für Besucher, diese beeindruckenden Tiere zu Gesicht zu bekommen. Der Touristenansturm hat auch dazu geführt, dass heute weitaus weniger Schildkröten kommen als noch vor Jahren, da diese Tiere bei der langwierigen Eiablage Ruhe benötigen. Die haben sie inzwischen – leider Jahrzehnte zu spät.

Ein Aufenthalt in Rantau Abang ist eine Wohltat für Ruhesuchende (außer Strand und Meer lenkt einen nichts vom Schreiben, Lesen, Nachdenken und Faulenzen ab), da in den letzten Jahren auch der Monsun nicht mehr so heftig ausfällt. Schon ab Februar kann man mit dem Wetter Glück haben.

Anschauen, aber nicht stören:

■ kein Lagerfeuer, Licht verscheucht die Schildkröten
■ den Strand nicht mit Taschenlampen ableuchten
■ keine Musik oder Lärm machen
■ eierlegende Schildkröten nicht bedrängen
■ ihnen nicht mit der Lampe in die Augen leuchten
■ die Tiere nicht quälen: nicht auf ihnen zum Spaß und für Souvenirfotos „herumreiten"; nicht an den Vorderflossen ziehen; sie nicht treten;
■ keine Plastiktüten wegwerfen: die Schildkröten verwechseln sie mit Quallen, fressen sie und gehen dann wegen verstopfter Eingeweide qualvoll zu Grunde.

Lederschildkröten

Die „Leatherbacks" *(Dermocheleys coriacea,* malaiisch *Penyu Belimbing)* sind die größten Meeresschildkröten; ihre Beine haben sich zu Flossen (rück-)entwickelt. Sie legen unter Wasser große Entfernungen zurück. Gekennzeichnete Schildkröten, die nach Rantau Abang kamen, wurden auf Borneo, den Philippinen und bis hinauf nach Süd-Japan gesichtet.

Im Durchschnitt werden sie 1,55 m (Länge des Panzers) groß und rund 350 kg schwer. Die größte bisher registrierte Leatherback maß 1,80 m und wog 590 kg.

Die Weibchen gehen nur an wenigen Stellen der Welt an Land. Bekannt sind Strände in Französisch-Guyana, Surinam, Costa Rica, Mexico, Irian Jaya und Tonga. Weshalb sie gern nach Rantau Abang kommen (oder besser, kamen: ihre Zahl schrumpfte von über 10.000 pro Jahr in den 1950er Jahren auf gegenwärtig null), lässt sich nur vermuten: Der grobkörnige Sand an diesem Strand behagt ihnen, auch ist die Strandböschung anscheinend gerade richtig.

Auffällig an der Lederschildkröte ist – wie der Name besagt – der **elastische lederartige schwarze Panzer** mit den sieben Längsrippen. Ihre Flossen haben keine Krallen.

Zwischen Februar und Oktober, vermehrt zwischen Mai und September und vor allem zwischen Juni und August kommen die Lederschildkrötenweibchen an den 19 km langen Strandabschnitt, in dessen Zentrum Rantau Abang liegt, zur **Eiablage,** und zwar pro Saison 5–9 mal mit einem Intervall von 9–14 Tagen. Pro Ablage werden 50 bis 140 rund 50–55 mm große Eier mit weicher Schale gelegt.

Wenn die Schildkröten nicht durch Lärm, Lichtschein und andere Belästigungen behindert werden, graben sie zunächst mit allen Flossen eine **Nestmulde,** um sich während der eigentlichen Eiablage zu verstecken, dann mit den Hinterflossen einen bis zu 60 cm tiefen Trichter und beginnen dann ihre offenbar müh-

www.fotolia.de ©Hennie Kissling

same Arbeit, wie wir aus dem angestrengten Seufzen schließen können. Die dabei fließenden „Tränen" haben jedoch eine andere Funktion.

Hat die Schildkröte erst einmal mit dem Eierlegen begonnen, muss sie weitermachen, egal wie sehr sie gestört wird, kommt aber evtl. nicht mehr nach Rantau Abang zurück! Nach dem mehrere Stunden dauernden Vorgang verwischt die Schildkröte die Spuren und macht den Platz unkenntlich.

Eier werden lizensierten Eiersammlern (am Abzeichen erkenntlich), vom *State Fisheries Department* abgekauft und im umzäunten Brutgehege in Rantau Abang abgelegt. Auf den Markierungstäfelchen stehen Nummer, Zahl der Eier und Datum. Traditionell gelten die Eier bei den Einheimischen als Leckerbissen, zumal sie den Ruf eines Aphrodisiakums haben, was leider (siehe Nashorn) eine magische Wirkung ausübt und zur Ausrottung beitragen kann. Heute ist der Verzehr von Schildkröteneiern stark eingeschränkt – wenigstens offiziell. Der Zentralmarkt von KT bezeugt jedoch das Gegenteil.

Nach etwa 56 Tagen schlüpfen die etwa 56–63 mm kleinen grauschwarzen **Baby-Schildkröten** mit den weißpunktierten Linien auf dem Rücken und rudern mit ihren flügelartigen Flossen, so schnell es geht, instinktiv dem Meer entgegen. Sie sind großen Gefahren ausgesetzt. Von oben lauern Raubvögel, im Wasser Fische und andere **Bedrohungen.** Man geht davon aus, dass von tausend geschlüpften Schildkröten nur eine erwachsen wird. Um die Gefahr geringer zu halten, schlüpfen sie ohnehin meist nachts. Heute werden sie aufs Meer hinausgefahren und dort ins Wasser gesetzt, um wenigstens die Anfangsgefahren auszuschalten.

Die offiziellen Eiersammler/Schildkröten-Kundschafter/Strandwächter und -führer dürfen eine Gebühr zum Beobachten der Schildkröten in ihrem Strandrevier verlangen. Im Gebiet des Brutgeheges kostet es nichts. Das Revier darf erst betreten werden, nachdem die Schildkröte mit dem Eierlegen begonnen hat, sonst würde sie vielleicht wieder verschwinden.

Andere Schildkröten

Die **Grünen Schildkröten/ Suppenschildkröten** (Green Turtles, *Chelonia mydas,* malaiisch: *Penyu Agar,* 1,05 m, 140 kg) kommen nach Pulau Redang, Perhentian und anderen Stellen entlang der Ostküste, auch an den Chendah Beach neben dem Club Mediterranee bei Cherating.

Die **Bastardschildkröten** (*Lepidochelys olivacea,* malaiisch: *Penyu Lipas,* 65 cm, 35 kg) kommt vor allem in Penarik im Norden und südlich von Dungun an Land.

Die **Echte Karettschildkröte** (*Eretmochelys imbricata,* malaiisch: *Penyu Sisik/Karah,* 80 cm, 60 kg) ist am ehesten auf Pulau Redang anzutreffen.

▷ Brutstation –
die Eier eines Geleges schlüpfen gleichzeitig

Hier offenbart sich ein typisches Tourismus-Dilemma: Schutz oder wirtschaftlicher Nutzen? Genau genommen müsste der Strand jahrelang abgeriegelt werden, damit Störungen ganz vermieden werden und die Schildkröten in größerer Zahl wiederkommen. Andererseits ist es ein Erlebnis, diese Tiere einmal gesehen zu haben. Rantau Abang, und ganz Malaysia, verlöre ohne die Schildkröten eine der wesentlichen Attraktionen.

Mäßig interessant ist ein Besuch des **Turtle Information Centre Rantau Abang** (Tel. 844 4169, Öffnungszeiten: Mai–August Sa–Do 9–13, 14–18 und 20–23 Uhr, Fr 12–15 Uhr geschlossen; September–April Sa–Mi 8–12.45, 14–16 Uhr; Do 8–12.45; außerhalb der Saison manchmal auch während der angegebenen Öffnungszeiten geschl.).

In einem großen Schauraum sind **Modelle** der verschiedenen Schildkröten in natürlicher Größe in ihrer Meeresumgebung dargestellt, der Vorgang der Eiablage und des Schlüpfens wird erklärt, auch kann man einen Video-Film sehen, der das ganze nochmals im bewegten Bild zeigt. Im *Hatching Centre* am Strand sieht man geschlüpfte lebende Schildkröten, ein kleiner Trost, da man die großen nur noch selten zu Gesicht bekommt.

Übernachten

Tel.-Vorwahl Rantau Abang: 09

Die Übernachtungsmöglichkeiten sind zumeist einfach und haben nicht die romantische Atmosphäre wie die oft ebenso einfachen Bungalows von Cherating, vor allem wohl deshalb, weil die meisten eben nur für die eine Nacht kommen, in der sie die **Schildkröten** zu sehen hoffen. Andererseits ist Rantau Abang weniger überlaufen und bietet dem Besucher eine **schöne Brandung.** (Vorsicht! Starke Unterströmungen!) Außerhalb der Hauptsaison lässt sich hier über die Preise reden, Nachlässe sind möglich.

■ **Awang's** mit Bungalows②-③, Tel. 844 3500, mobil 019 911 7500, 37 Zi mf, mB 50 RM, a/c 80–120 RM.

■ **Dahima's G.H.**①-③, Tel. 845 2843, 010 983 5057. Zi. 15–60 RM, Familienzimmer 100 RM. 23 Zimmer, alle mB, Bungalows; 1–2 km (ca. 15 Min. zu Fuß von Awang's) in südlicher Richtung zwischen Hauptstraße und Strand (näher zur Straße) gelegen, sehr gepflegt und stilvoll eingerichtet, gutes Lokal.

■ **Merantau-Inn**②-③, Tel. 844 1131. 22 Zi., DZ mB, mf ab 110 RM, a/c 130 RM. Mittelklasse-Alternative zwischen Rantau Abang und Tanjung Jara; angenehme Atmosphäre, bemühter, aber noch ausbaufähiger Service, was auch für das Lokal und Essen gilt.

■ An der Landzunge Tanjong Jara mit langem weitem Strand steht als einzelne Anlage das früher staatliche und damit überteuerte Luxusresort, das langweilig wirkte und nicht hielt, was man zahlte. Das hat sich geändert. Nach Privatisierung wurde daraus das **Tanjong Jara Resort**③, Tel. 845 1100, www.tanjongjararesort.com, das die Attribute Luxus und Stil nunmehr zu Recht führt. Über www. pinganchorage.com.my können 3T/2N-Pakete für 699 RM gebucht werden, die sonst ein Mehrfaches kosten würden.

■ **Villa Eden**③, Tel. 844 2682. Eine kleine Anlage in europäischem Stil steht an der Zufahrtsstraße zum Resort, mit Restaurant, Besitzer *Benjamin* spricht deutsch und organisiert Ausflüge in die Umgebung.

Essen und Trinken

■ An der Hauptstraße, bei der Abzweigung zu den Quartieren am Strand, stehen ein paar **nummerierte Lokale**, die verschiedene einfache Gerichte malaiischer, westlicher und indischer Küche bieten. Auch entlang der Hauptstraße gibt es noch ein paar größere **Restaurants** bzw. kleine **Foodstalls.**

Kuala Dungun

Kuala Dungun (knapp 60.000 Einwohner) liegt 80 km nördlich von Kemaman, mit einem reizvollen Fischerhafen an der Mündung des **Sg. Dungun** und dem Strand **Teluk Bidara.** Früher wurde hier das Erz des Bergwerks *Bukit Besi* verschifft, nachdem es per Bahn 28 km zum Hafen transportiert worden war. Aber die Zeiten sind schon lange vorbei. Einen Besuch sollte man der **Intan-Zahrah-Moschee** abstatten.

Im Hinterland von Dungun, 30 km hinter Bandar Al Muktafi Billah Shah, befindet sich der **Cemerong Wasserfall**, der als einer der höchsten Wasserfälle (600 m) Malaysias gilt.

Am Ort gibt es gutes **Seafood**. Morgens ist großer **Markt** am Hafen.

Übernachten

- Nr. 135, **Sri Dungun**①, Jln. Tambun, Tel. 844 1881. 27 Zimmer.
- Nr. 145, **Medo**①, Tel. 844 1246, 10 Zimmer.
- Nr. 225, **Kasanya**②, Tel. 844 1922, 45 Zimmer.
- **Sin Chew**① 10-K, Jln. Besar, Tel. 844 1412, 14 Zimmer.

Verkehrsverbindungen

- **Taxis** zur Weiterfahrt (ca. 15 RM nach Kuala Terengganu und ca. 18 RM nach Kuantan, jeweils pro Person bei vier Fahrgästen) halten am Markt, die **Fernbusse** an der Fernstraße vor dem Ort, die örtlichen Busse an der Zubringerstraße dorthin.

Durch den Ausbau der Ostküstenstraße, die zwischen Kuantan und K. Terengganu nahe dem Meer verläuft (ein positiver Nebeneffekt des Ölbooms), wird die landeinwärts parallel verlaufende Straße von Reisenden weniger befahren, sie ist eher wichtig für die Landwirtschaft und Expressbusse.
- **Fernbusse: KL** (11.30–23.45 Uhr, 5x, 8 Std., 25 RM), **KT** (8.30–21.30 Uhr, 5x, 5 RM).
- **Lokale Busse: Kuantan** (via Kemaman, alle 30 Min., 3 RM, **von Kemaman** via Cherating **nach Kuantan,** alle 30 Min., 3,25 RM).

Pulau Tenggol

Von Dungun aus kann man mit einem Boot in ca. 1 Std. (120 RM hin und zurück) diese noch vor wenigen Jahren unbewohnte Insel erreichen, auf der es inzwischen jedoch zwei Resorts gibt. Hauptbucht ist **Teluk Air Tawar** mit sauberem weißem Sand und glasklarem Wasser, gut zum Schnorcheln. Um die Ecke südlich ist es bei einigen Klippen 4–6 Meter tief, überall reichhaltiges Unterwasserleben. Lohnend ist auch die weitere 30 Min. entfernte felsige **Insel Nyireh**. Es kommen praktisch nur Taucher auf diese Insel, die weniger an den Annehmlichkeiten der Resorts als an den Tauchgründen interessiert sind. *Pinganchorage* organisiert jedoch auch 3T/2N-Aufenthalte für 399 bzw. 439 RM zum Schnorcheln.

Übernachten, Essen und Trinken

Pulau Tenggol bietet mit **die besten Tauchgründe in Westmalaysia,** entsprechend teuer sind die Pauschalangebote (verglichen etwa mit den Perhentian-Inseln):

- **Tenggol Island Beach Resort**③, Tel. 03 910 03371, www.pulautenggol.com. 7 Chalets mB, mf, Restaurant mit großer Veranda. Sie bieten 3T/2N-Pakete mit unbegrenzter Zahl an Tauchgängen an für 1200 RM.
- **Tenggol Island Resort**③ (früher *Aqua Resort*), Tel. 848 4862, www.tenggolisland.com. 10 Doppelbungalows (mB/a/c) am Hang, 11 Bungalows (mB, mf) am Strand, 3T/2N 910 RM (Taucherpaket mit 5 Tauchgängen).

Die Küste zwischen Kuala Dungun und Kemaman

Zwischen diesen beiden 80 km voneinander entfernten Städten, den beiden Hauptorten im Süden Terengganus, liegt ebenso **schöner Strand** wie nördlich davon, schließlich reicht der berühmte Ostküstenstrand von Kota Bharu bis Kuantan.

Dieser Küstenabschnitt wurde mit Ausnahme eines Hotelprojektes in Telok Senanjang bei Kemaman jedoch touristisch bewusst nicht entwickelt. Das liegt nun aber nicht daran, dass dieses Stück ganz unberührt bleiben soll – im Gegenteil: Hier entstanden und entstehen große Industrieanlagen als Folge der

Ölförderung vor der Küste. Immerhin sind aber noch 40 km Küste ausgespart; in den Fischerdörfern Kemasik und Kijal kann man (noch) traditionelles Ostküstendasein erleben.

Im **Ma'Daerah Turtle Sanctuary** (http://madaerah.org) zwischen Paka und Kerteh kommen Suppenschildkröten (Green Turtle, *Penyu Agar*) zwischen April und September an den Strand. Touristen sind nicht willkommen, freiwillige Helfer dafür umso mehr gegen eine Spende von 250 RM (Kinder 150 RM, inkl. Mahlzeiten und Übernachtung) für ein Wochenende. Buchung auch über www.pinganchorage.com.my möglich, die ab KT auch Nachtfahrten für 150 RM durchführen.

Industrieanlagen

■ **Paka:** Eines der größten Kraftwerke des Landes (900 Megawatt Leistung), das mit Gas betrieben wird, eine Energiequelle, die anscheinend unerschöpflich ist. Hauptabnehmer des Stroms ist das *Perwaja*-Stahlwerk in Chukai, 60 km südlich. Paka selbst hat sich etwas vom Charakter des friedlichen Fischerdorfes bewahrt, aber die jungen Leute orientieren sich heute nicht mehr nur am Fischfang, da viele von ihnen im Kraftwerk beschäftigt sind.

■ **Kerteh:** 15 km südlich von Paka steht die Ölraffinerie der staatlichen Ölgesellschaft *Petronas* (der jetzt die Twin Towers in KL gehören), eine Gasverarbeitungsanlage, deren Pipelines zum Kraftwerk und nach Chukai ins Stahlwerk reichen und der *Terengganu Crude Oil Terminal* – Rohölterminal mit vier großen Tanks (2 Mio. Barrel) inkl. Verschiffungsanlage. Eine 750 km lange Gas-Pipeline zur Westküste und nach Singapur ist in Planung.

Kerteh hat auch einen **Flughafen:** Flüge der *Pelangi Air* zwischen KL und Kerteh und anderswohin, Hubschrauberflüge der *Malaysian Helicopter Services* zu den Bohrinseln.

Große Siedlungen sind *Kerteh New Township* und *Rantau Petronas Housing Complex* (wo jedoch niemand wohnen will: Die Öl-Männer und ihre Familien leben lieber in der Hauptstadt KL).

Die Menschen in und um Kerteh waren anfangs sehr skeptisch, aber jetzt wollen sie am Ölboom mitverdienen. Die Infrastruktur hat sich jedenfalls dem Boom angepasst.

■ **Chukai**, 45 km südlich von Kerteh: Hier liegen die *Tanjong-Berhala*-Nachschubbasis mit Hafen, das *Perwaja-Stahlwerk* und das *Telok-Kalong*-Gasexport-Terminal.

Cukai/Kemaman

Die beiden Orte gehören zusammen: Kemaman ist Verwaltungshauptstadt des gleichnamigen Bezirks, Cukai das Geschäftszentrum.

Vor einigen Jahren wurden im Hinterland von Kemaman **Glühwürmchen** am *Sungai Yak Yah* im Kampung Ibok nahe der Nationalstraße 14 entdeckt – sehenswert!

Busse haben als Richtungsangabe Kemaman (Verbindungen nach Cherating, Kuantan, Kuala Dungun und Kuala Terengganu).

Essen und Trinken

■ Chinesische Lokale am Fluss, z.B. **Tong Juan** mit seinen bekannten gefüllten Krebsen (10 RM) und *Garlic Prawns*.

Cherating

Rund 50 km nördlich von Kuantan liegt in einer weiten, sanft geschwungenen Bucht der lange Zeit magnetisch die Rucksackreisenden anziehende Treffpunkt Cherating. Insbesondere Langzeit-Traveller hielten es hier oft wochenlang aus. Es ist immer noch ein guter Platz zum Relaxen, Baden, Windsurfen, Strandreiten. Manche kommen extra während des Nordostmonsuns zum Wellenreiten im November/Dezember, obwohl Schilder auf Badeverbot während des hohen Wellengangs hinweisen. Aber der große Reiz für Rucksackreisende ist offenbar vergangen. Die meisten Reisenden bevorzugen heute die Inseln im Norden und Süden der Ostküste. An der kleinen Insel **Pulau Ular** (Schlangeninsel), südwestlich von Cherating vor der Mündung des Sungai Ular (Schlangenfluss), kann man zwar schnorcheln, aber das ist kein Vergleich mit den eigentlichen Inselparadiesen der Ostküste. Was als Treffpunkt mit primitiven Hütten Anfang der 1980er-Jahre begann, hat sich zu kleinen und größeren Resortanlagen entwickelt, die jedoch mit wenigen Ausnahmen nicht mehr den heutigen Bedürfnissen entsprechen. Dennoch wird Cherating zwischen Weihnachten und September noch gern besucht. Der Autor fand es Anfang Oktober dagegen geradezu ausgestorben vor.

Man erreicht den Ort mit dem Bus von Chukai/Kemaman (2 RM) bzw. von Kuantan (4,40 RM). Man kann von Norden (an der Abzweigung steht eine überdimensionierte Zweigstelle von *Tourism Malaysia*) bzw. besser von der südlichen Zufahrtstraße einige hundert Meter in den Ort gehen und sich dann die Unterkunft der Wahl aussuchen. Inzwischen gibt es richtige Fußwege und Straßenlaternen.

Adressen und Telefonnummern

- **Tel.-Vorwahl: 09**
- **Saku-Saku** verleiht während der Surfsaison November–März Surfbretter und bietet Surf-Unterricht.
- **Balzaction** verleiht Wind- und Kitesurferausrüstung und bietet Unterricht.

Übernachten/Essen

An Wochenenden, Feiertagen und zu Urlaubszeiten ziehen die Preise etwas an, andererseits lässt sich, sobald man mindestens eine Woche bleiben will, gut über Preisnachlässe verhandeln. Das Essen hier ist aufgrund des relativ hohen Touristenzustroms dem westlichen Geschmack angepasst. Wer sich zum Beispiel gerade an den mit Dosenmilch stark gesüßten Tee der Malaien gewöhnt hat, wird hier mit einer Tasse heißem Wasser plus Lipton-Tee-Beutel überrascht. Ob man das gut oder schade findet, ist Geschmackssache.

An der südlichen Straße zum Strand
- **Matahari Holiday Chalets**①, mobil 019 935 9420, 9 Chalets mf oB 20/25 RM, mB 30/40 RM.
- **Maznah Guesthouse**①, ebenfalls ältere Anlage, mf oB 20/30 RM, mB 40/50 RM, Tel. 581 9359.

▷ Beach Club in Cherating

Cherating

Noch ein paar Meter weiter gelangt man an eine **Kreuzung.** Biegt man rechts ab, findet man folgende Häuser:

■ Auf der rechten Straßenseite: das **Seafoodlokal „Schwer zu vergessen" (Susah Dilupkan),** das **Badgerline Infocenter** (Internet, Geldwechsel, organisierte Aktivitäten, Minimarkt usw.), dahinter das **Payung Café** und das **Blue Lagoon Restaurant,** es folgt am Fluss das **River Sports Centre,** in dem Kajaks ausgeliehen werden können (½ Tag 40 RM), schließlich das **Resort Cherating Ria Garden**② (Tel. 019 399 7888, Chalet 50, a/c ab 70 RM).

Ab der Kreuzung nach Süden
■ **Yaya Riverside Homestay**①-② **& Café,** Tel. 581 9128, 010 983 9196, 18 Chalets zw. Straße und Fluss, mf, mB 40 RM, a/c 80–150 RM.

Cherating

- **Payung GH**①, Tel. 581 9658. Freundliche saubere Anlage am Fluss unter schottisch-malaiischem Management, viele Tourenvorschläge, Chalets mf, mB 50 RM.
- **Coconut Inn**①, Tel. 581 9299. Chalets mB 35–60 RM, freundliche Anlage mit direktem Strandzugang.
- **Villa de Fedella**② (früher *Tanjung Inn*), Tel./Fax 581 9081, mobil 01 966 1748. 27 Chalets DZ mf, oB 70, mB 170 RM, 4 BZi mf mB 250 RM, die „teureren" oft für viele Personen, daher günstig; gepflegt und schön um einen Teich angelegt, mit direktem Strandzugang; sehr empfehlenswert, Dorm. 10 RM, Zi. oB 20 RM, mB ab 45 RM; Manager *Hayum* empfiehlt die Monate November–Januar für einen Aufenthalt.
- **Kampung Inn**①, Tel. 581 9344/-16. 23 Chalets, für Familien bis 5 Pers., weitläufige Anlage am Strand mit 23 Chalets mf, mB 30 RM, a/c 60 RM.
- **Cherating Bayview Resort**③-④, Tel. 581 9248, Fax -9977, www.cheratingbayviewresort.blogspot.com. Abgelegene saubere und schön am Strand gelegene Anlage, 17 Chalets a/c, mB, TV ab 135–180 RM.

Ab der Kreuzung nach Norden

- **Cherating Cottage**①, Tel. 581 9279, www.cherating-cottage.com. Direkt an der Kreuzung, Chalets und DZ ab 40 RM.

Dahinter liegen ein Batik-Shop und ein Mini-Market. Wiederum dahinter ein Souvenir-Shop und ein Mini-Market sowie **La Blue's Café** liegt gegenüber, wenn man einen kleinen Weg Richtung Strand geht. Neben *Mimi's* den **Ranting Resort**②, Tel. 581 9068, 010-989 9522, 10 Chalets; sauber, gepflegt, zu empfehlen (am strandabgelegenen Teil der beiden *Ranting Resorts*). Ab 50 RM.

- Gegenüber liegt die recht attraktive Anlage **Ranting Beach Resort**②-③, Tel. 581 9207, Fax 581 9208. Attraktive Anlage am Strand mf, mB 120, a/c 160 RM, Ausritte zu Pferde 30 Min. 50 RM.
- **De Cherating Chalets**②-③, Tel. 581 9355, mobil 019 450 9080.18 Zi. a/c, mB, TV, Wifi 80–180 RM.
- **Cherating Inn Beach View**①, Tel. 581 9343, mobil 019 986 3474, mf, mB 40, a/c 50 RM.
- **Riverside 3 Point Beach Motel**②-③, mobil vormittags 014 803 8139, nachmittags 017 965 2834, DZ a/c, mB, TV 120/180 RM.
- **Duyung Beach Resort Cherating**②, Tel. 581 9189, mobil 019 926 7005. Seit langem bestehende Anlage am Nordende des Strandes, 32 Zi mf, mB 40 RM, a/c 55 RM.
- **Residence Inn**④, Tel. 581 9333, Fax -9252, vergleichsweise hochpreisige Anlage mit guten DZ ab 195 RM.
- **Eastana Cherating Beach Resort**③, Tel. 581 9378, Fax -9328, beliebt bei Gruppen, auch vor allem Biker und Surfer, 48 Chalets im malaiischen Stil a/c, mB, TV ab 100 RM, 3BZi ab 145 RM, WLAN, Restaurant, BBQ-Grill, Surf Club.
- **Cherating Bay Resort**③, Tel. 581 9988. Große Anlage mit geräumigen Appartments a/c, mB, TV 120 RM, 3BZi. 185 RM, mit Pool.
- Den Abschluss bildet **The (Shadow of the) Moon (at half-past four)**①, mobil 016 794 0144. Longhouserooms, idyllisch am Hang unter Bäumen gelegen; die Chalets besitzen, da liebevoll mit Details ausgestattet, einen im besten britischen Sinn „schrägen" Charakter, alle Möbel sind vom britischen Besitzer und Freunden selbst gebaut; es gibt eine kleine Bibliothek, die diesen Namen wirklich verdient, Zi. mf, oB 30 RM.

Mit angeschlossenem **Restaurant At the edge of the Universe.** Hier ist die Station für Leute, die an den Montags-Läufen der *Kerteh Hash House Harrier* teilnehmen möchten (Gebühr 5 RM, für anschließendes Essen 20–45 RM), Kontakt: *Stephen Gonzego*. Übrigens gibt es ab Moon einen Dschungelpfad auf denselben Berg, den man auch vom *Club Med* (s.u.) erreicht.

- Geht man an der anfangs erwähnten Kreuzung geradeaus, erreicht man das gute **Restaurant Seaside** und eine Strandbar. Hier werden **Schnorchel- und Angeltouren** organisiert, und man kann Jet Ski fahren.

Nördlich von Cherating

- **Club Mediterranée**⑥, Tel. 581 9133, www.clubmed.com.sg. Gepflegte all-inclusive-Anlage der französischen Clubkette im Stil eines malaiischen Kampungs mit eigenem Strand. Garten mit Zugang zu kleinem Dschungelberg samt Affen, ab 500 RM.

Südlich von Cherating

Zwischen Cherating und Kuantan gibt es zahlreiche teils sehr luxuriöser Resorts, hier einige Empfehlungen:

- **The Legend**④, Tel. 581 9818, www.legendsgroup.com. Empfehlenswertes weitläufiges Luxusresort mit mehreren Pools und 235 geräumigen, gut ausgestatteten Zimmern ab 220 RM.
- **Cherating Holiday Villa & Eastern Pavilion**⑤, Tel. 581 9599, www.holidayvilla.com.my. Ab 320 RM.

- **Ombak Beach Resort**④, Tel. 543 9166. Ab 150 RM.
- **De Rhu Beach Resort**③, Tel. 557 9000, www.sherwoodhotels.com. 162 Zi. ab 135 RM.
- **Swiss Garden**⑤, Tel. 544 9555, www.swissgarden.com. 304 Zi. ab 320 RM.
- **Duta Village Beach Resort**④, Tel. 544 7900, www.dutaresorts.com. Ab 180 RM.
- **Gazma Resort Batu Hitam Beach**②, Tel. 544 7822. Ab 50 RM.
- **Gloria Maris Resort**④, Beserah, Tel. 544 7788, 12 Zi. ab 188 RM.
- **Duta Sands Beach Resort**③, Tel. 544 8101, www.dutaresorts.com, von wo es noch ca. 8 km nach Kuantan sind; mit preisgünstigen Angeboten ist hier eher nicht zu rechnen. Ab 115 RM.
- **Pak Itam Chalet**②, Kg. Cherating Lama, Tel. 581 9480. 13 Chalets, ab 70 RM.

Verkehrsverbindungen

Bei **Travelpost** (s.u.) kann man Ausflüge buchen, Infos zur Weiterreise einholen und auch **Bustickets** kaufen:
- **Nach Süden:** 7.20 Uhr Minibus nach Kuantan, 9 Uhr Expressbusse nach Mersing, Johor Bahru und Singapur.
- **Nach Norden:** 8 Uhr Minibus nach Kemaman, 9 Uhr Expressbusse nach Kuala Terengganu, Marang, Rantau Abang, Kuala Besut, Kota Bharu und zur thailändischen Grenze.
- **Nach Westen:** 9 Uhr Expressbusse nach Jerantut, KL, Tapah und Butterworth.

Ausflüge

Alle Ausflüge können bei den Unterkünften gebucht werden.

- **Turtle Sanctuary and Information Centre,** Chendor Beach, Tel. 581 9087. Hier kann man sich insbesondere über Aufzucht von Green Turtles informieren und während der Saison (April–Sept.) abends beim Aussetzen der geschlüpften 2 Tage jungen Schildkröten um 22 Uhr zusehen, vorher ab 20 Uhr gibt es im Warteraum eine Diashow. Touren werden von Cherating aus angeboten. Das Zentrum ist geöffnet 9–17.30 Uhr (Fr Mittagspause).
- **Bootsfahrt** auf dem Sungai Cherating, 2 Std., 9 und 16 Uhr 1½ Std. 20 RM.
- **Glühwürmchentour auf dem Cherating-Fluss,** tgl. ab 20 Uhr, 1 Std. 20 RM/p.P.
- **Schnorcheltrip** zur Snake Island, ab 9 Uhr, 2 Std. 50 RM p.P. inkl. Ausrüstung.
- **Angeln auf dem Meer** für max. 4 Personen/Boot, 4 Std. 400 RM, inkl. Ausrüstung.
- **Angeln auf dem Fluss** für max. 4 Personen/Boot, 3 Std. 250 RM inkl. Ausrüstung.
- **Kajakfahren auf dem Fluss,** 30 RM für 3 Std.
- **Meeresschildkröten-Beobachtung:** nächtlich von April bis September, s.o. „Turtle Sanctuary".

Kuantan

Die auf ca. 370.000 Einwohner angewachsene **Hauptstadt von Pahang Darul Makmur** (die Residenz des Sultans liegt traditionsgemäß im 45 km weiter südlichen Pekan) ist das Wirtschaftszentrum der Ostküste dank ihrer verkehrsgünstigen Lage mit Flughafen und Tiefseehafen im 26 km nördlich gelegenen Tg. Gelang. Eine Hauptverkehrsstraße führt von Singapur über Kuantan nach Kota Baru.

Die Stadt macht im Zentrum einen recht sauberen, teils modernen, jedoch keineswegs hektischen Eindruck. Kuantan liegt reizvoll am Kuantan-Fluss nahe dem Meer und ist ein Ausgangspunkt für Ausflüge in die Umgebung; außerdem gibt es zahlreiche billige Hotels und Essmöglichkeiten, z.B. den großen Essmarkt nahe dem Markt und einige große, moderne Einkaufszentren wie *Kuantan Parade*. An Sehenswürdigkeiten ist eigentlich nur die schöne **Staatsmoschee** vor dem Padang erwähnenswert.

Adressen und Telefonnummern

- **Tel.-Vorwahl Kuantan: 09**
- **PSDC Tourism Department:** 12 Stock, Kompleks Teruntum, Jln. Mahkota, Tel. 09 5135566, Mo–Do 9–12.45, 14–17, Fr 14.45–17 Uhr, Sa 9–13 Uhr.

Kuantan

Übernachtung
- 4 Grand Continental
- 5 Seri Malaysia
- 6 MS Garden View
- 8 Shahzan Inn
- 9 Oriental Evergreen
- 11 Classic Hotel
- 12 Hotel Mega View
- 13 New Annexe Rest House
- 14 Kuantan Tembeling Resort
- 15 Hotel Hyatt Regency Kuantan

Einkaufen
- 9 Shopping Centre Kuantan Parade

Essen und Trinken
- 1 Heritage Bar & Grill
- 2 Essstände
- 3 Wan Tomyam
- 7 SomTam Thai
- 10 Essstände
- 16 Essstände, Lokale

Kuantan

- **Pahang Tourist Information Centre:** Jln. Mahkota, in dem Flachbau neben dem Komplex Teruntum, Tel. 513 3026, Öffnungszeiten wie oben.
- **Touristeninformation** Tel. 516 1007.
- **Cherating Taxi Service:** Tel. 581 9355.

Übernachten

Günstige Chinesenhotels gibt es in den Straßen Jln. Besar und Teluk Sisek am Fluss und in der Jln. Bukit Ubi zwischen Fluss und Busbahnhof. Unterkünfte mit dem Hinweis „open 24 hours" werden auch als Stundenhotels genutzt.

Etwas teurere Hotels
- **Oriental Evergreen**①, 157, Jln. Haji Abdul Rahman, Tel. 513 0168, Fax 513 0368. Einfache, saubere Zimmer mB und TV, 50 RM.
- **Classic**③, 7, Bangunan LKNP, Jln. Besar, Tel. 516 4599. 33 Zi.; guter Standard, zentrale Lage, ab 90 RM.
- **Seri Malaysia**③, Jln. Telok Sisek, Tel. 553 688, Fax 553 118, www.serimalaysia.com.my. 100 Zi., sauber und gut.
- **Mega View Hotel**④, Tel. 517 1888, Jln. Besar, attraktives Hochhaushotel direkt am Fluss, 105 Standard Executive DZ mit Kühlschrank, Telefon, TV, ab 150 RM.
- **MS Garden View**④, Lorong Gambut nahe Jln. Beserah, Tel. 555 5899, www.msgarden.com.my. Große attraktive DZ ab 150 RM, Fitness Center, Pool mit Rutschen, direkt neben *Berjaya Megamall*.
- **New Annexe Rest House**③, Jln. Telok Sisek, Tel. 568 1544. 22 saubere Zimmer.
- **Shahzan Inn Kuantan**④, 240, Jln. Bukit Ubi/Jln. Masjid, Tel. 513 6688. 92 Deluxe-Zi., 25 Family-Zi. und 10 Suiten.

Einige teure Hotels stehen **am Strand von Kuantan**, dem Badeort Teluk Chempedak (s.u. „Strände"):

- **Hyatt Regency Kuantan**⑥, Tel. 566 1234, Fax 567 7577, 336 Zi., ab 445 RM; **Kuantan Hotel**⑤, Tel./Fax 568 0026; **Sri Pantai Resort**⑥, Tel. 568 5250 und das **Hillview Hotel**⑤, Tel. 567 0600.

Essen und Trinken

Zahlreiche Restaurants und Essstände gibt es in der Jln. Mahkota, v.a. gegenüber der Moschee, in der Jln. Bukit Ubi und rund um den lokalen Busbahnhof.

- **Wan Tomyam,** thailändische/chinesische Küche, 66, Jln. Telok Sisek & 42, Jln. Gambul, Tel. 012 967 1010.
- **SomTam Thai,** 47, Jln. Haji Abdul Aziz, Tel. 01 7982 6704, 01 6990 8284.
- Westlich-europäisch isst man im **Heritage,** 346, Jln. Beserah, Tel. 566 4305, 019-988 1010. Ende September kann man hier erleben, wie Malaien das „Oktoberfest" feiern.
- Gutes, nicht ganz billiges Seafood gibt es in Teluk Chempedak im **Pattaya.**

Verkehrsverbindungen

Flug

- Der **Flughafen** liegt 15 km außerhalb der Stadt. **MAS** (www.malaysiaairline.com) fliegt nach **KL** (KLIA), **Firefly** (www.fireflyz.com.my) nach **KL** (Subang) und **Singapur.** Preise richten sich nach Buchungszeitraum.

Busse

- **Expressbusse: Dungun/KT** (8.00–1.00 Uhr, 14x, 2½/4 Std., 14/17–19 RM), **KB** (8.00–1.00 Uhr, 15x, über 5 Std., 24–33 RM), **Mersing** (9.00–24.00 Uhr, 5x, 3–3½ Std., 15/17 RM), **JB/Singapur** (9.00–24.00 Uhr, 5x, 5–6 Std., 25–27 RM), **Alor Setar** (20.00/20.30 Uhr, 4x, 57 RM, **BW/Penang** (9.15–21.00 Uhr, 4x, 8–9 Std., 38/51 RM), **Taiping** (9.00 Uhr, 7–8 Std., 69 RM), **Ipoh** (9.00–1.00 Uhr, 7x, 6–7 Std., 32/41 RM), **Lumut** (9.30/1.00 Uhr, 6–7 Std., 37/46 RM), **Jerantut** (10.00, 13.00, 15.00 Uhr, 3½ Std., 12/16 RM), **Kuala Lipis** (8.30/10.30/14.30 Uhr, 3 Std. 20/26 RM), **KL** (9.00–1.00 Uhr, über 40x, 3½–4 Std., 17/23 RM), **Seremban** (9.00/15.00 Uhr, 5 Std., 25 RM), **Melaka,** (8.45–18.00 Uhr, 8x, 3½ Std., 19.00–21.00 Uhr, 21/27 RM).
- **Lokale Busse: Pekan** (#31, 4,40 RM), **Chini** (#121, 8.30–18.30 Uhr, 5x, 4 RM), **Balok/Beserah** (3 RM), **Cherating** (#27, 4,70 RM).

Staatsmoschee in Kuantan

Die **Busterminals** für lokale Busse (südwestlich) und Expressbusse befinden sich direkt vor dem Stadion Darul Makmur in der Jln. Stadium. Auch der Taxistand liegt südlich des lokalen Busbahnhofs. Der lange Zeit für Lokalbusse dienende enge Busbahnhof in der Jln. Mahkota direkt am Fluss wurde in einen kleinen Park umgewandelt.

Taxi

- **Taxis** 100–200 % > Bus (bei 4 Personen).

Strände

Teluk Chempedak

Der 5 km entfernte Strand ist nur mit dem Taxi (15 RM) zu erreichen. Dort kann man schwimmen, windsurfen, segeln, Wasserski fahren, Golf spielen, einen Mini-Zoo besuchen, gut Seafood essen, Dschungelspaziergänge unternehmen oder einfach den schönen Plankenweg zum Pelindong-Strand und zum felsigen Vorsprung am nördlichen Ende des zweiten Strandes gehen (unterwegs könnte man einigen Affen begegnen).

Dschungelwanderung auf die zwei von Antennen gekrönten Gipfel des **Bukit Pelindong** (250 m ü.M.: Beginn am erwähnten Plankenweg; 200 m nach der Brücke über ein Flüsschen nach links zu erkennbarem Weg, anfangs steil auf Bergrücken, dann leicht auf und ab den Kamm entlang der Teerstraße zu den Gipfeln, von unten kommen einheimische Jogger und Spaziergänger hinauf; Dauer: ca. 1–2 Std.).

Alternativ bietet es sich an, auf dem Plankenweg am Strand entlang immer weiterzugehen, bis man nach **Beserah** (s.u.) kommt.

Dessen Strand beginnt gleich hinter dem Bukit Pelindong, man sollte mit rund 2 Std. Gehzeit rechnen.

Die **berühmten Ostküstenstrände** erstrecken sich zwischen Kuantan und Kota Bharu; Chempedak gehört jedoch noch nicht ganz dazu!

Es gibt eine Zweigstelle der **Kunsthandwerks-Kette Karyaneka:** Geflochtenes aus Pandan-Blättern, Brokat, Muschelarbeiten und Schnitzereien.

Der etwas südlich gelegene Strandabschnitt ist ebenfalls touristisch erschlossen: Ein **30-Zimmer-Motel** aus Holz, mit Strom aus Solarkraft ist dort hingebaut worden, zum Entspannen, Fischen, Rudern, Segeln.

Beserah

Das Fischerdorf liegt 10 km nördlich von Kuantan, wirkt aber fast noch wie ein Vorort. Im Dorf wird örtliches Kunsthandwerk hergestellt, z.B. Batik und Holzschnitzereien. Haupterwerb ist Herstellung von Krupuk, Trockenfisch, *Belacan* (Krabbenpaste), eingelegter Fisch *(Pekasam),* wie fast überall in den Fischerdörfern der Ostküste. Bis vor wenigen Jahren war der Ort dafür bekannt, dass die Fischer den Fang mit von Ochsen- bzw. Wasserbüffeln gezogenen Karren ans Land brachten. Heute machen sie das nur noch für Touristen. Ansonsten wird die Ausbeute schon auf dem Meer in kleine Boote umgeladen und auf den flachen Strand gefahren.

Übernachten

■ **Yaffar**①, bietet fünf einfache Doppelzimmer an. Übernachtung inkl. Frühstück und Abendessen. Aus Kuantan kommend beim Schild links abfahren.
■ **La Chaumiere**①, Tel. 544 7662. 6 Zi. inkl. Frühstück, schön mitten im Kampung Pelindong nahe dem Strand gelegen, ca. 1,5 km zu Fuß ab Bushaltestelle Kg. Pantai Beserah.
■ **Belia Perkasa Hotel**②, Tel. 544 8178. 12 Zi., nahe der Bushaltestelle.

■ **Beserah Beach Resthouse**①, Tel. 544 7492. 10 Zi. 30–50 RM, 100 m vom Strand, mitten im Kampung.
Weitere Unterkünfte siehe „Südlich von Cherating".

Pantai Batu Hitam

Nördlich von Beserah befindet sich der Strand Pantai Batu Hitam (schwarze Steine). Im flachen Wasser werden manchmal größere Fische angeschwemmt, die dann dort verenden, weshalb der Strand auch „Selbstmord-Strand" heißt.

Gleich nördlich liegt das Dorf **Sungai Karang,** wo **Muschelprodukte** hergestellt werden. Diese und andere können im Laden *Kijang Emas* (Goldenes Reh) und im Seashell-Craftscentre erworben werden. Wie überall an der Ostküste sieht man vielleicht Männer beim Kreiseldrehen oder Drachen steigen lassen, interessant ist auch der Anblick trainierter Affen, die aufs Kokosnusspflücken dressiert sind. Luxuriöse Unterkünfte (siehe Cherating, letzter Abschnitt) gibt es am **Balok Beach,** der sich gut zum Windsurfen eignet.

Ausflüge ins Inland

Tasik-Chini-See

100 km südwestlich von Kuantan liegt ein See, in dem der Sage nach das malaysische Pendant zu Nessie lebt und eine versunkene Stadt im Khmer-Stil bewacht. Leider ist dieser früher sehr schöne, teilweise mit Lotosblüten übersäte See durch touristische Fehlplanungen von 1997 zeitweise zu einem Überschwemmungsgebiet geworden. Ein Staudamm wurde errichtet und acht Monate später in der Mitte abgesenkt, sodass Wasser aus dem *Sungai Chini* abfließen kann. Zuvor starben viele Bäume, und die Vegetation hat merklich gelitten. Dennoch ist eine Bootsfahrt über die Seenplatte, durch enge von Schilf flankierte Kanäle und insbesondere entlang des schmalen Dschungelflusses, der das Dutzend Seen in den Sungai Pahang entwässert,

nach wie vor lohnend und erlebnisreich. Im **Kampung Gumum** am See leben Orang Asli vom Stamm der *Jakun* (Protomalaien) ihr einfaches Leben. Ein Besuch mit Kindern ist zu empfehlen, sie können ungezwungen mit den einheimischen Kindern spielen. Außer Bootsfahrten gibt es Gelegenheit zu teilweise mehrtägigen **Dschungelwanderungen,** die der Inder *Rajan Jones* (RJ, s.u.) organisiert. Er ist umtriebig und veranstaltet auch **Blasrohrwettbewerbe** für Gruppen. Wer Zeit und Lust hat, kann den 600 m hohen, wie ein Drachenrücken gezackten **Gunung Chini,** einen heiligen Berg der Orang Asli, besteigen. Der Autor unternahm diese sehr selten gemachte Tour im August 2007 als Tagestrip, was eine längere Anfahrt per Motorrad zu einer **Palmölplantage** und einen Anstieg über einen teils überwachsenen Forstweg, teils steile, weglose Hänge erforderte (als 3T/2N-Trip zum Gipfel und zu 2 Wasserfällen, für Gruppen ab 4 Pers., Abschlussfeier mit Musik und Tanz, 270 RM, geführt von *RJ*).

Interessant ist, was *RJ* über die **Naga** (mythische, drachenähnliche Schlange) zu berichten hat: es handele sich dabei um eine etwa 10 m lange Python, die jedoch giftig sei. Sie habe seinen Hund innerhalb von 5 Minuten verspeist; mehrere Touristen seien Zeugen gewesen. Wegen ihrer Größe schwimme sie in Auf- und Abbewegungen wie ein Drache, nicht seitwärts wie normale Schlangen. Sie lebe in einer Höhle und gleite nur nach Trockenzeiten ins Wasser.

Aktivitäten: 5-Std.-Trek um den See, Rückfahrt per Boot (45 RM).

Anfahrt am einfachsten im Pkw oder mit dem Taxi, etwa ab *Kuantan*. Von dort und Cherating dürfte es auch organisierte Gruppentouren inkl. Bootsfahrt geben. Individuell per Bus geht es ab lokalem Busbahnhof am Kuantanfluss nach *Chini 2* (dua), einer großen Siedlung für die Plantagenarbeiter und ihre Familien (ab Kuantan 8.00, 10.00, 13.30, 15.45, 17.30 Uhr, Rückfahrt 7.00, 8.30, 10.30, 13.00, 14.00, 17.00 Uhr, Fahrzeit 1 Std., 40

www.fotolia.de © foto 76

Min., 6 RM; von dort mit Motor-Taxi 10 RM, Taxi 20 RM zum Kg. Gumum). 2x tägl. verkehren Busse von *Pekan* nach *Chini* (8.00, 14.00 Uhr) und zurück (11.00, 16.45 Uhr), sowie von *KL* nach *Chini* (9.00, 16.00 Uhr) und zurück (7.45, 15.30 Uhr). Die früher häufige Anfahrt von Kuantan Richtung *Temerloh/KL* zum *Kg. Belimbing* auf der anderen Seite des Pahangflusses gegenüber der Mündung des Sg. Chini ist wegen des Dammes nicht mehr üblich, obwohl Boote dank handbetriebener Schleuse in den Fluss gelangen können.

Übernachten
■ **Rajan Jones Guest House**①, Quartier 1 km vom See, Lokal am See), Kg. Gumum, Tel. 017 9135089. Einfache Zimmer mf und Moskitonetz, Frühstück und Abendessen inbegriffen, 22 RM.
■ Das **Lake Chini Resort**②, direkt am See, ist derzeit geschlossen und wird schon seit Langem aufwendig renoviert. Wann es wieder öffnet, war nicht zu erfahren.

Gunung-Tapis-Park/Sg.Lembing Mine

Ein kleiner Dschungel-Park mit Lagerplätzen, Pfaden, Möglichkeiten zu Floßfahrten und Angeln *(Ikan Kelah)*. Der Park liegt hinter der stillgelegten, größten unterirdischen Zinnmine der Welt, *Sg. Lembing* (49 km nordwestlich von Kuantan), 14 km sind es von dort bis zum ersten Basis-Camp. Das letzte Stück dorthin erfordert geländegängige Fahrzeuge (stehen zur Verfügung). Bis *Sg. Lembing* gibt es **Busse** oder **Taxis**.

■ **Übernachten** kann man auch im einfachen *Gunung Tapis Resort*①.

◁ Palmölplantage

Die Mine wurde 1988 stillgelegt. Sie wirkt etwas vergammelt, eine inzwischen wieder mögliche Besichtigung ist aber nicht uninteressant. Arrangements durch das Touristenbüro oder *Outwardbound Society* (im *Tourist Information Centre* fragen).

Charah-Höhle/Gua Charas

Kalkfelsen mit einer Höhle, 25 km westlich von Kuantan, auf halber Strecke zum Sg. Lembing, in der ein 10 m langer ruhender Buddha liegt, errichtet und lange Zeit betreut von einem thailändischen Mönch (Eintritt 1 RM). Den Felsen sieht man bei Panching auf der Fahrt nach Sg. Lembing. Dort verlässt man den Bus und wandert die letzten 3,5 km durch eine Palmenplantage (ein Schild zeigt, wo's langgeht (lokales Motorradtaxi, 2 RM).

Pekan

Die „Royal Town" war immer **Sultansresidenz von Pahang**; sie liegt an der Mündung des längsten malaysischen Flusses der Halbinsel, dem Sg. Pahang. Trotz der historischen Bedeutung für diesen Staat, ist Pekan (45 km südlich von Kuantan) ein kleines Städtchen (32.000 Einwohner) mit Kampung-Atmosphäre, allerdings mit einigen imposanten Gebäuden: dem modernen **Palast Istana Abu Bakar,** den beiden anderen Istanas, Permai und Leban Tunggal, den beiden Moscheen Adullah und Abu Bakar, die ebenso am Pahang-Fluss vor der Mündung liegen wie das **Museum** Abu Bakar (tgl. außer Mo 9.30–17 Uhr; Infos zu Zinngewinnung, Forstwirtschaft, Waffen, Textilien, Keramik und Schattenspielbühne).

Weitere Gebäude: Balai Rong, königliche Galerie mit Gegenständen aus dem Besitz der Sultanfamilie.

Genau gegenüber auf der Flussinsel Pulau Beram, die über eine kurze Brücke erreicht wird, steht die **Watercraft Gallery,** in der alle Arten von Booten und kleineren Schiffen, wie sie an der Ostküste und auf den Flüssen benutzt werden/wurden, ausgestellt sind. Eintritt kostenlos, geöffnet tgl. außer Mo 9.35–17 Uhr, Fr zum Mittagsgebetzeit bis 14.45 Uhr geschlossen (die Öffnungszeiten sind nicht zuverlässig).

Lohnenswert ist auch ein Besuch im **Pahang Silk Weaving Centre,** wo Hals- und Kopftücher und Sarongs gewoben und verkauft werden. Die Produkte weisen ein ganz bestimmtes Design auf und gehören zu den schönsten ihrer Art. Das Zentrum liegt 3,5 km von Mersing kommend vor Pekan. Wer mit dem lokalen Bus kommt, kann am Weg zum *Tenunan Sutera Pahang* (malaiischer Name des Zentrums) aussteigen und nach der Besichtigung mit dem nächsten Bus weiterfahren, oder kommt von Pekan mit dem Bus oder Fahrrad.

Höhepunkt des Jahres in Pekan sind die **Feiern zum Geburtstag des Sultans,** derzeit am 24. Oktober.

Übernachten/Essen

■ **Pekan Hotel**①, Jln. Rompin Lama, Tel. 422 1301. Gleich westlich der Markthalle Pasar Besar, a/c 35 RM, Dusche und WC im Gang; der Autor fand es irritierend, dass mindestens 3-mal jemand ins Zimmer wollte, teils heftig an der Tür rüttelnd, Zufall oder Sicherheitsproblem? Unten gibt es das chinesische Lokal **Pahang.**

■ **Chief's Resthouse**②, Jln. Istana Permai, Tel. 422 6941, 9 Zimmer 55–65 RM, vorherige Reservierung des renovierten Resthouses empfehlenswert. Direkt dahinter stehen die Sultanspaläste Abu Bakar und Permai, ca. 15 Min. zu Fuß vom Busbahnhof.

■ **Farouk Maju,** sauberes und preiswertes, bis 23 Uhr geöffnetes Mamak-Lokal, gute Shakes und Smoothies (Mix-Getränke) für 3 RM, im selben Block wie das Pekan-Hotel, ca. 100 m südlich der Hauptgeschäftsstraße.

Internet

■ Auf der anderen Straßenseite der Hauptgeschäftsstraße, vom Pekan-Hotel kommend, gibt es im fast leeren kleinen Einkaufszentrum im 1. Stock ein **Internetcafé,** ca. 3 RM/Std., oft frequentiert von jugendlichen Gamern.

Verkehrsverbindungen

Der überdimensionierte neue **Busbahnhof** bedient in der Regel lediglich den lokalen Busverkehr nach **Kuantan** (4,40 RM) und **Endau** (10 RM).

Küste zwischen Pekan und Mersing

Für Rucksackreisende bietet der lange Küstenabschnitt zwischen Pekan und Mersing nicht allzuviel Interessantes. Die meisten fahren von Kuantan oder gar Kuala Terengganu gleich durch bis Mersing, nicht selten sogar mit dem Nachtbus. Man sieht nichts, was es im nördlichen Abschnitt der Ostküste nicht bereits zu sehen gab. Zwischen Pekan, Nenasi und Rompin hält selbst der lokale Bus, der zwischen Pekan und Endau verkehrt (s. Karte „Südostküste"), kaum. Man sieht nur wenige Ortschaften. Bei Tanjung Batu gibt es **Shrimps-Farmen** (abseits der Straße), südlich von Nenasi sieht man noch Reste des früheren Tieflandurwaldes zur Küste hin, das Landesinnere im Süden der Halbinsel Malaysia ist dagegen fast komplett in **Palmölplantagen** umgewandelt worden. Ab und zu quert man breite Flüsse wie Sungai Bebar, Rompin oder Endau. Es gibt einige Resorts an der Küste, die allerdings eher auf Einheimische ausgerichtet sind. Nahe Mersing versuchen neuerdings kleine Anlagen am Meer, Traveller anzulocken. Aber am Busbahnhof in Mersing wartet niemand zum Abholen wie etwa in den Cameron Highlands oder Melaka, und die meisten wollen sowieso nur schnell nach Tioman bzw. von dort weiter nach Norden.

Rompin-Park

Der Park im Staatsgebiet von **Pahang** hat nichts zu tun mit dem Endau-Rompin-Park in Johor, außer natürlich, dass die Gebiete unmittelbar aneinander grenzen. Auf ein gemeinsames Vorgehen konnten sich die beiden Bundesländer nicht einigen, es scheint, als wolle die Regierung von Pahang inzwischen etwas behutsamer und umweltverträglicher vorgehen. Hier geht es noch sehr ruhig zu, da die touristische Infrastruktur noch nicht voll entwickelt ist.

Mersing

Der Ort (23.000 Einwohner) ist ein emsiger Fischerhafen und Ausgangspunkt für Bootsfahrten zu einer Reihe von vorgelagerten Inseln, die bekannteste davon ist **Pulau Tioman.** Alle Inseln des **Seribuat-Archipels** vor Mersing sind als Meeres- Schutzparks *(Marine Parks)* ausgewiesen: Chebeh, Tulai, Tioman, Sembilang, Seri Buat, Rawa, Babi Hujung, Babi Tengah, Babi Besar, Tinggi, Mentinggi, Sibu; man kann überall mit guten **Schnorchel- und Tauchmöglichkeiten** rechnen, wobei auf Tioman leider schon manches kaputt ist.

Sehenswert sind die auf einem Hügel stehende Moschee **Masjid Jamek Bandar** und ein historisches Ladenhaus mit Balkon. Am Meer entlang gibt es einen beliebten Jogging-Pfad, an dessen Ende das **Government Resthouse** steht, mit prächtigem Blick auf den Archipel vor Mersing.

Adressen und Telefonnummern

■ **Tel.-Vorwahl Mersing: 07**
■ **Mersing Tourist Information Centre (METIC):** Tel. 799 5212, Fax 799 3975, geöffnet Mo–Fr 8–12.45, 14–16.15 Uhr, Sa 8–12.45 Uhr, So und feiertags geschlossen (trotz dieser offiziellen Zeiten leider nicht allzu regelmäßig geöffnet).
■ **Internet:** mehrere Cafés, z.B. *Easy Internet,* Jln. Abu Bakar, kurz nach dem Kreisverkehr in der Ortsmitte, rechts Richtung Jetty, 2 RM/Std.; *Eddy,* selbe Straße stadtauswärts rechts nach dem Kreisverkehr und in der Parallelstraße südl. des Kreisverkehrs, 1,50 RM/Std.
■ In der Nähe des Bootsanlegestelle am Fluss und in der Stadt liegen die **Buchungsbüros** für die Fahrten zu den verschiedenen Inseln. Die *Mersing Boat Hire Association* stellt die Boote (auch für Angelfahrten).

Übernachten

Mehr als genug **Chinesenhotels im Ortszentrum** und **moderne Hotels am Stadtrand** stehen zur Verfügung, von den *Guest Houses* hat nur noch eines überlebt. Da die Fähren nach Tioman je nach Fahrplan auch abends oder sogar nachts fahren, brauchen am Spätnachmittag eingetroffene Reisende nicht unbedingt in Mersing eine Unterkunft, aber im Dunkeln in Tioman einzutreffen, bringt auch nicht viel.

■ **Omar's Backpacker Hostel**①, 10, Jln. Abu Bakar gegenüber Post am Ortsausgang Richtung Jetty, Tel. 799 5096, mobil 019 7744268. Einzig verbliebenes Guesthouse im Ort. Dorm. (15 RM) mf, mit 6 Betten (sehr laut, weil zur Straße hin) 2 DZ (35 RM) mf, 1 gemeinsame Dusche, 1 WC, mit Gemeinschaftsküche.
■ **Mersing Hotel**①, 1, Jln. Dato Timor, Tel. 799 1004. Preiswertes Hotel, recht saubere Zi. mf/a/c, ab 35 RM, chinesisches Lokal im Erdgeschoss.
■ **Embassy**②, 2, Jln. Ismail, Tel. 799 3545, Fax 799 5279. Zi. mB, zentral gelegen, sehr sauber, mit dunklen Fenstern und „Trinkwasserbrunnen" auf dem Flur sowie Restaurant im Erdgeschoss, nach Renovierung alle Zimmer a/c, mB DZ 55, 3BZi. 65 RM, 4BZi. 75 RM.
■ **Sweet Hotel**②, Jln. Jemaluang (ca. 200 m vom Kreisel Richtung JB rechts), Tel. 799 2228. Attraktives neues Schwesterhotel vom *Embassy,* nahe Busbahnhof, WLAN, mB,a/c, EZ ab 90 RM.

Teurere Hotels

■ **Seri Malaysia**③, Lot TTB 641, Jln. Ismail, Tel. 799 1876, Fax 799 1886, www.serimalaysia.com.my. Etwas abseits vom Zentrum, aber am Wasser gelegen. DZ 120 RM.

■ **Timotel**④, 839, Jln. Endau, Tel. 799 5888, Fax -333. Hotel für gehobenere Ansprüche, ab 150 RM.
■ **Havanita**④, 88, Jln. Endau, www.hotelhavanita.my. Nahe *Timotel*. Gut ausgestatte Zimmer.

Außerhalb von Mersing
■ **Kali's Guest House**②, Tel. 799 3613. Chalets; schöne, ruhige, recht saubere Anlage im Kg. Sri Lalang (die Brücke über den Mersing River überqueren, dann rechts in die Jln. Dato Onn abbiegen und dieser folgen, ca. 20–30 Min. zu Fuß).
■ Im Kg. Air Papan Laut, 8 km nördlich von Mersing, gibt es außerdem noch die Anlagen **Sri Mersing**③ und **Teluk Godek**④, am Strand gelegen (mit Blick zur Insel Sentidan), **Fishing Bay Lodge**②, Lot 525, Teluk Buih, Tel. 07 799 6753, www.fishingbayresort.com. Hübsches kleines freundliches Familienhotel, 10 Zimmer, a/c; als Service werden die Gäste am Busbahnhof abgeholt. Das Taxi ab Mersing sollte nicht mehr als 12–15 RM kosten.

Essen und Trinken

■ **Mersing Seafood,** Jln. Ismail, beliebtes, relativ preiswertes chinesisches Seafoodlokal, vor allem Szechuan- und kantonesische Gerichte.
■ **Port Restaurant,** attraktives Lokal, das direkt an der Jetty liegt, bis 1 Uhr geöffnet, sehr angenehme Atmosphäre, Musik, Dekoration, dafür etwas teurer, z.B. Pizza ab 25 RM.

■ **Syed Ali,** blitzsauberes und beliebtes 24 Std. geöffnetes Mamak-Lokal, Jln. Sulaiman.
■ **Team Café,** 20, Jln. Dato Mohammed Ali, westliche und malaysische Gerichte.

Verkehrsverbindungen

Außerhalb des Ortes am Fluss wurde der neue **Busbahnhof** platziert. Er wird von den Expressbussen (z.B. *Transnasional*) und anderen lokalen Bussen (z.B. nach Endau, Kota Tinggi, Kluang) bedient.

■ **Johor Bahru,** 8.00–14.00 Uhr, 7x, 2–4 Std. 8–15 RM, **Kuantan,** 12.00/ 20.30 Uhr, 3 Std., 23/24 RM, **Kuala Terengganu,** 12.00/20.30 Uhr, 7 Std., 31/37/45 RM, **KL,** 11.30–22.15 Uhr, 9x, über 5 Std., 28/30 RM, **Melaka,** 7.15/13.15/17.15 Uhr, 24–30 RM, **Tanjung Gemok Jetty** (13.30 Uhr, außerdem kann man sich von jedem nach Norden fahrenden oder von Norden kommenden Bus dort absetzen lassen), **Kota Tinggi** (7.00–18.30 Uhr, stdl., 1–1½ Std., 11 RM), **Endau** (7.00–18.30 Uhr, alle 30 Min., 8 RM), **Singapur** (12.00–14.30 Uhr, 6x, 3–4 Std., 20/33 RM), **Kluang** (7.00–17.00 Uhr, stdl., 8/12 RM), **KB** (20.30/ 22.30 Uhr, über 10 Std., 44/53/61 RM), **Pengkalan Kubur** (20.30 Uhr, 4 Std., 66 RM), **Ipoh** 47 RM, 19.00 Uhr, **BW** 64 RM, 19.00 Uhr, **Sungai Petani** 78 RM, 19.00 Uhr, **AS** 86 RM, 19.00 Uhr, **Changlun** 90 RM, 19.00 Uhr, **KL** 28/30/35 RM, 19.00 Uhr.

Ausflüge im Inland

Endau-Rompin-Nationalpark

Nach jahrelangem Hin und Her, bei dem Pahang wegen unverminderter Gier nach Holz zunächst nicht mitmachte, wurde aus dem größten verbliebenen zusammenhängenden Gebiet mit ursprünglichem Tieflandurwald seit 1988 der 488 km² große zweite malaysische Nationalpark der Halbinsel, damit nur ein Zehntel so groß wie der berühmtere **Taman Negara.** Tief im Innern des Parks leben Elefanten, Tiger und vor allem die vielleicht letzten 50–70 Sumatra-Nashörner Malaysias. Sowohl von der Pahang-Seite (z.B. *Rompin*) als auch von der Johor-Seite *(Mersing)* werden organisierte Touren angeboten. Sie sind wegen der Notwendigkeit eines geländegängigen Fahrzeuges und der Miete von Booten auf dem Sungai Jasin/Sungai Endau recht teuer. Juli/August sind für Alleinreisende die besten Monate mit Chancen auf Durchführung, dank stärkerer Nachfrage. In Mersing gibt es nur noch einen Anbieter, auch *Ping Anchorage* bietet die Tour an.

◁ Chinesischer Tempel

Organisierte Touren

- **Omar** (s. „Übernachten") organisiert 2T/1N-Pakete in den Park ab 2 Personen für 600 RM.
- **Ping Anchorage** bietet 3T/2N-Komplettpakete an (www.pinganchorage.com.my).

Eingangspunkte in den Park und Wege

Es gibt 2 Eingangspunkte auf der Johor-Seite: **Selai** mit Lubuk-Tapah-Basecamp im Westen und **Kg. Peta** mit Kuala-Jasin-Basecamp im Osten. Man kann den Park nicht durchqueren. Die meisten Besucher kommen von Kg. Peta. Von dort sind es 10 km zum Basecamp in **Kuala Jasin**. Von diesem Basecamp kann man z.B. das **Sandsteinplateau von Janing Barat** besteigen (ca. 4 Std. hin und zurück) oder am Ufer des Sungai Jasin entlang, je nach zur Verfügung stehender Zeit und Gehtempo (1–2 Tage), am Lagerplatz von Kuala Marong vorbei zum ersten von zwei eindrucksvollen Wasserfällen gehen: **Upeh Guling**; von dort führt der Weg weiter am Lagerplatz von Batu Hampar vorbei auf anstrengendem, wenig ausgeprägtem Pfad zum 40 m hohen Wasserfall **Buaya Sangkut**. Dafür sollte man auf jeden Fall einen Guide nehmen, was ohnehin von der *Johor National Parks Corporation* (Jln. Bawal, Kahang, 9–17 Uhr, Tel. 07 799 2912/ 788 2812, www.johorparks.com.my) vorgeschrieben ist.

- **Kosten für Guides und Permits:** *Guide* 50 RM/Tag, *Permits:* Parkeintritt 10 RM, Hiking 10 RM, Angellizenz 20 RM, Campinggebühr 5 RM.
- **Übernachtung** ist möglich in Dorm-Betten (10 RM) oder Chalets in Kg. Peta (60 RM), einem Dorf der protomalaiischen *Jakun*, oder im Dorm des *Nature Education & Research Centre (NERC)* zwischen Kg. Peta und Basecamp (10 RM) sowie in A-frames in Kuala Jasin (ab 60 RM).
- **Anfahrt von Osten:** mit dem eigenen Fahrzeug biegt man 5 km östlich des Städtchens Kahang an der Straße Mersing – Kluang nach Norden ab und fährt 56 km auf immer noch schlechter Straße nach Kg. Peta, wo sich das Nationalparkbüro und Besucherzentrum befindet. Von dort kann man mit geländegängigem Wagen, zu Fuß oder – am schönsten – per Boot (22 RM p. P.) die letzten 10 km zum Basecamp zurücklegen. Ab *Kahang* kann mit für 60 RM (berechnet auf 5 Passagiere, sonst 300 RM) mit einem geländegängigem Fahrzeug nach Kg. Peta hin und zurück fahren.
- **Von Westen** kann man mit dem Zug bis *Kampung Bekok* fahren, lässt sich dann zum Nationalparkbüro (Tel. 922 2875) in *Kampung Kemidak* fahren und betritt dann den Park in *Selai* am Fuß des Gunung Tiong.

Achtung: Der Park ist von November bis Februar wegen des Monsun geschlossen.

Segamat

Der Ort liegt an der Bahnlinie KL – Singapur und an der alten Nord-Süd-Strecke. Es gibt eine Reihe von Hotels. Zu erreichen ist Segamat außer mit dem Zug per Bus oder Taxi.

Segamat eignet sich auch als Ausgangspunkt für den **Gunung Ledang; Keluang (Kluang)** mit preiswerten Hotels; für Freunde von Bergtouren ist sie Ausgangspunkt für **Bkt. Lambah** und **Gunung Belumut**.

Inseln vor Mersing

Von der **Bucht von Penyabong,** rund 3 km nördlich von Mersing, kann man zu den unbewohnten Inseln P. Sembilang, P. Seri Duat und P. Mertang timor gelangen, zu erreichen ab Mersing mit dem Bus nach Endau, aussteigen in Batu Sembilan, von dort zum Strand.

Pulau Rawa

Die **kleine Resortinsel** mit schönem Strand und guten Schnorchelmöglichkeiten befindet sich im Privatbesitz. Sie ist per Boot in 1 Std. zu erreichen. Für einen längeren Aufenthalt ist sie aber wohl doch zu klein; zu buchen bei *Rawa Safaris*③, Tel./Fax 799 1204,-5, www.rawa.com.my; 53 Zimmer ab 475 RM. Hier auch *Alang's Rawa*③, neuerer Resort mit Zimmer ab 400 RM, mobil 012 343 5309.

Umgebung von Mersing

Pulau (Babi) Besar

Ein **kleines Fischerdorf und schöne Strände** erreicht man in 1 Std. mit dem Fischerboot und 25 Min. mit dem Schnellboot. Gut zum Baden, Fischen, Schnorcheln. Nahebei liegt die in Privatbesitz befindliche Insel **P. Tengah,** nicht zu verwechseln mit P. Sibu Tengah. www.journeymalaysia.com/MI_besar.htm.

Übernachten
Die Insel hat mehrere Anlagen, die auch den Transport zur/von Mersing zur Insel übernehmen:

■ **Aseania Beach Resort**③, Tel. 797 0057, mobil 019 736 1277, www.pulaubesar.net, Reservierung: maxcarry@yahoo.com oder maxcarry@tm.net.my (Code für diesen Aseania-Resort: ARPB1143), etwa 50 gut ausgestattete Chalets, 3T/2N-Pauschalen ab 289 RM (p.P. im DZ).
■ **D'Coconut Island Resort**④, (Büro Mersing, 5, Jln. Abu Bakar, Tel. 799 2381, www.dcoconut.com). Gut ausgestattete Bungalows, eigene Tauchbasis.
■ **Mirage Island Resort**④, Tel. 799 2334, mobil 019 784 6355 (Büro Mersing), 03 4252 6686 (Büro KL). Einfache Pakete *(free & easy)* ab 165 RM pro Nacht im DZ.

Pulau Sibu

Die Gruppe der im Süden des Archipels gelegenen Sibu-Inseln ist nur noch vom kleinen Terminal in **Tanjung Leman** (etwas mehr als 70 km von Mersing) zu erreichen, nicht mehr von Mersing selbst. Transport per Bus nach/von Kota Tinggi (ca. stündlich) bis zur Abzweigung (44 km ab Mersing). Von dort mit Taxi die restlichen 28 km durch Palmölplantagen zum Strand (30 RM oder direkt ab Mersing mit dem Taxi für 60 RM, was für Gruppen schneller und günstiger ist.

Gute Strände, Schnorcheln o.k.; traditionelles Fischerdorf (wo man ggf. auch unterkommen kann), Besuch von Kelongs (Plattformen zum Fischen von Anchovis).

Neben dem Fährterminal gibt es ein Resort mit Bungalows ab 110 RM (wochentags), 130 RM (Wochenenden/Feiertage): **Tunjuk Laut Beach Resort,** Tel. 791 3002 (8–17.30 Uhr).

Übernachten
Transport und Übernachtungen sind bei den einzelnen Resorts direkt zu buchen:

■ **Rimba Resort**⑤, mobil 012 710 6855, www.malaysiaislandresort.net. Teurere Anlage an der Nordküste in Alleinlage.

Im Nordosten der schmalen Insel
■ **Sea Gypsy Village**③, Tel. 222 8642, www.sibure sort.com. Preiswertere Anlage mit Tauch- und Wassersportbasis, nebenan:
■ **Sibu Island Cabanas**①, Tel. 017 755 2690, www.sibu islandcabanas.com.

Südlich auf der anderen Seite der Insel
■ **Coconut Village Resort**④, Tel. 019 705 5507, www.sibucoconutvillage.com und das **Junansa Villa Resort**④, www.myoutdoor.com/sibu/accm_junansa.html.

Pulau Sibu Tengah

P. Sibu Tengah eignet sich für Tagesausflüge ab Tg. Leman. **Lederschildkröten** legen am Strand im Juli ihre Eier ab.

Übernachten
■ Die kleine Nachbarinsel von Pulau Sibu wird dominiert vom **Sibu Island Resort**④, Pakete ab 260 RM (free & easy, d.h. nur Frühstück) p.P. im DZ.

Pulau Tinggi

Die Insel wird beherrscht von einem mächtigen, 600 m hohen erloschenen Vulkan, dem **Gunung Semundu.** Die Hin- und Rückfahrt kosten rd. 60 RM, allerdings fährt nicht jeden Tag ein Boot. Tagesausflüge von den Nachbarinseln sind beliebt.

Übernachten
■ **Tad Marine Resort**③, Tel. 722 1777, www.tadmarineresort.com, teure auf Singapureaner ausgerichtete schön gelegene Anlage, 3T/2N ab 690 RM.

Pulau Permanggil und Pulau Aur

Die Inseln sind rund 5 Std. entfernt und eignen sich gut zum **Hochseefischen** und **Tauchen,** www.permanggil.com.

Übernachten auf P. Permanggil
■ z.B. das **Pemanggil Holiday Heaven**①, Tel. 799 4360.
■ **Pak Mazlan's Chalet**①, Teluk Pak Kaleh, Tel. 799 1649. 5 Chalets, mfB, 45 RM.
■ **Lanting Beach Resort**③, Tel. 03 4297 9348 (Büro KL).

Übernachten auf P. Aur
■ **Atlantis Bay**⑤, Tel. 03 8023 1370 (Büro KL).
■ **Diver's Lodge**③, Tel. 02 6557 0016 (Büro Singapur).
■ **Dayang Island Resort**④, Tel. 07 556 5898.

Beide Inseln sind zumeist nur über **Pauschalarrangements** mit den o.a. Resorts erreichbar, vor allem an Wochenende und in den Ferien und von Singapur aus.

Insel Tioman

Tioman ist die **größte, bekannteste und eindrucksvollste Insel** im Bereich der west-malaysischen Ostküste. Bekannt wurde sie in den 1950er-Jahren durch das Hollywood-Musical „South Pacific", das sich diese Insel für das mythische *Bali Hai* als Vorbild genommen hatte. Als dann zwanzig Jahre später das *Time Magazin* Tioman zu einer der „zehn schönsten Inseln der Welt" kürte, brauchte nur noch die Infrastruktur für einen nachhaltigen, erfolgreichen **Tourismus** geschaffen zu werden. Fast alle Einwohner der 20 x 11 km großen Insel verdienen ihr Geld damit. Dennoch hat Tioman bis jetzt ihre natürlichen Reize weitgehend bewahren können. An vielen Stellen entlang der Küste kann man noch vom Strand aus schnorcheln, die **Tauchreviere** sind international bekannt. Das **Inselinnere** ist weitgehend **unberührt.** Oberhalb der Siedlungen an den Küsten wurde zwar jeweils ein Segment gerodet und ist nun von Bananen- und anderen Plantagen sowie Sekundärwäld bewachsen, aber darüber steht überall noch **Primärregenwald** wie seit über hundert Millionen Jahren. Die malaysischen Tourismusplaner haben zwar immer die Begüterten im Visier: Sinnbild dafür ist die *Berjaya-Gruppe* mit Luxusresort, Golfplatz, Flugplatz. Aber die Backpacker haben bis heute die Oberhand. Mit den Jahren sind viele Anlagen teurer geworden, aber es gibt an den Stränden noch Hütten mit Dusche und WC, Ventilator, großem Bett mit oder ohne Mückennetz ab 25 RM.

Der **Legende** nach entstand die Insel, weil sich an dieser Stelle eine Drachenprinzessin auf dem Weg von China nach Singapur niederließ, um sich auszuruhen, aber dann für immer blieb. Bei der Überfahrt von Mersing sind die eindrucksvollen Zwillingstürme der Gipfel **Batu Sirau** und **Nenek Simukut** die ersten Eindrücke, die man von der Insel erhält. Es braucht wenig Fantasie, um darin die Ohren der Drachenprinzessin zusehen, deren Kopf halb im Wasser liegt. Den Körper bildet der Riesenbuckel des 1038 m hohen **Gunung Kajang**, und den Schwanz die nördliche schmale Hälfte Tiomans. Seefahrer kennen und nutzen die 50 km vom Festland entfernte Insel schon seit mehr als 2000 Jahren. Im Nordostmonsun, der von November bis Februar bläst, bieten die Buchten vor allem im Südwesten (bei Nipah und Mukut) Schutz vor den Stürmen. Anders als die kleineren Inseln entlang der Ostküste, ist Tioman ganzjährig besuchbar, wenn auch die meisten Anlagen Pause machen. Es geht dann, im Gegensatz zu den Sommermonaten Juli und August, entsprechend ruhig zu, man braucht aber ggf. auch ein, zwei Reservetage, falls wegen der Stürme mal gerade kein Boot geht.

Für viele war der Weg vom Hauptort **Tekek** nach Juara an der Ostküste jahrelang der Inbegriff der **Dschungelwanderung** auf Tioman, mehr aber noch der Weg zwischen Salang Bay und Air Batang (ABC) vorbei an Monkey Bay und Beach. Nun sind Straßenverbindungen zwischen dem Hauptort Tekek und Salang im Norden sowie Mukut im Süden

geplant. Die Straße quer über die Insel vom Sattel an der Straße Tekek zum Berjaya Tioman Beach Resort hinüber nach Juara ist schon fertig, ein den Urwald durchpflügendes Betonband, teilweise steil und schlüpfrig, einstweilen nur von 4WD-Taxis befahrbar, aber immerhin.

Seit einigen Jahren hat Tioman ebenso wie Langkawi **Duty-free-Status**. Statt 7–8 RM kostet ein Bier nun zur Happy Hour die Hälfte, in manchen Läden sogar noch weniger. Aber sonst merkt der Besucher nicht viel davon, zumal alles auf Tioman verständlicherweise teurer ist als auf dem Festland. Auch wird in den meisten Minishops kein Alkohol verkauft, wenigstens nicht offen.

Anreise

Die meisten Touristen kommen in 90 Min. **per Boot von Mersing.** Wer wenig Zeit hat und es sich leisten will, **fliegt** die Insel von KL, Kuantan und Singapur direkt an. Wer das Boot nimmt, besorgt sich im Fährterminal von Mersing das Ticket an einem der Schalter. Die **Abfahrtzeiten** richten sich nach dem Wasserstand im Mersing-Fluss, also nach der Flut, teils sogar morgens um 3 Uhr! Die Pläne werden für Wochen im Voraus ausgehängt. Wenn Sie am Busbahnhof von Mersing eintreffen, können Sie sich gleich nebenan im **Bluewater-Reisebüro** informieren und das Ticket, einfache Fahrt 35 RM besorgen. In der Regel werden folgende Stationen angesteuert: Kg. Genting, Kg. Paya (nur auf Anfrage), Tioman Berjaya Beach Resort, Tekek, Kg. Ayer Batang, Panuba Bay und Kg. Salang.

Nachdem Ende 2007 eine Fähre wegen eines Brandes gesunken ist und dabei auch mehrere Menschen den Tod gefunden haben, hat sich die Situation etwas verändert. Derzeit fahren nur die großen, langsameren, dafür besser ausgestatteten Schiffe von und nach Tioman. Auf diesen Schiffen sind nun ausreichend Rettungswesten vorhanden, zudem darf man nicht mehr an Deck sitzen oder stehen (also Jacke/Pullover gegen die Kälte aus der Klimaanlage einpacken). Soweit die Theorie, nun die Praxis: nach Verlassen der Küste, d.h. außer Sichtweite der Küstenwache kann man auch wieder das Deck betreten und den Seewind genießen.

Tickets sind übertragbar. Man kann also mit jedem Boot zurück, das die Anlegestelle

Richtung Mersing anfährt. Wegen der Zeiten immer vor Ort nachfragen. Die Angaben sind allerdings nicht immer identisch. An weniger häufig befahrenen Stellen lieber etwas früher an den Steg kommen.

Wer von Norden kommt, kann 35 km vor Mersing am Tanjung Gemok um 10 und 14 Uhr ein Boot zum Berjaya Resort nehmen, Rückfahrt um 12 und 16.30 Uhr, Tel. 413 1997.

Flug

■ **Berjaya Air** fliegt Tioman ab Kuantan (79 RM), KL (248 RM) und Singapur (111 S$) an, **Tradewinds** ab Singapur (148 RM).

Orientierung

Üblicherweise geschieht der Transport zu den Buchten und Orten auf Tioman **per Boot. Wer zu Fuß** gehen will, findet hier die Einzelheiten. Vom Hauptort **Kampung Tekek** (Flugplatz, kleine Läden inkl. Duty Free Shops, Polizei, Post, Schule) führt eine 3 km kurze Straße über einen Hügel, an dem das Sträßchen nach Juara abzweigt, zum *Tioman Berjaya Beach Resort;* es besteht Busverkehr dorthin. Danach geht es zu Fuß am Golfplatz vorbei (das Betreten der Rasenflächen ist verboten, es führt jedoch ein für alle begehbarer Weg durch die Anlage) zu den von Hügeln getrennten Buchten von Kg. Bunut, Kg. Paya und Kg. Genting, 2 Std. ab dem Resort.

Nach Norden führt von Tekek ein Betonpfad zum **Kampung Ayer Batang,** unterbrochen vom Hügel beim Tanjung Mesoh. Ab Ayer Batang führt ein Fußweg am *Penuba Inn* vorbei durch Urwald zu den schönen Buchten von Teluk Berus Dalam (Monkey Beach) und Teluk Berus (Monkey Bay). Zuletzt 150 Höhenmeter ansteigend, findet er sein Ziel im Kg. **Teluk Salang,** dem attraktivsten Strand der Insel. Der Weg dahin ist jedoch nicht immer ganz leicht zu finden. Vor allem am Ende der Buchten muss man nach dem weiterführenden Weg suchen. Im Zweifelsfall immer nach dem schwarzen **Stromkabel** Ausschau halten. Das führt manchmal freilich durch Gebüsch oder wurde stellenweise von umgestürzten Bäumen niedergedrückt, aber man findet so früher oder später immer wieder den Weg. Bei verschiedenen Wegspuren immer in der Nähe des Kabels bleiben.

Unterwegs sieht man häufig große **Warane** *(Monitor Lizard),* öfter auch Affen, meist Langschwanzmakaken, und schlafende Fledermäuse, selten leider das auch auf Tioman

Resort auf der Insel Tioman

vorkommende **Mousedeer** (ein possierliches Zwergreh). Im Wasser kann man vielleicht **Schildkröten** entdecken, die zum Eierlegen an die Strände von Juara, Nipah und Pulau Tulai kommen. Von Salang und von Paya und Genting, ist die Koralleninsel Pulau Tulai zu sehen, zu der Ausflüge angeboten werden.

Von Tekek führt, an der Moschee vorbei, ein schöner, inzwischen weitgehend betonierter Weg nach **Juara** (Zeitaufwand ca. 1½–2 Std.): Anfangs (ab der Moschee) geht es recht steil und schweißtreibend bergauf (der Pfad besteht bis zum Sattelpunkt zum großen Teil aus Treppen mit sehr ungleichmäßigen Stufen) durch **Primärurwald** (mit einigen bezeichneten Bäumen) und vorbei an Wasserfällen (Höhe 250/270 m ü.d.M., schöne Badeplätze), dann zu einem Sattelpunkt (300 m).

Hier kann man sich an ein paar Tischen niederlassen und mit Getränken erfrischen, die ein kleiner Stand verkauft. Dieser betreibt auch einen Motorroller-Service, völlig Entkräftete können sich gegen etwas übertriebene 15 RM (bei Verhandlungsgeschick auch für weniger) nach Juara hinunterfahren oder auch von dort zum Sattel hinauffahren lassen (starke Nerven sind vorteilhaft, nach Helm fragen). Unterhalb des Sattelpunktes mündet die neue Straße von der Westseite.

Der Weg nach Juara besteht aus Betonplatten und geht erst steiler, dann gemäßigter bergab durch Sekundärurwald, unten schließlich flach durch eine Kokosplantage zum Kampung und zum Strand mit der schönen, weiten Bucht, die man beim Bootsteg erreicht.

Vorsicht ist an manchen Sandstränden vor den ihr Unwesen treibenden **Sandflöhen** geboten, es gibt so manche entstellte Körperpartie zu bemitleiden. Man erkundige sich vor dem Sonnenbad nach Gegenmaßnahmen.

Von Paya aus kann man über einen Pfad den **Gunung Kajang** (1038 m) erreichen (s. Kapitel „Klettern/Bergsteigen"). Außerdem kann man auf einem Pfad über die Landspitze auch nach Kg. Genting gelangen, 45–60 Min.

Mukut, ganz im Süden, ist landschaftlich der spektakulärste Ort, da zu Füßen der beiden felsigen Gipfel Batu Sirau und Nenek Simukut gelegen. Die Gipfel dienten alten Seefahrern zur Orientierung und sowohl Mukut als auch Nipah boten Schutz vor Monsunstürmen. Hier und in Juara wurden chinesische Vasen aus dem 12. Jahrhundert gefunden.

In relativer Nähe befindet sich der **Asah-Wasserfall.** Der attraktive Wasserfall wird meist auf Inselrundfahrten per Boot besucht, zu Fuß auf einem neueren, bequemen Betonweg in 10 Min. zu erreichen. Auch von Mukut führt ein Betonweg in 30 Min. dorthin.

Fahrten zur **Koralleninsel Pulau Tulai** und andere Ziele werden von fast allen Orten an der Westküste der Insel organisiert.

Adressen, Infos, Telefonnummern, Öffnungszeiten

- **Tel.-Vorwahl Tioman: 07**
- www.tioman.com.my
- www.myoutdoor.com (Tioman anklicken)
- **Klinik:** Mo–Fr 8.30–12 u. 14–16 Uhr, Sa 8–13 Uhr.
- **Post:** Mo–Fr 8–12.30 u. 14.30–16.15, Sa 8–13 Uhr
- **Money Changer:** im *Berjaya Beach Resort* und im Gebäude gegenüber der Anlegestelle in Tekek (Mo–Sa 8–13.15 und 14–16 Uhr).
- **Flughafen:** Tel. 414 6395.
- **Polizeistation:** Tel. 414 5690.
- **Internet:** Zahlreiche Unterkünfte bieten Internet und WiFi.

Tauchen und Schnorcheln

Die Korallen in Strandnähe der Haupt-insel sind zwar häufig schon tot, dennoch gibt es z.B. an den Ecken der Salang-Bucht, in der Monkey Bay, im ABC-Abschnitt, um die küs-

Schnorcheln auf Pulau Tulai

tennahe Insel Rengis und anderswo immer noch viele Stellen, an denen Schnorcheln vom Strand aus lohnend ist. **Pulau Tulai** *(Coral Island)* ist das beliebteste Ziel der Schnorchler und wird täglich von zahlreichen Booten (meist 50–75 RM p.P. inkl. Ausrüstung und Lunch-Box) angesteuert. Auch andere vorgelagerte Inselchen bieten in der Regel gutes Schnorchelgelände.

Für Taucher ist die Auswahl noch größer. Folgende Tauchgründe sind besonders lohnend: *P. Chebeh* (westlich der NW-Spitze; Tauchtiefe 15–30 m/Sicht 8–18 m); *P. Tulai* (Coral Island, 10–18/12–18 m); *Batu Malang* (vor der Südostküste, 5–20/12–18 m), *Tokong Bahara* (südwestlich der Südspitze, 12–27/10–22 m); *P. Labas* (6–21/8–15 m) mit *Tiger Reef* (9–24/18–21 m); *Magicienne Rock* (20–24/8–15 m) *P. Gut* im Süden (12–21/8–15 m); *Fan Canyon* (12–24/8–15 m).

Die meisten Resorts haben **Tauchbasen**. Aber man kann auch unabhängig wählen.

In **Tekek** sind *B&J* (mit einem eigenem Tauchbecken und Riesen-Kompressor) und *Dive Asia* (*Glen* macht ausgezeichnete Skizzen der Tauchgründe) zu empfehlen. Ohne Zweifel kompetent sind darüber hinaus auch die umweltbewussten und entspannt-freundlichen *Eco Divers*.

■ **B&J Diving Centre,** Salang Beach, Tel. 013 742 5063, www.divetioman.com. Hervorragende PADI-Ausbildung (deutschsprachig), sehr gute Ausrüstung und gute Boote.

Kajak

Es macht Spaß, in den Buchten oder entlang der Küste ein Stück zu paddeln oder eine der in Küstennähe gelegenen Inseln wie **Soyak** bei **Salang** als Ziel einer Kajak-Tour anzusteuern. An allen Hauptstränden zu leihen.

Klettern, Bergsteigen

Die Begeisterung fürs Klettern und Bergsteigen hat auch Tioman erfasst. Bei Tekek, Juara und Mukut gibt es Möglichkeiten dazu. Am **Gunung Nenek Semukut,** Malaysias höchstem freistehenden Felsturm, gibt es die erste **„Bigwall"**-Route, allerdings erst mit zwei Begehungen, die zweite durch ein malaysisches Team. Wer klettern will, kann sich wenden an: *Blanks Face Adventure,* mobil 012 686 6157.

Theoretisch kann man den höchsten Berg der Insel **Gunung Kajang** vom Südende der Juara-Bucht (nahe beim Resort *Juara Saujana Beach*) überschreiten und in Paya herauskommen. Aber der Weg von Juara werde nur einmal pro Jahr begangen, könne also nur mühsam mit Führer begangen werden, heißt es. Der Weg von Paya (4–6 Std.) werde dagegen häufiger genutzt. Es gibt einen Führer, Kosten: 35 RM p.P. bei großen Grupppen von mehr als 12 Personen, Kleingruppen 450 RM (*Darawi,* mobil 012 946 2581, 012 946 2581).

Übernachten

Die Zahl der Anlagen ist kaum noch zu überschauen. Außer dem Resort gibt es Mittelklasse-Chalets, einfache Hütten (die kleinen Chalets auf Tioman unterscheiden sich dabei zwar in Innenausstattung und Preis voneinander, hinsichtlich ihrer Größe sind sie jedoch, da nach einer von der Regierung vorgegebenen Norm erbaut, alle gleich) und Zimmer in Long Houses, teils ohne Strom. Hauptsaison ist Juni bis Anfang September.

Tekek

Der **Hauptort der Insel** liegt zwar im Zentrum einer weiten Bucht, ist aber bei Reisenden weniger beliebt als ein Strandquartier, dabei gibt es im Süden zwischen Fähranleger und Berjaya Island Resort einige attraktive Anlagen mit schönem Strand. Auch Schnorcheln ist möglich. Die dem Anleger am nächsten liegenden *(Monte Chalet, Tekek Inn)* mussten jedoch der neuen Marina ausweichen.

Von Süden ...

■ Folgt man der Straße über den Hügel, dann gelangt man zu *der* Adresse auf Tioman: **Berjaya Tioman Beach Resort**⑤, Tel. 799 1937, Fax 799 1939. Größte und teuerste Anlage mit allem, was man an Ausstattung erwarten kann, u.a. 15 Restaurants/Bars, Swimming Pool, Sauna, Kinderspielplatz, zahlreiche Sportmöglichkeiten (Tennis, Volleyball, Tischtennis, Billard, Golf, Reiten, Wassersport). In der Hauptreisezeit sehr gut besucht mit entsprechendem Gedränge in den teuren Restaurants. Auch wer hier nicht residiert, kann einen Blick auf den schönen Strand werfen, am Wasser entlangschlendern oder sich in den Sand legen. 3T/2N-Pauschale Sonderangebot in Nachsaison: 388 RM, 2 Übernachtungen, 6 Mahlzeiten, 2 Schnorcheltripps inkl. Ausrüstung.
■ **Samudra Swiss Cottage**②-③, Tel./Fax 419 1642. Angenehm, saubere Anlage; da unter Schweizer Leitung, nicht eben billig: 75–120 RM, Zi. mB, fan.
■ **Babura Seaw View Resort**③, Tel./Fax 419 1139. Größere Anlage mit geräumigem chinesischem Lokal und großer Terrasse zum Meer hin, Zimmer im Langhaus ab 60 RM, Chalets ab 152 RM; nebenan die Tauchbasis *Tioman Reef Divers*.
■ **Persona Island Resort**③, Tel./Fax 419 1213. Zurückversetzte Anlage ohne Strand, DZ ab 90 RM, Dreier 110 RM, Meerblick 130 RM.

Vom Fähranleger nach Norden am Strand entlang (einige preiswerte Lokale) oder über eine Brücke nach links (Info-Zentrum, Duty Free mit Lokalen, Flugplatz).
■ **Peladang Tioman Chalet**③, Tel. 419 1249. Nahe Jetty und Flugplatz, nicht am Strand, Doppelchalets mB und a/c, Terrasse.

... nach Norden

■ Nach einer Reihe von nicht zu mietenden Regierungshäusern folgt **Mango Grove**①, Tel. 011 955 402, mit Restaurant (geöffnet April– November) und Batik-Shop/-Kursen. Größere Anlage mit Schatten spendenden Bäumen.
■ Ein Stück hinter dem nach Juara abzweigenden Weg gelangt man zum **Tioman Enterprise Seaview**②-③, dem ehemaligen Government Resthouse, Zi. mD, a/c, heißes Wasser, 80–120 RM, mit Tauchbasis *Pegasus Divers*.
■ Ein Stück dahinter direkt vor dem Hügel liegt der noch recht neue **Meerespark mit Besucherzentrum** mit langem Steg und Ponton zum Fischefüttern.

Air Batang

Neben Salang Bay der beliebteste Strandabschnitt, im Norden eher felsig aber gut zum Schnorcheln, im Süden schöner Strand, aber zum Schnorcheln weniger geeignet.

■ **Nazrih's Place**②-③, Tel. 419 1329, www.nazrisplace.com. Ab 100–250 RM. Mit Restaurant; was den Strand betrifft, eine der schönsten Ecken.
■ **Seri Bungur Beach Chalet/Mokhtar's Place**①, Tel. 09 419 1148. Einfache Anlage, 15 Zi mf mD 30–60 RM.
■ **My Friend Place**①, Tel. 09 419 1150. Preiswert, EZ mf, mD 35 RM, DZ 45 RM, mit beliebtem Shop.
■ **Mawar Beach Chalets**①, 8 saubere, gepflegte Zimmer mD/f, 30 RM, mit Lokal.

Nördlich an die Air Batang Anlegestelle

■ **YP Chalets** (früher *Mawar Beach Chalets*)①, Tel. 419 1018. Einfache, aber recht angenehme und freundliche Anlage (mB, ab 40 RM).
■ Hinter der Anlegestelle von *Air Batang* schließen sich an: **South Pacific**①, Tel. 419 1176. Einfach, freundlich, gepflegt, preiswert, daher zu empfehlen, mB ab 30 RM; mit einfachem Lokal.
■ **Johan's House**②-③, Tel. 419 1359. Dorm. 15 RM, Chalet (DZ) mD/f 60 RM, a/c 80–120 RM, mit Lokal zum Strand, abends oft Seafood BBQ.
■ **Tioman G.H.**③, mobil 019 704 5096. Kleine Anlage mit 4 sauberen Chalets mB, a/c, Wasserkocher, mD/mf 150 RM.
■ **Double Ace**②, Tel. 419 1184. Einfache Chalets 5 Zi. mf, mB 70, 3bZi mf 130, a/c 180 RM, Internet im Laden.
■ **Nazri's Beach Cabanas II**②-③, Tel. 011 333 486, www.nazrisplace.com. Gute Anlage, 80–120 RM, oben attraktives Restaurant, unten am Weg Bar mit *Happy Hour Service*.
■ **ABC Beach Resort**①-③, Tel. 419 1154, 011 349 868. Schattig gelegene Anlage mit A-frames und unterschiedlich ausgestatteten Chalets, schönem Strand und Restaurant. 40 Zi. 50 RM, 5 Zi. 150 RM.
■ **Bamboo Hill Chalets**②-③, Tel. 419 1339, www.journeymalaysia.com/islandtiomanbamboo.htm. Attraktivste Anlage, auf Felsen gebaut, mit schönem Garten, zwischen 90 und 120 RM, in der Saison meist ausgebucht.
■ Folgt man dem hinter dem ABC den Hang hinaufführenden Pfad, gelangt man nach ca. 15 Min. zum **Penuba Inn**①-②, Tel. 799 6348, mobil 016 711 2819, www.pa

nubainn.com. Sehr schön und abgeschieden liegende Anlage, DZ mB, mf 55 RM, mB, a/c ab 80 RM, 3T/2N-Pauschalen mit Transfer, 5 Mahlzeiten, einem Schnorcheltrip ab 260 RM.
- Außerdem gibt es **Zanza's Café** sowie 2 **Mini Shops** (ohne Alkoholausschank).

Salang

Mit Abstand der beliebteste Strand, noch Anfang Oktober viel Betrieb, gute Schnorchelmöglichkeiten an beiden Enden der Bucht.

**Unterkünfte von Norden nach Süden
nördlich der Jetty**
- **Salang Hut**②, originelle kleine Anlage am Nordende der Bucht, Hütten mf, mB 60 RM.
- **Ella's Place**①, mobil 019-419 5004. Einfache, saubere Anlage in familiärer Atmosphäre mit 10 Hütten, Massage 50/60 RM, DZ mf mB 50, 3BZi 60, a/c 120 RM.
- **Salang Beach Resort**②-④, Tel. 419 5022, www.tioman-salang.com. Schöne Chalets an Strand und Hang, Zi. mB, mf 40/80/100 RM, a/c 110/145 RM.
- **Salang Indah Resort**①-②, Tel. 419 5015. Mit annähernd 100 Chalets/Zimmern, größte Anlage am Strand, junges Publikum, Restaurant, Shops, Zi. ab 50/60 RM.

Südlich der Jetty und des Salang-Komplexes
- **Salang Pusaka Resort**①-②, Tel. 419 5317, http://salangpusakaresort.tripod.com. Größere gepflegte Anlage mit schönen Zimmern und Restaurant, DZ mB, mf 45 RM, a/c 70 RM.
- **Puteri Salang Inn**①-②, mobil 013 746 0115, 013 931 2953, 013 707 0320. Geräumige, ruhige Anlage, abseits vom Strand am Hang, DZ mB, mf 40–60 RM, a/c 95 RM.
- **Pondok Sri Salang**①-②, mobil 019 7202169, DZ mf, mB 60, 3BZi 100 RM, a/c 150 RM, 4BZi 180 RM.
- **Nora's Chalets**②, Tel. 09 419 5003. 12 preiswerte Chalets, weniger attraktiv, 13 Zi. Mf, mB 50 RM, a/c 70 RM.

- **Pak Long Chalet**②, Tel. 419 5000, mobil 013 980 5000. Chalets mit familiärer Atmosphäre, Zi mB, mf 50 RM, a/c 60 RM.
- **Salang Sayang Resort**②, (früher *Zaid's Place*), Tel. 419 5014, www.salangsayangresort.com. Beliebteste Anlage am Strand, attraktiv gelegen, Restaurant, Shop, Tauchbasis, Zi. mf, mB 80–150 RM.
- **Nadia's Inn,** bis 150 m hoch an den Hang gebaute Anlage, wegen Problemen mit Wasserver-/entsorgung nie in Betrieb genommen. Ein trauriges Denkmal verantwortungsloser Planung, die es „Bumis" immer noch möglich macht, Projekte dank leichtfertiger Regierungsdarlehen in den Sand, bzw. an den Hang zu setzen.

Paya

Hier ist alles etwas teurer, da man vorwiegend auf Singaporeaner eingestellt ist (vorwiegend in Form von Package-Tours); wer die Ruhe sucht, ist hier richtig, denn es ist nichts los an dem brauchbaren Strand. Alle Unterkünfte besitzen ein Restaurant, daneben gibt es noch ein paar Foodstalls.

- **Paya Beach Resort**③, Tel. 419 7100, www.payabeach.com. Sympathische Anlage; mit Groß-TV-Raum, *Seasports Centre,* ab und an Live-Musik. In der Nebensaison (NO-Monsun) ab 100 RM, sonst 200 RM.
- **Tioman Paya Resort**③-④, Tel. 09-419 7073/419 7112, www.tiomanpayaresort.com.my. Nicht direkt am Strand, sondern zurückversetzt idyllisch unter Bäumen gelegen; Sportangebote: Windsurfen, Tauchen und Schnorcheln. Der Weg zum höchsten Berg der Insel beginnt hier.
- **Sri Paya Holiday**②, Tel. 419 7090. Preiswerteste Unterkunft im Kg. Paya.

Bamboo Hill Chalets

Melina Beach

■ **Melina Beach Resort**④, Tel. 419 7080, www.tioman-melinabeach.com. An schönem Strand einsam gelegene Anlage mit 10 induvell gestalteten attraktiven Chalets, mit Restaurant, Schnorcheltrips, Wassersport, 180–440 RM.

Genting

Größerer Kampung, offenbar beliebt bei einheimischen Gruppen, aber der Strand ist weniger attraktiv. Es gibt zahlreiche Anlagen, z.B.:

■ **Genting Bayu Resort,** Tel. 419 7039;
■ **Tropical Coral Inn,** Tel. 419 7041;
■ **Tioman Yacht Resort,** Tel. 799 6100;
■ **Genting Damai Tioman,** Tel. 419 7055
■ **Sun Beach Resort,** Tel. 419 7069;
■ **Island Reef Resort,** Tel. 419 7004;
■ **Tioman Genting Happy Inn,** Tel. 799 3048;
■ **Genting Ria Coral Beach,** Tel. 419 7039;
■ **Genting Jaya Resort,** Tel. 799 2344;
■ **Idaman Beach Holiday,** Tel. 419 7043.

Nipah

In einer kleinen Bucht mit schönem Strand und Wasserfall gelegen. Ebenfalls eher ruhig und zunehmend beliebt bei Travellern. Per Boot allerdings nur nach Absprache zu erreichen; ggf. per Wassertaxi ab Genting.

■ **Japamala Resort**⑥ *(Coco's Tioman Resort),* Tel. 4319 7777, www.japamalaresorts.com. Kleine, feine Anlage, Chalets an den Hang und in den Urwald hinein gebaut. Ab 390 RM (Nebensaison) und 680–1600 RM (Hauptsaison).

Zwischen Nipah und Mukut

■ **Bagus Place**③-④, mobil 016 704 8676, 013 760 8025. Kleine Anlage mit 2 Chalets (5 Personen), Restaurant, Buchung über 19, R&R Plaza, Mersing.
■ **Minang Cove**④, Tel. 799 7372, www.minangcove.com.my. Der Engländer *Tony* hat sich hier mit seiner malaysischen Frau *Lena* mit einigen schön eingerichteten Villen (für Familien bzw. Gruppen bis zu 6 Personen) und Chalets seinen Traum vom Paradies auf Tioman erfüllt. Die Anlage liegt exklusiv zu Füßen zweier Felstürme (die Granitwand des Bukit Nenek Semurut wurde bereits bezwungen), eigene Jetty, an der abends nach dem Essen die Reste an Fische (Haie!) verfüttert werden, Schnorcheln vom Strand aus oder – besser – auf dem vorgelagerten Inselchen (10 Bootmin.), ab Mersing per Boot für 45 RM pro Trip zu erreichen. Die meisten Gäste buchen ihre Unterkunft per Internet und kommen von Übersee. Die Küche ist daran orientiert, aber die Gäste (häufig Familien) lieben es so. Preise europäisch, Halbpension. Strandwanderungen Richtung Nipah oder in 45 Min. nach Mukut (Dschungelpfad), Bootsfahrten, Tauchen. Zi. ab 230 RM.

Mukut

Zu Füßen der spektakulären Felsgipfel **Batu Sirau** und **Nenek Simukut,** den „Ohren" der legendären Drachenprinzessin, ganz im Süden von Tioman gelegen. Ein Pfad *(Sam's Trail)* führt an den Fuß der Felsen. Der beliebte **Asah-Wasserfall** befindet sich ebenfalls hier. Taxiboote von/nach Genting kosten 100 RM!

■ **Mukut Coral Resort**⑤, Tel. 799 2535, KL Buchungsbüro 03 9133 2000. Attraktiv gelegene Anlage im Kampung-Stil, Chalets mB, a/c, heißes Wasser, 3T/2N im DZ ab 290 RM.
■ **Mukut Harmony Resort**③, Tel. 412 0326.
■ **Mukut Oceania Beach**②, Tel. 412 0388.
■ **Tanjung Adventure**①, mobil 013 376 5181.
■ **Sri Sentosa Chalet**①, Tel. 412 0380.

Juara

Die schönste Bucht der Insel mit entsprechendem Sandstrand, zwar weniger zum Schnorcheln geeignet, dafür umso mehr zum Surfen während des Nordost-Monsuns (Nov.–Febr.). Früher waren die Anlagen sehr einfach und auf Traveller mit viel Zeit eingerichtet, heute liegt das Niveau deutlich höher mit entsprechendem Preisanstieg. Der Sand ist die Heimat von Sandflöhen, die hier besonders zahlreich vorkommen, was viele Touristen nervt.

Einziger regulärer **Bootsverkehr** ist die *Juara Ferry*, ab Juara 15 Uhr über Salang und ABC bis Tekek, ab Tekek 17 Uhr über ABC und Salang; sonst gibt es nur teure Wassertaxis.

■ **Riverview Place**④, Tel. 419 3168. Attraktive Lage am Nordende der Bucht, renovierte, besser ausgestattete Chalets als früher, 150 RM.
■ **Juara Beach Resort**②, Tel. 235 1216, www.myoutdoor.com (Juara, Juara Beach Resort anklicken). Zi. mB ab 80 RM.
■ **Juara Mutiara Chalet**④, Tel. 419 3161, www.juaramutiararesort.com. DZ ab 160 RM, 3T/2N 330 RM.
■ **Rainbow Chalet**①-②, Tel. 419 3140. Freundlich bunte und beliebte Anlage mit 7 Chalets am Strand, mit *Surprise Café*, Zi. mB, mf 50–70 RM.
■ **Bushman Chalet**①, Tel. 419 3109. Beliebte kleine Anlage, DZ 50 RM, mit Café.
■ **Juara Lagoon**②, Tel. 419 3153, Fax -3253. Gleiche Besitzer wie Riverview, am andern Ende des Strandes.
■ Nördlich der Anlegestelle befindet sich, etwas abgelegen, das **Paradise Point**①, Tel. 419 3145. Mit älteren und neueren (am Hang gelegenen) Chalets; freundliche Anlage mit gemütlichem Restaurant. Zi. mf 35 RM.

Essen und Trinken

Das Essen auf Tioman ist meist einfach und auf Traveller zugeschnitten, keinesfalls aber ist es schlecht. Zu empfehlen sind fast immer die vielerorts angebotenen Gerichte mit frischem Fisch. Getränke in Flaschen und Dosen sind zwar teurer als auf dem Festland, vielleicht kann man aber der Insel und ihrem ökologischen Gleichgewicht zuliebe mal ganz oder weitgehend aufs Müllmachen verzichten und seine Getränke in den zahlreichen kleinen Restaurants/Foodstalls aus Gläsern zu sich nehmen.

Verkehrsverbindungen

Für Fahrten zwischen den Stränden muss man kleine „**Wasser-Taxis**" nehmen, die z.B. für die Fahrt zwischen Salang und ABC 25 RM verlangen. Es gab mal ein preiswertes **Shuttle-Boot** *(Sea Bus)*, aber schon nach kurzer Zeit war davon längst keine Rede mehr. Damals konnte man für 20 RM von Tekek via Salang nach Juara fahren, das kostet heute 150 RM. Es gibt einen **Bus** vom Fähranleger in Tekek zum Berjaya Beach Resort und zurück. Die Jeep-Verbindung zwischen Tekek und Juara wurde schon erwähnt. Manche mieten sich **Fahrräder** (keine Mountainbikes) für das Sträßchen zwischen Tekek und ABC (mit einem Hügel zum Schieben dazwischen). Vor allem die Einheimischen fahren gern mit Fahrrad und Moped mit Anhänger auf dem schmalen Betonweg herum.

Zentral-Westmalaysia

NICHT VERPASSEN!

- ➲ **Fraser's Hill,**
  beliebt bei Vogelfreunden | 295
- ➲ **Kuala Lipis,**
  sympathische Kleinstadt, einst Hauptstadt Malayas | 302
- ➲ **Kenong Rimba Jungle Park,**
  ruhige Alternative zum Taman Negara | 304
- ➲ **Nationalpark Taman Negara,**
  größter Nationalpark Malaysias, endloser Dschungel | 310

Diese Tipps erkennt man an der gelben Hinterlegung.

IM INNEREN DER HALBINSEL

Vor nicht allzu langer Zeit war das Zentrum West-Malaysias vor allem von Dschungel bedeckt. Mehr und mehr davon wird gerodet und in **Kautschuk- und Palmölplantagen** umgewandelt. Die Fahrten quer durch die Halbinsel dienen allgemein entweder der Verbindung zwischen West- und Ostküste oder einem Besuch des Taman Negara.

Die folgenden Ortsbeschreibungen verlaufen **von KL nach Osten bzw. Nordosten**.

Fraser's Hill

Der Ort **Bukit Fraser** liegt 100 km nördlich von KL auf 7 Hügeln (ursprünglicher Name des Gebietes: *Ulu Tras*), zwischen **1200 und 1350 Meter hoch,** die Durchschnittstemperaturen schwanken zwischen 14 und 18 °C. Angebaut werden hier hauptsächlich Blumen. Beliebt ist Fraser's Hill aufgrund der Artenvielfalt auch bei Vogel-Beobachtern.

Im Vergleich zu den Cameron Highlands ist der Ort ruhiger und weniger entwickelt. Benannt wurde er nach dem schottischen Abenteurer **Louis James Fraser,** der dort oben zu Beginn des 20. Jahrhunderts in einer Hütte lebte und hauptsächlich mit Zinn, daneben evtl. auch mit dem damals noch legalen Opium, handelte. Er betrieb eine primitive Maultier-Bahn (zum Zinn-Transport) hinunter nach *Raub.* Zuvor betrieb er eine solche Maultierbahn zum Transport von Gütern zwischen *Kuala Kubu Baru* und Raub. Ursprünglich hatte er in den Bergen nach Gold oder anderen wertvollen Metallen gesucht, fand dann jedoch immerhin Zinn. Um die Arbeiter „an sich zu binden", besaß er auch eine Opiumhöhle, wo die Kulis dann ihren Lohn verrauchen konnten. *C.J. Feruson-Davie,* Bischof von Singapur, der zum ersten Mal 1910 dagewesen war, machte 1919 wieder mal dort Urlaub, aber *Fraser* war nicht mehr da. Man sah und hörte nie wieder etwas von ihm. Im selben Jahr wurde die Gegend genauer erkundet, denn der Ort erschien ideal geeignet für eine Hill Station, die die Engländer als Fluchtort vor der Hitze des tropischen Tieflandes so liebten und wo sie gemütliche Siedlungen nach Art der Heimat bauten. Im selben Jahr wurde die Straße vom *Gap* (s.u.) hinauf in die Hügel gebaut, und ab 1922 kamen Gäste zum damals bereits so benannten 140 ha großen *Fraser's Hill* mit rund 50 km (!) Dschungelpfaden, Golfplatz, Bungalows und einem Postamt. Die Küchendienste verrichteten Chinesen von der Insel *Hainan,* viele von ihnen betrieben später Coffee Shops in KL und anderswo, manche sind noch geblieben. Fraser's Hill diente auch der Erholung verwundeter Soldaten. Diese waren im heutigen Hotel *Ye Olde Smokehouse* untergebracht.

Heute hat das 2269 km² große Gebiet von Fraser's Hill rund 1000 Einwohner und verfügt neben Bungalows, Chalets und einigen Hotels (Preise der Unterkünfte zwischen 70 RM bis über 1000 RM) inzwischen über einen zweiten Golfplatz (beliebt bei Golfern aus KL, die über's Wochenende kommen). Außerdem gibt es einen kleinen See zum Bootfahren und Angeln, eine Pferdekoppel zum Reiten, eine Minigolf-Anlage, eine Bogenschießanlage, eine Rollschuhbahn, einen Zeltplatz sowie ein Sportzentrum mit Squash- und Tennisplätzen, Sauna und Restaurant. Unter der Woche sind diese Angebote häufig auf Sparflamme zurückgestuft.

Insgesamt wirkt Fraser's Hill wie ein von Dschungel umgebener **sehr gut gepflegter Park.** Es wird offenbar versucht, die Zeiten der Kolonialherren fortbestehen zu lassen, nur dass die Besitzer jetzt wohlhabende Chinesen, Malaiien, große Firmen, Sultane, die Regierung von Pahang u.a. sind. Apropos Pahang: Direkt am Ortseingang befindet sich die **Grenze zwischen Selangor und Pahang,** zu dem somit der weitaus größte Teil von Fraser's Hill gehört. Der angenehme erste Eindruck beginnt mit den schwarz-goldenen Straßenlaternen, den englisch getrimmten Rasen und den Blumenrabatten am Straßenrand. Die Verschönerung der Umgebung setzt sich noch laufend fort.

Wer unter der Woche kommt – und das sollte man als Reisender schon wegen der niedrigeren Preise gegenüber den Wochenenden und erst recht Feiertagen und Ferien – findet hier oben angenehme Entspannung in einem Klima, das für Europäer, außer bei Sport und anstrengendem Trekking, gut auszuhalten ist. Eines ist aber klarzustellen: **Bukit Fraser ist kein Ort für Backpacker** – die haben die Cameron Highlands für sich entdeckt. Es gibt keine auf Traveller ausgerichtete Unterkünfte mehr (das alte *Puncak Inn* bot früher noch Zimmer für 35 RM). Wenn man bei-

Fraser's Hill

Essen und Trinken
1 Ye Olde Smokehouse
4 Restaurant
10 Restaurant

Einkaufen
11 Laden

Fraser's Hill

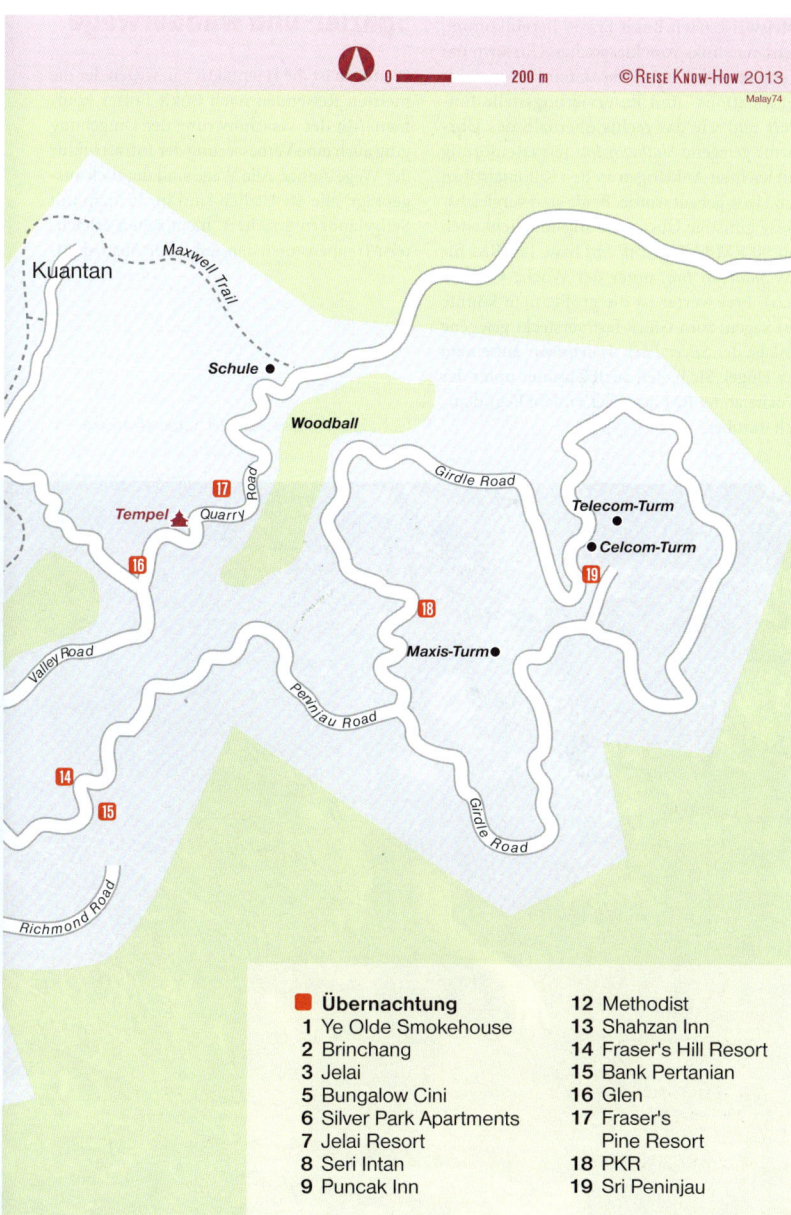

Übernachtung
1 Ye Olde Smokehouse
2 Brinchang
3 Jelai
5 Bungalow Cini
6 Silver Park Apartments
7 Jelai Resort
8 Seri Intan
9 Puncak Inn
12 Methodist
13 Shahzan Inn
14 Fraser's Hill Resort
15 Bank Pertanian
16 Glen
17 Fraser's Pine Resort
18 PKR
19 Sri Peninjau

Fraser's Hill

spielsweise nach Bukit Fraser hereinkommt, sieht man links vom klassischen Uhrturm das komplett renovierte *Puncak Inn,* das auch als Informations- und Reservierungsstelle fungiert und wie das rechts oberhalb des Uhrturms gelegene *Shahzan Inn* terrassenförmig mit leichten Anklängen an den Kolonialstil an den Hang gebaut wurde. Beide sind vergleichsweise günstige Übernachtungsmöglichkeiten (ab 90 RM für *Puncak Inn* bzw. 145 RM für das *Shahzan Inn,* unter der Woche versteht sich). Preiswerter ist die große, man könnte fast sagen, zum Glück fast versteckt gelegene Anlage der *Silver Park Apartments* auf einem der Hügel. Sie bieten auch Zimmer unter der Woche ab 69 RM an. Alles andere liegt deutlich darüber.

Spazier- und Wanderwege

Wandern ist die Hauptaktivität, wegen der die meisten Reisenden nach Bukit Fraser kommen. Mit der Verschönerung der Umgebung ging auch eine Verbesserung der Infrastruktur der Wege einher. Alle Wege sind deutlich ausgeprägt, alle Steilstellen sind im Prinzip mit Seilgeländern gesichert, nicht selten erleichtern Treppenstufen den Auf- oder Abstieg. Al-

Fraser's Hill ist ein Paradies für Dschungelwanderer

le Wege haben eine oder mehrere Unterstände mit Bänken. Vor allem sind die Eingänge deutlich gekennzeichnet, und Schautafeln erläutern zu Beginn und unterwegs, was es zu sehen gibt. Es gibt derzeit 8 bezeichnete Wege, benannt nach Pionieren von Fraser's Hill mit einer Länge zwischen 200 m und 5½ km Länge. Lassen Sie sich aber bitte nicht täuschen, 100 m im Dschungel können einem ganz schön lang vorkommen. In der Karte, die jeder Gast in den Hotels, auf jedem Fall im *Puncak Inn* und im WWF-Büro (Vogelexperte und Guide *Durai* ist dort zu finden) sowie im Silver Park Apartment erhält, sind auf der Rückseite die Wege, Länge und Charakter sowie Herkunft des jeweiligen Namens erklärt. Oft heißt es „*...wide and level path...*", wobei sich *level* auf die Beschaffenheit des Weges bezieht, nicht darauf, dass er eben verläuft, was selten der Fall ist.

Eine **Auswahl an Wegen**, die man ab Ortszentrum gut begehen und kombinieren kann:

Hemnant Trail (1000 m), dieser Weg beginnt bei einem Café unterhalb der Moschee und führt oberhalb des alten Golfplatzes von 1920 im Ortszentrum entlang; er ist fast eben mit Ausnahme eines kurzen Auf- und Abstieges. An diesen kann man gleich den

Bishop Trail (1500 m) anschließen. Dies ist vielleicht der lohnendste der Dschungelwege von Fraser's. Er ist schmaler, man geht oft über Wurzelgeflecht – eben ein richtiger Dschungelpfad. Anfangs geht es hinunter über einen Bach (kein Trinkwasser!) zu einer überdachten Plattform bei einer großen Würgefeige mit Blick ins Tal (vielleicht hören Sie Gibbons, insbesondere morgens), dann wieder bergauf. Man kommt bei einer kleinen Straße gegenüber dem Muar Bungalow heraus. Dort geht man hinab und dann rechts haltend zum Kreisverkehr oberhalb der Moschee. Man kann aber auch vor dem „Ausstieg" den sich direkt anschließenden, ebenfalls schmalen, 1800 m langen **Maxwell Trail,** der eher abfallend verläuft und bei einer Schule herauskommt, weitergehen. Dort befindet man sich dann in der Nähe des *Fraser's Pine Resort.*

Der **Rompin Trail** ist nur ein 200 m kurzer Verbindungsweg ins Tal und führt fast nur über Treppenstufen hinunter. Man kann dann auf dem Rückweg jedoch links haltend die Straße entlanggehend, das berühmte **Smokehouse** besuchen und ggf. – falls einigermaßen ordentlich gekleidet – zum traditionellen High Tea mit Scones einkehren. Im weiteren Verlauf entlang der Semantan Road kommt man dann nach einer Kreuzung oberhalb des Foodcourt vorbei. Geht man weiter, kommt man am Teich **Allan's Water** (auch um diesen kleinen See gibt es einen Rundweg) vorbei und hält sich vor der Maybank Lodge links zum **Mager Trail,** der nach einigen hundert Metern am Ortseingang herunterkommt (am Schluss ist er fast zugewachsen) oder zum **Abu Suradi Trail,** der steil direkt hinunter zur Genting Road führt und kurz unterhalb der Moschee herauskommt.

Pine Tree Trail: Wer lieber eine ausgiebige Dschungeltour unternehmen möchte, und sich fit genug fühlt, kann als Höhepunkt den über 5 km langen Weg zum Pine Tree Hill (1505 m), dessen Gipfel nördlich von Faser's Hill liegt, begehen, und zwar hin- und zurück! 7-mal geht es auf dem Hinweg bis zu 150 hm hinunter, 6-mal hinauf. Die reine Gehzeit für Hin- und Rückweg sollte man mit 4–5 Std. veranschlagen. Da der Weg meist am Kamm verläuft, gibt es unterwegs kein Wasser, man sollte sich also entsprechend eindecken. Der Weg ist für Dschungelverhältnisse jedoch gut begehbar (aber es stürzt immer wieder mal ein Baum um, der muss dann überklettert oder umgangen werden, bevor ein Zuständiger mal wieder vorbei kommt und mit einer Kettensäge den Weg freimacht). Kurz unter dem Gipfel gibt es ein steiles Felsstück, aber auch auf diesem Weg sind alle Steilstellen gut abgesichert. Wenn Sie allein und ohne Guide gehen, informieren Sie Ihr Hotel am besten von Ihrem Vorhaben.

Den Weg zum **Jeria-Wasserfall,** dessen Becken einbetoniert wurde, kann man sich wohl sparen. Von der Abzweigung nahe Smokehouse sind es 4 km auf der Straße (Taxi 40 RM ab Ortszentrum, hin und zurück).

Weitere Aktivitäten

- **Reiten:** 5/4 RM, am „Paddock", ca. 10–15 Min. zu Fuß vom Uhrturm.
- **Bogenschießen:** 8 RM für 10 Pfeile, ebenfalls am „Paddock".
- **Bootfahrt** auf dem Teich Allan's Water: 6 RM pro Boot (2 Pers., 15 Min.).

Vögel beobachten

Wie erwähnt, ist die unter Naturschutz stehende Gegend angesichts von über 250 vorkommenden Vogelarten besonders unter Vogelfreunden berühmt. Einmal jährlich findet hier das **Annual International Bird Race** (3. Woche im Juni) statt, bei es darum geht, in fest gesetzter Zeit möglichst viele Vögel zu sehen und zu identifizieren. Beim letzten Mal nahmen 44 Teams (je 3 Personen) teil. Wie oben erwähnt, arbeitet der sehr kontaktfreudige *Durai* von seinem WWF-Büro im *Silver Park Hotel* (www.wwfmalaysia.org) aus als Guide und im Wettkampf als Schiedsrichter. Er kennt sich also aus.

Anreise

Es besteht nur noch die Möglichkeit, Fraser's Hill **mit eigenem Fahrzeug oder Taxi** zu erreichen, da der Busverkehr mangels Wirtschaftlichkeit sowohl von **Raub** (Ostseite) wie von **Kuala Kubu Baru** (kurz: KKB, Westseite) eingestellt wurde. Von beiden Städten aus kostet die Taxifahrt 70 RM, also einigermaßen günstig, wenn man sich den Fahrpreis mit weiteren Fahrgästen teilen kann. Die 2. Straße vom *Gap* (900 M.ü.d.M.) am Scheitelpunkt beider Straßen, die eigentlich das Thema Fahrzeiten beenden und als Auffahrtsstraße

dienen sollte, ist seit einem größeren Erdrutsch eventuell nach wie vor gesperrt. So gilt die alte Regel für die alte Straße: zur ungeraden Uhrzeit 40 Min. lang bergauf, zur geraden Uhrzeit 40 Min. lang bergab. Einzelreisende können versuchen, an der Ampel zu den Bergabzeiten per Anhalter in Richtung Raub oder – wahrscheinlicher – KKB, also in Richtung KL, mitgenommen zu werden. In KKB kann man z.B. einen Bus nach Rawang besteigen (3 RM) und von dort mit dem häufig dort abfahrenden Pendler-Zug weiter zum Bahnhof Kuala Lumpur (der klassische ehemalige Hauptbahnhof nahe dem Viertel Chinatown) oder Sentral fahren.

Adressen und Telefonnummern

- **Tel.-Vorwahl Fraser's Hill: 09**
- **Information:** Tel. 09/362 2201, tägl. 8 bis 21 Uhr.

Übernachten

- **Puncak Inn**②-③, Jln. Genting, Tel. 362 2007, Fax 362 2201, www.pkbf.org.my. Nach der Komplettrenovierung alle Zimmer gefliest, mB, mf, Wasserkocher, TV, Frühstück, WiFi, wochentags Standard 90 RM, Deluxe 110 RM, Family (3 Betten) 130 RM. Dort kann man auch Bungalows (*Bentong, Cini, Kuantan* (500/800 RM pro Bungalow) buchen.

- **Shahzan Inn**③-④, Jln. Lady Guillemard, Tel. 362 2300, Fax 362 2284, www.shahzaninn.com.my. Große, weiße, terrassenförmig an den Hang gebaute Anlage mit Blick nach hinten oder auf das kleine Ortszentrum, den alten Golfplatz von 1920 und dessen Umgebung. Zimmer nach hinten ab 145 RM, Golf View ab 168 RM, Satelliten-TV (Astro), WiFi.

- **Ye Olde Smokehouse**⑤, Tel. 362 2118, Fax 362 2035. Englischer Landgasthof aus dem Jahre 1937, nun in chinesischem Besitz, Schwesterhotel des gleichnamigen Hauses in den Cameron Highlands, Standardzimmer ab 280 RM, Suite 350–450+ RM inkl. englischem Frühstück.

- **Fraser's Pine Resort**④, Tel. 7804 3422, -3500, www.thepines.com.my. 96 luxuriös eingerichtete Appartments mit 255 Zimmern, daher vor allem für größere Gruppen empfehlenswert, ab 220 RM.

- **Fraser's Silverpark Apartments**②, Tel. 362 2888, Fax 362 2887, www.fraserssilverpark.com.my. Auf einem Hügel gelegene große Appartmentanlage, deren weißer Anstrich unter der Witterung schon gelitten hat. Schöner Ausblick, wochentags ab 69 RM, Zimmer mB, mf, TV, heißer Dusche, Kühlschrank, Wasserkocher, Balkon. Frühstück 10 RM extra.

- **Jelai Highland Resort**②, ab 80 RM, ggf. wochentags geschlossen.

- **Bungalows** (Banglo) *Jelai* und *Brinchang*, wenige Minuten oberhalb des Foodcourt, können in KL über Tel. 03 769 36996 gebucht werden. Die Bungalows sind aber nur für größere Gruppen gedacht, entsprechend sind die Preise (um 700/800 RM).

Essen und Trinken

- Die **Hotels** haben eigene Restaurants, die meist (nur) bis 21.30 Uhr geöffnet sind.

- **Foodcourt mit Minishop** gegenüber (oberhalb) der Moschee mit preiswerten malaiischen und westlichen Gerichten (Burger, Hot Dogs, Steak u.a.) tagsüber bis 19 Uhr.

- **Ye Olde Smokehouse,** englische Gerichte bis 65 RM (z.B. *Steak Wellington*), High Tea mit Scones und Erdbeerkonfitüre 16 RM.

- **Scott's Pub & Restaurant** (früher: *Tavern*, gleicher Besitzer wie *Smokehouse*), Tel. 362 2118. Englische *Ales* und andere Biersorten, englische und asiatische Küche, dazu Übertragungen von der Premier League u.a., direkt neben *Puncak Inn*.

Malaysische Dajaldrossel

Raub und Bentong

Zwei Orte, die man auf dem Weg KL – K. Lipis – Kota Bharu bzw. KL – Jerantut – Taman Negara passiert. Falls man dort übernachten möchte, hat man in beiden Orten mit 41.000 bzw. 50.000 Einwohnern preiswerte Hotels zur Auswahl. Raub war früher Goldgräberort. 30 km nordöstlich befinden sich die zum Rafting geeigneten Stromschnellen von Jeram Besu. Diese werden u.a. von *Kiara Holidays* in Kuala Lipis (s.u.) angeboten. Daneben gibt es den **Countryview Recreation Park,** wo man an verschiedenen Outdooraktivitäten teilnehmen und auch übernachten kann, Tel. 323 0230, Fax 323 0200, www.countryviewadventure.com, www.jerambesuresort.com.

Übernachten in Raub

■ **Um den Busbahnhof** herum gibt es einige einfache Hotels, Zi. meist oB, 25–35 RM.
■ **Rumah Rehat (Rest House) Raub**②, Jln. Dato' Abdullah, Tel. 09 355 9668, 355 9899, Fax 355 9608. Nahe dem Busbahnhof stattlich auf einem Hügel gelegen, beste Adresse in Raub, Superior 120 RM, Deluxe 160 RM.

Verkehrsverbindungen

Bus- und Taxiverbindungen nach **KL** (9.15–21.15 Uhr, 12x, 3 Std., 9 RM); Taxis 200–300 % > Bus (bei 4 Personen); die letzten Busse, egal in welche Richtung, verlassen Raub um 18 Uhr. Ein Taxi zum Bukit Fraser kostet 70 RM.

Kuala Lipis

Das Städtchen (rund 16.000 Einw.) liegt in der Mitte der Halbinsel im Staate Pahang in landschaftlich reizvoller Lage am Sungai Jelai, der sich in Kuala Tembeling mit dem Sg. Tembeling zum Sg. Pahang vereint.

Sehenswert sind eine Reihe von Kolonialgebäuden: Kuala Lipis war zeitweise die Hauptstadt Malayas. Besonders hübsch ist das Resthouse auf einem Hügel über der Stadt. Sehenswert sind auch die **Clifford School** (1913), eine ehemalige Eliteschule, das Lipis-Bezirksamt (1919) und der **maurische Palast** Istana Hinggap (1926). Abends schwirren oft Tausende von Mauerseglern durch die Stadt.

Kuala Lipis liegt an der Bahnstrecke Gemas – Kota Bharu und an der Straße KL – Kota Bharu. Dank des **Kenong Rimba Jungle Park** (s.u.) ist der Ort mittlerweile zum Startpunkt für Dschungeltouren geworden. Ein Führer, der durch sein Verhalten gegenüber einigen alleinreisenden Frauen traurige Berühmtheit erlangte, hat die Stadt nun schon seit einigen Jahren verlassen.

Natürlich werden noch immer Touren organisiert, wer eine solche mitmachen möchte, wende sich an *Appu's G.H.*, alle Führer sind registriert und in der unmittelbaren Umgebung aufgewachsen (Adressen s.u.).

In Kuala Lipis zweigt eine inzwischen fertiggestellte Straße in die **Cameron Highlands** ab, die den Weg dorthin von Kuala Lipis oder Jerantut aus erheblich verkürzt. Sie stößt in Ringlet auf die alte Straße von Tapah/KL. Es gibt keine öffentliche Busverbindung. *NKS Hotel & Travel* in Jerantut, die u.a. eine Reihe von Backpackerbussen betreiben, fahren diese Route, wenn die Anlagen an der Ostküste (insbesondere die Perhentian-Inseln) wegen des ab Ende Oktober einsetzenden NO-Monsuns geschlossen haben. Dann fahren sie nicht über Gua Musang (s.u.) sondern über diese Straße (ab Jerantut 65 RM, s.u. „Jerantut").

Kuala Lipis

Übernachten

Tel.-Vorwahl Kuala Lipis: 09

■ **Appu's G.H./Hotel Lipis**①-②, 63, Jln. Besar, Tel. 312 3142. Die einzige Anlaufstelle für Traveller, insbesondere solche, die Dschungel- und andere Touren in die Umgebung unternehmen wollen. *Appu*, ein sympathischer und umtriebiger Inder, weiß alles über die nähere und weitere Umgebung und organisiert Touren ab 4 Personen für 80 RM/Tag. Die Zimmer oB sind einfach aber komfortabel, Dorm 10 RM, DZ mf 20/25 RM, a/c 35/45 RM, 4-Bett-Zi. a/c 60 RM.
■ **Hotel Tong Kok**①, 80, Jln. Besar, Tel. 312 1027. Einfache, saubere Zi. mf, oB für 20/30 RM.
■ **Hotel London**①-②, Jln. Besar, Tel. 312 1618. Günstigste Adresse für Reisende, die im Stadtzentrum ein Hotel suchen, DZ mf, oB 23 RM, a/c, oB 38 RM, a/c, mB 43 RM, Familienzimmer m.a/c, mB 53 RM.

Auf der anderen Seite der Bahnstrecke
■ **Centrepoint**①, Jenseits der Bahngleise im gleichnamigen *Shopping Centre* im 5. Stock, Tel. 312 2688, www.centrepointhotel.com.my. Alle Zi. a/c, mB, EZ 48 RM, DZ 70 RM, Deluxe 108/138 RM, Suite 148 RM, einfaches Frühstück.
■ **Hotel Jelai**①, Im Block südöstl. Centre Point, Tel. 312 3598. Standard DZ a/c, mB 48 RM, Deluxe 70 RM, Family 80 RM.
■ **Residence Resthouse**②, Tel. 312 2788. Der frühere Sitz des britischen Residenten, koloniale Atmosphäre mit sehr geräumigen Zimmern mit Gartenblick, ab 60 RM.
■ **Lipis Plaza Hotel**②, Komplex Taipan, Jln. Benta Lipis, Tel. 312 5521, www.lipisplaza.com, ab 75 RM.

Essen und Trinken

■ **Subashini**, preiswertes indisches Lokal in der Jln. Beasr.
■ **Lokale an der Treppe** (Medan Tangga) hinunter zum Jelai-Fluss.
■ **Chinesische Lokale** neben Aufgang zur Fußgängerbrücke im 1. Stock.
■ **Hoi Kee** (alias *Fung Seng Lao*), im Block jenseits der Fußgängerbrücke über die Bahngleise gegenüber Centrepoint, sehr beliebt bei Chinesen, gute, preiswerte Gerichte, auch Wildgerichte, z.B. Wildschweincurry oder Hirsch mit Pfeffersoße, direkt neben KFC, auch abends noch länger geöffnet.

Touristeninformation

■ **Bahnhof**, ab 9.30 Uhr geöffnet, Tel. 312 3277, mobil 012 958 6858, 013 951 5218, im selben Büro *Tuah Travels & Tours*, die ebenfalls Touren in den Kenong Rimba Park durchführen, 1 Tag 150 RM, 2 Tage 250 RM p.P., Tel. 312 2292.
■ **Kiara Holidays**, Centre Point, Tel. 312 2777, Fax 312 2779, www.centrepointhotel.com.my/pkiaraholidays.html. Organisieren Rafting in Jeram Besu u.a.

Verkehrsverbindungen

Bus/Taxi

Die **Busstation** liegt in der Jln. Besar, wer vom Bahnhof kommt, muss sich links halten. Drei Busunternehmen bieten Fahrten an.
■ **Raub** (8.00–19.30 Uhr, 9x, 1.30 Std., 4/6 RM), **KL** (8.00–18.30 Uhr, 6x, 4.30 Std. 11/15 RM), **Bentong** (8.00/15.00 Uhr, 7/9 RM), **Gua Musang** (2.00/12.30/18.00 Uhr, 1.20 Std., 12/16 RM), **Kuantan** (8.00/15.00 Uhr, 2.50 Std., 20/26 RM), **Taman Negara** (Bus *Mela* 8.30/14.00/16.15 Uhr, umsteigen in Tembeling).
■ **Transnational,** Tel. 312 5055: nach KL (Pekeleling Bus Station) über den Karak Highway (viermal täglich), nach Kuantan (2x täglich), nach Gua Musang (2x täglich).
■ **Pahang Lim Siong**: nach KL über GAP/Fraser's Hill (einmal täglich); dieser Bus bietet sich an, wenn man von Kuala Lipis in die Cameron Highlands gelangen will: in Kuala Kubu Baru aussteigen, mit einem lokalen Bus nach Tg. Malim, von dort nach Tapah und von dort schließlich in die C.H.; bis 18 Uhr Busse nach Raub.
■ **Marzin Express,** Buchung über *Melor Services,* Tel. 312 2379: nach KL und Seremban.
■ Außerdem **lokale Busse** zu Orten in der Umgebung.
■ **Taxis:** 100–200 % > Bus (bei 4 Personen).

Zug

■ **Gua Musang** (ab 4 RM), **Wakaf Bharu** (ab 11 RM), **Jerantut** (ab 2 RM), **Gemas** (ab 8 RM), **Kluang** (ab 12 RM), **JB Sentral** (ab 15 RM), **Woodlands** (Singapur, ab 16 RM) 2x tgl. ca. 2, 13 Uhr; **Seremban** (ab 13 RM), **KL Sentral** ab 20 RM) 1x tgl. ca. 0 Uhr (genaue Informationen: www.ktmb.com.my).

West-Malaysia

Kenong Rimba Jungle Park

Dieser wildreiche, über 20 km lange, 128 km² große Naturpark grenzt im Norden und Osten an den Taman Negara. Der Eingang beim **Kg. Kuala Kenong** bzw. Zeltplatz Tg. Kiara wird entweder direkt per **Boot von K. Lipis** (ca. 1–1½ Std.) aus erreicht, oder man fährt erst mit dem Zug von Kuala Lipis zum Bahnhof Kg. Batu Sembilan (9th mile, 20–30 Min.), geht von dort aus zur Jetty am Jelai River (5 Min.) und besteigt hier ein Boot in Richtung Eingang (ca. 20 Min.). Vom Eingangspunkt gelangt man nach ca. 10 Min. zum Kg. Dusun.

In den das Dorf umgebenden Feldern kann man zahlreiche Vogelarten beobachten. Von hier aus starten alle Wege durch den Park. Es gibt einen großen Rundweg, an dem mehrere **Höhlen** liegen; zunächst Gua Batu Tangga, Gua Batu Telahup (Elefantenschutz im Monsun) und Gua Batu Tangkup. Die erste der Höhlen erreicht man nach ca. 1½ Std.

Das nächste Ziel ist der **Gunung Kesong**, hier stehen auch Chalets zur Übernachtung bereit, und es gibt weitere Höhlen zu besichtigen: Gua Harimau (mit vielen Tierspuren), Gua Indah und Gua Hijau (vor allem wegen seiner besonders zahlreichen fliegenden Bewohner bekannt). Man muss in fast allen Höhlen mit **Fledermäusen und Schlangen** rechnen, Vorsicht ist deshalb immer geboten.

Nach einer Übernachtung erwartet den Wanderer die Strecke zum **siebenstufigen Wasserfall Lata Kenong** am Ende des Parks, der zum Schwimmen, Fischen und Faulenzen einlädt.

Von dort geht's am nächsten Tag zum **Gunung Puteh (884 m)**, wo einen viele noch unerforschte Höhlen erwarten, vielleicht begegnet man auch einigen **Orang Asli**. Dieser Abschnitt gestaltet sich etwas schwieriger, es geht auf und ab, nicht weniger als 35 Bäche/Flüsse werden überquert. Ungefähr 20 km sind es von hier zurück zum Dorf, eventuell sollte man eine weitere Übernachtung einplanen. Sportliche Gruppen kommen vielleicht mit einer Übernachtung weniger aus. Natürlich sind auch kürzere Touren möglich.

Das Aufspüren von **größeren Tieren** wie Elefanten, Bären, Tigern, Tapiren, Wildbüffeln und -schweinen ist wie immer Glückssache und sehr unwahrscheinlich, was einen Dschungelaufenthalt aber nicht weniger interessant macht.

Weitere Auskünfte kann *Appu* (s.o.) oder die Touristen-lnformation in K. Lipis (im Bahnhof) geben. Für den Besuch des Parks ist ein Permit nicht mehr notwendig.

Der Park kann nur mit offiziellen örtlichen **Führern** besucht werden (1 Guide für bis zu 10 Personen), die Touren kosten bei den genannten Adressen ca. 70 RM pro Tag, der Transport mit dem **Boot** (max. 10 Pers.) wird extra berechnet (160–180 RM jeweils hin und

zurück, bei voller Auslastung also 16–18 RM pro Pers. und Fahrt, sonst entsprechend mehr).

Touren in den Park werden auch von *Tuah Travels & Tours* (identisch mit Tourist Information, Tel. 018-808 7104) angeboten: 140 RM bei einer Übernachtung, 170 bei zwei, 220 bei drei Übernachtungen, alles inklusive. Etwas teurer wird eine Übernachtung im *Persona Rimba Resort*③. Einfachster Zugang: mit Zug oder Bus bis Batu Sembilan (9. Meile), zu Fuß zur Jetty, per Boot (25 RM) nach Tanjung Kiara.

☐ Höhlenbewohner

Sehenswertes auf der Strecke Kuala Lipis – Kota Bharu

Wer mit dem Auto in Richtung Kota Bharu fährt, kann 8 km hinter K. Lipis den **Taman Rekreasi Terenggun** (Wald mit See und Picknickplätzen) besuchen. Vor und hinter Merapoh stehen große **Kalkfelsen,** an denen es sich gut klettern lässt; der Ort dient offiziell als Ausgangspunkt zur zeitverkürzten Besteigung des **Gunung Tahan** im Taman Negara (s.u.).

Merapoh, mit Bus von Gua Musang bzw. Kuala Lipis oder mit Zug aus Richtung Kota Bharu bzw. von Süden zu erreichen, ist Aus-

gangspunkt für den **westlichen Zugang zum Nationalpark**. Mit eigenem Fahrzeug oder Taxi kommt man zum Parkeingang in **Sungai Relau**. Ein Resthouse mit 13 Zimmern und ein Hostel mit 40 Betten stehen für die Unterkunft zur Verfügung, Zelten ist möglich. Das Hostel befindet sich in Kuala Juram. Von dort aus lässt sich der **Gunung Tahan** in 3 Tagen hin und zurück besteigen, deshalb ist dieser Weg der am häufigsten begangene auf den höchsten Gipfel der Halbinsel. Auch der Weg von/nach Kuala Tahan von/nach Merapoh über den Gipfel wird heute eher begangen als der klassische Weg (einfach 55 km, 8 Flussquerungen) hin und zurück ab Kuala Tahan. Auch von Sungai Relau aus gibt es **Höhlen** (*Gua Gajah* = Elefantenhöhle, 5,5 km, bzw. *Gua Peningat*, 8,8 km von Sg. Relau entfernt) zu besuchen. Angeln ist in diesem Teil des Parks verboten, die Fische dürfen nur gefüttert werden; dafür gibt es über 300 identifizierte Vogelarten zu beobachten. Auch Nachtwanderungen werden angeboten.

Pulai, 10 km vor Gua Musang, ist ein altes Dorf der Hakka-Chinesen, die einst als Goldgräber in die Gegend kamen und nun auf andere Art ihr Auskommen suchen, meist in der Landwirtschaft. Im Ort gibt es den für Chinesen bedeutenden **Shui-Yue-Gong-Tempel** (www.shuiyuegong.com.my, Tel. 019 944 831). Verehrt wird ein zwischen 500 und 800 Jahre altes **Guan-Yin-Gemälde**, das die Göttin der Barmherzigkeit darstellt und von einem der Einwanderer aus China nach Pulai gebracht worden war. Ab dem 19. Tag des 2. Monats nach dem Mondkalender wird im Tempel ein großes 9-tägiges Fest gefeiert. 10 Min. mit dem Taxi/Auto vom Ort entfernt liegt in einer Höhle im sog. **Prinzessinnenberg** (*Gunung Puteri*) der Tempel **Zi Xia Tong**, wo eine Tropfsteinsäule in Gestalt der *Guan Yin* verehrt wird. Der Kampung liegt 18 km südlich von Gua Musang im Süden Kelantans.

In **Gua Musang** (116 km v. K. Lipis) gibt es viele **Höhlen in den Kalkfelsen**. Mehrere Hotels und ein Resthouse bieten Unterkunft. Die Musang-Höhle (wörtlich: Zibetkatzenhöhle), die dem Ort den Namen gab, befindet sich oberhalb des Ortes (Kinder bieten sich als Führer auf dem steilen Weg an). In Gua Musang beginnt eine vor einigen Jahren fertiggestellte Straße durch wenig besiedeltes Gebiet in die **Cameron Highlands**, die in Kampung Raja die Highlands erreicht. Es besteht keine öffentliche Busverbindung. *NKS Hotel & Tours* bietet diesen Zugang bis Ende Oktober (wenn die Anlagen auf den Perhentian-Inseln wegen des NO-Monsuns schließen) ab Kuala Besut täglich ab 10 Uhr an. Wer in Gua Musang zusteigen möchte, wende sich per Telefon oder E-Mail an *NKS* in Jerantut (s. Jerantut). Ab Gua Musang kostet die Fahrt 35 RM. Während des Monsuns müsste man jedoch nach Jerantut fahren, um diesen Service (von dort 65 RM) nutzen zu können.

Hier und südlich in Merapoh gibt es viele Felsen, an denen man klettern kann; Kontakt: *Mohamad Zawawi Ahmad*, Tel. 019 912 5647, Office: 09 912 1788, Fax 09 912 1211.

■ **Zug von Gua Musang: Wakaf Bharu** (ab 7 RM) 6x tgl. nach 6, 8, 9, 13.30, 16, 17.30 Uhr, **Kuala Lipis** (ab 4 RM) 5x tgl. nach 9.30, 11, 20.30, 22, 0 Uhr, **Jerantut** (ab 6 RM), **Gemas** (ab 12 RM) 4x tgl. nach 11, 20.30, 22, 0 Uhr, **Kluang** (ab 16 RM), **JB Sentral** (ab 19 RM), **Woodlands** (Singapur, ab 20 RM) 2x tgl. nach 11, 0 Uhr Uhr; **Seremban** (ab 16 RM), **KL Sentral** ab 23 RM) 1x tgl. nach 22 Uhr (genaue Informationen: www.ktmb.com.my).

6 km östlich des Städtchens befindet sich das **Ethnobotany Camp** in einem 37 ha großen Park mit 30 Kletterrouten unterschiedlicher Schwierigkeitsgrade an den für die Gegend typischen Kalkfelsen. Zum Park gehört auch ein Garten mit einheimischen Heilkräutern. Auch gibt es eine Reh- und Straußenfarm. Eintritt kostenlos, geöffnet 8–18 Uhr, mobil 019964 2227. Mit Taxi oder Auto in 10 Min. von der Stadt zu erreichen.

▷ Typische Kalkfelshöhle

10 km südlich von Gua Musang befindet sich das 121 ha große, von Kalkfelsen und Dschungel umgebene **Gua Musang Wildlife Conservation Centre,** in dem sich einige *Gaur* (Großrind), mehrere *Barking Deer* (auch *Muntjaks* = Hirschgattung) und über 50 Sambarhirsche und -rehe aufhalten, Eintritt kostenlos, Tel. 09 741 6240.

Taman Negara Park/Kuala Koh

80 km östlich von Gua Musang befindet sich der Zugang von der Kelantan-Seite zum Taman Negara Park (s.u.) bei Kuala Koh, das ein Gebiet von gut 1000 km² umfasst. Der Name „Koh" bedeutet im klantanesischen Dialekt Palme. Hier verbarg sich der malaiische Widerstandskämpfer *Mat Kilau* einst vor den britischen Kolonialherren.

Dieser Teil des Nationalparks wird von ausländischen Touristen bisher wenig besucht, zumal man nur mit eigenem Fahrzeug oder Taxi hinkommt. Von Kota Bharu aus kann man einen 3T/2N-Trip mit *Zeck* organisieren (s. Kota Bharu „Übernachten"). Die Chance für Tiersichtungen ist hier größer als im Haupteingangstor Kuala Tahan. Es gibt 6 Hütten und ein Hostel mit 74 Betten. Beliebt sind **Fahrten auf dem Bambusfloß** von Kuala Pertang nach Kuala Koh, die ca. 2 Std. dauern. Man kann angeln (Lizenz 10 RM), auf kürzeren Rundwegen umherwandern oder unter den Wurzeln von Ara-Bäumen (Ficusart) hindurchgehen; auch einen **Baumwipfelweg** (Canopy walk) gibt es wie in Kuala Tahan, und man kann den **Gunung Tahan** besteigen, die anstrengendste, aber kürzere Variante, wie die von Kuala Tahan, www.wildlife.gov.my.

Wenn man mit dem Zug oder eigenem Wagen unterwegs ist, kann man in **Dabong** zum **Gunung Stong State Park** (s. „Umgebung von Kota Bharu") fahren und ggf. noch die bekannte **Gua Ikan** (Fischhöhle), ca. 3 km von Dabong, erkunden.

Von **Lalok** (202 km von K. Lipis) aus kann man die beliebten Wasserfälle Lata Rek und Lata Berangin besuchen.

Jerantut

Ein eher kleines malaysisches Allerweltsstädtchen mit 34.000 Einwohnern, das Reisenden als Ausgangspunkt für Fahrten nach Kuala Tahan und damit zum Haupteingangstor in den Taman Negara dient. Die Stadt ist zweigeteilt: die überschaubare **Altstadt** mit fröhlich neu gestrichenen chinesischen Ladenhäusern (hier befinden sich das Hotel *Sri Emas* und das *NKS Café* mit Reisebüro, sowie die alte Neustadt mit Markt, lokalem Busbahnhof (der u.a. auch von *Transnasional* genutzt wird) und für Busfahrten nach Kuala Tahan dient, Taxistand, Einkaufsviertel und mehreren chinesischen Stadthotels. Knapp einen Kilometer entfernt an der Straße nach Maran/Kuantan liegt der neue Stadtteil **Bandar Baru Inderapura,** wo sich auch der Expressbusbahnhof für die meisten Gesellschaften befindet. **Auffälligstes Wahrzeichen** ist die **große Moschee.** Die Busse von/nach Kuala Tahan kommen nah am neuen Busbahnhof vorbei, sodass man dort aussteigen könnte. Jerantut liegt an der Bahnlinie Singapur/KL/Gemas nach Kuala Lipis und Kota Bharu. Der Bahnhof liegt leicht nach Norden versetzt in der Mitte zwischen Altstadt und alter Neustadt, ist aber zu Fuß von beiden Ortsteilen aus in nur etwa 5 Min. zu erreichen.

Verkehrsverbindungen

Bus/Taxi/Zug

■ **Bus:** (*Perwira Express* ab Perkeleling flat ggb. vom KL Hospital,) 10.00/11.30/15.00/ 17.00 Uhr, 3½ Std., 11 RM (Tel. 03 443 0648).

Bus von Kuantan 08.30/13.00/15.00, 3½ Std., 10,50 RM (Tel. 09 266 2412).

■ **Taxi:** 140 RM pro Taxi.

■ **Zug:** Es gibt Verbindungen nach Jerantut aus Richtung Kota Bharu, Singapur und KL Sentral, allerdings kommen die Züge sehr ungünstig an, entweder viel zu früh (gegen oder nach Mitternacht oder zu spät für die Boote,

□ Übersichtskarte S. 294 **Jerantut** 309

es sei denn, man nimmt den Bus nach Kuala Tahan: 13.56 Uhr aus Richtung Kota Bharu/Gua Musang/Kuala Lipis).

Kuala Lipis (ab 2 RM), **Gua Musang** (ab 6 RM), **Wakaf Bharu** (ab 13 RM) 3x tgl. ca. 3, 5, 14.30 Uhr; **Gemas** (ab 6 RM) ca. 1,3,14.20 Uhr, **Kluang** (ab 10 RM), **JB Sentral** (ab 13 RM), **Woodlands** (Singapur) 3x tgl. ca. 1,3, 14.20 Uhr, **Seremban** (ab 10 RM), **KL Sentral** (ab 17 RM) 1x tgl. ca. 1 Uhr (genaue Informationen: www.ktmb.com.my).

Öffentliche Busse nach Kuala Tembeling (Ausgangspunkt für Bootsfahrten zum Nationalpark, 19 km entfernt) fahren mehr oder weniger stündlich zwischen 7.45 und 17 Uhr ab lokalem Busbahnhof in der Neustadt in 45 Min. zur Bootsanlegestelle. Aber die Fahrten sind nicht abgestimmt auf die Abfahrtszeiten der Boote um 9 und 14 Uhr, Fr 14.30 Uhr. Die *NKS-/Han*-Busse dagegen sind darauf abgestimmt und fahren um 8.30 und 13.30 Uhr von ihren Büros in Jerantut ab und stehen auch für die Rückfahrt bereit, falls man mit dem Boot von Kuala Tahan zurück kommt.

Mutiara, die das *Resort* im Nationalpark betreiben, hat eigene, aber teurere Shuttle- und Bootverbindungen zwischen KL und Kuala Tahan.

Die Straße von Jerantut nach Kuala Tahan ist eine preiswerte und **schnellere Alternative** (7 RM, ca. 90 Min.) zur Bootsfahrt, die jedoch nach wie vor ihren Reiz hat und wohl vor allem die beste Einstimmung für die Zufahrt zum Park bietet. Die Straße führt zunächst 8 km in Richtung Maran/ Kuantan und biegt kurz nach der Brücke über den Pahang-Fluss bei einem Sägewerk nach links ab. Es ist eine fast menschenleere Gegend, meist Palmölplantagen, Dschungelreste, ein Holzfällercamp. Erst kurz vor Kuala Tahan gibt es Siedlungen entlang der 57 km langen hügeligen und oft kurvenreichen Straße.

■ **Busse Jerantut – Kuala Tahan** mit *Lin Siong*-Bussen um 8.00/11.00/13.00 Uhr, zurück um 10.00/13.00/15.00 Uhr; *Latif Othman*-Busse fahren um 5.30/8.00/13.00/16.45 Uhr nach Kuala Tahan und um 7.30/10.00/15.00/19.00 Uhr zurück zum alten Busbahnhof im Zentrum Jerantuts (7 RM). **Achtung:** Die Busse fahren oft Minuten vor der angegebenen Uhrzeit los, wenn der Fahrer den Eindruck hat, es kommt niemand mehr, also besser gut 5–10 Min. vor der regulären Abfahrtzeit am/im Bus sein; auch werden nicht alle angegebenen Abfahrtszeiten eingehalten.

Alternativ bieten auch *NKS* diesen Service in Kleinbussen an (25 RM), s.u.

One-Stop-Center für Backpacker

NKS Hotel & Travel haben erkannt, dass Traveller gern unter sich sind und bequem, wenn auch teurer, unter Umgehung der Art und Weise, wie Einheimische ohne eigenes Fahrzeug in Malaysia reisen, an ihre Wunschziele gelangen wollen. Sie wissen, dass die meisten Traveller nur etwa 2 Wochen in Halbinsel-Malaysia bleiben und außer KL an der Westseite die Cameron Highlands, vielleicht noch Penang, Melaka und entlang der Ostküste die Perhentian-Inseln und Tioman besuchen wollen. Darauf ist ihr **Service** eingerichtet. Von KL über Jerantut (35 RM) in den Taman Negara per Boot (35 RM) bzw. Minibus 25 RM) bzw. von dort nach KL, vom Taman Negara über Jerantut in die Cameron Highlands (65 RM), nach Kuala Besut, dem Tor zu den Perhentians oder nach Kota Bharu (je 90 RM) und umgekehrt. Von Jerantut gibt es einen Bus zur Jetty von Kuala Termbeling um 8.30 und 13.30 Uhr.

Im Park bieten sie dann kleine und größere Touren an. In Jerantut dient als Treffpunkt das geräumige und attraktive *NKS Café* (Internet) und als Übernachtungs- und Informationspunkt das *Hotel Sri Emas,* beide in derselben Straße kaum 200 m voneinander entfernt. Es kommt sogar nachts jemand an den Zug zum Abholen ins Hotel, wo man bequeme Sessel und WC zur Verfügung hat.

■ **Hotel Sri Emas**②, 46. Jln. Besar, Tel. 260 1777, KL Büro: *Hotel Mandarin Pacific,* Petaling Street, Tel. 03 207 20336, www.taman-negara-nks.com.

Der Fairness halber sei erwähnt, dass ein Schwager des Firmenchefs, der früher selbst *NKS* geleitet hatte, sich vom Familienunternehmen getrennt und seine eigene Firma nach demselben Strickmuster aufgebaut hat: *Han* heißt dieses Unternehmen, das mit dem am weitesten flussaufwärts liegenden schwimmenden Restaurant (Mama's an der Straße hinauf in den Kampung) kooperiert, während *NKS* das LBK Restaurant am unteren Ende, also flussabwärts, benutzt.

■ **Büro KL:** Kompleks Selangor, (ggb. *Swiss Inn*), Tel. 2031 0899, Fax 2032 2889; www.taman-negara.com.

Übernachten

Neben Hotel *Sri Emas* gibt es noch mehrere Chinesenhotels, die meisten zwischen Busbahnhof und Moschee, das *Jerantut Rest House* dahinter:

■ **Hotel Sri Emas**①, 12–22, Jln. Besar, Tel. 260 1777. Dorm. 7 RM, Zi. f/a/c 15/38 RM; auf Backpackers spezialisiert, sehr guter Service (u.a. Transport zum Hotel bei Anruf) und viele Informationen insbes. zum Taman Negara; mit Dachgarten, Fitnessraum und Restaurant.
■ **Choon Heng Hotel**①, Tel. 266 3693, privat 266 3695. Dorm. 8 RM, kleine Zi. mf 15 RM; hier ist noch alles original wie vor dem Zweiten Weltkrieg; *Mr.Tan* kennt sich sehr gut aus, bucht für das Nusa-Camp. Traveller erhalten hier äußerst nützliche Informationen; mit Restaurant.
■ **Sakura Castle Inn**①, Tel. 266 9663, F1&2, Jln. Bomba, nahe Busbahnhof, 500 m vom Bhf. Noch recht neues, sauberes Chinesenhotel, Zi. ab 40 RM.
■ **Jerantut Rest House**①, Tel./Fax 266 6200. Dorm. f 8 RM, a/c 10 RM, Zi. mB 40 RM; wie das Hotel *Sri Emas* von *Steven Ng* und seiner Familie geleitet, also der gleiche gute Service; mit TV-Raum, Café und Souvenirsverkauf.

Anfahrt

Siehe „Jerantut".

Nationalpark Taman Negara

Taman Negara bedeutet schlicht „**Nationalpark**". In Thailand gibt es Dutzende, in Halbinsel-Malaysia gab es lange Zeit nur diesen (inzwischen gibt es weitere Nationalparks auf der Halbinsel, aber nur der Taman Negara kommt mit diesem einfachen Namen aus, und er ist sehr groß: 4343 km². Die größte West-Ost-Ausdehnung beträgt 120 km, von Nord nach Süd sind es max. 60 km.

Der Park liegt fast im Zentrum der Halbinsel, drei Staaten haben Anteil daran: Pahang, Kelantan und Terengganu. Den Löwenanteil hat Pahang, auf dessen Initiative bereits 1925 1300 km² als „Gunung Tahan Tierreservat" ausgeschrieben wurden. Daraus entstand 1939 der heutige Nationalpark im Zusammenwirken mit Kelantan und Terengganu.

Damals – es waren ja noch britische Zeiten – wurde das Gebiet *King George V National Park* genannt, mit Malaysias Unabhängigkeit wurde daraus schlicht jener Taman Negara.

Ziel des Parks sind Schutz und **Bewahrung der ursprünglichen Flora und Fauna** für alle Zeiten. Schließlich ist der Primärurwald der malaiischen Halbinsel der älteste der Erde – rund 130 Millionen Jahre alt. Und damit ist der Nationalpark vielleicht die bedeutendste Sehenswürdigkeit Malaysias.

Geologisch überwiegen im Park Sedimentgesteine, vor allem Sandstein, im östlichen Teil herrscht Granit vor. Kalkerhebungen finden sich an verschiedenen Stellen, auch die höchste Malaysias, **Gua Peningat** (723 m). In der Gipfelregion des **Gunung Tahan,** des mit 2187 Metern höchsten Berges der Halbinsel, dominiert Quarzit, was zu einer eigenartig nordisch wirkenden Vegetation führt.

(Nicht nur) für Botaniker ist die Vegetation von großem Interesse, wegen mancher nur dort vorkommender Pflanzen. Da das Gebiet sowohl **Tieflanddschungel** (60 m ü.d.M.) mit seinen riesigen Tualang-Bäumen, **mittleres**

Nationalpark Taman Negara

□ Übersichtskarte S. 294

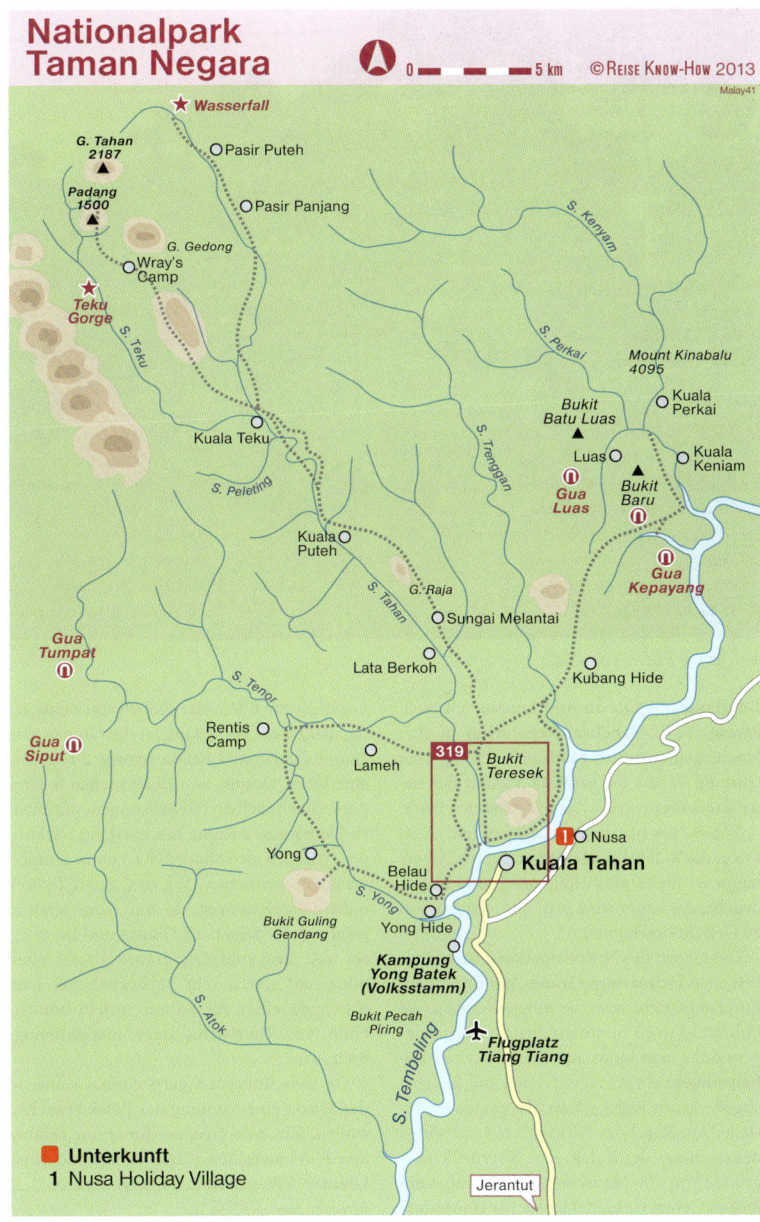

Bergland mit Eichen und Lorbeer als auch Zwerg- bzw. **Nebelwaldvegetation** in den Hochlagen aufweist, eröffnet ein Gang zum Gunung Tahan die gesamte Vielfalt der ursprünglich ganz Malaysia bedeckenden Flora.

Vogelliebhaber haben Gelegenheit, Ausschau nach **250 Vogelarten** zu halten. Überhaupt ist die Artenvielfalt der Fauna beeindruckend – leider wird man nur wenig davon zu Gesicht bekommen.

Das Gebiet des Nationalparks ist ursprünglich auch Heimat von **Orang-Asli-Stämmen**; unterwegs sieht man sie möglicherweise als Führer, obwohl nunmehr Malaien überwiegen, oder man stößt auf ihre einfachen **Behausungen**: ein schräges Gestell, mit Blättern abgedeckt, als Regenschutz, davor eine Feuerstelle. Am Rand des Parks leben Angehörige des Stammes der **Batek,** eine Negrito-Untergruppe von 700 Menschen, die aber über ein großes Gebiet verbreitet leben. Ihr **Hauptdorf** liegt mehrere Kilometer südlich von Kuala Tahan bei **Kuala Yong Atok** an der Grenze zum Nationalpark, und **Kuala Ayong.** 2010 lebte eine kleine Gruppe von 28 Menschen in temporären, einfachsten Behausungen, mit blauen Planen gegen Regen geschützt, im Dschungel zwischen dem Badeplatz Lubok Simpon und dem westlichen Weg zum Bukit Teresek nahe dem Hauptweg, da einige der Männer während der Saison als Guides und Bootfahrer u.Ä. tätig sind. Die Frauen gingen oben ohne und waren sehr zurückhaltend. *John Kumbang,* einer der Führer spricht brauchbares, von Touristen aufgeschnapptes Englisch (s.u.).

Da viele Touristen gern einmal während der Saison eine Siedlung der Batek besuchen wollen, lebt eine Gruppe direkt am Tembeling-Fluss zwischen Kuala Tahan und Nusa Holiday Village. Besuche organisieren u.a. *Mutiara* und *NKS* (s.u.)

Günstige Jahreszeit

Der Nationalpark ist das ganze Jahr hindurch geöffnet, wenngleich die Wanderungen in der Monsunzeit zwischen November und Januar durch häufig auftretendes Hochwasser erschwert oder wegen Überflutung unbegehbar werden. Die Monate Januar bis März gelten mit 50 bis 10 mm Niederschlag als die regenärmste Zeit.

Zu Beginn der Saison – Anfang des Jahres – hatte man früher bessere Chancen für Tierbeobachtungen als gegen Ende. Kommerzieller Druck hat zur ganzjährigen Öffnung des Parks geführt und nimmt dem Wild die Gelegenheit, sich vom ständigen Kontakt mit Menschen zu erholen.

April bis August (150–170 mm Niederschlag) sind mit Ausnahme von Mai (250 mm) weniger feucht als September bis Dezember (200–250 mm), feuchtester Monat ist der Oktober mit knapp 300 mm.

Wie üblich in Malaysia, kann es immer wieder zu **heftigen Schauern** kommen, die die Flüsse dann sehr schnell anschwellen lassen. (Deswegen nie zu dicht am Wasser campen, es sei denn, die Uferböschung ist hoch genug!) Hohe Luftfeuchtigkeit ist im Dschungel selbstverständlich, dafür bietet er viel Schatten. Wenn man an einem sonnigen Tag Lichtungen passiert oder am Gunung Tahan über die Vegetationsgrenze hinaus kommt, kann die Sonne ganz schön brennen (Durchschnittstemperatur mittags bis 32 °C).

Zugangspunkte zum Park

Es gibt 4 offizielle Zugangspunkte: den ursprünglichen und beliebtesten in **Kuala Tahan** im Süden, den für eine Besteigung des Gunung Tahan am günstigsten gelegenen Zugang von **Merapoh** (Sungai Relau) im Westen, den Zugang von Kuala Koh im Norden in **Kelantan** (längster Zustieg zum Gunung Tahan) und den vom Kenyir-Stausee (Tanjung Mentong) in **Terengganu** im Nordosten. Die nachfolgenden Informationen beziehen sich auf Kuala Tahan.

Einzelheiten zu den drei anderen Zugangspunkten siehe Kapitel „Terengganu/Kenyir Stausee" für **Tanjung Mentong,** die übrigen im Kapitel „Sehenswertes auf der Strecke Kuala Lipis – Kota Bharu" für **Sungai Relau** und **Kuala Koh.**

Übernachten

Im Nationalpark selbst liegt nur das große, privat geführte **Mutiara Taman Negara Resort,** das allerdings sehr teuer ist, s.u. Deshalb bevorzugen die meisten Touristen den auf der anderen Flussseite des Sungai Tembeling gelegenen **Kampung Kuala Tahan,** in dem es preiswerte Chalets, Hotels, aber auch teure Resorts gibt, dazu mehrere kleine Läden und schwimmende Restaurants unten am Fluss. Von dort verkehren auch die Shuttleboote hinüber zum Eingang des Nationalparks u.a. für 1 RM bis spät abends.

■ **Rainforest Resort**⑤, Tel. 266 7888, Fax -6982, www.rainforest-tamannegara.com außerhalb von Kuala Tahan, attraktiv in den Regenwald hinein gebaute große Anlage mit über 80 geschmackvollen DZ ab 207 RM, Suiten ab 325 RM.

■ **Woodland Resort**③, Tel. 266 1111, Fax -2111, www.woodland.com.my, Anlage am Rand von Kuala Tahan, DZ ab 108 RM, Hostelzimmer für 4–8 Personen 140–240 RM.

■ **Abot Guesthouse**②, mobil 017 916 9616, kleine Anlage 2 DZ mf, mB 50 RM, 6 DZ a/c, mB 90 RM.

■ **Teresek View Motel**②, Tel. 266 9744, Fax 267 2242, mobil 019 963 1826. 35 saubere gefliese Zimmer mit Balkon, DZ mf, mB ab 50 RM (Hochsaison 70), a/c 70/90 RM, 2–3 Min. zum Bus nach Jeratut.

■ **Tahan Guesthouse**①-②, Tel. 266 7752, mobil 017 970 2025. In schöner Anlage mit Garten, vom *Teresek View Motel* die kleine Straße in Richtung Moschee gehen, vorher rechts. Das von *Hamid & Yatie* geführte Haus hat 12 DZ mf, mB 50 RM.

■ **Durian Chalet**①-②, Tel. 266 8940. 10 Zimmer, DZ 40–60 RM, liegt etwa 10 Gehminuten hinter Polizei, Moschee und Plantage.

■ **Aki Chalet**①-② (früher *Ekoton*), mobil 012 967 4332, 013 944 4881. Geschmackvolle Chalets nach Resortart, a/c Dorm. 25 RM, mf, mB 60 RM, a/c 90 RM.

■ **Agoh Chalet**①-②, Tel. 266 9570, mobil 019 928 0414, www.agoh.com.my, kompakte Anlage im Ortszentrum, 22 Zimmer, 2BZi 50 RM, 4BZi 80 RM, 5BZi 100 RM, alle Zimmer mit a/c und mB.

■ **Liana Hostel**①, Tel. 266 9322, Dorm. oB oF; einfach, sauber und preiswert im Kreis der Familie, mf 10 RM pro Bett, a/c 20 RM.

■ **Tembeling River View Chalets**①-②, mobil 017 984 7043, 988 1501, www.trvtamannegara.blogspot.com, beliebte große Anlage über dem Fluss, DZ mf, mB Moskitonetz 50 RM, 3BZi 60 RM, Kapazität 40 Gäste.

■ Das **Nusa Holiday Village**①-②, Tel. 266 2369 (Jerantut), 267 1752 (Tembeling Jetty), www.tamannegara nusaholiday.com.my, liegt flussaufwärts von K. Tahan außerhalb des Nationalparks am Ufer (mit eigenem Boot auch direkt ab Kuala Tembeling zu erreichen). Die Anlage ist schön gelegen und wirkt wie ein Dschungelcamp (Achtung: es kann vorkommen, dass Nashornvögel kleine Kinder angreifen; so jedenfalls vor einigen Jahren geschehen); Dorm. mf, oB 20 RM, Chalets 150/170 RM; vom Restaurant hat man einen schönen Blick auf den Fluss; einfa-

che malaiische Küche. Aktivitäten, Zeitplan und Ziele des Boots s. Internetseite.
■ **Persona Village Resort**①-②, schön flussabwärts von Kuala Tahan gelegene Anlage, Dorm. mf 25 RM, a/c 30 RM, DZ mf, mB 75 RM, Chalets ab 185 RM.
■ Die besten Unterkünfte (nebst schön gestalteter Anlage) zu leider sehr hohen Preisen gibt es direkt beim Headquarter im **Mutiara Taman Negara**①-④, einem privaten Unternehmen. Der Park selbst und die Unterstände bzw. Lagerplätze unterstehen nach wie vor dem **Dept. of Wildlife & National Parks,** Tel. 266 1122.

Wer hier übernachten will, sollte besser im Voraus buchen: Kuala Tahan, Tel. 266 3500, 266 2200, Fax 266 1500 oder KL, Komplex Antarabangsa, Jln. Sultan Ismail, Tel. 03 2782 2222, Fax 2145 5430. Folgende Kategorien stehen zur Verfügung: Hostel 80 RM mit Frühstück, 16 Guesthousezimmer 320 RM, 67 Chalets 490 RM, u.a.

■ **Zelte** kann man im Headquarter leihen: für zwei Pers. 14 RM; wer sein eigenes Zelt benutzt, zahlt eine Gebühr von 3 RM (Zeltplätze unterstehen der Nationalparkverwaltung).

Übernachtungen in Beobachtungshütten *(Hides)* sollten wenigstens zwei Tage im Voraus gebucht werden (Gebühr 5 RM).

Essen und Trinken

Das halbe Dutzend schwimmender Lokale am Fluss bietet preiswerte einheimische und auf Traveller ausgerichtete Gerichte und Getränke (kein Alkohol). Am beliebtesten bei Ausländern ist offenbar das **Family Restaurant** in der Mitte, dafür auch teurer, sie bieten u.a. Burger, Sandwiches und Pancakes. Oben im Ort, da wo die Busse halten und abfahren, gibt es auch einige Lokale, die mehr auf Einheimische ausgerichtet und preiswerter sind, lecker sind z.B. die Hühnchenteile im *Aloy Fried Chicken* (1 Stück 3 RM). Im **Mutiara Resort** kann man auch essen, die Auswahl ist größer, die Preise für Gerichte bewegen sich zwischen 10 und 30 RM.

Getränke in den *Minishops* sind etwas teurer als in den Städten. Der *Minishop* im *Mutiara Resort* bietet weniger Auswahl als die Läden im Kampung. Dort kann man sich mit allem Möglichen eindecken, auch mit Utensilien für Wanderungen z.B. Batterien für Taschenlampen u.a.

Aktivitäten im Park

Das Erleben des Tieflanddschungels mit seinen Riesenbäumen und der Vielfalt unberührter Natur entlang des Tahan- oder Tembeling-Flusses lohnt schon allein den Besuch. Die Wege sind nach wie vor mit den gelben

◁ Kuala Tahan

Metallplättchen gekennzeichnet. An den Abzweigungen in der Nähe des Parkhauptquartiers in Kuala Tahan stehen jetzt bessere Schilder als früher. Auch die Wege zum Canopy Walkway, auf den Bukit Teresek, entlang des Tahan-Flusses in Richtung des beliebten Badeplatzes Lubok Simpon sind teilweise zu Plankenwegen ausgebaut und mit Treppenstufen versehen. Sie machen das Gehen zweifellos bequemer, auch wenn sie im Dschungel natürlich ein Fremdkörper sind. Aber sobald man sich weiter in den Dschungel bewegt, sieht man davon nichts mehr. Bis auf mehrtägige Touren wie die nur selten durchgeführte **Besteigung des Gunung Tahan** (s.u.), des **Rentis-Tenor-Trails** und andere Touren, für die Guides vorgeschrieben sind, kann man sich vollkommen selbstständig im Urwald bewegen. Sogar kurze Wege sind dabei schon lohnend. Langsam durch den Urwald schlendern, auf Vögel oder Insekten lauschen, die üppige Vegetation bestaunen, nach Tieren Ausschau halten, so bekommt man vielleicht den nachhaltigsten Eindruck. Abseits der drei populärsten Wege ist man zudem meist allein.

Beliebt sind Übernachtungen in sogenannten **Hides,** das sind Beobachtungsstände, in denen man nach Voranmeldung für RM 10 übernachten kann.

Wer lieber in der Gruppen geht, kann an den von beispielsweise *NKS, Teresek View Motel* und den übrigen Guesthouses angebotenen Touren teilnehmen, die im Preis-Leistungsverhältnis sehr günstig sind (im *Mutiara Resort* ist freilich alles doppelt so teuer) und eine Vielfalt von Aktivitäten ermöglichen. Nachstehend eine Liste der angebotenen Aktivitäten nebst Preisen:

Entfernungen von Kuala Tahan

- **Bukit Teresek** 1,7 km (45 Min.);
- **Bukit Indah** 3,2 km;
- **Kuala Trenggan** (Flussmündung) 9,1 km (5 Std., via Sg. Tembeling), 12,5 km (via Lubok Lesong);
- **Bumbun Kubang** 11 km (via Sg. Tembeling), 16,7 km (via Lubok Lesong);
- **Gua Kepayang Kecil** (Höhle) 16,7 km;
- **Gua Daun Menari** 20,9 km;
- **Gua Luas** 20,9 km;
- **Kuala Keniam** 25 km;
- **Kuala Perkai** 28 km;
- **Bumbun Tabing** (Beobachtungsstand) 3,1 km;
- **Lata Berkoh** 8 km (4–5 Std.);
- **Air Terjun 4 Tingkat** (4-stufiger Wasserfall) 50 km (8 Tage);
- **Gunung Tahan** 55 km (8–9 Tage);
- **Bumbun Cegar Anjing** 2,9 km;
- **Lubok Lesong** 3,8 km;
- **Gua Telinga** 2,6 km;
- **Bumbun Belau** 3 km (2½ Std., 15 Min. mit Nusa Riverbus);
- **Bumbun Yong** 3,9 km (s. Belau);
- **Khemah Keladong** (Camp) 4,4 km;
- **Bukit Pecah Piring** 5,5 km;
- **Khemah Yong** 9,6 km;
- **Bukit Guling Gendang** 10,9 km;
- **Khemah Renuis (Camp)** 15,5 km;
- **Khema Lameh** 19,5 km (via Renuis).

- **Geführte Wanderung zum Canopy Walkway** (35 RM) mit **Besteigung des Bukit Teresek,** die man eigentlich leicht allein unternehmen kann und bei der man nur die 5 RM für den Walkway bezahlen muss.
- **Nachtwanderung** im Gebiet der **Tahan Hide,** die man mit Taschenlampe ebenfalls selbst machen kann, wobei der Guide aber die stärkere Taschenlampe mitbringt und sich natürlich besser auskennt. Einführung per Video um 20.45 Uhr im Nationalparksbüro, 25 RM.
- **Nachtsafari außerhalb des Parks** z.B. durch Palmölplantagen im Pickup (unangenehm bei Regen!), was allein nicht möglich ist, mit guten Chancen, Zibetkatzen zu sehen, 30 RM.
- **Bootsfahrten über Stromschnellen,** pro Boot 180 RM, pro Person 30 RM.

▷ Im Nationalpark

□ Übersichtskarte S. 294, Karten S. 311 und S. 319 **Nationalpark Taman Negara**

■ **Bootsfahrt und Wanderung zur Höhle Gua Telinga,** wegen Bootsbenutzung günstig, aber zu Fuß kommt man auch in gut 1 Std. dorthin, 40 RM. **Achtung:** wegen Einsturzes der Höhlendecke in der Mitte der Höhle gab es 2012 keine Gruppentouren zur Höhle, auch wurde das Hinweisschild kurz vor der Höhle entfernt. Individuell konnte man sie jedoch besichtigen (s.u.).

■ **Besuch** der temporären **Orang-Asli-Siedlung** am Tembeling-Fluss. Eine grenzwertige Tour, da es sich hier um eine Art Menschenzoo handelt, aber die Batek sehen die Zuschaustellung ihrer Kultur und Lebensweise als Einnahmequelle, und man kann fotografieren, Blasrohrschießen und kleine Blasrohre kaufen, 40 RM.

■ **Mehrtägige Touren** werden natürlich auch angeboten, da entscheidet die Gruppengröße über den Preis, z.B. bei mehr als 4 Personen Keniam-Trail 2 Tage 230 RM, 3 Tage 280 RM p.P., Tenor Trail 280 bzw. 380 RM. Der oben erwähnte Batek *John Kumbang,* der ansonsten für *NKS* führt, kann solche Touren auch selbst und damit preiswerter durchführen: Tel. 017 928 6941.

Permit

Die **Gebühr** für Betreten des Taman Negara, gleich von welcher Seite, liegt nach wie vor bei 1 RM, Fotolizenz 5 RM, Angellizenz 10 RM. Da man diese Gebühren nur einmal bezahlen muss, sollte man die Quittung mitführen, obwohl es normalerweise keine Kontrollen gibt. Beim Betreten des Parks bekommt man als Zugabe eine Übersichtskarte, die allerdings sehr grob ist. Selbst im Park Office gibt es keine genauere Karte.

www.fotolia.de ©Erika Buresch

Preise für Guides

Offizielle **Guides** kosten 150 RM/Tag für Gruppen bis 12 Personen, darüber muss ein zweiter Guide gebucht werden, pro Übernachtung kommen 100 RM pro Guide hinzu.

Informationsvideos

Täglich um 9.30, 15.00, 20.45 Uhr wird ein informatives 30-Min.-Video (Englisch/Malaiisch) zur Einführung im **Informationszentrum** hinter dem Park Office gezeigt. Wer die geführte Nachtwanderung mitmacht, sieht dieses Video um 20.45 Uhr vor dem Start zur Wanderung.

Übernachtungen in den Beobachtungshütten (Hide/Bumbun) müssen im Park Office mit Ausnahme der Tahan Hide, die gleich außerhalb des Mutiara Resorts liegt, angemeldet werden, 5 RM/Tag. Die Hütten sind leer, man muss also alles selbst mitbringen (Moskitonetz nicht vergessen!).

Bootsgebühren

Preise der Nationalparkverwaltung pro Boot

● Keniam Kecil	650 RM
● Kuala Perkai	450 RM
● Kuala Keniam	300 RM
● Lata Berkoh	160 RM
● Kuala Trenggan	120 RM
● Lubok Lesong	100 RM
● Nusa Holiday Village	90 RM
● Sg. Tiang	120 RM
● Gua Telinga	60 RM
● Canopy Walk	60 RM
● Tabing Hide	80 RM
● B(e)lau Hide	60 RM
● Cegar Anjing	60 RM

Bootsshuttle über Tembeling- und Tahan-Fluss: 1 RM pro Person und Fahrt.

Einführungsrundgänge

● **Bulatan-Paya-Runde:** Die als Einführung geeignete 800-Meter-Runde (30–60 Min.) verläuft entlang eines Regenwaldpfads mit 23 Stationen. Auf dem Weg zur Tahan Hide zweigt der Weg links ab (Hinweispfeil).

● **Bulatan-Rimba-Wanderung:** Dieser Rundweg von 1,1 km Länge mit 30–40 m Höhenunterschied (ein paar steile Hänge, 30–60 Min.) vermittelt schön die besondere Atmosphäre eines primären Regenwaldes, am lohnendsten allein zu gehen, bezeichnet ab Zeltplatz. Der Weg ist nicht immer deutlich zu erkennen (z.B. wegen umgestürzter Bäume).

Rundwanderung zum Bukit Teresek

Dieser beliebte Weg zum 344 m hohen Gipfel beginnt wie der Weg zum Canopy Walk nicht mehr mitten durch das *Mutiara Resort* wie früher (man will den Gästen den Trubel ersparen), sondern beim Park Office, wo man sich die Permits besorgt (hat). Der Weg ist gut ausgeschildert mit Entfernungsangaben und bestückt mit zahlreichen Schautafeln zu Vegetation und Fauna am Wege (2012 sind diese leider wieder verschwunden). Nach ca. 1 km zweigt der direkte Weg links ab, während der zum Canopy Walk weiter geradeaus verläuft. Wer beides verbinden will, geht vielleicht erst in Richtung Canopy Walk (s.u.), wobei es am Schluss kräftig bergauf geht. Am Eingang zum Walk zeigt ein Wegweiser, wo es zum Bukit Teresek geht, dessen Weg man gleich erreicht. Am Gipfel gibt es zwei große Unterstände. Treppenstufen und Seilsicherungen entschärfen die steilsten Stellen. Man braucht rund 60 Min. zum Gipfel, morgens hört man oft Gibbons und blickt häufig auf die Morgennebel über den Gipfeln, bei Sonnenaufgang steht die Sonne rechts, nachmittags links, eine gute Sicht ist natürlich nie garantiert. Es gibt mehrere Aussichtspunkte:

1. Aussichtspunkt: Sungai Tembeling und Hügel auf der anderen Flussseite (außerhalb des Parks);

Nationalpark Taman Negara

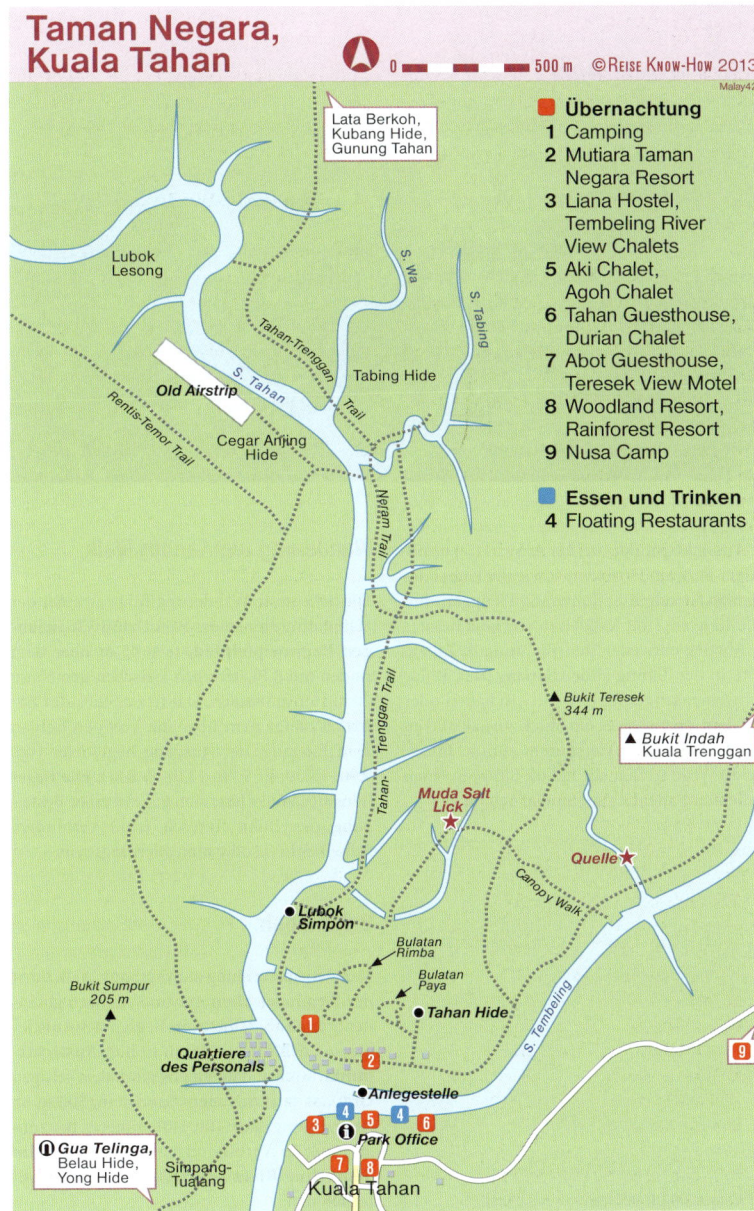

Morgens im Taman Negara

2. Aussichtspunkt: (bei klarer Sicht trapezförmiger Berg am Horizont) sowie Blick über das Gebiet zwischen S. Tahan, S. Trenggan und Ulu Kenyam (mit Kalkfelsen von Gua Besar).

Abstieg entweder steil Richtung S. Tahan, evtl. in der Tabing Hide (*Barking deer,* Wildschweine, selten Tapire) vorbeischauen oder auf dem Anstiegsweg ein Stück zurück und an Jenut Muda (viele Tierspuren) zum S. Tahan; beide Wege treffen auf Lubuk Simpon, einen beliebten Badeplatz am Sungai Tahan.

Wanderung zum Canopy Walk

Die beliebteste Wanderung führt zu einer der Hauptattraktionen des Parks: **zum 536 m langen Baumwipfelpfad,** teils 45 m über dem Boden mit 8 Plattformen zwischen den bis zu 70 m Hängebrücken. Das letzte Stück des Zustieges steigt man über die Treppen bergan zum Eingang, der Ausgang liegt tiefer (tgl. 9.00–15.30, Fr 9.00–12.00, 5 RM). Die Begehung des Walks lässt sich gut mit einer Besteigung des Bukit Teresek (s.o.) verbinden. Schwindelfrei sollte man allerdings sein.

Bukit Indah

Von der Abzweigung zum Canopy Walk führt der Weg in leichtem Auf und Ab nach gut einer Stunde ab *Resort* zum Beginn des Aufstieges auf den knapp 200 m hohen **Aussichtspunkt** Bukit Indah, einem schmalen, felsigen Grat aus quarzhaltigem Sandstein, 500 m ab Abzweigung, nur 100 Höhenmeter bis zum „Gipfel". In Verbindung mit einem **Bad im Tembeling River** ein Halb- bis Ganztagsunternehmen.

Wer nicht im Urwald wandern will, kann z.B. in Reifenschläuchen sitzend/liegend den Tembelingfluss hinuntertreiben (*Tubing*, s. unten, oder sich den Tahanfluss nach Lata Berkoh fahren lassen und dort in den Stromschnellen herumplanschen.

Weitere Wanderungen

Längere Wanderungen diesseits des S. Tahan führen zur **Kubang Hide** (5–7 Std. ab Kuala Tahan, je nach eingelegten Pausen, per Boot 45 Minuten bis Kuala Trenggan und dann nochmals 45 Min. bis zur Hütte) oder darüber hinaus nach **Kuala Keniam** und **Kuala Perkai,** die auch schneller, aber teurer per Boot erreicht werden können.

Vor Kuala Keniam kommt man am **Bukit Batu Luas** vorbei: Ein markierter Weg führt in leichter Kraxelei auf den Gipfel (130 m). Man rechne mit 2–3 Tagen, je nach Gehtempo und Beobachtungspausen. Eine der besten Wanderungen, wenn man den tropischen Regenwald intensiver erleben will.

Gua Telinga, Belau und Yong Hide

Am bequemsten fährt man mit dem Boot in wenigen Minuten flussabwärts zur **Telinga Jetty;** seit Sperrung der Höhle wird sie von Gruppen nicht mehr angefahren. Wer die Höhle dennoch auf eigene Gefahr besuchen will, kann sich hier absetzen lassen und in gut 30 Min. dorthin gelangen.

Eine lohnende, aber zeitaufwendigere **Alternative** ist die Fähre von Kuala Tahan zur Anlegestelle auf der anderen Seite (W) des Tahan-Flusses, wo die Mitarbeiterquartiere liegen (1 RM). Ab dort ist man fast immer allein. Es geht erst flach, dann fast 100 Höhenmeter steil bergauf, ein Stück hinab und über einen weiteren Hügel hinweg zur **Simpang Tualang** (Tualang-Kreuzung). Dort steht **einer der mächtigsten Tualang-Bäume** im Umkreis von Kuala Tahan. Schon dessen Anblick allein lohnt den Weg bis dahin. Dann geht es noch knapp 2 km zur Kreuzung nach rechts (N) zur **Gua Telinga** (Achtung: 2012 war das Hinweisschild zur wenige hundert Meter entfernten Höhle entfernt, weil ein Stück der Höhlendecke in der Mitte eingestürzt ist, aber wie oben bereits erwähnt, kann man die Höhle jedoch nach wie vor auf eigene Gefahr, dem Seil folgend, begehen bzw. im knöcheltiefen Fledermausdung bekriechen (an Lampe und unempfindliche Kleidung denken). Die Park-Verwaltung entscheidet, ob/wann Gruppentouren wieder gestattet sind. Nicht weit von der Kreuzung zur Höhle steht die Belau und ein Stück dahinter die Yong Hide, die beide mit dem Boot ab Kuala Tahan erreichbar sind.

Weiter zum **Rentis-Camp** (Sg. Tenor gut zum Angeln) und vorbei am Lameh-Camp zum S. Tahan, entweder auf dem rechten Ufer bleiben oder den Tahan durchwaten und auf dem Neram-Pfad zurück nach Kuala Tahan. Man rechne mit 2–3 Tagen.

Der **vierstufige Wasserfall** nahe dem Tahan-Ursprung kann auf eigenem Weg in 4 Tagen erreicht werden. Der gesamte Trip dauert normalerweise 8 Tage.

Flussabwärts im Reifenschlauch (Tubing)

Man kann in Reifenschläuchen sitzend/liegend *(Tubing)* den **Sg. Tembeling** (s. *Nusa Holiday Village*) bzw. den **Sg. Tahan** ab Lata Berkoh hinuntertreiben, nachdem man sich per Boot zu den Stromschnellen hinauffahren ließ.

Im Park verboten:

- Jagen, Mitnahme von Feuerwaffen in den Park
- Beeinträchtigen von Tieren und Pflanzen
- Pflücken oder Mitnahme von Pflanzen, insbesondere Orchideen, Kannengießerpflanzen *(Pitcher plants)*
- In Bäume oder Gestein ritzen
- Haustiere mitbringen

Bootsfahrten über Stromschnellen/Baden

Nur 800 m vom Park Office entfernt befindet sich der beliebte Badeplatz von **Lubok Simpon.** Viele Besucher lassen sich aber den Tahan-Fluss bis zu den Stromschnellen von Lata Berkoh fahren, baden dort und treiben dann mit dem Boot wieder flussabwärts – das ist mit einer organisierten Tour preiswert zu haben s.o., was auch für Fahrten den Tembeling hinauf nach Kuala Trenggan gilt.

Besteigung des Gunung Tahan

Der eigentliche Höhepunkt eines Taman-Negara-Besuchs ist die Besteigung des höchsten Berges der Halbinsel. Veranschlagt sind insgesamt 8–9 Tage. Erheblich kürzer ist die Besteigung ab Merapoh (s.u.). Die **Lagerplätze** sind normalerweise:

1. **Sungai Melantai** (von Kuala Tahan 3–5 Std.);
2. **Kuala Puteh** (4–8 Std., 27 Hügel bis 576 m);
3. **Kuala Teku** (168 m, 34 Std., 1 Flussdurchwatung, gekennzeichnet);
4. **Wray's Camp** (1100 m);
   a. Gunung Pankin (1463 m);
   b. Gunung Tangga Lima Belas (1539 m);
   c. Gunung Reskit (1666 m), 3–8 Std.,
   die letzten 3 Lagerplätze am Grat, schöne Aussicht, aber keine Wasserstelle;
5. **Padang** (1500 m), 300 m tiefer als Gunung-Gedong-Schulter (1830 m), 4–6 Std. ab Wray's Camp. Zum Gipfel des Gunung Tahan 2–3 Std;

Der Weg ist lang (55 km Dschungel- und Bergpfade), zwischen Wray's Camp und Gunung-Gedong-Schulter sehr viel Auf und Ab, teils senkrecht an Wurzeln (dünne Seile auch vorhanden), Flussdurchquerungen, schlam-

◁ Unterwegs im Nationalpark

mige Wege, überall Wurzeln, kein bequemes Hatschen, insgesamt **3800 Höhenmeter** zum Gipfel (bedingt durch das viele Auf und Ab).

Aber der Weg ist gerade dadurch auch sehr lohnend. Mit etwas Zeit kann man die Lagerplätze genießen und angeln, baden oder einfach nur faulenzen.

Nachts am Padang kann es bis zu 4 °C kalt werden. Insgesamt sind alle Lager oberhalb Wray's Camp als kühl bis kalt zu bezeichnen.

Der **Wechsel der Vegetation** von Kuala Teku bis zum Tahan-Gipfel ist beeindruckend. An der Gunung-Gedong-Schulter (weiter oberhalb am Grat sind Reste eines abgestürzten Flugzeuges zu sehen) gibt es nur noch Gestrüpp. Man überragt die Vegetation, entsprechend weit reicht der Blick ins Land. Kosten in der Gruppe von 750 RM (2 Personen) bis 350 (mehr als 10 Personen) pro Person für 9 Tage/ 8 Nächte. Zelt wird nicht gestellt.

Der **verkürzte Zugang** zum Gunung Tahan von Westen (ab Merapoh) führt 7 km durch Plantagen zum *Park Office,* wo man sich registriert, dann 12 km im Allradfahrzeug nach Kuala Juram (hin 12, zurück 18 RM). Dort beginnt der Aufstieg, für gute Geher als Tagestour, sonst plant man eine Übernachtung ein. Normal sind allerdings 4 Tage. Der Berg wird auf dieser Route heute am häufigsten bestiegen. Überschreitungen von Merapoh nach Kuala Tahan oder umgekehrt sind auch beliebt.

Boots- und Angeltrips

Lata Berkoh und Kuala Perkai sind beliebte **Angler-Stützpunkte,** reiche Ausbeute ist aber nicht zu erhoffen. Die besten Zeiten sind Februar/März und Juni bis August. Geangelt wird meist mit einer bis zu 2 m langen Route, Schnur 3,5–6 kg, silberne, rote, kupferne Blinker 2,5 bis 4 cm, werden empfohlen.

Einheimische benutzen Früchte *(Buah Maris, Ara, Ubi Kayu)* als Köder. Häufigste Fische sind *Sebarau, Kelah* (Malayan Mahseer), *Kejor, Ikan Daun, Toman* (Snake-Head).

Man kann sich auch weiter den Tembeling hinauffahren lassen, in **Ulu Tembeling** gibt es knapp außerhalb des Nationalparks noch ein paar Kampungs, wo die **Jalor** (lange, schmale Flachboote) gebaut werden.

In einem dieser Kampungs, in Bantal, haben Archäologen **Siedlungsreste** von der **Steinzeit** bis zur **Ming-Zeit** gefunden, das Flusstal ist also schon sehr lange besiedelt.

Mat-Kilau-Trail

Wer es sich zutraut und bereit ist, den Preis zu zahlen, kann den Mat-Kilau-Trail begehen. Die Tour wird von *Ping Anchorage* in Kuala Terengganu (www.pinganchorage.com.my) organisert. Es geht mit dem Boot bis zum Oberlauf des Tembeling-Flusses, dann über die Berge zum Flusssystem, das Richtung Südchinesisches Meer fließt. Für derzeit 1275 RM ist man 5 Tage unterwegs, vorausgesetzt, dass mindestens 2 Personen teilnehmen.

Dschungel-Ausrüstung

Es gibt Führer, die sich mit ein Paar primitiven Trekkingschuhen aus Plastik, ohne Socken, in den Dschungel aufmachen. Das sollte man nicht nachmachen. Andererseits muss die Ausrüstung keineswegs Profi-Ansprüchen entsprechen. **Kleidung und Schuhe** sollten bequem sein, um Blasen und andere Beschwerden zu vermeiden. Für die kurzen Wanderungen in der Nähe von Kuala Tahan muss man sich keine Gedanken um die Ausrüstung machen; Sandalen, soweit sie griffig sind (z.B. *Teva*) genügen schon, ansonsten sollte man Jogging- oder Outdoorschuhe mit Profil benutzen. Ein Schutz vor Schlangen und **Blutegeln** (s.u.), die uns jedoch wahrnehmen, bevor wir es tun, ist damit allerdings nicht garantiert. Shorts und T-Shirt reichen für Tageswanderungen.

Natürlich fürchtet jeder Blutegel, die aber in einer Folge von mehreren Tagen ohne Regen und auf breiten Wegen, wo man nicht an Blättern entlang- streift, nicht „angreifen". Aber bekanntlich sind auch Stiefel und lange Hosen

Dschungel-ausrüstung

■ **Schuhe:** Hauptsache bequem; Joggingschuhe, am besten mit geeignetem Profil, z.B. Noppen, Stollen, reichen aus; bei längeren Touren Ersatzpaar mitnehmen; Trekkingschuhe sind ebenfalls günstig; preiswert und gut geeignet sind die lokal hergestellten Jungle-Boots aus Leinen und Gummi (um 20 RM). Generell Schuhe vorher einlaufen. Für Flussdurchquerungen am besten Plastiksandalen, die den Füßen Halt geben (die Steine im Wasser sind sehr glitschig).
■ **Socken/Strümpfe:** Baumwollsocken; manche bevorzugen zwei paar dünne Socken. Hauptsache bequem und möglichst blasenvermeidend; bei Dschungelwanderungen hat man oft nasse Füße wegen Bach- und Flussdurchquerungen oder schlammigen Wegen; folglich läuft man häufig mit nassen Schuhen herum. An Ersatzsocken denken, günstig sind Anti-Blutegelstrümpfe aus Leinen, gibt es manchmal zu kaufen, z.B. bei der *Malaysian Nature Society* (34, Jln. Bukit Idaman, Taman Bukit Idaman, 68100 Batu Caves).
■ **Kleidung:** bequem, leicht und luftig, am besten mikrofaserhaltig, für höhere Lagen Pullover und/oder wetterfeste Jacke oder Trainingsanzug mitnehmen. Reservewäsche nicht vergessen: bei längeren Rasten bzw. im Lager trockene Kleidung anziehen. Eine Mütze ist evtl. nachts in höheren Lagen angenehm, ein Wasser abweisender Hut als Schutz gegen Insekten bzw. Regen evtl. nützlich.
■ **Rucksack:** wasserdicht, wenn möglich; bequem, mit genügend Fassungsvermögen. Hat man keinen wasserdichten Rucksack zur Verfügung, kann man sich mit einem großen Plastiksack behelfen, mit dem man den einfachen Rucksack vor Nässe schützt.
■ **Zum Schlafen:** Isomatte, ggf. Hängematte, Nylon- oder Plastikplane gegen Regen, ggf. Poncho; ein Schlafsack ist in höheren Lagen angenehm, im Tiefland jedoch zu warm; ein leichtes Zelt ist bei längeren Touren nützlich.

■ **Zum Essen:** Hier scheiden sich die Geister; Einheimische, besonders Chinesen, bestehen auf Beibehaltung ihrer Essgewohnheiten: Reis, Nudeln (dank Instantnudeln heute kein Problem mehr), Gemüse, Curries (z.B. aus Dosen), Fleischkonserven. Es gibt reichlich in Lebensmittelläden zu kaufen; am besten spätestens in Jerantut damit eindecken. In Kuala Tahan gibt es zwar mehrere Mini-Märkte, aber deren Angebot ist begrenzter und teurer.
Für Leute, die mehr tragen und vielfältiger essen wollen, bieten sich an: Reis, Instantnudeln (verschiedene Geschmacksrichtungen), Konserven (Luncheon Meat, Sardinen, Thunfisch, Beef-Curry usw.), Suppenpäckchen, Gemüse (Zwiebeln, Knoblauch, Bohnen), getrockneter Fisch *(Ikan Bilis)*, Erdnüsse, Haferflocken, Müsli, Kaffee, Tee, Ovaltine bzw. Milo, Milchpulver, Kekse, Salz, Gewürze, Speiseöl; Streichhölzer oder Feuerzeug; Glasbehälter sind verboten.
■ **Parang/Machete:** nur bei Querfeldein-Touren, auf den Pfaden nicht notwendig.
■ **Taschenmesser.**
■ **Besteck,** wenigstens Löffel.
■ **Ess- und Trinkgefäße** (Plastikschüssel, Becher).
■ **Kochtopf,** falls man warme Mahlzeiten zubereiten will (Reis-, Nudelgerichte mit Beilagen aus Dosen); ggf. Kocher, besser: Feuerstelle einrichten, Brennholz ist genug vorhanden.
■ **Medikamente und Verbandszeug:** Pflaster, Mullbinden, Desinfektionsmittel, Mittel gegen Insektenstiche, Mücken, „Petroleum-Jelly" o.Ä. gegen das Wundlaufen.
■ **Insektenspray:** gegen Blutegel *Baygon,* auch *Off* von Johnson.
■ **Sonstiges:** starke Taschenlampe, Fernglas, Mineralgetränke, Fotoausrüstung, ein kleines Handtuch, Zahnbürste …

▷ Eine gute Ausrüstung ist im unüberschaubaren Dschungel überlebensnotwendig

keine Garantie dagegen. Mancher wundert sich beim Entblättern, wie viele *Leeches* den Weg durch lange Hose, zwei Paar Socken und hohe Jungle-Boots finden können, während man mit kurzer Hose an manchen Tagen überhaupt keine abbekommt.

Die Wahrheit liegt in der Mitte: Wenn man schnell geht, schaffen die Blutegel es häufig nicht, einen zu erreichen – außer beim Rasten, zumal am Wasser. Mit kniehohen Spezialstrümpfen aus Leinen ist man allerdings sehr gut geschützt. Dazu kommt der Effekt von Sprays auf Socken und Schuhe – nicht auf die Haut! Wer keine Chemie will, kann Salz parat halten oder Socken und Schuhe mit Seife einreiben bzw. mit einer Tabaktinktur. Nach Flussdurchquerungen muss man die Prozedur natürlich wiederholen.

Blutegel auf der Haut kann man mit der Hand wegschnippen, die malaysischen *Leeches* lassen los, wenn man an ihnen zieht. Falls sie sich schon festgesaugt haben: Salz oder eine glühende Zigarettenspitze vertreiben sie. Die gestreiften *Tiger-Leeches* spürt man übrigens sofort: Sie verursachen ein Brennen, da kann man gleich reagieren, normale *Leeches* spürt man nicht.

Um **Moskitostichen** vorzubeugen, sollte man sich in der Dämmerung an Armen und Beinen bedeckt halten.

Wasser kann man sich aus fließenden Bächen abfüllen, oder man kauft es sich in den Mini-Shops von Kuala Tahan bzw. im Resort.

Für **kalte Nächte in höheren Lagen** ziehe man sich warm an, z.B. Trainingsanzug, Pullover und Anorak.

Muss man (wie auf dem alten Weg zum Gunung Tahan) oft durch Flüsse waten, nehme

Würgefeigen

man dafür leichte **Plastiksandalen** mit. Ein Paar **Reserveschuhe** kann auch angeraten sein: Am Weg zum Gunung Tahan sieht man des Öfteren zerschlissene Schuhe.

Eine **Hängematte** ist im Tiefland angenehm, ansonsten ist eine **Isomatte** nützlich. Als Regenschutz genügt eine **Nylon-Zeltbahn** von 2 x 3 bzw. 3 x 4 m Länge, schräg als Dach an Bäumen befestigt. Ausrüstung kann man auch in Kuala Tahan oder im Mutiara Resort ausleihen.

Verpflegungstipp

Ein Hinweis des Autors: Als er 1988 den Gunung Tahan in 60 Std. hin und zurück bestieg, führte er nur je einen Plastikbeutel Müsli, Ovomaltine-Pulver o.Ä., Gatorade-Pulver o.Ä., Milchpulver sowie ein Plastikschüsselchen und einen Löffel mit. Das Wasser schöpfte er unterwegs aus Bächen. Zurück in Kuala Tahan (damals gab es noch keine Guesthouses im Kampung Kuala Tahan) aß er weiter davon. Das ist zwar Ansichtssache, zeigt aber, wie wenig es braucht, um sich unterwegs effektiv zu verpflegen.

Weiter Verpflegungstipps siehe auch im Exkurs: „Dschungelausrüstung".

Temerloh

Dieser geschäftige Ort (60.000 Einwohner) im Zentrum der Halbinsel bildet gemeinsam mit dem benachbarten **Mentakab** das größte Siedlungszentrum zwischen KL und Kuantan. Er liegt fast in der Mitte der **West-Ost-Autobahn,** die immer noch *Karak Highway* genannt wird, 153 km von KL, 128 km von Kuantan entfernt im Schnittpunkt der Nord-Süd-Verbindung Jerantut (und weiter Richtung Kuala Lipis/Gua Musang/Kota Bharu) – Bahau (und weiter Richtung Seremban/Segamat/Melaka) an der Mündung des Semantan-Flusses in den großen Sungai Pahang, an dessen Ufer jeden Sonntagvormittag ein **großer Markt** stattfindet. Früher stieg man hier vor allem nach Jerantut um, damit man in den Taman Negara gelangen konnte. Diese Möglichkeit besteht immer noch, doch gibt es heute verschiedene Direktverbindungen nach Jerantut. Temerloh eignet sich durch seine Lage als Ausgangspunkt zu verschiedenen Zielen im Zentrum der Halbinsel, die jedoch größtenteils nur mit eigenem Fahrzeug oder Taxi erreichbar sind.

Übernachten

Es gibt wie in jeder Stadt preiswerte einfache chinesisch geführte kleine Stadthotels. Empfehlenswert sind beispielsweise:

■ **Government Resthouse**②, Jln. Dato Hamzah, Tel. 296 3218. 10 Zi., weitgehend a/c, schöne Lage mit Blick auf den Pahang-Fluss.
■ **Seri Malaysia**③, Jln. Hamzah, Tel. 296 5776, Fax 296 5711, www.serimalaysia.com.my. 50 Zi. 110 RM, guter Mittelklassestandard, mit Pool.

Verkehrsverbindungen

Gut zu erreichen ist Temerloh per **Bus** ab KL (9 RM), Bentong (4 RM), Jerantut (3,50 RM), Kuantan (6 RM). Das ca. 10 km westlich gelegene Mentakab liegt an der **Bahnstrecke** Gemas – Kota Bharu. Der neuere Expressbusbahnhof liegt ca. 2 km vom alten lokalen Busbahnhof entfernt.

■ **Bus** (lokale Bus Station in Stadtmitte, Expressbusterminal 2 km entfernt): **KL** (7.00–19.30 Uhr, stdl., 10 RM), **Kuantan** (8.00–18.00 Uhr, stdl. 9/12 RM), **Jerantut** (8.00–17.00 Uhr, stdl., 4–5,50 RM; andere Verbindungen (BW, KB, Kuala Lipis, Melaka bitte vor Ort klären): **Taxis** 200–300 % > Bus (bei 4 Personen).
■ **Zug** (Bahnhof in Mentakab, 10 km von Temerloh): **Kuala Lipis** (1.46/3.52/9.37/12.38/ 23.37 Uhr, 1 Std., 4/8 RM), **Wakaf Bharu/KB** (1.46/3.52/23.37, über 6 Std., 17/43 RM, Liegeplatz ab 29 RM), **Johor** (1.57/12.25 Uhr, über 6 Std., 16/26 RM).

Umgebung von Temerloh

Sungai Krau

Im Flusstal des Sungai Krau leben die **Jah-Hüt,** ein Orang-Asli-Stamm, der bekannt wurde durch das Buch „Tales of a Shaman. Jah Hut Myths, as told by Batin Long bin Hok" (Times Books International, Singapur, siehe auch Exkurs „Bes Hyang Dney" im Kapitel: „Bräuche, Tabus und Aberglaube"). Hier befindet sich das 62.000 ha große **Krau Wildlife Reserve,** das rund um den 2107 m hohen, isoliert stehenden **Gunung Benom,** den vierthöchsten Berg Westmalaysias, bereits 1923 vor allem zum Schutz des Wildrindes *Seladang* (Gaur) engerichtet wurde. Ein kleiner Teil des zum Reservat gehörenden Tieflanddschungels und Sumpfgebietes um die Flüsse Krau, Lompat und Teris wurde vor einigen Jahren umgewidmet als

Kuala Gandah Elephant Conservation Centre

Aus bescheidenen Anfängen 1990 hat sich dieses Zentrum inzwischen zu einer viel beachteten **Touristenattraktion** entwickelt, sodass nur hundert Besucher pro Tag zugelassen werden. Der Trip zum Zentrum wird u.a. von *NKS* (s. Jerantut) ab KL oder Jerantut angeboten. Wer selbständig im eigenen Fahrzeug unterwegs ist, biegt in **Lancang** vom Karak Highway kurz hinter Karak in Richtung Mentakab nach Norden ab und fährt von dort (Hinweisschild) erst 15 km in Richtung Raub, dann rechts in Richtung Kg. Bolok vorbei an Orang-Asli-Dörfern des *Che-Wong*-Stammes zum Zentrum, wo das *Elephant Relocation Team* seinen Sitz hat. Es sind erfahrene und engagierte Ranger, die gemeinsam mit Arbeitselefanten aus Thailand, Myanmar und selbst Indien die schwierigen Umsiedlungsaktionen durchführen. Seit den 1970er Jahren wurden bereits über 400 Elefanten aus dem Gebiet um den Lake Kenyir in den Taman Negara und aus vielen Gebieten Westmalaysias, wo Elefantenherden ihre angestammten Wohngebiete durch Umwandlung der Dschungel in riesige Plantagen verloren hatten, umgesiedelt, außer in den Taman Negara auch in den Endau-Rompin-Nationalpark und in das o. a. Wildreservat. Einige dieser Elefanten leben im Zentrum, bis auch sie wieder ausgewildert werden können. Beliebt ist bei Besuchern das Erleben der **täglichen Waschung und Fütterung** um 14 Uhr mit Bad im Bach. Einige Besucher dürfen dann auch eine kleine Runde reiten (man sitzt dabei ohne Sattel hinter dem Kopf). Dreimal täglich wird ein Video über die Arbeit gezeigt: 13/13.30/15.45 Uhr. Das Zentrum ist von 12 bis 16.45 Uhr für Besucher geöffnet, Spenden werden erbeten.

Gunung Senyum

In diesem Gebiet auf der Ostseite des Sungai Pahang gegenüber Kuala Krau (s.o.) gibt es mindestens 20 **Höhlen,** die auf entdeckungsfreudige Besucher warten (Übernachtungsmöglichkeiten in Chalets oder Zelten). Die Höhlen sind in 45 Autominuten ab Temerloh zu erreichen. Das *Tekam Plantation Resort* (Tel. 09 4718300) bieten Ausflüge dorthin an.

Tasik-Bera-See

Dieser See ist wie der bekanntere *Tasik Chini* (s. „Kuantan") weniger ein See als ein 5 km mal knapp 30 km breites Labyrinth von seeartigen Flussläufen und Sümpfen im Herzen der Halbinsel. Früher konnte man vom Sungai Pahang mit dem Boot den Sungai Bera flussaufwärts bis zum Tasik Bera und von dort zum Oberlauf des Zuflusses Sungai Serting fahren, dann zu Fuß oder per Elefant über Land zum Oberlauf des Sungai Muar und von dort wieder per Boot bis ans Meer (Straße von Malacca) gelangen. Heute haben den einst dichten Dschungel rund um das Seengebiet endlose Palmölplantagen ersetzt, wie man z.B. auf der Straße von KL/Seremban nach Mersing, die südlich am Tasik Bera vorbeiführt, sehen kann. Das Gebiet ist immer noch ein **Vogelparadies**; auch soll es fast hundert **Süßwasserfischarten** geben, was den See somit zum Anglerparadies macht. Vom *Tasik Bera Visitor Centre* am See kann man Bootsfahrten und Dschungelwanderungen unternehmen. Die ursprünglichen Bewohner der Umgebung, die protomalaiischen *Semelai*, leben heute vor allem in einigen Kampungs rund um Pos Iskander, einem früheren militärischen Stützpunkt (Fort Iskander). Die Semelai betreiben Fischfang, sammeln Rattan, unterhalten kleine Kautschukplantagen, bauen Maniok, Trockenreis und andere Feldfrüchte an und arbeiten als Bootsführer oder Guides (www.kaumaram.com).

Anreise zum See (von Norden): Von Temerloh 20 km nach Süden in Richtung *Triang*, zwischen Mengkarak und Kemayong links (östlich) bei Hinweisschild abbiegen und 35 km durch Plantagen zum Visitor Centre fahren. **Von Süden:** Von Bahau in Negeri Sembilan an der Straße #10/11 in Richtung *Muadzam Shah* (Hinweis: von dort Weiterfahrt zum Tasik Cini oder nach Mersing) bei Hinweisschild nach Norden. Man kann auch versuchen, mit dem Bus von Bahau nach Ladang Geddes zu gelangen und von dort mit Motorrad-Taxi nach Pos Iskander zu fahren.

Übernachten/Touren
■ **Tasik Bera Resort**①-②, hinter dem *Visitor Centre* auf einem Hügel, Zeltgebühr 10 RM, Dorm. 30 RM, DZ rd. 100 RM, Tel. 09 445 5936.
■ **Temerloh Outdoor Challenger** (Büro in der Temerloh Bus Station, Tel. 09 296 0812) bieten evtl. noch Touren zum See an.

Marathandhavar-Tempel

Alljährlich im März findet nördlich von Maran, das wiederum östlich von Temerloh an der Autobahn KL – Kuantan liegt, im Marathandhavar-Tempel das große **Panguni-Uthiram-Fest** statt. Jeder Hindu-Tempel im Land sollte das genaue Datum kennen.

Tasik-Chini-See

Dieser legendäre See ist auch von Temerloh aus erreichbar. Der Ausflug wird im Abschnitt über Kuantan, „Ausflüge ins Inland" näher beschrieben.

Ulu Lepar Wildlife Reserve

Mit diesem Namen verbindet sich ein beliebtes **Tiefland-Urwald-Reservat**, 72 km östlich von Temerloh in Richtung Kuantan (von dort in 56 km noch leichter erreichbar) im Kg. Sri Jaya nach Norden abbiegen. Dort gibt es auch einen Berg, den **Gunung Serudom**, 1050 m, zu besteigen, was bei Singaporeanern recht beliebt ist.

Chinatown | 332
Hafen- und Regierungsviertel | 338
Indisches Viertel | 341
Islamisches Viertel | 341
Sehenswürdigkeiten, weitere | 343

Praktische Reisetipps A–Z | 352
Adressen und Telefonnummern | 352
Ankunft | 353
Essen und Trinken | 354
Medizinische Versorgung | 360
Nachtleben | 360
Notfall | 361
Rund ums Geld | 361
Shopping | 362
Sicherheit | 367
Stadtverkehr | 367
Übernachten | 370
Verhaltenstipps | 374
Verkehrsverbindungen | 374

Land und Leute | 376
Bevölkerung | 380
Feste und Feiertage | 384
Geografie | 378
Geschichte | 381
Klima | 379
Medien | 384
Religion | 384
Sprache | 380
Staat | 382
Wirtschaft | 383

2 Singapur

Die Megacity im Herzen Südostasiens ist Asien für Einsteiger. Hier findet man viel Bekanntes, kombiniert mit sehr viel Neuem und purer Exotik. Neben der überwältigenden Skyline locken aber

auch die Relikte aus der kolonialen Vergangenheit zur Entdeckung. Und dann die kulinarischen Highlights – ein Muss für Fans guter Küche!

Die Skyline der Marina Bay in Singapur

SINGAPUR

Singapur bietet neben der Stadt als Sehenswürdigkeit an sich verschiedene interessante und lohnende Ziele. Dazu gehören neben den durch **unterschiedliche Kulturen geprägten** Stadtvierteln (Chinatown, indisches und islamisches Viertel) einzigartige Bauwerke und nicht zuletzt Museen und spektakuläre Freizeiteinrichtungen (wie z.B. Parks, der Zoo, der Vogelpark, Sentosa).

▷ Singapur bietet eine atemberaubende Architektur: links das Riesenrad Singapore Flyer, rechts die drei Türme des Marina Bay Sands Hotel

NICHT VERPASSEN!

- **Singapore Zoo,** zeigt die gesamte Tierwelt Südostasiens | 345
- **Bukit Timah Nationalpark,** ein Stück Dschungel im Stadtstaat | 347
- **Chinatown Heritage Centre,** ein Blick in die chinesische Vergangenheit in Chinatown | 349
- **Raffles Hotel,** altehrwürdiges Kolonialhotel | 373

Diese Tipps erkennt man an der gelben Hinterlegung.

Chinatown

Chinatown ist heute nur noch ein recht kleines Gebiet zwischen der New Bridge Road und der South Bridge Road. Der ursprüngliche Bereich zwischen Singapore River, New Bridge Road, Clemenceau Avenue und Tanjong Pagar Road musste in den letzten Jahren riesigen Hochhauskomplexen weichen. Hier befindet sich heute das Bankenviertel (hier residiert auch die *Deutsche Bank Singapore*).

An der Ecke Smith/Trengganu Street findet täglich der *Morning Market* statt. Im Gebäude des *Kreta Ayer Komplex* wird gekauft und verkauft, gehandelt und z.T. geschlachtet. Hier findet man von Gemüse über Früchte und

www.fotolia.de © Master Lu

Fleisch bis hin zu lebenden Tieren alles, was man sich auf einem asiatischen Markt (mittlerweile auch ganztägig) vorstellen kann.

Abends ist ein Besuch des **Pasar Malam**, der im Bereich der Smith-, Temple- und Trengganu Street stattfindet, lohnend. Allerdings haben die Geschäfte ganztägig geöffnet, sodass die Marktatmosphäre hier ständig spürbar ist, wenngleich es abends ein wenig authentischer wirkt. Neben dem Üblichen findet man hier auch Essenstände.

Interessanterweise findet man mitten in Chinatown, an der Ecke Pagoda Street und South Bridge Road, den wichtigsten Tempel der Hindus, den **Sri-Mariamman-Temple**. Er wurde bereits zwischen 1830 und 1843 errichtet. Er ist der Göttin *Sri Mariamman* geweiht, zu der gläubige Hindus beten, um von Krankheiten geheilt zu werden. Besonders eindrucksvoll ist der fünfstöckige Turm über dem Eingang, der reichhaltig mit vielen Götterbildern verziert ist. Der Sri Mariamman-Tempel ist u.a. der Schauplatz des Thimithi-Festes. Bei Tempelbesuchen daran denken: Schuhe ausziehen!

In Chinatown findet man auch zwei Moscheen, die **Jamae-Moschee** (South Bridge Road/Mosque Street) und die **Al-Abrar-Moschee** (an der Telok Ayer Street). Die Jamae-Moschee wurde 1826 von südindischen Moslems *(Chulias)* erbaut. Sie ist ein Pilgerort für Gläubige, die um Gesundheit beten.

Die Al-Abrar-Moschee wurde in den 1850er Jahren fertiggestellt. Sie ist eine typische Moschee indischer Moslems, die sich von anderen Moscheen dadurch absetzt, dass sie

2

Singapur

11 Beng Hiang Restaurant	36 Sajis Indian Food
12 Mayflower	37 Rendesvous Restaurant
15 Sky on 57	39 Quayside Restaurant,
17 Beng Thin Hoon	Peony-Jade Restaurant
Kee Restaurant	40 King Satay Club
18 China Square	41 dbl O und O Bar
Food Centres	42 Ban Seng Restaurant
19 Chiang Mai Palace	43 Omar Khayyam
20 Hanoi Authentic,	
Prince of Wales	*Fortsetzung nächste Seite*
21 Forum Seafood,	
King Lobster Restaurant,	
Lanna Thai Restaurant	
22 Hung Kang Restaurant	
23 Brewerkz	
25 Omei Restaurant	

über keinen Kuppelbau verfügt und insgesamt recht schmucklos wirkt.

Chinesisch wird's dann wieder mit dem **Tempel Thian Hock Keng,** dem ältesten chinesischen Tempel Singapurs. Er wird meist von Taoisten aus der Provinz Hokkien besucht und wurde 1840 erbaut. Er stellt die Erweiterung eines *Joss House* dar. Dieses wurde den Göttern zum Dank für die erfolgreiche Meeresüberquerung von China nach Singapur von Einwanderern aus Hokkien errichtet. Der ehemalige Schrein nimmt heute den Hauptplatz auf dem Altar ein, der von zwei Wächterstatuen, *Chien Li Yen* (kann 1000 Meilen weit sehen) und *Soon Fong Er* (kann 1000 Meilen weit hören) bewacht wird. Schon von außen lohnt ein Blick auf die klassische chinesische Architektur des Tempels mit seinen reich verzierten Säulen und Dächern.

Neben dem kulturellen Aspekt bietet Chinatown auch die Möglichkeit ausgiebig zu shoppen. **People's Park Complex** ist ein riesiges Einkaufsgebäude an der Eu Tong Sen Street. Hier kann man so ziemlich alles kaufen, was die moderne (Elektronik-)Industrie bietet.

Hafen- und Regierungsviertel

Direkt an der Mündung des Singapore River, die ca. 3 km lang ist, steht das Wahrzeichen der Stadt, der **Merlion.** Dieses Fabelwesen, halb Löwe, halb Fisch, soll an die Legende um den Prinzen *Utama* erinnern. Ein völlig neues Gesicht hat das Hafenviertel auch durch das **Esplanade Zentrum** erhalten. Unter dem futuristischen Kuppeldach finden international beachtete Konzerte und Shows statt.

Schon seit Jahren wird an der Flussmündung gearbeitet. Seit Mitte 2010 nimmt das alles Gestalt an. Auf den gigantischen Aufschüttungsflächen gibt es das neue **Marina Bay Sands Hotel,** das aus drei riesigen Hoteltürmen besteht, auf denen eine futuristisch anmutende Mischung aus Flugzeug und Kreuzfahrtschiff thront. Alle drei Türme bieten auf jeweils 55 Stockwerken zusammen 2561 Zimmer und Suiten. Vom **Sky Park** aus hat man einen tollen Blick über Singapur, die naheliegenden indonesischen Inseln und an klaren Tagen bis Malaysia. Zur Gesamtanlage gehört zudem ein **Expo- und Convention Centre,** für 2000 Stände, eine gut 260.000 Quadratmeter große **Shopping Mall** sowie ein **Casino** mit 600 Spieltischen und über 1500 Automaten auf 15.000 Quadratmetern. Einziger Wermutstropfen ist der Eintritt von derzeit 20 S$ für den **Sky Park.**

Boat Quay und Clarke Quay sind die **Flaniermeilen** am Singapore River. Der Boat Quay ist für seine Restaurants und Pubs bekannt, der Clarke Quay bietet eher Familienunterhaltung.

Touren auf dem Fluss mit sogenannten *Bumboats* starten alle 10 Min. am Boat Quay und am Clarke Quay. Die etwa halbstündigen Touren am Merlion vorbei zum Hafen und zurück kosten 18 S$.

Am Raffles Quay befindet sich das Gebäude des **Telok Ayer Market** – heute heißt das Gebäude *Lau Pa Sat Festival Market* –, das aus der ersten von *Raffles* erbauten Markthalle hervorging. Diese wurde 1894 im viktorianischen Stil erbaut. Heute beherbergt das achteckige Gebäude zahlreiche Foodstalls.

Am anderen Ufer steht eines der Raffles-Denkmäler der Stadt. An dieser Stelle des heutigen North Boat Quay soll *Raffles* 1819 den Boden Singapurs betreten haben. Der Ort wird deshalb **Sir Stamford Raffles Landing Site** genannt. In dieser Gegend der Stadt findet man auch heute noch viele Bauten aus der viktorianischen Zeit, Victoria Memorial Hall, Victoria Theatre/Concert Hall, Parliament House und City Hall.

Zwischen dem Singapore Recreation Club und dem Singapore Cricket Club (dem vornehmsten Club der Stadt) liegt der **Sportplatz Padang,** der sowohl zu Wettkämpfen, als auch zu Paraden und Aufmärschen genutzt wird.

Etwas deplatziert wirkt **St. Andrew's Cathedral,** eine Kirche aus dem Jahr 1856. Sie gehört der Church of England. Eindrucksvoll ist ihr kreuzförmiger Grundriss. Ein echter Stilbruch ist jedoch mit der Errichtung von verschiedenen Hochhäusern im Hintergrund der Kirche gelungen. An dieser Stelle der Stadt werden ihre zwei Gesichter, als historische Stätte und moderne Großstadt, sehr deutlich.

Zwischen der Kirche und dem *Raffles Hotel* ist in den letzten Jahren ein neues Geschäftszentrum entstanden, das *Raffles City*. In den 72 Stockwerken des Gebäudes befinden sich neben einer Vielzahl von Geschäften das *Swissôtel The Stamford*.

Gegenüber, an der Beach Road, steht das **Raffles Hotel,** wohl das traditionsreichste Hotel der Stadt. Hier in der Longbar wurde 1915 zum ersten Mal der **Singapore Sling** von dem Barmann *Ngiam Tong Boon* gemixt. Heute wird diese Bar von vielen Touristen besucht. Touristen, die hier nur einen Drink zu sich nehmen möchten, müssen mit den Gartenanlagen des renovierten Hotels vorlieb nehmen. Das Hotel selbst steht nur noch den Gästen zur Verfügung. Allerdings herrscht hier ein strengeres Reglement bezüglich der Kleidung, in Gummilatschen wird man nicht bedient. Im hauseigenen *Bookshop* kann man ein Set mit Kofferaufklebern berühmter Hotels aus der Region von Vietnam bis Singapur kaufen.

Das 125 Jahre alte Gebäude des **Empress Place Building** am Singapore River beherbergt das **Asian Civilisation Museums.**

■ **Asian Civilisation Museum:** Empress Place 1, www.acm.org.sg, Eintritt 8 S$.

Öffnungszeiten beider Museen dienstags bis sonntags von 9 bis 19 Uhr, montags von 13 bis 19 Uhr.

Singapore Flyer

Im wahren Sinn des Wortes ist der am 1. März 2008 eröffnete Singapore Flyer ein Highlight, denn das **größte Riesenrad der Welt** hat einen Durchmesser von 150 Metern und eine maximale Höhe von 165 Metern. Aus den 28 voll klimatisierten Kabinen hat man nicht nur einen herrlichen Blick über die Marina Bay,

Fortsetzung

44 Chjimes, Gyu-Kaku Rest.
55 Komalas
56 Yet Con Restaurant
57 Swee Kee Restaurant
58 Long Bar
61 Equinox
64 Esplanade Restaurants
65 Harry's Quayside
66 Cherry Garden Restaurant
71 Paulaner Brauhaus
73 Golden Peony Restaurant
75 Sin Huat Eating House

■ **Nachtleben**
24 Zouk
31 Prince of Wales
38 Pump Room, Zirka
63 The Butter Factory

■ **Einkaufen/Sonstiges**
6 People's Park Complex
13 Telok Ayer Market, Lau Pa Sat Festival Market
16 Commerce Centre
26 Concorde Shopping Centre
27 Plaza Singapura
32 Sim Lim Square
46 Illuma Shopping Centre
47 Bugis Junction
53 Bras Basah Complex
54 Raffles Hotel Shopping Arcade
60 City Link Mall
68 Marina Square
69 Esplanade Mall
72 Millenia Walk

sondern auch über das Meer, die Stadt und bei gutem Wetter bis nach Indonesien und Malaysia. Etwa 37 Minuten dauert ein „Flug", sodass viel Zeit zum Schauen bleibt. Man kann sich in der Gondel sogar trauen lassen. Eine Fahrt kostet 33 S$, Raffles Avenue, Marina Bay, www.singaporeflyer.com.

Indisches Viertel

Im Bereich der **Serangoon Road** findet man „Little India". Hier gibt es unzählige kleine Läden (viele bieten säckeweise Gewürze an) im Wechsel mit indischen Restaurants und farbenfrohen Tempeln. Nur wenige Passantinnen tragen westliche Kleidung, der traditionelle Sari wird vorgezogen.

Entlang der Serangoon Road steht der **Sri-Srinivasa-Perumal-Tempel,** der bereits vor 100 Jahren errichtet wurde. Zwischen 1961 und 1970 wurde er allerdings vollständig restauriert, sodass alles Alte verschwunden ist. Der Tempel ist der Ausgangspunkt des jährlichen Thaipusam-Festes mit seinen *Kavadi*-Prozessionen. Der zentrale Tempel ist Vishnu geweiht. Hier gibt es neben dem *Perumal*-Schrein viele Gemälde und Statuen. In zwei kleineren Gebäuden werden die Gattinen Vishnus, Lakshmi und Andal, verehrt.

Der **Sri-Veerama-Kaliamman-Tempel** wurde 1881 von bengalischen Arbeitern zur Verehrung der Muttergottheit Kali erbaut. Er wurde später bis auf ein paar unbedeutende Teile niedergerissen und komplett wieder neu aufgebaut. Besonders eindrucksvoll sind die Reliefdarstellungen der Götterfiguren.

Ebenfalls der Göttin *Kali* ist der **Tempel Sri Vadapthira Kaliamman** geweiht. Hier findet man viele Götterstatuen, die *Kali* in ihren unterschiedlichen Bedeutungen zeigt: mütterlich, kriegerisch, blutrünstig und allmächtig (symbolisiert durch die Vielarmigkeit).

In der Racecourse Road, einer Parallelstraße zur Serangoon Road, steht der **Temple of 1000 Lights** *(Sakya Muni Buddha Gaya Temple),* der 1927 von einem buddhistischen Mönch aus Thailand gegründet wurde. Hier befindet sich eine 15 m hohe Statue des sitzenden Buddhas. Jeden Abend wird der Tempel durch 100 Lampen erleuchtet. Hinten im Sockel der Statue gibt es einen Raum, in dem eine liegende Buddhastatue ruht. Das Leben Buddhas ist in Bildern dargestellt. Am Eingang des Tempels kann man eine Nachbildung (sie ist sehr gut gemacht) von Buddhas Fußabdruck bestaunen, den er am Adam's Peak auf Sri Lanka hinterlassen haben soll.

■ **Temple of 1000 Lights:** 366, Race Course Road, tgl. 10–18 Uhr.

Islamisches Viertel

Das islamische Viertel befindet sich im Bereich Beach Road/North Bridge Road/Arab Street. Hier leben hauptsächlich Moslems aus Malaysia, Java und Indien. Teilweise gleichen die Straßen dieser Gegend eher einem ständigen Markt als dem Stadtteil einer Großstadt. Hier findet man viele Läden, die z.B. Batikarbeiten oder Korb- und Flechtwerk anbieten.

An der North Bridge Road liegt die bedeutendste Moschee der Stadt, die 1924 erbaute **Sultan-Moschee.** Sie ersetzt heute die alte, von *Stamford Raffles* finanzierte erste Moschee Singapurs. Hier findet man den Baustil vor, der zu einer Moschee gehört. Typisch maurisch sind die Bögen über den Fenstern und Türen. Außerhalb der Gebetszeiten kann man das Gebäude besichtigen. (Auf ordentliche Kleidung achten, Schuhe ausziehen.)

In der nahen Java Road steht die **Hajah-Fatimah-Moschee.** Sie wurde von *Hajah Fatimah* aus Malacca 1845 erbaut. Die Besonderheit dieser Moschee ist das Minarett.

◁ Das Wahrzeichen der Stadt: Merlion

Indisches und Islamisches Viertel

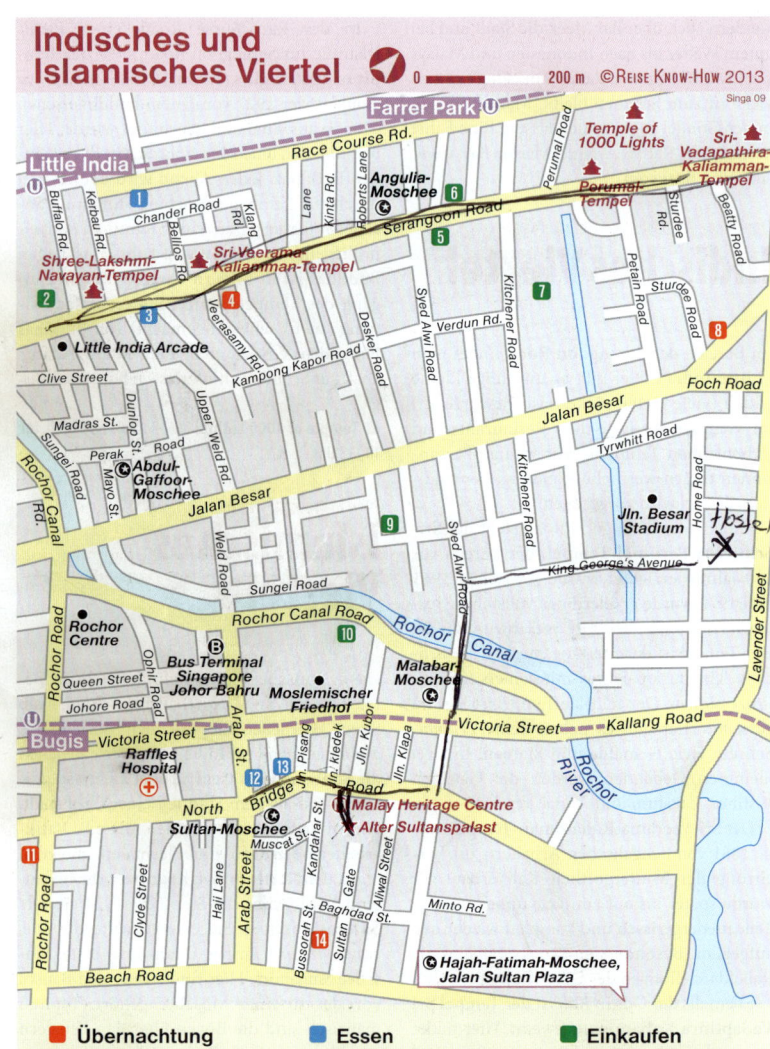

■ Übernachtung
- 4 Santa Grand Hotel Little India
- 8 Cactus Hotel
- 11 New 7th Storey Hotel
- 14 Sleepy Sam's B&B

■ Essen und Trinken
- 1 Banana Leaf Apollo Restaurant
- 3 The Jungle Tandoor
- 12 Zam Zam Restaurant
- 13 Islamic Restaurant

■ Einkaufen
- 2 Zhujiao Centre/ Tekka Market
- 5 Mustafa Centre
- 6 Serangoon Plaza
- 7 City Square Mall
- 9 Sim Lim Shopping
- 10 Sim Lim Square

Weitere Sehenswürdigkeiten

Asian Civilisations Museum

Das Museum (1, Raffles Place) zeigt Ausstellungsstücke aus dem Raum Singapur, der aus verschiedensten Regionen Asiens besiedelt wurde. Die Entwicklung und die Vermischung der asiatischen Kulturen besonders in dieser Region ist Forschungsschwerpunkt des Museums. Toll ist die Einbeziehung von Multimedia in die Ausstellung.

■ **Öffnungszeiten:** Mo 13–19, Di–So 9–19 Uhr, Fr bis 21 Uhr, Eintritt 8 S$.

Singapore Art Museum

Nach langer Renovierungszeit wurde das Singapore Art Museum im Gebäude der ehemaligen St. Joseph's Institution (Bras Basah Road, Ecke Queen Street) eröffnet. Neben einer ständigen Ausstellung werden hier im Wechsel schwerpunktmäßig **Werke regionaler Künstler** des 20. Jahrhunderts gezeigt.

■ **Öffnungszeiten:** täglich 10–19 Uhr, Fr bis 21 Uhr, Eintritt 10 S$, Kinder 5 S$.

Nationalmuseum/History Museum

Das Nationalmuseum an der Stamford Road beherbergt eine gute Sammlung zur **Geschichte, Ethnologie und Archäologie** Singapurs und teilweise auch Südostasiens. Das Gebäude selbst wurde 1887 im neo-klassizistischen Stil gebaut. Neben der University Art Collection, die eine Kunstsammlung südostasiatischer Künstler zeigt, gibt es eine historische Abteilung, eine Münzsammlung, einen Bereich zur Ethnologie Südostasiens, die Young People's Gallery, in der Werke von Kindern ausgestellt werden, eine Art Gallery (hauptsächlich mit Werken von Singapureanern) und eine Jadesammlung. Sie stammt aus dem Besitz der Brüder *Aw*, den „Erfindern" des „Tiger Balm". Die Sammlung besteht aus 385 Stücken, die z.T. mehrere hundert Jahre alt sind, darunter eine Tischplatte aus Jade.

■ **Öffnungszeiten:** tgl. 10–18 Uhr, Eintritt 10 S$, Kinder 5 S$.

Malay Heritage Centre

Das bunte Leben der Malaien wird hier besonders farbenprächtig inszeniert. Neben den klassischen Künsten, etwa Kreiseldrehen und Drachenbau, erfährt man viel über Baukunst und Tänze der Region.

■ Istana Kampong Glam, 85, Sultan Gate.
■ **Anreise:** Über die Geylang Rd. ab der MRT Paya Lebar.
■ **Öffnungszeiten:** Di–So 10–18 Uhr. Eintritt: 4 S$.

Changi Prison Chapel & Museum

Das Museum zeigt die Geschichte des berüchtigten **Kriegsgefangenenlagers Changi** des zweiten Weltkrieges. Im Nachbau der Kapelle hängen noch zahlreiche Botschaften und Fürbitten an Verstorbene und Vermisste, das kleine Museum zeigt Bilder und andere Exponate zum Death Railway und dem täglichen Leben im Lager.

■ **Anreise:** Mit SBS Bus 2 ab Tanah Merah MRT.
■ **Öffnungszeiten:** tgl. 9.30–17 Uhr. Der Eintritt ist frei.

The Battle Box

Ein **Bunker** aus dem Zweiten Weltkrieg liegt im Herzen des Fort Canning. Hier befand sich der Befehlsstand der Engländer vor der Kapi-

Formel 1 – das neue Mega-Event

Am 28. September 2008 erlebte der Stadtstaat zum ersten Mal ein neues, großes Spektakel. Singapur wurde neuer Austragungsort der **Formel 1**, allerdings nicht irgendeines Rennens, sondern erstens eines Stadtrennens und zweitens des **ersten Nachtrennens** der Formel 1. Der 5,067 km lange Kurs mit seinen 24 Kurven (davon 14 Links- und 10 Rechtskurven) wurde insgesamt 61 Runden lang befahren. Die Strecke führte u.a. vom Raffles Link entlang dem Nicoll Highway, zur Raffles Avenue und zur Marina Waterfront, d.h. im gesamten Marina Bay Bereich. Dafür müssten kurzfristig noch 1,2 Kilometer neue Straßen und Boxenstopp-Möglichkeiten gebaut werden.

Der deutsche Konstrukteur *Hermann Tilke* zeichnete für den Verlauf des Parcours im Stadtstaat verantwortlich, und somit waren Nervenkitzel und Benzingeruch in der Luft garantiert. Bis zu 90.000 Zuschauer fanden an der Strecke Platz, als das Rennen gegen 20 Uhr Ortszeit begann (in Deutschland 14 Uhr). Die insgesamt 309,95 Kilometer (Start und Ziel sind nicht identisch, sodass sich eine Differenz von Rundenlänge multipliziert mit der Zahl der Runden errechnet) bieten die Chance von Geschwindigkeiten bis zu 300 km/h, z.B. am Raffles Boulevard und auf der Esplanade Bridge (hier gibt es sicherlich auch die besten Überholmöglichkeiten), während es auch Kurven und Streckenabschnitte gibt, die nur mit höchstens 80 bis 100 km/h befahren werden können. Zu ihnen zählt beispielsweise die Anderson Bridge, die fast 100 Jahre alt ist. Hier ist auch zugleich die schmalste Stelle mit etwa 10 Metern Breite des Kurses (zum Vergleich: die breitesten Streckenabschnitte in Monaco haben auch 10 Meter) erreicht. Solche historischen Orte zieren den gesamten Streckenverlauf, wenngleich die Fahrer wohl kaum darauf achten werden, wenn sie entgegen dem Uhrzeigersinn über den Asphalt donnern. Doch sehen muss trotzdem jeder gut, und das führt zu einem ausgeklügelten Beleuchtungssystem, das mit insgesamt 12 Generatoren 3,18 Millionen Watt leistet. Über 100 Kilometer Kabel wurden in Aluminiumkanälen verlegt, um die Lichtmasten mit Strom zu versorgen, der eine Beleuchtung von 3000 Lux garantiert, was der vierfachen Helligkeit in einem Stadion entspricht.

Ungefähr zwei bis drei Monate vor dem Rennen wurde mit der Aufbauphase begonnen, denn die gesamte Anlage ist temporär, wird also nach dem Rennen wieder entfernt. So konnten die Kabel nicht unterirdisch verlegt werden und Bäume sollten auch nicht leiden. Aus diesem Grund sind die Masten niedriger als die Kronen der Bäume.

Im Zuge des neuen Rennens, das auch als **„Monaco des Ostens"** betitelt wurde, fanden zwischen dem 20. September und dem 5. Oktober zahlreiche zusätzliche Events rund um das Thema Rennsport statt. Aktuelle Informationen erhält man im Internet unter www.singaporegp.sg.

tulation. Neben guten Soundeffekten und der authentischen Atmosphäre beeindrucken die beweglichen Wachsfiguren.

■ **Öffnungszeiten:** tgl. 10–18 Uhr, Eintritt: 8 S$, Kinder 5 S$.

Singapore Zoo

Der Zoo von Singapur beherbergt 170 Tierarten mit ca. 2800 Individuen. Wo irgend möglich, wurde auf Gitter verzichtet und statt dessen mit Wassergräben o.Ä. für Absperrungen gesorgt. Im Zoo wird an einem **Orang-Utan-**Zuchtprogramm gearbeitet, um diese bedrohte Tierart zu erhalten.

Die heimische Tierwelt ist reich vertreten. Wer in Dschungelflüssen Krokodile antreffen möchte, sollte sich hier ansehen, wie groß diese Tiere tatsächlich werden können. Eine Attraktion ist ein Paar der **Komodo-Warane,** deren jährlicher Größenzuwachs am Gehege angegeben wird.

Der Zoo bietet auch die Möglichkeit, mal auf einem **Elefanten** zu reiten, oder sich mit einer umgehängten Riesenschlange fotografieren zu lassen.

■ **Öffnungszeiten:** Mo–So von 8.30 bis 18 Uhr, Eintritt: 20 S$, Kinder 13 S$.
■ **Anfahrt:** Man erreicht den Zoo von der MRT Ang Mo Kio mit SBS Nr. 138 oder vom Chae Chu Kang MRT mit TIBS Nr. 927.

Night Safari

Singapur ist seit 1994 um eine Attraktion reicher: die Night Safari. Neben dem Zoo befindet sich nun ein **Nachtzoo,** der erst abends um 19.30 Uhr die Pforten öffnet und dann die Besucher mittels einer Elektrobahn und teilweise zu Fuß das Leben nachtaktiver Tiere beobachten lässt. Blitzgeräte und Videoleuchten sind hier verboten, damit die Tiere nicht erschreckt werden.

■ **Anreise** wie zum Zoo.
■ **Eintritt** 32 S$, Kinder 21 S$.

Mandai Orchid Garden

In der Nähe des Zoos befindet sich der Mandai Orchid Garden (erreichbar mit Bus 138 von Ang Mo Kio MRT). Hier kann man einen der größten Orchideengarten der Welt bestaunen.

■ **Öffnungszeiten:** tgl. 8.30–17.30 Uhr.
■ **Eintritt:** 3 S$.

Singapore Botanic Gardens

Wem der Weg zum Orchid Garden zu weit ist, der kann die dort gezeigten Orchideen in ihrer natürlichen Umgebung im Singapore Botanic Garden an der Napier Road/Clung Road bewundern. Daneben sieht man viele typische Pflanzen der Tropen, u.a. den **Kautschukbaum,** der im 19. Jahrhundert von Brasilien nach England geschmuggelt wurde, von dort in die asiatischen Kolonien und von Singapur nach ganz Südostasien gelangte.

Bestandteil des botanischen Gartens ist der **National Orchid Garden.** Hier findet man eine herrliche Ausstellung aller bedeutenden Orchideen.

Im **Halia Restaurant** kann man den Besuch mit einem Essen krönen.

■ **Öffnungszeiten:** tgl. 8.30–18 Uhr.
■ **Eintritt:** 5 S$, Kinder 2 S$.

Gardens by the Bay

Die neueste Attraktion Singapurs ist dieser botanische Garten. Derzeit erstrecken sich **drei Gärten, Bay South, Bay East** und **Bay Central,** auf etwa 101 Hektar Fläche im Marina-Bereich. Mit 54 ha ist Bay South der größte und soll der attraktivste botanische Garten der Welt werden. Neben Gewächsen aus fast allen Klimazonen der Erde sollen Ausstellungen und Informationstafeln über die Klimate und ihren Wandel informieren. Ein Auditorium bietet mehreren Tausend Menschen Platz bei Veranstaltungen. Sogenannte „Supertrees", künstliche Bäume zwischen 25 und 50 Metern Höhe, spenden Schatten, dienen abends als Lichtquelle und sammeln zugleich Wasser im Inneren.

- **Anfahrt:** 18 Marina Gardens Drive, MRT: Marina Bay und dann SBS Bus 400.
- **Öffnungszeiten:** tgl. 10–21 Uhr.
- **Eintritt:** wochentags 15 S$, Kinder 9 S$, an Wochenenden 20 S$, Kinder 12 S$.

Jurong Bird Park

Dieser Park (im Westen) bietet auf einem 20 ha großen Gelände einen guten Überblick über die **Vogelwelt** der Region. Spezialitäten des Parks sind die **Freiflugshows:** Es werden z.B. verschiedene Greifvögel vorgestellt. Auch das **„Breakfirst with the Birds"** ist ein nettes Erlebnis.

Eine weitere Attraktion ist ein kleines Tal mit **Wasserfall**, das mit einem Netz überspannt wurde. Der Besucher befindet sich hier im Gehege der Vögel, die man an den Futterstellen sehr gut beobachten kann.

- **Öffnungszeiten:** Täglich 8.30–18 Uhr, Eintritt 18 S$, Kinder 12 S$.

Jurong Reptile Park

Der Krokodil-Park liegt direkt neben dem *Jurong Bird Park*. Hier werden Tausende der **Riesenechsen** gehalten. Die Anlagen sind recht gut gestaltet. Es gibt einen Glas-Tunnel, von dem aus man die Tiere von unten betrachten kann. In einigen Gehegen findet man Kuriositäten, missgebildete Tiere (z.B. mit halben Kiefern oder verkrümmten Rücken). Mehrmals täglich findet eine Krokodil-Show statt.

- **Öffnungszeiten:** 9–18 Uhr, Eintritt: 9 S$, Kinder 5 S$).
- **Anfahrt:** Man erreicht beide Parks, indem man erst zur MRT Boon Lay fährt und dort in den Bus Nr. 251 oder 194 umsteigt, der bis zum Park fährt.

Haw Paw Villa

Der **Tiger Balm Garden** in der Pasir Panjang Road zeigt die Welt der **chinesischen Mythologie**. Auf 3 ha Fläche liegt der Garten unmittelbar am Meer. Er wurde von den Brüdern *Aw*, den Erfindern des Tiger Balms, 1937 angelegt. Die wurden durch ihre kühlende Salbe zu Millionären. Die riesigen buntbemalten Figuren wirken auf Europäer eher kitschig, sind aber für die chinesische Bevölkerung ein Ausflugsziel wie europäische Freizeitparks.

- **Öffnungszeiten:** Täglich von 9 bis 18 Uhr, an Wochenenden und Feiertagen bis 19 Uhr. Eintritt frei.
- **Anfahrt:** Man erreicht den Garten mit MRT bis Buona Vista, von dort mit SBS-Bus 200 zur Haw Paw Villa oder bis MRT Clemento und dann SBS-Bus 10.

Chinesischer und Japanischer Garten

Als Vorbild für den chinesischen Garten (im Stadtteil Jurong) diente wohl der Sommerpalast in Peking. Hier kann man zahlreiche Pagoden und Pavillons aus der Zeit der Song-Dynastie bestaunen.

Neben dem chinesischen befindet sich der japanische Garten. Außerhalb Japans gibt es keinen größeren dieser Art. Seen mit Häuschen am Ufer, Wasserfälle und Bepflanzung zeigen die Hand eines japanischen Künstlers.

- **Öffnungszeiten:** Beide Gärten 9–23 Uhr, Eintritt für beide Gärten 2 S$, Kinder 1 S$, pro Kamera 50 Cent.
- **Anfahrt:** Man erreicht sie mit der MRT bis zur Station Chinese Garden.

Inseln Kusu und St. John

Vom World Trade Center geht es mit Fähren zu den beiden Inseln. Während St. John eine reine Badeinsel ist, kann man sich auf Kusu einen chinesischen Tempel ansehen, der das Ziel der jährlichen Kusu-Bootspilgerfahrt ist.

Singapore City Gallery

Wie es einmal war und zu was es werden wird ist hier mit vielen Plänen, Fotos und Modellen dargestellt. Besonders beeindruckend ist das **Modell der Stadt,** das man aus der ersten Etage überblicken kann.
■ 45, Maxwell Rd., **Öffnungszeiten:** Tgl. 9–17 Uhr, samstags bis 13 Uhr, Eintritt frei.

Esplanade

Ein eindrucksvolles Beispiel architektonischer Baukunst ist das große **Veranstaltungsgebäude am Fluss.** Wie zwei riesige Insektenaugen wölben sich die Kuppeln des Theaters und der Konzerthalle in den Himmel. Zum Schutz vor zu hoher Sonneneinstrahlung dienen der Hunderte von Metallreflektoren über den Kuppeln, die immer entsprechend dem Sonnenstand ausgerichtet sind.

Nei Xue Tang Buddhist Museum

Das in einem unscheinbaren Haus an der Cantonment Road untergebrachte Museum zeigt dem Besucher die ganze **Welt des Buddhismus.** Aus der ganzen Region wurden hier Buddha-Figuren aus den unterschiedlichsten Materialien gesammelt. Da wenig Publikumsverkehr herrscht, freut man sich über jeden Besucher und führt diese individuell.

■ **Öffnungszeiten:** tgl. 10 bis 18 Uhr, Eintritt 5 S$, Kinder 3 S$.

Hua Song Museum

Das Museum ist den Menschen gewidmet, die auf der **Flucht vor der Armut** im eigenen Land die Heimat verlassen haben. Sie haben sich in den verschiedensten Ländern der Welt niedergelassen und mit Fleiß, Ausdauer und einem enormen Gemeinschaftsgefühl ihr Leben in der Fremde gelebt, Besitz geschaffen und nicht zuletzt eigene Gesellschaften gebildet. All dies wird mit Hilfe von über 1000 Exponaten aus aller Welt dokumentiert. So erzählen einige Stücke vom Bahnbau in Panama, andere von Goldgräbern in Australien und etliche vom Handel in Singapur.

■ **Haw Par Villa,** 262, Pasir Panjang Rd., Di–Do von 12 bis 19 Uhr, Eintritt 8,40 S$.
■ **Anfahrt:** mit den SBS Bussen 10, 30, 143 ab Harbour Front, oder mit SBS Bus 143 ab Orchard Rd. oder SBS Bus 51 ab Chinatown.

Bukit Timah Reserve

Dschungelfreunde können im Bukit Timah Reserve schöne Spaziergänge unternehmen. Auf ca. 60 ha ist **tropischer Regenwald** erhalten, in dem ausgeschilderte Pfade einen Eindruck der Natur der Region vermitteln. Manchmal sieht man sogar noch Affen.

■ **Anfahrt:** Ab Newton MRT mit TIBS-Bus 171 oder 182
■ **Öffnungszeiten:** tgl. 8–18 Uhr.

Pasir Riz

An der Endstation der MRT (Station Pasir Riz) beginnt jenseits der Straße ein Park, zu dem ausgedehnte **Mangrovengebiete** gehören. Über Plankenwege wandelt man über Wasser und Sumpf und kann allerlei exotische Vögel, Reptilien, Schlammspringer und Winkerkrabben beobachten. Einem Jahrmarkt ähnlich ist der **Escape Theme Park,** in dem

Karussels, Achterbahnen, Wasserrutschen, Autoscooter und vieles mehr den großen Spaß für alle Altersstufen versprechen. Angelehnt an aktuelle TV-Unterhaltung gibt es auch ein Digimon-Adventure.

■ **Anfahrt:** MRT Pasir Riz, Mo bis Fr 17–22.30, Sa, So und feiertags 10–22.30 Uhr, Eintritt: 18 S$, Kinder 9 S$.

Insel Ubin

Praktisch undenkbar und doch wahr: Auch in Singapur gibt es noch typisch **malaiische Kampungs.** Allerdings muss man dafür auf die Insel zwischen Malaysia und dem Stadtstaat fahren. Hier warten Wanderwege, ein zum See umgewandelter Steinbruch und allerlei exotische Tiere und Pflanzen auf die Entdeckung. Im Kampung gibt es zudem ein empfehlenswertes Seafood-Restaurant. Weitere Informationen unter www.wildsingapore.com/Ubin.

■ **Anfahrt:** MRT bis Tanah Merah, dann SBS Nr. 2 bis Changi Village und von hier mit der regelmäßigen Fähre (2,50 S$) zur Insel. Fahrradverleih ab 4 S$/Tag.

Sungai Buloh

Direkt gegenüber von Johor Bahru (man sieht schon die Häuser der Stadt) befindet sich dieses **Vogelschutzgebiet,** das zahlreichen Stand- und Zugvögeln als Refugium dient. Hoch- und Unterstände, ein Besucherzentrum mit AV-Shows, Plankenwege durch Mangroven, Fernglasverleih und geführte Rundgänge gehören zum Programm. Weitere Informationen unter www.sbwr.org.sg.

■ **Anfahrt:** Am besten mit dem Taxi, sonst mit MRT bis Woodlands und dann TIBS-Bus 925 nehmen, 10, Neo Tiew Lane.
■ **Öffnungszeiten:** 7–19 Uhr, Eintritt frei, an Wochenenden und Feiertagen 1 S$.

Andere Naturparks

Naturliebhaber kommen im Stadtstaat voll auf ihre Kosten, wenn sie auch weitere und beschwerliche Anreisen nicht scheuen. Viele Informationen enthält die Broschüre **Green Map Singapore,** die man im *Visitor Information Centre* erhalten kann. Interessant sind z.B. die Parks **Kent Ridge** und **MacRitchie,** in denen man jeweils einen „Weg" durch die Baumkronen gebaut hat (*Tree Top Walk,* bzw. *Canopy Walkway*). Beide Parks sind am besten mit dem Taxi erreichbar. Für den Besuch sollte man im Kent Ridge etwa 1½ Stunden einplanen, während es im **Mac Ritchie Reservoir** mindestens ein halber Tag werden wird. Der Eintritt ist jeweils frei, MacRitchie ist tgl. von 9 bis 17 Uhr geöffnet, Kent Ridge 24 Std.

Goodwood Park Hotel

Schon **1899** wurde das Gebäude an der Scotts Road gebaut. Nach seiner Fertigstellung wurde es unter dem Namen **Teutonia Club** am 21. September 1900 zum **Treffpunkt deutscher Geschäftsleute** der gesamten Region. Mit Ausbruch des Ersten Weltkrieges kam es auch in den fernen Kolonien zu Auseinandersetzungen, und der Club gelangte unter britische Verwaltung. Rauschende Feste und Auftritte internationaler Stars gehörten aber weiter zum Programm, bis die Insel 1942 von den Japanern besetzt wurde. Das Hotel wurde zum Hauptquartier der Besatzungsmacht.

Nach dem Ende des Zweiten Weltkrieges verlegten die britischen Truppen ihre Verwaltungszentrale hierher, bis das Haus im September 1947 für 600.000 S$ verkauft und wieder zum Hotel umgebaut wurde.

Trotz zahlreicher Renovierungen blieb der Charme des Hauses weitgehend erhalten. Auch die Fassade mit dem eindrucksvollen Turm, der einen Teil der berühmten **Brunei-Suite** beherbergt, lohnt den Abstecher von der Orchard Road aus, vielleicht in Verbindung mit Kaffee und Kuchen zu Pianomusik mit Blick auf den Pool.

Chinatown Heritage Centre

Inmitten der Chinatown hat man einen Block restauriert und mit allerlei gestifteten Ausstellungsstücken zu einem sehr anschaulichen Objekt umgestaltet, in dem Besuchern die **Geschichte der chinesischen Gesellschaft Singapurs** deutlich wird. Der Schwerpunkt liegt bei den hart arbeitenden Kulis und ihren Wohnbedingungen.

■ 48, Pagoda Street. **Öffnungszeiten:** Tgl. 9–20 Uhr, Eintritt 10 S$, Kinder 6 S$.

Strandurlaub und Großstadtflair

Wer den Besuch in Singapur nicht nur zum Shopping und Bummeln nutzen möchte, sondern auch an tropischen Stränden relaxen mag, sollte einige Tage auf **Pulau Bintan** (Indonesien) mit ins Reiseprogramm aufnehmen. Diese Insel wurde von der singaporeanischen *Bintan Resort Managment* Gesellschaft z.T. erschlossen und für den Tourismus ausgebaut. Neben einer perfekten Infrastruktur mit Hotelanlagen unterschiedlicher Kategorien gibt es hier den neuen Fähranleger, der dem Gegenstück in Tanah Merah entspricht. Indonesien im Kleinformat könnte auch der Untertitel zu diesem Urlaubsparadies sein, denn Baustil und Kunstgewerbe richtete sich in den unterschiedlichen Anlagen nach den Kulturen des Inselreiches.

Neben dem perfekten Service der Hotelanlagen gibt es hier auch die Chance zu vielfältigen **Aktivitäten in der Natur,** etwa Jogging, Mountainbiking, Dschungel- Trekking und Kanufahrten in den Mangrovenwäldern.

Die **Unterkünfte** bieten vielfältigen Komfort, allerdings gibt es graduelle Unterschiede. Wer preiswert urlauben möchte und statt eines Pools mit Sandstrand und Meer vorlieb nimmt, sollte das *Mayang Sari Resort* (ab etwa 100 S$), 3 Lim Teck Rd., Tel. 0065/7 372 1308, Fax 7372 1318, buchen. Top End Hotel ist der *Banyan Tree Bintan,* dessen Villen ein Open-air-Jacuzzi bieten, eventuell aber auch einen 8,5 x 4,5 m Pool zur Privatnutzung besitzen. Diese Villen kosten etwas mehr (Preise ab 450 S$), sind aber für die Hochzeitsreise geradezu ideal, *Wah Chang House,* 211 Upper Bukit Timah Rd., Tel. 0065/6 462 4800, Fax 6 462 2800. Wer die Mitte zwischen diesen beiden Anlagen sucht, ist im *Hotel Sedona,* 3 Kim Teck Road, Tel. 0065/7 227 7375, Fax 7 223 0693, richtig. Für Preise ab 150 S$ bekommt man hier sehr gut eingerichtete Zimmer und den Service eines 4-Sterne Hotels. Der Pool ist riesig, das Wassersportangebot umfassend, und auch Kinder aller Altersgruppen finden hier ausreichend Unterhaltung.

Komplette Arrangements sind auch beim *Bintan Resort Management* buchbar, 1 Temasek Road, #03-01 Millenia Tower, Tel. 0065/7 339 1368, Fax 7 339 1551.

Die o.g. Preise sind jeweils die sogenannte *Rack rates.* Entscheidet man sich erst vor Ort für den Ausflug, sollte man vorher die Zeitung nach Angeboten durchforsten bzw. lokale Reiseveranstalter nach Sonderangeboten fragen, die oft außerhalb von Ferienzeiten und Wochenenden gewährt werden.

Insel Sentosa

■ www.sentosa.com.sg

Wer einmal erleben möchte, wie sich Singapureaner vergnügen, sollte Sentosa besuchen. Hier wurde zu Beginn der 1970er Jahre eine riesige Freizeitanlage gebaut. Es gibt eine künstliche **Schwimm- und Tretbootlagune,** das **Maritime Museum,** eine Art **Wachsfigurenkabinett** *(Images of Singapore)* und die Reste eines ehemaligen **Forts.**

Interessant ist im Wachsfigurenkabinett die **Surrender Chamber.** Hier wird eine bedeutende Szene der jüngeren Geschichte Singapurs dargestellt: Die Kapitulation der Japaner und die Übergabe Singapurs an General *Mountbatten* (Eintritt 10 S$, Kinder 7 S$).

Das **Aquarium Underwater World** bietet sehr interessante Einblicke in die Unterwasserwelt der Region. Neben kleineren Aquarien gibt es einen riesigen Tank, unter dem ein etwa 80 Meter langer Glastunnel hindurchführt, von dem aus der Besucher die Unterwasserwelt fast wie tauchend erlebt. Regelmäßig werden die Meeresbewohner, zu denen auch etliche Haie gehören, von Tauchern gefüttert.

Der absolute Kick für mutige Taucher (mit Zertifikat oder dem Attest des Arztes): ein **Bad im Haitunnel.** In Begleitung eines Mitarbeiters kann man dann zur Belustigung der Zuschauer im Tunnel zwischen Haien und anderen Fischen umhergleiten. Nicht weniger belustigend, dafür aber auch für Nichttaucher und sogar Nichtschwimmer ist die Attraktion **Sea-Walker** im gegenüberliegenden Becken. Hierbei atmet man unter Wasser über einen Helm Kompressorluft durch einen Schlauch ein. Ein toller Spaß! Schwimmzeug nicht vergessen! (23 S$, Kinder 14,60 S$).

Zusätzlich zum großen Aquarium gibt es die **Dolphin Lagoon** mit indopazifischen Buckeldelfinen *(Sousa chinensis)*. Shows mit Kunststücken der Tiere gehören zum Programm. Die Anlage befindet sich am Strand der Insel und ist mit der Monorailbahn zu erreichen. Im Eintrittspreis zum Underwater World ist auch der Besuch der Dolphin Lagoon enthalten.

Auftrieb der Boliden

In Singapur leben sehr viele Millionäre, steht doch der Stadtstaat weltweit an 18. Stelle im internationalen Ranking. Dies, zusammen mit der Autobegeisterung, auch sichtbar im Formel-1-Rennen, führt zu einer sehr hohen Dichte exotischer und vor allem leistungsstarker PS-Boliden. Und die zeigt man auch gerne. Wer sich also für *Ferrari* (s.u.), *Lamborghini, Aston Martin, Bugatti* und Co. interessiert, sollte sich unbedingt zur Cocktail-Zeit im Marina Bay Bereich aufhalten. Ein sicherer Spot, um diese Fahrzeuge zu sehen, ist stets vor dem *Conrad Centennial Hotel.*

307ma fr

Anfahrt

Alle „Attraktionen" der Insel sind entweder zu Fuß oder mit Bus bzw. Einschienenbahn zu erreichen.

■ Man erreicht Sentosa mit der **Drahtseilbahn** vom **Mount Faber,** dem 115 m hohen Hügel, der eine gute Aussicht über Singapur bietet. Die Drahtseilbahn fährt tgl. von 10 bis 21 (So 9 bis 21) Uhr. Erwachsene 24 S$, Kinder 14 S$.

☐ Übersichtskarte S. 334, Stadtplan S. 336   **Weitere Sehenswürdigkeiten**   351

■ Essen und Trinken
1 Nyonya & Baba Restaurant
2 St. James Power Station
3 Thanying Restaurant

▭▭▭ Eisenbahn
▭▭▭ Einschienenbahn
- - - - Fahrradweg

■ Alternativ kann man von der MRT Station Harbour Front aus mit dem **Sentosa-Express** (3 S$) zur Insel fahren oder man überquert die Brücke zur Insel zu Fuß (Eintritt 1 S$).

Universal Studios Singapore

Nun hat auch Singapur seine Universal Studios, in denen man verschiedene Attraktionen auf der Freizeitinsel **Sentosa** findet. Ab 74 S$ hat man einen eintägigen Eintritt zu den Filmhelden aus *Madagaskar*, *Shrek* und *Jurassic Park*. Die Studios sind täglich von 10 bis 19 Uhr geöffnet. Informationen und Ticketbuchung: www.rwsentosa.com und www.universalstudios.com.

Sentosa Cineblast

Ebenfalls neu ist das 4D-Kinoerlebnis **Sentosa4D Magix** mit den Attraktionen Pirates, Extreme Log Ride und Desperados. Diese Spektakel sind tgl. ab 10 Uhr geöffnet und kosten 18 S$. Weitere Informationen unter www.sentosa.com.sg/en/attractions/imbiah-lookout/sentosa-cineblast/.

Singapore Walks

Wer die Stadt mit ortskundigen Führern erleben möchte, kann an den *Original Singapore Walks* teilnehmen. Jeden Tag gibt es andere Touren durch bestimmte Stadtgebiete, die gegen 9.30 Uhr beginnen und bis etwa 12 Uhr dauern. Die Kosten von 35 S$ sind nicht sehr hoch, zumal die Führer sehr viele Kenntnisse vermitteln können. Anmeldungen können auch telefonisch unter 6 325 1631 oder unter www.journeys.com.sg/singaporewalks/ erfolgen. Wem dies zu teuer ist, der kann zumindest einen kleinen Weg vom Fluss bis zum Palast allein gehen und trifft dabei immer wieder auf informative Erklärungstafeln.

PRAKTISCHE REISETIPPS A–Z

Adressen und Telefonnummern

Adressenangaben in Singapur weisen oft einen Code wie folgt auf: #05–23. Das bedeutet, dass sich die jeweilige Niederlassung in einem **Hochhaus** im 5. Stock, Zimmer 23, befindet.

Ausländische Bank

■ **Deutsche Bank,** 1 Raffles Quay, South Tower Level 17, Tel. 6423 8001, Fax 6225 9442.

Bahnhof

■ **Singapore Railway Station,** Keppel Road, Tel. 222 5165.

Informationsstellen

■ **Singapore Tourism Board (STB),** Tourism Court, 1 Orchard Spring Lane, Ground Floor, Tel. 1800 736 2000, 6736 6622, geöffnet 8.30–17 Uhr.

Weitere Informationstellen
■ **ION Orchard,** Level 1, Concierge Lounge,
■ **Singapore Visitors Centre:**
– *Orchard,* an der Kreuzung Orchard Rd/Cairnhill Rd.;
– *Changi,* in der Ankunftshalle von Terminal 1, 2 und 3;
– *Chinatown Visitors Centre@Kreta Ayer Street,* 2, Banda Street.
■ **Info-Telefonnummer,** auch deutsch, mit interaktivem Telefon-Computer (kostenlos): 1 800 736 2000.

Krankenhäuser

■ **Mount Elisabeth Hospital,** 3 Mt. Elisabeth, Tel. 6 737 2666;
■ **General Hospital,** Outram Rd., Tel. 6 222 3322.
■ Weitere Adressen findet man in den **Yellow Pages** des Telefonbuches. Krankenhäuser stehen unter „Clinics" oder „Hospitals", Praktische Ärzte unter „Medical Practitioners" und Zahnärzte unter „Dental Surgeons".

Mobilfunkprovider

■ **Mobile One** (Singapur, GSM 900/1800 MHz, 3G), www.m1.com.sg.
■ **Singapore Telecom** (Singapur, GSM 900/ 1800 MHz, 3G), www.singtel.com.
■ **Starhub** (Singapur, GSM 1800 MHz, 3G), www.starhub.com.

Notruf

■ **Rettungswagen:** 995
■ **Feuerwehr:** 995 (gebührenfrei)

Post

■ **Orchard Post Office,** 2 Orchard Turn, ION Orchard B2-62.
Alle anderen Postämter unter **www.singpost.com.**

Polizei

■ **Tanglin Police Station,** Tel. 6 391 0000, **Notruf 999.**

Schiffslinien

■ **Bintan Resort Ferries,** Tanah Merah Ferry Terminal, 50, Tanah Merah Ferry Road # 01-21, Tel. 6542 4369, www.brf.com.sg.

Wichtige Ämter

■ **Immigration Department,** 10, Kalang Rd., Immigration Building, Tel. 6 391 6100, www.ica.gov.sg.
■ **Department of Arms & Explosives,** Singapore Police Force, www.spf.gov.sg.
■ **Director of Primary Production,** 5, Maxwell Rd. # 03-00, City Veterinary Center, Tel. 1800 226 2250, www.ava.gov.sg.
■ **Zoll,** 391, New Bridge Road # 02-701 Police Complex, Tel. 6 557 5803, www.spf.gov.sg.
Alle Zollämter findet man mit Telefonnummer unter www.customs.gov.sg.
■ **Singapore Police Force,** Tel. 6 734 4162, www.spf.gov.sg.

Ankunft

Vom **Flughafen** aus fahren rund um die Uhr **Taxis** in die ca. 20 km entfernte Stadt. Die Fahrt kostet zwischen 18 und 40 S$, je nach Entfernung und Uhrzeit. Zwischen 0 Uhr und 6 Uhr wird eine Nachtgebühr von 50% auf den Fahrpreis erhoben.

Ideal ist die **MRT** (*Mass Rapid Transit* – Singapurs Metro) aus Terminal 2 und 3. Wer im Terminal 1 ankommt, muss zunächst mit dem Skytrain zu einem der anderen Terminals fahren. Wer am Budget Terminal ankommt, erreicht die MRT-Station (Ausschilderung: „Train to City") mit dem kostenlosen Shuttle Bus. Mit der MRT geht es dann zunächst nach Tanah Merah, von hier heißt es umsteigen zur City. Wählt man die Orchard Road als Ziel, muss man am City Hall Interchange den Zug in Richtung Dhoby Ghaut, Somerset oder Orchard wechseln (ca. 2,50 S$, je nach Haltestelle). Die MRT fährt allerdings nur zwischen 5.26 und 23.18 Uhr.

Ein billigeres Transportmittel ist der **Bus.** Nr. 36 fährt für 2 S$ aus dem Untergeschoss des **Flughafengebäudes** bis zur Innenstadt.

Der **Airport Shuttle** (Maxicab) fährt zwischen 9 und 18 Uhr alle 30 Minuten vom

Flughafen in Richtung Innenstadt. Haltestellen befinden sich hier an allen großen Hotels sowie den MRT-Stationen. Von 18 bis 23 Uhr fährt er im 15-Minuten-Takt. Tickets bekommt man an den Schaltern in Terminal 1, 2 und 3.

Ideal ist es, im **Stopover-Programm** der Airline zu reisen. Dann ist auch die An- und Abreise vom Flughafen zum Stadtzentrum inklusive.

Vom **Bahnhof Keppel Road** aus gibt es verschiedene Buslinien in die City. Zur Orchard Road fährt Bus Nr. 1, zur Bencoolen Street die Busse Nr. 97, 125, 146 und 163 (jeweils für 1 S$).

Alternativ nimmt man die MRT Tanjong Pagar, allerdings nur mit dem Taxi erreichbar.

Essen und Trinken

Die billigsten Gerichte bekommt man an den zahlreichen Essenständen der Stadt (2–3 S$). Restaurants liegen im Preis dann allerdings erheblich höher (Preise ab ca. 10 S$ aufwärts).

Das Angebot an Lebensmitteln ist in Singapur schier unbeschreiblich. In den Supermärkten kann man alles Erdenkliche kaufen.

Nostalgisch ist ein abendlicher Drink im Garten des renovierten **Raffles Hotel** (natürlich ein *Gin Sling*; 24 S$, mit Souvenirglas 35 S$), dem berühmten Hotel aus der Kolonialzeit. Hier, an der Ecke Bras Basah Road/Beach Road, ist immer noch die Atmosphäre vergangener Tage spürbar. Weiß gekleidete Bedienstete mit Tropenhelmen öffnen Wagentüren, um die Gäste des bereits 1887 erbauten Hotels zu begrüßen. Das Hotel war der zentrale Treffpunkt der Europäer. Hier wohnten Schriftsteller wie *William Somerset Maugham*, *Joseph Conrad* und *Rudyard Kipling* (er ließ sich hier zu seinem „Dschungelbuch" inspirieren).

Ein Reiseführer kann bei einer Stadt wie Singapur nur Vorschläge machen, wo man essen gehen kann, denn die Stadt ist ein Ess-Paradies. Alljährlich wird dies im Juni/Juli mit dem **Singapore Food Festival** unter Beweis gestellt. Ob nun das weltgrößte Buffet oder erlesene Kreationen für den Gaumen, hier gibt es für jeden Geschmack etwas. Dies gilt aber auch für die übrige Zeit des Jahres, sodass man tagtäglich neu die Qual der Wahl zwischen Hunderten von Restaurants und anderen Essmöglichkeiten hat. Stets aktuell informiert das monatlich erscheinende **Magazin „Where"** über neue und alte Spots der Gastronomieszene. Außerdem findet man hier aktuellste Tipps zum Nightlife und Sehenswürdigkeiten. Das Magazin erhält man in den meisten Hotels sowie in den Büros des *Tourism Boards* gratis.

Billigste Essensmöglichkeiten bieten die **Essenstände** *(Hawker)*. Immer öfter findet man diese ehemals ortsgebundenen Stände zu größeren Einheiten zusammengefasst, was vom wachsenden Gesundheitsbewusstsein der Regierung zeugt, da feste Plätze leichter überwacht werden können. So kann man sich bedenkenlos an den exotischen Gerichten erfreuen. Viele Hawker bieten Früchte und frisch gepresste Fruchtsäfte an, die wirklich einmalig sind. Auch das hier verwendete Wasser bietet keinen Grund zur Besorgnis; das Leitungswasser der Stadt wird gechlort. Gute Hawker findet man im Merlion-Park und im Foodcentre gegenüber dem Albert Komplex, zwischen Waterloo und Queen Street.

Seit einigen Jahren gibt es das System einer einfachen **Graduierung der Restaurants** und Hawker. Je nach Qualität bezeichnet man die Lokale mit A (sehr gut) bis C (eher weniger sauber). Da diese Informationen gut sichtbar ausgehängt werden müssen, kann man sich schon vor der Bestellung gut über die Qualität informieren.

Besondere Tipps

■ Hervorragende Hawker findet man im **Lau Pa Sat Festival Market** (Raffels Quar/Boon Tat Street). Neben den zahlreichen Restaurants, die wirklich gute Gerichte servieren, lohnt ein Blick auf die Verkaufsstände.

■ Gutes **chinesisches Essen** gibt es in der Cuppage Road zwischen Centrepoint und Orchard Point. Gerichte kosten um 12 S$.

■ Relativ neu sind die zahlreichen Essgelegenheiten im Bereich des mehrgeschossigen **China Square Food Centres** an der Telok Ayer Street.

■ Gegenüber (im Gebiet zwischen Telok Ayer, Cross, China und Church Street) befindet sich der **Far East Square**. Kulinarisches, Shopping und Kultur werden hier großgeschrieben.

■ Im Bereich der **Esplanade** gibt es eine große Vielfalt von Restaurants und Bars zwischen der Konzerthalle und dem River.

■ Entlang dem restaurierten Boat Quay und dem Clarke Quay haben sich zahlreiche Open-Air-Restaurants angesiedelt. Lohnend ist z.B. das Essen im **Forum Seafood**, 42–44, Boat Quay, Tel. 6 536 2829. Hier gibt es leckere Gerichte aus dem Meer – zumindest am Wochenende ist eine Tischreservierung unbedingt erforderlich.

■ Indonesische Reisgerichte findet man sehr authentisch im **The Rice Table**, 360, Orchard Road im International Building. Hier gibt es auch die beliebten Rijstafelgerichte.

■ Im Park der ehemaligen Nonnenschule an der Victoria Street wurde 1996 die **Garden Terrace Chijmes** mit Coffee Shops, Tea-Rooms und Freiluftlokalen eröffnet.

■ Ein Erlebnis ist das **One-Ninety**. Das elegante Restaurant bietet erlesene Speisen aus aller Welt. Das unbedingte Muss ist aber der Gang zum Dessert Menu, das so lecker und kalorienreich ist, dass der Hauptgang ausfallen kann. *Four Seasons Hotel,* 190, Orchard Blvd., Tel. 734 1110.

■ Organische Zutaten bestimmen die Speisekarte des **Glow**, einer Juice Bar und Café (581, Orchard Rd.).

■ **Sin Huat Eating House**. In diesem **Hawker Centre** darf man auf keinen Fall *Sia Kee* versäumen. Hier wird täglich die Spezialität Ente mit Reis frisch zubereitet. Das Highlight ist die Sauce aus Entenfond und Soja. Geylang Road.

Chinesische Küche

Wegen der Vielzahl der unterschiedlichen Nationalitäten kann ein Besuch Singapurs zu einem echten Esserlebnis werden. Unbedingt ausprobieren:

■ **Restaurant Summer Palace;** kantonesische Spezialitäten stehen auf der Menükarte, die monatlich wechselt. Immer besonders lecker ist das Dim Sum. *Regent Hotel,* 1, Cuscaden Road, Tel. 733 8888.

■ Im **Soup Restaurant**, das mehrere Filialen in der Stadt unterhält, hat man sich die Kochkünste der chinesischen Vergangenheit auf die Karte geschrieben. Hier sind es besonders die *Samsui,* jene einst als Lastenträger missbrauchte Chinesinnen, die trotz ihrer Armut und widrigster Umstände schmackhafte Gerichte zubereitet haben. Ihre Spezialität war das *Ginger Chicken,* das noch heute nach authentischen Rezepten zubereitet wird (z.B. 25, Smith St., Tel. 6 222 9923, Paragon # B1-44, Tel. 6 333 6228).

■ Eine Vielzahl unterschiedlicher Richtungen der chinesischen Küche erwartet den anspruchsvollen Gast im **Golden Peony** (im *Conrad Centennial).*

■ Im **Ling Zhi Restaurant** (Liat Towers, 541, Orchard Rd.) serviert man ausschließlich vegetarische Gerichte, allerdings der gehobenen Klasse.

Allein die chinesische Küche bietet ein vielfältiges Bild, je nachdem, aus welcher Provinz der Koch stammt.

Hokkien: Aus dieser Provinz stammen wohl die meisten Chinesen Singapurs. Die Spezialität sind Nudelgerichte, Hokkien Mee, die mit Gemüse und Prawns gekocht werden. Besonders gut in folgenden Restaurants:

■ **Beng Thin Hoon Kee,** OCBC Centre, Chulia Street.
■ **Beng Hiang,** 112, Amoy Street.

Teochew ist bekannt für Fleischbrühen *(Steamboat)* mit verschiedenen Beilagen wie Gemüse, Eier, Fisch oder Hummer. Bekannt ist auch geschmorte Gans. Gut sind:

■ **Ban Seng Restaurant,** 79, New Bridge Road.

Essen und Trinken

Orchard Road

Übernachtung	4 Restaurant Summer Palace
1 Shangri-La	5 Tambuah Mas
9 Hilton Singapore	6 Hard Rock Café
11 Four Season Hotel	7 One-Ninety
15 Grand Hyatt	8 Glow
20 Goodwood Park	10 Ling Zhi Restaurant
24 Mandarin	12 The Rice Table
	13 Aoki Restaurant
Essen und Trinken	15 Straits Kitchen
1 The Line, Shang Palace	18 Jade Room Restaurant
2 Temasek Restaurant	19 Li Bai Restaurant
3 Chang Restaurant	20 Min Jiang Restaurant
	22 Soup Restaurant

23 Pine Court Restaurant	
24 Thai Thai Restaurant	
25 Aziza's Restaurant	
26 Sanur, Parkway Thai Restaurant	
27 Orange Lantern Restaurant	
Nachtleben	
15 Brix, Mezzanine	
Einkaufen	
14 Lucky Plaza	
16 Far East Plaza	

■ **Hung Kang Restaurant,** 38, North Canal Road.
■ **Swatow Restaurant,** 181 Lorong 4, Tao Payoh.

Peking-Ente dürfte wohl jeder kennen. Man isst diese Gerichte gut im

■ **Pine Court Restaurant,** Mandarin Hotel.
■ **Jade Room Restaurant,** 36, Newton Road.

Szechuan-Gerichte sind oft sehr scharf mit viel Chili. Zu empfehlen:

■ **Dragon City Restaurant,** *Novotel Orchard Inn;* **Min Jiang Restaurant,** *Goodwood Park Hotel;* **Omei Restaurant,** *Hotel Grand Central.*
■ **Peony-Jade Restaurant,** Clarke Quay, 3A, River Valley Rd., Tel. 6 338 0305.

Shanghai-Gerichte stehen zwischen den Küchen aus Peking und Kanton. Viele Fischgerichte werden mit Sojasauce serviert.

■ Gut ist das **Temasek Restaurant,** *Temasek Club,* Portsdown Road.
■ Im **Tian Jin Restaurant** gibt es sehr gute Peking- und Shanghai-Gerichte zu moderaten Preisen und unmittelbar in Chinatown, 80, Pagoda St.

Kanton-Küche zeichnet sich durch milde Würze aus. Eignet sich gut zum Einstieg, etwa Dim Sun (in Dampf gekochte Teigbällchen).

■ **Hillman Restaurant,** 159, Cantonment Road.
■ **Kelong Thomson Restaurant,** Thomson Plaza, Upper Thomson Road.
■ **Majestic,** 31, Bukit Pasoh Road.
■ **Mayflower,** DBS Building, Shenton Way und Changi Airport.
■ **Li Bai,** Sheraton Towers Singapore, 39, Scotts Road.
■ **Shang Palace,** *Shangri-La Hotel.*
■ **Cherry Garden,** Marina Square, im *Mandarin-Oriental Hotel.*
■ **Union Farm Eating House,** 435, Clementi Road.

Die **Hakka-Küche** ist durch die ursprünglich nomadische Lebensweise der Hakkas geprägt:

■ **Moi Kong Restaurant,** 22, Murray Street.
■ **Ngai Hakka,** Bukit Timah Plaza.

Hainan-Gerichte sind Chicken Rice, geröstetes Schweinefleisch und Steamboat.

■ **Swee Kee,** 51/53, Middle Road;
■ **Yet Con Restaurant,** 25, Purvis Street.

Hunan-Gerichte, z.B. Taubensuppe, gedämpfter Fisch und Muscheln.

■ Ein buntes Allerlei der Küchen Chinas bietet das **Dadong Restaurant** in der 39, Smith St.

Seafood gibt es hier:

■ Hervorragende Seafood Gerichte isst man am Clarke Quay im **Quayside Restaurant,** 3, River Valley Rd. am Wasser, Tel. 6 338 0138. Hier sollte man unbedingt den *wok-fried sweet and sour fish* probieren.
■ **King Lobster,** 62, Boat Quay. Sehr gutes Seafood. Spezialität: Lobster und Krabben.

Indische Küche

Neben den verschiedenen chinesischen Gastronomiebetrieben gibt es viele indische Restaurants. Indisches Essen zeichnet sich durch **Curries** aus (nicht zu verwechseln mit dem bei uns gebräuchlichen Currypulver). Diese meist sehr scharfen Gerichte werden aus Gemüse gekocht, zu dem dann als Beilagen Fleisch, Fisch oder Krabben gegessen werden. Traditionell wird vom Bananenblatt mit den Fingern gegessen.

Roti ist die Bezeichnung für Brot. Gemeint ist eine Art Fladenbrot, das auf sehenswerte Art hergestellt wird. Der Teig wird erst ausgerollt, dann zur „Wurst" geformt und schließlich zu einem großen, runden und extrem dünnen Lappen geschlagen. Der Koch macht dies alles unheimlich geschickt und rasend schnell. Man muss schon mehrals zusehen, um den Ablauf genau mitzubekommen. Rotis kann man als *Roti Canai/Rotoprata* bestellen, dann gehört zu dem Fladen nur eine Currysoße. *Roti Tfhelur* nennt man die „Luxusversion", bei der ein Ei in den Teig gemengt wird. Eine weitere Art Fladenbrot ist *Chapathi*.

Murtabak ist ein Pfannkuchen mit Gemüse, Fleisch, Ei und Gewürzen.

Indische Küche findet man überall in Little India. Empfehlenswert sind:

■ **Zam Zam Restaurant,** 699, North Bridge Road.
■ **Banana Leaf Apollo,** 56, Race Course Road.
■ **Islamic Restaurant,** 745, North Bridge Road.
■ **Omar Khayyam,** Hill Street.
■ **Bilal Restaurant,** *International Plaza,* Anson Road;
■ Fast Food indisch serviert **Komala's Restaurant** auch nach Hause oder ins Hotel. Wer mag, bestellt unter 6 392

2224 südindische Gerichte lecker zubereitet oder geht selbst zum Restaurant beispielsweise in der 111, North Bridge Rd.);
- **Sajis Indian Food,** *Nan Tai Eating House,* #01-29, Blk 261 Waterloo St. Hervorragende indische Küche mit authentischem indischen *Rojak.*
- **The Jungle Tandoor,** 102 Serangoon Rd. Nordindische Gerichte im künstlichen Dschungel mit vielen Tierattrappen.

Malaiische und indonesische Küche

Das Grundelement dieser Speisen ist Reis *(Nasi)* oder Nudeln *(Mie).* Empfehlenswerte Restaurants sind:

- **Aziza's,** 36, Emerald Hill Road.
- **Rendevous,** 4, Bras Basah Road.
- **King Satay Club,** Clarke Quay.
- **Sanur,** *Centrepoint.*
- **Tambuah Mas,** *Tanglin Shopping Centre.*

Gerichte Singapurs
- Ein echtes Highlight unter den gastronomischen Betrieben ist das **Restaurant Straits Kitchen** im *Grand Hyatt Hotel (Scotts Rd, Te*l. 6 738 1234). Hört sich teuer an, ist es auch (*Buffet Lunch* S$ 31, Dinner S$ 38), ist es aber auch wert! Man wandelt am Buffet durch alle Regionen Südostasiens und kann sich auf einer Art Essmarkt an den Köstlichkeiten laben.

Nyonya-Küche

Nyonya-Essen ist eine Mischung aus chinesischem und malayischem Essen. Die Zutaten sind chinesisch (z.B. Schweinefleisch), gekocht wird malayisch mit Kokosmilch, Gewürzen und Kräutern. Typisch ist *Satay Babi.*

◁ Herstellung von Roti

- **Nyonya & Baba,** 1 Harbourfront Walk, *Vivo City.* Authentische Gerichte in modernem Ambiente.
- **Baba Inn,** 103, Frankl Avenue.

Thai-Küche

Thai-Restaurants bieten scharfes, mit frischen Kräutern gewürztes Essen an. Spezialitäten sind gebratener Fisch mit Saucen, in Blättern gekochte Hühnchen und Suppen. Gute Thairestaurants sind:

- **Parkway Thai Restaurant,** *Centrepoint.*
- **Thai Thai,** # 04–08 Mandarin Gallery, 333, Orchard Rd.
- **Chiang Mai Palace,** China Square Central.
- **Lanna Thai,** 66, Boat Quay, Seafood.
- Das **Thanying** ist ein neues, hervorragendes Thai-Restaurant für Menschen, die auch einmal etwas Ausgefallenes mögen, z.B. *Kang Kung Fitters* oder Enten Curry mit Ananas und *Longan.* Larkhill Rd. 1 auf Sentosa.

Koreanische Küche

Auch die koreanische Küche verwendet viele scharfe Gewürze zur Zubereitung von Hühnchen-, Schweine- und Rindfleisch. Seafood-Spezialitäten bestehen aus Prawns und Austern. Man findet mehrere koreanische Restaurants im Bereich der Orchard Road.

- **Chang,** Blk 18c, Dempsey Road.

Vietnamesische Küche

Eine Mischung der unterschiedlichen chinesischen Küchen ist das vietnamesische Essen im:

- **Hanoi Authentic,** 48, Boat Quay.
- **Orange Lantern,** 73, Killiney Road.

Japanische Küche

Japanische Gerichte basieren auf Reis. Dazu gibt es Fisch oder Fleisch und Gemüse. Viele japanische Restaurants haben am Eingang eine Auslage, in der die jeweiligen Gerichte ausgestellt werden. In vielen Restaurants gibt es *Tatami*, Räume, in denen der Gast auf Sitzkissen am Tisch sitzt.

- **Aoki,** 1, Scotts Road.
- **Kiseki,** 260 Orchard Road, im Buffetstil.
- **Gyu-Kaku,** 30 Victoria Street, im *Chjimes*.

Europäische Küche

Immer angesagter wird die europäische Küche. Wer sehr gut essen möch-te, dann aber auch noch das entsprechende Ambiente sucht, sollte ins **Holland Village** fahren. Pizza und Pasta schmecken besonders gut bei:

- **Pizzeria Sistina** (Jln. Merah Saga). Benachbart befinden sich das **Michelangelos** und das **Original Sin.**
- Sehr gut ist auch das **Halia Restaurant** mitten im botanischen Garten der Stadt. Abends und wenn besondere Veranstaltungen stattfinden (z.B. Live-Jazz-Bands) ist eine Reservierung notwendig, Tel. 6 476 6711.
- Recht neu am Himmel der Gastroszene ist **Breeze**, ein Lifestyle Restaurant im Hotel *The Scarlet* (33, Erskine Rd., Tel. 651 1333. Leichte Küche mit viel Liebe zum Detail zubereitet.
- Buffetliebhaber und Leckermäuler dürfen aber auf gar keinen Fall **The Line** im *Shangri-La Hotel* (22, Orange Grove Rd., Tel. 6737 3644) verpassen. Absolutes Highlight ist hier der *Schokoladenbrunnen*.

Medizinische Versorgung

Sollte es aus irgendwelchen Gründen zu einer Erkrankung kommen, findet man in Singapur die beste medizinische Versorgung in Südostasien. Der Standard entspricht unserem mitteleuropäischen. Jede Behandlung muss aber direkt bezahlt werden. Die Kosten übernimmt später die Krankenkasse bis zum deutschen Höchstsatz. Darüber hinausgehende Kosten erstatten dann die Reisekrankenversicherungen. Zur Erstattung von Arzt- und Rezeptgebühren muss man sich eine gut lesbare Quittung ausstellen lassen, die neben den Kosten auch die Art der Behandlung, der Erkrankung und die verschriebenen Medikamente enthalten sollte (s. auch Kap. „Praktische Reisetipps A–Z, Versicherungen").

Für **Brillenträger** kann es nützlich sein, sich in Singapur eine neue Brille verschreiben und anfertigen zu lassen, da hier die Preise für erstklassige Fassungen und Gläser erheblich unter denen in Deutschland liegen.

Nachtleben

Immer stärker entwickelt sich auch dieser Aspekt der Stadt. Lange schon ist die **Long Bar** des *Raffles Hotels* nicht mehr einer der wenigen Treffpunkte, aber immer noch schmeckt hier der *Singapore Sling*.

Stets aktuelle **Informationen zur Freizeitgestaltung** gibt es im Magazin „Time Out Singapore", das im Internet unter www.timeoutsingapore. com zu finden ist.

Bars, Cafés & Discos

- Abends trifft „man" sich im **Brix** *(Grand Hyatt Hotel)*, spätnachmittags in der **Cocktailbar Mezzanine** *(Grand*

Hyatt Hotel) mit Blick auf die Massen in der Scotts Rd., trinkt ein Bier im **Hard Rock Café** (Cuscaden Rd. 19), im **Paulaner Brauhaus** (Millenia Walk) oder flaniert am Ufer des Singapore Rivers am Boat oder Clarke Quay. Hier siedeln sich immer mehr Musik-Pubs, Jazzlokale (z.B. **Harry's Quayside**) und kleine Restaurants an. Auch, wenn das Viertel dadurch von seiner ursprünglichen Atmosphäre verloren hat, das Neue ist hier sehr reizvoll!

■ **Brewerkz,** Boat Quay, Riverside Point. Bier aus der eigenen Klein-Brauerei und leckere Cocktails, dazu allerlei schmackhafte Gerichte.

■ „Etwas los" ist neuerdings auch wieder im ehemals berüchtigten Amüsierviertel Bugis Street, z.B. im **Boom Boom Room** (mit MRT bis Bugis), im **Holland Village,** z.B. Karaoke im **Java Jive** (MRT Buona Vista), oder im Bereich des **Peranakan Place** (Orchard Rd.).

■ Für den Sundowner mit toller Aussicht ist ein Besuch im **Equinox** im *Raffles City Complex* ein Muss. Von der 70. Etage ist der Blick über die Stadt umwerfend (Singapore Sling 11,90 S$). Gepflegte Kleidung ist Bedingung.

■ Heiße Rhythmen werden z.B. in der **Disco Zouk** (17, Jiak Kim St.) gespielt. Zumindest am Wochenende muss hier überall Eintritt gezahlt werden, der zusammen mit dem ersten Getränk meist zwischen 20 und 30 US$ liegt. Sandalen und T-Shirts sind unerwünscht.

■ **Sky on 57,** 1, Bayfront Ave., Marina Bay Sands. Schicke Bar im *SkyPark* des Marina Bay Sands mit tollem Blick über die Stadt und die umliegende Region, allerdings nur bei gutem Wetter!

■ **Wala Wala Café Bar,** 31, Lorong Mambong, Holland Village. Gemütliche Bier und Cocktailbar mit Live-Musik und postkolonialem Flair.

■ **Ink,** 2, Stamford Rd., Swissôtel. Hier trifft sich ein meist junges Publikum, um bei tollen Cocktails und angesagter Musik, z.T. auch Live Bands, den Tag ausklingen zu lassen.

■ **St. James Power Station,** Sentosa Gateway. In den umgebauten Hallen eines ehemaligen Kraftwerkes gibt es mehrere Clubs und Kneipen. Asiatischer Pop im „Dragonfly" oder Afro-Pop im „Movida" heizen dem Publikum gehörig ein.

■ **Prince of Wales,** 51, Boat Quay. Gemütlicher Pub am River, der vor allem von Backpackern besucht wird. Australisches Bier kommt aus der hauseigenen Brauerei, Leckereien aus Down-Under gehören ebenso dazu wie Live-Musik.

■ Zu den bekannten Nightspots gesellen sich immer wieder neue hinzu. Angesagte Treffpunkte sind das **dbl O** (11, Unity St.) und im gleichen Gebäude die **O Bar.** Aktuelle Chart Hits spielt man in **The Butter Factory,** 1 Fullerton, oder auch im **Pump Room,** 3, River Valley Road.

■ Tolle Partystimmung herrscht vor allem an Wochenenden im **Zirca,** 3, River Valley Rd.

Notfall

Wird der **Reisepass im Ausland gestohlen,** muss man dies bei der örtlichen Polizei melden. Außerdem sollte man sich an die nächste diplomatische Auslandsvertretung seines Landes wenden, damit man einen Ersatz-Reiseausweis zur Rückkehr ausgestellt bekommt. Auch in **dringenden Notfällen,** z.B. medizinischer oder rechtlicher Art, sind die Auslandsvertretungen bemüht vermittelnd zu helfen.

■ **Deutschland:** German Embassy, 50 Raffles Place, Tel. 653 36002.

■ **Österreich:** Austrian Embassy, 600 North Bridge Rd., #24-04/05 Parkview Square, Tel. 6396 6350.

■ **Schweiz:** Swiss Embassy, 1 Swiss Club Link, Tel. 6468 5788.

Wenn das Geld oder die Geldkarten gestohlen wurden bzw. verloren gingen, s. Kapitel „Notfall" in den Praktischen Tipps zu Malaysia.

Rund ums Geld

Singapur ist wohl das Land Südostasiens, in dem man am wenigsten Schwierigkeiten beim Geldwechseln hat. **Europäische Währungen** werden in jeder Bank der Stadt getauscht. Allerdings werden Wechselgebühren erhoben.

Will man die Gebühren sparen oder außerhalb der Öffnungszeiten Geld tauschen, kann man sich an **Money-Changer** wenden. Man findet sie überall im Bereich der Orchard Road in den Shopping-Komplexen, an der Serangoon Road und im Bereich der Marina

Wechselkurse

1 Euro	**1,67 S$**
1 S$	0,60 Euro
1 SFr	**1,35 S$**
1 S$	0,74 SFr
1 US$	**1,25 S$**
1 S$	0,80 US$
1 Malaysischer Ringgit	**0,39 S$**
1 S$	2,55 MR
1 Brunei-Dollar	**0,98 S$**
1 S$	0,98 BND

(Stand: November 2013)

Bay. Die Wechselkurse sind bei ihnen zwar schlechter als in der Bank, dafür tauschen sie ohne große Formalitäten und Gebühren Bargeld.

Maestro-(EC-)Karten machen es möglich, an Bankautomaten (ATM) mit dem entsprechenden Zeichen nach Eingabe der PIN-Nummer Geld abzuheben (siehe auch Kapitel „Praktische Tipps, Malaysia" für die Kosten der Geldkartennutzung im Ausland).

Auch in Singapur kann man problemlos mit Kreditkarten wie **Visa/Mastercard/Amex** einkaufen oder an Geldautomaten Bargeld abheben. Die Bargeldauszahlung ist am Flughafen schon seit Jahren auf lediglich 300 S$ limitiert. Informationsbüros findet man bei der *Overseas Chinese Banking Corp. Ltd.,* OCBC Centre, 65 Chulia Street, Tel. 1800/438 3333; *American Express Bank,* 16 Collyer Quay, Tel. 737 8188.

Singapur eignet sich sehr gut für **Geldüberweisungen** aus Deutschland. Bei der Deutschen Bank funktioniert eine Überweisung in der Regel innerhalb von 48 Stunden. Man lässt den entsprechenden Betrag in Deutschland auf ein Konto der *Deutschen Bank* überweisen und holt ihn zwei Tage später in Singapur am Schalter ab. Am sichersten ist es, in Deutschland die Passnummer anzugeben, unter der man dann in Singapur sein Geld erhält.

Shopping

Singapur ist eigentlich überall auf der Welt als **Einkaufsparadies** bekannt. Die Tourismuswerbung unterstützt dieses Image noch durch verschiedene Heftchen, die dem einkaufswilligen Touristen, nach Warengruppen sortiert, die Orte nennen, an denen man einkaufen kann. In den Stadtplänen Singapurs sind neben Hotels und Sehenswürdigkeiten auch die großen Shoppingkomplexe aufgeführt. Singapur ist ein **Freihafen,** d.h. auf viele Waren gibt es keine Einfuhrzölle, weswegen viele Waren hier entsprechend günstiger sein müssten. Die **Preise** muss man hier immer im Verhältnis zum US$-Wechselkurs sehen, sodass auch für uns Europäer momentan preiswertes Shoppen möglich ist. Günstige Einkaufsmöglichkeiten ergeben sich außerdem bei den zahlreichen Sonder- oder Schlussverkäufen *(Sale),* z.B. *End of Summer Sale,* die entweder auf einzelne Kaufhäuser beschränkt sind oder ganz Singapur erfassen.

Grundsätzlich gilt: Bei hochwertiger Ware bzw. bekannten Designern kann man im Vergleich zu den heimischen Preisen nur wenig sparen.

Man sollte bedenken, dass in Europa auf Waren, die eingeführt werden, **Zölle** erhoben werden. Zollfrei ist z.Zt. nur die Einfuhr von Waren bis zu 430 €. Dieser Wert wird aber schnell z.B. bei Produkten aus dem Elektronik- oder Foto-/Videobereich überschritten.

Wer also plant, in Singapur bestimmte Dinge einzukaufen, sollte sich vor der Abreise genau nach den Preisen zu Hause erkundigen.

▷ Ngee Ann City Complex, Orchard Road

Wenn die Preisdifferenz nur gering ausfällt, lohnt sich der Kauf in Singapur nicht, da man z.B. bei Defekten auch mit der **internationalen Garantiekarte** schon mal Schwierigkeiten bekommen kann. Bei allen hochwertigen Geräten muss man trotzdem auf der internationalen Garantiekarte bestehen, die sorgfältig mit allen Angaben ausgefüllt werden sollte. Manchmal bekommt man auf die Frage nach dieser Garantiekarte die Antwort, man könne sie am nächsten Tag oder nach dem nächsten Wochenende bekommen. Was von diesen Karten dann zu halten ist, kann sich wohl jeder selbst ausmalen.

Seit 1994 gibt es in Singapur die **GST,** eine allgemeine **Warensteuer** von zurzeit 7 %, die unter bestimmten Voraussetzungen erstattet werden kann. Sofern Sie den Erwerb von Waren für mindestens 100 S$ (inklusive der GST) auf einem Beleg eines einzelnen Ge-

schäfts oder beim Einkauf in einem Warenhaus auf bis zu 3 Kaufbelegen eines Tages nachweisen, erhalten Sie in den Läden, die das Zeichen **Tax Free Refund** führen, gegen Vorlage des Passes einen **Tax-Free-Shopping-Scheck.**

Seit 2013 ist das Verfahren vollständig zu einer kundenfreundlicheren, elektronischen Prozedur geworden – eTRS. In den Geschäften, welche am neuen eTRS teilnehmen, werden beim Kauf die Informationen auf einer Kreditkarte gespeichert, auf die dann die GST zurückerstattet werden kann (auch eine Barauszahlung ist nach wie vor möglich). Man bekommt dann eine entsprechende Quittung mit Barcode.

Am Flughafen (zuerst nur Terminal 3, später auch an allen anderen Terminals) begibt man sich zu einem der **eTRS self help kiosks** und orientiert sich am Bildschirmmenu: **1.** Pass durch das Lesegerät ziehen, **2.** TRS-Bedingungen akzeptieren, **3.** Quittung durch das Lesegerät ziehen oder Barcode scannen, **4.** Rückzahlungsart wählen (auf die Karte oder Barauszahlung am *Central Refund Counter*, hinter dem Immigration), **5.** Quittung entnehmen. Bei Hinweis auf Sichtinspektion muss die Ware beim *Customs Inspection* zusammen mit den Kaufbelegen vorgelegt werden (alle weiteren Informationen auf www.iras.gov.sg oder unter www.global-blue.com).

Die wichtigsten Exportartikel Singapurs sind: Kameras (auch Video), Hifigeräte (und Zubehör), TV, Haushaltswaren (elektronische), Taschenrechner, Stoffe, Sportartikel, Spielwaren, Leder, optische Geräte (Brillen), Uhren, Kosmetika und Schmuck.

In Singapur gibt es natürlich eine Menge **Souvenirläden.** Je nach der Region, aus der die Dinge stammen sollen, muss man sich in die verschiedenen Stadtteile begeben (viele Dinge aus Indonesien findet man im Bereich Arab Street).

In vielen Geschäften muss man handeln. Ausnahmen sind Supermärkte oder Läden international bekannter Hersteller *(Rolex, Esprit* etc.). Dieses Handeln erschwert Preisvergleiche, da die Verkäufer schnell merken, ob man nur den günstigsten Preis erfragen möchte oder tatsächlich in dem Geschäft kaufen will. Mittlerweile häufen sich die Berichte von Tra-

Die Sultan-Moschee

vellern, nach denen Verkäufer Leute mehr oder weniger direkt aus dem Geschäft (z.B. *Lucky Plaza*) gewiesen haben, wenn Preisvergleiche angestellt wurden.

Im **Mustafa Centre** (Syed Alwi Rd. 145/Serangoon Road) kann man rund um die Uhr einkaufen. Hier findet man einen Supermarkt und zahlreiche indische Händler.

Die **Haupteinkaufszone** ist die **Orchard Road** mit ihren vielen Shoppingkomplexen. Diese Komplexe bestehen aus zig kleinen Läden, die zusammengenommen so ziemlich das gesamte Spektrum aller käuflichen Dinge widerspiegeln. Hier kauft die Masse der Touristen ein, und logischerweise kann man darum schlechter handeln. Aktuell erlebt die Gegend rund um die Orchard Road eine Verjüngungskur. Ziel der Maßnahmen ist es, die Gegend zu einer der **besten Einkaufsmeilen der Welt** werden zu lassen.

Entfernt man sich etwas von der Orchard Road, und sei es auch nur um die Ecke in die Scotts Road, so sind viele Waren billiger.

Zu den neueren **Malls** gehören die *Ngee Ann City* und die *Suntec City Mall* sowie *Millenia Walk* am Hafen. Ganz neu sind das große *ION Orchard*, das die Orchard Road Ecke Scotts Road futuristisch ziert, die *CityLink Mall*, die zwischen dem *Raffles City* und der *Suntec City Mall* unter der Stadt hindurchführt, sowie das neue Shopping Paradies im Bereich des Marina Bay Sands, das u.a. durch Wasserwege, auf denen Gondeln fahren, glänzt. Hier findet man alle internationalen Waren, die vor allem zur Top-Luxuskategorie gehören.

Preisgünstig einkaufen kann man nach wie vor z.B. im *Far East Plaza* in der Scotts Road. In den verschiedenen Geschäften des Komplexes sind auch Kameras relativ preiswert.

Textilien gibt es in jeder Mall in Hülle und Fülle. Wer nicht unbedingt bei den teuersten Marken nach Casual Wear sucht, kann recht preiswert in den Filialen von *G 2000* und *Giordano* einkaufen.

Bücher findet man in großer Auswahl in den *MPH-Bookstores* (z.B. im *Raffles City* und im *Millenia Walk*) und im *Marina Square* oder in der *Paragon Mall* im *Times Bookstore*. Wer an gebrauchten Büchern interessiert ist (Romane und Reiseführer) oder seine eigenen loswerden möchte, findet An- und Verkäufer im *POMO/Peace Centre,* Selegie Road/Sophia Road (z.B. *Sultana Book Shop,* # 01–23).

Kosmetika kann man sehr billig in den kleinen indischen Läden entlang der Serangoon Road kaufen.

In den großen Komplexen wird man überall von "Schleppern" auf **Imitate** von Uhren und T-Shirts (z.B. die mit dem Krokodil) angesprochen. Hier ist Vorsicht angebracht. Nicht selten sind die **Imitationen** schlecht gemacht, Uhren verlieren z.B. ihre „Diamanten" nach einmaligem Gebrauch. Zudem handelt es sich um geschützte Warenzeichen, deren Einfuhr bei uns verboten ist. Der deutsche Zoll toleriert zwar die Einfuhr von beispielsweise einer oder zwei Uhren, bei 20 T-Shirts wird aber ein geplanter Verkauf unterstellt und alles komplett beschlagnahmt. Nach Auskunft des Zolls ist die Einfuhr von Imitationen nur in „Mengen für den persönlichen Gebrauch" erlaubt. Wer nun schon unbedingt eine solche Uhr kaufen will, sollte das Gewicht prüfen. Angeblich sind die schwersten die besten. Mittlerweile sind diese Imitate auf dem Nachtmarkt in KL oder am Batu Ferringhi Beach von Penang genauso gut und preiswerter.

Orchideen halten bis zu 6 Wochen nach Rückkehr. Am einfachsten kauft am sie im Flughafen (in allen drei Terminals) bei *The Orchid People* (www.theorchidpeople.com). Etwas teurer, aber gut in der Auswahl ist *The Flower People,* 3 Sheah Street (neben dem *Raffles Hotel*).

Was früher auf Film gebannt wurde, wird heute in Form **digitaler Bilderflut** abgespeichert. Wer vergessen hat, genügend große Speicherkarten mitzunehmen, kann alle gängigen Größen auch in Singapur bekommen. Solche Karten sind hier aber nicht unbedingt günstiger als daheim, denn dort kann man Sonderangebote nutzen. Praktischer als eine Vielzahl von Karten – die benötigt man aber auch nur dann, wenn man mit sehr großer

Auflösung knipst oder gar raw- oder tiff-Formate nutzt – ist die Verwendung einer externen Festplatte für Bilder. Für etwa 100 € kann man in Fotofachhandel solche ca. 80 GB fassenden Speicher erhalten. Etwas günstiger kann es in Singapur werden, wenn man das notwendige **Verhandlungsgeschick** mitbringt. In dem Fall sind entweder der Sim Lim Tower oder Sim Lim Square (beide Jln. Besar) sowie die Funan IT Mall (109 North Bridge Rd.) sichere Anlaufstellen.

Am Flughafen gibt es noch einmal eine Unmenge von Geschäften. Sie werben alle mit dem Attribut „Duty-Free". Da stellt sich die Frage, ob es überhaupt zollfreier als zollfrei gibt. Am besten besorgt man sich bereits bei der Ankunft in Singapur den „Shopping & Eating Guide" des Changi Airport (am Flughafen oder bei der STB). Man findet anhand der Preislisten dann sehr schnell heraus, dass die Preise der *Airport-Shops* erheblich über denen in der City liegen.

statten. Nur unter Vorlage der Anzeige erstattet die Reisegepäckversicherung den Verlust.

Gepäckaufbewahrung

Wer die Stadt z.B. auf der Reise zwischen anderen Ländern der Region besucht, hat oft ziemlich viel zu schleppen. Alle überflüssigen Dinge (Dschungelausrüstung, Souvenirs etc.) kann man in der **Gepäckaufbewahrung des Flughafens** hinterlegen. In Terminal 1, 2 und 3 findet man jeweils einen Schalter im Departure- und im Arrival-Bereich. Leider kann man keine **zerbrechlichen Dinge** abgeben, zumindest wird keine Haftung übernommen. Wer trotzdem zerbrechliche Dinge hinterlegen möchte, sollte das Personal bitten, die Dinge im obersten Regal zu deponieren (sie werden dann meist bis zur Abholung nicht mehr bewegt). Zusätzliche Sicherheit versprechen „Fragile"-Aufkleber, die man am Schalter der Fluggesellschaften bekommt. Die Aufbewahrung kostet 1–9 S$/Gepäckstück/Tag.

■ **Öffnungszeiten:** 24 Stunden.

Sicherheit

Im Vergleich zu anderen asiatischen Großstädten ist Singapur recht sicher. Diebstähle und Überfälle gibt es jedoch auch hier. Alle Verhaltensregeln, die man zur Sicherung seiner Wertsachen unterwegs einhält, gelten selbstverständlich auch für diese Stadt.

Man sollte so wenig wie möglich an Wertsachen mitnehmen und manches im Hotelsafe einschließen lassen oder beim Portier abgeben, dabei unbedingt eine Quittung verlangen. Es ist besser, anstatt viel Bargeld eine Maestro-(EC-)Karte o.Ä. dabei zu haben.

Wer etwas anprobiert, sollte unbedingt auf seine Uhr oder seine Kleidung achten, welche er abgelegt hat.

Sollte bei all der Vorsicht doch etwas passieren, sofort zur Polizei gehen (wenn der Pass weg ist, auch zur Botschaft) und Anzeige er-

Stadtverkehr

Normalerweise können alle Entfernungen innerhalb der City gut zu Fuß zurückgelegt werden. Zudem ist der Verkehr in der Stadt zwischen 7 und 9 und zwischen 16.30 und 19 Uhr so dicht, dass Fußgänger auf alle Fälle schneller vorankommen. Wer aber über die eigentlichen Stadtgrenzen hinausfahren will, muss auf öffentliche Verkehrsmittel zurückgreifen.

Das Zentrum der Stadt, der sogenannte *CBD* oder **Central Business Distrikt** mit ERP *(Electronic Road Pricing)*, ist für Privatwagen/ Taxis nur gegen eine Gebühr befahrbar. So soll der Verkehr aus der Stadt herausgehalten werden, um das Chaos zu mindern.

U-Bahn

Die **MRT** *(Mass Rapid Transit)* ist eine echte Alternative zu Bus und Taxi geworden. Das bestehende Streckennetz ist ausgesprochen umfangreich, wird stetig ausgebaut und renoviert. Besonders innerhalb der City überzeugt die große Geschwindigkeit dieses Transportmittels. Außerhalb der City-Bereiche verlaufen einige Strecken oberirdisch, z.B. die zum chinesischen Garten. Tickets kosten ab 1,10 S$.

Die U-Bahn-Stationen erinnern mit ihrem Glanz an den Flughafen. Zunächst löst man an einem Automaten ein **Ticket,** den Preis kann man einer Tabelle über dem Automaten entnehmen. Wer kein Kleingeld besitzt, kann an Geldwechselautomaten Scheine wechseln. Das Ticket wird dann in den Schlitz einer Schranke gesteckt, um Zugang zum Bahnsteig zu erhalten. Für das Ticket wird ein Pfand von 1 S$ erhoben, das nach der Ankunft am Ziel über die Rückgabefunktion der Ticketautomaten wieder erstattet wird.

Am Bahnsteig sperren **Glastüren** die Gleise ab, die Bahn hält aber so exakt, dass ihre Türen und die Glastüren deckungsgleich öffnen. An der Endstation benötigt man das Ticket erneut, um eine Schranke zu passieren. Hier wird es einbehalten. Also das Ticket nicht vorher wegwerfen! Die U-Bahn ist mit „MRT" gekennzeichnet.

Ab 10 S$ gibt es eine **EZ Link Farecard,** die für Vielfahrer interessant ist, weil man kein Kleingeld mehr benötigt und neben der MRT auch verschiedene Busse des SBS mit Entwertungs-maschinen benutzen kann. Der **Singapore Tourist Pass** kostet für einen Tag 18 S$, für 2 Tage 26 S$ und für 3 Tage 34 S$. Damit kann man dann beliebig viele Fahrten mit MRT und/oder Bus absolvieren.

Taxi

In Singapur gibt es mehr als 15.000 Taxis, die jeweils 4 Personen befördern können. Die Wagen halten in der City an Taxihaltestellen. Für die Fahrten gelten festgesetzte Tarife, die auf dem Zähler angezeigt werden. Die Grundgebühr beträgt 3 S$. Damit ist der erste Kilometer bezahlt. Bis zu 10 km werden 22 Cent pro 385 m berechnet, bei Fahrten über 10 km 22 Cent pro 350 m. Bei Wartezeiten muss man für je 45 Sek. 22 Cent zahlen (dazu gehören auch Stopps durch Ampeln oder dichten Verkehr). Zwischen Mitternacht und 6 Uhr wird ein Nachtzuschlag von 50 % erhoben.

Vom **Changi Airport** kommt ein Zuschlag von 5 S$ dazu. Bei Fahrten im CBD heraus werden zusätzlich Gebühren fällig, die nach Uhrzeit gestaffelt sind (0,50 und 3 S$).

■ Taxis können **telefonisch** unter den folgenden Nummern bestellt werden (3,30/5,20 S$ Zuschlag): 6 552 1111 *(Comfort Cablink und City Cab)*, 6 555 8888 *(SMRT)*, 6 363 6888 *(Premier)*.

■ Unter **6-DIAL-CAB** (6 342 5222) erreicht man einen Service, der automatisch mit der Gesellschaft verbindet, die als erste ein Taxi verfügbar hat.

■ Oder man besucht die **Webseiten** www.sbstransit.com.sg oder www.transitlink.com.sg.

Bus

Die Busse des **SBS** *(Singapore Bus Service)* fahren praktisch alle Plätze an (Fahrplan an Kiosken und in Schreibwarengeschäften). Fahrten kosten ab 70 Cent, der Preis richtet sich nach der Anzahl der *Fare stages* (Zahlgrenzen).

Fast alle Busse sind **OMO-Busse** *(One Man Operator)* ohne Schaffner. Der Fahrpreis ist unter der Nummer der Linie an der Außenseite des Busses angegeben oder beim Fahrer zu erfragen. Das abgezählte Geld (es gibt kein Wechselgeld!) wird in eine Box beim Fahrer geworfen, der dafür ein Ticket ausgibt.

Bushaltestellen sind mit einem roten Schild gekennzeichnet, Busse halten hier aber nur, wenn sie mit Handzeichen herangewunken werden.

Sammelkarten, sogenannte EZ-Link-Farecards (s.u.) gelten für alle Busse und das MRT System.

Eine günstige Alternative zum öffentlichen Transport ist der **Singapore-SIA-Hop-On Bus,** der alle 30 Minuten von der Region Orchard Road aus alle interessanten Ziele der Innenstadt anfährt. Wer am Singapore Stopover Programm teilnimmt, fährt gratis, Passagiere der SIA zahlen bei Vorlage von Bordkarte oder Ticket 8 S$, alle übrigen Touristen 21 S$ für Tageskarten. Tickets bekommt man in Hotels, bei der SIA oder auch beim Busfahrer.

Hippo Bus

Ein offener Doppeldeckerbus oder ein futuristisches Amphibienfahrzeug? Beide Fahrzeugtypen bietet das Unternehmen *Ducktours* mit Schaltern in verschiedenen Malls und beim *Tourist Information Centre* an der Orchard Road an. Man kann zwischen Tages- und Nachttouren entscheiden und Ein- oder Mehrtages-Tickets kaufen (ab 23 S$). Alle Informationen unter www.ducktours.com.sg.

Singapore Trolley

Sightseeing etwas anders gibt es mit dem nostalgischen *Singapore Trolley*. 23 Stationen werden jeweils angefahren, wobei der Fahrgast entscheidet, ob er an beliebigen Punkten aussteigen möchte oder sich von Station zu Station fahren lässt. Die Tickets erhält man im Hotel bzw. direkt am Trolley (www.singaporetrolley.com).

◁ Zugang zur MRT, Singapurs Metro

Übernachten

Die Kosten für Unterkunft, Essen und Trinken liegen in Singapur höher als in anderen Ländern der Region. Wer mit einem Bett im Schlafsaal (Dormitory) zufrieden ist, kann allerdings auch in Singapur für 15 S$/Person (inkl. Frühstück) übernachten. Doppelzimmer sind da schon teurer. Die Preise liegen bei den billigsten Unterkünften zwischen 25 und 75 S$ pro Doppelzimmer. Wer luxuriöser übernachten möchte, hat keine Probleme, mehrere Hundert S$ auszugeben.

Singapur bietet entsprechend dem weltstädtischen Charakter der Stadt eine Fülle an Übernachtungsmöglichkeiten. Wer über ent-

www.fotolia.de © teoyeekhai

sprechende finanzielle Mittel verfügt, hat keinerlei Probleme, ein Zimmer zu finden.

Schwieriger ist es schon, für wenig Geld zu übernachten. Die günstigsten Übernachtungsmöglichkeiten bieten verschiedene Resthouses, die Dormitories haben. Meist können Gepäckstücke eingeschlossen oder gegen Quittung abgegeben werden

Bis vor wenigen Jahren gab es viel mehr günstige Hotels im Bereich der **Bencoolen Street.** Leider hat sich die Situation hier geändert, ganze Häuserzeilen (einschließlich der Hotels) wurden abgerissen und durch neue Hotels auf höherem Preisniveau ersetzt. Günstige Resthouses findet man eher in Innenstadtbereich (z.B. in der Mackenzie Road).

Wer nicht unbedingt sehr billige Zimmer benötigt, kann auf günstige kurzfristige Angebote großer Hotels zurückgreifen. Sie bieten oft für zwei oder drei Monate Sonderpreise, z.B. 3 Tage/2 Nächte für 205 S$ (Zimmer für zwei Personen, Abendessengutschein etc.). Wer aus Europa einreist, kann sich kurz vorher Angebote der großen Hotels einholen und dann von zu Hause aus buchen. Oft lohnt es auch, schon Monate vor Reiseantritt die Webseiten der großen Hotelketten zu prüfen, die immer mal wieder **Sondertarife** in bestimmten Jahreszeiten anbieten, z.B. boten die Hilton Hotels (www.hilton.com) in den letzten Jahren für den Januar stets günstige Konditionen an. In Malaysia inserieren diese Hotels auch in den Tageszeitungen. Man muss aber bei diesen Angeboten immer genau nachfragen, ob es tatsächlich der Gesamtpreis für 2 Personen ist, oder ob (wie in KL) über kleine Zusätze in der Anzeige gesagt wird, dass der Preis nur für 1 Person im Doppelzimmer gilt.

Wer mit **Singapore Airlines** (oder einer anderen großen Fluggesellschaft) unterwegs ist, hat die Möglichkeit, bereits in Europa Hotels aus einem **Stop-over-Programm** zu buchen. Die angebotenen Hotels sind in **drei Kategorien** eingeteilt: *First Class, Superior* und *Deluxe*. Zu ihnen gehören z.B. das *Orchard, Allson Hotel, Carlton, Hilton International*. Die preiswerteste Übernachtung bietet die First-Class-Kategorie. Die erste Übernachtung kostet ab 13 €/Person im DZ, jede weitere Nacht ab 51 €. Man erhält ein Zimmer, Frühstück, Transfer vom/zum Flughafen, Stadtrundfahrt, Ermäßigungen bei anderen Rundfahrten, Shopping-

Das weltberühmte Raffles Hotel in Singapur

Nachlässe und ermäßigte Mietwagentarife. Nähere Infos unter www. singaporeair.com.

Zum Leistungsumfang des *New Singapore Stopover Programms* gehören außerdem noch freier Eintritt auf Sentosa, im Zoo, der Nachtsafari, dem Vogelpark, dem Orchideengarten und eine Fahrt auf dem Fluss.

Empfehlenswerte Hotels

Um einen Überblick über die Hotels der Stadt zu erhalten, kann man sich am besten die zwei Broschüren des STB besorgen. In einem Heft „Singapore Hotels" werden die großen internationalen Häuser genannt und kurz vorgestellt, während das Heft „Budget Hotels Singapore" welches die entsprechend preiswerteren Häuser nennt.

■ **Backpacker Cozy Corner Hotel**①, 490, North Bridge Rd., Tel. 6 2246 859, www.cozycornerguest.com. Saubere Zi. ohne großen Komfort.
■ **Beach Hotel**②-③, 95, Beach Rd., Tel. 6 336 7712, Fax -7713, www.beachhotel.com.sg. Einigermaßen komfortabel ausgestattete Zimmer in der Nähe der MRT Bugis.
■ **Cactus Hotel**②, 407, Jln. Besar, Tel. 6 391 3913, Fax 6 391 3238. In der Nähe zu „Little India" und der Lavender Street (Busbahnhof).
■ **Century Hotel**②, 23 Lorong 20 Geylang, Tel. 6 749 6676, Fax 6 749 6656. Ohne großen Service aber sauber.
■ **South East Asia Hotel**②, 190, Waterloo Street, Tel. 6 338 2394, Fax 6 338 3480, www.seahotel.com.sg. Etwas in die Jahre gekommenes Chinesenhotel.
■ **The Keong Saik Hotel**②-③, 69, Keong Saik Rd., Tel. 6 223 0660, Fax 6 225 0660, www.keongsaikhotel.com.sg. Nettes, kleines Hotel in Chinatown.
■ **Santa Grand Hotel Little India**①, 3, Veerasamy Rd., Tel. 6 298 2982; einfache Zimmer im indischen Viertel.
■ **New 7th Storey Hotel**①-②, 229, Rochor Rd., Tel. 6 337 0251; saubere und mit Klimaanlage sowie TV ausgestattete Zimmer.
■ **Bencoolen Hotel**③, 47, Bencoolen Street, Tel. 6 336 0822, www.hotelbencoolen.com. Trotz des hohen Preises nichts Umwerfendes.
■ **Sleepy Sam's**①-②. 55, Bussorah Street, Tel. 9 277 4988, www.sleepysams.com. Eine Bed & Breakfast-Unterkunft mit Charme. Neben Schlafsaalbetten stehen auch Doppelzimmer zur Verfügung.
■ **Hang Out @ Mount Emily**②, 10A, Upper Wilkie Rd., Tel. 6 438 5588, www.hangouthotels.com. Modernes Budget Hotel, in dem sich vor allem jüngere Menschen aus aller Welt treffen. Grundsätzlich liegt es zentrumsnah, doch leider oberhalb der Stadt. Das sorgt zwar für einen herrlichen Blick von Dachgarten über die Stadt (auf dem Dachgarten gibt es Sitzgelegenheiten und eine open-air-Dusche – statt Pool), hat aber den Nachteil, dass man immer relativ weit laufen muss, bevor man öffentliche Verkehrsmittel erreicht. Dies wären die Busse an der Selegie Rd. Oder die MRT Dhoby Ghaut. Zum Hotel gehört ein Bistro für Frühstück Snacks.

Im Gebiet **zwischen der Bencoolen Street und der Bras Basah Road** findet man unzählige weitere Hotels, die alle dem beschriebenen Standard entsprechen.
■ **Sakthi's Place**①, 23, McKenzie Rd., Tel. 6 338 6746. Fensterlose Zimmer, nur zum Übernachten gedacht.
■ **Victoria Hotel**③, 87, Victoria Street; Tel. 6 622 0909, Fax 6 622 0919, www.victoriahotelsingapore.com. Einfache Zimmer mit a/c und TV. Nähe Bugis Junction.

Die Hotelszene Singapurs trägt in den letzten Jahren immer mehr der steigenden Nachfrage nach sehr guten bis luxuriösen Zimmern mit dem entsprechenden Ambiente Rechnung. So entstehen überall neue Hotels, die nicht nur auf Businesskunden, sondern auch auf Urlauber ausgerichtet sind. Deshalb gibt es eine Fülle von Mittelklassehotels.

■ **Summer View Hotel**③, 173, Bencoolen Street, Tel. 6 338 1122, Fax 6 336 6346, www.summerviewhotel.com.sg. Gemütliches Hotel, von dem aus man die Orchard Road, „Little India" und City Hall bequem zu Fuß erreicht.
■ **Naumi Hotel**④, 41, Sheah Road, Tel. 6 403 6000, Fax 6 403 6010, www.naumihotel.com. Der Nachbar des *Raffles Hotels* hat stylisches Flair, aber wesentlich günstigere Preise als das *Raffles*. 2013 wurde das Hotel komplett renoviert wiedereröffnet.
■ **YMCA International House**③, 1, Orchard Road, Tel. 6 336 6000, www.ymcaih.com.sg; mit Pool.

Übernachten

Luxushotels gibt es in Singapur reichlich. Viele befinden sich im Bereich Orchard Road. Man muss mit Preisen ab 240 S$ rechnen.

■ **Concorde Hotel**④, 100, Orchard Rd., Tel. 6 733 8855, Fax 6 732 7886, www.singapore.concordehotelsresorts.com. Schon ab 190 S$ genießt man das Flair der weiten Welt. Sehr hübsch ist der Lobbybereich mit seinen gläsernen Aufzügen.

■ **Raffles**④, 1, Beach Road, Tel. 6 337 1886, Fax 6 339 7650, www.raffles.com, eine Legende.

■ **Conrad Centennial**④, 2, Temasek Boulevard, Tel. 6 334 8888, Fax 6 432 7198, www.placeshilton.com/centennial-singapore. Das Hotel gibt dem Marinaviertel seinen besonderen Glanz. Hervorragender und persönlicher Service bei überaus geschmackvoll eingerichteten Zimmern ist selbstverständlich.

■ **Four Seasons Hotel**④, 190, Orchard Blvd., Tel. 6 734 1110, Fax 6 733 0682, www.fourseasons.com. Reizvoll neben den geschmackvoll eingerichteten Zimmern ist der Fitnessbereich (Indoor-Tennisplätze, Golftrainingsanlage, Entspannung im „Think Tank").

■ **Mandarin Oriental Singapore**④, 5, Raffles Ave, Marina Square, Tel. 6 338 0066, Fax 6 339 9537, www.mandarinoriental.com. Guter Service, Blick auf den Hafen.

■ **Goodwood Park Hotel**④, 22, Scotts Rd., Tel. 6 737 7411, Fax 6 732 8558, www.goodwoodparkhotel.com. Im historischen Gebäude von 1899 wohnt man gediegen. Auch als Sightseeing-Ziel reizvoll.

■ **Hilton Singapore**③-④, 581, Orchard Rd., Tel. 7 372 233, Fax 7 322 917, www.hilton.de/singapore. Zur Hiltonhotelgruppe braucht man nicht viel zu sagen. In Singapur ist das *Hilton Hotel* eines der Ältesten, bietet einen sehr guten Service, am besten in den Executive Floors (fragen Sie nach einem upgrade) und ist beispielsweise über Stopover Programme buchbar. Zudem ist man nahe der Kreuzung Scotts Rd./Orchard Rd. vis-à-vis der thailändischen Botschaft inmitten einer lebhaften Einkaufsmeile.

■ **Swissôtel The Stamford**④ (auch buchbar über Stopover Programme), 2, Stamford Rd., Tel. 6 338 8585, Fax 6 338 2862, www.swissotel.com. Elegantes Haus der Swissôtelgruppe im höchsten Gebäude Singapurs. Die Lage im Zentrum der Stadt ist genial, wenn auch das Haus mit seinen 1263 Zimmern etwas unüberschaubar wirkt.

■ **Fairmont Singapore**④, 80, Bras Basah Road, Tel. 6 339 7777, Fax 6 337 1554, www.fairmont.com. Das kleinere Schwesterhotel des Swissôtels befindet sich im gleichen Gebäudekomplex, dem *Raffles City*, ist aber eleganter.

■ **1929**②-③, 50, Keong Saik Rd., Tel. 6 347 1929, Fax 6 327 1929, www.hotel1929.com. Ein noch recht neuer Stern am faszinierenden Himmel der Hotelszene. Nicht groß und gediegen, dafür aber hip und cool. Kleine funktionale Zimmer, ein Dachgarten mit Whirlpool, das alles in historischem Ambiente. Fertig – wenn da nicht der Tick des Eigentümers mit den Stühlen wäre ... Er sammelt sie weltweit und drapiert sie im Hotel! Schauen Sie selbst.

■ **The Fullerton Singapore**④, 1, Fullerton Square, Tel. 6 733 8388, Fax 6 735 8388, www.fullertonhotel.com. Der Stern am Hotelhimmel der Stadt glänzt durch seine herrliche koloniale Fassade des ehemaligen General Post Office und seine dazu im krassen Gegensatz stehende sehr modern-minimalistische Innenausstattung.

■ **Changi Village**③-④, 1, Netheravon Rd., Tel. 6 379 7111, 6 496 7699, www.stayfareast.com/hotels/changi-village-hotel.aspx. In der Ruhe des Ostteils der Insel lebt man hier mit Blick auf Pulau Ubin und gelegentlich startenden Flugzeugen des nahen Airports. Das Haus bietet jeden erdenklichen Komfort.

■ **The Scarlet**③-④, 33, Erskine Rd., Tel. 6 511 3333, Fax 6 511 3303, www.thescarlethotel.com. Das luxuriöse Boutiquehotel bietet feines Wohnen ohne das hektische Treiben eines der großen Häuser.

Preiskategorien der Unterkünfte

①	bis 40 S$
②	40–90 S$
③	90–150 S$
④	über 150 S$

(Die Preise gelten pro Doppelzimmer)

Verhaltenstipps

Obwohl Singapur sehr stark westlich orientiert ist und die Singapureaner Touristen aufgeschlossen begegnen, muss man als Tourist einige grundsätzliche Dinge berücksichtigen, ohne die man leicht Leute verletzt oder sogar verärgert. Das ist nicht immer einfach, da zum großen Teil europäische Verhaltensweisen hier als Unhöflichkeiten aufgefasst werden.

Ein wichtiger Grundsatz ist die **Höflichkeit** gegenüber dem Gesprächspartner. Dazu gehört auch, dass man sich nicht zu übergroßer **Lautstärke** im Gespräch verleiten lässt, auch wenn man meint, einen Standpunkt unbedingt vertreten zu müssen. Daneben wird es als höchst unpassend empfunden, seine momentanen **Gefühle** (z.B. Ärger) im Gespräch durchblicken zu lassen. Wer seinen Ärger offen zeigt (das ist ja bei uns durchaus üblich), verliert leicht das Gesicht und gibt sich damit der Lächerlichkeit preis.

Wer meint, mit europäischen Höflichkeitsformen gut dazustehen, hat zwar grundsätzlich Recht. Es gilt allerdings zu beachten, dass auch in diesem Punkt Einschränkungen gemacht werden müssen. In unserem Kulturkreis ist es z.B. üblich, **Komplimente** zu machen. Die werden auch in Singapur gern gehört, nur sollten sie sich nicht auf die Kinder beziehen. Macht man jemandem Komplimente über dessen Kinder, so kommt beim Singapureaner sofort Angst vor dem Neid der Götter auf. Das bedeutet, dass er erst dann wieder beruhigt sein kann, wenn er mit verschiedenen Zeremonien die Götter wieder gnädig gestimmt hat.

Neben diesen Gesprächsformalitäten muss man auch verschiedene Gesten besonders beachten. Bei den Singapureanern sind **Berührungen** (z.B. Händeschütteln) verpönt. Nur leichte Berührungen werden zur Begrüßung ausgetauscht, und auch die nur, wenn man sich bereits sehr gut kennt.

Europäer neigen dazu, bei Verständigungsproblemen mit „Händen und Füßen" zu reden. Das ist meist in Ordnung, allerdings gilt es auch hier, ein paar Dinge zu beachten. Man deutet nie mit dem Finger auf Personen. Ist dies einmal gar nicht zu umgehen, kann man dazu den Daumen nehmen.

Das bei uns übliche **Heranwinken** mit dem Zeigefinger gilt in Singapur als überaus unhöflich. Will man z.B. ein Taxi herbeiwinken, bewegt man bei ausgestrecktem Arm alle Finger auf und ab.

Beim Gespräch die Hände in die Hüften zu stemmen, signalisiert Ärger. Sich mit der Faust in die Hand zu schlagen, gilt als obszöne Geste.

Die Verhaltenstipps für Malaysia gelten ausnahmslos auch für Singapur.

Verkehrsverbindungen

Von Singapur fliegen die regionalen Fluggesellschaften fast täglich nach Thailand, West- und Ost-Malaysia und nach Indonesien.

Schiffverbindungen bestehen nach Indonesien (Java und Sumatra) und nach Malaysia (Kuala Lumpur).

Auf dem Landweg ist nur eine **Weiterreise** nach West-Malaysia möglich, die entweder mit dem PKW (Taxi) oder einem Lokalbus nach Johor Bahru, per Expressbus in fast alle großen Städte West-Malaysias und mit der Eisenbahn nach West-Malaysia oder direkt nach Thailand (Bangkok, Haad Yai) erfolgen kann.

Flug

Der **Changi Airport** ist ein großer internationaler Flughafen, etwa 20 km außerhalb der Stadt gelegen. Taxis fahren rund um die Uhr von der City dorthin (ca. 20–38 S$ für 2 Personen). Die günstigste Möglichkeit ist jedoch der normale Bus Nr. 36 für 2 S$ ab der Bras Basah Road. Die schnellste Fahrt vom/zum Aiport ermöglicht die MRT (ab 2,20 S$).

Nach billigen Flügen kann man sich u.a. im Reisebüro erkundigen. Oft fliegt man aber von Malaysia (Johor Bahru) aus günstiger, weil es sich um einen Inlandsflug handelt.

Nach Malaysia

Bus

Die billigste Möglichkeit ist der **SBS-Bus Nr. 170** ab der Queen Street (2,40 S$) nach Johor Bahru. 2,80 S$ kostet der Johore-Singapore-Express, der nonstop durchfährt.

Wer mit dem 170er Bus noch nie unterwegs war, wird sich erst an die Hektik an der Grenze gewöhnen müssen. Man steigt hier mit dem gesamten Gepäck aus (weil der Bus nicht wartet), holt sich seinen Ausreisestempel, stellt sich ordentlich für den nächsten Bus 170 an und wartet. In der Zwischenzeit kontrolliert ein Schaffner die Tickets der Fahrgäste, die hier zusteigen wollen. Also das in der Stadt gelöste Ticket unbedingt aufbewahren! Mit dem nächsten 170er fährt man dann bis zur malaiischen Grenze, verlässt wieder mit dem gesamten Gepäck den Bus, füllt eine Immigration Card aus, durchläuft die Einreise- und Zollformalitäten und wartet erneut auf den Bus Nr. 170. Mit diesem gelangt man nach Johor Bahru.

Expressbusse fahren von der Station Lavender St./Kallang Bahru nach KL (ca. 28 S$), Melaka (ca. 21 S$) und Kuantan (ca. 50 S$).

Taxi

Taxis fahren **neben der Busstation** ab. Die Fahrt nach Johor Bahru kostet 45 S$. Man kann sich auch vom Hotel ein Taxi rufen, das bis zum Hotel in JB durchfährt (50 S$).

Zug

Vom **Bahnhof in der Keppel Road** fahren täglich mehrere Züge nach KL. Öffnungszeiten des Fahrkartenbüros: täglich 9 bis 12.30 und 15 bis 19 Uhr. Man erreicht den Bahnhof mit den Bussen Nr. 1, 20, 30, 97, 125, 146, 176 und 186. Preisbeispiele: Singapur – KL, 1. Klasse 68 S$, 2. Klasse 34 S$. Auch normale Sitzplätze unbedingt 2 Tage vor Abfahrt reservieren.

Schiff

Etwa 200 Passagiere und bis zu 30 Fahrzeuge werden regelmäßig mit Fähren von **Changi Point** (Singapur) zum malaysischen Hafenort **Tanjung Belungkor** transportiert. 45 Minuten dauert die 11,2 km lange Überfahrt, die allerdings nur für denjenigen interessant sein dürfte, der mit dem (Miet-)Wagen weiterfährt. Wer von JB aus mit dem Bus weiterreisen möchte, sollte den Causeway benutzen. Preise: Returnticket 38 S$, PKW 55 S$.

Nach Thailand

Von Singapur aus gibt es eine **durchgehende Zugverbindung** nach **Bangkok** (ca. 90 S$). **Expressbusse** fahren über **Haad Yai** nach **Bangkok.** Die Busstation befindet sich an der New Bridge Road.

Nach Indonesien

Kleinere Schiffe fahren tgl. zwischen 7.30 und 19 Uhr von Singapur zur indonesischen Insel **Batam** (38 S$). Von dort hat man mit dem Schiff Anschluss nach **Pekanbaru/Sumatra,** andere Ziele sind mit dem **Flugzeug** erreichbar.

Tickets gibt's im World Trade Center und im *Tanah Merah Ferry Terminal* bei *Dino Shipping Pte. LTD*, Tel. 7 276 9722, und bei *Bintan Resort Ferries*, Tel. 6 542 4369.

Die **Schiffe** fahren nach Batam ab dem Harbour Front Centre, das man mit der MRT Harbour Front erreicht.

Vom Fährterminal Tanah Merah für Fahrten zum Riau-Archipel Pulau Bintan ist die Insel Bintan mit einem **Katamaran** in ungefähr 45 Minuten (77 S$ retour) zu erreichen. Von Bintan aus fahren dann Fähren weiter nach Sumatra und Java.

Man fährt mit der MRT bis zur Station Tanah Merah, dann weiter mit Bus Nr. 35 zum Terminal.

LAND UND LEUTE

Der Name *Singapur* hatte früher einen gewissen exotischen Touch, der auch heute noch nicht ganz verflogen ist. Die ehemals größte Hafenstadt in Fernost war das Tor ins Innere Asiens. Heutzutage ist die Zeit der großen Schiffe mehr oder weniger Vergangenheit, dafür kommen jährlich **mehrere Millionen Touristen** mit dem Flugzeug nach Singapur. 2011 besuchten 13,2 Mio. Menschen das kleine Land.

Aber dieser Stadtstaat ist meist nur Durchgangsstation. Ein Großteil der Besucher kommt fast ausschließlich wegen **günstiger Einkaufsmöglichkeiten** hierher, obwohl dies durch zunehmend ungünstige Wechselkurse unattraktiver wird. Aber die Löwenstadt (*Singha* = Löwe, *Pura* = Stadt) bietet auch demjenigen, der nur durchreist, viel Interessantes.

Singapur ist ein **Gemisch aller asiatischen Bevölkerungsgruppen** und deren Kulturen. So hat die Stadt neben Chinatown auch ein indisches Viertel.

Vor allem in punkto **Sauberkeit** ist die Stadt etwas Besonderes. Gegen die Verschmutzung der Stadt (angefangen bei **Zigarettenkippen** und Coladosen) gibt es harte Gesetze, die mit Geldstrafen von 500 S$ geahndet werden. Das (verbotene) Überqueren von Straßen innerhalb einer Zone von 50 m vor oder nach Fußgängerüberwegen, Ampeln oder Fußgängerbrücken kostet 50 S$. Auch Einfuhr und Verkauf von **Kaugummi** sind verboten.

Ähnlich streng wird auch die Gesundheitspolitik betrieben. **Rauchen** wird geächtet, sodass es in Aufzügen, Kinos, öffentlichen Gebäuden, Verkehrsmitteln und klimatisierten Restaurants verboten ist. Recht unangenehm ist es für Raucher bei der Einreise, denn jede Menge an Tabak oder Tabakprodukten muss **deklariert** und **verzollt** werden. Jede einzelne Zigarette muss bei der Einfuhr einen Zollstempel besitzen. Wird man beim schmuggeln ertappt, kostet dies ca. 250 €/Packung! Aktuell liegt der Preis einer Packung Zigaretten in Singapur, denn der Handel ist nicht verboten, bei 10–12 S$. Mittlerweile werden einzelne Verbote, z.B. Kaugummi nicht mehr so streng gesehen.

Auch in punkto **Drogen** kennt das singapurianische Gesetz kein Pardon. Hohe Haftstrafen bedrohen den Besitzer schon kleinster Mengen; geht die Justiz von Drogenhandel aus, droht die **Todesstrafe**, auch für Europäer!

Neben der Absicht, im neuen Jahrtausend eine weiterhin bedeutende Rolle als Handels-

› Hindu-Tempel in Singapur

Land und Leute

und Tagungszentrum zu spielen, möchte Singapur auch seine Rolle als Magnet für Touristen ausbauen. Unter dem Slogan **„Tourism 21"** wurden mit über 500 Mio. Euro Investitionsvolumen der Aus-bau von Attraktionen und Themenparks sowie die Restaurierung einzelner Stadtteile und die weitere Optimierung der Infrastruktur vorange- trieben. „New Asia – Singapore" lautet die Devise des Stadtstaates zum Beginn des neuen Jahrtausends. Die Gegensätze Asiens, ursprüngliche Kultur und modernes Geschäfts- und Freizeitleben, modernste Architektur und Technik inmitten tropischer Natur, fordern heraus zum „Live it up!", so das Motto 2002 des *Singapore Tourism Board*. Aber auch der Stranderlauber sollte noch mehr im Fokus sein. Überall entstanden künstlich aufgeschüttete Strände, und Ideen zu Tourismusanlagen auf den Inseln werden entwickelt. Aber trotz aller Kampagnen kann auch Singapur nicht an der weltpolitischen Lage vorbeisehen. Die Anschläge vom 11. September 2001, das Attentat von Bali (2002) und der Krieg im Irak veränderten das Reiseverhalten der Menschen nachhaltig. Dann kam es Anfang 2003 noch zur Ausbreitung von SARS und damit zum fast völligen Stillstand des Tourismus, um im August 2003 den Anschlag auf das *Marriot Hotel* in Jakarta zu erleben. Singapur war mal mehr mal weniger stark betroffen, in jedem Fall aber als Zentrum der Region niemals ohne Angst. So bestanden die Einreisekontrollen auf SARS noch im August, d. h. Ausfüllen einer **Gesundheits-**

erklärung sowie **Infrarotscanning** an den Grenzen. Dieses Verfahren wurden auch beim Auftreten der sogenannten „Schweinegrippe" H1N1 angewandt und wird wohl auch in Zukunft bei epidemischen Erkrankungen bestehen bleiben. An allen amerikanischen Einrichtungen und Hotels wurden seit August 2003 darüber hinaus strenge **Sicherheitschecks an Fahrzeugen** durchgeführt. 2003 erlebte der Stadtstaat infolge dieser Krisenphase, aber sicher auch noch als Nachwirkung der Wirtschaftskrise in Asien, ein bislang unbekanntes Phänomen: **Arbeitslosigkeit.** Staat und Gesellschaft wollen dieses Problem gemeinsam lösen, sodass die Devise ab August lautete: „Singapore Roars!". Und wie der Löwe gebrüllt hat! 2004 kamen über 8 Millionen Besucher ins Land, genug um wieder Hoffung zu schöpfen, sodass man nunmehr die Kampagne „Uniquely Singapore" ins Leben gerufen hat, die auch in den nächsten Jahren fortbesteht.

2009 nutzen über 37 Millionen Gäste den Changi Airport. Die Kapazitäten kamen an ihre Grenzen, sodass man einen neuen Terminal baute. Ende 2007 wurde **Terminal 3** eingeweiht und setzt weltweit Maßstäbe. Auf fünf Etagen entstand **Garden City,** eine Landschaft mit Wasserfällen, exotischem Bewuchs, Schmetterlingen und Fischen. Dies alles dient nur einem Zweck: dem Wachstum des Tourismus. Man erwartet bis 2015 17 Millionen Besucher pro Jahr, die dann jährlich 15 Milliarden Euro in die Kassen des Landes spülen sollen. Dazu wurden bereits 2007/08 zahlreiche Neuerungen ins Leben gerufen, darunter eine Renovierung der Orchard Raod, der Singapore Flyer und im September 2008 erstmals ein **Rennen der Formel 1,** wobei auch dies wieder eine Besonderheit war. Ähnlich wie in Monte Carlo handelte es sich um ein Straßenrennen, aber das I-Tüpfelchen war hier der Zeitpunkt der Veranstaltung. Das Rennen war das erste **Nachtrennen** der Welt und damit schon wieder spektakulär. Mittlerweile haben sich Rennen zu später Stunde im Formel-1-Zirkus etabliert und sorgten auch 2012 wieder für Furore, ebenso wie die erstmalig vom 14. bis 26. August 2010 in der Stadt ausgetragenen olympischen Jungendspiele.

Und für die Motorsportbegeisterten geht es am 22. September 2013 wieder in den Nacht mit röhrenden Motoren rund um den River.

Geografie

Der Inselstaat Singapur liegt ca. 130 km nördlich des Äquators, auf dem 1° nördlicher Breite und dem 103° östlicher Länge am südlichen Zipfel des südostasiatischen Festlandes.

Das Staatsgebiet umfasste einst 618 km². Die Hauptinsel war 570 km² groß, der Rest entfiel auf 54 kleinere Inseln. Doch der Stadtstaat wächst. Wie kann eine Insel wachsen? Ganz einfach: Man gewinnt Land durch Aufschüttungen, z.B. im Bereich der Marina und im Osten der Insel. So ist der Staat 2004 schon auf 699 km² angewachsen, Tendenz steigend.

Seit wenigen Jahren baut man auch „neues Land" vor dem Zugang zum River und ist schon fast fertig. Hier soll der **neue botanische Garten** entstehen, es gibt aber schon nach einem „soft-opening" im Sommer 2010 das neue **Marina Bay Sands Hotel**, dessen drei Türme die Skyline dramatisch verändert haben. Obenauf thront je nach Betrachter ein „Kreuzfahrtschiff" oder ein „Riesenjet". Im Inneren gibt es über 3000 Zimmer, ein riesiges Casino und zahlreiche Annehmlichkeiten wie beispielsweise Golfcaddies, die den Gast zum Zimmer fahren. Das Hotel wurde von einem Konsortium aus Las Vegas gebaut.

Seit den 1920er Jahren verbindet ein Damm, der **Causeway**, den Staat mit dem nächsten Nachbarn Malaysia. An der Nord-West-Spitze der Insel beträgt die Entfernung zwischen Singapur und Malaysia nur 600 m. Seit Mitte der 1990er Jahre gibt es eine zweite Verbindung über den Tuas Checkpoint.

Topografisch gliedert sich die Hauptinsel in **drei Regionen,** die zentrale Hügelregion mit der höchsten Erhebung von 175 m (Bukit Timah), die sich im Nordwesten fortsetzt und im östlichen Teil in Flachland übergeht. Der bekannteste Hügel ist der Mt. Faber (120 m).

Klima

Singapur gehört aufgrund der geografischen Lage zu den Tropen. Hier herrscht sogenanntes Tageszeitenklima, dessen Temperaturen zwischen 20 °C (nachts) und 32 °C (tagsüber) schwanken. Dieses Klima wird nur durch den **Nordostmonsun** zwischen Ende Oktober und Anfang Februar unterbrochen. Zu dieser Zeit regnet es sehr häufig. Die größte Regenmenge liegt mit ca. 270 mm im Dezember. Auch außerhalb des Monsuns regnet es oft in Singapur, sodass hier ganzjährig eine fast konstante **Luftfeuchtigkeit von ca. 80 %** herrscht.

In der City Singapurs können sich die Temperaturen tagsüber jedoch sehr steigern, da die Luft zwischen den riesigen Gebäuden oft steht. Diese **hohen Temperaturen,** im Zusammenspiel mit den **Abgasmengen,** können einem so manchen Einkaufsbummel vermiesen.

Reisezeit

Außerhalb der Zeit des Monsuns gibt es keine besonders günstigen oder ungünstigen Reisezeiten. Singapur wird zu jeder Jahreszeit von Touristenmassen heimgesucht; besonders schlimm ist es in den mitteleuropäischen Ferienzeiten und zu Festtagen (Ostern oder Weihnachten). Wer etwas mehr Ruhe möchte, sollte seinen Aufenthalt außerhalb dieser Zeiten legen.

Klima Singapur
© Reise Know-How 2013

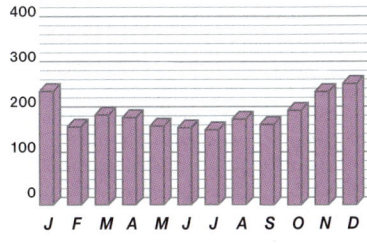

Durchschnittliche Niederschläge in mm

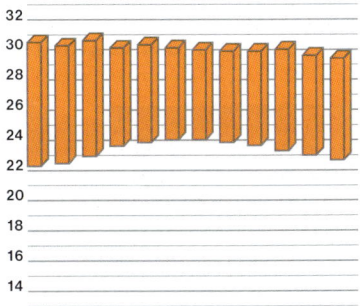

Durchschnittliche Tagestemperaturen in °C

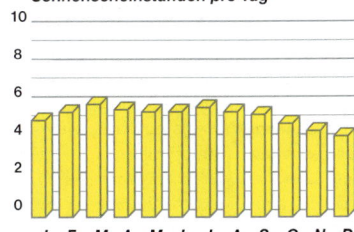

Sonnenscheinstunden pro Tag

Bevölkerung

Die Bevölkerung setzt sich aus verschiedenen ethnischen Gruppen zusammen. Die Gesamtbevölkerung beträgt 5,08 Mio. Einwohner, das entspricht einer Bevölkerungsdichte von rund **7100 Einwohner/km²**. Den größten Anteil stellen **Chinesen** mit 77,6 %. **Malaien** und **Inder** sind mit 15 % bzw. 7 % in der Minderzahl. Hinzu kommen noch Europäer und Eurasier.

Bei der malaiischen Bevölkerung handelt es sich oft um Nachkommen der ursprünglichen Bewohner, während Chinesen und Inder im 19. und 20. Jh. einwanderten. Sie kamen meist infolge der britischen Kolonialpolitik.

Das Bevölkerungswachstum liegt bei 1,7 % jährlich. Eine Familienplanungspolitik soll eine Bevölkerungsexplosion verhindern. Die Idealfamilie soll zwei Kinder haben. Wer mehr hat, muss mit finanziellen Belastungen (Steuern) rechnen. 2009 lag die Geburtenrate bei 8,8 und die Sterberate bei 4,4 %. Die Säuglings- und Kindersterblichkeit lag bei 0,4 %.

Sprache

Singapur hat vier offizielle Sprachen: Englisch, Malaiisch, Chinesisch (Mandarin) und Tamil. Die **Nationalsprache** ist **Malaiisch,** im Alltags- und Geschäftsleben wird jedoch meist **Englisch** gesprochen und verstanden.

Schwierigkeiten gibt es bis heute mit Mandarin, der chinesischen Hochsprache, da die Chinesen Singapurs entsprechend ihrer ursprünglichen Herkunft viele unterschiedliche Dialekte sprechen (z.B. Hokkien, Kantonesisch, Hainan). In den letzten Jahren hat dies zu einer ausgedehnten Kampagne „Speak Mandarin" geführt.

In den Schulen werden alle vier Staatssprachen unterrichtet, eine davon kann als Hauptunterrichtssprache gewählt werden.

◻ Marktverkäuferin

Geschichte

Singapurs Geschichte war lange Zeit mit der **Malaysias** verknüpft. Im **13. Jh.** gründet Prinz *Sang Nila Utama* das **Königreich Temasek**, die Stadt am Meer. Nach der Legende nannte der Prinz die Stadt *Singha-Pura*, da er bei der Ankunft einem Löwen begegnet sein will.

1377 wird die Stadt von Soldaten des javanischen Majapahit-Reiches zerstört.

1819 gelangt *Sir Stamford Raffles* als Vertreter der *East India Company* nach Singapur. Er erkennt sofort den Wert der Stadt als Hafen und Handelsposten. Am 6. Februar 1819 gründet er hier eine Handelsniederlassung.

1824 unterzeichnet der Sultan von Johor, *Hussein Mohammed Shah*, den Übergabevertrag der Stadt an die Engländer.

1826 schließt man die britischen Kolonien Penang, Melaka und Singapur zum Straits Settlement zusammen, über die der gesamte Handel zwischen Europa und Südostasien abgewickelt wird.

1871 wird Singapur britische Kronkolonie.

1877 gelangen die ersten Kautschukbaumschößlinge aus England nach Singapur und werden von hier über die ganze malaiische Halbinsel verbreitet. Dies galt als einschneidendes Ereignis, da es erst in jenem Jahr dem Engländer *Wickham* gelang, 100.000 Samen aus dem Ursprungsland (Brasilien) nach England zu schmuggeln. Dort wurden Jungpflanzen herangezogen und nach Singapur verschifft. Das jahrelange Monopol Brasiliens (zu dieser Zeit portugiesisch) war gebrochen.

Bis 1914 wächst die Stadt immer schneller, da sie mittlerweile der wichtigste Hafen in Südostasien geworden ist. Von hier werden Zinn und Kautschuk aus Malaysia nach Europa verschifft. Mit Beginn des 1. Weltkriegs zieht jedoch ein großer Teil der britischen Truppen auf den europäischen Kriegsschauplatz. Diese Truppen kehren erst zurück, als Japan zunehmend militärische Stärke zeigt.

1941 fallen die ersten Bomben auf Singapur. Die Besetzung Malaysias durch die Japaner führt auch zur Besetzung Singapurs.

1945 kehren die Briten nach der japanischen Kapitulation zurück. Zu diesem Zeitpunkt entwickeln sich auch politische Parteien, die Singapurs Unabhängigkeit fordern.

1959 wird der Stadtstaat unabhängig. Mit diesem Datum ist der Name *Lee Kuan Yew*, der Führer der *People's Action Party* (PAP), eng verknüpft. Er wird als erster Premierminister Singapurs vereidigt.

1963 wird die Föderation von Malaysia gebildet, der auch Singapur angehört. Wahrscheinlich ist dies auf die Sorge Englands zurückzuführen, dass Singapur als eigenständiger Staat ins linke Lager wechseln könnte, da die dominierende PAP eine linksorientierte Partei war. Diese Zeiten sind allerdings vorbei. Die PAP gilt heute als konservativ.

1965 tritt Singapur infolge fortwährender Differenzen mit den Malaien wieder aus dem Bündnis aus und schließt sich als souveräne Nation den Vereinten Nationen und dem Commenwealth an.

1967 tritt Singapur der ASEAN bei. Ab dem 12. Juni gibt es in Singapur eine eigene Währung. Die PAP, die Singapur bis in die heutige Zeit regiert, lässt den Stadtstaat zu einer der bedeutendsten und wirtschaftlich mächtigsten Nationen Südostasiens heranwachsen.

1972 fallen bei den Parlamentswahlen alle 65 Mandate an die PAP.

1976: Am 31.5. tritt die PAP aus der Sozialis-tischen Internationale aus, da ihr infolge ständiger Vorwürfe von Menschenrechtsverletzungen der Ausschluss gedroht hätte. Bei den Wahlen am 23.12. gewinnt die PAP erneut alle Stimmen des erweiterten Parlaments.

1985 tritt der alkoholkranke Präsident *Devan Nair* von seinem Amt zurück. *Wee Kim Wee* wird als neuer Präsident ernannt.

1991: Vorgezogene Wahlen, PAP gewinnt. Der neue Premierminister: *Goh Chok Tong*.

1995: Am 9. August feiert der Staat den 30. Unabhängigkeitstag.

1998: Der neue Causeway zwischen Singapur (Stadtteil Tuas) und Malaysia (Tanjung Kupang) ist fertiggestellt und wie der alte nun auch gebührenpflichtig.

2001: Singapur ist stolz auf 42 Jahre Unabhängigkeit. Das MRT-Netz wird weiter ausgebaut und soll in naher Zukunft auch den Changi-Flughafen einschließen.

2003: Singapur erlebt eine Krise nach der nächsten, Irakkrieg, SARS und die Terroranschläge in Indonesien ziehen auch den Stadtstaat in Mitleidenschaft.

2004: *Lee Hsieng Loong* wird neuer Premierminister.

2005 ist das Jahr weiterer Innovationen, besonders im Tourismussektor. Ein Festival löst das andere ab, die Stadt schmückt sich damit, die größte Dichte an Wellnessoasen (Spa's) zu besitzen, eröffnet das erste Thalassotherapiezentrum im Changi Village Hotel und wird fast nebenbei noch 40 Jahre alt.

2006: Paraden und stadtweite Feiern werden am 8. August 2006 farbenfroh zelebriert. Der Sommerhit sind individualisierte Briefmarken, die man mit dem eigenen Konterfei schmückt (erhältlich im Terminal 2, Abflugebene und Suntec City bei Duck Tours).

Am 6. Mai 2006 wird erneut gewählt, nachdem das Parlament am 20. April aufgelöst worden war. Erneut gewinnt die PAP unter Lee Hsieng Loong mit 82 der 84 Sitze.

2007: Singapur wird *wireless* mit etwa 5000 Hotspots, die man überall nutzen kann.

2008: Neben dem internationalen Bankenmarkt, in dem man sein Geld vor der heimischen Steuer sicher weiß, kommt der Eventcharakter der Stadt immer mehr zum Zuge. Am 28. September fand das erste Formel-1 Nachtrennen statt.

2010: Im August finden erstmalig die olympischen Jugendspiele statt. Die Stadien von Singapur sind der weltweit erste Austragungsort. Im Sport spielt auch nach wie vor die Formel 1 eine große Rolle, und auf dem Wirtschaftssektor hat die ITB Singapore (seit 2008) eine zunehmende Bedeutung.

2011: *Tony Tang Tan Keng Yan* wird zum siebten Präsidenten des Stadtstaates gewählt.

2012: Nachdem im November 2011 mit einer *soft-opening* der erste Teil des neuen botanischen Gartens im Bereich Marina Bay South erfolgte, wird der gesamte neue Garten im Juni 2012 offiziell eröffnet.

Der Staat

Singapur ist heute eine **Republik,** deren Parlament aus 79 Abgeordneten besteht. Sie werden in geheimer und allgemeiner Wahl für jeweils 5 Jahre gewählt. Seit 1984 erhalten die Oppositionsparteien, die nicht ins Parlament gewählt werden, drei zusätzliche Abgeordnetensitze. 16 Minister bilden das Kabinett, dem ein Premierminister, seit 1991 *Goh Chok Tong,* (Mitglied der PAP) vorsteht. Das Staatsoberhaupt ist der Präsident.

Die PAP bleibt auch unter veränderter Führung (seit 2004 unter Premierminister *Lee Hsieng Loong*) die stärkste Kraft, die 2006 erneut 82 der 84 Sitze im Parlament gewinnt.

Singapurs Politiker haben die Zeichen der Zeit erkannt und setzen neben den Bereichen Transport/Logistik und Finanzen neuerdings auch auf die Bereiche Bildung, Gesundheit und Medien. So kümmert sich die Regierung in den letzten Jahren vorrangig um die Ausbildung von Nachwuchskräften, die vor allem im internationalen Vergleich bei neuen Technologien wie IT, Bio- und Genforschung ihre Qualifikationen erwerben sollen.

◻ Architektonische Meisterleistung: das neue Marina Bay Sands Hotel

Wirtschaft

Singapur gehört zu den Ländern mit dem **höchsten Lebensstandard** und ist nach Japan das Land mit dem höchsten Pro-Kopf-Einkommen Asiens.

Diese Position verdankt das Land, das keinerlei Rohstoffe besitzt und sogar Trinkwasser importieren muss, seiner günstigen geografischen Lage. Singapur ist das Dienstleistungs-, Handels- und Verarbeitungszentrum der Region. In letzter Zeit wird Singapur immer stärker als Lieferant von Elektronikgeräten ausgebaut. Singapurs Stärke besteht vor allem darin, ausländischen Gesellschaften den Vorteil billiger Arbeitskräfte zu bieten, die zum überwiegenden Teil Englisch sprechen.

Als Mitglied der 1967 gegründeten **ASEAN** *(Association of Southeast Asian Nations)*, der auch Thailand, Malaysia, Indonesien, Brunei und die Philippinen angehören, hat Singapur auch Anteil an den verstärkten Handelsbeziehungen zu den USA und Europa.

1996 wird die Bedeutung Südostasiens und besonders Singapurs auf der Welthandelskonferenz, die im Stadtstaat tagt, unterstrichen. Auf Drängen der Region beschließt die WTO den Wegfall von Zöllen auf High-Tech-Produkte, mahnt aber auch die Einhaltung minimaler Sozialstandards an.

www.fotolia.de © Master Lu

2008 war ein „schwarzes" Jahr für den Stadtstaat, denn erstmalig wuchs die Wirtschaft infolge der weltweiten Finanzkrise nur noch um 1,1 %. Es mussten sogar Arbeiter und Angestellte entlassen werden, erstmalig wurden Singaporeaner mit Arbeitslosigkeit konfrontiert. Ein weiterer Rückgang des Wirtschaftswachstums erfolgte dann 2009, doch eingebettet in das Geflecht der ASEAN-Staaten und mit der weltweiten wirtschaftlichen Erholung boomt auch Singapur wieder. Auch Singapur bleibt nach wie vor nicht von der **Krise** verschont. Nach einem Wachstum von 4,9 % in 2011 erwartet man 2,9 % für das Jahr 2013.

Medien

Medien dienen in Singapur dem Kommerz. Erst seit 1974 gibt es **Fernsehen.** Es nimmt aber mittlerweile den wichtigsten Stellenwert in der Medienlandschaft ein. Das Programm, das in Englisch, Malaiisch, Chinesisch und Tamil gesendet wird, besteht zum größten Teil aus amerikanischen Serien und Spielfilmen, vermischt mit zahllosen Werbespots.

Der **Rundfunk** des staatlichen Senders *Singapore Broadcasting Corporation* sendet ebenfalls hauptsächlich leichte Muse.

Über einen Kurzwellenempfänger ist das Programm der **Deutschen Welle** zu empfangen. Infos bei: *Deutsche Welle,* Kurt-Schumacher Str. 3, 53113 Bonn, Tel. 0228 4290, www.dw-world.de. Es gibt auch ein TV-Programm.

Zeitungen erscheinen in den unterschiedlichsten Sprachen. Für den Traveller dürften aber wohl nur die englischsprachigen von Interesse sein: *The Singapore Monitor* und *The Straits Times.* In diesen Zeitungen wird ausführlich über aktuelle regionale und internationale Ereignisse berichtet. Hier findet man auch Sonderangebote der großen Hotels oder des Elektronikfachhandels, sodass man sich zum Preisvergleichen viel Lauferei ersparen kann.

Religion

Aufgrund der vielseitigen ethnischen Zusammensetzung der Bevölkerung, gibt es entsprechend unterschiedliche Religionen. Neben den chinesischen Religionen **Konfuzianismus, Buddhismus** und **Taoismus** gibt es den **Islam, Hinduismus** und das **Christentum.** Die Verfassung garantiert den Bürgern Glaubensfreiheit und das Recht auf die ungehinderte Ausübung ihrer Religion.

Feste und Feiertage

Aus der Vielfältigkeit der Kulturen und Traditionen, die in Singapur zusammenkommen, resultieren auch die unterschiedlichen Feste und Feiertage. Viele der Termine orientieren sich am **Mondkalender,** der nicht mit unserem westlichen Kalender übereinstimmt.

Hindu-Feste

Thaipusam ist das wichtigste Fest der Hindus Singapurs. Es findet im Januar/ Februar statt. Der Zeitpunkt liegt im zehnten Monat (Thai) des Hindu-Kalenders und steht im Zeichen des Gestirns Pusam. Das Fest wird zu Ehren des Gottes Subramanian gefeiert. Die Hauptzeremonien finden am Chettiar-Tempel in der Tank Road, dem Sri-Mariamman-Tempel in der South Bridge Road und dem Vinayakar-Tempel in der Keong Saik Road statt. Tausende von Gläubigen pilgern zu den Tempeln, um Wünsche an den Gott heranzutragen oder Buße zu tun. Etliche Pilger tragen, um den Anliegen besonderen Nachdruck zu verleihen, hölzerne oder eiserne Gestelle, die mit Haken in der Haut verankert sind, die *Kavadi.* Die Gestelle sollen einen Pfau, das Reittier Shivas, symbolisieren. In Trance durchbohren sich die Pilger Wangen und Lippen mit Spießen oder laufen über glühende Kohlen. Dieses Ritual ist übrigens in Indien verboten.

Im Januar/Februar findet auch das Erntefest der Inder statt, das **Thai-ponggal**. Zu Ehren der Geister werden vor der Reisernte Kuchen aus Reis gebacken. Die Häuser werden mit Zuckerrohr und verschiedenen Blättern geschmückt. Die Reiskuchen werden dann symbolisch dem Sonnengott übergeben und dann in der Familie und unter Freunden aufgeteilt. Der Perumal-Tempel in der Serangoon Road ist der Mittelpunkt des viertägigen Festes.

Das Lichterfest der Hindus, **Deepavali**, findet im Oktober/November statt. Um *Lakshmi*, die Göttin des Wohlstandes, willkommen zu heißen, werden in den Häusern Türen und Fenster geöffnet und mit Lichtern versehen. Tempel werden mit Lichtern geschmückt und Opfergaben dargeboten. Die Hauptzeremonie findet im Perumal Tempel statt.

Im Oktober findet das **Thimithi-Fest** zu Ehren der Göttin *Duropadai* statt. Die Göttin wurde (nach der Legende) von *Prinz Arjuna* aufgenommen, nachdem er ihren Vater besiegt hatte. *Arjunas* Mutter verlangte jedoch, dass er *Duropadai* mit seinen vier Brüdern teilen müsste. Sie verbrachte nun jedes Jahr abwechselnd im Haus eines der Brüder. Am Ende eines jeden Jahres musste sie ihre Unschuld dadurch unter Beweis stellen, dass sie barfuß über glühende Kohle lief.

Schon Tage vor der Zeremonie wird vor dem Sri-Mariamman-Tempel eine Grube mit Holz gefüllt und angezündet, sodass am Festtag die ganze Grube mit glühender Asche gefüllt ist. Die Gläubigen laufen dann barfuß (genau wie die Göttin) über die Glut.

Islamische Feste

Im ersten Monat des islamischen Kalenders wird der Geburtstag des Propheten Mohammed gefeiert. Dieses Fest, **Mauloddan Nabi**, wird mit feierlichen Lesungen des Korans und Prozessionen begangen.

Im 10. Monat des mohammedanischen Kalenders wird das Ende des Fastenmonats Ramadan gefeiert. Der **Hari Raya Puasa** ist das wichtigste Fest der moslemischen Malaien, denn sie dürfen dann alles nachholen, was sie in den vergangenen vier Wochen versäumt haben. Dankgebete, Einladungen an Freunde und Verwandte und Prozessionen bestimmen zwei Tage lang das Bild der islamischen Welt.

In den zwölften Monat des mohammedanischen Kalenders, den Wallfahrtsmonat, fällt der **Hari Raya Haji**. Zu dieser Zeit finden die Wallfahrtszeremonien in Mekka statt.

Buddhistische Feste

Das **Songkran-Festival** findet im März statt. An diesem Tag kehrt die Sonne zu ihrem Ausgangspunkt im Kreis der Tierkreiszeichen zurück. Bilder Buddhas werden an diesem Tag mit Weihwasser besprengt. Die Zeremonien kann man im Ananada-Metyrama-Thai-Tempel in der Silat Road und im Sapthapuchaniyaram-Tempel in der Holland Road miterleben.

Der Geburtstag Buddhas, der **Vesak-Tag**, wird mit Feiern und Prozessionen im Mai begangen. Der Tag erinnert an die Geburt, die Erleuchtung und den Eintritt Buddhas in das Nirwana. Die Zeremonien kann man in den Buddhatempeln der Stadt (z.B. im Tempel der 1000 Lichter, Race Course Road, oder im Mangala Vihara Buddhist Temple, Jalan Eunos) verfolgen.

Chinesische Feste

Das **chinesische Neujahrsfest** fällt in die Zeit Januar/Februar. Mit einem Essen aller Familienmitglieder beginnt in der Neujahrsnacht das 15 Tage dauernde Fest. Mit Feuerwerk werden die Geister vertrieben und Geschenke ausgetauscht. Löwen- und Drachentänze gehören ebenso zum Fest wie Tempelbesuche. Unter den Kindern werden kleine rote

Papierumschläge, *Ang Pows,* verteilt, in denen Geldscheine stecken. Das Fest endet mit dem *Chap Goh Meh:* Noch einmal werden Umzüge veranstaltet, bevor erneut der Alltag einkehrt.

Die Feuerwerke zum chinesischen Neujahrsfest übersteigen mit ihrem Lärm alles aus unserem Kulturkreis Gewohnte; sie sind in Singapur verboten, Singaporeaner fahren deshalb nach Johor Bahru. Wer lärmempfindlich ist, sollte sich in den Tagen dieses Festes möglichst in Städten mit wenig chinesischer Bevölkerung aufhalten.

Im April/Mai werden zum **Ching-Ming-Fest** (Qing Ming) die Gräber der Toten besucht und ihren Geistern geopfert. Dieser Tag ist jedoch kein trauriger Tag, sondern bietet den chinesischen Familien die Möglichkeit, zu den Gräbern zu gehen, dort zu picknicken und den Tag zu genießen.

Wenn die Familien von den Friedhöfen zurückkehren, hängen sie Zweige über die Türen, um böse Geister zu vertreiben, die sie eventuell nach Hause verfolgt haben.

Nach dem chinesischen Glauben kommen einmal im Jahr (August/September) die Seelen der Toten für einen Monat zur Erde. Diese Zeit wird mit dem **Fest der hungrigen Geister** begangen. In dieser Zeit werden den Geistern Opfer in Form von Früchten, Süßigkeiten und kompletten Mahlzeiten gebracht. Sogar in den Straßen findet man oft kleine Altäre mit Opfergaben. Sie sind für die Geister, die keine lebenden Angehörigen mehr haben. In den Straßen finden in dieser Zeit oft Veran-

staltungen statt, die den Geistern als Unterhaltung dienen.

Im September/Oktober wird das **Mondkuchenfest** gefeiert. Der Tag wird als Glückstag angesehen, weil an diesem Tage einst ein bedeutender Sieg über die Mongolen erzielt wurde. Kleine runde Kuchen (zur Zeit der mon-golischen Besetzung enthielten sie Geheimbotschaften) werden gebacken, die man dem „Mann im Mond" opfert, die Häuser werden geschmückt, es gibt Laternenumzüge, Familienstreitigkeiten werden begraben und nicht zuletzt werden Ehen geschlossen.

Im Februar/März und September/Oktober wird der **Geburtstag des Affengottes T'se T'ien Tai Seng Yeh** gefeiert. Ihm zu Ehren werden Prozessionen durchgeführt, Menschen versetzten sich in Trance und durchbohren Wangen und Zunge mit Spießen. Zu sehen z.B. in der Eng Hoon Street.

Den **Geburtstag des Heiligen der Armen** (Februar/März) kann man am besten am White-Cloud-Tempel in der Ganges Avenue miterleben. Hier finden Prozessionen statt und Gläubige in Trance martern sich selbst.

Das **Drachenbootfest** im Mai/Juni erinnert an den chinesischen Minister *Chu Yuan*, der gegen die Korruption in der Beamtenschaft zur Zeit der Zhou-Dynastie vorging, deshalb vom kaiserlichen Hof verbannt wurde und sich im Mi-Lo-Fluss ertränkte. Zu seinem Gedenken wurde im alten China ein Gedenktag eingerichtet, an dem man Fische mit Reisklumpen fütterte, um seine Seele zu besänftigen. Aus dieser zeremoniellen Fütterung von Booten aus entwickelte sich das Drachenbootfest, das heute in Singapur mit einer internationalen Regatta am East Coast Parkway stattfindet. Als Überbleibsel des alten Gedenktages wird an diesem Tag klebriger Reis (*Chang* oder *Zong zi*) mit Verwandten und Freunden gegessen.

In den August oder September fällt das **Fest der sieben Schwestern**. An diesem Tag bitten unverheiratete Mädchen die himmlischen Mächte um einen guten Ehemann. Um diese Bitten zu unterstützen, werden den Göttern Opfergaben dargebracht.

Das **Fest der neun Kaisergötter** (Oktober/November) dient der Verehrung der Gottheiten, von denen man Reichtum und langes Leben erwartet. An neun Tagen werden in den Tempeln Gebete gesprochen und Prozessionen veranstaltet.

Zu Ehren des Gottes *Tua Pek Kong* findet in der Zeit von September bis November eine **Bootspilgerfahrt nach Kusu**, einer Insel im Süden Singapurs, statt. Die Pilger beten hier für Wohlstand und Gesundheit. Eine Legende erzählt die Geschichte der Insel so, dass eine Schildkröte ein Schiff untergehen sah und sich daraufhin in die Insel verwandelte, um die Seeleute zu retten.

Nationalfeiertag

Der Nationalfeiertag (Unabhängigkeit Singapurs) wird am **9. August** gefeiert. Paraden und Umzüge prägen den Tag. Im Nationalstadion oder auf dem Padang, zwischen der Esplanade und St. Andrew's Road, finden die Hauptfeierlichkeiten statt. Am Abend kann man vom Queen Elisabeth Walk oder vom Esplanade Drive am *Fullerton Hotel* dem Hafenfeuerwerk zusehen. Geschäfte und Behörden sind geschlossen.

◁ Buddha Tooth Relic Temple in Chinatown

Reisen in Ost-Malaysia | 388

Anreise | 390
Kosten | 397
Transport | 395
Übernachten | 397
Vorschläge für Reiserouten | 391
Zollbestimmungen
 für Sarawak | 394

Sarawak | 398

Überblick | 398
Bako-Nationalpark | 432
Bandar Sri Aman | 435
Belaga | 444
Batu Niah | 449
Bevölkerung | 404
Bintulu | 448
Dschungeltouren | 444
Geschichte | 402
Gunung-Mulu-Nationalpark | 458
Kapit | 441
Kuching | 413
Lawas | 464
Limbang | 463
Miri | 453
Mukah | 441
Nationalparks | 412
Niah-Nationalpark | 450
Religion | 404
Sarikei | 437
Sibu | 438
Verwaltung | 399
Wirtschaft | 403

Sabah | 466

Abenteuertipps | 526
Beaufort | 521
Bevölkerung | 470
Geografie | 466
Geschichte | 467
Gesundheit | 473
Kota Belud | 518
Kota Kinabalu | 474
Kudat | 519
Labuan | 524
Lahad Datu | 510
Maliau Basin
 Conservation Area | 516
Merapok | 525
Mount-Kinabalu-
 Nationalpark | 488
Ranau | 487
Religion | 473
Sandakan | 499
Semporna | 513
Sicherheit | 470
Sindumin | 525
Sprache | 473
Tawau | 514
Tenom | 523
Verwaltung | 470
Wirtschaft | 469

3 Ost-Malaysia

Natur pur, so kann man Ost-Malaysia am besten umschreiben. Hier findet man trotz aller Moderne noch große Dschungelareale und begegnet exoti-

schen Pflanzen und Tieren (auch über und unter Wasser) hautnah. Und dann die Kultur – einfach großartig!

Fischer am Sungai Bako

REISEN IN OST-MALAYSIA

Anreise

Die **Anreise aus Ländern Südostasiens** ist auf drei Wegen möglich. Von Singapur, West-Malaysia und Indonesien (Java und Kalimantan) kann man per Flugzeug einreisen.

Bei der Einreise von **Singapur** sollte man beachten, dass es sich hier um einen teuren internationalen Flug handelt. Fliegt man aber ab **Johor Bahru** (West-Malaysia), das nur durch eine Brücke von Singapur getrennt und mit dem Bus in ca. 40 Minuten zu erreichen ist, reduziert sich der Flugpreis erheblich.

Leider liegt der **Senai Airport** relativ weit außerhalb von JB, sodass eine etwas längere Anreise notwendig wird. Wer nicht unbedingt den Trubel beim Grenzübertritt mit dem Bus möchte, kann sich vom Concierge des Hotels in Singapur ein **Taxi** nach JB bestellen lassen. Dies kostet 40 S$. Die Fahrer dürfen dann allerdings nur zur Taxistation in JB fahren, von dort muss man ein anderes Taxi mieten. Meist kennen die Fahrer Taxifahrer in Malaysia, funken sie an, machen Treffpunkt und Preis aus und die Fahrt zum Airport gestaltet sich problemlos. Preiswerter geht es mit dem **Bus** nach JB.

Einfacher und preiswerter ist die Anreise mit *Air Asia*. Diese Billigfluglinie bietet regelmäßige Verbindungen zwischen Kuala Lumpur und Kuching, Miri, KK und Sandakan. Wer lange im Voraus bucht, hat die besten Chancen, ein echtes Schnäppchen zu ergattern. Auch 2013 bietet *Air Asia* noch sehr günstige Transportmöglichkeiten. Langfristig gebuchte Flüge zwischen KL (LCCT – Low Cost Carrier Terminal) und Sandakan liegen bei nur 154 RM. Hinzu kommen Steuern und Gebühren, u.a. für Gepäckstücke, die je nach Gewicht (am günstigsten sind 15 kg) unterschiedlich teuer sind. An einigen Flughäfen drückt man die Augen bei übergewichtigen Gepäckstücken schon mal zu, an anderen wiegt man exakt nach und berechnet jedes Kilogramm Übergepäck. Gebucht wird über das Internet (www.airasia.com) und bezahlt mit *AMEX*- oder *MasterCard*.

Die Einreise auf dem Landweg ist von Brunei nach Sarawak, zwischen den beiden ostmalaysischen Teilstaaten und auch aus Kalimantan (Indonesien) möglich.

Der Grenzort zwischen Sabah und Sarawak heißt **Sindumin** (Sabah) bzw. **Merapok** (Sarawak). Hier gibt es für beide Staaten nur ein lmmigration Office an der Grenze. Kommt man aus Sabah, lässt man sich mit einem Taxi oder anderen Fahrzeug direkt bis zum Office bringen. Hier bekommt man den Ausreisestempel. Der Beamte händigt dann eine neue *lmmigration Card* aus (die alte wird eingezogen), auf der man genau dasselbe einträgt, was bereits auf der alten vermerkt war. Da hier nur selten Touristen die Grenze überqueren, sind die Beamten meist ziemlich redselig, erteilen dann aber problemlos den neuen Einreisestempel, der allerdings das alte Visum nicht verlängert, sondern nur bestätigt.

Die Grenze zwischen Sarawak/Sabah und **Indonesien** (Kalimantan) ist auf dem Landweg passierbar. Wer also nach Kalimantan möchte oder von dort kommt, kann mit dem Flugzeug von Tarakan nach Tawau (Sabah) oder von Pontianak (Kalimantan) nach Kuching fliegen. Die zweite Möglichkeit besteht in der Anreise mit dem Bus von Kuching nach Pontianak bzw. mit dem Boot von Tawan nach Tarakan (Kalimantan) oder nach Toli Toli (Sulawesi). Für beide Routen muss vorher ein Visum besorgt werden. Man erhält es in Kuching und KK. Die indonesische Vertretung in Tawan ist beim Ausstellen von Visa nicht sehr zuverlässig.

Diese Grenze unterliegt aber einer starken Überwachung, da die Unruhen in Indonesien zunehmen. Fragen Sie vor der Anreise in Kuching nach.

Sicherheit in Ost-Malaysia

In den Zeiten zunehmender Anschläge auch und gerade auf touristische Ziele ist Malaysia bisher verschont geblieben. Zumindest in Ost-Malaysia seien Anschläge nicht zu erwarten, da das Unruhepotenzial in der Bevölkerung fehle, sagen offizielle Stellen. Doch andererseits patrouillieren **schwer bewaffnete Soldaten** auf den Tauchinseln vor Sabahs Küste, sind **Marineeinheiten** in stetiger Wachsamkeit, und so mancher erinnert sich vielleicht noch gut an die Entführung aus dem Tauchparadies Sipadan vor einigen Jahren. Was bleibt zu tun? Will man verreisen, muss man mittlerweile scheinbar größere Risiken einkalkulieren als früher. Doch andererseits sollte man sich auch nicht zu sehr verängstigen lassen, denn auch jeder Urlaubsort in Europa ist ein so gutes oder schlechtes Ziel für Attentäter wie Ost-Malaysia.

Vorschläge für Reiserouten

Wer beide ostmalaysischen Teilstaaten bereisen möchte, muss entweder Brunei durchqueren oder das Sultanat umgehen. Dabei gibt es eigentlich nur die Möglichkeit, darüber hinwegzufliegen, z.B. von Lawas nach Miri oder von Lawas nach Limbang und von dort weiter nach Miri. Eine andere Möglichkeit wäre es, von Lawas nach Labuan zu fliegen und von dort weiter nach Miri zu reisen.

Die empfehlenswerteste Route ist unserer Meinung nach der **Flug von Lawas nach Miri** oder umgekehrt. Lawas erreicht man verhältnismäßig unproblematisch von KK aus, sieht auf dem Weg dorthin noch einige recht unberührte Gebiete der Region, und spart mit dem nicht allzu teuren Flug (94 RM) viel Zeit und Geld im Vergleich zur Reise durch Brunei.

Eine zeitsparende Alternative ist der Flug nach KK (205 RM).

Durch Brunei

Wer Brunei durchqueren möchte, kann von Miri aus mit Bussen zur Grenze gelangen. Die Fahrt zum Grenzort Kuala Belait kostet ca 13,50 RM. Ein neuer Bus bringt die Fahrgäste zur Grenze. Hier wechselt man nach den üblichen Grenzformalitäten in einen Bus aus Brunei. Mit ihm erreicht man kurze Zeit später Kuala Belait. Weiter geht es nach Seria. Zwischen den beiden Orten verkehren tägl. etwa 30 Busse. Die Fahrt kostet 1,30 B$. Von hier gelangt man in 1½ Stunden in die Hauptstadt **Bandar Seri Begawan.** Diese Etappe kostet 6 B$. Wer in Miri mit dem ersten Bus gegen 7 Uhr aufbricht, erreicht BSB an einem Tag.

Weiter geht es mit dem Speedboot (10 B$) nach Limbang in Sarawak. Von hier kann man ein weiteres Boot nach Punang nehmen und von dort ein Taxi nach Lawas (kostet zusammen ca. 25 RM).

Man kann auch eines der direkten Boote von BSB nach Lawas nehmen (25 B$). Von dort kann man mit Bussen weiter nach Sabah fahren (siehe Sindumin/Merapok).

Die dritte Möglichkeit wäre die Fahrt von BSB mit dem Boot nach Labuan (15 B$). Von dort fahren Fähren nach Menumbok (20 RM) oder KK (40 RM). Dieser Ort liegt bereits in Sabah. Es gibt Busverbindungen nach Beaufort und Kota Kinabalu (s. Kap. „Brunei").

In **Problemfällen** kann man sich aus Ost-Malaysia an die **Deutsche Botschaft in Brunei** wenden, sonst bleibt nur der Weg nach KL. Das Büro in Bandar Seri Begawan befindet sich in der Jalan Sultan, im Gebäude der *Standard Chartered Bank,* 6. Stock, Tel. 222 5547.

Ost-Malaysia

| 99 Ortsbeschreibung auf Seite 99 | 99 Ortsbeschreibung auf Seite 99, mit Stadtplan |

0 — 100 km

Layang Layang Island

SÜDCHINESISCHES MEER

BRUNEI

Kuala Belait
Lutong
453
Miri
Marudi
Batu Satu
R. Peng Barat
449
Batu Niah
Beluru
448
Bintulu
Tubau
Kuala Bedengan
441
Mukah
Balingian
Tugang
MALAYSIA
Oya
444 443
Dalat
Belaga
Bakun Damm
438
Sibu
437
Sarikei
Bitangor
Merit
Bt. Murud 2423
Kanowit
Rajang
441
Kapit
SARAWAK
Sematan
Bako Nationalpark
Sampadi
433
436
Biawak
413
435
Bau
Kuching
Bandar Sri Aman
426
Simunjang
Serikin
Serian
Apeng

I N D

BORNEO

Zollbestimmungen für Sarawak

Sofern bei der Rückreise aus Sarawak Gegenstände mitgenommen werden, gilt es, verschiedene Vorschriften zu beachten. Diese gelten auch für die Ausreise nach West-Malaysia. Bei der Ausfuhr von **Kunstgewerbeartikeln** muss darauf geachtet werden, ob diese Dinge gegebenenfalls unter die Verordnung über Antiquitäten fallen. In diesem Fall muss eine besondere Ausfuhrgenehmigung vom Kurator des *Sarawak Museum* ausgestellt werden. Nach dieser Verordnung werden alle Gegenstände als Antiquität eingestuft, die vor 1850 hergestellt worden sind.

Schwierigkeiten mit dieser Verordnung kann man jedoch leicht vermeiden, indem man bei Bedarf Souvenirs in autorisierten Geschäften kauft. Diese Geschäfte werden von der *Sarawak Tourist Association* oder von der *Tourist Development Corporation* empfohlen; eines davon ist z.B. der Kunstgewerbehandel im *Sarawak Museum.*

Eine weitere unbedingt zu beachtende Verordnung regelt den Umgang mit und die Ausfuhr von **geschützten Pflanzen und Tieren.** Diese 1958 erlassene Verordnung verbietet das Jagen, Fangen oder Töten von geschützten Tieren, sowie das Sammeln geschützter Pflanzenarten. Gleichzeitig verbietet sie den Besitz bzw. die Ausfuhr dieser Tiere und Teile davon (z.B. Häute, Schildkrötenpanzer, Krokodillledertaschen etc.) ohne besondere Genehmigung. Infos bei: *Sarawak Forestry Corporation,* Lot 218, KCLD, Jalan Tapang, Kota Sentosa, Kuching, Tel. 1800 882526 oder 082 610 088, www.sarawakforestry.com.

Hierher gehört auch die Überlegung, ob man ein Exemplar der überall angebotenen Schmetterlinge kauft. Auch hier bestimmt die Nachfrage das Angebot. Man mag sich kurz erinnern, wie oft man auf der Reise ein solches Tier gesehen hat, um einen Eindruck von dessen Seltenheit zu bekommen. Das Argument „Ich möchte doch nur ein Exemplar kaufen" führt zwar häufig dazu, sich persönlich von Schuld frei zu fühlen. Stellt man sich aber die Masse von Touristen vor, so ist diese Entschuldigung nicht mehr stichhaltig.

Zeitweise ist ganz allgemein die Ausfuhr von **Fleischerzeugnissen** in Richtung West-Malaysia verboten. Dies ist immer dann der Fall, wenn in Sarawak Fälle von Maul- und Klauenseuche auftreten. Die Ausfuhr von **Tabak- und Kakaopflanzen** nach West-Malaysia ist auch untersagt, da man befürchtet, von Borneo aus endemische Schädlinge auf das Festland zu bringen.

Transport

Prinzipiell gelten für Sarawak und Sabah ähnliche Bedingungen wie für West-Malaysia. Auch hier gibt es **Überlandbusse, Taxis, Mietwagen** und die Möglichkeit, mit MAS zu **fliegen.** Auf bestimmten Routen kann man auch in Ost-Malaysia trampen. Das geht z.B. gut zwischen Miri und Sibu (in Sarawak) und zwischen Kota Kinabalu und Kota Belud, Ranau und Beaufort. Allerdings benötigt man hier erheblich mehr (Warte-)Zeit.

In Sabah sehen die **Überlandbusse** auch heute noch manchmal anders aus als in West-Malaysia. Man darf sich also nicht wundern, wenn man an einen als Busbahnhof bezeichneten Ort kommt und hier meist Jeeps oder recht kleine, aber geländegängige, busähnliche Gefährte sieht. Auf einigen „Straßen" des Landes kommt man auch 2013 eben nur mit Allradantrieb vorwärts. Die Busse haben oft auch nicht so viele Sitzplätze wie die Expressbusse auf dem Festland, dafür wollen

Unterwegs auf dem Batang Ai

dann aber mehr Leute mitfahren. Also frühzeitig Tickets besorgen!

In letzter Zeit häufen sich die Berichte, dass man in Expressbussen eher die vorderen Sitzplätze bevorzugen sollte, da es im hinteren Bereich öfter einmal nach Urin riecht. Sicherlich ein Tipp für empfindsame „Nasen". Auf jeden Fall sind solche Busse nicht gerade Musterbeispiele für Sauberkeit. Auf den Gebirgsstrecken in Sabah können auch nicht immer alle Fahrgäste ihren Mageninhalt bei sich behalten. Sehr hilfreich sind da mit Minzöl getränkte Tücher, welche den Geruch zumindest teilweise überdecken.

Daneben nimmt sowohl in Sarawak als auch in Sabah das **Flugzeug** einen viel größeren Stellenwert als Transportmittel ein als in West-Malaysia. Viele kleine Orte im Landesinneren Sarawaks (z.B. Long Pa Sia, Long Seridan) sind nur mit dem Flugzeug oder in langen Fußmärschen erreichbar. Außerdem ist es natürlich schneller und bequemer zu fliegen, als z.B. eine 6-stündige Fahrt mit dem Bus zwischen Kota Kinabalu und Sandakan zu unternehmen. Der Preis ist meist auch nicht unerschwinglich, der Bus nach Sandakan kostet z.B. 35 RM, der Flug ab ca. 157 RM, deutlich preiswerter mit *Air Asia*.

Bei vielen Flügen innerhalb Ost-Malaysias handelt es sich um sogenannte **Twin-Otter-Flüge.** Diese kleinen Flugzeuge (maximal für 19 Passagiere) sind ungeheuer wendig und vielseitig einsetzbar; sie können auch mit besonderer Ausrüstung auf dem Wasser starten und landen. Da sie sehr klein sind, gibt es hier eine eingeschränkte Freigepäckgrenze. Kostenlos werden nur 10 kg Gepäck befördert. Jedes Kilo, das darüber hinaus geht, muss extra bezahlt werden. Diese Flüge werden von der *Malaysian Airlines* Tochter *MAS Wings* (www.maswings.com.my) ausgeführt.

Solche Flüge mit einer kleinen *Twin Otter* sind ein tolles Reiseerlebnis. Es ist schon etwas anderes, in „Baumwipfelhöhe" über den Dschungel zu fliegen, anstatt mit dem Düsenjet in großen Höhen. Das Erlebnis kann aber auch durch viel Schaukeln bei schlechtem Wetter getrübt sein. Empfindliche Leute sollten vorher an Tabletten gegen Reiseübelkeit denken.

In Sarawak kommt **Schiffen und Booten** eine große Bedeutung im Transportwesen zu. Im Landesinneren sind die großen und kleinen Flüsse die Haupttransportwege. Auf ihnen sind alle möglichen Wasserfahrzeuge (z.T. recht abenteuerliche) unterwegs. Entlang der Küste und bis nach Sibu fahren größere Fährschiffe und Frachter, die auch Personen befördern. Das eigentliche Transportmittel sind aber die Expressboote, die über leistungsstarke Turbinen verfügen, sodass sie schnell große Entfernungen zurücklegen. Sie bieten auch einigen Komfort: Klimaanlage (Pullover oder Jacke griffbereit halten!) und Videofilme. Wem es in diesen Booten zu laut oder zu kalt ist, der kann auch auf dem Dach mitfahren (man sollte unbedingt auf Sonnenschutz achten, da man sich über lange Zeit ungeschützt der Sonne aussetzt!).

In jeder Stadt gibt es Flusshäfen, an denen die **Expressboote** stationiert sind. Auf den kleinen Nebenflüssen muss man sich mit Einbäumen oder Außenbordmotorbooten begnügen, die man mitsamt Besitzer mieten kann. Während der Trockenzeit (Juni bis August) führen die Flüsse oft zu wenig Wasser, sodass die Expressboote ihre Fahrten einstellen. Transportmöglichkeiten fallen dann entweder ganz aus oder werden durch unregelmäßig fahrende (und nicht immer das Ziel erreichende) **Flussboote** ersetzt, die neben einem starken Motor auch einen mit Stahlplatten vernieteten Rumpf haben, der nicht bei jedem Felsen aufreißt. In der Trockenzeit muss man sich wegen dieser eingeschränkten Transportmöglichkeiten unbedingt rechtzeitig um Tickets bemühen.

Übernachten

Wie in West-Malaysia gibt es auch in Sarawak und Sabah Hotelzimmer der unterschiedlichsten Kategorien. Das Angebot an Luxushotels ist aber (mit Ausnahme der Hauptstädte) geringer, dafür gibt es Mittelklassehotels mit den Preisen von Luxushotels. Billig kann man in den Chinesenhotels übernachten, die man auch hier findet. Eine Alternative bieten die Missionsstationen einiger Städte, die Zimmer für reisende Priester haben, sie aber auch an Touristen vermieten, wenn die Zimmer nicht belegt oder vorbestellt sind.

Wer Wert auf eine einigermaßen saubere Unterkunft legt, gegebenenfalls sogar mit einer Klimaanlage, muss in Sarawak mit mindestens 75 RM, in Sabah mit ca. 60 RM für ein Doppelzimmer rechnen.

Bei mehrtägigen Dschungeltouren übernachtet man normalerweise in **Langhäusern** oder in kleinen Ortschaften bei **Privatleuten.** Hier gibt es keine regelrechten Mietpreise (obwohl man auch hier des Öfteren um Geld gebeten wird), dafür werden aber Geschenke erwartet. Selbstverständlich bringt man auch seine eigenen Lebensmittel mit.

Wer in Ost-Malaysia individuell reist, wird sicherlich verschiedentlich eingeladen werden. Ob es sich dabei um Einladungen von Stadtbewohnern oder ins Langhaus der Iban handelt, es ist in jedem Falle gut, ein paar kleine **Geschenke** mitzubringen. Es brauchen nicht unbedingt Digitaluhren zu sein. Viel besser sind Fotos von sich selbst und der Familie, Ansichtskarten aus Deutschland, deutsche Münzen, kleine Parfümfläschchen, Feuerzeuge und im Landesinneren nicht zuletzt Zigaretten und Bonbons. Luftballons erweisen sich immer als der Hit für Kinder in einem Langhaus.

Kosten

So interessant Sarawak und Sabah sind, so **teuer** sind sie leider auch. Im Verhältnis zu West-Malaysia ist hier alles erheblich teurer.

Man muss mit ca. 50–80 RM pro Nacht im Doppelzimmer rechnen. Für die tägliche Ernährung muss auch tiefer in die Tasche gegriffen werden. Eine Cola kostet hier 1,50 RM, ein Nasi oder Mee Goreng 3 RM (in billigen Restaurants), eine Tasse Kaffee 0,80–1 RM. Kostenintensiv ist auch der Transport, weil sehr große Entfernungen zurückgelegt werden.

Grundsätzlich gilt, je weiter man ins Landesinnere (und dann auch noch abseits der touristischen Pfade) vordringt, desto höher werden die **Transportkosten**.

Hinzu kommen noch die Preise für mehrtägige Bootstouren mit Guide (bei 2–3 Personen zwischen 150 und 250 RM/Person für ca. 3 Tage).

Besuche in Nationalparks sind auch teuer. Im Kinabalu Park muss man oft mit bis zu 1000 RM (!) rechnen, wenn man sich hier mit zwei Personen drei Tage aufhält und den Berg besteigt (darin enthalten: Permit, Unterkunft, Verpflegung und sämtliche Kosten für den Guide).

Für eine dreiwöchige Tour durch Sarawak und Sabah, bei der man mehrtägige Dschungeltouren plant, mehrere Nationalparks besucht und in entlegenere Orte reisen möchte, sollte man ca. 750 € pro Person einkalkulieren.

SARAWAK

An der **Nordwestküste Borneos,** einer der großen Sundainseln, liegt Sarawak, der mit 124.449 km² größte **Teilstaat Malaysias.** Sarawak grenzt an drei andere Staaten: Im Norden, an der Küste, liegt das Sultanat Brunei. Im Landesinneren besteht eine Verbindung zum zweiten ostmalaysischen Teilstaat, Sabah. Im Süden grenzt Sarawak an das indonesische Kalimantan.

Überblick

Topografisch ist Sarawak in drei Regionen gegliedert: die Mangrovensümpfe der **Küstenbereiche,** die dann in eine von tropischem Regenwald bewachsene Zone übergehen, und die **dschungelbedeckte Gebirgskette** entlang

der malaysisch-indonesischen Grenze, mit dem höchsten Berg Sarawaks, dem **Mount Murud** (2423 m).

Obwohl seit 1984 eine durchgängige Straßenverbindung von Kuching nach Miri existiert, die aber lange Zeit nur als staubige, mit Schlaglöchern durchzogene Piste in Erscheinung trat, und auch, wenn das Straßennetz in den letzten Jahren fortwährend ausgebaut wurde, sind die **Hauptverkehrswege** die großen **Flüsse.** Zu ihnen gehören der Sungei Sarawak (217 km), der Batang Lupar (228 km),

---

NICHT VERPASSEN!

- ➲ **Kuching, Zentrum**
  schmuckes Kleinod kolonialer Vergangenheit | 413
- ➲ **Sarawak Museum Kuching,**
  eindrucksvolle Sammlung zu den Attraktionen Sarawaks | 413
- ➲ **Langhaustouren,**
  am Skrang-River und am Batang Ai | 430
- ➲ **Miri,**
  faszinierendes altes Handelszentrum der Region | 453
- ➲ **Gunung Mulu Nationalpark,**
  Weltkulturerbe mit kilometerlangen Höhlensystemen | 458

Diese Tipps erkennt man an der **gelben Hinterlegung.**

◹ Open-air-Museum in Damai, Sarawak

der Batang Rajang (564 km) und der Sungei Baram (402 km). Der längste Fluss Sarawaks, der Rajang, ist auf 242 km (bis Kapit) mit Küstendampfern befahrbar. Weiter im Landesinnern und auf den anderen Flüssen sind Expressbootlinien eingesetzt.

Zusätzlich gibt es ein nationales **Lufttransportsystem,** das sich kleinerer Flugpisten im Landesinneren bedient.

Verwaltung

Als Teilstaat der Föderation Malaysia gilt für Sarawak neben der malaysischen Verfassung eine eigene.

Als nominelles Oberhaupt fungiert hier der **Gouverneur** *(Yang Di-Pertuan Negeri).* Das Parlament *(Majlis Mesyuarat Kerajaan Negeri)* besteht aus dem Ministerpräsidenten und 4 bis 8 eingesetzten Abgeordneten des Senats

Sarawak

Malay45

| 99 | Ortsbeschreibung auf Seite 99 |
| 99 | Ortsbeschreibung auf Seite 99, mit Stadtplan |

(Dewan Undangan Negeri). Senat und Parlament üben, soweit es die Verfassung Malaysias nicht einschränkt, die Legislative und die Exekutive aus. Eigenständig verantwortlich ist der Staat Sarawak für das Land, die Rohstoffe, Land- und Forstwirtschaft und die lokalen Verwaltungen.

Das **Wappen** stellt einen Nashornvogel mit ausgebreiteten Schwingen dar (Sarawak ist auch als „Land des Nashornvogels" bekannt). Die Federn von Flügeln und Schwanz symbolisieren die 13 Staaten Malaysias. Die Hibiscusblüte ist die Nationalblume. Der Spruch zwischen den Füßen des Tieres, „Hidup Selalu Berkhidmal", ist das Motto Sarawaks und bedeutet sinngemäß „Leben, um zu dienen".

Geschichte

Vom 15. bis zum Beginn des 19. Jahrhunderts gehörte Sarawak zum **Sultanat Brunei.** 1839 kam es zur Revolte der Dayaks, die von Malaien und Chinesen unterstützt wurde, gegen die Ausbeutung durch den Sultan von Brunei, *Raja Madu Hassim*. Dieser bat den gerade gelandeten englischen Abenteurer **James Brooke** um Intervention. Ihm, der über die Macht der Kanonen seines Schiffes „The Royalist" und nicht zuletzt über diplomatisches Geschick verfügte, gelang es, die rebellierende Bevölkerung zu befrieden. Zum Dank für seinen raschen Erfolg erhielt er 1841 vom Sultan Land geschenkt, das heutige Sarawak.

Nach einer Überlieferung stammt der Name *Sarawak* aus der Rede des Sultans: „Serah kapada awak" (ich gebe es Ihnen), mit der das Gebiet übergeben wurde.

Brooke wurde 1841 zum Rajah von Sarawak ernannt. Nun begann für das Land die **Herrschaft der „weißen Rajahs"** und die Ära der Familie *Brooke*. Als *James Brooke* 1868 starb, übernahm sein Neffe *Charles Brooke* das Amt.

1888 wurde Sarawak **britisches Protektorat. Charles Brooke** bestimmte die Entwicklung des Landes besonders nachhaltig. Er hatte vor seiner Amtszeit mehrere Monate im Dschungel mit den Dayaks gelebt und wusste so sehr genau um deren Belange. Sein Engagement, sich persönlich um alle Angelegenheiten zu kümmern, führte dazu, dass der Staat wirtschaftlich und kulturell erblühte und dass lange Zeit Frieden herrschte. Sein persönlicher Einsatz für die kulturellen Belange des Staates dokumentiert sich auch heute noch in den besonderen Bauwerken Kuchings, der **Istana** (dem Regierungspalast) und dem **Sarawak Museum,** das durch ihn unter dem Einfluss von *Alfred Russel Wallace,* einem der Mitbegründer der Evolutionstheorie, entstand.

Nach seinem Tod 1917 übernahm sein Sohn, **Charles Vynar Brooke,** die Regierung. Er regierte bis zur Besetzung des Landes durch **japanische Invasionstruppen** im Zweiten Weltkrieg. Nun begann eine Zeit der wirtschaftlichen Ausbeutung durch die Japaner. 1945 eroberten die Alliierten das Land zurück, und *Charles Vynar Brooke* übernahm wieder die Regierung.

Im Juli desselben Jahres übergab er Sarawak an **Großbritannien,** zu dem es bis 1963 als **Kolonie** gehörte. Während dieser Periode hatten die britischen Truppen häufige Auseinandersetzungen mit **kommunistischen Rebellen.** Am 16. Juli 1963 erhielt Sarawak die **Unabhängigkeit** von Großbritannien und trat der Föderation der malaysischen Staaten bei.

Insgesamt gesehen wurde die Geschichte Sarawaks in den letzten 100 Jahren nachhaltig von der Familie *Brooke* geprägt. Zu ihren Zielen gehörte die Abschaffung der Kopfjägerei, die zu ständigen Unruhen bis in die 30er Jahre des 20. Jahrhunderts hinein führte. Die Beilegung dieser Unruhen wird zumeist glorifiziert, mit welchen Mitteln sie erreicht wurde, mag dahingestellt sein.

Die **Brandkatastrophe** 1998 hinterließ ihre Spuren einerseits im ökologischen System des Landes, andererseits aber auch im wichtigen Wirtschaftszweig Tourismus. Mit günstigen Angeboten und guten Marketingstrategien versucht man, hier Abhilfe zu schaffen.

Allerdings hat sich bisher noch kein voller Erfolg eingestellt, denn zumindest in den Sommermonaten verdunkeln immer wieder dichte Rauchwolken den Himmel, da durch traditionelle Brandrodung Platz für den Reisanbau geschaffen wird.

Auch 2003/2004 tat sich vieles im Land. Zwar verschont von SARS und Terroranschlägen, lahmte der Tourismus auch in Sarawak. Trotzdem entwickelten sich lang gehegte Ideen. Kuching verschönerte sein Stadtbild, Sibu unternahm bauliche Veränderungen, um eine Art Flaniermeile am Fluss zu erhalten, und Miri rüstete sich als Highlight der Region. Sumpfverschließungen, Hotelneubauten und zahlreiche andere Bauprojekte sollen die ehemalige Ölsucherstadt zu einem Urlaubsparadies werden lassen.

2013: Viele Projekte sind mittlerweile abgeschlossen, Kuching ist vor allem im Bereich des Flusses erblüht, gegenüber dem Clocktower steht der neue, prachtvolle und monumentale **Regierungssitz.** In den Vororten, beispielsweise auch am Flugplatz, bleiben die Baubemühungen aber in den Anfängen stecken, denn teilweise zeigen sich auch hier noch oder schon wieder Auswirkungen der Finanzkrisen.

Wirtschaft

Als Teilstaat Malaysias ist die Wirtschaft Sarawaks eng mit der der übrigen Staaten verknüpft. Eine herausragende Rolle in der Gesamtwirtschaft nehmen die reichen **Ölvorkommen** vor den Küsten Sarawaks und Sabahs ein, die sich wegen ihrer Qualität (geringer Schwefelgehalt) zu einem wichtigen Exportgut entwickelt haben. Die Off-Shore-Ölfelder prägen das Bild vieler Städte (z.B. Miri) sehr nachhaltig.

Im Zusammenhang mit dem Erdöl steht auch die Förderung von **Erdgas** (vor Bintulu) und dessen Export, vorwiegend nach Japan.

Malaysia bezieht als einer der größten **Pfefferlieferanten** der Welt ungefähr 90 % des Pfeffers aus Sarawak. Ein weiteres wichtiges Exportprodukt ist das **Holz** der riesigen Urwaldgebiete Borneos (ursprünglich gab es etwa 13,4 Mio. ha Primärurwald), von denen im Wesentlichen japanische und amerikanische Konzerne jährlich ca. 100.000 ha einschlagen.

Sonstige Exportprodukte sind **Kautschuk** und **Palmölerzeugnisse.**

Tourismus, vornehmlich der Natur- und Abenteuertourismus, wird zu einem zunehmend wichtigen Wirtschaftsfaktor des Staates. Ehrgeizige Nationalparkprojekte und zahlreiche Veranstalter für Naturtrips zeugen von dieser Entwicklung. Gleichzeitig hat die Tourismusindustrie jedoch ihr Hauptaugenmerk auf die luxuriöser Reisenden gerichtet, sodass Individualtouristen, die preiswert reisen wollen, es schwer haben, geeignete Unterkünfte zu finden. Wer allerdings etwas mehr Geld z.B. für die Unterkunft aufbringen kann, erlebt derzeitig für relativ geringe Summen echten Luxus (4–5-Sterne-Hotels kosten teilweise unter 50 €/Zimmer/Nacht).

Weißer Pfeffer aus Sarawak

Religion

In Sarawak ist der **Islam** nicht sehr weit verbreitet. Diese Religion findet man hauptsächlich in den größeren Orten, während im Landesinneren sehr viele **Christen** leben. Auch heute wird hier noch missioniert, besonders durch die anglikanische Kirche. Obwohl offiziell Christen, sind viele Ureinwohner Sarawaks auch heute noch **Animisten**.

Bevölkerung

Sarawak hat ca. 2,2 Millionen Einwohner. Das entspricht einer Bevölkerungsdichte von ca. 14 Personen/km². Man muss jedoch berücksichtigen, dass ungefähr 40 % der Bevölkerung in den drei wichtigen Städten Kuching (ca. 500.000 Einwohner), Sibu (ca. 230.000 Einwohner) und Miri (ca. 280.000 Einwohner) leben. Die übrige Bevölkerung verteilt sich auf ländliche und unerschlossene Gebiete.

Die Bevölkerung setzt sich aus insgesamt 26 unterschiedlichen **ethnischen Gruppen** zusammen. Die größte bilden die Iban (See-Dayak), gefolgt von den Chinesen, Malaien, Bidayuh, Melanau und weiteren Völkern wie den Kenyah, Kayan, Punan und Murut.

▷ Räucherkerzen in einem Tempel in Kuching

Die Dayak

Unter dem Sammelbegriff „Dayak" wird eine Bevölkerungsgruppe zusammengefasst, die hauptsächlich im Landesinneren lebt. Zu ihr gehören die Stämme der Iban (oder See-Dayak), der Kayan, Kenyah, Murut und Ngadju (Land-Dayak).

Von den Dayak unterscheiden sich die Jäger und Sammler (oder auch Wildbeuter), zu denen die Punan gehören.

Der Name *Dayak* wurde von den Holländern geprägt, die ihn vom malaiischen Wort *daya* für „Binnenland" ableiteten. Sie bezeichneten mit diesem Begriff alle Bevölkerungsgruppen, die im Inneren der Insel lebten.

Die Stämme verwendeten selbst nicht diese Bezeichnung, sondern nannten sich nach den Flüssen, an denen sie lebten (z.B. nannten sich die Menschen, die am Kahajan-Fluss lebten, *Oloh Kahajan*, „Menschen vom Kahajan". Die Menschen, die im Norden der Insel lebten, nannten sich *Kami Benua,* „Wir in diesem Land". Von den Kajan wurden sie als *Ivan* oder *Hiwan* bezeichnet, „Wanderer". Im Laufe der Zeit übernahmen sie die Bezeichnung und nannten sich *Kami Ivan*, „wir Wanderer". Später wurde daraus *Kami Iban* und schließlich *Iban*. Diese Bezeichnung wurde dann auch von den Europäern übernommen.

Bis heute ist noch nicht ganz genau geklärt, in welcher Reihenfolge und von wo aus die einzelnen Dayakstämme Borneo besiedelten. Eine plausible Theorie geht davon aus, dass die **Punan** zu den ältesten Bewohnern der Insel gehören. Sie sollen demnach bereits schon dort gelebt haben, als Borneo noch nicht vom Festland getrennt war. Nachdem die Abspaltung stattgefunden hatte, kamen über längere Zeit keine neuen Einwanderer hierher.

Später kamen dann von Norden her Stämme **mongolischer Abstammung** aus Südchina über die malaiische Halbinsel und Sumatra nach Borneo. Zu ihnen gehörten die **Kayan**, die ursprünglich im Süden der Insel landeten und dann entlang der Flüsse bis nach Sarawak vorstießen. Ihnen folgten die **Murut** (sie leben im heutigen Sabah), die wohl entweder direkt

aus Assam einwanderten (sie weisen kulturelle Übereinstimmung auf) oder über Assam und die Philippinen nach Borneo gelangten.

Die zuletzt eingewanderte Bevölkerungsgruppe ist der Stamm der **Iban.** Sie kamen vor ungefähr 300 Jahren von Sumatra (aus der Gegend von Palembang) nach Borneo und von dort ins heutige Sarawak.

Ende des 16. Jahrhunderts bekamen **malaiische Adelige aus Sumatra** die Genehmigung des Sultans von Brunei, die südlichen Teile Sarawaks zu verwalten. Diese Adeligen waren Seeräuber, die zunächst Bewohner dieser Gebiete für ihre Schiffe anwarben. Diese Hilfskräfte erwiesen sich jedoch als wenig kriegerisch und gleichzeitig als schlechte Seeleute. Aus diesem Grund wurden die kampffreudigen Familien der **Seeräuber aus Sumatra** geholt. Von dieser Gruppe stammen die Iban ab.

Zunächst lebten die Seeräuber nur an den Flüssen, nahe der Küste. Aufgrund ihrer ständigen Fehden und gegenseitigen Konkurrenz wanderten einzelne Gruppen aber immer weiter ins Landesinnere. Die ständigen Kämpfe führten zu der auch heute noch gebräuchlichen Dorfform, dem **Langhaus.** Ein solches festungsartiges Haus, das zudem noch auf

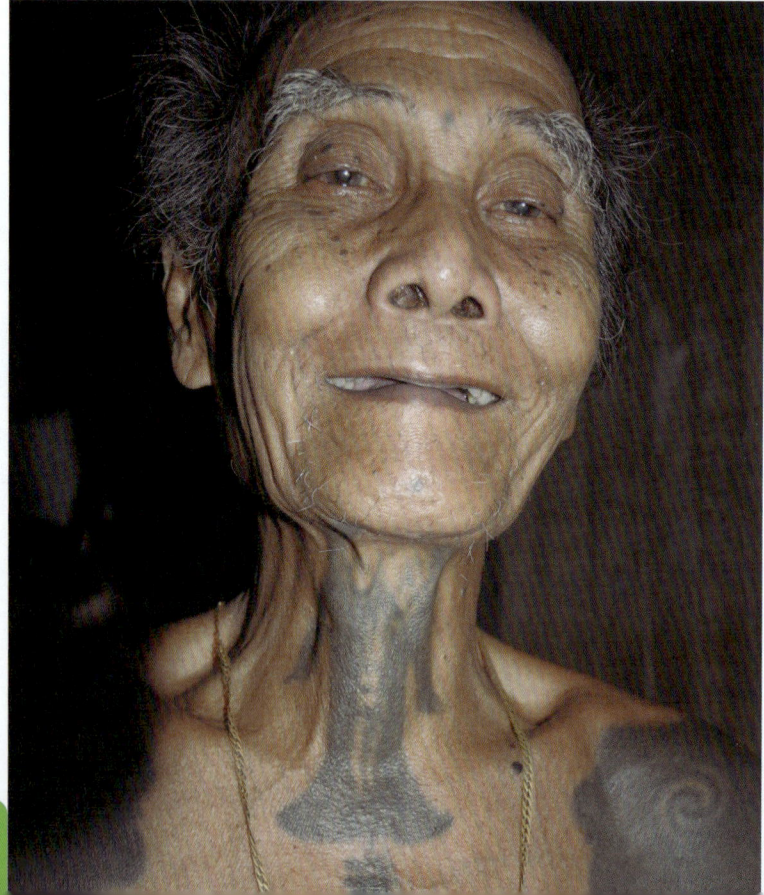

Pfählen errichtet war, bildete einen wirksamen Schutz vor Feinden. Ein Langhaus beherbergte immer mehrere Großfamilien einer Untergruppe eines Dayakstammes. Innerhalb des Stammes wurde ein loser Kontakt von Langhaus zu Langhaus aufrechterhalten.

Prinzipiell gleichen sich die Kulturen der einzelnen Dayakstämme sehr stark, interessante Unterschiede gibt es hauptsächlich zwischen den Iban und den Kayan. Während die Kayan eine klare Einteilung in drei Gesellschaftsschichten, Adelige, Freie und Sklaven, vornehmen, ist eine Einteilung bei den Iban nicht so streng zu sehen. Soziale Unterschiede dokumentierten sich bei ihnen am ehesten durch die Lage ihrer Wohnräume im Langhaus. Je weiter außen die Räume liegen, desto niedriger ist der soziale Rang der Bewohner.

Der **Häuptling des Langhauses** hat die Rechtsprechung inne, die auf dem ungeschriebenen Gewohnheitsrecht, dem *Adat,* basiert. Zur Urteilsfindung berät sich der Häuptling mit den ältesten und vornehmsten Männern des Dorfes, um danach das gemeinsam festgesetzte Urteil zu verkünden.

Bei den Iban ist die Häuptlingswürde nicht erblich, d.h. der Nachfolger wird von den bedeutendsten Männern des Langhauses bestimmt. Die Kayan hingegen kennen die **erbliche Häuptlingswürde**, d.h. der gerade amtierende Häuptling kann seinen Nachfolger bestimmen. In dieser Nachfolge gibt es aber kein Erstlingsrecht, es wird vielmehr nach den persönlichen Fähigkeiten entschieden. Bei der Wahl des Nachfolgers kann der Häuptling auch eine seiner Töchter benennen, in der Regel wird er aber einen Sohn nennen.

Neben dem Häuptling hat der **Medizinmann** *(Manang)* eine wichtige Stellung im Stamm inne. Er kennt sich mit der reichhaltigen **Geisterwelt** der Iban aus und kann erzürnte Geister besänftigen. Die Iban sehen sich von einer großen Anzahl nichtirdischer Wesen umgeben, die mit guten oder schlechten Absichten ihr Leben beeinflussen. Diese Götter und Dämonen, deren Seele in den Pflanzen und Tieren des Dschungels leben sollen, unterstehen dann einer obersten Gottheit. Die Geister sind kontinuierlich auf der Jagd nach den Seelen der Menschen, die sich nur mit vielfältigen Ritualen vor ihnen schützen können. Der oberste Gott war gleichzeitig der Kriegsgott, da nur eine besonders mächtige Gottheit die vielen Angreifer vertreiben konnte, denen sich die Iban ausgesetzt sahen. Ständig wurde ein Stamm vom anderen bedrängt, da der Wanderfeldbau immer neue Gebiete benötigte.

Der Medizinmann des Stammes kann aus den Innereien von Tieren die Laune der Götter ablesen und dann mit geheimnisvollen Ritualen deren Widrigkeiten abwenden. Besondere Bedeutung kommt den Träumen der Menschen zu, die nach der Meinung der Dayak zur realen Welt gehören. Geschieht es, dass den Geistern eine Seele zufällt (das kann leicht im Schlaf passieren), so treten schwere Krankheiten auf, die in extremen Fällen sogar zur allgemeinen Räumung eines Langhauses führen können.

Die Dayakstämme waren **Kopfjäger,** wobei dieser Sitte nur z.T. religiöse Bedeutung zukam. Durch die Enthauptung sollte die Kraft des Getöteten auf den Stamm des Siegers übergehen. Gleichzeitig wurden und werden die Köpfe verehrt, da nach Meinung der Dayak jeder Getötete den Göttern näher steht als die Lebenden und somit zu den besonders Begünstigten gehört.

In engem Zusammenhang mit der Kopfjagd (und der übrigen Kultur) stehen die **Tätowierungen** der Dayak, die man sowohl bei Männern als auch bei Frauen findet. Tätowierungen werden auch heute noch durchgeführt. Fragt man nach dem Sinn der Muster oder der

◁ Iban-Krieger

Prozedur allgemein, so ist die Antwort meist ausweichend (z.B. „das ist Schmuck"). Das darf aber nicht dazu verleiten, die Vermutung aufzustellen, den Dayak sei die Identität mit ihrer Kultur verlorengegangen; vielmehr sollte man in Betracht ziehen, dass Tätowierungen große magische Bedeutung haben, die nicht jedem offenbart werden soll. Andererseits soll der Geisterglaube durch die Bekehrung der Bevölkerung zum Christentum oder Islam abgelöst werden. Insofern muss eine ausweichende Antwort von Tätowierten als Schutz angesehen werden, um den eigenen traditionellen Glauben behaupten zu können.

Eine große Bedeutung kommt der **monogamen Ehe** zu. Beide Partner sollen nach Möglichkeit der gleichen Gesellschaftsschicht angehören. Ursprünglich kam es zwischen benachbarten Stämmen selten zur Heirat. Innerhalb jedes Stammes galt ein striktes Inzestverbot. Durch eine Heirat wurden gleichzeitig zwei Gruppen miteinander verbunden, d.h. es handelte sich um eine öffentliche Angelegenheit, die von der Gemeinschaft überwacht wurde. Da eine Heirat eine Veränderung im Leben der beiden Personen bedeutete, mussten einige rituell-religiöse Handlungen vollzogen werden, die Unheil abwenden sollten.

Bei den Dayak gab es aber auch die Institution der **Scheidung,** die ebenfalls öffentliches Interesse fand, da die gesamte Gemeinschaft davon betroffen war (z.B. ging eine Arbeitskraft verloren). Im Adat war genau festgelegt, wann eine Ehe geschieden werden konnte.

Zwei Gründe konnten zur Scheidung führen, „innerweltliche", wie Ehebruch etc. und „außerweltliche", wie z.B. ein böser Traum, der von den Dayak als Realität angesehen wurde. Während letzterer eine sanktionslose Scheidung ermöglichte, wurde bei den innerweltlichen Gründen dem Schuldigen eine Strafe auferlegt, z.B. Ausschluss aus der Gemeinschaft.

Ob der Ehe auch heute noch diese Bedeutung zukommt und ob sie noch so gehandhabt wird, hängt weitgehend vom Grad der Missionierung der einzelnen Stämme ab. Das Adat hat aber auch bei missionierten Stämmen seine Bedeutung.

Die **Wirtschaft** der Dayak beruht im Wesentlichen auf dem Anbau von **Reis,** der im Trockenfeldbau betrieben wird. **Brandrodung** ist ein gängiges Mittel zur Anlegung von Reisfeldern. Das Jagen und Sammeln von Pflanzen spielt eine untergeordnete Rolle. Als Reisbauern sind die Dayak in ihrem Jahresrhythmus stark von der Natur abhängig, d.h. vom Zeitpunkt des Reisanbaus und seiner Ernte. Mittlerweile verdingen sich auch immer mehr Dayak bei den Holzgesellschaften, da hier relativ gute Verdienste winken.

Die Punan

Die Punan oder auch Penan gehören zu den **ältesten Bewohnern Borneos.** Diese Menschen lebten und leben nomadisierend im Dschungel. Ihre Zahl wird auf ca. 4000 Personen in Sarawak und Brunei geschätzt. Die malaysische Regierung versucht, die Punan zum sesshaften Leben zu bewegen, dies gelang bisher aber nur unvollständig. Aufgrund ihrer traditionellen Lebensweise sind die Punan Wildbeuter, d.h. sie leben als **Jäger und Sammler.**

Gegen die übrige Bevölkerung grenzen sie sich dadurch ab, dass sie nicht einheitlich in bestimmten Gebieten leben, sondern zersplittert und über die ganze Insel verstreut vorkommen. Die Punan besitzen außerdem keine gemeinsame Sprache und Kultur.

Als Jäger und Sammler sind die Punan vollständig an das Leben und Überleben im Dschungel angepasst. Sie sind ausgezeichnete Jäger, die mit ihren **Blasrohren** vergiftete Pfeile abschießen, mit denen sie von kleinen Nagern über Affen bis zu Wildschweinen und Hirschen alles erlegen können. Für Großwild besitzt das Blasrohr zusätzlich eine Lanzenspitze, da die Giftmenge der Pfeile oft nicht ausreicht, das Tier zu töten. Die Fallenstellerei hat für die Punan nur eine untergeordnete Be-

◁ Die Punan sind heute meist sesshaft

Zu Besuch in einem Langhaus

Vor dem Betreten eines Langhauses muss man die Bewohner um **Erlaubnis** fragen, denn nicht einmal enge Freunde betreten ein Langhaus ohne Einladung. Normalerweise geht der Führer voraus und bittet um die Erlaubnis.

Im Langhaus werden **keine Schuhe** oder Sandalen getragen, schon gar nicht auf den geflochtenen Matten, auf denen man beim Gespräch und beim Essen sitzt.

Nach der Ankunft übergibt man dem Chief des Langhauses, dem *Tuai rumah,* die mitgebrachten **Geschenke,** Süßigkeiten, Zigaretten und Schnaps. Daneben werden auch Kleinigkeiten wie z.B. Luftballons, Feuerzeuge etc. gerne genommen.

Neben den Geschenken übergibt man dem *Tuai rumah* auch die mitgebrachten **Lebensmittel** (Konserven und Reis). Die Menge sollte so bemessen sein, dass sie für einen selbst entsprechend der Aufenthaltsdauer ausreichen. Gekocht wird von den Langhausbewohnern.

Man sollte im Langhaus immer daran denken, dass die Menschen, die hier leben, auf ihre Lebensweise genauso stolz sind, wie wir auf unsere. Diese angeblich „primitiven" Menschen sind ebenso intelligent und sensibel wie wir. Bei der Ankunft im Langhaus bekommt man traditionsgemäß ein **Getränk** angeboten, am Tage meist Kaffee, abends oft Tuak (Reiswein). Diese Getränke dürfen nicht zurückgewiesen werden, um die Gastgeber nicht zu beleidigen. Wer aus irgendwelchen Gründen nichts trinken möchte, sollte das Getränk trotzdem annehmen, daran nippen und sich bedanken.

Angebotenes **Essen** darf man auch nicht zurückweisen. Wer nichts essen möchte, nimmt die Speise an, berührt sie mit den Fingern, danach mit ihnen die Lippen und bedankt sich dann. Speisen und Getränke werden mit beiden Händen entgegengenommen.

Bevor **fotografiert** wird, muss man um Erlaubnis fragen.

Bevölkerung

Haustiere, die zum Langhaus gehören, dürfen nicht schlecht behandelt werden. Man darf z.B. keine Steine nach ihnen werfen oder sie treten, da viele Ureinwohner glauben, dass die schlechte Behandlung von Tieren zu Unglücken in der Zukunft führt.

Wenn ein Langhaus **tabu** ist (Pantang), darf es nicht von Fremden betreten werden. Man wird entweder von Bewohnern darauf hingewiesen oder erkennt es an einer weißen Fahne am Eingang. Ein Langhaus wird nach einem Todesfall oder einem großen Unglück tabu.

Wer einen leichten Schlaf hat, sollte auf jeden Fall *Oropax* bei sich haben, denn im Langhaus ist es alles andere als ruhig. Die Wände der einzelnen Bilek sind nur ca. 2,5 m hoch. Ein paar Meter darüber ist erst das Dach. Neben der Luftzirkulation, die dadurch erreicht wird, gibt es aber auch eine gute **„Geräuschzirkulation".**

Beachtet man alle diese Regeln, so wird der Langhausbesuch sicherlich zu einem Erlebnis. Man sollte aber bereits bei der Ankunft über die **Dauer des Aufenthalts** reden. Das ist auch für den Guide wichtig, der ja wieder nach Hause möchte oder bei längerem Fortbleiben auch mehr Geld verlangt.

Normalerweise reicht es, Lebensmittel für den eigenen Bedarf und Geschenke mitzunehmen, es kann aber schon mal passieren, dass die Langhausbewohner bei der Abreise nach etwas **Geld** fragen. Ob man etwas bezahlt, sollte von der ganzen Situation abhängig gemacht werden. Wer mehrere Tage in einem Langhaus war und gute Einblicke in ihr Leben gewonnen hat, wird abschätzen können, wie arm die Leute sind. Allerdings gibt es immer mehr „touristisch erschlossene" Langhäuser, in denen eine Eintrittsgebühr erhoben wird (ab ca. 8 RM/Person).

Bleibt man länger im Langhaus, möchte man sicherlich beim täglichen Leben zusehen. Prinzipiell ist es erlaubt, trotzdem sollte man aus Höflichkeit um Erlaubnis fragen.

◁ In einem Langhaus

deutung, da die Jagd mit dem Blasrohr prestigereicher ist.

Die wichtigste **Nahrungsgrundlage** dieser Menschen sind aber die Pflanzen des Dschungels. Die Punan kennen eine Unzahl für den Menschen essbare Pflanzen, die sie nahe ihrer Lager suchen. Dazu gehören neben Früchten wie **Durian, Mangostane** und **Rambutan** auch **Sago** (als Lieferant von Kohlenhydraten). Neben diesen bekannten Nahrungspflanzen gibt es noch eine Vielzahl anderer, über die jedoch bis heute keine genauen Angaben vorliegen.

Neben der Jagd und dem Sammeln sind die Punan z.T. dazu übergegangen, Pflanzen wie Maniok, Reis, Batate anzubauen. Ihre Lagerplätze suchen sie sich nach den Nahrungspflanzen der Umgebung. Sind die Nahrungsquellen ausgeschöpft, brechen sie ihr Lager ab und ziehen an andere Plätze.

Die Punan bauen fselten feste Behausungen, z.T. leben sie in **Höhlen.** Sind keine natürlichen Unterkunftsmöglichkeiten vorhanden, so errichten sie einfache **windschirmartige Behausungen,** die meist keine Seitenwände haben. Als Fußboden dient eine Art Lattenrost, der aus Ästen zusammengebunden wird. Die Dachkonstruktion wird aus Flechtmaterial wie Rattan oder Palmblättern hergestellt.

Der Abbruch eines Lagers kann auch infolge mystischer Gründe, wie Todesfälle, schlechte Träume etc., erfolgen.

Interessant verhalten sich die Gruppen, die gerade zur **Sesshaftigkeit** übergehen. Sie errichten Hauptlager in einem begrenzten Gebiet, die in einem bestimmten Turnus aufgesucht werden. Daneben leben sie in kleineren Jagdlagern, die nur über kürzere Zeiträume bestehen. Immer häufiger leben sie dann in einem der Hauptlager, um sich hier schließlich vollständig niederzulassen.

Heute stehen die nomadisierenden Stämme vor dem Problem der großflächigen **Zerstörung ihres Lebensraumes.** Es bleibt ihnen nur die Möglichkeit, sesshaft zu werden, oder von der Regierung ein **Reservat** zugewiesen zu bekommen, in dem sie ihr ursprüngliches Leben fortsetzen können. Diese Frage steht aber immer noch ungeklärt im Raum.

Ost-Malaysia (Sarawak)

Nationalparks

In Sarawak gibt es drei große, gut erschlossene Nationalparks, den **Bako-**, den **Niah-** und den **Gunung-Mulu-Nationalpark.** Da sie in sehr unterschiedlichen Vegetationszonen Sarawaks liegen, vermitteln sie einen guten Überblick über die Natur des Landes. Alle drei sind sehr empfehlenswerte Reiseziele. Einziger Nachteil sind die sehr hohen Kosten, die für die Anreise zum Gunung Mulu Park entstehen.

Die kleineren Nationalparks **Similajau-, Gunung Grading** und **Lambir Hill Park** werden weiter ausgebaut.

Die Nationalparks Sarawaks sind sehr gut gepflegt und zeigen auf beeindruckende Weise die Flora und Fauna des Landes. Es sind Orte, in denen hoffentlich noch sehr lange der tropische Regenwald mit seiner Vielfalt erhalten bleibt. Solche Parks können sogar zu einer Arche Noah werden, weil hier Arten überleben, die anderswo längst ausgestorben sind, die später aber vielleicht noch einmal ausgewildert werden können.

Leider stellt man immer wieder fest, dass viele Touristen zwar die Natur bestaunen, aber gleichzeitig alles mögliche in der Umgebung verstreuen (von Coladosen über Filmschächtelchen bis hin zu Kaugummipapier). Neben den Verschmutzungen mit **Müll** sieht man immer wieder mehr oder weniger dumme Sprüche, in Baumrinden und auf Felsen geritzt, die die Natur nicht gerade bereichern. Einige Leute müssen darüber hinaus auch noch ihre Kraft an Pflanzen oder Gestein (z.B. Stalaktiten) beweisen, die vielleicht tausende von Jahren zu ihrer Entstehung brauchten, aber in Sekunden zerstört werden können. Aus diesem Grunde möchten wir noch einmal die Bitte äußern, sich entsprechend zu verhalten (das gilt übrigens auch für die Natur außerhalb der Nationalparks).

Das **Forestry Department** hat dazu zwei **Slogans** entwickelt, denen wir uns anschließen möchten: „Die Natur gehört nicht Dir, sondern Du gehörst zu ihr." und „Nimm nichts mit außer Fotos und lasse nichts zurück, außer Deinen Fußabdrücken.".

Permits und Adressen

Wer einen der Nationalparks besuchen möchte, muss dies vorher **anmelden** (in Kuching). Die Aufenthaltsdauer unterliegt keinerlei Beschränkungen (man sollte mehrere Tage einplanen). Zusätzliche Informationen gibt es im **Visitors Information Centre des National Park Booking Office.** Das Büro befindet sich im Old Courthouse Complex gegenüber der Waterfront, *National Parks Booking Office, Visitors Information Centre,* Jalan Tun Abang Haji Openg, Kuching, Tel. 082 248088. Wer einen Besuch in einem der Parks in der Umgebung von Kuching buchen will, kann dies online über die Seite http://ebooking.com.my machen. Weitere Informationen gibt das **Sarawak Forestry,** Tel. 082 610088 oder gebührenfrei: 1 800 88 2526, www.sarawakforestry.com.

Die Anmeldung für den Niah erfolgt in der Dienststelle in Miri bzw. im Park selber erfolgen. Die Adresse dort lautet: *National Park Booking Office Miri, Visitors Information Centre,* Jalan Melayu, Tel. 085 434184.

Mit der Anmeldung erfolgt gleichzeitig die **Buchung der Quartiere.** Wir empfehlen die Anmeldung in Kuching, da man dort sehr gute **Informationsschriften** zu allen drei Parks erhält. Hierin sind die einzelnen Trails im Park anhand von Karten dargestellt. Für den Bako Park gibt es zusätzliche Hefte, die über die dort lebenden Tiere und deren Beobachtung informieren.

Alle Informationen und Reservierungen für den **Gunung Mulu Park** (www.mulupark.com) müssen über das Büro der *Protected Areas and Biodiversity Conservation (PABC)* laufen. Diese Organisation gehört zwar zum *Sarawak Forestry Department,* ist aber in weiten Teilen eigenständig.

Ein weiteres **Nationalparkbüro** gibt es in Bintulu, *National Park Booking Office, Section Forest Office,* Tel. 086 314243.

Für **Informationen,** z.B. ob die Rafflesia gerade blüht, wendet man sich an das Büro in Kuching! Aktuelle Informationen sowie Online-Buchungen sind über die Seite www.forestry.sarawak.gov.my möglich.

Kuching

Nach einer Legende erhielt die Stadt ihren Namen aufgrund eines Sprachmissverständnisses. Als *James Brooke* zum ersten mal mit seinem Schiff vor der Stadt eintraf, deutete er mit der Hand auf den Ort, um von seinem malaiischen Übersetzer den Namen zu erfahren. Dieser war jedoch der Meinung, *Brooke* deute auf eine vorbeistreunende Katze, und nannte ihm das malaiische Wort für „Katze", *Kuching*.

Heute ist Kuching die **Hauptstadt Sarawaks** und der Verwaltungssitz der *First Division*. Die Bevölkerungszahl beträgt rund 650.000 Einwohner.

Die durch den **Fluss Sungei Sarawak** geteilte Stadt liegt ca. 32 km im Landesinneren. Das eigentliche Zentrum befindet sich am südlichen Ufer des Flusses. Hier herrscht überall lebendiges, geschäftstüchtiges Treiben, und nur wenig erinnert sichtbar an die Herrschaft der weißen Rajas. Auf dem nördlichen Ufer dagegen findet man unübersehbare Relikte jener Ära, die Istana und Fort Margherita.

Da Kuching den einzigen internationalen **Flughafen** Sarawaks besitzt, beginnt eine Sarawak-Reise meist in dieser Stadt.

Während andere Städte Sarawaks nur wenig Reizvolles zu bieten haben und meist als Ausgangspunkt für Touren ins Landesinnere dienen, kann Kuching mit einer ganzen Reihe interessanter Sehenswürdigkeiten aufwarten, die einen mehrtägigen Aufenthalt lohnend machen.

Wallace-Linie, die Trennung zwischen asiatischer und australisch-melanesischer Tierwelt. Die Linie verläuft zwischen Bali und Lombok und zwischen Borneo und Sulawesi (Celebes).

Das Museum im Stil eines französischen Stadthauses an der Jalan Tun Haji Openg beherbergt heute eine **naturkundliche Sammlung,** in der verschiedene Tierarten als Einzelexemplare sowie in ihrer Symbiose mit anderen Arten vorgestellt werden.

Auch **Nasenaffen** sind zu sehen, die nur auf Borneo leben.

Gegenüber dem alten Museum steht ein neuerer Gebäudekomplex, das **Dewan Tun Abdul Razak.** Dieses Museum zeigt wechselnde Ausstellungen, die das Land in möglichst vielen Facetten abbilden. Thematisch geht es um die politische Entwicklung des Landes, um Geschichte und um regionale Kunst. Rechts davon ist ein kleiner Teich angelegt, in dem ein Pfahlbau der Ureinwohner errichtet wurde.

Neben Sammlungen von Kulturgegenständen, die z.T. aus **archäologischen Funden** stammen, sind Teile von **Langhäusern** begehbar nachgebildet. Wenn man sich darin befindet, hat man den Eindruck, die Bewohner hätten das Haus gerade erst verlassen.

Ein Teil des Museums besteht aus der Nachbildung der **Niah-Höhlen,** ein anderer zeigt die **historischen Entwicklung** Sarawaks. Auch das Sarawak der 1980er Jahre mit seinen Erzeugnissen wie z.B. Erdöl wird gewürdigt.

■ **Geöffnet:** Mo–Fr 9–16.45 Uhr, Sa, So, an Feiertagen 10–16 Uhr, www.museum.sarawak.gov.my (Eintritt frei).

Sehenswertes

Sarawak Museum

Das Museum ist die größte Sehenswürdigkeit der Stadt. Es wurde 1888 von *Charles Brooke* unter Mitwirkung von *Alfred Russel Wallace* erbaut.

Wallace, ein Mitbegründer der Evolutionstheorie, benannte als erster die sogenannte

Islamic Heritage Museum

Das Museum, das sich hinter dem Sarawak Museum befindet zeigt Stücke zu den Themen **Architektur, Münzen, Waffen, Bekleidung** und **Möbel.**

■ **Geöffnet:** Mo–Fr 9–16.45 Uhr, Sa, So und an Feiertagen 10–16 Uhr, Tel. 082 244 232, www.museum.sarawak.gov.my/islamicmu.htm (Eintritt frei).

Kuching

Chinese History Museum

Hier wird die Geschichte der chinesischen Bevölkerung Sarawaks präsentiert. Die zahlreichen Ausstellungsstücke berichten von den frühesten Wanderungsbewegungen aus China in diese Region über die ersten Pioniere, die Handelswege im Land und die Organisation von Interessengemeinschaften sowie deren politischen Einfluss. Das Gebäude liegt gegenüber dem Tua-Pek-Kong-Tempel.

■ **Geöffnet:** Mo–Fr 9–16.45 Uhr, Sa, So und an Feiertagen 10–16 Uhr.

☐ Übersichtskarte S. 400 **Kuching**

© REISE KNOW-HOW 2013
Malay46

■ **Übernachtung**
- 3 Merdeka Palace Hotel & Suites
- 5 Diocesan Guesthouse
- 6 Fata Hotel
- 7 Planet Borneo Lodge
- 8 B&B Inn
- 9 Borneo Hotel
- 10 Hotel Furama, Orchid Inn
- 12 Mandarin Lodging House, Harbour View Hotel
- 13 Green Mountain Lodging House
- 14 Singgahsana Lodge
- 16 i-Tune Hotel
- 17 Kuching Hilton
- 20 Riverside Majestic Hotel Kuching
- 24 Motel Siangolila
- 25 Tai Pan Hotel
- 26 City Inn
- 27 Kingwood Inn

■ **Essen und Trinken**
- 1 Foodstalls
- 2 Little Lebanon, Magna Carta
- 4 Junk
- 11 Green Hill Corner, Tiger Garden
- 15 Deli Café Patisseries
- 17 Toh Yuen
- 18 Khatulistiwa Café
- 19 Roadhouse Grill, Coffee Bean & Tea Leaf
- 21 Top Spot Food Court
- 28 Aha Café

■ **Sonstiges**
- 22 Malaysian Airlines MAS
- 23 Royal Brunei Airline

Timber Museum

Wer Interesse am **Tropenholz** und dessen Vermarktung hat, sollte sich das Timber Museum nicht entgehen lassen. Es gibt hier auch Informationen zur weiteren Entwicklung der Forstwirtschaft in Sarawak.

■ **Geöffnet:** Mo–Do 8.30–12.30 und 14–17 Uhr, Fr 8–11.40 Uhr und 14.30–17 Uhr, Sa 8–12.40 Uhr. Wisma Sumber Alam, Petra Jaya, Tel. 443 477. Zu erreichen mit dem Matang Transport Bus Nr. 8 (Eintritt frei).

Society Atelier Sarawak

Traditionelle **Kunst** und **Kunsthandwerk** sowie Modernes bieten die Ausstellungsräume der *Society Atelier Sarawak*, im alten Regierungsgebäude am Civic Center. Zu aktuellen Ausstellungen kann man unter folgender Adresse nachfragen:

- Rumah Masra, Jln. Taman Budaya, Tel. 420 042, www.societyatelier.com.

Catmuseum

In der „Katzenstadt" muss es natürlich auch ein entsprechendes Museum geben. Alles was es über diese Tiere zu wissen gibt, ist hier ausgestellt, angefangen von mumifizierten Tieren aus Ägypten bis hin zu den nur auf Borneo beheimateten Arten.

- **Öffnungszeiten:** tgl. 9–17 Uhr, Kameras 3 RM, Video 5 RM. Kuching North City Hall, Jalan Semariang (Eintritt frei).
- **Anreise** mit dem Taxi (20 RM) oder dem Bus Petra Jaya 2B und 2C (1,50 RM), gefolgt von einen etwa 15-minütigen Spaziergang von der Haltestelle zum Museum.

Waterfront Park und Square Tower

Seit 1994 ist der Waterfront Park eröffnet. Entlang des Flusses entstand eine hübsche 890 m lange **Flanieranlage** mit Springbrunnen, Musikberieselung und Restaurants.

Schon 1879 wurde der Square Tower als Festung erbaut, musste aber nie einen Kanonenschuss im Kampf abgeben, obwohl der hölzerne Vorgänger im Minenarbeiteraufstand von 1857 niedergebrannt wurde und dies zum Anlass diente, das steinerne Bollwerk zu errichten. Im Zuge der Sanierungsarbeiten des Flussufers und der Waterfront-Park-Anlage erhielt die Festung eine neue Bestimmung. In einem kleinen **Amphitheater** finden in unregelmäßigen Abständen Tanz- und andere kulturelle Veranstaltungen statt.

- **Aktuelle Informationen** sind beim *Waterfront Management Office* zu erfragen, Tel. 416 777, www.sedctourism.com.

Civic Centre

Kuching und seine Umgebung von oben zu betrachten, gelingt von der **Aussichtsplattform** des futuristisch anmutenden Civic Centres aus. An klaren Tagen kann man sogar bis zu den Bergen Kalimantans sehen, nur dann lohnt der Besuch.

Bootsrundfahrten

Sampan-Sightseeing-Touren auf dem Fluss kosten etwa 15 RM/Std., dafür gibt es den Blick auf Kuching vom Wasser aus (www.ssoonz.com). Wer nur eine kurze Strecke mitfahren möchte, steigt auf eines der anlegenden Boote, die den Verkehr zur gegenüberliegenden Seite aufrechterhalten. Für diese kurze Strecke bekommt der Bootsmann 0,50 RM.

Fort Margherita

Die 1841 erbaute Festung wurde nach der Frau des zweiten Rajas, *Rana Margaret*, benannt. Ursprünglich diente die Festung, die auf einer Anhöhe liegt, der Verteidigung Kuchings gegen Invasoren.

Bis vor Kurzem war hier ein **Polizei-Museum** untergebracht, in dem Waffen ausgestellt werden. Unter ihnen ist auch die einzige Kanone, die in Sarawak gegossen und gegen den Rebellenführer Rentap eingesetzt wurde.

Flussboote in Kuching

Neben der **Waffensammlung** werden historische Kampfgeschehen dargestellt, z.B. die bürgerkriegsähnlichen Kämpfe gegen kommunistische Rebellen in den 1960er Jahren. Die Kämpfe werden durch Hintergrundbilder und lebensgroße **Wachsfiguren** sehr anschaulich gezeigt. Auf den Wehrgängen des Forts erinnert ein Fernglas mit Drehkranz mit dem Wappen des deutschen Reiches und dem Hakenkreuz an die japanische Besetzung im zweiten Weltkrieg. Es ist übrigens noch funktionstüchtig.

Mittlerweile befindet sich innerhalb der Mauern ein **historisches Museum,** in dem nach wie vor zahlreiche Exponate aus dem Polizeimuseum ausgestellt sind. Nach dem Abschluss der Baumaßnahmen zum neuen Parlamentsgebäude kann man problemlos wieder mit den Flussbooten zum Fort übersetzen.

■ **Öffnungszeiten:** Mo–Fr 9–16.45 Uhr, Sa, So und an Feiertagen 10–16 Uhr.

Istana

Wie Fort Margherita liegt auch die 1870 von *Charles Brooke* im Kolonialstil erbaute Istana, der Regierungspalast, auf der nördlichen Flussseite. In ihr wird eine Porträtsammlung der früheren Herrscher Sarawaks aufbewahrt. Die Istana dient heute dem Gouverneur als **Residenz** und ist nicht zu besichtigen. Wer die Istana aus der Nähe betrachten möchte, muss von Pangkalan Batu aus mit dem Boot daran vorbeifahren.

Zwischen der Istana und dem Fort Margherita befindet sich die **Grabstätte der Familie Brooke.** Das **Parlament** hat seinen Sitz in der Nähe der Istana im Counsil-Negeri-Komplex, einem 1976 fertiggestellten hochmodernen Gebäudekomplex. Unmittelbar am Flussufer, aber dennoch auf der Anhöhe, überragt nunmehr der Neubau des **Regierungssitzes** das historische Bauwerk, der 2009 seiner Bestimmung übergeben wurde.

▷ Der Square Tower beim Waterfront Park

Court House

Auf dem südlichen Flussufer und damit innerhalb der eigentlichen Stadt befindet sich der Oberste Gerichtshof mit dem Glockenturm. Das Court House wurde 1871 erbaut. Sein Portal mit den dicken Säulen im viktorianischen Stil wirkt im geschäftigen Leben und Treiben der Stadt leicht deplatziert, hat aber einen gewissen Reiz. Es diente den weißen Rajahs als Regierungssitz. 1883 setzte man über dem Portal ein Glockentürmchen auf das Dach.

1924 wurde vor dem Court House das **Brooke Memorial** errichtet. Diese Säule aus massiven Steinquadern wurde zu Ehren von *Charles Brooke* gebaut. Im Denkmal sind Bronzereliefs eingelassen, die die vier Hauptbevölkerungsgruppen Sarawaks repräsentieren: Dayaks, Malaien, Chinesen und Kayan.

Heute befindet sich hier das **Sarawak Tourism Board's Visitors Centre**.

Jln. Padungan

Historische **chinesische Shophouses** der 1920er und 1930er Jahre säumen beide Seiten der Straße und zeugen durch ihre reiche Dekoration noch immer vom Wohlstand, der mit dem Kautschuk ins Land kam. Heute befinden sich hier zahlreiche Souvenirhändler, Coffee-Shops und Restaurants.

Zum größten Kitsch gehört die **Katzenstatue** *(Great Cat of Kuching)* an der Ecke Jln. Central, gefolgt von der neuen Katzenstatue gegenüber dem *Grand Margherita Hotel*.

Jln. India

Auch in diesem besonders von muslimischen Indern bewohnten Viertel wurde vieles restauriert. Hier bekommt man Früchte und Gewürze, Schmuck und Textilien, aber auch Einblicke in das traditionelle Leben. Bemerkenswert ist die kleine **Moschee** an der Verbindungspassage zur Jln. Gambier. Diese Moschee wurde von den ersten indischen Moslems in Kuching Mitte des 19. Jh. erbaut.

Masjid Negeri Sarawak

Die **Nationalmoschee** mit ihrer goldenen Kuppel wurde innerhalb von 16 Jahren erbaut und ist somit wohl das aufwendigste Bauwerk in der Geschichte Sarawaks. Tagsüber kann sie besichtigt werden. Frauen dürfen die Moschee besuchen, sollten jedoch vorher bei den anwesenden Gläubigen um Erlaubnis fragen. Man sollte dezent gekleidet sein und das Schuhwerk am Eingang ausziehen.

Tua-Pek-Kong-Tempel

Dieser 1876 erbaute chinesische Tempel liegt an der Kreuzung der Jalan Tunku Abdul Rahman und der Temple Street auf einem Hügel. Er gehört zu den am reichsten verzierten Tempeln der Stadt.

Öffentliche Parks

Wer sich vom Besuch der zahlreichen Bauwerke und Museen außerhalb der Innenstadt ausruhen möchte, dem sei der **Garten am Sarawak Museum** und der **Reservoir Park** an der Reservoir Road empfohlen. Die Parks bestehen meist aus größeren Rasenflächen mit Bänken und Ziergehölzen.

Die Moschee Masjid Negeri Sarawak

Sonntagsmarkt

Jeden Samstag gegen Mittag beginnt an der Jalan Satok/Jalan Minggu ein Markt, bei dem Dinge angeboten werden, die weit über das übliche Marktangebot hinausgehen. Neben Lebensmitteln und weiteren bäuerlichen Erzeugnissen kann man auch **Kunstgewerbeartikel** der verschiedenen Bevölkerungsgruppen des Landes erstehen. Der Markt endet sonntags gegen 14 Uhr.

Rainforest World Music Festival

Seit einigen Jahren findet alljährlich dieses sehr empfehlenswerte Festival im Juli statt. Das eigentliche Event ist im Sarawak Cultural Village (s. dort), aber ganz Kuching wird dann von **internationalen Künstlern,** der Presse und den Besuchern frequentiert, www.rainforestmusic-borneo.com.

Adressen und Öffnungszeiten

■ Das STB verfügt über ein großes **Visitors Information Centre** im alten Court House an der Jalan Tun Abang Haji Openg, Tel. 410 944, Fax 256 301, www.sarawaktourism.com. Auch Buchungen für Besuche der Nationalparks.
■ **Tourism Malaysia** unterhält ein regionales Büro *Pejabat LPPM Cawangan Sarawak,* Tingkat 2, Bangunan Rugayah, Jalan Song Thian Cheok, Tel. 082 246 575, 246 775, www.tourism.gov.my.

- Informationen erhält man außerdem im Büro der **Sarawak Tourist Federation (STF).** Es befindet sich im Flughafen (Tel. 240 620) an der Main Bazaar Road (Flussseite), nahe dem Fähranleger in dem frisch renovierten Steamship-Gebäude. Hier gibt es gutes Informationsmaterial und kompetente Auskünfte. Öffnungszeiten: Mo–Do 8–12.45, 14–16.15; Fr 8–11.30, 14.30–16.45; Sa 8–12.45 Uhr.
- **Geldwechsel:** In Kuching gibt es verschiedene größere **Banken.**

Im Bereich der India Street/Power Street findet man **Money-Changer,** die teilweise bessere Wechselkurse ohne Gebühren anbieten, z.B. *Majid & Sons,* Jln. India 45, Mo–Sa 9–19.30 Uhr, So. 9–15 Uhr und *Mohamed Yahia & Sons,* Sarawak Plaza, täglich 10–21 Uhr.

- Einfach und bequem ist das Abheben von Geld an **Automaten** (ATM). Mittlerweile gibt es überall solche Automaten (vor allem in den Shopping Komplexen und an Banken), allerdings nehmen nicht alle die EC Karte. Achten Sie auf das *MAESTRO*-Logo. Dann braucht man nur noch die PIN. Tipp: Sollte mal kein Geld ausgezahlt oder der Vorgang abgebrochen werden, liegt dies in vielen Fällen nicht an fehlender Deckung des Kontos, sondern an überlasteten Verbindungen. Probieren Sie es an einem anderen Automaten, möglichst einer anderen Bank.
- **Post:** Die Hauptpost *(General Post Office/GPO)* befindet sich an der Kreuzung Jalan Tun Haji Openg/Carpenter Street (Tel. 241 311). Hier kann man postlagernde Sendungen (Poste Restante) abholen.
- **Immigration:** Bei der Verlängerung des Visums muss man sich an das Büro in der Jalan Simpang Tiga (Tel. 245 661) im Federal Government Office Complex wenden.
- **Krankenhaus:** Das General Hospital liegt außerhalb des Zentrums an der Jalan Tan Sri Ong Kee Hui, Tel. 276 666.
- Eine Alternative zum General Hospital ist das **Normah Medical Centre** auf der anderen Flussseite, Tel. 440 055, Jln. Tun Datuk Patinggi, oder das **Timberland Medical Centre,** Rock Road, Tel. 234 466.
- Eine Reihe von guten **Zahnärzten** gibt es an der Taman Sri Sarawak Mall.
- **Konsulate:** Indonesische Konsulat: No 21, Lot 16557, Block 11, Jalan Stutong, Tel. 082 460734
- **Malaysian Airline Systems** (MAS) unterhält ein Flughafenbüro Tel. 089 587500
- **Air Asia** unterhält ein Büro am Flughafen und ein Stadtbüro im Wisma Ho Ho Lim, Jalan Abell 291, Tel. 251 491.

- **Bücher** kann man in der **Public Library,** Jalan Java, lesen. Bücher, die ethnologische und naturkundliche Themen behandeln, findet man in großer Auswahl im **Kunstgewerbeladen** im Sarawak Museum. In der Stadt befindet sich im Sarawak Plaza der **Mohamed Yahia Bookstore**. In diesem Geschäft im Tiefgeschoss werden aktuelle Bücher verkauft. Größte Auswahl an Borneo-Büchern.

Wichtige Telefonnummern

- **Tel.-Vorwahl Kuching: 082**
- **Telefonauskunft:** 103/102
- **Flughafen:** Tel. 089 454 262
- **Fluggesellschaft:** *Air Asia,* Tel. 082 259 313, www.airasia.com.
- **Hauptpolizei:** Tel. 082 245 522, 24-Std.-Hotline 082 244 444 (Yeang Street/Court House Road).
- **Zoll:** Tel. 333 133
- **Zoll/Flughafen:** Tel. 456 360.

Internet-Cafés

Cyber City, Taman Sri Sarawak (hinter dem Crown Plaza Hotel); **CyBeR4U,** Jalan Hj. Taha; **Coffee Bean & Tea Leaf,** Sarawak Plaza, Jalan Tunku Abdul Rahman, **Daily Moo,** Jalan Song Thian Cheok.

Stadtverkehr

Busse

Der **Flughafen** liegt etwa 11 km außerhalb der Stadt. Öffentliche Busse gibt es derzeit nicht, eine neue Linie ist angeblich geplant. Wer kein Taxi nehmen möchte, kann versuchen, einen Bus vom i-Tune Hotel der *Air Asia* zu bekommen (im Büro am Flughafen nachfragen). Alternativ muss man zu Fuß das Airportgelände verlassen und an der Hauptstraße nach Kuching links abbiegen (Gegenrichtung zur Stadt). Wenige hundert Meter entfernt gibt es eine Bushaltestelle, an der in längeren Abständen Busse in Richtung Stadt vorbeifahren. Die Fahrer reagieren auf Handzeichen, die Fahrt kostet dann 1 RM.

Die **Express Boat Wharf** ist täglich mit Bus Nr. 1 (alle 30 Min.) zu erreichen (1 RM). Sie liegt etwa 7 km außerhalb der Stadt. Bequemer ist es mit dem Taxi (30 RM).

Im innerstädtischen Betrieb gibt es **Busgesellschaften** mit diesen Standorten:

■ **Bau Transport Company,** Station an der Jalan Masjid; Busfarbe: rot und cremefarben; Tel. 763 160.
■ **City Public Link,** Jalan Masjid, Busnummern beginnen mit einem „K", Tel. 239178.
■ **Petra Jaya Transport,** Station am Open-Air-Markt, Electra House; Busfarbe: gelb-rot-schwarz; Tel. 429 418.
■ **The Sarawak Transport Company,** Station an der Java Street; Busfarbe: grün und gelb; Tel. 451 573, 242 579.
■ **Regas Transports,** beige Busse, die ab der Penrissen Fernbusstation fahren oder im Stadtverkehr eingesetzt werden, Tel. 242 996.

Taxi

Innerhalb der Stadt gibt es mehrere Taxistände, z.B. an der Kreuzung Gambier Road/Leboh Jawa. Alternativ kann man gegen 1 RM Aufpreis Taxis unter Tel. 343 343, 342 255 oder 348 898 rund um die Uhr bestellen. Am Flughafen kann man ebenfalls Taxis bekommen.

Taxis mit a/c kosten für den ersten Kilometer 1,40 RM und jeden weiteren 0,50 RM. Ob das Taxameter aber benutzt wird, ist eine andere Frage. Bei Fahrzeugen ohne Taxameter empfiehlt es sich, den Fahrpreis vorher auszuhandeln. Kurze Strecken innerhalb der Stadt sollten zwischen 7 und 12 RM kosten. Die Fahrt vom Flughafen in die Stadt kostet 26 RM.

Boote

Um den **Sungei Sarawak** zu überqueren, gibt es einige Fährboote von Pangkalan Batu aus. Es handelt sich um kleine, überdachte Ruderboote, die, sobald sie voll besetzt sind, den Fluss überqueren.

Übernachten

■ **i-Tune Hotel**②, Waterfront Kuching Jln. Borneo, Off Jln. Tunku Abdul Rahman, Tel. 223 8221, www.tunehotels.com. Das zur *Air Asia* Gruppe gehörende Hotel bietet sehr einfache, aber funktionale Zimmer. Buchung über Internet ab 1 RM!
■ **City Inn**②, Jln. Abell, Lot 275-276, Tel. 784 733, Fax 414 869. Gut ausgestattete Zimmer mit umfassendem Service.
■ **Mandarin Lodging House**①-②, 6, Jln. Green Hill, Tel. 418 269. Saubere Zimmer und gute Ausstattung in Stadtnähe.
■ **Tai Pan Hotel**①, 93, Jln. Padungan, Tel. 417 363, Fax 427 185. Im historischen Chinesenviertel, etwas außerhalb der City.
■ **Diocesan Guesthouse**①, St. Thomas Cathedral, Jln. Tun Haji Openg, Tel. 381 442, nach 17 Uhr und an Wochenenden 016 525 0468. Die einfachen Zimmer mD sind nur dann für Touristen zu mieten, wenn kirchliche Reisende keinen Anspruch erheben.
■ **Riverside Majestic Hotel Kuching**④, Jln. Tunku Abdul Rahman, Tel. 247 777, www.riversidemajestic.com. Mit Blick auf den Fluss und den Waterfront Park bietet das Haus internationalen Komfort.
■ In der Green Hill Road gibt es drei Lodging Houses: Das **Furama**①-②, 4, Green Hill Road, Tel. 413 561, www.furamalodge.com, ist wohl das beste von ihnen. Wer zum Zeitpunkt der Buchung gerade kein Glück hat, kann es im direkt nebenan liegenden **Orchid Inn** oder im **Green Mountain** versuchen.
■ **Kuching Hilton**④, Jln. Tunku Abdul Rahman, Tel. 248 200, Fax 428 984, www.hilton.com. Eines der schönsten Häuser am Platze, toller Komfort, Zimmer mit Blick auf den Fluss. Von hier aus besteht auch die Möglichkeit, zum Batang Ai zu fahren (knapp 300 km), dem Stausee an der Grenze zu Kalimantan, an dessen Ufer das **Hilton Longhouse Resort** liegt; Tel. 584 388.
■ **Merdeka Palace Hotel & Suites**④, Jln. Tun Haji Openg, Tel. 258 000, www.merdekapalace.com. Luxushotels mitten im Zentrum zu sehr günstigen Preisen ab 170 RM.
■ **Kingwood Inn**③, Jln. Padungan, Tel. 330 888. Komfortabel ausgestattetes Hotel außerhalb der City.
■ **Planet Borneo Lodge**①-②, Lorong Park 10, Tel. 412 100, www.planetborneolodge.com. Tolles Hostel mit freundlichem Personal. Man hat die Wahl zwischen Doppelzimmer mit privatem Bad oder Schlafsaalbetten mit

■ **Singgahsana Lodge**①-②, 1, Temple Street, Tel. 429 277, www.singgahsana.com. Günstig gelegenes Edel-G.H./Hotel, mFr, Dorm. 31–42 RM (Hochsaison September), DZ 108 RM.
■ **Harbour View Hotel**③, Lorong Temple, Tel. 274 666, www.harbourview.com.my. Hotel in unmittelbarer Nähe zum Tua Pek Kong Temple.

Essen und Trinken

Kuching bietet für jeden Geschmack etwas. Von den **Foodstalls**, die man im Bereich der Market Street/India Street und an der Istoh Road findet, über **indische Restaurants** an der Carpenter Street/Leboh Wayang bis hin zum **europäischen/amerikanischen Essen** bzw. Fast Food (meist in Shopping-Komplexen, z.B. im *Holiday Inn*).

■ Empfehlenswert, nicht nur weil preiswert, sind die **Foodstalls in der India Street** und die Restaurants **Green Hill Corner** und **Tiger Garden** an der Ecke Green Hill Road/Temple Street. Das **Khatulistiwa Café** bietet sehr gute asiatische und westliche Küche, direkt am Fluss im Waterfront Park.
■ Der **Roadhouse Grill**, Jalan Tunku Abdul Rahman, unmittelbar am Sarawak Plaza Shopping Complex, bietet hervorragende Steaks und andere westliche Gerichte zu erträglichen Preisen.
■ **Little Lebanon,** Jalan Barrak, Japanese Building. Gute Gerichte aus dem Mittleren Osten und auch Lokales.
■ **Aha Café,** Jalan Tabuan 38. Hier bekommt der Gast ausschließlich Bio-Produkte, also organisch angebautes Gemüse und Fleisch von glücklichen Tieren. Interessant dürfte aber für viele wohl auch der WLAN-Zugang sein.
■ **Junk,** Jalan Wayang. Hier bekommt man vor allem westlich inspirierte Gerichte in sehr schicker Atmosphäre.
■ **Deli Cafe Patisseries,** Jalan Main Bazaar 88. Gemütliche Sitzecken an runden Tischen, viel Deko und leckerer Kaffee und Capuccino sowie Sandwiches und Kuchen.

■ Kaffeeliebhaber werden im *Sarawak Plaza* im **Coffee Bean & Tea Leaf** auf ihre Kosten kommen. Serviert werden Spezialitäten des Kaffees und Tees, dazu leckere Kuchen, Kekse und auch Sandwich und Salat.
■ **Magna Carta Café,** *Sarawak Tourism Complex,* Jalan Tun Haji Openg. Pizza, Pasta und leckere Fruchtsäfte im romantischen Ambiente des Kolonialstilgebäudes. Und unter dem gleichen Management (und im gleichen Gebäude) das *Magenta Restaurant.* Hier bekommt man Steaks und andere westliche Speisen.
■ Hervorragende asiatische Gerichte serviert des Restaurant **Toh Yuen** im Hilton Hotel. Hier bekommt es hier auch klassische Iban-Gerichte wie z.B. den Dschungelfarn *Midin* als Beilage. Andere Spezialitäten Sarawaks sind z.B. *Umei*, ein scharfer Salat aus mariniertem Fisch, Limonen und Schalotten. Manchmal bieten die Büffets der großen Hotels diese Vorspeise an (fragen Sie im Hilton Hotel nach!), sicher aber das Tapanga Tree und das *Mukah Seafood & The Westener. Pansoh Manok* ist Hühnchen mit Reis im Bambusrohr gekocht. Diese Leckerei gibt es im *Cottage* und *Penrissen Inn*.

Auch am Fluss bieten zahlreiche Essstände und Restaurants Leckereien an.
■ **Alle Restaurants auf einen Blick** bietet die Broschüre *Eating Places in Kuching,* die im Visitors Information Centre zu bekommen ist.

Verkehrsverbindungen

Taxi

An den oben genannten Taxiständen findet man Überlandtaxis, die zwischen den größeren Städten pendeln.

Bus

Von der Bus-Station an der Penrissen Rd., 3.5 Mile, übernehmen **Expressbusse** den Ferntransport in die durch Straßen erschlossenen Gebiete Sarawaks: Sarikei (35 RM), Kanowit (40 RM), Sibu (50 RM), Bintulu (70 RM), Miri (90 RM, 15 Std.).

Tickets werden gegenüber dem Electra House u.a. in der Khoo Hun Yeang St. verkauft.

Lokale Busse
- Bau 6 RM;
- Bandar Sri Aman 19 RM;
- Betong 25 RM;
- Kampong Bako 3,50 RM;
- Lundu 12 RM;
- Saratok 26 RM;
- Serian 8,50 RM.

Neben verschiedenen Busgesellschaften ist vor allem **Bus Asia** mit vielen Verbindungen täglich unterwegs: *Bus Asia* Tel. 1300 888 287, Hotline 411 111, www.busasia.net.

Schiff

Neben den Expressbussen sind Schiffe die **wichtigsten Transportmittel.** Der Schiffsverkehr läuft entlang der gesamten Küste Sarawaks bis nach Sabah.

Recht schnell und gut gelangt man mit **Expressbooten** nach Sarikei (32 RM) oder Sibu (45 RM). Zwei Gesellschaften fahren ab der Coastal Express Wharf: *Ekspress Bahagia* und *Sejahtera Pertama Express*. *Ekspress Bahagia* verlässt Kuching um 8.30 Uhr, *Pertama* um 12.30 Uhr. Tickets erhält man für beide Gesellschaften an der Anlegestelle in Pending oder 15 G Jln. Market, Tel. 256 736. Die Busse CLL 1A (1,50 RM) und Regas 1C (1,80 RM) fahren halbstündlich von der Jln. Main Bazaar zum Hafen.

Flug

Vom **Kuching Airport** (ca. 11 km südlich der Stadt) gibt es regelmäßige Flugverbindungen innerhalb Ost-Malaysias, nach Brunei, West-Malaysia, Singapur und Indonesien, z.B. nach:

- Bintulu;
- Miri;
- Sibu;
- Brunei;
- Kota Kinabalu;
- Johor Bahru 169;
- Kuala Lumpur;
- Singapur;
- Pontianak;
- Jakarta;
- Mulu;
- Mukah.

Alle Preise für Inlandsflüge gibt es tagesaktuell unter **www.malaysiaairlines.com**, sowie unter **www.airasia.com**.

Weiterreise nach Kalimantan/Indonesien

Wer von Sarawak nach Kalimantan einreisen möchte, kann dies mit dem **Biarames Bus** von Kuching nach Pontianak tun. An der Grenze gibt es dann das **Visa-on-arrival.** Alternativ kann man das Visum beim indonesischen Konsulat in Kuching beantragen: No. 21, Lot 16557, Block 11, Jalan Sutong, Tel. 082 460734 (ein Taxi kostet ca. 25 RM zur Botschaft). Die einfache Fahrt kostet 55 RM, 1. Klasse 80 RM. Tickets bekommt man bei *Bus Asia* (Jalan Abell/Jalan Carpenter, Tel. 411 111) oder *Vital Focus Transportation* (Tel. 453 190, 461 277, www.vft.com.my für online Buchungen) oder *Borneo Interland* (63, Main Bazaar, Tel, 413 595). Die Busse fahren um 7.45 Uhr ab Busbahnhof. Fahrtdauer ca. 8 Stunden. In 2 Stunden erreicht man die Grenze bei Entekong.

Umgebung von Kuching

Santubong

Wer auch bei einer Sarawak-Reise nicht auf Badeurlaub verzichten mag, findet **Strände** in der Umgebung von Kuching. Zwischen 7.30 und 22 Uhr fahren Shuttlebusse (12 RM) nach Santubong, das ca. 32 km von Kuching entfernt an der Mündung des Sungei Sarawak liegt. Santubong ist ein malerisches malaysisches Dorf mit sehr populärem Strand.

Der Ort **Santubong** liegt an einer Flussmündung, das Wasser ist brackig, einen

Strand gibt es hier nicht. Wer einen braucht, kann zum wenige Kilometer entfernten Luxushotel *Damai Beach* fahren und hier baden.

Mittlerweile sind auf der **Santubong-Halbinsel** auch einige andere Resorts entstanden, u.a. das *Permai Rainforest Resort*. Mangroven, Dschungel, Strand und Wassersportmöglichkeiten bilden ein attraktives Gemisch. Die Unterkünfte sind nicht billig (250 RM für ein 6-Personen-Haus bzw. 260 RM für ein 2-Personen-Baumhaus). Preiswert ist nur das Zelten im eigenen Zelt. Für Essen und Trinken sorgt ein kleines Restaurant mit Laden. Weitere Informationen unter Tel. 846 487, www.permairainforest.com.

Weitere Übernachtungsmöglichkeiten sind das *One Hotel Santubong,* Tel. 846 888, Fax 846 666, www.onehotelmalaysia.com, ab 200 RM, das *Damai Beach Resort,* Tel. 846 999, www.damaibeachresort.com, ab 380 RM sowie das recht neue *Nanga Damai,* Tel. 016 887 1017, www.nangadamain.com, ab 100 RM, das als sehr luxuriöser homestay konzipiert ist (keine Familien mit Kindern!).

Sarawak Cultural Village

Direkt hinter *Damai Rainforest Resort* befindet sich die zweite Attraktion Kuchings, das

Kampung Budaya Sarawak. Traditionelle Häuser und Handwerkskünste der Volksgruppen sowie Tanzvorführungen bestimmen das Angebot. Die Eintrittspreise sind mit 60 RM (Kinder 30 RM) hoch, www.scv.com.my.

Alljährlich findet hier auch das **Rainforest Music Festival** (s.o.) zwischen Juni und August statt. Unterschiedliche Interpreten kommen dann zu einem großen Musik-Event zusammen, www.rainforestmusic-borneo.com.

■ **Anfahrt:** Die Anreise erfolgt nur über Tour-Operator in Kuching, mit dem Taxi oder dem Shuttle-Bus, der gegen 9 und 12.30 Uhr ab dem Grand Margherita Hotel abfährt (pro Strecke 10 RM).

Batu Gambar

Rätselhafte prähistorische (?), wahrscheinlich über 1000 Jahre alte Steinreliefs. Zufahrt: Mit dem Petra Jaya Bus 2D vom Markt bis zur Kreuzung nach (simpang ke) **Buntal.** In Richtung Damai sind es gut 2 km bis 150 m vor Km 28 (6 bis Damai), links (Richtung Santubong) in einen Kiesweg einbiegen, nach 150 m befindet sich rechts ein grünes Haus, nach 100 m ein zweites grünes Haus, links davon geht es auf Trittspuren in den Dschungel (ggf. Hilfe durch freundliche Familie im zweiten grünen Haus) zu Boardwalk bis zum wichtigsten Stein (große Figur mit Haarschopf, nackt, den Stein „umarmend"), Achtung: viele Mücken! Von dort kann man weiter zu einer Gruppe von 4 Steinen gelangen (mit Schutzdächern, überwachsener Weg), vom letzten Stein in 250 m geht es wieder zurück zum Haus.

Gunung Santubong

810 m hoher, steiler Dschungelzahn, 2–3 Std.; im oberen Teil sind dicke Seile und Strickleitern zum Überwinden senkrechter Felsstufen angebracht, unterwegs gibt es einige Unterstände, und von oben hat man einen fantastischen Rundblick. Es existieren zwei Zugänge: der längere vom Santubong Mountain Trek Café; der kürzere, aber steilere beginnt an der Straße gegenüber einem verlassenen weißen Haus (Schild am Beginn des Weges); beide Wege kommen nach 200–300 Höhenmeter zusammen.

Buntal

Neben dem Fischerdorf Santubong ist auch der kleine Ort Buntal ein malerisches und deshalb **beliebtes Ausflugsziel** für die Einwohner Kuchings. Zahlreiche Seafood-Restaurants tragen dem mit ihrem Angebot Rechnung. Ein Wochenendbesuch in dem Dorf ist somit unter dem Aspekt „Ruhe" sicher nicht lohnend.

Bau

Wer ein **Goldgräberstädtchen** besuchen und dies mit einem Bad im Süßwasser verbinden möchte, sollte nach Bau fahren. Hier wurde bis zum Ende des 19. Jahrhunderts Gold geschürft und die Abgrabungsstelle schließlich in einen See umgewandelt.

In der Umgebung von Bau gibt es zahlreiche **Höhlen,** von denen z.Z. zwei für Besucher geöffnet sind. Die **Wind Cave** besteht aus einem Verbund zahlreicher unterirdischer Passagen und wird wegen ihrer günstigen Lage gerne als Ausflugsziel genutzt. Weniger häufig kommen Besucher zur **Fairy Cave,** die größer als die Wind Cave ist. Interessant ist die Vegetation, die in Abhängigkeit von der abnehmenden Helligkeit zunehmend einfacher und flacher wird. In beiden Höhlen sind festes Schuhwerk mit rutschfester Sohle (glitschiger Höhlenboden) und eine Taschenlampe notwendig. Zur etwa 10 km von Bau entfernten Fairy Cave kann man ein Taxi nehmen (Preis ca. 15 RM). Der Besuch dieser Höhlen lohnt nur, wenn man keine Gelegenheit hat, die Niah- oder die Mulu-Höhlen zu besuchen.

■ **Anfahrt:** Bau, ca. 60 km von Kuching entfernt, ist mit dem BTC-Bus Nr. 2 täglich von 6 bis 18.30 Uhr zu erreichen. Busse fahren ungefähr alle 30 Minuten in Kuching vom Terminal Leboh Jawa ab.

Ab Bau erreicht man die Höhlen mit dem Bus Nr. 3, der zwischen 6.20 und 18 Uhr alle 30 Minuten ab der Busstation fährt (1 RM). Von der Haltestelle sind es dann noch etwa 25 Minuten Fußweg.

Semenggok Orang Utan Rehabilitation Centre

Lohnenswert für diejenigen, die sich die Orang Utans in Sabah nicht ansehen können, ist das Semenggok Orang Utan Rehabilitation Centre. Es liegt etwa 32 km südlich von Kuching. In einem kleinen Dschungelgebiet, in dem auch botanische Forschungen durchgeführt werden, versucht man, Orang Utans an ein Leben in Freiheit zu gewöhnen. Die Fütterungen finden um 9 und um 15 Uhr statt. Für den Besuch benötigt man ein Permit, erhältlich im *Visitor Information Centre*.

Viele Tiere sind mittlerweile im **Matang Wildlife Centre** (s.u.) untergebracht, sodass hier die Beobachtungen besser möglich sind.

Der Besuch lohnt auch wegen der **Lehrpfade** im Bereich der Nursery. Markierte Trails führen durch den Wald. Unterwegs sind etliche Bäume mit Namen versehen; ein Farbcode gibt Aufschluss über deren Nutzung bzw. mögliche Giftigkeit. Eintritt: 3 RM.

■ **Geöffnet:** 8–17 Uhr, die Lehrpfade sind ganztägig zugänglich.

Anfahrt: Bus Nr. K6 des *City Public Link* fährt ab der Saujana Bus Station ab (2,50 RM). Der Busschaffner lässt Besucher an der Forest Department Nursery raus. Von hier erreicht man die Station in ca. 30 Minuten. Der erste Bus fährt um 7.30 Uhr.

Für die Rückreise gibt es die Alternative, durch Kampung Jawa Semenggok zur Hauptstraße Kuching – Serian zu gehen. Von hier fahren die Busse 3, 3A, 9, 9A und 9B regelmäßig nach Kuching zurück.

Ein Orang Utan im Rehabilitationszentrum

Kubah-Nationalpark

Der Kubah Nationalpark befindet sich nur etwa 20 km von Kuching entfernt, sodass auch Tagestouren möglich sind.

Das etwa 2200 ha große Gebiet bietet viel für das Auge des Botanikers. Das kleine **Sandsteinplateau** ist mit Dipterocarpaceen-Wald, zahlreichen Orchideen- und 93 Palmenspezies sehr artenreich. Von den hier lebenden Tieren (z.B. Bartschwein, Kleinkantschil, Nashornvogel) wird man sicherlich am ehesten Amphibien und Reptilien zu sehen bekommen, denn viele dieser Arten sind tagaktiv und leben in der Nähe der Bäche und Wasserfälle, die auch für Besucher sehr reizvoll sind.

Neben einigen **Trails durch den Dschungel** (z.T. über Plankenwege) gibt es ein Teersträßchen (zahlreiche Unterstände), das zum Gunung Serapi (911 m) hochführt. Der höchste Punkt ist militärisches Sperrgebiet. Unterhalb, bei einer Schulter kurz vor der Schranke nach rechts zu Aussichtspunkt mit hölzernem Turm gehen (super Blick auf den zerklüfteten Dschungel), Aufstieg ca. 2 Std.

Ebenfalls 2–3 Stunden ist man zum angrenzenden **Matang Wildlife Centre** unterwegs. Etwa auf halbem Weg stehen einige Urwaldriesen der Gattung Bintangor. Das Gebiet um Matang wird zu einem Zentrum für bedrohte Arten ausgebaut. Hier sind mittlerweile viele Tiere aus Semenggok untergebracht, die gegen 9 Uhr und nachmittags gegen 15 Uhr gefüttert werden. Zu ihnen zählen neben Orang Utans und Nashornvögeln auch Sambarhirsche und Krokodile.

Eintritt: 10 RM, Videokamera 10 RM, Kamera 5 RM.
Anfahrt: Mit dem Matang Bus Nr. 11 ab Saujana Parkplatz, täglich um 6.30, 7.50, 9.40, 13, 14.40 und um 16.50 Uhr, Fahrpreis 2 RM. Taxis kosten pro Fahrt etwa ab 60 RM, eine feste Abholzeit für den Rückweg sollte vereinbart werden.
Übernachten: Unterkünfte müssen über das *National Park Booking Office* (oder http://ebooking.com.my) gebucht werden. Im Hostel kostet das Zweibett-Zimmer 40 RM, Chalets 150–225 RM. Im *Matang Wildlife Centre* kostet das Chalet 150 RM, das Hostelbett 15 RM.

Gunung-Gading-Nationalpark

Die wichtigste Attraktion dieses Parks ist die **Rafflesia,** jene gigantische Pflanze, die nach monatelanger Wachstumszeit eine bis zu **1 m große Blüte** mit rötlicher Färbung und mehr oder weniger intensivem Faulgeruch entwickelt. Da die Blüte nur wenige Tage geöffnet bleibt, sollte man sich vor der Anreise zum etwa 100 km entfernten Park vorher informieren, ob überhaupt Rafflesia-Blüten zu sehen sind. Einige markierte Trails, einer davon zum 906 m hohen **Gunung Gading,** ermöglichen stundenlange Ausflüge im Regenwald.

Informationen entweder im Park HQ (Tel. 735 714) oder im Nationalparkbüro in Kuching, wo auch die Anmeldung erfolgen muss.

- **Eintritt:** 10 RM, Kamera 5 RM, Video 10 RM.
- **Anfahrt:** Der Park befindet sich nur etwa 5 Autominuten von der Kleinstadt **Lundu** entfernt, die wiederum Ausgangspunkt für Touren zu den nahen Stränden Pandan und Siar ist. Mit dem STC-Bus EP07 bis Lundu (10 RM) und dann weiter mit dem Bus 17 C nach Pandan (0,40 RM); oder einfach trampen.
- **Übernachten:** Im Park gibt es recht gut ausgestattete Chalets (4 Pers./150 RM/Nacht) und ein Hostel (15 RM/Bett, 40 RM/Zimmer).
- **Buchung:** beim *National Park Booking Office* in Kuching (oder http://ebooking.com.my).

Tipp: Nationalparks nehmen meist 10 RM Eintrittsgeld. Wer mehrere Parks besuchen möchte, kann einen **5-Entry Pass** (übertragbar, aber nur jeweils für eine Person gültig) zu 40 RM oder einen **Multiple Entry Pass** für einen Monat 50 RM oder drei Monate 100 RM kaufen!

Langhaus-Touren

Langhaus-Besuche können von Kuching aus mit verschiedenen Reisebüros organisiert werden. Für Leute, die nicht über ausreichend Zeit verfügen, aber trotzdem keine organisierte Tour unternehmen wollen, bietet sich das Langhaus Annah Rais an. Hier leben etwa 600 Bidayuh, zwar nicht mehr wie vor Jahrzehnten, zudem ist das Langhaus schon seit vielen Jahren fester Bestandteil von Ausflugsprogrammen der Touroperator in Kuching, aber dennoch ihren Traditionen verbunden. Gerade wegen der touristischen Bedeutung blieben viele traditionelle Dinge erhalten, gleichgültig ob es sich dabei um Riten oder Gebäudeteile handelt. So kann man hier die Veranda in ihrer ursprünglichen Form ebenso sehen und als kommunikatives Zentrum erleben wie das *Headhouse (baruk),* wo die Krieger früher die Köpfe ihrer Gegner aufbewahrten und auch heute noch aufbewahren. Wer über Nacht bleiben möchte, erlebt in der Regel mehr vom Leben der Menschen, denn fast alle Tourbusse fahren nach ca. 2 Stunden Besuchszeit wieder ab.

- **Anreise:** Nur mit dem Taxi (pro Weg ca. RM 100) oder mit einem Touroperator aus Kuching. Eintritt: RM 8.
- **Übernachtung:** Verschiedene Familien bieten einfache Homestays an. Entweder wohnt man direkt bei der Familie oder in separat errichteten Häusern, z.B. unter www.longhouseadventure.com *(Edward Gunui)* oder www.mdrlonghousehomestay.com *(Macheree).* Edward Gunui bietet das umfassendste Programm inklusive eines Transportes ab/bis Kuching.

Langhaus-Touren im Landesinneren selbständig zu organisieren, ist recht zeitaufwendig, führt nicht immer zum gewünschten Erfolg (möglichst ursprüngliches Leben zu erfahren) und ist zudem nicht einmal besonders preiswert. Eine echte Alternative, die zumindest Zeit spart, ist die organisierte Tour mit Veranstaltern in Kuching, die teilweise auch mit Zweier- und Dreier-Gruppen starten, das komplette Arrangement übernehmen und in der Regel nicht wesentlich teurer sind als private Bootsmieten in irgendeinem Ort im Landesinneren, denn die Vermieter wissen dort ganz genau, dass der Tourist, der erst einmal bis hierher gefahren ist, oft hohe Mietpreise (z.T. über 100 RM/Person/Tag) akzeptiert, nur um die Langhäuser besuchen zu können.

■ **Veranstalter:** Eine komplette Liste der Veranstalter gibt es im Tourist Office. Zuverlässig sind z.B. *Borneo Adventure,* Main Bazaar 55, Tel. 245 175, www.borneoadventure.com und *Interworld Travel,* Jln. Temple 161/ 162, Tel. 252 344, www.interworldborneo.com, sowie *Sarawak Tourism Complex (Old Courthouse),* Jalan Tun Abang Haji Openg, Tel. 241 300. Von hier aus leitet *Tiyon Juna* sehr kompetent alle Aktivitäten des Unternehmens, das den Hauptsitz in Miri hat.

Langhaus-Resorts

Auch Langhaus und Komfort oder gar Luxus sind neuerdings keine Gegensätze mehr, nachdem große Resortanlagen im Landesinneren entstanden sind, die sich einerseits in der Nähe von Natursehenswürdigkeiten befinden und andererseits die Nachbarschaft zu Langhäusern pflegen und auch mehrstündige Touren anbieten.

■ Das luxuriöse **Hilton Batang Ai Longhouse Resort**④ befindet sich am Batang Ai Stausee nahe **Lubok Antu,** ca. 4 Stunden von Kuching entfernt. Die 100 Zimmer der Anlage bieten Hiltonservice, verbunden mit „Naturfeeling". Ausflüge zu Iban-Langhäusern und zum Batang-Ai-Nationalpark sind möglich. (Informationen und Reservierung unter Tel. 584 338, Fax 584 339, www.hilton.com, oder über das *Hilton Hotel* in Kuching, von dort wird auch der Transport organisiert.)

Hier ist auch der Wirkungsort von Dschungelguides, die Gäste des *Batang Ai Resorts* in den Dschungel führen, essbare und giftige Pflanzen und spannende Tiere zeigen. Für Gäste sind Tagestrips kostenlos!

Dschungelkamp

Bako-Nationalpark

Der Bako-Park liegt auf einer **Halbinsel** mit sehr zerklüfteter Küstenlinie und umfasst ca. 27 km². Er ist wegen der guten Überschaubarkeit und der **vielfältigen Natur** einer der interessantesten Parks Sarawaks. Da der Park sehr nahe bei Kuching liegt, ist er an Wochenenden ein beliebter Erholungsort. Man sollte ihn deshalb innerhalb der Woche besuchen.

Im **Camp** steht vor dem Office eine große **Karte des Parks,** in der alle Trails eingetragen sind. Hier findet man Kilometer- und Zeitangaben. Zusätzlich informiert eine **Fotoausstellung** über interessante Tiere und Pflanzen des Parks; und was an welchem Trail zu entdecken ist.

Die Trails sind unterschiedlich lang. Die benötigte Zeit liegt zwischen 30 Minuten und 7 Stunden. Die zu überwindenden Entfernungen sind zwar nicht unzumutbar groß, aber durch das schwierige Gelände (steile Hügel, glitschiger Untergrund) zeitaufwendig.

Empfehlenswert ist der **Lintang Trail,** der ca. 3 Stunden in Anspruch nimmt. Auf diesem Weg findet man alle Vegetationsformen des Parks, Mangrovensumpf, Regenwald und Buschwald auf dem Plateau. Nach ungefähr der Hälfte des Weges kann man abbiegen und die Rundwanderung verlängern (an Wasserfällen vorbei).

Der Bako Park zeigt fünf unterschiedliche **Vegetationsformen:** Die Strandvegetation (hier findet man tolle Badestrände), Mangrovengürtel, Sumpfwald, den tropischen Regenwald und den Buschwald des Hochplateaus.

Aus der Vielzahl der faszinierenden Pflanzen sticht die **Kannenpflanze** (*Nepenthes*) des Hochplateaus besonders hervor. Diese Fleisch fressende Pflanze hat zu „Kannen" umgebildete Blätter, in denen sich eine Verdauungsflüssigkeit befindet. Der Rand der Kanne ist auffallend bunt gefärbt, um Insekten anzulocken, und mit einer glatten Schicht überzogen, die den Tieren das Festhalten unmöglich macht. Über der Öffnung ist meist ein kleiner Schirm ausgebildet, der ein Verwässern des Verdauungssaftes durch Regen verhindert. Die Kannen erreichen eine Größe bis 25 cm. Diese großen Arten findet man hauptsächlich im Geäst von anderen Pflanzen verankert vor, daneben gibt es aber im Bako Park auch noch Arten, die auf dem Boden wachsen.

Rund um Telok Assam leben **Javaneraffen** (*Macaca fascicularis*), die recht zudringlich werden können (Achtung: Die Tiere beißen!) und alles klauen, was man unbeaufsichtigt herumliegen lässt. Eine andere Affenart ist hier jedoch viel interessanter, der **Nasenaffe** (*Nasalis larvatus*). Er lebt nur auf Borneo und hier nur in den Mangroven entlang der Küste und an Flussufern.

Diese stark bedrohte Art (in Sarawak leben wahrscheinlich nur noch 1000 Tiere) hat ihren Namen wegen der ausgeprägten Nase erhalten. Beim Männchen dient sie als Schallverstärker für die Lautäußerungen. Da die Tiere im Sumpf bzw. am Wasser leben, sind sie ausgezeichnete Schwimmer. Die Malaien nennen diese Tiere *Orang Belanda* (Holländer), weil die Nase und die weiße Halskrause in der Kolonialzeit das Symbol der Europäer waren. Die beste Beobachtungszeit ist kurz nach Sonnenaufgang und kurz vor Sonnenuntergang.

Früher wurden im Bako Park **Orang Utans** (*Pongo pygmaeus*) ausgewildert, d.h. Jungtiere, die beschlagnahmt worden waren, wurden wieder an ein Leben im Wald gewöhnt. Heute geschieht das hier nicht mehr, da der Park nicht genug Fläche besitzt, um mehrere Orang Utans zu beherbergen. Wilde Orang Utans sind hier schon seit etlichen Jahren nicht mehr gesehen worden.

Zur Beobachtung der zahlreichen **Vögel** des Parks – hier leben Nashornvögel (*Bucerotidae*), Seeadler (*Haliaeetus leucogaster*) und Eisvögel (*Halcyon chloris* und *Pelargopsis capensis*) – benötigt man ein Fernglas.

Unbedingt lohnend ist eine **Wanderung in der Dämmerung** vom Headquarter aus in Richtung Südwesten. Bevor man das Plateau erreicht, kann man an den Quartieren der

Guides abbiegen und viele dämmerungsaktive Lebewesen endecken. Taschenlampe und ein guter Blitz sind ein Muss.

Anreise

Bei der **Anmeldung** werden Ankunfts- und Abreisetag festgelegt. Bei der Ankunft sind eine Gebühr von 10 RM pro Person, 5 RM pro Kamera und 10 RM für jede Videokamera zu bezahlen. Eine Online-Buchung ist möglich unter www.forestry.sarawak.gov.my.

Von Kuching reist man mit dem **Bus** an. Bus Petra Jaya Nr. 6 fährt nach Kampong Bako. Er verkehrt ab 7 Uhr nahezu stündlich bis 18 Uhr und fährt ab dem Terminal Mosque/ Open Air Market. Die Fahrt (1 Std.) kostet 2,50 RM. Zusätzlich fahren die weißen Minibusse *(bus sewa)* ab dem open air Markt zwischen 6 und 18 Uhr nach Bako (5 RM). Taxis kosten 50 RM one way.

Von hier muss man ein **Motorboot** mieten, das 20–30 Min. bis Telok Assam benötigt. Dort befindet sich das Park Office; man legt die Anmeldung vor und bekommt die Quartiere zugewiesen. Das Boot nach Telok Assam kostet für die einfache Fahrt 50 RM. Es können bis zu 5 Personen mitfahren.

Wer an windigen oder stürmischen Tagen zum Park fährt, sollte sein Gepäck vor Wasser schützen. Die Fahrt mit dem Motorboot führt zunächst flussabwärts, dann aufs offene Meer und schließlich an der Küste entlang zum nächsten Fluss, an dem Telok Assam liegt. Im Mündungsbereich des Flusses ist die Brandung manchmal hoch, sodass größere Mengen Salzwasser ins Boot schwappen können.

Ein-Tages-Tour im Bako Park

Wer wenig Zeit hat, um den Park intensiv zu besuchen, kann einen Tagesausflug unternehmen. Dieser kann über den Touroperator gebucht werden, allerdings ist es auch privat organisierbar und dann meist preiswerter. In diesem Fall nimmt man den ersten Bus um 7 Uhr Richtung Bako, ist nach ca. einer bis eineinhalb Stunden endgültig am Ziel und organisiert hier sofort einen Guide zur **Nasenaffenbeobachtung**. Nach einem sicherlich ereignisreichen Tag im Park nimmt man dann den letzten Bus um 17 Uhr zurück nach Kuching. Diese Tour ist aber nur dann zu empfehlen, wenn die Zeit fehlt. Besucht man während der Reise auch noch den **Kinabatangan** in Sabah (Sukau), lohnen die Strapazen nicht, da dort sehr viel mehr Nasenaffen leben.

Achtung! Im Meer vor der Küste leben **Rochen**, die zustechen, wenn man auf sie tritt. Dies ist im meist trüben Wasser nur zu vermeiden, wenn man schlurft, statt zu waten. Vor dem Baden im Meer stets nach **Quallen** erkundigen, die hier leider auch oft vorkommen. Man sieht sie selten, aber sie sind vorhanden, gemeint ist das **Salzwasserkrokodil**, vor dem Schilder nicht ohne Grund warnen. Im Bereich der Unterkünfte haben wir in den letzten Jahren stets mehrere herrlich grün gefärbte **Lanzenottern** gefunden. Meist waren es Jungtiere, die zwar über wenig Gift verfügen, dies aber auch schon böse Gesundheitsschäden verursachen kann. Bevor man sich an Ästen festhält, immer erst genau hinsehen!

◁ Nasenaffe

Übernachten

■ Im Park gibt es **Lodges** zu (150 RM/Tag/Haus, 100 RM/Tag/Zimmer) und solche zu (75 RM/Tag/Haus bzw. 50 RM/Tag/Zimmer). Zusätzlich baute man 50 Hostels (je 4 Betten) mit gemeinsamer Küche und sanitären Anlagen (15 RM/Tag/Person bzw. 40 RM/Tag/Zimmer).

Essen und Trinken

Im Park gibt es eine Kantine. In der Kantine kann man auch Kleinigkeiten einkaufen (z.B. Salz, Öl, Getränke, Konserven). Obst ist leider nur selten zu bekommen. Da die Kosten für Getränke etc. vergleichsweise günstig sind, lohnt es kaum, alles aus Kuching mitzubringen.

Bandar Sri Aman

Bandar Sri Aman ist ca. 180 km von Kuching und 85 km von der Küste entfernt. Die Stadt am Batang Lupar ist der Verwaltungssitz der *Second Division*. Sie hat rund 100.000 Einwohner.

Der ursprüngliche Name *Simanggang* wurde 1978 in den heutigen Namen geändert. „Sri Aman" soll an die Kapitulation kommunistischer Rebellen von 1973 erinnern, da die Verhandlungen damals im Rumah Sri Aman stattfanden.

Von Kuching aus kann man die Stadt in ca. 3–4 Stunden, z.B. mit Expressbussen, erreichen (19 RM).

Innerhalb der Stadt gibt es derzeit nichts Sehenswertes. Allerdings sind die Restaurierungsarbeiten an Fort Alice in Planung. 1864 erbaut, sollte das Fort den Transport auf dem Fluss schützen. In den letzten Jahrzehnten verfiel das Bauwerk aber stark. Nun soll es in neuer Pracht erstrahlen! Die Stadt ist auch ein Ausgangspunkt für organisierte Langhaus-Touren.

Eine weitere Attraktion ist die gezeitenabhängige **Flutwelle**, die periodisch den Batang

Lupar hinaufrollt. Man nennt diese 2 bis 3 m hohe Welle, die alles mit sich reißt, was ihr in den Weg kommt, *Benak*. 1924 wurde *Somerset Maugham*, der hier mit dem Boot unterwegs zu Brooke war, über Bord geworfen und entkam nur mit knapper Not dem Ertrinken.

Übernachten

Tel.-Vorwahl BSA: 083

Die **drei Hotels** der Stadt liegen sehr nah zusammen, sind aber alle sehr teuer:

■ **Alishan**①, Jalan Council, Tel. 321 167, sehr sauber, gutes Essen.
■ **Champion Inn**①-②, 12, Jln. Main Bazaar, Tel. 320 140, Fax 320 972. Recht günstig, trotzdem mit allen Annehmlichkeiten von a/c bis TV.
■ **Taiwan Hotel**①-②, Jln. Council, Tel. 322 493. Gute Ausstattung.

Verkehrsverbindungen

Von der Busstation fahren täglich Busse bis **Kuching** und **Sarikei**: Batu Lintang 4 RM, Betong 6 RM, Enkilili 3 RM, Kuching 19 RM, Lubuk Antu 8 RM, Saratok 15 RM, Sarikei 15 RM, Miri 60 RM, Sibu 28 RM.

Umgebung von BSA

Skrang-River-Safari

Diese Safaris beginnen oft in BSA. Die Organisation bzw. Anmeldung erfolgt meist über Reisebüros in Kuching (s. dort). Es handelt sich hier um Touren zu Iban-Langhäusern, in denen Touristen die Kultur dieses Volkes vorgeführt wird, gepaart mit einer mehrstündigen „abenteuerlichen" Bootsfahrt.

Mit **Speedbooten** geht die Fahrt von BSA aus den Skrang River stromaufwärts. Zunächst sind die Ufer des Flusses noch bewohnt, aber nach einiger Zeit führt die Fahrt am Dschungel entlang. Stromschnellen im Fluss erhöhen den Reiz des Abenteuers. Schließlich erreicht man dann **Iban-Langhäuser,** die besucht werden. Etliche Langhäuser sind allerdings auf primitiv „getrimmt" (es fehlt z.B. das Wellblechdach), d.h. hier wird nicht die heutige Realität vorgeführt, sondern Vergangenheit in Szene gesetzt.

Diese Touren, die teilweise Übernachtungen in Langhäusern mit einschließen, sind für Leute geeignet, die die Durchführung einer selbst organisierten Tour scheuen.

Lubuk Antu

Ein interessanter Ausflug führt mit dem Bus von BSA zu dem 80 km entfernten Ort, der ein **Grenzübergang nach Indonesien** ist. Hier herrscht immer Marktatmosphäre.

Krokodile

Die Möglichkeit, relativ sicher größere Leistenkrokodile in Freiheit zu beobachten, besteht immer noch im Mündungsdelta des Batang Lupar, der in den 1980er und 1990er Jahren noch traurige Berühmtheit durch seinen „maneater" bekam. Allerdings müssen Sie dazu ab BSA ein Boot mieten und entsprechendes Glück oder einen längeren Aufenthalt einplanen. Gerne hilft Ihnen dabei aber das Personal von *Borneo Adventure Travel* (www.borneoadventure.com) weiter. Dieses Unternehmen hat ein Büro in Kuching (55 Main Bazaar) und eines im *Hilton Batang Ai Longhouse Resort*. Wer in diesem Hotel wohnt, kann aber auch das Personal im Hotel selber fragen. Viele besitzen ein Boot, Verwandte mit den notwendigen Kenntnissen und natürlich den Wunsch, sich ein paar Ringgit zu verdienen. Meist kann man im Vergleich zu den Tourunternehmen so deutlich sparen.

Eine weitere Möglichkeit, diese seltenen Panzerechsen in Freiheit zu beobachten, gibt es von Sarikei aus. Mieten Sie zunächst ein Boot zum Kg. Rajang Bahru, um dann nach Rücksprache mit den Einheimischen auf Tour zu gehen. Auch an anderen Flussmündungen werden wieder zunehmend die großen Panzerechsen gesichtet. Was den Naturfreund, Umweltschützer und Touristen freut, hat aber für die Bewohner der Flussläufe ernste Konsequenzen. Gelegentlich findet man schon wieder Warnhinweise an Stränden. Nehmen Sie diese Schilder unbedingt ernst! In Sabah (vor allem am Kinabatangan) gehören sie seit Jahren schon wieder zum festen Bestandteil des Ökosystems.

Am 18.11.2012 konnte man in der *New Straits Times* einen Artikel zu dieser Situation lesen, denn erst kurz vorher war es am Batang Lupar wieder zu einem Angriff auf Menschen gekommen. Mittlerweile hat die Regierung sich dem Schutz der großen Panzerechsen verschrieben und auch eine Brutstation *(hatchery)* eingerichtet. Dafür wurden die Bewohner der kleinen Insel Pulau Seduku umgesiedelt, so dass die Inseln nunmehr nur den Krokodilen gehört. 10 Familien wollten die Insel nicht verlassen, denn schließlich „lebten Mensch und Krokodil" schon seit Jahrhunderten zusammen. So soll es angeblich auch noch 19 Kinder geben, die hier jedem Morgen zur Schule gehen, u.a. über einen Schulhof, der nach Beginn des Unterrichtes immer wieder von den Tieren aufgesucht wird, um sich hier zu sonnen, nicht aber, wenn die Kinder unterwegs sind! Alle anderen Bereiche sind mit Zäunen gegen die Krokodile gesichert.

Sarikei

Sarikei liegt am **Batang Rajang,** ca. 180 km von Banda Sri Aman entfernt. Mittlerweile existieren durchgehende Busverbindungen bis Sibu und Miri. Nach wie vor gibt es aber auch den regelmäßigen Expressbootservice den Rajang hinauf.

Das Städtchen hat praktisch keine touristische Bedeutung. Es besteht ldiglich aus mehreren Häuserblöcken, die sich mit ihren Arkadenläden im Bereich des Flusshafens befinden. Auf dem Weg vom Boot zum Bus kommt man an einigenLebensmittelgeschäften vorbei, in denen man seinen Reiseproviant ergänzen kann.

Übernachten

Übernachtungen werden in Sarikei nur notwendig, wenn man den Anschluss nach Sibu verpasst hat. **Zwei Hotels** liegen nahe dem Busbahnhof.

- **Southern Hotel**①, 21, Repok Road, 1. Etage, Tel. 084 654 122. Sehr einfach und etwas laut.
- **Payang Puri Hotel**②, Jln. Merdeka, Tel. 084 651 216.
- **Dragon Inn**②, 60, Jalan Masjid Lama, Tel. 651 799, www.dragoninnsarikei.blogspot.de.

Verkehrsverbindungen

Die **Busstation** von Sarikei liegt unmittelbar am Flusshafen Sungai Antu. Von hier fahren Expressbusse nach BSA (18 RM) und nach Saratok (12 RM).

Die Fahrt nach Kuching dauert etwa 5 bis 6 Stunden (35 RM), Abfahrt je nach Busgesellschaft zwischen 5.30 und 21.30 Uhr. Zwischen 9 und 21.30 Uhr verlassen die Busse den Ort in Richtung Bintulu (24 RM).

Um 11.30 Uhr fahren **Expressboote** den Rajang nach Sibu (10 RM) hinauf. Die Fahrt dauert ca. 2 Std. Die Expressbootfahrt nach Kuching kostet 35 RM (täglich 12.30 Uhr).

Sibu

Sibu, die **zweitgrößte Stadt Sarawaks** (260.000 Einwohner), ist der Verwaltungssitz der *Third Division*. Obwohl die Stadt 129 km von der Küste entfernt am rechten Ufer des Rajang liegt, ist sie eine bedeutende **Hafenstadt**, denn der breite Fluss ist gut mit Küstendampfern befahrbar.

Sibu ist durch seine Lage das Zentrum für die wichtigsten Wirtschaftsgüter Sarawaks: Kautschuk, Pfeffer und Holz. In der Umgebung findet man Sägemühlen und Plantagen.

Interessant ist auch der **Nachtmarkt**, der täglich am frühen Abend im Bereich der Market Road stattfindet.

Kurzweilig ist es auch, am Ufer des Rajang entlangzuschlendern, den angelegten Schiffen zuzuschauen oder den **chinesischen Tempel** (nahe Anlegesteg der Boote nach Sarikei), der Tua Pek Kong Temple, dessen Pagode mit vielen Einzeldächern hoch gen Himmel ragt, zu besuchen. Eine sehr gute Führung durch den Tempel und auf die Pagoge vom Vorsitzenden der „Gemeinde".

Doch neben der taoistischen Tradition findet man gerade in Sibu auch viele **christliche Wurzeln**. Interessanterweise auch wieder durch chinesischen Einfluss, denn dieser begann 1880 mit dem Geschäftsmann und Lehrer *Wong Nai Siong*. Er holte Tausende von Arbeitern aus seiner Heimat nach Sibu. Mit ihnen kam der methodistische Glauben in die Region, sodass heute von den 115 methodistischen Kirchen in Sarawak immerhin 66 in Sibu stehen! An sein Wirken erinnert der vor einigen Jahren angelegte *Heritage Trail*, ein hübscher Weg entlang des Flussufers, an dem die Dschunken einst ankerten, mit dem **Wong Nai Siong Garden**. Beides befindet sich an der Sungai Merah Bridge, außerhalb der Stadt.

Gute **Informationen über die Geschichte Sibus** und der Umgebung erhält man auch im *Civic Centre* mit der *Culturell Heritage Exhibition Hall* (Jln. Central, tgl. 10.30–17.30 Uhr), das einerseits Ausstellungshalle und andererseits Museum ist.

Wer nach dem Genuss der reichen Kultur noch etwas für die physische Gesundheit tun möchte, erklimmt am besten den Jubilee Hill inmitten eines kleinen und stadtnahen Waldgebietes mit herrlichem abendlichen Blick über Sibu und den Fluss. Eher beschaulich zeigt sich die Natur im *Rejang Esplanade*, einem bevorzugten **Park** der Stadtbevölkerung am Ufer des Rejang.

Alle diese Attraktionen sind fast nur mit dem Taxi zu erreichen. Wer Zeit sparen möchte, sollte sich an *Sazhong Trading & Travel Service*, Central Rd. 4, Tel. 133 6017, wenden. Der Besitzer *Frankie M. H. Ting* ist ein hervorragender Kenner der Stadt und organisiert ein sehr gutes Besichtigungsprogramm. Zu seinen Spezialitäten gehören auch Langhaustouren und Besuche an den Pelagus Rapids.

Am Fluss und an den angrenzenden Kanälen haben die Arbeiten eine recht schöne Flaniermeile entstehen lassen, die ein klein wenig an den Waterfront Park in Kuching erinnert. Hier tummelt sich vor allem abends die jüngere Generation der Einwohner.

Souvenirjäger kommen bei verschiedenen kleinen Händlern im Bereich des Hafens und der Cannel Road auf ihre Kosten. Sibu dient Touristen in erster Linie als Ausgangspunkt für Dschungeltouren ins Landesinnere. Diese Touren führen zunächst entweder den Rajang

flussaufwärts Richtung Kapit oder Belaga oder mit dem Flugzeug in diese Gegend. Von dort aus können dann Langhaus-Touren organisiert werden. Shopping Touren können auch im noch recht neuen *Wisma Sanyanm* nahe dem Town Square/Stadion stattfinden. Auf fünf Etagen gibt es hier viele Einzelhändler und den großen Supermarkt *Parkson Ria*. Selbstverständlich gibt es auch die Filialen der bekannten Fast Food Ketten, versuchen Sie es im Bereich der Nyabor Rd.

Übernachten

Da es sich bei Sibu um eine große, geschäftige Stadt handelt, findet man auch viele Hotels:

■ **Victoria Inn**①, 80, Jalan Market, Tel. 320 099. Mitten im Zentrum ist die Lage zwar ideal, dafür aber etwas unruhig, andererseits stimmt der Preis.
■ **Rex Hotel**①, 32, Cross Road, Tel. 084 330 933. Die Zimmer im zweiten Stock sind besser als die im ersten und haben eigene Dusche/WC. Möglichst Zimmer zum Innenhof mieten, die sind ruhiger. Zentrale Lage, mittlerweile recht schmutzig.
■ **Orchid Hotel**①-②, 9, Brooke Drive, Tel. 331 999. Gut ausgestattetes Hotel mit großen Zimmern.
■ **Capitol Hotel**①-②, 19, Wong Nai Siong Road, Tel. 084 311 706. Nahe der Taxi Station, einfach ausgestattet.
■ **Premier Hotel**③-④, Kampong Nyabor Rd., Tel. 084 323 222, Fax -399. Luxushotel.
■ **Tanahmas Hotel**①-③, Jln. Kampong Nyabor, Tel. 084 333 188, www.tanahmas.com.my. Das Hotel liegt zentral. Gute, saubere Zimmer, ein kleiner Pool und ein gutes Frühstücksbuffet lohnen die Ausgabe von etwa 150 RM/DZ. Fragen Sie nach einer *corporate rate* (eine persönliche Visitenkarte hilft!).
■ **Sentosa Inn**①, 12, Jln. Pulau, Tel. 349 875, Fax 311 706, sehr nahe am Expressbootanleger.
■ **River Park Hotel**②, 51–53 Jalan Maju, Tel. 316688. Klein, aber gemütlich und mit tollem Blick auf den Fluss.
■ **Kingwood Hotel**③, 4, Lorong Lanang, Tel. 335 888, www.wego.cn/hotels/malaysia/sibu. Sibus größtes Hotel liegt direkt am Rejang. Fragen Sie auch hier nach Sonderraten bzw. *corporate rates!*

Essen und Trinken

Im gesamten Hafenbereich und der Central Road/Lembangan Road gibt es eine Reihe von **chinesischen Restaurants.** Außerdem bietet der abendliche **Markt** verschiedene kulinarische Genüsse.

- Sehr gut chinesisch isst man im **Esplanade Seafood & Café,** direkt am Rejang River.
- Ein zweiter Tipp für gutes Essen aus den Regionen Szechuan und Canton ist das **Golden Palace** im *Tanahmas Hotel.*
- **New Capitol Restaurant,** Jalan Kampong Nyabor. Hier gibt es hervorragende chinesische Gerichte, die allerdings mit zahlreichen regionale Zutaten angereichert werden, wie z.B. mit dem Dschungelfarn *bidin* oder *umai,* einem marinierten Fisch-Krabben-Gericht.
- **Café Café,** 10, Jalan Chew Geok Lin (nahe dem Tempel). Hier gibt es ein buntes Gemisch aus chinesischer, malaiischer und westlicher Küche.

Verkehrsverbindungen

Taxi

Vom Taxi-Stand an der **Cross Road/Wong Nai Siong Road** fahren die Stadt-Taxis, aber auch Überlandtaxis in Richtung Sarikei und Bintulu.

Bus

Sibu besitzt zwei Busstationen. Von der Station am Fluss an der Sibu Express Wharf fahren Stadtbusse und Busse zu Orten in der Region (z.B. Sarikei). Fernbusse fahren ab der Station in Jalan Pahlawan, etwa 4 Kilometer außerhalb, von der täglich Busse in Richtung Bintulu (20 RM) starten. Wer nach Miri möchte (40 RM), muss über Bintulu fahren und dort umsteigen (die Fahrt dauert dann ca. 7 Stunden). Zum Fernbusbahnhof kommt man mit einem Bus, dem *Panduan Hemat Bus,* vom Stadtterminal (1,80 RM) oder mit dem Taxi (Preis ca. 15 RM, allerdings sollte man handeln).

Schiff

Expressboote fahren tgl. Richtung Sarikei (10 RM) oder direkt nach Kuching (50 RM).

Ins Landesinnere, Richtung Kapit (18–32 RM), fahren zwischen 5.30 und 13.30 Uhr Expressboote den Rajang hinauf. Auf der dreistündigen Fahrt passiert man mehrere Langhäuser, Holzfällercamps, Missionsstationen und – allerdings immer weniger – undurchdringlichen Dschungel. Der einzig größere Ort am Fluss auf dieser Strecke ist Kanowit.

Mittlerweile besteht auch ein direkter Bootverkehr Sibu – Belaga (60 RM). Diese Boote fahren aber nur bei sehr günstigem Wasserstand, da durch den Bau des Bakun Damms der Fluss oft nahezu vollständig austrocknet. Bei zu niedrigem Wasserstand bleibt nur die Option, nach Bintulu zu fliegen und von dort mit dem 4WD zu fahren.

Von Sibu aus fahren täglich **Küstenschiffe** in Richtung Kuching.

Der **Flusshafen Sibus** ist zudem Anlaufstelle für Schiffe, die von Kuching aus in Richtung Brunei bzw. Sabah fahren oder von dort kommen. Mitfahrmöglichkeiten muss man mit der Gesellschaft oder direkt an Bord klären.

Flug

Sibu verfügt seit 1994 über einen internationalen Flughafen (24 km außerhalb der Stadt). Taxis schaffen den Weg in ungefähr 20 Minuten (35 RM).

Von hier aus fliegt *Malaysia Airlines* regelmäßig fast alle größeren Orte im Land an. Die günstigsten Preise erfährt man auf der Webseite des Unternehmens www.malaysiaairlines.com. Preiswerter kann man von hier aus auch mit *Air Asia* z.B. nach KL fliegen, www.airasia.com.

Ausflug ins Landesinnere

Wer einen Trip ins Landesinnere selbst organisieren will, muss über viel **Bargeld** verfügen. Es lohnt sich, bereits in Sibu Geld umzutauschen, um in Kapit wegen der geringeren Konkurrenz nicht schlechtere Wechselkurse zu bekommen. Außerdem erreicht man Kapit meist erst, wenn die Banken schon geschlossen sind. Anschlussboote Richtung Belaga fahren aber bereits in den frühen Morgenstunden, so dass man einen ganzen Tag in Kapit verliert, wenn man hier Geld wechseln muss. Mittlerweile gibt es auch in Kapit zahlreiche Geldautomaten (ATM), an denen man rund um die Uhr Geld abheben kann.

Wer längere Trips ins Landesinnere plant, kann sich bereits in Sibu in einem der zahlreichen Supermärkte mit den nötigen **Lebensmitteln** versorgen. Hier ist das Angebot größer und die Preise sind niedriger als in den Gegenden, die über schwierige Transportwege versorgt werden.

Achtung! Selbstorganisierte Reisen stromaufwärts haben zwar ihren Reiz, sind aber auch extrem zeitaufwendig und kostenintensiv. Oftmals auch enttäuschend. Wer aus Sibu loszieht, um weiter stromaufwärts zu Langhäusern zu gelangen, sollte sich nicht zu viel erhoffen. Langhäuser am Rejang sind mit allen zivilisatorischen „Segnungen" des 21. Jahrhunderts ausgestattet, d.h. man hat Strom, Fernsehen, Mobiltelefone usw. **Vorbei ist es mit der Romantik aus Kopfjägertagen!** Zudem arbeiten die Bewohner der Langhäuser auf dem Feld, im Wald oder Industrieanlagen. Also kann man noch nicht einmal erwarten, überall auf Menschen zu treffen. Wer zumindest einen Hauch von Romantik sucht, sollte sich einem der Tourunternehmen anvertrauen. In diesem Fall wird die „Authentizität" beim Langhausbesuch zwar auch nur vorgespielt, aber immerhin erfährt man so Vieles aus der vergangenen Kultur der Ureinwohner. Die scheinbar hohen Kosten für solche Touren (zwischen 350 RM/Person für eine zweitägige Tour und 4000 RM/Person für eine neuntägige Tour) ergeben sich aus extrem hohen Transportkosten. Bei solchen Touren ist dann aber auch alles enthalten, inklusive dem warmen Willkommensgruß im Langhaus. Buchbar sind solche Touren in Kuching, Sibu (empfehlenswert ist der *Sazhong Trading & Travel Service,* 4, Central Road, und Miri (hier organisiert *James Wan* von *Planet Borneo* alles perfekt).

Mukah

Der kleine Ort an der Küste soll seinen Namen angeblich vom malaiischen Wort *Muka* (Gesicht) bekommen haben, da malaiische Seeleute im 13. Jh. hier Schutz suchten und von einer bezaubernden Schönheit mit Wasser und Nahrung versorgt wurden. Der Ort an sich ist nicht besonders attraktiv, das gut 5000 Quadratkilometer große Gebiet der Melanau ist jedoch sehenswert, denn hier wird die **Sagopalme** angebaut, aus deren Mark vielfältige Nahrungsmittel zubereitet werden, die aber in ihrem natürlichen Lebensraum zunehmend verschwindet.

Dschungelerkundungen, auch im Bereich der küstennahen Mangrovenwälder, sind hier möglich. Die Anreise erfolgt entweder mit dem Flugzeug oder mit dem Jeep. Touren organisiert das Team von *Lamin Dana,* Tel. 084/871 543, Mobil 0198 495 862, Unterkunft in einem „Homestay-Longhaus", für Touristen, die möglichst authentisch Melanau-Gastlichkeit erleben möchten.

Kapit

Kapit, der Verwaltungssitz der Seventh Division, liegt 242 km von der Küste entfernt am Ufer des Rajang. Bisher gibt es noch **keine Straßenverbindung** hierher. Kapit bildet ungefähr die **Grenze zwischen Zivilisation und Wildnis.**

In den Geschäften und Kneipen trifft man Menschen in westlicher Kleidung ebenso wie tätowierte Iban, die gerade mit dem Kanu auf einem der Nebenflüsse nach Kapit gekommen

sind, um hier ihre Jagdbeute oder Handwerksprodukte zu verkaufen.

Wer sich etwas länger in der Stadt aufhalten möchte oder muss, sollte **Fort Sylvia** einen kurzen Besuch abstatten. Es wurde 1880 von Charles Brooke am Flussufer erbaut und gibt bis heute Zeugnis über die maximalen Pegelstände des Rejang. Beeindruckend! Im **Civic Centre** gibt es ein kleines Museum zur Stadt und Region, wobei auch den ethnischen Gruppen ein großer Anteil gewidmet wird. Sollte das Museum geschlossen sein, wende man sich an das Büro nebenan.

Touren zu Langhäusern können bereits hier individuell organisiert werden. Man wird häufig in den Kneipen der Stadt auf solche Touren angesprochen. Ansonsten kann man selber auf Bootseigner zugehen oder Leute, die immer am Flusshafen anzutreffen sind, nach Mitfahrgelegenheiten und Führern fragen. Eine gute Kontaktperson ist *Joshua Muda*, der oft im *New Rejang Inn* zu finden ist. Er kann **Langhaustrips** individuell arrangieren. Nicht-Malaien benötigen ein **Permit** für die weitere Reise ins Landesinnere, allerdings wird dies selten kontrolliert (s. Kapitel „Belaga").

Übernachten

■ **Kapit River View Inn**①, 10, 1st Floor, Jalan Tan Set Leong, Tel. 479 6405. Kleines Hotel mit preiswerten, aber auch renovierungsbedürftigen Zimmern.

■ **Hotel Meligai**②, Jln. Airport, Tel. 084 796 611, Fax 798 103. Gut ausgestattete Zimmer, eigene Wäscherei.

■ **New Rejang Inn**②, 468, Jln. Teo Chaw Beng, Tel. 084 796 600, Fax 799 600. Gute Mittelklasse.

■ **Greenland Inn**③, Jln. Theo Chow Beng, Tel. 796 388, Fax 796 708. Sehr sauber und luxuriös.

Banken

■ Mittlerweile gibt es in Kapit eine **Filiale der Maybank** sowie der **Public Bank**. Beide besitzen auch jeweils Geldautomaten, sodass man hier mit der Maestro-(EC-)Karte Bargeld ziehen kann. Aber Achtung! Die Auszahlung ist oft auf 1500 RM/Tag begrenzt und manchmal geht dem Automaten das Geld aus oder er kann keine online-Verbindung zur heimischen Bank herstellen. In dieser entlegenen Gegend ist ein „Notgroschen" sehr sinnvoll.

Verkehrsverbindungen

Boot

Expressboote verkehren täglich zwischen Kapit und Sibu, stromaufwärts, Richtung Belaga 40 RM) nur 1x täglich. Zwischen Juni und September, in der Trockenzeit, ist der Bootsverkehr aber oft eingeschränkt, da der Wasserstand niedrig ist. Zu dieser Jahreszeit fahren unregelmäßig **Flussboote** den Rajang hinauf, die bis Belaga bis zu 5 Stunden benötigen. Unregelmäßig heißt, dass maximal ein Boot pro Tag fährt, eventuell auch nur eines pro Woche. Auch dann garantiert die Abfahrt noch nicht die Ankunft in Belaga, da die Boote nur so weit fahren, wie es der Wasserstand zulässt.

Eine Station auf dem Weg nach Belaga ist der Handelsposten **Merit** (12 RM), ein idealer Ausgangspunkt für Touren, auf denen nicht alle unterwegs sind.

Weitere Boote fahren täglich nach **Entawau** (15 RM) und Sibu (ab 30 RM).

Dschungeltrips von Kapit

Offiziell benötigt man für **Touren,** die über Kapit hinausgehen, ein Permit. Man erhält es im Government Office neben dem Bootsanleger. Die Weiterreise ohne Permit ist illegal. Manchmal kontrolliert die Polizei die abfahrenden Schiffe, dann werden Touristen ohne Permit zurückgeschickt.

Die Fahrt den Fluss hinauf führt durch eine **faszinierende Dschungellandschaft,** die nur ab und zu durch am Ufer stehende Langhäuser unterbrochen wird. Der interessanteste Abschnitt der Reise sind die **Pelagus Rapids.** Diese mehrere Kilometer langen Stromschnellen können außerhalb der Regenzeit nur von unbeladenen Booten stromaufwärts befahren werden. Dies bedeutet für die Passagiere einen ca. 2-stündigen Fußmarsch auf einer Holzfällerstraße, der über die Hügel um die Stromschnellen herumführt.

Wer ab Kapit auf **eigene Faust Langhäuser besuchen** möchte, kann dies tun, wenngleich die Kosten oft immens sind, denn allein die Kosten für den Treibstoff eines Langbootes

Der Bakun Damm

2007 war wohl das Jahr der Entscheidungen. Nachdem man schon vor über 20 Jahren den **Bakun Damm** geplant hat, ist er in den letzten Jahren Realität geworden. Im Zeichen der asiatischen Wirtschaftskrise war das Projekt zwar zunächst gefährdet, konnte dann aber doch gebaut werden. 69.000 Hektar Land werden dazu geflutet, eine Mauer in der **doppelten Höhe des Assuan Dammes** hält die gigantischen Wassermassen zurück, die kontrolliert abfließen sollen, um so im Idealfall **2400 MW** elektrischer Energie zu erzeugen. Dazu wurden Hunderte von Menschen umgesiedelt, ihre Langhäuser zerstört (und mit ihnen fundamentale Teile ihrer Kultur). Hinzu kommen Tausende von Pflanzen- und Tierarten, deren Lebensraum unwiederbringlich zerstört wird, darunter 43 stark bedrohte Säuger- und Vogelarten. Nationale und internationale Naturschutzorganisationen befürchten somit eine Zeitbombe im Herzen Borneos, die irgendwann einen immensen Schaden anrichten wird. 1991 schien die Vernunft gesiegt zu haben, doch 1993 ging der Bau weiter. Glück im Unglück witterte man während der Asienkrise 1997, doch schon 2001 wurden die Pläne weitergeführt. Ursprünglich sollte der Bau 2003 ans Netz gehen, dann wurde die Fertigstellung auf 2009 verschoben, da nach wie vor Investoren gesucht wurden, die die enormen Energiemengen nutzen können, nachdem man das Projekt des über 600 Kilometer langen Unterseekabels nach Westmalaysia fallen ließ.

2011 wurde der Damm, der im August 2010 eine Höhe von 207 Metern erreicht hat, endgültig fertiggestellt. Unter **www.bakundam.com** kann man den Gang bis zur Fertigstellung verfolgen sowie etwas über die Reduzierung von Treibhausgasen erfahren, was mit Hilfe des Staudamms möglich wird – aber zu welchem Preis?!

sind hoch. Hinzu kommen die oft unzureichenden Englisch-Kenntnisse sogenannter *Guides*, die sich gerne an der Jetty unterhalb von Fort Sylvia anbieten. Wem aber gerade diese „Probleme" reizvoll erscheinen (und es kann durchaus ein tolles Erlebnis werden), der kann z.B. **Rumah Jandok** (stromabwärts von Kapit), **Rumah Penghulu Jampi** (am letzten Stopp der Expressfähre auf dem Batang Baleh) oder **Rumah Bundong** (ca. 45 Minuten von Kapit entfernt am Sungai Kapit) besuchen. Hier kann man auch gut übernachten, da die Bewohner auf Gäste eingerichtet sind. Ähnlich ist es im **Rumah Lulut Tisa**, das man über die Kombination Straße (mit dem Van bis Masam) und Boot (mit dem Langboot ab Masam ca. 1½ Stunden) erreicht.

Wer beabsichtigt, **über Kapit hinaus den Rejang stromaufwärts** zu fahren, muss zuvor im *Resident's Office* ein Permit beantragen. Das Büro befindet sich im New State Government Complex, Jln. Bleteh, 1. Etage, geöffnet täglich von 8 bis 12.45 und 14 bis 16.30 Uhr, samstags 8 bis 12.45 Uhr. Das Permit ist kostenlos, benötigt wird aber der Reisepass.

Informationen gibt's unter www.kapitro.sarawak.gov.my.

Übernachten

■ **Belaga Hotel**①, Tel./Fax 086 461 244. Am Marktplatz, ordentlich geführt, in einigen Zimmern sind die Betten aber ziemlich am Ende. Gute Informationsmöglichkeiten.

■ **B&B Worldwide Exploration**, 4, Belaga Bazaar, Tel. 086 461 512. Günstige Zimmer. Die Unterkunft gehört zum Veranstalter *Worldwide Exploration Travel & Tour Services*, Lot 168 Jalan Penghulu Hang Nyipa, Tel. 019 372 2972, 086 461 884, 086 461 754.

■ **Sing Soon Huat Hotel**①, Belaga Bazaar, Tel. 461 307.

Umgebung von Belaga

In die Umgebung von Belaga kommt naturgemäß nur derjenige, der **Langhäuser** besuchen möchte. Vor allem in dem Gebiet am Sungai Asap haben sich verschiedene Langhäuser auf Besucher eingestellt und besitzen Homestays. Diese Menschen stammen aus dem Gebiet das jetzt durch den Bakun Damm geflutet ist. Über die Seite www.rightsarawak.com/Homestay/Kampung_Sg_Asap_Belaga/introduction kann man verschiedene Touren buchen. Zudem trifft man überall in Belaga auf „Guides", die Touren versprechen. Zuverlässig ist *Daniel Levoh*, der früher Lehrer war (Tel. 461 997, da niellevoh@hotmail.com).

Belaga

Belaga ist ein **weiterer Ausgangspunkt für Dschungeltrips**. Spätestens hier müssen Führer und Begleitpersonen gesucht werden. Eine vielbegangene Route ist die zur Küste nach Bintulu.

Wer keine längeren Touren plant, kann entweder mit dem Boot nach Kapit (40 RM) oder Merit (22 RM) zurückfahren.

Über Belaga hinaus wird ein weiteres **Permit** benötigt, erhältlich im *Government Office*, Mo–Fr 8–12.45 Uhr und 14–16.30 Uhr, Sa 8–12.45 Uhr.

Dschungeltouren

Von Belaga nach Bintulu

Noch vor wenigen Jahren war diese Region dicht bewaldet. Doch der Reichtum des Regenwaldes sind seine gigantischen Bäume, die in aller Welt als Baumaterial und Möbelholz geschätzt werden. Auf den mittlerweile **gerodeten Flächen** werden nun Pfeffer, Ölpalmen, Kautschukbäume und andere landwirtschaftliche Nutzpflanzen angebaut, zumindest solange die dünne Humusschicht nicht durch tropische Regenfälle abgetragen wird.

Noch vor 10 Jahren mussten beschwerliche, aber auch sehr abenteuerliche Fußmärsche und Bootsfahrten in Kauf genommen werden, um abseits der öffentlichen Verkehrsverbindungen vom Landesinneren aus die Küste zu erreichen – gerade dies lockte Abenteurer in Scharen. Mittlerweile gibt es Straßen und/oder regelmäßige Bootsverbindungen über Long Banggu und Tubau in Richtung Bintulu, immer noch kein reines Abenteuer, aber nicht mehr in der Begegnung mit unberührter Natur, sondern vielmehr in der Begegnung mit den Menschen. Informieren Sie sich rechtzeitig vor der Abreise über Kosten und Infrastruktur.

Gebiet von Bario/ Kelebit Hochland

Dieser Ort liegt im Hochland Sarawaks, nahe der Grenze zu Kalimantan. Man erreicht ihn mit dem Flugzeug aus Miri oder Marudi. Der Flug (mehrmals wöchentlich aus beiden Orten) kann über die Website von *MAS Wings* (www.maswings.com.my) gebucht werden. Die Kapazität ist aber begrenzt, sodass man rechtzeitig planen muss. Twin-Otter-Flüge gehen mit eingeschränkter Freigepäckgrenze (10 kg!).

Wer Dschungeltouren in der Gegend von Bario plant, muss sich in Miri zunächst die **Genehmigung** für die Reise und den Aufenthalt im Inneren der 4. Division besorgen. Dazu wendet man sich an den **Resident im District Office.**

Von hier aus gibt es u.a. (mit viel Glück) die Möglichkeit, die **Punan** zu besuchen. Diese Touren hängen aber wegen der komplizierten politischen Verwicklungen (Regierung/Punan/*Bruno Manser*/Holzwirtschaft) stark von der aktuellen Situation ab. Zeitweise ist es für Ausländer verboten, das Gebiet, in dem noch Punan leben, zu bereisen. Informationen gibt es im Distrikt Office in Miri oder Marudi.

Wenn es keine bürokratischen Schwierigkeiten gibt, kann man von Bario in ungefähr 8 Stunden Fußmarsch **Kubaan** erreichen.

Weiter geht's dann nach **Pa'tik** (ca. 4 Stunden zu Fuß), einer ehemaligen Siedlung der Kelabit. Hier leben sesshafte Punan. Von Zeit zu Zeit trifft man hier aber auch auf Nomaden.

Von Pa'tik aus geht es dann entweder zurück nach Bario oder, wenn es die jeweilige Situation erlaubt, weiter nach **Long Seridan** oder **Long Lellang**. Am besten ist es, diese Touren ab Miri zu organisieren. Zuverlässig ist *Planet Borneo Tours and Travel* (s. „Miri").

Besteigung des Gunung Murud

Eine weitere Tour führt von Bario zum Gunung Murud (2423 m), dem **höchsten Berg Sarawaks**. Der Weg führt zunächst nach Pa'Ukat, einem Kelabit-Langhaus (ca. 1 Stunde Fußweg). Nach weiteren 2½-3 Stunden erreicht man **Pa'Longan**. In diesem Kelabit-Langhaus übernachtet man am besten. Hier gibt es Leute, die den Weg zum Berggipfel genau kennen. Sie verlangen ungefähr 50 RM pro Tag. Die ganze Tour dauert dann 3–4 Tage. Gute Marschierer können die Strecke in 2 Tagen schaffen, müssen dann aber 12 Stunden pro Tag laufen.

Tipp für Preisverhandlungen

Wer eine **Tour mit Guide** unternimmt, sollte zu Beginn den exakten Preis für die gesamte Tour aushandeln. Vielfach wird dann verlangt, dass man sofort den vollen Betrag bezahlt. Es ist aber ratsam, maximal die Hälfte des Geldes anzuzahlen, um nicht irgendwo abgesetzt zu werden (ist schon vorgekommen).

Sollte bei den Preisverhandlungen ein zu hoher Betrag gefordert werden, kann es helfen, zunächst auf die Tour zu verzichten, auch wenn es von dem Ort aus die einzige Möglichkeit ist. Oft verringert sich der Preis, wenn ein potenzieller Guide bemerkt, dass man lieber zurückfährt, als einen überhöhten Preis zu bezahlen.

Von Pa'Longan aus geht es am Morgen ca. 3½ Stunden Richtung Kalimantan. Nach dieser Etappe erreicht man einen Unterstand nahe am Dapur-Pa' (*Pa'* = Fluss). Vom Unterstand aus geht es auf einem nicht sehr deutlichen Pfad nach links. Man überquert zwei Bäche und erreicht einen zweiten, allerdings verfallenen Unterstand. Hier wendet man sich nach rechts (der Pfad ist aber fast nicht erkennbar) und erreicht schließlich den Dapur. Man folgt dem Fluss dann ca. 1 Stunde bis zu einer Jagdhütte mitten im Wald. Der nun folgende Abschnitt ist komplizierter. Man muss dem Fluss weitere 1½ Stunden folgen, ihn dabei aber dreimal durchwaten, zwei kleinere Nebenflüsse je einmal. Das hat den Vorteil, dass man die Flussschleifen umgehen kann. Problematisch ist es nur, den Pfad auf der anderen Flussseite wiederzufinden.

Hat man den zweiten Nebenfluss hinter sich gebracht, geht es nach kurzer Zeit steil bergauf (ca. 2 Stunden). Schließlich erreicht man einen weiteren Unterstand nach Punan-Art (eine Art Stangenrost mit Dach). Hier sollte man übernachten, da der Platz an der letzten Wasserstelle des Aufstieges liegt.

Am nächsten Morgen geht es dann weiter bergauf. Nach einer halben Stunde kommt man aus dem Wald heraus, die Vegetation wird karger. Auf dem Grat, der sich nun anschließt, marschiert man immer mal wieder bergauf und bergab, bis man dann nach 3 Stunden den eigentlichen **Gipfel** erreicht hat. Wie man ihn erkennt? Ganz einfach! Von einem ehemaligen Militärcamp liegen hier noch allerlei Abfälle herum, es gibt einen **Hubschrauberlandeplatz** und jede Menge Bibelsprüche von Berggottesdiensten. Von hin hat man eine herrliche **Aussicht bis Kalimantan** und zu den Bergen des Mulu-Gebietes.

Am anderen Tag kann man den **Rückweg** nach Pa'Longan schaffen, wenn man gegen 6 Uhr aufbricht.

Von Merit zur Küste

Wer nicht nach Belaga fahren, sondern bereits weiter unten am **Rajang** eine Tour organisieren will, kann auch von **Kapit** mit dem Boot Richtung Belaga fahren, aber bereits in Merit aussteigen (liegt ca. auf halbem Weg). Von hier gibt es für Wagemutige die Möglichkeit, in fünf bis sechs Tagen **nach Tatau** an der Küste zu gelangen. Dies kostet ca. 2000 RM. Darin sind das Boot und das Geld für den Guide enthalten, der bis nach Tatau mitgeht.

Unterwegs auf Borneos Flüssen

Weitere Touren

Weitere Touren bieten sich überall an, man muss dann jedoch Eigeninitiative zeigen und sollte über gewisse Kenntnisse der malaiischen Sprache, eventuell sogar ein paar Worte „Iban" verfügen (s. Kapitel „Sprache" und den „Mini-Sprachführer Malaiisch" im Anhang). Aber auch bei ausgefallenen Touren darf man nicht damit rechnen, plötzlich Iban vor sich zu haben, die im 19. Jh. leben. Im Gegenteil, man muss sich damit abfinden, dass auch die Ureinwohner Sarawaks von der „Zivilisation" erreicht worden sind. Deshalb findet man schon mal im Langhaus CD-Recorder, zu deren Musik für den Gast getanzt wird; allerdings nur, wenn man selbst die Batterien mitbringt. Die Langhäuser selbst sind auch nicht mehr mit Ästen gedeckt, sondern haben, wie so viele Gebäude in den Tropen, schon seit einigen Jahren Wellblechdächer bekommen.

Hervorragend organisierte Dschungeltrips, egal ob ein- oder mehrtägig, bietet *Planet Borneo Tours and Travel*, Lot 273, *Brighton Centre*

Jalan Temenggong Datuk Oyong Lawai, Miri, www.planetborneotours.com. Je nach persönlicher Interessenlage und Inhalt der Reisekasse kann man kurze Touren ab etwa 290 RM/Person (2 Tage, 1 Nacht) und fünf- bis zehntägige Touren (850 RM/etwa 2500 RM/Person) buchen.

Kürzere Touren beinhalten in der Regel Übernachtungen im Langhaus, bei längeren Touren wird eine komplette Biwak-Ausrüstung mitgeführt. Teilweise sind die Treks nur 30 bis 35 Kilometer lang, was sich harmlos anhört, jedoch über Berg und Tal führt (mit Steigungen von 400 Metern).

Einige dieser Touren führen ins unwegsame Hochland, machmal sogar auch nach Brunei bzw. Indonesien hinein; **körperliche Fitness ist unbedingte Voraussetzung.** Der Organisator *James Wan* behält sich bei langen Touren das Recht vor, Abenteurer mit mangelnder Kondition aus Sicherheitsgründen abzulehnen, denn unterwegs ist eine Umkehr oft nicht möglich. Längere Touren sollten unbedingt drei bis vier Wochen im Voraus gebucht werden, da sie gründlich durchgeplant werden müssen.

Bintulu

Bintulu liegt ca. 200 km von Sibu entfernt an der Küste. Aus dem kleinen Fischerdorf ist seit Beginn der 1980er Jahre eine rasch wachsende Stadt mit mittlerweile 180.000 Einwohnern geworden. Nachdem in den 1970er Jahren größere Erdgasvorkommen entdeckt wurden, verwandelte sich der Ort in ein **Industriezentrum** mit einer Anlage zur Flüssiggasherstellung und dem Bau eines **Tiefwasserhafens** für große Tankschiffe.

Ein populärer **Strandabschnitt** ist die Küste bei Tanjong Batu.

Außerhalb von Bintulu gibt es eine ganze Reihe von **Kayan- und Kenyan-Langhäusern** entlang des Sungei Kemana.

Sehenswertes

Wer sich in der Stadt etwas länger aufhält, kann sich die moderne **Assyakirin Moschee** ansehen. Farbenfroh zeigt sich auch der noch recht neue **Tua Pek Kong Tempel** der chinesischen Einwohner. Während diese beiden Bauwerke im Zeichen der Religion stehen, lohnt für den Kommerz der Besuch des **Pasar Bintulu.** Die vor wenigen Jahren erbaute Markthalle liegt zentral und beherbergt zahlreiche Einzelgeschäfte und Marktstände für regionale Produkte. Hier kommen neben Dingen aus dem Dschungel auch Handicraft und fertig zubereitete Speisen in den Verkauf.

Naturliebhaber sollten unbedingt zum **Taman Tumbina** fahren. In diesem stadtnahen **botanischen** (*Tumbuhan* heißt „Pflanze") **und zoologischen** (*Binatang* heißt „Tier") **Garten** kann man neben Pflanzen der Region auch Vögel, darunter auch Nashornvögel, Schmetterlinge und Reptilien bewundern. Der Park befindet sich nahe Tanjung Batu und ist mit dem unregelmäßig fahrenden Bus „Tanjung Batu" erreichbar (1 RM), alternativ mit dem Taxi. Öffnungszeiten tgl. 9 bis 16.30 Uhr. Tel. 332 011, www.tumbina.com.my.

Wichtige Telefonnummern

- **Tel.-Vorwahl Bintulu: 086**
- **Flughafen:** 331 963;
- **Mas-Büro:** 331 544 (Jln. Masjid 129, Taman Sri Dagang);
- **Polizei:** 331 121;
- **Taxi-Station:** 332 009.

Übernachten

Die verschiedenen Hotels in Bintulu haben aufgrund der Bedeutung des Ortes teilweise auch stolze Preise.

- **Park City Everly**④, Jalan Tun Razak, Tel. 086 318 8888, www.vhhotels.com. Gepflegtes Business Hotel etwas außerhalb der City. Mit Pool und Gym.

■ **Regency Plaza Hotel**①-③, Jalan Abang Galau, Tel. 086 335 111. Gut ausgestattetes 3-Sterne-Haus mit Pool.
■ **Li Hua**②, 26, *Berjaya Commercial Centre,* Jalan Sultan Iskandar, Tel. 086/335 000, www.lihuahotelbtu.com. Einfaches aber sauberes Haus.
■ **Hoover Hotel**②, 92, Jalan Keppel, Tel. 086 337 166. Einfache Zimmer mit Standardausstattung.

Verkehrsverbindungen

Bintulu ist eine Zwischenstation auf dem Weg von Sibu nach Miri (bzw. Batu Niah) und umgekehrt. **Taxis** und **Busse** fahren täglich mehrmals diese Strecke. Preise: Batu Niah (18 RM), Miri (25 RM), Sibu (25 RM), Mukah (50 RM).

Bintulu hat einen **Flughafen,** der die Stadt mit Kuching, Sibu, Kota Kinabalu, Labuan und Miri verbindet. Neben *Malaysia Airlines* fliegt auch *Air Asia* von hier aus.

Von Bintulu fahren täglich **Boote** nach Tubau (das letzte um 13.30 Uhr, 3 Std./25 RM), wo es ein billiges Hotel gibt. Am nächsten Tag kann man u.U. mit einem Wagen der Holzfällercamps zum Rajang River mitfahren; kostet oft nichts. Die Straße trifft etwas oberhalb von Belaga auf den Fluss. Von dort kann man mit dem Expressboot nach Kapit (30 RM) und von dort nach Sibu (20 RM) weiterfahren.

Während der Trockenzeit kann man mit dem 4WD in Richtung Belaga aufbrechen. Diese Fahrt ist allerdings sehr kostspielig (etwa 500 RM/Wagen) und anstrengend, da es nach wie vor noch keine ausgebaute Straße gibt. Drei bis fünf Stunden sollte man kalkulieren, nach etwa der Hälfte der Zeit erreicht man den **Bakun Damm.**

Similajau-Nationalpark

Der Nationalpark liegt 18 km östlich von Bintulu. Der 7000 ha große Park schützt einen Küstenabschnitt mit interessanten **geologischen Formationen** und **drei Vegetationstypen,** Küstenvegetation mit Mangroven, Kerangas-Strauch- und Buschvegetation, und einen Abschnitt mit **Tieflandregenwald.** Neben der Flora, zu der auch zahlreiche Orchideenarten gehören, leben hier Gibbons, Javaneraffen, Kleinkantschile, viele Hörnchenarten und insgesamt 185 Vogelarten, unter ihnen Nashornvögel und Störche.

Nicht selten kommt es zu Sichtungen von **Delfinen** und **Meeresschildkröten** (die zur Eiablage an Land kommen) vor der Küste, häufig werden Leistenkrokodile beobachtet.

Anreise und Unterkünfte in Chalets, Hostels oder dem Zelt lassen sich über das *Bintulu Region Office* der *Sarawak Forestry Corporation* in Bintulu (Tel. 086 313 459) organisieren. Alternativ direkt den Nationalpark, Tel. 327 289. **Buchungen** kann man unter http://ebooking.com.my des *Forest Department* (www.sarawakforestry.com) vornehmen.

Krokodile sind im Park, auch wenn man sie doch eher selten sieht, durchaus häufig. Aus diesem Grund sollte man kein auch noch so kleines Gewässer durchwaten oder darin baden. Diese Warnung sollte ernst genommen werden und gilt auch für Wanderungen in der Nähe der Flüsse, vor allem am frühen Morgen und in der Abenddämmerung, wenn diese Reptilien auf Jagd gehen!

Der am meisten besuchte Trail ist der zum **Golden Beach.** Nach drei bis vier Stunden erreicht man diesen herrlichen Strandabschnitt, musste unterwegs aber auch wieder einige Gewässer überqueren. Meist gibt es „Brücken", teils aus gefällten Baumstämmen, teils als Hängebrücken und teils aus Beton.

Batu Niah

Dieser Ort liegt zwischen Bintulu und Miri. Von hier gelangt man zum **Niah-Nationalpark,** in dem sich die Niah-Höhlen befinden.

Batu Niah ist ein winziger Ort, der aber beständig wächst und dessen Bedeutung nur aus dem nahen Nationalpark herrührt. Es gibt hier Läden, in denen man sich versorgen kann. Chinesische und malaiische Restaurants bieten durchweg preiswertes Essen an.

Übernachten

- **Niah Cave Hotel**①, Tel. 085 737 726. Am Ortseingang im Gebäudekomplex rechts. Saubere Zimmer, freundliches Personal.
- **Niah Cave Inn**②, Lot 621, Tel. 085 737 333, Fax 737 332. Telefon, TV, und Klimaanlage gehören zum Standard der Zimmer.
- **Park View Hotel**②, *New Commercial Centre,* Tel. 085 737 021, ist mit a/c und TV sehr gut ausgestattet und kostet nur 50 RM.

Verkehrsverbindungen

Busse von und/oder nach Miri (12 RM), Bintulu (12 RM) oder Kuching (80 RM) halten leider nicht mehr im Ort, sondern nur noch am Highway, der Batu Niah Junction. Von hier aus zum Ort (oder zum Park) zu gelangen ist nur mit dem Taxi (30 RM) möglich, alternativ kann man zu trampen versuchen. Man kann auch aus Miri oder Bintulu direkt ein **Taxi** nach Batu Niah nehmen, sollte dann aber mit Kosten von etwa RM 180/Weg rechnen.

Zum Niah Cave National Park kann man entweder mit dem **Boot** fahren oder auch in ca. 45 Minuten **zu Fuß** am Ufer des Flusses entlanggehen.

Niah-Nationalpark

Der Park erstreckt sich auf einer Fläche von ca. 3000 ha rund um den **Gunung Subis.** Im Inneren dieses knapp 400 m hohen Berges liegt ein **riesiges Höhlensystem,** das 1958 zum nationalen Monument erklärt und unter die Verwaltung des Sarawak Museums gestellt wurde. 1974 wurden die Höhlen und deren Umgebung zum Nationalpark erklärt.

Um zu den berühmten Kalksteinhöhlen zu gelangen, muss man von **Pangkalan Lubang** aus ungefähr 4 km auf einem Plankenweg zurücklegen (ca. 50 Minuten). Der Weg führt durch den **Regenwald,** an beeindruckenden Baumriesen vorbei, bergauf. Festes Schuhwerk mit Profilsohle ist erforderlich, da die Bretter besonders nach Regenfällen sehr glitschig sind.

Am Ende des Weges erreicht man dann die **Great Cave.** Diese Höhle erscheint wie eine gigantische Halle, zumal sie vom Boden bis zur Decke über 60 m hoch ist. Die Great Cave und die dahinter liegenden Höhlensysteme kann man alleine erkunden. Man benötigt aber eine starke Taschenlampe, denn rechts und links des Weges befinden sich z.T. 100 m tiefe Spalten.

Die **Painted Cave** erreicht man von der Great Cave aus. Man folgt dem Weg ins Innere der Höhle, bis man den Plankenweg betritt. Auf diesem Weg rechts halten, vorbei an Lichtdurchlässen in der Höhlendecke bis zum Ausgang. Nun dem Weg durch den Wald folgen (ca. 15–20 Minuten), dann ein paar Stufen hinauf, und man steht vor den eingezäunten **Felsmalereien.** Da sie z.Zt. restauriert werden, kann man sich ihnen nur auf 5 m nähern. In der Painted Cave entdeckte man in den 1950er Jahren die Felsmalereien, die man ca. 40.000 Jahre zurückdatiert. Aus dieser Zeit stammt auch der Schädel eines Menschen.

Für den Weg kann auch ein Guide engagiert werden. Für Gruppen bis 20 Personen kostet der Guide 25 bis 30 RM. Das Geld ist gut angelegt, da der Führer sehr viel Wissenswertes über die Höhlen berichten kann.

Die Höhlen wurden 1948 zufällig von Sammlern von **Vogelnestern** entdeckt. Die Nester werden noch heute für die **chinesische Birds Nest Soup** gesammelt. Diese Delikatesse ist so begehrt, dass für die Nester über 900 RM/kg gezahlt werden. Aus diesem Grund wurden den Sammlern Lizenzen zugeteilt, damit nicht zu viele Nester abgebrochen werden.

In den Höhlen leben **rund 4 Millionen Salanganen** (Collocalia/Seglervögel) und **mehrere Millionen Fledermäuse.** Der von dieser riesigen Tiermenge produzierte Kot bildet den Belag des Höhlenbodens. Er wird als Guano zur Pflanzendüngung gesammelt. Für

das Sammeln der Nester ist im April/Mai und September/Oktober Saison. Die Sammler der Nester steigen zur Ernte an fast völlig glatten Stäben bis zur Höhlendecke und kratzen dort mit hakenbesetzten Stangen die Nester herunter. Da die Kratzstangen an ihrem Ende eine kleine Lampe besitzen, kann man vom Höhlenboden die Sammelei beobachten. Leider geht der Bestand an Salanganen immer weiter zurück. Die Parkverwaltung vermutet, dass zu viele illegale Sammler am Werk sind.

Neben der Besichtigung der Höhlen ist es möglich, **Dschungelwanderungen** zu unternehmen. Man kann dazu ebenfalls einen Führer mieten, der ca. 5 RM pro Stunde verlangt, oder den Park allein erkunden. Angeblich sollen dort Orang Utans leben. Am Beginn des Weges sollte man sich die Zeit nehmen, das kleine, aber sehr informative Museum am Park Headquarter zu besichtigen.

Anreise

Von Miri aus fahren zwischen 6.45 und 16 Uhr Busse nach Batu Niah Junction (10 RM). Taxis sind nicht viel schneller, kosten ab 35 RM/Person. Wer ein normales Stadttaxi mietet, muss mit etwa 300 RM/Tag rechnen.

Ab Bintulu fahren ebenfalls mehrere Busse pro Tag nach Batu Niah, zwischen 6 und 16.30 Uhr (11 RM). Taxis kosten 40 RM/Person.

Ab Batu Niah fahren manchmal Boote der Parkverwaltung für 10 RM pro Boot nach Pangkalan Lubang (1 Std.). Private Wagen kann man für 10 RM mieten (Preis pro Wagen, für 3 bis 4 Personen). Eine gute Alternative besteht darin, dem Fußweg von Batu Niah aus zu folgen. Man erreicht so in einer knappen Stunde Pangkalan Lubang.

Das Permit zum Besuch der Höhlen kostet 10 RM. Hinzu kommen die Kosten für die Fähre (kleines Boot), um den Fluss zu überqueren. Tagsüber kostet dies 1 RM/Person, ab der Dämmerung das Doppelte.

Achtung! Wer die Höhlen besucht, benötigt pro Person eine leistungsstarke Taschenlampe. Wer keine hat, kauft sie in Niah Junction (an Batterien denken!), in Batu Niah oder leiht sich spätestens am Headquarter eine gegen 5 RM Gebühr aus.

Übernachten

■ Im **Hostel** kostet eine Übernachtung 15 RM/Zimmer bzw 45 RM/Haus.

■ Zwei **Resthouses**, beide gut ausgestattet und sauber, kosten 100 bzw. 150 RM/Zimmer (150 bzw. 225 RM/Haus). Lebensmittel gibt es im Laden in Pangkalan Lubang. Die Übernachtung muss in Miri vorgebucht werden: *National Parks & Wildlife Office,* Lot 452, Jln. Melayu, Tel. 085 434 184, www.sarawakforestry.com.

Weitere Übernachtungsmöglichkeiten findet man in Batu Niah.

◰ Great Cave

101ma eh

Miri

Miri ist der Verwaltungssitz der *Fourth Division*. Die Stadt mit ca. 280.000 Einwohnern lebt hauptsächlich vom **Erdöl.** Das Öl wird Off-shore gefördert, d.h. von Plattformen im Meer. Durch Matrosen und Ölarbeiter wird das Stadtbild mit zahlreichen Bars nachhaltig geprägt. 1900 wurde zum ersten Mal Öl gefunden und Miri wurde im Laufe der Zeit zum Ölzentrum Sarawaks. Im Zweiten Weltkrieg wurde die Stadt fast völlig zerstört, später jedoch wieder aufgebaut. Und der Aufbau oder besser der Umbau der Stadt geht weiter. Nachdem die Ölfelder nicht mehr so sehr sprudeln, sucht man sich neue Einnahmequellen. **Tourismus** lautet das Zauberwort.

Zwischen dem Strandabschnitt, an dem sich das *Marriott Miri Resort & Spa* und das *Park City Everly Hotel* befinden und der Stadt selbst finden umfangreiche städtebauliche Maßnahmen statt, um einerseits den Miri River zu säubern und andererseits neue Strände und Resorts zu gewinnen.

Beliebt ist der Sonnenuntergangs-Spot **Taman Selera, Luak Bay** und **Kampong Beray.** Sie werden entsprechend stark frequentiert sind und teilweise verdreckt.

Interessant ist der **Fischmarkt** an der Jalan Bendahara, allerdings wird der meiste Fisch in den Morgenstunden verkauft. Der **Tamu Muhibah,** nahe der Busstation, ist Umschlagplatz für **Waren aller Art,** auch aus dem Landesinneren. Hier kommen Souvenir- und Fotojäger auf ihre Kosten, da er auch als Dschungelmarkt bekannt ist.

Wer Märkte mag, sollte den **Saberkas Weekend Market** besuchen, auf dem über 100 Händler Samstag abends und Sonntag vormittags Früchte, Meerestiere, Bekleidung und Kunstgewerbe verkaufen. Der Markt befindet sich außerhalb der Stadt am Kreisverkehr zwischen Jln. Miri Pujut und Jln. Pujut Lutong.

Kunstgewerbe aus ganz Sarawak findet man ebenfalls zu recht günstigen Konditionen im **Miri Heritage Centre** (Jln. Brooke). Zahlreiche kleine Kunstgewerbebetriebe stellen hier aus und verkaufen ihre Produkte.

Eher kulturellen Genuss verspricht der Besuch des **Tua Pek Kong Temples** neben dem Fischmarkt. Das malerisch bunte Bauwerk wurde schon 1910 errichtet. Erst 2000 konnte der neue chinesische Tempel San Ching im Stadtteil Krokop fertiggestellt werden. Alle Förderer des millionenschweren Baus wurden in der Umfassungsmauer namentlich mit dem Spendenbetrag erwähnt. Die vielen Spender machten es möglich, einen der größten taoistischen Tempel Südostasiens zu errichten.

Die **Park- und Seeanlage Miri City Fan** wurde in erster Linie für das Auge errichtet. Spazierwege, Fontänen, Pagoden und zahlreiche Sitzgelegenheiten ziehen abends und am Wochenende die Bevölkerung in Scharen an. Zum Gelände gehört auch **Pustaka Miri,** die

IT Library. Hier befindet sich ein Zentrum für moderne Computertechnologie und Multimedia, in der aber auch Ausstellungen lokaler Künstler stattfinden.

Auf dem **Canada Hill** kann das erste Bohrloch Miris von 1910 besichtigt werden. Hier gibt es auch ein großes **Museum,** das dem Thema „Erdöl" gewidmet ist (Öffnungszeiten tgl. außer Mo 9–16.30 Uhr).

Wer Dschungeltouren in der Gegend von Bario plant, muss sich offiziell in Miri zunächst die **Genehmigung** für die Reise und den Aufenthalt im Inneren der 4. Division besorgen. Dazu wendet man sich an den **Resident im District Office.** Der flache Gebäudekomplex liegt an der Jalan Raja gegenüber dem Hochhaus. Wer seine Touren im Landesinneren mit einem *Touroperator* plant und bucht, braucht diese Formalia nicht zu erfüllen, da die Organisation und Anmeldung durch den Veranstalter erfolgt.

Adressen

- **Visitors Information Centre,** Lot 452, Jalan Melayu, Tel. 085 434 180, 434 300, Fax 434 179.
- **Internet:** *Planet Café,* 1st Floor, Lot 1.27, Bintang Plaza, Tel. 085 412 260. Über 20 PC's.
- **National Parks Booking Office,** Visitors Information Centre, Jalan Melayu, Tel. 085/434 184, Mo–Fr 8–17 Uhr. Weitergehende Informationen beim **Sarawak Forestry,** Tel. 082 610 088 oder 1800 882 526, www.sarawakforestry.com.

Einkaufen

- Mittlerweile haben **zahlreiche Einkaufskomplexe** in der Stadt geöffnet. Zu den kleineren gehören das *Wisma Pelita Tunku* (Jln. Padang), das *Yulan Plaza* (Kingsway) und der *Soon Hup Shopping Complex.* Groß, modern und mit großer Auswahl, glänzen die *Imperial Mall* (Jln. Parry) und das *Bintang Plaza* (Jln. Merbau).

Übernachten

- **Apple Lodge**②-③, MCLD, Lot 343 + 344 Miri-Pujut Rd., Tel. 085 419 696, http://applelodgehotel.com/web/contact.html. Gut ausgestattete Zimmer in Miris neuem Zentrum.
- **Brooke Inn**②, 14, Brooke Rd., Tel. 085 412 881. Zentrale Lage und gut ausgestattete Zimmer.
- **Metro Inn**①-②, Lot 762, Parent Lot 529, Block 9, 1st Floor, Jalan Merpati, Tel. 085 411 663, Fax 424 663. Nichts Überwältigendes, aber für eine Nacht in Ordnung.
- **Hotel Gloria**③, 27, Brooke Road, Tel. 085 416 699, Fax 418 866, teuer, aber gut.
- **Park Hotel**②-④, Jln. Raja, Tel. 085 414 555, Fax 414 488, www.parkhotelmiri.com. Zentral gelegen, Mittelklassestandard, 70–20 RM.
- **Miri Mariott Resort & Spa**④, Jln. Temenggong Datuk Oyong Lawai, Tel. 085 421 121, Fax 402 855, www.mariotthotels.com/myymc. Am Meer und mit großem Pool präsentiert sich diese neuere Anlage einige Kilometer außerhalb des Zentrums.
- In dieser oberen Preiskategorie gibt es auch das **Park City Everly Hotel**④, Jln. Temenggong Datuk Oyong Lawai, Tel. 440 288, www.vhhotels.com, das auch am Brighton Beach liegt und das **Dynasty Hotel**④, Lot 683, Jln. Pujut Lutong, Tel. 421 111, www.dynastyhotelmiri.com.my. Direkt in der Innenstadt.

Am Brighton Beach befindet sich auch die **Planet Borneo Tours & Travel Agentur,** Ground Floor, Brighton Centre, Jalan Datok Temenggong Oyong Lawai, Tel. 085 415 582, Fax 412 469, www.planetborneotours.com, die hervorragende Dschungeltrips organisieren. Das Unternehmen koooperiert mit etlichen Hotels am Ort und in ganz Sarawak und Sabah.

Essen und Trinken

- Überall bekommt man natürlich das bekannte Angebot asiatischer Gerichte, nicht immer sehen die Restaurants sehr einladend aus. Da kann man natürlich auf die Fast Food Lokale ausweichen, die in jedem Shopping-Komplex vorhanden sind. Die zweite Möglichkeit ist der Bereich entlang der Miri-Pujut Road im Viertel M2/MCLD. Hier verkehren die jungen und jung gebliebenen Menschen aus Miri, hier treffen sich aberauch viele Expats. Vielleicht beginnen Sie den Abend mit einem Bier im **„The Other Office"?**

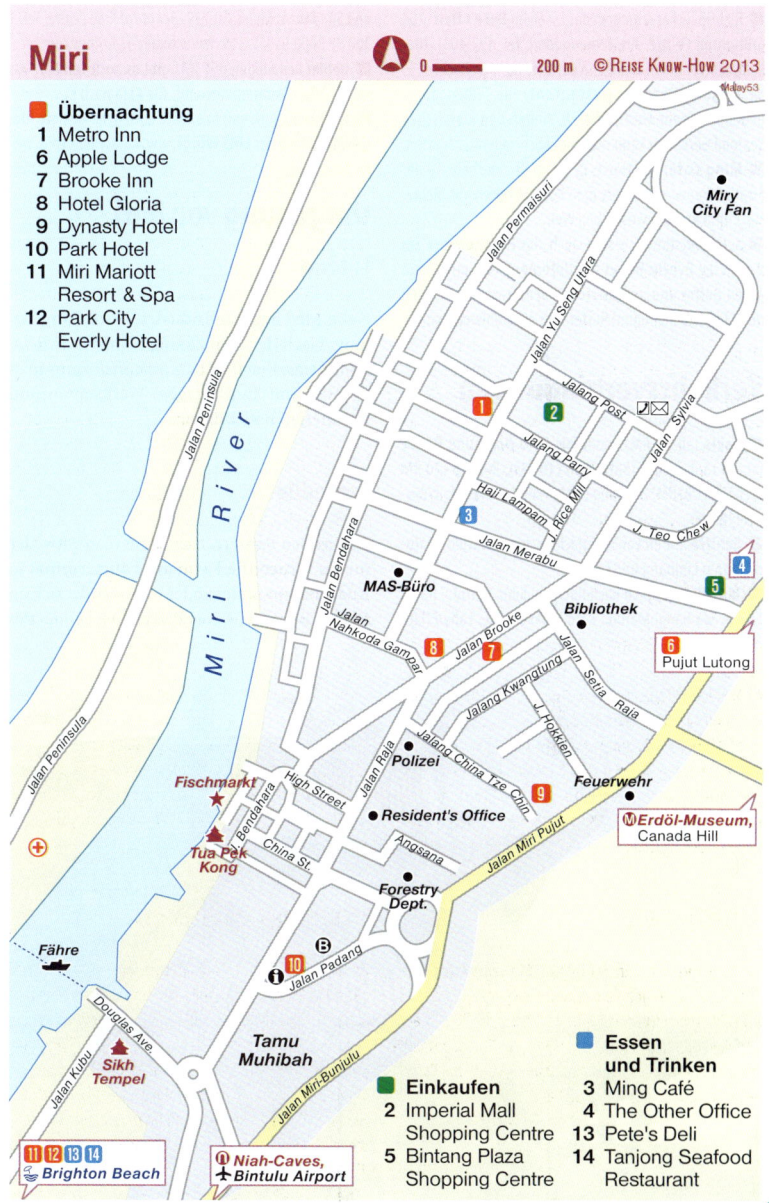

● Richtig lecker schmeckt das Essen im **Pete's Deli** (284 G Brighton Centre, Jln. Temenggong, Tel. 422 403). Hier kommen vor allem westliche Gerichte auf den Tisch.
● **Tanjong Seafood Restaurant,** Jln. Temenggong, gegenüber dem *Marriot Hotel*). Neben den klassischen Seafood Gerichten kann man hier auch vegetarisch essen.
● **Ming Café,** Jln. North Yu Seng/Jln. Merbau. An der Straßenkreuzung serviert man Köstlichkeiten aus Malaysia, China und der westlichen Welt.
● Selbstverständlich sind auch die **Restaurants im Park City Everly Hotel** (im Untergeschoss) mit einem guten Buffet und im **Marriott** (hier besonders im *Zest*) mit à la carte Menü und Buffet sehr empfehlenswert.

Verkehrsverbindungen

● **Taxis** (ab 35 RM/Person bis Batu Niah) und **Busse** fahren täglich nach Batu Niah (10 RM), Bintulu (20 RM a/c), Sibu (50 RM), Kuching (90 RM) und Kuala Belait/Brunei (18 RM).
● **Schiffe** fahren von hier nach Kuching, Bintulu, Marudi, Baram Limbang und Lawas.
● **MAS** fliegt täglich nach Kuching, Sibu, Bintulu, Bario, Lawas, Limbang, Marudi, Kota Kinabalu, KL, Lahad Datu und Sandakan, Mulu, Lot 239, *Beautiful Jade Centre,* Tel. 1 300 88 3000 u. 417 315, www.malaysiaairlines.com.
● Neben den Flügen mit *MAS* gibt es auch von Miri aus regelmäßige Verbindungen mit **Air Asia** nach KL.
● Zum Mulu Park und in andere entlegene Gebiete fliegen Maschinen der **MAS Wings**, www.maswings.com.my.

Umgebung von Miri

Lutong

Nahe Miri liegt die **Industrieansiedlung** Lutong. Nach der Anmeldung beim *Trade Relations Department of Sarawak Shell* kann man den Ort mit Tankanlagen, Werkstätten und Raffinerien besichtigen.

Krokodile

Die großen Panzerechsen kann man entweder im der **Crocodile Farm am Fährterminal** in Kuala Baram finden, oder man wendet sich an **Planet Borneo** (Adresse s.o.). Die *Guides* des

Unternehmens kennen Stellen, an denen eine Sichtung sehr wahrscheinlich ist. Natürlich gibt es die Tiere oftmals im Baram River, sicher aber in der Hühnerfarm, jenseits der Grenze zu Brunei, denn hier werden Schlachtabfälle regelmäßig über den Zaun entsorgt, fast ein Schlaraffenland für das Leistenkrokodil.

Eine Alternative ist die **Krokodilfarm bei Kuala Baram.** Hier werden Hunderte Exemplare gezüchtet. Daneben sieht man Schlangen, Affen, Hirsche, Flughunde und Stachelschweine sowie herrliche Lotusteiche. Die Farm ist mit dem Bus der Miri-Belait Bus Company erreichbar. Die Busse fahren täglich zwischen 5.30 und 21 Uhr etwa alle 20 Minuten (1,20 RM). Schneller geht es natürlich mit dem Taxi, das kostet dann aber etwa 70 RM, da man den Fahrer bitten muss zu warten. Am besten kalkuliert man etwa eine Stunde zur Besichtigung ein. Die Farm ist täglich von 9 bis 18 Uhr geöffnet, Eintritt 18 RM, www.miricrocodilefarm.com.

Loagan-Bunut-Nationalpark

Der recht neue Park umfasst einen etwa 650 Hektar großen See, der neben seinem **Fischreichtum** vor allem **(Zug-)Vögeln** eine Heimat bietet. Reiher, Nashornvögel und zahlreiche Greife geben sich hier zusammen mit Eisvögeln ein Stelldichein. Leider benötigt man ein Boot für eine lohnende Tour und ist auf Touren der Veranstalter in Miri angewiesen.

Lambir-Hill-Nationalpark

Anziehungspunkt für Miris Bevölkerung ist der 29 km entfernte Park mit den Wasserfällen. Der kleine Park beherbergt noch die typische Vegetation und wird gerne an den Wochenenden „heimgesucht". Wer andere Parks (z.B. Bako) besucht, kann gut drauf verzichten.

Verschiedene Trails führen durch das Gebiet. Interessant ist es u.a., vom HQ aus in Richtung **Bukit Pantu** oder weiter zum 465 m hohen **Bukit Lambir** zu marschieren. Unterwegs herrscht weitgehend Einsamkeit, abgesehen vom ersten Streckenabschnitt, an dem sich drei Wasserfälle befinden. Attraktiv ist der **Latak-Wasserfall,** der über 25 m tief in ein zum Baden freigegebenes Bassin stürzt.

Nur wenige hundert Meter entfernt steht dann ein Aussichtsturm von 40 m Höhe, an den sich ein kurzer **Canopy Walkway** anschließt. Hier kann man den Wald einmal aus der Baumwipfelpersperktive erleben (nicht vergleichbar mit Poring oder dem Canopy Walk im Mulu Park, aber immerhin!).

- Die **Anmeldung** erfolgt im *National Parks and Wildlife Office* in Miri (Tel. 491 030). Besucher erhalten hier das Permit (10 RM).
- **Übernachten:** Chalets (150 RM/Haus bzw. 100 RM/Doppelzimmer) und Campingplatz (4 RM/Person).
- **Anfahrt:** Man kann jeden Bus nehmen, der Richtung Batu Niah, Bakong oder Bekenu fährt (Achtung: Busse mit dem Ziel „Lambir" fahren nicht am Park entlang!). Diese Busse fahren ab 6.30 Uhr (10 RM). Der letzte Bus verlässt des HQ um 16.30 Uhr in Richtung Miri. Taxis kosten etwa 70 RM.

Der chinesische Tua Pek Kong Tempel in Miri

Tauchen vor Sarawaks Küsten

Nur wenigen ist es bisher bekannt, dass es vor der Küste Miris hervorragende Tauchreviere gibt. Über 20 Tauchpunkte listet die Karte mittlerweile vor der Küste auf, z.T. nur etwa 20 Minuten mit dem Boot entfernt. Je nach Jahreszeit gute bis mittlere Sichtverhältnisse und Tiefen zwischen 9 und 45 Metern lassen das Herz von Sporttauchern höher schlagen. 206 Korallenarten, Rochen, Schildkröten, Muränen, Clownfische und Barracudas sind praktisch ständig präsent. Richtig spannend wird es dann aber im April/Mai, wenn die Walhaie auf ihren Wanderungen vor Miris Küste auftauchen. Sehr zuverlässig sind die **Tauchguides** von *Co.Co.Dive* (ehemals *Tropical Dives*), bei denen man auch das Gerätetauchen nach PADI Richtlinien erlernen kann. Die Kurse werden individuell angeboten, eine Voranfrage ist ratsam. Dies gilt vor allem bei eingeschränkten englischen Sprachkenntnissen: *Co.Co.Dive,* Jalan Sri Dagang, Tel. 414 433, www.cocodive.com.my.

Unmittelbar vor der Küste ist Tauchen ebenfalls möglich, jedoch nicht bei allen Wetterbedingungen. Tauchen bedeutet Gerätetauchen, zur Not auch als Anfänger.

Weiterreise nach Brunei und Sabah

Miri ist Ausgangspunkt für Fahrten nach Brunei. Bürger der Bundesrepublik erhalten an der Grenze eine Aufenthaltsgenehmigung bis zu 30 Tagen.

Von Miri gelangt man **mit verschiedenen Bussen nach Kuala Belait** (28 RM). Manchmal fahren von hier aus **Schiffe nach Labuan**, sodass man ohne Brunei zu durchqueren nach Sabah gelangen kann.

In letzter Zeit hört man immer wieder, dass einzelne Busse die letzten fünf Kilometer bis zur Grenze nicht fahren, da sich die Fahrer so den hohen Brückenzoll für die ASEAN-Brücke sparen, die den Baram River überspannt. In diesem Fall muss man für die Reststrecke ein Taxi nehmen.

Sonst geht es weiter mit dem Bus nach **Seria** (1 B$, alle 30 Min.). Von hier fährt jede Stunde ein Bus nach **Bandar Seri Begawan** (6 B$).

Eine Alternative ist die Anreise mit dem **Minibus von Miri** (40 RM/Person). Die Minibusse fahren allerdings nur relativ unregelmäßig ab der Bushaltestelle in Miri, also am besten rechtzeitig vorher erkundigen.

In Brunei gibt es die einzige **deutsche Auslandsvertretung** auf Borneo (s. Kap. „Brunei").

Möchte man Brunei (z.B. wegen der sehr hohen Preise) gänzlich umgehen, fliegt man am besten direkt von Miri aus nach **Kota Kinabalu**. Sehr günstig sind die Flüge mit Air Asia, www.airasia.com.

Gunung-Mulu-Nationalpark

■ **Informationen:** www.mulupark.com

Der Park ist mit 544 km² der größte Nationalpark Sarawaks. Hier, im Gebiet des zweithöchsten Berges Borneos, des **Gunung Mulu (2377 m)**, findet man alle Arten der Inlandsvegetation. Die Entstehung der geologischen Strukturen liegt 30 Millionen Jahre zurück.

Das Gebiet wurde 1974 als Nationalpark ausgewiesen. Zwischen 1977 und 1984 wurden die Vegetationstypen und die geologischen Besonderheiten der Region wissenschaftlich untersucht. 1985 wurde der Park dann für Besucher geöffnet, Teile der Region sind aber immer noch nicht vollständig untersucht und werden zeitweise geschlossen.

Eine Bestandsaufnahme ergab, dass hier **1500 Blütenpflanzenarten** beheimatet sind. Dazu gehören 170 Orchideenarten und 10 Kannenpflanzenarten. Zudem gibt es tausende Arten von **Pilzen, Moosen** und **Farnen**.

Die Tierwelt ist ebenfalls reichhaltig. Man hat **67 Säugetierarten** (u.a. Makaken, Gibbon,

Gunung-Mulu-Nationalpark

www.fotolia.de © Liew & Son

Muntjak, Malaienbär), **262 Vogelarten** (darunter 8 Arten des Nashornvogels), 74 Froscharten, 47 Fischarten, 281 Schmetterlingsarten und **458 Ameisenarten** aufgelistet.

Es sind verschiedene Wege angelegt worden, die z.T. im Gebiet des Hauptquartiers liegen. Andere Trails sind als mehrtägige Wege gedacht, so z.B. der **Weg zum Gunung Mulu.** Dieser Trail kann in 3 bis 5 Tagen bewältigt werden, je nach Fitness.

Im Park gibt es viele **Höhlensysteme,** von denen bereits 150 km erforscht wurden. Faszinierend sind die **Deer Caves,** die man in etwa 1 Stunde vom *Ranger Office* aus erreicht, und der sich anschließende **Garden of Eden.**

In einer Tagestour kann man die **Clearwater Cave** und die **Wind Cave** erkunden. An der Clearwater Cave geht das trübe Flusswasser plötzlich in kristallklares Wasser mit großem Fischbestand über. Die **Wind Cave** bietet dem Besucher eine unterirdische, natürliche Aircondition, Stalagtiten und Stalagmiten sowie zahlreiche Fledermäuse und Seglervögel.

Während man für alle diese Höhlentouren einen Guide benötigt, kann man die sogenannte **Moonmilk Cave** allein erforschen. Doch dies bedeutet nicht einen *einfachen* Trail, sondern nur einen *gut ausgeschilderten*. Vom HQ aus folgt man etwa 1,5 km dem überwiegend ebenen Trail am Fluss entlang. Bis hierher konnte man den Regenwald in seinem Facettenreichtum genießen, denn allzu viele Besucher sind hier nicht unterwegs. Zahlreiche Vogelarten, Echsen, gelegentlich Schlangen, vor allem aber Insekten, darunter oft Dutzende Rajah Brooke Schmetterlinge kann man hier beobachten. Doch gibt es auch die andere Seite der Medaille, denn nach den etwa 1,5 km steht man vor Stufen, die gen Himmel reichen, zumindest erscheint es so.

◁ Höhlenpilze, die sich an die Erdoberfläche wagen

Über 500 hölzerne Stufen sind bis zur Höhle zu überwinden, bei den Temperaturen im Park eine „wahre Freude".

Adventure Caving: Abenteuerlustige können weiter als nur auf den markierten Wegen ins Innere von Höhlen vordringen. Diese z.T. mehrstündigen Expeditionen sind sehr anstrengend und auch nicht gerade ungefährlich, vor allem aber teuer. Die Guides verlangen zwischen 60 und 120 RM. Die Schwierigkeitsgrade sind in „beginner", ab 8 Jahren, „intermediate", ab 12 Jahren und „advanced", ab 16 Jahren, unterteilt. Wer hier das Abenteuer sucht, muss nachweisen, dass solche Expeditionen schon vorher gemeistert wurden. Ein „Logbuch" muss dazu vorgezeigt werden können. Alternativ kann man zunächst seine Künste in einer leichteren Höhle unter Beweis stellen und wird dann vom Guide bewertet. Dies ist unbedingt notwendig, da man in den Höhlen horizontal und vertikal klettern, schwimmen, sich abseilen und durch extrem schmale Durchlässe kriechen können muss. Je nach Schwierigkeitsgrad und persönlicher Fitness muss man für diese Touren zwischen 45 Minuten und bis zu 15 Stunden einplanen.

Besonders lohnend ist auch ein Besuch bei den **Pinnacles** (Felsnadeln), für den man ca. 3 Tage einplanen sollte. Nach 1- bis 2stündiger Bootsfahrt und einem dreistündigen Marsch erreicht man Camp 5. Hier wird übernachtet. Am nächsten Tag geht es 4 Stunden bergauf zu den Felsnadeln. Der Weg ist oft sehr steil und anstrengend! Der Abstieg zum Camp 5 dauert dann 2½ Stunden. Eine weitere Übernachtung folgt. Am dritten Tag fährt man dann zurück, kann unterwegs aber noch die Clearwater Cave besuchen.

Bevor man mehrtägige Touren unternimmt, sollte man sich bei den Rangern erkundigen, wieviele Gruppen bereits unterwegs sind. Sonst kann die Übernachtung z.B. in Camp 5 sehr unangenehm werden, da sich hier oft bis zu 100 Personen aufhalten.

Wer längere Zeit unterwegs sein möchte, kann an organisierten Touren auf dem **Headhunters Trail** teilnehmen. Die Route führt vom Mulu-Park auf den Spuren der Kayan am bzw. auf dem Melinau-Fluss in Richtung Terikan-Fluss. Von hier aus geht es weiter nach Limbang. Die Tour ist auch in umgekehrter Richtung zu bewerkstelligen.

Eine neuere Attraktion des Parkes ist der **Mulu Canopy Skywalk** (Eintritt 35 RM). Hier betritt man in 15 bis 25 Metern Höhe eine „neue" Welt. Das Kronendach der Regenwaldbäume kann auf dem etwa 480 Meter langen Weg aus einer ganz neuen Perspektive erforscht werden. Mit etwas Glück kann man hier oben neben zahlreichen Insekten auch die eine oder andere Schlange entdecken. **Schwindelfreiheit** ist allerdings eine Voraussetzung für den Trip, der sonst ganz schnell zur Qual werden kann.

Permit

Das Permit (10 RM) bekommt man in Miri beim **National Parks & Wildlife Office,** Lot 452, Jln. Melaya, Tel. 432 561 oder alternativ als „Permit on arrival"; d.h., ein Permit erhält derjenige, der sich im Park registrieren lässt.

■ **Information:** Gunung Mulu World Heritage Area, Tel. 792 300, www.mulupark.com.

Die abenteuerliche und aufwendige Anreise

Von **Miri** fährt man zunächst mit dem Taxi (35 RM/Person) oder dem Bus (ab 6 Uhr stündlich; 5 RM) nach **Kuala Baram.** In Kuala Baram legen Expressboote stündlich in Richtung Marudi (35 RM) ab. (Um das letzte Boot nach Marudi zu erreichen, muss man spätestens mit dem Bus um 12 Uhr Miri verlassen.) Nach 2½ Stunden erreicht man **Marudi.**

Um 12 Uhr fahren Expressboote nach **Kuala Apoh** (14 RM) bzw. Long Terawan (20 RM, je nach Wasserstand), das man nach bis zu 4 Stunden Fahrzeit erreicht. Von hier aus geht es mit dem (gemieteten) Langboot zum Mulu-Park, nach **Long Pala.** Die Fahrt dauert je nach Wasserstand zwischen 1½ und 4 Stunden (35 RM/Person; wenn weniger als 5 Personen mitfahren, kostet das Boot 250 RM).

Der Begriff „Fahrt" sollte nicht zu ernst genommen werden, da es zumindest bei Niedrigwasser an manchen Stellen unmöglich ist, mit dem Boot zu fahren. Alle Insassen sind dann gefordert, um das Boot über die seichten Stellen zu schieben. Oft schwappt Wasser ins Boot, also das Gepäck gut abdichten. Beim Schieben des Bootes unbedingt die Schuhe anlassen (auch wenn sie völlig durchnässen), weil sonst die Gefahr von Verletzungen im trüben Flusswasser zu groß ist.

Bei der Rückreise ist zu beachten, dass die Boote den Park gegen 5.30 Uhr verlassen, damit man Marudi bis 11 Uhr erreicht und noch einen Anschluss nach Miri bekommt.

Die einfache und schnelle Anreise

Seit der regelmäßige **Flugverkehr** zum Park eingerichtet wurde, reisen nur noch wenige Besucher mit dem Boot. Der Trip ist zwar ereignisreicher, dauert allerdings auch erheblich länger und kann außerdem noch recht teuer werden. Immer wieder kommt es vor, dass Boote erst fahren, wenn genügend Passagiere an Bord sind, Bootsleute sind zudem oft nicht mehr bereit, von Long Terawan aus für „nur" 250 RM zum Park zu fahren, sodass die beste Anreisemöglichkeit der Flug ist. Von Miri gibt es tägl. **Direktflüge.**

Es verkehren hier Maschinen des Typs Fokker 50 bzw. ATR. (Bei schlechtem Wetter werden die Flüge manchmal eingestellt.) Der Transfer vom Flughafen zum Park Headquarters kostet 5 RM/Person. Flüge in die entlegenen Gebiete führt die MAS-Tochter *MAS-Wings* (www.maswings.com.my) durch. Wer den Besuch im Park plant, sollte rechtzeitig Flüge buchen, da die Plätze begehrt sind.

Übernachtung in Marudi: Das *Alisan Hotel*① ist sehr zu empfehlen. Es bietet große, saubere Zimmer. Das MAS Office befindet sich in der *Shop Arcade* No. 3, Tel. 755 240/-480. Hier können Flüge bestätigt und auch gebucht werden. Als Bezahlung werden bisher jedoch keine (!) Kreditkarten akzeptiert.

Gebühren im Park

Bei der Ankunft sind pro Person 10 RM Gebühr (Kinder 5 RM) sowie 5 RM für die Kamera/10 RM für eine Videokamera zu zahlen.

Im Mulu-Park besteht die Pflicht, für jede Tour einen **Guide** zu mieten. Alle Gebühren müssen zentral bezahlt werden. So kosten *Guides* für die Clearwater und die Wind Cave 25 RM, Deer Cave/Langis Cave 20 RM, Pinnacles (drei Tage) 350 RM, Gunung Mulu Trek (vier Tage) 450 RM.

Fast alle Ziele im Park sind nur mit dem **Langboot** zu erreichen. Die Mietpreise betragen vom HQ (return) 350 RM (bis 4 Personen), jede weitere Person 85 RM. Diese Preise sind aber oftmals nur theoretische Werte, denn da fast alle Besucher mit Veranstaltern zum Park kommen, sind die Boote häufig ausgebucht. Wer also sicher gehen will, sollte eine organisierte Tour buchen, dann ist es leichter, eine Unterkunft im Park zu bekommen.

Ausrüstung

Auf den Wegen und in den Höhlen ist unbedingt **festes Schuhwerk** mit rutschfester Sohle erforderlich. Eine **Taschenlampe** je Person erleichtert die Fortbewegung im Höhleninnern. Da die Boote bei fast allen Touren im Park häufig geschoben werden müssen, ist es ratsam, **trockene Kleidung** und ein Handtuch mitzunehmen, denn in den Höhlen ist es kalt. **Lebensmittel** erhält man in den Homestays am Rande des Parks. Schwierigkeiten bereitet allerdings die Versorgung mit frischem Obst.

Übernachten

■ Die Parkverwaltung betreibt einige Unterkunftsmöglichkeiten. Es gibt sehr gut ausgestattete **Chalets** mit a/c und Küche (230 RM/Haus), einfachere Chalets (110 RM/Zimmer) und einen **Schlafssal** (40 RM/Bett) und Vier-Bett-Zimmer (20 RM/Bett).
■ **Melinau Canteen**①, Tel. 012 871 1372. Gegenüber dem Park-HQ befindet sich diese Herberge, in der es Schlafsaalbetten (20 RM/Nacht) und einfache Gerichte gibt.
■ Private Tourveranstalter unterhalten an der Grenze des Parks etliche **Guesthouses**. Sofern diese gut ausgestatteten Häuser mit sauberen Zimmern nicht durch Gruppen belegt sind, kann man hier unterkommen. Informationen erhält man entweder im HQ oder am Flughafen.
■ **Royal Mulu Resort**④, Tel. 085 792 388, Fax 792 399, www.royalmuluresort.com. Hier kann man Luxus im Dschungel erleben, mit klimatisierten, sehr komfortablen Räumen bis hin zum Pool. Dieser Luxus hat aber auch hier seinen Preis. Hier können auch Räder und Wassersportgeräte ausgeliehen werden. Abends gibt es hier oft Kulturveranstaltungen.

Headhunter Trail

Wer an tagelangen Dschungelmärschen, Aufenthalten in Langhäusern und mehr oder weniger anstrengenden Bootstouren Interesse hat, sollte diese Tour am Melianu River einplanen. **Ausgangspunkt** der organisierten Touren (am besten durch Planet Borneo in Miri) ist meist der **Gunung Mulu Park.** Wie in den alten Tagen der Kopfjägerkriege gibt es hier den Pfad, der einst von den *Kayan* genutzt wurde, um über den Sungai Melinau stromaufwärts zu fahren, dann die Boote zum Sungai Terikan zu tragen und so schließlich das Hinterland zu erreichen, in dem dann die Bevölkerung überfallen wurde. Heute gibt es Boote vom HQ nach Long Berar, dem Ausgangspunkt des Trails zum Camp 5. Je nach Kondition und Witterung erreicht man dieses Lager in etwa 4 Stunden. Hier wird die erste Übernachtung fällig. Am folgenden Tag kann man die **Pinnacles** besteigen, oder direkt in Richtung Sungai Terikan aufbrechen. Für den etwa 11 Kilometer langen Trail sollte man mindestens 5 Stunden veranschlagen, wer es dann eher geschafft hat, kann sich freuen. Hier gibt es eine Park Ranger Station, in der eine Übernachtung möglich ist. Alternativ kann man in weiteren 3 bis 4 Stunden das Iban Langhaus **Bala Lesong** erreichen, in dem eine Übernachtung möglich ist. Am nächsten Tag kann dann ein **Bootstrip nach Medamit** unternommen werden, der vom Langhaus startet, alternativ dazu zunächst der Marsch zum Langhaus. Von dort gibt es **Minibusse nach Limbang**. Kosten: Rechnen Sie mit etwa 300 RM für den Guide, weiteren 600 RM für das Boot (jeweils für bis zu 5 Personen) nach Medamit und 10 RM für den Minibus. Die Übernachtung im Langhaus kostet ca. 20 RM. Hinzu kommen Kosten für das Essen in Camp 5 und Mitbringsel für das Langhaus.

Limbang

Der Verwaltungssitz der *Fifth Division* (ca. 43.000 Einwohner) befindet sich zwischen Brunei und Sabah. Diese Stadt liegt 13 km landeinwärts am Sungei Limbang. Im Vergleich zu Brunei ist die Stadt wegen der niedrigen Hotelpreise für denjenigen interessant, der über Land nach Sabah reisen will.

In **Muzium Wilayah** kann man allerlei Ausstellungsstücke zur Kultur der Ureinwohner finden (Jalan Kubu).

Übernachten

Tel.-Vorwahl Limbang: 085

■ **City Inn**②, 19, Jln. Buangsiol, Tel. 213 833. Kleines Hotel mit sauberen Zimmern.
■ **Metro Hotel**③, Lot 781–782, Jln. Bangkita, Tel. 211 133. Gutes Mittelklassehotel mit 24-Stunden-Zimmerservice.
■ **Muhibah Inn**②, Lot 781–782, Jln. Bangkita, Tel. 212 488, untere Mittelklasse.
■ **River View Inn**②, 45, Jln. Wong Tsap, Tel. 211 088, Fax 211 293. Preiswerte Unterkunft, ohne billig zu sein.

- **Royal Park Hotel**②-③, 1089–1090, Jln. Buangsiol, Tel. 212 155, Fax 222 233. Sauber und gut eingerichtet.
- **Purnama Hotel**③, Jln. Buangsiol, Tel. 085 216 700, Fax 216 711, www.penviewhotel. com. Noch recht neues, komfortables und sauberes Hotel.

Verkehrsverbindungen

Limbang ist von Sarawak (Miri) nur mit dem **Flugzeug** zu erreichen. *MAS Wings* fliegt ab 65 RM oder KK ab 75 RM.

Zwischen Limbang, Bandar Seri Begawan, der Hauptstadt Bruneis (im Süden), Labuan und Lawas (im Norden) fahren mehrmals täglich **Expressboote.**

Wem dies alles zu technisch ist, der kann auch **durch Brunei mit dem Rad** reisen. *Borneo Touch Encounter* bietet diese 34 Kilometer lange Tour für 270 RM an. Während der Fahrt wird das übrige Gepäck im Van transportiert. In Trusan (bei Lawas) endet die Fahrt. Von hier aus geht es dann mit dem Bus oder dem Flugzeug weiter nach Kota Kinabalu. Ob diese Touren noch lange angeboten werden, stand bei Drucklegung nicht fest. *Borneo Touch* bietet vor allem Touren im Mulu-Gebiet an. Für Informationen: www.walk2mulu.com.

Übernachten

Tel.-Vorwahl Lawas: 085

Leider gibt es in Lawas fast keine billigen Zimmer. Gute, saubere Hotels kosten mind. 50 RM (EZ mit a/c, für zwei Leute groß genug).

- **Hotel Seri Malaysia**③, Jalan Gaya, Tel. 283 200, www.serimalaysia.com.my. Gut ausgestattetes Mittelklassehotel, das überwiegend von reisenden Geschäftsleuten genutzt wird.
- **Merarap Hotspring Lodge**②, Tel. 0128 792218 *(Alfred Padan)*, 0138 391403 *(Valerie)* oder (nach Geschäftsschluss) 0126 611190 *(Nancy)*. Die Unterkunft in einer Art Langhaus befindet sich etwa eineinhalb Stunden von Lawas entfernt im Dschungel. Die Anfahrt muss mit dem Geländewagen erfolgen (600 RM/10 Personen), dafür hat man dann aber ein tolles Ambiente und gut 40°C warme Quellen für das Bad.

Lawas

Lawas ist ein kleiner Ort, der ca. 30 km von der Grenze nach Sabah entfernt liegt. Von hier fahren die meisten **Traveller** weiter nach Brunei. Transportmittel sind reichlich vorhanden.

Immigration

In Lawas gibt es ein **Immigration Office.** Hier kann man sein Visum verlängern lassen. Das Office liegt an der Hauptstraße zur Grenze nach Sabah, direkt am Ortsausgang.

▷ Einreisestempel

Verkehrsverbindungen

Nach **Brunei** kann man täglich mit einer kombinierten Bus/Bootsfahrt gelangen. Busse fahren ebenfalls täglich nach **Sabah** (Sindumin). Taxis verkehren auf denselben Strecken.

Um 7 Uhr fährt täglich ein **Speedboat** nach Bandar Seri Begawan. Fahrzeit ca. 2 Std./25 RM.

Vom kleinen Flugfeld der Stadt gibt es täglich **Twin-Otter-Flüge** *(MAS Wings)* nach Sabah, Brunei und zu verschiedenen Orten Sarawaks. Das Flugfeld liegt 2 km außerhalb der Stadt, direkt an der Hauptstraße nach Sabah. Für die Fahrt zum Flugfeld muss man ein Taxi nehmen, die sind aber im Ort rar, sodass man genügend Zeit einkalkulieren sollte. Die Tarife für die Flüge verändern sich täglich. Unbedingt bedenken, die kleinen Maschinen sind schnell ausgebucht, das kann Wartezeiten bedeuten, wenn man nicht rechtzeitig bucht.

Nach Labuan kann man mit den Fähren fahren, die außer Di und Do täglich gegen 7.30 Uhr ablegen (35 RM).

www.fotolia.de © rruss

Sabah

SABAH

Bei den Seeleuten früherer Jahrhunderte war Sabah als das **„Land unter dem Wind"** bekannt. Während auf den Philippinen alljährlich Taifune wüten, liegt Sabah nämlich bereits südlich der Sturmgebiete.

Trotz dieser für Seefahrer günstigen Lage barg das Land aber für sie andere Gefahren. Entlang der Küsten lebten berüchtigte Piraten, die in der Sulu-See Raubzüge durchführten. Auch heute noch gibt es an den Küsten Gegenden, in denen Piratenüberfälle nahezu an der Tagesordnung sind. Vom Preisniveau her gehört Sabah zu den **teuersten Reiseländern Südost-**

Geografie

Sabah, der zweite malaysische Teilstaat auf Borneo, bedeckt den **Nordosten** dieser Insel. Der 76.115 km² große Staat grenzt im Westen an Sarawak und im Süden an Kalimantan (dem indonesischen Teil Borneos). Nach Norden, Osten und Südosten liegen z.T. nur wenige Kilometer zwischen Sabah und den ersten philippinischen Inseln. Zu Sabah gehört auch die der Küste vorgelagerte **Insel Labuan.**

Topografisch betrachtet, zeigt Sabah überwiegend bergige Landschaft. Die Gebirge durchziehen das Land vom Süden bis zum Westen, bis in die Nähe der Küste und weiter in den Nordosten. Nur ca. 50 km von der Küste entfernt liegt der gezackte Gipfel des höchsten Berges Südostasiens, des **Mount Kinabalu (4095 m).** Nur in den östlichen Teilen, nördlich und südlich von Sandakan, geht das Gebirge in Flachland über.

Bis vor wenigen Jahren war noch der Großteil des Landes bewaldet. In der letzten Zeit jedoch hat die **intensive Rodung** zur Holzverasiens. Wer von Sarawak kommt, ist sicher schon mit höheren Preisen vertraut, reist man aber direkt aus West-Malaysia ein, muss man erst einen leichten Schrecken verdauen. Dafür bietet das Land die Einmaligkeit des **Mount Kinabalu,** abenteuerliche Inlandtrips oder Erholung an den schönen Stränden, und man findet als Taucher herrliche Korallenriffe vor.

NICHT VERPASSEN!

- **Masjid Negara,** Malaysias modernste Moschee steht in Kota Kinabalu | 476
- **Pulau Tiga,** herrliche Insel mit kleinen Schlammvulkanen zum baden und tollen Schnorchelgründen im Meer | 486
- **Mount-Kinabalu-Nationalpark,** hier steht der höchste Berg Südostasiens | 488
- **Poring Hot Springs,** baden in heißen Quellen | 495
- **Meliau Bassin Conservation Area,** nahezu unberührte Natur | 516

Diese Tipps erkennt man an der gelben Hinterlegung.

wertung und zur landwirtschaftlichen Nutzung zu einer massiven Zerstörung der ursprünglichen Regenwälder und damit auch der reichhaltigen Fauna geführt. Lediglich im Bereich des **Kinabalu-Parks** und im Inland, in der Grenzregion zu Indonesien, findet man auch heute noch große zusammenhängende Regenwaldgebiete. Entlang der Flüsse in der Umgebung von Sandakan herrschen hauptsächlich Sekundär- und Mangrovenwälder vor.

Der Aufstand des Häuptlings Mat Salleh

1895 kam es zum Aufstand des Häuptlings *Mat Salleh,* der erst 1900 niedergeschlagen werden konnte.

Mat Salleh wurde zunächst wegen der Ermordung von zwei Händlern gesucht, konnte aber einer Bestrafung entgehen. Später machte er sich für die **Rechte der einheimischen Bevölkerung** stark, erlangte aber kein Gehör bei den zuständigen Autoritäten.

Daraufhin ging er 1897 zur **offenen Rebellion** über. Er brannte Ortschaften nieder und kämpfte **gegen die englischen Truppen,** hauptsächlich Dayaks aus Sarawak. Erst 1900 wurde er durch den Verrat eines Dorfbewohners in Tambunan aufgespürt. Dort hatte er sich in einer unterirdischen Festung verschanzt. Die Wasserversorgung erfolgte über ein kompliziertes Bambusrohrsystem aus einem 6 km entfernten Fluss. Die anrückenden Soldaten zerstörten die Wasserleitung und brauchten nur noch auf das Auftauchen der Rebellen zu warten. Die Eingeschlossenen versuchten einen Ausbruch, bei dem sie alle getötet wurden.

Bis 1912 setzte sich die **Gesetzgebung,** der legislative Rat, ausschließlich aus **Händlern und Farmern** zusammen.

Erst in den **1920er Jahren** kam es zur Bildung eines regelmäßig tagenden **Gremiums,** dem neben den Beamten und Plantagenbesitzern auch **Häuptlinge** angehörten.

Geschichte

Im **14. Jh.** wurde Nordborneo von den Mongolen unter *Kublai Khan* besetzt.

1424 entstanden die ersten chinesischen Siedlungen entlang der Küsten, nachdem das Gebiet vom chinesischen *General Cheng Ho* erobert worden war.

Bereits **1521** gelangten mit den Schiffen Magellans die ersten Europäer nach Nordborneo, das mittlerweile zum Sultanat Brunei gehörte.

1763 errichtete die *British East India Company* einen Handelsposten in Nordborneo, nachdem ihr der Sultan von Sulu (herrschte im Gebiet um Sandakan) Land verkaufte. **1865** kauften dann der Generalkonsul von Hongkong, *Baron von Overbeck,* und die Brüder *Edward* und *Alfred Dent* (britische Geschäftsleute) Nordborneo, das heutige Sabah. Sie mussten zwei Herrscher bezahlen, denen das Gebiet gehörte: den Sultan von Brunei und den von Sulu.

Overbeck, der vergeblich nach europäischen Interessenten für das Gebiet gesucht hatte, verkaufte **1881** seine Anteile an die Brüder Dent. Sie gründeten kurz darauf mit Hilfe der britischen Regierung die *North Borneo Company.* Mit Hilfe dieser Gesellschaft konnte Großbritannien seine Kolonialherrschaft nun auch auf Sabah ausdehnen. Die Company arbeitete eng mit den Kolonialbeamten des Straits Settlement zusammen und überließ dafür der britischen Marine Nutzungsrechte ihrer Einrichtungen. Das einzige Ziel der Company war der Profit. Dieses Ziel wurde mit dann allen Mitteln erkämpft, Widerstände brutal unterdrückt.

1888 wurde Sabah zusammen mit Brunei und Sarawak britisches Protektorat.

1942 besetzten dann die Japaner auch Sabah. Sie wurden 1945 wieder vertrieben, Sabah wurde britische Kolonie.

1963 wurde Sabah unabhängig und bildete mit Malaya, Sarawak und zunächst auch Singapur die Föderation von Malaysia. Indonesien und die Philippinen erhoben ihrerseits Anspruch auf Sabah und erkannten den neuen Staat nicht an. Indonesiens Präsident *Sukarno* rief sogar zur Konfrontation mit Malaysia auf. Das Resultat war ein Dschungelkrieg entlang der Grenzen zu Kalimantan.

Mit der Entmachtung *Sukarnos* **1966** endete die Konfrontation, und beide Länder erkannten den Anschluss Sabahs an die malaysische Föderation an.

1985 kam es in Sabah zu Kämpfen zwischen Christen und Moslems, nachdem die christlichen Kadazan die Wahl gewonnen hatten.

Im **Dezember 1996** wütet ein Taifun in Sabah. Er hinterlässt neben vielen Toten eine Spur der Verwüstung.

Im **April 2000** kommt es zur Entführung einiger Urlauber und Angestellter einer Tauchbasis von Sipadan durch philippinische Piraten. Nach Zahlung hoher Lösegelder kommen alle Entführten frei.

2004 entscheidet die Regierung, dass aus Umweltschutzgründen alle Unterkünfte auf Sipadan Island aufgegeben werden müssen. Jetzt können hier nur noch Tagestauchtouren durchgeführt werden.

2008: Entgegen aller Unkenrufe infolge eines steigenden Bedarfs an Palmöl, setzen sich auch in diesem Jahr die Bestrebungen des Staates nach mehr und noch besserem Ökotourismus fort. Bereits bestehende Schutzgebiete werden ausgebaut, teilweise erweitert, und darüber hinaus sind neue Zonen in Planung. Nachhaltigkeit wird mittlerweile groß geschrieben. Die Erfolge sind einigermaßen stabile Populationen von Orang Utans und Elefanten, Steigerungen bei der Population von Nasenaffen und vor allem Krokodilen.

2010: Wie überall auf der Welt hat auch in Sabah die Wirtschaftskrise ihre Spuren hinterlassen, leider in Form von oftmals sehr hohen Preisen, vor allem in den begehrten Parks.

2012/2013: Der Ökotourismus boomt, gerade auch in Sabah. Sowohl der Kinabalu Park als auch die Gegend am Kinabatangan werden sehr gut besucht. Unterkünfte im Nationalpark und am Fluss muss man rechtzeitig buchen.

Wirtschaft

Sabah nimmt mit seinen reichen **Erdölvorkommen** eine wichtige Position in der Gesamtwirtschaft Malaysias ein. Neben diesem „schwarzen Gold" verfügt das Land über einen großen **Mineralreichtum** mit Gold-, Chrom-, Silber- und Manganvorkommen.

Ein weiterer wichtiger Wirtschaftsfaktor ist das **Holz der Urwaldgebiete.** Weite Teile des Landes werden regelrecht kahlgeschlagen, das Holz nach Übersee (hauptsächlich Japan, Korea und Taiwan) verschifft. Teilweise werden die gerodeten Gebiete dann landwirtschaftlich genutzt. Wichtige Anbauprodukte sind **Kakao** (in der Gegend von Tawau), **Ölpalmen** (in der Gegend um Sandakan), **Nassreis** und **Kokospalmen** (auf der Kudathalbinsel).

Tourismus spielt eine zunehmende Rolle in diesem Teilstaat Malaysias, wobei auch hier das Hauptaugenmerk auf Natur- und Abenteuertourismus liegt. So locken nicht nur die **Unterwasserwelt** der Koralleninseln vor KK, sondern auch die **Regenwälder** mit ihren Rafflesias, Kannenpflanzen, Orang Utans und Nasenaffen. Daneben spielt der Sport eine große Rolle. Außer beim normalen Erklettern des Mount Kinabalu findet alljährlich der sogenannte *Climbathon* statt, bei dem die Teilnehmer im November 1999 den Vorjahresrekord von 2 Stunden 42 Minuten und 7 Sekunden brechen mussten!

Im Rahmen der Tourismusoffensive finden über das ganze Jahr zahlreiche **kulturelle und sportliche Veranstaltungen** statt. Zu ihnen gehören neben der o.g. Climbathon auch Boots- und Offroad-Rennen sowie lokale und regionale Feste mit Tanzdarbietungen.

Eine ganz wesentliche Rolle spielt mittlerweile der **Tourismus am Kinabatangan.** Hier kann man viele Tiere Borneos in bzw. von den Lodges der verschiedenen Veranstalter aus beobachten, darunter auch die nur noch hier vorkommenden Zwergelefanten Sabahs. Dies ist neben dem Naturerlebnis vor allem aber auch ein Stück gelungener Ökotourismus, denn ein guter Teil des erwirtschafteten Geldes fließt nicht in internationale Kassen, sondern bleibt vor Ort. Die lokale Bevölkerung wird als Guide, Bootsführer, Koch oder Zimmerpersonal in den Lodges angestellt, teilweise haben sich dann aber darüber hinaus Projekte entwickelt, die für noch mehr Nachhaltigkeit sorgen.

So kann man im Dorf **Abai** beispielsweise schnell wachsende **Dillenia-Bäume** pflanzen. Jeder, der möchte, bekommt seinen eigenen Baum (als Setzling), den man in einer bestimmten Region am Fluss pflanzt. Sind die Bäume gut genug gewachsen, pflanzen die Bewohner Abais sie in die Bereiche des Flusses, die der Erosion besonders stark ausgesetzt sind. So helfen Touristen, das Gebiet zu erhalten. Ein zweiter Pluspunkt der Aktion ist, dass Dillenia Früchte hervorbringt, die dann wieder den Tieren als Nahrung dienen, sodass sie sich weiter hier ansiedeln und mehr Touristen anlocken. Wer später mehr über „seinen" Baum wissen möchte, erhält für ca. 15 RM ein Zertifikat mit der Baumnummer und kann sich so jederzeit über das Internet über diesen Baum erkundigen.

Verwaltung

Als **Teilstaat Malaysias** untersteht Sabah der malaysischen Verfassung. Wie Sarawak hat Sabah als Staatsoberhaupt einen **Gouverneur**.

Bevölkerung

Die Gesamtbevölkerung Sabahs beträgt ca. 1 Million Einwohner. Obwohl Sabah ein Teilstaat Malaysias ist, bilden die **Malaien** mit 8 % den geringsten Bevölkerungsanteil. 63 % der Bewohner setzen sich aus verschiedenen **Ureinwohner-Völkern** zusammen. Die übrigen Bevölkerungsanteile bilden auch hier **Inder** und **Chinesen**, und von den Chinesen hauptsächlich Hakkas.

Die verschiedenen Volksgruppen siedeln in unterschiedlichen Gebieten des Landes. Die stärkste Gruppe sind die **Kadazan** oder **Dusun**. Sie leben vorwiegend entlang der Westküste und im Landesinneren im Gebiet von Ranau und Tambunan.

Die „Cowboys" Sabahs, die **Bajau**, leben an der Westküste zwischen Papar und Kudat. Vereinzelt trifft man sie auch in der Gegend von Lahad Datu.

Im Südwesten bis ins Grenzgebiet nach Kalimantan leben die **Murut**. Die Jäger- und Sammlernomaden Sarawaks, die **Punan**, leben z.T. auch in Sabah. Man vermutet, dass sie auf ihren Streifzügen bis in das Gebiet um Tawau gelangen.

Die traditionelle Lebensweise der Urbevölkerung Sabahs unterscheidet sich wenig von der in Sarawak. Auch hier lebten die Ureinwohner in Langhäusern. Im Gegensatz zu Sarawak ist diese Form der Dorfgemeinschaft in Sabah aber fast nicht mehr anzutreffen. Man findet Langhäuser nur noch vereinzelt in der Region um Kudat. Hier leben die **Rungus**, eine Untergruppe der Kadazan. Auch die Murut haben ihre ursprüngliche Lebensweise im Landesinneren z.T. bewahrt.

Sicherheit

Im Gegensatz zu Sarawak gibt es für Sabah bzw. bestimmte Gebiete, z.B. Sipadan, Lahad Datu, Semporna immer mal wieder **Reisewarnungen**. Nehmen Sie diese ernst! Teilweise stehen sie mit den Ereignissen um den 11. September 2001 im Zusammenhang, teilweise auch mit den philippinischen Terroristen, Piraten oder wie immer man die Menschen nennen möchte, die Anschläge verüben und Menschen als Geiseln nehmen. Wer sich auf die Inseln zum Tauchen wagt, wird sicherlich oft ein eigenartiges Gefühl der Sicherheit (?) verspüren, denn das malaysische Militär ist allgegenwärtig. So gehören Strandspaziergänge, eskortiert von bewaffneten Soldaten, auf einigen Tauchinseln schon zur Romantik!

Diese „unsicheren" Zeiten zeigen aber auch in weniger entlegenen Gegenden ihre Wirkung. So musste man in Sandakan leider häufiger eine Art **Überfall auf Touristen** verzeichnen. Der Heritage Trail der Tourismus-

Die Völker Sabahs

Die Bajau

Entlang der Westküste, im Bereich zwischen Kudat und Papar, siedeln die moslemischen Bajau. Ethnologen gehen davon aus, dass diese Volksgruppe im 18. und 19. Jh. aus den südlichen Philippinen (Mindanao) eingewandert ist.

Die Bajau selbst glauben jedoch, dass sie von den Malaien aus der Gegend von Johore abstammen. In einer ihrer Legenden sollen die ersten der heutigen Bajau mit einer Flotte nach Borneo gesegelt sein, um die Tochter des Sultans von Johore sicher zu ihrem künftigen Ehemann, einem Suluprinzen, zu geleiten. Bei einem Überfall durch den Sultan von Brunei wurde das Mädchen jedoch entführt. Die Begleiter konnten nun ohne die Prinzessin weder zurück nach Johore noch zu ihrem eigentlichen Ziel fahren. Sie waren heimatlos und wurden Zigeuner des Meeres. Später siedelten sie sich dann an der Küste des heutigen Sabah an und begründeten das Volk der Bajau.

Sie waren in den vergangenen Jahrhunderten gefürchtete Piraten, die die Küsten vor Sabah unsicher machten. Zeitweise dehnten sie ihre Kriegszüge sogar auf das Landesinnere aus und drängten die friedlicheren Kadazan bis in das Gebiet des Mount Kinabalu zurück.

Heute sind die Bajau allerdings friedlicher. Sie betreiben Landwirtschaft und Viehzucht (vielleicht ein Relikt früherer Tage, in denen sie als besonders geschickte Wasserbüffeldiebe galten). In der Gegend von Kota Belud sind sie als hervorragende Pferdezüchter und Reiter bekannt. Dies hat ihnen, zumindest in der Werbung durch die TDC, den Beinamen „Cowboys von Sabah" eingebracht.

Die Kadazan (Dusun)

Die größte Bevölkerungsgruppe Sabahs stellen die Kadazan oder Dusun. Die Siedlungsgebiete dieser Bauern liegen in den Ebenen der Westküste und reichen bis ins Landesinnere nach Ranau. Ihre traditionelle Dorfform war das Langhaus. Sie ist aber nicht mehr vorhanden. Nur noch bei der Untergruppe der Rungus, auf der Kudathalbinsel, leben noch vereinzelt Menschen in Langhäusern. Die Höfe der heute noch Landwirtschaft betreibenden Kadazan sind ca. 2 ha groß. Sie bauen hauptsächlich Nassreis an. Aufgrund der christlichen Missionierung haben sie einen hohen Bildungsstandard. Dies ermöglicht ihnen, einflussreiche Posten in der Verwaltung und im Handel einzunehmen.

Die Murut

Die Murut oder „Bergmenschen", wie sie von den Bajau genannt werden, waren ursprünglich nomadisierende Jäger, die aber zeitweise auch sesshaft waren und Landwirtschaft betrieben. Sie leben heute im Südwesten Sabahs und in den Urwaldregionen entlang der Grenze zu Kalimantan. Von den einwandernden Kadazan wurden sie immer weiter ins Landesinnere verdrängt, später von der westlichen Zivilisation überrollt. Die Regierung versucht, bei diesen Menschen mit Siedlungsprojekten eine völlige Sesshaftigkeit zu erreichen. Sie fördert vor allem den Anbau von Reis. Viele Murut haben ihr Nomadenleben aufgegeben, vereinzelte Gruppen halten aber nach wie vor daran fest. Mittlerweile arbeiten auch Murut für die Zivilisation, indem sie im Dienst der Eisenbahn die Trasse auf der Strecke Beaufort-Tenom ständig freihacken.

Bei den Murut gehörte die Kopfjagd zur Tradition. Erbeutete Köpfe zeugten vom Mut des Kriegers. Diese Mutprobe war im sozialen Leben der Gemeinschaft so wichtig, dass z.B. ein Krieger erst dann heiraten konnte, wenn er mindestens einen Kopf erbeutet hatte.

Die Mythologie der Murut machte ihnen ursprünglich ein sesshaftes Leben unmöglich. Sie bauten zwar Reis und Maniok (Knollenpflanze, der Kartoffel ähnlich) an, glaubten aber, dass die Geister der Erde diese Störungen immer nur kurz ertragen könnten. Aus diesem Grund legten sie alle sieben Jahre andere Felder an bzw. zogen weiter.

behörde führt stellenweise über einen recht dicht bewaldeten Hügel. Hier wurde mehreren Kleingruppen von aggressiven Jugendlichen aufgelauert, die als eine Art „**Wegzoll**" Geld und Uhren kassierten. Zur Unterstützung ihrer „Bitte" hielten sie angeblich einigen Personen Messer an den Hals. Nun soll man sich von dieser Art Berichten nicht ins Boxhorn jagen lassen, gleichwohl ist es ratsam, diesen Teil des Weges zu meiden, auf jeden Fall vorher beim Tourist Office nachfragen.

Achtung: Bitte beachten Sie unbedingt auch den **Sicherheitshinweis** im Vorspann dieses Buches.

Der Tamu

Der Begriff *Tamu* bedeutet in der malaiischen Sprache ursprünglich soviel wie „Besucher". In Sabah hat dieses Wort allerdings eine abgewandelte Bedeutung. Mit dem Begriff ist eine ganz bestimmte Art von **Märkten** gemeint, die es nur hier gibt, und die ursprünglich nur in den von den Kadazan bewohnten Gebieten beheimatet war.

Der Tamu ist hier ein **Zusammentreffen,** bei dem ursprünglich die einzelnen Stämme zu bestimmten Zeiten zusammenkamen, um friedlich miteinander zu handeln. Diese „Institution" geht auf Bemühungen von Beamten der *North Borneo Company* zurück, die bei diesen Zusammentreffen die Gelegenheit hatten, mit mehreren Stammesoberhäuptern zugleich zu verhandeln.

Die wichtigste Voraussetzung des Tamus war die **Beilegung von Streitigkeiten** und Feindschaften, zumindest für den Tag des Marktes. Aus diesem Grund lagen die Marktplätze meist etwas außerhalb der Ortschaften (wie z.B. in Kota Belud) und wurden zu neutralem Gebiet erklärt. Zur Bekräftigung des friedlichen Miteinanders an diesem Platz leisteten die Häuptlinge Eide auf einen besonderen Schwurstein *(Batu sumpah)*. In der Zeremonie wurde der Stein dann zur Besiegelung der Eide mit Büffelblut übergossen (nach einer Überlieferung soll ein solcher Stein in einem Ort bei Kota Kinabalu sogar mit Menschenblut übergossen worden sein). Von dann an stand den regelmäßigen Märkten nichts mehr im Wege.

Tamus dienten und dienen aber nicht nur dem Handel, sondern auch dem Zusammenkommen von Familien und dem **geselligen Miteinander.** Tamus sind so etwas wie eine Nachrichtenzentrale, in der jeder etwas Gehörtes weitergibt. **Büffelrennen und Hahnenkämpfe,** im Gebiet der Bajau auch Pferderennen, bilden den Rahmen jedes Tamus.

Von den Verwaltungen der einzelnen Distrikte eingesetzte Beamte überwachen jeden Tamu, meist von einem erhöhten Standplatz aus. Sie sollen eventuell auftretende Streitigkeiten verhindern.

In den letzten Jahren haben sich die Tamus leicht verändert. Auch hier werden längst nicht mehr nur lokale Produkte angeboten. Plastikschüsseln und -eimer, Porzellangeschirr und Musikkassetten haben auch hier Einzug gehalten. Fahrende Händler (Chinesen, Philippinos und Inder) ziehen von Tamu zu Tamu und bringen so überregionale Einflüsse mit.

Tamus finden fast in jeder Stadt bzw. jedem Distrikt Sabahs statt. Sonntags in Kota Belud, Tuaran, Putatan, Papar, Tambunan, Tenom, Membakut, Kota Maurdu und Sikuati (hinzu kommt der Straßenmarkt in der Gaya Street in KK), montags in Tandek, dienstags in Kiulu, mittwochs in Tamparuli, donnerstags in Donggongon, Telipok, Tenghilan, Pekan Nabalu, Sipitang, Tambunan und Keningau, freitags in Sunsuran, Weston und Mesapol, samstags in Bahagan, Kinarut, Beaufort, Sindumin und Matunggong. An jedem ersten Tag im Monat zusätzlich in Ranau.

Religion

Wie in Sarawak, sind auch in Sabah verschiedene Religionen vertreten. Neben dem **Islam,** der die Malaien und Bajau angehören, ist das **Christentum** weit verbreitet; dessen Mitglieder sind zumeist Kadazan und Murut. Daneben findet man auch Anhänger **chinesischer Religionen** und **Hindus. Animismus** herrscht noch bei den nomadisierenden Punan.

Sprache

Die Staatssprache ist **Malaiisch** oder **Bahasa Malaysia. Englisch** ist hier aber wie im übrigen Malaysia eine wichtige Verkehrssprache. Daneben wird je nach Bevölkerungsgruppe noch **Mandarin** (oder ein anderer chinesischer Dialekt) und Tamil gesprochen. Die Urbevölkerung Sabahs hat ebenfalls verschiedene Sprachen.

Wer entlegenere Gebiete aufsuchen möchte, sollte die Grundbegriffe der malaiischen Sprache kennen. Hilfreich ist der Kauderwelsch-Sprechführer „Malaiisch" vom REISE KNOW-HOW Verlag. Siehe auch den „Mini-Sprachführer Malaiisch" im Anhang dieses Buches.

Gesundheit

Sabah gilt als erheblich **malariagefährdeter** als Sarawak. Dies gilt besonders für Touren im Landesinneren und bei Sandakan.

☐ Touristen pflanzen Dillenia-Bäume in Kinabatangan

Kota Kinabalu

Im Laufe der Geschichte des Landes wechselte die **Hauptstadt Sabahs** verschiedentlich ihren Namen. Auf alten Karten ist sie als Siedlung mit dem malaysischen Namen *Api Api* (Feuer) eingezeichnet. Später, zur Zeit der Herrschaft der *British North Borneo Company,* erhielt sie den Namen *Jesselton. Charles Jessel* war ein Vizedirektor der *North Borneo Company,* den man auf diese Weise ehren wollte.

Im Zweiten Weltkrieg wurde die Stadt, die es mittlerweile zu einiger Bedeutung als Handelspunkt gebracht hatte, vollständig von Bomben zerstört. Einziges Überbleibsel der Kolonialzeit ist das ehemalige Postgebäude, das mittlerweile das *Sabah Tourist Promotion Board* beherbergt.

1968 wurde Sabah ein Bundesstaat Malaysias. Die Regierung wollte jetzt die koloniale Geschichte beenden und beschloss, dies auch durch die Änderung des Namens der Hauptstadt zu erwirken. Zu Ehren des **Mount Kinabalu,** der als Symbol für die Einheit des Landes gilt, wurde die Stadt *Kota Kinabalu* getauft (*Kota* = Stadt), im allgemeinen Sprachgebrauch spricht man jedoch immer nur kurz von **KK.**

Kota Kinabalu ist eine Stadt im **Wachstum.** Während es 1980 ca. 42.000 Einwohner gab, vervielfachte sich diese Zahl bis heute auf rund 600.000. Dieser enorme Bevölkerungsanstieg führte zu einer relativen Enge in der Stadt, die zwischen den Hügeln der Küstengebirge und der See liegt, sehr schmal, aber langgestreckt. Den „Platzproblemen" versucht man, mit Aufschüttungen im Meer Herr zu werden.

Die starke Bevölkerungszunahme liegt in den letzten Jahren auch an der **Einwanderung von Philippinos,** die das Stadtbild recht nachhaltig prägen (z.B. der Nachtmarkt mit vielen philippinischen Händlern). Ihnen wird auch ein Großteil der nicht gerade geringen Kriminalitätsrate der Stadt angelastet.

Sehenswertes

Leider fehlt Kota Kinabalu der koloniale Touch, der z.B. einen Besuch in Kuching so interessant macht. Die Stadt an sich bietet allenfalls den „faszinierenden" Anblick gerader und schön paralleler Häuserblöcke im Stil der 1850er und 1860er Jahre. Hinzu kommen nun noch die „architektonischen Meisterleistungen" der letzten Jahre.

Sabah State Museum

Das Museum ist sicherlich ein lohnendes Ausflugsziel. Es kann zwar nicht mit dem Sarawak Museum in Kuching konkurrieren, bietet aber gute Einblicke in natur- und kulturhistorische sowie **ethnologische Aspekte** des Landes.

Das Gebäude wurde 1982/83 auf einem Hügel errichtet. Man versuchte, den traditionellen **Langhausstil** mit modernen Baustoffen nachzuempfinden; was daraus geworden ist, sollte man sich mal ansehen ...

Das eindrucksvollste Stück der Ausstellung ist eine Scheibe des größten in Sabah gefällten Baumes. Es handelt sich um einen Kapuar-Baum *(Dryobalanops lancelota).* Die **Baumscheibe** hat einen Durchmesser von 2,45 m. Der Wert des Stammes betrug 20.677 RM.

Die begehbare **Nachbildung einer Höhle** zeigt den Lebensraum der Salanganen, deren Nester (wie in Sarawak) zur Herstellung der VogelnesterSuppe gesammelt werden.

Interessant ist auch die **Bangkavan-Sammlung menschlicher Schädel,** die von den Kadazan zusammengetragen wurde. Dieses Relikt aus Kopfjägerzeiten kam 1972 in den Besitz des alten Museums. Es stammt aus dem Kampung Dakata in der Nähe von Penampang und befand sich vier Generationen in Familienbesitz. Zu einer solchen Schädelsammlung wurden, wie bei der ausgestellten, manchmal Muscheln und Tierknochen hinzugefügt. Die im Haus aufgehängten Schädel sollten Glück bringen. Alle fünf Jahre feierte man das Magang-Fest, um die Geister der Schädel anzubeten. Priesterinnen *(Bobo-*

hizans) führten sieben Tage dauernde Zeremonien durch, um böse Geister auszutreiben.

■ **Eintritt:** 15 RM.
■ **Öffnungszeiten:** täglich 9–17 Uhr, www.museum.sabah.gov.my.

■ **Anreise:** mit dem Bus 5A von City Hall oder Wawasan Plaza (2,50 RM) oder mit dem Taxi (20 RM/Weg).
■ Neben dem Gebäude selber lohnt ein Besuch des sich drehenden **Restaurants Atmosphere,** Tel. 088/425 100. Öffnungszeiten tgl. außer Mo von 11 bis 23 Uhr.

In der weitläufigen Gartenanlage befindet sich das **Heritage Village,** das den Nachbau eines traditionellen Dorfes zeigt. Nur wenige Meter entfernt liegt das kleine **Islamic Museum.**

Masjid Negara

Vom Museum aus kann man die Masjid Negara sehen. Sie ist die (in Baustil und Material) **modernste Moschee Malaysias.** Große Betonflächen mit riesigen Pfeilern bilden den Grundriss. Nach außen sind alle Flächen mit blauen Fliesenmosaiken versehen.

Signal Hill

Wer die Stadt von oben überblicken möchte, kann zum Signal Hill gehen. Der Hügel überragt die Stadt und bietet so einen guten Überblick. Der Weg (leider ist er recht zugewachsen; besser ist es, der Straße vom Uhrenturm aus zu folgen) führt hinter dem **ehemaligen Postamt,** das das einzige unzerstörte Kolonialstilgebäude der Stadt ist, hinauf. Oben befindet sich ein **Aussichtsturm,** der zwischen Sonnenaufgang und -untergang geöffnet ist.

Wisma Tun Mustapha (auch: Sabah Foundation Complex)

Diesen 100 m hohen Glaszylinder sieht man schon von der Stadt aus, obwohl das Bauwerk rund 5 km außerhalb liegt. In dem **32-stöckigen Gebäude,** dem Sitz der Behörde, die für die Förderung von Entwicklungsprojekten im Land zuständig ist, befindet sich unter anderem eine Bibliothek.

www.fotolia.de © macbrianmun

Kampung Ayer

Wem die Eintönigkeit der langen Straßen KKs zuviel wird, kann einen kleinen Spaziergang durch die Reste des **„Wasserdorfes"** Kampung Ayer unternehmen. Es ist schon eigenartig, früher endete das feste Land zwischen der belebten Hauptstraße Lebuh Raja Pantai Baru und der Jalan Tunku Abdul Rahman. Die Bebauung (heute langgestreckte Häuserzeilen)

Masjid Negara

ging in Holzbauten über, die auf Pfählen im Wasser standen. Heute kann man die Reste eines solchen Wasserdorfes immer noch sehen, allerdings nicht mehr im Stadtviertel Kampung Ayer (Wasserdorf), sondern entlang des Coastal Highways zwischen dem Times Square und der Inseln des *Sutera Harbour Golf & Country Clubs*. In KK liegen Armut und Reichtum sehr nahe beieinander und damit verbunden auch perfekte Hygiene und Zustände, die diesem Begriff spotten. Die Wege des Kampungs bestehen aus Plankenstegen, von denen rechts und links kurze Stichwege zu den einzelnen Häusern abzweigen.

Atkinson Clock Tower

Der Uhrenturm wurde 1905 als Erinnerung an *Francis George Atkinson* erbaut, der 1901/02 erster District Officer war. Bis 1956 wurde das Licht des Turmes als Navigationshilfe für Schiffe verwendet.

Tanjung Senja und Waterfront Esplanade

Beide Bereiche liegen nur wenige hundert Meter auseinander unmittelbar am Ufer des Meeres. Hier flaniert man abends, genießt den warmen Seewind und kann in den **Restaurants, Bars und Cafes** einkehren.

The Green Connection

In den großen Aquarien bemüht man sich, die **Unterwasserwelt** Sabahs im Meer- und Süßwasser möglichst naturgetreu nachzubilden. Man „erreicht" das Meer durch Höhlen, nachdem man zuvor den Mangrovenwald erforscht hat und Süßwasserflüsse wie den Kinabatangan „erlebte". Im Meer sind dann die Riffe um Pulau Tiga und Sipadan nachgestellt, und Mutige haben die Gelegenheit, mit Haien zu tauchen und zu schwimmen.

■ **Badan Sukarela Complex,** 2, Jln. Bunga Matahari, www.aadcgreenconnection.com. Anreise mit City-Bus Nr. 1 bis Jalan Tuaran, Km 2 oder mit jedem Bus nach Tuaran (1 RM); mit dem Taxi (15 RM). Öffnungszeiten: tgl. 10–18 Uhr, Eintritt 25 RM.

Aquarium & Marine Museum

Wer sich eher für die **wissenschaftlichen Aspekte der Unterwasserwelt** interessiert, ist in diesem Aquarium der Universität Malaysia/Sabah gut beraten. Die Anlage im Norden der Stadt (jenseits des Sabah Foundation Complex) gehört zum *Borneo Marine Research Institute*. Vorrangig erhält man Informationen über **Riffe,** die Probleme der menschlichen Einflussnahme und die nachhaltige Nutzung der marinen Parks.

■ **University Malaysia Sabah,** Locked Bag 2073, www.ums.edu.my/ipmb. Anreise mit Bus 5 A (1,50 RM) oder dem Taxi (18 RM). Öffnungszeiten: tgl. außer Mi 9.30–12.30 Uhr und 14–16.30 Uhr, Eintritt 10 RM.

Poh Toh Tse Buddhist Tempel

1980 wurde dieser farbenfrohe Tempel an der Jalan Tuaran erbaut. Als größter buddhistischer Tempel folgt er mit seiner Architektur streng den Vorgaben aus Hongkong.

■ **Öffnungszeiten:** tgl. 8–17 Uhr.
■ **Anreise:** mit dem Taxi oder dem Minibus in Richtung Tuaran.

Water World Theme Park

Wasser und Rutschen, ein Spaß für Groß und Klein. Wer mag, kann hier einen ganzen Tag verbringen, dabei unterschiedlichste Rutschen ausprobieren, oder sich aus riesigen Wasser-

Atkinson Clock Tower

kanonen besprengen lassen. Taman Tun Fuad, Bukit Padang.

■ **Öffnungszeiten:** Mo, Do und Fr 12–19 Uhr, am Wochenende 9–21 Uhr, www.kampungnelayan.com.
■ **Eintritt:** 10 RM.

Vogelpark Kota Kinabalu Wetlands

Die **Kinabalu Bird Sanctuary** befindet sich auf einem 24 Hektar großen Areal westlich der Stadt in der Nähe der Likas Bay. Reiher, Störche, Greife, Eisvögel, Schlammspringer und allerlei andere Tierarten lassen sich von den ca. 1,5 Kilometer langen Plankenwegen gut beobachten.

■ **Öffnungszeiten:** Di–So 8–18 Uhr.
■ **Eintritt:** 15 RM, www.sabahwetlands.org.

Märkte

Entlang der Jalan Tun Fuad Stephens findet man den **Central Markt,** mit Handwerksmarkt und Wet-Market direkt am Ufer. Viele philippinische Händler bieten, hauptsächlich im westlichen Bereich, ihre Waren an, sodass dieser Markt auch *Philipino Market* genannt wird.

Oft kann man hier billiger einkaufen als auf dem **Nachtmarkt** im Kampung-Ayer-Viertel zwischen Jln. Merdeka und Jln. Perpaduan.

Jeden Sonntagmorgen beginnt um 6 Uhr der **Sonntags-Markt** in KK. Bereits samstagabends werden die Straßen zwischen Jln. Pantai und Jln. Gaya für den Verkehr gesperrt und Hunderte von Händlern bieten ihre Waren an.

▷ Auf dem Markt

Stadtverkehr

In KK selbst sind fast alle Ziele zu Fuß erreichbar. Wer weitere Entfernungen zurücklegen muss, um z.B. zum Flughafen zu gelangen oder um das Sabah State Museum zu besuchen, kann entweder mit dem Bus, dem Minibus oder dem Taxi fahren.

■ **Busse** des innerstädtischen Verkehrs, die aber auch in die umliegenden Orte (z.B. Tanjung Aru, Penampang) fahren, haben ihre Station an der Jalan Tugu/Ecke Jalan Merdeka (Padang Merdeka), kosten zwischen 1 und 2,50 RM.
Minibusse fahren ebenfalls im Bereich der Innenstadt und den näheren Ortschaften. Steigt man nicht irgendwo an der Straße zu, findet man die Station an dem kleinen Platz zwischen Jalan Pantai und Jalan Gaya, kosten grundsätzlich 1 RM.
■ **Taxistände** gibt es im Bereich der Minibusstation und an der Ecke Jalan Perpaduan/ Jalan Tugu, Tel. 52 113.
Wer mit *Air Asia* fliegt, muss dies dem Fahrer mitteilen, da die Gesellschaft den alten Terminal nutzt!
■ **Mietwagen:** *Kinabalu Rent a car,* Lot 3.60–3.61, Complex Karamansing, Tel. 232 602/603, Fax 242 512, www.kinabalurac.com.my; *Adaras Rent-a-Car,* Lot G03, Ground Floor, Wisma Sabah, Tel. 088/216 6671, Fax 216 010, www.adaras-rent-a-car.webs.com. Hier kosten Autos etwa 150 RM/Tag, zzgl. Versicherung (CDW); *Hertz,* Level 1, Lot 39, KK Airport, Tel. 088/317 740, www.hertz.com. Bei diesem Anbieter kann man direkt nach der Ankunft losbrausen, allerdings auch zu höheren Preisen.

Alle Vermieter arrangieren den Transport vom/zum Hotel oder Flughafen. Überprüfen Sie das Fahrzeug unbedingt auf Vorschäden und lassen Sie sich diese Dinge im Mietvertrag bescheinigen.

Adressen und Telefonnummern

■ **Tel.-Vorwahl KK: 088**
■ **Informationen:** Die MTPB unterhält ein Büro im *Wisma EON CMG Life,* Jln. Pasar Baru, *Api-Api Centre* (Tel. 248 698, 211 732, Fax 241 764), www.tourism.gov.my. Das Gebäude liegt schräg gegenüber vom alten Postgebäude. Die netten und hilfsbereiten Angestellten haben immer aktuellste Infos.

- Das **STB** *(Sabah Tourism Board)* unterhält ein Tourist-Informationsbüro mit Ausstellung und Verkauf von Kunstgewerbe im alten Postgebäude, 51, Jln. Gaya, Tel. 212-121, Fax -075, www.sabahtourism.com.
- **Kinabalu Park:** Seit der Park privat verwaltet wird, muss man Unterkünfte und Bergtouren bei *Sutera Sanctuary Lodges,* 1, Sutera Harbour Boulevard, Tel. 088 318 888, www.suteraharbour.com, buchen.
- **Geldwechsel:** In KK findet man verschiedene größere Banken und in den Shopping Malls zahlreiche *Money Changer*. Mit der **EC-Karte** kann man an Automaten mit *MAESTRO*-Logo z.B. in den Shopping- Komplexen Geld abheben.
- **Immigration:** Visumverlängerungen kann man im *Immigration-Office* beantragen. Das dauert ca. 1 Stunde. Das Büro befindet sich im Verwaltungsgebäude an der Jalan UMS, Tel. 088/488 700.
- **Post:** Das alte GPO an der Jalan Gaya ist vor einigen Jahren durch ein neues ersetzt worden. Zeigte das alte noch Kolonialstilatmosphäre, so ist das neue Gebäude das völlige Gegenteil; ein riesiger Komplex gegenüber der Stadt-Bushaltestelle an der Jalan Tun Razak. Hier kann man Poste-Restante-Sendungen abholen.
- **Polizei:** Tel. 999
- **Krankenhaus:** Das *Queen Elisabeth Hospital* liegt außerhalb der City an der Straße nach Penampang, schräg gegenüber vom Sabah State Museum, Tel. 218 166.
- **Borneo Rainforest Lodge:** Hier muss man sich für das Gebiet um das *Danum Valley Field Centre* anmelden, www.borneorainforestlodge.com.
- **Indonesisches Konsulat:** Karamunsing Komplex, Lorong Kemjuan, Tel. 218 600.
- **Tauchausflüge** in der Umgebung werden organisiert von *Borneo Divers*, Jalan Gaya, Tel. 222 226, www.borneodivers.net – so etwa Tauchausflüge auf die Inseln. Pulau Sipadan kostet für 5 Tage etwa 800 US$. Die Unterkunft muss allerdings auf anderen Inseln gewählt werden, da Sipadan nicht mehr bewohnt werden darf. Zahlreiche andere Tauchagenturen haben in KK ihren Hauptsitz, so z.B. *Sabah Divers* (www.sabahdivers.com), *Down Below* (www.divedownbelow.com) und *Borneo Dream* (www.borneodream.com).
- **Layang Layang,** Tel. 088 709 121 141, www.avillionlayanglayang.com. Das kleine Büro am Flughafen ist nur eine Zweigstelle des Hauptbüros in KL. Von hier aus werden Touren zur Insel Layang Layang organisiert. Tauchausflüge 6 Tage/5 Nächte kosten derzeit 1490 US$ zuzüglich des Fluges von 370 US$.

Fluggesellschaften

- **MAS** hat ein Büro im Karamunsing Komplex außerhalb des Stadtzentrums. Hier muss man mit längeren Wartezeiten rechnen, Tel. 239 113.
- **Royal Brunei,** Komplex Kuasa, Tel. 242 193.
- **Singapore Airlines,** Komplex Kuasa, Tel. 255 444.
- **Philippine-Airlines,** Komplex Karamunsing, Tel. 239 600.
- **Air Asia,** Jalan Gaya, Tel. 438 222.

Übernachten

Als Hauptstadt von Sabah verfügt KK über ein recht großes Hotelangebot. Leider bewegen sich die Preise nur in den höheren Kategorien. Doppelzimmer unter 35 RM sind nicht zu bekommen. Die „billigsten" Zimmer haben leider keinen guten Standard. Man sollte davon ausgehen, ca. 35–50 RM pro Nacht bezahlen zu müssen.

- **Victoria Hotel**②, Kg. Air, 17, Jln. Sentosa, Tel. 218 511, Fax -077, www.victoriahotel.com. Sehr gepflegt, a/c/TV.
- **Diamond Inn**②, Kg. Air, 7, Jln. Haji Yakub, Tel. 261 222, Fax 231 198, http://rubyhotel.showroom.sabahexpress.com. Sehr sauber.
- **Ruby Inn**②, Kg. Air, 36, Jln. Laiman Diki, Tel. 213 222, Fax 231 198, rubyhotel.showroom.sabahexpress.com. Schwester-Hotel des *Diamond Inn*. In der Nähe (9, Jln. Lamai Diki) das empfehlenswerte Restaurant *Sri Melaka*.
- **Lucy Backpackers**①, Lot No. 25, Lorong Dewan, Australia Place, Tel. 261 495, www.lucyhomestay.go-2.net. Zuverlässige Informationsbörse.
- **The Jesselton**④, 69, Gaya Street, Tel. 223 333, Fax 240 401, www.jesseltonhotel.com. Das sehr hübsch restaurierte Gebäude im Kolonialstil ist genau das Richtige für denjenigen, der im gehobenen Standard ausspannen möchte, gleichzeitig aber die Nähe zur City braucht.
- **Tropicana Lodge**①, Lot 9, 1st floor, Lorong Dewan (Australia Place), Tel. 088/270 284, www.tropicanalodgekk.com. Saubere, freundliche Unterkunft, ab 20 RM p.p.
- **North Borneo Cabin**①, 1st/2nd Floor, 74, Jalan Gaya, Tel. 088 272 800, Fax 272 900, www.northborneocabin.com. Gemütliche Schlafsaalbetten in netter Atmosphäre.
- **Rainforest Lodge**②, Jalan Pantai, Lot 48 Ground Floor, Tel. 258 228, www.rainforestlodgekk.com. Mitten

im Zentrum des nächtlichen Treibens findet man gut ausgestattete und saubere Zimmer (auch Schlafsaalbetten).
■ **Hotel Holiday**③, Lot 1 & 2, Block F, *Segama Shopping Complex*, Tel. 088 213 116, Fax 215 576, www.hotelholiday.com.my. Saubere und gute Zimmer in der Innenstadt.
■ **Hotel Shangri-La**①-③, 75, Bandaran Berjaya, Tel. 088 212 800, www.kkshang.com. Das Hotel liegt ideal am Rande der Stadt, direkt an der Hauptstraße zum Flughafen, den man mit dem Taxi in ca. 10 Minuten erreicht. Die Innenstadt bzw. der Markt sind in 5 bis 10 Minuten fußläufig erreichbar. Die Zimmer sind sauber und komfortabel ausgestattet.

Essen und Trinken

Das Angebot der Restaurants gleicht dem anderer Städte in Malaysia. Leider ist auch hier das Preisniveau erheblich höher. So muss man z.B. für ein einfaches *Nasi goreng* zwischen 3 und 4 RM bezahlen.

■ Im **Coffee Bean & Tea Leaf,** Merdeka Complex, Ground Floor, gibt es Kaffee- und Teespezialitäten sowie leckere Kuchen und Snacks.
■ Ein sehr gutes Frühstücksbuffet und Abendessen serviert das **Tanjung Ria Restaurant** im Hyatt. Wer mag, kann am lokalen Buffet mit allerlei Köstlichkeiten Malaysias, unter anderem hervorragendem *Sate,* teilnehmen.
■ In der Jalan Sapuloh befindet sich am SEDCO Square abends ein riesiger **Essmarkt** mit zahlreichen Foodstalls.
■ Im Segama-Viertel wechseln sich kleinere Chinesen- und Malaien-Restaurants ab. Im Sinsuran-Viertel gibt es überwiegend chinesische Restaurants.
■ Daneben findet man auch in KK Fast-Food-Restaurants, vor allem in den Shopping Malls. In diesen muss man übrigens nicht mehr bezahlen als in West-Malaysia.

Verkehrsverbindungen

Flug

Von Kota Kinabalu gibt es regelmäßig **internationale Flüge** nach Brunei, Singapur und den Philippinen, daneben mehrmals täglich nationale Flüge innerhalb Sabahs, nach Sarawak und West-Malaysia.

Der **Flughafen** liegt bei Tanjung Aru, etwa 8 km außerhalb der Stadt. Am Tag fährt hierhin regelmäßig ein Stadtbus (Airport; 2 RM). Taxis kosten 30 RM im Couponsystem.

Preiswert kann man mit **Air Asia** fliegen, deren Tarife aber ständig schwanken. Achtung: *Air Asia* nutzt in KK **den alten Terminal des Flughafens!** Teilen Sie dem Taxifahrer unbedingt mit, dass Sie zum Terminal von *Air Asia* wollen!

Günstige Preise haben auch **Jetstar,** die Flüge zwischen KK und Singapore anbietet sowie **MAS Wings.**

Der Direktflug von KK nach Sandakan z.B. mit Air Asia dauert ca. 45 Minuten, kostet je nachdem, wie früh man bucht, sogar weniger als der Bus, und man kann den Mount Kinabalu aus der Vogelperspektive betrachten.

■ **www.airasia.com**
■ **www.jetstar.com**
■ **www.maswings.com**

Schiff

Regelmäßige Schiffsverbindungen bestehen nach **Labuan.** Das Expressboot legt um 8 und 13.30 Uhr am Ferry Terminal ab (2 Std. Fahrt, 40 RM). Von Labuan erreicht das Boot KK um 15.30 Uhr.

Zug

Achtung! Die malerische Strecke in Richtung Beaufort und dann weiter wird derzeit „renoviert". Wann und ob sie jemals fertig gestellt wird, ist derzeit unklar. Aktuelle Informationen zum Stand der Entwicklung kann man unter www.suteraharbour.com bekommen. Das große Unternehmen hat derzeit noch die unten genannten Fahrziele im Programm, behält sich aber für den Fall der Neueröffnung Änderungen vor. Zwischen Kota Kinabalu (Tj. Aru), Beaufort und Tenom (7,50 RM) existiert eine Zugverbindung. Der **Bahnhof** befindet sich nicht direkt in KK, sondern im Vorort

Tanjung Aru (Tel. 254 611). Dieselloks halten den täglichen Betrieb aufrecht. Die Strecke KK – Beaufort ist eintönig, da sie lange dauert und die Landschaft wenig zu bieten hat, dagegen ist die Fahrt von Beaufort nach Tenom landschaftlich umso reizvoller.

Bus

Wie fast überall in Malaysia sind auch von KK aus die wichtigsten Langstrecken-Verkehrsmittel die **Expressbusse** und **Überlandtaxis.** Die Stationen befinden sich im sogenannten **Utama Terminal,** etwa 10 Kilometer außerhalb, mit Bussen nach Osten und im Padang Merdeka Field (Wawasan Station), im Süden der Stadt, mit Bussen nach Süden.

Allerdings gibt es „gute" Straßenverbindungen nur zwischen KK und Beaufort, Kudat und Ranau. Auch hier ist die Fahrt oftmals strapaziös. Wer nach **Sandakan** oder noch weiter nach **Südosten** (Lahad Datu, Tawau) möchte, sollte nach Möglichkeit fliegen. Da die Straße mittlerweile asphaltiert ist, ist die Fahrt nicht sonderlich anstrengend, allerdings recht langweilig, weil vom Wald kaum noch etwas zu sehen ist. Von Zeit zu Zeit gibt es Erdrutsche, die die Straße für Stunden blockieren. Diese Fahrt kostet 45 RM.

- **Kinabalu Nationalpark** 15 RM
- **Keningau** 15 RM
- **Kota Belud** 12 RM
- **Kudat** 25 RM
- **Beaufort** 12 RM
- **Ranau** 18 RM
- **Tenom** 25 RM
- **Tuaran** 3 RM
- **Lawas** 35 RM
- **Tawau** 60 RM
- **Semporna** 60 RM
- **Tambunan** 18 RM
- **Lahad Datu** 50 RM
- **Telupid** 25 RM
- **Sandakan** 33 RM
- **Sindumin** 18 RM

Umgebung von Kota Kinabalu

Tanjung Aru

Dies ist das eigentliche Ausflugsziel der Bewohner von KK. Kommt man jedoch nicht an Wochenenden oder Feiertagen, findet man einen langen menschenleeren **Sandstrand** mit Promenade und Parkanlagen vor. Hier gibt es Restaurants, Essensstände und auch ein großes Hotel.

Man kann den Strand mit dem Bus Nr. 12 und 13 erreichen, welcher auch zum Flugplatz fährt (2 RM). Taxis aus der Stadt heraus kosten ca. 18 RM.

Leider ist Tanjung Aru nur dann ein preiswertes Ausflugsziel, wenn auf Aktivitäten wie Wasserski, Tauchen und Paragliding verzichtet wird.

Nationalpark Tunku Abdul Rahman

Interessant und gut zum **Tauchen** und **Schwimmen** sind die Inseln dieses Nationalparks in der Bucht von KK. Da man aber ein Boot mieten muss, wird die Überfahrt doch recht teuer.

Der Park fasst die Inseln, die Kota Kinabalu gegenüberliegen, zusammen. Dazu gehören Pulau Gaya, Pulau Sapi, Pulau Mamutik und Pulau Manukan. Der Park bedeckt eine Fläche von ca. 4900 ha.

Wegen ihrer **Korallenriffe** und der Vegetation wurden die Inseln unter Schutz gestellt. Allerdings sind sie auch so klein, dass z.B. kommerzieller Holzabbau oder ausgedehnte Landwirtschaft nicht rentabel wären. Da liegt es nahe, sie zum Naherholungsgebiet der Städter zu machen; die lassen nämlich Geld da.

Auf den Inseln wurden Wanderwege durch den Dschungel (auf P. Gaya 20 km) angelegt. Schöne Strände laden hier zum Baden ein. Schön (und an Wochenenden voll) ist der **Police Beach** in der Bulijong Bay (früher nutzte die Polizei den Strand für Schießübungen, daher der Name). Vorgelagerte Korallenriffe bieten ideale Schnorchel- und Tauchmöglichkeiten. Wer die Korallen trockenen Fußes genießen möchte, kann an den Wochenenden mit den **Glasbodenbooten** (4 RM/Std.) darüber hinweggleiten.

Tropischer Regenwald bestimmt die Vegetation der Inseln. Die Tierwelt ist, zumindest wenn man dem Prospekt Glauben schenken darf, reichlich vertreten, von Affen über Hörnchen und Ratten bis zu Schuppentier und Wildschwein. Verschiedene interessante Vogelarten (darunter Nashornvögel und Seeadler) runden das Bild ab. Wer die Tiere sehen möchte, sollte aber möglichst nicht an den Wochenenden zu einer der Inseln fahren. Dann ist hier zuviel Trubel. Eine Anmeldung ist nicht erforderlich. Wer nur zum Baden auf die Inseln fährt, findet sein Tagesparadies sicherlich auf Pulau Sapi.

■ **Anreise:** Vom Ferry Terminal fahren die **Boote** für 30 RM bis 50 RM (je nach Entfernung und Unternehmen) zur Insel. Allerdings erst dann, wenn sie mit acht Personen besetzt sind. An Bord kann man meist eine Schnorchelausrüstung ausleihen (etwa 10 RM/Tag), besser ist es aber, eigenes Equipment dabei zu haben. Auf den Inseln wird dann ein Permit für 10 RM verlangt. Hinzu kommt eine Terminalgebühr in Höhe von 3 RM.

■ **Unterkunft:** Feste Unterkünfte gibt es bisher nur auf den Inseln Manukan (1345 RM/Haus, Vermietung über *Sutera Sanctuary Lodges,* www.suteraharbour.com. Auf Mamutik hat *Borneo Divers* eine Tauchbasis, in der man auch wohnen kann (www.borneodivers.info). Campingplätze sind vorbereitet (auf Gaya, Sapi, Sulug und Mamutik; 5 RM/Person und Nacht, Zelte kosten zwischen 35 und 50 RM), allerdings muss man alle Ausrüstungsgegenstände und Lebensmittel selbst mitbringen. Süßwasser ist vorhanden. Wegen der starken Nachfrage kann man aber davon ausgegangen werden, dass weitere Hütten auf einer der anderen Inseln gebaut werden. Genaue Informationen gibt es beim **MTPB-Office** oder beim **Sabah Parks Office,** Sinsuran.

Rafflesia-Zentrum

An der Straße nach Tambunan liegt dieser kleine Nationalpark, in dem die riesigen Rafflesia-Gewächse unter Schutz gehalten werden. Vom Parkeingang aus muss (abhängig von der Jahreszeit) ein bis zu 45 Minuten dauernder Marsch (zunächst bergab) in Kauf genommen werden, da die Pflanzen weit verstreut blühen. Gutes Schuhwerk ist hier dringend erforderlich. Anreise entweder mit dem Bus (KK – Tambunan, 18 RM, ab 7 Uhr) oder mit dem Taxi (100 RM).

Achtung: Fragen Sie vor der Abreise aus KK beim STB nach, ob Rafflesias blühen.

Layang Layang Island

Ein Eldorado für Tauchtouristen befindet sich vor der Haustür KKs. Allerdings ist die Insel so weit entfernt, dass sie nur mit dem Flugzeug erreichbar ist. Wer es bis hierher geschafft hat, wird dann aber von einer beeindruckenden **Unterwasserwelt** entschädigt. Nichttaucher haben es etwas schwerer, können sich aber schnorchelnd der Welt der Korallen und Fische nähern, sich der Vogelbeobachtung hingeben oder einfach am Hotelpool relaxen. Taucher sind völlig begeistert, bietet das Wasser doch Sichtweiten von 50 Metern und Abbrüche bis zu 2000 Metern Tiefe. Informationen und Reservierung unter www.avillionlayanglayang.com.

Monsopiad Cultural Village

Etwa 10 Kilometer außerhalb im Süden der Stadt wurde das „lebende" Museum eröffnet. Unter dem Dach eines Langhauses erfährt man hier etwas über das frühere Leben der Einheimischen. Ein Kunstgewerbeladen und ein kleines Restaurant mit typischen Gerichten Sabahs gehören selbstverständlich dazu.

■ **Monsopiad Cultural Village,** Tel. 088 761 336, www.monsopiad.com.

- **Öffnungszeiten:** tgl. 9–17 Uhr.
- **Eintritt:** 65 RM.

Mengkabong Water Village

Ca. 30 Kilometer nördlich von KK befindet sich dieses **Wasserdorf**. Hier kann man erleben, wie die Menschen in ihren Häusern über dem Wasser leben und arbeiten.

Pulau Tiga

Als Survivor Island wurde die kleine Insel im Fernsehen bekannt. Seit einigen Jahren kann hier jeder seine Überlebenskünste im ruhigen und sehr gut ausgestatteten Ambiente des *Pulau Tiga Resorts* auf die Probe stellen. Der kilometerlange Strand lädt zum Sonnenbad und Spaziergängen ein, das warme Wasser zum Schwimmen, Schnorcheln und Tauchen. Die komplette Ausrüstung kann im Resort ausgeliehen werden.

Ein **PADI Tauchcenter** gehört zum Haus. Dschungelpfade führen über die Insel, u.a. zu den noch wie vor aktiven Schlammvulkanen, in denen mutige Schlammliebhaber „baden" oder besser eintauchen können. **Achtung:** Der Schlamm kann erst am Meer wieder abgewaschen werden, der etwa 20-minütige Rückweg zum Strand muss so meist barfuss bewältigt werden. Und außerdem stechen die Mücken gnadenlos durch den Schlamm. Affen und Warane sind das stets präsente Wildlife und nähern sich auch auf Streichelentfernung. Vom *Resort* aus werden Touren zur Nachbarinsel „**Snake Island**" angeboten. Hier ruhen sich viele hochgiftige Seeschlangen unter Steinen und Treibholz aus. Festes Schuhwerk ist obligatorisch, und achten Sie darauf, wo Sie hintreten bzw. was Sie anfassen! Die Insel liegt etwa zweieinhalb Stunden von KK entfernt. Die Fahrt dauert mit dem Shuttle etwa zwei Stunden, gefolgt von ca. 25 Minuten mit dem Boot. Auf der Insel selbst gibt es dann außer dem *Resort* nur ein fast immer unbesetztes Government Resthouse. Einkaufsmöglichkeiten bestehen nicht! Am besten organisiert man die Tour mit *Sipadan Dive Centre,* 11th Floor, Wisma Merdeka, KK, Tel. 088 240 584, Fax 240 415, www.sdclodges.com. Eine Übernachtung kostet dann ab 360 RM, inklusive aller Transporte (Hotelabholung) und Mahlzeiten. Softdrinks und Bier müssen gesondert gezahlt werden, man kann aber vom Festland Getränke mitbringen.

Tamu Penampang/ Dongongon

Etwa 15 Minuten von KK entfernt trifft sich jeden Donnerstag/Freitag die Gemeinschaft des Ortes zum großen Tamu. Von frischem Gemüse über Gebrauchsgüter bis zum Kunsthandwerk gibt es hier nahezu alles zu kaufen. Besonders empfehlenswert sind der Reiswein *(Lihing)*, die eingelegten wilden Mangos *(Bambangan)* und eventuell der eine oder andere Sagowurm, jene Made aus der Sagopalme, die so manchen Touristen das Fürchten lehrt.

Der Tamu beginnt gegen 6 und endet gegen 14 Uhr. Anreise mit dem Taxi kostet etwa 20 RM.

Lok Kawi Wildlife Park

Im **zoologisch-botanischen Garten** an der alten Penampang-Papar Road kann man alle größeren Wildtiere Sabahs bestaunen. Dazu zählen neben den kleinen Waldelefanten auch das Sumatra-Nashorn, der Orang Utan, Nasenaffen und sogar der Sumatra-Tiger. Im botanischen Teil des Parks wurden sehr gut ausgeschilderte und informative Dschungelwege angelegt, www.kipandi.com.my.

- Der Park befindet sich etwa 25 Kilometer außerhalb an der Jalan Penampang und ist mit dem Taxi in etwa 30 Minuten (25–30 RM) erreichbar.
- **Öffnungszeiten:** tgl. 9.30–17.30 Uhr.
- **Eintritt:** 30 RM.

Kipandi Butterfly Park

Mitten im Bergregenwald der Crocker Range bietet der Park einerseits die Möglichkeit, wild lebende **Schmetterlinge** zu beobachten, andererseits aber auch die Chance, einige Hundert Zuchttiere und eine große Zahl von **Käferarten** und anderen **Insekten** lebendig und als Präparat zu betrachten. Hinzu kommt eine große Zahl an endemischen Pflanzenarten sowie solchen, die auf Borneo und in Südostasien beheimatet sind, www.kipandipark.com.

■ Der Park liegt ca. 36 Kilometer außerhalb an der Straße von Penampang nach Tambunan im Kampong Moyog.
■ **Öffnungszeiten:** 9–16 Uhr. Anreise mit dem Taxi ca. 50 RM.
■ **Eintritt:** 20 RM.

Dinawan Island

6 Kilometer von Kota Kinabalu und rund 15 Bootsminuten von Kinarut entfernt bietet die kleine Insel nette Strände, Dschungelpfade und viel Zeit zum Entspannen.

Übernachten

Die Unterkunft erfolgt in sauberen kleinen Chalets, inklusive Vollverpflegung.

■ **Borneo Dinawan Village Resort,** 3rd Floor, Lot 2, Block A, 1, Runang Singgah Mata, Asia City, KK, Tel. 088 720062, 721778, organisiert die Tour für 375 RM/Person ab Kinarut.
■ Eine Übernachtung in Kinarut ist z.B. im **Seaside Travellers Inn** ② (Km 20, Papar Rd., Kampung Laut, Kinarut, Tel. 088 750 479, Fax 751 555, www.seasidetravellersinn.com.my) möglich. In der gemütlichen Unterkunft am Meer hat man schnell Familienanschluss und fühlt sich fast wie zu Hause.

Ranau

Ranau ist ein kleiner Ort am Fuß des **Mount Kinabalu.** Er liegt an der Straße nach Sandakan. Von hier kann man nach Poring, einem Teil des Kinabalu-Parks, gelangen. Normalerweise halten sich Touristen in Ranau nie lange auf. Der Ort ist nur Durchgangsstation. Man wechselt hier vom Bus auf ein Taxi, um nach Poring zu fahren oder nimmt von hier den Bus nach Sandakan, wenn man aus dem Park kommt (Poring: s. Kinabalu Park).

Die Leute sind hier recht freundlich. Einmal im Monat (immer am Ersten) gibt es einen großen **Tamu,** der viele interessante Menschen aus der Umgebung anzieht.

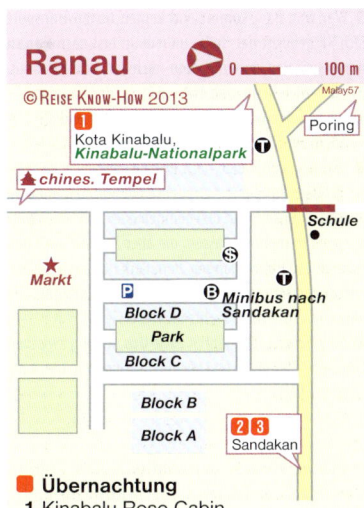

Übernachtung
1 Kinabalu Rose Cabin
2 Mount Kinabalu Heritage Resort & Spa
3 Mountain View Motel Kundasung

Übernachten

- **Außerhalb der Stadt Ranau auf einem Berg liegt das Mount Kinabalu Heritage Resort & Spa**④, Tel. 214 142, 239 511, www.perkasahotel.com.my. Von hier hat man einen tollen Blick auf den Kinabalu.
- **Mountain View Motel Kundasung**③, Tel. 889 691, Fax 875 389, mit sauberen großen Zimmern. Die Leute sind sehr nett und geben gute Infos zur Umgebung.
- **Kinabalu Rose Cabin**③, Km 18, Jln. Ranau-Tuaran, Tel. 088 889 233, Fax 88 980, www.marimari.com/hotel/malaysia/kinabalurose/index.html. Das kleine Hotel nahe dem Kinabalu Park liegt idyllisch in der Berglandschaft.

Verkehrsverbindungen

- **Von Ranau** aus fahren täglich Minibusse **nach KK**, Abfahrt gegen 14 Uhr.
- Nach **Sandakan** fährt ebenfalls täglich ein Minibus (gegen 7.30 Uhr), 30 RM.

Verpasst man diesen Bus, kann man auf die Busse warten, die von KK nach Sandakan fahren. Mit etwas Glück findet man freie Plätze. Sie erreichen Ranau gegen 11 bzw. 15.30 Uhr.

- Wer vom Park kommt und keinen festen Transport nach KK gebucht hat, sollte unbedingt erst nach **Ranau** fahren und von dort mit dem nächsten Bus abfahren. Grundsätzlich kann man zwar auch an der Hauptstraße am HQ zusteigen, aber nur, wenn Plätze frei sind. Dies ist vor allem am späteren Nachmittag unwahrscheinlich.
- Will man von Ranau nach **Poring,** gibt es in der Woche größere Probleme. Unregelmäßig fahren Minibusse (15 RM). Man kann ein Taxi nehmen oder sich von Privatpersonen mitnehmen lassen, die aber zumeist auch den Taxipreis (50 RM) verlangen. Vom Park HQ fahren außerdem gegen Mittag Minibusse (25 RM) nach Poring. Die Plätze muss man aber rechtzeitig reservieren.
- An Wochenenden fahren **Pick-Ups** ständig zwischen Ranau und Poring hin und her, um Ausflügler zu transportieren (12 RM).

Auf dem Weg in den Nationalpark kommt man durch den kleinen Ort **Kundasung,** der selbst nicht sonderlich spektakulär ist, aber in einer herrlichen Landschaft liegt.

Kundasung War Memorial

In Kundasung wurde 1962 eine Art **Ehrenmal** angelegt, um der Toten des 2. Weltkrieges zu gedenken, die hier umkamen oder die berüchtigten Todesmärsche ab Sandakan nicht überlebten. Zugleich erinnert das Denkmal an die Einheimischen, die den Kriegsgefangenen unter Einsatz ihres Lebens geholfen haben. Es wurden **vier Gärten** angelegt (englischer Garten, australischer Garten, Borneo-Garten und Contemplation Garden), die die Nationen der hier Gefallenen symbolisieren. Öffnungszeiten tgl. 8.30 bis 17.30 Uhr, Eintritt 10 RM.

Sabah Tea Garden & Beyond

Eine neue Art, die Natur zu erleben, bietet das Unternehmen *Sabah Tea*. Im Bereich der Plantage bei Ranau werden Kulturveranstaltungen, Dschungeltrekking, Ausritte mit dem Pferd oder Drahtesel sowie zahlreiche Lehrprogramme angeboten. Bei Interesse erhält man nähere Informationen unter www.sabahtea.net, Tel. 444 882. Führungen beginnen morgens ab 8 Uhr (12 RM/Person). Veranstaltungen mit Videovorführungen sowie mehrtägige Touren sind buchbar ab 125 RM.

Mount-Kinabalu-Nationalpark

Der 754 km² große Park ist die Attraktion Sabahs. Inmitten des Parkes erhebt sich der **höchste Berg Südostasiens,** der **Mount Kinabalu,** mit seiner zerklüfteten Gipfelregion. Der höchste Gipfel, der **Low's Peak,** erreicht 4095 m. Der Berg gehört zum Gebirge der **Crocker Range,** das Sabah durchzieht.

1962 beschloss man, das Gebiet um den Mount Kinabalu unter Schutz zu stellen. Der

Park wurde dann 1964 geöffnet, etwa ein Jahrhundert nach der ersten Besteigung des Berges (dabei werden Besteigungen der Ureinwohner nicht berücksichtigt) im Jahre 1851 durch *Sir Hugh Low,* einem hohen Beamten der Briten von der Insel Labuan. Seit der Errichtung des Parkes nimmt der Besucheransturm immer mehr zu, obwohl lange nicht alle wirklich zum Gipfel aufsteigen.

Der Park wird von den Besuchern nicht nur wegen seiner reichhaltigen Flora und Fauna geschätzt, sondern auch wegen des angenehmen Klimas. Im Gebiet der Park Headquarters (1558 m) liegt die Temperatur zwischen 13 °C und 20 °C. Kommt man höher, nimmt sie entsprechend ab und erreicht in der Gipfelregion nachts beinahe den Gefrierpunkt.

Der Park ist in zwei Gebiete unterteilt: 1. Das Gebiet um die **Park Headquarters,** von wo verschiedene Pfade ausgeschildert sind, von hier startet man auch zum Gipfelaufstieg, 2. **Poring Hot Springs,** das Gebiet um die heißen Schwefelquellen. Poring ist nur von Ranau aus zu erreichen.

Anreise

Von KK aus gibt es Busse, die nach Ranau fahren (18 RM/Person). Falls nur wenige Touristen im Bus sind, sollte man den Fahrer erinnern, am Eingang zum Nationalpark zu halten (ca. 30 Min. vor Ranau), sonst geschieht dies nicht automatisch. Die Busse fahren gegen zwischen 7 und 17 Uhr in KK ab. Die Fahrt dauert ca. 2 Stunden.

Eine teurere Alternative, die aber mehr Flexibilität gewährleistet, ist das gemietete **Taxi** oder der **Mietwagen mit Fahrer.** Taxis kosten im Durchschnitt 200 RM für die einfache Fahrt, die Preisverhandlungen (oft werden weit über 400 RM gefordert) können sich aber langwierig gestalten. Wer mit mehr als vier Personen unterwegs ist, kann **Minibusse mieten.** Man rechne mit etwa 250 RM für Fahrzeuge mit bis zu 20 Sitzplätzen.

Anmeldung

Die Anmeldung für den Kinabalu-Nationalpark muss bereits in KK erfolgen. Die seit einigen Jahren privat geführten Unterkünfte bucht man *Sutera Sanctuary Lodges,* Ground Floor, Wisma Sabah, Tel. 308 914, 308 915, 308 916, www.suteraharbour.com.

Bei der Anmeldung muss man die genaue **Aufenthaltsdauer** angeben, die Unterkunft buchen (auch die während der Besteigung), den Reisepass vorlegen und sofort bezahlen.

Alle Bescheinigungen und Quittungen aus dem Office unbedingt aufbewahren, man muss sie beim Park Headquarters vorlegen.

Das **Climbers Permit** erhält man im Park, es kostet 100 RM.

Der **Tageseintritt** beträgt 15 RM (für Leute, die nur mal kurz schauen wollen). Hinzu kommt eine Pflicht-Unfallversicherung für 7 RM/Person.

Übernachten

Da der Park ein **Hauptausflugsziel** der Stadtbewohner ist, gibt es ein großes Übernachtungsangebot.

Die folgenden Unterkünfte bieten guten Komfort, z.T. sogar mit kompletten Küchen inkl. Kühlschrank. Sie befinden sich alle im Gebiet **Park Headquarters:**

- **Grace Hostel,** Dormitory mit 20 Betten, 150 RM/Bett;
- **Rock Hostel,** ebenfalls 20 Betten, 150 RM/Bett;
- **Hill Lodge,** 2-Bett-Zimmer für 500 RM/Zimmer;
- **Liwagu Suite,** 2-Bett-Zimmer, 590 RM/Zimmer;
- **Peak Lodge,** 4-Bett-Zimmer, 795 RM/Zimmer;
- **Summit Lodge,** für 6 Personen, 2756 RM;
- **Garden Lodge,** für 6 Personen, 920 RM;
- **Nepenthes Lodge,** 4-Bett-Zimmer, 920 RM/Zimmer;
- **Kinabalu Lodge,** für 8 Personen, 4400 RM;
- **Rajah Lodge,** für 6 Personen, 8480 RM.

Man kann auch in den **Hostels** und den **Berghütten** übernachten. Dies ist allerdings nur im Rahmen von Mehrtages-Touren möglich, die im Voraus im HQ gebucht werden müssen (ab 488 RM p.P.). Es handelt sich dabei um Mehrbettzimmer. Dazu gehören Gemeinschaftswaschräume und Gemeinschaftsküche. Warme Decken gehören zur Ausstattung der Hostels im Bereich Park Headquarters. (Die Nächte sind recht kalt. Man sollte um zusätzliche Decken bitten.) In den Berghütten kann man Schlafsäcke (2 RM/Nacht) mieten. Vorbestellung ist nicht unbedingt erforderlich, da zu jedem Bett einer gehört. Die Preise gelten pro Person:

- **Old Fellowship Hostel** (46 Pers.);
- **New Hostel** (52 Pers.).

Berghütten (auf ca. 3350 m Höhe)
- **Waras Hut** (12 Pers., 290 RM);
- **Panar Laban Hut** (12 Pers., 290 RM);
- **Gunting Lagadan Hut** (44 Pers., 290 RM), alle drei mit Dorm. ohne Heizung;
- **Laban Rata Resthouse** (5 Pers., 360 RM) inkl. Heizung, DZ mit Bad.

Außerhalb des Parks
- Hübsch ist **TALK** *(Travellers Adventure Lodge Kinabalu)*, zu der kurz vor dem Park gegenüber dem Timonpok Restaurants ein Weg nach rechts abzweigt. Hier bekommt man für 25 RM ein Schlafsaalbett, Tel. 088 888 067, 255 289, http://talklodge.tripod.com/id5.html.

Park Headquarters

Die Hauptgebäude liegen 1558 m hoch. Hier befinden sich die **Anmeldung, Übernachtungsmöglichkeiten, zwei Restaurants, Ausstellungsräume** und die **Parkverwaltung.** Hierher kommen also fast alle Touristen; besonders voll ist es an Wochenenden.

Sobald man angekommen ist, meldet man sich im **Verwaltungsgebäude.** Dazu legt man das Permit und seine Zimmerreservierungen (von der Anmeldung aus KK) vor. Nun werden die entsprechenden Quartiere zugewiesen. Hier erhält man dann auch das **Climbers Permit,** wenn man beabsichtigt, den Berg zu besteigen. Hier wird zudem der **Guide** vermittelt. Wer am nächsten Tag mit dem Aufstieg beginnt, kann am Anreisetag noch ein paar kürzere Wanderungen im Gebiet des Headquarters unternehmen, z.B. kann man vom Parkplatz hinter dem Headquarters zu einem **Aussichtspunkt** aufsteigen, von dem aus man recht weit ins Land sehen kann. Von hier hat man aber auch eine besonders gute Sicht zum Mount Kinabalu (man kann sich schon mal seelisch auf den Aufstieg vorbereiten).

Im Verwaltungsgebäude befindet sich eine **Ausstellung zum Park** mit Informationen zu Flora und Fauna. Am Wochenende (Fr–Mo ab 7.30 Uhr) werden hier Filme gezeigt und eine Art Lehrprogramm zum tropischen Regenwald im Allgemeinen und dem Kinabalu Park im Speziellen veranstaltet.

Direkt am Verwaltungsgebäude gibt es einen kleinen **Mountain-Garden,** d.h. hier sind ein paar Wege in einem kleinen Areal angelegt worden, wobei viel Wert darauf gelegt wurde, die vorkommenden Pflanzen zu beschreiben. Eintritt 5 RM.

Andere Trails in der näheren Umgebung der Headquarters variieren zwischen 45 Minuten und mehreren Stunden Weglänge. Jeden Morgen gegen 11.15 Uhr (genaue Ankündigungen auf den „schwarzen Brettern" beachten) machen Parkaufseher kostenlose Führungen auf einem Trail. Sie weisen die Besucher in die Besonderheiten des Parks ein und geben Ratschläge zu Tierbeobachtungen (sehr empfehlenswert!).

Führungen

Jede Gruppe, die den Berg besteigen will, ist **verpflichtet, einen Guide mitzunehmen** und zu bezahlen. Jeden Morgen halten sich Männer am Office der Headquarters auf, um sich als Guide zu verdingen. Die Aufseher, welche die Verwaltung erledigen, wissen, welcher Guide in den nächsten Tagen frei sein wird und übernehmen die Zuteilung. Je nach Saison kann es nötig sein, Guides bis zu 1 Woche im Voraus zu buchen (über das Park Office in KK).

Kinabalu-Nationalpark

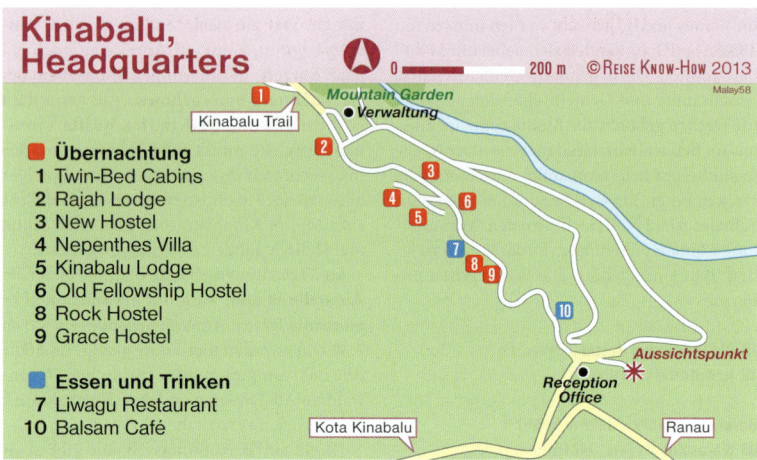

Glücklicherweise kann man den **Abstieg ohne Guide** schaffen, sodass man bei einer dreitägigen Tour den Guide nur für die zwei Tage Aufstieg zu bezahlen braucht. Der Preis für den Guide richtet sich nach der Gruppengröße. Bis zu 3 Personen verlangt der Guide 42,50 RM/Tag und für 4–6 Personen 50 RM/Tag. Die maximale Gruppengröße beträgt 6 Personen. Die optimale Gruppengröße liegt bei 3 Personen, weil man dann noch recht unabhängig sein eigenes Tempo bestimmen kann und viel mehr sieht.

Wer Hilfe mit dem Gepäck benötigt, kann außerdem **Träger** *(Porters)* anheuern. Bis zur *Laban-Rata-Hütte* verlangen sie 40 RM/Tag, bis zur *Sayat-Sayat-Hütte* 47 RM/Tag. Die maximale Traglast beträgt 24 lbs (pounds). Dies entspricht etwa 10 Kilogramm.

Achtung: Guides und Träger müssen über 18 bzw. 21 Jahre alt sein. Jüngere Menschen zu heuern ist illegal!

Vor dem Aufstieg

Bevor man den Aufstieg wagt, sind einige grundsätzliche Überlegungen wichtig. Man sollte unbedingt das Schild in den Park Headquarters beachten, das auf **Gefahren** für nicht völlig Gesunde hinweist. Dazu gehören Personen mit Bluthochdruck, Magengeschwüren, Arthritis usw.

Man erreicht bei der Besteigung des Mount Kinabalu in relativ kurzer Zeit **Höhen über 3500 m**. Das bedeutet, dass sensible Personen eventuell mit leichten Formen der **Höhenkrankheit** konfrontiert werden. Die Krankheit wird durch die geringerern Sauerstoffkonzentrationen in großen Höhen hervorgerufen. Typische Symptome sind Schwindel, Kopfschmerzen, Übelkeit etc. Treten solche Krankheitsanzeichen auf, sollte man nicht gleich zu Tabletten greifen, sondern sich lieber genau beobachten und eventuell in geringere Höhen zurückkehren. Eine **gute Kondition** ist eine weitere Voraussetzung, um den Aufstieg zu einem tollen Erlebnis und nicht zu einem Alptraum werden zu lassen.

Besteigung des Mount Kinabalu

Wer es ermöglichen kann (und genügend Interesse für Biologie mitbringt), sollte sich für die Besteigung des Berges ca. 3 Tage Zeit nehmen, zwei für den Aufstieg und einen für den Abstieg, obwohl viele Touristen in nur zwei Tagen hinauf- und hinunterhetzen. Bei dieser Zeiteinteilung kann man sich nicht ausreichend mit der einzigartigen Vegetation am Mount Kinabalu beschäftigen.

Der Aufstieg beginnt bei den Park Headquarters, auf einer Höhe von ca. 1550 m. Von hier geht es in 4 km zur **Power Station** (Timpohon Gate). Man kann zwar zu Fuß gehen, das ist aber auf der stetig steigenden Straße sehr anstrengend. Der Transport mit einem Pick-up kostet 16,50 RM/Personen.

An der Power Station (1829 m) beginnt der eigentliche **Summit Trail**. Entlang dem Weg findet man kleine Schilder mit Zahlenangaben, z.B. 50, 150 etc. Diese Zahlen bezeichnen die *Chains,* d.h. die Wegkilometer. 50 Chains gelten als 1 km bzw. 80 chains als 1 Meile.

Kurz nach der Power Station gelangt man zum **Carson's Fall,** einem Wasserfall, der seinen Namen nach dem ersten Aufseher des Parks erhielt. Von dem Wasserfall aus beginnt der Weg anzusteigen. Bei einer Höhe von 1951 m erreicht man den **ersten Shelter** (diese Unterstände sollen den Bergsteigern Schutz vor Regen bieten. Außerdem gibt es an diesen Punkten Zisternen, aus denen man sich mit frischem Trinkwasser versorgen kann.) Von hier kann man bei guter Sicht die Straße Richtung KK überblicken.

Den **zweiten Shelter** erreicht man nach kurzer Zeit in einer Höhe von 2134 m. Von hier aus geht es Richtung **Kamborongoh Telecom Station,** die in 2225 m Höhe liegt. Kurz vor dieser Station zweigt der Gipfelpfad ab, da das Geländer der Station nicht betreten werden darf. Kurz hinter dem Abzweig befindet sich der **dritte Shelter.**

Dahinter teilt sich der Pfad erneut, der eine führt zum „Platz der Schwalben" (*Layang-Layang*). Hier befindet sich auch eine **Fernsehstation.**

Der rechte Pfad führt weiter zum Gipfel. Durch Bambuswald gelangt man in einer Höhe von 2651 m zum **vierten Shelter.** Etwas weiter befindet sich **Carson's Camp,** eine Hütte für Parkaufseher. Von hier steigt der Pfad nun ziemlich steil bis zum **fünften Shelter** (2896 m). Bei 3109 m erreicht man den **sechsten Shelter.**

Von hier zweigt ein Weg zu einem **Hubschrauberlandeplatz** und ein anderer zur **Paka Cave** ab. Diese wird durch einen Felsüberhang gebildet. Sie diente früher den Bergsteigern als Übernachtungsmöglichkeit vor dem letzten Gipfelaufstieg. Bei gutem Wetter hat man aus der Umgebung des sechsten Shelters einen tollen Blick auf den Kinabalu. Hier hat man den größten Teil der ersten Etappe bereits hinter sich.

Bei 3353 m kommt man nach **Panar Laban.** In der Sprache der Dusun bedeutet der Name soviel wie „Platz der Opfer". Hier befinden sich die Übernachtungsmöglichkeiten **Laban Rata Resthouse** und etwas höher **Gunting Lagadan Hut** (hier gibt's nur Gaskocher, Lebensmittel muss man selbst mitbringen). Von hier besteht auch Funkverbindung zu den Headquarters.

Am nächsten Morgen geht es dann weiter zum Gipfel. Die Guides schlagen meist vor, bereits gegen 3 Uhr aufzubrechen, um den Sonnenaufgang direkt am Gipfel zu erleben. Viele Traveller sind aber der Meinung, dass 5 Uhr früh genug ist, weil erstens der Gipfel zu dieser Zeit oft im Nebel liegt, sodass man nichts sieht, und zweitens bei dem frühen Aufbruch fast der gesamte Weg in der Dunkelheit bewältigt werden muss. Da man vielfach an Seilen klettert, ist das nicht angenehm, man kann den Weg im Licht einer Taschenlampe oft nur ahnen.

Kurz hinter Panar Laban endet die Vegetationszone. Der Aufstieg über Fels beginnt. Der nächste Rastplatz ist die **Sayat-Sayat Hut** (3810 m). Diese Blechhütte bietet Übernachtungsmöglichkeiten für zehn Personen. Wasser und Gaskocher sind vorhanden. Ansons-

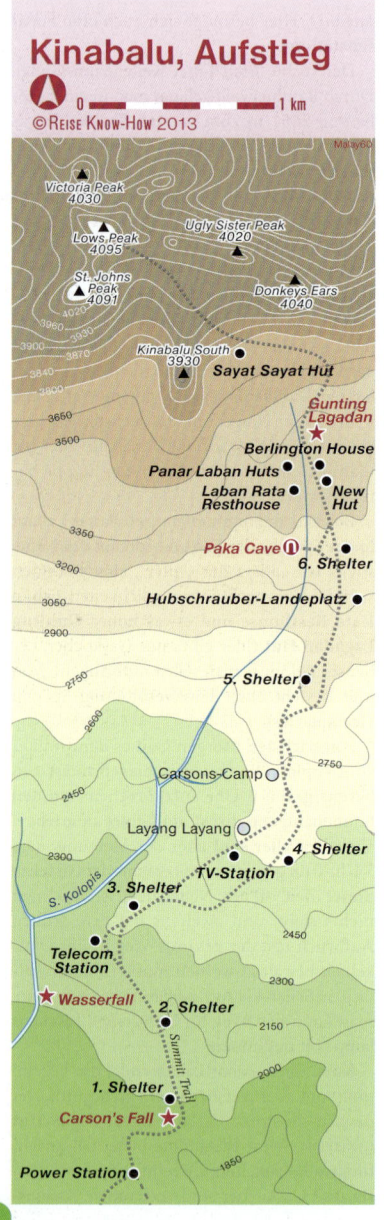

ten ist es dreckig, der Wind pfeift durch die offenen Fenster, und Ratten toben herum.

Oberhalb der Hütte beginnt das langsam ansteigende **Gipfelplateau.** Über das Plateau gelangt man, vorbei an den verschiedenen Gipfeln des zerklüfteten Mount Kinabalu, zum **Low's Peak** (4095 m). An diesem Punkt hat man den höchsten Gipfel Südostasiens erreicht. Hier befindet sich ein Schild, das den erfolgreichen Bergsteiger beglückwünscht. Das Schild weist auch darauf hin, dass man bitte seinen Namen in das Buch und nicht in den Felsen schreiben möchte. Der Bitte schließen wir uns an, obwohl schon seit einiger Zeit kein Buch mehr da ist.

Schaut man sich vom Low's Peak aus um, so sieht man die anderen Gipfel des Kinabalu, z.B. den St. John's Peak, Donkeys Ear und Victoria Peak. Direkt neben dem Low's Peak schaut man in die ca. 1000 m tiefe Schlucht Low's Gully. Kurz unterhalb des Gipfels liegt ein *Sacrifice Pool* (Opferteich). Früher wurden hier zu Ehren der Götter Tiere geopfert.

Vom Low's Peak aus kann man entweder direkt zum Headquarters zurückgehen (dazu braucht man einen Tag), oder aber man übernachtet noch einmal in der Sayat Sayat Hut. Auch wenn es dreckig und kalt ist, lohnt es sich wegen der Sicht und der Ruhe.

Alternative Route ab Mesilau Nature Resort

Seit einiger Zeit besteht eine alternative Aufstiegsroute zum Gipfel von Mesilau aus. Man erreicht den „Ort", indem man über die Hauptstraße nach **Kundasang** fährt und hier am Denkmal für die im Zweiten Weltkrieg Gefallenen links abbiegt. Auf etwa 2000 Meter Höhe liegt hier die herrliche Lodge mit spektakulärem Blick über die Region. Da dieses Zentrum als Aufstiegsmöglichkeit nicht so bekannt ist, begeben sich von hier aus auch weniger Kletterer auf den Gipfel. Nach etwa 4 Kilometern erreicht man den Hauptaufstiegsweg bei Layang Layang. Guides sind von hier aus mit 80 RM etwas teurer als vom Park HQ aus. Die Unterkunft in der Lodge muss ebenfalls über *Sutera Sanctuary Lodges* (Kontaktadresse s.o.) gebucht werden. Zimmer für bis zu 6 Personen kosten 400 RM, Schlafsaalbetten 30 RM.

Via Ferrata

Mittlerweile gibt es auf dem Berg eine ganz neue Art der Bergsteigererfahrung, die sogenannte Via Ferrata, ein System aus Seilen, fest verankerten Stufen und schwankenden „Brücken". Das **Klettersystem** befindet sind in etwa 3800 Metern Höhe und ermöglicht Einblicke aus ganz neuer Perspektive. Das *Malaysia Book of Records* zählt die Via Ferrata als **höchste „Eisenstraße" der Welt** und **Asiens erste Torq Strecke** (ein *Torq* ist ein offener Armschmuck aus der Eisenzeit, das Netz aus Seilen am Berg erinnert aus der Entfernung an ein solches Armband). Nähere Informationen zu Buchungen, Preisen und zur Vorbereitung erhält man unter www.mountaintorq.com.

Poring Hot Springs

Dieser Teil des Kinabalu-Parks ist durch seine heißen **Schwefelquellen** bekannt. Hier kann man in den von japanischen Truppen angelegten „Badewannen" seine müden Knochen ausruhen (ab 15 RM/Std.). Einige Wege führen durch den Tieflandregenwald und an Flussläufen entlang. Die größte botanische Attraktion von Poring ist die Rafflesia, die in dieser Gegend vorkommt. Sie blüht in der Zeit zwischen Ende Juli und September.

Außerdem gibt es hier das **Canopy Walkway System,** eine Art Hängebrücke in Baumkronenhöhe. Über Treppen geht es nach oben, dann auf etwa 40 cm breiten Planken über den Schwindel erregenden Abgrund. Zur Tierbeobachtung eignen sich nur die frühen Morgenstunden oder der Abend (Eintritt 15 RM, tgl. von 9 bis 16 Uhr, Sonderöffnungszeiten an Abenden)! Weitere Informationen liefert die Website www.sabahtourism.com.

Ausrüstung

Bei der Zusammenstellung der Ausrüstung muss man immer daran denken, dass jedes Teil geschleppt werden muss. **Wichtig ist gutes Schuhwerk, ein festes Hemd und eine feste lange Hose.** Da es nachts sehr kalt wird, ist ein Pullover recht angenehm. Schlafsäcke kann man im Park ausleihen, sie sind allerdings ziemlich dreckig. Wer empfindlich ist, sollte einen eigenen dünnen Baumwollschlafsack mitnehmen, mit dem er dann den geliehenen ausfüttert. Hut und Sonnenbrille bieten Schutz gegen die Sonne.

Lebensmittel muss man ebenfalls mitbringen. Hier haben sich Instant-Mie-Suppen bewährt, die man sehr schnell kochen kann. Ungekocht schmecken sie ähnlich wie Kartoffelchips. Auch Schokolade, Nüsse, Rosinen und Bonbons bringen verbrauchte Energie zurück.

Da es im Gebiet des Berges häufiger regnet, sollte man einen **Regenschutz** (z.B. einen Poncho) dabeihaben. Ist alles nass geworden, kommt nur noch Freude auf, wenn man von allen Kleidungsstücken eine zweite Garnitur mitgenommen hat (Schuhe dabei nicht vergessen).

Im Park empfiehlt man, **Handschuhe** mitzunehmen. Wir halten das nicht unbedingt für erforderlich, denn Mitteleuropäer sind durchaus mit den Temperaturen am Berg vertraut. Angenehm sind Handschuhe nur an den Stellen, an denen man mit Hilfe von Seilen aufsteigt, weil die Seile nach Regenfällen nass und kalt sind.

Unterwegs kann man seine **Wasserflasche** an jedem Unterstand neu füllen. Wichtig ist eine gute Taschenlampe, weil man am zweiten Tag bereits in der Dunkelheit aufbrechen muss, um den Sonnenaufgang am Gipfel erleben zu können.

Wenn man nun doch entgegen aller Voraussicht etwas vergessen hat oder ergänzen möchte, ist auch im Park noch Gelegenheit dazu. Im Restaurant gibt es einen kleinen **Laden,** der so ziemlich alles hat, was man benötigen könnte, verschiedene Arten von Lebensmitteln, Süßigkeiten, Gaskartuschen für Kocher oder Batterien.

◨ Der Gipfel des Mount Kinabalu

Lohnend ist auch ein Blick in den **Schmetterlingspark** (4 RM). Hier kann die Pracht tropischer Falter in Ruhe genossen werden.

Im **Tropical Garden** findet man eine Art kleinen Zoo, in dem die heimischen Wildtiere gezeigt werden (3 RM), während der **Orchid Garden** eine herrliche Sammlung exotischer Orchideen zeigt (10 RM).

Anmeldung

Die Anmeldung für Übernachtungen sollte ebenfalls in KK erfolgen über *Sutera Sanctuary Lodges,* www.suteraharbour.com. Wer aber noch nicht genau weiß, ob und wann er nach Poring fährt, kann sich auch im Kinabalu-Park oder in Poring selbst anmelden. Das ist allerdings nur unproblematisch, wenn man nicht am Wochenende bzw. an Feiertagen oder in den Ferien dorthin will. Wer nicht in Poring übernachtet, muss einen Tageseintritt bezahlen (Erwachsene 15 RM/Person).

Kinabalu-Nationalpark

Übernachten

In Poring gibt es wenige Unterkunftsmöglichkeiten, z.T. sind sie recht luxuriös und teuer. An Wochentagen sind die Mietarife günstiger als an Feiertagen und Wochenenden. Die Buchung erfolgt ebenfalls über *Sutera Sanctuary Lodges*, www.suteraharbour.com.

■ Preiswert ist das **Serindit Hostel,** ab 300 RM, www.poringhotspring.com.
■ Sehr gemütlich und mit einer kleinen Veranda auch stilvoll ist die **River Lodge,** 972 RM.
■ Die **Jungle Lodge** ist etwas größer, bietet ähnlichen Komfort und kostet 648 RM.

Anreise

Obwohl Poring zum Kinabalu-Park gehört, muss man diesen erst verlassen und über Ranau anreisen bzw. mit den wartenden Taxifahrern am Park HQ (70–90 RM) verhandeln. Regelmäßige Verbindungen von Ranau gibt es nur an Wochenenden, sonst muss man sich ein Taxi mieten (Genaueres siehe Ranau). Alternativ kann man bei rechtzeitiger Buchung den **Minibus**-**Shuttle** vom Park HQ nach Poring nutzen (Abfahrt gegen Mittag, 25 RM/Person).

Die folgende Aufstellung soll einen Überblick über die **ungefähren Zeiten** geben, die man für den **Aufstieg** kalkulieren muss. Die Zeiten gelten nicht für geübte Bergsteiger.

■ **Kinabalu Headquarters bis zur Power Station:** 1 Stunde (Pick-up 15 Min.);
■ **Power Station bis zur Kamborongoh Telecom Station:** 1½ Stunden;
■ **Kamborongoh Telecom Station bis Layang-Layang:** 1½ Stunden;
■ **Layang-Layang bis zur Pakka-Höhle:** 1 Std., 45 Min.;
■ **Pakka-Höhle zum Laban Rata Resthouse:** 45 Min.;
■ **Laban Rata Resthouse bis Sayat-Sayat:** 1½ Stunden;
■ **Sayat-Sayat bis zum Gipfel:** 1½ Stunden.

Flora und Fauna im Kinabalu-Nationalpark

Die Vegetationszonen im Park

Am Mount Kinabalu findet man unterschiedlichste Vegetationszonen, die z.T. Pflanzen beheimaten, die man in den Tropen nicht vermutet (z.B. Nadelbäume).

Der **Tieflandregenwald** reicht bis in eine Höhe von knapp 1000 m. Hier herrscht der größte Artenreichtum an Pflanzen. Da über die Hälfte der Bäume zur Familie der *Dipterocarpaceae* gehören, nennt man diesen Wald auch *Dipterocarpus-Wald*. Er ist durch seine stockwerkartige Struktur gekennzeichnet, deren höchste Bäume über 50 m groß werden. In Höhen über 600 m kommt am Kinabalu auch eine Art der Rafflesia vor. Diese Pflanze wächst in den Wurzeln anderer Pflanzen (meist Bäumen) heran und bringt dann direkt am Boden eine Blüte von bis zu einem Meter Durchmesser hervor (man findet die Rafflesia nur im Bereich von Poring).

In Höhen zwischen 1000 m und 1800 m (das entspricht ca. der Höhe der Power Station) geht der Artenreichtum des Tieflandregenwaldes allmählich zurück. Hier findet man auch *Dipterocarpaceen* (die Bäume des Tieflandregenwaldes) und den Edelholz liefernden Meranti-Baum.

Im Bereich des Park-Headquarters (1550 m) geht der Wald in den **Bergregenwald** über. Hier findet man viele Eichenarten, Kastanien, Lorbeergewächse, Nadelbäume, Riesenfarne und *Epiphyten* (Pflanzen, die auf anderen Pflanzen leben, z.B. Nestfarn, Orchideen). Von den im Park festgestellten 1100 Orchideenarten kommt der überwiegende Teil in dieser Region vor.

Ab 1800 m kommt man in den Bereich des **Nebelwaldes.** Die Bäume werden kleiner. Meterhohe Farne überschatten den Weg. Rhododendren (Blütezeit zwischen Oktober und Anfang Februar) und Bambus bilden ein fast undurchdringliches Dickicht. Durch die Feuchtigkeit gibt es am Boden eine reiche, strauchartige Vegetation. Alles ist mit Moosen und Flechten bewachsen. Auch hier gibt es viele Orchideen.

Die sicherlich interessanteste Pflanzenfamilie dieser Region ist aber die der Kannenpflanzen. Diese Pflanzen haben Blätter so umgeformt, dass Kannen entstehen. In ihnen befindet sich eine Verdauungsflüssigkeit, die hineinrutschende Insekten zersetzt und so der Pflanze Nährstoffe zuführt. Um die Insekten anzulocken, sind die Ränder der Kannen bunt gefärbt. Eine glatte Schicht am Rand der Kanne sorgt dafür, dass

landende Insekten sofort den Halt verlieren und in die Flüssigkeit fallen. Die einzelnen Arten (es gibt ca. 16 im Gebiet des Kinabalu) haben Kannen in unterschiedlichen Größen (bis zu 35 cm lang bei *Nepenthes rajah*).

Die Zone des Nebelwaldes reicht bis in Höhen um 3300 m (etwa bei Panar Laban). Die Vegetation wird allerdings immer artenärmer und kleinwüchsiger. Hauptsächlich Sträucher (Myrtengewächse und Rhododendren) und Moose bestimmen das Bild.

Über 3300 m beginnt die **alpine Zone.** Hier wachsen nur noch Gräser, Flechten und Moose. Eine weiß blühende Orchideenart (*Coelogyne papillosa*) wächst sogar noch im Bereich der Sayat-Sayat Hut (3810 m). Sie blüht im November, sodass durch die weißen Blüten der Eindruck entsteht, es gäbe einzelne Schneefelder am Berg.

In der **Gipfelregion** gibt es **keine Vegetation** mehr.

Die Tierwelt

Normalerweise sollte man davon ausgehen, dass in dem relativ großen Gebiet des Kinabalu-Parks recht viele Tierarten beheimatet sind. In den zugänglichen Teilen des Parks haben sich aber die größeren Tiere (wohl wegen der vielen Touristen) zurückgezogen. Der hier beheimatete **Orang Utan** kommt nur noch in entlegenen Gebieten vor. Die häufigsten Säugetiere im Bereich des Parks sind **Hörnchen,** meist das zu den Schönhörnchen gehörende *Dremomys everettii,* und die **Kinabalu-Ratte** (*Rattus baluensis*).

Viel häufiger sieht man **Vögel,** Schnäpperlaubensänger (*Seicercus montis*), Seidenrohrsänger (*Cettia montanus*), Gestrüppsänger (*Bradypterus accentor*), Blasswangenbülbül (*Pycnonotus flavescens*) und den Schwarzäugigen Brillenvogel (*Chlorocharis emiliae*), um nur einige der wichtigsten zu nennen.

◁ Der Hibiscus ist die Nationalblume Malaysias

Sandakan

Sandakan ist die ehemalige Hauptstadt Sabahs. Sie liegt ca. 300 km östlich von KK. Die Stadt ist heute ein bedeutendes **Handelszentrum,** hauptsächlich für die Exportgüter des Landes, wie z.B. Rattan, Hartholz und Palmöl.

Wie KK wurde auch Sandakan im zweiten Weltkrieg völlig zerstört. Der Wiederaufbau der Stadt brachte dann die parallelen Straßenzüge entlang der Sandakan Bay. Im eigentlichen Stadtzentrum hat man sogar einigen Straßen keinen Namen, sondern nur Nummern gegeben (z.B. Jalan Dua).

Sehenswertes

In der Stadt selber gibt es keine nennenswerten Attraktionen. Lange, gerade Häuserblöcke geben eben nicht viel her. Es kann aber auch Spaß machen, an der Bay zu sitzen und den Schiffen zuzusehen.

Aber auch in Sandakan tut sich etwas. 2008 wurden die ersten Bereiche der **neuen Esplanade** eingeweiht. Wo einst die alte Markthalle am Ufer stand, wurde und wird Land gewonnen und eine neue Uferpromenade angelegt. Geschäfte, Hotels, eine neue Markthalle und eine Promenade geben mittlerweile der sonst eher unattraktiv und dreckig erscheinenden Stadt ein neues Bild. Aber auch das täuscht, denn wenn man an anderen Stellen in den Straßen unterwegs ist, ist eben auch der Schmutz offensichtlich. Da laufen auch schon tagsüber fette Ratten über den Gehsteig und lassen sich auch nicht von den Füßen der Menschen erschrecken. Wer sich spätabends auf einen Spaziergang begibt, wird hier eine der höchsten Rattenpopulationen der Region entdecken.

Wer sich gerne asiatische Märkte ansieht, wird auch in dieser Stadt Gelegenheit dazu finden. Direkt am Wasser gibt es eine recht neue große **Markthalle.** Hier wird fast alles verkauft.

Am Nachmittag lohnt sich ein Ausflug zum **Trig Hill.** Von diesem Hügel hat man, gutes Wetter vorausgesetzt, einen tollen Blick über die Bay und die vorgelagerten Inseln.

Im Forestry Department (Mile 6) an der Labuk Road befindet sich ein recht gut geführtes **Forstmuseum.** Ebenfalls an der Labuk Road (Mile 7,5) liegt die **Krokodilfarm.** 2000 Krokodile werden hier in großen Anlagen gehalten und gezüchtet. Weniger gut ist die Unterbringung einiger Warane, Schlangen, Affen und Vögel (Eintritt 7 RM).

Interessant ist ein Blick auf historische bzw. religiöse Gebäude, die aber fast alle auf den Hügeln oberhalb der Stadt stehen und mit öffentlichen Transportmitteln nicht erreichbar sind.

Der älteste **chinesische Tempel** wurde schon 1880 der Göttin der Barmherzigkeit geweiht. Benachbart steht der neuere **Sam Sing Kung Tempel,** der besonders zu Examenszeiten Anlaufstelle für Schüler und Studenten ist, da den hiesigen Göttern helfende Hände für Prüfungen zugesprochen werden.

Der neueste Tempel, dessen Standort noch einen wundervollen Blick über die Stadt ermöglicht, ist der buddhistische **Puu-Jih-Shih-Tempel,** der 1987 mit 2 Millionen US$ erbaut wurde. Rot und Gold, riesige Drachen- und Buddhafiguren, hunderte von glimmenden Lampen und der allgegenwärtige Geruch der Räucherstäbchen lohnen den Besuch. Der Tempel befindet sich oberhalb von Tanah Merah, südlich der Stadt.

Weniger aufwendig ist ein Besuch der futuristisch anmutenden Moschee der Stadt, die nahe dem **Kampong Buli Sim Sim** erbaut wurde. Hier befinden sich die Ursprünge der Stadt Sandakan. Noch heute leben hier die Fischer in einfachen **Hütten auf Stelzen** über dem Wasser. Hölzerne Stege *(Jambatan)* verbinden die Häuser miteinander und ersetzen so das Straßensystem. Breitere oder schwerere Lasten werden mit Booten befördert. Auf den blumengeschmückten Veranden hängen bunte Sarongs zum Trocknen. Ein Spaziergang im Kampong bietet interessante Einblicke ins Leben der Fischer, man achte aber unbedingt die Privatsphäre der Menschen. Dies gilt auch fürs Fotografieren!

Im **Taman Rimba,** einem Gebiet außerhalb der Stadt nahe der Labuk Road, befindet sich das **Australian Memorial.** Die Gedenkstätte erinnert an die hier getöteten alliierten Kriegsgefangenen (überwiegend Australier), die während der japanischen Besetzung ihr Leben verloren. Erinnert wird auch an den „Todesmarsch" von 2400 Gefangenen, die gegen Kriegsende das Camp verließen. Nur sechs von ihnen erreichten ein Jahr später Ranau! Zum Gedenken an die japanischen Toten wurde auf dem alten Stadtfriedhof ein japanischer Teil mit einem Gedenkstein angelegt.

Sandakan Heritage Trail

Beim Tourist Information Centre kann man einen Plan bekommen, der diesen Weg durch die Vergangenheit der Stadt beschreibt. Start ist die über 100 Jahre alte **Jamek Moschee** an der Jalan Empat. Am Sandankan Hotel geht es vorbei zum Tourist Information Centre zum **William Pryer Monument** und einem Gedenkstein für die im Krieg getöteten Offiziere. Auf der anderen Straßenseite führen die

◁ Auf dem Markt in Sandakan

Sandakan

20 City View
22 NAK Hotel

🟥 Übernachtun
1 Uncle Tan's B&B
2 Sepilok Forest Edge Resort
3 Paganakan Dii
5 Hsiang Garden
6 Hotel Ramai
7 Hotel Lutana
8 Sabah Hotel
11 Sandakan Hotel
12 Hung Wing Hotel
16 Four Points by Sheraton
18 Hotel Swiss-Inn Waterfront
19 Mayfair Hotel

🟦 Essen und Trinken
4 Trig Hill Restaurants
9 Ocean King
10 English Tea House & Restaurant
13 Zakaria III
15 Fat Cat
17 Waterfront Seafood Bar & Grill

🟩 Sonstiges
14 Wisma Khoo, Sabah Parks Office
21 MAS-Büro
22 Apple Food Centre
im selben Gebäude

„stairs with hundred steps" durch den Wald (Achtung! Hier kam es gelegentlich zu Diebstählen an Touristen, z.T. mit Waffengewalt. Fragen Sie zunächst im Tourist Information Centre nach der Sicherheitslage!) zum **English Teahouse** und dem **Agnes Keith Haus**. Das Haus ist der Schriftstellerin gewidmet, die so bedeutende Werke wie *The Land Below The Wind* und *Three Came Home* verfasste. Von 1934 bis 1942 lebte sie mit ihrer Familie in einem Haus, dem man das heutige Museum nachbaute, da das Original zerstört wurde (Öffnungszeiten tgl. außer freitags von 9 bis 17 Uhr, Eintritt 15 RM, Tel. 089 222 679). Über die Jalan Istana geht es, vorbei am Uhrenturm zur **alten Treppe am Trig Hill** und von dort hinunter zum **Goddess of Mercy-Tempel** der chinesischen Gemeinschaft, der schon 1880 erbaut wurde. Nur wenige Schritte weiter zelebrieren die Christen ihren Gottesdienst in der **St. Michael and All Angels' Church** aus dem Jahre 1893. Hier befand sich auch die erste Schule der Stadt (St. Mary's, 1887) gefolgt von der benachbarten St. Michael's (1888). Der Bau der Kirche dauerte allerdings bis 1906, denn die Steinquader des ersten Steinhauses der Stadt mussten in mühevoller Kleinarbeit von Gefangenen aufeinandergeschichtet werden. Am Fuße des Hügels gelangt man zum **Sam Sing Kung Tempel**, dem gegenüber sich das **Sandakan Heritage Museum** (Öffnungszeiten täglich außer freitags von 9 bis 17 Uhr, Eintritt frei) befindet.

Übernachten

In Sandakan gibt es nur wenige günstige und zugleich gute Unterkünfte. Deshalb sollte man höhere Preise bei der Übernachtung oder weniger Sauberkeit einkalkulieren.

■ **Sepilok Forest Edge Resort**② (früher *Labuk B&B*), Jalan Rambutan, Mile 14, Tel. 089 753 3190, Fax 533 245, www.sepilokforestedge.com. Das ehemalige Labuk B&B präsentiert sich neu. Gut ausgestattete Hütten, und neben Dschungelpfaden lädt ein Jacuzzi zur Entspannung.
■ **Sepilok Jungle Resort**①-③, Sepilok, Jln. Rambutan, Mile 14, Tel. 089 5330-31, Fax -29, www.sepilokjungleresort.com. Diese Unterkunft, die auch verwöhnte Traveller zufrieden stellen kann, liegt unweit der Orang Utan Station.
■ **Uncle Tan's B&B**①, Jln. Sepilok, Mile 14, Tel. 089 553 784, 016 8244749 (mobil), www.uncletan.com; saubere Herberge mit privater Atmosphäre; die Küche ist auch empfehlenswert.
■ **Paganakan Dii**②, Taman Hiburan Jalil Alip, jenseits des Kreisverkehrs in Sepilok, Tel. 089 532 005, www.panganakandii.com. Sehr schöne und ruhige Unterkunft in einem privaten Erholungsgebiet. Transport zur Orang-Utan-Station wird angeboten.
■ **Hsiang Garden**②, Leila Road, Tel. 089 273 122, Fax -7, www.hsianggardenhotel.com.
■ **Hotel Ramai**②-③, Leila Road, Town Centre, Tel. 273 222, Fax 271 884. 44 Zimmer mit ordentlicher Ausstattung.
■ **Hotel Lutana**②-③, Lot 1, Block J, Bandar Ramai-Ramai, Tel. 272 111, Fax 272 999. Kleine, saubere Zimmer etwas außerhalb der Innenstadt.
■ **Mayfair Hotel**②, 24, Jalan Prayer, 1st Floor, Tel. 089 219 855, Fax 221 827. Beliebtes Hotel in der Backpackerszene. Hier trifft man sich, tauscht Erfahrungen aus und freut sich über recht saubere und günstige Zimmer.
■ **Hung Wing Hotel**②, Lot 4, Block 13, Jalan Tiga, Tel. 089 218 855, Fax 271 240. Saubere Zimmer, nur teilweise mit Bad.
■ **Sandakan Hotel**③-④, Forth Avenue, Tel. 089 221 122, Fax 221 100, www.hotelsandakan.com.my. Sehr gutes Mittelklassehotel in zentraler Lage.
■ **City View**③, Lot 1, Block 23, Jalan Tiga, Tel. 089 271 1222, Fax 273 112. Kaum teurer als Billighotels, dafür aber sehr viel sauberer.
■ **Four Points by Sheraton**④, Harbour Square, Tel. 244 888, www.starwoodhotels.com. Das neuste und komfortabelste Hotel in Sandakan. Luxuriöse Zimmer mit herrlichem Blick über die Bucht und ein toller Pool. Zudem gibt es hier häufig günstige Angebote.
■ **Swiss-Inn Waterfront Hotel**③, Harbour Square, Tel. 089 240 888, Fax 214 888, www.swissgarden.com. Eines der neuesten Hotels der Stadt. Sehr stylisch mit Flachbildschirmen und modernen Bädern. Tolle Aussicht hat man vom Dachgarten.
■ **Sabah Hotel**③-④, Jln. Utara, km 1, Tel. 089 213 299, www.sabahhotel.com.my. Das Haus ist seit Jahren das beste Hotel der Stadt, liegt aber außerhalb und ist auch relativ teuer. Dafür bietet es sehr gut ausgestattete Zimmer, einen schönen Pool und ein gutes Restaurant.

Essen und Trinken

Die Stadt bietet, wie auch die anderen Städte in der Region, ein breit gefächertes Angebot an Essensmöglichkeiten.

■ An dieser Stelle sollten u.a. die guten **chinesischen Restaurants** am Trig Hil nicht unerwähnt bleiben.

- Malaiisches Essen gibt es im **Fat Cat,** 206 Wisma Sandakan. Fast-Food Kette mit Zusatzangebot an Teigwaren und Gebäck.
- Englisches Flair erlebt man im **English Tea House & Restaurant.** Im altenglischen Kolonialambiente oberhalb der Bucht werden leckere Kuchen, Eis, europäische und asiatische Gerichte sowie Weine und natürlich Tee ebenso geboten wie die traditionelle Partie Crickett. Jln. Istana, Tel. 089 222 544, www.englishteahouse.org.
- **Waterfront Seafood Bar & Grill,** Sandakan Harbour Square. Sehr gemütliche Bier- und Cocktailbar am Wasser, unmittelbar vor dem *Swiss Inn.*
- **Zakaria III,** Jln. Tiga. Hier bekommt man sehr gute *Rotis* und *Murtabak* sowie andere Köstlichkeiten der inidsch-muslimischen Küche für wenig Geld.
- **Ocean King,** Jln. Batu Sapi. Leider befindet sich das Restaurant relativ weit außerhalb der Stadt in westlicher Richtung. Dafür serviert man hier im Gebäude, das auf einer Plattform im Wasser steht, frisches Seafood und sehr gute vegetarische Gerichte.

Verkehrsverbindungen

Von Sandakan aus fahren **Überlandbusse** bzw. **Land-Cruiser/Mini-Busse** in andere Gebiete Sabahs. Der zentrale Mini-**Busbahnhof** liegt nahe dem Sandakan Harbour Square. Von hier fahren Lokalbusse zum Fernbusbahnhof, ca. 4 Kilometer nördlich der Stadt. Täglich fahren Busse nach KK (45 RM, etwa 6 Std.), Ranau (28 RM), Lahad Datu (25 RM). Nach Tawau fährt, wegen der schlechten Straße, manchmal nur ein Land-Cruiser (40 RM).

Sandakan hat einen **Flughafen,** der täglich Flüge nach KK, Kudat und Tawau anbietet. Viele Flüge mit *Twin-Otter* (Freigepäck nur 10 Kg!). Tickets bekommt man in einem der Reisebüros der Stadt oder direkt bei *MAS,* Sabah Building, Jln. Pelabuhan (Tel. 1 300-883000).

Air Asia (Büro an der Jalan Dua) hat von hier aus täglich Flüge nach KL im Angebot. Bei langfristiger Buchung kann man enorm sparen.

Günstige Flüge gibt es von hier auch mit **MAS Wings** nach Tawau und KK.

Umgebung von Sandakan

Hat die Stadt selbst fast nichts zu bieten, so lohnen sich Ausflüge in die Umgebung um so mehr. Besonders für Tier- und Naturliebhaber gibt es einiges zu sehen.

Ca. 25 km von der Stadt entfernt befindet sich die **Orang Utan-Auswilderungsstation Sepilok.** Hier versucht man in einem überschaubaren Reservat, junge Orang-Utans an ein Leben in Freiheit zu gewöhnen.

Gomantong Caves

Auf der anderen Seite der Bucht, ca. 30 km von Sandakan entfernt, liegen die Gomantong-Höhlen. Ähnlich wie in den Niah-Höhlen in Sarawak, werden auch hier die **Nester der Salanganen** gesammelt, um aus ihnen die beliebte *Bird's Nest Soup* zuzubereiten.

Der Haken an dem (interessanten) Besuch ist die teure Anreise. Wer genug Geld besitzt, kann bei einem der verschiedenen Reisebüros der Stadt (z.B. *Wildlife Expeditions,* Room 903, 9. Etage, 3. Avenue, Wisma Khoo Siak Chiew, Tel. 246 000, www.wildlife-expeditions.com) eine organisierte Tour mitmachen.

Eine sehr empfehlenswerte Alternative ist *S.I. Tours,* Sandakan Harbour Square, Tel. 089 213 502, Fax 217 807, am Airport, Tel. 089 673 502, www.sitoursborneo.com. Ein besonders guter Kenner der Region ist der Guide *Junior*.

Am besten startet man früh (gegen 8 Uhr) mit dem Minibus (vom Terminal Bas Mini Luar Dareah) in Richtung Sukau oder Lahad Datu. Nach rund 1½ Std. an der Abzweigung nach Sukau (17 RM) aussteigen. Im Restaurant (einer Hütte) an der Kreuzung vermittelt der Wirt Fahrgelegenheiten zu den Höhlen, allerdings zu sehr hohen Preisen. Auf der Strecke bis zum Abzweig zu den Höhlen kann getrampt werden, es sind etwa 6 km zu Fuß! Im kleinen Camp der Vogelnestsammler beginnt der steile Aufstieg zu den Höhlen (ca. 30 Minuten). Taschenlampe nicht vergessen!

Für die Tour braucht man ein **Permit,** das es im Park HQ am Eingang gibt (30 RM). Öffnungszeiten tgl. 8–12 Uhr und 14–16.30 Uhr. Für Kameras wird eine zusätzliche Gebühr von 30 RM erhoben.

Tipp: Die individuelle Anreise ist extrem aufwendig! Buchen Sie besser eine organisierte Tour! Ideal ist es, die Tour mit einem Besuch am Kinabatangan zu verbinden (z.B. mit *S.I. Tours*). Dabei kann man an einem Nachmittag die **Höhlen** besuchen.

Achtung! Hier leben nicht nur Millionen von Salanganen und Fledermäuse, sondern auch unzählige Dungkäfer, die sich von deren Exkrementen ernähren. Diese werden wiederum Beute zahlloser **Schaben.** Wer sich vor diesen Tierchen ekelt (man kann keines der schmierigen Geländer anfassen, ohne zugleich Schaben in der Hand zu halten) oder intensiven Ammoniak-Geruch nicht verträgt, sollte sich das Geld für den Besuch sparen. Zudem immer eine **Kopfbedeckung** tragen und wirklich niemals zugleich nach oben schauen und den Mund öffnen. Die Tiere hängen an der Höhlendecke und lassen ihre Exkremente fallen!

Rainforest Discovery Centre

Das Informationszentrum gehört zum Forest Research Zentrum Sandakans. Hier können Sie den Wald mit Hilfe zahlreicher Informationsbroschüren, Ausstellungen und einem knapp einem Kilometer langen Trail durch den Wald um einen See herum erkunden. RDC, P.O. Box 1407, Sandakan, Tel. 533780, www.forest.sabah.gov.my. Das Zentrum befindet sich nahe dem Forest Research Centre an der Straße nach Sepilok. Lassen Sie sich vom Busfahrer an der Einmündung absetzen. Öffnungszeiten: tgl. 8–17 Uhr, 10 RM.

Sukau

Wer schon einmal auf der anderen Buchtseite angelangt ist, kann mit dem Taxi in ca. 50 Min. nach Sukau am **Kinabatangan-Fluss** fahren. Hier kann man sich von den Einheimischen ein Boot mieten (ca. 100 RM) und den Fluss aufwärts fahren. Alle Ausgaben und Strapazen

Sandakan, Umgebung

haben sich dann vielleicht gelohnt, wenn man am Ufer in den Mangroven plötzlich eine Horde **Nasenaffen** *(Nasalis larvatus)* sieht. Zurzeit sind diese Affen hier noch mit hoher Wahrscheinlichkeit anzutreffen.

Für Naturliebhaber stehen hier mittlerweile attraktive Unterkünfte zur Verfügung, die jedwede Annehmlichkeit unserer Zeit mit dem Abenteuer-Ambiente der Flusslandschaft verbinden. Gut ist die **Sukau Proboscis Lodge**③ (Buchung unter Wisma Merdeka, 11th Floor, Jln. Tun Razak, Kota Kinabalu, Tel. 240 584, Fax 240 415, www.sdc.lodges.com). Die Lodge bietet sehr gut ausgestattete Zimmer und hervorragendes Essen. Einziger Wermutstropfen sind die lästigen **Mücken**. Rüsten Sie sich unbedingt mit Repellents aus und nehmen Sie **Malariatabletten!** Das Personal der Proboscis Lodge kennt sich hervorragend aus. Von der Lodge aus werden täglich unterschiedliche Touren angeboten. Wildlife gibt es dabei in Hülle und Fülle. Darunter befinden sich dann neben Orang Utan und Nasenaffen auch Elefanten (allerdings selten) und Krokodile. Diese Panzerechsen (es handelt sich meist um die bis zu zehn Meter Länge erreichenden Leistenkrokodile) werden zunehmend häufiger gesichtet, d. h. ihre Population nimmt zu. Hier sollte man sich aus gutem Grund davor hüten, ein erfrischendes Bad im Fluss zu nehmen! Erwähnenswert ist auch die **Sukau Rainforest Lodge**③, Lot 1, Pusat Perindustrian, Kolombong Jaya, Mile 5.5, Jalan Kolombong, Kota Kinabalu, Tel. 088 438 300, Fax 438 307, www.sukau.com.

Ganz hervorragend ist auch die **Kinabatangan Riverside Lodge**③, die ohne Bootstransfer erreichbar ist. Sie gehört zum *Touroperator S.I. Tours* aus Sandakan (Sandakan Harbour Square, Tel. 089 213 502, Fax 217 807, am Airport, Tel. 089 673 502, www.sitours borneo.com).

S.I. Tours bietet zudem die Option, den **Kinabatangan per Boot** von Sandakan zu erkunden. Auf diese Weise kommt man zunächst zur weiter stromabwärts liegenden *Abai Lodge* des Unternehmens. Hier sind deutlich weniger Touristen unterwegs, weshalb die Wahrscheinlichkeit steigt, Tiere besser beobachten zu können. Relativ regelmäßig halten sich im Gebiet von Abai die Elefanten auf. Hinzu kommen Orang Utans und im Mündungsgebiet des Flusses auch eine größere Anzahl von Krokodilen.

Turtle Island

Ein weiterer Anziehungspunkt in der Umgebung der Stadt ist Turtle Island. Die Insel liegt etwa 30 km von der Stadt entfernt in der Bucht. Es handelt sich um das Gebiet der Inseln **Pulau Selingan,** Pulau Bakkungan Kechil und Pulau Guligan. Da hier wegen der **Schildkröten** ein Nationalpark eingerichtet wurde, ist der neue Name besser bekannt. Die Insel lockt aber nicht nur mit der Attraktion der Schildkröten, sondern auch mit schönen Sandstränden.

Touren zur Insel sind pro Tag nur bis zu 50 Personen gestattet, sodass man frühzeitig buchen muss. Buchungen erfolgen bei *Crystal Quest,* Sabah Park Jetty, Jalan Buli Sim Sim, Tel. 089 212 711. Die Anmeldung muss dann beim *Sabah Parks Office,* Wisma Khoo, 9. Etage, Lebuh Tiga, Tel. 089 273 453 erfolgen. Das Permit kostet 10 RM.

Organisierte Touren

Uncle Tan's Dschungelcamp

In Sepilok (s. u.) befindet sich jetzt das B&B des 2003 verstorbenen *Uncle Tan*, das von seiner Familie weiter betrieben wird. Von hier aus besteht die Möglichkeit, in das Dschungelcamp zu fahren, das *Tan* vor vielen Jahren als einer der ersten Tour Operator am Kinabatangan angelegt hat. Immer noch ist hier etwas von dem ehemaligen Ambiente zu spüren. Einfache Zimmer mit Frühstück kosten hier 45 RM/Person. Die Unterkunft ist recht einfach, dafür sind hier die Leute nett. Das Personal kennt sich in der Region hervorragend aus,

Die Suppenschildkröten von Pulau Selingan

Green Turtle ist der englische Name für die Suppenschildkröte (Chelonia mydas). Der Name des Tieres sagt eigentlich schon aus, weshalb es für diese Tiere ein Naturschutzgebiet geben muss. Für viele Menschen war und ist das Tier eine **Delikatesse**. Gegessen wird ihre Knorpelsubstanz (nicht das Fleisch), die zu Suppe verarbeitet wird.

Die Suppenschildkröte erreicht eine **Panzerlänge von 140 cm.** Sie ist ein reiner Pflanzenfresser. Aus diesem Grund hat auch ihr Fleisch (angeblich) einen besseren Geschmack als das anderer, Fleisch fressender Schildkröten. Als Meeresbewohner haben die Suppenschildkröten einen stromlinienförmigen Körper entwickelt, der ihnen eine möglichst kraftsparende und doch schnelle Fortbewegung ermöglicht. Die Suppenschildkröte ist in allen warmen Meeren beheimatet, bevorzugt aber Gebiete mit reichem Algen- und Seegraswuchs.

Die **Eiablage** erfolgt an flachen Sandstränden. Die Tiere schwimmen oft Hunderte von Kilometern, um zu einem bestimmten Platz zu gelangen. Da sie immer wieder denselben Ort aufsuchen, trifft man in den Meeresgebieten vor diesen Stränden oft riesige Verbände dieser Tiere. Die einzelnen Tiere kommen alle drei Jahre zur Eiablage.

An den Stränden buddeln sie ihre Eier dann im Sand ein und verschwinden wieder im Meer. Durch die Sonnenhitze werden die Eier ausgebrütet, und schließlich schlüpfen die jungen Schildkröten.

Dieser natürliche Werdegang einer Schildkröte muss mittlerweile unter menschlicher Obhut geschehen, damit die Tiere nicht **aussterben**. Dazu werden nachts die Strände von Parkpersonal beobachtet, und nach erfolgter Eiablage werden die Gelege ausgeräumt. Allerdings verkauft man die Eier der ausgeräumten Gelege nicht, sondern bringt sie in spezielle Stationen, in denen die Schildkröten unter Bewachung schlüpfen können. Die Jungen werden dann per Boot ins Meer entlassen, sodass sie nicht Gefahr laufen, am Strand gefressen zu werden.

Anmeldung und Anreise: *Crystal Quest* (Sabah Park Jetty, Jln. Buli Sim Sim, Tel. 089/ 212 711, Fax 212 712) organisiert den Besuch der Insel. Pro Nacht dürfen sich maximal 38 Besucher auf der Insel aufhalten. Der Preis für die Fahrt mit dem Boot beträgt 100 RM/Person, bei 6 Personen 500 RM, 7–8 Personen 600 RM, 9–10 Personen 700 RM und 11–12 Personen 800 RM. Es kann sich also durchaus lohnen diese Tour mit mehreren Leuten zu organisieren. Wegen der geringen Zimmerzahl auf der Insel, sind die Unterkünfte aber stets schnell ausgebucht, zumal sich auch Tourveranstalter Kontingente vorreservieren. Deshalb ist es besser, die Tour bei einem Veranstalter in Sandakan zu buchen, so dass man sich weder um das Permit noch die Unterkunft kümmern muss. Zudem haben Veranstalter wie *S.I. Tours* (www.sitoursborneo. com) oder *Wildlife Expeditions* (www.wildlife -expeditions.com) auch sehr zuverlässige und sichere Boote für den Transfer sowie gut ausgebildete Guides.

Unterkunft: Es gibt auf der Insel schöne Chalets mit Mehrbettzimmern, Küche etc. Wer länger bleiben will, sollte einige Lebensmittel mitbringen. In einer kleinen Kantine, von der Aufsehern betrieben, bekommt man Frühstück. Achtung: Das Trinkwasser ist zeitweise knapp! Die Unterkünfte sind mit Preisen ab 230 RM/Person nicht gerade preiswert, dafür sind dann aber schon Mahlzeiten inbegriffen.

hat viele Tipps auf Lager und organisiert Dschungeltouren.

Einige Stunden (mit Bus und Boot) vom Haus entfernt befindet sich sein Dschungelcamp. **Hütten aus Holz und Blättern,** ohne feste Wände und Türen, eine offene Küche mit einer Essecke unter freiem Himmel bilden das Zentrum. Waschwasser gibt's nur nach Regenfällen, dann aber reichlich. Die Verpflegung ist oft auf ein Minimum beschränkt, auch wenn etwas anderes versprochen wird.

Aber, und das macht einen Besuch lohnend, es gibt in der Umgebung sehr viele **Tiere.** Nasenaffen, Nashornvögel, Otter, Civetkatzen sind mit ziemlicher Sicherheit zu sehen, und manchmal sogar Elefanten.

Leider ist dies alles nicht billig, *Uncle Tan* verlangt für die Anreise und 3 Tage/2 Nächte-Tour 380 RM/Person inklusive Touren und Verpflegung.

Pulau Libaran

Auf Pulau Libaran, die zur Inselkette der **Turtle Islands** (allerdings nicht mehr zum Nationalpark) gehört, hat *Wildlife Exhibitions* (www.wildlife-expeditions.com) einige Strandhütten errichtet. Nach Libaran kommen leider nur noch selten **Schildkröten** zur Eiablage. Touren auf die Insel sind allerdings nur nach vorheriger Anmeldung buchbar und werden individuell organisiert. Solche Touren kann man auch mit *S.I. Tours* buchen.

Tagsüber gibt es eine Vielzahl an Betätigungsmöglichkeiten auf der Insel. Wandern, Schwimmen, Schnorcheln und Einblicke in das Dorfleben gehören dazu. Im nahen Mangrovengebiet zeigen sich gelegentlich außerdem Nasenaffen.

Weitere Dschungel- und Insel-Touren

Weitere Touren führen zu den Kadazan ins **Labuk-Tal** nach Kiabau. Unterkunft finden die Gäste bei den Kadazan. Bei der dreitägigen Tour (150 RM/Person) erfährt man viel über den Anbau von Reis und die Kultur der Kadazan und gewinnt Einblicke in den Regenwald des Bidu-Bidu-Reservates.

In der *Labuk Bay Proboscis Monkey Sanctuary* werden in einem Mangrovengebiet die **Nasenaffen** geschützt. Es geht hier darum, dem Besucher die Tiere möglichst ideal zu zeigen und damit eventuell der Abholzung weiterer Mangrovengebiete Einhalt zu gebieten. Die Beobachtung findet hier von Plattformen aus statt. Das hat den Vorteil, dass man festen Halt hat und nicht aus einem schwankenden Boot heraus beobachten oder gar fotografieren muss. Jln. Lintas Labuk, Tel. 089 672 133, Fax 672 136, www.proboscis.cc. Eintritt 60 RM.

Touren im Gebiet von **Kuamut** bieten noch bessere Eindrücke vom Dschungel. Hier finden auch Rafting-Touren statt (Preise gibt es auf Anfrage).

Tief in entlegene Gebiete führt die **Trangkarason-Tour,** im Bereich der **Kudat-Halbinsel.** Vor 40 Jahren errichteten Missionare hier eine Siedlung nahe den Mangrovensümpfen, die auch heute noch weitgehend nur per Boot erreichbar ist. Zahllose Affen, auch Nasenaffen, Krokodile, große Warane, Sambarhirsche und Bartschweine sind die größeren biologischen Attraktionen dieser Tour, die mit 800 RM/Person nicht gerade preiswert ist.

Ebenfalls teuer (750 RM/Person) ist eine Tour nach **Pulau Jambongan.** Neben unberührtem Dschungel mit vielen Tieren gibt es hier gute Schnorchelmöglichkeiten.

Pulau Lankayan

Das neue Tauchrevier liegt etwa 1½ Bootsstunden von Sandakan entfernt. Die kleine Insel ist ideal für Schnorchel- und Tauchenthusiasten, die den weiten Weg nach Mabul oder Sipadan scheuen. Die Unterkunft *Lankayan Island Dive Resort* wird von *Sipadan Resort & Tours* gemanagt. Anfragen entweder unter Tel. 089 765 200 in Tawau oder unter www.lankayan-island.com.

Sepilok Sanctuary

Das 4049 ha große Gelände zeigt als wesentliche Vegetationsform den **tropischen Regenwald.** In dem Gebiet gibt es ca. 450 Baumarten. Der Regenwald geht zur Küste hin in Mangrovensümpfe über.

In diesem Gebiet wird (wie in Kalimantan und Sumatra) versucht, gefangene und später konfiszierte **Orang Utans** wieder an ein Leben in Freiheit zu gewöhnen. Viele der Tiere haben Krankheiten oder psychische Störungen, die ein sofortiges Freilassen verhindern. Zudem hat fast keines der Tiere jemals gelernt, sich selbst Futter zu beschaffen. Mit einem speziellen Programm soll den Tieren nun ein Leben in ihrem natürlichen Lebensraum ermöglicht werden. Nach einer gewissen Quarantänezeit werden die Orang Utans in der Umgebung der Station freigelassen und täglich mehrmals gefüttert. Zunächst sollen sie das Klettern lernen. Später finden die Fütterungen an speziellen Fütterungsplattformen in größerer Entfernung zur Station statt, damit sich die Tiere aus der menschlichen Nähe lösen können. Der nächste Schritt wäre dann das häufigere Ausbleiben einzelner Tiere, das in der Abwanderung enden sollte. Allerdings kommt es auch recht häufig vor, dass die Tiere nicht abgewandert sind, sondern gestorben.

Im Gebiet der Station halten sich durchschnittlich immer 15 Orang Utans auf. Das Problem besteht darin, dass das Gebiet für diese Zahl viel zu klein ist, gleichzeitig aber der natürliche Lebensraum der Tiere außerhalb von Nationalparks ständig weiter vernichtet wird. Aus diesem Grund erscheint es recht zweifelhaft, ob solche Stationen überhaupt ihr Ziel verwirklichen können.

Neben der Beobachtung von Orang Utans kann man verschiedene **Wanderungen** im Park unternehmen. Auf dem Hauptweg ist ein Teil der Bäume mit ihrem wissenschaftlichen und malaiischen Namen gekennzeichnet. Ein interessanter Weg führt in die **Mangrovensümpfe** (Dauer ca. 2 Stunden). Hier kann man viele Vögel (mehr als 200 Arten) beobachten.

Wer viel Glück hat, kann einige der anderen Tierarten sehen, so z.B. Gibbons, Makaken, Malaienbären und Krokodile. Angeblich soll es sogar noch den Nebelparder geben.

Dem Park ist eine **Ausstellung** angeschlossen, in der mit Abbildungen sowie ausgestellten Tieren und Pflanzen auf die Problematik des tropischen Regenwaldes aufmerksam gemacht wird. Außerdem werden täglich (zu wechselnden Zeiten) Filme über die Auswilderung von Orangs gezeigt.

Besuchszeiten: Für die Station gibt es festgelegte tägliche Besuchszeiten, in denen man Gelegenheit hat, an den Fütterungen teilzunehmen oder Wanderungen im Gebiet des Parks zu unternehmen.

Die Station ist täglich von 9 Uhr bis 16 Uhr geöffnet. Fütterungen finden täglich gegen 10 Uhr und zwischen 14 und 14.30 statt. Oft kommen zur zweiten Fütterung mehr Tiere.

Um an einer Fütterung teilzunehmen, sollte man bereits gegen 9.30 Uhr in der Station sein, da der Weg zur Futterstelle ungefähr 20–30 Minuten dauert.

Anreise: Da es im Park keine Übernachtungsmöglichkeiten gibt, muss man von Sandakan aus anreisen. Busse der *Labuk Road Bus Company* (Batu 14/Sepilok) fahren in Richtung zum Park. Andere Busse, z.B. Batu 16, 17 und 30, kann man auch nehmen. Man muss dann aber schon an der Hauptstraße aussteigen und noch ca. 3 km laufen oder mit einem der privaten „Taxis" von der Kreuzung aus mitfahren. Der Bus fährt stündlich von der Lokalbusstation in Sandakan ab. Die 25 km lange Fahrt dauert ca. 40 Minuten und kostet 2,10 RM. Eine Anmeldung ist nicht nötig.

Eintritt: 30 RM/Person, für Kameras werden weitere 10 RM berechnet.

Pulau Tikas

Die kleine Insel beherbergt eine Population **Großfußhühner** *(Megapodidae)*, die große Bruthügel auftürmen, um dann durch die Kompostierungswärme Eier in Bruttunneln ausbrüten zu lassen. Touren zur Insel unternimmt z.B. *Wildlife Expeditions*, Wisma Khoo Siak Chiew, Tel. 089 274 108, www.wildlife-expeditions.com.

Lahad Datu

Lahad Datu liegt ca. 130 km südöstlich von Sandakan und wird nur von wenigen Touristen besucht. Die Stadt mit ihren ca. 180.000 Einwohnern ist das Handelszentrum der Region. Attraktionen gibt es keine, dafür kann man Boote mieten, um Inseln in der Darvel Bay zu besuchen. Dort gibt es schöne **Strände und Korallenriffe**.

Leider gibt es hier auch heute noch **Piraten,** die Schiffe entern und manchmal auch die Orte der Küste unsicher machen. Die malaiische Marine fährt konsequent Streife, doch bleiben die Gewässer vor der Küste unsicher.

Übernachten

Tel.-Vorwahl Lahad Datu: 089

Obwohl der Ort selten von Touristen besucht wird, gibt es doch einige Hotels. Leider sind auch sie nicht billig.

■ **The Executive Hotel**③, Jln. Teratai, TL 239/240, Tel. 881 333, Fax 881 777, http://biz.yellowpages.com.my/the-executive-hotel. Sehr gut ausgestattete Zimmer.
■ **Jagokota Hotel**②, Jln. Kampung Panji, Tel. 988 2000, Fax 988 1526. Gut ausgestattetes Haus.
■ **Mido Hotel**③, 94, Jalan Teratai, Tel. 881 800, Fax -487, eines der ältesten Hotels im Ort.

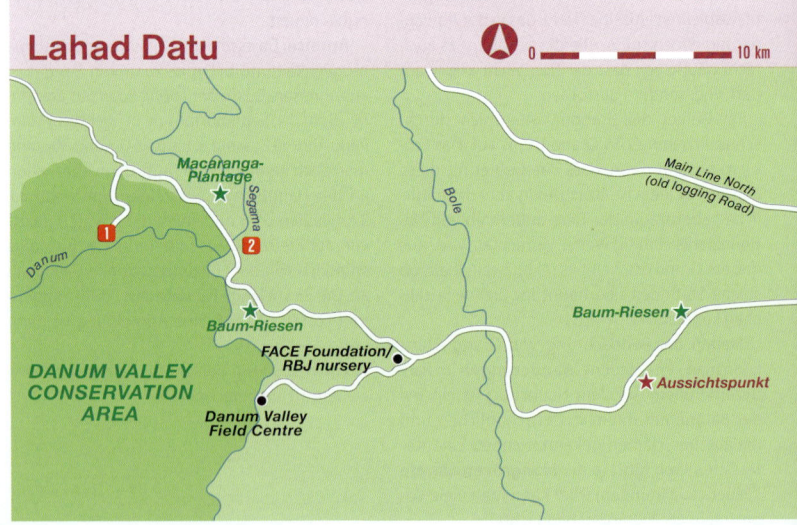

Essen und Trinken

Auch hier haben sich viele Chinesen angesiedelt. Entsprechend groß ist das Angebot der **chinesischen Küche**.

Verkehrsverbindungen

Es gibt zwar eine asphaltierte Straße zwischen Sandakan und Lahad Datu, aber es muss ständig gebaut werden, da Erdrutsche oft alles zerstören.

Trotz der schlechten Straßen gibt es **Überlandbusse,** die nach Sandakan (35 RM), Tawau (28 RM), Semporna (18 RM) und Kunak (18 RM) fahren. In Richtung Tawau werden oft statt der Busse Land Cruiser eingesetzt. Der Bus nach KK kostet 50 RM.

Wer etwas mehr Geld ausgeben möchte, kann vom 1 km außerhalb der Stadt liegenden **Airport** nach KK und Miri (ab 176 RM) fliegen. Das **MAS-Office** ist im *Mido Hotel Building*, Ground Floor, Tel. 1800 883000.

Boote fahren täglich von Lahad Datu nach Semporna (14 RM, gegen 8 Uhr) und Kunak (7 RM, gegen 11 Uhr). Die Ablegestelle für die Boote und der Ticketverkauf befinden sich an der Werft hinter dem Markt.

Danum Valley Field Centre

In der Nähe von Lahad Datu gibt es das *Danum Valley Field Centre*. Dort wird vom *WWF* und der *GTZ* (im angrenzenden Meliau Basin) ein **Projekt** unterstützt, das sich mit den **Folgen des selektiven Holzeinschlags** für im Wald lebende Tierarten, der Regenerationsfähigkeit der Pflanzen und der Häufigkeit genutzter Baumarten befasst.

Angeblich leben in der Gegend auch noch Orang Utans. Jedenfalls konnten bisher im Untersuchungsgebiet bereits 37 Fisch-, 56 Amphibien, 72 Reptilien-, 275 Vogel- und 124 Säugerarten identifiziert werden. Schlangen, Schlangenadler und Nashornvögel sind recht häufig zu sehen. Zu den häufig vorkommen-

Übernachtung
1 Borneo Rainforest Lodge
2 Tekala Logging Camp
3 The Executive Hotel
4 Jagokota Hotel
5 Mido Hotel

den Säugern zählen neben Bartschweinen auch Sambarhirsche, Muntiacs *(Barking Deer)* und Kantschile *(Mousedeer).* In den Abend- und Nachtstunden sind Zibetkatzen, Wildkatzen und (selten) der Nebelparder im Gebiet unterwegs.

Nur sehr selten gelingt es, **Elefanten** zu beobachten. Häufiger sind ihre Spuren, umgeknickte junge Bäume, zu sehen. Bei diesen Tieren handelt es sich um verwilderte Arbeitselefanten, denn ursprünglich lebten diese großen Säuger nicht auf Borneo. Der Sultan von Sulu importierte jedoch diese Tiere zum Einsatz in der Land- und Forstwirtschaft. Immer wieder mal entwichen Elefanten aus dem Frondienst, schlossen sich zu Gruppen zusammen und leben seitdem in dieser Gegend.

Anmeldung und Unterkunft

So interessant das Gebiet ist, so **problematisch** bzw. **teuer** ist es, hierher zu kommen oder hier zu wohnen. Die Unterkünfte, die es im Park gibt, stehen nur Wissenschaftlern, die mit dem Projekt befasst sind, zur Verfügung.

Die **Sabah Foundation** (*Yayasan Sabah,* www.ysnet.org.my), die das Projekt unterhält, hat aber außerhalb des eigentlichen Naturschutzgebietes Übernachtungsmöglichkeiten, die **Borneo Rainforest Lodge** errichtet. Da es auch hier nur begrenzte Kapazitäten gibt, sollte die Anmeldung bereits vor der Reise erfolgen, spätestens aber in KK (*Borneo Rainforest Lodge,* 3rd Floor, Block D, Lot 10, Sadong Jaya Complex, Tel. 267 637, www.borneonaturetours.com). Die Lodge selbst ist unter Tel. 011 817 624 und Fax 817 619, www.borneorainforestlodge.com, erreichbar.

Bei der Reservierung gebe man bereits die Anreisedaten an. Bei der **Ankunft** mit dem Flugzeug wird man am Flughafen abgeholt und zur ca. 2 Std. entfernten *Lodge* gefahren. Wer über Land anreist, meldet sich im Büro der Gesellschaft in Lahad Datu *Borneo Nature Tours* (Block 3, Ground Floor, Fajar Centre, Tel. 880 207, 880 206, Fax 885 051).

Für den Mindestaufenthalt von vier Tagen wird ein Preis von ca. 2500 RM berechnet. Fragen Sie nach Ermäßigung bei Gruppen ab 2 Personen. Im Preis sind alle Fahrten im Gelände, sonstige Aktivitäten, Vollverpflegung sowie auch ein „persönlicher" Guide enthalten. Selbstfahrer müssen vor der Ankunft ein Permit für ihr Fahrzeug beantragen.

Für Touren im *Danum Valley Conservation Area* muss zudem eine **Conservation Fee** von 30 RM/Person/Besuch bezahlt werden.

Madai Caves

In der Nähe von Kunak befinden sich die Madai Höhlen, die wohl schon seit über 20.000 Jahren von Menschen genutzt werden. Ursprünglich Begräbnisplatz und Schutzraum für die Ureinwohner haben sich die Höhlen mittlerweile zum **Erntegebiet für Vogelnester** entwickelt. Die hier lebenden **Idahan** wachen schon seit 20 Generationen über das kostbare Produkt. Die Ernte findet ähnlich wie in den Niah Höhlen von Stangen aus statt, hier ist alles nur noch ursprünglicher.

Die ganze Gegend ist derart abgelegen, dass die **Eco Challenge Sabah 2000** (ein Abenteuer- und Natur-Wettkampf im Stil der international bekannten Rallyes namhafter Zigarettenmarken) u.a. hier stattgefunden hat. Wer die Höhlen besichtigen möchte, sollte im District Office in Lahad Datu zunächst alle notwendigen Informationen einholen. Ein Permit ist derzeit nicht notwendig, allerdings muss man die Idahan-Ältesten um ihre **Erlaubnis** zum Besuch bitten. Eintrittsgelder werden nicht erhoben. Unterkünfte stehen nicht zur Verfügung, allenfalls sehr einfache „Hotels" in Kunak. Für den Besuch ist aber ein **Guide** dringend zu empfehlen, der mit etwa 15 RM/Tag zu bezahlen ist. Allerdings spricht hier fast niemand Englisch. Eventuell kann man versuchen eine Tour über *S.I. Tours* in Sandakan (www.sitoursborneo.com) zu organisieren. Am besten wendet man sich an *Rowena.* Falls sie nichts über *S.I. Tours* anbieten kann, wird sie aber trotzdem jemanden kennen, der weiterhilft.

Großaugen-Stachelmakrelen in den hervorragenden Tauchgründen vor Semporna

Tabin Wildlife Reserve

Nachdem nun nach jahrelanger Arbeit u.a. von internationalen Organisationen für die Verantwortlichen in Sabah feststeht, dass Ökotourismus und damit Nachhaltigkeit langfristig die bessere Alternative zum „schnellen Geld" durch Kahlschlag und/oder Mineralabbau sei, werden immer mehr **Gebiete unter Schutz gestellt** und für den Tourismus erschlossen. Tabin gehört dazu. Im Gebiet nördlich der Darvel Bay leben zahlreiche bedrohte Arten, zu denen Elefanten, Nashörner, Orang Utan, Gibbon und Banteng gehören. Auch hier sind sie zwar selten, aber immerhin bestehen Beobachtungschancen. Sonst muss man sich auf die bekannten Säuger- und Reptilarten beschränken, findet aber auch rd. 200 Vogelarten. Herrliche Touren lassen sich direkt beim *Tabin Wildlife Resort*, Lot 11-1, 1st Floor, Blk A, Damai Point, Jalan Damai, KK, Tel. 088 267266, www.tabinwildlife.com.my organisieren. Die Preise starten bei etwa 1200 RM/Person für 2 Tage/1 Nacht ab/bis Lahad Datu.

Semporna

Der Ort liegt ungefähr auf halbem Weg zwischen Lahad Datu und Tawau. Von hier kann man Ausflüge nach **Pulau Gaya** unternehmen. Die Insel bietet gute Tauchmöglichkeiten. Es ist jedoch recht teuer, sie zu erreichen (Boot ca. 150 RM). Direkt vor der Küste gibt es ein schönes, kilometerlanges Korallenriff. Ideal zum Tauchen und Schnorcheln.

Hervorragende Tauchmöglichkeiten bietet **Pulau Sipadan.** Die Insel zählt zu den zehn besten Tauchrevieren der Welt. Leider lassen

sich Profis diesen Ruf bezahlen. *Borneo Divers* verlangen etwa 900 US$ für das Komplettangebot (5 Tage) ab/bis KK.

Seit Ende 2004 darf niemand mehr auf Sipadan wohnen, sodass alle Veranstalter aus Naturschutzgründen ihre Unterkünfte verlassen mussten. Man kann aber nach wie vor hier tauchen, gewohnt wird nun auf der **Nachbarinsel Mabul.** Nach wie vor bieten alle Tauchveranstalter in KK Touren nach Sipadan an.

Das *Sipadan Dive Centre* (www.sdclodges.com) bietet PADI-Ausbildung und Schnuppertauchen an. Die Preise für die Ausrüstung sind nicht zu teuer, so zahlt man für BCD und Regulator z.B. 9 US$. Es werden komplette Pakete angeboten, z.B. 3 Tage/2 Nächte für 890 RM. Enthalten sind alle Kosten ab/bis Semporna, drei Bootstauchgänge sowie unbegrenzte Strandtauchgänge.

Achtung! Beachten Sie beim Tauchen auf Sipadan unbedingt genauestens ihren **Tiefenmesser!** Da es hier einerseits überall steil in große Tiefen geht, andererseits aber die Faszination unter den besonderen Umständen auf der Insel groß ist, kommt es oft vor, dass besonders unerfahrene Taucher ihre Tiefengrenze überschreiten.

Übernachten

Tel.-Vorwahl Semporna: 089

In Semporna gibt es zwei große Hotels und einige Guesthouses (ab ca. 15 RM), die oft hauptsächlich von Matrosen belegt sind.

■ **Arung Hayat Resort**②, Tel. 782 334, www.sipadan.com. Das einfach ausgestattete Langhaus über dem Wasser befindet sich bereits auf Mabul.
■ **Seafest Hotel**②, Jln. Kastam, Tel. 782 333, Fax 782 555, www.seafesthotel.com.
■ **Dragon Inn Hotel**②, Tel./Fax 781 088, www.dragoninnfloating.com.my.
■ Sehr gut sind die Unterkünfte des **Sipadan Dive Centre,** 11th Floor, Wisma Merdeka, KK, Tel. 088 240 584, Fax 240 415, www.sdclodges.com, auf Mabul. Gute Unterbringung und gutes Essen, das Personal ist zuverlässig.

Verkehrsverbindungen

Busse verkehren zwischen Lahad Datu (25 RM), Tawau (18 RM) und KK (55 RM). Nach Tawau fahren manchmal nur *Land Cruiser* (dann können weniger Passagiere mitfahren).

Tawau

Tawau ist das **Handelszentrum des Südostens** Von hier werden alle Exportgüter des Inlandes (Kakao, Kopra, Edelholz, Kautschuk) verschifft. Eigentlich ist die Stadt eine alte Provinzstadt geblieben, die gerade deshalb einigen Charme besitzt.

Touristen statten diesem hintersten Winkel Sabahs in der Regel nur dann einen Besuch ab, wenn sie sich auf dem Weg nach **Kalimantan** befinden. Eine Einreise mit dem Boot nach **Tarakan** via Nunukan ist dreimal pro Woche (Mo, Mi, Fr) möglich. Die 3–4-stündige Fahrt kostet 75 RM. Zurzeit ist ein **Visum** erforderlich, das man in KK beantragen muss (30 US$ und 2 Passfotos). Von Tarakan gibt es Anschlüsse nach Sulawesi (Boot/Flug). Das indonesische Konsulat in der Jalan Sinn Onn stellt ebenfalls Visa aus (Öffnungszeiten Mo–Fr 9–12 und 13–15 Uhr). Das Visum kostet ca. 180 RM, zudem werden in der Regel Tickets für die Weiterreise und eine Kreditkarte verlangt.

Alle Einrichtungen der Stadt kann man zu Fuß in kürzester Zeit erreichen.

Für Leute, die Kakao bisher nur in Form von Pulver kennen, das man in die Milch rührt, kann ein Ausflug in die Umgebung der Stadt interessant werden, denn hier gibt es riesige **Kakaoplantagen.** Die Kakaobohnen hängen in großen, grünen Schoten direkt am Stamm des Strauches.

Interessante Einblicke bekommt man im **Teck Guan Cocoa Museum,** tgl. 9–16 Uhr. Alle Anfragen über das Emas Hotel (s.u.).

Tawau Hills Park

Etwa 25 Kilometer von der Stadt entfernt befindet sich dieser Park, in dem die **höchsten Bäume der Tropen** stehen. Auf über 27.000 Hektar wurden hier Wege angelegt, um der Faszination „Tropischer Regenwald" Ausdruck zu verleihen. Affen und viele Vogelarten gehören hier zur Fauna wie Schildkröten und andere Reptilien. In den klaren Flüssen kann man sogar ein Bad wagen.

■ **Tawau Hills Park,** Air Terjun, Gudang 4, Bal Estate, Öffnungszeiten tgl. 7–18 Uhr. Ein Taxi kostet etwa 30 RM/Weg. Der Eintritt beträgt 10 RM.

Übernachten

Tel.-Vorwahl Tawau: 089

■ **Dunlop Hotel**①-②, Jalan Dunlop, Tel. 770 733, Fax 765 963. Günstige und saubere Zimmer.
■ **Grace @ Chester Hotel**②, Jln. Chester, Tel. 751 155, Fax 751 555. Saubere Zimmer, außerhalb der City.
■ **North City Hotel**②, No. 175/176, Jln. Belian, Tel. 773 100, Fax 757 399; preiswertes, gutes Hotel.
■ **North Borneo Hotel**②, 52/53, Jln. Dunlop, Tel. 763 060, Fax 773 066. Saubere Zimmer.
■ **Emas Hotel**③, North Road, Tel. 762 000, Fax 763 569, www.hotelemas.com.my, ab 200 RM. Gehört in die gehobene Kategorie (nicht nur vom Preis).

■ **Belmont Marco Polo Hotel**④, Jln. Clinic, Tel. 777 988, Fax 763 739, www.etawau.com/Hotel/MarcoPolo.htm. Fast ein Luxushotel.

Verkehrsverbindungen

Zwischen Tawau und Semporna bzw. Lahad Datu fahren täglich **Busse** und **Taxis.** Nach Semporna fahren Busse gegen 8.30 Uhr (15 RM), nach Lahad Datu gegen 7 Uhr ab (20 RM). Land Cruiser und Expressbusse verlassen den Ort morgens gegen 7.15 Uhr in Richtung Sapullut und weiter nach KK (80 RM).

Unregelmäßig verkehren auch kleinere **Küstenboote** zwischen Tawau, Semporna und Lahad Datu. Genauere Auskünfte kann man am Bootsanleger an der Werft erhalten.

Nur 1 km außerhalb der Stadt befindet sich der **Flughafen,** von dem aus man KK erreicht. *MAS* hat ein Büro in der Jln. Haji Sahabudin, Fajar Complex, Tel. 771 491. *Air Asia* fliegt zudem nach KL.

Maliau Basin Conservation Area

Erst in den frühen 1980er Jahren wurde dieses kleine „Paradies" in Sabah entdeckt. Dies ist umso verwunderlicher, als das Gebiet mit etwa 588 km² Größe nicht unbedingt das Attribut „klein" verdient. Aber es liegt extrem abgeschieden und erhielt deshalb auch den Beinamen „Sabah's Lost World". Ein fast **kreisrunder Krater,** der vermutlich zumindest teilweise vulkanischen Ursprungs ist, begrenzt mit seinen etwa 22 Kilometern Durchmesser das Gebiet. Die Ränder ragen bis zu 1700 Meter in die Höhe, wobei der Kraterboden auf etwa 800 Metern liegt und sich einzelne Flussbetten noch tiefer in das Gestein geschnitten haben.

In dieser Abgeschiedenheit hat sich ein **wahres Paradies** erhalten. Überwiegend tropischer Primärwald bestimmt die Vegetation, in dem über 60 Meter hohe Baumriesen zu bestaunen sind. Kannenpflanzen, Bambus und Koniferen sind Charakteristikum des montanen Waldes der Höhenzüge, gefolgt von Ericaceen. Bisher wurden über 80 Orchideenarten, sechs Kannenpflanzenarten und zwei Rafflesiaarten gezählt. Doch die meisten (der wenigen) Besucher zieht die **Fauna** hierher: Borneo-Elefanten, das Sumatra-Nashorn, der Tembedau, Nebelparder, Orang Utans, Gibbons, Malaienbären sowie Groß- und Kleinkantschil (Säugetierart aus der Familie der Hirschferkel) kann man hier mit etwas größerer Wahrscheinlichkeit zu sehen bekommen als anderswo, denn der Mensch hat bisher wenig Einfluss genommen. Dazu kommen die Nashornvögel, die fast in Kopfhöhe nahezu täglich an den Ufern der Flüsse vorbeifliegen.

Ein solches Paradies hat selbstverständlich seinen Preis, und der beginnt mit der **Organisation.** Immer nur eine kleine Anzahl von Besuchern wird ins Gebiet gelassen, und auch die müssen alles selbst organisieren bzw. einen Veranstalter finden, der eine solche Tour inklusive der Permits organisiert. Da das Gebiet etwa 180 Kilometer südlich von Keningau und etwa 180 Kilometer von Tawau entfernt liegt, spielt es fast keine Rolle, wo man startet. Die nur teilweise asphaltierte Holzfällerstraße (sie wird allerdings stetig besser) erfordert derzeit noch ein Allradfahrzeug, mit dem man in etwa 5 Stunden zum Security Gate gelangt. Diese Zeit kann aber nur eingehalten werden, wenn die Straße nicht durch Erdrutsche oder verunglückte bzw. defekte LKW blockiert ist. Vom Security Gate aus sind es noch weitere ca. 20 Kilometer bis zum **Agathis Camp,** in dem es sehr einfache Übernachtungsmöglichkeiten gibt. Von hier aus kann man entweder kürzere Tagestouren unternehmen, meist werden aber mehrtägige Touren angeboten, die etwa 3 Tage/2 Nächte dauern. Dabei sind Tagesetappen von ca. 8 bis 12 Kilometern zu wandern. Träger (organisiert vom Veranstalter) transportieren die Verpflegung, selber braucht man nur Kamera, Medikamente und trockene Kleidung im *Daypack* tragen. Trotzdem sind diese Touren extrem anstrengend, sodass einige Veranstalter auf ein **ärztliches Attest** bestehen, das dem Besucher die Tauglichkeit für solche Anstrengungen bescheinigt. Alle weiteren Informationen und die Anmeldung erfolgt bei *Yayasan Sabah*, Maliau Basin Conservation Area, www.ysnet.org.my. Wichtig für einen Besuch ist die **Organisation über einen zuverlässigen Tour-Operator**. In diesem Bereich empfiehlt es sich, den Kontakt mit *Planet Borneo*, einem Unternehmen in Miri/Sarawak aufzunehmen, das dann eine Reise in Zusammenarbeit mit lokalen Firmen zusammenstellt.

■ **Planet Borneo**, Lot 273, Ground Floor, *Brighton Centre*, Jln. Temmenggong Datuk Oyong Lawai, Miri, Tel. 085 414 300, Fax 416 066, www.planetborneotours.com.

Mit *Borneo Nature Tours* kann man 5-tägige Expeditionen in das Maliau Basin organisieren. Diese Touren starten und enden jeweils in Tawau und kosten 4150 RM pro Person. Bis 4 Wochen vor der Abreise muss dem Veranstalter ein Versicherungszertifikat vorliegen, das eine Notfallevakuierung mit dem Helikopter einschließt sowie eine ärztliche Bescheinigung, darüber, dass der Teilnehmer **extreme physische Anstrengungen** mit langen Märschen in feucht-heißem Klima auf sich nehmen kann.

■ **Borneo Nature Tours**, Sadong Jaya Complex, Kota Kinabalu, Tel. 088 267 637, www.borneonaturetours.com.
■ Ähnliche Touren kann man auch bei **S.I. Tours** buchen, www.sitoursborneo.com.

▽ Flugfrosch

Kota Belud

Kota Belud ist der Hauptort im Gebiet der **Bajau.** Der Name bedeutet Bergfestung. Heute ist aber nur noch ein Hügel vorhanden.

Seine Anziehungskraft für Touristen verdankt der Ort dem jeden Sonntag stattfindenden **Tamu,** dem großen Markt. Es ist ein herrlich buntes Gemisch der unterschiedlichsten Rassen. Kadazan und Bajau sind die Hauptakteure auf dem Markt, aber auch Malaien, Chinesen und ein paar indische Händler gehören zum Bild. Der Markt findet nicht direkt in der Stadt statt (also nicht ärgern, wenn man mit dem Bus ankommt, der direkt an der kleinen städtischen Markthalle hält), sondern hinter dem Hügel in einer Senke. Man kann jemanden nach dem Weg fragen (jeder kennt ihn) oder ihn selbst suchen. Man geht am besten auf der Hauptstraße in Richtung Kudat. An der Kreuzung unterhalb des Hügels biegt man rechts in Richtung Ranau ab. Nach etwa 100 m führt eine Treppe links den Hügel hinauf. Oben angekommen befindet man sich wieder auf einer Straße, auf der man nach rechts weitergeht. Nach ca. 100 m führt ein Pfad den Hügel hinab in eine baumbestandene Senke. Hier unter den Bäumen wird der Tamu abgehalten. Interessant ist auch der **Büffelmarkt,** der am Rande des Tamu stattfindet.

Der Tamu beginnt am frühen Morgen und endet bereits zwischen 13 und 14 Uhr. Die Händler verkaufen danach die übriggebliebenen Waren am Markt in der Stadt. Man sollte deshalb entweder sehr früh in der Stadt ankommen (ist von KK aus nicht zu schaffen) oder bereits samstags anreisen.

Wer nach Handarbeiten sucht, die die Tourismuswerbung hier verspricht, ist hier falsch. Meist findet man nur wenig davon, dies sind dann hauptsächlich Gegenstände der Rungus. Reichhaltiger ist das Angebot auf dem Tamu in Sikuati (auf der Kudat-Halbinsel). Wer auch dort kein Glück hat, kann auf jeden Fall auf dem Markt und dem Sonntagsmarkt in KK all das bekommen, was er sucht.

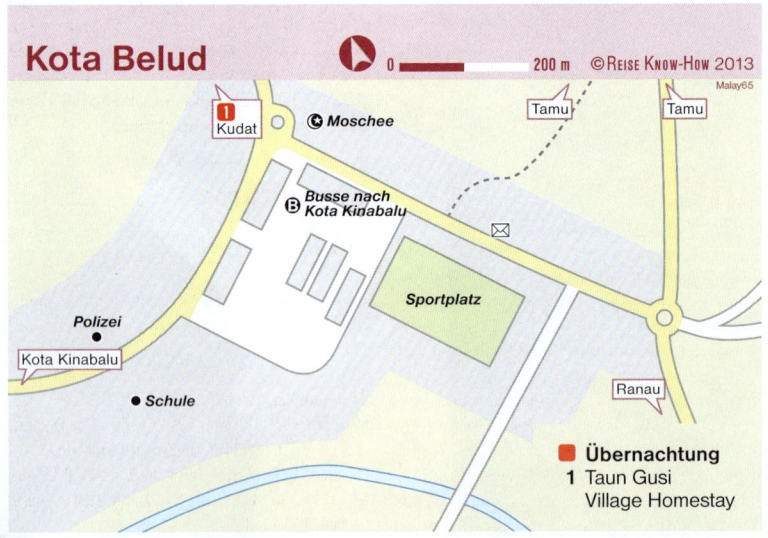

Übernachten

Tel.-Vorwahl Kota Belud: 088

Fast alle Besucher des Ortes kommen als Tagesbesucher aus KK, obwohl es auch in Kota Belud ein paar Hotels und Homestays gibt, z.B.:

■ **Taun Gusi Village Homestay**②, KM 6, Jalan Kudat Lama, Kampung Taun Gusi, Tel. 088 976811, 019 8610385, taungusihomestay@yahoo.com, www.taungusivillagehomestay.blogspot.com. Gemütlich-rustikale Unterkunft im kleinen Dorf vor den Stadtgrenzen. In der Nähe kann man durch Reisefelder wandern und Wasserbüffeln bei der Arbeit zusehen.

Verkehrsverbindungen

Es gibt tägliche **Busverbindungen** nach KK, Kudat und Tamparuli (von hier Anschluss zum Kinabalu-Park und nach Ranau). An Sonntagen gibt es zusätzlich „außerplanmäßige" Transportmittel, Pick-Ups, Pkw, eben alles, was Räder hat. Auch diese Vehikel nehmen Traveller mit, wenn sich noch irgendwo ein freies Plätzchen finden lässt.

Busse kosten nach KK, 9 RM, nach Kudat, 12 RM und nach Tamparuli, 6 RM. Die Weiterfahrt zum Nationalpark kostet ca. 12 RM. Taxi ca. 18 RM/Pers.

Kudat

Der zentrale Ort im Gebiet der **Rungus** ist Kudat. Ursprünglich lebten sie hier in Langhäusern, die man heute aber nur noch vereinzelt findet. Die gesamte Kudat-Halbinsel besteht fast nur aus Bananenplantagen, Reisfeldern und Kokospalmenwäldern, die aber auch hier leider immer weiter von Palmölplantagen verdrängt werden, da der Preis für Kokosprodukte fällt und Palmöl eine wichtigeEinnahmequelle ist. Hier gibt es **einsame lange Sandstrände** und vorgelagerte **Korallenriffe**.

Leider ist auch bei diesem „Strandparadies" ein kleiner Pferdefuß. Der Strand in der Nähe von Kudat, **Bak Bak**, liegt immerhin mehr als 10 km außerhalb. Da es bisher keine Übernachtungsmöglichkeiten gibt, muss man mit dem Taxi hin- und herfahren (es fahren keine Busse). Der Hinweg ist meist noch recht billig (ca. 15 RM/Person), der Rückweg kann dann aber schon mal über 15 RM kosten. Die noch schöneren Strände in der Umgebung von **Sikuati** sind für den „Normal-Traveller" überhaupt nicht zu erreichen. Hierher fahren zwar Busse, man muss aber wegen der großen Entfernung praktisch sofort wieder zurückfahren, da es auch hier keine Übernachtungsmöglichkeiten gibt.

Wer über genügend Geld, Zeit und Sprachkenntnisse verfügt, kann von Kudat aus nach **Pulau Banggi** fahren. Hier gibt es traumhafte Strände und nahezu unberührten Dschungel. Es gibt allerdings kein planmäßiges Boot. Man muss also immer wieder fragen. Die Boote fahren regelmäßig um 9 Uhr ab Kudat (ab dem Anleger am Zoll) und gegen 15 Uhr wieder zurück. Auf der Insel kann man mit Glück bei den Dorfbewohnern übernachten.

Die Rungus der Umgebung treffen sich jeden Sonntagmorgen zum **Tamu in Sikuati** an der Westküste der Kudat-Halbinsel. Hier sieht man noch viele Frauen in den traditionellen schwarzen Sarongs und mit dem Schmuck aus Perlenketten und Messingringen.

Übernachten

Tel.-Vorwahl Kudat: 088

Obwohl Kudat ein kleiner Ort ist, gibt es mehrere Hotels und sogar ein *Government Rest House*.

■ **Greenland Hotel**②, No. 9–10, Block E, Sedco Shophouse, Tel. 613 211, Fax 611 854. Saubere Zimmer, nette Leute, die auch Trips in die Umgebung vermitteln.

■ **Kudat Golf & Marina Resort**③-④, Off Jln. Urus Setia, Tel. 611 211, Fax 611 311. Herrliche Anlage, schöne Zimmer und garantierte Ruhe.

☐ Stadtplan S. 522 **Beaufort**

■ **Ria Hotel**②, Jln. Marudu, Tel. 622 794, Fax 623 226. Gut ausgestattetes Hotel.
■ **Kudat Rest House**②, Peti Surat, Tel. 622 708. Vergleichsweise einfache Zimmer.
■ **Hotel Kinabalu**②, No. 1234, Block C, Sedco Shophouse, Tel. 613 888, Fax 615 388. Bestes Hotel der Stadt.

Verkehrsverbindungen

Regelmäßig fahren von Kudat aus **Busse** in Richtung Kota Kinabalu (28 RM) bzw. Kota Belud (18 RM). Da die Straße in Richtung Kota Kinabalu in recht gutem Zustand ist, gibt es auch **Überlandtaxis** (150 RM).

Vom **Flughafen** der Stadt hat man zweimal wöchentlich eine Verbindung von/nach Kuala Lumpur.

Sehenswertes in der Umgebung

Wer die Ruhe am Strand nicht mehr erträgt, kann in der Umgebung einige Punkte besuchen. In der **Tinangol Beads Factory** werden Ketten und Armbänder aus bunten Perlen aufgezogen sowie Körbe geflochten.

Beim Besuch des im traditionellen Stil erbauten **Bavanggazo Rungus Longhouse** kann man die Kultur der Menschen kennen lernen und hier auch übernachten (Mr. *Angkung Milaad*, Tel. u. Fax 088 621 971). Das Langhaus befindet sich ein paar Kilometer von der Hauptstraße entfernt, sodass man ein Fahrzeug chartern muss (ca. 30 RM/Person), im Langhaus selber kostet der Eintritt 5 RM.

Der Bus passiert auf dem Weg von KK nach Kudat den Ort **Sumangkap** (Tickets kosten 18 RM). Teilen Sie dem Fahrer mit, dass Sie im Ort aussteigen wollen.

Sumangkap Gong Factory. Hier werden die in der tradionellen Musik benötigten Gongs hergestellt. Eintritt 5 RM.

Gombizau Bee Farm. Lust auf Honig, Bienenwachs oder Gelee Royal? Besucher sind stets willkommen. Eintritt 5 RM.

Tip of Borneo. Der nördlichste Zipfel der großen Insel befindet sich ca. 13 Kilometer jenseits der Hauptstraße nach Kudat. Hier führt die felsige Küste sanft ins Meer, ein Monument markiert diesen nördlichsten Punkt, der in Malaysia *Tanjung Simpang Mengayu* heißt. Leider gibt es keinerlei öffentlichen Transport hierher, sodass man entweder ein Taxi mieten muss (etwa 35 RM/Person) oder einen Mietwagen, vorzugsweise mit Allradantrieb.

Beaufort

Beaufort liegt ca. 100 km von KK entfernt. Der Ort erhielt seinen Namen nach einem Direktor der *North Borneo Company*. Beaufort bietet nichts touristisch Interessantes. Der Ort ist Durchgangsstation auf dem Weg nach Sarawak oder ins Landesinnere.

Die **Eisenbahn** unterhält einen „Bummelzugverkehr" auf der Strecke zwischen Beaufort und Tenom. Diese Zugfahrt gehört sicherlich mit zu den schönsten Attraktionen Sabahs. Der Zug fährt ausgesprochen langsam durch eine **Schlucht**, nicht selten direkt am Fels entlang. Weiter unten fließt ein typischer **Dschungelfluss** mal träge, mal wild rauschend dahin. Die Fahrt führt an einem großen **Wasserkraftwerk** vorbei, das die Umgebung mit Strom versorgt. Von Zeit zu Zeit mal ein Bahnhof, meist nichts weiter als ein Stopp in der Landschaft. Die Schienen sind zum größten Teil von Gräsern überwuchert. – Soweit die Theorie. Derzeit ruht hier der Zugverkehr, da das Netz renoviert werden soll. Ob dies tatsächlich in die Tat umgesetzt wird, kann derzeit nicht geklärt werden, intensive Arbeiten sind jedenfalls nicht zu beobachten.

Angeblich sollen **Züge** ab Ende 2013 wieder regelmäßig fahren. Derzeit fahren nur Züge zwischen Tanjung Aru und Papar. Diese Züge der *North Borneo Railway* sind allerdings nur eine **touristische Attraktion** und nicht ein echtes Transportmittel. Sie gehören zum Sute-

Beaufort

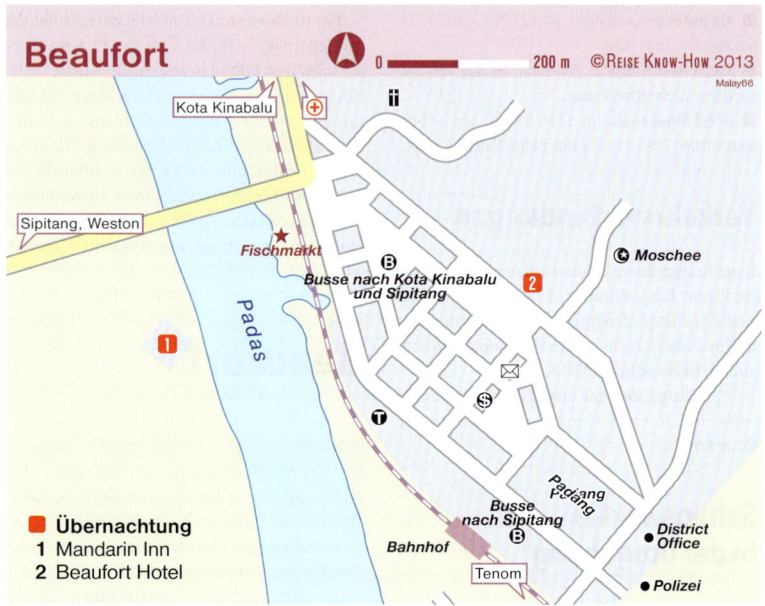

ra Harbour und bieten in *Pullmann Waggons*, die perfekt renoviert wurden, den Standard von Zugreisen um 1900, allerdings auf heutigen Luxus umgebaut: offene Fenster, Aussichtsplattformen und Deckenventilatoren inbegriffen. Neben Sightseeing gibt es zudem Frühstück und Mittagessen. Derzeit kostet eine solche Fahrt, die für maximal 80 Personen möglich ist, 280 RM.

Übernachten

Tel.-Vorwahl Beaufort: 087

Man braucht hier nicht zu übernachten, da man fast immer noch die Weiterreise organisieren kann. Für diejenigen, die dennoch ein Zimmer benötigen, stehen zwei Hotels zur Verfügung.

■ **Mandarin Inn**①-②, Lot 38, Jalan Beaufort Jaya, Tel. 212 800;
■ **Beaufort Hotel**①-②, Lot 19–20, Lochung Park, Tel. 211 911.

Verkehrsverbindungen

Von Beaufort aus gibt es **Busverbindungen** in Richtung KK (12 RM) und Sarawak nach Sipitang (7 RM).

Überlandtaxis fahren auf denselben Strecken wie Busse. Auch sie haben ihre Standorte an der Jalan Masjid bzw. am Bahnhof.

Taxipreise liegen bei etwa 75 RM nach KK und 40 RM nach Sipitang, wobei jeweils vier Personen mitfahren können. Etwas günstiger sind Minivans, die diese Strecken für 14 RM bzw. 12 RM bedienen.

Klias Wetland

In Stadtnähe befindet sich das relativ kleine, aber nicht uninteressante **Naturschutzgebiet.** Hier kann man mit hoher Wahrscheinlichkeit Nasenaffen, Warane, angeblich sogar Orang Utans und Krokodile sehen. Auf jeden Fall gibt es aber auch Javaneraffen, Schlangen und abends Tausende von „Glühwürmchen" *(fireflies),* die im Geäst der Mangroven nach einem Partner Ausschau halten. Das Gebiet besucht man am besten per Boot ab Klias Jetty (gegen 15 Uhr Abfahrt). Idealerweise organisiert man die Tour bereits in KK, man rechne für den Tagesausflug mit ca. 170 RM. Touren kann man bei fast allen Veranstaltern in KK buchen. Zudem gibt es mittlerweile ein paar Unterkünfte, z.B. die *Borneo Proboscis River Lodge (Kota Klias Wetlands)*③, Mr. *Tang Yeu*, Tel. 012 833 8393 und Mrs. *Magreth*, Tel. 016 832 3870, www.borneowildlife.org. Hier werden Tagestouren organisiert, zudem kann man in der *Lodge* auch für mehrere Tage wohnen und verschiedene Trips buchen.

■ **Perkasa Hotel Tenom** ②-③, Tel. 735 811, Fax 736 134, www.perkasahotel.com.my. Oberhalb der Stadt, leider schon etwas altersschwach.

Verkehrsverbindungen

Von Tenom aus fahren **Busse** nach Keningau (9 RM) und KK (25 RM). Es existiert leider kein exakter Fahrplan, die Abfahrt erfolgt aber 4x täglich zwischen 7 Uhr und 16 Uhr. Am besten erkundigt man sich schon am Abend vorher. Richtung Tomani fahren täglich **Pick-Ups** (9 RM). Auch sie starten gegen 8 Uhr. **Taxis** fahren nach Keningau (12 RM/Person) und nach Tomani (10 RM/Person). Alle diese Transportmittel fahren ab der Hauptstraße.

Tenom

Der Ort ist der **Endpunkt der Eisenbahn** im Landesinneren. In der Gegend dieser Stadt leben die **Murut,** die einstigen Nomaden Sabahs. Auch dieser Ort bietet wenig Sehenswertes. Kommt man mit dem Zug an, so muss man hier übernachten, um am nächsten Tag entweder nach Beaufort zurückzufahren, weiter in Richtung Tomani vorzudringen oder auch mit dem Überlandbus über Keningau nach KK zu fahren.

Übernachten

Tel.-Vorwahl Tenom: 087

■ **Orchid Hotel**②, Jln. Tun Mustapha, 737 600, Fax 736 058. Hotel mit sauberen Zimmern.

Übernachtung
1 Perkasa Hotel Tenom
2 Orchid Hotel

Sehenswertes in der Umgebung

Bei **Baku** gibt es die einzigen **Felsritzereien** Sabahs. Von Tenom aus mit dem Minibus nach Tomani (10 RM), von dort mit dem Geländewagen weiter nach Bakuku (10 RM). Man kann hier kostenlos im Resthouse übernachten, das allerdings völlig vergammelt ist. Für den 45-minütigen Fußmarsch zu den Felsen ist ein Führer ratsam (kostet ca. 10 RM).

Unterwegs befindet sich bei Kemabong (zwischen Tenom und Tomani) die **längste Hängebrücke Sabahs**.

Sabah Agricultural Park

Auf 200 Hektar Fläche bietet der Park neben einer malerischen Landschaft vor allem auch viel **Wissenswertes zur Pflanzenwelt Borneos**. Es gibt einen Bereich *Native Orchids,* in dem 400 Orchideenarten bewundert werden können, ein *Crops Museum* mit zahlreichen Pflanzenarten, die in der Landwirtschaft genutzt und neben Gewürzen und Gemüse zu Medizin oder Aromastoffen verarbeitet werden, einen Bereich *Ornamental Garden* mit über 20 unterschiedlich angelegten Gärten, einen Bereich zum Thema „Evolution der Pflanzen", in dem landwirtschaftlich genutzte Tiere, darunter Bienen, eine Rolle spielen.

- **Öffnungszeiten:** Di–So 9–16.30 Uhr.
- **Eintritt:** 25 RM.

Insel Labuan

- www.labuanweb.com

Die Insel gehörte früher, zusammen mit Singapur, Melaka und Penang, zum *Straits Settlement*. Auch heute noch hat sie den Status eines **Freihafens**.

Wer von Sabah aus **nach Brunei** reisen will, kann den Landweg durch Sarawak nehmen oder mit dem Schiff nach Labuan (von Menumbok) und von dort mit Speedbooten nach Brunei weiterfahren.

Da Labuan außer einem **Soldatenfriedhof** aus dem Zweiten Weltkrieg und teuren Zimmern nur wenig zu bieten hat, erscheint uns ein Abstecher auf diese Insel nicht sehr empfehlenswert.

Übernachten

Tel.-Vorwahl Labuan: 087

In **Labuan Town** gibt es verschiedene teure Hotels, die aber nicht unbedingt den entsprechend zu erwartenden Standard bieten, z.B.:

■ **Federal Hotel**②, Jln. Bunga Kasuma, Tel. 411 711, Fax 411 337. Ideal durch seine zentrale Lage.
■ **Mariner Hotel**②-③, Jln. Tanjung Purun, Tel. 418 822, Fax 418 811. Komfortabel ausgestattet.
■ **Labuan Hotel**③, Jln. Muhibbah, Tel. 416 288, Fax 416 255.
■ **Dorsett Grand Labuan**④, 462 Jalan Merdeka, Tel. 422 000, www.dorsetthotels.com. Luxushotel, das beim Gast keine Wünsche offen lassen möchte.

Verkehrsverbindungen

Boote fahren täglich zwischen der Insel und Brunei (Bandar Seri Begawan) (35 RM) und zum Festland von Sabah um 13 Uhr nach KK (42 RM). Die Fahrt dauert 3 Stunden.

Von Labuan aus gibt es tägliche **Flugverbindungen** nach KK, Miri, Bintulu, Kuching, KL.

■ **MAS,** Level 2, *Airport Terminal Building,* Tel. 087 431 737, 1300 883 000.

Information

■ Das **Tourismusbüro** gibt aktuelle Informationen unter www.labuantourism.gov.my.

Sindumin und Merapok

Sindumin ist der **Grenzübergang** zwischen Sabah und Sarawak. Man erreicht ihn mit dem Bus oder Taxi von Sipitang aus. Busse fahren meist nur bis Sindumin, Taxis direkt nach Lawas (Sarawak).

Eigentlich handelt es sich bei diesem Grenzort um einen sehr langgestreckten, zweigeteilten Ort. Die eine Hälfte, Sindumin, befindet sich in Sabah, die andere, Merapok, bereits in Sarawak. Allerdings stehen entlang der Straße kaum Häuser, sodass man denken könnte, der Grenzverlauf befinde sich in der Wildnis.

Wer über die Grenze möchte, sagt dem Busfahrer frühzeitig genug, dass er zum **Immigration-Posten** möchte. Man setzt die Grenzgänger dann direkt im Hof eines Privathauses (zumindest sieht es so aus) ab. Hier fällt das Schild „Immigresen" auf, manchmal weht auch die Staatsflagge.

Im Haus wird man dann oft erst einmal viel gefragt. Es scheint hier oft fast alles zu interessieren, sodass auch scheinbar belangloseste Dinge gefragt werden. Manchmal möchte man aber auch Tickets für die Ausreise oder Bargeld/Kreditkarten sehen. Wahrscheinlich dient die viele Fragerei nur dem Zeitvertreib des Beamten, denn hier ist augenscheinlich nicht viel los. Nachdem man die ganze Prozedur hinter sich gebracht hat, bekommt man den Sabah-Ausreisestempel in den Pass. Die *Immigration-Card* wird eingezogen. Danach erhält man eine andere *Immigration-Card*, muss sie erneut ausfüllen und bekommt den Einreisestempel von Sarawak. Leider wird die alte Aufenthaltsdauer dadurch meist nicht automatisch verlängert.

Mittags gegen 15 Uhr fährt von der Grenze aus ein Bus nach **Lawas.** Will man nicht solange warten, kann man nach Merapok gehen und dort eventuell einen Pick-Up erwischen. Von der Grenze aus geht man ungefähr 500 m auf der Straße entlang bis zu einem Polizeiposten. Die Beamten haben auch hier wenig zu tun und entsprechend viel Zeit. Hier muss man die Pässe vorzeigen und ähnliche Fragen beantworten wie beim Immigration-Posten usw.

Schräg gegenüber des Polizei-Postens biegt die Straße nach Lawas ab; 50 m hinter der Kreuzung ist die Bushaltestelle. Hier gibt es auf jeder Straßenseite einen kleinen Laden, in dem man Getränke und Süßigkeiten kaufen kann. Es finden sich immer Leute ein, die nach Lawas wollen, sodass die Chance recht groß ist, einen Transport zu bekommen.

Abenteuertrips

Wie in Sarawak kann man auch in Sabah **spannende Trips ins Inland** durchführen. Wir möchten an dieser Stelle ein paar Tipps zu ausgefalleneren Trips geben. Solche Touren sind leider teuer und zeitaufwendig. Zudem sind **malaiische Sprachkenntnisse** vonnöten.

Überall im Land kann man mittlerweile in Dschungelcamps mehr oder weniger gut organisiert den Regenwald erleben. Vielfach ist dies sehr einfach geworden, denn in jeder größeren Stadt gibt es zahlreiche Anbieter für solche Touren, die von ihren Anforderungen her von *ganz einfach* (für den abenteuerlustigen Stadtmenschen) über *moderat* bis *ziemlich tough* (für durchtrainierte Abenteurer mit genügend Leidensfähigkeit) reichen. Sicherlich sind beispielsweise *Rowena*, *George* und *Junior* von *S.I. Tours* (www.sitoursborneo.com) gute Ansprechpartner für solche Touren. Daneben gibt es aber auch lokale Initiativen der Bevölkerung, die mit Touristen einerseits Geld verdienen möchten und zudem mit diesem Geld ihre Kultur erhalten wollen. Eine solche Initiative ist **OROU** bei Sapulot. „OROU" bedeutet in der Sprache, der hier lebenden *Murut*, „Sonne". Das Programm soll dem Gast die Möglichkeit geben, sozusagen in die Vergangenheit zu reisen, indem man hier Vieles erlebt, wie es einst war. Das heißt aber nicht, dass der Gast nur auf Komfort verzichten muss (denn das muss man durchaus), sondern man lebt hier auch noch viele alte Traditionen. So soll die Migration zur Stadt eingedämmt werden, um damit das kulturelle Erbe zu erhalten. Besucher erleben hier nicht nur die Kultur aus der Zuschauerperspektive, sondern können auch selber bei den täglichen Arbeiten helfen. Wer interessiert ist, erhält Informationen unter www.orousapulot.com.

Eine weitere Tour bietet sich auf dem Weg zwischen dem **Kinabalu-Park** und **Sandakan** an. Man fährt bis Telupid. Von hier gibt es täg-

lich einen Transport nach **Tanjod**. Man kann im Resthouse für 5 RM übernachten.

Am nächsten Tag muss man den Trip nach **Kuamut** am Kinabatangan-Fluss organisieren. Am einfachsten ist es, Leute mit Booten auf eine Mitfahrmöglichkeit anzusprechen. In Kuamut gibt es ein Resthouse. Von dort weiter nach **Kuala Kapamuh** (Resthouse). In der Gegend von BK Geram (unterwegs) gibt es noch recht häufig **Krokodile.** Wer also baden gehen will, sollte das nur an Stellen mit klarem Wasser tun oder besser ganz verzichten.

Von Kuala Kapamuh gelangt man mit dem Boot dann am nächsten Tag nach **Sukau**. Hier in der Gegend gibt es viele Nasenaffen in den Mangroven. Von Sukau kann man dann über die Sandakan Bay nach **Sandakan** fahren. Die einzelnen Etappen dieses Trips dauern jeweils ungefähr einen Tag. Da man aber nie sicher sein kann, täglich mit einem Boot mitfahren zu können, kann sich der Trip ziemlich in die Länge ziehen.

Tauchen auf Borneo

Vor Miri zu tauchen ist schon lange ein Vergnügen, das hervorragend über *Planet Borneo* (s. Miri) organisiert werden kann. Auch **Sipadan Island** vor der Küste Sabahs ist schon jahrelang als einer der schönsten Tauchspots der Welt bekannt, wenn die Insel auch dadurch ins Gerede gekommen ist, dass Piraten von den Philippinen im Jahr 2000 hier einige Urlauber verschleppt hatten.

Doch mittlerweile gibt es mehr erschlossene Tauchreviere vor Sabahs Küsten, die vor allem dadurch glänzen, dass sie einerseits sehr gute Sichtverhältnisse unter Wasser bieten und andererseits nach wie vor nicht zu den überlaufenen Spots dieser Erde zählen. Tauchen kann man in folgenden Revieren: **Labuan** (Wracktauchen), **Pulau Tiga, Tunku Abdul Rahman Park, Pulau Layang-Layang, Pulau Mantanani, Kudat** (Wracktauchen), **Pulau Lankayan, Pulau Kapalai, Pulau Sipadan** und **Pulau Mambul.**

Die Reviere können alle nur mit Hilfe der Tauchorganisationen vor Ort besucht werden, die dann aber auch über gutes Equipment verfügen und meist auf einzelne Reviere spezialisiert sind.

Informationen können über die *Sabah Tourism Promotion Corporation,* 51 Jln. Gaya, 88000 KK, Tel. 088/212 121, Fax 212 075, www.sabahtourism.com eingeholt werden. Spezielle Informationen findet man auch auf den folgenden Webseiten:

- www.cocodivers.com
- www.layanglayang.com
- www.sipadan-resort.com
- www.sipadandivers.com
- www.sipadan-kapalai.com
- www.sipadanscuba.com
- www.swvresort.com
- www.sabahdivers.com
- www.divetheworldmalaysia.com
- www.borneodream.com
- www.e-borneo.com

Elefant am Kinabatangan

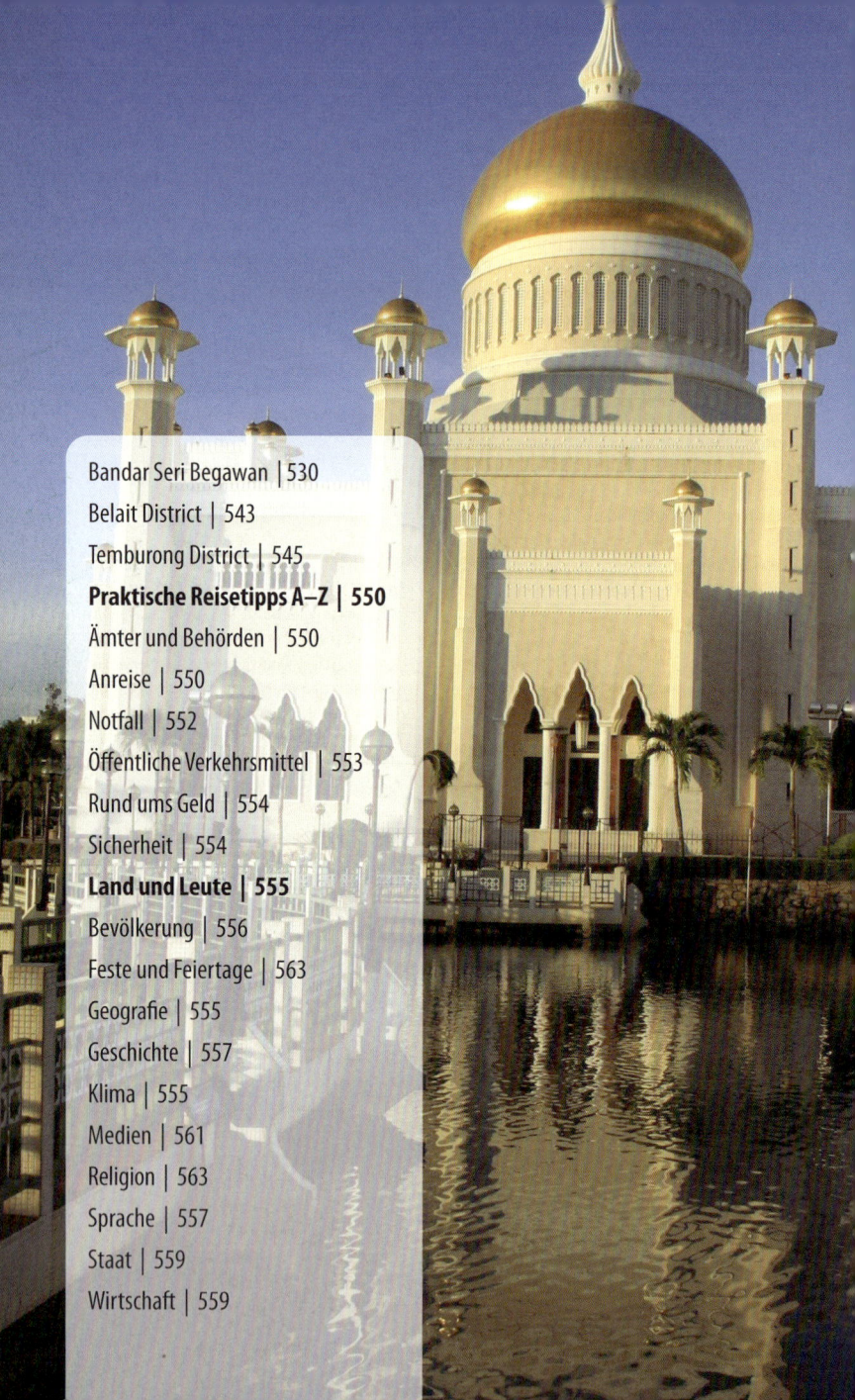

Bandar Seri Begawan | 530

Belait District | 543

Temburong District | 545

Praktische Reisetipps A–Z | 550

Ämter und Behörden | 550

Anreise | 550

Notfall | 552

Öffentliche Verkehrsmittel | 553

Rund ums Geld | 554

Sicherheit | 554

Land und Leute | 555

Bevölkerung | 556

Feste und Feiertage | 563

Geografie | 555

Geschichte | 557

Klima | 555

Medien | 561

Religion | 563

Sprache | 557

Staat | 559

Wirtschaft | 559

4 Brunei

Die kuriose Mischung aus royalem Prunk in der Hauptstadt und ursprünglicher Natur

gleich außerhalb macht einen Aufenthalt im erdölreichen Sultanat lohnenswert.

◁ Die prächtige Omar-Ali-Saifudding-Moschee in Brunei

BRUNEI

In vielerlei Hinsicht ist der winzige Staat Brunei an der Nordwestküste Borneos ein **Kuriosum**. Der offizielle Name „Brunei Darussalam" bedeutet „Brunei – Ort des Friedens". In der heutigen Weltpolitik kaum erwähnenswert, hatte das Sultanat früher einen großen Einfluss in der Region. Touristisch ist Brunei noch unterentwickelt, ist doch das Land dank reicher Öl- und Erdgasvorkommen auf diese Devisenquelle nicht angewiesen. Viele Reisende verzichten auf den Besuch von Brunei und überfliegen das als extrem teuer verrufene Land. In der Tat ist Brunei kein Billigreiseland, doch mit etwas Planung wird ein Trip in das geheimnisvolle Sultanat nicht viel teurer als ein Aufenthalt in Sabah oder Sarawak. Zudem lassen sich die Sehenswürdigkeiten – abgesehen vom dschungelbewachsenen Hinterland – innerhalb weniger Tage besuchen.

Bandar Seri Begawan

Im Jahre 1970 wurde die ehemals **Brunei Town** genannte Stadt in Bandar Seri Begawan umbenannt, was etwa soviel bedeutet wie „Die Stadt der Glorreichen". Die am Brunei River gelegene Hauptstadt Bruneis beherbergt rund 150.000 Einwohner. Bandar Seri Begawan wird laufend modernisiert, breitet sich immer mehr aus und auffallend viele Autos kurven durch die Stadt. Die in Asien übliche lebhafte Mischung aus Radfahrern, Fußgängern, Händlern, Bars und Bordellen sucht man hier allerdings vergeblich.

Sehenswertes

Um alle Sehenswürdigkeiten zu besichtigen, reichen **zwei Tage** aus.

Omar-Ali-Saifuddin-Moschee

Das **Wahrzeichen** von Bandar Seri Begawan ist nach dem Vater des heutigen Sultans und dem eigentlichen Gründer des modernen Bruneis benannt. Die Omar-Ali-Saifuddin-Moschee ist **eine der schönsten Moscheen Südostasiens**. Beim Bau im Jahre 1958 wurde an nichts gespart: Der Marmor stammt aus Italien, die Teppiche kommen aus Belgien und Saudi-Arabien. Die vergoldete Kuppel glänzt besonders eindrucksvoll bei Sonnenuntergang.

Bei einem Besuch der Moschee werden Arme und Beine sowie Haare (bei Frauen) bedeckt. Schuhe werden beim Betreten der Moschee vor der Treppe ausgezogen. Betende Muslime dürfen nicht gestört werden, Fotos im Gebetsraum sind nicht erlaubt.

■ **Besuchszeiten:** Sa–Mi 8–12 Uhr, 13–15.30 Uhr und 16.30–17.30 Uhr. Fr nur 16.30–17.30 Uhr, Do geschlossen (für Nicht-Muslime).

NICHT VERPASSEN!

- **Omar-Ali-Saifuddin-Moschee,** bei Sonnenuntergang über dem Brunei River eindrucksvolles Lichtspiel der goldenen Kuppel | 530
- **Nasenaffen-Beobachtung,** vom Boot aus in den Mangrovenwäldern nahe der Hauptstadt | 542
- **Ein Hauch von Erdöl, Seria,** in und um Seria, der „Petroleum-Stadt" Bruneis | 543
- **Canopy Walk im Nationalpark,** unterwegs über den Baumkronen des tropischen Regenwaldes im Belalong Nationalpark | 548

Diese Tipps erkennt man an der **gelben Hinterlegung.**

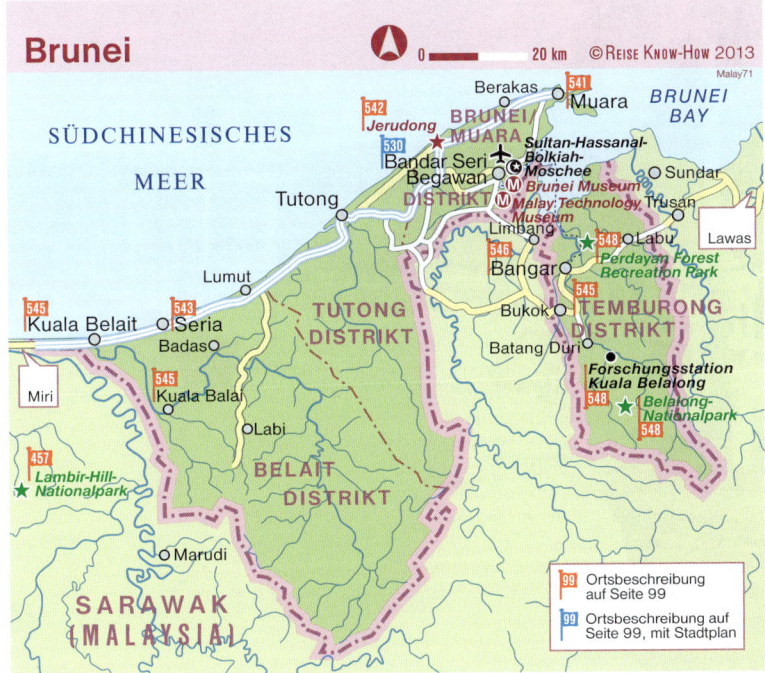

Vor der Moschee liegt eine künstlich angelegte **Lagune** mit einem steinernen Nachbau einer **königlichen Barke** aus dem 16. Jahrhundert.

Kampong Ayer

„Die Moschee war wunderbar, aber gleich nebenan siedelten die Armen in Pfahlbau-Hütten auf dem Wasser." Viele Besucher verwechseln die **Pfahlbaudörfer** entlang des Brunei Rivers mit Armensiedlungen wie in anderen asiatischen Ländern. Dabei haust in den von außen tatsächlich ärmlich aussehenden Häusern nicht etwa die Unterschicht Bruneis, sondern diejenigen, welche noch sehr traditionsverbunden wie einst in der Gemeinschaft des Kampongs leben möchten.

Früher lebte die ganze Bevölkerung in Pfahlbausiedlungen. Vor allem **Fischer und Handwerker** wohnen jetzt in Kampong Ayer, aber auch **Büroangestellte,** die morgens per Boot aufs Festland und abends zurück in die Pfahlbausiedlung fahren. Heute leben rund 30.000 Menschen in Kampong Ayer (Ayer = Wasser). Viele widersetzten sich den Bestrebungen der Regierung, sie auf das Festland umzusiedeln.

Inzwischen haben alle Häuser einen Strom- und Wasseranschluss und sind **modern eingerichtet.** Zudem besitzt das Wasserdorf ein eigenes Spital, eine Schule, eine Moschee und eine Polizeistation – alles auf Stelzen gebaut.

Die Häuser von Kampong Ayer sind mit **Bretterstegen** verbunden, auf denen man die Siedlung erkunden kann.

Große Teile des alten Kampong Ayer hinter der Saifuddin-Moschee sind bereits abgerissen oder dem Feuer zum Opfer gefallen. Neue, einheitlich normierte Häuser auf Stelzen aus Beton wurden in einiger Entfernung gebaut und staatlich finanziert. Allerdings fehlt ihnen der Charme und der dörfliche Charakter des alten Kampong Ayer.

Speedboote bringen die Bewohner für 1 B$ auf das Festland. Für 20 B$ lässt sich ein einstündiger **Bootsausflug** zum Wasserdorf und in Richtung des Sultanpalastes machen. Die Bootsfahrer warten am Kianggeh-Kanal gegenüber dem Markt sowie bei der neuen Waterfront auf Kundschaft. Die Wasseroberfläche in Kampong Ayer ist mit Abfall bedeckt, den aber niemanden zu stören scheint.

Waterfront

Wo einst die Boote aus Malaysia anlegten und später ein großer Parkplatz stand, wurde 2011 die neue Waterfront, auch bekannt als **Dermaga Diraja Bandar Seri Begawan,** eröffnet. Mit viel Raum zum Flanieren, Sitz- und Verpflegungsmöglichkeiten ist die Waterfront besonders gegen Abend beliebt. Von der Waterfront hat man einen schönen Blick auf den Kampong Ayer, die Wassertaxis und auf den Sultanspalast in einiger Entfernung. Die Restaurants an der Waterfront sind übertauert.

Die Waterfront in Bandar Seri Begawan

Bandar Seri Begawan

■ **Öffnungszeiten:** Sa–Do jeweils 8.30–17 Uhr, Fr 9–11.30/14.30–17 Uhr. Der Eintritt ist frei, Kameras müssen am Eingang abgegeben und die Schuhe vor dem Eingang deponiert werden.

Arts and Handicraft Centre

Wenige Minuten Fußmarsch von der Waterfront in Richtung Kota Batu, liegt der mehrstöckige Bau des *Arts and Handicraft Centres*. Das **Handwerkszentrum** wurde von der Regierung eingerichtet, um jungen Bruneierinnen und Bruneiern alte Handwerkskünste zu vermitteln, vor allem die Herstellung von Silberschmuck und wertvollen goldbestickten Anzügen. Den Lehrlingen kann bei der Arbeit zugeschaut werden; die angebotenen Silberarbeiten sind allerdings recht teuer.

■ **Öffnungszeiten:** Wochentags 8–12.15 und 13.30–16.30 Uhr, Fr/So 8–12 und 14–17 Uhr.

Istana Nurul Iman

Der **Sultanspalast** ist das **größte Wohnhaus der Welt** und umfasst rund 1800 Zimmer. Er liegt am Brunei River etwas außerhalb von Bandar Seri Begawan und ist nicht öffentlich zugänglich.

Lediglich am Ende des Fastenmonats Ramadan, anlässlich des Hari Raya Festes, öffnen sich die Pforten für die Öffentlichkeit, und Besucher können sich ein Bild von der Größe des Bauwerks machen. (Siehe „Feste und Feiertage".) Der Palast ist so gut hinter der Mangrovenvegetation versteckt, dass nur die goldene Kuppel zu sehen ist. Die meisten Räumlichkeiten sind ohnehin unterirdisch. **Boote** können am Kanal beim Markt und bei der Waterfront für Rundfahrten durch Kampong Ayer und zum Sultanspalast gemietet werden (20 B$). Wer möchte, kann gegen ein Aufpreis von rund 10 B$ arrangieren, dass der Bootsführer auch in den **Mangrovenwald** in der Nähe des Dorfes *Madewa* fährt. Frühmorgens und am späten Nachmittag sind dort im

Königliches Regalienmuseum

Unweit von der Jugendherberge liegt das **Royal Regalia Museum** (ehemals *Churchill Memorial Museum*). Es zeigt anschaulich den Lebenslauf von *Sultan Hassanal Bolkiah* sowie die **Entstehung des Staates** Brunei Darussalam. Bewacht von bewaffneten Uniformierten, sind Schwerter, Kronen, Gewänder und andere Utensilien des Sultans ausgestellt.

Anlässlich des silbernen Thronjubiläums des Sultans ist vor einigen Jahren ein neuer Trakt eröffnet worden, wo mit Hilfe von Fotos, Computersimulationen und Ausstellungsstücken die Feierlichkeiten nachvollzogen werden können. Der Besuch dieses Museums ist ein Muss.

Uferdickicht die seltenen und kuriosen **Nasenaffen** zu sehen (siehe Exkurs).

Chinesischer Tempel

Im Zentrum unweit des *Brunei Hotels* liegt ein chinesischer Tempel, der ungehindert besichtigt werden kann.

Märkte

Hinter dem Kianggeh-Kanal findet jeden Tag ein **farbenfroher Markt** statt. Angeboten werden hier Früchte und Gemüse, aber auch Fisch, traditionelle Medizin und Körbe. An einigen Ständen wird den ganzen Tag über günstiges Essen feilgeboten (Reis/Nudeln mit Beilagen 1,50–3 B$).

Höchst appetitanregend ist der **Nachtmarkt** in der Nähe des *Terrace Hotels* und des *Radisson Hotels*. Die Auswahl ist groß, die Preise sind günstig (ab 2 B$). Hier kann man auch frischen Zuckerrohrsaft oder Gebäck aus Sago und anderen Wildknollenprodukten probieren.

Unweit der Omar-Ali-Saifuddin-Moschee steht ein **Einkaufskomplex** im Stile Singapurs, das *Yayasan Shopping Centre*. Die Geschäfte bieten hauptsächlich Luxusgüter, edle Kleider und Parfums feil. Für den Reisenden interessant kann der *Department Store* im Untergeschoss sein, wo man Lebensmittel aus aller Herren Länder kaufen kann, sowie das Internet-Café im 2. Stock (1 BR$ pro Std.).

Tasek Lama Park

Hinter dem *Terrace Hotel* führt rechts die Jalan Tasek Lama zum Tasek Lama Park (5 Minuten zu Fuß von der Hauptstraße). Wege schlängeln sich durch üppige Tropenvegetation mit einem Wasserfall. Die Anlage (Eintritt frei) ist bei Joggern und Schulklassen beliebt. Es gibt ein Toilettenhäuschen, und es werden Getränke und Snacks verkauft. Wer keine Möglichkeit hat, den Regenwald von Brunei ausserhalb der Hauptstadt zu erleben, kann im Tasek Lama Park Vögel, Affen und farbenprächtige Schmetterlinge beobachten. Nach Regenfällen quaken Frösche um die Wette.

Transport

Busse

Der **Busterminal** liegt im Stadtzentrum in der Jalan Cator. Von dort fahren alle lilafarbenen Busse ab, die ungeachtet der gefahrenen Distanz 1 B$ pro Fahrt kosten (Ausnahme: Expressbus zum Serasa Ferry Terminal, 2 B$). Ebenfalls vom Busterminal fahren die weißen, größeren Busse nach Seria ab (2 Stunden, 6 B$, letzter Bus fährt gegen 14 Uhr). Tickets für internationale Busse nach Sarawak und Sabah können im Busterminal gekauft werden, die Busse nehmen Passagiere aber einige Schritte entfernt gegenüber des Kianggeh Kanals unweit des chinesischen Tempels auf.

Taxis

Im **Busterminal in der Jalan Cator** warten Taxis. Sie verfügen über keine Taxameter. Preise sind fix und hoch – eine Fahrt zur Moschee in Kiarong kostet 15 B$, zum Flughafen sind es 25 B$.

Boote nach Temburong

Wenige hundert Meter östlich der Waterfront befindet sich die Anlegestelle der gelbblauen Boote nach Temburong. Ein Boot bietet Platz für zwölf Passagiere. Boote fahren zwischen 6 Uhr und 17 Uhr, stellen den Betrieb aber freitags zwischen 12 und 14 Uhr ein. Die Fahrt durch schönen Mangrovenwald (45 Minuten, 6 B$) ist ein Highlight. Wer Glück hat, sichtet Krokodile, Vögel oder Warane. Die Boote fahren, wenn genügend Passagiere eingetroffen sind. Gleich an der Anlegestelle gibt es eine Toilette und Food Stalls mit günstigen

Reis- und Nudelgerichten und Getränken. **Achtung:** Vor der Abfahrt nach Temburong sollte man noch Geld wechseln, denn in dem Dschungel-Distrikt gibt es keine Möglichkeit, Geld zu wechseln oder via ATM an Bargeld zu kommen.

Wichtige Adressen und Telefonnummern

Geldwechsel

Wer von Singapur einreist, braucht die Singapur-Dollar gar nicht erst zu wechseln: Sie gelten als **gleichwertiges Zahlungsmittel** und werden problemlos akzeptiert (allerdings nur Noten, keine Münzen). Wer Euro und US-Dol-

Bus-Linien in Bandar Seri Begawan und Umgebung

■ **Eastern Line 1**
38: Pusat Belia – *Hotel Sheraton/Terrace* – Muara
■ **Eastern Line 2**
39: Brunei Museum (Kota Batu) – Malay Technology Museum – Muara
■ **Eastern Line 3**
37: *Yayasan Shopping Centre* – *Hotel Jubilee* – Muara
■ **Eastern Line 4**
36: Pusat Belia – *Hotel Sheraton/Terrace* – Immigration – Bolkiah Stadion
■ **Circle Line**
01: *Yayasan Shopping Centre* – Stadtpark – *Yaohan Shopping Centre* – Neue Moschee – Gadong – *Hotel Riverview* – Bolkiah Stadion – Immigration – *Hotel Sheraton/Terrace* – Pusat Belia
■ **Northern Line 1**
24: Pusat Belia – *Hotel Sheraton/Terrace* – Berakas
■ **Northern Line 2**
22: *Yayasan Shopping Centre* – Stadtpark – Universität – Berakas
■ **Northern Line 3**
23: Pusat Belia – *Hotel Sheraton/Terrace* – Berakas
■ **Western Line 2**
56: *Yayasan Shopping Centre* – Stadtpark – Sengkurong
■ **Western Line 1**
55: *Yayasan Shopping Centre* – Stadtpark – *Hotel Riverview* – Korea Embassy – Jerudong Park
■ **Southern Line 3**
46: *Yayasan Shopping Centre* – Stadtpark – Sg. Kebun
■ **Southern Line 2**
44: Pusat Belia – Kuala Lurah
■ **Southern Line 4**
42: *Yayasan Shopping Centre* – Stadtpark – Kuala Lurah
■ **Central Line**
11: Brunei Museum (Kota Batu) – Malay Technology Museum

lar (nicht aber Schweizer Franken) wechseln möchte, findet in der Innenstadt (z.B. Nähe der Busstation oder in der Jalan McArthur) Geldwechsel-Schalter, die schnell und ohne Papierkram ihre Dienste anbieten. Die Wechselkurse sind meist besser als bei Banken. Die ATMs bei *Standard Chartered Bank*, *City Bank* und bei *Hongkong Shanghai Bank (HSBC)* akzeptieren gängige Kreditkarten. Wer Travellercheques wechseln muss, geht zur HSBC, wo 5 B$ belastet werden, bei anderen Banken sind es mehr. Banken mit ATM:

■ **Standard Chartered Bank,** Jalan Sultan, Tel. 224 2386;
■ **Citibank,** Jalan Sultan, Tel. 224 3983;
■ **HSBC,** Jalan Pemancha, Tel. 224 2494.

Fluggesellschaften

■ **Royal Brunei Airlines,** RBA Plaza, Jalan Sultan, Tel. 221 2222;
■ **Malaysia Airlines** (Tel. 222 4141) und **Singapore Airlines** (Tel. 222 7253) befinden sich im selben Gebäude: 39–39 Jalan Sultan.

Post

■ Jalan Elizabeth (gleich hinter dem chinesischen Tempel).

☐ Kianggeh Market

Touristeninformation

Am Flughafen ist ein kleines *Tourist Information Center*.
Folgende Reisebüros bieten Reisen in den **Belalong-Nationalpark** an:

■ **Sunshine Borneo Tours & Travel,** Jalan Kiarong, Tel. 244 1791, www.exploreborneo.com, betreibt das *Ulu-Ulu-Resort* im Belalong-Nationalpark.

■ **Freme Travel Service,** Unit 404B–408B Wisma Jaya, Jalan Pemancha, Tel. 223 4277, 223 4284, www.freme.com.
■ **Anthony Tours & Travel Agency,** *Princess Norain Shopping Centre,* Jalan Tutong Km2, Tel. 222 8668, www.anthonytours.com.

Telefon und Internet

■ **Telefonkarten** für vergleichsweise günstige Gespräche ins Ausland von öffentlichen Kabinen aus sind in **zahlreichen Läden** erhältlich.
■ Ein **Internet-Café** gibt es im 2. Stock des *Yayasan Shopping Centers,* eine Stunde kostet 1 B$.

Die fliegenden Ärzte von Brunei

In **abgelegenen Urwaldsiedlungen,** die nur mühsam per Boot zu erreichen sind und die fernab eines Spitals liegen, sorgen die fliegenden Ärzte für das Wohlergehen der Bevölkerung.

Einmal pro Monat fliegt ein Helikopter mit Krankenschwestern und Ärzten an Bord in die Kampungs und bringt so notwendige Medikamente auch in weit abgelegene Gebiete. Jedes Dorf wird einmal pro Monat von den fliegenden Ärzten besucht. Bei schweren Krankheitsfällen werden die Patienten per Helikopter ins nächste Spital geflogen. Der Großteil der Arbeit der Krankenschwestern besteht aber aus Vorbeugemaßnahmen, Kontrollen und Impfungen. Falls nötig, ist auch ein Zahnarzt samt Instrumenten an Bord.

Die Geschichte der fliegenden Ärzte in Brunei geht auf 1965 zurück. Und mit Durchschnittsausgaben von **5000 Brunei-Dollar** pro Flug lässt sich die Regierung das Wohlergehen der Bevölkerung einiges kosten.

Doch die Arbeit zahlt sich aus: Die durchschnittliche **Lebenserwartung** beträgt für Männer 70,2 Jahre, für Frauen 72 Jahre. Die Bevölkerung von Brunei ist die gesündeste in der ganzen Region, und der **Kampf gegen Malaria** endete 1987 damit, dass die WHO Brunei offiziell als malariafrei deklarierte.

Übernachten

Bandar Seri Begawan wird in erster Linie von **Geschäftsleuten** besucht. Dementsprechend ist das Angebot an Hotels und das Preisniveau.

Jugendherberge

■ **Pusat Belia,** Jalan Sungei Kianggeh, Tel. 222 3936, 222 2900 bietet die günstige Übernachtungsmöglichkeit fürs Travellerbudget. Die Nacht kostet 10 BR$. Ein internationaler Jugendherbergsausweis wird manchmal verlangt. Anmeldung offiziell von 8 bis 18 Uhr. Die Unterkunft besteht aus zwei nach Geschlechtern getrennten Flügeln mit Vierbett-Zimmern. Paare dürfen nicht zusammen übernachten. In den Tagen um den Geburtstag des Sultans (15. Juli) sowie um den *National Day* (23. Febr.) ist die Unterkunft für Schulgruppen aus Brunei reserviert. Keine Reservierungen im voraus. Es gilt die Regel *first come, first serve*, aber oft ist niemand am Empfang.

Der zum Komplex gehörende **Swimmingpool** ist öffentlich, Eintritt 1 B$.

Hotels

Die folgenden Hotels befinden sich alle in der kleinräumigen **Innenstadt,** wo alle Sehenswürdigkeiten und nützlichen Adressen zu Fuß erreicht werden können. In den Hotels bezahlt man in der Regel pro Zimmer, egal ob dieses von einer oder von zwei Personen benutzt wird.

■ **K.H. Soon Services and Rest House**①, 140 Jalan Pemancha, Tel. 222 2051, keine E-Mail-Kontaktierung möglich, kein Fax. Günstigste Schlafgelegenheit (Einzel- und Doppelzimmer zwischen 33 und 45 B$) für jene, die nicht in der Pusat Belia übernachten. Zentral gelegen und mit großen Zimmern, denen es aber an Sauberkeit mangelt.
■ **Terrace Hotel**②, Jalan Tasek Lama, Tel. 224 3554, Fax 222 7302, www.terracebrunei.com. Schon etwas älteres Hotel, aber sauber und mit Zimmerpreisen zwischen 65 und 80 B$ für Brunei ein gutes Preis-/Leistungsverhältnis. Verfügt über ein eigenes Restaurant und Swimming Pool. Gleich gegenüber befindet sich der Nachtmarkt mit zahlreichen *Food Stalls*. Der Tasek Lama Park mit schönem Wasserfall ist nur wenige Minuten zu Fuß entfernt. Zu Fuß bis ins Stadtzentrum sind es 10 Minuten.
■ **Jubilee Hotel**②-③, Jalan Kampong Kianggeh, Tel. 222 8070, Fax 222 8080, www.jubileehotelbrunei.com. Hinter dem Kianggeh-Kanal gelegen, fünf Minuten zu Fuß von der Busstation entfernt. Das Personal ist sehr freundlich und gibt Tipps für Besucher. Transfers vom und zum Flughafen sind im Zimmerpreis inbegriffen. Die Einrichtung und die Zimmer sind schon etwas angejährt.
■ **The Brunei Hotel**③-④, 95 Jalan Pemancha, Tel. 224 4828, Fax 222 6196, www.thebruneihotel.com, renoviertes Boutique-Hotel im Stadtzentrum, beste Lage nahe des Marktes, der Moschee und der Busstation. Stilvoll eingerichtete, saubere Zimmer und zuvorkommender Service.
■ **Radisson Brunei**④ (früher *Sheraton Utama*), vor allem für Geschäftsleute, 154 Zimmer, Jalan Tasek, Tel. 224 4272, Fax 222 1579, www.radisson.com.
■ Absolutes Top-Hotel (und eine der besten Adressen weltweit) ist das **Empire Hotel & Country Club**④, Tutong Highway, Jerudong; 10 Minuten Fahrzeit außerhalb von BSB, 423 Zimmer, Tel. 241 8888, Fax 241 8999, www.theempirehotel.com. Das Hotel war einst ein Palast von *Prinz Jefri*, Bruder des Sultans von Brunei.

Wer sich bloß einmal den Luxus ansehen möchte, kann in einem der zahlreichen Restaurants essen, teilweise schon ab 25 B$.

Essen und Trinken

Diverse **Restaurants** (chinesisch, indisch, thailändisch, malaysisch) im Zentrum bieten Mahlzeiten und Getränke ab ca. 3 B$ an.

Nachtmarkt

Günstig isst man in den **Kedai Kopi** (einfache Restaurants) die von indischen Gastarbeitern, aber auch von Bruneiern frequentiert werden (mehrere Kedai Kopi in der Innenstadt in Jln. Sultan und Jln. Mc Arthur). Gutes Essen gibt es im beliebten **Syazwan Café** im Stadtzentrum (Jalan Sultan), das auch abends noch geöffnet ist. Ein *Roti kosong* (Fladenbrot mit Currysauce) kostet 0,80 B$, eine große Portion *Nasi Biryani* (Gewürzreis mit Fleisch) und exzellentes indisches *Chicken Tikka* mit Reis werden für je 4 B$ serviert. Tee und Kaffee kosten wie in allen günstigen Restaurants 1,20 B$, Softdrinks 1 B$. Guten *Chicken Rice* (3,50 B$) verkauft das chinesische **Mei Kong Café** (Jalan Pemancha). Wer sich in bequemen Sesseln einen kühlen Fruchtsaft genehmigen, dabei das Straßenleben beobachten oder kostenlos Wireless-Internet nutzen möchte, findet im **DeRoyalle Café** (Jalan Sultan) eine große Auswahl an alkoholfreien Drinks für 5 B$.

Einfache Reis- und Nudelgerichte offerieren auch die beiden Restaurants bei der Anlegestelle der Boote nach Temburong.

Nach 19 Uhr sind die meisten Restaurants in der Innenstadt geschlossen. Bruneier fahren dann zum **Nachtmarkt** nahe des Terrace Hotels, wo zahlreiche Food Stalls eine Vielzahl von Köstlichkeiten zu Preisen von rund 3–5 B$ anbieten. Auch frisches Seafood wird dort zubereitet.

Teuer sind die meisten Lebensmittel in den **Selbstbedienungsläden,** da alles importiert werden muss. Eine Flasche Mineralwasser (1,5 Liter) ist ab 1 B$ erhältlich. In Brunei gibt es **keinen Alkohol** zu kaufen.

Umgebung von Bandar Seri Begawan

Brunei Museum

Etwa sieben km außerhalb von BSB in Richtung Kota Batu liegt am Ufer des Brunei River dieses interessante Museum. Es informiert über die **Ölförderung** im Sultanat, über die **Geschichte** und über **Flora und Fauna.**

- **Öffnungszeiten:** Di–Do/Sa–So 9–17 Uhr, Fr 14.30–17 Uhr, Mo geschlossen, Eintritt frei.
- **Anfahrt:** Lilafarbene Busse Nr. 11, 39, kostet 1 B$.

Tasek Lama Wasserfall

Malay Technology Museum

Etwas unterhalb gelegen ist das Malay Technology Museum, welches in Galerien nachgestellte **Pfahlbauten aus alter Zeit** zeigt.

- **Öffnungszeiten:** Täglich (außer Di) 9–17 Uhr, Freitag 9–11.30 und 14.30–17 Uhr, Eintritt frei.
- **Anfahrt:** wie Brunei Museum

Sultan-Bolkiah-Mausoleum

Es liegt nach einigen Minuten Fußmarsch entlang der Straße vom Brunei Museum zurück nach BSB auf der linken Straßenseite. Interessant nur für den, der sich für ein **Gräberfeld** begeistern kann.

Sultan-Hassanal-Bolkiah-Moschee

Wie bereits sein Vater hat sich auch *Sultan Hassanal Bolkiah* seine eigene Moschee erbauen lassen (auch bekannt als *Kiarong Moschee*), bei deren Bau keine Kosten gescheut wurden. Beeindruckend ist das Farbenspiel ihrer goldenen Kuppeln und der blauen Dächer. Sie liegt drei Kilometer außerhalb von BSB, in **Kampong Kiarong.**

- **Anfahrt:** Lilafarbener Bus Nr. 01, kostet 1 BR$.
- **Öffnungszeiten:** Mo–Mi, Sa, So 8–12, 14–15, 17–18 Uhr. Do, Fr nur für Muslime.

Muara

25 Kilometer nordöstlich von Bandar Seri Begawan gelegen, lohnt sich nach Muara ein Ausflug höchstens für Bootsverbindungen nach Labuan und Lawas oder des **Strandes** wegen. Nichts Besonderes für jemanden, der Strände außerhalb Bruneis gesehen hat.

- Ab *Serasa Ferry Terminal* fahren **Boote nach Labuan und Lawas** (siehe „Anreise", „Sabah überland").
- **Anfahrt:** Bus Nr. 37, 38, 39 für 1 B$, dauert ca. 45 Min.

Jerudong-Park

In den 1990er-Jahren war Jerudong Park **einer der weltweit modernsten Vergnügungsparks.** Eintritt und sämtliche Bahnen waren kostenlos. Weltstars gaben kostenlose Konzerte. Diese Zeiten sind vorbei. Jerudong Park wurde dem Zerfall preisgegeben, viele Anlagen wurden abtransportiert. Heute ist Jerudong Park ein Schatten des einstigen Namens.

Nasenaffen

Die seltenen Nasenaffen (der Name rührt vom übergroßen Riechorgan der geschlechtsreifen Männchen) leben nur in den Mangrovenwäldern an den Küsten Borneos und sind durch Umweltzerstörung heute stark gefährdet. In Brunei lebt eine bedeutsame Population von Nasenaffen. Kommt man bei der Reise weder in den Bako Park, noch nach Kota Kinabalu oder an den Kinabatangan bei Sandakan, kann man die Tiere hier gut beobachten. Am frühen Morgen und kurz vor Sonnenuntergang besteht die größte Chance, Familienverbände von Nasenaffen vom Boot aus zu beobachten. Die Tiere sind kaum scheu, haben aber die Angewohnheit, Besuchern den Rücken zuzudrehen. Oft sind nur ihre langen Schwänze aus dem Dickicht hängend zu sehen. Die Affen ernähren sich von schwer verdaulichen Mangrovenblättern, weshalb sie über besondere Mägen verfügen und auffallend große Bäuche haben. Die zunehmende Ausdehnung der Stadtsiedlungen und Straßen in die Mangrovenwälder gefährdet den Lebensraum der Nasenaffen. Als 2010 ein Mangrovenwald abgeholzt wurde, in dem Familien von Nasenaffen lebten, führte dies in der Presse Bruneis zu ungewöhnlich harscher Kritik aus der Öffentlichkeit. Bisher wurde das Habitat der seltenen „Stadtaffen" von Bandar Seri Begawan noch nicht unter Schutz gestellt. Fast alle Wassertaxifahrer in BSB kennen die Nasenaffen-Waldgebiete, ca. 15 Minuten Bootsfahrt von der Waterfront entfernt. Ein einstündiger Trip kostet 20 B$ (Verhandlungssache). Lohnenswerter sind Nasenaffen-Touren, die von *Mohd Daud Abdullah*, besser bekannt als *Jungle Dave*, und seiner *Mona Florafauna Tours*, Tel. 884 9110, mft.brunei@gmail.com) angeboten werden. *Jungle Dave* kennt die Tiere in den Mangroven und liefert viel Hintergrundinfo zur Ökologie der Mangrovenwälder. Mückenschutz-Mittel und Regenschutz mitnehmen!

Für die wenigen Anlagen, die noch in Betrieb sind, muss Eintritt bezahlt werden (10 Fahrten für 10 B$). Lohnt sich kaum noch den Besuch.

■ **Öffnungszeiten:** Mi–Fr und So 17–22.30 Uhr, Sa 17–24 Uhr.
■ **Anfahrt:** Erreichbar ist der Vergnügungspark mit Bus Nr. 55 ab dem Busterminal in BSB. Die letzten Busse fahren aber bereits nach 21 Uhr zurück in die Hauptstadt. Wer also länger bleibt, muss entweder ein Taxi anheuern (sehr teuer) oder mit Besuchern aus BSB zurückfahren.

Belait Distrikt

Seria

Das verschlafene Städtchen hat 25.000 Einwohner. Rund um Seria befindet sich die Infrastruktur für die Öl- und Erdgasgewinnung ausgebaut.

Die Anlagen der **Erdölgewinnung** können Reisende zu einem kurzen Halt in Seria bewegen, ansonsten fährt man normalerweise direkt weiter nach Kuala Belait und Malaysia.

Einen Eindruck von dem ungeheuren Aufwand, der zur Gewinnung des Erdöls nötig ist, erhält der Besucher bei der Erkundung der Stadt. Der ursprüngliche **Stadtkern** besteht nur aus einigen Geschäftsblocks, Wohnhäusern und der Moschee. Seria ist die am stärksten chinesisch geprägte Stadt Bruneis. Außerhalb wurden Hunderte baugleiche Wohnhäuser für die Techniker von *Shell* errichtet. In Seria und Umgebung stehen Raffinerien, Tanks und sogenannte „nickende Esel" – Bohrinstallationen, die das Öl fördern.

Am **Strand** von Seria wurde 1991 aus Anlass des milliardsten Barrels Erdöl ein **Monument** errichtet. Von dort aus sind auch die Bohrtürme vor der Küste zu sehen.

Oil and Gas Discovery Center (OGDC)

Das futuristisch anmutende Gebäude ist in ca. 10 Min. Fußmarsch vom Stadtzentrum zu erreichen und informiert über die Erdöl- und -gasförderung im Sultanat.

■ **Öffnungszeiten:** Di, Mi, Do 9–17 Uhr, Fr 9–12 und 14–17 Uhr, Sa, So 10–18 Uhr, Mo geschl., Eintritt 5 B$.

Adressen und Telefonnummern

■ **Post:** Jalan Sultan Omar Ali.
■ **Banken** mit **ATM:** *Standard Chartered Bank* und *HSBC*, beide Jalan Sultan Omar Ali.

Übernachten

In Seria existieren **zwei Hotels,** beide ideal im Stadtzentrum nahe der Bushaltestelle und bei günstigen Restaurants gelegen.

■ **Hotel Koperasi**②, Jalan Sharif Ali, Tel. 322 7589, 322 7592, hotel_seria@brunet.bn. Einfache, aber saubere und zweckmäßige Zimmer. Das Hotel hat kein Restaurant, aber mehrere Cafés und einfache Restaurants befinden sich gleich nebenan.
■ **Roomz Hotel**③-④, Jalan Sultan Omar Ali, Tel. 322 3223, Fax 322 3225, www.roomz.com.bn. Das neue Hotel in einem markanten, hohen Gebäude richtet sich an Geschäftsleute und verfügt über ein *Business Center,* ist aber etwas überteuert.

Verkehrsverbindungen

Von Seria aus fahren täglich **Busse** nach Kuala Belait (1 B$, von dort weiter nach Sarawak) und nach Bandar Seri Begawan (6 B$).

Kuala Belait

Nahe der Grenze zu Malaysia und 17 km westlich von Seria gelegen, ist Kuala Belait Basis für ausländische Fachkräfte in der Erdölindustrie.

Für Reisende ist KB, wie die Stadt von ihren rund 30.000 Bewohnern genannt wird, lediglich Durchgangsort auf dem Weg nach **Miri** in Sarawak.

Der breite, von Tropenvegetation gesäumte Belait-Fluss verschafft Kuala Belait eine besondere Atmosphäre. Auf dem Fluss sind oft Fischerboote und Cargo-Frachter zu sehen.

Kuala Belait bietet mit zahlreichen Geschäften und einem großen Markt **gute Einkaufsmöglichkeiten.** Jeden Sonntag von 6 bis 13 Uhr findet ein Tamu (Markt) statt.

Adressen und Telefonnummern

■ Die **Post** ist in der Jalan Bendahara.
■ **Banken mit ATM:** *Standard Chartered Bank* (Jalan Pretty) und *HSBC* (Jalan McKerron).

Übernachten

Die Kundschaft der überteuerten Hotels in Kuala Belait sind Geschäftsleute und Techniker der Erdölindustrie. Günstige Unterkünfte fehlen, deshalb preiswerter in Seria oder Bandar Seri Begawan übernachten. Einige teure Hotels befinden sich zudem verkehrstechnisch ungünstig mehrere Kilometer außerhalb der Stadt. Folgende Hotels liegen in der Stadt unweit der Busstation:

■ **Sentosa Hotel**③, 92 Jalan McKerron, Tel. 333 4342, Fax 333 1129, www.bruneisentosahotel.com.
■ **Riviera Hotel**③-④, 106 Jalan Sungai, Tel. 333 5252, Fax 333 1052, rivierahtl@brunet.bn, direkt am Fluss gelegen, schöne Aussicht.
■ **Swiss Hotel Apartment**③-④, 59–60, Jalan Pretty, Tel. 333 1668, Fax 333 2839, www.swisshotelkb.com. Zentral gelegen, schöner Ausblick auf die Stadt.
■ **Tat Place Hotel**③-④, 51 Jalan Pretty, Tel. 334 7277, Fax 334 7288, www.tatplacekb.com. Partnerhotel des *Swiss Hotel Apartment,* ähnlicher Standard.

Verkehrsverbindungen

Nach Miri (Sarawak) mehrere **Busse** täglich für 10,40 BR$; an der Grenze muss der Bus gewechselt werden. Nach Bandar Seri Begawan gibt es keine direkten Busse: Zunächst nach Seria fahren (1 B$), dort Bus nach Bandar Seri Begawan (6 B$).

Die Krokodilfänger von Seria

Das Arbeiten in Seria war in den Anfängen der Ölförderung um 1930 noch mit etlichen Gefahren verbunden. Von den heutigen **Verkehrsmöglichkeiten** konnten die Arbeiter damals nur träumen. Die gesamte Gegend war ein riesiges Sumpf- und Dschungelgebiet, und nur auf schmalen Urwaldpfaden war ein Vorankommen möglich. Autos konnten während der Ebbe den Strand entlang fahren, etliche Fahrzeuge aber wurden von der Flut zerstört. Trinkwasser musste während Regenschauern auf den Dächern gesammelt werden.

Neben gesundheitlichen Problemen gab es eine weitere Bedrohung: Es galt im **Lebensraum der Krokodile** zu arbeiten. Nach einigen Zwischenfällen sah sich *Shell* 1959 gezwungen, einen Krokodiljäger anzustellen, der die Tiere von Seria fernhalten sollte.

Heute noch leben Krokodile in der Gegend um Seria (und an den meisten Küstengebieten in Brunei), doch nur noch selten kommen die Reptilien in Kontakt mit Menschen. Letztmals wurde im April 1994 nach mühsamer Jagd ein Krokodil erschossen, das die Fischer längere Zeit beunruhigt hatte.

Ausflug Kuala Balai

Nach 20 Kilometern Fahrt von Seria ins Landesinnere über eine schlechte, aber flache Straße (Vierradantrieb nicht notwendig) und durch tropische Vegetation erreicht man Kuala Balai. Vor der Entdeckung des Erdöls war Kuala Balai Hauptort des Belait-Distriktes und Zentrum der damals florierenden Sago-Produktion: Aus Sago-Palmen wurde das Sago-Mehl gewonnen, ein in Borneo früher verbreitetes Nahrungsmittel. Heute herrscht eine **fast gespenstische Stille** in Kuala Balai, da der Ort durch Abwanderung an die Küste ausgestorben ist. Noch in den 1970er-Jahren lebten rund 500 Personen in Kuala Balai. Reste der Zivilisation werden nach und nach von der Dschungelvegetation überwuchert. Die vor einigen Jahren gestartete Initiative, Kuala Balai zu revitalisieren und Häuser der vergangenen Zeiten nachzubauen, hat keine Früchte getragen. Heute ist Kuala Balai wieder in den Dornröschenschlaf verfallen. Die Gegend ist allerdings ein **Paradies für Vogelbeobachter:** Ornithologen zählten vor einigen Jahren 160 Vogelarten. Entlang der selten befahrenen Straße sind Hornvögel und Eisvögel einfach zu beobachten. Wer nicht in den Temburong-Distrikt reist, erhält in Kuala Balai einen Eindruck von der Artenvielfalt des Regenwalds in Brunei.

Temburong Distrikt

Der kleinere, **östliche Teil Bruneis** ist durch den malaysischen Limbang-Korridor vom übrigen Brunei abgetrennt. Neben dem Hauptort Bangar und einigen kleinen Siedlungen und Reisfeldern besteht Temburong noch großteils aus **Dschungel.** Reisanbau und Kieswerke drängen aber auch hier die ursprüngliche Vegetation zurück.

Temburong beherbergt den Belalong Nationalpark, eines der besterhaltenen Regenwald-Gebiete Borneos. Die Armee Singapurs unterhält an der Straße nach Labu ein Trainingscamp für Dschungeleinsätze. **Iban** und **Murut**

Boot bei Kuala Balai

sind die beiden indigenen Gruppen, die in Temburong traditionell im Wald jagten. Heute betreiben die Jungen dies höchstens noch zum Zeitvertrieb. Weil Temburong nur wenige Arbeitsmöglichkeiten bietet, wandern viele Junge in die Hauptstadt ab.

Das Gebiet ist hügelig. Weder Öl noch Gas werden gefördert. In Temburong zeigt sich Brunei von seiner ursprünglichsten Seite.

Die meisten Besucher kommen im Rahmen einer **organisierten Tagestour** nach Temburong (bei allen Reisebüros in Bandar Seri Begawan zu buchen, rund 120 BR$ pro Person). Wer individuell reist, muss flexibel sein; es existieren keine Busse und kaum Übernachtungsmöglichkeiten.

Bangar

Bangar ist der verschlafene **Hauptort** und **Verwaltungssitz des Temburong-Distrikts.** Die neue Bootsanlegestelle *(Jetty)* befindet sich gleich hinter der Brücke. Geschäfte und Restaurants sind in einem älteren Häuserblock sowie einem moderneren Bau gleich dahinter zu finden. In einem dieser Stores befindet sich eine Art *Tourist Office,* das zwar halb leer und oft geschlossen ist, aber deren Besitzerin sehr hilfsbereit ist. Gleich hinter den Häusern von Bangar beginnt der Regenwald.

Zwar existieren in Temburong mehrere Iban-Langhäuser, doch man sollte keine falschen Erwartungen haben: Die Langhäuser

sind modern renoviert, davor sind *Toyotas* und *Hondas* abgestellt, und die Bewohner surfen auf ihren *Smartphones.* Eine Handvoll Lehrer aus Großbritannien und Australien unterrichten gegen gutes Geld in der lokalen Schule.

Transport

Von Bandar Seri Begawan aus ist Bangar in 45 Minuten **per Boot** (6 B$, maximal zwölf Passagiere) zu erreichen. Das letzte Boot nach BSB fährt um 16 Uhr. Das Boot schlängelt sich durch das Labyrinth der Wasserwege in den Mangrovenwäldern. Wer Glück hat, erspäht

Krokodile, Reiher und andere Vögel. Manchmal sind auch Fischer bei der Arbeit zu beobachten. Boote aus BSB legen zunächst beim Verwaltungsgebäude-Komplex an, da viele Beamte, die in Temburong arbeiten, in BSB wohnen und täglich per Boot an- und abreisen. Danach fahren Boote zur *Jetty* gegenüber.

Eine **Straße** führt Richtung Osten nach Lawas (Sarawak) und Sabah. Eine andere Straße Richtung Westen führt nach Limbang (Sarawak). Öffentliche Verkehrsmittel existieren in Temburong nicht. Bei der *Jetty* wartet meist einer der Fahrer, die Passagieren **Taxidienste** anbieten. Bis zur Grenze Richtung Limbang (Ujong Jalan) kostet eine Fahrt 10 B$. Zur Zeit der Recherchen musste der Grenzfluss noch mit einer Fähre überquert werden (für Fußgänger schneller per Einbaum für 0,50 B$), aber Ende 2013 soll die im Bau befindliche Brücke fertiggestellt sein. Zur Grenze Richtung Lawas kostet ein Taxi 20 B$. Eine dritte Straße führt Richtung Süden nach Batang Duri, Ausgangspunkt für Touren in den Belalong Nationalpark.

Übernachten

■ **Government Rest House**①, Tel. 522 1231, keine E-Mail-Adresse, in der Nähe der Brücke. Priorität haben Regierungsangestellte, aber wenn freie Zimmer vorhanden sind, werden auch Reisende aufgenommen. Die Zimmer kosten 30 B$, sind geräumig aber etwas abgewohnt und mit Kühlschrank, Air Condition und eigener Dusche ausgestattet. Der Komplex am Waldrand umfasst auch ein Restaurant, in dem es preiswerte Speisen gibt (4 B$).
■ **Lukut Intan Guesthouse**②, Tel. 5221078, keine E-Mail-Adresse, Jalan Kampong Menengah. Etwas außerhalb von Bangar gelegen. Gäste werden von der Bootsanlegestelle abgeholt. Eine Familie vermietet Zimmer für 50 bis 60 B$ sowie einen Bungalow für 80 B$. Kein Restaurant vorhanden.

◁ Unterwegs im Boot zwischen BSB und Temburong

Essen und Trinken

Im Häuserblock nahe des Flusses gibt es **mehrere kleine Restaurants** und **zwei Läden** mit Mineralwasser und anderem Proviant. Im *Afasa Restaurant* kocht ein indisches Team gute Gerichte, die maximal 4 B$ kosten. Das *Restoran Hijrah Koperasi* verfügt über Air Condition und ist bei Familien beliebt. Spezialität sind die lokalen Königs-Garnelen (*Udang Galah* aus Temburong) mit Reis für etwa 11 B$. Hinter der Straße bieten Frauen auf dem kleinen Markt Früchte feil. Dort gibt es auch **die süße Spezialität von Temburong** zu kaufen: *Wajid Temburong* ist ein mit Zucker aus der Nipah-Palme, Kokosnussmilch und feinkörnigem Temburong-Reis hergestelltes und in Blättern eingewickeltes Dessert (2 B$).

Geld

In Temburong gibt es **keine Möglichkeit, Geld zu wechseln**. Die Bank *(Bank Islam Brunei Darussalam BIBD)* verfügt über keinen ATM für internationale Kreditkarten und wechselt keine Währung. Genügend Bargeld aus BSB mitnehmen!

Perdayan Forest Recreation Park

15 Kilometer östlich von Bangar befindet sich ein gut erhaltenes, unter Schutz stehendes **Regenwaldgebiet**. Ein ausgeschilderter Weg führt teils über Holztreppen auf den **Bukit Patoi**, einen 310 Meter über Meer gelegenen Aussichtspunkt auf einem Hügelzug, von dem aus man gute Fernsicht Richtung Sabah hat. Für den Auf- und Abstieg mit genügend Zeit für Pausen und Naturbeobachtungen müssen drei Stunden eingeplant werden. **Vorsicht:** Die Treppen im unteren Teil des Aufstiegs sind besonders morgens und nach Regen sehr rutschig, deshalb langsam gehen, um Stürze zu vermeiden. Regenschutz mitnehmen!

Der Beginn des Aufstiegs durch artenreichen Regenwald ist an der Straße ausgeschildert; Toiletten sind dort vorhanden, ebenfalls eine kleine Station des Forestry Departments, aber Getränke und Verpflegung müssen mitgenommen werden. Mit Glück sind Hornvögel, riesige Tausendfüßler und farbenfrohe Schmetterlinge zu sehen. Interessanter Tagesausflug, um den Regenwald Bruneis individuell zu erleben: Morgens das Boot von BSB nach Bangar nehmen, von dort ein Taxi bis zum Perdayan Forest Recreation Park (20 B$), mit dem Taxifahrer die Rückfahrt festlegen (nochmals 20 B$, bei der Rückfahrt bezahlen) und um 16 Uhr auf das letzte Boot nach BSB. Ein Wort der **Vorsicht:** In den vergangenen Jahren verirrten sich mehrere Ausländer in den Regenwäldern Bruneis und wurden teils erst nach Tagen von der bruneiischen Armee gefunden. Die markierten Wege nicht verlassen, genügend Wasser und möglichst ein aufgeladenes Mobiltelefon mitnehmen.

Belalong-Nationalpark

1991 wurde von der Universität Brunei ein Projekt zur **Erforschung des Regenwaldes** lanciert. Zu diesem Zweck errichteten die Verantwortlichen im Herz von Temburong ein Hauptquartier mit geeigneter Infrastruktur für die 50 beteiligten Forscher, das **Kuala Belalong Field Studies Centre**.

Die intensiven Studienarbeiten endeten 1992, aber noch heute forschen Wissenschaftler der Universität Brunei in Belalong. 50.000 Hektar unberührter Regenwald stehen im Belalong Nationalpark unter Schutz. Besucher übernachten im *Ulu Ulu Resort*.

Highlight des Belalong Nationalparks ist der **Canopy Walkway:** Eine inmitten des Regenwaldes frei stehende Metall-Konstruktion erlaubt es, den Regenwald in 42 Metern Höhe aus der Vogelperspektive in den Baumkronen zu erleben. Der *Canopy Walk* ist 150 Meter lang. Die Konstruktion schwingt leicht, wenn mehrere Besucher unterwegs sind oder wenn der Wind bläst. Der *Canopy Walk* ist nur etwas für **Schwindelfreie!** Besuche des *Canopy Walks* finden frühmorgens statt, wenn die Gesänge der Gibbons und die metallisch-heiseren Rufe der Hornvögel erklingen und Nebel aus den Baumkronen aufsteigt. Dank des Panorama-Blicks in die Baumkronen sind zahlreiche Vögel, Baumhörnchen und Insekten zu beobachten. Um zum *Canopy Walkway* zu gelangen, ist ein **Mindestmaß an Fitness** Voraussetzung: Mehrere hundert hölzerne Treppenstufen müssen in dem feuchtwarmen Klima überwunden werden.

Übernachten

Die zuvor recht einfachen Holzhäuser im Belalong Nationalpark wurden ausgebaut und bilden nun das **Ulu Ulu Resort**④ (Tel. 244 1791, Fax 2441790, www.uluuluresort.com). Die verfügbaren Zimmer variieren in Größe und Ausstattung. Man sollte sich vom Begriff „Resort" nicht irreführen lassen: Wer Luxus oder eine Wellness-Oase im Regenwald sucht, ist hier fehl am Platz. Die Unterkünfte sind mit Liebe zum Detail eingerichtet und sauber. Das Personal geht auf Wünsche der Kunden ein, versucht ein passendes Programm zusammenzustellen und ist motiviert. Im *Ulu Ulu Resort* gibt es Ruhe ohne Internet- und Mobilfunkverbindung und ohne Fernseher.

Preise ab 290 B$ pro Person im Doppelzimmer (ab zwei Nächten günstiger). Der Preis umfasst den Transport von Bandar Seri Begawan zum und vom *Ulu Ulu Resort* sowie Aktivitäten wie der *Canopy Walk,* Nachterkundungen im Regenwald und der Besuch eines Wasserfalls. Die Variante mit zwei Tagen und einer Übernachtung lohnt sich kaum, denn die meiste Zeit geht für die An- und Rückreise drauf. Empfehlenswert sind Zwei- oder Drei-Nächte-Packages. Das *Ulu Ulu Resort* und die dortigen Aktivitäten verschaffen rund zwei Dutzend Indigenen aus Temburong, die meisten von ihnen sind Iban, ein Auskommen.

Anreise

Individuell ist die Anreise in den Belalong Nationalpark wenig praktikabel. Alleine die Bootsmiete kostet mehr als 100 B$. Im Übernachtungspreis des *Ulu Ulu Resorts* ist der Transport ohnehin inbegriffen. Von Bangar geht es per Minibus nach Batang Duri. Dort wird in Langboote *(temuai)* mit Außenbordmotoren umgestiegen. Die Langboote sind ideal, um auch bei tiefem Wasserstand zu navigieren. Die lokalen Iban-Bootsführer kennen den Fluss wie ihre Hosentasche. Die ca. 45 Minuten dauernde Fahrt (bei hohem Wasserstand schneller, ansonsten länger) flussaufwärts bis zum *Ulu Ulu Resort* führt durch unberührten, wunderschönen Regenwald. Da es flussaufwärts keine Siedlungen gibt, ist das Wasser klar. Gepäck wasserdicht verpacken, wegen Wasserspritzern während der Fahrt, aber auch Regenschauer sind häufig.

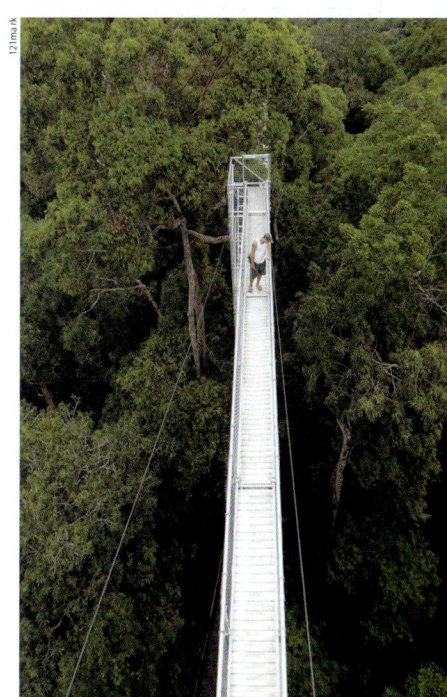

▷ Temburong Canopy Walkway

PRAKTISCHE REISETIPPS A–Z

Ämter und Behörden

Öffnungszeiten

Freitag und Sonntag sind in öffentlichen Schulen und Ämtern freie Tage. Banken hingegen sind von Montag bis Donnerstag von 9 bis 16 Uhr geöffnet, freitags von 9 bis 12 Uhr und 14 bis 16 Uhr. Shoppingkomplexe und viele Läden sind täglich geöffnet, müssen aber die gesetzliche Schließung freitags von 12 bis 14 Uhr (Freitagsgebet) einhalten.

Post

■ **Gebühren:** Postkarte nach Europa 50 Sen, Brief nach Europa 90 Sen.
■ Die **Hauptpost** in Bandar Seri Begawan verkauft spezielle Briefmarken mit den Konterfeis der königlichen Familie, sowie historische Briefmarken.

Telefon

Örtlicher Mobilfunkanbieter

■ **Vorwahl Brunei: 00673**
■ Die beiden **örtlichen Mobilfunkanbieter** sind *DST* (www.dst-group.com) und *Bmobile* (www.bmobile.com.bn). *DST* verfügt über die bessere landesweite Abdeckung. Lokale **SIM-Cards** sind mit rund 40 B$ vergleichsweise teuer. Roaming mit SIM-Cards europäischer Mobilfunkunternehmen funktioniert in Brunei.

Anreise

Mit dem Flugzeug

Der internationale Flughafen von Brunei wird von fünf Fluggesellschaften angeflogen. Sie verbinden das Sultanat durch Direktflüge mit anderen Staaten Südostasiens, mit Dubai, London und Melbourne (Australien).

Singapore Airlines (www.singaporeair.com) fliegt **ab Singapur** und setzt für die Brunei-Verbindung an manchen Tagen die kleineren Maschinen der Tochtergesellschaft *SilkAir* ein. *Malaysia Airlines* (www.malaysiaairlines.com) verbindet Brunei mit **Kuala Lumpur** und **Kuching (Sarawak)**. Ebenfalls nach Kuala Lumpur fliegt ab Brunei die Billigfluggesellschaft *Air Asia* (www.airasia.com). Die philippinische *Cebu Pacific* (www.cebupacificair.com) fliegt nach **Manila**.

Die staatliche *Royal Brunei Airlines* (www.bruneiair.com) nahm ihren Dienst 1975 auf. Bis vor wenigen Jahren bediente sie ein großes Netz von Destinationen in Europa, dem Mittleren Osten und Neuseeland/Australien. Das Flugangebot wurde aus ökonomischen Gründen allerdings stark reduziert. Die Flotte besteht aus modernen *Boeing B787, B777* und *Airbus A319* und *A320*. Viele Piloten stammen aus Neuseeland, Australien und Großbritannien; die Flugbegleiterinnen werden in Südostasien rekrutiert. *Royal Brunei* genießt einen guten Ruf bezüglich Sicherheit und Service. Allerdings wird an Bord kein Alkohol serviert. *Royal Brunei* fliegt Passagiere ab folgenden Städten nach Brunei: **London, Dubai, Melbourne, Bangkok, Kuala Lumpur, Singapur, Jakarta, Surabaya, Hongkong, Shanghai, Manila**. Innerhalb von Borneo bedient die Airline nur Kota Kinabalu (Sabah).

Wer mit *Royal Brunei* **innerasiatische Strecken** fliegt (z.B. von Jakarta nach Hongkong), kann in Brunei meist ohne Zusatzkosten einen Stopover einlegen.

Brunei International Airport

Der im regionalen Vergleich übersichtliche Flughafen liegt in **Berakas,** rund 8 km außerhalb von Bandar Seri Begawan. Zur Zeit der Recherchen befand sich der Flughafen im Umbau. Ende 2013 soll die Renovierung fertig sein. Wer Alkohol mitführt, muss diesen auf einem Formular deklarieren. Das gesamte Gepäck wird nach der Gepäckausgabe vom Zoll durchleuchtet. Nach der Passkontrolle und Gepäckausgabe kann man mit internationalen Kreditkarten an ATMs Bargeld beziehen. Der Flughafen verfügt über **keine Gepäckaufbewahrung.** Achtung bei Abflügen ab Brunei: Das Sultanat ist eines der wenigen Länder, das **Flughafengebühren in bar** beim Check-in einzieht. Die *Airport Tax* beträgt für Flüge nach Kota Kinabalu und Kuching 5 B$, für alle anderen Flüge 12 B$.

Taxis stehen gleich beim Ausgang. Der Fahrpreis nach Bandar Seri Begawan beträgt 25 B$ und ist fix. Taxis verfügen in Brunei über keine Taxameter, verhandeln lohnt sich kaum. Günstiger sind die **lila Busse,** welche für 1 B$ in etwa 30 Minuten zum Busterminal in der Stadt fahren. Zwar gibt es am Flughafen keine offizielle Haltestelle mehr, aber die Busse lassen sich außerhalb des Terminals per Handzeichen (mit der Hand „wedeln", nicht den Daumen hoch halten!) anhalten. An Wochentagen fahren die lilafarbenen Busse etwa alle 30 Minuten bis gegen 18 Uhr am Flughafen vorbei. Sonntags fahren die Busse selten.

Überland nach Malaysia

Bis 2010 verweigerte Brunei malaysischen Bussen den Zugang zum Sultanat, was Reisen von Sabah nach Sarawak durch Brunei in die Länge zog und mehrere Wechsel der Busse bedingte. Inzwischen ist es möglich, mit malaysischen Busunternehmen direkt von Bandar Seri Begawan nach Miri (Sarawak) und Kota Kinabalu (Sabah) zu fahren, was die totale Reisezeit (und Kosten sowie die Anzahl Übernachtungen) merklich verringert. Stundenlanges Warten im Stau an den Grenzübergängen ist freitags und sonntags wegen des dann besonders hohen Verkehrsaufkommens üblich. **Busse nach Miri** und **Kota Kinabalu** starten in Bandar Seri Begawan nicht vom Busterminal der lila Busse, sondern unweit davon entfernt in der Nähe des chinesischen Tempels gegenüber des Marktes. Anders als bei den lila Bussen, in denen Tickets an Bord verkauft werden, müssen Fahrkarten für Busse nach Malaysia vor der Abfahrt im Busterminal (Jalan Cator) gekauft werden.

Sarawak überland

Direkte Busse von Bandar Seri Begawan nach Miri fahren zwei Mal pro Tag (Abfahrten 7 Uhr und 13 Uhr) für 18 B$. Die Fahrzeit beträgt je nach Verkehrsaufkommen an der Grenze rund vier Stunden.

Wer nicht direkt nach **Miri** reisen möchte, sondern entlang der Route Stopps einzulegen gedenkt, nimmt den Bus von Bandar Seri Begawan nach Seria (mehrere Abfahrten täglich, zwei Stunden, 6 B$). Von dort fahren Busse alle halbe Stunde (bis gegen 18 Uhr) nach Kuala Belait (30 Minuten, 1 B$). Ab Kuala Belait fahren täglich mehrere Busse via Grenzort Sungai Tujoh nach Miri (je nach Verkehrsaufkommen mindestens eine Stunde, Buswechsel an der Grenze, 10.40 B$). Wer von Miri kommt und spät dran ist, findet in Kuala Belait Taxis, die für die Fahrt nach Bandar Seri Begawan zwischen 60 und 80 B$ verlangen.

Von Miri aus existieren zahlreiche **Bus- und Flugverbindungen** innerhalb von Sarawak. Die schnellste Variante, von Brunei nach Kuching zu gelangen, ist der **Direktflug von Brunei** mit *Malaysia Airlines.*

Die praktische Bootsverbindung zwischen Bandar Seri Begawan und Limbang wurde eingestellt. Die Tageszeitungen in Brunei führen in ihrem täglich publizierten *Boat Schedule* die Verbindung fälschlicherweise immer noch auf. **Limbang** ist von BSB aus auf **zwei Routen erreichbar:** Die schnellste Variante ist der tägliche Expressbus nach Kota Kinabalu

(Abfahrt BSB um 8 Uhr), der für die Strecke nach Limbang 25 B$ verlangt. Mehrere lila Busse (Bus 48) fahren ab der Busstation an Jalan Cator direkt an die Grenze in Kuala Lurah (40 Minuten, 1 B$). Auf malaysischer Seite fahren Busse und Minibusse nach Limbang (10–15 RM). Mit dem schnelleren Taxi kostet die Fahrt von der Grenze nach Limbang 50 RM. Landschaftlich attraktiver ist folgende Alternative: Zunächst per Boot von BSB nach Bangar (Temburong) (45 Minuten, 6 B$), dort per Taxi bis zur Grenze in Ujong Jalan (10 Minuten, 10 B$) und anschließend auf der malaysischen Seite per Anhalter oder zu Fuß zunächst zur *Sarawak Immigration* (ca. 15 Minuten zu Fuß der Straße entlang, dann großes Gebäude links), dann nach Limbang per Bus (3 RM).

Das **tägliche Boot** nach **Lawas** fährt nicht mehr von Bandar Seri Begawan aus, sondern vom Hafen in Serasa nahe Muara (Serasa Ferry Terminal, wo auch die Ausreiseformalitäten erledigt werden), 30 Kilometer nordöstlich von BSB. Abfahrt um 9.30 Uhr, 20 B$, zwei Stunden, genügend Zeit für Immigration einberechnen. **Überland nach Lawas:** Der tägliche Expressbus von Bandar Seri Begawan nach Kota Kinabalu (Abfahrt BSB um 8 Uhr) hält auch in Lawas, Ticket 25 B$.

Sabah überland

Kota Kinabalu ist ein beliebtes Shopping-Ziel für Bruneier. Täglich fährt ein Expressbus von Bandar Seri Begawan via Limbang und Temburong nach Kota Kinabalu. Abfahrt 8 Uhr, 45 B$, Dauer rund 7 Stunden (abhängig von allfälligen Staus an Grenzübergängen). Der kurze Flug Brunei – Kota Kinabalu wird von *Royal Brunei* zwei Mal täglich durchgeführt. Er bietet gute Ausblicke auf die Küste Borneos und auf die vorgelagerten Inseln.

Boote auf die **Insel Labuan** (von dort weiter per Boot nach Kota Kinabalu) fahren fünf Mal pro Tag ab Serasa Ferry Terminal (17 B$, 1½ Stunden, erste Abfahrt um 7.30 Uhr). Wer die erste Fähre nach Labuan erwischen will, muss den Expressbus um 6.30 Uhr ab Bandar Seri Begawan nehmen.

Der Expressbus 33 fährt ab dem Busterminal in BSB bis zum Serasa Ferry Terminal, 40 Minuten, 2 B$. Die anderen Busse nach Muara (1 B$) fahren nicht bis zum Hafen, etwa 3 km südlich von Muara. Frühzeitig in den Bus einsteigen, da auf frühen Bussen die Sitzplätze rasch besetzt sind. Tickets werden nach der Abfahrt im Bus verkauft

Notfall

Wird der **Reisepass im Ausland gestohlen**, muss man dies bei der örtlichen Polizei melden. Darüber hinaus sollte man sich an die nächste diplomatische Auslandsvertretung seines Landes wenden, damit man einen Er-

satz-Reiseausweis zur Rückkehr ausgestellt bekommt. Auch in **dringenden Notfällen,** beispielsweise medizinischer oder rechtlicher Art, sind die Auslandsvertretungen bemüht vermittelnd zu helfen.

■ **Deutschland:** German Embassy, Unit 2.01, Block A, 2. Stock, Complex Bangunan Yayasan Sultan Haji Hassanal Bolkiah, Jalan Pretty, Bandar Seri Begawan, Tel. 222 5547, und in dringenden Notfällen auch Tel. 8750 750.
■ **Schweiz:** Swiss Consulate, Unit 402-403A, Wisma Jaya, Jalan Pemancha, Bandar Seri Begawan, Tel. 223 6601.

Österreich hat keine Vertretung in Brunei, zuständig ist die Vertretung in Malaysia (siehe dort).
Wenn das Geld oder die Geldkarten gestohlen wurden bzw. verloren gingen, siehe Kapitel „Notfall" im Kap. „Praktische Tipps A–Z" zu Malaysia.

Öffentliche Verkehrsmittel

Da sich jeder Bürger von Brunei mindestens ein Auto leisten kann, nimmt der öffentliche Verkehr nur eine untergeordnete Stellung ein. Mit der Einführung der lilafarbenen **Busse** hat sich die Transportsituation in Brunei wesentlich verbessert. Die Umgebung der Hauptstadt sowie die Küstenorte werden häufig bedient, jedoch existiert im Hinterland immer noch kein öffentlicher Verkehr. Tickets werden in den Bussen verkauft, meist nach der Abfahrt. Busse in Brunei transportieren oft Gastarbeiter aus Indien, Bangladesch, den Philippinen und Indonesien.

Lila Busse im Stadtzentrum von Bandar Seri Begawan

Rege Gebrauch gemacht wird hingegen vom **Bootsverkehr** zwischen Bandar Seri Begawan und Bangar (in der Enklave Temburong), denn zwischen den beiden Landesteilen existiert keine direkte Straßenverbindung. Der Bau einer 22 Kilometer langen Brücke zwischen der Hauptstadt und Temburong über die Mangrovenwälder und das Meer steckt noch in der Planungsphase.

Rund ums Geld

Die Landeswährung ist der **Brunei-Dollar** (B$), aufgeteilt in 100 Cent (sen). Er hat denselben Wert wie der Singapur-Dollar, der auch als Zahlungsmittel in Brunei akzeptiert wird.

Mit Kreditkarten kann in allen größeren Küstenorten (Bandar Seri Begawan, Tutong, Seria, Kuala Belait) problemlos an ATMs Bargeld bezogen werden, nicht jedoch in Temburong. Bargeld in Euro und US$ kann in den zahlreichen Wechselstuben in Bandar Seri Begawan und Kuala Belait unkompliziert gewechselt werden. **Schweizer Franken** werden **nicht** akzeptiert, auch nicht in Banken.

Kosten

Brunei ist kein billiges Reiseland. Das Preisniveau ist nach Singapur das höchste in Südostasien. Die Preise für Essen und Transport sind vergleichbar mit jenen in Ost-Malaysia. Teuer sind allerdings die Hotels, die fast kein Zimmer unter 40 € anbieten.

Sicherheit

Brunei ist **eines der sichersten Länder überhaupt.** Der Bevölkerung geht es finanziell gut, randalierende Betrunkene sind im Sultanat ebenso unbekannt wie drogensüchtige Kriminelle. Zwar hat sich im Sultanat in den letzten Jahren die Kriminalitätsrate erhöht, doch im Vergleich mit umliegenden Staaten ist es hier immer noch sehr sicher.

Mit dem Ausbau der Küstenstraße nach Kuala Belait haben **Verkehrsunfälle** zugenommen. Raser nutzen die gerade Strecke gern, um ihre aufgemotzten Fahrzeuge auszufahren. Vorsicht bei Fahrten während den sintflutartigen Regenfällen, welche die Sicht stark einschränken und regelmäßig zu Straßenüberschwemmungen führen.

Auf **schwarze Mercedes-Limousinen** (die Fahrzeuge hoher Staatsdiener und von Mitgliedern der Sultansfamilie) ist besonderes Augenmerk zu richten. **Sie dürfen nicht überholt werden.** Erklingt eine **Sirene,** wenn etwa ein Mitglied der Sultansfamilie unterwegs ist, haben Verkehr und Fußgänger Platz zu machen.

Immer wieder verirren sich **Ortsunkundige** in den Regenwäldern von Brunei. Gehen Sie nie alleine in den Wald und bleiben sie auf gut markierten Wegen. Führen Sie stets ein Mobiltelefon mit vollem Akku und genügend Trinkwasser mit.

Wechselkurse

(Stand: Oktober 2013)

1 €	1,66 BR$
1 SFr.	1,35 BR$
1 US$	1,23 BR$
1 RM	0,37 BR$

LAND UND LEUTE

Wer aus einem anderen südostasiatischen Land anreist, wird die dort typische Atmosphäre in Brunei auf den ersten Blick vermissen. Brunei ist ein stark muslimisch geprägtes Land und konservativer als Malaysia. Die Menschen erscheinen zurückhaltender als anderswo. Wer ein Faible fürs Andersartige hat, sollte dem Kleinstaat einen Besuch abstatten.

Geografie

Mit nur gerade 5765 km² **Fläche** ist Brunei gerade mal doppelt so groß wie das Saarland und zählt damit zu den **kleinsten Staaten der Erde.**

Das Sultanat ist zweigeteilt: Der größere westliche Teil umfasst die Hauptstadt Bandar Seri Begawan und die **Distrikte Muara** und **Tutong** sowie den Distrikt **Belait** mit der Öl- und Gasindustrie. Durch den malaysischen Limbang-Korridor abgetrennt wird der Temburong Distrikt. Beide Teile Bruneis werden vollständig vom malaysischen Teilstaat Sarawak umgeben.

Eine 160 km lange **Küste,** aus Sandbänken und Mangrovendickicht bestehend, grenzt Brunei zum Norden vom Südchinesischen Meer ab. Während der Küstenstreifen flach ist, wird das **Hinterland** zunehmend hügelig. Die höchste Erhebung Bruneis ist der Bukit Pagon im Distrikt Temburong mit 1850 m ü.M.

Bis vor kurzer Zeit waren noch rund drei Viertel der Fläche Bruneis mit **tropischem Regenwald** bedeckt, weil das Ölgeschäft die Abholzung unbedeutend machte. Im Zuge eines Regierungsprogramms, das den Grad der Selbstversorgung mit Reis erhöhen will, wird nun aber Wald zur landwirtschaftlichen Nutzung gerodet. Zudem muss der Regenwald angesichts des schnellen Bevölkerungswachstums für Wohnungsbauprojekte Platz machen. Dennoch gibt es in Brunei keine großflächigen Kahlschläge wie in Sarawak und Sabah, und das Sultanat rodet keinen Regenwald für Palmölplantagen, wie dies in Malaysia und Indonesien der Fall ist. Brunei verfügt in Temburong über einen der **besterhaltenen Regenwälder Borneos.** Das Sultanat finanziert Forschungen und unterstützt die internationale *Heart of Borneo-Initiative* zum Schutz der Regenwälder.

Klima

Brunei besitzt ein typisches feuchtwarmes **Tropenklima** mit einer Regenzeit von November bis März und einer stets hohen Luftfeuchtigkeit. Die Temperaturen bleiben das ganze Jahr hindurch relativ konstant mit Werten zwischen 25 und 35 °C.

Die beste Reisezeit ist von April bis Oktober, wenn etwas weniger Regen fällt. Mit vereinzelten Regenschauern muss aber auch dann gerechnet werden, vor allem abends und nachts. Von November bis März sind starke Regengüsse an der Tagesordnung.

Für weltweites Aufsehen sorgen **Waldbrände,** die alle paar Jahre im indonesischen Teil von Borneo wüten und von dessen Auswirkungen Brunei jeweils stark betroffen ist. Wegen des beißenden dichten Rauchs, der Atemwegbeschwerden und stark eingeschränkte Sicht zur Folge hatte, mussten zeitweise Schulen und auch der Flughafen geschlossen werden. Vor einer Reise empfiehlt sich ein Blick auf die Internetseite des *Borneo Bulletin* (www.borneobulletin.com.bn), um die aktuelle Situation zu prüfen.

Bevölkerung

Die knapp 400.000 Einwohner Bruneis setzen sich etwa zu 68 % aus Malaien, zu 15 % aus Chinesen, zu 6 % aus verschiedenen Volksgruppen (Iban, Murut, Dusun, Penan) sowie zu 11 % aus Expatriats (Gastarbeiter aus dem ostindischen Subkontinent, Europa und Australien) zusammen. Während Europäer als Lehrer, Erdöltechniker oder Piloten arbeiten, sind viele Inder zu Billiglöhnen im Bau- und Gastgewerbe, als Fahrer, im Reinigungsdienst oder in der Textilindustrie tätig. Zudem arbeiten zahlreiche Kindermädchen aus den Philippinen und aus Indonesien in Brunei. Fälle von Misshandlungen von Gastarbeitern kommen immer wieder vor, scheinen aber weniger häufig zu sein als in den Golfstaaten.

Obwohl Chinesen eine Minderheit sind, dominieren sie weiterhin die wenig entwickelte Privatwirtschaft Bruneis, während Malaien vor allem im Staatsdienst angestellt sind. Behörden diskriminieren die ethnischen Chinesen, sofern sie nicht zum Islam konvertieren, gegenüber den Malaien beim Zugang zu staatlichen Arbeitsplätzen und bei der Gewährung der Staatsbürgerschaft von Brunei.

Über die Hälfte der Bevölkerung ist unter 24 Jahre alt, das **Bevölkerungswachstum** beträgt rund 2 % pro Jahr.

Die größeren Ortschaften liegen alle an der Küste, das Hinterland ist nur dünn besiedelt. Langhäuser (wenn auch heute modernisiert) finden sich vor allem im Distrikt Temburong.

Die Bevölkerung Bruneis genießt einen der höchsten **Lebensstandards** in Asien. Der Staat verlangt keine Steuern und gewährt ein kostenloses Gesundheits- und Bildungssystem. Da Bruneier **kinderreich** und **ausgabefreudig** sind, haben trotzdem viele Familien Schulden angehäuft und leben auf Kredit, was in der lokalen Presse immer wieder thematisiert wird. Zudem sind als **Folge des Wohlstandes** und geänderten Lebensweisen Übergewicht, Diabetes- und Blutdruckerkrankungen stark verbreitet.

Bei den umfangreichen staatlichen Zuwendungen werden **Malaien** augenfällig bevorzugt; die anderen Ethnien kommen nur vollständig in den Genuss der staatlichen Wohlfahrt, wenn sie zum Islam übertreten (die meisten Iban, Murut u.a. sind Christen).

Frauen im Sultanat Brunei

Sprache

Wie in Malaysia wird auch in Brunei **Malaiisch** gesprochen. Das **Brunei-Malaiisch** *(Melayu Brunei)* umfasst einige landestypische Begriffe und Redewendungen. Unterschiedliche chinesische Dialekte werden von der chinesischen Minderheit gesprochen. Die ethnischen Minderheiten Iban und Murut sprechen ihre eigene Sprache. **Englisch** wird in den Schulen gelehrt und fast überall verstanden. Bei Touren in das Hinterland sind jedoch grundlegende malaiische Sprachkenntnisse hilfreich.

Geschichte

Aus der **Zeit vor der Islamisierung** Bruneis existieren nur wenige Quellen. Sicher ist jedoch, dass das Sultanat bereits damals mit anderen asiatischen Staaten, allen voran mit China, Handelsbeziehungen innehatte. Brunei war zu jener Zeit unter den Namen *Puni* und *Poli* bekannt. Noch heute werden Scherben von antiken chinesischen Vasen an den Küsten des Sultanats gefunden.

Im **14. Jahrhundert** fasste der Islam in Brunei Fuß, als der Herrscher *Awang Alak Betatar* sich zum Islam bekannte, den Namen in *Sultan Muhammad* umänderte und eine Prinzessin aus Johor (West-Malaysia) heiratete.

Der Sultan von Brunei: Geld, Gold und Macht

Seit seiner Krönung 1967 im Alter von 21 Jahren ist viel über die Person des heutigen Sultans von Brunei spekuliert worden. Einig ist man sich darüber, dass Seine Majestät *Paduka Seri Baginda Sultan Haji Hassanal Bolkiah Mu'izzadin Waddaulah Ibni Almarhum Sultan Haji Omar' Ali Saiffudien Sa' adul Khairi Waddien,* Sultan und *Yang Di – Pertuan* von **Negara Brunei Darussalam der reichste Staatschef der Welt** ist. Als Privatperson ist er mittlerweile von *Microsoft*-Inhaber *Bill Gates* überrundet worden. Nach einem Finanzskandal Ende der 1990er Jahre und dem Zerwürfnis mit dem langjährigen Finanzminister, seinem jüngeren Bruder *Jefri Bolkiah,* dürfte das Vermögen auf ungefähr 30 Milliarden US$ geschrumpft sein.

Einen weiteren Rekord stellt *Sultan Bolkiah* mit seinem **Palast** in der Hauptstadt auf, der mit 1800 Zimmern das größte Wohnhaus der Welt ist. Im Jahr 2003 ließ sich der Sultan von der jüngeren seiner beiden Ehefrauen scheiden. Zwei Jahre später heiratete der Sultan eine 26-jährige TV-Journalistin aus Malaysia, von der er sich 2010 wieder scheiden ließ. Familienangehörige wohnen in eigenen Palästen außerhalb von Bandar Seri Begawan.

Der lange Name (seine Titel, z.B. „Diamant des Nils") scheint gerechtfertigt, da die Sultansfamilie von Brunei nach der Kaiserfamilie in Japan die älteste ununterbrochen regierende **Monarchendynastie** ist.

Sultan Bolkiah genoss die bestmögliche Ausbildung an Eliteschulen in Kuala Lumpur und England und ist heute **Staatsoberhaupt, Premier-, Finanz- und Verteidigungsminister** sowie oberster islamischer Führer in Personalunion. Andere wichtige Posten in der Regierung sind von seinen Brüdern besetzt.

Die Privatsammlung an schnellen und teuren **Autos** umfasst mehr als 300 Wagen.

In Australien besitzt der Monarch eine **Rinderfarm,** die größer ist als Brunei selbst. Von dort wird fast der gesamte Fleischverbrauch eingeflogen. Der Sultan fliegt bei Staatsbesuchen seine Boeing 747 oft gleich selbst und lässt seine Flugzeuge gewöhnlich von Lufthansa-Technikern warten.

Im Gegensatz zu anderen reichen Staatsmännern, die auf Kosten der hungernden Bevölkerung leben, profitieren die Einwohner Bruneis vom Wohlstand des Sultans. Dieser lässt zu Jahresbeginn sogar Geldgeschenke verteilen, subventioniert Flugreisen in die heilige Stadt Mekka und zeigt sich gerne als **volksnaher Monarch.**

Jegliche **Kritik** an seiner Person ist jedoch unerwünscht. Der Sultan ist als Gesprächsthema tabu. Wer mit Bruneiern über ihr Staatsoberhaupt zu sprechen versucht, bringt sie rasch in Verlegenheit.

Übrigens: Wenn in Brunei vom Sultan gesprochen wird, wird nicht das Wort *Sultan* verwendet, sondern stets *His Majesty*.

Die Macht Bruneis breitete sich in der Region schnell aus und erreichte im **15. und 16. Jahrhundert** den Höhepunkt, als während der Herrscherzeit von *Sultan Bolkiah* und *Sultan Hassan* fast die ganze Insel Borneo und Teile der Philippinen zum brunesischen Reich zählten. Nur die Sultansfamilie residierte damals auf dem Festland, die übrige Bevölkerung hauste in Pfahlbausiedlungen, wie heute noch in Kampong Ayer. Der italienische Historiker *Pigafetta* besuchte zu jener Zeit Brunei und beschrieb es 1521 als das „Venedig des Ostens".

Mit dem **Erscheinen der Europäer**, nach zahlreichen Kriegen und Wirren (vor allem durch die Piraterie), schrumpfte das einst so riesige Reich von Brunei.

1888 wurde es **britisches Protektorat**, und im Jahre 1904 hatte das Sultanat nur noch etwa die heutige Größe, eingezwängt zwischen Sarawak und Sabah.

Den Grundstein zur heutigen **Unabhängigkeit** von Malaysia legte im Jahr 1963 *Sultan Omar Ali Saifuddien*, der Vater des heute regierenden *Sultan Hassanal Bolkiah*, mit der Weigerung, sich wegen der sprudelnden Ölquellen der Föderation Malaysia anzuschließen und die Einnahmen aus dem Ölgeschäft nach Kuala Lumpur abzuliefern.

Großbritannien verlieh Brunei 1959 das Recht, über die eigene Innenpolitik zu verfügen. 1967 überließ *Sultan Omar Ali Saifuddien* den Thron seinem 21-jährigen Sohn **Hassanal Bolkiah**. Noch im Jahre 1971 unterzeichneten Großbritannien und Brunei einen Vertrag, der Brunei weitgehend unabhängig vom britischen Königshaus machen sollte. Nur gerade die Außen- und Verteidigungspolitik wurde daraufhin noch von London aus dirigiert.

Die **volle Unabhängigkeit** erreichte Brunei Darussalam erst 1984 – offensichtlich nicht ganz freiwillig, denn zu angenehm waren die Zeiten, als die Bankkonten ohne große Bemühungen wuchsen und die arbeitsintensiven Institutionen von den Briten besetzt waren.

Der Staat

Staatsoberhaupt ist Seine Majestät *Sultan Hassanal Bolkiah*. Er regiert absolutistisch, auch wenn im September 2004 nach 20 Jahren der 21-köpfige *Legislative Council* vom Sultan wieder eingesetzt wurde. Dieser besitzt offiziell eine beratende Funktion, segnet aber lediglich die vom Sultan vorgebrachten Themen ab.

Eine **Opposition** existiert offiziell nicht mehr, seit sie in den siebziger Jahren nach regierungsfeindlichen Demonstrationen verboten wurde. Auch im Ausland gibt es keine organisierte Opposition gegen Sultan Bolkiah. Die *Brunei National Development Party* (NDP) ist die einzige zugelassene Partei, nachdem 2007 zwei andere Parteien verboten wurden. Die Partei ist gegenüber dem Sultan loyal und unbedeutend. Brunei gehört der südostasiatischen Staatengemeinschaft ASEAN an und verfügt über eine eigene Armee.

Wirtschaft

Seit rund 70 Jahren beherrscht das **Öl- und Erdgasgeschäft** die Wirtschaft von Brunei. Dank des schwarzen Goldes hat es der Kleinstaat zu unermesslichem Reichtum gebracht. Ohne die Ölförderung würde Brunei wohl gar nicht existieren, sondern wäre – wie Sarawak und Sabah – ein Teilstaat Malaysias.

Die **ersten Schritte zur Ölförderung** wurden bereits 1899 nahe der heutigen Hauptstadt unternommen. Nach 260 Metern Tiefe und ohne Erfolg mussten die Bohrungen eingestellt werden. In den folgenden Jahren wurden weitere Versuche unternommen, den begehrten Rohstoff ausfindig zu machen. An der Ölsuche waren mehrere Firmen beteiligt, darunter das *British North Borneo Petroleum Syndicate* und Techniker aus Singapur. Über die Jahre wurde viel Geld erfolglos in Bohrungen investiert. Schließlich gaben die Firmen 1918 ihre Suche auf und verließen resigniert Brunei.

Einzig die niederländisch-britische Shell Company, ermutigt durch ihre Ölfunde in Sarawak, suchte weiter. Im Jahre 1929 wurde ihre Geduld belohnt: Am 5. April stießen die Techniker in 297 Metern Tiefe auf Erdöl. In der Umgebung von Seria wurden weitere **Ölquellen entdeckt**, und der Ausbau der Infrastruktur wurde schnell vorangetrieben.

Ende 1941, während des **Zweiten Weltkrieges**, zerstörte *Shell* angesichts der anrückenden Japaner die strategisch wichtigen Ölförderanlagen.

Vier Jahre später wurden die Anlagen wieder aufgebaut. 1950 begann in Brunei auch die Förderung von **Erdgas,** 1952 war die erste Förderplattform vor der Küste fertiggestellt.

Heute wird in Brunei in über 350 Bohrungen Öl gefördert. Immer wieder gelingt es, neue Erdölfelder zu erschließen.

Mittlerweile fördert allerdings neben *Shell* auch die französische *ELF* Erdgas in Brunei. Wie einseitig die Wirtschaft auf Öl ausgerichtet ist, wurde dem Sultanat Anfang 1998 schmerzlich bewußt, als die Ölpreise einen Tiefstand von 10 US$ pro Barrel erreichten, was selbst einen so reichen Staat wie Brunei in finanzielle Engpässe brachte.

2003 gerieten Malaysia und Brunei in diplomatische Verstimmungen, da eine französische Erdölfirma von Brunei eine Konzession in einem Offshore-Gebiet erhalten hatte, das auch von Malaysia beansprucht wird. Gleichzeitig wurden auch Stimmen im Sultanat laut, die eine Rückkehr des Gebietes von Limbang (Sarawak) zu Brunei fordern. Da langwierige Dispute über Grenzen weder der Erdölförderung Malaysias noch jener Bruneis dienlich wären, wird der Konflikt zumindest vorerst auf diplomatischer Ebene ausgefochten.

In der weisen Einsicht, dass in absehbarer Zeit der letzte Tropfen Öl aus der Tiefe geholt sein wird, intensiviert die Regierung die Landwirtschaft, hauptsächlich den Anbau von Reis. Zurzeit werden rund 90 % der Nahrungsmittel eingeflogen.

Vor der Zeit des Ölbooms exportierte Brunei hauptsächlich Naturgummi. Die **Kautschukgewinnung** wurde inzwischen aber aufgegeben.

In der Umgebung von Tutong lagern große **Quarzsandvorkommen,** die jetzt schon eruiert werden, um gegebenenfalls das Material zu exportieren.

Größte Arbeitgeber im Land sind der Staat mit seinem immensen Beamtenapparat sowie die *Brunei Shell Company.* An dritter Stelle folgt die nationale Fluglinie. Die **Privatwirtschaft** liegt größtenteils in den Händen der chinesischen Bevölkerungsschicht. Zwar hat die Regierung Bemühungen unterstützt, Arbeitsplätze in der Privatwirtschaft zu propagieren, um die ausgebildeten Arbeitskräfte und Universitätsabgänger zu absorbieren, doch bisher mit geringem Erfolg. Arbeitslosigkeit ist den letzten Jahren zu einem immer dringlicheren Thema im Sultanat geworden, da immer mehr frustrierte Junge eine Stelle suchen.

Der **Tourismus** steckt in Brunei zwar noch in den Kinderschuhen, aber die Regierung hat das Potenzial erkannt und setzt auf gutzahlende Kurzzeittouristen, die für einige Tage Dschungelerlebnis und Luxussuiten gerne tief in die Tasche greifen. Besonders Japaner und Koreaner sowie Europäer im Transit sind die Zielgruppe der Strategen.

Das strikte **Alkoholverbot** bedeutet, dass selbst das edle *Empire Hotel,* eines der besten

Hotels Asiens, auf den Verkauf von Alkohol verzichten muss.

Rund 40.000 **Ausländer** arbeiten in Brunei: Erdöltechniker aus Europa und den USA sowie Bauarbeiter, Putztrupps und Hausangestellte aus Indien, Bangladesh, den Philippinen und Thailand. Kein Bruneier würde sich bei der Arbeit die Finger dreckig machen.

Medien

Radio Television Brunei (*RTB,* www.rtb.gov.bn) ist die staatliche Fernseh- und Radiogesellschaft. Sendungen werden in Malaiisch und Englisch ausgestrahlt. Koranlesungen und andere religiöse Inhalte nehmen einen beachtlichen Teil der Sendezeit ein.

Zusätzlich sind in Brunei **ausländische Radio- und Fernsehprogramme** zu empfangen.

Im Sultanat erscheint die englischsprachige *Borneo Bulletin,* eine mittlerweile zwar private, aber dennoch regierungstreue Tageszeitung (www.borneobulletin.com.bn). Seit 2006 erscheint zudem die Tageszeitung *The Brunei Times* (www.bt.com.bn). Erhältlich sind auch malaysische und singapurische Tageszeitungen sowie bedeutende internationale Presseerzeugnisse.

Für südostasiatische Verhältnisse eher ungewöhnlich kritisch ist das *Borneo Bulletin* vor allem in seiner Leserbriefseite, die für die Bürger eine zunehmend wichtige Institution darstellt, in der sie ihre Probleme und Ansichten publik machen können. Allerdings wurde im Jahr 2001 das Pressegesetz verschärft: Zeitungen müssen nun jedes Jahr erneut um eine Lizenz ersuchen. Alle Medien in Brunei berich-

023mark

Alkoholverbot mit seltsamen Auswüchsen

Weder beim pompösen Bankett des Sultans noch auf Flügen der Royal Brunei Airlines fließen Wein oder Champagner. Kein anderes Land Südostasiens legt den **Islam** derart konservativ aus wie Brunei. Islamunterricht ist für muslimische Kinder obligatorisch, das Religionsministerium genießt großen Einfluss, und hinter vorgehaltener Hand heißt es, dort würden die Weichen für die Innenpolitik gestellt.

Die Beamten jenes Ministeriums sind es auch, die wie Kriminalpolizisten nimmermüde auf der Suche nach anti-islamischen Gegebenheiten im Allgemeinen und nach **Alkohol** im Speziellen sind. So kam es, dass vor einiger Zeit ein findiger Beamter recherchierte, dass das Mückenvernichtungsspray, das im sumpfigen Küstengebiet versprüht wird, einen hohen Anteil an Alkohol enthielte. Obschon sich niemand fragte, wie aus dem Giftspray genießbarer Alkohol extrahiert werden könne, wurde die Debatte allen Ernstes geführt, mit dem Ergebnis, dass schließlich der Gesundheitsaspekt (Brunei ist malariafrei) überwog.

Auf der Suche nach weiteren Sündenfällen ist dem Religionsministerium der **Sport** ins Auge gestochen. Es sei unannehmbar, ließ ein Mufti in den Medien verbreiten, dass die Fußballmannschaft Bruneis bei Auswärtsspielen, etwa in Malaysia, auf Plätzen mit Bier-Bandenwerbung spiele.

Im eigenen Land geben sich die Bruneier konservativ, aber am Wochenende strömen die Männer in Richtung Malaysia. Tatsächlich florieren Grenzstädte wie Limbang und Miri, in unmittelbarer Nähe zu Brunei, von der Prüderie im Sultanat und offerieren neben Hochprozentigem auch andere Laster. Die Grenzübergänge sind an Freitagen hoffnungslos überlastet. Wer allerdings mit dem Kofferraum voller Alkohol an der Grenze geschnappt wird, den erwartet eine saftige **Buße von mehreren tausend Brunei-Dollars,** je nach Menge. Auch sein Auto ist man auf der Stelle los. Dennoch sind entlang Bruneis Landstraßen leere „Tiger"- und „Heineken"-Bierdosen kein seltener Anblick.

Für die mit den letzten Trends der Konsumgesellschaft eingedeckten Jugendlichen stellt das Alkoholverbot freilich geradezu eine Herausforderung dar, zumal unter den **Teenagern** des Sultanats gähnende Langeweile herrscht. Es gibt keine Jugendtreffs und nur selten Rockkonzerte, und nicht allen Jungen steht es danach, dem Rat des Sultans zu folgen und in der Freizeit den Koran zu studieren. So berichtet die staatliche Presse regelmäßig über Razzien bei Alkoholparties in Privathäusern. Vor einigen Jahren starb ein Mann der Iban-Ethnie im abgelegenen Temburong-Distrikt an einer Alkoholvergiftung. Er hatte mehrere Flaschen gestreckten Billigweins in Malaysia gekauft. Noch bevor die Todesursache festgestellt werden konnte, zelebrierten seine Frau sowie weitere Verwandte eine Art Totenritual, fatalerweise mit dem gleichen Flascheninhalt. Drei weiteren Opfern konnte nicht mehr geholfen werden. Die Presse nutzte den Vorfall daraufhin geschickt, um aufzuzeigen, welche Gefahren mit Alkoholgenuss verbunden seien.

Erwachsene Nicht-Muslime dürfen für den Eigenverbrauch zwei Flaschen Wein und zwölf Dosen Bier einführen, müssen den Alkohol aber bei der Einreise auf einem Formular deklarieren. Der Besitz von Alkohol ohne das entsprechende, von den Zollbehörden gestempelte Formular ist in Brunei illegal.

ten ausführlich und **unkritisch** über den Sultan, den Kronprinzen und über andere Mitglieder der Sultansfamilie, wenn diese beispielsweise Dienstreisen unternehmen, Schulen oder Armeeeinheiten inspizieren oder Diplomaten empfangen.

Religion

Als Staatsreligion nimmt der **Islam** in Brunei einen höheren Stellenwert ein als in Malaysia oder Indonesien und wird zunehmend konservativ ausgelegt, ist aber nicht fundamentalistisch. So ist der Ausschank von Alkohol im Land seit 1990 verboten (lediglich Touristen dürfen ihn zum Eigenverbrauch einführen, s. Kapitel „Ein- und Ausreisebestimmungen Brunei"). Kinder werden zu **Koranlesewettbewerben** angehalten, den Flugbegleiterinnen von *Royal Brunei Airlines* wurden **Kopfbedeckungen** verpasst, und auf immer mehr Schildern ist die in arabischen Schriftzeichen gehaltene **Jawi-Schrift** zu sehen. Das staatliche **Konvertierungsbüro** des Religionsministeriums versucht aktiv, nicht-muslimische Bruneier zu einem **Übertritt zum Islam** zu bewegen und belohnt diese mit Häusern, Geld und anderen Annehmlichkeiten. Immer häufiger wurden in den letzten Jahren auch **Khalwat-Razzien** durch Sondereinheiten des Religionsministeriums durchgeführt, wenn bei unverheirateten Paaren der Verdacht besteht, sie könnten eine **unerlaubte sexuelle Beziehung** haben.

Der strikte Islam verbietet im Sultanat auch jegliche abendliche Unterhaltung außer Sport und Kino, und Beamtenaugen achten darauf, dass zwischenmenschliche Beziehungen nicht allzu intensiv öffentlich demonstriert werden. Küssend auf einer Bank zu sitzen ist im konservativen Brunei ebenso tabu wie allzu offenherziges Verhalten. Malaiinnen tragen üblicherweise Kopftücher und lange Gewänder, während Chinesinnen westlich gekleidet sind.

Seit Ende 2012 müssen auf Dekret des Sultans sämtliche Unternehmen inklusive Restaurants zwischen 12 und 14 Uhr, der **Zeit des Freitagsgebets,** ihren Betrieb einstellen. Selbst im luxuriösen *Empire Hotel* ist Freitagmittag kein Essen erhältlich. In dieser Zeit fahren auch keine Boote nach Temburong, und Museen sind geschlossen.

Besucher sollten so höflich sein, die Gepflogenheiten des Islam in Brunei zu berücksichtigen, etwa noch stärker als in Malaysia auf angemessene Kleidung (bedeckte Schultern bei Frauen, keine kurzen Hosen), zu achten (siehe „Verhalten" im Malaysia-Kapitel).

Feste und Feiertage

Am 23. Februar wird mit Umzügen und Feierlichkeiten der **Nationalfeiertag** zelebriert. Der Sultan nimmt i.d.R. an den Feiern im Stadtpark teil.

Im Zusammenhang mit dem Islam wird am Ende des Fastenmonats Ramadan das Fest **Hari Raya** begangen. Nächstenliebe ist dann oberstes Gebot, und Besucher werden oft zu einem Imbiss eingeladen. Während Hari Raya ist der Sultanspalast für die Öffentlichkeit zugänglich. Während dreier Tage berührt die königliche Familie nach Geschlechtern getrennt rund 100.000 Hände. Auch Besucher aus dem Ausland sind willkommen, solange sie sich dezent und gepflegt kleiden und es auf sich nehmen, bis zu vier Stunden Schlange zu stehen und eine Sicherheitskontrolle zu passieren, um für einen Moment die Sultansfamilie zu sehen und sich danach auf Kosten des Palastes einen Imbiss zu genehmigen.

Der **Geburtstag von Sultan Bolkiah** am 15. Juli wird pompös gefeiert (siehe Exkurs „Geburtstagsfeier der speziellen Art"). Der Sultan selbst startet zu einer Gratulationstour durch seinen Staat. Wer am 15. Juli in Brunei ist, sollte sich das Spektakel der Sultansfamilie, die frühmorgens in Luxuskarossen in den Stadtpark einfährt, nicht entgehen lassen.

Geburtstagsfeier der speziellen Art

Im Stadtpark von Bandar Seri Begawan, der Hauptstadt von Brunei, tropft der Schweiß bereits um sieben Uhr morgens von der Stirn. Im feuchtheißen Tropenklima an der Nordküste Borneos sind heute für westliche Besucher Krawatte und Anzug angesagt, das Hemd bis oben zugeknöpft. Den Bruneiern in ihren farbenfrohen Sinjangs macht die Hitze ebenso zu schaffen. Einige Frauen fächern sich Kühlung zu, sodass sich ihre Kopftücher leicht bewegen. Kein Bruneier würde freiwillig den klimatisierten Wagen verlassen, um Stunden lang am Straßenrand zu stehen, wäre heute nicht das wichtigste Fest des Jahres angesagt: Seine Majestät **Sultan Haji Hassanal Bolkiah** feiert am **15. Juli Geburtstag,** und dies wird jedes Jahr gebührend gefeiert.

Geladene Gäste, herausgeputzt und mit Ehrenorden versehen, entsteigen einer nicht enden wollenden Kolonne von Luxuslimousinen. Schließlich lösen Kanonenschüsse und Sirenengeheul die Spannung. Entlang Fähnchen schwenkender Schulkinder fahren mehrere schwarze Rolls-Royce unter Trommelwirbel in den Stadtpark ein. Sultan Bolkiah steigt aus, lächelt kurz in die Menge und setzt sich sodann auf seinen hölzernen Stuhl im Schatten, flankiert von seinen Brüdern und dem Kronprinzen, umsurrt von acht Ventilatoren. Die Nationalhymne erklingt, und auf dem Rasen salutieren Offiziere, die sich dem Monarchen mit militärischen Ehren präsentieren. Seine Majestät gelangt über eine vergoldete Treppe auf einen mit goldenen Stoßstangen ausstaffierten Landrover

und fährt im Schritttempo entlang der aufgereihten Uniformierten, bevor sich der königliche Tross in Richtung Palast verschiebt.

Die Residenz Istana Nurul Iman wird von nepalesischen Gurkha-Söldnern bewacht. Über lange, reich verzierte Gänge wird das Heiligtum des **1800-Zimmer-Baus** erreicht: Im Thronsaal, dessen Querwand mit purem Gold bedeckt ist, warten gegen Mittag 2500 Gäste auf die Ankunft der Familie Bolkiah. Auf Monitoren wird direkt übertragen, wie sie feierlich die Gänge abschreiten und sich hier und da von Untergebenen die Hände küssen lassen. Den Kris-Dolch als traditionelles Zeichen der Macht in die golddurchwobene Kleidung eingesteckt, nimmt der Sultan auf dem gelben Thronsessel Platz. Mit Spannung wird die „Titah", die alljährliche Rede des Sultans zur Lage der Nation erwartet, live im Fernsehen übertragen. Besonders interessiert das Fußvolk Lohnerhöhungen und dergleichen. Was folgt, ist eine langwierige Zeremonie, bei der Personen, die sich speziell verdient gemacht haben, vom Sultan mit einem Titel ausgezeichnet werden.

Nach 20 Uhr torkelt ein Nachtfalter aus dem nahen Regenwald lichtgeblendet auf den roten Teppich im Innenhof des Palastes, während ein Kammerorchester mit japanischen und europäischen Musikprofis leichte Klassik spielt. Nach und nach treffen die **4500 geladenen Gäste** zum Dinner ein, gemäß Sitte in Weiß gekleidet. Stuhllehnen, Besteck, Tassen, Teller – alles ist mit **Gold** verziert. Sultan Bolkiah und seine Familie sind hinter dem riesigen Blumenbouquet kaum zu erkennen. Ein geistliches Oberhaupt liest aus dem Koran ein Gebet, bevor eine ganze Armee von Bediensteten goldglänzende Kochtöpfe an die Tische bringt: Serviert werden ausgezeichnete Speisen, zubereitet von palastinternen Spitzenköchen. Statt Wein gibt es Fruchtsaft und Mineralwasser. Nach dem Essen drängen die Gäste dem Ausgang zu, um sich am Himmel über Brunei den Abschluss des Feiertages anzusehen: Nach unzähligen Feuerwerken strahlt per Laser das **Konterfei von Sultan Bolkiah** vom Himmel.

- Allein reisende Frauen | 568
- Ausrüstung | 568
- Elektrizität | 570
- Essen und Trinken | 570
- Hin- und Rückflug | 578
- Kino | 581
- Kosten | 581
- Maße und Gewichte | 582
- Medizinische Versorgung | 582
- Nachtleben | 583
- Notfall | 583
- Öffentliche Verkehrsmittel | 584
- Post, Telefon, Internet | 592
- Reisen mit Kindern | 594
- Rund um's Geld | 597
- Sicherheit | 598
- Traditionelles Handwerk | 599
- Übernachten | 600
- Verhalten | 603
- Versicherung | 605
- Weiterreise per Flugzeug | 607

5 Praktische Reisetipps A–Z

Hier erfahren Sie alles, was Sie zum Einstimmen auf Ihre Reise wissen sollten, aber auch unterwegs immer wieder nachschlagen können. Malaysia orientiert sich am Standard voll entwickelter Länder. In fast allen auf Touristen eingerichteten Unterkünften ist WLAN heute selbstverständlich, häufig gibt es sogar Computer für die Gäste. So können Sie auch unterwegs Antworten auf Fragen suchen und finden.

◁ Eine Pause muss sein

Allein reisende Frauen

Kein Problem, wenn frau sich in muslimisch-malaiischer Umgebung nicht aufreizend kleidet. Eine **Kopfbedeckung** ist dort eigentlich Pflicht. Malaiinnen gehen mindestens mit T-Shirt und Shorts ins Wasser; wer als Frau topless baden will, findet in solcher Umgebung kein Verständnis. Billige Rumah Tumpangan (Guesthouses) in Städten sind häufig tagsüber Bordelle. In Chinesenhotels und generell in Chinatowns werden Frauen in der Regel nicht belästigt (Chinesinnen kleiden sich selbst gern aufreizend). Auch in indischer Umgebung, z.B. in den Highlands ist frau meist ungestört. Es empfiehlt sich aber, etwas mehr für eine Übernachtung zu zahlen, nicht allein an einsamen Stränden sonnenzubaden oder aus Sicherheitsgründen nachts ein Taxi zu nehmen.

Ausrüstung

Die Zusammenstellung der Ausrüstung ist abhängig von den individuellen Bedürfnissen und richtet sich außerdem nach der geplanten Reiseroute. Die folgende Auflistung von Gegenständen soll als Anhaltspunkt dienen. Wer Dschungeltouren plant, findet in den jeweiligen Kapiteln ergänzende Ausrüstungshinweise.

Nimmt man an keiner organisierten Reise teil, wird man sehr schnell mit dem Problem konfrontiert werden, alles selbst schleppen zu müssen. Deshalb stellt sich zunächst die Frage nach dem „Transportbehälter". Am besten geeignet sind **Rucksäcke,** die möglichst über ein Innentragegestell verfügen sollten. Sie sind wesentlich handlicher als solche mit Außengestell. Man reißt sich an ihnen nicht die Kleidung kaputt und kann sie auch relativ einfach in die oft sehr engen öffentlichen Verkehrsmittel hineinbugsieren.

Ein Nachteil dieser Gepäckstücke ist allerdings, dass man immer sofort einer bestimmten Kategorie von Tourist zugeordnet wird. Reisetaschen mit gut gepolstertem Riemen oder Verwandlungsrucksäcke helfen dagegen. Die Kombination von Kabinenkoffer und Tagesrucksack als Handgepäck hat sich ebenfalls bewährt, vorausgesetzt, man benötigt Kleidung u.a. nur für die Reise und nicht für formelle Anlässe.

Kleidungsstücke sollten möglichst aus Baumwolle oder modernen kühlenden und schnell trocknenden Kunstfasern sein und nicht zu eng sitzen. Wenn man viel mit Behörden zu tun hat, empfiehlt es sich, über ein „ordentliches" Hemd zu verfügen. In Malaysia gibt es schöne langärmelige Batikhemden zu kaufen, die bei formellen Anlässen anstelle eines Anzuges getragen werden (können); so „formell" muss man bei Behördenbesuchen freilich nicht sein. Eine lange Hose und ein kurzärmeliges Polohemd o.Ä. genügt für solche Anlässe, zumal Beamte im Dienst meist kurzärmelige Diensthemden tragen. Lange Hosen können auch von Frauen getragen werden, besser ist jedoch ein langer Rock. Auch ein BH sollte im Gepäck mitgeführt werden, für konservative und islamische Gegenden. T-Shirts kann man in Asien viel billiger einkaufen, sie brauchen deshalb nicht mitgenommen zu werden. Auch kann man überall preiswert waschen, sodass man keine großen Mengen an Kleidung mitnehmen muss. Kurze Hosen kann man einpacken, man sollte jedoch die Moralvorstellungen Asiens berücksichtigen und das Tragen z.B. auf Strände beschränken. Für Erholungstage am Strand sollten auch Badehose und Badeanzug eingepackt werden. In einigen Gebieten ist ein Bikini bis heute noch Anziehungsmagnet und kann sogar öffentliches Ärgernis erregen!

Buchtipp

■ *Rainer Höh:* **Wildnis-Küche,** Praxis-Reihe REISE KNOW-HOW Verlag

Auch ein möglichst breitkrempiger **Hut** als Schutz vor zuviel Sonne und Regen ist empfehlenswert. Neben Sandalen ist es ratsam, ein paar feste Schuhe zu besitzen, wenn man z.B. Wanderungen in den Nationalparks unternehmen möchte.

In höheren Lagen gehen die Temperaturen nachts auf etwa 15 °C zurück, was man in den Tropen als kühl empfindet. Hierfür und für stark klimatisierte Überlandbusse sollte man entsprechende Kleidung dabei haben.

Sonnenschutzmittel mit hohem Lichtschutzfaktor (mindestens LSF 12) sind unerlässlich. Damit sie ihre Wirkung entfalten können, müssen sie ca. eine halbe Stunde vor dem Gang in die Sonne aufgetragen werden. Sie sind in Asien, wenn man sie überhaupt bekommt, sehr teuer.

Legt man Wert auf hochwertige **Tauch- und Schnorchelausrüstung**, bringt man sie besser selber mit. In den *Shopping-Malls* in KL und Singapur kann man selbstverständlich auch diese Ausrüstungen bekommen, z.B. im *Dive Station Aquaventure* in der *Mid Valley Mega Mall* in KL, mehr unter www.tauchbasen.net.

Sonnenbrille (mit UV-Schutz) und **Ersatzbrille** gehören auch zur Ausrüstung. Kontaktlinsenträger sollten Ersatzlinsen und Aufbewahrungs- bzw. Reinigungslösung mitbringen.

Waschmittel können überall in kleinen Päckchen gekauft werden.

Bettzeug ist in fast allen Unterkünften vorhanden, allerdings nicht immer sauber, sodass es sich lohnt, ein Baumwolllaken oder einen dünnen Schlafsack mitzunehmen.

Eine **Taschenlampe** (pro Person!) darf in keinem Gepäck fehlen, da es nicht überall Elektrizität gibt. Die gängigen Batterietypen kann man überall nachkaufen.

Für Tierbeobachtungen empfiehlt sich ein einfaches **Fernglas.**

Zur Sicherung von Zimmern kann man ein eigenes **Vorhängeschloss** verwenden. Um Gepäckstücke vor dem Herunterfallen von Bussen und Booten zu sichern, haben wir immer ein Fahrradringschloss verwendet.

Neben dem Rucksack sollte man eine stabile **Umhängetasche** oder einen Tagesrucksack mitnehmen, in dem sich alle Dinge verstauen lassen, die man oft benötigt, oder um auf kürzeren Touren nicht das ganze Gepäck mitschleppen zu müssen.

Geldgürtel und andere Tricks, um Geld zu verstecken, bleiben der eigenen Fantasie vorbehalten.

Eine Alternative zu Wasserflaschen sind 0,5 bis 1 Liter fassende **Pulverflaschen.** Diese fast durchsichtigen PET-Kunststoffbehälter haben eine weite Öffnung, schließen sehr dicht und können viel Kleinmaterial aufnehmen. Sehr zu empfehlen für Boots-, Rafting- oder Trekkingtouren.

Nicht vergessen: Handtücher, Nähzeug, Toilettenpapier, Essbesteck, Taschenmesser und Kugelschreiber. ln den Waschbeutel gehören neben dem Üblichen Nassrasierer, Verhütungsmittel, Tampons und Ähnliches.

Karten

Im Rahmen des **world mapping project** gibt REISE KNOW-HOW eine Malaysia-Karte im Maßstab 1:1,1 Mio. (Ost) bzw. 1:800.000 (West) mit GPS-tauglichem Gradnetz, ausführlichem Ortsindex und klassifiziertem Straßennetz mit Entfernungsangaben heraus. Darüber hinaus sind auf ihr die wichtigsten Sehenswürdigkeiten und herausragende Orientierungspunkte verzeichnet.

Wer nur **West-Malaysia** bereist, kann sich die kostenlose „Road Map of Malaysia", Maßstab 1:1 Mio., des *MTPB Malaysia* schicken lassen (oder man holt sie sich einfach im Lande selbst im Büro des *MTPB*).

World Press Mapping bietet recht genaue und detaillierte **Straßenkarten** für West-Malaysia (Penninsular Malaysia) und Ost-Malay-

Buchtipp

■ *Wolfram Schwieder:* **Richtig Kartenlesen**, Praxis-Reihe REISE KNOW-HOW Verlag

sia (Sabah/Sarawak) sowie für die einzelnen Bundesstaaten zum Preis von 10,50 RM. Die Karten sind in größeren Buchläden wie MPH erhältlich.

Wer sehr genaue Karten einer speziellen Gegend benötigt, besorge sich eine *TPC- (Tactical Pilot Chart)* Karte des entsprechenden Gebietes. Es sind reine Fliegerkarten, die für normale Touren nicht geeignet sind, dafür erstklassig die Topographie des Gebietes angeben. *TPC*-Karten haben den Maßstab 1:500.000. Erhältlich z.B. über *DÄRR Expeditionsservice GmbH,* Theresienstraße 66, 80333 München, Tel. 089 282 033.

Handy

Das eigene Handy lässt sich in Malaysia, Singapur und teilweise auch in Brunei nutzen, denn viele Mobilfunkgesellschaften haben Roamingverträge mit den örtlichen Mobilfunkanbietern (siehe jeweilige „Praktische Reisetipps"). In Malaysia sind es Celcom (GSM 900/1800 MHz und 3G 2100), DiGi (GSM 1800 MHz und 3G 2100) oder Maxis (GSM 900/1800 MHz und 3G 2100). Wegen teilweise recht hoher Gebühren sollte man auf der Internetseite seines Anbieters nachschauen, welcher der Roamingpartner günstig ist und diesen per **manueller Netzauswahl** voreinstellen.

Weitere Informationen zum Thema Mobiltelefon siehe unter „Post, Telefon, Internet".

Fotografieren

Überall in Malaysia gibt es Internetcafés zum Runterladen von Digitalfotos oder Fotoshops zum Brennen der Bilder auf CD. Auch Zubehör ist in allen Städten erhältlich. In den Tropen fotografiert man am besten morgens oder spätnachmittags. Im Wald spielt das jedoch keine Rolle.

Elektrizität

Fast wie in Mitteleuropa: **240 Volt, 50 Hertz** (schwankt manchmal). Der **Adapter** für die dreipoligen englischen Stecker leicht erhältlich. In Billigquartieren gibt es jedoch oft keine Steckdosen in den Zimmern!

Essen und Trinken

Essen und Trinken sollten zu den Höhepunkten jeder Reise durch Südostasien gehören, zumal die kulinarischen Genüsse in dieser Region jedem Geldbeutel offen stehen. Wenn Sie die Einheimischen beobachten oder befragen und sich trauen, können Sie wunderbare **Entdeckungen** machen. Das gilt selbst für einfache Essstände. Da, wo viele Einheimische essen, können Sie sicher sein, dass das Essen gut und meist auch preiswert ist. Gemeint sind hier nicht Raststopps unterwegs mit Überlandbussen. Die Tipps in diesem Führer können Sie natürlich beachten, aber selbst entdeckte „Geheimtipps" sind doch eine größere Belohnung, oder nicht? Auf Traveller ausgerichtete Lokale mögen mal einen guten Start gehabt haben, verlieren aber dank Beliebtheit oft schnell an Qualität. Sie verlassen sich daher besser auf Lokale für Einheimische. Malaysier lieben lokale Spezialitäten und probieren gern Neues oder berühmte Gerichte aus, scheuen dafür nicht einmal größere Umwege. Eine *Laksa* (s.u.) etwa schmeckt überall anders, selbst das beliebte *Ais Kacang/ABC* macht da keine Ausnahme.

Wo essen?

Politisch mögen manchem Bewohner Malaysias die Probleme einer multirassischen und -kulturellen Gesellschaft mehr als gelegentlich auf den Magen schlagen. Aber was diese Gesellschaft an kulinarischer Vielfalt zu bieten hat, gehört – wenn die Entdeckerfreude Oberhand behält – zu den Höhepunkten einer Südostasienreise. An fast jedem Ort der Halbinsel kann man zwischen malaiischer, chinesischer und indischer Küche wählen.

Jede Stadt hat ihre **Hawker-Foodstalls.** Ursprünglich waren das transportable Essstände, die vereinzelt oder geballt in den Straßen zu finden waren, teilweise noch sind. Aber immer beliebter werden überdachte Esszentren, in denen man unter mindestens einem Dutzend Essständen wählen kann, häufig sind sie Bestandteil des *pasar malam* (Nachtmarkt).

Eine Zwischenform sind die **Coffee-Shops** *(Kedai Kopi)*, wo der Besitzer Sitzplätze und das im regenreichen Malaysia wichtige Dach über dem Kopf und Getränke stellt, während einige *Hawker* ihre Essensstände dort als Untermieter aufgebaut haben.

Da gibt es dann **westliche Gerichte** wie *Pork Chop* (Schweineschnitzel) mit *French fries* (Pommes frites), natürlich auch *Drumsticks* (Hühnerschenkel) oder andere frittierte Hühnerteile *(Ayam Goreng)*, auch Lammkoteletts und verschieden zubereitete Steaks.

Inder bieten oft *Chapathis* (Fladen aus Weizenmehl und Wasser) mit Beilagen an (schmackhafte Gemüse-, Hühner- oder Lamm-Curries. Statt *Chapathi* wird nicht selten *Roti Canai* angeboten. Das ist ein Fladen aus einer Art Blätterteig, dessen Zubereitung allein schon sehenswert ist. Er wurde früher nur in Malaysia angeboten, jetzt auch in Thailand, in Indien gibt es ihn nicht.

Malaien grillen *Sateh*-Spießchen *(lembu* = Rind, *kambing* = Ziege, *ayam* = Huhn) mit scharf-süßer Erdnusssoße und *Ikan Panggang* (in Bananenblätter gewickelter, mit köstlich-aromatischer Soße bestrichener und auf Holzkohlenfeuer gegarter Fisch). Beliebt sind die „Mamak"-Lokale oder Essstände. Sie haben 24 Std. geöffnet und bieten indisch-malaiische Gerichte.

Die **Chinesen** sind mit *Fried Kuyetiaw* (verschiedene Schreibweisen üblich) und *Hokkien Mee* (beides Nudelgerichte, wobei *Mee* Eiernudeln, *Kueytiaw* breite Weizennudeln und *Bihun/ Mihun* dünne Reisnudeln sind) zufrieden. Da gibt es dann aber auch *Duck* oder *Chicken Rice,* Sojabohnengerichte *(Dim Sum)* und nicht zuletzt *Steamboat,* eine Art Fondue, bei der die Zutaten – in der Regel Seafood und Gemüse – in einer Brühe gegart und danach kurz in eine Würzsoße getaucht werden.

Wer für ein Gericht etwa 3,50 bis 4,50 RM ausgeben will, findet in den Food-Centres oder Kedai Kopi genug Auswahl. An Getränken gibt es Wasser mit Eis, chinesischen Tee (heiß oder mit Eis), Tee nach malaiischer Art (mit viel süßer Dosenmilch), Kaffee, Limos, Bier, frische Fruchtsäfte. Bier ist teuer: 6–8 RM werden für die Dose verlangt, Flaschen kosten mehr (Ausnahme: *Langkawi*), wohingegen die Softdrinks für 2 RM zu haben sind.

Eine Mahlzeit muss nicht mehr als 7 RM (mit Getränken) kosten. Aber wer in dem warmen Klima mit einem Gericht auskommt und dazu Wasser trinkt (in den Städten unbedenklich), kann auch schon für umgerechnet einen Euro satt werden. Das ist kaum teurer als in Thailand oder Indonesien. Wenn man zu mehreren isst, bestellt man sich natürlich am besten verschiedene Gerichte und probiert dann dieses und jenes, isst vielfältig und zahlt doch nur ein Gericht.

In **Restaurants** wird die Rechnung teurer. Aber man kann selbst dort für umgerechnet 15–20 € zu viert schon sehr gut essen.

Essen ist in Malaysia und Singapur ein unerschöpfliches Gesprächsthema, auch beliebter Streitpunkt: Wo gibt es das beste Essen? Lokalpatriotismus schwingt immer mit. Die Frage in Penang oder Singapur zu stellen, ist müßig. Aber ehrliche Chinesen einigen sich auf *Ipoh.* Einig sind sich die meisten, dass die größte Stadt des Landes nicht den größten Food-Trip bietet, außerdem zahlt man dort mehr als anderswo. Dennoch hat auch KL seine Vorteile: Eine Vielfalt an internationaler Küche, die anderswo kaum zu finden ist.

Wer sich in eine der **Fast-Food-Ketten** rettet, hat a) selbst Schuld, weiß b) schon, wie das Essen dort schmeckt und wird sich c) in bester einheimischer Gesellschaft finden. *Kentucky Fried Chicken* hat hier eine starke Bastion (nicht zuletzt, weil im islamischen Malaysia Huhn den kleinsten gemeinsamen Nenner an für alle Kulturen akzeptablem Essen darstellt).

Wer Angst hat, sich Durchfall oder gar Hepatitis zu holen, kann beruhigt werden. Was gar gekocht und gut durchgebraten ist, gilt überall als sicher. Also ran an die Plastikteller und viel Spaß beim preiswerten Abenteuer des alltäglichen Essens.

Wie essen?

Wie in Thailand isst man grundsätzlich mit Löffel (rechts) und Gabel (links). Malaien und Inder essen bevorzugt mit der rechten Hand (die linke gilt bekanntlich als unrein), wobei sie etwas unterschiedliche Techniken haben. Die Chinesen benutzen natürlich nach wie vor ihre etwas klobigen (Plastik-)Stäbchen oder die Einwegstäbchen, die in der Mitte auseinandergerissen werden, und den Löffel (in Malaysia meist aus Plastik).

Was essen?

Malaiische Küche

Malaiische Gerichte sind vielfältig und kräftig gewürzt. Es werden frische Zutaten verwendet: Chilis, Knoblauch, Zwiebeln, Ingwer, Zitronengras, Zitronenblätter, Koriander, Tamarindensaft und vor allem Kokosmilch (ausgepresste eingeweichte Kokosraspel = *Santan*), dazu noch Krabbenpaste *(Belacan)*, *Sambal* (Chilipaste) u.a.

In malaiischen Lokalen – spätestens bei den Essenstops während der Überlandfahrten im Bus begegnet man ihnen – sind die Gerichte oft ausgebreitet, sodass man mit den Augen auswählen kann: Huhn, Krabben, Rindfleisch, gebratener Fisch, Salate, Gemüse. Dazu bestellt man dann Reis (weißer Reis – *Nasi Puteh*). Man kann auch *Nasi* oder *Mee Goreng* (Reis/Nudeln gebraten) bestellen. Das sind Reis oder Nudeln, im *Wok* mit Chili, Gemüse, Fleisch und Gewürzen vermischt und gebraten, oder aber *Nasi Campur* (Reis gemischt, d.h. meist mit zwei Beilagen). Das ist nie verkehrt und schmeckt überall ein klein wenig anders. Aber die malaiische Küche hat weit mehr zu bieten:

- **Kari Ikan** – Fisch-Curry (mit Kokosmilch)
- **Saté Ayam** (Huhn)/**Kambing** (Ziege)/**Lembu** (Rind) mit Gurken und Ketupat-Reis
- **Ikan/Udang/Sotong Goreng** – gebratener Fisch/Krabben/Tintenfisch
- **Pagedel Daging** – Rindfleischfrikadellen
- **Daging Rendang** – in Kokosmilch mit Zwiebeln, Zimt, Nelken, Koriander, Muskat und Chili gegarte Rindfleischwürfel
- **Ayam Masak/Goreng** – gedünstetes/gebratenes Huhn
- **Telur Bungkus** – gefülltes Omelett, z.B. mit Hackfleisch
- **Masak Lemak Nangka** – junge Jackfruit in Kokosmilchsoße
- **Sayur Campur** – gemischtes Gemüse
- **Pasembur Rojak** – Salat aus Gurken, Ananas und Krabben mit scharfwürziger Erdnusssoße, Sojabohnenquark
- **Sup Sayur** – Gemüsesuppe

▷ Shrimps sind beliebter Bestandteil der malaiischen Küche

Morgens essen die Malaien gern *Nasi Lemak* (fettiger Reis). Das klingt weniger appetitlich, als es ist: Der Reis ist in Kokosmilch gekocht und mit Gurken, Erdnüssen, *Ikan Bilis* (kleine getrockene Anchovis), gekochtem Ei u.Ä. versehen, oft in Bananenblätter gewickelt.

Nicht zu vergessen sind auch die **Nachtisch-Leckereien** *(Kueh-Mueh),* die vielfach aus Kokosmilch, Reismehl und Palmzucker hergestellt sind.

Wer im **Fastenmonat** *(Puasa)* in Malaysia weilt, kann gegen Abend an nur in dieser Zeit aufgebauten Ständen die ganze Vielfalt dieser *Kueh-mueh* bewundern, aber sie sind auch das ganze Jahr über zu finden. Sie haben oft knallige Bonbonfarben, sind aber nicht so süß, wie sie aussehen.

Beliebtes **Getränk** zum Essen: *Air Limau* (Limonenwasser), beliebt auch *Air Bandung* (Rosenwassermilch).

Eine in ganz Südostasien anzutreffende Schleckerei ist ABC *(Ais Batu Campur),* auch *Ais Kacang* genannt: Raspeleis mit Kokosmilchsoße, Mais, Bohnen, *Agar* (Gelee aus einer Art Seetang) u.a. Eine Variante ist *Cendol:* dasselbe Raspeleis, aber mit *Gula Melaka* (braunem Palmenzucker).

Nyonya-Küche

Die chinesischen und malaiischen Küchen gehen in der Küche der Nyonya eine harmonische „Ehe" ein, in der allerdings Schweinefleisch nach wie vor seinen Platz hat. Die ersten Chinesen, die bereits im 16. Jahrhundert nach Malaysia kamen, vermischten sich mit den Malaien, daraus entstand die interessante Mischkultur der *Peranakan-Chinesen,* die auch *Baba Nyonya* genannt werden.

www.fotolia.de © HLPhoto

Tropische Früchte Malaysias

Zu Hause träumen wir von tropischen Früchten, die Malaysier schätzen andersherum solches Obst, das bei uns preiswerter zu haben ist als dort: Äpfel, Birnen, Erdbeeren, Nektarinen, Weintrauben, Orangen (Sunkist-Orangen sind in der Tat das beliebteste Obst der Malaysier). Hier nun eine Liste von Früchten, die in Malaysia heimisch sind:

Ananas: 3 Sorten wachsen im Land (insbesondere Sarawak) für den frischen Verzehr, Singapur-Spanisch für Obstkonserven.

Banane: Im Land wachsen rund 40 Sorten. Anders als etwa in Mittelamerika werden sie jedoch nicht exportiert. Zu den Bananen, die roh gegessen werden, gehören die *Pisang* (=Banane) *Mas, Pisang Embun, Pisang Rastali.* Zu den Sorten, die man vorher kochen muss, zählen die *Pisang Abu, Pisang Awak, Pisang Tanduk.*

Belimbing/Starfruit: Der Name wird deutlich, wenn man diese Frucht, deren wächserne Haut etwas an Paprika erinnert, in Scheiben schneidet. Der Geschmack ist angenehm süß-sauer erfrischend, erinnert etwas an Äpfel. Sie ist das ganze Jahr über erhältlich.

Cashew-Nuss: Kein Obst, dennoch erwähnenswert. Sie ist recht teuer, Malaysier kaufen sie deshalb gern in Thailand (z.B. in *Haad Yai*), wo sie etwas preiswerter sind. Sie wachsen aber auch im Lande: *Kelantan, Terengganu, Pahang* also die Ostküstenstaaten – sind Hauptanbaugebiet dieser Baumnussart, die im internationalen Handel nach Haselnüssen und Mandeln an dritter Stelle steht. Der Baum trägt erstmals nach vier Jahren Früchte.

Cempedak: Ähnelt der riesigen *Jackfruit*. Die Früchte werden 20–50 cm mal 10–15 cm groß. Sie werden roh gegessen oder gebraten. Die Bäume, die bis zu 20 Meter hoch werden, tragen nach 5 Jahren erstmals Früchte.

Ciku: Eiförmige, je nach Reifegrad gelblich bis braun-rosa gefärbte Frucht mit weißem, weichem, süßlichem Fleisch; reift erstmals nach 3 bis 5 Jahren.

Durian: Wörtlich Dornenfrucht, auf deutsch aber oft Stink- oder Käsefrucht genannt. Das sagt fast alles. Das Fruchtfleisch um die großen Kerne ist cremig- süß, aber zugleich stinkt es meilenweit gegen den Wind. Ins Flugzeug darf man sie ebensowenig mitnehmen wie in die meisten Hotels. Durian ist für die Südostasiaten *die* Frucht. Es heißt, erst wer sie mag, versteht Asien (so mancher Asiate mag sie nicht).

Durian-Liebhaber zahlen viel Geld, bis zu umgerechnet 25 Euro für eine Frucht. Kleinere Exemplare sind in der Hochsaison für rund 1,50 Euro zu haben. Es ist allein schon interessant, den Käufern zuzusehen, wie sie diese morgensternartig bewehrte Frucht schütteln (ob sich die Kerne schon leicht lockern), sie von allen Seiten beschnuppern und beklopfen.

Die Durian ist eine Dschungelfrucht, sie wächst auf hohen Bäumen. Die Früchte werden nicht gepflückt, sondern fallen, wenn sie reif sind, zu Boden, der im Umkreis der Krone meist gerodet ist. Es heißt im Volksmund: Durian haben Augen, denn sie fallen nicht auf Menschen (die dadurch leicht getötet werden könnten). Tatsächlich fallen sie meist nachts zu Boden – aber nicht nur, wie wir eines Nachmittags am Rand des Urwaldes dem wiederholten dumpfen Aufschlagen entnehmen konnten.

Durianzeit ist von November bis Februar und von Juni bis August. Eine gefallene Frucht sollte innerhalb von 24 Stunden gegessen werden. Sie ist eine „hitzige" Frucht, zu der man gern Mangosteen (s.u.), die kühlend wirkt, isst. Auf **keinen Fall** sollte man die Durian kurz vor, während oder kurz nach Alkoholgenuss verspeisen! Es hat angeblich **Todesfälle** gegeben bei Touristen, die diese Regel nicht beherzigt haben.

Guava: Diese Frucht mit der unregelmäßigen grünen Schale und dem weißen Fruchtfleisch enthält zwei- bis fünfmal mehr Vitamin C als Orangen. Der Geschmack ähnelt dem von Äpfeln. Die kleinen Kerne sind sehr hart, jetzt werden daher immer häufiger kernlose *(Tanpa biji)*

Guava *(Jambu)* angeboten. Deren immer noch vorhandene Kerne sind kaum noch wahrnehmbar. Bei *Bidor* an der Strecke Ipoh-Kuala Lumpur werden sie gehäuft angeboten.

Langsat/Duku: Kleine Früchte mit süß-säuerlichem, saftigem, weißem Fruchtfleisch. Die Früchte reifen erst 15 Jahre nach der Aussaat.

Mandarine: 7,5 bis 12,5 cm groß, oben und unten abgeflacht; geschmacklich sind sie weniger intensiv als „unsere" besten Sorten.

Mango: Es gibt in Malaysia alle Arten von Mango, kleine bis kopfgroße, süße und saure. Einige der bekannteren Arten sind: Apfelmango, *Harumanis,* Indische Papayamango, Kokosnussmango ...

Mangosteen (= Manggis): purpurfarbige, etwa 7 cm große Frucht mit weißem, angenehm süß-säuerlichem Fruchtfleisch – geschmacklich eine der edelsten Früchte. Vorsicht beim Öffnen: Flecken, die der purpurfarbene Saft verursacht, bleiben für immer in der Kleidung. Mangosteen reifen erst rund 15 Jahre nach dem Pflanzen. Sie folgen jahreszeitlich den *Durian.*

Nangka: Jackfruit. Sie wird etwa 40 mal 25–50 cm groß und wächst das ganze Jahr über, Höhepunkte sind: Juni und Dezember. Schon nach 3 Jahren trägt der Baum Früchte, deren Fleisch leicht säuerlich schmeckt.

Muskat: Wer gern einmal Muskatfrüchte essen möchte (nicht die trockene Nuss), kann in Penang, wo sie wachsen, davon probieren. Es gibt sie in Plastiktüten eingeschweißt z.B. in den Geschäften zu Beginn der Andenkenstraße zum *Kek Lok Si.*

Papaya: Reich an Vitamin A und C, kann die Frucht schon 10 Monate nach der Saat erstmals geerntet werden. Papayas wachsen das ganze Jahr über. Die Malaysier essen sie ohne Zutaten, ich bevorzuge die philippinische Methode: mit Limonensaft beträufeln und einer Prise Salz bestreuen.

Passionsfrucht: Das Beste an der Passionsfrucht ist der süß-saure Saft. Die Früchte können 12 Monate nach dem Pflanzen erstmals geerntet werden.

Pomelo: Die größte der Citrusfrüchte. Ihr rosa Fruchtfleisch unter der dicken Schale erinnert an die Grapefruit, ist jedoch milder, delikater. Sie reift rechtzeitig zur chinesischen Festtagszeit. Die Pomelos *(Bali Limau)* aus Tambun bei Ipoh sind am bekanntesten. Die Bäume tragen erstmals mit 3 Jahren Früchte.

Rambutan: Die an Lychees erinnernde, haarige Frucht, die beste Zeit ist zwischen Juni und September.

Sourswop: Wird häufig zum Nachtisch gegessen, soll gute Marktchancen als Konserve haben.

Wassermelone: Kann 100 Tage nach der Aussaat gegessen werden. Erfrischend. Die getrockneten Kerne *(kuaci)* werden gern gekaut.

Die Küche ist raffinierter, aber milder als die malaiische, dieser jedoch insgesamt ähnlicher als der chinesischen. Die Saucen sind oft mit *Belimbing* (Starfruit) gewürzt. Berühmte Gerichte sind: *Ketam Lemak* (Krebs in Kokossauce), *Daging Ambila* (Rind in Tamarindensauce) etc.; auch die bekannte *Laksa* soll von den Nyonya stammen. Beliebt sind vor allem die *Kueh* der Nyonya. (Die in Indonesien übliche Anrede *Nyonya f*ür verheiratete Frauen ist in Malaysia übrigens unbekannt: Hier sagt man *Puan*.)

Chinesische Küche

Von chinesischer Küche zu sprechen, ist etwa so viel sagend, wie von europäischer Küche zu reden. Dennoch haben wir alle ein bestimmtes, mehr oder weniger fest gefügtes Bild von dieser „chinesischen Küche": Da sitzt man um einen großen runden Tisch und bedient sich mit Stäbchen von den in der Mitte auf einem Drehteller aufgetischten Gerichten. So ähnlich sollte es jedenfalls sein, denn wie die Thai essen die Chinesen am liebsten in großer Gesellschaft. Ein solcher runder Tisch bietet immerhin 10 bis 12 Personen Platz.

Warum ein Essen zu zweit für Chinesen langweilig ist? Nun, man rechnet als Faustregel pro Person ein Gericht; bei 12 Personen kommt da eine ganz andere Vielfalt zusammen. Ein wohlausgewogenes Essen bietet nicht nur Fisch, Geflügel und Fleisch, sondern auch verschiedene Gemüsegerichte.

▷ Achtung scharf! Chilis gehören in jedes Curry

Die meisten malaysischen Chinesen stammen aus der Provinz Guangdong (Kanton), in Penang ließen sich meist Hokkien nieder; die übrigen Einwanderer stammen aus den Kanton benachbarten Gegenden Süd-Chinas: Swatow (Chiu Chow), Haklo, Fukien, Hainan. Sie brachten ihre heimische Küche mit. Hinzu kommen die für die chinesische Küche gebräuchlichen acht Zubereitungsarten:

- *stir frying:* im Wok umrührend gebraten
- *deep frying:* in Öl frittiert
- *pan frying:* in der Pfanne gebraten
- *simmering:* köcheln
- *boiling:* kochen
- *short steaming:* kurz dünsten
- *long steaming:* lange dünsten
- *roasting:* rösten, im Ofen braten

Während das Essen meist auch für das Auge sehr anregend präsentiert wird, ist den Chinesen das Äußere des Lokals im Grunde unwichtig. Viele chinesische Restaurants in Malaysia wirken etwas kantinenhaft, doch über die Qualität des Essens sagt das nichts aus.

Die Zutaten sollten frisch sein, gewürzt wird mit Kräutern, Gewürzen, Soja-, Oystersoße, Essig, Senf, Sesamöl, Ingwer, Knoblauch, Schalotten, getrockneten Pilzen, Gemüse usw.

In der **Peking-Küche** werden kräftig schmeckende Wurzeln und Gemüse verwendet, Paprika, Knoblauch, Lauch, Ingwer, Koriander, statt Reis häufig Nudeln, Pfannkuchen und Brot. Die berühmtesten Gerichte: Peking-Ente, Bettler-Huhn.

Die **Shanghai-Küche** ist geschmackreicher, süßer, ölhaltiger als die Peking- oder kantonesische Küche. Verwendet wird viel eingelegtes Gemüse und Pökelfleisch, es werden mehr Nudeln als Reis gegessen.

Die **Szechuan-Küche** kennt sehr scharfe, jedoch geschmackvolle Gerichte. Köcheln und Räuchern sind bevorzugte Zubereitungsarten. Am berühmtesten ist die geräucherte Ente.

Die berühmteste chinesische Küche ist die **Kantonesische Küche**, wohl, weil die meisten im Ausland anzutreffenden chinesischen Restaurants sich auf diese Art des Kochens spezialisieren. Auch innerhalb Chinas hat sie angesichts ihrer Vielfalt den höchsten Ruf. Charakteristisch ist die Frische der Zutaten und die sparsame Verwendung von Öl und Gewürzen. Berühmte Gerichte sind Haifischflossensuppe mit Huhnfasern, geröstete Taube, frittierte Krabbenscheren, Rührei mit Krabbenfleisch, Rote-Bohnen-Suppe mit Lotusnüssen usw.

Eine kantonesische Spezialität ist das *Dim-Sum*-Frühstück, das freilich bis zum frühen Nachmittag und später gegessen werden kann: In Bambuskörbchen gedämpfte Köstlichkeiten, meist gefüllte Teigklößchen, z.B.:

- *Shiu Mai:* mit Hackfleisch und Garnele
- *Har Gau:* mit Krabben
- *Cha Siu Bau:* mit gegrilltem Schweinefleisch
- *Au Yuk:* Hackfleischbällchen
- *Tsun Guen:* Frühlingsrollen
- *Fun Gwor:* mit Schweinefleisch, Garnelen, Bambussprossen gefüllte Reismehlteigtaschen
- *Pai Gwat:* gedünstete Rippchen mit Paprikasoße

Indische Küche

Mit der indischen Küche verbinden wir in erster Linie Curry-Gerichte. Aber Curry ist nur ein Sammelbegriff für Gewürzkombinationen, die sehr unterschiedlich sind, und zwar je nachdem, ob Fisch, Ziege, Huhn oder verschiedene Gemüse damit zubereitet werden. In Malaysia überwiegt eindeutig die häufig vegetarische südindisch-tamilische Küche, bei der die Gerichte grundsätzlich auf Bananenblättern serviert und mit der rechten Hand gegessen werden. Morgens isst man am liebsten *Thosays* (Omelettes) oder *Roti Canai* mit Curries. Sehr gut ist ein *Fish Head Curry,* von einem großen Kopf können 3–4 Personen satt werden.

www.fotolia.de © maho

Murtabak, ein mit Gemüse, Zwiebeln und Ei gefüllter Pfannkuchen ist als Frühstück oder Zwischenmahlzeit ebenfalls beliebt.

Wer es milder mag, dem sei die *Roti Canai Pisang* empfohlen, mit Bananen gefüllt. Beim Braten der Roti werden 1–2 Bananen hineingeschnippelt, beim Zusammenfalten bildet sich eine Tasche mit der durch die Hitze weich gedünsteten Bananenfüllung – köstlich und billig. Manche verquirlen die Bananenschnippel noch mit Ei. Das Gericht ist ein typischer Zwitter: den Travellern, die auf Süßes scharf sind, zuliebe entstanden.

Getränke

Wasser wird immer kostenlos serviert, in chinesischen Lokalen warmer Jasmin- oder anderer Tee, meist gegen ein kleines Entgelt.

Die Chinesen hier trinken am liebsten **Cognac** (Brandy). Tatsächlich gehört Malaysia zu den Hauptimportländern für Cognac. Der ist hier jedoch sehr teuer. Auf chinesischen Hochzeiten wird grundsätzlich mit Cognac angestoßen.

Die Inder in den Plantagen trinken ihren geliebten **Toddy** (leicht vergorenes Kokos-Palmbier) oder stärker: *Samsu* (allgemein für alkoholische Getränke, gemeint ist aber billiger Branntwein ähnlich dem Mekong-Whisky in Thailand). *Toddy* lässt sich mit dem etwas bitteren Dunkelbier *(Stout)* gut mixen.

Malaien dürfen aufgrund ihrer Religion natürlich keinen Alkohol trinken, also trinken sie Fruchtsäfte, Softdrinks, Rosenwassermilch oder einfach nur Eiswasser.

Kaffee und Tee bestellt man je nachdem: *Kopi/Teh* (mit süßer Kondensmilch, manchmal zu süß); *Kopi Ais/Teh Ais,* in das heiße Getränk werden Eiswürfel geworfen; *Kopi/Teh Oh* (Kaffee/Tee ohne alles, an der Ostküste dennoch mit Zucker); *Kopi/Teh Oh Manis* (süßer Kaffee/Tee ohne Milch), *Teh oh ais limau* (süßer Zitronentee mit Eis), *Teh (oh) limau* (heißer Zitronentee).

Milo (englisch „mailo" gesprochen) und *Ovaltine* sind überall erhältliche Alternativen.

Auch *Horlics,* ein Getränk auf Getreidebasis, ist beliebt und natürlich die frischen Fruchtsäfte und Shakes.

An den Ständen und in Lokalen kann man sich meist auch Getränke in Plastiktüten mit Eis zum Mitnehmen bestellen. Nicht entgehen lassen sollte man sich **Air Tebu** (Zuckerrohrsaft, der gar nicht so süß ist) und **Kelapa Muda** (junge Kokosnuss): Wasser junger Kokosnüsse, durststillend und nahrhaft.

Hin- und Rückflug

Für die Anreise nach Malaysia per Flugzeug bieten sich als Ziele Kuala Lumpur und Penang an. **Linienflugverbindungen** aus dem deutschsprachigen Raum nach Kuala Lumpur bestehen mit *Lufthansa* und *Malaysia Airlines* von Frankfurt (direkt, mehrmals wöchentlich, aber nicht täglich).

Daneben gibt es zahlreiche **Umsteigeverbindungen** nach Kuala Lumpur und Penang mit *China Airlines* (über Taipeh), *Emirates* (über Dubai), *Etihad Airways* (über Abu Dhabi), *KLM* (über Amsterdam), *Qatar Airways* (über Doha), *Singapore Airlines* (über Singapur) und *Thai Airways* (über Bangkok). Diese können zwar billiger sein als die Nonstop-Flüge, aber man muss hier auch eine längere Flugdauer einkalkulieren.

Verbindet man den Aufenthalt in Malaysia mit einem **Besuch Singapurs,** kann man auch dorthin mit *Lufthansa, Qantas* und *Singapore Airlines* direkt fliegen. Nach Brunei bestehen nur Umsteigeverbindungen über Kuala Lumpur, Singapur und andere Städte in Südostasien.

Die Dauer eines **Nonstop-Fluges** von Deutschland, Österreich und der Schweiz nach Kuala Lumpur liegt bei etwa 12 Stunden, mit Zwischenlandung oder Umsteigen bei etwa 2–3 Stunden mehr.

Flugpreise

Je nach Fluggesellschaft, Jahreszeit und Aufenthaltsdauer in Malaysia bekommt man ein Economy-Ticket von Deutschland, Österreich und der Schweiz hin und zurück nach Kuala Lumpur **ab 700 €**. Für Flüge in der Hochsaison über Weihnachten und Neujahr muss man allerdings mit bis zu 1000 € und mehr rechnen.

Preiswertere Flüge sind mit **Jugend- und Studententickets** (je nach Airline alle jungen Leute bis 29 Jahre und Studenten bis 34 Jahre) möglich. Außerhalb der Hauptsaison gibt es einen Hin- und Rückflug von Frankfurt nach Kuala Lumpur ab etwa 650 €.

Kinder unter zwei Jahren fliegen ohne Sitzplatzanspruch für 10 % des Erwachsenenpreises, sonst werden für ältere Kinder die regulären Preise je nach Airline um 25–50 % ermäßigt. Ab dem 12. Lebensjahr gilt der Erwachsenentarif oder ein Jugendtarif (s.o.).

Von Zeit zu Zeit offerieren die Fluggesellschaften **befristete Sonderangebote.** Dann

Kleines „Flug-Know-how"

Check-in

Nicht vergessen: Ohne einen gültigen Reisepass (auch Kinder, die von/nach Deutschland aus-/einreisen brauchen ein eigenes Reisedokument) kommt man nicht an Bord eines Flugzeuges nach Malaysia, Brunei und Singapur.

Bei den meisten internationalen Flügen muss man zwei bis drei Stunden vor Abflug am Schalter der Airline eingecheckt haben. Viele Airlines neigen zum Überbuchen, d.h., wer zuletzt kommt, hat dann möglicherweise das Nachsehen.

Wenn ein vorheriges Reservieren der Sitzplätze nicht möglich war, hat man die Chance, einen Wunsch bezüglich des Sitzplatzes zu äußern.

Das Gepäck

In der Economy-Class darf man in der Regel nur **Gepäck bis zu 20 kg pro Person** einchecken (steht auf dem Flugticket) und zusätzlich ein Handgepäck von 7 kg in die Kabine mitnehmen, welches eine bestimmte Größe von 55 x 40 x 23 cm nicht überschreiten darf. In der Business Class sind es meist 30 kg pro Person und zwei Handgepäckstücke, die insgesamt nicht mehr als 12 kg wiegen dürfen. Man sollte sich über die Bestimmungen der Airline informieren.

Aus Sicherheitsgründen dürfen **Taschenmesser, Nagelfeilen, Nagelscheren,** sonstige Scheren u.Ä. nicht im Handgepäck untergebracht werden. Diese muss man im aufzugebenden Gepäck verstauen, sonst werden sie bei der Sicherheitskontrolle weggeworfen. Darüber hinaus gilt, dass Feuerwerke, leicht entzündliche Gase (in Sprühdosen, Campinggas), entflammbare Stoffe (in Benzinfeuerzeugen, Feuerzeugfüllung) etc. nichts im Passagiergepäck zu suchen haben.

Flüssigkeiten oder vergleichbare Gegenstände in ähnlicher Konsistenz (z.B. Getränke, Gels, Sprays, Shampoos, Cremes, Zahnpasta, Suppen) dürfen nur in der Höchstmenge von jeweils 0,1 Liter als Handgepäck mit ins Flugzeug genommen werden. Die Flüssigkeiten müssen in einem durchsichtigen, wiederverschließbaren Plastikbeutel transportiert werden, der maximal einen Liter Fassungsvermögen hat.

Überprüfung der Abflugzeiten/Rückbestätigung

Bei den meisten Airlines ist heutzutage die **Bestätigung des Rückfluges** nicht mehr notwendig. Allerdings empfehlen alle Airlines, sich dennoch telefonisch zu erkundigen, ob sich an der Flugzeit nichts geändert hat, denn kurzfristige Änderungen der genauen Abfluguhrzeit kommen beim zunehmenden Luftverkehr heute häufiger vor.

Wenn die Airline allerdings eine Rückbestätigung *(reconfirmation)* **bis 72 oder 48 Stunden vor dem Rückflug** verlangt, sollte man auf keinen Fall versäumen, die Airline anzurufen, sonst kann es passieren, dass die Buchung im Computer der Airline gestrichen wird; der Flugtermin ist dahin. Das Ticket verfällt aber nicht dadurch, es sei denn, die Gültigkeitsdauer wird überschritten, aber unter Umständen ist in der Hochsaison nicht sofort ein Platz auf einem anderen Flieger frei. Die **Rufnummer** kann man von Mitarbeitern der Airline bei der Ankunft, im Hotel, dem Telefonbuch oder auf der Website der Airline erfahren.

kann man z.B. mit *Emirates* für rund 650 € von mehreren Flughäfen in Deutschland, Österreich und der Schweiz über Dubai nach Kuala Lumpur und zurück fliegen. Diese Tickets haben in der Regel eine befristete Gültigkeitsdauer und eignen sich nicht für Langzeitreisende.

Stopover-Tipp und Angebote

Viele Airlines mit Flügen nach Malaysia bieten interessante Stopover-Programme, Transport vom/zum Flughafen, günstige Übernachtungen in guten Hotels, Stadtrundfahrten usw. an. Dies gilt aber nur dann, wenn man mit einer dieser Airlines über den jeweiligen Heimatflughafen (z.B. Abu Dhabi, Bangkok, Doha, Dubai und Singapur) weiter nach Malaysia fliegt.

In Deutschland gibt es von Frankfurt aus die häufigsten Verbindungen nach Kuala Lumpur. Tickets für Flüge von und nach anderen deutschen Flughäfen sind oft teurer. Da kann es für Deutsche attraktiver sein, mit einem **Rail-and-Fly-Ticket** per Bahn nach Frankfurt zu reisen (entweder bereits im Flugpreis enthalten oder 30 bis 60 € extra). Man kann je nach Fluglinie auch einen preiswerten **Zubringerflug** der gleichen Airline von einem kleineren Flughafen in Deutschland buchen. Außerdem gibt es **Fly & Drive-Angebote,** wobei eine Fahrt vom und zum Flughafen mit einem Mietwagen im Ticketpreis bereits inbegriffen ist.

Reist man viel per Flugzeug, kann man als Mitglied eines **Vielflieger-Programms** auch indirekt sparen, z.B. im Verbund der www.star-alliance.com (Mitglieder u.a. *Lufthansa, Singapore Airlines, Thai Airways*), www.skyteam.com (Mitglieder u.a. *KLM*) oder www.oneworld.com (Mitglieder u.a. *Qantas*). Die Mitgliedschaft ist kostenlos, und mit den gesammelten Meilen von Flügen bei Fluggesellschaften innerhalb eines Verbundes reichen die Flugmeilen dann vielleicht schon für einen Freiflug bei einer der Partnergesellschaften beim nächsten Flugurlaub.

Buchung

Für die Tickets der Linienfluggesellschaften kann man bei folgendem zuverlässigen Reisebüro meistens günstigere Preise als bei vielen anderen finden:

■ **Jet-Travel,** In der Flent 7, 53773 Hennef, Tel. 02242/868606, Fax 868607, www.jet-travel.de. Buchungsanfragen oder Onlinebuchungen auf der Webseite unter der Auswahl „Flüge".

Last-Minute

Wer sich erst im letzten Augenblick für eine Reise nach Malaysia entscheidet oder gern pokert, kann Ausschau nach Last-Minute-Flügen halten, die von einigen Airlines mit deutlicher Ermäßigung ab etwa 14 Tage vor Abflug angeboten werden. Diese Flüge lassen sich nur bei Spezialisten buchen:

■ **L'Tur,** www.ltur.com, Tel. 00800 21212100 europaweit.
■ **Lastminute,** www.lastminute.de, (D-)Tel. 01805 777 257.
■ **5 vor Flug,** www.5vorflug.de, (D-)Tel. 01805 105105, (A-)Tel. 0820 203 085.
■ **Restplatzbörse,** www.restplatzboerse.at, (D-)Tel. (0991) 29679653, (A-)Tel. (01) 580850.

Kino

Wie bei uns in den 1950er und 1960er Jahren ist Kino in Malaysia auch deshalb beliebt, weil Pärchen im Dunkeln auf diese Weise Körperkontakte haben können, die ansonsten vor der Ehe und in der Öffentlichkeit tabu sind.

Die internationalen Kino-Hits kommen auch nach Malaysia, sie laufen meist mit englischem Ton und malaiischen Untertiteln. Es gibt aber auch einheimische oder indonesisch-malaiische Filme.

Es gibt zahlreiche **Video/DVD**-Verleihe. Die Filme kosten meist um 2 RM. Aktuelle Hits sind schnell in den Video-Shops erhältlich. Bei Interesse kann man problemlos und ohne Aufnahmegebühr Mitglied werden. Man sollte sich aber vorher einen Ausschnitt ansehen: Die Qualität ist oft schlecht. Die Verleihe wenden sich in der Regel an ihre eigene Bevölkerungsgruppe, also vorwiegend Malaien, Chinesen oder Inder. Ob es eine gute Auswahl an englischsprachigen Filmen gibt, sieht man sofort.

Videos haben der Kino-Industrie in Malaysia wie überall sehr geschadet, aber als Freizeit-Treffpunkte sind Kinos nach wie vor beliebt, wie man am Besucherandrang am Wochenende sehen kann. Mehr und mehr Kinokomplexe mit zahlreichen Geschäften und Vergnügungsmöglichkeiten entstehen auch hier.

Kosten

Wer nach Malaysia reist, hat sich ein nicht gerade „billiges" Reiseland ausgesucht (gemessen an anderen Ländern Südostasiens). Grundsätzlich sind Sarawak und Sabah teurer als der westliche Teil.

Neben dem Flugpreis muss man für die **Übernachtung** im Doppelzimmer mit durchschnittlich 60 RM rechnen (diese Angabe gilt auch für Einzelreisende, da fast alle Zimmer als Doppelzimmer vermietet werden). In vielen chinesischen Hotels gibt es billigere Einzelzimmer, die aber so große Betten haben, dass man gut zu zweit drin schlafen kann. Zu zweit bezahlt man dann aber trotzdem nur den normalen Einzelzimmerpreis.

Billigquartiere sind ab 20 bis 30 RM zu haben. Es gibt häufig 3-Bett-Zimmer, in denen theoretisch 6 Personen schlafen können, günstig bei Reisen mit Kindern.

Für **Essen und Trinken** muss man in Malaysia mit nicht mehr als ca. 5 RM pro Mahlzeit rechnen, wenn man vorwiegend einheimische Gerichte isst; in Ostmalaysia liegen die Preise teilweise geringfügig höher.

Wer europäisch essen (soweit dies möglich ist) und übernachten will, muss höhere Preise einkalkulieren.

Zu den genannten Kosten muss man noch die **Transportkosten** addieren. Aktuelle Transportpreise findet man in den einzelnen Stadtbeschreibungen. Als Anhaltspunkt mag die Fahrt mit dem Bus von Johor Bahru über Kuantan nach Kota Bharu dienen. Für diese Strecke (einmal durch West-Malaysia) zahlt man etwa 50 RM. Wegen der stark gestiegenen Ölpreise haben sich in Malaysia fast überall die **Preise für Bustickets** erhöht. Aber Reisen in bequemen Bussen auf guten Straßen ist immer noch preiswert verglichen mit daheim.

Organisierte Ausflüge werden oft erst ab zwei Personen durchgeführt; da sind Alleinreisende benachteiligt: Sie müssen abwarten, ob/bis sich noch jemand für den Trip meldet, oder zahlen doppelt. Das gilt auch für Führergebühren bei Berg- und Dschungeltouren. Bei regelmäßig angebotenen Touren zahlen alle den angegebenen Preis.

Spartipp

● Es gibt u.a. in Malaysia und Singapur einige Jugendherbergen, die dem internationalen Jugendherbergsverband (www.hihostels.com) angeschlossen sind. Dort kann man unabhängig vom Alter absteigen! Hat man einen **internationalen Jugendherbergsausweis** aus dem Heimatland, schläft man auch bei diesen Jugendherbergen zum günstigeren Tarif, sonst muss man eine Tagesmitgliedschaft erwerben. Eine Jahresmitgliedschaft bei den Verbänden daheim kostet jährlich 12,50–21 € in Deutschland (www.jugendherberge.de), 15–25 € in Österreich (www.oejhv.at) und 22–44 SFr in der Schweiz (www.youthostel.ch).

Maße und Gewichte

In Malaysia wurde schon vor einiger Zeit das metrische System eingeführt, in der Bevölkerung hält sich aber nach wie vor das englische, bei dem Entfernungsangaben in Meilen, Höhenangaben in Fuß gemacht werden.

Auch bei Temperaturangaben wurde offiziell das Celsius-System eingeführt, dennoch findet man auch Angaben in Fahrenheit. 21 °C entsprechen z.B. 69,8 °F; 32 °C sind 89,6 °F.

Medizinische Versorgung

Apotheken, Drogerien und **Ärzte** gibt es in Malaysia in großer Zahl. Die Menschen sind sehr gesundheitsbewusst; besonders die Chinesen sind bekannt für ihre Kenntnisse auf dem Gebiet der Gesunderhaltung und Vorbeugung. Es gibt viele **chinesische Apotheken,** in denen in erster Linie traditionelle Mittel verkauft werden: häufig in Form kleiner Kügelchen, wovon ein ampullengroßes Gläschen auf einmal geschluckt wird. Wer Beschwerden hat, sollte sich ruhig mal in eine chinesische Apotheke wagen und sich beraten lassen: ein etwas anderes Apothekengefühl!

Westliche Medikamente, häufig aus Australien, sind frei vorrätig. In Malaysia kauft man direkt, ohne Rezept, ein. Geht man zum Arzt in die Praxis, erhält man dort immer gleich die verordneten Medikamente – und zahlt auch für beides: Konsultation und Medikamente. Aber keine Angst: Ein Arztbesuch ist nicht unbedingt teuer.

Alle Ärzte müssen ihre Assistenzzeit in den Regierungskrankenhäusern ableisten. Ambulante Behandlungen in **Regierungskrankenhäusern** sind praktisch kostenlos, in Großstädten gibt es allerdings lange Warteschlangen, an denen man mit Glück vorbeikommt. Übrigens: Zahnersatz ist in Malaysia wesentlich billiger als bei uns. Weil das malaysische **Zahnärzte** wissen, bieten einige ihre Dienste Ausländern per Internet gegenüber Einheimischen zu deutlich höheren Gebühren an.

Längen- und Flächenmaße

1 Inch	2,54 cm
1 Foot	30,48 cm
1 Yard	91,44 cm
1 Meile	1,609 km
1 Acre	0,40 ha

Hohlmaße

1 Fluid Ounce	0,03 l
1 Pint	0,57 l
1 Gallon	4,55 l
1 Barrel	163,6 l

Gewichte

1 Ounce	28 g
1 Pound	0,45 kg
1 Kati (malai.)	600 g

Nachtleben

Discos findet man heute in den Städten überall. Man geht in Malaysia paar- oder gruppenweise in die Disco (außer in Hotel-Discos). Es sind also keine „Single-Börsen". Immer mehr Discos schließen früh, ca. um 12 oder 1 Uhr.

In **„Night-Clubs"** kann man gegen Gebühr die Gesellschaft von Hostessen in Anspruch nehmen, mit ihnen einfache Konversation betreiben und tanzen. Billig ist das Vergnügen jedoch nicht.

Karaoke ist wie in vielen Ländern der Region auch in Malaysia beliebt, dafür gibt es eigene Lounges, aber mehr etwas für Einheimische.

Notfall

Wird der **Reisepass im Ausland gestohlen,** muss man dies bei der örtlichen Polizei melden. Darüber hinaus sollte man sich an die nächste diplomatische Auslandsvertretung seines Landes wenden, damit man einen Ersatz-Reiseausweis zur Rückkehr ausgestellt bekommt (ohne kommt man nicht an Bord eines Flugzeuges!). Eine Kopie des Passes oder des Personalausweises sind für den Antrag nützlich; eine Kopie der Seite mit dem malaysischen Einreisestempel und -formularabschnitt ist nützlich für die malaysischen Behörden. Auch in **dringenden Notfällen,** beispielsweise medizinischer oder rechtlicher Art, sind die **Botschaften** bemüht vermittelnd zu helfen.

■ **Deutschland:** German Embassy, 26. Stock, Menara Tan & Tan, 207 Jalan Tun Razak, **Kuala Lumpur,** Tel. 03/2170 9666 und in dringenden Notfällen auch Tel. 012/326 90 70; German Honorary Consulate, P.K.T., OE Design Sdn. Bhd., 74-E, 4. Stock, Wisma Binjul, **Tanjong Tokong,** Tel. 890 5288.
■ **Österreich:** Austrian Embassy, Suite 1–2, 10. Stock, Wisma Goldhill, 67 Jalan Raja Chulan, **Kuala Lumpur,** Tel. 03/2057 0020, 2057 9432 oder 2057 8969; Austrian Honorary Consulate, 19 Halaman Bukit Gambir 2, Gelugor, **Penang,** Tel. 04/656 8525.
■ **Schweiz:** Swiss Embassy, 16, Pesiaran Madge, **Kuala Lumpur,** Tel. 03/2148 0622, 2148 0751, 2148 0639 oder 2148 0935; Swiss Consulate, 301 Golden Farm, 6th Mile, **Kuching,** Tel. 082/612 463.

Diebstahl oder Verlust von Geld

Bei Verlust oder Diebstahl der Kredit- oder Bankkarte sollte man diese umgehend sperren lassen. Für deutsche Bank- und Kreditkarten gibt es die einheitliche **Sperrnummer 0049/ 116 116** und im Ausland zusätzlich 0049/30 4050 4050. Für österreichische und schweizerische Karten gelten:

■ **Maestro/Bankomat,** (A-)Tel. 0043 1 204 8800; (CH-)Tel. 0041 44 2712230, UBS: Tel. 0041 800 888 601, Crédit Suisse: 0041 800 800488.
■ **MasterCard,** int. Tel. 001 636 7227111 (R-Gespräch).
■ **VISA,** int. Tel. 001 410 581 9994.
■ **American Express,** (A-)Tel. 0049 69 9797 2000; (CH-) Tel. 0041-44 6596333.
■ **Diners Club,** (A-)Tel. 0043 1 501350; (CH-)Tel. 0041 58 7508080.

Geldnot

Wer dringend eine größere Summe ins Ausland überweisen lassen muss wegen eines Unfalles oder Ähnlichem, kann sich auch nach Malaysia, Singapur oder Brunei über **Western Union** Geld schicken lassen. Für den Transfer muss man die Person, die das Geld schicken soll, vorab benachrichtigen. Diese muss dann bei einer *Western Union* Vertretung (in Deutschland u.a. bei der *Postbank*) ein entsprechendes Formular ausfüllen und den Code der Transaktion telefonisch oder anderweitig übermitteln. Mit dem Code und dem Reisepass geht man zu einer beliebigen Vertretung von *Western Union* vor Ort (siehe Telefonbuch oder unter www.westernunion. com), wo das Geld nach Ausfüllen eines Formulares binnen Minuten ausgezahlt wird. Je nach Höhe der Summe muss der Absender eine Gebühr zahlen (2000 € nach Malaysia kosten 40 € Gebühren).

Öffentliche Verkehrsmittel

Busse

Öffentliches **Verkehrsmittel Nr. 1** in West-Malaysia ist eindeutig der **Bus,** zumal das Bahnnetz sehr eingeschränkt ist. Inlandsflüge sind dank Konkurrenz vor allem von *Air Asia* häufig so preiswert, dass sie aufgrund der Zeitersparnis eine echte Alternative zu Bussen darstellen. Boote sind in Ost-Malaysia dagegen nicht selten das Hauptverkehrsmittel, dort sind Inlandsflüge häufig unverzichtbar.

Viele junge Rucksackreisende, die vielleicht 2, maximal 3 Wochen ausschließlich in West-Malaysia bleiben, reisen heute nur noch in **Minibussen** gemeinsam mit anderen Travellern von Zielpunkt zu Zielpunkt: Penang – Cameron Highlands – Taman Negara – Perhentian, von KL direkt zum Taman Negara und weiter zur Ostküste (außer der Zeit des NO-Monsuns Mitte Oktober bis Ende Februar).

Malaysia ist, was die Verkehrsverbindungen anbelangt, wohl das am besten erschlossene Land Südostasiens. Die Nord-Süd-Autobahn (mautpflichtig) ist seit 1994 voll ausgebaut. Man zahlt für Busse zwar mehr als etwa im benachbarten Sumatra, dafür reist man aber auch bequemer.

Ob in Butterworth, Ipoh, KL, Melaka, Johor Bahru oder Kuantan: Sofern man auf einer Hauptroute reisen will, kann man einfach zum Busbahnhof gehen und den nächsten Bus besteigen, man muss meist nur kurze Zeit darauf warten. Auf den Busbahnhöfen der

Öffentliche Verkehrsmittel

Großstädte gibt es „Schlepper", denen man nur den Namen des Zieles zu nennen braucht und die einen dann zu einem Bus der genannten Richtung bringen. Will man etwa von KL nach Butterworth oder Singapur, kann man im Grunde zu jeder Tages- und Nachtzeit ab Pudu Raya einen Bus oder ein Langstrecken-Taxi finden. Bei weniger üblichen Routen sollte man vorher nachfragen, wann die Busse abfahren, und einen Platz möglichst am Vortag reservieren.

Als ungefähre Faustregel für die Fahrtdauer kann man auf der Landstraße etwa 60 km/Std. rechnen, plus 20 Minuten Rast alle zwei Stunden. Wenn der Bus nicht voll ist und unterwegs weitere Fahrgäste aufsammelt, kann es allerdings erheblich länger dauern. Fahrten auf der Nord-Süd-Autobahn sind natürlich schneller.

Dann gibt es **lokale Busse**, die die kleineren Orte ansteuern und weniger lange Strecken fahren, etwa von Butterworth nach Alor Setar, Padang Besar oder Taiping; von Ipoh nach Taiping, Kuala Kangsar, Kampar, Lumut, Cameron Highlands, Tapah und Teluk Intan; von KL nach Rawang und Kota Bharu, Seremban, Kuala Lipis und Temerloh; von Kuantan nach Kuala Dungun. Letztlich ist praktisch jeder Kampong irgendwie erreichbar, wenngleich in den letzten Jahren Busverbindungen eingestellt oder auf neuen Straßen erst gar nicht eingerichtet wurden, weil der Besitz eines eigenen Autos oder Motorrads heute die Regel ist und Busverbindungen in menschenarmen Gegenden unrentabel geworden sind.

Es gibt **staatliche und private Busgesellschaften**. Beliebt ist die Busse von *Ekspres Transnasional*. Den Schalter dieser Gesellschaft im Puduraya-Busbahnhof in KL erkennt man schon daran, dass dort meist die längste Schlange steht. Beliebt für Ziele entlang der Autobahn und von KL über Kuantan nach Terengganu ist der Plusliner (www.plusliner.com).

◁ Im Busbahnhof von Penang

Bei vielen Gesellschaften kann man Fahrkarten auch problemlos **online buchen**. Bei www.journeymalaysia.com den Link zu *Transport – Coaches* anklicken; hier findet man weitere Links zu Zielen, Busgesellschaften, Fahrplänen und Preisen.

Abkürzungen bei öffentlichen Verkehrsmitteln in diesem Buch

Aus Platzgründen werden im Buch Abkürzungen bei Angaben zu Bus- und Bahnverbindungen verwendet, z.B.:

- AS = Alor Setar,
- BKK = Bangkok,
- BM = Bukit Mertajam,
- BW = Butterworth,
- JB = Johor Bahru,
- KB = Kota Bharu,
- KK = Kota Kinabalu,
- KL = Kuala Lumpur,
- KT = Kuala Terengganu.

Beispiel für eine Zug- oder Busverbindung nach Butterworth: BW (10.38, 18.26 Uhr, 3.30 Std., 26/14/10 RM) bedeutet: Der Zug/Bus nach BW fährt um 10.38 Uhr und um 18.26 Uhr, die Fahrtzeit beträgt 3 Std. und 30 Minuten, Tickets kosten 16, 14 und 10 RM gestaffelt nach 1., 2. und 3. Klasse.

Alle angegebenen **Zugpreise** beziehen sich auf Fahrten in der 2. bzw. 3. Klasse. Da sich sowohl Zugpreise als auch Abfahrtszeiten oft ändern, kann für diese Angaben keine Gewähr übernommen werden.

Die Züge des **Electric Train Service** (abgekürzt ET) auf der Shuttle-Strecke Ipoh – KL – Seremban sind schneller, dafür auch teurer als die regulären (Shuttle-)Züge.

Angaben zu **Taxipreisen**: Taxis 100–200 % > Bus (bei 4 Personen) bedeutet: Taxipreise sind 100–200 % teurer als Bustickets (bei 4 Fahrgästen), fahren weniger Personen, wird die Fahrt entsprechend teurer; Taxipreise können oftmals auch ausgehandelt werden.

Je nach Strecke operieren verschiedene Busgesellschaften. Wer von der Penang-Fähre in Butterworth kommt, muss nur einem der **Touts** (Zulieferer) den gewünschten Zielort zurufen, und schon wird er irgendwohin geführt, zu einem Buchungsbüro und von dort zum Bus. In Puduraya kommen sie einem schon entgegengelaufen. Für die *Touts* geht es um Pfennige. Das System ist bequem, unkompliziert und funktioniert meist – aber es gibt auch Nachteile: Wenn man die Fahrpreise nicht kennt, wird einem möglicherweise mehr abverlangt, oder man wird nicht zum nächsten Bus gebracht. Oder man bekommt einen ausgedienten Bus, der unterwegs alle möglichen kleinen Busbahnhöfe ansteuert, um die Plätze aufzufüllen. Aber eigentlich gibt es kaum Ärger.

Wer Zeit hat oder misstrauisch ist, kann zu den Schaltern der verschiedenen Busgesellschaften gehen, den gewünschten Zeitpunkt angeben und sich dafür das Ticket ausstellen lassen. Meist werden die Sitznummern auf dem Ticket festgelegt. Da kann man, wenn man rechtzeitig kommt, noch Wünsche äußern, etwa: in der Mitte auf der Fahrerseite (statistisch am sichersten), vorn links zum Beinausstrecken, etc. Viele sitzen nicht gern neben der Toilettentür, wenn es ein Klo an Bord gibt. Diese Plätze bleiben ohnehin bis zuletzt frei, sind also manchmal auch die Plätze, die in einem abfahrbereiten Bus noch verfügbar sind. Manchmal werden keine Nummern vergeben, dann sucht man sich einfach den Platz aus. Wer gerne seine Beine ausstreckt, sollte die Plätze vor der Wand zur Fahrerkabine meiden.

In den lokalen Bussen werden oft die **Fahrscheine** kontrolliert, teils während der/die Schaffner(in) noch abkassiert. Also immer die Scheine aufbewahren. Die Kontrollen dienen übrigens eher der Überwachung der Schaffner als der Fahrgäste.

Busfahren kann man als ziemlich sicher betrachten. Man hört kaum von schlimmen Busunfällen, auch wenn es sonst viele schwere Unfälle gibt. Da dürfte es in Thailand insgesamt gefährlicher sein.

Es gibt in malaysischen Städten mehr Schul- als öffentliche Busse, weil die privat betriebenen orangefarbenen **Schulbusse** die Kinder kreuz und quer herumfahren. In Malaysia schickt man die Kinder auch in der Grundschule nicht in die nächstgelegene Schule, sondern dorthin, wo es den Eltern passt. Das führte zu einem Riesenaufgebot an Schulbussen. Das Anhalten der Busse mit folgender Aufschrift ist nicht möglich:

- *Bas Sekolah* = Schulbus
- *Bas Kilang* = Fabrikbus
- *Bas Persiaran* = Reisebus (Überlandbus), außer am Busbahnhof
- *Sewa Khas* = Sonderfahrt

Achtung: Die angegebenen Fahrpreise sind Richtpreise, da unterschiedliche Busgesellschaften zu denselben Zielen geringfügig unterschiedliche Preise haben, auch gibt es auf Langstrecken **Qualitätsunterschiede:** Economy, Business class, a/c, non a/c usw. Wegen der global angestiegenen Transportkosten verändern sich Preise derzeit stärker nach oben, als es der Regierung lieb ist. Dennoch ist Busfahren in Malaysia immer noch sehr preiswert.

Taxis

Es gibt spezielle Haltestellen für Taxis. Während der **Rush Hour** morgens und abends fahren viele Taxifahrer nicht, sondern machen Pause und warten ab, bis sich der Verkehr beruhigt! In Penang gibt es evtl. noch die illegalen Taxis, die billiger sind, vorausgesetzt, man kennt sich aus. In Ipoh und Penang fahren die Taxis nach wie vor ohne Taxameter, sie verlangen im Vergleich mehr als in KL, weil sie evtl. leere Rückfahrten mit einkalkulieren.

Es gibt in den Städten auch preiswerte **Kollektivtaxis,** die nur bestimmte Strecken mit kleinen Varianten fahren.

Überlandtaxis

Eine Spezialität Malaysias sind die **Überlandtaxis,** die (wie die türkischen *Dolmusch*) zu

Öffentliche Verkehrsmittel

bestimmten Zielen zu Festpreisen, die pro Person zwischen 100 und 200 % über denen der Busse liegen, abfahren, wenn sich wenigstens 2–3 andere Fahrgäste dazugesellt haben, d.h. normalerweise fährt man mit 4 Fahrgästen los. Nachts oder bei geringem Bedarf auch mit nur zwei oder drei Personen, was dann aber etwas mehr kostet. Ausländern versuchen die Fahrer nicht selten das ganze Taxi aufzuschwatzen; man muss sich also in Geduld üben. Wenn der Fahrer unbedingt heim- oder weiter will und noch keine anderen Mitfahrer zur Stelle sind, kann man sich möglicherweise auf einen Kompromiss einigen. Aber schneller als Busse sind sie schon und günstig für kleine Gruppen bis 4 Personen.

Eisenbahn

Die gute alte malaiische Eisenbahn, **Keretapi Tanah Melayu** (KTM), erscheint trotz Modernisierungsbestrebungen und Privatisierung mancherorts immer noch wie ein Relikt aus

Malaysische Besonderheiten im Straßenverkehr

■ In Malaysia herrscht **Linksverkehr!**
■ Wenn das vorausfahrende Fahrzeug (auf gerader Strecke) **rechts blinkt,** bedeutet das: Nicht überholen; **blinkt es links:** Überholen auf eigenes Risiko im Augenblick möglich.
■ Kommt ein Fahrzeug **mit aufgeblendetem Licht** daher, heißt das: Aus dem Weg! Unverschämt, aber besser, man fügt sich.
■ Im **Kreisverkehr** (in Städten häufig) hat das Fahrzeug im Kreisverkehr, also das von rechts kommende, Vorfahrt.
■ Manchmal gibt es noch Straßensperren durch die Polizei, vor allem im Innern der Halbinsel, aber auch im Zentrum von Städten.

Verkehrs- und Hinweisschilder

Die malaysischen Verkehrsschilder entsprechen den international üblichen, mit einigen wenigen Ausnahmen, wie z.B. dem gelben Rhombus mit den 9 roten Punkten, der „Achtung" bedeutet.

Awas	Achtung
Beri Laluan	Vorfahrt beachten (beim Einbiegen in eine Hauptstraße)
Berhenti	Stopp
Kanak-Kanak- Melintas	Kinder überqueren hier
Jalan Mati	Sackgasse
Jalan Sehala	Einbahnstraße
Ikut Kiri	links halten
Kawasan Kemalangan	Unfallgefahr
Get Automatic	automatische Schranken
Kurangkan Laju	Geschwindigkeit drosseln
Jalan Pelahan Pelahan	langsam fahren
Pusat Bandar	Stadtzentrum
Utara	Norden
Selatan	Süden
Timor	Osten
Barat	Westen

Öffentliche Verkehrsmittel

kolonialen Tagen, in und um KL ist sie jedoch auffallend modern. Immer noch tun in erster Linie Inder neben den Malaien Dienst für die Schmalspurbahn, die meist eingleisig verkehrt. Der große moscheeartige ehemalige Hauptbahnhof in Kuala Lumpur und der Bahnhofspalast von Ipoh mit dem Hotel aus kolonialen Tagen sind ein Symbol dafür, dass bei der KTM die Mühlen immer noch etwas langsam mahlen. Typisch für das moderne Malaysia ist allerdings der futuristisch anmutende Bahnhof **Sentral** in KL.

Bahnverbindungen

■ Butterworth – Bangkok
Über Bukit Mertajam, Arau, Padang Besar, Haad Yai (dort in der Regel umsteigen), Abfahrt Butterworth: 13.35 Uhr, Ankunft Bangkok: am nächsten Morgen 8.35 Uhr. Zurück: Die Züge verlassen Bangkok um 15.15 Uhr und erreichen Butterworth andrentags um 12.10 Uhr (Reservierung in Bangkok).

■ Butterworth – KL
Über Bt. Mertajam, Taiping, Kuala Kangsar, Ipoh, Batu Gajah, Kampar, Tapah Road, Tanjung Malim, Fahrzeit tagsüber ca. 6, nachts ca. 8 Std.

■ KL – Singapur
Über Kajang, Seremban, Tampin, Gemas, Segamat, Kluang, Kulai, Johor Bharu, Fahrzeit 6–9 Std.

■ Gemas – Tumpat (Kota Bharu)
Über Mentakab, Kuala Krau, Jerantut, Mela, Kuala Lipis, Gua Musang, Krai, Pasir Mas, Wakaf Bahru; Fahrzeit ca. 9½ Std. In Gemas Anschluss nach KL bzw. Singapur. Die Zugfahrt von KL nach Kota Bharu dauert wegen des Riesenumweges über Gemas deutlich länger als die direkte Busfahrt (etwa 7 Std. Mehraufwand).

■ Shuttle-Verbindungen:
Ipoh – KL Sentral (ETS 2 Std., sonst 3 Std.),
Tumpat – Kuala Lipis (7 Std.),
Kuala Lipis – Gemas (4½ Std.),
Gemas – Singapur (3 Std.)

Malaiische Wörter zum Thema Eisenbahn

kereta api/keretapi	Eisenbahn
tren	Zug
ke utara	nach Norden
ke selatan	nach Süden
keluar	Ausgang
stesen, stesyen	Bahnhof
ketua besar	Vorsteher
lewat	verspätet

Es gibt in der Region von Kuala Lumpur zwei S-Bahn-Linien (Komuter KTM):
■ **Komuter KTM Linie A:** Batu Cave – KL Sentral – Port Klang
■ **Komuter KTM Linie B:** Rawang – KL Sentral – Seremban

Zum **KLIA (KL International Airport)** verkehren ab KL Sentral spezielle Expresszüge in 28/30 Min. (siehe auch im Kapitel „Kuala Lumpur").

Öffentliche Verkehrsmittel

Das Computersystem ist weit fortgeschritten. Reservierungen und Online-Fahrkartenkauf machen keine Umstände mehr (www.ktmb.com.my). Fahrpläne, Preise und Verfügbarkeit von Plätzen sind erkennbar, wenn man Start und Ziel und Datum eingibt.

Hilfreich sind die Websites: www.ktmintercity.com.my (Abfahrtszeiten, Preise, Buchungen) und www.seat61.com/Malaysia.htm.

Man sollte beachten, dass man **Liegeplätze** (2. Klasse ohne a/c, mit Ventilator; 1. Klasse mit a/c) schon einen Monat im Voraus buchen kann. Tatsächlich sind sie kurzfristig oft nicht zu bekommen, besonders an Wochenenden oder zu den Hauptreisezeiten. Wegen möglicher (häufiger) Verspätungen, sollte man eine Zugfahrt nicht zu knapp planen, wenn man z.B. am Zielort einen Flug erreichen will.

Es ist landschaftlich reizvoller und angenehmer, mit der Bahn zu fahren als mit dem Bus. In der 2. Klasse mit Air Conditioning (*dingin* = kalt) sitzt man sehr bequem und genießt Video-Unterhaltung von besserer Qualität als in den meisten Bussen. Essen und Getränke werden in den Zügen angeboten und an den Platz gebracht. Im *Komuter Train* in KL ist es verboten zu essen, zu trinken und zu rauchen.

Zugfahren ist generell preiswerter als Busfahren, das gilt jedoch nicht für die neuen Intercity-Expresszüge zwischen Ipoh und KL und Nachtfahrten in Liege-/Schlafwagen. Wer Geld sparen möchte, kann sich den auch in Singapur gültigen **Visit Malaysia Railpass** zulegen: für Erwachsene 70 US$ für 15 Tage, 35 US$ für 5 Tage; Kinder (4–12 Jahre) zahlen zahlen jeweils die Hälfte. Schlafwagenplätze kosten extra, Reservierungskosten sind im Pass enthalten. Erhältlich an den Bahnhöfen Sentral KL, JB, BW, Port Klang, Padang Besar, Wakaf Bharu, Penang. **Ermäßigungen** gibt es für Familien (4 Personen): 25 %, Behinderte und Senioren über 60 Jahre: 50 %.

Es gibt folgende Klassen:

- **AFC** (Premium, 1. Kl, 0,1 RM/km),
- **ASC** (Superior, 2. Kl, 0,065 RM/km),
- **EPLUS** (Economy, 3. Kl, 0,036 RM/km, mittlerweile auch klimatisiert),
- **ADNFB** (Premier Night),
- **ADNFD** (Standard Deluxe),
- **ADNS** (Superior Night).

Des Weiteren gibt es für bestimmte Strecken günstige **Tagestickets,** die aber nicht zu Berufsverkehrszeiten, nach 21 Uhr und an Wochenenden gelten. Der Pass ist erhältlich bei:

- **MSL Travel KL,** Jln. Putra, Tel. 03/442 4722
- **MSL Travel Penang,** Ming Court Inn, Tel. 04/229 2655
- **German Asian Travels,** 126 Telok Ayer St., Singapur, Tel. 221 5539
- **MAS Travel Centre,** *Tanglin Shopping Centre,* Singapur, Tel. 235 4411

Fliegen

Inlandsflüge werden in erster Linie von *MAS* (www.malaysia-airlines.com) und *AirAsia* (www.airasia.com) angeboten. Angeflogen werden von *MAS* in West-Malaysia: Langkawi, Alor Star, Penang, Kota Bharu, Kuala Terengganu, Melaka, Kerteh, Kuantan, Johor Bahru, außerdem Singapur, und alle Fäden laufen zusammen in Kuala Lumpur.

Wie *AirAsia* bietet auch *MAS* inzwischen absolute Niedrigpreise an. Die MAS-Tochter *Berjaya Air* fliegt auch Nebenziele wie Melaka, Ipoh, Tioman, Redang und Pangkor an.

Es gibt bei MAS verschiedene **Sondertarife,** z.B. für Nachtflüge KL – Penang, KL – Alor Setar, KL – Khota Baru.

Flugpreise ab KL mit Air Asia

Economy-Klasse
- **Penang** 104 RM (Nachtflug 73 RM)
- **Kota Bharu** 104 RM (Nachtflug 73 RM)
- **Langkawi** 135 RM
- **Tioman** 141 RM
- **Singapur** 213 RM

Es gibt auch Familien-, Studenten-, Standby-, Alten- und Behinderten- und Gruppentarife (ab 3 Personen).

Firefly (www.fireflyz.com.my) bietet ebenfalls Flüge in Westmalaysia an. In Sabah werden von *MAS* Kota Kinabalu, Labuan, Sandakan, Tawau, in Sarawak Kuching, Miri, Mulu, Sibu angeflogen. Siehe auch *Maswings* (www.maswings.com.my) für Flüge innerhalb von Ostmalaysia.

Bei aller Beliebtheit von *Air Asia* – angesichts der Möglichkeit der Online-Buchung und der teils extrem niedrigen Preise, ist zu bedenken, dass es manchmal auch Stornierungen gibt. Der erste Flug des Tages findet meist statt. Bei den weiteren Flügen des Tages kann es schon mal zu Stornierungen kommen. Achtung: 45 Min. vor Flug schließen die Schalter, Freigepäck-Limit 15 kg inkl. Handgepäck! Neben KL werden **in West-Malaysia** Johor Bahru, Kota Bharu, Kuala Terengganu, Penang, Langkawi, Alor Star, **in Ost-Malaysia** Kuching, Sibu Bintulu, Miri, Labuan, Kota Kinabalu, Sandakan und Tawau angeflogen.

Schiffe

Obwohl es in West-Malaysia einige breite Flüsse gibt, ist hier kein Passagierverkehr üblich. Das ist in Ost-Malaysia anders. Es gibt in West-Malaysia **Langbootverkehr** von Tembeling nach Kuala Tahan und im Nationalpark.

Es gibt natürlich die **Fähren** und Bootsverbindungen zu den Inseln: Lang-kawi, Penang, Pangkor, Tioman, Rawa, Kapas, Perhentian, Redang und andere.

Mietwagen

Internationale Mietwagenfirmen wie *Avis* und *Hertz* sind auch in Malaysia vertreten. Vorteil dieser Firmen ist ihr großes Verbundnetz, d.h. man kann den Wagen an einem Ort mieten und ihn woanders abgeben, was bei lokalen Vermietern, die sicher preiswerter sind, nicht unbedingt der Fall ist. Man muss also vorher entscheiden, ob man eine Rundreise unternimmt oder nur eine bestimmte Strecke fährt.

Ein **lokaler Anbieter** ist:

■ **Advantage Car Rentals,** Tel. 03/2142 5855, Fax 21 63 7855, www.advmsia.com.my.

Zu mehreren kann ein Mietwagen eine preisgünstige Alternative sein und den Bewegungsspielraum erheblich vergrößern helfen, insbesondere wenn man ausgefallenere Routen wählt. Preise variieren nach Modell: *Economy* ab 90 RM (normal 129 RM), SUV ab 379 RM, jeweils unbegrenzte Kilometer-Zahl, inkl. Versicherung. Wer schon zu Hause im Reisebüro bucht, spart teilweise bis zu 40 %.

In Malaysia wird zwar nicht chaotisch, aber auch nicht zimperlich gefahren. Auf viel befahrenen Überlandstrecken (wie der alten Straße von Butterworth nach KL) muss man allerdings schon sehr aufpassen: die Fahrer **entgegenkommender Busse,** die gerade überholen, gehen davon aus, dass man abbremst oder sogar auf den Seitenstreifen ausweicht! Auf Motorrad- und Radfahrer wird in dieser Hinsicht wenig Rücksicht genommen. Auch wegen des ungewohnten Linksverkehrs: Defensiv fahren lautet die Devise!

Man sollte auch unbedingt daran denken, dass **Fahrräder** selten Lampen haben, also im Dunkeln extrem schlecht zu sehen sind. Manchmal fahren sie kurzzeitig auch auf der rechten Seite. Das gilt selbst für Motorräder. Liegen gebliebene Fahrzeuge sind natürlich nicht beleuchtet. Zur Kennzeichnung wird lediglich irgendetwas, z.B. ein Ast, an den Wagen gelehnt.

Immerhin: Anders als in Thailand besteht in Malaysia **Anschnallpflicht** und **Helmpflicht** für Motorradfahrer. Wer „oben ohne" erwischt wird, zahlt. Polizisten sind allerdings immer noch für „kleine Zuwendungen" zur Umgehung des Bußgeldes empfänglich. Es gibt viele Straßenkontrollen.

Benzin/Diesel ist billiger als in Europa, weil es subventioniert wird. An Tankstellen gibt es stets Bedienung. Die Preise sind staatlich festgesetzt, also überall gleich. Viele Tankstellen haben 24 Stunden geöffnet. ln ländlichen Gegenden also rechtzeitig tanken. Öl ist übrigens ebenfalls preiswert.

Entfernungsangaben sind heute durchweg in km, in Klammern noch in Meilen: b = *batu* = Meile (in roter Schrift). Auf Nebenstrecken gibt es noch häufig Meilensteine. Die blauen Schilder mit weißer Schrift geben km an.

Die **Polizei** hat Blau-, **Krankenwagen** und **Feuerwehr** Rotlicht. Wenn der Sultan eines Staates ausfährt, wird ihm der Weg mittels Eskorte freigehalten: Man sollte sein Fahrzeug nach links ziehen und die Kolonne abwarten.

Trampen

Per Autostopp fahren ist in Malaysia durchaus möglich, aber man sieht nur gelegentlich Hitchhiker unterwegs. Dennoch gibt es im Allgemeinen zufriedene Stimmen. Anständig gekleidete Ausländer werden gern mitgenommen; Einheimische trampen grundsätzlich nicht.

Die **Auto-Kennzeichen** geben nur bedingt einen Hinweis auf die Herkunft bzw. das Ziel des Fahrers: In Malaysia behalten Autos das Kennzeichen der ersten Registrierung. Wer also umgezogen ist oder einen gebrauchten Wagen kauft, muss den Wagen nicht auf den neuen Wohnort ummelden.

Die Buchstaben, die dem ersten folgen, sind gemeinsam mit der Zahl der Registrationsnummern, die Auskunft geben über das Alter des Autos.

Es gibt keinen TÜV für Privatautos, nur für Taxis und andere öffentliche Fahrzeuge. Überprüft wird regelmäßig, ob die Steuervignette am Vorderfenster noch gültig ist.

Stadtbusse

Es gibt unterschiedliche Busgesellschaften. Anders als in Bangkok oder Singapur kann man in Malaysia nirgendwo Stadtpläne mit eingetragenen Buslinien bekommen. Man muss einfach fragen, welche Busse wohin fahren. Es lohnt sich, das herauszufinden, denn Busfahren ist günstiger als Taxifahren, es sei denn, man teilt sich ein Taxi für eine kürzere Strecke. In KL zeigen Streckenpläne an den Bushaltestellen, wohin die jeweiligen Busse fahren. In KL und Penang kann man sich im Internet über die Fahrpläne und Routen der Rapid-Busse informieren (s. Kapitel „KL" und „Penang").

Fahrrad-Rikschas (Trishaws)

ln vielen Städten (außer KL) findet man noch dieses Relikt aus anderen Zeiten. Einheimische benutzen es für kurze Trips in der Stadt. Touristen zahlen für diese Fortbewegungsart mehr als für das Taxi; man sollte den Preis vorher aushandeln. In Melaka und weniger

Die Anfangsbuchstaben der Kennzeichen

A	Perak
B	Selangor
C	Pahang
D	Kelantan
H	Taxi; dazu meist der Buchstabe für den Staat, z.B. HW (K.L.-Taxi)
J	Johore
K	Kedah
M	Melaka
N	Negeri Sembilan
P	Penang
R	Perlis
SB	Sabah
SW	Sarawak
T	Terengganu
W	Wilayah Persekutuan (Federal Territory K.L.)
Z	Militär

ausgeprägt in Penang sind sie mit ihrer bunten Ausstattung zur Touristenattraktion geworden.

Verhalten beim Überqueren von verkehrsreichen Straßen

Wie anderswo in SO-Asien lassen sich auch in Malaysia verkehrsreiche Straßen, wo weit und breit keine Ampel bzw. Fußgängerübergang zu sehen ist, am besten überqueren, indem man in Richtung Auto-/Motorradfahrer schaut und sich sich Spur für Spur weiterbewegt. Aber auf den Linksverkehr achten!

Post, Telefon, Internet

Pos Malaysia (www.pos.com.my) ist ein effizient geführtes Unternehmen. Postlagernde Sendungen werden zuverlässig in den Hauptpostämtern gelagert. Die Postgebühren für Postkarten/Aerogramme ins Ausland betragen einheitlich 50 Sen, für Briefe gelten jedoch, je nach Gewicht und Region, unterschiedliche Tarife. Nach Europa z.B. kosten Luftpostbriefe bis 20 g 1,50 RM. *Poslaju* ist zuständig für Paket- und Kurierdienste. Details der Tarife können der Webseite entnommen werden. Die größeren Postämter verkaufen wie bei uns Verpackungsmaterial, Umschläge u.a. Die Öffnungszeiten sind werktags zwischen 8 und 17 Uhr.

Telefonieren

Auch in Malaysia sind Handys heute eine Selbstverständlichkeit. Vermutlich ist dies der Grund, warum die Wartung öffentlicher Telefone extrem vernachlässigt wird, sodass es geradezu Glückssache ist, ein funktionierendes öffentliches Telefon zu finden. Diese gehören verschiedenen Betreibern und nehmen in der Regel Münzen und nur ihre jeweiligen Telefonkarten (ab 5 RM aufwärts) an, die in den Läden von *Telekom Malaysia* (www.tm.com.my, nur *kadfon*-Karten), in Postämtern oder Läden wie *7-Eleven* erhältlich sind. Es gibt insbesondere für Auslandsgespräche zusätzlich spezielle Prepaid-Karten (z.B. *ring-ring* der Telekom), die es ab 10 RM aufwärts gibt. Man muss dazu eine recht lange Codenummer vor der Landeskennzahl und Nummer wählen; etwas umständlich, aber sie ermöglichen sehr preiswerte Gespräche. Im Übrigen gilt seit Langem der Zeittakt von **10 Sen für die ersten 3 Minuten** und danach für jede weitere Minute. Bei Fern- und Handygesprächen ist der Zeittakt wie bei uns erheblich kürzer, deshalb im Fall eines Ferngespräches vom Münztelefon immer einen genügend großen Vorrat an 10- oder 20-Sen-Münzen für Ferngespräche bereithalten (Tipp: öffentliche Toiletten, z.B. in Busterminals, wechseln Münzen). Zwischen 19 und 7 Uhr sind Ferngespräche billiger.

Handy

Es ist sehr einfach, sich eine **Prepaid-SIM-Karte** eines örtlichen Betreibers in einem der allgegenwärtigen Handyläden zu kaufen. In diesen Läden oder beispielsweise bei *7-Eleven* kann man die Karten zum Nachladen schon ab 10 RM kaufen. Die bekanntesten Mobiltelefonbetreiber:

- **Celcom,** www.celcom.com.my (013, 019, auch in Ost-Malaysia gut vertreten)
- **DiGi,** www.digi.com.my (016)
- **Maxis,** www.maxis.com.my (012, 017).

Notruf

- **Feuerwehr, Polizei, Ambulanz: 999**

Zwar sind alle *GSM*-Handys roamingfähig und man kann mit der SIM-Karte von daheim in Malaysia mit unserer gewohnten Telefonnummer bequem telefonieren (beim Einschalten meldet sich ein malaysischer Betreiber), aber die Kosten sind erheblich höher als mit einheimischen SIM-Karten.

Malaysische SIM-Karten sind überall in Handyläden ab 10 RM erhältlich. Gleiches gilt für Singapur. Wer hier eine Karte kauft, kann sie auch in Malaysia problemlos nutzen.

Nicht zu vergessen sind die Kosten der Rufweiterleitung ins Ausland, die der Empfänger bezahlt (also **Mailbox** eventuell abstellen). Der Empfang von **SMS** ist in der Regel kostenfrei. Besonders gewarnt seien Nutzer von **Smartphones,** denn die Nutzung des Datapacks im Ausland ist mit horrenden Kosten verbunden. Eine E-mail per Smartphone schlägt in einem nicht EU-Land leicht mit 60 € zu Buche. Rechnungen mit vierstelligen Summen nach 14 Tagen Urlaub und täglich 20 MB pro Tag sind da keine Ausnahme! Empfehlenswert und preiswert ist das Nutzen von **Skype** zum Telefonieren in z.B. Internet-Cafés mit DSL.

Falls das Mobiltelefon **SIM-lock-frei** ist (keine Sperrung anderer Provider vorhanden ist) und man innerhalb Malaysias viele Gespräche führen muss, kann man sich eine örtliche Prepaid-SIM-Karte besorgen.

Internet

In allen Städten gibt es **Internetcafés,** die in größeren Städten oder dort, wo sich viele Touristen aufhalten, um 1–2 RM/Std. verlangen; auf Inseln, in Hotels oder in ländlichen Gebieten meist erheblich mehr. In den meisten Guesthouses und Hotels kann man, dank WLAN drahtlos mit oder ohne Passwort ins Internet zu gelangen. Die besseren Guesthouses und Hotels bieten auch kostenlose Terminals für ihre Gäste. Da kann man dann mit Skype u.a. kostenlose bzw. wenn man ein Konto eingerichtet hat, (Video-)Gespräche führen. Wenn Sie kein Netbook dabei haben und unterwegs Ihre E-mails checken wollen, werden Sie einen Betreiber gewählt haben, mit dem Sie sich von jedem Terminal mit Benutzername und Passwort einloggen können.

Vorwahlnummern

- **01** = Handy
- **02** = Singapur
- **03** = KL/Selangor
- **04** = Kedah, Perlis, Penang
- **05** = Perak
- **06** = Negri Sembilan, Malakka
- **07** = Johore
- **08** = Sabah/Sarawak
- **09** = Pahang, Terengganu, Kelantan

- **Thailand:** 00-66
- **Brunei Darussalam:** 00-67
- **Indonesien:** 00-62

- **Deutschland:** 00-49
- **Österreich:** 00-43
- **Schweiz:** 00-41

Reisen mit Kindern

(Klaudia und Eberhard Homann)

Ob man Kinder, womöglich sogar Kleinkinder, nach Südostasien mitnehmen soll, ist ein Thema, das zu vielen Diskussionen führt. Wir können hier keine allgemein gültigen Ratschläge geben, sondern nur aus eigener guter Erfahrung berichten.

Unsere Tochter ist das erste Mal in Malaysia und Singapur gewesen, als sie 6 Monate alt war, sie lernte im Laufe der Reise auf Tioman krabbeln. Dann war sie wieder im Alter von 19/20 Monaten mit in der Region. Sie konnte laufen und nutzte die gewonnene Freiheit, wo immer es ging. An Stränden und in Parks, im Wald und in Shopping-Komplexen tobte sie ihren Tatendrang aus – immer ohne Probleme. Stets trafen wir auf freundliche, verständnisvolle Menschen. Ob es nun beim Einkaufen, im Hotel oder Restaurant war, immer war auch unsere Tochter ein gern gesehener Gast, auch wenn sie schon mal laut wurde, nicht besonders „artig" am Tisch saß, sich eben wie ein kleines Kind verhielt. „Das gehört zum Leben dazu", ist die Einstellung, mit der uns fast alle Menschen in Asien entgegentraten.

Wenn auch vor der Reise mit Kind nicht klar ist, wie sie verläuft, in jedem Fall verändert sich das Reisen. Überall wird man mit Kind im Mittelpunkt stehen und viel schneller Kontakt zur Bevölkerung bekommen. Im Umgang mit anderen Kindern kann es passieren, dass das Kind das Streicheln und Anfassen (besonders, wenn es blond ist) zu viel wird. Es braucht Zeit, um sich einzugewöhnen, man sollte entsprechend langsam reisen.

Grundsätzlich sollte man mit Kind eine solche Reise nur unternehmen, wenn es gesund und nicht besonders anfällig ist oder gar zu Allergien neigt. Auch die spannendste Reise hört mit kränkelnden Kindern auf, Spaß zu machen.

Doch nun zu den Dingen des Reisealltags. Beim Buchen des Fluges kann man (mindestens zwei Wochen vor Abflug) Babykost und **Babybett** für den **Flug** bestellen, sofern das Kind unter 2 Jahren alt ist. Man bezahlt für Kinder dieses Alters zwar nur 10 % des IATA-Tarifes, hat aber auch keinen Anspruch auf einen Sitzplatz. Im Bettchen, das vor bestimmten Sitzen in die Abteilwand eingehängt wird, kann das Kind sich ausstrecken oder spielen und entlastet die Eltern dadurch deutlich. Kinder zwischen 2 und 12 Jahren müssen bereits 50 % des Flugpreises zahlen, bekommen dann aber auch einen eigenen Platz.

Neben den auch in Europa üblichen **Impfungen** sollten Kinder gegen Tropenkrankheiten immunisiert werden und eine Malariaprophylaxe durchführen. Ebenso sollte man sich beim Kinderarzt oder einem Tropeninstitut nach der Japan B-Encephalitis erkundigen.

Medikamente, die mitgenommen werden sollten, sind Elektrolytlösungen gegen Durchfallerkrankungen und Desinfektionsmittel für die Wundbehandlung; außerdem sollte ein hautfreundliches Mückenschutzmittel im Gepäck sein (z.B. in Naturkosmetikläden erhältlich). Zäpfchen sind nicht zu empfehlen, da diese in der Wärme schnell schmelzen. Fiebersenkende Mittel gibt es auch in Saftform.

Sehr wichtig ist bei Kindern der **Sonnenschutz:** Ein Hut, möglichst mit Nackenschutz, eine Sonnenbrille und ein Schutzmittel mit hohem Lichtschutzfaktor sind unerlässlich. **Kleidung** kann recht preisgünstig vor Ort gekauft werden.

Fahrten mit **öffentlichen Verkehrsmitteln** wie Bus und Bahn sind mit kleineren Kindern sehr schwierig. Fliegen oder Bootstouren jedoch sind ebenso wie Fahrten mit Überlandtaxis recht unproblematisch. Wer es sehr bequem mag, sollte ein Auto mieten. Größere Unternehmen stellen sogar Kindersitze zur Verfügung (die leider nicht immer mit Gurten ausgerüstet sind). Für diese Sitze benötigt man ein größeres Handtuch, um es über den üblichen Plastikbezug zu legen, der recht hautunfreundlich ist.

Neben Fragen der Sicherheit und Gesundheit geht es bei Reisen mit Kindern auch um die Grundversorgung mit allerlei Kleinkram, den die lieben Kleinen eben so brauchen. Wird das Kind noch gestillt, sind etliche Sorgen behoben; besteht die **Nahrung** jedoch überwiegend aus Babybrei, gibt es leichte Schwierigkeiten. In allen Supermärkten können **Babykostprodukte** in Gläsern gekauft werden, allerdings sind sie auf den einheimischen Geschmack abgestimmt (z.B. mit Curry) und werden so nicht immer dem europäischen Kleinkindgeschmack gerecht. Wenn alle Sorten abgelehnt werden, kann man versuchen, das Kind an Reis, Nudeln oder *Rotis* (ohne Sauce) zu gewöhnen. Man sollte sich nicht scheuen, nach speziellen Gerichten, z.B. Spiegeleiern oder nur Gemüse, zu fragen.

Am wenigsten scharf gewürzt sind chinesische Gerichte; schwierig wird es in indischen Restaurants. Sollte nichts helfen, bleibt immer noch der Weg zum nächsten Fast-Food-Restaurant. „Pommes" mag wohl jedes Kind.

Kakao, Milo oder Fruchtsäfte sind überall zu bekommen. Man probiert am besten vor dem Kauf größerer Mengen, wie stark einzelne Marken gesüßt sind, Zucker enthalten diese Getränke aber in jedem Fall. Werden Babyflaschen oder Trinkbecher benötigt, unbedingt an eine **Flaschenbürste** denken: die süßen Säfte führen in den Tropen sehr schnell zum Verpilzen der Flasche.

Wegwerfwindeln gibt es fast in jedem Ort zu kaufen. Praktisch sind kleine Pakete, die bei Reisen das Gepäck nicht zu sehr belasten.

Für den Transport haben sich ein zusammenklappbarer **Buggy** und die **Rückentrage** (auf einem Rucksackgestell) bewährt. Für den Buggy wird auch im Flugzeug immer ein Platz gefunden, meist darf er als Handgepäck mitgenommen werden. Das **Lieblingsspielzeug,** das geliebte Kuschelkissen oder andere Dinge von daheim gehören auf jeden Fall ins Gepäck, um dem Kind auch in der Ferne das Gefühl von Geborgenheit zu vermitteln.

Die **Unterkunft** gestaltet sich recht unproblematisch. Ist das Kind noch klein, besteht die Möglichkeit, es mit im eigenen, meist sehr breiten Bett schlafen zu lassen, ansonsten gibt es fast überall Zustellbetten. Je teurer die Unterkunft, desto sauberer ist sie in aller Regel auch, d.h. Kinder können auch auf dem Fußboden spielen. Viele große Hotels und Resortanlagen bieten allerlei zur Kinderunterhaltung, z.B. Kinderclubs, Spielzimmer, Spielplätze und Babybadebecken. Ein Swimmingpool ist fast immer das größte Erlebnis für kleine Urlauber, die von der Brandung am Meer oft noch umgeworfen werden.

Besondere **Attraktionen** für Kinder gibt es überall in der Region. Vielfältig ist das Angebot in Singapur mit seinem hervorragenden **Zoo,** dem Vogelpark und den zahlreichen Möglichkeiten auf Sentosa. In Malaysia besitzt fast jede größere Stadt einen Zoo oder Ähnliches. An den Stränden gibt es wohl kein Beschäftigungsproblem, wenn sich endlose Sandmengen zu Burgen formen lassen.

Kinder lieben das **Wasser.** Am meisten fasziniert sie die Unterwasserwelt. Schnorcheln ist da schon prima, viel besser ist allerdings echtes **Tauchen mit Gerät.** Kinder dürfen dies bei **PADI** (*Professional Association of Dive Ins-*

tructors) ab 8 Jahren. Dann allerdings nur im Pool als so genannter „bubble maker". Wer ins Meer will, muss 10 Jahre alt sein, von einem Elternteil begleitet werden, selbstverständlich gesund sein (achten Sie besonders auf die Ohren) und etwas Mut besitzen. Dann kann es losgehen. Sofern man entweder genügend Englisch versteht und am besten auch spricht oder eine deutsche Tauchschule findet (z.B. auf Tioman). Besteht diese Gelegenheit nicht, ist das kein Grund zur Trauer. Reden Sie daheim mit Tauchlehrern. Oft gibt es die Möglichkeit, die Theorie noch zu Hause zu lernen und auch dort geprüft zu werden und dann in Malaysia nur noch die Praxis zu erlernen. Das geht dann überall und kann entweder zum Zertifikat „Scuba Diver" oder „Open Water Diver" bzw. „Junior Open Water Diver" führen. Sehr professionell, interessant für Kinder und mit der richtigen Ausrüstung geht dies bei *Co.Dive*, Lot 1338, Jalan Sri Dagang, Miri, Tel. 085/414433, www.cocodive.com.my.

Weitere kinderfreundliche Ziele im Reisegebiet

Seichte Strände auf Langkawi und Cherating, **Schnorcheln** in den Buchten von Perhentian, Redang (Marine Park mit Wrack), Tioman, zusätzlich **kleinere Dschungelwanderungen, Aquaria** und andere **Attraktionen** in und um KL, z.B. *Genting Highland* (in 1700 m Höhe), die Wasserparks *Desa* und *Sunway Lagoon*, die Vergnügungspark *Mines Wonderland* und *Lost World of Tambun* bei Ipoh. Singapur mit dem *Zoo* (Nachtsafari), verschiedene Attraktionen auf Sentosa.

◁ Es geht auch ohne Worte

Rund ums Geld

Am **Geldautomaten** kommt man mit der Bankkarte mit Maestro-Logo und der Kreditkarte nach Eingabe des jeweiligen PIN-Codes bequem an Bargeld. Aufgepasst: Bankkarten mit dem neuen V-PAY-Logo funktionieren nicht außerhalb Europas.

Ob **Kosten für die Barabhebung** entstehen und wie hoch diese sind, ist abhängig von der kartenaustellenden Bank und von der Bank, bei der die Abhebung erfolgt. Man sollte sich daher vor der Reise bei seiner Hausbank informieren, mit welcher Bank sie vor Ort zusammenarbeitet. Im ungünstigsten Fall wird pro Abhebung eine Gebühr von bis zu 1 % des Abhebungsbetrags per Maestro-(EC-)Karte oder gar 5,5 % des Abhebungsbetrags per Kreditkarte berrechnet.

Für das **bargeldlose Zahlen per Kreditkarte** werden ca. 1–2 % für den Auslandseinsatz berechnet.

Auch in Malaysia gibt es **betrügerische Manipulationen an Geldautomaten,** um PIN-Nummer und andere Kartendetails zu erschleichen. Am sichersten ist es, die Automaten in den Schalterhallen der Banken zu nutzen. Es kommt auch hier vor, dass man trotz korrekter Eingaben kein Geld aus den Automaten erhält. Am besten ist dann ein zweiter Versuch, denn manchmal fehlt die Online-Verbindung zum überseeischen Geldinstitut. Generell gilt aber: Solange man kein Geld aus dem Automaten entnommen hat, wird auch nicht das Konto belastet. Dies ist wichtig, wenn es zu fehlerhaften oder irreführenden Angaben auf dem Bildschirm kommt. Wer in diesem Fall sichergehen möchte, sucht zur Geschäftszeit eine Filiale der entsprechenden Bank auf und meldet den Vorfall. Sehr wichtig ist dabei, sowie den jeweiligen Automaten als auch die Uhrzeit der Transaktion nennen zu können.

Bargeld in Form von US$ ist immer gefragt, erzielt bei den *Money Changern* z.B. in KL oder Singapur auch die besten Kurse.

Siehe Kapitel „Notfall", falls die Geldkarte gestohlen wurde bzw. verloren ging.

Sicherheit

Malaysische Währung

Die Malaien sagen *Ringgit* oder *Sen:* Sie meinen den **Malaysischen Dollar.** Da *Bahasa Malaysia* die offizielle Sprache ist, hat sich die Bezeichnung *Ringgit Malaysia* auch im Englischen durchgesetzt, aber wenn Leute auf der Straße Englisch sprechen, werden sie *Dollar* sagen und den malaysischen meinen. 1 Ringgit entspricht 100 Sen. Die Abkürzung ist RM bzw. MYR.

■ **Münzen** gibt es zu 5, 10, 20 und 50 Sen. (Die 1-RM-Münzen sind 2005 aus dem Verkehr gezogen worden.)
■ **Banknoten:** 1, 5, 10, 20, 50, 100, 500, 1000 RM. Beim Bezahlen werden Banknoten ab 50 RM aufwärts vor der Annahme in Geschäften oft überprüft, d.h. durchleuchtet.

Wechselkurs

Der Malaysische Dollar ist instabil, seit die Währungen des südostasiatischen Raumes nicht mehr an den US-Dollar gekoppelt sind.

Wechselkurse

(bezogen auf den Ankauf der Devisen in Malaysia)

1 US$	3,16 RM
1 Euro	4,13 RM
1 Schweizer Franken	3,33 RM
1 Singapur $	2,50 RM
1 Brunei $	2,47 RM
1 Thai Baht	1,00 RM

Stand: Oktober 2013

Sicherheit

An Busbahnhöfen sieht man oft das Schild: *„Beware of Pickpockets"*, **Vorsicht vor Taschendieben.** Überall, wo Menschen dicht gedrängt stehen, gibt es auch Taschendiebe. Das gilt fürs Münchner Oktoberfest genauso wie für Busbahnhöfe oder Märkte in Malaysia. Man schützt sich beispielsweise, indem man kleine Rucksäcke über beide Schultern trägt und nicht nur locker über eine hängt. Aber eine Außentasche lässt sich leicht entleeren, wie der Autor in China erleben musste. Also bei Gedränge den Rucksack lieber vorn am Bauch tragen oder keine Wertsachen in Außentaschen aufbewahren. Häufig sind Handtaschendiebstähle vom Moped aus, v.a. in KL's Chinatown! Vorsicht auch vor Trickbetrügern! Mit der scheinbar unverfänglichen Frage: „Mein Bruder fliegt demnächst nach Deutschland. Können Sie ihm zu Hause ein paar Infos geben?", wird versucht, Touristen mit Kartentricks das Geld aus der Tasche zu ziehen.

Nicht selten sind gerade in den Schlafsälen *(Dormitory)* von Guest Houses Diebe in Gestalt von Travellern am Werk. 2010 trieb ein Neuseeländer in Melaka sein Unwesen und versetzte die Zimmergenossen in mehreren GHs mit KO-Tropfen im Getränk in Tiefschlaf, bevor er sich an ihre Wertsachen machte.

Recht häufig wird in Häuser und Wohnungen eingebrochen. In den etwas gehobeneren Wohngebieten mit den einzeln stehenden Häusern hört man öfters die penetranten Signale von Alarmanlagen – meist jedoch ausgelöst durch natürliche Ursachen. Viele Menschen, vor allem Chinesen, halten sich ganze Rudel von Hunden zwecks (lärmender) Abschreckung von Unholden. Alle Haustüren und Fenster sind vergittert, und so manche Tür hat drei Schlösser.

Touristen haben aber wenig zu befürchten. Malaysia ist insgesamt sicherer als Thailand und Indonesien. Gefahren drohen meist von Drogenabhängigen in Großstädten, die ihre Sucht in die Beschaffungskriminalität treibt.

Drogenbesitz wird mit rigorosen Gefängnisstrafen geahndet, auf Handel steht gar die **Todesstrafe.** Auch kleinste Mengen von Haschisch sind Reisenden schon zum Verhängnis geworden.

Organisiertes Verbrechen ist in Malaysia in Form der Triaden (chinesische Geheimbünde) immer noch Realität. Man bedenke, dass die Triaden im berühmten Shaolin-Kloster (Geburtsort der als Kung-Fu bekannten Kampfsportarten und des chinesischen Zen, *Ch'an*) ihren Ursprung hatten, und zwar als Geheimbund gegen die Fremdherrschaft der Mandschu nach dem Zusammenbruch der Ming-Dynastie. Erst später wurden daraus sich gegenseitig befeindende Gangsterbünde, die wie die Mafia „Schutzgelder" von Geschäfts- und Lokalbesitzern erpressen und bestimmte „Erwerbszweige", z.B. illegales Glücksspiel und andere Formen des Entertainments, kontrollieren. Von alledem bekommt man als Tourist höchstwahrscheinlich nichts mit.

Mit **Nepp** muss man weniger rechnen als in manchen indonesischen Touristenorten. Allerdings wird man den mehr oder weniger reichen *kwailo* bzw. *orang putih* gern höhere Preise abverlangen. Am besten fragt man dort, wo es keine Festpreise gibt, nach dem Preis der Ware oder Dienstleistung, *bevor* man kauft. Selbst in vielen Lokalen, Hotels usw., wo Festpreise gelten, ist ggf. ein Discount drin.

Die Einheimischen gehen da nicht anders vor. Manche **Taxifahrer** in KL, in anderen Städten sowieso, fahren ungern nach Taxameter. Sie schlagen einen „günstigen" Preis vor, der immer überhöht ist. Man sollte auf dem Gebrauch des Taxameters bestehen. Aber die Möglichkeit größerer Umwege ist damit immer noch nicht ausgeschaltet – es sei denn, man tut so, als ob man sich auskennt.

Traditionelles Handwerk

Das Potenzial für originelle Mitbringsel ist da, aber es wird bisher kaum genutzt. Die Nachbarn Thailand und Indonesien sind in dieser Hinsicht übermächtig. Das macht den Aufenthalt in Malaysia vielleicht etwas preiswerter. Aber natürlich lassen sich auch hier schöne Dinge finden:

Kelantan hat den Ruf, das Beste an malaiischem Handwerk zu bieten: Silberarbeiten, Batik, Brokat, Drachen *(Wau,* bis 2,50 m Spannweite), Kreisel *(Gasing,* 5 kg schwer), *Wayang-Kulit*-Figuren (Schattenspiel), evtl. ein *Kris* (Dolch). In Singapur bekommt man bei der Einreise Probleme, wenn Dolche und andere Waffen, beispielsweise Blasrohre, entdeckt werden.

Das komplette Angebot sieht man auf dem Weg von Kota Bharu zum „Strand des Mondlichts" *(Pantai Cahya Bulan,* abgekürzt P.C.B.).

Ansonsten bieten sich als charakteristische Souvenirs **Zinnprodukte** an: Figuren, Zierteller, verzinnte Orchideen (die es auch vergoldet gibt).

Es gibt **Batikbilder,** die alle im charakteristisch malaysischen Stil (den man auch als Kitsch bezeichnen kann) gemalt/gedruckt sind. Manchen gefällt der rustikalere großflächigere Kelantan-Stil mit den kräftigeren Farben besser. Immer beliebter werden die farbenprächtigen handbemalten oder gebatikten Seidenhemden, z.B. im „Central Market" von KL erhältlich.

Es gibt besonders an der Ostküste farbige **Palmblattwebarbeiten:** Matten, einfache Bambusprodukte. Mitbringsel, die haltbar, aber zum Essen gedacht sind, gibt es ebenfalls an der Ostküste massenhaft: **Keropok/Krupuk** (Krabbenbrot) oder getrockneter Fisch. Interessant sind **Orang-Asli- Schnitzereien,** Schnäppchen sind jedoch selten geworden.

Auf Carey-Island (nahe Port Klang in Selangor) leben die *Mah-Meri-Orang Asli,* die für ihre Schnitzarbeiten bekannt sind. Man kann sie besuchen und ihnen bei der Arbeit zuschauen. Mittlerweile haben sie eine regelrechte Schnitz-Kleinindustrie aufgebaut. Das *Orang-Asli-Department* kauft ihnen die Schnitzarbeiten ab. Verkauft werden sie dann im Geschäft beim Orang-Asli-Museum in Gombak nahe dem ehemaligen *Mimaland*, etwas außerhalb von KL. Wesentlich teurer sind sie im Spezialgeschäft im *Central Market* in KL oder etwa in Kuala Tembeling im Lokal bei der Anlegestelle, oder auch in den Cameron Highlands.

Ein anderes Souvenir der Ureinwohner sind die im Cameron Highland angebotenen **Blasrohre:** Sie kosten etwa 20 RM. Zerlegbare sind nicht mehr im Angebot, heute werden häufig kürzere Rohre verkauft. Man kann sie in Siedlungen der Orang Asli oft direkt erwerben. In Singapur hat man bei der Einreise dafür jedoch wenig Verständnis.

Andere Souvenirs finden sich oft ungeplant: chinesische oder indische Tempelfiguren bzw. -bilder oder anderes religiöses Zubehör, auch arabische Inschriften, die für die Malaien gedacht sind. **Antiquitäten** sind immer noch aufzutreiben, wobei die bekannten Geschäfte in Melaka natürlich schon seit Langem etabliert und kaum für billige Überraschungsfunde gut sind. Mit offenen Augen findet man vielleicht trotzdem etwas.

Es gibt die **staatlichen Souvenirläden:** *Karyaneka* nahe der Einkaufszentren um *Bukit Bintag* in KL, aber auch Souvenir-Ladenstraßen wie die Gasse zum Kek-Lok-Si in Penang: vollgestopft mit in- und ausländischem Souvenirkram. Da es den Händlern nicht mehr so gut geht wie früher (weil die Tourbusse aus Zeit- und anderen Gründen gleich zum Tempel hinauffahren), würden sie einerseits jeden Touristen am liebsten total ausnehmen, andererseits kann man frei handeln.

Ein guter Ort, sich **modernes Kunsthandwerk** (z.B. originell bedruckte T-Shirts, moderne Batik) und Souvenirs anzusehen, ist der *Central Market* im Zentrum von KL.

Übernachten

Bei den Unterkünften orientiert sich der Preis wesentlich stärker an dem, was geboten wird, als bei Restaurants. Es ist möglich, spottbillig Delikatessen zu verzehren, aber man bekommt kein Luxuszimmer für den Preis eines Schlafsaalbettes. **Billig-Hotels** bieten selten mehr als Bett, Waschbecken im Zimmer, Deckenventilator, mitunter ein eigenes Bad, häufig jedoch Gemeinschafts-Dusche und -WC und mit Glück saubere Bettwäsche (man sollte immer einen Blick in das Zimmer werfen, das einem angeboten wird!).

Gute Angebote sind **preiswerte Hotels** mit Zimmern mit Bad und WC (abgekürzt: mB), manchmal ist auch eine Klimaanlage *(a/c, air condition)* eingebaut. Meistens sind dies jedoch Standards, welche man erst bei Doppelzimmer-Preisen (DZ) ab etwa 40–60 RM erwarten kann.

Gute Zimmer in **Chinesenhotel**s mit Bad, TV und a/c sind schon ab 50 RM für das Doppelzimmer zu haben. Zimmer werden in Malaysia in der Regel komplett berechnet, nicht nach Anzahl der Personen. In manchen Hotels wird nicht einmal gefragt, wieviele Personen dort übernachten wollen; manche Einheimische steigen in respektablen Hotels zu mehreren ab und schlafen dann z.T. auf dem weichen Teppichboden.

Einzelzimmer (EZ) sind eher die Ausnahme und dann oft – weil billiger – auch einfacher. Manchmal sind die Zimmer für mehr als zwei Personen eingerichtet, haben also mehr Betten (abgekürzt: 3B, 5B).

Malaysia ist preisstabil, dennoch gibt es kleine Schwankungen, meist nach oben, manchmal aber auch nach unten. In Hotels lohnt die Frage nach **Discounts**. Nachlässe von 40–50 %, vor allem bei teureren Hotels, sind keine Seltenheit – ein Grund mehr, sich mal verwöhnen zu lassen; am besten mal nach *„Special Promotional Rates"* erkundigen. Am vergleichsweise preiswertesten sind **teure Hotels** im Last-Minute-Pauschalangebot.

Billige Hotels in malaysischen Städten sind fast durchweg in chinesischer Hand. Chinesen sind pragmatisch. Ein sauberes Quartier für die Nacht, mehr braucht's nicht, vielleicht kaltes oder heißes Wasser für Tee. Es gibt in Malaysia Städte wie Kuala Lumpur und Penang, wo man viele Traveller-Kolleginnen und -Kollegen in Chinesenhotels findet, obwohl gerade in diesen beiden Städten immer mehr reine Traveller-Quartiere, **Hostel** oder **Guest House** genannt, hinzu kommen. Dort schafft man sich die Atmosphäre dann selbst beim Austauschen von Erfahrungen und Erlebnissen. In vielen Städten, auch größeren, ist man als Europäer oft der einzige *Kweilo* (kantonesisch: fremder Teufel, d.h. Westler) oder Or*ang putih* (malaiisch: weißer Mensch) bzw. *Mat Saleh* (weißer Mann).

Man wird überall spüren, dass es in Malaysia weniger Traveller als in Thailand oder Indonesien gibt. Das Land ist weit weniger darauf eingestellt. Für Übernachtungen zahlt man hier durchweg mehr. Lebensstandard und Preisniveau sind wesentlich höher als in diesen beiden Nachbarländern.

Unterkünfte gibt es in Malaysia in jeder Preiskategorie. *Guesthouses (GH)* sind häufig nichts anderes als Apartments mit einigen Schlafräumen: Dormitory, ein paar Doppelzimmer, Dusche, Gemeinschafts-Toilette. Wenn die Betten belegt sind, werden je nach Beliebtheit der Adresse und Kapazität noch zusätzlich Matratzen auf den Boden im Gemeinschaftsraum gelegt. Für das Gepäck gibt es meist Schließfächer, die aber oft nur für kleine Stücke reichen. Vorhängeschlösser sollte man immer dabei haben. Betten im Guest-House kosten rund 10–30 RM.

Eine neuere Entwicklung sind **Boutique-Guesthouses** vor allem in Kuala Lumpur (Umgebung Bukit Bintang), wo es 6-Bett-Dormitories (mit 3 Stockbetten mit dicken, bequemen Matratzen) gibt, dazu größere Schließfächer, mit und ohne Frühstück, große Wohnzimmer, Internet u.a. Penang und Melaka sind inzwischen dem Beispiel KL's gefolgt.

Bungalows an der Ostküste der Halbinsel bestehen oft nur aus einem einfachen Bett mit Matratze in einer schlichten Holzhütte. Dusche und Toilette befinden sich in den billigeren Bungalows außerhalb (ca. 25–30 RM pro Raum für 2 Personen, gelegentlich werden Preise auch pro Person berechnet). Für den Preis gibt es in der Nebensaison auch Hütten mit Bad.

Preiskategorien

Für die Kennzeichnung des Preisniveaus der einzelnen Unterkünfte wird die folgende Einteilung verwendet, die sich aber ausschließlich auf die Preisgruppe und nicht auf den Service bzw. die Qualität bezieht. (Die Preise gelten pro Doppelzimmer).

Malaysia
- ① bis 50 RM
- ② bis 100 RM
- ③ bis 150 RM
- ④ bis 250 RM
- ⑤ bis 350 RM
- ⑥ über 350 RM

Singapur und Brunei
- ① bis 40 S$/BR$
- ② 40–90 S$/BR$
- ③ 90–150 S$/BR$
- ④ über 150 S$/BR$

Abkürzungen

- G.H.   Guest House
- Dorm.   Dormitory (Schlafsaal)
- mf   mit Ventilator (fan)
- a/c   air condition
- mB/oB   mit/ohne Bad
- mFr   mit Frühstück
- 3T/2N   in Resorts angebotene 3-Tage/2-Nächte-Pauschalen

Die einfachsten Unterkünfte sind neben Zelten die **Nurdach-Hütten** *(A-frame),* in denen oft nur dünne Matratzen auf dem Boden liegen.

Leider fehlen in Malaysia noch die preiswerten **Bungalows** mit Toilette und Dusche wie in Thailand. Es gibt sie, aber man zahlt dann gleich etwa 40–50 RM dafür, außer in der Nebensaison, wenn Discounts möglich sind, z.B. im Oktober kurz vor dem Einsetzen des Nord-Ost-Monsuns.

Für die **Billigunterkünfte** lohnt die Mitnahme von *Moskitocoils,* die aber nicht gerade gesund sein sollen. Moskitonetze sind manchmal schon installiert, aber oft ziemlich ramponiert. Ein eigenes Netz lohnt sich auf jeden Fall; man sollte es aber nicht in Deutschland kaufen, da sie hier unnötig teuer sind.

Wer auf **Reinlichkeit** bedacht ist, wird in diesem Land leider so manchen Kulturschock erleben. Wo Überlandbusse Station machen, damit die Fahrgäste essen, trinken und auf die Toilette gehen können (die in vielen Bussen aber schon eingebaut ist), sind die Toiletten nicht selten eine Zumutung, wenngleich sich die Situation in den letzten Jahren verbessert hat, zumal inzwischen häufig für Toilettenbenutzung bezahlt werden muss (20–30 Sen). An den Autobahnen gibt es aber moderne, saubere Raststätten.

In **sehr einfachen Unterkünften** sind Duschen, *Mandis* (das sind die traditionellen Bäder, in denen man Wasser aus dem Wasserbehälter schöpft und sich auf diese Weise duscht, ohne das Wasser im Behälter mit Seife zu beschmutzen) und die Toiletten häufig kein Genuss. Nun, die meisten Traveller stellen sich darauf ein, und im Großen und Ganzen kann man sich daran gewöhnen.

Für 50 RM pro Doppelzimmer ist häufig schon Dusche und Toilette inbegriffen. Das ist die untere Preisebene der Hotels und Chalets auf den Ferieninseln. Traveller bringen in ihrem Gepäck nicht selten Wanzen mit. Die besseren GH-Betreiber sind natürlich bemüht, diese in ihren Betten zu vermeiden. Man muss also nicht zu misstrauisch sein. Oft hilft ein eigener Innen-/Seidenschlafsack.

Für rd. 80 RM bekommt man fast überall schon recht luxuriöse Mittelklasse-Zimmer. In Kuala Lumpur zahlt man mehr. 100 RM sind dort das Minimum für gediegene Zimmer in guter Lage mit Dusche, Toilette, TV etc.

Lohnend ist allemal ein Besuch in den **Government Rest Houses,** die früher den Kolonialbeamten als vorübergehende Bleibe auf ihren „beschwerlichen" Dschungelreisen dienten und heute in erster Linie den Regierungsbeamten vorbehalten, teilweise aber auch privatisiert sind. Wenn Platz vorhanden ist (grundsätzlich sind sie in den Ferien belegt), sind jedoch auch Touristen willkommen. Ihre Qualität ist unterschiedlich. Manche, wie die in Kuala Lipis, sind nach wie vor attraktiv, andere, wie das in Merapoh, (Richtung *Gua Musang*), sind äußerlich und innerlich eher mit Berghütten vergleichbar, was ihre Ausstattung betrifft. Eine Liste der 16 *Rest Houses* gibt es evtl. bei den Touristen-Informations-Zentralen. Die Preise liegen meist zwischen 40 und 80 RM.

Ländliche **Homestays** bieten eine gute Möglichkeit, Einblicke in das Leben meist malaiischer Familien zu gewinnen, sie sind jedoch nicht gerade billig (www2.malaysia-trulyasia.com/mta/Homestay.htm).

Die *Malaysian Youth Hostel Association* betreibt 11 **Jugendherbergen:** Je zwei in KL und Cameron Highland, je eine in Penang, Pangkor Island, Fraser's Hill, Port Dickson, Kota Bharu, Kuantan und Kota Kinabalu (Sabah).

Nach oben hin gibt es viele Abstufungen. Gerade in Kuala Lumpur sind in den letzten Jahren sehr gute Hotels entstanden. Der Boom schoss etwas über das Ziel hinaus, und so konnte man zeitweise in Kuala Lumpur wie in Singapur für weniger Geld übernachten als vor einigen Jahren. Da las man in den Zeitungen häufig von Sonderangebote mit diversen Extras. Manches klang sehr verlockend, etwa „50 RM++*". Man freute sich, so billig in einem hervorragenden Mittelklassehotel modernsten Zuschnitts übernachten zu können. Aber beim *) stand dann: *on twin sharing basis,* d.h. pro Person im Doppelzimmer. Das „++" stand für Service und Steuer (ca. 15 %).

Es gibt in Malaysia in den Touristenorten natürlich auch noch sehr teure Anlagen. Es handelt sich um **staatliche,** zunehmend **privatisierte Prestige-Objekte,** deren Preisniveau so hoch angesetzt war, dass nur begüterte Touristen oder reiche Einheimische davon angesprochen wurden. Die Preise waren aber so unrealistisch, dass die Zielgruppe nicht in gewünschter Zahl dort auftauchte. Als Folge wurden sie zunehmend zum Verkauf an private Betreiber angeboten (z.B. *Sheraton* in Penang). Bekannte Beispiele sind/waren *Mutiara* auf Langkawi, *Golden Sands* und *Rasa Sayang* in Batu Ferringhi auf Penang und *Pangkor Island Resort/Pan-Pacific.*

Solange diese Prestigeanlagen staatlich geführt wurden, haperte es häufig mit dem Service, sodass das Preis-Leistungsverhältnis leider nicht immer stimmte; unter privater Führung sind sie heute jedoch vor allem auch dank Pauschaltouristen viel besser ausgelastet. Hinzu kommen immer mehr neue Luxus-Resortanlagen von internationalem Standard – und natürlich entsprechendem Preisniveau.

Ein besonders sympathischer Zug der malaysischen Gesellschaft ist die Sitte des *Open House* an bestimmten Festtagen. An *Hari Raya*, also am Feiertag nach dem Fastenmonat z.B., kann man in jedes Haus eines Moslems gehen, man ist dort willkommen.

Zum chinesischen Neujahrsfest kann man chinesische Familien besuchen (außer am dritten Tag), meist gibt es etwas zum Knabbern oder Trinken. Wird man eingeladen, sollte man beispielsweise vier Orangen oder Mandarinen mitbringen (Glückssymbol) und Kindern *Ang Pow* geben (s. Kapitel „Die Menschen und ihre Kultur"). Keine Trauerfarben (schwarz und weiß) tragen, es sei denn, die Mode diktiert es.

Einige Regeln

In einer multi-kulturellen Gesellschaft wie Malaysia genügt es nicht, sich auf einen Satz Benimmregeln einzustellen. Allerdings gibt es einige Standardregeln, die für alle drei Haupt-

Verhalten

Grundsätzlich ist es nicht sehr kompliziert, sich in Malaysia anständig zu benehmen und Kontakte zu knüpfen. Die Menschen sind allgemein freundlich und recht ungezwungen. Die Bekleidungsvorschriften sind nicht sehr streng (wenngleich eine gepflegte Erscheinung sehr geschätzt wird). Man spürt, dass die chinesischen und indischen Einwanderer aus ländlichen Gebieten kamen. Da war wenig Mittelstand und schon gar keine Oberschicht vertreten. Diese gab es nur unter wenigen malaiischen Familien.

Die Menschen arbeiten den ganzen Tag, meist für wenig Geld. Abends spielen sie Karten oder Mahjong, sehen TV oder Video, gehen natürlich essen und großenteils recht früh zu Bett. Der Alltag ist jedenfalls nicht aufregender als bei uns.

Öffnungszeiten

■ **Behörden:** Mo–Do 8–12.45 und 14–16.15 Uhr, Fr Gebetspause von 12.15 bis 14.45 Uhr. In den stärker islamisch geprägten Staaten Kedah und Perlis an der West- und Kelantan sowie Terengganu an der Ostküste ist Fr geschlossen und Do und Sa nur vormittags geöffnet.
■ **Banken:** werktags 10–15 Uhr, Sa 9.30–11.30 Uhr.
■ **Post:** werktags 8–17 Uhr.
■ **Einkaufszentren/Kaufhäuser:** täglich 10–21/22 Uhr.
■ **Läden:** häufig Mo–Sa 9–18, die Ladenöffnungszeiten werden von den Besitzern oft individuell gestaltet.
■ **Restaurants/Lokale:** Es gibt zahlreiche sog. Mamak-Lokale, die 24 Std. geöffnet haben, ansonsten für Frühstück 7–12 Uhr, für Lunch 12–14.30 Uhr, für Abendessen 18–22.30 Uhr.

Bevölkerungsgruppen, Malaien, Chinesen und Inder, gleichermaßen gelten:

Man soll Leute respektieren, die älter sind als man selbst, vor allem, wenn ihre **gesellschaftliche Stellung** gleich oder höher ist. In allen drei Volksgruppen wird von Kindern und Jugendlichen Respekt gegenüber den Eltern und anderen älteren Verwandten erwartet. Asiatische Gesellschaften sind „senkrecht" strukturiert. Jeder hat eine soziale Stellung, die höher oder niedriger ist als die der Mitmenschen. Ein älterer Bruder und eine ältere Schwester werden mit dem Titel „älterer Bruder"/„ältere Schwester" angeredet und nicht mit dem Namen. Überall, wo es Titel gibt, werden diese bzw. Verwandtschaftsbezeichnungen statt der Namen verwendet.

Nie sollte man mit dem Zeigefinger **auf Personen zeigen:** Entweder man macht eine Faust und zeigt mit dem Daumen in die Richtung oder mit der ganzen Hand. Will man Leute herbeiwinken, tut man dies mit der Handfläche nach unten.

Ein deutliches **„Nein"** wird in Asien häufig vermieden, weil es zu plump und undiplomatisch wirkt. Anders herum ist ein **„Ja"** nicht unbedingt Ausdruck der Zustimmung, sondern bedeutet oft lediglich: „Ich verstehe".

Das Äußern von unverblümter Kritik, womöglich noch im lauten Tonfall und in der Anwesenheit Dritter, ist unangebracht. Nicht nur der so Kritisierte, auch man selbst „verliert sein Gesicht" hierdurch. Schreien oder **lautes Auftreten** werden in Asien als Aus-

---

Tipps zum Thema „Menschen-Bilder"

- **Zum Fotografieren allein oder zu zweit sein.** Nur so kann man unauffällig auftreten.
- **Zeit lassen.** Wer immer nur im Laufschritt fotografiert, wird nie zu guten Resultaten kommen. Gute Bildchancen eröffnen sich oft mehr beim Warten an einer günstigen Stelle als bei dauerndem Umhergehen. Treffpunkte sind Märkte, Parks, Brunnen, öffentliche Gebäude, Tempel und andere Stellen mehr.
- Sich in fremden Kulturen zunächst Kindern zuwenden und mit ihnen fotografische Erfahrungen sammeln.
- **Augenkontakt aufnehmen** (In islamischen Ländern sollten das Frauen Männern gegenüber jedoch nicht tun). Mit Körpersprache, Freundlichkeit und Gesten die Reaktion auf die Fotografierabsicht testen.
- In der Landessprache den Satz parat haben, mit dem man um **Erlaubnis für ein Foto bittet.**
- Bevor ich mit meiner Kamera auf einen fremden Menschen losgehe, sollte ich ihm Zeit geben, mich betrachten zu können. Lächeln und einige Worte helfen, die innere Abwehrhaltung meines Gegenübers abzubauen. Zeit und Geduld bewirken vieles, Überrumpelung oder gar sofortiges Geldanbieten nichts.
- **Nicht herausfordernd auftreten.** Ist das Modell bereit, sich fotografieren zu lassen, sollte erst einmal auf dessen Wünsche eingegangen werden. Auch theatralische Posen wie z.B. steife Familien- oder Gruppenfotos sind im Grunde typisch. Nach einigen „Aufwärmfotos" ist die Situation entspannter, und die ursprüngliche Bildidee lässt sich weiterverfolgen.
- **Nahezu beiläufig fotografieren:** Aus einem Gespräch heraus, ohne lange Vorbereitungen. Die Kamera muss voreingestellt sein, das Auslösen ist die Angelegenheit von Sekunden.
- Gute, natürliche **Porträts** gelingen z.B., wenn sich Ihr Reisepartner (oder ein Dolmetscher) mit ihrem Fotomodell unterhält und es so von der Kamera ablenkt.
- Einen gelösten Gesichtsausdruck fängt man mit dem so genannten **„Nachschuss"** ein, wenn das Modell nach dem ersten Auslösen „befreit" aufatmet.
- Fast alle Fotografen sagen **„bitte lächeln"** – vormachen tun es nur wenige.
- Nach dem Fotografieren ist es höflich, sich kurz zu bedanken (und zu lächeln).

Aus:
Helmut Hermann: **Reisefotografie,** Praxis- Reihe, REISE KNOW-HOW Verlag.

druck mangelnder Selbstkontrolle geächtet; man erreicht damit oft das Gegenteil dessen, was man bewirken wollte. In dieser Hinsicht muss man besonders vorsichtig sein im Umgang mit Malaien. Chinesen sind lauter, diskutieren selbst heftiger und sind generell nicht zimperlich, es sei denn, man übertritt Tabus.

Freundliches, **höfliches Verhalten** wird in Malaysia gern gesehen, da darf man dann auch Fehler machen. Ohnehin erwartet niemand, dass Europäer sich genau auskennen. Aber Anpassung an heimische Sitten wird umso mehr geschätzt, soweit erkennbar ist, dass man sich Mühe gibt.

Asiatische Gesellschaften sind konservativer als westliche. **Sexuelle Freizügigkeit** wird nirgendwo toleriert. Man erwartet insbesondere von Frauen gesittete Kleidung; dazu gehört unabdingbar auch der BH unter dem Kleid oder der Bluse. Küssen in der Öffentlichkeit ist tabu, auch sonstigen Zärtlichkeiten, selbst unter Verheirateten, sollte man sich in der Öffentlichkeit enthalten. Nur Händchen halten sieht man unter chinesischen Paaren öfters. Die modern gekleideten Mädchen sind nicht selten wesentlich konservativer als ihre westlichen Geschlechtsgenossinnen, das gilt natürlich auch für die Männer und ihre Vorstellungen von einer anständigen Frau.

Achtung! Nach dem malaysischen Strafgesetzbuch ist **Homosexualität verboten.** Auch bei einvernehmlichem Handeln kann, sofern Anzeige erstattet wird, eine Strafe von bis zu 20 Jahren Gefängnis und/oder Stockhiebe verhängt werden.

Berührungen des anderen Geschlechts in der Öffentlichkeit sollten vermieden werden. Frauen würden damit zum Ausdruck geben, dass sie zu haben sind. Hellhäutige Frauen gelten auch heute noch als besonders attraktiv.

Häuser werden in der Regel ohne Schuhe betreten. Man zieht die **Schuhe** aus, wenn es die Gastgeber auch tun, selbst wenn sie sagen, es sei nicht nötig.

Toiletten sind generell zum Hinhocken gedacht, was sowohl hygienischer als auch biologisch effektiver ist. Malaien und Inder benutzen kein Papier, sondern Wasser zum Reinigen mit der linken Hand (man halte also ggf. Papier bereit, wenn man Toiletten aufsucht). Als Folge davon essen Malaien und Inder nur mit der rechten Hand, wenn sie (wie traditionell üblich) ohne Besteck essen.

Praktisch sind **Bidetduschen** in vielen Toiletten SO-Asiens. Ihre Benutzung erfordert ein wenig Übung, z.B. den Wasserhahn nicht zu stark aufzudrehen; sie sind in Sitztoiletten einfacher zu handhaben als in Hocktoiletten.

Trinkgelder sind in Malaysia unüblich, es sei denn, im Restaurant wurde kein Bedienungs-Aufschlag erhoben. In Hotels gibt man den Zimmermädchen ein kleines Trinkgeld. Taxifahrer erhalten in der Regel keines.

Versicherungen

Egal welche Versicherungen man abschließt, hier ein Tipp: Für alle abgeschlossenen Versicherungen sollte man die **Notfallnummern** notieren und mit der **Policenummer** gut aufheben! Bei Eintreten eines Notfalles sollte die Versicherungsgesellschaft sofort telefonisch verständigt werden!

Der Abschluss einer **Jahresversicherung** ist in der Regel kostengünstiger als mehrere Einzelversicherungen. Günstiger ist auch die **Versicherung als Familie** statt als Einzelpersonen. Hier sollte man nur die Definition von „Familie" genau prüfen.

> **Buchtipp**
>
> ■ *Harald A. Friedl:* **Respektvoll reisen,** Praxis-Reihe, REISE KNOW-HOW Verlag

Auslandskrankenversicherung

Die Kosten für eine ärztliche Behandlung in Malaysia, Singapur und Brunei werden von den gesetzlichen Krankenversicherungen in Deutschland und Österreich nicht übernommen, daher ist der Abschluss einer privaten **Auslandskrankenversicherung unverzichtbar.**

Bei Abschluss der Versicherung – die mit bis zu einem Jahr Gültigkeit angeboten werden – sollte auf einige Punkte geachtet werden. Zunächst sollte man auf einen Vollschutz ohne Summenbeschränkung bestehen, im Falle einer schweren Krankheit oder eines Unfalls sollte auch der Rücktransport übernommen werden. Diese Zusatzversicherung bietet sich auch über einen Automobilclub an, insbesondere wenn man bereits Mitglied ist. Diese Versicherung bietet den Vorteil billiger Rückholleistungen (Helikopter, Flugzeug) in extremen Notfällen.

Wichtig ist auch, dass im Krankheitsfall der **Versicherungsschutz über die vorher festgelegte Zeit hinaus** automatisch verlängert wird, wenn die Rückreise nicht möglich ist.

Schweizer sollten bei ihrer Krankenversicherungsgesellschaft nachfragen, ob die Auslandsdeckung auch für Malaysia, Singapur und Brunei inbegriffen ist. Sofern man keine Auslandsdeckung hat, kann man sich kostenlos bei *Soliswiss* (Gutenbergstr. 6, 3011 Bern, Tel. 031/381 0494, www.soliswiss.ch) über mögliche Krankenversicherer informieren.

Zur Erstattung der Kosten benötigt man **Quittungen** (mit Datum, Namen, Bericht über Art und Umfang der Behandlung, Kosten der Behandlung und Medikamente).

Andere Versicherungen

Ob es sich lohnt, weitere Versicherungen abzuschließen wie z.B. eine Reiserücktrittsversicherung, Reisegepäckversicherung oder Reisehaftpflichtversicherung, ist individuell abzuklären. Gerade diese Versicherungen enthalten viele **Ausschlussklauseln,** sodass sie nicht immer Sinn machen.

Die Reiserücktrittsversicherung für 35–80 € lohnt sich nur für teure Reisen und für den Fall, dass man vor der Abreise einen schweren Unfall hat, schwer erkrankt, schwanger wird, gekündigt wird oder nach Arbeitslosigkeit einen neuen Arbeitsplatz bekommt, die Wohnung abgebrannt ist u.Ä. Nicht gelten hingen: Terroranschlag, Streik, Naturkatastrophe etc.

Die **Reisegepäckversicherung** lohnt sich seltener, da z.B. bei Flugreisen verlorenes Gepäck oft nur nach Kilopreis und auch sonst nur der Zeitwert nach Vorlage der Rechnung ersetzt wird. Wurde eine Wertsache nicht im Safe aufbewahrt, gibt es bei Diebstahl auch keinen Ersatz. Kameraausrüstung und Laptop dürfen beim Flug nicht als Gepäck aufgegeben worden sein. Gepäck im unbeaufsichtigt abgestellten Fahrzeug ist ebenfalls nicht versichert. Die Liste der Ausschlussgründe ist endlos ... Überdies deckt häufig die Hausratsversicherung schon Einbruch, Raub und Beschädigung von Eigentum auch im Ausland. Für den Fall, dass etwas passiert ist, muss der Versicherung als Schadensnachweis ein Polizeiprotokoll vorgelegt werden.

Eine **Privathaftpflichtversicherung** ist oft schon vorhanden. Hat man eine **Unfallversicherung,** sollte man prüfen, ob diese im Falle plötzlicher Arbeitsunfähigkeit aufgrund eines Unfalls im Urlaub zahlt. Auch durch manche (Gold-)**Kreditkarten** oder eine **Automobilclubmitgliedschaft** ist man für bestimmte Fälle versichert. Die Versicherung über die Kreditkarte gilt jedoch meist nur für den Karteninhaber!

Die Skyline von Kuala Lumpur

Weiterreise per Flugzeug

Will man von Malaysia aus weiterfliegen, kommen die beiden internationalen Flughäfen von **Penang** und **KL** als Ausgangspunkte in Frage. Natürlich ist das Angebot von KL aus größer; ggf. wird man auch Singapur wählen. Man hört, dass man z.B. in Penang inzwischen günstigere Tickets nach Südosten und andere weit entfernte Ziele bekommt als in Bangkok, das nach wie vor für Ziele wie Hong Kong, Manila oder Myanmar billige Tickets bietet.

Wer einen **internationalen Studentenausweis** *(ISIC)* besitzt, bekommt manchmal Ermäßigung auf die Flüge. Die folgenden Reisebüros sind die Kontaktadressen für ermäßigte Flüge. Auch Nichtstudenten können sich dort nach günstigen Tarifen wie „Excursion-Tickets" erkundigen:

- **MSL Travel KL,** 66, Jalan Putra, Tel. 03/4042 4722, Fax 03/4043 3707.
- **MSL Travel Penang,** Red Rock, Hotel Lobby, Macalister Road, Tel. 04/227 2655, Fax 04/227 2102.
- **Malaysian Airlines:** landesweite Tel.-Nr. für Reservierungen: 1/300 88 3000.

Wenn man in Malaysia Tickets für Weiterflüge kauft, kann man sich interessante Kombinationen zusammenstellen lassen. Bei *Happy Holiday* (442 Chulia Street, Penang, Tel. 04/262 9222, Fax 262 9088) oder anderen Reisebüros in der Leboh Chulia bekommt man Infos zu preisgünstigen ungewöhnlichen Flugrouten.

Excursion-Tickets inkl. Rückflug sind günstiger als Einfach-Tickets. Ein Rückflug kann preiswerter als ein Einfach-Ticket sein.

www.fotolia.de © leungchopan

**Land und Natur
West-Malaysia | 610**

Geografie | 610

Klima | 615

Pflanzen- und Tierwelt | 618

**Land und Natur
Ost-Malaysia | 634**

Klima | 634

Pflanzen- und Tierwelt | 636

**Die Menschen und
ihre Kultur | 638**

Bevölkerung | 638

Bräuche, Tabus und Aberglaube | 655

Feste und Feiertage | 661

Kunst und Kultur | 666

Soziale Strukturen | 641

Sprache | 647

Religion | 648

Staat und Gesellschaft | 670

Geschichte | 670

Der malaysische Staat | 677

Medien | 685

Schulsystem | 686

Tourismus | 684

Wirtschaft | 681

6 Land und Leute

Der Vielvölkerstaat Malaysia mit seinen mehreren Dutzend ethnischen Gruppen gehört allein wegen seiner bewusst gelebten kulturellen Vielfalt zu den interessantesten Reiseländern in Südostasien. Andere Länder in dieser Region betonen nur die Kultur der Mehrheitsbevölkerung, nicht so Malaysia. Dieser Reichtum zeigt sich auch in der gerühmten kulinarischen Vielfalt, die dazu auch für Reisende mit knappem Budget erschwinglich ist, und wo selbst Millionäre sich auf Spezialitäten einfacher Essstände freuen können. Fast so viele Menschen, wie Malaysia Einwohner hat, besuchen das Land pro Jahr, die Mehrheit kommt natürlich aus Singapur und Indonesien.

◁ Markt in Sandakan

LAND UND NATUR WEST-MALAYSIA

Geografie

Malaysia besteht aus zwei ganz unterschiedlichen Landesteilen, die durch das Südchinesische Meer voneinander getrennt sind und ohne die britische Kolonialherrschaft wohl nie zusammengekommen wären. Beide Landesteile zusammen haben eine Fläche von 330.433 km²; 40 % davon entfallen auf die malaiische Halbinsel, das frühere Malaya, der größere Rest auf Sabah und Sarawak, die den Nord- und Nordwestteil der Insel Borneo (indonesisch: Kalimantan, die drittgrößte Insel der Welt) besetzen.

West-Malaysia umfasst den Südteil der **malaiischen Halbinsel,** die als rund 1500 km lange, schmale Landzunge den südlichsten Teil des asiatischen Festlandes bildet. Die Fläche West-Malaysias beträgt 131.587 km²; es ist damit etwa halb so groß wie die alte Bundesrepublik Deutschland. West-Malaysia liegt etwa zwischen dem 100. und 105. Längengrad östlicher Länge und dem 7. und 1. Breitengrad nördlicher Breite im Bereich des Wendekreises des Krebses. Die Längsausdehnung beträgt 740 km, die Küstenlinie 1930 km. Von der Südspitze sind es noch etwas über 100 km bis zum Äquator. Im Norden wird West-Malaysia durch Thailand, im Osten vom Südchinesischen Meer, im Süden von der kurze Zeit mit Malaysia verbundenen Inselrepublik Singapur, im Westen und Südwesten von der Straße von Malakka begrenzt. West-Malaysia und das indonesische Sumatra (fünftgrößte Insel der Welt) liegen an einem Punkt nur 40 km auseinander, d.h. in Sichtweite – bei günstiger Wetterlage.

Die Halbinsel ist im Bereich Malaysias von einem durch Schwemmland gebildeten, im Westen 10–60 km breiten, im Osten meist schmalen Tieflandsaum umgeben, während das Landesinnere überwiegend gebirgig ist. Es handelt sich dabei um alte, aus Granit aufgebaute Faltengebirge, die in Nord-Süd-Richtung in etwa parallel zueinander verlaufen, dabei aber unterschiedlich lang sind.

Die längste Gebirgskette ist die **Große Titiwangsa-Kette** (Banjaran bzw. Barisan Titiwangsa), die in Thailand beginnt und bis Negeri Sembilan reicht. Wenn man von Penang auf der Hauptstraße nach Süden bis Melaka fährt, hat man sie ab Kuala Kangsar/Perak ständig zur Linken. Die Städte Ipoh, Kuala Lumpur, Seremban liegen ihr zu Füßen.

Höchste Erhebung ist der mit 2182 m zweithöchste Gipfel der Halbinsel, Gunung Korbu, der sich unweit von Ipoh erhebt. Zur Titiwangsa-Kette gehören auch die Cameron- Highlands, Fraser's Hill und Genting Highland.

Westlich dieser Gebirgskette verläuft im Norden, etwa in der Höhe Penangs, die nach dem höchsten Berg, **Gunung Bintang** (1862 m), benannte **Bintang-Kette** (Banjaran Bintang). Auf der Fahrt von Penang nach Süden durchquert man sie zwischen Taiping (Maxwell Hill) und Kuala Kangsar.

Östlich der Hauptkette, durch das zentrale breite Hügelland davon getrennt, erstreckt sich die **Gunung-Tahan-Kette** (Banjaran Gunung Tahan), benannt nach dem höchsten Berg der Halbinsel, dem 2187 m hohen **Gunung Tahan,** der sich im Nordwestzipfel des 4350 km² großen Nationalparks (Taman Negara) befindet.

Etwa in Höhe von Raub (an der Verbindungsstraße Kuala Lumpur – Kota Bharu) erhebt sich die **Gunung-Benom-Kette** (2108 m). Parallel zur Ostküste verläuft die **Östliche Kette** (Banjaran Timur) am **Gunung Lawit** bis 1519 m hoch.

Der Süden wird nicht durch Gebirgsketten, sondern durch **Hügelland und große Sumpfgebiete** charakterisiert (z.B. südlich von Pe-

kan, dem Sitz des Sultans von Pahang, bis über das Naturschutzgebiet von Endau Rompin hinaus). Dieses ist von breiten Urwaldflüssen durchzogen, die – wie sich vom Flugzeug aus gut beobachten lässt – träge dahinmäandern und an der Mündung mit dem mitgeführten Schlamm neue Schwemmböden schaffen. Auch der Süden hat Berge, z.B. der 1276 m hohe Gunung Ledang in Johore, der erste hohe Berg von Singapur aus.

Gewissermaßen eine Kuriosität sind die steilen **Karstkegel**, die bisweilen in der Landschaft auftauchen: Besonders häufig sind sie bei Ipoh, wo sie einen Hauch der bizarren Landschaft der Berge Guilins in Südchina vermitteln. Diese sehr höhlenreichen Kalkberge sind emporgehobene Meeresablagerungen, die durch die starken Kräfte tropischer Verwitterung ihre heutige Gestalt erhalten haben. An der Basis wirkten die Kräfte wegen des säurehaltigen Wassers am stärksten. Dadurch bricht dann Fels von oben weg, und die charakteristischen senkrechten Wände entstehen.

Man findet sie in der Bucht von Phangnga bei Phuket, im Grenzbereich von Thailand und Malaysia, im Taman Negara, in der Mitte der Halbinsel bei Merapoh – immer wieder tauchen Gruppen dieser bewaldeten Hügel mit ihren Wandabbrüchen auf; sehr auffällig sind sie auch im Templer-Park am Bukit Takun und den Batu Caves bei Kuala Lumpur, wo diese vielfach unterbrochene Kette übrigens ihren Abschluss findet.

Die Gebirge sind heute noch größtenteils von **Primärurwald** bedeckt, während die Tieflanddschungel, die noch vor hundert Jahren fast ganz Malaya bedeckten, bis auf das Gebiet des Taman Negara und Endau Rompin und kleinere Forstreservate zunehmend abgeholzt werden. An ihre Stelle traten und treten vor allem entlang der Westküste große Kautschuk- und Ölpalmenplantagen.

◁ Blick auf die Karstberge von Perlis

Nassreisanbau, der für Thailand so kennzeichnend ist, findet sich denn auch vor allem im Norden, in den an Thailand grenzenden Schwemmlandebenen: im Nordwesten Kedah (die Reisschüssel Malaysias), Perlis, Gebiete nördlich und südlich von Butterworth. Seit einiger Zeit wird auch in Perak und Selangor Nassreis angebaut. Im Nordosten ist das Schwemmland Nord-Kelantans das einzige größere Reisanbaugebiet.

Westlich der Titiwangsa-Kette lagern einige der bedeutendsten **Zinnvorkommen** der Welt, vor allem im Kinta-Tal, wo sich Ipoh befindet, und im Tal des Klang-Flusses, wo sich heute das dichteste Siedlungsgebiet des Landes ausbreitet: Kuala Lumpur, Petaling Jaya, Shah Alam, Klang, Port Klang. Aus der Luft hebt sich die durch die Zinnminen zerstörte Landschaft überdeutlich ab: nackte Böden, aus denen die Humusschicht weggeschwemmt wurde sowie unzählige Teiche *(Miningpools).* Im Bereich Kuala Lumpurs ist es gelungen, einige Zinnminen zu attraktiven Landschaftsgärten umzugestalten. Dieser Verschönerungsprozess geht weiter. Ein gelungenes Beispiel dafür ist der Lake View Garden in Taiping.

Wer keine Gelegenheit zum Fliegen hat, aber dennoch einen Eindruck von der Veränderung der Landschaft durch die Zinnminen gewinnen will, der sollte dem **Kledang Hill** (808 m) bei Ipoh einen Besuch abstatten. Von dort (eine Fahrstraße führt zu Fernseh- und Fernmelderelaisstationen) hat man eine ausgezeichnete Sicht über das Kinta-Tal mit Ipoh und den vielen Seen und Teichen hinweg. Zinn ist das wirtschaftlich wichtigste Mineral Malaysias. Daneben gibt es noch abbauwürdiges Eisenerz, Bauxit, Barit und Gold.

An der Ostküste zwischen Kota Bharu und Kuantan sind die Ebenen schmal. Mit Ausnahme des erwähnten Nordteils wachsen dort hauptsächlich Kokospalmen und so anspruchslose Nutzpflanzen wie Tapioka. Im Südosten herrschen – wie erwähnt – die Tieflanddschungel und Sumpflandschaften mit ausgedehnten Mangrovenwäldern vor. Aber auch hier, z.B. im Gebiet zwischen Kota Tinggi und Desaru, werden immer neue Plantagen angelegt. Da die Ostküste dem Nordostmonsun schutzlos ausgesetzt ist, entstand auf diese Weise der berühmte, (mit Unterbrechungen) 500 km lange **Sandstrand,** während an der Westküste die Mangrovenwälder über große Strecken übergangslos bis ans Meer reichen. Die Westküste ist vor dem Südwestmonsun durch das vorgelagerte Sumatra geschützt.

Die größten **Seen** sind durch Aufstauen entstanden: Tasek Temengor in Ober-Perak (Hulu Perak), der größere der Perak-Stauseen, und der durch den Kenyir-Damm entstandene Trengganu-Stausee, der noch ein paar Nebenflüsse umfasst. Der größte See südlich des Pahangflusses ist der Tasek Berak/Tasek Dampar.

Geografie

Der mächtige Sungai (Fluss) Pahang ist übrigens mit 475 km (einschließlich Quellfluss) der längste Fluss West-Malaysias. Mit Ausnahme Penangs *(Pulau Pinang,* Betelnuss-Insel) und des Bundesterritoriums *(Wilayah Persekutuan,* Federal Territory) tragen die Teilstaaten die Namen des Flusses, an dessen Ufer bzw. Mündung die frühen Sultane residierten und wo sich heute noch die Hauptstädte der Staaten bzw. die Sitze der Herrscher befinden.

Dass die großen Ströme (an zweiter Stelle liegt mit 400 km der Sungai Perak, an dritter der Sungai Kelantan) trotz ihrer Mächtigkeit so kurz sind, liegt natürlich daran, dass die Halbinsel nirgendwo breiter als 300 km ist. Durch das viele Schwemmaterial versanden einige der großen Flüsse in Mündungsnähe, so z.B. in Kuala Terengganu.

Seit 130 Millionen Jahren haben sich übrigens das Klima und die Gestaltung der Halbinsel nicht wesentlich verändert. Keine Eiszeit hat die üppige Vegetation unterbrochen, womit diese südostasiatischen Dschungelgebiete – soweit sie unangetastet sind – die ältesten Wälder der Erde sind.

Malaysia verfügt über unzählige Sandstrände

Geografische Begriffe

Alor	Hauptflussrinne, Einschnitt	*Ladang*	Plantage, Pflanzung
Ampang	Damm	*Lapangan terbang*	Flugplatz
Air	Wasser, Fluss, Strom		
Anak Air	Bach	*Lata*	Kaskade, Wasserfall
Air mati	toter Flussarm	*Laut*	Meer
Air terjun	Wasserfall	*Lembah*	Tiefland, Tal
Atap	Dach	*Lubuk/ Lobok*	tiefer Teich, tiefe Stelle
Batang	Hauptfluss eines Stromgebiets	*Makam*	Begräbnisstätte
Batas	Reisfelddamm	*Mata Air*	Quelle
Bagan	Landeplatz	*Muara*	Mündung, Delta
Bandar	Hafen a. Meer oder Fluss	*Mukim*	Gemeinde
Batu	Meilenstein	*Padang*	Wiese, Feld
Bendang	Nassreisfeld	*Pantai*	Strand
Beting	Sandbank	*Parit*	Entwässerungskanal
Bukit	Hügel (ca. 30 bis 500 m)	*Paya*	Sumpf, Moor
Buluh	Bambus	*Pekan*	Marktort, Stadt
Bumbun	Beobachtungsunterstand	*Pengkalan*	Landeplatz, Werft
Changkat	felsige Erhebung	*Pelabuhan*	Hafen
Darat	trockenes Land	*Permatang*	Ufer(böschung)
Dusun	ländliche Siedlung, Obstplantage	*Pulau*	Insel
Genting	Pass, Sattel	*Rentis*	Dschungelpfad
Gua/goa	Höhle, Grotte	*Rimba*	(Ur-)Wald
Gunung	Berg (ab etwa 500 m)	*Rumah api*	Leuchtturm
Gurun	Ödland		
Hilir	Unterlauf eines Flusses	*Sawah*	Nassreisfeld
Hutan	(Ur-) Wald, Wildnis	*Sebrang/ Seberang*	anderes Flussufer
Istana	Palast		
Jalan	Straße, Weg	*Selat*	(Meer-)Enge
Jenut	Salzleckstelle	*Simpang*	Kreuzung
Jeram	Stromschnellen	*Sungei/ Sungai*	Fluss
Kali	Fluss		
Kampung	Dorf	*Tamu*	Wochenmarkt (Sabah)
Kangkar	chinesische Siedlung	*Tanah*	Land
Karang	Korallenriff	*Tanjong/ Tanjung*	(Land-)Vorsprung
Kelian	(Zinn-)Mine, Tagebau		
Khema	Lagerplatz	*Tasik*	See
Kota	Festung	*Tebing*	Sandbank
Kramat	wunderwirkend	*Teluk*	Bucht
Kuala	Flussmündung	*Titi*	Steg
Kubang	Wasserstelle, Schlammsuhle	*Ujung/ Hujung*	Kap
Kubu	Schranke, Einzäunung	*Ulu/Hulu*	Oberlauf eines Flusses
Labuhan/ Labuan	Ankerplatz		

Klima

Tropisches Klima bedeutet Hitze und hohe Luftfeuchtigkeit. Aber ganz so wild, wie viele es sich vorstellen, ist es gar nicht. Ein extrem heißer Sommertag in Deutschland kann heißer sein, als es in Malaysia jemals wird. Temperaturen über 35 °C werden in diesem **tropischen Land** grundsätzlich nicht erreicht, in Deutschland dagegen schon. Aber dafür wird es in Malaysia jeden Tag zwischen 30 und 34 °C warm, hinzu kommt die durchschnittlich hohe Luftfeuchtigkeit von rund 90 %.

Wenn man über einen längeren Zeitraum in den Tropen lebt, wird man auch als Mitteleuropäer schnell temperaturempfindlich. Ich hätte anfangs nicht geglaubt, dass mir Temperaturen um 21 bis 23 °C (so „kühl" wird es nur nachts und morgens vor Sonnenaufgang) in der Tat frisch vorkommen würden. Und in Verbindung mit Regen habe ich bei Temperaturen unter 30 °C auch schon gefröstelt.

Richtig kühl wird es **in den Bergen.** Die Abende im Cameron Highland und in anderen Hill Stations sind trotz so angenehmer Temperaturen wie 13 bis 15 °C nach längerem Aufenthalt in den Tropen nicht weniger als „kalt". Der englische Kamin, mit dem viele Hotels im Hochland aufwarten, wird da durchaus als angemessen empfunden. Die als *Padang* (Wiese) bekannte Senke zwei Stunden unterhalb des Tahan-Gipfels im Taman Negara wird oft als der kälteste Punkt der Halbinsel außerhalb eines Kühlschrankes bezeichnet. Angeblich soll es dort – nur 1500 m hoch – bis 4 °C kalt werden. Also, wenn es im Tiefland zu schwül und zu heiß wird: In den Bergen kann man das Frieren schnell wieder lernen.

Das ganze Jahr über ändern sich die Temperaturen nicht: Regnet es ein paar Tage nicht, ist es schwül und heiß. Regen bringt Erfrischung. Jahreszeiten gibt es nicht, aber das Jahr läuft dennoch nicht tagein, tagaus gleichförmig ab. Wenn es bestimmte Früchte gibt, z.B. Durian oder Mango, ist das für die Malaysier wie eine neue Jahreszeit.

Es gibt Zeiten, in denen es gar nicht, kaum oder nur vergleichsweise wenig regnet und Zeiten, in denen Regen an der Tagesordnung ist. Tropischer Regen fällt oft in Verbindung mit Gewittern und ist bekannt für sein plötzliches Auftreten und die ungeheuren Wassermassen, die sich in kurzer Zeit auf die Erde ergießen. Ein verregneter Sommermonat bei uns muss nicht mehr Regen aufweisen als ein wolkenbruchreicher Tropentag.

Bestimmt wird das Klima durch zwei Monsune: den **Nordost-Monsun,** der, aus dem Südchinesischen Meer kommend, die **Ostküste** vor allem zwischen Dezember und Februar voll erwischt und insgesamt zwischen November und April bläst, und den **Südwest-Monsun,** der die Westküste (dank der vorgelagerten Insel Sumatra) nur in abgeschwächter Form trifft. Als Regenzeiten gelten hier die Monate April/Mai und September/Oktober. Sie sind jedoch keine direkte Folge des Südwest-Monsuns, der von Mai bis Oktober wirksam ist und keine nennenswerten Niederschläge bringt, sondern entstehen durch Abregnen der warmen, aufgestiegenen Luftmassen und kennzeichnen die Übergangszeiten zwischen beiden Monsunen.

Ausgesprochen niederschlagsarm ist im Januar/Februar der **Nordwesten** Halbinsel-Malaysias, den der Nordost-Monsun nicht mehr erreicht: Vor allem Penang leidet unter der Trockenheit, wenn es z.B. mehr als 6 Wochen lang keinen Tropfen regnet und das Gras verdorrt. Das Seltsame ist, dass es während derselben Zeit z.B. in Taiping (das allerdings auch dafür berühmt ist) täglich einen kräftigen Guss am Spätnachmittag gibt. Und Taiping liegt nur 70 km Luftlinie entfernt!

Was die Regenzeit an der **Westküste** betrifft, darf man sich aber keinen Dauerregen vorstellen. Täglicher Regen, meist gegen Spätnachmittag (aber auch nachts oder morgens) gehört wohl dazu, aber in der Regel handelt es sich dabei um kurze Schauer, die sich nur selten länger hinziehen. Danach klart es dann schnell wieder auf, und etwas frischere Luft bleibt zurück. Für mich hat der Regen in Malaysia deswegen etwas Angenehmes an sich.

Klima West

Kuala Lumpur   Kuala Terengganu

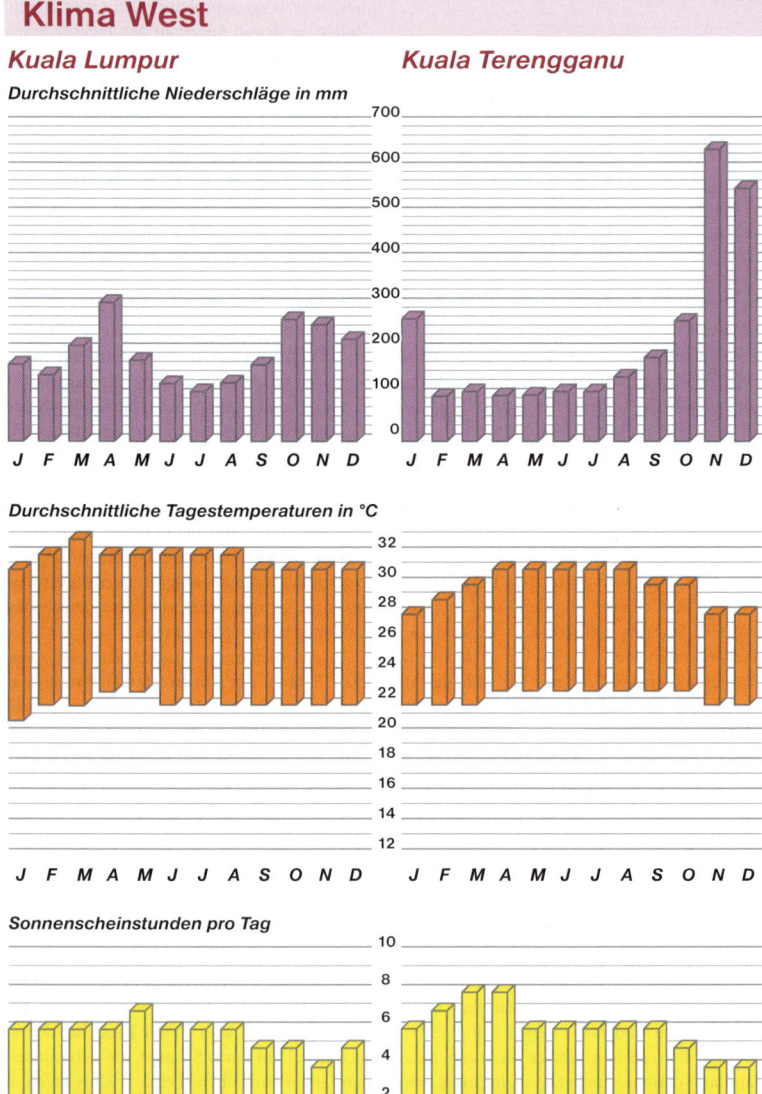

Durchschnittliche Niederschläge in mm

Durchschnittliche Tagestemperaturen in °C

Sonnenscheinstunden pro Tag

Klima

Cameron Highlands

Durchschnittliche Niederschläge in mm

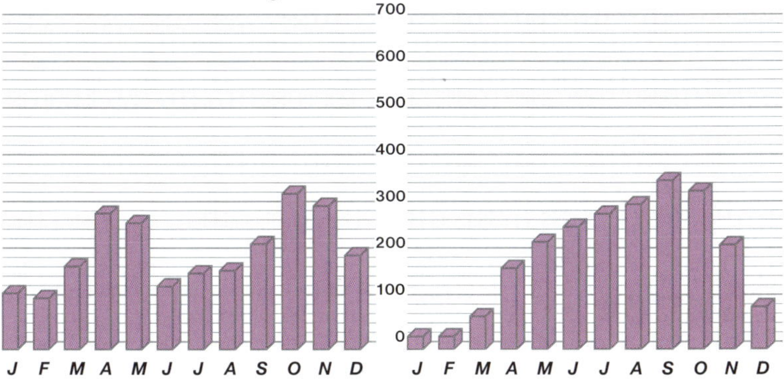

Durchschnittliche Tagestemperaturen in °C

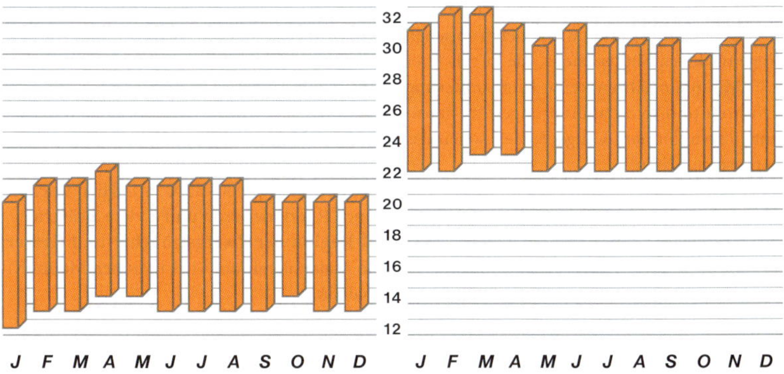

Sonnenscheinstunden pro Tag

Langkawi

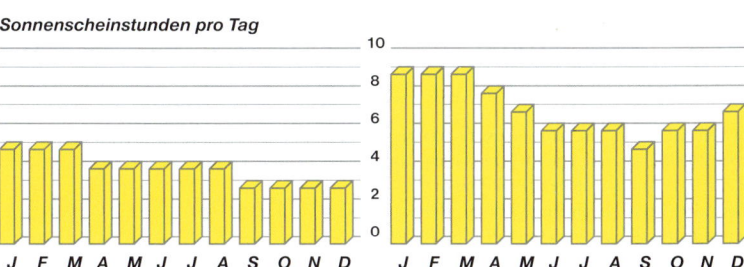

© Reise Know-How 2013

Der mittlere Teil der Westküste, also auch das Gebiet um Kuala Lumpur, kennt weder eine starke Regen- noch eine ausgeprägte Trockenzeit. Heftige Regenfälle führen trotzdem immer wieder zu starken Überschwemmungen. Manche Straßen der Stadt sind dann zeitweise unpassierbar und stehen gut einen Meter unter Wasser. (Vorsicht übrigens mit den *Monsoon-drains,* den Abflussrinnen an den Straßenrändern: Bei Überschwemmungen sind sie unsichtbar!)

Im **Süden** (Johore) ist das Klima wie in Singapur sehr ausgeglichen: überhaupt keine Regen-, aber auch keine Trockenzeiten.

Pflanzen- und Tierwelt

Nirgendwo gibt es eine solche Vielfalt an Pflanzen- und Tierarten wie in den tropischen Regenwäldern Südostasiens, die ja seit über 130 Millionen Jahren keine Klimaänderung erfuhren und sich dadurch ungestört haben entwickeln können. Einige Zahlen sollen das veranschaulichen:

- 40.000 Arten von **Blütenpflanzen** (8000 auf der Halbinsel)
- 5000 **Baumarten** (in ganz Europa sind es nur 160; 2500 kommen auf der Halbinsel vor, teilweise hundert verschiedene Arten auf einem Hektar Primärurwald)
- Allein 400 Arten von **Dipterocarpaceen** (die großen, bis über 40 Meter hohen Urwaldbäume) – sie machen den Hauptanteil des geschlagenen Nutzholzes aus.

Auf einem Hektar am Tahan-Fluss finden sich über 200 Baumarten. Die Pflanzen teilen sich den zur Verfügung stehenden Raum auf, sodass alle ihren Lebensraum haben. Beherrschend sind die Baumriesen mit ihrem glatten, zylinderförmigen Stamm und der weit ausladenden, blumenkohlartigen Krone; nicht so hoch hinauf reichen die Bäume mit langen, schmalen Kronen, die mit weit weniger Licht auskommen müssen; unten wachsen Palmen und natürlich der Baumnachwuchs heran. Kletterpalmen wie der Rattan können bis zu 60 Meter lang werden; auch Lianen schaffen es bis in die Kronen der großen Bäume hinauf. Auf den Baumästen wachsen Epiphyten, wie z.B. Orchideen, oder auch Würgpflanzen wie die Würgefeige. Große Bäume stabilisieren sich oft mit Brettwurzeln.

Die Vegetationsstufen

- **Küsten- und Sumpfwaldbiotope:** Sumpfwälder, Waldmoor, Mangroven, dornige Rattan- und stammlose Palmen. An der Westküste herrschen die Mangrovenwälder vor; die Ostküste wird von Kasuarinabäumen und – von Menschenhand gepflanzten – Kokosnusspalmen (die Salzwasser lieben) gesäumt.
- **Dipterocarpaceen-Wälder:** Regenwälder des Tief-, Hügel- und niederen Berglandes auf 0–1300 m Höhe.
- **„Eichen-Lorbeer"-Regenwälder** auf 1300–3000 m Höhe und **Berg-Nebelwälder** mit ihren Parasiten und üppigem Moos- und Flechtenbewuchs (2000–3500 m). Hier wachsen auch Rhododendron und andere Sträucher.
- **Region der Zwergsträucher und Gräser:** in Malaysia nur am 4101 m hohen Mount Kinabalu.

▷ Brettwurzeln im Perlis State Park

Pflanzen- und Tierwelt

Die Tierwelt

Die Fauna Malaysias ist nicht minder vielfältig. Angesichts des einst das ganze Land lückenlos bedeckenden Urwaldes, der nur von den Flüssen durchbrochen wurde, hat sich die Tierwelt ganz an das Leben im Wald angepasst: Die Hälfte der Tierarten sind Baumbewohner (bei uns in Europa nur ein Sechstel).

Es gibt auf der Halbinsel rund 200 **Säugetierarten,** u.a. verschiedene Affenarten wie Makaken und Gibbons (der Orang Utan kommt nur in Ost-Malaysia vor), Elefanten (die nach Beendigung ihres früheren Einsatzes als Arbeitselefanten längst wieder verwilderten), Tiger, Leoparden, Panther und andere Wildkatzenarten, das Sumatra-Nashorn, *Seladang* (Gaur, Wildrind), *Barking deer* (bellende Rehe), *Kanchil* (Zwergböckchen, 20 cm hoch, Symbol für Mut und Cleverness, die die Winzigkeit ausgleichen), Wildschweine (die nicht nur die Orang Asli, die Ureinwohner der Halbinsel, jagen), Tapire, Wildhunde, Bären, Otter, Flughörnchen, Stachelschweine, Ratten, Fliegende Hunde, Fledermäuse (das artenreichste Säugetier in Malaysia), Lemuren etc.

Zahlreicher als die Säugetierarten sind die **Vogelarten.** Über 600 zählt man, u.a. Kingfisher (bei uns: Eisvögel), Spechte, Raubvögel wie Falken, Habichte, Bussarde, Adler, Geier, Kormorane, Reiher, Kraniche, Fregattvögel, Störche, Ibisse, Enten, Fasane, Schnepfen, Möwen, Tauben, Kuckuckarten, Papageien, Eulen, Schwalben, Oriole, Bulbul, Spatzen, Finken u.v.m. Besonders charakteristisch sind die Nashornvögel, die in Sarawak zum Wappentier aufgestiegen sind.

Es gibt rund 100 **Süßwasser-Fischarten,** darunter den bis zu 1,80 m großen und 45 kg schweren Catfish, der einzige gefährliche Süßwasserfisch des Landes; erwähnenswert ist auch der Siamesische Kampffisch. Angeln ist in Malaysia sehr beliebt; nach einem Angelschein wird nicht gefragt.

111 **Schlangenarten** werden auf der Halbinsel gezählt. Von denen sind 16 giftig, aber nur 5 werden dem Menschen wirklich gefährlich: Allen voran die bis zu 6 Meter lange Königskobra, weil sie auch unbedroht angreifen könnte. Tödlich wirkt auch das Gift der Grubenotter *(Wagler's Pit Viper,* im Schlangentempel von Penang zu besichtigen), der Schwarzen Kobra, der Korallenotter und der Gestreiften Krait. Auch Riesenschlangen (wie der bis zu 10 m lange Python) kommen vor.

An **Reptilien** sind noch verschiedene Krokodilarten zu erwähnen, Warane und andere Echsenarten, darunter die Flugechsen, und in fast jedes Haus gehören die Haus-Geckos.

Mit Malaysia untrennbar verbunden sind die **Riesen-Meeresschildkröten,** die regelmäßig (allerdings in abnehmender Zahl) an den Strand von Rantau Abang (zwischen Kuala Terengganu und Dungun) zum Eierlegen kommen. Es gibt noch einige andere Schildkrötenarten, die Malaysias Strände zum Eierlegen auswählen. An Süßwasserschildkröten sind die bis zu einem Meter großen Terrapins erwähnenswert. Am Unterlauf des Perak gibt es eine Aufzuchtstation.

Berühmt sind Malaysias **Schmetterlinge,** von denen man in den Cameron Highlands manches Exemplar aufgespießt im Glaskasten käuflich erwerben kann: Raja Brooke, Malaiischer Netzflügler, Atlas-Nachtfalter u.v.m.

Die **Insekten** sind es (über 100.000 Arten sollen es sein), denen man auf Schritt und Tritt innerhalb und außerhalb des Urwaldes begegnet: Moskitos, die in ländlichen Gebieten nach wie vor für Malariaerkrankungen sorgen, die unvermeidlichen Kakerlaken in wohl jedem Haushalt, Ameisen (von den kleinen Zuckerameisen, die sich in der Küche sofort da einfinden, wo Süßes herumliegt, über die bissigen, roten Waldameisen bis zu den 2,5 cm großen Riesenameisen), Grillen und Heuschrecken, prächtige Käfer wie die Nashorn- oder Hirschkäfer usw.

In Acht nehmen muss man sich vor Hornissennestern, Skorpionen, Hundertfüßlern (der große Tausendfüßler ist dagegen harmlos) und bestimmten Spinnen.

▷ Rhinozerosvogel

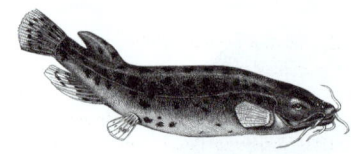

Aus unterschiedlichen Gründen (Einschränkung des natürlichen Lebensraumes, rücksichtsloses Jagen in der Vergangenheit) sind vor allem die großen Säugetiere vom Aussterben bedroht. Aber bis auf Überlebenskünstler wie Ratten, Moskitos, Kakerlaken u.Ä. haben wohl auch die anderen Tierarten Einbußen erlitten.

Tierbeobachtung

Die naiven Bilder von *Rousseau* zeigen einen Urwald, in dem sich die exotischen Tiere fast gegenseitig auf die Füße treten; ebenso muten die Geschichten von *Kipling* und anderen an. In Wirklichkeit wirkt der Urwald für Augen und Ohren des dahinwandernden Besuchers beinahe leer: Man hört vielleicht Affen, Vögel, Grillen, bekommt aber nicht viel zu sehen. Hier ein paar Tipps, wie und was man mit Glück z.B. im **Taman Negara** sehen kann:

Unterwegs auf den Pfaden

■ **Weißhand-Gibbon** *(Wak-Wak, Whitehanded Gibbon)*: hohe Klagelaute am Morgen aus den Baumwipfeln, schwarz bis beige; am Bukit Teresek.
■ **Banded Leaf Monkey** *(Ceneka)*: grau, sehr langer Schwanz, bewegt sich mit lautem Krachen durch die Bäume, wenn er gestört wird; Jenut Muda, Jenut Kumbang.
■ **Dusky Leaf Monkey** *(Cengkong)*: dunkelgrau, langschwänzig, nicht häufig; Jenut Muda, Sungai Wa.
■ **Riesenhörnchen** *(Tupai kerawak, Giant Squirrel)*: groß wie eine Hauskatze, Schwanz 1,5 mal Körperlänge, schwarz-beige bzw. gelb-beige bis braun; Rentis Belau, Bukit Teresek, Jenut Muda; weitere Hörnchenarten vorhanden.
■ **Mouse-deer** *(Kanchil)*: hasenklein, braun; außerdem Musang, Plumplori, Flughörnchen, Zibetkatzen, Spinnen, Frösche. Diese Tiere sieht man nachts mit starker Taschenlampe (nah ans Gesicht halten).

◁ Catfish, Tapir, Krait, Gaur

In Höhlen

■ Fledermäuse, Spinnen, Hundertfüßler (giftig), Schlangen (teils giftig), Ohrenkäfer, Kakerlaken, Frösche; u.a. in der Gua Telinga.

Auf Beobachtungsständen

■ Diese **Hides** *(Bumbun)* haben meist Schlaflager, also muss nur einer pro Gruppe Wache schieben, die andern können schlafen:
■ **Gaur** *(Seladang):* großes Wildrind, schwarz; weiße Stirn und „Socken", helle Hörner: B. Tahan (später Abend), B. Belau, Yong, Kumbang.
■ **Tapir:** schwarz mit weißem „Sattel", außer B. Tahan.
■ **Sambar-Hirsch** *(Rusa):* zahm in Kuala Tahan, ganze Rudel manchmal in B. Tahan, einzelne Tiere in allen anderen, nachts.
■ **Barking Deer** *(Kijang):* ziegengroß, orangebraun, B. Tabing, früh morgens, alle Salzleckstellen (Jenut).
■ **Wildschwein** *(Babi hutan):* manchmal nahe Kuala Tahan, B. Tahan.
■ **Dschungelratten:** meist bei den Beobachtungsständen, manchmal das einzige „Wild".

Bootsfahrt Kuala Tembeling – Kuala Tahan

■ **Eisvögel** *(Kingfisher),* mehrere Arten, Oktober bis April
■ **Nashornvögel** *(Hornbills)*
■ **Adler** *(Fishing eagles)*
■ **Bienenfresser** *(Bee-eaters)*
■ **Affen,** z.B. Langschwanzmakaken
■ **Warane** *(Monitor lizard),* Krokodile gibt es nicht.
■ **Otter,** sehr selten

Natürlich gibt es wesentlich mehr Wild im Nationalpark, nur wird man es kaum zu sehen bekommen. Zu Beginn der neuen Saison nach der Regenzeitpause sieht man mehr als am Ende der Touristensaison. Das Bewusstsein, dass da im Park auch Tiger, Leoparden, Nashörner, Honigbären, Wildhunde, Elefanten, viele Schlangenarten u.a. leben, trägt natürlich mit zum Reiz bei. Jeder möchte sie gern sehen.

Meeres-Schutzparks

In den letzten Jahren wurde eine Reihe von Inseln an beiden Küsten als Meeres-Schutzgebiete *(Marine parks)* ausgewiesen. (An der Ostküste fast alle vorgelagerten Inseln: P. Berhentian Kecil und Besar, Lang Tengah, Redang, Kapas, Tenggol im Bereich Kelantan-Terengganu und P. Chebeh, Tualai, Tioman, Sembilang, Sen Buat, Rawa, Babi Hujung/Tengah/Besar, Tinggi, Mentinggi, Sibu.) Es geht um den Schutz der Korallen, deren Erholung nach Plünderungen, die Erhaltung des Öko-Systems und den Schutz gefährdeter Tiere.

Es wurden Zonen geschaffen, die für Forschung und Lehre reserviert sind, sowie solche für touristische Nutzung: Dort darf unter Wasser fotografiert, geschwommen, geschnorchelt und getaucht werden.

Kontaktadressen

■ **Department of Fisheries Malaysia** (Jabatan Perikanan Malaysia), F 8 & 9, Wisma Tani, Jalan Sultan Salahuddin, KL, Tel. 03/2617 5000, Fax 2691 0305, www.dof.gov.my.
■ **Malaysian Society of Marine Sciences,** P.O. Box 250, Jln. Sultan Post Office, 46730 Petaling Jaya, Selangor, Tel. 03/734 8065.

Verbote in den Meeres-Schutzparks

■ Wasserski-, Speedbootfahren, Harpunieren, Abbrechen von Korallen und Entfernen sonstiger Meereslebewesen
■ Ankern von Booten über Korallengebieten
■ Mitführen von Waffen, die Meeresleben gefährden
■ Angeln und Fischen, auch in der Nachbarschaft des Parks.

Der tropische Regenwald

Der Begriff „Tropischer Regenwald" ist eigentlich ein wissenschaftlicher Name für ein bestimmtes **Ökosystem.** Im allgemeinen Sprachgebrauch wird dieser Begriff häufig mit „Urwald" oder „Dschungel" gleichgesetzt. Alle drei Begriffe sind sehr umfassend. Sie meinen immer eine Lebensgemeinschaft unterschiedlicher Pflanzen- und Tierarten, bedingt durch ein ganz spezielles Klima. Wer mit diesen Begriffen konfrontiert wird, dem fallen zuerst Klischees ein: undurchdringliches Dickicht, Wärme, Affen und andere wilde Tiere, „kriegerische Eingeborene", eventuell gar Tarzan.

Dieses Kapitel soll Informationen liefern, um die Klischees abzubauen und gleichzeitig das Interesse an einem der faszinierendsten Lebensräume dieser Erde zu wecken.

Ursprünglich bedeckten Regenwälder eine Fläche von annähernd 16 Millionen km² Fläche zu beiden Seiten des Äquators rund um die Erde. Davon entfielen ca. 57 % auf Mittel- und Südamerika, 25 % auf Südostasien und die Pazifikinseln und 18 % auf West- und Zentralafrika. Auf Sarawak entfielen z.B. hiervon ursprünglich 13,4 Mio. Hektar Wald.

„Tropischer Regenwald" ist ein Sammelbegriff, der drei Typen des Regenwaldes einschließt: den **Tieflandregenwald,** den man in Regionen bis ca. 800 m findet, den **Bergregenwald,** den man in Höhen von 800 bis 1500 m antrifft und der in höheren Lagen (bis 2500 m) in den **Nebelwald** übergeht. Malaysias Regenwälder gehören infolge der Höhenlagen zu den drei genannten Typen.

Alle drei Typen unterscheiden sich durch die jeweilige Durchschnittstemperatur und die jährliche Niederschlagsmenge. Beide Faktoren müssen jedoch innerhalb eines bestimmten Rahmens liegen, wobei die Temperatur durchschnittlich zwischen 24 °C und 28 °C liegen muss. Die jährliche Niederschlagsmenge beträgt mindestens 1700 mm; außerdem dürfen nicht mehr als drei trockene Monate mit Niederschlägen unter 100 mm auftreten. In Zusammenhang mit der Niederschlagsmenge und der Temperatur steht die relative Luftfeuchtigkeit, die im Laufe des Tages zwischen 40 und 100 % schwankt. Mit Sonnenaufgang nimmt sie ab und steigert sich dann mit der aufziehenden Bewölkung. Diese Unterschiede beziehen sich auf die Umgebung des Regenwaldes. Im Wald selbst ist die Luftfeuchtigkeit bis in eine Höhe von ca. 5 m annähernd konstant, bei Werten um 95 %. Dieses Phänomen erklärt sich dadurch, dass in der bodennahen Region fast kein Wind weht und keine nennenswerte Sonneneinstrahlung bis hier hinunter gelangt, die trocknende Wirkung hätte.

Der Begriff **„Dschungel"**, der oft als Synonym für „Regenwald" gebraucht wird, hat von seiner ursprünglichen Bedeutung her keinerlei Beziehung zu diesem Lebensraum. Er stammt aus dem Sanskrit vom Wort „Jangula" und bezeichnet undurchdringliches Dickicht. So wird uns der Regenwald, entgegen jeder Realität, in vielen (Abenteuer-)Filmen dargestellt. Undurchdringliche Vegetation findet man dagegen viel eher in den ursprünglichen Mischwäldern Mitteleuropas mit ihrer ausgeprägten Strauchschicht, die vom Boden bis in ca. 2,5 m Höhe reicht. Der Regenwald hingegen weist eine völlig andere Schichtung in der Vegetation auf, die am Beispiel der Tieflandregenwälder erklärt werden soll, denen man in Malaysia sehr häufig begegnet.

Überfliegt man einen **Tieflandregenwald,** so zeichnet sich das Gebiet durch eine mehr oder weniger einheitlich grüne Farbe aus. Erst im Wald selbst, oder besser noch an seinen natürlichen Rändern, z.B. Flussläufen, erkennt man die unterschiedlichen Schichten. Die Kronenregion, die das Dach des Waldes bildet, ragt bis zu 40 m Höhe auf. Sie wird noch von Baumriesen durchbrochen, die 50, in ein-

Souvenirs und Artenschutz

Täglich gibt es in den Medien erschreckende Berichte über das Aussterben unterschiedlichster Pflanzen- und Tierarten. 1989 war es noch der erschütternde Bericht über die Ausrottung des afrikanischen Elefanten. Dann konnte man in der Tagespresse lesen, dass auch der weniger bekannte und spektakuläre **Nautilus** (er gehört biologisch gesehen zu den Kopffüßern, für den Laien ist er mit den Tintenfischen vergleichbar) kurz vor der Ausrottung steht.

Nun taucht an dieser Stelle sicherlich die Frage auf, was denn wohl diese Tatsachen mit einem Reiseführer zu tun haben. Nun, ich möchte hier eine Antwort geben, die Diskussionsstoff für manchen (Urlaubs-)Abend sein wird.

Ich finde die Situation mittlerweile so bedrohlich, dass ich mich nicht mehr raushalten will oder kann. Sicherlich weiß mittlerweile jeder, dass täglich Arten sterben. Aber wer hat schon einen genaueren Einblick in die Zahlen und Gründe dieser Vernichtungsstatistik? Als Beispiel möchte ich das sogenannte **Washingtoner Artenschutzübereinkommen (WA)** anführen. Schon 1973 wurde dieses Übereinkommen, das im internationalen Sprachgebrauch CITES *(Convention of International Trade in Endangered Species of Wild Flora and Fauna)* heißt, getroffen. Die Bundesrepublik schloss sich 1976 an. Immer weiter aktualisiert, stehen die Listen im Anhang des WA als Sinnbild für die fortschreitende Ausrottung der wild lebenden Flora und Fauna. Auf über 50 Seiten sind hier Tausende von Tier- und Pflanzenarten aufgelistet, von den Säugetieren (z.B. Affen, Großkatzen und Wale) über Vögel (z.B. fast alle Papageienarten) zu den Reptilien (Echsen, Schlangen), Amphibien, Insekten und „primitiven" Tieren, wie z.B. Muscheln und Korallen. Zu den bedrohten Pflanzen gehören Kakteengewächse, Orchideen, Palmen, Liliengewächse und viele andere.

Wie kommt es aber zu deren Bedrohung? Die Vorstellung reicht wohl vom Jet-Set-Großwildjäger über die Dame im Tigermantel bis zur allgemeinen globalen Verschmutzung der Umwelt, etc. Natürlich sind auch das alles Gründe für die Gefährdung von Arten. Aber auch der **Tourismus** trägt Schuld an dieser Situation. Man findet z.B. in Singapur in jedem Shopping-Komplex mindestens ein großes Geschäft, das hauptsächlich mit **Elfenbeinprodukten** handelt. Oder man betrachtet auf Bali die Stände und Läden, die Produkte aus Schildpatt, ganze Meeresschildkröten, Muschelketten und den eingangs erwähnten Nautilus in Mengen als Souvenir anbieten. Nun kauft nach den groß angelegten Kampagnen gegen die Ausrottung der Meeresschildkröten fast niemand mehr solche Tiere, wenn auch oft nicht aus Einsicht, sondern vielmehr aus Angst vor dem europäischen Zoll; andere Dinge aber, wie der Nautilus, finden reißenden Absatz. „Die Tiere sind ja auch schon tot, und wenn ich es nicht kaufe, dann kauft es eben der nächste." So oder ähnlich wird mancher Gedankengang sein vor einem überladenen, unter dem Gewicht der vielen Gehäuse fast berstenden Tisch, aber man muss sich klarmachen, wozu der Kauf führt.

Die folgende Geschichte könnte sich so oder ähnlich irgendwo auf der Welt abgespielt haben: In einem kleinen Dorf am Meer, ziemlich abseits aller touristischen Trampelpfade, taucht eines Tages ein Traveller auf. Er wird freundlich empfangen, nimmt sich ein Zimmer im einzigen Hotel und beschließt, hier einige Tage zu verbringen. Tagsüber erkundet er die Umgebung, badet im Meer und unterhält sich mit den Fischern. Irgendwann entdeckt er im Boot der heimkehrenden Fischer zufällig einen Nautilus. Im Gespräch erfährt er, dass die Menschen hier diese Tiere essen. Da ihm das Gehäuse so gut gefällt, fragt er den Fischer, ob er es kaufen könne. Der Fischer ist zunächst verblüfft (solche Dinge sind doch eigentlich wertlos), nennt dann aber einen Preis. Nach kurzem Handeln wird man sich einig. – Einige Monate später tauchen erneut Touristen im Dorf auf. Auch sie verbringen hier einige Tage. Während dieser Zeit fängt der Fischer wieder einen Nautilus. Er erinnert sich an den anderen Touristen und fragt sie, ob sie an dem Nautilus interessiert wären. Sie sind ganz begeistert und kaufen das Gehäuse. Einige Zeit später muss der Fischer in die Bezirkshauptstadt fahren, in der auch viele Touristen ihren Urlaub verbringen. Bevor er losfährt, sammelt er alle Gehäuse, die er finden kann. Am Strand der Hauptstadt spricht er Touristen an und hat innerhalb sehr kurzer Zeit alle Gehäuse verkauft. Im Dorf kommt man zum Ergebnis, speziell diese Tiere fangen zu wollen und zwar mehr, als man eigentlich zur eigenen Versorgung benötigt. Zwei Leute aus dem Dorf sollen dann jede Woche zum Strand der Hauptstadt fahren und die Gehäuse dort verkaufen.

Ich denke, jeder kann sich vorstellen, wie die Geschichte endet. Wo kann man aber überhaupt eine Grenze ziehen? Ist es denn eigentlich noch in Ordnung, selbst am Strand Muscheln etc. zu sammeln? Ich denke, jeder muss sich mit diesen Dingen selbst auseinandersetzen. Wenn ich reise, sammle ich auch immer ein paar schöne Muscheln. Das ist wohl auch noch legitim. Unverantwortlich finde ich es dagegen, neben den angeschwemmten Korallenstücken frische unter Wasser abzubrechen.

Seit Jahren bemühen sich Naturschutzorganisationen (wie z.B. die Umweltstiftung *WWF Deutschland*) um Aufklärungsarbeit. Unterstützung kommt auch von Reiseveranstaltern, die in Broschüren oder Reiseprospekten auf das Problem eingehen. Aber trotzdem: Exotische Souvenirs sind nach wie vor sehr begehrt. An allen Stränden dieser Erde und auf den landestypischen Märkten werden sie zu Hauf angeboten – und auch leider immer noch zu oft gekauft!

Glücklicherweise ist der Trend seit Kurzem leicht rückläufig, wie vom Zollamt des Düsseldorfer Flughafens berichtet. 1994 waren es überwiegend Bärenfelle, lebende Warane, Chamäleons und Wasserschildkröten, Alligatorköpfe, Landschildkröten, Tigerzähne und Korallen, seit 1995 mussten die Beamten dieses Flughafens unter anderem zwei lebende Papageien, einen Delfinschädel, Elfenbeinfiguren, drei Riesenmuscheln, ein mit Katzenfell verziertes Blasrohr und den Schädel eines Nilkrokodils beschlagnahmen. Insgesamt kamen 1995 etwa 90 Aufgriffe zusammen. Alles stammte aus dem Gepäck von Urlaubern, wobei besonders viele „Einfuhren" von **Korallen** und **Reptillederprodukten** vorkamen.

Medienwirksam und pikant sind Vorfälle wie jener, als der Düsseldorfer Zoll 370 Pfeilgiftfrösche beschlagnahmen konnte, von denen „nur" fünf den Transport nicht überlebt hatten, oder der Fund von gebratenen Flughunden aus Ghana.

Gleichgültig, welche Argumente man für den Kauf anführt, beim Zoll zieht nichts. Wer mit Dingen auffällt, die der Kontrolle des WA unterligen, bekommt Ärger, und die „Ware" wird konfisziert. Zudem werden Bußgelder verhängt, meist 100–150 Euro, in besonders gravierenden Fällen (z.B. bei streng geschützten Arten) aber auch bis zu 5000 Euro.

In seiner Broschüre „Souvenirs, Souvenirs ... wird es bald keine mehr geben!" nennt der *WWF Deutschland* Dinge, auf die man generell verzichten muss. Dazu gehören Raubtierfelle oder andere Produkte dieser Tiere, Elfenbein (auch als Mini-Ohrclip!), lebende und ausgestopfte Vögel, Schildpatt, komplett präparierte Panzer oder gar lebende Schildkröten, Reptillederprodukte, Korallen und Muscheln, Schmetterlinge oder andere Insekten und Spinnentiere, Kakteen und Orchideen. Finden Sie nun aber doch noch ein Produkt, das in dieser Liste nicht enthalten ist, überlegen Sie bitte zuerst, denn: Die Nachfrage regelt das Angebot. Was heute noch nicht bedroht ist, kann übermorgen schon am Rande des Artentodes stehen!

Fotografieren Sie doch stattdessen die Schönheiten der Natur, denn um wie vieles schöner ist ein Schmetterling im Sonnenlicht im Vergleich zu seinem genadelten Vetter hinter Glas, der doch oft nur als Staubfänger dient!

Sollte trotz aller guten Gründe doch eine Ware erworben werden, weil die Art auf einer Farm gezüchtet wird, erkundige man sich beim *Bundesministerium für Umwelt- und Naturschutz und Reaktorsicherheit,* Stresemannstraße 128 – 130, 10117 Berlin, Tel. 030 18 305-0, www.bmu.de, oder beim *WWF Deutschland,* Hedderichstr. 110, 60591 Frankfurt, Tel. 069/505 0030.

zelnen Fällen sogar 70 m Höhe erreichen (sogenannte „Überständer"). Eine zweite Baumschicht bildet ihre Kronen in ca. 30 m, die dritte und niedrigste Schicht findet man in 10 m Höhe. Eine Strauchschicht fehlt völlig, Moos- und Krautschicht sind nur spärlich vorhanden. Erklärbar ist dies durch die geringe Sonneneinstrahlung, die den Boden erreicht, und die unter dem erforderlichen Minimum der meisten Pflanzen liegt. Dickichte können hier nicht entstehen. Nur dort, wo genügend Licht den Boden erreicht, kann sich in den unteren Bereichen eine üppige Vegetation entwickeln (z.B. übermannshohe Farne). Diese findet man an Wasserläufen und Lichtungen. Solche Lichtungen entstehen, wenn ein Baumriese abstirbt und zu Boden fällt, da er dann weiträumige Löcher in die umgebende Vegetation reißt. An solchen Stellen entsteht dann nicht nur starker Unterwuchs, sondern auch rascher Baumwuchs, da zwischen den Arten eine sehr starke Konkurrenz um den günstigsten Platz an der Sonne herrscht.

Alle Regenwälder der Erde zeichnen sich durch eine weitere Besonderheit aus, die ihr Entstehen erst ermöglichte. Während in anderen Gebieten im Laufe der Erdgeschichte periodische Temperaturschwankungen auftraten (z.B. die Eiszeit), blieben die äquatorialen Gebiete hiervon verschont. Im Verlauf solcher Schwankungen wurde die bestehende Pflanzen- und Tierwelt fast immer vollständig verändert. Zurück blieben aber sehr mineralreiche und unverbrauchte Böden. In den äquatorialen Gebieten konnte sich durch das Ausbleiben der Schwankungen eine reichhaltigere Flora und Fauna entwickeln. Die heutige Bodenqualität ist jedoch ihrem Alter entsprechend (die Regenwälder Südostasiens sind z.T. ca. 60 Millionen Jahre alt) schlecht. Die **Artenvielfalt** der Regenwälder kann man sich am einfachsten über folgendes Beispiel veranschaulichen: Unsere Wälder beherbergen ungefähr ein Dutzend Baumarten, die Regenwälder der indo-malaiischen Inselwelt dagegen wahrscheinlich über 3000 Baumarten, von denen der größte Teil bis heute nicht bekannt ist; und nur einige dieser Arten finden sich in den Regenwäldern anderer Erdteile wieder. Wahrscheinlich ist dieser Artenreichtum das Grundprinzip der Evolution. Formuliert man das Beispiel anders, so bedeutet es, dass bei uns auf einem Hektar nur mit größtem Glück alle 12 Arten zu finden sind, meist weniger, dafür aber viele Exemplare der gleichen Art. Im Regenwald dagegen findet man auf einem Hektar um die 250 Arten, meist aber jeweils nur ein Exemplar.

Die Böden unserer Wälder besitzen eine dicke **Humusschicht,** in der die Bäume wurzeln und aus der sie ihre Nährstoffe beziehen. Im Regenwald wird die Humusschicht meist nicht dicker als 30 cm. Dies macht es für die riesigen Bäume unmöglich, ein stützendes unterirdisches Wurzelwerk auszubilden. Um trotzdem eine gute Standfestigkeit zu erlangen, bilden viele Bäume **Brettwurzeln** aus, die den Baum bis in 10 m Höhe abstützen.

Vom Ende der Brettwurzeln bis zur Krone fehlen den Bäumen normalerweise jegliche Verästelungen (es steht nicht genügend Licht zur Verfügung). Dies macht es oft unmöglich, einzelne Bäume zu bestimmen. Eine Bestimmung ist häufig nur über die Blätter möglich, aber auch dies scheitert oft daran, dass man vom Boden nicht genau erkennen kann, welcher Ast zu welchem Baum gehört. Besonders verwirrend wird das Spiel, wenn die Blätter eines Baumes oder die zweier benachbarter Bäume einer Art unterschiedlich gefärbt sind, denn im gleichmäßigen Klima der Tropen fehlen die Jahreszeiten, und das Wachstum frischen Laubwerks geht einher mit dem Abwerfen des alten. Einige Arten haben zwei- oder sogar dreimal jährlich Blütezeit, andere nur alle zwei Jahre.

Der Regenwald beherbergt aber nicht nur Bäume, sondern auch eine Menge anderer **Pflanzen,** die aber nicht auf dem Boden wachsen. Sie haben, da zum Boden nicht genug Licht gelangt, die Fähigkeit entwickelt, auf anderen Pflanzen zu leben. Diese Lebensweise

▷ Rafflesia – ein Exemplar der größten Blume der Welt

hat ihnen den Namen Epiphyten (Aufpflanzen) eingebracht. Zu ihnen gehören Orchideen und Baumfarne. Ihre Nährstoffe beziehen sie in der Hauptsache aus dem Regenwasser, das durch sehr kompliziert gebaute Trichter (Zisternen) aufgefangen wird (fast jeder kennt die Bromeliengewächse, die auf heimischen Blumenbänken stehen und über sehr ausgeprägte Trichter verfügen). Einen besonders interessanten Epiphyten möchte ich noch erwähnen, die Würgfeige (Ficus spp.). Sie lebt zunächst hoch oben in Astgabeln von Bäumen. Im Laufe des Wachstums entwickelt sie aber Wurzeln, die bis zum Boden reichen, und dann den ursprünglichen Baum abschnüren. Gleichzeitig bilden sie eine große Krone, die dem anderen Baum das Licht entzieht und so zu dessen Absterben führt.

Lianen wurzeln im Boden, wachsen dann aber mit Ranken in die Höhe. Sie werden bis zu mehreren hundert Metern lang. Andere Arten haben Hakendornen, mit denen sie in die Höhe zu gelangen.

Schließlich gibt es noch Pflanzen, die darauf verzichtet haben, mit anderen in Konkurrenz ums Licht zu treten. Sie leben als Schmarotzer auf dem Boden, oder besser auf den bodennahen Wurzeln der Bäume. In Sarawak und Sabah findet man mit viel Glück die Pflanze, die die größte Blüte der Erde mit einem Meter Durchmesser hervorbringt, die Rafflesia arnoldii. Das Wachstum von der Knospe bis zur Blüte dauert neun Monate, die Blütezeit ist ungefähr im September.

Die Verbreitung der einzelnen Pflanzen erfolgt über Samen, die in ihrer Größe sehr variabel sind. Vom staubfeinen Samen der Orchideen reicht die Palette über gleitfähige Samen von Überständern bis zu den großen fruchtummantelten Samen von Bäumen, z.B. Papaya, Durian und Brotfrucht.

Ebenso vielfältig wie die Pflanzenwelt ist auch die **Tierwelt** des Regenwaldes. Auch hier gilt das Prinzip des großen Artenreichtums und der geringen Individuenzahl. Das Beobachten von Tieren ist sehr schwer, da ein großer Teil von ihnen in den höheren Baumregionen lebt, ein anderer Teil nachtaktiv ist, und nur ein geringer Prozentsatz der Tiere tagaktiv und bodenbewohnend ist. Die Tiere, die man am häufigsten sieht und hört, sind Insekten. Ansonsten hört man ständig Vögel, Affen und Frösche. Im dichten Blätterdach der Bäume nehmen sie über Schreie Kontakt zu ihren Artgenossen auf. Ein großer Teil der Tiere ist auffällig gefärbt, um im einheitlichen Grün für ihresgleichen sichtbar zu sein, andere weisen leuchtende Farben auf, um auf ihre (angebliche) Giftigkeit hinzuweisen.

Tiere, die auf Bäumen leben, zeigen z.T. überraschende Anpassungen, wie die Gleitflughäute, die sich bei einer Baumschlangenart (der Schmuckbaumnatter, Chrysopelea), einer Froschart (Rhacophorus nigropalmatus) und einer Echsenart, dem Flugdrachen (Draco volans) Borneos ausgebildet haben. Affen haben überlange Arme entwickelt, um perfekt zum Hangeln und Schwingen ausgerüstet zu sein (Gibbon und Orang Utan). Viele Tiere haben eine Funktion bei der Verbreitung der Baumsamen. Hier stehen Vögel und Fledermäuse an erster Stelle, aber auch Säugetiere fressen die schmackhaften Früchte, die in ihrem Inneren den Samen enthalten, der erst nach dem Passieren des Verdauungstraktes eines Tieres keimfähig ist. Die bereits angesprochene Rafflesia arnoldii riecht stark faulig und lockt mit diesem Geruch Fliegen an, die sie zur Bestäubung braucht.

▷ Die letzten Wälder Malaysias sind akut gefährdet

Der tropische Regenwald und die Holzwirtschaft

Die entlang des Äquators gelegenen Regenwälder bedecken heute noch ca. 7 % der Erdoberfläche. In diesem vergleichbar kleinen Raum leben aber ungefähr 40 % aller Pflanzen und Tiere der Erde (man schätzt ca. 5 Millionen Arten). Dieser unheimliche **Artenreichtum** lässt sich an Beispielen verdeutlichen:

In Indonesien leben ca. 18 % aller Vögel der Erde. Ein Viertel dieser Vögel lebt ausschließlich (!) hier.

Ein Vulkan der Philippinen (der Makiliang) beherbergt mehr Pflanzenarten, als in den gesamten USA beheimatet sind.

In Großbritannien wachsen 1400 Pflanzenarten. Auf Neukaledonien, einer Pazifikinsel, die 20 mal kleiner als England ist, gibt es 3000 Pflanzenarten, von denen die meisten nur hier vorkommen.

Alle Regenwälder der Erde sind massiv von der Zerstörung bedroht. Internationale Schutzorganisationen haben errechnet, dass dieser Vegetationstyp, den es seit 60 Millionen Jahren gibt, bis zum Jahre 2050 verschwunden sein wird, wenn die derzeitige Zerstörung anhält. Südostasiens Regenwälder werden bereits in 20 Jahren verschwunden sein.

Die Zerstörung der Regenwälder lässt sich im Wesentlichen auf die Brandrodung, den Holzeinschlag und (hauptsächlich in Südamerika) die intensive Viehzucht zurückführen. Die Brandrodung ist eine uralte Tradition der Bauern. Eine begrenzte Waldfläche wurde abgebrannt, um auf dem freien Boden Kulturpflanzen anbauen zu können. Wenn die dünne Humusschicht von den schweren Regenfällen abgetragen war, wurde ein neues Stück Land gerodet. Die alte Fläche konnte sich wieder erholen, Wald konnte nachwachsen. Heute ist diese Erholungsphase nicht mehr gege-

ben, weil durch die Überbevölkerung (gerade in diesen Gebieten) immer mehr Land benötigt wird. Der Holzeinschlag multinationaler Konzerne ist ein weiterer Punkt in der Zerstörungsbilanz. Tropenhölzer haben einen großen Prestige- und Nutzwert. Sie werden für Möbel, Särge, Fenster und Türen, Frühstücksbrettchen aber auch Papier und Pappe verwendet. Japanische und amerikanische Firmen sind in ganz Asien damit beschäftigt, Bäume zu fällen und anschließend in Maschinen zu Holzschnitzeln zu raspeln, die später in Form von Toilettenpapier in den westlichen Ländern auf den Markt kommen. Der Holzeinschlag ist aber mittlerweile nicht mehr so lohnend, weil die Preise auf dem Markt fallen. Statt dann die Rodung einzustellen, wird aber noch mehr gefällt, um durch die Masse den Profit zu erwirtschaften. Schlimm ist auch die Art, wie gefällt wird. Die Methode besteht darin, die nutzbaren Stämme mit dem Hubschrauber ausfindig zu machen, und dann mit schweren Maschinen oft kilometerlange Schneisen in den Wald zu fahren, um einen bestimmten Baum zu bekommen. Für einen Baum wird so eine unvorstellbare Menge an Pflanzen zerstört.

Auch die Entwicklungshilfe geht in die Zerstörungsstatistik mit ein. Internationale Organisationen planen und bauen verschiedene Staudämme in Sarawak an den Flüssen im Landesinnern. Sie sollen Sarawak und (über eine Stromleitung unter dem Meer) auch die West-Malaysia mit Strom versorgen. Dazu werden dann riesige Gebiete überflutet und zerstört. Ein solches Projekt ist z.B. das Bahu-Projekt und der Batung-Ai-Stausee.

Das Verschwinden der Regenwälder ist aber nicht nur bedauerlich für die betroffenen Gebiete selbst, sondern hat auch globale Auswirkungen. Das **Klima** wird sich auf der ganzen Erde ändern, der Wasserhaushalt wird gestört, da in diesen regenreichsten Gebieten das Wasser wegen des Mangels an Pflanzen oberirdisch abfließt und damit verlorengeht. Andere Folgen sind das Verschwinden von wild wachsenden Pflanzen, die vielleicht noch genutzt werden könnten, denn sehr viele Medikamente werden z.B. aus Bestandteilen von tropischen Pflanzen hergestellt (Mittel gegen Diabetes, Leukämie, Malaria, Ruhr etc.). Aus einer tropischen Knollenpflanze wurde vor ca. 40 Jahren Progesteron gewonnen. Dieser Wirkstoff ermöglichte die Entwicklung der „Pille". Andere tropische Pflanzen bildeten das Ausgangsmaterial für unsere Kulturpflanzen, auf denen die Welternährung beruht. Diese Pflanzen könnten durch Kreuzungen mit Wildformen noch bessere Erträge erbringen; z.B. bringt Zuckerrohr doppelte Erträge nach Kreuzung mit Wildformen (ähnliches gilt für Nutztiere). Dieses „genetische Reservoir" geht aber mit der Zerstörung der Regenwälder unweigerlich verloren. Viele weitere Nutzungsmöglichkeiten tropischer Pflanzen werden wohl nie erkannt werden, weil die Pflanzen u.U. schon vor ihrer Entdeckung verschwinden. Auch die industrielle Nutzung von Regenwaldpflanzen ist denkbar, nachdem in Südamerika ein Baum entdeckt wurde, dessen Saft zum Antreiben von Dieselmotoren geeignet ist.

Die Notwendigkeit zum Erhalt der Regenwälder bekommt aber gerade in den Industrieländern immer neuen Nachdruck, der sich auch in Malaysia zeigt. So arbeitet beispielsweise die GTZ (Gesellschaft für technische Zusammenarbeit) der Bundesrepublik nicht mehr nur an Großprojekten (Staudammbauten), sondern an vielen Projekten für nachhaltige Forstwirtschaft. Einhellig ist die Meinung, dass der Wald nur dauerhaft geschützt werden kann, wenn er zumindest in Teilen auch genutzt wird, denn Regierungen vorzuschreiben, auf ihre natürlichen Ressourcen verzichten zu müssen, ist einerseits recht überheblich, zum anderen schlechterdings unmöglich. Nachhaltige Forstwirtschaft, schonende Nutzung, Aufforstung und Verzicht auf großflächige Abholzung sind die derzeit gängigen Stichworte. konkret bedeutet dies, dass in bestimmten Gebieten mit Hilfe von Seilzügen, d.h. weitgehend ohne schweres Gerät, einzelne Bäume gefällt werden, danach Aufforstungen einsetzen und dann das Gebiet sich selbst überlassen wird. Andernorts wird ausschließlich mit schnell wachsenden Arten gearbeitet (Prinzip „Plantage"), intakte Regenwaldgebiete können so geschont werden. Um den Verdienstausfällen während der Ruhephasen entgegenzutreten, überlegt man, bestimmte Gebiete durch eine Art „Kurtaxe" von Touristen unter dem Aspekt Ökotourismus finanziell zu fördern.

Bleibt die Hoffnung auf ein Gelingen der Bemühungen, denn ein Scheitern würde neben der Abholzung auch das rücksichtslose Abgraben der vermuteten Bodenschätze (z.B. in Sabah) bedeuten.

Brandrodung außer Kontrolle – Smogkatastrophe in Südostasien

Herbst 1997: 1,7 Millionen Hektar Land stehen in Indonesien in Flammen und schicken dicken, beißenden Rauch in die Luft. Eine gigantische Rauchwolke verdunkelt ganze Landstriche. Tageweise ist es von Penang bis nach Singapur und im Osten fast bis zu den Philippinen dunkel. Am 23. Oktober liegt die Sicht am Changi Airport in Singapur bei 700 m.

Dicke Rauchwolken verhüllen auch die Wolkenkratzer Kuala Lumpurs, selbst starker Wind an der Küste vermag es nicht, die Schwaden zu vertreiben. Hotels auf Langkawi sind seit September fast unbelegt. Atemschutzmasken und feuchte Taschentücher sollen die Bewohner vor den schlimmsten Auswirkungen des Smogs bewahren.

Rechnet man die API-Werte *(Air Pollutant Index)* in gerauchte Zigaretten um, so entsprechen Werte zwischen 200 und 300 API demnach 20 Zigaretten pro Tag – die Luft in Kuching entspricht zu dieser Zeit einem täglichen Konsum von 70 Zigaretten!

Und die Katastrophe hat weitere Folgen: Wegen ausbleibender Regenfälle und der verdunkelten Sonne wachsen Nutzpflanzen schlechter und das Trinkwasser wird knapp. Aus Irian Jaya wird von verhungerten Kindern berichtet, auf Sumatra und in Kalimantan kommt es zu direkter Konkurrenz zwischen Mensch und Tier um Wasser- und Nahrungsressourcen. Am 31.10. erfährt man von 138 Orang Utans, die mit Kettensägen geschlachtet wurden, weil sie aus Atemnot den Wald verließen und in Dörfer eindrangen.

Der *WWF International* gab schon Anfang Oktober Zahlen zum Verlust von Arten in der Region heraus. 30 Orang Utans waren zu diesem Zeitpunkt bereits in Kalimantan aufgrund des Feuers gestorben. Andere Arten wie z.B. das Java-Nashorn, der Malaienbär und der Asiatische Elefant werden folgen.

Doch das Problem ist wahrscheinlich noch größer. Ein Fünftel der kostbaren in Biomasse gespeicherten Kohlenstoffverbindungen der Welt befindet sich in Indonesien. Sollte das Feuer weiter wüten, würden nach einem halben Jahr bereits eine Milliarde Tonnen Kohlenstoff – auch **„Treibhausgase"** genannt – in die Atmosphäre gelangen. Da ganz Europa pro Jahr nicht mehr als 900 Millionen Tonnen ausstößt, sprechen Wissenschaftler der Universität Oxford auch schon von der größten Katastrophe der letzten 100 Jahre – wenn nicht gar eines längeren Zeitraums.

Zurück zu Malaysia: Neben den Einbußen im Fremdenverkehr und den befürchteten Verlusten an Pflanzen- und Tierarten, von den Atemwegsbeschwerden der Bevölkerung ganz zu schweigen, werden zudem gravierende Einbußen bei landwirtschaftlichen Erträgen erwartet, denn ernst zu nehmende Regenfälle wird es wohl erst im Dezember geben. Trotzdem brennt es stellenweise auch hier. Zuckerfabriken verbrennen alte Felder, um neu pflanzen zu können. Der WWF Malaysia fordert die sofortige Beendigung dieser Rodungsmaßnahmen und strikte Kontrollen und Auflagen für die Zukunft.

Trotz all dieser Horrormeldungen gibt es wenigstens zum Thema Artenschutz in Malaysia auch noch etwas Positives. Das Smithsonian Institute in Washington hat dort ein Programm gestartet, um Elefanten besser zu schützen. Etliche Tiere werden in den Taman Negara umgesiedelt und mit Transmittern ausgerüstet, damit ihre Wanderungen über Satellit verfolgt werden können.

LAND UND NATUR OST-MALAYSIA

Klima

Sabah und Sarawak gehören zu den tropischen Gebieten. Das Klima zeichnet sich durch Gleichmäßigkeit während des ganzen Jahres aus. Die Temperaturen schwanken im Tagesgang zwischen 22 °C und 32 °C. Eine Abkühlung erfolgt nach Regenschauern, die jedoch auch für eine Luftfeuchtigkeit um 80 % sorgen. Im Gebirge, speziell im Kinabalu-Park, liegen die Temperaturen erheblich niedriger. Sie können am Mount Kinabalu nachts sogar die Gefrierpunktgrenze erreichen.

Jahreszeiten im europäischen Sinn findet man hier nicht. Den einzigen Einschnitt bringt in **Sarawak** der Nordostmonsun mit seinen heftigen Regenfällen zwischen Oktober und Februar. Die jährliche Niederschlagsmenge schwankt zwischen 300 und 500 cm.

Sabah liegt im Bereich unterschiedlicher Trocken- bzw. Regenzeiten (bewirkt durch die Gebirge). Im **Norden** beginnt die Trockenzeit im Dezember. Sie dauert etwa bis Mai. Im Oktober sind die stärksten Regenfälle zu verzeichnen. Im **Süden** (Sandakan, Lahad Datu, Tawau) dauert die Trockenzeit von März bis September. Die anschließende Regenzeit bringt die stärksten Regenfälle im Januar. Auch während der Trockenzeiten gibt es häufig Regen.

Durch die unterschiedlichen Regenzeiten in Sabah gelingt es selten, überall außerhalb der Regenperiode reisen zu können. Da eine Reise nach Sabah aber fast immer mit der Besteigung des Mount Kinabalu verbunden ist, empfehlen wir die Monate **Februar bis April.** Der nördlich gelegene Berg kann dann bei relativ trockenem Wetter bestiegen werden. Eine Weiterreise in den Süden fällt mit dem Ende der Regenzeit dort zusammen, sodass man auch hier gut Reisen kann.

Eine Empfehlung der Reisezeit ist für Sarawak kompliziert. In unseren Sommermonaten, von Juni bis Anfang September, kann man mit relativ geringen Regenfällen rechnen. Das ist einerseits günstig, da längere Regenfälle so manche Tour vereiteln, andererseits verlieren viele Flüsse des Landes den optimalen Wasserstand, der zum Befahren wichtig ist. Eingeschränkte Transportmöglichkeiten und Unerreichbarkeit einiger Landesteile sind die Folge. Eine ausgewogene Situation zwischen der Menge der Regenfälle und dem Wasserstand findet man zum Ende der Regenzeit. Wer Touren im Landesinneren plant, sollte in den Monaten März bis Juni reisen.

In den letzten Jahren haben die globalen Klimaverschiebungen allerdings zu nicht berechenbaren Veränderungen in der Abfolge der Trocken- und Regenzeiten geführt. Deshalb ist es möglich, dass heftige Regenfälle auch während der eigentlichen Trockenperioden niedergehen bzw. Regenfälle während der Regenzeiten ausbleiben oder zu schwach sind. Am 26.12.1996 wütete in dieser Region ein Taifun, der viele Menschenleben kostete, weil diese Winde hier sonst nicht vorkommen und man nicht vorbereitet war.

Die Naturkatastrophen 2004/2005 ließen Ost-Malaysia zwar weitgehend verschont, so ganz ohne Schaden kam die Region aber dennoch nicht davon. Der **Tsunami** vom Dezember 2004 hatte allenfalls politisch-wirtschaftliche Auswirkungen auf Sarawak und Sabah. Anders sah dies mit den **Taifunen** bei den Philippinen und in Japan aus. Diese Wirbelstürme beeinflussten Mitte 2005 das Wetter auf Borneo erheblich. Lang anhaltende Regenfälle, raue See und niedrig hängende Wolken ließen die Reiseplanung schwierig werden. So muss man also in den Zeiten zunehmend unberechenbarer Wetterbedingungen zu fast jeder Jahreszeit mit fast allen Situationen rechnen. Am besten sollte man die Reise-

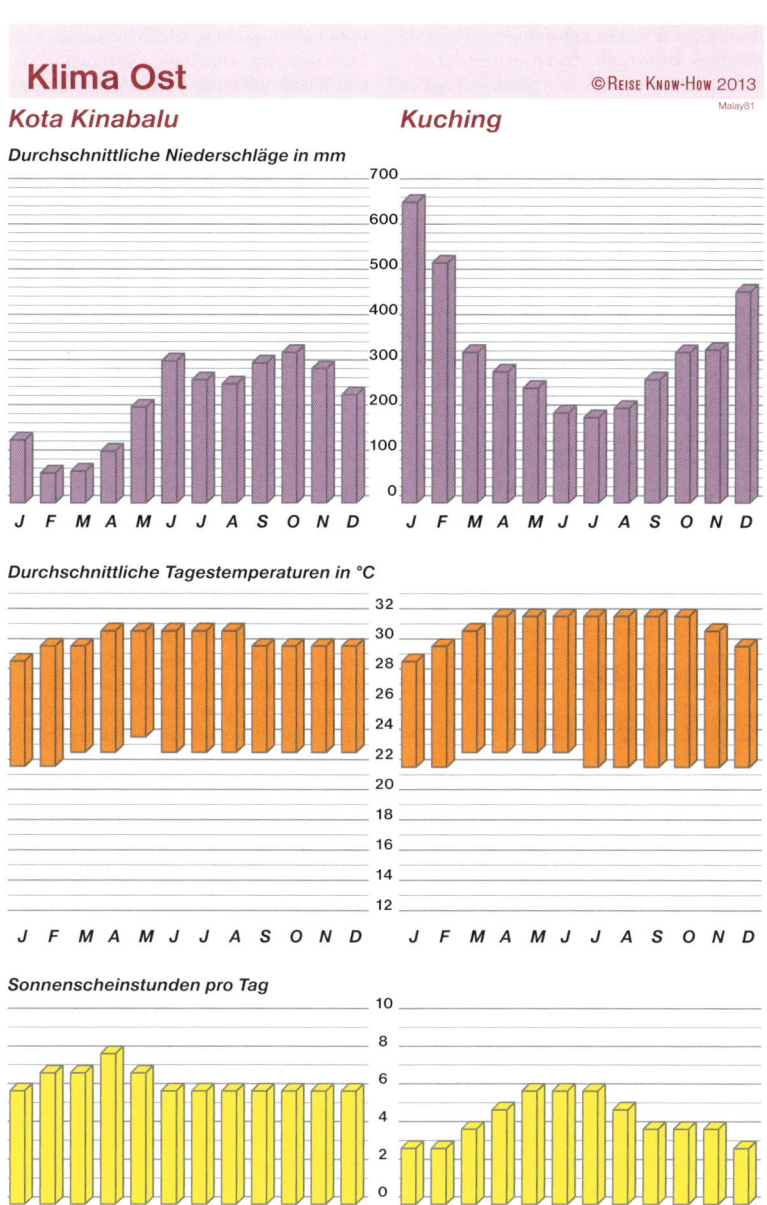

route nicht zu fest kalkulieren, um sich so auf mögliche klimatische Eskapaden besser einstellen zu können. In den letzten Jahren ist Ost-Malaysia von den Auswirkungen von Naturkatastrophen verschont geblieben, wenngleich sich auch hier bis 2012 deutlich heißere Sommer zeigten und die Zahl von Regenfällen in den Sommermonaten abgenommen hat.

Wer beide Staaten Ost-Malaysias bereisen möchte, stellt sich sicherlich die Frage, ob er erst Sarawak bereist und dann Sabah oder umgekehrt. Aufgrund der unterschiedlichen Regenzeiten betrachten wir es als günstig, Mitte bis Ende Februar zunächst nach Sabah zu reisen. Man kann dann in Sabah relativ trockene Monate erwarten. Danach, also gegen Ende März, reist man weiter nach Sarawak.

Ein weiterer Vorteil dieser Reiseroute liegt darin, dass man überzähliges Gepäck, das für den Berg notwendig ist (Pullover, Jacke, Wanderschuhe), nicht weiter herumzuschleppen braucht. Man kann es entweder verschenken oder zurückschicken.

Pflanzen- und Tierwelt

Mit dem Namen **Borneo,** der die gesamte Insel bezeichnet, verbindet sich auch heute noch der Begriff des undurchdringlichen Dschungels. Diese Vegetationsform nennt man im wissenschaftlichen Sprachgebrauch **Tropischer Regenwald.** Dieser Waldtyp zeichnet sich durch hohe Niederschlagsmengen, damit verbundene hohe Luftfeuchtigkeit, ganzjährig konstante Temperaturen zwischen 24 °C und 28 °C und großen Artenreichtum in der Pflanzen- und Tierwelt aus.

Die ursprüngliche Vegetation Ost-Malaysias war überwiegend Tropischer Regenwald (s. Exkurs im West-Malaysia-Teil). Diese interessante Vegetationsform wird in den letzten Jahren leider immer mehr dezimiert, zum einen zwecks Holzgewinnung, zum anderen durch Urbanisierung. In Ost-Malaysia werden viele Plantagen (für Kautschuk, Ölpalmen, Bananen, Kakao und Pfeffer) angelegt.

Wer echten Dschungel erleben will, muss mittlerweile sehr tief ins Landesinnere eindringen oder mit den Nationalparks vorlieb nehmen. In ihnen findet man z.T. unberührten Dschungel mit vielen Pflanzen wie die Rafflesia (ein Parasit mit der größten Blüte, bis 1 m Durchmesser), Brettwurzelbäume, Würgefeigen, Fleisch fressende Kannenpflanzen und Mangroven.

Durch die Vernichtung der Regenwälder geht natürlich auch die **Tierwelt** dieser Gebiete zugrunde. Viele typische Tiere sieht man gar nicht mehr oder nur noch in den Parks. Aber auch die sollte man sich nicht als große Zoos vorstellen, in denen man nur ein paar Meter zu gehen braucht, um Tiere zu sehen. Vielmehr muss man zur Tierbeobachtung unendliche Geduld aufbringen können und einiges über das Verhalten der zu beobachtenden Tierart wissen.

Viele der Tiere wird man aber nicht nur wegen ihrer Lebensweise selten oder gar nicht sehen, sondern eher, weil sie durch den Menschen vertrieben wurden und fast ausgestorben sind. **Orang Utans** oder **Nasenaffen** sieht man praktisch nur noch in Reservaten (z.B. in Sepilok/Sabah, im Bako Park/Sarawak oder wenig erschlossenen Gebieten wie Melian Basin/Sabah). Auch die **Nashornvögel,** Sarawaks Wahrzeichen, gibt es immer seltener. Ursprünglich wurden viele dieser Tiere aus den unterschiedlichsten Gründen gejagt. Heute sind viele Arten geschützt, aber durch die Zerstörung ihres Lebensraumes gehen auch sie zugrunde.

Zu den häufigeren Tieren der Region gehören **Bengalen- und Bindenwaran, Javaner- und Schweinsaffe,** der **Wasserbüffel** oder **Kerabau** und verschiedene **Hörnchenarten.**

▷ Blütenstand einer Kannenpflanze

DIE MENSCHEN UND IHRE KULTUR

Bevölkerung

Malaysia hat rund 29 Mio. Einwohner. Offiziell unterscheidet man zwischen Bumiputras („Söhne der Erde") und eingewanderten Bevölkerungsgruppen. **Bumis**, wie die Bumiputras oft verkürzt genannt werden, sind alle Bevölkerungsgruppen, die nicht erst während oder nach der Kolonialzeit eingewandert sind, wie Chinesen und Inder.

Die Malaien

Die Malaien sind das eigentliche Staatsvolk. Nach ihnen ist das Land benannt, sie stellen die größte Bevölkerungsgruppe. Ihre Haut ist braun, wenn hell, dann milchkaffeebraun, das Gesicht südostasiatisch, mit großen Augen ohne Mongolenfalte, das Haar schwarz, die Männer haben leichten Bartwuchs.

Rund 61 % der 28 Mio. Einwohner Malaysias sind Malaien. Auf der Halbinsel ist ihr Anteil größer als in Sabah und Sarawak.

Die Regierung unterteilt aber nicht nach Malaien und anderen, sondern nach *Bumis* und Nicht-*Bumis*. Die *Bumis*, zu denen die eigentlichen Ureinwohner *Orang Asli*, zugewanderte Indonesier aus Sumatra, aber auch die nicht-malaiischen einheimischen Völker Sabahs und Sarawaks (siehe dort) zählen, bilden gegenüber den Chinesen (ca. 30 %) und Indern (ca. 8 %) die Mehrheit.

Die Kultur der Malaien ist geprägt von *Adat* (traditionellen Bräuchen) und insbesondere durch den **Islam**. Heute ist es in Malaysia quasi ein „rassisches Merkmal" der Malaien, dass sie moslemisch sind. Das hat natürlich rein politische Gründe. Früher waren die Malaien Hindus und Buddhisten. Der hinduistische Einfluss ist u.a. in den Hochzeitsbräuchen (siehe Exkurs „König und Königin für einen Tag") und im indischen Begriff „bumiputera" noch lebendig. Bedeutender war jedoch der Einfluss des Islam in den vergangenen Jahrhunderten, der den Alltag des Volkes bis ins Kleinste prägt.

Die Orang Asli

Die Orang Asli (Ureinwohner, wörtlich: „ursprüngliche Menschen") machen mit etwa 60.000 Menschen nur einen geringen Anteil der Bevölkerung West-Malaysias (Bevölkerungsgruppen in Ost-Malaysia siehe: „Sarawak und Sabah") aus und setzen sich wiederum aus drei Untergruppen zusammen. Die älteste sind die nomadisierenden *Semang* bzw. **Negritos** (so genannt wegen ihres Aussehens). Sie gehören zur melanesoid-negriden Rasse und leben auch auf den Andamanen, in den Rückzugsgebieten Süd-Thailands, der Philippinen und Indonesiens, ferner auf Neuguinea. Von ihnen gibt es in Malaysia nur ca. 2000.

Die Negritos gliedern sich in sechs sprachlich bedingte Untergruppen. Sie leben im Innern der Regionen Perak, Kelantan, Terengganu und Pahang.

Wie der Name sagt, sind sie kleinwüchsig (daher: *Negrito* = Negerlein), dunkelhäutig und haben andere negroide Merkmale, wie etwa krauses Haar. Wie lange sie auf der Halbinsel ansässig sind, ist nicht bekannt, auf jeden Fall seit mehreren tausend Jahren, vermutlich seit der Steinzeit. Sie leben zurückgezogen im Tieflanddschungel oder in Sumpfgebieten, in der Nähe von Gebirgen in Höhenlagen von nicht mehr als 300–600 Metern. Am Tembeling-Fluss gegenüber dem Taman Negara flussaufwärts von Kuala Tahan leben sie vorübergehend (der Touristen wegen) in behelfsmäßig errichteten Hütten (s. Kap.: „Taman Negara").

Die größte Gruppe der Orang Asli sind die hellhäutigeren **Senoi**, unter denen die *Semai* und *Temiar* wiederum die größte Gruppe bilden. Die *Senoi,* zu denen rund 45.000 Menschen gehören, sind wohl nach den *Negritos* eingewandert. Viele Gemeinschaften leben heute am Rande von Dschungelgebieten. Die *Senoi* sind sesshaft, ursprünglich betrieben sie überwiegend Brandrodungsackerbau, heute leben sie nicht selten wie jeder Kleinbauer auf der Halbinsel: Kleine Kautschukplantagen, Tapioka (als stärkereiches, aber nährstoffarmes Hauptnahrungsmittel), Bananen, ein paar Durianbäume, usw. Manche leben in Reservaten in von der Regierung erstellten Siedlungen und bearbeiten zugewiesenes Land. Die Regierung möchte sie zum Islam bekehren. Moslem zu sein, ist fast wesentlicher für die Zugehörigkeit zur bevorzugten Bumiputra-Gruppe als die ethnische Zugehörigkeit.

Den eigentlich animistischen Orang Asli liegt der Islam allerdings nicht sehr: Schließlich lieben sie ihr Wildschwein und anderes vom Islam verbotenes Getier, das ihnen im Dschungel vor die Blasrohre kommt. Die früher aktive christliche Missionsarbeit ist inzwischen verboten. Nur noch islamische Missionare dürfen sich den Dörfern offiziell nähern. Wie sagte doch ein früherer Leiter des Orang-Asli-Forschungsinstituts: „Wir haben früher Fehler gemacht, als wir die Leute aus dem Wald geholt haben. Heute bauen wir Straßen zu ihnen, dann kommen die Missionare, Schulen und sonstige Errungenschaften der Zivilisation ..." Zuvor hatte er bemerkt, dass man ihnen in ihre Eigenart und kulturelle Unabhängigkeit lassen wolle.

Die dritte offizielle Gruppe der Orang Asli sind die **Proto-Malaien**, die vor den eigentlichen Malaien auf der Halbinsel eintrafen und heute vor allem in deren Südteil leben. Ihre Gesamtzahl liegt bei rund 35.000.

Zur **Bevölkerung Ostmalaysias** siehe im Abschnitt Sarawak das Kapitel: „Die Bevölkerung" und den Exkurs „Die Völker Sabahs".

Die Nicht-Bumis

Um den Bumiputra-Status innehaben zu dürfen, bedarf es zweierlei: Man muss Moslem sein und die malaiische Kultur annehmen. Auf der Halbinsel haben deshalb in den letzten Jahrzehnten eingewanderte Indonesier aus Sumatra, die mit den Malaien ethnisch sehr verwandt sind, längst den begehrten Bumi-Status, während den seit Jahrhunderten auf der Halbinsel lebenden chinesischen Familien dieser für immer verwehrt bleibt, es sei denn, sie treten zum Islam über.

Die **Chinesen** kamen schon vor fast zweitausend Jahren auf die Halbinsel, um Handel zu treiben. Die Tatsache, dass der Kaiser von China *Parameswara* zum König von Melaka ernannte, beweist, dass damals enge Beziehungen zwischen der Halbinsel und China be-

König und Königin für einen Tag

(Raja Sehari)

Ein Überbleibsel aus hinduistischen Tagen ist die malaiische Sitte, dass das Brautpaar den ersten offiziellen Tag der Ehe wie ein Königspaar verbringen sollte. Da dieser Tag für beide in gewisser Weise der wichtigste Tag ihres Lebens ist, soll er gebührend gefeiert werden. Das kostet Geld, und viele junge Paare sind längst verheiratet, ehe sie sich das Zeremoniell leisten können. Aber nicht nur Hindu-Elemente prägen das Ereignis, die Einflüsse des Islam sind ebenso erkennbar wie die der ursprünglichen animistischen Religion, die ja immer noch weiterlebt. Denn an gute und böse Geister glauben die Menschen auch heute noch.

Vor dem offiziellen Hochzeitstag wird das Paar symbolisch gereinigt: Drei Tage vor dem Ereignis werden der Braut die Haare auf bestimmte Weise geschnitten und frisiert sowie die Zähne gefeilt (dies dient dem Austreiben dort möglicherweise sitzender Geister), einen Tag später werden ihr die Fingernägel mit Henna gefärbt, am nächsten Tag nimmt auch der Bräutigam an der gemeinsamen Färbe-Zeremonie teil. Danach sind beide gereinigt, sie duften, ihr Blut ist „süß".
Der Hochzeitstag heißt *Bersanding*. Der wie ein Sultan gekleidete Bräutigam (mit Kris im Brokatsarong als Zeichen seiner Würde) kommt ins Haus der Braut und wird am Treppenaufgang

www.fotolia.de ©Stanley Hong

bzw. Eingang mit Safranreis und Rosenwasser willkommen geheißen. Dann nimmt er im zum Thronsaal umfunktionierten Wohnzimmer auf seinem Thron zur rechten der Braut Platz, und beide halten auf diese Weise Hof. Später folgt das Hochzeitsmahl, bei dem es malaiische Gerichte wie Curry- Huhn und gebratene Hühnerteile, Ziegenfleisch, Fisch und das in Kokosmilch gekochte Rendang-Rindfleisch ohne Besteck zu essen gibt. Meist gibt es Rosenwasser zu trinken. Das Brautpaar sitzt an einem besonders dekorierten Tisch. Die Braut muss ihren Mann füttern – sehr zur Belustigung der Gäste. Nach dem Essen halten die beiden nochmals Hof, wenn es die Gäste wünschen, oder lassen sich auf dem Bett sitzend fotografieren. Die meisten Gäste kommen nur zum Essen und sehen sich den „Thronsaal" mit dem „Königspaar für einen Tag" an.

Einen Tag nach der *Bersanding* erfolgt als Abschluss der Hochzeitsfeier das gemeinsame Bad in Limonenwasser, meist vor dem Haus. Mit dem Badewasser werden anschließend die Zuschauer bespritzt – als Spaß und zum Segnen.

Um die Hochzeitsfeier herum gibt es eine Reihe von regional verschiedenen Bräuchen. Gäste sind am Hochzeitstag in großer Zahl willkommen. Sollte man zufällig zur Stelle sein, wenn irgendwo eine Hochzeitsfeier stattfindet, darf man damit rechnen, eingeladen zu werden. Fremde Gäste erhöhen das Prestige des Brautpaares. Man verschenke dann etwas Geld in einem Umschlag an die Verwandten, die einen willkommen heißen. Wenn man nun aber wirklich zufällig hereinschneit und nichts dabei hat, macht das auch nichts. Hauptsache, man trägt zur guten Stimmung bei.

◁ Hochzeitssegen

standen. Seit dieser Zeit leben auch Chinesen in Melaka *(Baba-Nyonya)*, die sich mit den Malaien vermischten, aber viele chinesische Kultureinflüsse beibehielten.

Im 19. Jahrhundert folgte, begünstigt durch die Briten, ein massiver Zuzug von Chinesen in die Zinnminen. Ab 1931 wurde die Zuwanderung gebremst und kam während der japanischen Besatzung ganz zum Erliegen. Die Chinesen (rund 6 Millionen) stammen zumeist aus Südchina und gehören überwiegend zur *kantonesischen*, *Hokkien*- und *Hakka*-Bevölkerungsgruppe.

Die **Inder** machen rund 10 % der Bevölkerung West-Malaysias aus. Sie kamen zumeist erst im 20. Jahrhundert, um in den Tee- und später in den Gummi- und Ölpalmenplantagen zu arbeiten. Die stärksten Gruppen sind die *Tamilen*, *Sikhs* und *Malayalee*.

Soziale Strukturen

Malaien

Das soziale Leben der Malaien wird durch den Islam und die überlieferten **Gebräuche und Sitten** *(Adat)* geregelt. Es gibt mehrere Formen von **Adat**:

■ *Adat Temenggong* – vaterrechtliche Organisation (die in Malaysia übliche)
■ *Adat Perpateh* – mutterrechtliche Organisation (in Negeri Sembilan und Teilen Melakas: *Minangkabau*)
■ Sitten und Traditionen sind geregelt im *Adat Istiadat di Raja* (Sitten und Gebräuche bei Hof)
■ *Adat Resam:* Sitten und Gebräuche anlässlich bestimmter Lebensabschnitte: Geburt, Hochzeit, Tod ... Erwartet wird von Malaien Respekt und Höflichkeit gegenüber den Eltern und Älteren überhaupt, guter Nachbarschaftsgeist, Selbsthilfe im Dorf, Aufrechterhaltung von Harmonie und Ordnung.

Malaien sind sehr gemeinschaftsorientiert. Der **Kampong** (das Dorf) ist die wichtigste soziale Einheit, mit dem *Ketua Kampong* bzw. *Penghulu* an der Spitze. Malaien sind im Allgemeinen nicht wohlhabend, aber ihnen liegt auch nicht viel daran.

Allerdings lieben sie **Status und Ansehen**. Wenn man die Vorliebe für Titel und Auszeichnungen in Malaysia sieht – und es sind durchweg malaiische Orden, die durch die jeweiligen Sultane vergeben werden –, dann darf Eitelkeit neben Genügsamkeit, Fleiß und sozialer Verantwortung mit zu den charakteristischen Persönlichkeitsmerkmalen vor allem männlicher Malaien gezählt werden. Malaien arbeiten nicht gern für andere (außerhalb der Familie und dem Kampung). Deshalb holten die Engländer die Inder ins Land, und deshalb hapert es auch mit den touristischen Einrichtungen, die in staatlicher Hand sind.

Malaien lieben **Kinder**. Väter geben sich mit Babys genauso gern ab wie Mütter. Küsse, mit denen die Kinder reichlich bedacht werden, sind wie in Thailand Riechküsse. Kinder wachsen frei auf, körperliche Strafen sind verpönt; Vorbildfunktion der Älteren und Lob sind die bevorzugten Erziehungsmittel.

Die Gesellschaft ist stark von Geschlechterrollen geprägt. **Frauen** sind trotz des Islam wenig unterdrückt; besonders an der Ostküste fällt ihr selbstbewusstes Auftreten auf. Sie beherrschen auch die Märkte, was in einer ländlichen Gesellschaft viel bedeutet.

Malaien legen auf **Höflichkeit** großen Wert. In der Sprache kommt das besonders stark zum Ausdruck, aber natürlich auch in alltäglichen Handlungen, wie z.B. bei der Begrüßung: Männer dürfen Frauen nicht anfassen, sonst müssen sie sich vor dem Gebet umständlich reinigen. Heute, vor allem in den Städten, wird das jedoch nicht mehr so streng gesehen. Touristinnen sollten aber dennoch malaiischen Männern am besten nicht die Hand entgegenstrecken, wie es sonst üblich ist. Es könnte ja sein, dass der Mann noch oder wieder traditionell eingestellt ist.

Üblicherweise streckt der Mann dem andern beide Hände entgegen, der berührt sie leicht. Dann führen beide ihre Hände zur Brust, was einfach bedeutet: „ich grüße dich/Sie von Herzen".

Frauen führen nach Berührung der Hände diese traditionellerweise zunächst an die Lippen und dann die rechte Hand an die Brust, was bedeutet: „Ich küsse den Gruß, nehme ihn durch meinen Mund an und leite ihn zu meinem Herzen".

Die traditionelle malaiische **Bekleidung** hat immer noch große Bedeutung: Zum Freitagsgebet tragen die Männer auch in den Städten den *Sarong,* den man an der Ostküste oder allgemein auf dem Land immer noch häufig sieht. Kopfbedeckung ist der schwarze *Songkok.* Für festlichere Anlässe trägt der Mann das malaiische Hemd *Baju melayu,* dazu Hose und Ziersarong aus Brokat um die Hüfte geschlungen.

Frauen tragen meist *Baju kurung (kurung* = verhüllen): eine lange, lockere Bluse über einem lan-gen Rock, was sehr elegant aussehen kann: Die Formen werden verdeckt, deuten sich aber auf schickliche Weise an. In Verbindung mit einem Kopftuch bleibt der weibliche Reiz, der nach islamischen Vorschriften eigentlich außerhalb des Hauses verborgen bleiben sollte, erhalten.

Noch deutlicher kommen die Formen mit dem *Baju Kebaya* zur Geltung: eng anliegende Bluse und ebensolcher Sarong. Die Stewardessen von SIA und MAS tragen diese Kombination. Weibliche Reize völlig zu verbergen, ist die Aufgabe des nonnenhaften Schleiers *Tudung,* den viele Schülerinnen und vor allem Studentinnen tragen und noch nicht einmal zum Sport ablegen.

Malaiische **Namen** folgen der islamischen Regel: Eigenname – *bin/binti* (Sohn/Tochter) – Name des Vaters. Das *bin/binti* kann weggelassen werden. Pilger erhalten den Ehrentitel *Haji/Hajjah,* der dem Eigennamen vorangestellt wird. Konvertierte Moslems, deren Eltern (noch) keinen islamischen Namen haben, hängen an ihren Eigennamen entweder *Abdullah* oder *Abdul Rahman* an *(Tunku Abdul Rahman* war „Adoptivvater" von Konvertiten). Der Eigenname steht also immer vorn. Man spricht also einen *Mohammed Rahman* nicht mit Mr. *Rahman,* sondern mit Mr. *Mohammed* an. Das erklärt, warum man selbst oft mit Vornamen angeredet wird.

Chinesen

Die Vorfahren der malaysischen Chinesen brachten ihre Gebräuche und Sitten aus der Heimat mit. Kantonesen, Hokkien, Hakka, Teochoew *(Siu Chow)* und Hainanesen haben unterschiedliche Traditionen. Viele Gebräuche haben sich generationenlang in Malaysia halten können, aber die „Jugend von heute" hat damit nicht mehr so viel im Sinn. Wenn es gerade modisch ist, schwarz-weiß (die Farben der Trauer) zu tragen, dann tun die Jungen dies auch zum *Chinese New Year,* sehr zum Missvergnügen der Älteren. Auch andere Sitten bröckeln. Unsere Generation folgt einer weltumspannenden Mode: Die *Iban*-Jünglinge im alten Langhaus richten sich bei ihren Vorlieben für Pop-Gruppen genauso danach wie junge *Akha* im „Goldenen Dreieck".

Chinesen in Malaysia sind in erster Linie Ladenbesitzer und Unternehmer. Das städtische Leben wird überall von Chinesen be-

Malaiische Kinder beim Spiel

Zu Gast bei einer chinesischen Feier

Ein vollständiges großes Abendessen sollte 12 **Gänge** umfassen. Als Faustregel gilt ansonsten: Zahl der Personen plus 1–2 Extra-Gerichte, besonders, wenn man nur zu viert isst (siehe auch Kapitel „Essen"). Chinesischer Tee, der ungesüßt getrunken wird, soll schlank halten und den Effekt genossenen Alkohols neutralisieren helfen. Wer ihn nicht mag, sollte dennoch wenigstens zwei Schluck der Höflichkeit zuliebe nehmen. Alkohol wird unter Chinesen zum Essen getrunken, nicht nachher. Außerdem verlassen die Leute meist unmittelbar nach dem letzten Bissen das Lokal.

Die **Sitzordnung** am runden Tisch gibt allen Leuten den gleichen Rang – jedoch nur scheinbar. Natürlich gibt es deutliche Abstufungen: Der Ehrengast bzw. Ranghöchste sitzt mit dem Gesicht zur Tür (Vorsichtsmaßregel aus unruhigeren Zeiten), die Rangniedrigsten bzw. Jüngsten sitzen folglich mit dem Rücken zur Tür. Der Ehrengast sitzt links vom Gastgeber. Frauen sitzen links von den Männern. Man setzt sich nicht einfach an den Tisch, sondern lässt sich den Platz vom Gastgeber zuweisen. Gegessen werden darf, nachdem der Gastgeber das Glas zum **Eröffnungstrunk** (*Yam Seng* = ex!) gehoben und mit den Stäbchen im Anschluss daran eine entsprechende einladende Bewegung gemacht hat. Der Ehrengast bedient sich zuerst.

Gibt es Servierbesteck, bedient man sich damit, ansonsten benutzt man die Stäbchen. Der Gastgeber mag einem vielleicht ab und zu Leckerbissen auf den Teller legen: Das ist ein Zeichen besonderer Ehre. Man kann die Nachbarn auf die gleiche Weise verwöhnen.

Man lässt gern einen kleinen Anstandsrest auf dem Gemeinschaftsteller in der Tischmitte, aber man muss alles essen, was man sich selbst aufgetischt hat. Bekommt man Nachschlag angeboten, darf man anfangs ablehnen (um nicht verfressen zu erscheinen), sollte aber bei wiederholter Aufforderung „nachgeben".

Essen wird praktisch nur mit den **Stäbchen** berührt, außer natürlich Suppe, die mit dem Porzellanlöffel ausgelöffelt wird, und Hühnerteilen, die sich mit der Hand besser essen lassen. Die Stäbchen nie senkrecht in die Reisschüssel stellen (symbolisiert die Räucherkerze für die Ahnen auf dem Hausaltar), sondern immer neben die Schüssel oder den Teller auf die Ablage legen. Es gibt noch mehr Regeln, am besten schaut man sich um, wie es die anderen machen.

Eine gute Gelegenheit für ein festliches Essen sind **Hochzeitsbanketts,** bei denen nicht selten Hunderte von Leuten anwesend sind. Wird man dazu eingeladen, kommt man am besten eine gute halbe Stunde zu spät, man ist dann immer noch früh genug dran. Kleidung ist ziemlich unwichtig – es sei denn, das Lokal ist sehr vornehm. Die Farbe ist hierbei von größerer Bedeutung: kein Schwarz, Weiß, Blau, sondern vorzugsweise Rot, Rosa und Gold. Geschenke sind nicht üblich. Man gibt ein *Ang Pow,* Geld im roten Umschlag. Der Betrag sollte den eigenen Anteil an den Essenskosten decken helfen (also 20–40 RM pro Person; immer einen geraden Betrag schenken).

Außer einigen Reden und etwas Musik geht es bei den Banketts in erster Linie ums Essen, aber die Getränke, meist Brandy, werden nicht minder reichlich serviert. Es gibt viele Gründe für *Yam Seng*. Das Brautpaar geht von Tisch zu Tisch und prostet den Gästen zu. Da muss sich das Paar zurückhalten, oder es kippt auf der eigenen Feier aus den Latschen.

Nach dem Essen verlassen die Gäste schnell den Saal, und die Brautleute ziehen sich ins rosarot-gold drapierte Schlafzimmer zurück. Anders als die malaiische Braut braucht sich die chinesische beim „ersten Mal" keine Zurückhaltung aufzuerlegen. Chinesische junge Leute sind in sexueller Beziehung heute ziemlich frei. Man küsst sich nicht gleich beim ersten Rendezvous, aber junge Leute haben heute mit 16 bis 17 Jahren zumeist erste sexuelle Beziehungen. Da müssten – wie es kantonesische Sitte ist – heute viele Schweine mit abgeschnittenem Ohr oder Schwanz zu den Brauteltern geschickt werden (als mahnendes Zeichen fehlender Jungfernschaft).

stimmt. Für verfeinerte chinesische Kultur ist dabei jedoch wenig Raum. Traditionelle Künste sind in Malaysia wenig gefragt, Geldverdienen steht im Vordergrund. So lautet denn auch der Standardgruß: „Blüht Ihr Geschäft?", worauf man höflich bescheiden antwortet: „Mein Geschäft ist mäßig." Ansonsten ist es üblich zu fragen: „Hast du schon gegessen?" „Ja, danke", lautet die Antwort – selbst wenn es nicht stimmt.

Frauen können Männern die Hand geben, wobei sie die Initiative ergreifen. Die Ranghöheren und Älteren werden zuerst angeredet und vorgestellt, wie bei uns. Männer klopfen einander bei der **Begrüßung** oft auf den Arm.

Die chinesische **Kleidung** ist eher informell. Ältere Frauen tragen gern den *Sam Foo,* die Bluse-Hose-Kombination. Der *Cheongsam* (das Kleid mit dem Schlitz an den Seiten) erfreut sich wieder wachsender Beliebtheit. Ansonsten gehen die jungen Leute gern modisch aktuell gekleidet, wobei natürlich in Malaysia im Grunde nur Sommermode getragen werden kann (es sei denn, man hält sich in stark klimatisierten Räumen auf). In den meisten chinesischen Haushalten ist es Sitte, seine Schuhe vor der Tür auszuziehen.

Mitbringsel sind eigentlich nicht üblich (man will sich ja die Freundschaft nicht erkaufen); später kann man für die Kinder Süßigkeiten, beispielsweise die in Malaysia beliebten Blechdosen mit Schoko-Nüssen, Kekse, Kuchen, aber auch Obst (immer in gerader Zahl) mitbringen. Besser keine Blumen: Die sind eher für Kranke bzw. für Trauerfeiern gedacht und zudem ja nicht essbar. Chinesen sind da eher fürs Praktische.

Geschenke werden nicht in Gegenwart der Überbringer geöffnet (um nicht habgierig zu erscheinen). Es gibt Tabus, was Geschenke betrifft, manche sind ganz offensichtlich, andere weniger:

- keine Uhren (auf Kantonesisch klingt „Uhr" wie „zur Beerdigung gehen")
- keine Figuren von Störchen, denn Reiher, die Störchen ähnlich sehen, symbolisieren den Tod der armen Frau
- keine scharfen Gegenstände wie Messer, Scheren (sie zerschneiden Freundschaften)
- keine Blumen, schon gar nicht in ungerader Zahl
- keine Geschenke in schwarzer, weißer oder blauer Farbe (Trauerfarben), das gilt auch fürs Packpapier
- keine Taschentücher (Symbol der Trauer)

Es wird gern in Lokalen gegessen, was kein Wunder ist bei der mühsamen Vorbereitung. Einladungen zum **Essen** bedeuten also oft Essen außer Haus.

Angesichts des stark ausgeprägten Ahnenkults kommt **Beerdigungen** eine besondere Bedeutung zu. Traditionsgemäß können Eltern ihre Kinder nicht als Ahnen verehren. Wer vor den Eltern stirbt, findet keinen Platz auf ihrem Hausaltar. Wer vor den Eltern stirbt, ohne eigene Kinder zu haben, muss als Kind der Eltern verleugnet werden, oder er irrt als „hungriger Geist" umher. Die Tabus und Gebräuche im Zusammenhang mit einer Beerdigung sind vielfältig.

Was man manchmal sieht, ist eine Prozession oder der schwere Sarg auf dem Leichenwagen, dem eine lautstark agierende Band (zum Geistervertreiben) folgt.

Wer ins Haus eines Verstorbenen eingeladen wird, muss keine besonderen Regeln beachten, außer: Die Kleidung sollte dunkel oder weiß sein, man wird zum Sarg geführt, vor dem man sich dreimal verbeugt. Anschließend gibt es eine Art Leichenschmaus, bei dem man sich über den Verstorbenen unterhält. Als *Ang Pow* gibt man dieses Mal Geld in ungerader Summe (z.B. 10,30 RM). Die Tüte darf nicht rot sein (um kein Unglück auf sich zu ziehen), enge Freunde und Verwandte verwenden weiße oder braune Tüten. Wohlhabende Familien lassen das Geld einer bestimmten wohltätigen Organisation zukommen. Zur Beerdigung darf man Blumen schicken.

Verlässt man das Haus, erhält man zwei Stück roten Faden als Glücksbringer: Man befestigt sie an einem Knopf o.Ä. und wirft sie nach Verlassen des Hauses weg. Erhält man ein *Ang Pow* mit 5 oder 10 Cent (gedacht zum Kauf von Süßigkeiten, um die Trauer „wegzulutschen"), wirft man das Geld fort, wenn man keine Süßigkeiten kauft. Jedenfalls darf das Geld nicht ins eigene Haus mitgenommen werden.

Bei chinesischen **Namen** steht der Familienname als erstes und ist der Klan-Name; von dem Ahnherrn dieses Namens leiten sich alle Namensträger ab. Frauen ändern ihren Namen nach der Hochzeit nicht, denn ihr Urahn ist ja vermutlich ein anderer als der ihres Mannes (manche Gruppen haben ein Tabu, einen Partner mit demselben Familiennamen zu wählen). Der eigentliche Name besteht aus dem mittleren Namen, der oft für alle Kinder eines Geschlechts gleich ist, und schließlich dem persönlichen Eigennamen.

Inder

Wie die Chinesen kamen die Inder aus unterschiedlichen Gegenden nach Malaysia: die Mehrheit bilden die dunkelhäutigen Tamilen, von denen die meisten Hindus sind. Es gibt unter ihnen aber auch zahlreiche Christen. Andere südindische Volksgruppen sind ebenfalls vertreten. So wird außer *Tamil* auch *Malayalam* und *Telugu* gesprochen. *Urdu*, die dem Hindi sehr ähnliche, islamisch geprägte Sprache Pakistans, ist ebenso vertreten wie *Punjabi*, die Sprache der Sikhs, die in Malaysia eigenartigerweise oft Bengalis genannt werden. So kann man schlecht von *den* Indern reden, ebensowenig wie von *den* Chinesen. Auch die Gründe, weshalb die ersten Inder ins Land kamen, sind unterschiedlich. Tamilen kamen als Plantagenarbeiter, Sikhs als Soldaten. Heute sind Inder typischerweise in freien Berufen vertreten, viele sind Ärzte und Anwälte. Man findet sie aber auch in der Eisenbahnverwaltung, in der Armee, bei der Polizei, in den Gewerkschaften und natürlich nach wie vor in den ausgedehnten Gummi- und Palmölplantagen.

Anhand der **Namen** lässt sich herausfinden, welcher Gruppe und damit welcher Religion ein Inder angehört. Muslimische Inder haben muslimisch-arabische Namen wie die Malaien. Sie sind namentlich nicht von den Malaien zu unterscheiden. Christliche Inder haben oft christlich-westliche Vornamen. Ein traditioneller tamilischer Name ist jedoch folgendermaßen zusammengesetzt: Der dem Namen vorangestellte Anfangsbuchstabe steht für den Namen des Vaters. Es folgt der Eigenname, z.B. *G. Subramaniam*. Bei den Sikhs enden die Namen der Männer auf *Singh* (Löwe) und die der Frauen auf *Kaur* (Prinzessin). Zur genaueren Bestimmung wird daran oft der Klan-Name angehängt.

Die indische Gesellschaft ist auch in Malaysia traditionell strukturiert, was die Rollen von **Mann und Frau** betrifft. Ebenso legen Inder Wert auf Respekt gegenüber den Älteren. Frauen kleiden sich bei Besuchen zurückhaltend. Männer vermeiden es, Frauen zu be-

rühren, und umgekehrt. Als Gast sitzt man auf dem zugewiesenen Platz und läuft nicht in der Wohnung umher. Schuhe bleiben in der Regel draußen vor der Tür. Frauen helfen der Dame des Hauses oft bei den Essensvorbereitungen. Auch sonst sitzen üblicherweise Frauen und Männer getrennt. Die Dame des Hauses wird nie mit den Gästen gemeinsam essen, selbst wenn diese gemischt sind, z.B. bei westlichen Gästen.

Man braucht Indern bei einem **Besuch** nichts mitzubringen, außer vielleicht Kleinigkeiten für Kinder, Obst oder Saristoff. Inder werden Geschenke nicht in Gegenwart der Gäste auspacken. Wenn man Geld gibt, sollte man auf den gedachten Betrag noch 1 RM aufschlagen. Geschenke werden mit der rechten Hand übergeben, wie überhaupt die linke nie mit anderen Menschen in Kontakt kommen soll.

Viele Hindus sind Vegetarier. Das gilt es bei **Essenseinladungen** zu berücksichtigen. Rindfleisch lehnen sie ab. Inder essen gern mit der rechten Hand, aber auf etwas andere Weise als die Malaien. Essenseinladungen bei Indern sind wenig formell. Beliebt sind gute Esser. Es gibt für Einladungen mancherlei Gelegenheiten: Pubertätsfeier für Mädchen, Hochzeit, Geburt, Tod. Für alle gelten spezielle Regeln.

Tabus bestehen im Zusammenhang mit dem **Tod:** Kein Besuch bei den Trauernden an einem Montag, Dienstag oder Donnerstag (dienstags besucht man auch keine Mutter nach deren Entbindung); nach einer Trauerfeier muss man sich zunächst gründlich reinigen, bevor man etwas anderes tut; man kann nicht Trauerfeiern und Hochzeiten im gleichen Zeitraum besuchen, entweder das eine oder das andere. Witwen sind von gesellschaftlichen Anlässen und Tempelbesuchen für die Dauer eines Jahres ausgeschlossen.

◁ Indischer Gruß

Sprache

Bahasa Malaysia ist die Staatssprache. Die Regierung bemüht sich seit Beginn der 1970er Jahre, den Einfluss des Englischen mehr und mehr zurückzudrängen. Während in den 1970er Jahren noch viele Schulen Englisch als Unterrichtssprache hatten, unterrichtet mit Ausnahme weniger internationaler Schulen heute alle Schulen auf **Malaiisch** ab der Mittelstufe (in der Grundschule gibt es noch chinesisch und tamilisch orientierte Schulen).

Die Bundes- und Länderregierungen sowie die gesamte öffentliche Verwaltung muss heute Malaiisch verwenden. Da 3 von 4 öffentlichen Positionen von Malaien besetzt sind, macht dieser Grundsatz keine Schwierigkeiten.

Nicht nur Englischlehrer beklagen mit Recht einen spürbaren Rückgang im englischen Sprachniveau, insbesondere bei den Malaien. Daher wird nun wieder mehr Wert auf Englischunterricht gelegt, in Anlehnung an die Erfahrungen in Singapur, wo man wegen der Bedeutung des Englischen im internationalen Handel weiterhin Englisch als Unterrichtssprache beibehält (obwohl die Bevölkerung dort untereinander überwiegend Chinesisch spricht).

Indonesien zeigt, dass es gelingen kann, Bahasa allgemein durchzusetzen, aber dort hat Malaiisch keinen emotionalen Unterton: Selbst die dominierenden Javaner müssen es als Fremdsprache lernen, und die Chinesen lässt man ihre Sprache öffentlich erst gar nicht benutzen. Anders in Malaysia, wo Malaiisch wegen der Bevorzugung der Malaien von vielen Chinesen abgelehnt wird.

Generell kann man sagen: Malaien reden mit Indern Malaiisch. Beide Gruppen kommen gut miteinander aus. Aber die Chinesen haben lieber Kontakt mit Indern, mit denen sie – falls die zur Mittelklasse (freie Berufe) gehören – wie selbstverständlich weiterhin Englisch reden. Beide Gruppen benutzen Englisch auch untereinander, besonders, wenn sie unterschiedlichen Dialektgruppen angehören. Mit den Malaien reden die Chinesen heute auch malaiisch. Viele, vor allem ältere Menschen, sind darin jedoch nicht sehr geübt. Da die Schüler aber Malaiisch als Unterrichtssprache benutzen, sind die jungen Leute heute sehr wohl des Malaiischen mächtig, und chinesische oder indische Schüler und Studenten sprechen es nicht selten korrekter als die Malaien selbst.

Das Malaiische gehört zur **austronesischen Sprachgruppe.** Diese erstreckt sich von Madagaskar bis zu den Inselgruppen Polynesiens. Die Staatssprache der Philippinen, das Tagalog, gehört ebenso dazu wie einige Sprachen Indonesiens: Sundanesisch, Javanisch, die Sprache der Minangkabau, Bugis, usw.

Bahasa Malaysia und Bahasa Indonesia sind eigentlich die gleiche Sprache. Sie basieren auf dem Johore-Riau-Dialekt des Malaiischen. Als Staatssprachen zweier junger Nationen haben sie sich – vorwiegend im Wortschatz – jedoch unterschiedlich entwickelt. Einerseits will man die beiden Bahasas annähern, andererseits will das kleinere Malaysia auf nationale Eigenständigkeit natürlich nicht verzichten.

Die meisten **Sprachen der Orang Asli** gehören im Gegensatz zum Malaiischen zur austroasiatischen Sprachgruppe wie Mon, Khmer und ein Teil der Sprachen der Völker im Goldenen Dreieck.

Die Sprache ist noch in Bewegung. Seit einiger Zeit propagiert man eine neue Schreibweise: *Bahasa Baku,* so schreiben, wie man spricht. Das führt leider dazu, dass man immer wieder auf unterschiedliche Schreibweisen desselben Wortes trifft, z.B. Bahnhof: *Stesen,* aber auch *Setesen,* selten noch *Stesyen* oder *Steshen.*

Ein Teil der Probleme mit der Orthografie rührt sicher auch vom *Jawi,* dem in arabischer Schrift geschriebenen Malaiisch, her: Dort werden die kurzen Vokale nicht mitgeschrieben.

Malaiisch ist wegen seiner unkomplizierten Grammatik leicht zu erlernen. Wärmstens ist der Sprachführer **Malaiisch – Wort für Wort** zu empfehlen, erschienen in der Reihe „Kauderwelsch" des Reise Know-How Verlages. Im Anhang dieses Buches befindet sich ein praktischer **Mini-Sprachführer Malaiisch.**

Religion

In der viele Rassen und Kulturen vereinenden Gesellschaft Malaysias begegnen wir auf engem Raum, bisweilen in unmittelbarer Nachbarschaft, den verschiedenen Kultstätten der großen Weltreligionen: Moscheen, buddhistischen oder taoistischen Tempeln, Hindutempeln südindischer Bauart, christlichen Kirchen. Religiöse Freiheit ist im islamisch geprägten Malaysia nicht nur verfassungsmäßig garantiert, die Menschen sind hier generell sehr tolerant.

Offiziell hat jede große Religion mindestens einen Feiertag zugestanden bekommen. Kirchensteuern gibt es nicht. Die Gemeinden unterhalten ihre Kultstätten selbst. Jeder darf seinen Glauben praktizieren und verkünden.

Ursprünglich wurde unter den *Orang Asli,* die Naturreligionen anhängen, von den Christen Missionsarbeit geleistet, was heute aber nicht mehr gestattet ist, denn jetzt kommen nur noch islamische Missionare zu ihnen …

Orang Asli sind Animisten, soweit sie nicht von Christen oder Moslems bekehrt wurden.

Malaien waren ursprünglich Animisten, zeitweise Buddhisten bzw. Hindus; seit dem 15. Jahrhundert sind sie Moslems. Heute ist ein nicht-moslemischer Malaie praktisch nicht denkbar; animistische Überzeugungen und Praktiken sind auch heute noch sehr lebendig und untrennbar mit dem Islam vermischt (zum Leidwesen der Orthodoxen).

Chinesen sind Anhänger des Buddhismus, Taoismus, Konfuzianismus, auch Ahnenverehrung wird praktiziert. Unter Chinesen gibt es zahlreiche Christen und einige Moslems.

Inder sind tamilische Hindus, Sikhs (Panjabi oder manchmal fälschlicherweise Bengali genannt), Moslems pakistanischer Herkunft, viele sind auch Christen.

▷ Moschee in Kota Kinabalu

Islam

Wie der Islam zur Haupt-Religion Malaysias geworden ist – 53 % aller Malaysier sind Moslems –, lässt sich im Geschichtskapitel nachlesen. Das erste Zeugnis des Islam in Südostasien ist bei Gerisik auf Java zu finden: Ein Grabstein aus dem Jahre 1082. Die Inschrift von Kuala Brang in Terengganu (im Muzium Negara in KL zu sehen) ist der älteste schriftliche Beweis islamischer Präsenz in Malaysia. Sie wird auf das 14. Jahrhundert datiert.

Islam bedeutet im ursprünglichen Sinne Unterwerfung. Die, die sich dem Glauben an Gott, den Allmächtigen, *Allah,* unterwerfen, heißen Moslems. Mohammed, der von 571–632 auf der arabischen Halbinsel lebte, erhielt der Überlieferung nach den Koran *(Quran)* vom Erzengel Gabriel übermittelt. Er gilt als der letzte einer Reihe von Propheten, die Juden und Christen gleichermaßen vertraut sind: Adam, Abraham *(Ibrahim),* David *(Daud),* Moses *(Musa),* Jesus *(Issa).* Nach islamischer Auffassung stellt der Koran die vollendete Lehre dar, die den Menschen bis zum Ende aller Tage als Geleit dienen solle. Deshalb darf nichts am Koran verändert werden.

Der Islam fordert einen Staat, der ganz nach dem Koran lebt, in dem geistliche und weltliche Macht miteinander verschmolzen sind: Staaten wie der Iran sind ein extremes Beispiel dafür. In Malaysia ist der Islam keine Staatsreligion, hier ist, ähnlich wie in Indonesien, eine gemäßigte Form vorherrschend.

www.fotolia.de ©Ronny Sattler

Die Pflichten eines Moslems

1. Das **Glaubensbekenntnis,** das auf Arabisch in der Gegenwart eines Moslems nachgesprochen werden muss: *„Ash-hadu allaahilaaha illallah, Wa-ash-hadu anna Muhammadar Rasuulullah"* (Ich verkünde, dass es keinen Gott gibt außer Allah, und ich verkünde, dass Mohammed Allahs Prophet ist).

Moslems lehnen die christliche Dreieinigkeit ab. Es gibt nur **Allah.** Er darf nicht bildlich dargestellt werden, das gilt auch für seinen Propheten *Mohammed*. Außer Pflanzen sollten keine Lebewesen im Islam dargestellt werden, weshalb die islamische Kunst sich auf Kalligrafie der arabischen Schrift und die Arabesken beschränken musste.

2. Jeder Moslem muss ab Erreichen der Pubertät **fünfmal pro Tag zu Allah beten:** *Salat* ist das rituelle Gebet, dessen Worte und begleitende Körperhaltungen bis ins Detail vorgeschrieben sind; im Anschluss daran bleibt noch Gelegenheit zum *Doa*, dem persönlichen Gebet.

Der Zeitpunkt der fünf vorgeschriebenen Gebete richtet sich nach der Sonne:
- *Subuh:* von Morgendämmerung bis kurz vor Sonnenaufgang
- *Zuhur:* von Mittag bis zur Mitte zwischen Mittag und Spätnachmittag
- *Asar:* vom Spätnachmittag bis kurz vor Sonnenuntergang
- *Maghrib:* zwischen Sonnenuntergang und eine Stunde danach
- *Isyak:* von einer Stunde nach Sonnenuntergang bis zum nächsten Morgen

Vor dem Gebet muss sich der Gläubige in dieser Reihenfolge waschen: Hände, Mund, Gesicht, Unterarme, Stirn, Ohren, Füße.

Zum Beten müssen die Männer den Körper vom Nabel bis unterhalb der Knie bedecken: Meist tragen sie in Malaysia den Sarong oder die malaiische Männertracht: Jacke, Hose, *Songket* (Kopfbedeckung, alle drei von den Indern übernommen).

Frauen müssen den ganzen Körper einschließlich Kopf und Haare bedecken, nur Gesicht und Hände dürfen frei bleiben.

Die Körperhaltungen beim Beten sind:
- aufrecht stehen, Hände „an der Hosennaht"
- Hände mit Handfläche nach vorn in Ohrenhöhe heben
- Hände vor dem Bauch verschränken
- verbeugen, Hände an die Knie
- aufrichten, Hände wie im 2. Punkt
- hinknien, Gesicht berührt den Teppich
- aufrichten im Knien, auf den Hacken sitzen
- wieder mit dem Gesicht den Teppich berühren
- aufrichten, 2.–8. wiederholen, im Knien sitzenbleiben
- nach rechts und links blicken, aufstehen

Zu den jeweiligen Körperhaltungen werden vorgeschriebene Gebete gesprochen.

3. Die dritte Pflicht ist die **Steuer für die Armen** *(Zakat): Zakat Fitrah* wird nach dem Fastenmonat *(Puasa)* eingesammelt. *Zakat Mali:* Wer Überschüsse hat, muss davon 2,5 % pro Jahr abgeben.

4. Die vierte Pflicht ist **das Fasten** von Morgendämmerung bis Sonnenuntergang während des jährlichen Fastenmonats *Ramadan* (malaiisch: *Puasa*).

5. Die fünfte Pflicht ist die **Pilgerfahrt nach Mekka** für die, die es sich leisten können, wenigstens einmal im Leben. Der Ehrentitel *Haji* wird danach dem Namen vorangestellt: *Hj. Issa ben. Hj. Mohammad* heißt dann etwa: Haji Jesus, Sohn des Haji Mohammed (bei Frauen: *Hajjah*).

Es gibt noch weitere Verpflichtungen. Alles im Leben eines Moslems muss sich nach dem richten, was in den 114 *Suren* des Koran steht: kein Schweinefleisch, kein Sex mit Männern oder mit Frauen, mit denen man nicht verheiratet ist, nicht einmal ein Kuss, es sei denn, der Partner ist ein(e) Verwandte(r).

Auf Übertretungen stehen harte Strafen. Es gibt einen eigenen *Syariah*-Gerichtshof. Spitzel observieren in Parks heimlich das Treiben in dunklen Autos (*Khalwat:* unschickliche körperliche Nähe zwischen Nichtverheirateten; *Zina:* unstatthafter Geschlechtsverkehr zwischen Nichtverheirateten).

Buddhismus

17 % der malaysischen Bevölkerung sind Buddhisten. Es gibt über 3500 buddhistische Tempel und Gesellschaften in Malaysia. Dachorganisation ist die *Malaysian Buddhist Association*.

Lange bevor die ersten Moslems die malaiische Halbinsel betraten, gab es hier Buddhisten. Das *Sri-Vijaya*-Reich (7.–14. Jh.) war ein buddhistisches Großreich auf Sumatra (Hauptstadt Palembang), das bis auf die Halbinsel hinüberstrahlte. Aber anders als in Thailand fasste der Buddhismus im Süden der Halbinsel nicht richtig Fuß.

Erst mit den chinesischen Einwanderern, die ab dem 19. Jh. ins Land kamen, wurde der Buddhismus wiederbelebt. In Melaka, wo mit dem *Chen Hoon Teng* der älteste buddhistische Tempel Malaysias steht, praktizieren die dort ansässigen Chinesen den aus China mitgebrachten Buddhismus seit dem 15. Jh.

Der chinesische Buddhismus gehört zum *Mahayana-* (Großes Fahrzeug) *Buddhismus*, in dem *Boddhisattvas* den Gläubigen bei der Erreichung des *Nirwana* (der Erlösung vom Kreislauf der Wiedergeburten) behilflich sind. Anders im *Hinayana-* (kleines Fahrzeug) bzw. *Theravada-Buddhismus*, in dem die Gläubigen den Lebensweg Buddhas nachzuvollziehen versuchen. Diese Form des Buddhismus ist in Sri Lanka, Burma und Thailand verbreitet. Thai leben im Norden Malaysias (gehörte früher zu Thailand). Thai- Tempel gibt es in Kelantan *(Wat Putharamaran, Repek, Pasir Mas)*, Kedah, Perlis, Penang (der Thai- und der burmesische Tempel sind benachbart in der Jln. Burmah), Taiping, Ipoh und Kuala Lumpur. Singhalesische Einwanderer (aus Sri Lanka) gründeten weitere *Theravada*-Tempel.

Der **Theravada-Buddhismus** wird geprägt durch 3 Prinzipien:

1. **Buddhaschaft,** die allen Lebewesen innewohnt und erweckt werden muss
2. **Dharma,** die Lehre, die zur Erlangung der Buddha-Natur (der Erleuchtung = *Bodhi Nirwana*) führt
3. **Sangha,** die Gemeinde der Mönche, *Arhats* (Erleuchtete), *Bodhisattvas* (Erleuchtete, die anderen auf dem beschwerlichen Weg der Erleuchtung behilflich sind), eigentlich aber Teil des Mahayana.

Der Theravada-Buddhismus orientiert sich am ursprünglichen Buddhismus, im Gegensatz zum chinesischen Buddhismus, der fast untrennbar mit Konfuzianismus, Taoismus und Ahnenkult verschmolzen ist. Der Sekretär einer buddhistischen Gesellschaft in Malaysia äußerte sich einmal abfällig über diese buddhistische Mischform:

„Die geben einen Haufen Geld für Kerzen und Räucherstäbchen aus, verbrennen Modelle von Häusern und anderen Gütern und wissen eigentlich nicht recht, warum sie das tun."

In dieser Mischform der nationalen chinesischen Religion verbinden sich Elemente konfuzianischer Sozialethik (*Konfuzius*, 551–479 v. Chr.), taoistischer Philosophie und Morallehre (*Laotse*, 3.–4. Jahrhundert v. Chr.) und eben des Buddhismus.

Im Buddhismus gibt es eigentlich keine Götter. Aber das Volk verlangt danach, so hat die weibliche Form des *Boddhisattva Avalokiteshvara* den Status der Göttin der Barmherzigkeit *(Kuan Yin)* erlangt. Ihre Statue steht rechts oberhalb des Kek-Lok-Sees in Penang. *Kuan Ti*, der Gott des Krieges, hat sich in der kriegslosen Zeit zum Gott des Business gewandelt und ist als solcher natürlich wichtig und beliebt, steht er doch ein für Wohlstand und Glück.

Andere in Malaysia beliebte „Götter" sind *Sam Po Shan (Sam-Poh Tai Shen)*, der zur Gottheit aufgestiegene Geist von Admiral *Cheng Ho*, der zu Beginn des 15. Jahrhunderts als Botschafter des Kaisers von China nach Melaka kam. Er ist nun der Schutzgott der Reisenden. Erwähnt werden sollte auch eine andere Gottheit der Überseechinesen: *Toh Peh Kong (Ta Pai Kung)*, der Schutzgeist der Pioniere. Er soll sich vom Erdgott *Tu Ti* ableiten.

Insgesamt gehören zum chinesischen Pantheon die wohlwollenden Götter *(shen)* und die Dämonen und Geister *(kuei)*, die es zu besänftigen oder in Schach zu halten gilt.

Auch die Seelen verstorbener Familienmitglieder können sowohl wohl- als auch übelwollend wirken. Der Ahnenkult gilt nicht zuletzt deren Befriedung, wie der Idee, dass die Familie im Leben wie nach dem Tode zusammenhält, zu deren Wohl und Gedeihen.

Hinduismus

Wie der Buddhismus hat der Hinduismus Jahrhunderte vor dem Islam auf dem Boden der Halbinsel Fuß gefasst. Der damit einhergehende indische Einfluss hat stärkere Spuren im Leben der Malaien hinterlassen, in der Sprache und Literatur, in der Kleidung (der malaiische Anzug ist indischen Ursprungs, einschließlich Kopfbedeckung) und in Sitten wie dem *Bersanding* (der malaiischen Hochzeit). Außer den Ruinen im Bujang Valley und der Merbok-Mündung in Kedah sind noch keine weiteren Tempelruinen der vorislamischen Epoche gefunden worden.

Die indischen Plantagenarbeiter, die in der 2. Hälfte des 19. und der ersten Hälfte des 20. Jahrhunderts nach Malaya kamen, brachten ihre jeweils örtlichen Formen des Hinduismus mit. Da in Malaysia die Tamilen überwiegen, sehen wir hier auch vor allem diese südindische Form des Hinduismus: Ihre Tempel sind großenteils *Mariamman* und *Subramaniam (Murugan)* gewidmet. Letzterer ist der Kastengott der *Chettyar*, denen man spätestens in den Wechselstuben begegnet. Spektakulärster Ausdruck des südindischen Hinduismus ist das Fest *Thaipusam,* das in Indien selbst nicht mehr gestattet ist. Auch die einheimische *Malaysia Hindu Sangam* wendet sich mehr und mehr gegen die Praxis der Kavadi-Bußgänge. Andere einflussreiche Organisationen sind die *Divine Life Society*, die *Society for the Krishna Consciousness* und die *Sai Baba Foundation*. Über 80 % der Inder Malaysias sind Hindus.

Untrennbar mit dem Hinduismus verbunden ist das Kastensystem, durch das die Zementierung der Machtverhältnisse durch die indoarischen Einwanderer vor 3000 Jahren ermöglicht wurde, denn sie und ihre Nachfahren stellen die ganz oben stehenden Brahmanen. In Malaysia ist das Kastenwesen heute wenig ausgeprägt, sind doch die Südinder im Allgemeinen und die als Plantagenarbeiter gekommenen Einwanderer im Besonderen ohnehin Angehörige der niedrigeren Kasten.

Die indoarischen Eroberer brachten die *Veden* mit, die heiligen Hymnen. Der Glaube an die Seelenwanderung und Wiedergeburt ist ein weiteres Kennzeichen für den Hinduismus, der, anders als Christentum, Islam oder Buddhismus, keine Verkündigungsreligion ist. Es gibt keine Dogmen, nur eben die Überlieferungen der Veden, *Puranas,* die großen Epen des *Mahabharata* und *Ramayana*. So blieb der Hinduismus offen für örtliche Kulte, ja Religionen, Mythen.

Es gibt mehrere Ebenen der Praktizierung. Die Brahmanen etwa sehen die unzähligen Götter abstrakt als Entfaltungen des Ur-Einen, *Brahman* genannt. Jeder Mensch hat in sich das nicht-individuelle Selbst, das *Atman* zum *Brahman*.

Dem Volk ist das zu hoch: Es hält sich lieber an die Verehrung der Götter. Erlösung durch *Bhakti* (wörtlich: Hingabe an einen Gott) bedeutet aber für das eigene Verhalten auch Liebe zu allen Lebewesen, Selbstlosigkeit, Gewaltlosigkeit, eben jene charakteristischen indischen Werte.

Die eigenen oder ererbten guten und bösen Taten machen das *Karma* aus, das nach dem Tod gewogen wird und Ausschlag gibt für die nächste Wiedergeburt. Im Leben gilt es, das *Dharma* (Gesetz und Ordnung) zu beachten.

Die Götterwelt begegnet uns in den Göttertürmen *(Gopuram)* am Eingang der **Hindutempel** südindischen Stils, dahinter sehen wir die leicht erhöhte, überdachte Halle *(Mandapa)* und daran anschließend die kleine, nach Osten offene Kammer *(Garbha Griha* = „Mutter-

▷ Reich verzierter Hindutempel

schoß") mit dem Allerheiligsten, einem dunklen Raum, der dem brahmanischen Priester vorbehalten ist. Dort wohnt die Gottheit, der der Tempel geweiht ist. Das Allerheiligste ist gekrönt von der turm- oder kuppelförmigen *Sikhara*, die den Götterberg Meru symbolisiert.

Die Gläubigen reinigen die Hände, bestreichen ihr Gesicht und überreichen fünf Opfergaben (üblicherweise Kokosnüsse, Obst und Reis), die die fünf Sinnesorgane symbolisieren, dem Priester, der sie an die Gottheit weiterleitet. Dann erhalten sie die Gaben zurück und umschreiten anschließend das Heiligtum.

Die indischen **Götter** haben sehr menschliche Züge, was sie dem Volk nahebringt. Sie werden verehrt, aber auch gefürchtet. Die charakteristischen Götter der malaysischen Hindus sind *Subramaniam,* Sohn von *Shiva* (einer der drei Hauptgötter: Schöpfer und Vernichter, während *Brahma* allgemein nur als Schöpfer und *Vishnua* als Erhalter gelten), und *Parvati*.

Subramaniam (bzw. *Murugam*) ist der Gott des Krieges und somit Sinnbild für Macht, Tapferkeit, Sieg über böse Kräfte.

Die anderen Tempel sind *Mariamman* (Aspekt der *Kali,* die wie *Shiva* als Lebensspenderin und -zerstörerin und damit als Symbol für das ewige Werden und Vergehen gilt) geweiht. Sie gilt als Beschützerin vor Krankheiten wie Pocken und Cholera und sorgt für Regen, was ihr in Malaysia ja zur Genüge gelingt, in Indien nicht im gleichen Maße.

Sikhs

Nicht mit den Hindus verwechselt werden dürfen die **Sikhs,** die auch in Malaysia noch ihre Identität bewahren (äußerliche Merkmale: Turban der Männer, männlicher Nachname *Singh* – Löwe, weiblicher Nachname *Kaur* – Prinzessin). Sie haben ihre eigenen Tempel, die von örtlichen Vereinigungen *(Gurdwara)* betreut werden. Sie sind eine Gemeinschaft von 40.000–50.000 Menschen, die einen engen Zusammenhalt pflegen, wenngleich sie drei Gruppierungen, *Malwa, Majha, Dhoaba,* angehören. Sie kamen als Soldaten und Polizeikräfte der Briten ins Land, aber heute sind sie in vielen anderen Bereichen anzutreffen.

Sie feiern die Geburtstage und Todestage ihrer Gurus, allen voran Guru *Nanak* und *Govind Singh*. Sie haben ihr eigenes Neujahrsfest mitten im Jahr. Das heilige Buch der Sikhs heißt *Granth*. Die Sikh-Religion sollte einst als Synthese zwischen Hinduismus und Islam dienen. Versöhnen ließen sich die beiden großen Religionsgruppen Indiens damit aber nicht. Heute gibt es zwei islamische Staaten, Pakistan und Bangladesh, und das überwiegend hinduistische Indien; die militanten unter den Sikhs kämpfen für ihren eigenen Staat.

Das ist in Malaysia nicht zu befürchten: Alle Religionen (außer dem Islam) haben sich 1983 zum *Malaysian Consultative Council for Buddhism, Christianity, Hinduism and Sikhism* zusammengeschlossen.

Christentum

Das Christentum kam mit den Kolonialherren nach Melaka: Katholizismus mit den Portugiesen, Protestantismus mit den Holländern. Die Portugiesen waren eifrige Missionare, die Holländer kümmerten sich lieber um ihre Geschäfte. Erst im 19. Jahrhundert kamen die Missionare in größerer Zahl: Katholiken und Methodisten. Die Namen vieler Schulen verraten heute noch die Zielrichtung ihres Wirkens. Christliche Schulen hatten einen guten Ruf, selbst heute, nach der Gleichmacherei durch die Regierung, haben viele der einstigen Eliteschulen noch einen guten Namen. Die Zahl der Christen liegt in Malaysia bei 1 Million. In West-Malaysia wird ihnen als offizieller Feiertag Weihnachten (25. Dezember) gewährt, in Sarawak kommt Karfreitag hinzu.

Aktiv sind neben den Katholiken (selbst Orthodoxe gibt es in Malaysia) die Methodisten, Presbyterier, Baptisten und Adventisten. Das kirchliche Leben ist hier sehr rege. Die charismatische Form des Christentums ist dominierend, die Gottesdienste verlaufen bewegter, emotionaler.

Bräuche, Tabus und Aberglaube

Malaien sind wie die anderen Völkerstämme in diesem Teil Asiens ursprünglich Animisten, d.h. sie sind davon überzeugt, dass die gesamte belebte Natur, ja die ganze Welt, von Geistern aller Art bevölkert ist. Nach ihrer Ansicht besitzen diese Geister Leben und Gestalt: Sie können essen und trinken, können lieb, aber auch böse, hilfreich oder zerstörerisch sein; man kann sie herbeirufen oder verjagen, zur Not auch vernichten.

Geister

Geister hausen in Bäumen, allgemein im Wald, in Gewässern, Bergen, Tälern, Sümpfen. Sie hausen in Tieren, ja selbst im Menschen, und zwar vor allem im Kopf; jeder andere Körperteil ist aber auch Sitz von Geistern: Haare, Zähne, Zunge, Speichel, Finger, Fingernägel, selbst der Schatten. Diese Auffassung ist einer der Gründe, weshalb Malaien so viel Wert auf respektvollen Umgang miteinander legen: Man will schließlich nicht die Geister der anderen Person verärgern und gegen sich aufbringen.

Natürlich hat der Islam mit vielen Bräuchen zur Besänftigung der unüberschaubaren Geisterwelt und den zugehörigen Tabus aufgeräumt. Aber da es Geister auch nach islamischer Auffassung gibt, musste diese Religion nicht gegen die alten Überlieferungen ankämpfen, beide Auffassungen konnten bis heute nebeneinander koexistieren. Schon von den Hindus hatten die Malaien bekanntlich entsprechende Bräuche zur Geisterabwehr übernommen, der Islam konnte mit noch mächtigeren Gegenmitteln aufwarten: mit der Kraft der heiligen Koran-Verse, die heute noch für beschwörende Gebete verwendet werden. Schließlich ist Allah allmächtig, alle Macht und Kraft geht von ihm aus.

Animismus

Der Animismus ist die Religion der Ureinwohner, der Orang Asli. Er ist die ursprüngliche Religion in ganz Ost- und Südostasien.

Dieser Naturreligion zufolge ist die Natur durch und durch beseelt. Es gibt gute und böse Kräfte. Wenigstens das Gleichgewicht gilt es zu wahren, wenn schon nicht die guten Kräfte einen dauerhaften Sieg davontragen können.

Nach Auffassung der *Senoi* hat jeder Mensch seine individuelle Seele, ist aber – und das ist ein sehr schöner und moderner Gedanke – Teil der Weltseele. Wenn ein Geist Besitz nimmt von der individuellen Seele, wird der Mensch krank. Ein *Hala* (Priester) muss zu Hilfe kommen und die Seele suchen gehen. Das ist ein abenteuerlicher Weg, schließlich muss er die Seele, hat er sie gefunden, überreden, wieder in den Körper zurückzukehren.

Morgens sitzen die *Senoi* u.a. immer zusammen (wenigstens taten sie dies früher) und tauschen ihre Träume aus, besprechen die Inhalte und geben denen, die Angstträume hatten, bessere Bewältigungsinhalte, die sie beim nächsten Mal träumen sollen – eine Art von Imaginationstraining, das heute in der Psychotherapie angewandt wird.

Es gibt bei einigen Stämmen, z.B. *Jah Hüt* und *Mah Meri*, auch die Sitte, die Geister in Holz zu schnitzen, und zwar wenn Kranke vom Geist befreit wurden, bei Ernteazeremonien, bei Reinigungszeremonien (wenn die Siedlung von bösen Geistern gereinigt wird), und wenn Schamanen ihre Kräfte an Nachfolger weitergeben etc. Zum Schutz vor dem Zorn der Geister dienen die strengen Tabus.

Buchtipp

■ *Rainer Krack:* **Hinduismus erleben**, Praxis-Reihe, REISE KNOW-HOW Verlag

Auch heute noch gibt es die *Dukun* (Zauberer) und *Pawang* (traditionelle Heiler) bzw. *Bomohs* (Geistheiler). Früher wurde kaum eine wichtige Handlung ohne Billigung des Dukun ausgeführt, heute noch werden sie beim Hausbau, bei Hochzeiten oder Geburten vor allem in ländlichen Gegenden hinzugezogen.

Tabus

In den Städten sind (wie überall) traditionelle Überzeugungen weitgehend verschwunden. Viele der Tabus, die das Leben der Menschen sehr stark einschränkten und beeinflussten, werden dort nicht mehr beachtet. Doch in den

Bes Hyang Dney

Der folgende **Bericht eines Orang Asli** vom Stamm der Jah Hüt im Zentrum der Halbinsel gibt ein gutes Beispiel vom Geisterglauben:

„*Bes Hyang Dney* hat eine lange Zunge. Sein Haar sprießt verkehrt herum. Er lebt tief im Dschungel, auf Bergkämmen, in tiefen Tälern.

Wenn die *Jah Hüt* Rattan suchen oder zum Fischen oder auf Jagd gehen, begegnen sie ihm vielleicht. Wenn sie ihn sehen, erschrecken sie sich. Voll Panik rennen sie davon. Wenn sie rennen, bekommen sie Fieber.

Falls sie ihm ins Gesicht blicken, verfolgt er sie. Er jagt sie, fängt sie, zerreißt sie zu Stücken und frisst sie auf. Aber wenn sie ihn von hinten sehen, erschrecken sie sich nur. Sie kehren mit Fieber- und Schüttelfrost heim. Das liegt daran, dass die Seelen derer, die ihm begegnen, von ihm besessen werden. Wenn ihre Seelen besessen sind, werden sie krank, ihr Körper wird kalt, aber auch heiß, sie fallen in ein Koma. Sie sind nicht mehr sie selbst.

‚Ich will den Schamanen um Rat fragen', sagt einer. Am nächsten Morgen trifft er den Schamanen und sagt: ‚Heh, waren deine Träume gut? Was hast du geträumt? Ich bin gekommen, um dich zu fragen, Schaman, ob du irgendwelche Alpträume hattest.'

‚Ach, meine Träume waren nichts Besonderes. Seit zwei Tagen und einer Nacht habe ich nicht mehr von den Geistern der Toten geträumt. Meine Seele ist in meinen Träumen nicht umhergewandert.'

Da kommt ein anderer herbei und sagt: ‚Heute abend bitte ich dich, eine Zeremonie für meinen älteren Bruder, der krank ist, abzuhalten. Nach meinem Bruder musst du meine ältere Schwester heilen und alle, die Rattan suchen, fischen oder auf Jagd gehen.'

‚Ho, was für ein *Bes* war das? Wie sah der *Bes*, dem du begegnet bist aus?' fragt der Schaman. ‚Er sah folgendermaßen aus: Mein Gott, sein Kopf war spitz und sein Körper war behaart! Er sah weder mich noch die andern, die ihm ebenfalls begegnet sind. Wir sahen ihn nur von hinten. Wir waren erschrocken, wir rannten davon, wir wurden fieberheiß.'

‚Ah,' sagt der Schaman, ‚das ist *Bes Hyang Dney*.'"(aus: „*Jah Hut Myths*", Times Books)

Der berichtete Zustand nach der Begegnung mit dem *Bes* (*Bes* = Geister der Khmer, *Hantu* = Geister der Malaien, *Dschin* bzw. *Jin* = Geister der Araber – die Jah Hüt haben sie alle) ließe sich medizinisch als Malariaanfall beschreiben, denn Malaria findet sich heute noch in den Wohngebieten der Orang Asli.

In der Sprache der Jah Hüt, die mit den austroasiatischen Sprachen der Mon-Khmer verwandt ist, und die alaiische Elemente aufgenommen hat, klingt der erste Abschnitt so:

Bes Hyang Dny ‚inin crüng Intak-eh. Dan lagi', sok-eh yeh blong menyungsang-eh. Hyang Dny ‚inin yeh k'di'kay dny pr'ba'lam br, nt'dny, nt'genting yeh k'di', dny genting ‚ataw dny ntuy nt'crang rima'.

Kampongs ist auch heute noch vieles lebendig. Da werden Vampir-Filme diskutiert wie Dokumentarberichte – an der Existenz von Vampiren, Teufeln, ruhelosen Geistern Verstorbener wird nicht gezweifelt. Und die Bräuche zur Geisterabwehr während der Schwangerschaft oder magische Beschwörungen mit Opferzeremonien anlässlich schwerer Krankheiten sind ungebrochen – freilich meist mit islamischem Deckmäntelchen verhüllt.

Wenn wir um diese Auffassungen wissen, werden uns viele Sitten verständlicher. Manche Anweisungen an Kinder sind für uns auch ohne **Aberglauben** sinnvoll, durch Drohen mit Geistern werden sie natürlich eher befolgt. Welches Kind ist nicht empfänglich dafür? Wenn dann auch noch die Erwachsenen, vor allem die weisen Großeltern, davon wirklich, nicht nur aus Erziehungsgründen, überzeugt sind, bleibt die Wirkung nicht aus. So dürfen **Kinder** eigentlich nicht ...
... in der Dämmerung Versteck spielen, weil sie sonst von einem Geist verfolgt werden;
... auf einem Kissen sitzen, sonst wird ihr Gesäß verbrennen;
... abends Zuckerrohr essen, weil sonst der Mutter das Blut ausgesaugt wird und sie sterben muss;
... auf den Küchenschrank klettern, sonst werden sie aufhören zu wachsen;
... nachts pfeifen, weil dadurch Geister angelockt werden.

Besonders viele Tabus befassen sich mit dem schutzbedürftigen **Säugling:**

■ Das Lätzchen darf nicht eingeweicht werden, sonst bekommt das Baby Magenschmerzen und schreit ununterbrochen.
■ Niemand darf beim Kopf des Babys sitzen, sonst bekommt es Epilepsie.
■ Man darf ein Baby nie als dick bezeichnen, sonst verliert es an Gewicht, statt dessen sagt man: Es hat einen gesunden Körper.
■ Ein Baby darf nie durch einen Spiegel betrachtet werden, sonst ertrinkt es eines Tages.
■ Es soll nicht mit Feuer spielen (was ja allgemein gilt, interessant ist aber die Konsequenz): Sonst wird es noch als Erwachsener in die Hosen machen.
■ Wenn ein Baby Klebreis isst, wird es für immer stottern.
■ Nicht die Wangen oder Brust des Babys streicheln, sonst verliert es seinen Appetit.
■ Sollte ein Baby mal den eigenen Kot essen, müssen die Eltern sofort von den Nachbarn eine Handvoll Reis besorgen, sonst wird das Baby verblöden.
■ Isst das Baby Fisch, wird es Würmer im Magen haben.

Natürlich gibt es auch Tabus schon für die Zeit **vor der Geburt:**

■ Die Schwangere sollte keinen angebrannten Reis vom Topfboden kratzen, sonst bleibt das Kind evtl. beim Geburtsvorgang stecken.
■ Sie darf bei der Zubereitung eines Fisches diesem das Maul nicht abschneiden (bei einigen Fischsorten notwendig), sonst bekommt ihr Kind eine Hasenscharte.
■ Kerzen oder Lampen müssen *hinter* einer schwangeren Frau vorbeigetragen werden, sonst verliert sie bei der Geburt zuviel Blut.
■ Schwangere sollen im Haus nichts hin- und herbewegen, das Kind könnte mit den Füßen voran geboren werden.

Für eine **unverheiratete Frau** gilt:

■ Sie sollte in der Küche beim Essenzubereiten nicht singen, sonst bekommt sie einen alten Ehemann.
■ Wechselt sie beim Essen mehrfach ihren Sitzplatz, wird sie mehrere Männer haben, aber keinen festen fürs Leben.
■ Schläft sie noch nach Tagesanbruch, muss sie lange auf einen Ehemann warten.
■ Schneidet sie Stoff an einem Sonntag zu, wird er irgendwann verbrennen; etc.

Junge, unverheiratete Frauen werden stärker als die jungen Männer durch Tabus zu „anständigem" Verhalten angehalten, aber auch **Junggesellen** sind nicht ausgeschlossen:

■ Sie sollen keine Löcher in Kokosnüsse schneiden, sonst finden sie nur eine „gebrauchte" Ehefrau.
■ Sitzen sie auf einer Kokosnuss, können ihre Hoden schwellen.
■ Junge Männer sollen nicht älteren gegenüber ärgerlich reagieren, sonst werden sie vom Blitz erschlagen.

Tabus für die **Allgemeinheit:**

- Wer aus dem Topf isst, erhält einen hässlichen oder verkrüppelten Ehepartner.
- Wer unter einer Wäscheleine hindurchgeht, erkrankt an unheilbarem Rheumatismus.
- Wer seine Nägel bei Tageslicht schneidet, wird schwer sein Auskommen finden.
- Wer sagt, dass er/sie kein Geld hat, wird – selbst, wenn es stimmt – den Lebensunterhalt nicht mehr bestreiten können.
- Wer zuviel Soße auf den Reis gibt, lädt damit Überflutungen ein.
- Wer über Salz steigt, wird ständig Wasser lassen müssen.
- Eine Haustür darf nicht zur Straßenseite zeigen, das bringt Unglück; etc.

Bräuche

Schwangerschaft und Geburt

Im 7. oder 8. Monat der Schwangerschaft, an einem 12., 19. oder 23. nach dem islamischen Kalender, bevorzugt an einem Mittwoch oder Samstag findet die Zeremonie „Baden des Leibes" statt. Der Erstgebärenden werden von der Hebamme unter Zauberformeln die Haare in der Stirn geschnitten, Reispaste wird im Gesicht aufgetragen und Safranreis über den Körper gestreut. Dann übergießt sich die angehende Mutter mit Wasser, das mit Limonen parfümiert wurde, steckt sich ein Ei in den Sarong und setzt sich auf einen Stuhl, an dessen Bein ein Huhn gebunden wurde. Dann wird die Schwangere erneut mit Wasser übergossen, dabei wird dann das Ei zu Boden fallen gelassen – als Symbol für eine leichte Geburt.

Nun betrachtet die Frau sich im Spiegel und hofft, dass ihr Kind mindestens so hübsch wie sie wird. Jetzt wird auch deutlich, weshalb vorher das Haar geschnitten werden musste: Sonst könnte ihr Kind nämlich über und über behaart sein. Danach legt sich die Frau hin. Ähnlich der Prinzessin auf der Erbse liegt sie auf sieben Lagen Stoff, dessen unterste weiß ist. Die Hebamme streicht ihr – wieder mit Beschwörungsformeln – über den Leib. Drei Fäden mit Safran, Reis und Ingwer, Gold-, Silber- und Bronzeringen werden um den Leib der Schwangeren gebunden, anschließend wird eine geglättete Kokosnuss auf dem Bauch gedreht und abwärts zu den Zehen gerollt: Zeigen dort die Augen der Kokosnuss nach oben, wird es ein Junge.

Als nächstes steht die Schwangere auf, zieht ihr schönstes Kleid an, nimmt Sandelholz und Kokosöl, geht im Zimmer herum, schmiert etwas vom Sandelholz auf jeden der Anwesenden und erhält dafür von diesen je einen Tupfer Kokosöl auf ihren Scheitel. Zum Schluss erhält die Hebamme für ihre Dienste 2,25 RM *Pengkeras*-Geld (Geschenk für *Pawangs*) und 2,50 m weißen Stoff, dazu den Sarong, in dem die Schwangere gebadet wurde, und das an den Stuhl gebundene Huhn. Vor oder nach dieser Zeremonie wird die Hebamme förmlich gebeten, bei der Geburt anwesend zu sein.

Zur Geburt ist außer der Hebamme auch ein Pawang zur Stelle. Zutaten für Beschwörungen umfassen u.a. den Schwanz eines Rochens, ein Bienennest, ein altes Fischernetz, bitteres Gras, etwas Brot, Kokosmark.

Die Hebamme bespuckt das Neugeborene mit Betelnusssaft zum Schutz gegen böse Geister und Dämonen, dann reinigt sie es, durchtrennt die Nabelschnur (mit geschärftem Bambus), nachdem diese an 7 Stellen mit Knoten abgebunden wurde, und badet das Kind. Das Ende der Nabelschnur wird mit Safran und Limonen eingerieben und mit einem Betelnussblatt bedeckt. Nun spricht der Vater oder Großvater den ersten Ruf zum Gebet ins rechte Ohr. Anschließend macht die Hebamme mit zerstampftem Safran dem Neugeborenen ein Kreuz auf die Stirn und schmiert ihm Honig oder Dattelsaft auf die Zunge. Die junge Mutter wird danach von ihr massiert. Wieder erhält die Hebamme bestimmte Geschenke für ihre Dienste.

Am 7. Tag nach der Geburt findet oft eine Reihe weiterer Zeremonien statt: Wenn an diesem Tag die Nabelschnur abfällt, vertreibt die Hebamme erneut die Geister, lässt ein Huhn (Hahn bei Mädchen, Henne bei Jungen) die Stelle am Fußboden kratzen, wo eine

Woche zuvor bei der Geburt Blut verspritzt wurde, anschließend reinigt sie selbst gründlich diese Stelle. Vorher schon wurden Mutter und Kind gebadet, massiert und gepudert.

Eine weitere Zeremonie ist das Süßen der Zunge, wobei ein Goldring in Betelnusssaft, Sirup oder Dattelwasser, zum Schluss in Salzwasser, getaucht und dem Baby damit die Zunge bestrichen wird. Gleichzeitig wird etwa folgendes Gebet gesprochen:

„Im Namen Allahs des Allmächtigen und Allbarmherzigen, möge dieses Kind ein langes Leben haben, lernen, angemessen und weise vor Prinzen zu sprechen; mag seine Stimme süß wie Zucker sein und mögen seine Worte die Herzen der Menschen erfreuen, angenehm wie Betelnuss und wirksam wie Salzstein."

Am selben Tag wird dem Kind evtl. auch das Haar geschnitten, wobei es draußen von Männern vorbeigetragen wird. Jeder trägt etwas Reispaste auf, bestreut das Kind mit Safran und Reis und schneidet ihm ein Stück Haar ab. Dieses wird in eine entleerte und mit Wasser gefüllte, dekorierte Kokosnuss gegeben. Während dieser Zeremonie wird dem Kind der Name gegeben.

Als nächstes wird das Baby von der Hebamme kahl geschoren, das Haar in die erwähnte Kokosnuss gegeben und diese zusammen mit einem jungen Kokossprössling oder einer ähnlichen Pflanze zur Erinnerung an die Geburt auf dem Anwesen vergraben. So wächst ein junger Baum mit dem Kind heran.

Die ersten 44 Tage nach der Geburt bleibt die Mutter im Haus, die ersten sieben Tage davon im Bett. Sie darf keine Hausarbeit verrichten und nicht essen, was sie will. Selbst wenn sie fit und wohlauf ist, gilt das Tabu. Sie darf in der Zeit das Haus nicht verlassen. Täglich erhält sie traditionelle Medizin und wärmt ihren Bauch. Am 45. Tag kommt die Hebamme und badet die Mutter in Wasser, das wieder mit Limonen parfümiert wurde. Damit endet das Eingesperrtsein. Geschwister des Neugeborenen – soweit schon vorhanden – erhalten zur Feier des Tages ein gutes Essen.

Beschneidung

Im Islam ist die Beschneidung für beide Geschlechter vorgeschrieben. Diese Sitte wurde von den Arabern übernommen, die sie vor der Begründung des Islam – wie die Juden – praktiziert hatten. Heute ist sie in vielen Teilen der Welt üblich und wird selbst in den USA aus Hygienegründen vielfach praktiziert. Gemeint ist natürlich die Beschneidung der Penis-Vorhaut der Jungen. Die Beschneidung der Mädchen ist dagegen symbolisch: Ein winziges Stück Haut an der Klitoris wird entfernt (in manchen Ländern Afrikas jedoch mehr: zur Abtötung der Lust). Hier ist von der traditionellen Beschneidungszeremonie für Jungen die Rede. Heute wird sie jedoch großteils unter Voll- oder örtlicher Narkose im Krankenhaus durchgeführt.

Die Knaben sind meist zwischen 10 und 12 Jahre alt. Sie müssen zum Zeitpunkt der Beschneidung die Lesung des Korans in den Koranschulen abgeschlossen haben. Voll banger Erwartung sehen sie dann dem großen Tag, vor dem es kein Entrinnen gibt, entgegen. Am Vortag wird also offiziell die letzte Koran-Lesung durchgeführt.

Am Tag der Beschneidung kommen morgens die Gäste und als Hauptperson der *Tok Mudim* (Beschneider) herbei. Er wird mit nassem Reis bestreut und ins Haus gebeten. Dort wird ihm eine Betelnuss-Schachtel mit Betelnüssen, -blättern, Limonen, Tabak, ein Goldring, etwas Geld u.a. übergeben. Normalerweise sind auch der Imam, Muezzin u.a. religiöse Männer zugegen, denn eigentlich ist die Beschneidung ja ihre Aufgabe. Durch Überreichen der Betelnussschachtel geht diese Aufgabe auf den *Tok Mudim* über.

Nun setzt sich der Junge vor den Beschneider, der ihm ein Amulett gibt und Beschwörungsformeln spricht. Zusammen gehen sie dann, begleitet von den Freunden des Knaben, zu einem nahe gelegenen Fluss. Der *Tok Mudim* wirft einen Speer ins Wasser, um Dämonen zu vertreiben. Die Buben setzen sich in ein Boot, das mit Wasser gefüllt wird. Zwei bis drei Stunden bleiben sie dort sitzen. Nach der langen Zeit im Wasser ist der Penis recht gefühllos geworden. Der Junge wird dann mit Limonen-Wasser abgewaschen – wieder, um Gefahr abzuwenden. Dann geht er ins Haus, nachdem er unter Lobpreisungen des Propheten mit nassem Reis bestreut wurde.

Nun beginnt die eigentliche Beschneidung. Im Vorderteil des Hauses wird der Beschneidungsplatz mit Vorhängen umgrenzt und alle Utensilien bereitgelegt: ein Bananenstamm, Bananenblatt, Asche, Rasiermesser, Pinzette, Medikamente. Das „Opfer" nimmt auf dem etwa einen Meter langen Bananenstamm Platz. Auf Geheiß des *Tok Mudim* spricht er nun zwei Abschnitte des Glaubensbekenntnisses. Sowie er endet, durchtrennt der *Tok Mudim* schnell die Vorhaut. Währenddessen rezitieren die Gäste hinter dem Vorhang Koranverse, nicht zuletzt deshalb, um damit die Schmerzschreie des Buben zu „ertränken". Manchmal vermeiden Eltern diesen aufregenden Augenblick und gehen ein Stück weit weg. Die Versorgung der Wunde erfordert natürlich volle Aufmerksamkeit des *Tok Mudim*, damit nicht zuviel Blut verloren geht. Danach wird der Junge zusammen mit Medizin zur Weiterbehandlung dem Vater übergeben. Der *Tok Mudim* erhält seine Geschenke und spricht zur Geisterabwehr ein letztes Mal seine Beschwörungen.

Der Knabe wird nun aufs Bett gelegt. Zwischen seinen Beinen wird ein daumendicker Bambusstock aufgestellt, der verhindert, dass die Schenkel gegen die Vorhaut reiben, eine Decke wird zeltartig über die Stange gespannt. Nach drei Tagen kann der Verband abgenommen werden. Anfangs gibt es eine Reihe Tabus für den Jungen: Er darf sich beim Essen keinen Nachschlag nehmen, darf keine spitzen Gegenstände abschneiden (sonst wächst die Vorhaut nach), darf barfuß nicht auf Hühnerkot treten (sonst verfault ihm der Penis), darf weder Kokoswasser trinken noch fettes Essen zu sich nehmen (sonst bekommt er Pickel auf dem Penis). Der Hauptsinn dieser Tabus ist natürlich, dass die Jungen nicht wild herumtoben, bis die Wunde ganz verheilt ist.

Hausbau-Zeremonie

Bevor ein Haus gebaut werden kann, muss erst geprüft werden, ob der Platz akzeptabel ist. Die Geister werden vom *Dukun* bei dieser Zeremonie angerufen und befragt, ob ihr „Enkel" dort ein Haus bauen dürfe. Dazu wird zur Zeit der Abenddämmerung Safranreis und Reiswasser auf dem Grundstück verstreut. Anschließend wird mit einem Stock, der die gleiche Länge wie die Armspannweite der künftigen Frau des Hauses hat, das Grundstück „vermessen". Dann wird er mittig in den Boden gesteckt. Daneben wird ein Glas, das mit Wasser gefüllt ist, auf den Boden gestellt und mit einem Blatt bedeckt. Der Dukun fordert den Platzgeist auf, anzuzeigen, ob er mit dem Hausbau einverstanden ist oder nicht.

Früh am nächsten Morgen kommen die Beteiligten wieder zur Stelle: Das Wasser im Glas sollte überfließen oder kurz davor sein, und der Stock sollte länger als die Armspannweite sein, dann bestehen keine Bedenken gegen den Hausbau. Nach einer Mahlzeit verstreut der *Dukun* wieder Safranreis (der stets zur Geisterabwehr verwendet wird, s.o.) und bespritzt das Holz für den Hausbau mit besonderem Wasser.

Wenn der zentrale Pfeiler für das Haus gesetzt wird, kommt auch eine Münze mit in den Boden, quasi als Gebühr für die Nutzung des Bodens. Der Pfeiler wird mit mindestens dreifarbigem Stoff (rot-weiß-schwarz) drapiert. Behängt wird er dann mit zwei grünen Kokosnüssen, die mit Reispaste eingerieben wurden. Die Nüsse bleiben nun dort, bis sie einen oder zwei Monate später zu sprießen beginnen. Geschieht dies zur gleichen Zeit, gilt das als günstiges Vorzeichen.

Am Tag der Hauseinweihung kommt der Dukun erneut und öffnet symbolisch die Tür ins Haus, wieder wird Reis verstreut und Wasser versprizt. Einige Tage später werden die Kinder des Kampong gemeinsam mit ihrem Lehrer zu einem besonderen Essen eingeladen. Der Topf, aus dem der Reis mit Kokosmilch serviert wurde, wird anschließend als Glücksbringer am Mittelpfosten aufgehängt.

Betreten des Urwalds

Bevor man den Wald betritt, bittet man den *Datuk* um Erlaubnis.

Bestattung

Stirbt jemand, wird sofort der *Imam* verständigt und dann die Angehörigen und andere. Wer am Morgen stirbt, wird am selben Abend bestattet, sonst am Mittag des nächsten Tages. Das ist nicht nur Vorschrift des Islam, sondern eine sinnvolle Regelung in den Tropen. Vorher wird der Leichnam in der Mitte des Hauses auf einem mit feinem Tuch bedeckten Brett aufgebahrt. Damit kein Schmutz auf den Körper fällt, wird darüber ein Tuch gespannt.

Die Arme werden über der Brust gefaltet, der Körper wird mit ein, zwei Decken, das Gesicht mit dünnem Stoff bedeckt. Etwas oberhalb des Magens wird eine Betelnussschere zur Geisterabwehr gelegt. Auf den Boden wird eine Schale mit Weihrauch gestellt. Diese bleibt auch nach der Bestattung weitere drei Tage an der Stelle.

Verwandte und Freunde können nun Abschied nehmen. Zum gegebenen Zeitpunkt wird der Leichnam fortgetragen und von einem Geschlechtsgenossen gründlich gewaschen und mit Kampfer und Sandelholz eingerieben. Baumwolle wird auf die Körperöffnungen und Gelenke gelegt. Dann wird der Tote ins Hauptzimmer zurückgetragen und zunächst mit einem unvernähten Hemd und Hose bekleidet, sodann in Tücher gewickelt, die mit weißen Stoffstreifen abgebunden werden. Bevor der Kopf (als letztes) verhüllt wird, bestreuen die Angehörigen den Leichnam mit Sandelholzpulver. Dann kommt er in einen vorbereiteten Sarg, dessen Boden aus einem Stück Stoff besteht. Der Sarg wird mit verschiedenen Lagen guter Tücher (obenauf einem mit Koranversen bestickten) bedeckt und von den Anwesenden zur Moschee getragen, wo Gebete gesprochen werden. Die Anwesenden erhalten von den Angehörigen für ihren Gebetsdienst etwas Geld.

Der Sarg wird zum Grab getragen, geöffnet, die Knoten um das Leichentuch gelöst, Erde wird in den Sarg gefüllt und wieder verschlossen. Dann wird das Grab zugeschüttet und mit Zweigen oder Holzstücken der Platz für die Grabsteine markiert bzw., wenn schon vorhanden, diese sofort gesetzt. Der Imam rezitiert ein letztes Mal das Glaubensbekenntnis und spricht Gebete. Dann werden Blumen über dem Grab verstreut und Sandelholzwasser versprizt. Der Imam erhält etwas Geld, die leeren Flaschen, die Matte, auf der er während der Gebete saß, manchmal auch den Schirm, mit dem er während der Zeremonie geschützt wurde.

Dann gehen nach gegenseitigem Verabschieden alle nach Hause. Für die Seele des Verstorbenen gibt es Totenfeiern am 3., 7., 14., 40. und 100. Tag nach dem Ableben, manchmal auch jährlich am Todestag.

Feste und Feiertage

Wegen der unterschiedlichen Bevölkerungsgruppen mit jeweils eigenen Religionen hat Malaysia ungewöhnlich viele Feiertage. Auch wenn der Islam Staatsreligion ist, gilt verfassungsgemäß Religionsfreiheit, also werden den anderen Religionen auch offizielle Feiertage zugestanden. Hinzu kommt, dass die Sultane bzw. Staatsoberhäupter in ihrem Land jeweils an ihrem Geburtstag einen Tag freigeben. Dazu kommt der *Agong* und weitere nationale Feiertage.

Wer seine Reiseroute (un)günstig legt, kann beim Wechsel von einem Teilstaat zum nächsten zusätzliche Feiertage „sammeln". Vorteil: manche Extra-Einlagen, Nachteil: Ämter usw. sind geschlossen. Andererseits sind aber in Malaysia irgendwo immer Geschäfte und Lokale geöffnet, es sei denn während der Fastenzeit tagsüber in einem rein malaiischen *Kampung*. Fällt übrigens in Malaysia ein Feiertag auf einen Sonntag, geht er nicht verloren, sondern wird anderntags „nachgeholt".

Islamische Feste und Feiertage

Sämtliche islamischen Feiertage sind beweglich. Der islamische Kalender richtet sich nach dem Mond und verläuft in einem 30-jährigen Zyklus, wobei jedes 2. und jedes weitere 3. Jahr Schaltjahre mit 355 statt 354 Tagen sind. Die 12 Monatsnamen sind arabisch:

■ **Israk Mikraj:** Am Abend des 27. Rejab gedenkt man der Nacht, als Mohammed zum Himmel aufstieg und von Allah den Auftrag erhielt, das Gebot der 5 täglichen Gebete einzuführen. Nur in Kedah und Negen Sembilan ist es ein Feiertag.

■ **Awal Ramadan:** Beginn des Fastenmonats. Dieser Tag ist lediglich in Johor ein Feiertag. Jedes Jahr wandert der 29 Tage dauernde Ramadan wegen des Mondkalenders ein bis zwei Wochen rückwärts. Im Jahr 2014 dauert er vom 28. Juni bis 27. Juli und 2015 vom 18. Juni bis 16. Juli.

■ **Nuzul Quran:** Am 7. Tag des Ramadan wurden Mohammed in Mekka die Suren des Koran offenbahrt. Feiertag in Kelantan, Melaka, Perak, Perlis, Selangor und Terengganu.

■ **Hari Raya Puasa:** Das Ende des Fastenmonats Ramadan, während dessen Moslems zwischen Sonnenauf- und -untergang weder essen noch trinken dürfen. Tun sie es in der Öffentlichkeit, werden sie bestraft (etwa mit Geldbußen). Abends werden dann Leckereien aufgetischt. So nehmen viele während des Fastenmonats zu statt ab. Eigentlich darf man tagsüber nichts schlucken, einschließlich Speichel (Vorsicht, wenn man dann unter dem Fenster von Moslems vorbeigeht!). Wenn das erste Zipfelchen des neuen Mondes gesichtet wird, gibt der Sultan als oberster Hüter des Islam in seinem Staat das Zeichen zum Ende der Fastenzeit. In der Regel einigen sich die Herrscher auf einen Tag.

Am Abend ziehen in den Kampongs die Männer von Haus zu Haus, beten, wünschen alles Gute und bekommen überall Knabbereien und Getränke angeboten. Am nächsten Tag, dem eigentlichen *Hari Raya Puasa*, heißt es dann bei den Malaien „Open House", zu dem auch Nicht-Moslems eingeladen sind.

■ **Hari Raya Haji:** Es findet am 10. Tag des 12. Monats *(Zulhijah)* statt, wenn die Pilger in Mekka den schwarzen Stein *Baitullah* in der *Kaaba* aufsuchen. Moslems beten in der Moschee und besuchen Freunde und Verwandte. Wer kann, opfert Ziegen oder Kühe *(Korban)* und verteilt das Fleisch an die Armen.

Alljährlich fliegen Tausende malaysischer Moslems nach Saudi-Arabien zur Teilnahme an der Pilgerfahrt. Um diese Zeit sieht man sie in weißer Kleidung an Bahnhöfen und vor allem am Subang Airport, wo sie von ihren Freunden und Verwandten verabschiedet oder als frischgebackene *Haji/Hajjah* willkommengeheißen werden. Alljährlich liest man auch von bedauernswerten Opfern, die um ihre Ersparnisse gebracht wurden, weil sie Betrügern aufgesessen waren, die Geld annahmen, aber keine Leistung brachten. Das „Pilger-Hilfswerk" *Tabung Haji* hat mit die Aufgabe, über Missbrauch zu wachen.

Dieser Feiertag wird in Kedah, Kelantan, Pahang, Perlis und Terengganu um einen Tag verlängert.

■ **Ma'al Hijrah/Awal Muharram:** Moslemisches Neujahr.

■ **Geburtstag des Propheten Mohammed:** Am Geburtstag des Propheten (571 A.D.) finden überall Prozessionen, Koranlesungen etc. statt.

Chinesische Feste und Feiertage

Der traditionelle chinesische Kalender richtet sich auch nach dem Mond. Die Monate sind 29 und 30 Tage lang. Alle 30 Monate wird ein Monat angehängt. Ein Zyklus besteht aus 5 mal 12 = 60 Jahren. Jedes der 12 Jahre steht unter einem Tierzeichen mit einer zugehöriger Charakterisierung.

■ **Chinesisches Neujahr:** Es findet jährlich zwischen dem 21. Januar und 19. Februar statt. Eigentlich beginnt das Neujahrsfest 2 Wochen vor und endet 2 Wochen nach Neujahr. Aber nur zwei Feiertage werden gewährt. Viele Geschäftsleute machen aber die ganze Neujahrswoche über ihre Läden dicht und fahren weg. Wie bei den Malaien zu *Hari Raya Puasa* heißt es dann „*Balik Kampung*", zurück ins Dorf, d.h. in den Schoß der Familie, was natürlich verstopfte Straßen, ausgebuchte Flüge, Züge, Busse und Hotels bedeutet. Allerdings werden zu diesen Zeiten zusätzliche Züge und Busse eingesetzt.

Es gibt – wie bei Chinesen nicht anders zu erwarten – viele Rituale in Verbindung mit diesem wichtigsten chinesischen Fest. Da wird z.B. sieben Tage vor Neujahr dem Küchengott geopfert. Der berichtet im Himmel über das Verhalten der Familie, also opfert man eine Süßspeise, um ihm den Mund zu verkleben bzw. damit er nur Süßes zu berichten hat.

Am letzten Tag des alten Jahres steigt das große „Reunion-Dinner", bei dem die Familie vollständig versammelt sein sollte; anschließend wird am Hausaltar und/oder im Tempel für die Seelen der Ahnen gebetet. Die Unverheirateten erhalten ihre *Ang Pows* in roten Tüten überreicht.

Mit Beginn des neuen Jahres um 23 Uhr werden alle Fenster geöffnet, um das neue Jahr hereinzulassen. Dann geht die große Knallerei los (nach den Vorschriften darf eigentlich nur am 1. und 2. und am 15. Tag des neuen Jahres geballert werden, aber niemand hält sich daran).

Man besucht einander an den ersten Tagen (mit Ausnahme des dritten Tages, um Streit zu vermeiden, wie man befürchtet). Man bringt gern Mandarinen in gerader Zahl (z.B. 4) mit. Das Wort für Mandarine klingt wie das für Gold, steht also für Wohlstand. Es werden Knabbereien und Getränke angeboten. Chinesen müssen das neue Jahr völlig neu eingekleidet beginnen.

An Neujahr werden alle Chinesen ein Jahr älter. Ein Baby von einem Monat kann dann bereits den 2. Geburtstag feiern, denn am Tag der Geburt ist es – nicht unlogischerweise – ein Jahr alt.

Am 9. Tag wird dem Himmelsgott geopfert. Die Hakka opfern Zuckerrohr, weil sie sich einmal vor ihren Feinden um diese Zeit in ein Zuckerrohrfeld retten konnten.

Am letzten Tag, dem *Chap Goh Meh*, ist es Brauch, dass junge Leute Mandarinen ins Wasser werfen, um gute Ehepartner zu finden. Während der Neujahrszeit finden überall Löwen- und Drachentänze statt.

■ **Qing Ming:** kein Feiertag; am 8. Tag des dritten Monats des neuen Mondjahres findet die chinesische Version von Allerseelen statt. Es ist ein wichtiger Termin für die Familien, die sich an diesem Tag an den Gräbern der Ahnen versammeln.

Tage vorher wird das Gras um die Gräber, die ja das ganze Jahr sich selbst überlassen bleiben, abgebrannt, dann werden die Gräber frisch hergerichtet. Am Tag selbst werden bestimmte Opfer, bestehend aus Schweinefleisch, Huhn, Ente, Obst, Süßigkeiten, Tee und Wein, ausgebreitet, Kerzen angezündet. Die Familienmitglieder entzünden der Reihe nach Räucherstäbchen, knien nieder, beten, geloben Respekt und Gehorsam, abschließend stellen sie die Räucherstäbchen in ein Gefäß. Opfergeld wird verbrannt. Zu guter Letzt – nicht unbedingt am Grab – werden die Opfergaben, von denen die Ahnen geistig genossen haben, leiblich verzehrt. Ist das Grab uner-

Die Tierkreiszeichen der nächsten Jahre

		chinesischer Neujahrsbeginn
2013:	Schlange	10.02.
2014:	Pferd	31.01.
2015:	Schaf	19.02.
2016:	Affe	08.02.

reichbar, wird die Zeremonie vor dem Hausaltar bzw. in dem Tempel, in dem die Ahnentafeln aufbewahrt werden, abgehalten.

Die Zeremonie geht auf Konfuzius (551–449 v. Chr.) zurück. Es ist in der Tat ein besonderer Anblick, die das ganze Jahr über scheinbar achtlos daliegenden Grabhügel an diesem einen Tag so voller Leben zu sehen.

■ **Wesak Day:** höchster buddhistischer Feiertag; in Thailand: *Visakha Pucha*. Gefeiert wird zugleich Buddhas Geburt, Erleuchtung und Eintritt ins Nirwana. In den thailändischen Tempeln kann man die Lichterprozessionen um den Tempel verfolgen. In allen buddhistischen Tempeln wird gebetet, Räucherstäbchen werden entzündet etc. In Melaka findet ein Korso mit geschmückten Wagen statt – wie in Bangkok.

■ **Tuan Wu Chieh:** kein Feiertag; am 5. Tag des 5. Monats wird des patriotischen Dichters *Chu Yuan* (3. Jh. v. Chr.) gedacht, der sich lieber ertränkte, als sein Land unter korrupten und intriganten Beamten leiden zu sehen. Damals warfen die Menschen Klebreis in den Fluss, um die Fische daran zu hindern, den Körper aufzufressen. Diese in Bambusblätter gewickelten Klebreis-Pyramiden *(Chung)* symbolisieren das Fest, auch als Drachenbootfest bekannt, weil dem Dichter zu Ehren mancherorts Drachenboot-Rennen stattfinden.

■ **Fest der hungrigen Geister:** kein Feiertag. Das Fest findet im 7. Monat des Mondkalenders statt. An Straßenrändern werden Opfergaben (Lebensmittel) ausgebreitet und Räucherstäbchen angezündet. Die Seelen der Toten kehren nach dem Glauben in dieser Zeit aus der Unterwelt auf die Erde zurück.

■ **Moon Cake Festival:** kein Feiertag. Das Fest wird am 15. Tag des 8. Monats gefeiert. Gedacht wird des Sieges über die Mongolen. Kinder machen Laternenumzüge, Frauen beten zur Mondgöttin, ansonsten schenkt und isst man die kalorienreichen Mondkuchen, deren Füllung nicht immer kuchenartig ist: Schmalz, Fleisch, Lotosnüsse etc.

■ **Festival of the Nine Emperor Gods:** (im Oktober) kein Feiertag; wird in Penang und KL begangen. Das Fest wird am 9. Tag des 9. Monats gefeiert. Die 9 Himmelskaiser werden verehrt. Es gibt chinesische Opern, Prozessionen; 9 Tage lang wird zu den Göttern gebetet. Viele Gläubige essen in dieser Zeit nur vegetarisch. Am 9. Tag, an dem große Umzüge stattfinden, laufen in manchen Tempelbezirken Gläubige über glühende Kohlen. Dieses Fest entspricht dem *Vegetarian Festival* auf Phuket, Thailand.

Ang Pow

Anlässlich des chinesischen Neujahrsfestes ist es Sitte, dass den unverheirateten Familienmitgliedern *Ang Pow* übergeben werden: Das sind rote (Glück verheißende), mit Glückssymbolen dekorierte Tütchen, in die ein beliebiger Betrag, mindestens 1,10 RM, gesteckt wird. Der Geldbetrag sollte gerade gegeben werden, z.B. 2, 4, 8, 20 RM etc. Aber man kann eben auch eine 1-RM-Note und ein 10-Sen-Stück schenken. Bei großer (unverheirateter) Verwandtschaft kann das ganz schön ins Geld gehen. Gerade die Kinder spekulieren sehr genau auf ihr Ang Pow. Man kann sich dem nur entziehen, wenn man um die Zeit verreist.

Heute wollen auch die malaiischen Kinder an Hari Raya ihr Ang Pow, allerdings in grünen Tüten (Farbe des Islam). Das ist eine der Sitten – wie das „Open House" –, bei denen sich die Bevölkerungsgruppen gegenseitig beeinflussen.

Indische Feste und Feiertage

Hiermit sind vor allem die hinduistischen Feste gemeint, die freilich nicht von allen Indern gefeiert werden. Schließlich gibt es ja nicht wenige Christen und Moslems unter der indischen Bevölkerungsgruppe.

Feste und Feiertage

■ **Thaipusam:** Feiertag in Penang, Selangor, Kuala Lumpur und Sarawak. Dieses in der malaysischen Form in Indien selbst verbotene Fest ist *Lord Murugan/Subramaniam,* einem Sohn *Shivas,* gewidmet. *Kavadis,* reichverzierte Opfergestelle, die die Bußgänger auf den Schultern zum Subramaniam-Tempel tragen, sind nicht die einzige Besonderheit des Festes. Nicht genug, dass diese Gestelle sehr schwer sind und der Weg u.U. (vom Mariamman- zum Subramaniam-Tempel) mehrere Kilometer betragen kann; hinzu kommt, dass sie durch Speichen und Widerhaken mit dem Körper des Bußgängers verbunden sind. Manche lassen sich noch einen Spieß durch die Wangen stecken. Das alles dient der Einlösung von erhörten Gelübden.

Zur Vorbereitung gehört: einen Monat lang vegetarisch essen, auf Geschlechtsverkehr verzichten, auf nacktem Boden schlafen ... Die Bußgänger lassen sich am bewussten Tag in Trance versetzen, bluten nicht, spüren den Schmerz nicht, es bleiben auch keine Narben. Die Wunden werden sofort nach Eintreffen im Tempel (nach drei Runden), Absetzen der *Kavadis* und Entfernen der Haken und Spieße mit heiliger Asche eingerieben. So bleibt nichts zurück.

Es gibt noch vieles zu diesem spektakulären hinduistischen Fest zu sagen, z.B. dass am Vorabend und am Abend nach dem eigentlichen Fest der Prunkwagen *Subramaniams* erst in seinen Tempel, dann wieder zurück zum Mariamman-Tempel gefahren wird, dass dabei unzählige Kokosnüsse zu Bruch gehen etc.

Am Thaipusam-Tag geht es in KL an den Batu Caves drunter und drüber. Wenn man mit über hunderttausend Menschen gemeinsam feiern will, ist das der richtige Ort. In Penang ist der Weg zum Tempel sehr schön, aber ebenfalls voll und von Touristen mehr und mehr besucht. In Ipoh hingegen sieht man kaum ein Dutzend Touristen. Dort ist das Fest noch ein reines Fest der im Ort ansässigen indischen Hindugemeinde.

■ **Maha Shiva Rathiri:** gilt nicht als Feiertag; um Ende Februar. Die ganze Nacht über werden Gebete gesprochen und Hymnen zu Ehren Shivas gesungen.

■ **Tasimagam:** kein Feiertag; etwa Mitte März. Vergleichbar mit *Thaipusam,* vor allem in Cheng 11 km nördlich Melakas.

■ **Hindu-Neujahr:** kein Feiertag; etwa Mitte April. Der erste Tag des Monats „Sitthirai", Gebete werden zu Hause und in Tempeln verrichtet.

■ **Chithra Paurnami:** kein Feiertag. Wird in Negri Sembilan, Perak und Selangor begangen; fällt auf den Vollmond des tamilischen Monats *Chithirai* und es verläuft ähnlich wie Thaipusam.

▷ Kein Blut, kein Schmerz: Thaipusam-Pilger in Ipoh

■ **Deepavali** fällt in den tamilischen Monat *Aippasi* (meist November). *Deepavali* symbolisiert den Sieg des Lichts über die Finsternis, des Guten über das Böse und der Weisheit über die Unwissenheit. An dem Tag wird in Häusern und in Tempeln gebetet, und es heißt „Open House" in der hinduistischen Gemeinde.

■ **Kantha Shashti**: kein Feiertag. Fällt auf den 6. Tag der hellen 14 Tage des Monats Aippasi. Das Fest dauert 6 Tage und ist *Subramaniam*, dem Kämpfer gegen das Böse gewidmet. Der 6. Tag ist der Höhepunkt, wenn der Kampf mit *Sooran* im Tempel als Pantomime nachgespielt wird. Besonders sehenswert im Kandasamy-Tempel in Kuala Lumpur.

Christliche Feste und Feiertage

Den Christen wird nur ein Feiertag, der 25. Dezember, zugestanden. In Sarawak und Sabah kommt noch Karfreitag hinzu. Weitere christliche Feste, die erwähnenswert sind:

■ **Fiesta San Pedro** (29. Juni): Das Fest der portugiesischen Fischer Melakas. Die Boote werden an diesem Tag besonders herausgeputzt und gesegnet, und natürlich beten die Fischer um reichen Fang.

■ **St. Anne** (26.–29. Juli): Die römisch-katholischen Christen Malaysias bitten um besondere Gunst. Zum Abschluss gibt es ein Hochamt und eine Kerzenprozession.

■ **Santa Cruz** (13.9.): Fest des „Heiligen Kreuzes" in der kleinen Heilig-Kreuz-Kapelle auf dem Malim-Hügel in Melaka. Das Fest wird zu Ehren eines angeblich Wunder bewirkenden Kreuzes abgehalten. Es gibt einen Gottesdienst und eine Lichterprozession.

■ **St. Xavier** (3.12.): Ein Fest zu Ehren von *Franz Xaver*, dem Schutzheiligen Melakas.

■ **Weihnachten** (25.12.): An diesem Tag haben die Christen „Open House". In der Vorweihnachtszeit ziehen Sternsänger von Haus zu Haus, in der Hoffnung auf milde Gaben. Sie singen „Christmas Carols".

Staatliche Feiertage

Jeder Staat hat einen Sultan oder ein entsprechendes Staatsoberhaupt, an dessen Geburtstag nicht gearbeitet wird. Der Feiertag wird am nächsten Tag nachgeholt, falls der Geburtstag auf einen Sonntag, bzw. Freitag, fällt. Die komplette aktuelle Liste findet man z.B. unter http://publicholidays.com.my/.

Kunst und Kultur

Es fehlt im Volk der Anreiz zu eigenständigem künstlerischen Schaffen und der Drang zu stetiger Weiterentwicklung und Vervollkommnung. Was die Kultur der Malaien angeht, finden wir diese weit höher entwickelt bei den Nachbarn, z.B. den Javanern. In keiner Form des Kunsthandwerks übertreffen Malaien ihre Nachbarn. An den Häusern und Palästen gibt es zwar hübsche Holzschnitzereien, aber der Islam behinderte die Entwicklung der Malerei, da Lebewesen nicht abgebildet werden dürfen. Hervoragende Beispiele der Holzschnitzkunst und Malerei gibt es jedoch bei den Völkern Sarawaks.

Selbst die **Literatur** kann wenig Eigenständiges vorweisen. Bis heute wird in Malaysia nicht viel gelesen. (Eine Bestimmung schreibt vor, dass nur derjenige Lehrer werden darf, der mindestens drei Bücher pro Jahr liest!) Auf Malaiisch erscheinen vergleichsweise wenige Bücher, hauptsächlich für den Schulgebrauch und mit religiöser Thematik. Es fehlen genügend Übersetzungen aus der Weltliteratur, und das einheimische Schaffen wurde bisher nicht nachdrücklich genug gefördert.

Konzerte und **Theateraufführungen** sind vor allem in KL von beachtlichem Standard, längst ist KL nicht mehr die „Kulturwüste", als die sie einheimische Kritiker noch vor wenigen Jahren bezeichnet haben. Mit den Welt-Metropolen kann sich KL zwar nicht messen, aber kulturelle Impulse könnten ja auch von kleineren Städten ausgehen. Die Vielfalt möglicher kultureller Einflüsse in einer multirassischen Gesellschaft ist gegeben, leider wird sie nicht genutzt.

Weder Politiker noch die Herrscherfamilien setzen in dieser Hinsicht Maßstäbe. Man orientiert sich eher pragmatisch und materiell. Die Chinesen, die ja wie die lnder ein kulturell überreiches Erbe mitbrachten, kamen nach Malaysia, um durch harte Arbeit zu Wohlstand zu gelangen. An kulturellem Schaffen haben die meisten auch heute noch wenig lnteresse. Glücksspiele wie *Mahjong* sind bei ihnen beliebter Zeitvertreib.

Natürlich gibt es eine Reihe von Vereinigungen, in denen etwa Löwen- und Drachentänze geübt werden (was ja während der Saison auch Geld bringt); da gibt es chinesische Laienorchester, auch traditionelle Tänze werden einstudiert und bei passender Gelegenheit vorgeführt. Es wird manches bewahrt. Das gilt auch für die vielfältigen indischen Tänze, die anlässlich religiöser Feste nach wie vor aufgeführt werden, es wird jedoch nichts weiterentwickelt.

Die Menschen hier stehen mitten im Leben: der Arbeitsplatz und das Geldverdienen sind wichtig, man hat noch viele unerfüllte Konsumwünsche. Die Grundbedürfnisse des Lebens lassen sich in Malaysia auch grundsätzlich gut erfüllen. Der Drang zur darüber hinausgehenden Selbstverwirklichung fehlt. Die Ansprüche ans Leben sind eher bescheiden. Die religiösen und Familienfeste liefern die Höhepunkte, ansonsten genießt man gemeinsames Essen oder Spiel.

Singapur hat heute allerdings eine sehr **aktive Kunstszene**, *National Art Council*, www.nac.gov.sg, und auch in Malaysia sind Ansätze zu mehr Kulturschaffen sichtbar (zeitgenössisch, unkonventionell: www.kakiseni.com).

Schattenspiel (Wayang Kulit)

Die islamischen Malaien (vor allem die aus Kelantan) haben sich bis heute eine hinduistische Theatertradition erhalten, die ursprünglich, und zwar vor über 1000 Jahren, wohl von Java ausging und sich nach Indien, Thailand, Kambodscha und die west-malaysische Ostküste ausbreitete: das Schattenspiel, bei dem immer wieder die altindischen Epen des *Mahabharata* und vor allem des *Ramayana* aufgeführt werden. Der thailändische Einfluss ist in allem erkennbar, so in der Gestalt der bemalten Leder-Figuren (*Kulit*) und in der begleitenden Musik der Gongs. Die Malaien hatten diesen Vorläufer des Fernsehens zu einer Zeit in ihre eigene Kultur integriert, in der der lslam sich noch nicht ausgebreitet hatte.

Die nichtislamischen Epen, die vom Kampf der Götter gegen Dämonen und damit vom Kampf des Guten gegen das Böse erfüllt sind, wurden nie als kulturelle Fremdkörper empfunden. Denn Schattenspiel war stets mehr als nur eine Wiederholung altbekannter Stücke. Der *Tok Dalang,* der Puppenspieler, fesselt seine Zuschauer durch die Dynamik seiner Darstellungskunst und seine Fähigkeit, örtliches Geschehen mit der Handlung zu verweben, sodass stets Aktualität gewährleistet ist: Kein Abend ist wie der andere. Heute noch werden in den Dörfern zu besonderen Gelegenheiten die Bambusgestelle der provisorischen Bühnen mit der etwa 2,50 x 3 m großen Leinwand aufgebaut. Nach hinten bleibt diese offen, um interessierten Zuschauern Einblick in das Spiel des *Dalang* und die Farben der Puppen zu geben. Vor Beginn jeder Vorstellung wird den Figuren durch Anrufung all der Götter und Geister „Leben" eingehaucht.

Ein Zyklus von Aufführungen dauert üblicherweise eine Woche (jeweils am Abend, drei bis vier Stunden lang) und wird mit der Verabschiedung der Über- und Unterirdischen beendet. Die malaysische Form des Wayang Kulit kann sich jedoch in keiner Weise mit der javanischen an künstlerischer Ausgestaltung messen. Wie die Batik sind auch die Figuren und die Musik weit weniger verfeinert als in Java.

Malaiische Tänze

Ähnlich wie das Schattenspiel gelangten auch viele der heute noch zu festlichen Anlässen aufgeführten Tänze aus Java auf die Halbinsel. Einerseits ist der indisch-hinduistische Einfluss noch zu erkennen, andererseits die javanische Art der Aufführung mit den eher getragenen Bewegungen. Tanz wird wie in Indonesien und Thailand von einem *Gamelan* (Orchester aus verschiedenen Gongs und Trommeln – *Gendang, Geduk, Gedombok-*, mit Flöte und dem dreisaitigen *Rebab)* begleitet. Allerdings lassen die malaiischen Gamelans die von den javanischen und balinesischen Orchestern ausgehende Faszination vermissen.

Es gibt Ernte- und Fischertänze, Kerzen- und Schirmtänze; bei einigen, z.B. *Tari Piring* (Teller-Tanz) werden symbolisch Opfer dargebracht, bei anderen stellen die Tänzer Reiter mit stilisierten Pferden dar. Manche Tänze *(Ronggeng)* ähneln Gesangswettbewerben zwischen einer Reihe Männer und Frauen. Beliebtester Tanz: Joget.

Ab und zu wird das Tanzdrama *Makyong* aufgeführt, bei dem alle Rollen bis auf zwei Komiker von Frauen gespielt werden: eine 12-teilige Romanze zwischen einem Prinzen und einer Prinzessin mit Dämonen, Hofstaat und anderen Nebenakteurinnen.

Innerhalb Malaysias gelten die Malaien als die künstlerisch begabteste Bevölkerungsgruppe, sei es als Schauspieler, Musiker (sie beherrschen die Pop-Szene), Tänzer oder Maler (einschließlich der Karikaturenzeichner wie den unnachahmlichen *LAT),* selbst als Schriftsteller – allein, es fehlt oft an Schaffensdrang und Willen zur Vervollkommnung und Weiterentwicklung.

Stammestänze der ethnischen Minderheiten

Sehenswert sind auch die unterschiedlichen Tänze (z.B. Kriegs-, Fächer-, Reigentänze) der ethnischen Minderheiten der *Orang Asli* auf der Halbinsel und besonders der Völker Borneos: z.B. der *Kadazan, Bajau, Murut* in Sabah und *Iban, Kayan, Kenyah, Punan* in Sarawak.

Indische Tänze

Aus der großen Vielfalt indischer Tänze sehen wir in Malaysia in erster Linie die südindischen Varianten. Sie werden immer noch gepflegt. Es gibt sogar Wettbewerbe zwischen Schulen um die besten Tänzer(innen) und Tanzgruppen, um das Erbe nicht untergehen

▷ Chinesisches Straßentheater

zu lassen. Bekannt sind: Bharata Natyam, Kathakalli, Odissi. Aus dem Punjab kommt deren temperamentvoller und unterhaltsamer Gruppentanz, der Bhangra.

Chinesische Oper

Anlässlich von Tempelfesten (wie dem Fest der 9 Himmelsgötter im Oktober) kann man Aufführungen der chinesischen oder Peking-Oper sehen. Für uns ist diese Theaterform sehr fremdartig, alles ist standardisiert; Individualität ist nicht gefragt:

Die Gesichter der Schauspieler verschwinden unter Gesichtsbemalung oder Masken, die den Zuschauern deutlich zeigen, was für ein Charakter den einzelnen Rollen zugeschrieben ist (Gold = Götter; Grün = Geister, Dämonen; Schwarz = geradlinig, aufrichtig, ernsthaft; Weiß (!) = verschlagen, unehrlich), die Bewegungen der Tänze sind ebenso festgelegt wie der Gesang, der – besonders bei den schrillen Frauengesängen – für unsere Ohren oft wie Katzenmusik klingt. Eher sagt uns die begleitende Orchestermusik (z.B. Flöten, Streich- und Zupfinstrumente, Zimbeln, Gongs u.a.) zu.

Die Handlung ist oft statisch: Lange Sprechgesänge frieren die Bewegungen der Akteure ein. Doch die Kampfszenen und andere getanzte Darstellungen wirken wie die ganze Oper herrlich theatralisch. Meist gibt es eine Moral. Gut siegt am Ende stets über das Böse. Es geht um Tugenden wie Liebe, Treue, Heldenhaftigkeit, Pflichterfüllung, die im Konflikt stehen zu Intrigen, Verrat, Eifersucht.

Die älteren Zuschauer kennen die Handlungen meist schon, sie sind lediglich interessiert am Gesamtkunstwerk.

156ma ml

STAAT UND GESELLSCHAFT

Geschichte

Malaysia hat eine lange Vergangenheit, aber eine vergleichsweise kurze Geschichte – diese Meinung ließe sich mit einiger Berechtigung vertreten. Bestimmt wurde die gesamte Geschichte durch Geografie und Klima. Die Lage Malaysias im Süden der Halbinsel am Treffpunkt der Nordost- und Südwest-Monsune brachte frühzeitig Seefahrer an Malaysias Küsten – vom Südchinesischen Meer her die Chinesen, vom Indischen Ozean her die Inder, Araber, später die Vorboten der europäischen Kolonialmächte.

Frühe Besiedlung

Woher die Ureinwohner stammen, lässt sich nur erahnen. Die ältesten menschlichen Knochen (Schädel eines *Homo sapiens*) wurden in den Niah-Höhlen in Sarawak gefunden und auf ein Alter von rund 40.000 Jahren geschätzt. Die ältesten Funde auf der Halbinsel (*Lenggong* in *Perak*) deuten bisher auf „nur" 10.000 Jahre Anwesenheit von Menschen hin. Das gleichbleibend warme Klima förderte zweifellos eine frühe Besiedlung. Die Menschen lebten in den Höhlen der Kalkberge (wie heute noch kleine Gruppen z.B. auf Palawan, Philippinen). Der unendliche Wald und die Flüsse boten reichlich Nahrung. Die heute noch existierenden Negrito-Stämme (etwas über 2000 Menschen) könnten Nachfahren der eigentlichen Ureinwohner sein.

Aus dem Süden Chinas, genauer gesagt aus Yünnan, dem Sammelbecken zahlreicher kleiner Völkergruppen, sind vermutlich ab 2500 v. Chr. die *Proto-Malaien* (tibeto-birmanische Volksstämme: u.a. Völker des „Goldenen

▷ Zeuge früherer Zivilisation: Felsmalerei

Dreiecks", die Mehrheit der heutigen Orang Asli, philippinische Volksstämme wie die *Igoroten*) über Burma und Thailand in das Gebiet von Halbinsel-Malaysia eingewandert. Anders als die auf der Stufe der mittleren Steinzeit lebenden frühesten Bewohner, bebauten die Neuankömmlinge Land und fuhren zur See.

Wie die *Negritos* wurden auch die *Proto-Malaien* von den ab etwa 300 v. Chr. nachfolgenden *Deutero-Malaien* (Malaien), die u.a. schon die Metall-Bearbeitung kannten, ins Landesinnere zurückgedrängt.

So ergab sich das Siedlungsgefüge, das bis in die jüngste Zeit erhalten geblieben ist: Die Rückzugsvölker der *Negritos* und *Proto-Malaien* lebten in schwer zugänglichen gebirgigen Teilen des Landesinnern, die dominierenden Malaien in unabhängigen Siedlungen an der Küste und entlang der Flüsse, vor allem in der Nähe derer Mündungen. Staatengebilde – die späteren Sultanate – entwickelten sich aus diesen Siedlungsverbänden.

Angesichts des allgegenwärtigen Urwaldes, hatten die Siedlungen wenig Kontakt miteinander. Man hatte ja al-

les Lebensnotwendige in unmittelbarer Umgebung: Dies verhinderte die Entwicklung von urbanen Hochkulturen, wie sie charakteristisch sind für die großen Stromkulturen, die sich aus dem Kampf gegen Überschwemmung usw. entwickelten. Es fehlte einfach ein besonderer Entwicklungsanreiz: Man lebte von Ackerbau und Fischfang. Entscheidungen im Dorfverband wurden durch Übereinstimmung (Konsens) getroffen. Man glaubte an eine alles durchdringende Geisterwelt, die auch heute noch nicht ganz durch den Islam verdrängt werden konnte.

Hinduistisch-buddhistische Königreiche

Die Westküste der Malaiischen Halbinsel wurde etwa ab dem ersten Jahrhundert unserer Zeitrechnung immer häufiger von indischen und etwas später von arabischen Seefahrern und Händlern aufgesucht, ihre Ostküste wurde vermutlich bereits früher von Chinesen erreicht. *Ptolemäus* trug in seine im Jahr 160 n. Chr. aufgezeichnete, erstaunlich verlässliche Weltkarte die Halbinsel als „Chersonesus Aurea" (Goldene Halbinsel) ein und erwähnt den Hafen Takola an der Westküste gar als römisches Emporium (heute glaubt man, dass dieser Ort mit dem Thailändischen Takua Pa identisch ist).

Im 4. Jahrhundert herrschte offenbar am *Sungei Patani* (im heutigen Kedah) – nach Aufzeichnungen in den Logbüchern indischer, arabischer und selbst chinesischer Seefahrer zu schließen – ein regelrechter Goldrausch. Mit den Seefahrern kamen Religion, Schrift, Wissen und neue Kulturgüter ins Land. Kleine indisch beeinflusste hinduistische Königreiche entstanden.

Rekonstruiert werden konnte der damals möglicherweise wichtigste Ort Kalah, der von Tamilen gegründet wurde: Er lag dort, wo heute die hinduistischen Tempelruinen im Bujang-Valley (in der Nähe des Kedah Peak) ausgegraben und rekonstruiert werden. Von dort gab es damals schon eine Verbindung über Land hinüber zur Ostküste: Mit Elefantenkarawanen zogen die Händler von Kalah durch den Dschungel auf die andere Seite der Halbinsel, womit sie nicht nur den Weg um die Südspitze vermieden, sondern auch den damals schon gefürchteten Piraten in der Straße von Malakka auswichen: *Kalah* hatte offenbar um das Jahr 300 herum *Takola* als Hauptstützpunkt auf der Halbinsel abgelöst, erklärte sich während der Liang-Dynastie (502–557) China gegenüber tributpflichtig und gelangte damit unter den Schutz des Reiches der Mitte.

Diese frühen Abhängigkeitsverhältnisse zu China, die sich später in Melaka (Malakka) fortsetzten, sind der heutigen, ganz auf die Bumiputra (Söhne der Erde) eingeschworenen Regierung sicher ein Dorn im Auge.

Die indischen (ab dem 9. Jahrhundert auch die arabischen) Seefahrer kamen also mit dem Südwestmonsun und tauschten Waren mit den Chinesen, die mit dem Nordostmonsun herbeigesegelt kamen. In Kalah traf man sich spätestens bis zum 15. Jahrhundert, als Melaka gegründet wurde und zunehmend an Bedeutung gewann. Marco Polo, der 1292 im Auftrage Kublai Khans durch die Straße von Malakka segelte, erwähnte Kalah nicht. Vielleicht hatte es damals weitgehend an Bedeutung verloren.

Zwischen dem 7. und 14. Jahrhundert stand die Malaiische Halbinsel unter dem Einfluss des von Sumatra ausgehenden hinduistisch-buddhistischen Großreiches *Sri-Vijaya*, anschließend beherrschte das javanische *Majapahit*-Reich die Region der südostasiatischen Inselwelt.

Insgesamt wurden die Malaien in diesem Zeitraum vor allem von der indischen Kultur geprägt. Die Einflüsse sind heute noch sichtbar: Jacke, Hut und *Songket* der malaiischen Männertracht sind indischen (die Hose übrigens chinesischen) Ursprungs wie vor allem auch das Hochzeitsritual (König und Königin für einen Tag). Das höfische Leben in den kleinen Hindu-Königreichen wurde von brahmanischen Ritualen geprägt, die Herrscher nannten sich *Raja*.

Der Aufstieg Melakas

Der erste Herrscher Melakas, *Parameswara*, stammte aus Palembang auf Sumatra (der Hauptstadt Sri Vijayas) und floh vor Angriffen aus Java erst aus Sumatra, dann um 1398 vor den Thai von der von ihm beherrschten Insel Tumasek (dem heutigen Singapur). Er ließ sich nach kurzem Aufenthalt in Muar schließlich im heutigen Melaka (benannt nach einem zufällig dort stehenden Melaka-Baum) nieder. Der Platz erwies sich als günstig: Keine Mangroven-Wälder, das Wasser tief genug für die Schiffahrt – ein idealer Hafen.

Parameswara, der sich auf Tumasek durch Piraterie bereichert hatte, wurde in Melaka ehrenwerter: Er vergab Handelskonzessionen und sicherte den Kaufleuten Schutz zu. Sich selbst schützte er anfangs sogar mit Hilfe der Thai vor den malaiischen Nachbarn.

Im Jahre 1403 entsandte der Kaiser von China seinen Botschafter *Admiral Cheng Ho* nach Melaka und verlieh *Parameswara* den Titel eines Königs (im Jahre 1411 nahm ihn der Admiral sogar nach China mit). *Parameswara* versicherte im Gegenzug allein China seine Loyalität und erkannte dessen Oberherrschaft an: Melaka wurde ein Protektorat des Reiches der Mitte, was sich als guter Schachzug herausstellte (denn die Thai im Norden wurden immer expansiver).

Der Ort hatte bald über 2000 Einwohner. Melaka wurde eine der kosmopolitischsten Städte der damaligen Welt: Mit dem Nordostmonsun kamen zu Beginn eines jeden Jahres Chinesen, Thai, Javaner, Bugis (aus Sulawesi), ab Mai die Inder und Araber mit dem Südwestmonsun. Die mitgeführten Kostbarkeiten wurden am Ort umgeschlagen: Aus China kamen Seide, Brokat, Porzellan; Gewürze von den südostasiatischen Inseln; Holzschnitzereien etc. aus Indien, Edelsteine u.a. aus Burma; Zinn und Gold, Kräuter, Früchte etc. aus den Wäldern im Umkreis von Melaka. Ja, Zinn wurde damals schon in der Nähe Melakas abgebaut.

Melaka sprach sich schnell als sicherer Hafen herum, dessen Herrscher sich mit den *Orang Laut,* den Seezigeunern verbündet hatte. Diese hielten die Piraten in der Straße von Malakka in Schach. Der Einflussbereich des Stadtstaates weitete sich immer weiter aus: 1488 kontrollierte Melaka die Westküste der Malaiischen Halbinsel, einen großen Teil der Ostküste Sumatras (also beide Küsten der Straße von Malakka) und Pahang.

Mittlerweile hatte sich jedoch einiges geändert: Die indischen Seefahrer waren wie die Araber inzwischen Moslem geworden (Indien wurde ja von den Mogulkaisern regiert). Despoten fanden Gefallen an dem neuen Glauben – kein Wunder, eignet sich der Islam mit den strengen Geboten und Verboten doch besser zur Beherrschung eines Volkes. 1414 trat *Parameswara* auch zum Islam über und nannte sich fortan ‚Sultan'. Nun kam natürlich die arabische Schrift nach Malaya: Malaiisch wurde nun nicht mehr mit der Devanagari-Schrift des Sanskrit geschrieben, sondern mit der arabischen. Die Schrift nannte sich *Jawi* (heute wieder aktuell, ist Pflichtfach in der Schule). Natürlich wurde aber neben Religion und Schrift auch das entsprechende Geistes- und Kulturgut übernommen. Malaya bekam einen arabischen „Touch".

Der Islam war den Malaien allerdings nicht erst im 15. Jahrhundert begegnet; bereits gegen Ende des 13. Jahrhunderts kamen die ersten Moslem nachweislich ins Land. Das älteste schriftliche Zeugnis des Islam in Malaysia, der Stein von Terengganu (im *Museum Negara* von Kuala Lumpur zu sehen), stammt aus dem Jahre 1303. Doch verbreitete sich diese Religion erst mit deren Annahme durch die Herrscher von Melaka.

Hundert Jahre währte die Glanzzeit des Staates, in dem 40.000 Menschen lebten. Diese hundert Jahre waren rückblickend betrachtet die große Zeit Malayas. Fast alle heutigen malaiischen Herrscherhäuser leiten sich von Melaka ab.

Der Beginn des Kolonialismus

Als erste Europäer mit Eroberungsabsichten kamen die **Portugiesen.** Der Araber *Shibab al-Din Ahmad ibn Majid* lotste *Vasco da Gama* über den Indischen Ozean in die Straße von Malakka. Damit hatte der Wettlauf zu den kostbaren Gewürzen begonnen. Das Handelsmonopol der arabischen und indischen Händler konnte gebrochen werden. Natürlich war auch ein Stück Missionsarbeit bei den Portugiesen mit im Spiel: Kreuzzug gegen den Islam, Eindämmung von dessen Einflusssphäre. Sie segelten um das Kap der Guten Hoffnung in Südafrika. Anfangs versuchten sie es friedlich: Sie bemühten sich um eine Handelsniederlassung. Möglicherweise rochen die Einheimischen und die moslemischen indischen Händler aber „den Braten", und sie versuchten, die portugiesische Flotte in ihre Gewalt zu bekommen. Doch fast alle Portugiesen konnten entkommen: Ein Grund zum Wiederkommen.

1511 war es soweit: *Alfonso de Albuquerque* belagerte Melaka. Gegen die Kanonen und Gewehre konnte *Sultan Mahmud* trotz seines Heeres und seiner Kampfelefanten nichts ausrichten: Melaka fiel am 24. August 1511.

Die Portugiesen bauten sich die Festung *A Famosa,* in der sie lebten und die 130 Jahre allen Belagerungen standhielt. Die Besatzer wurden zunehmend unbeliebter: Zum einen beanspruchten sie für sich das Monopol für den Gewürzhandel (mit dem in Europa 40–50-facher Gewinn erzielt werden konnte), dann verlangten sie hohe Hafensteuern und ließen Schiffe nur mit Genehmigungspapieren durch die Straße von Malakka segeln. Auch mit ihrer Missionierung (besonders aktiv ab 1545: *Franzis Xavier,* der bis nach Japan gelangte) gewannen sie wenig Freunde. Nachdem 1580 das Mutterland von Spanien annektiert worden war, ging es langsam bergab.

1641 eroberten die **Holländer,** die nach der Gründung der *„Vereinigten Ostindischen Kompanie"* im Jahre 1602 auf eigene Faust den Gewürzen nachjagten und sich 1621 Batavia (Jakarta) als Stützpunkt aufgebaut hatten, nach 7-monatiger Blockade die Festung und damit die Stadt. Melaka wurde von den Holländern als Außenposten gehalten, die bedeutendere Zentrale blieb jedoch Batavia.

Die nicht-holländischen Händler mieden Melaka zunehmend und wandten sich nach Johore (dort hatte der jüngere Sohn *Mahmuds* ein Sultanat gegründet). Doch gab es regionale Konkurrenz aus Aceh (im Norden Sumatras), von den Minangkabau (MittelSumatra) und den Bugis aus Sulawesi. 1673 verlor Johore nach einem Angriff aus Sumatra seinen Einfluss wieder. Perak gewann wegen seiner reichen Zinnvorkommen an Bedeutung (hierin hatte sich der ältere Sohn *Mahmuds* zurückgezogen).

Der nächste und letzte Schritt auf dem Wege europäischer Kolonialisierung ging von **England** aus: Die *East India Company,* die vor allem Tee aus China importierte, brauchte einen geschützten Hafen im Bereich der Bucht von Bengalen. *Francis Light* schwatzte 1785 dem Sultan von Kedah die Insel Penang für einen Handelsstützpunkt ab. Der Sultan hoffte vergeblich, wie sich bald herausstellen sollte – auf englische Unterstützung im Kampf gegen die Thai im Norden. Als er merkte, dass es den Engländern um anderes ging, wollte er sich die Insel wieder zurückholen, aber die Engländer kamen ihm zuvor und griffen ihrerseits die Flotte des Sultans an. Dem blieb nichts anderes übrig, als der *East India Company* die Insel ganz zu verpachten. Der Hafen blühte schnell auf. 1794 starb *Francis Light* in *Penang* an Malaria.

1795 übernahmen die Engländer auch Melaka, weil Holland in der Heimat von den Franzosen vereinnahmt worden war und die Sieger nun auch die niederländischen Stützpunkte haben wollten. Das aber musste nach Auffassung der Holländer und Engländer verhindert werden (die Niederländer wollten die Häfen nach dem Krieg natürlich wiederhaben, Melaka wurde 1824 nach einem nochmaligen Zwischenspiel der Holländer durch Tausch gegen Bencoolen auf Sumatra endgültig britisch.

1819 betrat *Stamford Raffles* Singapur, wo er nur etwa tausend Malaien und Orang Laut vorfand, und errichtete

dort einen Handelsstützpunkt, um damit „... endlich das holländische Monopol (zu) brechen." 1824 wurde die Insel vom Sultan von Johore ganz an die Briten abgetreten. Der Freihandelshafen war vom Beginn seiner Geschichte an äußerst erfolgreich: Die Bevölkerung hatte sich 1824 schon auf 11.000 Menschen erhöht.

1826 schlossen sich die drei britischen Stützpunkte Penang, Melaka und Singapur zur „*Straits Settlement*" zusammen, 1867 erhielten sie den Status einer Kronkolonie.

Um sich nicht zu verzetteln, beschloss der Verbund, sich nicht in innermalaiische Angelegenheiten einzumischen: Das ließ sich jedoch nicht vermeiden, da mit der wachsenden Zinnförderung in Perak und Selangor, bedingt durch die erhöhte Nachfrage mit Beginn der Konservenindustrie, Unruhe aufkam: Die zu Tausenden eingewanderten chinesischen Minenarbeiter bzw. Zinnunternehmer waren großenteils in sich gegenseitig befeindenden Geheimbünden organisiert, die Sultane machten sich auf höherer Ebene ebenfalls die Macht streitig. Um die Interessen der eigenen Firmen, die in den Zinnabbau voll investierten, zu schützen und zu verhindern, dass sich u. U. die Deutschen breit machten, griffen die Briten dennoch ein: Im *Vertrag von Pangkor* (1874) vereinbarten sie, dass dem Sultan von Perak fortan ein „Berater" zur Seite gestellt wurde, der in allen Angelegenheiten außer Religion und Adat (traditionelle malaiische Sitten) das Sagen hatte.

Nach und nach erhielten auch die Staaten Selangor und Negeri Sembilan britische Berater. Pahang akzeptierte diese erst nach einem Krieg (1891), welcher zu einem stolzen Meilenstein des malaiischen Unabhängigkeitskampfes (Nationalheld *Mat Kilau*) wurde.

Geschichte

Dschungel wurde großflächig gerodet. Kautschuk wurde noch vor Zinn, von dem die Hälfte der Weltproduktion aus Malaya stammte, zum Hauptwirtschaftsprodukt des Landes. Damit kamen nun auch sehr viele Inder (meist Tamilen) als willige Plantagenarbeiter ins Land. Die Engländer kamen mit der Mentalität der Malaien nicht klar (die nicht in Plantagen arbeiten wollten). So erstand die mehrrassige Gesellschaft mit den für sie charakteristischen Lebensbereichen.

Dabei ist es bis heute geblieben. 1931 hatte Malaya eine Bevölkerung von ca.4 Millionen Menschen: 49 % Malaien, 34 % Chinesen, der Rest: Inder, Ureinwohner, Europäer und andere Minderheiten.

Japanisches „Zwischenspiel"

Im Dezember 1941 besetzten japanische Truppen Malaya, im Februar 1942 kapitulierten die Briten, die sich gleichzeitig mit Deutschland im Krieg befanden und ihr Augenmerk auf den europäischen Kriegsschauplatz richteten.

Die Herrschaft der Japaner war brutal. Chinesen hatten darunter besonders zu leiden, weil die Japaner glaubten, dass sie (bedingt durch Japans Krieg gegen China) auf Seiten der Engländer stehen würden. Viele Chinesen flohen in den Dschungel und formierten sich zur *„Malayan People's Anti-Japanese Army"* (MPAJA). Die Europäer mussten z.T. an der Eisenbahnlinie von Thailand nach Burma mitarbeiten („Die Brücke am Kwai").

www.fotolia.de ©Andrea Seemann

1896 wurde der Malaiische Staatenbund gegründet. Hauptstadt wurde Kuala Lumpur, von wo aus die Föderation straff gelenkt wurde, Johore kam 1914 dazu. Die Staaten im Norden: Perlis, Kedah, Kelantan und Terengganu unterstanden bis zu diesem Jahr dem König von Siam, danach mussten auch sie britische Residenten anerkennen.

Zu Beginn des 20. Jahrhunderts entwickelte sich mit der Erfindung des Autos der Kautschukanbau rapide (die ersten Setzlinge waren aus Brasilien über England nach Singapur und Kuala Kangsar geschmuggelt worden). Der

Der Weg zur Unabhängigkeit

Im September 1945 war der japanische Spuk zuende. Die Briten übernahmen das Land wieder, wollten eine *Malayan Union* mit straffer zentraler Kontrolle gründen. Dagegen wehrten sich die Malaien. Im März 1946 wurde als Gegenbewegung die *United Malay National Organization* (UMNO) unter dem Vorsitz von *Dato Onn Jaafer* gegründet. Das führte dazu, dass anstelle einer Union am 1. April 1948 die Föderation Malaya gegründet wurde. Diese beließ den einzelnen Sultanaten ihre Souveränität.

Singapur blieb britische Kronkolonie. Sarawak (seit 1841 von den „weißen Rajas" der Familie *Brooke* regiert)

Santiago-Tor aus der Zeit der Portugiesen

und Sabah (seit 1881 von der *„British North Borneo Company"* verwaltet) erhielten 1946 denselben Status.

Die in den Dschungel vor den Japanern geflüchteten Chinesen, Malaien und Briten, die sich zur MPAJA zusammengeschlossen hatten, wollten lieber eine Republik. Sie organisierten unter Führung von *Chin Peng* Streiks, führten Attentate auf europäische Minen- und Plantagenbesitzer durch – kurz, sie stifteten Unruhe mit dem Ziel, die Wirtschaft lahmzulegen: Der Notstand wurde ausgerufen. Die Zeit des „Nervenkrieges" dauerte offiziell bis 31.7.1960. Aber die Nachwirkungen sind bis heute deutlich spürbar. immer noch geht die Armee auf Kommunistenjagd in den Dschungel, immer noch gibt es „Curfew"-Gebiete. Im Gegensatz zu Thailand denkt Malaysia nicht daran, eine Generalamnestie zu gewähren, um dieses Kapitel endlich abzuschließen.

Aber zurück zu den Anfängen dieses Nervenkrieges. Die Kommunisten waren gut organisiert, zwangen viele Dörfer am Rande des Dschungels zur Zusammenarbeit, bis unter Führung von *Sir Harold Briggs* eine Umsiedlungsaktion in 500 neue, gut gesicherte Dörfer zur Unterbindung des Nachschubs und damit zur entscheidenden Schwächung der Kommunisten führte. 1955 war ihre Macht gebrochen – aber der Notstand – wie erwähnt – erst mit der in solchen Fällen üblichen Verzögerung von 5 Jahren aufgehoben.

1951 hatte sich die UMNO mit der ebenfalls antikommunistischen und -kolonialistischen *„Malayan Chinese Association"* (MCA) und 1954 mit dem *„Malayan Indian Congress"* (MIC) zur Allianz der Barisan zusammengeschlossen. Diese Allianz wurde unter Führung von *Tunku Abdul Rahman* (Sohn des Sultans von *Kedah*) Wegbereiter der Unabhängigkeit. Nach erfolgreichen Verhandlungen mit der brtischen Regierung in London und den notwendigen Vorbereitungen (Entscheidung über Verfassung, politisches System, etc.) erklärte der *Tunku* am 31. August 1957 *Merdeka*, die Freiheit, und wurde der erste Ministerpräsident Malaysias.

Die Entstehung Malaysias

Singapur wollte sich ab 1959 unter Führung von *Lee Kuan Yew* Malaya anschließen, um von Großbritannien unabhängig zu werden. Grundsätzlich willigte *Tunku Abdul Rahman* ein, um den kommunistischen Einfluss unter der mehr als eine Million Chinesen Singapurs damit einzudämmen, aber für den Zuwachs an Chinesen, der die Malaien aus der Mehrheit drängen würde, musste ein Ausgleich gefunden werden: Sabah und Sarawak sollten sich dem Staatenbund anschließen. Brunei wollte nicht mitmachen (wer teilt auch schon gern seinen Reichtum aus der Erdölförderung auf?), Sarawak und Sabah jedoch waren einverstanden. Nicht so Indonesien und die Philippinen. Letztere hatten alte Ansprüche auf Sabah (das früher teilweise dem Sultan von Sulu unterstand). Indonesien träumte unter *Sukarno* von einem Superstaat unter Einschluss von ganz Malaysia und Brunei.

Jedenfalls begann schon vor der Gründung von Malaysia am 16. 9. 1963 die *„Konfrontation"* („Zerschlagt Malaysia"), vor allem von Kalimantan aus. 1966 endete die *„Konfrontasi"* mit dem Sturz *Sukarnos*. Die diplomatischen Beziehungen zu Indonesien und den Philippinen wurden wiederaufgenommen.

Ein Jahr zuvor hatte sich Singapur wieder von Malaysia gelöst und wurde unabhängige Republik, ein Schritt zur Wahrung malaiischer Dominanz in der Politik. Sonst hätten u.U. die Chinesen die Regierung stellen können.

Die Regierung begann nun mit der Durchsetzung der Neuen Ökonomischen Politik, die den Malaien mehr Beteiligung an der Wirtschaft, bislang von den Chinesen beherrscht, geben sollte. Es wurden Gesetze geschaffen, die in allen Belangen die Malaien bevorzugten. Ab dem 13. Mai 1969 entlud sich der Ärger über die Benachteiligung der anderen Rassen in Kuala Lumpur in blutigen Unruhen. Hunderte von Menschen starben.

Im Oktober 1987 zeigte sich, wie labil das Gleichgewicht nach wie vor war, als nach im Grunde unbedeutenden Streitereien zwischen UMNO auf der einen Seite und MCA bzw. DPA *(Democratic Action Party)* auf der anderen Seite (über den Einsatz nicht-mandarin-sprechender Lehrer in chinesischen Schulen) Ministerpräsident *Mahatir* kurzerhand unter Berufung auf den vielseitig anwendbaren *Internal Security Act* (ISA) 106 Gegner der Regierung einsperren ließ.

Offiziell hieß es, die Einheit des Landes dürfe nicht aufs Spiel gesetzt werden. Aber dass es nicht nur um Rassenfragen ging, ließ sich daran erkennen, dass z.B. auch Umweltaktivisten, die sich gegen die Abholzung in Sarawak und damit verbundene negative Konsequenzen für den Lebensraum der *Punan* einsetzten, mit verhaftet wurden. Selbst dem *Tunku* (der *Mahatir* aus der Partei geworfen hatte) wurde eins ausgewischt, indem man die Zeitung *„Star"*, deren Herausgeber er war, vorübergehend verbot.

Abgesehen davon ist Malaysia heute einigermaßen stabil. Der Staatenbund der *Association of South-East Asian*

Nations (ASEAN: Brunei, Indonesien, Laos, Malaysia, Myanmar, Philippinen, Singapur, Thailand, Vietnam), dem Malaysia seit 1967 angehört, erweist sich als stärkender Faktor.

Wirtschaftlich konnte sich das Land seit der Ära *Mahatir* gut entwickeln: Erweiterung der von Zinn und Kautschuk angeführten Produktpalette um Palmöl, Erdöl und Nutzholz, zudem zunehmender Aufbau verarbeitender Industrie machten aus dem Entwicklungsland ein Schwellenland. Mit der neuen Entwicklungspolitik (NPD) möchte *Mahatir* die Vision 2020 (Wawasan 2020) erfüllen, aus Malaysia bis zum Jahr 2020 ein „Newly Industrialized Country" (NIC) zu machen.

Die südostasiatische **Wirtschaftskrise** machte sich auch in Malaysia bemerkbar und versetzte dieser Aufbruchsstimmung einen Dämpfer. Seit *Mahatir* seinen langjährigen Vize *Anwar Ibrahim* nicht nur abgesetzt, sondern ihn ins Gefängnis hat werfen lassen, mehrt sich Unmut unter vor allem jungen Malaien über seine mehr als 22 Jahre währende Dauerherrschaft. Doch behielt Mahatir stets das Szepter in der Hand.

Die Oppositionspartei regierte 2001 bereits zwei Ostküstenstaaten: nach Kelantan nun auch Terengganu. Nach dem Terroranschlag vom 11. September 2001 hielt sich *Mahatir* betont zurück, um Ausgleich bemüht zwischen der Anbindung an die westlichen Industrieländer und den Interessen der Fundamentalisten unter den Moslems, von denen einige Gruppen Kontakte zu islamischen Terrornetzwerken unterhalten. Ein bedeutender Einschnitt in der malaysischen Politik war der lange geplante Rücktritt von *Dr. Mahatir* aus der Politik nach 22 Jahren im Amt. Nachfolger ist *Mohammed Abdullah Badawi*, ein zuvor wenig auffälliger Karrierediplomat und langjähriger Außenminister unter *Mahatir*. Aber er hat bisher alle Zweifler positiv überrascht. Sein auf Ausgleich und Kompromiss ausgerichteter Regierungsstil brachte 2004 einen überzeugenden Wahlsieg und eine Niederlage für PAS in Terengganu, womit dieses Ostküstensultanat wieder in den Händen der UMNO ist. Nun wird nur noch Kelantan von der PAS regiert. Diese Partei genießt aber auch in Terengganu noch viele Sympathien. PAS bemüht sich zudem derzeit um ein positiveres Image unter jungen Leuten. Lediglich das Wirtschaftswachstum ist leicht auf 4,8 % abgebremst wegen der 2005 stark gestiegenen Ölpreise. Nach den Jahren der bombastischen Staatsausgaben unter *Mahatir* muss außerdem der Haushalt erst einmal wieder konsolidiert werden. Das Land entwickelt sich weiterhin kräftig weiter mit rund 5 % Wirtschaftswachstum.

Die Wählergunst hat sich 2008 gegen *Muhammed Abdullah* gewendet, und *Mahatir's* einziger Weggefährte, dann Widersacher, *Anwar Ibrahim*, ist nach Jahren politischen „Exils" wieder im Parlament und damit Führer der Opposition. *Najib Razak*, Sohn von *Tun Abdul Razak*, dem 2. Premierminister Malaysias, ist seit dem 3.4.2009 der 6. Premierminister des Landes und macht einstweilen eine gute Figur. Die letzten Wahlen wurden am 5. Mai 2013 abgehalten. UMNO ist einmal mehr als Sieger hervorgegangen, die Opposition konnte das „Wunder" eines Machtwechsels auch dieses Mal nicht vollbringen.

Der malaysische Staat

Malaysia ist eine parlamentarisch-demokratische Wahlmonarchie. **Staatsoberhaupt** ist der König *(Yang di-Pertuan Agong)*, der von den malaiischen Herrschern *(Ruler)*, den Sultanen, für jeweils fünf Jahre gewählt wird. Genaugenommen stimmen die Sultane über die Wahl des nächsten Königs ab. Zuletzt ging man jedoch der Reihe nach vor.

Seit dem 13.12.2011 regiert *Sultan Abdul Halim Mu'adzam Shah* aus Kedah. Vor einigen Jahren wurde eine mittlerweile recht erfolgreiche Initiative ins Leben gerufen, die Privilegien der Sultane einzuschränken und ihre Immunität bei kriminellen Vergehen aufzuheben. Andererseits werden die Reformen nie wirklich weit genug gehen, weil die Sultane allen Einschränkungen ihrer Privilegien zustimmen müssen. Aber für Gesetze ist ihre Zustimmung nicht mehr notwendig.

Der König hat eine ähnlich repräsentative Funktion wie unser Bundespräsident. Er unterzeichnet die Gesetze, jedoch wird von ihm erwartet, dass er auf Rat der Regierung handelt. Offiziell steht er dem Parlament vor, er hält dort jedoch lediglich zu Beginn der Sitzungsperiode eine Rede (wie die englische Königin).

Die **Regierung** ist nach dem Muster westlicher Demokratien aufgebaut. Tatsache ist jedoch, dass Malaysia nach wie vor eine Oligarchie ist: Wenige an der Spitze haben Macht über das, was in der Regierung bestimmt wird. Die Zahl der Wahlberechtigten ist im Vergleich zur Gesamtbevölkerung erstaunlich gering. Wie in Singapur hält man in Malaysia nicht viel von Demokratien westlicher Machart: Das Gemeinwohl kommt vor der individuellen Freiheit.

Es gibt ein aus zwei Kammern bestehendes **Parlament**: den **Senat** *(Dewan Negara,* 96 Mitglieder) und das **Repräsentantenhaus** *(Dewan Rakyat).*

40 der Mitglieder des **Oberhauses (Senat)** werden durch den König bestimmt, die verbleibenden 29 werden von den einzelnen Staaten gestellt, und zwar je zwei pro Staat. Der Senat entspricht also weitgehend unserem Bundesrat. Er soll Gesetzesvorlagen prüfen, ggf. verbessern, kann sie verzögern, jedoch nicht ablehnen. Ein Senator bleibt drei Jahre im Amt.

Das **Repräsentantenhaus**, nach englischem Vorbild das Unterhaus, besteht aus 177 Abgeordneten, die je einen Wahlkreis vertreten. Sie werden für einen Zeitraum von fünf Jahren gewählt und müssen mindestens 21 Jahre alt sein. Natürlich kann das Parlament vorzeitig aufgelöst werden. Wie im Deutschen Bundestag werden im Repräsentantenhaus Gesetzesvorlagen vorbereitet.

Das **Kabinett** ist offiziell ein Ministerrat, der vom König ernannt wird, um ihn in der Ausübung seiner Funktion zu unterstützen. An der Spitze des Kabinetts steht der **Premierminister** (PM), der vom König ernannt wird. Der PM wählt seine Minister und Stellvertreter aus Mitgliedern des Parlaments aus und schlägt sie dem König vor.

Auf Landesebene ist der jeweilige **Sultan** „Landesvater", mit Ausnahme von Melaka und Pulau Pinang, wo der Vertreter des Königs und das offizielle Landesoberhaupt der **Gouverneur** ist. Seine Amtszeit beträgt vier Jahre. Der Sultan ist offiziell Beschützer der Malaien und des Islam.

Analog zum Bundesparlament gibt es auch **Landesparlamente,** die jedoch nur aus einer

Der malaysische Staat

Kammer bestehen. An der Spitze des Landeskabinetts steht der *Menteri Besar* (Ministerpräsident). In Sabah und Sarawak heißen die „Chief Minister" *Ketua Menteri*, unterscheiden sich jedoch nicht in ihren Funktionen.

Die Staaten sind unterteilt in **Distrikte** *(Daerah)*, denen der District Officer *(Pegawai Daerah)* vorsteht. Interessanterweise haben in Malaysia nur ganz wenige Städte den City-Status, und zwar KL, Penang und Ipoh (seit 1988), Kuching in Sarawak kam im Jahre 1989 hinzu. Diesen **Cities,** *Bandaraya,* steht der *Datuk Bandar* (Bürgermeister) vor. Die übrigen Städte werden vom Land bzw. Bezirk mitregiert und verwaltet.

Regierungsparteien

Die Regierungskoalition (*Barisan Nasional*) besteht aus 13 Parteien und hat im Parlament *(Dewan Rakyat)* 137 Sitze inne:

- **United Malays National Organisation** (*UMNO,* dominierende Partei Malaysias, 78 Sitze)
- **Malaysian Chinese Association** (*MCA*, größte Chinesen-Partei, 15 Sitze)
- **Malaysian Indian Congress** (*MIC,* größte Partei der Inder, 4 Sitze)
- **Malaysian People's Movement Party** (*GERAKAN,* 2 Sitze),
- **People's Progressive Party** (*PPP,* hauptsächlich in Perak, 0 Sitze. Die Partei ist Teil der Koalition *Barisan Nasional,* in der letzten Legislaturperiode nicht im Parlament vertreten)
- **United Bumiputera Heritage Party** (*PBB,* 14 Sitze)
- **Sarawak United People's Party** (*SUPP,* älteste Partei Sarawaks, 5 Sitze)
- **Sabah United Party** (*PBS,* 1 Sitz)
- **Liberal Democratic Party** (*LDP,* 1 Sitz)
- **United Sabah People's Party** (*PBRS,* 1 Sitz)
- **United Pasokmomogun Kadazandusun Murut Organisation** (*UPKO,* 4 Sitze)
- **Sarawak Progressive Democratic Party** (*SPDP,* 4 Sitze)
- **Sarawak People's Party** (*PRS,* 6 Sitze).

Oppositionsparteien

- **People's Pact** (*Pakatan Rakyat, PR,* 4 Parteien, 76 Sitze):
- **People's Justice Party** (*PKR,* von *Anwar Ibrahim* gegründet, s. „Geschichte", 24 Sitze)
- **Democratic Action Party** (*DAP,* Opposition in Malaysia mit chin. Dominanz, regiert Penang, 23 Sitze)
- **Islamic Party of Malaysia** (*PAS,* streng islamisch, regiert Kelantan, Kedah, 29 Sitze)
- **Sarawak National Party** (*SNAP,* 1 Sitz) außerdem:
- **Malaysian People's Party** (*PRM,* 2 Sitze)
- **Socialist Party of Malaysia** (*PSM*)
- **Malaysian Democratic Party** *(MDP,*
- **Sabah Progressive Part** *(SAPP)*

Nationale Symbole

Die Nationalflagge

Die Flagge besteht aus 14 waagerechten, rotweißen Streifen mit einem blauen Feld in der linken oberen Ecke. Das Feld enthält einen gelben abnehmenden Mond und einen 14-zackigen Stern. Diese Symbole haben folgende Bedeutung:

- **Streifen:** gleichberechtigte Position der 13 Staaten und des Bundesterritoriums in der Föderation
- **Blaues Feld:** Einheit der Völker Malaysias
- **Mond:** Symbol des Islam, der Staatsreligion ist

◁ Der Autor (re) zu Besuch beim Tunku Abdul Rahmen, dem ersten Premierminister Malaysias

- **Stern:** Einheit der 13 Staaten mit der Bundesregierung
- **Gelbe Farbe** von Mond und Stern: Farbe der Herrscher (Sultane).

Das Staatswappen

Das Wappen wird gekrönt von einem Stern über einem Mond (Bedeutung s.o.). Im Wappen wird die erste Reihe durch 5 *Keris* (Malaiische Messer) gebildet: Sie stehen für die früheren *Unfederated Malay States:* Johor, Kedah, Kelantan, Perlis, Terengganu. Die 4 Felder (rot, schwarz, weiß, gelb) in der Mitte symbolisieren die früheren *Federated Malay States:* Negeri Sembilan, Pahang, Perak und Selangor.

Links ist Penang (*Pinang* = Betelnussbaum und Brücke), rechts Melaka (Melaka-Baum), unten links Sabah, unten rechts Sarawak, in der Mitte befindet sich die nationale Blume: *Bunga Raya* (Hibiscus); die Tiger rechts und links gehörten schon zum alten Wappen.

Die königliche Standarte enthält vor gelbem Hintergrund das Staatswappen, umgeben von einem schokoladenfarbenen Blumenkranz.

Die Nationalhymne

Sie basiert auf einer aus den Seychellen stammenden Melodie (dorthin war ein Ex-Sultan von Perak von den Briten ins Exil geschickt worden).

Die fünf Pfeiler

Unsere Nation, Malaysia, strebt danach:
- größere Einheit unter ihren Völkern herzustellen,
- eine demokratische Lebensweise aufrecht zu erhalten,
- eine gerechte Gesellschaft, in der der Wohlstand der Nation gleichmäßig verteilt ist, zu schaffen,
- freien Zugang zu ihren vielfältigen kulturellen Traditionen sicherzustellen,
- eine fortschrittliche Gesellschaft, die an moderner Wissenschaft und Technik orientiert ist, aufzubauen.

Wir, ihr Volk, bemühen uns vereint, diese Ziele durch folgende Prinzipien zu ereichen:

1. Kepercayaan kepada Tuhan
   (Glaube an Gott)
2. Kesetiaan kepada Raja dan Negara
   (Loyalität gegenüber König und Land)
3. Keluhuran Perlembagaan
   (Unumstößlichkeit der
   Verfassung)
4. Kedaulatan Undang-undang
   (Herrschaft des Gesetzes)
5. Kesopanan den Kesusilaan
   (Gegenseitiger Respekt
   und gutes Sozialverhalten).

Die Nationalhymne

Negara ku,
tanah tumpahnya darah ku
Rayat hidup bersatu dan maju:
Rahmat bahagia Tuhan kurniakan
Raja kita selamat bertakhda.

In unserem Staat,
dem Land unserer Geburt,
lebe lange das Volk
in Einheit und Wohlstand;
möge Gott unser Land beschützen,
möge unser König lange leben.

Die fünf Pfeiler

Als Folge des „Incident" am 13. Mai 1969 wurden fünf Pfeiler *(Rukunegara)* einer **nationalen Philosophie** als einigende Faktoren mit vorausgehender Deklaration eingeführt (siehe Kasten links). Die **5 Prinzipien** des *Rukunegara* stehen an jeder Schule des Landes.

Die nationale Blume

Bunga Raya (Hibiscus) wurde von Händlern vermutlich vor dem 12. Jahrhundert aus China, Japan oder Inseln im Pazifik eingeführt. Die rote, fünfblättrige Variante dieser schönen, auch heilkundlich vielseitig verwendbaren Pflanze wurde zum Symbol ausgewählt.

Wirtschaft

Mit einem geplanten jährlichen Wirtschaftswachstum von durchschnittlich 6 % hält Malaysia nach wie vor am ehrgeizigen, einst unter Premierminister *Dr. Mahatir* formulierten Ziel fest, bis zum Jahr 2020 von einem Schwellenland zu einer hoch entwickelten Volkswirtschaft aufzuschließen, mit entsprechend hohem Einkommensniveau der Bevölkerung. Im Juni 2010 legte die Regierung den **10. Malaysia Plan** vor, der vor allem auf Förderung der Privatwirtschaft, Steigerung der Wettbewerbsfähigkeit und Lebensqualität setzt. Wie in den vorangegangenen 5-Jahresplänen sind erneut große Infrastrukturvorhaben geplant: u.a. Ausbau des Schienennetzes des öffentlichen Nahverkehrs in Kuala Lumpur und im umgebenden Klang Valley, weiterer doppelgleisiger Ausbau von Bahnlinien und vollständige Elektrifizierung der Nord-Süd-Linie, sieben neue Autobahnen, Hafenprojekte, Erhöhung der Kapazität von Flughäfen, zwei Kohlekraftwerke, Aluminiumschmelzen in Sarawak, Schaffung einer Media City und eines International Financial District in KL. Auch ist eine weitere Verbesserung des Geschäftsumfeldes vorgesehen, da liegt Malaysia bereits an der 23. Stelle, zwei Plätze vor Deutschland, will aber in die „Top 10" aufsteigen. Neu hinzugekommen ist in 2010 ein Konzept für **„One Malaysia"**, das zu größerer nationaler Einheit, ethnischer Toleranz und Regierungseffizienz aufruft.

Der 9. Malaysia Plan hielt nicht, was sich die Regierung von ihm versprach. Probleme sind sinkende Privatinvestitionen, Mangel an Fachkräften bei gleichzeitiger Abwanderung qualifizierter Kräfte, Ressourcen werden nicht effizient genug eingesetzt, die Produktivität sinkt, und die südostasiatischen Nachbarn schlafen auch nicht. Die Wirtschaftsdynamik stützt sich nach wie vor auf zwölf Schlüsselbereiche: Erdöl und -gas, Palmöl, Finanzdienstleistungen, Handel, Tourismus, Informations- und Kommunikationstechnik, Elektrotechnik und Elektronik, Bildung, Gesundheitsversorgung inklusive Gesundheitstourismus, Geschäftsdienstleistungen, Landwirtschaft und Ausbau von Groß-Kuala Lumpur. Die neu geschaffene *Economic Transformation Unit* soll die Dynamik koordinieren und unterstützen. Grüne Technologien, Logistik, Fahrzeug-, und Luftfahrtindustrie sollen daneben unter Führung der jeweiligen Ministerien weiter ausgebaut werden.

Die Wirtschaft stand bisher stets im Fokus staatlicher Planung. Ein sehr kontroverses Beispiel ist die 1971 nach den Rassenunruhen von Chow Kit/KL am 13.Mai 1969 (s. Kapitel: „Geschichte") formulierte **New Economic Policy** (NEP), die einen Anteil der Malaien und Ureinwohner *(Bumiputera)* von 30 % an der malaysischen Wirtschaft und Rückgang der Armutsrate unter Bumiputera von seinerzeit 65 % vorsah. Beim Zugang zu höheren Bildungseinrichtungen, staatlich gefördertem Hauserwerb sowie der Führung von öffentlichen Unternehmen gab es hohe Quoten für *Bumis,* wie Bumiputera kurz genannt werden. Zwar ist das Ziel nicht ganz erreicht worden: Der Anteil von Bumis an malaysischen Unternehmen beträgt erst knapp 20 %, aber die Armut ging auf 3,8 %, unter Bumis auf 5,3 % zu-

rück. Doch die Politik der *affirmative action,* wie sie *Tun Razak,* der Vater des derzeitigen Premierministers, damals formulierte, förderte auch Oligarchien, Vetternwirtschaft, Korruption, Ineffizienz, Empfängermentalität und den Unmut unter den chinesischen Geschäftsleuten, die keinen fairen Wettbewerb erwarten können. So wird denn die Politik zunehmend liberalisiert, aber noch nicht ganz aufgegeben. Nun sollen stattdessen u.a. Wettbewerb und Innovationen gefördert werden. Subventionen u.a. für Treibstoff, Speiseöl, Zucker, Mehl lassen sich schwer ganz abbauen, dabei machen sie rund 22 % der Regierungsausgaben aus. Ausländer sollen für Treibstoff den Marktpreis zahlen.

Statistik

Malaysia hat in SO-Asien die drittgrößte Wirtschaft und liegt in der Kaufkraftparität weltweit immerhin an 30. Stelle. Das Bruttoinlandsprodukt liegt bei rund 308 Milliarden USD (Industrieanteil 42 %, Dienstleistungen 48 %, Landwirtschaft 10 %) und bei einem Brutto-Pro-Kopf-Inlandsprodukt von knapp 15.000 USD. Die Inflation lag zuletzt bei nur 1,6 %, die Arbeitslosigkeit bei 5 %; unter der Armutsgrenze lagen nur 3,5 % der Bevölkerung. Malaysia ist Mitglied der folgenden internationalen Handelsorganisationen: Welthandelsorganisation, APEC und ASEAN.

Das komplette **Statistische Jahrbuch** (Malaiisch-Englisch) können Sie als PDF-Datei herunterladen: http://www.statistics.gov.my/portal/index.php?option=com_content&id=959&Itemid=111&lang=en.

Hauptindustrien

■ **Westmalaysia:** Erdöl und -gasförderung und -verarbeitung, Kautschuk- und weiterhin zunehmend Palmölerzeugung und -weiterverarbeitung, Leichtindustrie, Elektronik, Zinnabbau und -verarbeitung, Holzindustrie inkl. Verarbeitung, in **Sabah** und **Sarawak** Erdöl- und -gasförderung, Holzindustrie.

Wichtigste Exportgüter

Elektronik, Erdöl, Flüssiggas, Holz und Holzerzeugnisse, Palmöl sowie Produkte aus Palmöl, Gummi, Textilien, Chemikalien.

Wichtigste Exporthandelspartner

Singapur 13,9 %, China 12,2 %, USA 10,9 %, Japan 9,8 %, Thailand 5,4 %, Hongkong 5,2 %.

Wichtigste Importgüter

Erdölprodukte, Elektronik, Maschinen, Plastikprodukte, Fahrzeuge, Eisen- und Stahlerzeugnisse, Chemikalien.

Wichtigste Importhandelspartner

China 13,9 %, Japan 12,5 %, Singapur 11,1 %, Thailand 6 %, Indonesien 5,3 %, Südkorea 4,6 %, Deutschland 4,2 %, Taiwan 4,2 %.

Landwirtschaft

■ **Halbinsel-Malaysia:** Palmöl, Kautschuk, Kakao, Ananas, Reis (abnehmend, Import aus Thailand), Tabak.
■ **Sabah:** Subsistenzwirtschaft, Kautschuk, Kakao, Holz, Kokosprodukte, Reis.
■ **Sarawak:** Kautschuk, Pfeffer, Holz.

◁ Ölpalmfrüchte

Rohstofforientierte Wirtschaftszweige

■ **Erdöl** und **Erdgas:** Beim Erdöl liegt Malaysia bezogen auf die Förderkapazität weltweit an 24. Stelle, das entspricht einer jährlichen Fördermenge von 4,84 Mrd. Barrel oder 770 Mio. m^3. Beim Ergas wird eine Tagesförderung von derzeit 120.000 m^3 erreicht, die Reserven sollen für Erdöl noch 18, für Erdgas noch 35 Jahre reichen.

■ **Andere Bodenschätze:** Bauxit, Kaolin, Tonerde, Silicium, Antimon, Wolfram, Kupfer, Kohle, Kalk, Barit, Phosphate, Granit und Marmor werden in vergleichsweise geringen Mengen abgebaut, etwas Gold wird im Gebiet von Gua Musang gewonnen.

Einkommensniveau

Es gibt ca. 6 Millionen Haushalte, deren Einkommen verteilt sich folgendermaßen:

■ 8 % unter 1000 RM, 30 % 1000–2000 RM, 20 % 2000–3000 RM, 13 % 3000–4000 RM, 9 % 4000–5000 RM, 15 % 5000–10.000 RM, 5 % über 10.000 RM. Lehrer verdienen rd. 3000 RM, das entspricht einem monatlichen Einkommen von rd. 715 €. Die Regierung strebt bis zum Jahr 2015 ein durchschnittliches jährliches Pro-Kopf-Einkommen von 38.500 RM (rd. 9200 €) an.

Tourismus

Malaysia unternimmt große Anstrengungen zur Förderung des Tourismus, der drittgrößter Wirtschaftsfaktor hinter der verarbeitenden Industrie und dem Erdölsektor ist.

Der Tourismus hat sich in den letzten drei Jahrzehnten gut entwickelt, 24 Millionen Touristen sind avisiert, eine Zahl, die etwas irreführend sein kann, wenn man bedenkt, dass jeder Bewohner Singapurs nur fünfmal im Jahr über den Causeway-Damm ins benachbarte Johor Bahru zu fahren bräuchte, damit diese Zahl erreicht wäre. Eher bescheiden ist die Zahl der **Deutschen**, die 2010 das Land besuchten, es waren rund 130.000 mit einer Steigerungsrate von 15 % in den vergangenen Jahren.

Der Tourismus stand lange im Schatten der **Nachbarn Thailand und Indonesien.** Von staatlicher Seite hatte man an einigen schönen Stellen im Land Bungalowanlagen im malaiischen Stil angelegt und sie im Vergleich zu besseren Anlagen in den Nachbarländern unverhältnismäßig teuer angeboten. Inzwischen sind viele der staatlichen Anlagen privatisiert und werden mit Erfolg von Pauschaltouristen genutzt.

Daneben entstehen immer mehr neue, teilweise **luxuriöse Anlagen.** Eindeutig zielt das Ministerium für Kultur, Kunst und Tourismus auf anspruchsvolle Reisende, bei denen der Ringgit locker sitzt. So stellte man gegen Ende der 1990er Jahre befriedigt fest, dass Touristen im vergangenen Jahrzehnt pro Kopf deutlich mehr mehr Geld in Malaysia ausgegeben haben als zuvor.

Die Zahl der Hotels hat sich in den vergangenen Jahren auf knapp tausend mit rund 100.000 Zimmern verdoppelt; die meisten neuen Hotels haben mindestens drei Sterne. Wer in den vergangen Jahren mehrfach im Land war, hat unschwer feststellen können, dass die Hotels der Mittel- und Luxusklasse preislich enorm angezogen und sich dem internationalen Standart auch in dieser Beziehung angeglichen haben.

Das Land wirbt zurecht vor allem mit seiner größtenteils noch intakten tropischen Natur, mit herrlichen Stränden, Tauchgründen und Urwaldtouren. Daneben hat die Bevölkerungsvielfalt für den Reisenden faszinierende Aspekte: architektonische Highlights, eine Vielfalt kulinarischer Genüsse, traditionelle Feste, die Lebenswelt der unterschiedlichsten Kulturen auf engem Raum.

Zusätzlich schafft man weitere Attraktionen in Form von internationalen Sport- und anderen Veranstaltungen. Ein großes Ereignis waren die Commonwealth-Spiele 1998, die einen Aufwand ähnlich dem der Olympischen Spiele erforderten. Auch die Ausrichtung der *Sea Games* 2001 war ein großer Erfolg; die Freude über den Gesamtsieg wurde auch durch den Terroranschlag vom 11. September kaum geschmälert.

Der internationale Flughafen Sepang Airport (40 km südlich von Kuala Lumpur) kann bis zu 100 Millionen Passagiere befördern. Unter „Dr. M", wie der frühere Premierminister *Mahatir* häufig genannt wird, hat das verhältnismäßig kleine Land gelernt, groß zu denken und zu handeln. Und das gilt auch für den Tourismus.

Die staatliche Tourismus-Behörde heißt *Tourism Malaysia* bzw. *Malaysia Tourism Promotion Board* (MTPB). Es gibt auch Zweigstellen in Europa (Adressen: siehe Kapitel „Informationsstellen").

Medien

Zeitungen

Die staatliche Kontrolle der Presse ist in den letzten Jahren erheblich gelockert worden, zum einen, weil sich die Lage zwischen den unterschiedlichen Bevölkerungsgruppen deutlich entspannt hat, zum anderen weil Kuala Lumpur zu einem internationalen Medienzentrum werden soll. Von wahrhaft freier Presse kann jedoch in keinem der drei Staaten, Malaysia, Singapur, Brunei, die Rede sein. Kritische Opposition in der Politik wird nicht

☑ Immer auf dem neuesten Stand

oder nicht wirklich toleriert. Die Printmedien haben sich daran längst angepasst. Wer freie Meinungsäußerungern zu Malaysia lesen will, begibt sich daher ins Internet: www.malaysiakini.com.

Die **großen Tageszeitungen** für West-Malaysia sind *Berita Harian* und *Utusan Malaysia* auf Malaiisch, *New Straits Times, The Star* und *The Sun* auf Englisch und *Nanyang Siang Pau* auf Chinesisch. Die noch recht junge *Sun* macht den übrigen Blättern Konkurrenz.

In Sabah beherrscht der mehrsprachig erscheinende *Daily Express* neben einem chinesischen Blatt den Markt, in Sarawak sind *See Hua Daily News* und *Malaysia Daily News* (beide chinesisch) von Bedeutung.

Unter den **Wochenzeitungen** finden sich neben einigen malaiischen Blättern die auf Englisch erscheinenden *New Sunday Times* und *Sunday Star*.

Englischsprachig und kritisch sind die Monatszeitungen der Opposition **The Rocket** (DAP) und **Aliran**. Die Zeitung für die Wirtschaft ist die **Business Times.**

Rundfunk

Es gibt vier staatliche Radiosender, die teilweise auf Englisch senden, und in KL einen lokalen englischsprachigen Sender, außerdem einen privaten: *Time Highway Radio.*

Fernsehen

Radio Television Malaysia (RTM) unterhält **vier staatliche Sender.** Im Programm sind Filme und Serien auf Malaiisch, Kantonesisch/Mandarin, Tamilisch und Englisch. Nachrichten auf Englisch: 18 Uhr (TV 3), 21.30 Uhr (TV 2).

Die einzige private Fernsehanstalt ist *Sistem Televisyen Malaysia Bhd* (STMB).

Das Schulsystem

Es besteht neun Jahre Schulpflicht. Mit sechs Jahren können die Kinder eingeschult werden. Zunächst gehen sie (großteils noch nach Geschlechtern getrennt) sechs Jahre auf die **Grundschule** *(Sekolah rendah).* Auf dieser Stufe ist *Bahasa Malaysia* noch nicht die allein verbindliche Unterrichtssprache. Für die chinesischen und indischen Kinder gibt es eigene Grundschulen, in denen Chinesisch und Tamil die jeweiligen Unterrichtssprachen sind. Dadurch können die Kinder eine gute Basis in diesen Sprachen erhalten. In malaiischen Schulen bleibt niemand sitzen. Alle Kinder werden automatisch versetzt. Am Ende der dritten und fünften Klassen (Standard 3 und 5) werden zwar Prüfungen durchgeführt, genannt *Evaluation Test (Ujian Pencapaian),* doch haben sie keinen Einfluss.

Die Schuluniform besteht aus dunkelblauer Hose bzw. Rock und weißem Hemd.

Nach dem Ende von Standard 6 wechseln die Kinder automatisch auf die **Mittelschule** *(Sekolah Menengah).* Die Kinder, die auf die chinesischen bzw. tamilischen Grundschulen gingen, müssen in einer einjährigen Zwischenstufe *(Remove Class)* den Anschluss an Malaiisch und den sonstigen Stoff der allgemeinen Schulen, u.a. auch Englisch, das die Kinder ab Schuleintritt lernen, schaffen.

Neben den normalen Schulfächern kommen in der neuen Schule als Wahlfächer hinzu: Haus- und Landwirtschaft, Handel, Industrie. Unterrichtssprache auf dieser Schule ist einheitlich Bahasa Malaysia.

Nach der dritten Klasse der Mittelstufe (Form 3) müssen alle das **Pflichtexamen** *Sijil Rendah Pelajaran* (SRP, *Lower Certificate of Education)* ablegen.

Erst nach Bestehen dieses Examens geht es weiter mit Form 4 und 5. Ein Großteil der Kinder hört allerdings mit Ende der Form 3 auf. In den beiden folgenden Klassen spezialisieren sich die Schüler auf Kunst, Naturwissenschaft, Technik, Berufsausbildung.

Das Schulsystem

Nach diesen zwei Jahren folgt das nächste Examen: *Sijil Persekolahan Malaysia* (SPM, *Malaysian Certificate of Education*).

Überwinden sie diese Hürde, kommen sie in die Form 6, an deren Ende sie das *Sijil Tinggi Persekolahan Malaysia* (STPM, *Malaysian Higher School Certificate Examination)* ablegen müssen, dies ist die letzte Hürde vor der Universität.

Schuluniform auf der *Sekolah Menengah* ist für Mädchen hellblauer Trägerrock und kurze weiße Bluse für Chinesinnen und Inderinnen sowie blauer langer Rock und langärmliges, weißes Hemd *(Baju Kurung)* für Malaiinnen. Die Jungen tragen erst kurze, dann lange dunkelolivgrüne Hosen und weiße Hemden.

Auf der Mittel- und Oberstufenebene gibt es verschiedene Schultypen, darunter eine Reihe von **Internaten,** die häufig religiös (= islamisch) ausgerichtet sind (wir haben da unsere Klosterschulen). Es gibt auf der Oberstufe auch die Möglichkeit, sich auf englische, amerikanische oder australische Unis vorzubereiten und die notwendigen Examina abzulegen.

Es gibt **neun staatliche Universitäten** in Malaysia:

- **Universiti Malaya** = *University of Malaya* (die älteste) in Kuala Lumpur.
- **Universiti Kebangsaan Malaysia** = *National University Malaysia in Bangi* (nahe KL).
- **Universiti Pertanian Malaysia** = Landwirtschafts-Universität in Serdang.
- **Universiti Sains Malaysia** = *University of Science* in Penang.
- **Universiti Teknologi Malaysia** = *University of Technology Malaysia* in KL und Johor Bahru.
- **Universiti Utara** = Uni des Nordens in Jitra.
- **International Islamic University Malaysia**
- **University Malaysia Sarawak** (seit 1992)
- **University Malaysia Sabah** (seit 1994)
- Eine Universität auf Langkawi ist in Planung.

Malaien dürfen überrepräsentativ 75 % der Plätze an den Unis besuchen. Daher sehen sich viele Chinesen und Inder gezwungen, ins Ausland zu gehen. Manche Malaien studieren ebenfalls im Ausland – allerdings in aller Regel mit Stipendium, während die Eltern bzw. Familien für die Kosten der chinesischen und indischen Student(inn)en selbst aufkommen müssen.

Nach dem Studium möchten alle einen sicheren Job: beim Staat. Drei von vier Jobs dort werden jedoch an Malaien vergeben. Heute gehen auch mehr und mehr Malaien mit staatlicher Förderung in die Wirtschaft und Industrie. Die zur Elite gehörenden Sprösslinge der Malaien studieren häufig an ausländischen Elite-Unis und bereiten sich auf Karrieren in multinationalen Unternehmen vor. Für die Chinesen bleibt – wie üblich – Business und für Inder einer der freien Berufe, bevorzugt Medizin und Jura.

Es gibt für **ausländische Kinder** in Malaysia ein paar international ausgerichtete Schulen, in Petaling Jaya auch eine kleine deutsche Schule für ca. 60 Kinder. Für Kinder nördlich von KL bleibt in Penang die englisch ausgerichtete *Uplands-School* (bis Form 5 = Klasse 11) bzw. die amerikanische Missionsschule *Dalad-School* (bis Form 6). Eine etwas größere deutsche Schule gibt es in Singapur, während Bangkok bisher neben den internationalen für deutschsprachige Kinder eine Schweizer Schule hat.

Autoren | 720
Literaturtipps | 690
Mini-Sprachführer Malaiisch | 694
Register | 707
Reise-Gesundheits-
  Information | 700

7 Anhang

◁ Regenwald in Temburong, Brunei

Literaturtipps

Deutschsprachige Literatur zu Malaysia, Singapur und Brunei wird hierzulande nur spärlich angeboten. Ältere, auch englischsprachige Standardwerke sind häufig nur noch über den Internet-Versandhandel, machmal auch online verfügbar. Vor Ort sieht es natürlich anders aus, allerdings ist Literatur dort nur auf Malaiisch bzw. Englisch zu finden. Hier einige Beispiele von Bibliografien und Literaturlisten, die das reichhaltige Angebot belegen:

- www.mgcsf.org/biblio/biblio.htm (sehr umfangreiche Malaysia-Bibliografie und -Filmografie)
- www.nationsencyclopedia.com/Asia-and-Oceania/Malaysia-BIBLIOGRAPHY.html (eine weitere, weniger umfangreiche Malaysia-Bibliografie)
- http://mindymcadams.com/malaysia/books_novels_my.htm (private Seite mit Besprechungen englischsprachiger Romane über die Region)
- www.lib.nus.edu.sg/bib/singlit/index.html (kritische Bibliografie von Literatur aus Singapur)

Länderkunde/ allgemeiner Überblick

Die wichtigsten Titel sind hierzulande am ehesten online einzusehen, andernfalls nicht oder nur schwer zugänglich, z.B.:

- Crouch, Harold: **Government and Society in Malaysia**, Cornell University Press, 1996. Ausgezeichnete Einführung in das politische System Malaysias; Martin Lutterjohann lehrte mehr als ein Jahrzehnt an der National University Malaysia. www.questia.com/library/book/government-and-society-in-malaysia-by-harold-crouch.jsp.
- da Cunha, Derek: **Singapore in the New Millennium: Challenges Facing the City-State,** Institute of Southeast Asian Studies, Singapur, 2002. Politologische Analysen des Singapurs des 21. Jh.: www.questia.com/PM.qst?a=o&d=110 20 9443.
- Dufner, Wolfram: **An der Straße von Malakka,** Societäts-Verlag 1996. Reflexionen eines deutschen Botschafters über Malaysia, Singapur und Brunei Mitte der 1980er Jahre, über deren erfolgreiche wirtschaftliche Entwicklung und autoritäre Regierungsstile.
- Gomez, Edmund Terence: **The State of Malaysia: Ethnicity, Equity, and Reform,** Routledge Curzon, New York, 2004. Ausgewählte Beiträge von Referenten der *International Malaysian Studies Conference*, 2001, veranstaltet durch die *Malaysian Social Science Association*.
- Jordan, Rolf: **Singapur: Globale Stadt und autoritärer Staat,** Horlemann, 2007. Einblick in die autoritären Politik im Stadtstaat und ihre Auswirkungen auf das Alltagsleben der Menschen in sieben Essays.
- Mauzy, Diane K. und Milne, R. S.: **Politics under the People's Action Party,** Routledge, 2002, online lesbar: www.questia.com/PM.qst?a=o&d=102237398.
- Swee-Hock, Saw und Kesavapany, K.: **Malaysia: Recent Trends and Challenges,** Institute of Southeast Asian Studies, Singapur, 2006. Neuere Trends in der malaysischen Politik bis zu den Wahlen 2004 aus Sicht Singapurer Autoren.
- Siebert, Rüdiger: **Vision Malaysia,** Horlemann, 2008. Von den persönlichen Erfahrungen des Autors geprägte Entdeckungsreise nach Malaysia und Brunei.

Kultur und Alltag der Malaien, Chinesen und Inder

- Aarau, Alice und Craig, JoAnn: **Reisegast in Malaysia und Singapur,** Iwanowski, 1999, gebraucht im online-Versand. Guter und schnell zu lesender Überblick.
- Dom, Mohtar bin H. Md.: **The bomoh and the hantu** (Federal cultural series), Federal Publications, 1979, online-Versand (gebraucht).
- Eberhard, Wolfram: **Lexikon chinesischer Symbole,** Diederichs Gelbe Reihe, Bd. 68, 5. Auflage 2005.
- Lee, K. L.: **Emerald Hill, the Story of a Street in Words and Pictures,** Singapore, National Museum, 1984. Geschichte des Wandels einer Straße.
- Munan, Heidi: **Culture Shock! Malaysia: A survival guide to customs and etiquette,** Marshall Cavendish Ltd., 2008. Einführung in die Lebenswelt der multikulturellen und multiethnischen Bevölkerung Malaysias.
- Sheppard, Mubin: Taman Indera: **Malay Decorative Arts and Pastimes,** Oxford University Press, 1973, gebraucht im online-Versand.

- Sullivan, Margaret: **Can Survive, La: Cottage Industries in Highrise Singapore,** Graham Brash, Singapore, 1985.

Ethnologie

- Carey, Iskandar: **Orang Asli: the aboriginal tribes of Peninsular Malaysia,** Oxford University Press, 1976, im online-Versand (z.B. Abe Books). Carey, nach dem eine Insel mit Mah-Meri-Bevölkerung nahe Port Klang benannt wurde, war unter britischer Herrschaft zuständig für Orang Asli-Angelegenheiten, sein Buch gilt allgemein als Standardwerk.
- Geddes, William R.: **Nine Dayak Nights,** Oxford in Asia Paperbacks, OUP, 1985. Interessant und unterhaltsam geschriebene Forschungsergebnisse aus einem abgelegenen Dorf der Land-Dayaks in Sarawak, wo sich der Anthropologe zwei Jahre lang aufgehalten hat. Der Titel bezieht sich auf den lokalen Held Kipachi, dessen Mythos ihm in neun Nächten erzählt wurde.
- Harrison, Tom: **World within: A Borneo Story,** OUP Australia & New Zealand, 6. Auflage 1984. Gebraucht im online-Versand erhältlich. Sehr gut und unterhaltsam geschriebenes Buch über das Volk der Kelabit im Hochland von Bario (Sarawak) im 2. Weltkrieg; der Autor war lange Zeit Kurator des Sarawak Museums in Kuching.
- Stüben, Peter E.: **Die neuen „Wilden": Umweltschützer unterstützen Stammesvölker – Theorie und Praxis der Ethno-Ökologie,** ökozid 4, Gießen 1988.
- Werner, Roland: **Mah-Meri of Malaysia Art and Culture,** University Malaya, 1997. Umfassende Darstellung einer Orang Asli-Gemeinschaft, zweisprachige Erklärungen der Bedeutung von Mythen und Masken, viele Abbildungen, kann in staatlichen Museen gekauft werden.

Geschichte

- Boon Kheng, Cheah: **Malaysia: The Making of a Nation,** Institute of Southeast Asian Studies, Singapur, 2002. Guter Überblick über die Geschichte Malaysias durch den Singapurer Autor, online lesbar, www.questia.com/PM.qst?a=o&d=110209147.
- Comber, Leon: **13 May 1969: A Historical Survey of Sino-Malay Relations,** Heinemann. 1983, im online-Versand, Analyse des traumatischen Ereignisses (siehe Kapitel „Land und Leute", „Geschichte").

Naturbeschreibungen

- Devivere, Beate: **Das letzte Paradies,** online-Versand.
- George, Uwe: **Regenwald, Vorstoß in das tropische Universum,** Gruner & Jahr, 9. Auflage, 2000.
- Homann, E. und K.: **Naturreiseführer Malaysia,** NTV Verlag, Münster 2010. Sehr ausführliche Beschreibungen der immer zu findenden Arten, aber auch seltener Tier- und Pflanzenarten.
- Homann, E. und K.: **Reiseführer Natur – Malaysia.** BLV München 1992. 39 Naturreiseziele werden hinsichtlich ihrer Flora und Fauna ausführlich beschrieben und bebildert.
- Robson, Craig: **Birds of South-East Asia** (Field guide to), New Holland Publishers, Concise Ed. Edition, 2005, Standardwerk für Vogelfreunde.
- Saadi-Varchmin, Beatrix: **Dschungel im Ohr und unter der Haut. Im malaysischen Regenwald unterwegs.** Mit Audio-CD, Wiesenburg, 2009. Beschreibung der Erlebnisse und Begegnungen auf zwei Reisen der Autorin mit ihrem Mann in den Taman Negara.
- Shuttleworth, Charles: **Malaysia's Greens & Timeless World,** online-Versand.
- Tweedie, M. W. F. and Harrison, J. L.: **Malayan Animal Life,** Longmans, 1956, online-Versand.
- Wallace, Alfred Russell: **The Malay Archipelago,** Periplus, 2000, Nachdruck des Klassikers über Fauna und Flora von 1869.
- Whitmore, Thomas C.: **Tropische Regenwälder. Eine Einführung,** Spektrum Akademischer Verlag, DEA, 1993. Sehr gute Einführung in die Artenvielfalt und Ökologie; dazu ausführliche Bestandsaufnahme der permanenten Bedrohung tropischer Wälder und Überblick über Hilfsmaßnahmen zu deren Rettung.

Reiseschilderungen

- Bird, Isabella, L.: **The Golden Chersonese – Travel in Malaya in 1879.** Online-Versand (z.B. Asia Bookroom).
- Bock, Carl: **Unter den Kannibalen auf Borneo.** Online-Versand (gebundene Ausgabe von 1887).
- Innes, Emily: **The Chersonese with the Gilding Off,** Cambridge Scholars Publishing, 2009.
- Maxwell, George: **In Malay Forests.** Online als pdf: www.rhinoresourcecenter.com/ref_files/1178937322.pdf.
- Walls, Dennis/Martin, Stella: **In Malaysia.** Online-Versand.

■ Wavell, Steward: **The Lost World oft he East: An Adventurous Quest in the Malayan Hinterland.** Online-Versand.

Romane und Kurzgeschichten

■ Ambler, Eric: **Waffenschmuggel,** Diogenes Verlag, 11. Auflage 2007. Spannender Krimi aus der Zeit, als kommunistische Rebellen gegen unterschiedliche Besatzer kämpften.

■ Aw, Tash: **Die Seidenmanufaktur „Zur schönen Harmonie",** rororo, 2007. Preisgekrönter Debütroman des in Taiwan geborenen, in Malaysia aufgewachsenen und in England ansässigen Autors über einen Sohn chinesischer Einwanderer im Malaya der 1940er-Jahre.

■ Fauconnier, Henri: **Malaisie, Soul of Malaya,** Didier Millet, 2007.

■ Flint, Shamini: **Die tödliche Familie Lee. Inspektor Singh ermittelt in Malaysia,** Langen-Mueller, 2009. Krimi aus der Welt des Business mit Blick auf soziale und (umwelt-) politische Aspekte.

■ Hawa: **Literarische Stimmen malaysischer Frauen,** Horlemann, 2008. Sammlung von Kurzgeschichten von 23 Autorinnen aus Malaysia bietet eine ausgezeichnete Möglichkeit, sich in die Gefühle, Lebensregeln und sozialen Grundsätze ihres Kulturkreises hinein zu versetzen.

■ Manicka, Rani: **The Rice Mother,** Hodder & Stoughton, 2003. Packend geschriebener Roman über eine Tamilin aus Sri Lanka, die ihrem Mann nach Malaya folgt und dort die brutale japanische Besetzung im 2. Weltkrieg erlebt.

■ Ritchie, James und Jong, Johnson: **Maneating Crocodiles of Borneo,** Natural History Publications (Borneo), 2002.

■ Said, A. Samad: **Feuer über dem Fluß: Roman aus Malaysia,** Horlemann, 1994. Der malaysische Autor gibt in seinem Roman eine psychologisch fundierte, realistische Schilderung von Menschen seines Heimatlandes in einer extremen Situation.

■ Samarasa, Preeta: **Abend ist der ganze Tag,** Ullstein, 2008. Sprachgewaltiger Debütroman über den Niedergang einer in Ipoh/Malaysia lebenden, gut situierten indischen Familie Ende des 20. Jahrhunderts.

■ **Die Geschichte von Hang Tuah.** Eine Erzählung aus dem 16. Jahrhundert über den malaiischen Volkshelden, C.H. Beck Verlag, 1988.

■ **Sya'ir Awang Simawn,** Bruneis wichtigstes mündlich überliefertes episches Gedicht, das die Geschichte des kulturellen Helden Simawn erzählt. Hier der Link zu einem wissenschaftlicher Artikel dazu: www.sil.org/asia/philippines/ical/papers/maxwell-assessing%20the%20epic%20status.pdf.

Praktische Informationen

■ Homann, E. und K.: **MERIAN Kompass, Kulinarischer Sprachführer Asien.** Perfekter Begleiter in alle Restaurants und auch zu den Märkten. Gräfe und Unzer, München 2003.

■ Homann, E. und K.: **Reiseknigge Asien,** Koval Verlag, Unterfischbach 1998. Das ideale „Antworten"-Buch für alle Fragen vor der Reise und unterwegs.

■ Kuster, Reto: **Was kriecht und krabbelt in den Tropen?** Reise Know-How Verlag, Bielefeld. Dieser Praxisband gibt einen Überblick über Insekten, Spinnentiere, Schlangen und anderes Kleingetier, mit denen Tropenreisende rechnen müssen.

■ Lutterjohann, Martin: **Malaiisch – Wort für Wort,** Reise Know-How Verlag, Bielefeld; aus der Reihe „Kauderwelsch". Praktisch und auf Traveller-Bedürfnisse zugeschnitten. Begleitendes Tonmaterial (Audio-CD) ebenfalls erhältlich.

■ Werner, David: **Wo es keinen Arzt gibt.** Reise Know-How Verlag, Bielefeld, Taschenbuch. Medizinisches Gesundheitshandbuch für unterwegs.

■ **Singapore Explorer: The Complete Residents Guide** (Living & Working for Expats), Explorer Publishing, 2007. Handbuch für diejenigen, die im Stadtstaat zu leben gedenken.

Weiterer Titel für die Region von REISE KNOW-HOW

**Malaiisch
Wort für Wort**
Martin Lutterjohann

978-3-89416-047-0
160 Seiten | Band 26
Umschlagklappen mit Aussprachehilfen und wichtigen Redewendungen, Wörterlisten Malaiisch – Deutsch, Deutsch – Malaiisch

7,90 Euro [D]

Im Kauderwelsch Sprachführer sind Grammatik und Aussprache einfach und schnell erklärt. Wort-für-Wort-Übersetzungen machen die Sprachstruktur verständlich und helfen, das Sprachsystem kennenzulernen. Die Kapitel sind nach Themen geordnet, um sich in verschiedenen Situationen zurechtfinden und verständigen zu können – vom ersten Gespräch bis zum Arztbesuch. In einer Wörterliste sind die wichtigsten Vokabeln alphabetisch einsortiert und ermöglichen so ein rasches Nachschlagen. Einige landeskundliche Hinweise runden diesen handlichen Sprachführer ab.

www.reise-know-how.de

Mini-Sprachführer Malaiisch

Malaiisch *(Bahasa Melayu)* hat etwa 200 Millionen Sprecher und ist damit eine der am häufigsten gesprochenen Sprachen (= *bahasa*) der Welt. Sie gehört zur malayo-polynesischen Gruppe der austronesischen Sprachfamilie, die sich von Madagaskar bis zur Osterinsel und von Taiwan bis Neuseeland erstreckt. In Malaysia heißt sie **Bahasa Malaysia**, in Indonesien **Bahasa Indonesia**. Beide unterscheiden sich in erster Linie nur durch den Wortschatz, der u.a. in Brunei, Malaysia, Singapur, wo Malaiisch Amtssprache ist, als Folge der Kolonialzeit Lehnwörter aus dem Englischen aufnahm, während Bahasa Indonesia sich aus dem Holländischen bediente. Die Zahl der Erstsprecher von Malaiisch bildet nur in Brunei die Mehrheit, in Malaysia sind es die Hälfte, in Indonesien nur etwa 13%, den andern dient es als Arbeits- und Verkehrssprache. **Englisch** wird nach dem Vorbild Singapur auch in Malaysia wieder stärker als Zweitsprache gefördert, nachdem es zeitweise von der Politik bewusst zurückgedrängt wurde. Neben den Malaien (50%) sprechen die zahlreichen **ethnischen Gruppen** der Ureinwohner (11%) ihre eigenen Sprachen, die **Chinesen** (24%) ihre jeweiligen Dialekte und Mandarin, die **Inder** (7%) u.a. Tamil, Malayalam, Punjabi, Telugu und Hindu. Legale und illegale **Gastarbeiter** (6–7%) stammen vor allem aus Indonesien, ansonsten Süd- und Südostasien, sie müssen Malaiisch lernen bzw. sprechen es von Haus aus (Indonesier). Mehr zum Thema Sprache im Abschnitt „Die Menschen und ihre Kultur".

Buchtipp

■ *Martin Lutterjohann:* **Malaiisch – Wort für Wort**, Reihe Kauderwelsch, REISE KNOW-HOW Verlag.

Schreibweise und Aussprache

Malaiisch wird im Prinzip geschrieben, wie es gesprochen wird, und zwar lateinisch **(rumi)**. Es gibt aber auch eine Variante, die arabisch geschrieben wird **(jawi)**, man sieht sie z.B. in Zeitungen. Die Schreibweisen von Lehnwörtern, aber auch malaiischen, haben sich immer wieder verändert: z.B. Bahnhof (station) früher steshen, dann stesyen, heute setesen oder stesen; früher kampong, gunong, telok, heute kampung (Dorf), gunung (Berg), teluk (Bucht). Die **Betonung** ist gleichmäßig, bei längeren Wörtern häufig auf der vorletzten Silbe. Die **Aussprache** ist für uns sehr einfach, die **Selbstlaute** fast wie im **Deutschen**, in geschlossenen Silben eher dunkel, bei den **Mitlauten** gibt es ein paar **Abweichungen:**

c	wie **tsch/tch**
h	am Wortanfang kaum hörbar, sonst deutlich hörbar
j	wie in **J**ournal
k	nicht aspiriert, am Wortanfang deutlich, zwischen unterschiedlichen Vokalen und am Ende kaum
kh	wie **ch** in **ach**
ngg	das 2. **g** deutlich
r	**gerollt,** am Ende wie bei uns kaum hörbar
s	immer **stimmlos**
y	wie **j** in **ja,** auch bei ny
z	**stimmhaft** wie Sonne

Grundmuster

Die **Grammatik** ist einfach. Bis auf die Verben verändern sich die Wörter nicht. Die **Satzstellung** ist ähnlich wie im Deutschen. Hier ein paar nützlichste **Beispielsätze** in Wort-für-Wort-Übersetzung:

saya mau pergi ke Pulau Kapas
Ich möchte gehen nach Insel Kapas

anda/kamu datang dari mana?
Du kommen von wo?

Di mana ada stesen bas/keretapi
In wo gibt (es) Station Bus/Eisenbahn

Trus dua ratus meter lagi ke kiri
gerade zwei hundert Meter dann nach links

ada-ka bilik kosong?
Gibt(es)-? Zimmer leer

ya, ada
Ja, gibt (es)

Tidak ada
Nicht gibt (es)

abang sudah kahwin
Älterer Bruder schon verheiratet?

ya, sudah lama
schon lange

belum
noch nicht

berapa harga…ini
Wieviel Preis…dies

mahal!
teuer!

siapa nama kamu/anda
Wer Name du

ini apa
dies (ist) was?

bukan ini, itu!
nicht dies, jenes!

bila lepas bas
wann abfahren Bus

pukul sembilan limabelas (minit)
Schlag neun 15 Minuten

Ich und die anderen

Sehr vielfältig ist die Auswahl von Du, Sie; hinzu kommt, dass Malaysier lieber Titel, Verwandtschaftsbezeichnungen verwenden, aber mit **kamu** und **anda** werden wir auf jeden Fall verstanden:

saya	ich
kamu/anda	du, ihr
dia, ia	er (sie), es
kami, kita	wir
mereka	sie (Mz.)
saya, kamu …	mein, dein …

Richtungsangaben/Verhältniswörter

ini, itu	dieses, jenes
sini, sana	hier, dort
(ke) kiri , (ke)kana	(nach) rechts, links
di, dari, ke	in, von, nach
dengan	mit
tanpa	ohne
(ha)dapan	vorn
atas	oben, über
dalam	innen
belakang	hinten
bawah	unten, unter
luar	außen
balik	Rückseite
sebelah	neben
antara	zwischen
trus	gerade(aus)
simpang (empat)	Kreuzung

simpang tiga	Straßen-/Weggabelung
timor	Osten
barat	Westen
utara	Norden
selatan	Süden

Zeitangaben

sekarang	jetzt
lagi	dann, nachher
dulu	vorher
sebelah	während
hari ini	heute
(b)esok	morgen
kelmarin, semalam	gestern
luas	übermorgen
minggu	Woche
bulan	Monat
tahun	Jahr
jam	Stunde
minit	Minute
sa'at	Sekunde
hari	Tag
pagi	Vormittag
tengahari	Mittag
malam	Abend, Nacht
jam berapa?	Wie spät ist es?
berapa jam	Wieviele Stunden?

Fragewörter

apa	was
berapa	wieviel
berapa lama	wie lange
siapa	wer
bila	wann
mana	wo
mengapa	weshalb

Zahlen

kosong	0
satu	1
dua	2
tiga	3
empat	4
lima	5
enam	6
tujuh	7
lapan	8
sembilan	9
sepuluh	10
sebelas	11
(Grundzahl+) **belas**	11–19
z.B. **duabelas**	12
(Grundzahl+) **puluh**	20–90
z.B. **lima puluh**	50
seratus	100
(Grundzahl+) **ratus**	200...900
seribu	1000
(Grundzahl+) **ribu**	2000...9000
juta	Million
(se)tengah	(ein)halb
suku	ein Viertel
pertama	erste(r)
terakhir	letzte(r)

Wochentage

hari (+Wochentag)	
Hari Ahad/- Minggu	So
Isnin	Mo
Selasa	Di
Rabu	Mi
Khamis	Do
Jumaat	Fr
Sabtu	Sa

Monate

Monate nach dem **Sonnenkalender:**

Januari
Februari
Mac
April
Mai
Jun
Julai
Ogos
September

Oktober
November
Disember

Für den **Mondkalender** werden die arabischen Monatsnamen verwendet.

Eigenschaftswörter

„Ist, sind" braucht man nicht; die Eigenschaftswörter stehen **hinter** dem Hauptwort. **Gegenteil** kann man ausdrücken durch *tidak,* nicht, oder *kurang,* wenig(er), **Steigerungen** mit *lebih,* mehr, bzw. *kurang,* am …sten, *yang paling.* **Vergleich:** *sama* gleich, *macam* wie.

besar	groß
kecil	klein
banyak	viel(e)
sedikit	wenig(e)
mahal	teuer
murah	billig
enak/sedap	lecker, köstlich
pedas	scharf gewürzt
manis	süß
masam	sauer
asin	salzig
bagus	gut, fein
indah, cantik	schön
baru	neu
lama	alt
muda	jung
tuah	alt (Jahre)
jauh	weit
dekat	nah
cepat	schnell
perlahan-lahan	langsam
penuh	voll
kosong	leer
sakit	krank
panas	heiß
dingin	kalt
sejuk	kühl
tinggi	hoch
rendah	niedrig
sendiri	allein
pandai	klug
pindar	geschickt
bodoh	dumm
lelaki	männlich
wanita	weiblich

Tätigkeitswörter

Vor- und Nachsilben drücken Aspekte der Handlung aus, meist gebraucht sind *mem/ber*+Tätigkeitswort: Gegenwart; hinzu kommt die **Assimilation,** z.B. *tunggu,* warten, *saya menunggu,* ich warte, aber man versteht uns auch so: *saya tunggu.*

ada	haben, es gibt
tidak/tak ada	nicht haben, es gibt nicht
buat	machen
boleh	können
harus	müssen
hendak, nak	wünschen
mau	wollen
pergi	gehen fahren
datang	kommen
masuk	hereinkommen
keluar	hinausgehen
tinggal	bleiben
tunggu	warten
tidur	schlafen
duduk	sitzen
kembalik	zurückkehren
tiba	kommen
berlepas/berangkat	abfahren, abfliegen
naik	aufsteigen
turun	ab-/aussteigen
hilang	verlieren (Weg)
jalan	zu Fuß gehen
faham	verstehen
cakap	sprechen
bayar	bezahlen
beli	kaufen
jual	verkaufen
guna/pakai	benutzen
berhenti	halten
lupa	vergessen
ambil	nehmen
bawa	bringen

lewat	verspäten, verspätet
goreng	braten
panggan	grillen
masak	kochen, reif sein
makan	essen
minum	trinken

Hauptwörter

Zusammengesetzte Wörter umgekehrt wie im Deutschen, z.B. *rumah,* Haus, *sakit,* krank, *rumah saki,* Krankenhaus, Mehrzahl durch Verdoppelung *kereta*, Auto, Wagen, *kereta-kereta,* Autos.

Mengenabgaben erfolgen mit Zahlwort und **Klassifikatoren** (z.B. *orang,* Personen, *ekor,* Tiere, *buah,* große, *biji* kleine runde, *batang,* längliche, *keping,* flache Dinge) Ausweg: Hauptwort + Zahlwort: *teh limau dua* = Tee Limone zwei = Zwei Limonentees.

Menschen

orang	Mensch, Person
anak	Kind
lelaki	Junge, Sohn
perempuan	Mädchen, Tochter
bapa(k)	Vater
(e)mak	Mutter
pakcik	Onkel
makcik	Tante
nenek	Opa, Oma
kapal, bot	Schiff, Boot
pelabuhan	Hafen
pengkalan	Anlegestelle
jembatan	Brücke
kapal terbang	Flugzeug
lapangan terbang	Flugplatz
hentian bas/teksi	Bus/Taxiterminal
bas	Bus
keretapi	Eisenbahn
kereta	Auto, Wagen
api	Feuer
kemalangan	Unfall
bilik	Zimmer
katil	Bett
tandas	WC
mandi	Bad
pintu	Tür
kunci	Schlüssel
jendela	Fenster
kelambu	Moskitonetz
barang	Ding, Sache
kerja	Arbeit
jalan	Weg, Straße
kota	Stadt
kedai	Geschäft
pasar	Markt
awas	Achtung!
pencuri	Dieb

Natur, Geografie

tasik	See
laut	Meer
pantai	Küste, Strand
pasir	Strand, Sand
pulau	Insel
sungai	Fluss
air	Wasser
air terjun	Wasserfall
mata air	Quelle
gunung	Berg
bukit	Hügel
puncak	Gipfel
gua	Höhle
ladang	Feld
padi	Reisefeld
h(utan)	Wald
pokok	Baum
bunga	Blume
hujan	Regen
gajah	Elefant
harimau	Tiger
ular	Schlange
nyamuk	Moskito
lintah	Blutegel

Auf dem Bukit Tabor in der Umbgebung von KL

Mini-Sprachführer Malaiisch

Essen und Trinken

minuman	Getränk
makanan	Essen
kopi	Kaffee
teh	Tee
ais	Speiseeis
limau	Limone
daging	Fleisch
lembu	Rind
kambing	Ziege
babi	Schwein
rusa	Reh
ayam	Huhn
telur	Ei
ikan	Fisch
udang	Krabbe
ketam	Krebs
buah–buahan	Obst
sayur	Gemüse
mangga	Mango
nanas/nenas	Ananas
nangka	Jackfruit
pisang	Banane
cawan	Becher, Tasse
senduk	Löffel
garpu	Gabel
pisau	Messer
sepit	Stäbchen
nasi	Reis
mi(mee)	Nudeln
nasi/mi goreng	Reis/Nudeln gebraten
nasi campur	Reis mit Beilagen
makan pagi	Frühstück
tengahari	Mittagessen
malam	Abendessen
kopi/teh	süßer Milchkaffee/-tee
oh	süß
susu	Milch
oh	süß

Begrüßungen, Redewendungen

selamat pagi	Guten Morgen
selamat petang	Gten Tag
selamat malam	Guten Abend
selamat tidur	Gute Nacht
selamat datang	Herzlich willkommen
selamat jalan	Gute Reise
selamat tinggal	Antwort an die, die bleiben
apa khabar	Wie geht's?
khabar baik	gut!
helo	Hallo
bai	Bye
terima kasih	Danke
tidak apa-apa	nichts zu danken
sama-sama	gleichfalls
sila	bitte (sehr)
tolong	bitte (um Hilfe)
minta ma'af	Verzeihung
mau ke mana	wohin des Wegs?
dari mana,	woher des Wegs?
makan angin	spazierengehen

Reise-Gesundheits-Information Malaysia

Stand: Oktober 2013
© Centrum für Reisemedizin 2013

Die nachstehenden Angaben dienen der Orientierung und sollen darüber informieren, was für eine geplante Reise in das Land an Gesundheitsvorsorgemaßnahmen zu berücksichtigen ist. Die Informationen wurden uns freundlicherweise vom **Centrum für Reisemedizin** zur Verfügung gestellt. Auf der Homepage **www.crm.de** werden diese Informationen stetig aktualisiert. Es lohnt sich, dort einmal nachzuschauen.

Klima

Tropisches immerfeuchtes Klima mit Südwestmonsun von Juni bis Oktober und Nordostmonsun von November bis März; Hauptniederschläge von Oktober bis Januar; durchschn. Temp. ganzjährig um 28° C.

Einreise-Impfvorschriften

Bei Direktflug aus Europa sind **keine** Impfungen vorgeschrieben.

Bei einem vorherigen Zwischenaufenthalt (innerhalb der letzten 6 Tage vor Einreise) in einem der aufgeführten Länder (Gelbfieber-Endemiegebiete) wird bei Einreise eine gültige **Gelbfieber**-Impfbescheinigung verlangt (ausgenommen Kinder unter 1 Jahr).

Gelbfieber-Impfbescheinigung erforderlich bei Einreise aus:

Angola · Äquatorialguinea · Argentinein · Äthiopien · Benin · Bolivien · Brasilien · Burkina Faso · Burundi · Ecuador · Elfenbeinküste · Franz. Guayana · Gabun · Gambia · Ghana · Guinea · Guinea-Bissau · Guyana · Kamerun · Kenia · Kolumbien · Kongo, Rep. · Kongo, Dem. Rep. · Liberia · Mali · Mauretanien · Niger · Nigeria · Panama · Paraguay · Peru · Ruanda · Sao Tomé & Principe · Senegal · Sierra Leone · Somalia · Sudan · Suriname · Tanzania · Togo · Trinidad & Tobago · Tschad · Uganda · Venezuela · Zentralafrikanische Republik

Empfohlener Impfschutz:

Generell: Tetanus, Diphtherie, Hepatitis A
Je nach Reisestil und Aufenthaltsbedingungen im Lande außerdem zu erwägen:

- **Typhus (1 +2)**
- **Hepatitis B (a,1)**
- **Jap. Enzephalitis (b,1)**
- **Tollwut (c,1)**

(a): bei Langzeitaufenthalten u. engerem Kontakt mit der einheimischen Bevölkerung;
(b): bei besonderen Aufenthaltsbedingungen in ländlichen Gebieten. Der Impfstoff ist in Deutschland nicht zugelassen. Beschaffung über Apotheken mit entsprechenden Erfahrungen;
(c): bei vorhersehbarem Umgang mit Tieren.
(1): Reise durch das Landesinnere unter einfachen Bedingungen (Rucksack-/Trekking-/Individualreise) mit einfachen Quartieren/Hotels; Camping-Reisen, Langzeitaufenthalte, praktische Tätigkeit im Gesundheits- oder Sozialwesen, enger Kontakt zur einheimischen Bevölkerung wahrscheinlich;
(2): Aufenthalt in Städten oder touristischen Zentren mit (organisierten) Ausflügen ins Landesinnere (Pauschalreise, Unterkunft und Verpflegung in Hotels bzw. Restaurants mittleren bis gehobenen Standards);

Wichtiger Hinweis

Welche Impfungen letztendlich vorzunehmen sind, ist abhängig vom aktuellen Infektionsrisiko vor Ort, von der Art und Dauer der geplanten Reise, vom Gesundheitszustand, sowie evtl. noch vorhandenen Impfschutz des Reisenden.

Da im Einzelfall unterschiedlichste Aspekte zu berücksichtigen sind, empfiehlt es sich immer, rechtzeitig (etwa 4 bis 6 Wochen) vor der Reise eine persönliche Reise-Gesundheits-Beratung bei einem reisemedizinisch erfahrenen Arzt oder Apotheker in Anspruch zu nehmen.

Malaria

- Malaria-Risiko: ganzjährig;
- **mittleres** Risiko nur auf Borneo: In Sabah ist das Risiko höher im Landesinneren, geringer in Kota Kinabalu und den Küstenregionen. In Sarawak ist das Risiko höher im Grenzgebiet zu Kalimantan und nimmt nach N hin ab;
- **geringes Risiko:** in den küstennahen Landesteilen von Sarawak (Borneo), fast ausschließlich *P.vivax;*
- **sehr geringes Risiko**: herdförmig im Landesinneren (zentral, N und NO) von West-Malaysia (Halbinsel);
- **malariafrei** sind Küstenregionen, Städte sowie das gesamte *Federal Territory* um die Hauptstadt auf der malayischen Halbinsel.
- **Vorbeugung:** Ein konsequenter Mückenschutz in den Abend- und Nachtstunden verringert das Malariarisiko erheblich (Expositionsprophylaxe).

In der Dämmerung und nachts Aufenthalt in mückengeschützten Räumen (Räume mit aircondition, Mücken fliegen nicht ins Kalte);

Beim Aufenthalt im Freien in Malariagebieten abends und nachts weitgehend körperbedeckende Kleidung (lange Ärmel, lange Hosen);

Anwendung von insektenabwehrenden Mitteln an unbedeckten Hautstellen (Wade, Handgelenke, Nacken). Wirkungsdauer ca. 2–4 Std;

Im Wohnbereich Anwendung von insektenabtötenden Mitteln in Form von Aerosolen, Verdampfern, Kerzen, Räucherspiralen;

Schlafen unter dem Moskitonetz (vor allem in Hochrisikogebieten).

Ergänzend ist die Einnahme von Anti-Malaria-Medikamenten (Chemoprophylaxe) zu empfehlen. Zu Art und Dauer der Chemoprophylaxe fragen Sie Ihren Arzt oder Apotheker, bzw. informieren Sie sich in einer qualifizierten reisemedizinischen Beratungsstelle (s.unten). Malariamittel sind verschreibungspflichtig.

Aktuelle Meldungen

- **Chikungunya:** In der ersten Jahreshälfte 2013 wurden über 2.600 Verdachtsfälle gemeldet. In vielen Orten trat die Erkrankung zum ersten Mal auf. Schutz vor den vorwiegend tagaktiven Mücken beachten.
- **Darminfektionen:** Risiko für Durchfallerkrankungen, auch Cholera, landesweit. Hygiene beachten; ggf. Impfung.
- **Dengue:** Die mückenübertragene Erkrankung ist wie in ganz SO-Asien auch in Malaysia verbreitet, vor allem auf der Halbinsel. Da es hier keine terminierten Regenzeiten gibt, ist ständig mit einem Übertragungsrisiko zu rechnen, das nach stärkeren Regenperioden regional ansteigt. Schutz vor den vorwiegend tagaktiven Übertragermücken beachten.

Allgemeine Hinweise

- **„Haze":** Während der Trockenzeit auftretender, durch Waldbrände verursachter Smog, der zu Schleimhaut- und Atemwegsreizungen führen kann (Kalimantan, Zentral- und Südsumatra). Gesundheitsstörungen können besonders bei Herz- und Lungenkranken, Asthmatikern, älteren Personen und Kleinkindern auftreten.

Reiseapotheke

- Es ist ratsam, bei Einreise ein ärztliches Attest für Medikamente, Verbands- und Spritzenmaterial vorweisen zu können, wonach es sich um

Mittel für den persönlichen Bedarf handelt. Vergessen Sie nicht, eine kleinere oder größere Reiseapotheke mitzunehmen.

Gesundheitszeugnis/HIV-Test

■ Für **Arbeitsaufenthalte** wird ein HIV-Test in englischer Sprache verlangt.

Privater Versicherungsschutz

Für die private Auslandsreise empfehlen wir Ihnen, grundsätzlich eine **Auslandsreise-Krankenversicherung** abzuschließen. Auch in Ländern mit Sozialversicherungsabkommen sind für bestimmte Leistungen zum Teil erhebliche Eigenanteile zu zahlen.

Die Kosten für einen krankheits- oder unfallbedingten Rücktransport nach Deutschland können nur durch eine private Auslandsreise-Krankenversicherung abgedeckt werden.

http://travelnet.crm.de

Unter dieser Internetadresse finden Sie Adressen von:

■ **Apotheken** mit qualifizierter Reise-Gesundheits-Beratung (nach Postleitzahlgebieten).
■ **Impfstellen** und **Ärzte** mit Spezialsprechstunde Reisemedizin (nach Postleitzahlgebieten geordnet).
■ Möglich ist auch der Abruf eines **Gesundheitsvorsorge-Briefes** für die geplante Reise.

HILFE!

Dieser Reiseführer ist gespickt mit unzähligen Adressen, Preisen, Tipps und Infos. Nur vor Ort kann überprüft werden, was noch stimmt, was sich verändert hat, ob Preise gestiegen oder gefallen sind, ob ein Hotel, ein Restaurant immer noch empfehlenswert ist oder nicht mehr, ob ein Ziel noch oder jetzt erreichbar ist, ob es eine lohnende Alternative gibt usw.

Unsere Autoren sind zwar stetig unterwegs und versuchen, alle zwei Jahre eine komplette Aktualisierung zu erstellen, aber auf die Mithilfe von Reisenden können sie nicht verzichten.

Darum: Schreiben Sie uns, was sich geändert hat, was besser sein könnte, was gestrichen bzw. ergänzt werden soll. Nur so bleibt dieses Buch immer aktuell und zuverlässig. Wenn sich die Infos direkt auf das Buch beziehen, würde die Seitenangabe uns die Arbeit sehr erleichtern. Gut verwertbare Informationen belohnt der Verlag mit einem Sprechführer Ihrer Wahl aus der über 220 Bände umfassenden Reihe „Kauderwelsch". Bitte schreiben Sie an:

REISE KNOW-HOW Verlag, Peter Rump GmbH | Postfach 140666 | D-33626 Bielefeld
oder per E-Mail an: info@reise-know-how.de

Danke!

www.thuermer-tours.de
Ihr Erlebnisreisen Spezialist seit über 30 Jahren

- Individuelle Erlebnisreisen Borneo & West Malaysia
- Wir organisieren Ihre Malaysia Reise: Individuell, flexibel & preiswert
- Flora & Fauna entdecken im Kinabalu-, Bako-, Mulu NP, Danum Valley, Tabin Wildlife Reservat, ...
- Bade- & Tauchprogramme Kota Kinabalu, Mabul, Mataking & Pom Pom Island
- flexible Stop Over Kombinationen Kuala Lumpur, Singapore & Hong Kong
- Professionelle Beratung vor Abreise & Betreuung vor Ort

Thürmer Reisen e.K. - Ekkehartstr. 15 - D-85630 Grasbrunn
info@thuermer-tours.de - www.thuermer-tours.de
Tel.: +49 (0)89 43748290 - Fax: +49 (0)89 437482929

ONE WORLD
Reisen mit Sinnen

Der Spezialist für Reisen in Malaysia

Mehr Erleben in sympathischen Kleingruppen • Mit deutschsprachiger, qualifizierter Reiseleitung • Individuell reisen, mit einem für Sie gestalteten Programm

Katalog: 0231-5897920,
www.reisenmitsinnen.de

Ihr TAKE OFF nach MALAYSIA

West-Malaysia und Wildes Borneo
*Geführte Kleingruppenreise mit max. 14 Teilnehmern
(an 2 Terminen deutschsprachig)*
Inkl. Flug ab/bis Frankfurt mit Malaysia Airlines und 5 Inlandsflügen
14 Tage (Wildes Borneo) ab € 2.799,- oder
21 Tage (Borneo und die Höhepunkte Westmalaysias) ab € 3.699,-

Geführte Privatreisen zu zweit zum Wunschtermin
12 Tage Highlights West-Malaysias und Singapur ab Singapur/bis Kuala Lumpur
ab € 1.499,- (englischsprachig) oder € 1.999,- (deutschsprachig)

Selbstfahrertouren
Malaysia – On the Road zu den Höhepunkten der Halbinsel
17 Tage ab/bis Kuala Lumpur inkl. Kompakt-Mietwagen
in Hotels der Silberkategorie ab € 1.425,- oder
Goldkategorie ab € 1.845,- / Kind bis 11 Jahre ab € 499,-

Gerne stellen wir Ihnen auch Ihre ganz persönliche Wunschreise zusammen! Infos & Kataloge bei:

TAKE OFF REISEN
Tel: 040 - 422 22 88 · *www.takeoffreisen.de*

▲ **Borneo – Die Schätze von Sarawak und Sabah**
   15 Tage Natursafari ab 3350 € inkl. Flug

▲ **Borneo – Dschungelabenteuer, Gipfelsturm
   und seltene Exoten**
   14 Tage Trekking und Safari ab 3690 € inkl. Flug

**Natur- und Kulturreisen, Trekking, Safaris, Fotoreisen
und Expeditionen in über 100 Länder weltweit**

Katalogbestellung und Beratung:
DIAMIR Erlebnisreisen GmbH
Berthold-Haupt-Straße 2 · 01257 Dresden
Tel.: (0351) 31 20 737 · Fax: (0351) 31 20 76
E-Mail: info@diamir.de · **www.diamir.de**

Mit Reise Know-How ans Ziel

Landkarten
aus dem *world mapping project*™
bieten beste Orientierung – weltweit.

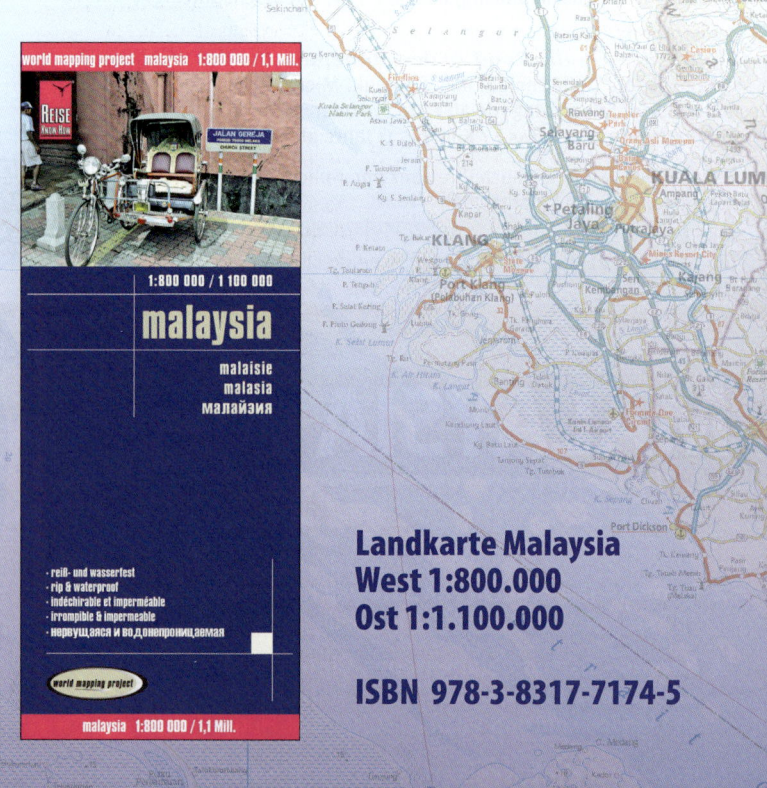

**Landkarte Malaysia
West 1:800.000
Ost 1:1.100.000**

ISBN 978-3-8317-7174-5

- Aktuell über **180** Titel lieferbar
- Optimale Maßstäbe ▪ 100%ig wasserfest
- Praktisch unzerreißbar ▪ Beschreibbar wie Papier ▪ GPS-tauglich

Register

A

Abai 470
Abenteuertrips 526
Aberglaube 655
Adapter 570
Ämter 351, 550
Ärzte 582
Ärzte, fliegende 538
Air Batang 289
Air Terjun Lumbong 220
Aktivitäten 14
Al-Hana Moschee 50
Alkohol 540, 560, 562
Alor Gajah 212
Alor Setar 69
Alur-Naga-Wasserfall 72
Ang Pow 664
Angeltrips 129
Animal World Safari 212
Animismus 473, 655
Ankunft, Singapur 353
Anreise, Brunei 550
Anreise, Malaysia 578
Anreise, Ost-Malaysia 390
Antiquitäten 600
Apotheken 582
Arau 30, 45
Architektur 15
Artenschutz 626
Asah-Wasserfall 286, 292
Asian Art Museum 164
Asian Civilisation Museum 339, 341
Auslandsreise-Krankenversicherung 702
Ausreisebestimmungen 19
Ausrüstung 323, 324, 462, 495, 568
Ausweise 583
Auto-Kennzeichen 591
Ayer Keroh 210
Ayer Keroh Lake 212
Ayer Kroh 34
Ayer-Itam-Stausee 99

B

Bahasa Malaysia 647
Bahn 24
Bahnverbindungen, Malaysia 588
Bajau 471
Bak Bak 519
Bako-Nationalpark 432
Bakun Damm 443
Bandar Seri Begawan 530
Bandar Sri Aman 435
Bangar 546
Bangunan Sultan Abdul Samad 157
Bangunan Sultan Ibrahim 216
Banjaran Bintang 610
Banjaran Gunung Tahan 610
Banjaran Hotsprings 123
Banjaran Nakawan 45
Banjaran Timur 610
Banken 350, 442, 536
Bario 445
Barisan Titiwangsa 610
Bastardschildkröten 261
Batang Rajang 437
Batik 227, 251, 599
Batu Caves 34, 185
Batu Gajah 33, 126
Batu Gambar 427
Batu Niah 449
Batu Sirau 283, 292
Bau 427
Bavanggazo Rungus Longhouse 521
Beaufort 521
Behörden, Brunei 550
Bekleidung 603
Belaga 444
Belait Distrikt 543
Belalong-Nationalpark 548
Belau 321
Bemban 35
Bentong 302
Benzin 590
Beras Terbakar 50
Bergregenwald 498
Berg-Nebelwälder 618
Berge 14
Bergsteigen 288
Bes Hyang Dney 656
Beschneidung 659

Beserah 273
Bestattung 661
Betong 109
Bevölkerung, Malaysia 404, 470, 638
Bevölkerung, Brunei 556
Bevölkerung, Singapur 380
Bintang-Kette 610
Bintulu 448
Blasrohre 141, 274, 409
Blutegel 323
Bootsverbindungen 590
Borneo 398
Botschaften 17, 168, 391, 583
Brandrodung 633
Bräuche 655, 658
Brettwurzeln 628
Brinchang 146
Brokat 227, 251
Brooke, Charles 413
Bruas 33
Brunei 391, 530
Brunei International Airport 551
Brunei Museum 541
Brunei-Malaiisch 557
Buaya Sangkut Wasserfall 280
Buchung, Flug 580
Buddhismus 345, 651
Büffelmarkt 518
Bujang Valley 73
Bukit Apek 188
Bukit Bendera 99
Bukit Bintang 161, 173
Bukit Broga 188
Bukit Cina 204
Bukit Indah 320
Bukit Kubu 30
Bukit Lalang 188
Bukit Larut 103
Bukit Melawati 149
Bukit Mertajam 100
Bukit Nanas 161
Bukit Putih 188
Bukit Tabur West 183
Bukit Takun 185
Bukit Timah Reserve 346
Bukit Tinggi 185
Bumiputra 639
Bundesstaaten, Malaysia 28

Buntal 427
Busse, Singapur 368
Busse, Malaysia 584
Busse, Brunei 535
Butterfly & Reptile Sanctuary 212

C

Canopy 320, 461, 548
Cape Rachado 34
Carey-Island 187
Carson's Fall 493
Catmuseum 416
Cemerong Wasserfall, 263
Central Business Distrikt 367
Changi Airport 374
Changi Prison Chapel & Museum 343
Charah-Höhle 275
Cheng-Hoon-Teng-Tempel 204
Cherating 265
Chinatown Heritage Centre 348
Chinatown, Kuala Lumpur 159
Chinatown, Singapur 332
Chinese History Museum 414
Chinesen 571, 639, 643
Chinesenhotel 600
Chinesische Feste, Singapur 385
Ching-Ming-Fest 386
Christentum 473, 654
Chukai 265
Chuping 30
City Walk Kuala Lumpur 163
Clearwater Sanctuary Golf Resort 127
Coffee-Shops 571
Crocker Range 488

D

Danum Valley Field Centre 511
Darul Aman 30
Darul Ehsan 33
Darul Iman 36
Darul Khusus 34
Darul Makmur 38
Darul Naim 35
Darul Ridzuan 32
Darul Takzim 35
Dayak 404

Dayang Bunting 56
Deepavali 385
Delfine 449
Dengue 701
Desaru 35, 220
Dhammika Rama 83
Diebstahl 583
Dillenia-Bäume 470
Dinawan Island 487
Dipterocarpaceen-Wälder 618
Dongongon 486
Drachenbootfest 387
Drogen 22, 376
Drogerien 582
Dschungel 625
Dschungel-Jogging 124
Dschungeltrekking 14, 58, 133, 139, 142, 193, 244, 272, 283, 298, 429, 443, 444
Durian Tunggal Recreational Lake 212
Dusun 471

E

EC-Karten 363
Einkaufen 169
Einreisebestimmungen 19
Einzelzimmer 600
Eisenbahn 587
Eisenoxyd 122
Elefanten 328
Elektrizität 570
Elfenbein 626
Empangan Sultan Mahmud 254
Endau 35
Endau-Rompin-Nationalpark 279
Englisch 557
Erdöl 453, 543
Escape Theme Park 346
Esplanade 345
Essen 15, 91, 175, 209, 354, 539, 570
Ethnobotany Camp 306
Ethnologie 474
eTRS 364
Extreme Park at Sunway 188

F

Fahrräder 590
Fähren 47, 590
Fahrrad-Rikschas 591
Fairy Cave 427
Fauna 498, 516, 618, 620, 636
Feiertage 384, 563, 661
Felsmalereien 450
Felsritzereien 524
Felszeichnungen 122
Fernsehen 686
Feste 170, 384, 563, 661
Feuerwehr 591
Fledermäuse 304, 450
Fliegen 578, 589
Flora 498, 524, 618, 636
Flüge 396, 578, 607
Flughafen 449, 516, 607, 685
Flughafen, Brunei 550
Flughafen, Sarawak 413
Flughafen, Singapur 374
Forest Research Institute Malaysia 188
Fort Margherita 416
Fotografieren 570, 604, 627
Fraser, Louis James 295
Fraser's Hill 295
Frauen, allein reisende 568
Fremdenverkehrsbüros 17
Früchte 574

G

Gadek 35, 212
Gardens by the Bay 344
Gebräuche 641
Geister 655
Geld 361, 554, 583, 597
Geldautomaten 597
Gemas 213
Gemia 258
Genting 292
Genting Highlands 184
Geografie, Malaysia 610
Geografie, Brunei 555
Geografie, Singapur 378
Geopark Langkawi 54
Geopark-Museum 54
Georgetown 77

Register

Gepäck 367
Gerichte 571
Gerik 109
Geschenke 397
Geschichte, Malaysia 15, 402, 468, 670
Geschichte, Brunei 557
Geschichte, Singapur 381
Gesellschaft 670
Gesundheit 25, 473, 700
Getränke 578
Gewichte 582
Giam 131
Glühwürmchen 265
Golden Triangle 161
Gomantong Caves 504
Goodwood Park Hotel 347
Gouverneur 399
Green Turtle 507
Grik 32, 109
Große Titiwangsa-Kette 610
Grüne Schildkröten 261
Gua Bewah 255
Gua Charas 275
Gua Kelam 45
Gua Kelawar 110
Gua Musang 306
Gua Peningat 310
Gua Taat 255
Gua Tambun 122
Gua Telinga 321
Gua Tempurung 125
Gungung Jerai 72
Gunung Angsi 193
Gunung Antu Besar 195
Gunung Beremban 140
Gunung Brinchang 142
Gunung Gading 430
Gunung Gagau 255
Gunung Irau 142
Gunung Jasar 140
Gunung Kajang 283, 288
Gunung Kerian Recreational Park 72
Gunung Korbu 124
Gunung Lang Park 115
Gunung Ledang 35, 214
Gunung Murud 445
Gunung Nenek Semukut 288
Gunung Nuang 189
Gunung Puteh 304
Gunung Raya 50
Gunung Reng 36
Gunung Santubong 427
Gunung Semundu 282
Gunung Senyum 328
Gunung Serudom 329
Gunung Stong 232
Gunung Stong State Park 232
Gunung Subis 450
Gunung Tahan 308, 310, 322
Gunung Telepak Buruk 195
Gunung Tok Wan 189
Gunung-Benom-Kette 610
Gunung-Gading-Nationalpark 430
Gunung-Mulu-Nationalpark 458
Gunung-Tahan-Kette 610
Gunung-Tapis-Park 275

H

Handwerk, traditionelles 227, 251, 599
Handy 570, 592
Hari Raya 563
Hari Raya Haji 385
Hari Raya Puasa 385
Hash House Harrier 124
Hat Yai 109
Haw Paw Villa 344
Hawker-Foodstalls 571
Haze 701
Headhunter Trail 463
Hinduismus 652
Hinflug 578
Hippo Bus, Singapur 369
Hochseefischen 15
Hock-Teik-Chen-Sin-Tempel 82
Höhlen 45, 110, 115, 122, 125, 255, 275, 304, 306, 328, 427, 449, 450, 460, 504, 512, 623
Höhlentempel 117
Holzschnitzereien 251
Homestays 602
Hotels 370, 600
Hua Song Museum 345
Hutan Lipur Bukit Ayer 45
Hygiene 602

I

Iban 545
Iban-Langhäuser 436
Idahan 512
Immigration 464
Impfvorschriften 700
Inder 571, 646
Indera Kayangan 28
Indonesien 375, 390, 425, 436
Industrie 683
Informationen 17, 350
Inlandsflüge 589
Insel Dayang Bunting 56
Insel Gemia 258
Insel Kapas 256, 258
Insel Kusu 345
Insel Labuan 524
Insel Langkawi 47
Insel Nyireh 263
Insel Pangkor 130
lnsel Payar 70
Insel Penang 75
Insel Pulau Beras Basah 57
Insel Redang 242
Insel Sentosa 348
Insel Singa Besar 56
Insel St. John 345
Insel Tioman 282
Insel Ubin 346
Inselgruppe Pulau Perhentian 234
Inseln 14
Inselrundfahrt Penang 97
Internet 18, 538, 592, 594
Internetcafés 594
Ipoh 32, 111
Islam 473, 649
Islam Museum 225
Islamic Arts Museum Malaysia 159
lslamic Exhibition Centre 164
Islamic Heritage Museum 413
Islamische Feste, Singapur 385
Island Hopping 58
Istana 418
Istana Iskandariah 106
Istana Nurul Iman 533
Istana Rizwin 117

J

Janing Barat 280
Jeli 110
Jerantut 308
Jerudong-Park 542
Johor 35
Johor Bahru 35, 213
Johor Lama 220
Johore 35
Juara 292
Jurong Reptile Park 344

K

Kadazan 471
Kajak 288
Kajak-Trips 126
Kakaoplantagen 514
Kaki Bukit 30, 45
Kalimantan 425
Kampong Ayer, Brunei 531
Kampong Gajah 128
Kampong Kuantan 150
Kampongs 28
Kampung Ayer, Malaysia 477
Kampung Ayer Batang 285
Kampung Belokok 219
Kampung Dalam 232
Kampung Gumum 274
Kampung Jenang 257
Kampung Melawi 231
Kampung Morten 204
Kampung Tekek 285
Kangar 30, 43
Kapas 256, 258
Kapit 441
Kapitan-Kling-Moschee 79
Karettschildkröten 261
Karst 123
Karten 10
Katzenmuseum 416
Kedah 30
Kedah Peak 72
Kek Lok Tong 117
Kelang 187
Kelantan 35, 223, 599
Kelebit Hochland 445
Kellies's Castle 126

Register

Kemaman 265
Kenong Rimba Jungle Park 304
Kent Ridge 346
Kenyir-Stausee 254
Keramik 106
Keretapi Tanah Melayu 587
Kerteh 265
Khoo Kongsi 82
Kinabalu Bird Sanctuary 480
Kinder 594
Kino 581
Kinta-Tal 111
Kipandi Butterfly Park 487
KL City Gallery 157
KL Tower 161
Klang 33
Klang Valley Transit System 166
Kledang Hill 124, 612
Kleidung 568
Kletterrouten 185
Klettern 15, 288
Klias Wetland 523
Klima, Malaysia 313, 615, 632, 634, 700
Klima, Brunei 555
Klima, Singapur 379
Kolonialismus 673
Komplek Kraf 161
Kong Kong 219
Königliches Regalienmuseum
 Brunei 533
Konsulate 17, 88, 553
Kopfbedeckung 568
Kosten 397, 554, 581
Kota Belud 518
Kota Bharu 35, 223
Kota Kanan 128
Kota Kinabalu 474
Kota Ngah Ibrahim 105
Kota Tampan Archeological
 Museum 110
Kota Tinggi 220
Krankenhäuser 582
Krankenwagen 591
Krau Wildlife Reserve 328
Kreditkarten 363, 597
Krokodile 437, 449, 456, 544
Krokodilfarm 55, 212
Kuah 49

Kuala Ayong 312
Kuala Balai 545
Kuala Belait 543
Kuala Dungun 262
Kuala Gandah Elephant
 Conservation Centre 328
Kuala Gula 32
Kuala Gula Bird Sanctuary 105
Kuala Jasin 280
Kuala Kangsar 32, 106
Kuala Kedah 70
Kuala Lipis 302
Kuala Lumpur 33, 151
Kuala Lumpur Memorial Library 164
Kuala Perlis 30, 46
Kuala Pilah 196
Kuala Selangor 33, 149
Kuala Selangor Hill 149, 150
Kuala Selangor Nature Park 149
Kuala Sepetang 105
Kuala Terengganu 247
Kuala Yong Atok 312
Kuantan 269
Kubah-Nationalpark 429
Küche, chinesische 576
Küche, indische 577
Küche, malaiische 572
Küche, Nyonya 576
Kuching 413
Kudat 519
Kukup 219
Kulim 100
Kultur 15, 638, 666
Kundasung 488, 494
Kundasung War Memorial 488
Kunst 666
Kunstgewerbeartikel 394
Kunsthandwerk 57, 87, 106, 161, 169, 189,
 225, 273, 416, 533, 599
Kusu 345

L

Labuan 524
Lahad Datu 510
Lake Garden Taiping 103
Lake Gardens Kuala Lumpur 159
Laman Padi 52

Register

Lambir-Hill-Nationalpark 457
Landkarten 569
Landwirtschaft 683
Langbootverkehr 590
Langhaus Annah Rais 430
Langhaus-Resorts 431
Langhaus-Touren 430
Langhäuser 397, 410, 413, 444
Langkawi 47
Langkawi Cable Car 53
Langkawi Permata Kedah 47
Lanzenottern 435
Last-Minute-Flug 580
Lata Iskandar 136
Lata-Kijang-Wasserfall 195
Lawas 464
Layang Layang 485
Lederschildkröten 260, 282
Leihwagen 590
Lembah Bujang 73
Lenggong 110
Light Rail Transit System 166
Limbang 463
Lin Sen Tong 117
Literaturtipps 690
Little India, Singapur 339
Loagan-Bunut-Nationalpark 457
Lok Kawi Wildlife Park 486
Lost World of Tambun 123
Low, Hugh 106
Lubok Simpon 322
Lubuk Antu 436
Lukisan Pra Sejara Gua Tambun 122
Lumut 127
Lutong 456

M

Ma'Daerah Turtle Sanctuary 265
MacRitchie Park 346
Madai Caves 512
Maestro-Karten 363
Makam Mahsuri 50
Malaien 571, 638, 641
Malaiisch 380, 473, 557, 647
Malakka 197
Malaria 701
Malay Heritage Centre 343
Malay Technology Museum 541
Malaysia Heritage Walk 163
Maliau Basin Conservation Area 516
Mandai Orchid Garden 343
Marang 256
Marang River Safari 257
Marathandhavar-Tempel 329
Masjid Abidin 248
Masjid India 114, 157
Masjid Jamek 156
Masjid Jamek Bandar 277
Masjid Krystal 247
Masjid Negara 157, 476
Masjid Negeri Sarawak 420
Masjid Sultan Abu Bakar 215
Masjid Tengku Tengah Zaharah 251
Maße 582
Mat Cincang 53
Mat Salleh 468
Mat-Kilau-Trail 323
Mata Air 45
Matang Mangrove Forest Reserve 105
Matang Wildlife Centre 429
Mauloddan Nabi 385
Maxwell Hill 103
MEASAT Satellitenkontrollzentrum 50
Medien, Malaysia 685
Medien, Brunei 561
Medien, Singapur 384
Medikamente 582
Medizinische Versorgung 360
Meeres-Schutzgebiet 234
Meeres-Schutzparks 623
Meeresschildkröten 449
Megalithe 197
Melaka 34, 197, 672
Melaka Zoo 210
Melina Beach 292
Memorial Tun Abdul Razak 159
Menara KL 161
Mengkabong Water Village 486
Mengkuang-Damm 100
Merang 246
Merapoh 305
Merapok 525
Merlimau 35
Mersing 35, 277
Mesilau Nature Resort 494

Mietwagen 590
Minangkabau 194
Miri 453
Mobiltelefon 570, 592
Mondkuchenfest 387
Monsopiad Cultural Village 485
Morib 33
Moslems 650
Mount Murud 398
Mount Ophir 214
Mount-Kinabalu-Nationalpark 488
MRT, Singapur 367
Muar 213
Muara 541
Muhammadi-Moschee 225
Muka Head 98
Mukah 441
Mukut 286, 292
Murut 470, 471, 523, 545
Muschelprodukte 273
Museum für Reisanbau 52
Museum Gedung Raja Abdullah 187
Museum Kota Tinggi 220
Museum Perak 106
Museum Time Tunnel 143
Muzium Negara 159
Muzium Negeri Sembilan 189
Muzium Orang Asli 185

N

Nachtleben 179, 360, 583
Nachtzoo 343
Nam Tien Tong 117
Nasenaffen 413, 435, 542
Nationalfeiertag, Singapur 387
Nationalflagge 679
Nationalhymne 680
Nationalmoschee, Sarawak 420
Nationalmuseum, Malaysia 159
Nationalmuseum, Singapur 341
Nationalpark Taman Negara 310
Nationalpark Tanjung Piai 219
Nationalpark Tunku Abdul Rahman 484
Nationalparks 397, 412, 450, 458, 488, 548
Nattukotai Chettiar 83
Nebelwald 498
Needle of Tambun 123

Negeri Sembilan 34, 189, 194
Nei Xue Tang Buddhist Museum 345
Nenek Simukut 283, 292
Niah-Nationalpark 450
Night Safari 343
Nilam Puri 36
Nipah 292
Notfall 361, 552, 583
Notruf 351, 592
Nyireh 263

O

Oberes Kinta-Tal 124
Oil and Gas Discovery Center 543
Ökosystem 624
Ölvorkommen 403
Omar-Ali-Saifuddin-Moschee 530
Oper, chinesische 669
Orang Asli 141, 638, 648, 656
Orang Asli-Department 185
Orang Utans 428, 499, 509, 636
Orchard Road, Singapur 356
Orchideen 366

P

Padang Besar 28
Padang Matsirat 50
Padang-Besar 46
Padi Muzium 72
Pahang 38
Pahang Darul Makmur 269
Paka 265
Pangkor 33, 130
Pangkor Laut 134
Pantai Batu Hitam 273
Pantai Bisikan Bayu 231
Pantai Cahya Bulan 231
Pantai Cenang 50, 61
Pantai Dasar Sabak 231
Pantai Irama Bachok 231
Pantai Kok 52, 66
Pantai Merdeka 74
Pantai Puteri Dewi 131
Pantai Rhu 56
Pantai Sri Tujuh 232
Pantai Sungai Gelam 129

Pantai Tengah 50, 65
Papan 127
Parit Wasserfall 140
Parlament 678
Parteien 679
Pasir Hitam 55, 68
Pasir Pandak 98
Pasir Panjang 245
Pasir Salak 128
Pasir Teluk Kalong Kecil 245
Pass 583
Paya 291
Pekan 275
Penang 30, 75
Penang Bird Park 99
Penang Hill 83
Penang National Park 98
Penarik 246
Pengkalan Gawi 254
Perak 32
Perak Darul Ridzuan Museum 114
Perak Fluss-Safari 126
Perak Tong 115
Perak-Flusstal 33
Perdayan Forest Recreation Park 548
Perlis 28, 43
Perlis State Park 45
Permits 412
Pesta Laut Lumut 128
Petaling Jaya 187
Pfahlbausiedlungen 82
Pfeffer 403
Pflanzen 618, 636
Piraten 466
Planetarium KL 164
Poh Toh Tse Buddhist Tempel 478
Polizei 591
Poring Hot Springs 495
Port Dickson 196
Port Klang 187
Porto Malai 66
Post 550, 592
Preise 363, 397, 579, 581, 601
Premierminister 678
Primärurwald 124, 611
Proto-Malaien 639
Puduraya 171
Pulai 306
Pulai Chondong 36
Pulau (Babi) Besar 281
Pulau Banggi 519
Pulau Beras Basah 57
Pulau Besar 34, 240
Pulau Bidong 246
Pulau Bintan 347
Pulau Jambongan 508
Pulau Kukup 219
Pulau Lang Tengah 246
Pulau Lankayan 508
Pulau Payar 68
Pulau Perhentian 234
Pulau Pinang 30
Pulau Rawa 35, 280
Pulau Rebak 66
Pulau Selingan 507
Pulau Sembilan 129
Pulau Sibu 281
Pulau Sibu Tengah 282
Pulau Singa Besar 56
Pulau Tenggol 263
Pulau Tikas 510
Pulau Tinggi 282
Pulau Tuba 60
Pulau Tulai 286
Pulau Ular 265
Punan 409, 445, 470
Puu-Jih-Shih-Tempel 501

Q

Quallen 435
Quellen 196, 495

R

Radio Television Brunei 561
Radio-Sender 686
Rafflesia 125, 430, 628
Rafflesia-Zentrum 485
Rainforest Discovery Centre 505
Rainforest Music Festival 427
Rainforest World Music Festival 421
Ranau 487
Rantau Abang 259
Raub 302
Rauchen 376

Redang 242
Regenwald, tropischer 624
Regierung 677
Regionen 28
Reiseapotheke 701
Reiserouten 16, 39, 391
Reisezeit, Singapur 379
Religion, Malaysia 404, 648
Religion, Brunei 563
Religion, Singapur 384
Rennpferdzucht 124
Restaurants 572
Ringlet 138
River Safaris 107
Rochen 435
Rohstoffe 684
Rompin-Park 277
Royal Abu Bakar Museum 215
Royal Malaysian Police Museum 164
Royal Mausoleum 216
Rückflug 578
Rumah Bundong 444
Rumah Jandok 444
Rumah Lulut Tisa 444
Rumah Penghulu Jampi 444
Rundfunk 686
Rungus 470, 519

S

Sabah 466, 474, 634
Sabah Agricultural Park 524
Sabah State Museum 474
Sabah Tea Garden & Beyond 488
Safari 197, 212, 257, 343, 436
Sakya Muni Buddha Gaya Temple 339
Salang 290
Salzwasserkrokodil 435
Sam Poh Tong 115
Sam Sing Kung Tempel 500
Sandakan 499
Sandakan Heritage Trail 501
Santubong-Halbinsel 426
Santubong 425
Sarawak 398, 634
Sarawak Cultural Village 426
Sarawak Museum 413
Sarikei 437

Sayong 32, 106
Schattenspiel 667
Schiffe 590
Schildkröten 129, 506
Schildkröten-Beobachtung 259
Schmetterlinge 487
Schmetterlingsfarm 98
Schnorcheln 14, 58
Schulsystem 686
Schwalbenhotels 129
Segamat 280
Segeln 58
Seide 251
Sekayu-Wasserfall 256
Selangor 33
SEMAI-Projekt 126
Semenggok Orang Utan
   Rehabilitation Centre 428
Semporna 513
Senoi 141
Sentosa 348
Sentosa Cineblast 350
Sepang Airport 685
Sepilok Sanctuary 509
Seremban 189
Seria 543, 544
Shah Alam 33
Sibu 438
Sicherheit, Malaysia 5, 391, 470, 597, 598
Sicherheit, Brunei 554
Sicherheit, Singapur 367
Signal Hill 476
Sikhs 654
Silber 227
Simanggang 435
Similajau-Nationalpark 449
Sindumin 525
Singapore Art Museum 341
Singapore Botanic Gardens 344
Singapore City Gallery 345
Singapore Flyer 339
Singapore Trolley 369
Singapore Walks 350
Singapore Zoo 343
Singapur 21, 332
Sitten 641
Skrang-River-Safari 436
Skybridge 54

Skybridge, Kuala Lumpur 161
Skype 570, 594
Smartphone 570, 594
Smog 633
Snake Island 486
Society Atelier Sarawak 416
Songket 227
Songkran-Festival 385
Sonnenschutzmittel 569
Souvenirs 87, 118, 364, 438, 599, 626
Sperrnummer 583
Sprache, Malaysia 473, 647, 694
Sprache, Brunei 557
Sprache, Singapur 380
Sri Menanti 195
Sri Poyyatha Vinayagar
 Moorthi Tempel 204
Sri Thandayuthabani 140
Sri Vadapthira Kaliamman Tempel 339
Sri-Mariamman-Tempel 79, 333
Sri-Srinivasa-Perumal-Tempel 339
Sri-Veerama-Kaliamman-Tempel 339
St. John 345
Staat, Malaysia 670, 677
Staat, Brunei 559
Staat, Singapur 382
Staatsoberhaupt 677
Staatswappen 680
Stadtbusse 591
Stadtverkehr, Singapur 367
State Park Perlis 30
Stopover 580
Strände 14
Straßenverkehr 587
Strawberry Hill 99
Strukturen, soziale 641
Sultan-Abu-Bakar-Stausee 138
Sultan-Bolkiah-Mausoleum 541
Sultan-Hassanal-Bolkiah-Moschee 541
Sultan-Moschee, Singapur 341
Sultan, Brunei 558
Sultanspalast, Brunei 533, 558
Sungai Batu Pahat 30, 45
Sungai Buloh 346
Sungai Krau 328
Sungai Linggi River Safari 197
Sungai Merbok Kecil 74
Sungai Palas Boh Tea Estate 145

Sungai Peradin 219
Sungai Siput 110
Sunway Lagoon Adventure Park 188
Suppenschildkröten 261, 507
Symbole, nationale 679

T

Tabak 110
Tabin Wildlife Reserve 513
Tabus 655, 656
Tai Pee Sim-Kloster 117
Taiping 32, 100
Taman Alam K.S. 149
Taman Burung 99
Taman Mini-Malaysia/
 Mini-ASEAN 212
Taman Negara Kuala Koh 308
Taman Negara, Nationalpark 310
Taman Rekreasi Bukit Mertajam 100
Taman Rekreasi Gunung Lang 115
Taman Rekreasi Ulu Bendol 192
Tamu 472
Tamu Penampang 486
Tanah Rata 139, 145
Tanjung Aru 484
Tanjung Bidara 34
Tanjung Dawai 74
Tanjung Piai 219
Tanjung Rhu 68
Tanquerah-Moschee 204
Tänze 668
Tapah 33
Tasek Chenderoh 109
Tasek Dayang Bunting 56
Tasik-Bera-See 328
Tasik Bukit Merah 106
Tasik Melati 45
Tasik-Chini-See 273, 329
Tauchen 14, 58, 234, 287, 458, 485, 527, 569
Tawau 514
Tawau Hills Park 515
Taxi, Brunei 535
Taxi, Malaysia 586
Taxi, Singapur 368
Teck Guan Cocoa Museum 514
Teeplantagen 138
Tekek 283, 288

Telaga 67
Telaga Harbour 66
Telaga Tujuh 52
Telefon 538, 550, 592
Teluk Air Tawar 263
Teluk Anson 33
Teluk Bahang 98
Teluk Bahang Forest Park 98
Teluk Bakau Besar 245
Teluk Bakau Kecil 245
Teluk Bidara 262
Teluk Burau 67
Teluk Chempedak 272
Teluk Dalam 131, 241
Teluk Datai 55, 67
Teluk Ewa 67
Teluk Intan 33
Teluk Kelong Besar 245
Teluk Ketapang 98
Teluk Nibong 66
Teluk Nipah 134
Temburong 535
Temburong Distrikt 545
Temenggor-Stausee 110
Temerloh 327
Temperaturen 379
Temple of 1000 Lights 339
Templer Park 33
Tenom 523
Terengganu 36
Thailand 47, 68, 72, 109, 231, 375
Thaipusam 87
The Mines Wonderland 188
Thermalquellen 74
Thian Hock Keng Tempel 336
Thimithi-Fest 385
Tieflandregenwald 449, 498
Tierbeobachtung 622
Tierwelt 618, 620, 636
Tiger Hill 99
Timber Museum 415
Tioman 282
Titi-Krawang-Wasserfall 98
Toiletten 605
Töpferdorf Sayong 106
Touren 148, 187, 447, 506
Tourismus 403, 469, 684
Trampen 591

Transport 395
Traveller 464
Trinken 91, 175, 209, 354, 539, 570
Trinkgeld 605
Trishaws 86, 591
Tropenholz 415
Tua-Pek-Kong-Tempel 420, 438
Tuba Island 57
Tubing 321
Tugu Peringat Negara 159
Tumpat 232
Tunku Abdul Rahmnan
 Putra Memorial 164
Turtle Island 506

U

U-Bahn, Singapur 367
Überlandbusse 395
Überlandtaxis 586
Übernachten 370, 538, 600
Ubin 346
Ubudiah-Moschee 106
Ulu Geroh 126
Ulu Lepar 329
Underwater World, Sentosa 348
UNESCO Global Geopark 48
Universal Studios Singapore 350
Universitäten 687
Unterkunft, Malaysia 397, 600
Unterkunft, Brunei 538
Unterkunft, Singapur 369

V

Vesak-Tag 385
Vegetationsstufen 618
Vegetationszonen 498
Verhalten 603
Verhaltenstipps, Singapur 374
Verkehrsmittel, öffentliche, Brunei 553
Verkehrsmittel, öffentliche, Malaysia 584
Verkehrsverbindungen, Singapur 374
Versicherungen 605
Versorgung, Medizinische 582
Verwaltung 399, 470
Visa-on-arrival 425
Visum 19, 21, 22

Vögel 149, 254, 300, 312, 344, 346, 432, 480
Vogelpark Kota Kinabalu Wetlands 480
Vogelpark Penang 99

W

Währung 362, 554, 598
Wallace-Linie 413
Wallace, Alfred Russel 413
Wandern 298
Wanderungen 99, 321
Wang Mu 45
Wappen 402, 680
Warensteuer 364
Wat Chaya Mangkalaram 83
Wat Maisuwankiri 232
Wat Pikulthong 232
Water World 212
Water World Theme Park 478
Wayang Kulit 667
Wechselkurs 598
Wechselstuben, Brunei 554

Western Union 583
West-Malaysia 28
Wet World Pedas Hot Spring 196
Wind Cave 427
Wirtschaft, Malaysia 403, 469, 631, 681
Wirtschaft, Brunei 559
Wirtschaft, Singapur 383
World War II Museum 225

Y, Z

Ye Olde Smokehouse 140
Yong Hide 321
Zahnärzte 582
Zeitungen 384, 685
Zinn 111, 118, 599, 612
Zoll 20, 22, 363, 394
Zoo, Singapur 343
Zuchtprogramm 343
Zug 24, 587

Die Autoren

Klaudia Homann, Jahrgang 1961, wurde in Gütersloh geboren. Nach einer abgeschlossenen Erzieherinnenausbildung studierte sie Pädagogik an der Universität Bielefeld.

Eberhard Homann, Jahrgang 1959, ist gebürtiger Bielefelder. Er studierte Biologie und Pädagogik und arbeitet in der Primatenforschung an der Universität Bielefeld.

Seit 1979 reisen sie gemeinsam, 1983 ging es zum ersten Mal nach Malaysia. Seit 1984 reisen sie fast jedes Jahr einige Monate durch Malaysia und Indonesien. Beide haben mehrere Reiseführer über die Region und über Mexiko und Frankreich, sowie Beiträge für Magazine und Zeitschriften veröffentlicht.

Martin Lutterjohann, Jahrgang 1943, von Beruf Psychologe, ist seit Jahrzehnten in der Suchtarbeit tätig. Er ist Autor von einem Dutzend Bücher und verbrachte zwei Jahre als Leiter eines Lehrinstituts für die Ausbildung von Suchttherapeuten in Ipoh, das zwischen Penang und Kuala Lumpur liegt. Intensiver als Reisende, die nur ein paar Wochen im Land bleiben, hat er das Alltagsleben der Malaysier erlebt und auch ihre Feste mitgefeiert.

Malaysia ist nur eines der 100 Länder, die der Autor bereist hat, aber in keinem (mit Ausnahme von Japan und Thailand) lebte er so lange an einem Stück. Momentan lebt und arbeitet er in Oberbayern.

Reto Kuster, Jahrgang 1976, in der Ostschweiz aufgewachsen, studierte Ethnologie und Geografie. Seine erste größere Reise führte ihn während der Schulferien nach Marokko. Seither bereiste der Autor zahlreiche Staaten in Afrika, im Mittleren Osten und in Südostasien. Das Sultanat Brunei und die dortigen Regenwälder sind ein regelmäßiges Reiseziel. Für den REISE KNOW-HOW Verlag hat *Reto Kuster* zudem den Praxis-Führer „Was kriecht und krabbelt in den Tropen" verfasst und bebildert.